EL SISTEMA CONSTITUCIONAL ESPAÑOL

1.ª Reimpresión, Madrid 1995

Editorial DYKINSON, S.L. Meléndez Valdés, 61 - 28015 Madrid
Aptdo. 8269. Teléfonos 544 28 46 - 544 28 69

ISBN: 84-88030-32-0
Depósito Legal: M-24.786-1995

Fotocomposición : SAFEKAT, S.A.
Matilde Fernández, 34 - 28019 Madrid

Imprime:
JACARYAN, S.A.
Avda. Pedro Díez, 3 - 28019 Madrid

FRANCISCO FERNANDEZ SEGADO
Catedrático de Derecho Constitucional
Universidad de Santiago

EL SISTEMA CONSTITUCIONAL ESPAÑOL

DYKINSON
1992

A mi madre

INDICE GENERAL

Pág.

CAPITULO III

LOS PRINCIPIOS FUNDAMENTALES DEL ORDEN JURIDICO-POLITICO

CAPITULO IV

LOS DERECHOS Y LIBERTADES CONSTITUCIONALES

Pág.

CAPITULO V

EL REGIMEN ECONOMICO-SOCIAL Y HACENDISTICO

CAPITULO VI

LOS ORGANOS CONSTITUCIONALES (I). LA CORONA

CAPITULO VII

LOS ORGANOS CONSTITUCIONALES (II). LAS CORTES GENERALES

CAPITULO VIII

LOS ORGANOS CONSTITUCIONALES (III). EL GOBIERNO

CAPITULO IX

LOS ORGANOS CONSTITUCIONALES (IV). EL PRINCIPIO DE RESPONSABILIDAD POLITICA Y LAS RELACIONES ENTRE EL GOBIERNO Y LAS CORTES GENERALES

CAPITULO X

LOS ORGANOS CONSTITUCIONALES (V). EL PODER JUDICIAL

CAPITULO XI

EL REGIMEN JURIDICO ELECTORAL

CAPITULO XII

LA ORGANIZACION TERRITORIAL DEL ESTADO: EL ESTADO AUTONOMICO

Pág.

CAPITULO XIII

LAS GARANTIAS CONSTITUCIONALES: EL TRIBUNAL CONSTITUCIONAL

PROLOGO

El Tribunal Supremo, diría un famoso juez norteamericano, es la Constitución. Esta afirmación tan rotunda ilustra sobre el papel crucial que el Tribunal Supremo en particular y los Jueces en general han desempeñado en la tarea de acomodación de la Constitución a la realidad social.

Esta labor de creación judicial del Derecho ha llegado en Norteamérica al extremo de que la Constitución encuentra un sólido apoyo en ciertos principios que los jueces han extraído del mundo extrajurídico de su propia cultura, de sus convicciones políticas, de su concepción acerca de lo que debe ser la vida social y económica de su país.

Es evidente que las consideraciones que preceden no son, en principio, válidas más que para sistemas, como el norteamericano, de *«common law»*, en donde el Derecho progresa a golpe de sentencias.

En cualquier caso, la importancia de lo que suele denominarse *«Derecho judicial»*, para contraponerlo al *«Derecho legal»*, ha aumentado sensiblemente en los sistemas jurídicos continentales europeos.

En este ámbito de la formación jurisprudencial del Derecho, la Jurisdicción Constitucional se sitúa en una posición muy peculiar que proviene, de un lado, del hecho de que los Tribunales Constitucionales no suelen ser órganos integrados en el Poder Judicial; son, por el contrario, órganos independientes de cualesquiera otros, hallándose vinculados tan sólo por la Constitución y por sus propias normas ordenadoras, y de otro, de que sus decisiones gozan de una eficacia muy superior a la propia de una sentencia ordinaria: «una vera e propria forza di legge», afirmará al respecto *Sandulli* en Italia.

La nueva función judicial de control atribuida a los órganos titulares de la Jurisdicción Constitucional encuentra su razón de ser en lo que *Otto Bachof* entendiera (en referencia a la Ley Fundamental de Bonn de 1949) como «enérgica pretensión de validez de las normas materiales de nuestra Constitución», y todo ello como la resultante última de un orden de valores que vincula directamente a todos los poderes estatales, y que en nuestro caso se halla expresamente proclamado por la Constitución.

Toda esta sustancia material de la Constitución, todo este orden axiológico «con su enérgica pretensión de validez», va a propiciar que el texto constitucional se convierta en la clave normativa del sistema, y ello afecta al funcionamiento del conjunto del sistema jurídico, tanto, como se ha subrayado entre nosotros, por la necesaria reordenación del sistema a través del principio de «interpretación conforme a la Constitución», como por el hecho de que en la práctica ese principio ha impuesto, en su más alto grado, el criterio interpretativo por principios generales, por cuanto la identificación de los principios constitucionales remite constantemente a un cuadro de valores verdaderamente operativos, pese a su carácter genérico o impreciso.

De esta forma, no debe extrañarnos el relevante papel alcanzado por el principio del Estado social, del que se ha dicho que preside la labor interpretativa del Tribunal Constitucional, que ha llenado de sustancia aquel principio, a partir del contenido que se desprende, básicamente, del artículo 9.º.2 de la Constitución, esto es, de la cláusula de igualdad material, que no es sino una manifestación particularizada del valor igualdad; de esta forma, el Tribunal Constitucional ha potenciado de modo muy notable la función transformadora que en nuestros días debe cumplir toda Constitución y, desde luego, también la nuestra, a cuyo través la Nación española aspira a conseguir una «sociedad democrática avanzada».

El panorama que acabamos de exponer, como no podía por menos de suceder, ha impactado notablemente sobre la evolución de la disciplina del Derecho Constitucional. Refiriéndose a la experiencia italiana de los últimos cuarenta años, *Pizzorusso* constata cómo en el país transalpino se ha asistido, en conexión sobre todo con la obra de la «Corte Costituzionale», a una evolución disciplinar caracterizada por el empleo, con mayor seguridad cada vez, del método jurídico, incluso respecto de aquellos sectores de la disciplina que pueden calificarse como fronterizos con otros saberes, y sin que ello haya supuesto —y queremos hacer especial hincapié en esta idea— renunciar a la sensibilidad por la dimensión política de los hechos estudiados, actitud ésta que ha caracterizado siempre a nuestra ciencia.

Cuanto acabamos de decir no puede ser ignorado a la hora de elaborar una obra como ésta con la que, sustancial aunque no exclusivamente, se pretende una finalidad didáctica.

La judicialización que progresivamente va experimentando nuestro ordenamiento justifica, a nuestro modo de ver, la atención prestada a las sentencias del Juez de la constitucionalidad, imprescindibles las más de las veces para la comprensión de amplios sectores de nuestro sistema constitucional, sin que ello comporte inevitablemente la conversión de aquél en una mera sucesión de «*case law*».

El argumento que acabamos de exponer explica asimismo el tratamiento mucho más amplio que, conscientemente, hemos dado a la parte relativa a los derechos —que, con diferencia, creemos es el tema más relevante en nuestra Norma suprema— y, en menor medida, al capítulo referente a la organización territorial del Estado, materias, una y otra, incomprensibles al margen de la doctrina constitucional.

Junto a esta perspectiva, hemos procurado no olvidar que las normas e instituciones constitucionales son inescindibles de las estructuras y procesos políticos, lo que conduce a la radical imposibilidad de concebir un Derecho Constitucional tajantemente separado de la realidad política.

Por último, no puede ignorarse la siempre necesaria dimensión valorativa. Conviene a este respecto reivindicar un saber entendido en un sentido vital, esto es, un saber que, como ya consagrara *Dilthey*, signifique algo dentro de los fines últimos de la vida del hombre. Y si nuestra ciencia lo es de una actividad reguladora de la convivencia, no puede dejar en la cuneta las pautas valorativas a cuyo través esa convivencia llega a ser ordenada, pacífica, próspera y justa, en un sentido de justicia material. El Derecho Constitucional, como se ha advertido entre nosotros, ha de manifestarse como técnica garantizadora de la libertad y, en consecuencia, no puede perderse de vista su perspectiva axiológica o valorativa.

Estas pautas inspiran la obra que se ofrece al lector, con la que pretendemos proporcionar un instrumento de comprensión de nuestro sistema constitucional.

Hemos optado por complementar cada capítulo con una bibliografía que aun siendo amplia, no pretende ser exhaustiva, y en la que hemos prescindido de toda referencia a artículos de revistas científicas.

Santiago de Compostela, 15 de febrero de 1992

CAPITULO I

ANTECEDENTES HISTORICOS

SUMARIO

A) El constitucionalismo histórico español: caracteres generales

I. Uno de los rasgos más significativos y a la par sorprendentes del constitucionalismo histórico español es el de la superficialidad del movimiento constitucional. Basta con contemplar la ininterrumpida sucesión de códigos constitucionales para adquirir plena conciencia de tal rasgo.

Seis Constituciones vigentes (las de 1812, 1837, 1845, 1869, 1876 y 1931), un texto (el Estatuto Real de 1834) de naturaleza y pretensiones constitucionales, una Constitución aprobada aún cuando no llegada a entrar en vigor (la «nonnata» de 1856), y un interminable conjunto de reformas llevadas a cabo en los códigos fundamentales, constituyen un catálogo sobradamente ilustrativo de esa superficialidad. Todo ello sin olvidar que junto a los textos antes mencionados proliferan por doquier los intentos de ordenación constitucional, como bien muestran los Proyectos de Constitución de «La Isabelina» o de Istúriz (1836), los Proyectos de Leyes Fundamentales de Bravo Murillo (1852), el Proyecto de Constitución Federal de la Primera República (1873) y los Proyectos constitucionales de 1929, con los que la Dictadura del general Primo de Rivera intentaría institucionalizarse.

A ello habría que añadir, en una época bien próxima, el largo proceso de institucionalización de la Dictadura constituyente a cuyo través intentaría articularse el régimen político surgido tras la guerra civil iniciada en 1936. Un conjunto de siete Leyes Fundamentales, promulgadas a lo largo de un dilatadísimo período de casi seis lustros (1938-1967), vertebrarían un sistema político autoritario modulado en función del ejercicio de un poder exclusivamente personal.

Por si este abigarrado panorama constitucional no fuera suficientemente revelador, podríamos recordar las frecuentes transgresiones de las normas fundamentales que jalonan la historia política contemporánea de nuestro país. Un ejemplo paradigmático de las mismas lo hallamos en las vicisitudes de la Constitución de Cádiz: declarada nula y sin ningún valor por un Decreto de 4 de mayo de 1814, será restablecida mediante un nuevo Decreto de 7 de marzo de 1820, tras el triunfo del pronunciamiento que encabezara el comandante Riego en Cabezas de San Juan, en enero de ese mismo año. El requerimiento de las potencias europeas, recelosas ante el proceso político que se desarrolla en España durante el Trienio liberal, propiciará la invasión de nuestro territorio por un ejército francés que, al mando del Duque de Angulema, pondrá fin a la breve experiencia constitucional. Un Decreto de 1 de octubre de 1823 declarará nulos todos los actos del llamado gobierno constitucional. No acabarán aquí las vicisitudes del código gaditano. Tras el motín de La Granja, un Decreto de 13 de agosto de 1836 ordenará una vez más la publicación y vigencia del Código político de 1812, en tanto la nación, reunida en Cortes, manifestase su voluntad.

II. Esta superficialidad de nuestro movimiento constitucional puede explicarse en función de circunstancias bien dispares, que van desde la ausencia de un tejido social sobre el que pudiera consolidarse el constitucionalismo, tejido que no podía ser sino el de la burguesía nacida con la revolución industrial, hasta la visión taumatúrgica con que se contemplan las constituciones; se piensa que un texto, o la introducción en él de una determinada institución, son capaces de producir por sí mismos resultados benéficos ciertos e inmediatos en nuestra vida política. La razón de este hecho hay que buscarla en el bajo nivel cultural, e incluso en una cierta tendencia a lo milagroso, a lo irracional.

Si a todo lo anterior unimos la ausencia de un Estado fuerte, esto es, la inexistencia de una clara diferenciación entre el poder social y el poder gubernamental, con lo que Administración y oligarquía se hallarán en perfecta ósmosis, de lo que a su vez derivará el predominio de los intereses locales sobre los nacionales, o lo que es igual, la implantación y estabilidad del caciquismo como forma de organización política, y adicionamos finalmente el carácter partidista de las constituciones, que por lo general se limitarán a reflejar el programa político del partido con mayor fuerza parlamentaria en la asamblea constituyente, lo que se traducirá lógicamente en la reticencia de las restantes fuerzas políticas a aceptar como ley fundamental común la que consideran elaborada por un sólo partido y en su exclusivo beneficio, tendremos así reflejado un sumario, aunque significativo, catálogo de variables que explican el por qué de la superficialidad de nuestros códigos constitucionales.

III. Los tres ciclos que en la diacronía histórica europea pueden distinguirse desde el plano de la civilización política, esto es: el liberalismo (1789-1848), la expansión de la democracia política (1848-1914) y la aparición y progresiva consolidación de la democracia social (1914-1945), han tenido su correlato constitucional en tres etapas que podríamos identificar como: el constitucionalismo liberal, el constitucionalismo democrático y el constitucionalismo social.

En España, el constitucionalismo, no sin frecuentes arritmias, se ha ajustado en sus grandes líneas a ese desarrollo europeo. De esta forma, pueden diferenciarse en él tres grandes períodos, en los que no siempre la homogeneidad de los textos que en cada uno de ellos se suceden es la nota característica: el *constitucionalismo liberal* (1812-1868), el *constitucionalismo democrático* (1868-1931) y el *constitucionalismo social* (1931-1936).

A partir de 1936, y a lo largo de casi cuarenta años (hasta 1975), se producirá en España el más prolongado eclipse constitucional de nuestra historia. Un régimen político dictatorial en sus inicios, autoritario en sus estertores, asentado en una «pantomima constitucional», las Leyes Fundamentales, y caracterizado por la absoluta concentración de poder en una sola persona, el rechazo del pluralismo político y la restricción flagrante y sistemática de las libertades, se prolongará hasta la desaparición de la persona a cuya imagen y semejanza respondía el modelo.

Entre 1975 y 1978 tendrá lugar un breve, si bien muy delicado y complejo, proceso de transición hacia la monarquía parlamentaria, cuyo soporte legal lo encontramos en la Ley para la Reforma Política, de 4 de enero de 1977, con la que se inicia el desmoche del régimen franquista. Esta norma posibilitará la elección democrática, el 15 de junio de 1977, de unas Cortes «de facto» constituyentes que serán las encargadas de diseñar una nueva Constitución, la hoy vigente de 1978, que, entroncando parcialmente con la de 1931, ha supuesto la culminación de ese período que hemos denominado del *«constitucionalismo social»* a través de la institucionalización de un Estado social y democrático de Derecho cuya meta última es el logro de una «sociedad democrática avanzada», que ha de apoyarse necesariamente en un orden económico y social justo.

B) Etapas de nuestra historia constitucional

Nos detendremos ahora brevemente en un recorrido histórico por los tres grandes períodos que con anterioridad hemos diferenciado en nuestra historia constitucional.

a/ El constitucionalismo liberal

La configuración moderna del sistema político español responde a la acción del liberalismo, que se presentó, al igual que había acontecido en otros países, como una opción global enfrentada al sistema del «Ancien Régime», destruyéndolo en sus dos vertientes más significadas: el absolutismo y la diversificación institucional, y dando pie a la aparición de una nueva realidad político-constitucional liberal.

En la Francia revolucionaria, la Asamblea constituyente, con el fin de asentar la sociedad y las instituciones sobre unos fundamentos racionales, proclamaba solemnemente los principios revolucionarios en la Declaración de Derechos del Hombre y del Ciudadano, de 26 de agosto de 1789.

De esos principios, quizá ninguno simbolice la ruptura frontal con el Antiguo Régimen con tanta nitidez como el contenido en el artículo 16, a cuyo tenor: «Toute societé dans laquelle la garantie des droits n'est pas assurée, ni la séparation des pouvoirs déterminée, n'a point de constitution.»

De un lado, pues, división de poderes frente a la concentración de poder en el monarca absoluto. De otro, garantía de los derechos naturales e imprescriptibles del hombre, que son la libertad, la propiedad, la seguridad y la resistencia a la opresión. Y matizando estos derechos, el principio de igualdad, enfáticamente proclamado por el artículo 1.º de la Declaración: «Les hommes naissent et demeurent libres et égaux en droits. Les distinctions sociales ne peuvent être fondées que sur l'utilité commune.»

En definitiva, la idea revolucionaria de constitución se asienta en una diferenciación formal —más que en una auténtica separación— entre los poderes con la que se intenta garantizar unos derechos ciudadanos que se consideran naturales y, por ello mismo, anteriores al Estado. A modo de complemento de esos derechos y en orden a la consecución de una efectiva igualdad entre los ciudadanos, la constitución establece un sistema de instrucción pública, común a todos ellos y gratuito respecto de aquellas enseñanzas que se entienden indispensables para todos los hombres.

Quedan de esta forma predeterminadas las líneas maestras del constitucionalismo liberal revolucionario que, no sin matices de relevancia, serán acogidas entre nosotros por los constituyentes gaditanos.

La Constitución de Cádiz —cuyo juramento por los propios constituyentes se producirá el 19 de marzo de 1812— se promulga por las Cortes generales y extraordinarias de la nación española en la que reside esencialmente la soberanía, lo que supone una ruptura frontal respecto del Antiguo Régimen, que, no obstante, es aminorada mediante el intento de presentar el nuevo código político como una acomodación de las antiguas leyes fundamentales de la Monarquía.

Este implícito rechazo de la tesis revolucionaria, junto a la defensa a ultranza de la función restauradora que las Cortes creen servir, se ha explicado en base a argumentos muy dispares; sin embargo, lo único indudable es que esta argumentación histórica juega en beneficio de la institución monárquica, que parece escapar de la acción constituyente de la nación, situándose por encima o al margen de ella, interpretación que tendrá su relativo contrapunto en la previsión del artículo 14, a cuyo tenor: «el gobierno de la Nación española es una Monarquía moderada hereditaria.»

En esta definición de la Monarquía como «moderada» debe verse la contraposición frente al carácter «absoluto» de la Monarquía del Antiguo Régimen; no es casual en modo alguno que al artículo 14 sigan tres preceptos que deslindan el tríptico de los poderes constitucionales: legislativo, ejecutivo y judicial. Sin embargo, la razón de ser última de esta división del ejercicio de la autoridad soberana de la Nación hay que buscarla en un argumento eminentemente pragmático: la garantía de la libertad y seguridad exige ineludiblemente esa división.

En todo caso, los constituyentes revelarán una clara incertidumbre a la hora de proceder a articular las relaciones entre el legislativo y el ejecutivo. Fruto de la misma será una regulación compleja cuando no, en ocasiones, un tanto contradictoria. Y así, si bien las relaciones entre Rey y Cortes son mínimas, al Monarca se atribuye un derecho de veto frente a la legislación aprobada por las Cortes. Por lo demás, la ignorancia constitucional del principio de la responsabilidad política imposibilitará el establecimiento de vínculos políticos entre legislativo y ejecutivo, por lo menos, de los vínculos propios del régimen parlamentario, consagrándose en el Trienio liberal (1820-1823) un régimen de rígida separación de poderes.

Desde la óptica del otro de los grandes principios revolucionarios, la declaración y garantía de unos derechos naturales e imprescriptibles, cabe decir que la Constitución gaditana no recogerá una explícita, ordenada y sistemática declaración de derechos, lo que no es óbice para que a lo largo de su articulado, de modo un tanto disperso, encontremos algunos de esos derechos: seguridad personal, inviolabilidad del domicilio, derecho de petición y libertad de imprenta, que se vincula a la conformación de un verdadero régimen de opinión pública y que opera como un factor coadyuvante en orden a conseguir la generalización de la instrucción pública.

En último término, los constituyentes de Cádiz, con una intervención bien loable aunque no exenta de una notoria ingenuidad, pretenderán llevar a cabo no sólo una racionalización del poder, sino también una reorganización general de toda la sociedad.

Tras la muerte de Fernando VII (1833), se inicia una fase que tiene su proemio en el Estatuto Real de 1834, al que seguirán un conjunto de códigos constitucionales transidos de una filosofía jurídico-política bien diferenciada de la que tiñe los albores de nuestro primer constitucionalismo.

Descartada al término de la primera guerra carlista la alternativa de la monarquía absoluta, surgirá la dialéctica política «moderados-progresistas», que divide a los liberales en dos corrientes contrapuestas. A partir de este momento, y hasta 1868, el juego político se desenvolverá entre estos hombres de convicciones liberales entre los que, pese a sus notorias discrepancias, media una cierta comunidad de ideas; como advierte *Sánchez Agesta,* moderados y progresistas coinciden en las bases esenciales del régimen: existencia de una ley fundamental escrita, de unos grupos representativos basados en el sufragio censitario y de un régimen de publicidad (de libertad de imprenta y expresión) y de libertades individuales, en el bien entendido de que éstas se conciben no tanto como libertades políticas, ni tan siquiera como libertades públicas, sino como libertades civiles o privadas.

Tras la breve vigencia del Estatuto Real y el restablecimiento formal, si bien meramente simbólico y orientado a legitimar el proceso político que en ese momento se inicia, de la Constitución de Cádiz (en agosto de 1836), se abre un nuevo período constituyente que culminará en la Constitución de 1837.

El nuevo código responde a una concepción constitucional muy distinta de la de 1812, que se manifiesta tanto en el plano formal (drástica reducción del articulado) como en el material (acomodo de los principios constitucionales a la filosofía pragmático-jurídica resultante del utilitarismo «benthamista» que sirve como pauta de autoridad a buena parte de los constituyentes).

El intento doceañista de totalizar normativamente en un código la organización global de los poderes públicos, y aún de reordenar la sociedad en su conjunto, dará paso ahora a un deseo más modesto y a la par más útil, de reducir la constitución a lo estrictamente necesario. El acomodo a lo que se dio en llamar el «espíritu del siglo» llevará a los constituyentes de 1837 a preocuparse más de las obras constitucionales edificadas en otros países (en especial, de la Constitución belga de 1831) que de la impronta de nuestras tradiciones.

Por lo demás, la concepción de la vida política se verá notablemente alterada por mor no tanto de las previsiones constitucionales, cuanto de un conjunto de usos y convenciones que propiciarán la consolidación en España del régimen parlamentario. Bien es verdad que quedará aún muy lejana la posibilidad de institucionalizar una Monarquía parlamentaria en la que la Corona opere tan sólo como un poder neutral ante el juego político, vinculándose los Gobiernos con el Parlamento en función de una mera relación fiduciaria. Por contra, el régimen parlamentario se configurará como «orleanista», asentándose en el principio de la «doble confianza», esto es, los Gobiernos necesitarán de la confianza del Rey y de las Cortes para mantenerse en el ejercicio de sus funciones. Este modelo, unido al falseamiento electoral, conducirá a fomentar indirectamente el protagonismo de la Corona como árbitro de los cambios de Gobierno, protagonismo que se verá reforzado por la peculiar forma en que la Reina Isabel II ejerció su poder moderador.

En lo que respecta al principio de libertad, cabe significar que la Constitución de 1837 es la primera que dedica un título completo a enumerar un conjunto de derechos y libertades que se enuncian no como preceptos abstractos, sino como preceptos con un indudable carácter práctico y un contenido jurídico-positivo. Bien es verdad que las garantías de los derechos siguen siendo inexistentes, y que no puede hablarse en absoluto de un régimen de libertades públicas.

A la Constitución de 1837 seguirá la de 1845, que no es sino una mera reforma de aquélla, inspirada por el sector más rígido del moderantismo y asentada en la filosofía política del liberalismo doctrinario, que contrapone a la soberanía nacional la existencia histórica de dos grandes instituciones, Monarquía y Cortes, que muestran su voluntad conjunta de «regularizar y poner en consonancia con las necesidades actuales del Estado los antiguos fueros y libertades de estos Reinos», y que tiende a conciliar la libertad individual con el orden social. La reducción del marco jurídico de la libertad de imprenta, la disminución del cuerpo electoral (durante las etapas de gobierno moderado no rebasará nunca el 5 por 100 de la población), el control de la vida municipal por el poder central, con el consiguiente nombramiento gubernamental de los Alcaldes... etc., serán algunas de las consecuencias a que conducirá el nuevo texto constitucional.

A modo de islote que emerge en medio del constitucionalismo liberal, y que tiende a aproximarse al constitucionalismo democrático, nos encontramos con el Bienio progresista (1854-1856), en el que se abrirá un nuevo proceso constituyente que culminará en la llamada «Constitución nonnata» de 1856, llamada así porque, pese a ser aprobada ese año, no llegará finalmente a entrar en vigor. El texto, que quizá sea el que más fielmente represente el ideario progresista en el siglo XIX, anticipa en muchas de sus previsiones las nuevas fórmulas constitucionales que quedarán finalmente plasmadas en 1869.

Si efectuamos ahora una recapitulación final sobre este período del constitucionalismo liberal, hemos de comenzar significando que sólo en un sentido figurado puede hablarse de régimen constitucional.

El hecho de que la Monarquía quede en buena medida al margen del proceso constituyente; la inexistencia de un verdadero régimen de libertades públicas; el sufragio censitario, con el consiguiente otorgamiento del derecho de sufragio a un bajísimo porcentaje de población; el desconocimiento del principio de primacía formal de la constitución, ignorado en 1837 y 1845 e incumplido respecto del código de 1812; la ausencia de un auténtico sentimiento constitucional, sustituido por una visión taumatúrgica e irracional, son otras tantas circunstancias que conducen a la conclusión de que quizá lo más exacto sea hablar de la existencia de un régimen pseudoconstitucional para calificar el sistema instaurado por nuestras primeras Constituciones.

b/ El constitucionalismo democrático

La Revolución de septiembre de 1868 supondrá un cambio de perspectiva notable respecto del modelo político-constitucional precedente. El liberalismo radical que subyace en las múltiples proclamas y manifiestos que proliferan por doquier en septiembre de 1868, choca frontalmente con los principios del doctrinarismo que habían prevalecido con la Monarquía isabelina.

Un elemento común a buena parte de las proclamas es el de la conveniencia de garantizar a todo trance las libertades individuales. A tal fin, ya no se apela a la Corona; bien al contrario, de los sucesivos fracasos constitucionales se inculpa al Trono en el conocido Manifiesto «La España con honra»; además, se hace hincapié en un principio capital: el de la soberanía nacional, que debe asentarse en el sufragio universal, principio que aparece como superior incluso a la autoridad histórica y tradicional de la Corona, lo que, como es obvio, conducirá a que sea el titular de la soberanía quien, conformado como poder constituyente, decida la forma de gobierno.

Consecuentemente, los revolucionarios propugnarán la caída de la dinastía; tratarán de acabar con el falseamiento del sufragio, que había viciado los supuestos mismos de la representación, y reivindicarán la regeneración social y política.

Al logro de estos grandes objetivos políticos, así como al deseo —explicitado en el preámbulo de la Constitución— de «afianzar la justicia, la libertad y la seguridad, y proveer el bien de cuantos vivan en España», responde la Constitución de 1869, obra de la Nación española «y en su nombre, de las Cortes constituyentes elegidas por sufragio universal». Ya esta rotunda afirmación nos ilustra acerca de la vinculación entre soberanía nacional y sufragio universal; sin éste, carece de sentido hablar de aquélla.

Calificado por *Cánovas del Castillo* como el hecho político de mayor trascendencia de la nueva Constitución, el sufragio universal adquirirá asimismo la condición jurídica de derecho constitucional, del que, a tenor del artículo 16 de la Constitución, no podrá ser privado ningún español que se halle en el pleno goce de sus derechos civiles.

El principio de la soberanía nacional asumirá además otra importante proyección: la voluntad de la nación se convierte en el único elemento legitimador de todo poder. En esta dirección, el artículo 32 proclamará: «La soberanía reside esencialmente en la nación, de la cual emanan todos los poderes», y en perfecta sintonía con esa determinación el artículo 33 prescribirá: «La forma de gobierno de la Nación española es la Monarquía.»

Puede decirse por ello mismo que la Monarquía, con esta Constitución, no será otra cosa que la forma de gobierno que los constituyentes han considerado oportuno establecer. De ahí que acudan al mismo precepto el 11 de febrero de 1873 para, tras la renuncia al Trono de España por parte de don Amadeo de Saboya, declarar la República como forma de gobierno de la Nación.

Junto a los rasgos precedentes, hay que añadir el intento de nueva caracterización con que se contempla la institución monárquica, que se refleja en la desaparición del derecho de veto regio y en la mera titularidad nominal del poder ejecutivo, cuyo ejercicio real corresponde a los Ministros. Queda de esta forma el Monarca como un poder constituido de carácter moderador y en cierto modo arbitral respecto de la actuación de los restantes poderes. Si a todo ello unimos la constitucionalización del derecho de censura y del de interpelación a los ministros —con lo que ello entraña de constitucionalización del principio de responsabilidad política—, podrá concluirse significando que la norma constitucional se decanta por un sistema de gobierno muy próximo al de la monarquía parlamentaria.

La Revolución de septiembre de 1868 se había hecho en nombre de la libertad. No debe extrañar por ello que el 8 de octubre de ese año, la Junta Superior Revolucionaria hiciera pública una Declaración de Derechos en la que se consagraban «los derechos ilegislables y las libertades individuales y asociativas». La libertad será, pues, la auténtica idea motriz de los revolucionarios. De ahí que frente al carácter limitado de los derechos defendido por el doctrinarismo, se acuñe ahora la idea del carácter ilegislable y absoluto de esos derechos, en una dirección que nos recuerda muy de cerca la seguida por la Declaración de Independencia norteamericana.

Los constituyentes asentarán el orden político en el respeto y garantía de los derechos individuales. Y así, el artículo 22 de la Norma Suprema prescribirá que «no se establecerá ni por las leyes ni por las autoridades disposición alguna preventiva que se refiera al ejercicio de los derechos definidos en en este título». Por otra parte, el carácter de «derechos naturales», inherentes a la naturaleza misma del ser humano, se traducirá constitucionalmente en una disposición extensiva contenida en el artículo 29, a cuyo tenor, «la enumeración de los derechos consignados en este título no implica la prohibición de cualquier otro no consignado expresamente».

Esta novedosa visión desde la que se iban a contemplar los derechos, encontraría su complemento tanto en la amplísima enumeración constitucional como en la constitucionalización de un conjunto de mecanismos de garantía. Y así, de un lado, por primera vez se elevan al código fundamental los derechos de reunión y asociación, las libertades de culto y de enseñanza y el derecho de sufragio. De otro, los constituyentes rodearán los derechos de un conjunto de garantías encaminadas a su efectiva salvaguarda, garantías que operan básicamente frente a posibles actuaciones constrictivas de derechos llevadas a cabo por los funcionarios públicos, juridificándose a través de la tipificación de tales actos como ilícitos penales de especial gravedad.

Tras el fracaso de la Primera República Española (1873-1874), la Restauración borbónica en la persona de Alfonso XII trae consigo el período más estable de nuestra historia contemporánea. La Constitución de 1876 será el código sobre el que se vertebrará el nuevo orden político, y Cánovas del Castillo, el protagonista central de esta etapa; su pragmatismo político y espíritu transaccional, fruto de un nítido sentido del Estado, le conducirán a impulsar una Constitución que aún asentándose en los principios del doctrinarismo, se abrirá a las nuevas ideas entronizadas por el código de 1869; de esta forma, la Constitución será redactada —por lo menos sus preceptos más controvertidos— con la suficiente flexibilidad como para que su desarrollo permitiera soluciones plurales, incluso contrapuestas. Tal acontecerá con el principio revolucionario del sufragio universal, que se logrará institucionalizar sobre la base de la remisión a la Ley Electoral. Así, la Ley Electoral de 26 de junio de 1890 incorporará a nuestra vida política irreversiblemente la institución del sufragio universal.

En todo caso, los grandes principios constitucionales, como el de la soberanía y el de la libertad, responderán al enunciado doctrinario. Así, el fundamento del orden constitucional vendrá referido al principio de la «constitución interna», ya enunciado en 1845, de conformidad con el cual, Monarquía y Cortes son unidades ya constituidas, preexistentes a la propia norma constitucional, cuyo único objeto habrá de ser precisar las relaciones que han de mediar entre una y otra.

En cuanto a los derechos, frente a la proscripción de toda ley o acto gubernativo de carácter preventivo en materia de libertades, establecida por la Constitución de 1869, el nuevo texto opera con un criterio tendencialmente opuesto. Su artículo 14 sujeta el goce por los españoles de los derechos constitucionalmente reconocidos a las reglas oportunas que dicten las leyes, bien que «sin menoscabo de los derechos de la Nación, ni de los atributos esenciales del Poder público». Ya no cabe hablar, pues, de derechos naturales anteriores a la Constitución; ahora, los derechos no existirán hasta tanto sean normativamente contemplados por el legislador, que además podrá limitarlos, con lo que los derechos y libertades públicas quedarán sujetos en último término a los vaivenes de la vida política y, por ello mismo y en cierta medida, al arbitrio de los gobernantes. En todo caso, conviene recordar que durante la Restauración se promulgará un conjunto muy importante de leyes de desarrollo de los derechos y libertades: derecho de reunión (1880), derecho de asociación (1887), derecho de sufragio (1890)... etc.

Si hacemos un balance final de esta segunda etapa de nuestro constitucionalismo, habremos de comenzar poniendo de relieve que con el constitucionalismo democrático asistimos a la implantación definitiva del sistema constitucional. No es del todo ajeno a ello el hecho de que los partidos hayan dejado de ser grupúsculos de opinión o círculos de notables, pasando a constituirse en verdaderas organizaciones políticas cada vez más complejas; en ello tendrá mucho que ver la adopción del sufragio universal y el reconocimiento del derecho de asociación.

También es en esta etapa cuando asistimos al nacimiento de un verdadero régimen de libertades públicas, que si bien sufrirá dispares alternativas, es lo cierto que un conjunto de leyes orgánicas y procesales contribuirán a darles fijeza y estabilidad. Si nuestro primer constitucionalismo se preocupa más por las libertades privadas o civiles, con olvido de las públicas o políticas, ahora la perspectiva se altera radicalmente, dándose además la paradoja de que será durante este período cuando al fin se logre la aprobación del Código Civil y del de Comercio, llamados a normativizar los derechos que más preocupaban en el constitucionalismo liberal.

En otro orden de consideraciones, si bien en este período sólo en 1869 la Constitución adquiere una verdadera supremacía formal, no reconocida en 1876, no debe olvidarse, sin embargo, que la Constitución de 1876 comenzará a ser reconocida como norma jurídica suprema por nuestro máximo órgano juridiccional, el Tribunal Supremo, que recurrirá a preceptos de la norma fundamental para apoyar jurídicamente algunas de sus sentencias ya en los estertores del pasado siglo.

c/ El constitucionalismo social

Las Constituciones que surgen a partir de 1919 aparecen transidas por un conjunto de rasgos radicalmente novedosos que *Adolfo Posada* resumiría en la «transformación social del régimen constitucional», que, en su sustancia, se orientará en una doble dirección:

a) El acomodo de las Constituciones a las nuevas exigencias resultantes de la creciente complejidad de la vida social, de modo tal que se creen un mínimo de condiciones jurídicas que permitan asegurar la independencia social del individuo, y

b) La incorporación al régimen constitucional, como factores institucionales del mismo, de las fuerzas que integran el ser vivo de la sociedad.

En el plano jurídico-constitucional, esta doble orientación se traducirá en aspectos tales como: la primacía formal de la constitución y el control de la constitucionalidad de las leyes; las tendencias sociales de la declaración constitucional de derechos; la limitación, en nombre del interés social, de ciertos derechos individuales; la concreción de un amplio instrumental de garantías jurídicas en relación con esos mismos derechos; la racionalización de los mecanismos propios del régimen parlamentario, y el efluvio de las instituciones características de la democracia directa o semi-directa.

En el marco que acabamos de esbozar se inscribe la Constitución de 1931, sobre la que se vertebra la vida política de la Segunda República Española. Esta Constitución, al igual que sus coetáneas, no se limitará a ser la norma vertebradora de las instituciones del Estado, o a enunciar sin mayores pretensiones los derechos y libertades individuales, sino que se extenderá al plano social, asumiendo una función transformadora de la sociedad.

La subordinación de toda la riqueza del país, sea quien fuere su dueño, a los intereses de la economía nacional; la posibilidad de nacionalizar los servicios públicos y las explotaciones que afecten al interés común, cuando la necesidad social así lo exija; la intervención por ley del Estado en la explotación y coordinación de industrias y empresas cuando así lo requirieren la racionalización de la producción y los intereses de la economía nacional; el aseguramiento por la República de las condiciones necesarias de una existencia digna para todo trabajador; la protección del campesino; la libertad de asociación sindical; la consideración de la riqueza artística e histórica del país como tesoro cultural de la Nación, sujeto a la salvaguarda del Estado; el reconocimiento del carácter gratuito y obligatorio de la enseñanza primaria... son otros tantos principios constitucionales suficientemente ilustrativos de la dirección perseguida por los constituyentes.

En sintonía con las nuevas orientaciones del constitucionalismo de entreguerras, la Constitución de 1931 se separa notablemente de las que le anteceden en su concepción de varios de los más importantes principios constitucionales.

Así, frente a la soberanía nacional o compartida, se acuña ahora el principio de la soberanía popular. «Los poderes de todos sus órganos (los de la República) emanan del pueblo», proclama el párrafo segundo del artículo 1.º.

En cuanto a la concreción de la forma de gobierno, «una República democrática de trabajadores de toda clase», revela el acusado influjo del ideario socialista que late en todo el articulado constitucional.

Una de las más significativas novedades del nuevo código político la encontramos en la original forma de articulación territorial del poder. «La República —proclama el párrafo tercero del artículo 1.º— constituye un Estado integral, compatible con la autonomía de los Municipios y las Regiones.» El preciso significado del «Estado integral» se iría decantando en los debates constituyentes, perfilándose en un modelo un tanto original que se situaba a mitad de camino entre el Estado unitario y el federal, modelo que iba a girar en torno al reconocimiento de la autonomía de las Regiones, una autonomía que las convertía en núcleos político-administrativos, en definitiva, una autonomía dotada de contenido político. En cualquier caso, en el ánimo de los constituyentes no estaba la generalización de tal autonomía, si bien, jurídicamente, nada lo impedía, pues el acceso a la autonomía se asentaba en el principio de voluntariedad.

En cuanto al régimen jurídico de los derechos, hay que destacar el intento del constituyente republicano de dotarlos de un conjunto de garantías jurídicas. A tal efecto, la Constitución de 1931 instituirá el «recurso de amparo de garantías individuales», cuando hubiere sido ineficaz la reclamación ante otras autoridades como consecuencia de una presunta vulneración de un derecho; del recurso de amparo había de conocer el Tribunal de Garantías Constitucionales. En definitiva, la Constitución republicana no se limitará a enumerar ampliamente un conjunto de derechos, sino que tratará de establecer un régimen jurídico garantista.

Los constituyentes de 1931 iban a consagrar no sólo la supremacía formal de la Constitución, mediante la regulación de un procedimiento agravado para su reforma, sino también su supremacía sustancial o material, en orden a cuya salvaguarda la Constitución de la Segunda República introducirá por vez primera en un código constitucional español el control de la constitucionalidad. En efecto, su Título IX establecerá un Tribunal de Garantías Constitucionales al que, entre otras competencias, se le atribuye el conocimiento del recurso de inconstitucionalidad de las leyes, el del recurso de amparo de garantías individuales y el de los conflictos de competencia legislativa y cuantos surjan entre el Estado y las Regiones autónomas y los de éstas entre sí.

Bien es verdad que la jurisdicción constitucional se presentaba como una institución absolutamente discordante con los presupuestos teóricos que estaban en la base de toda la obra de los constituyentes de 1931. La idea de democracia arraigada en ellos era la de la democracia rousseauniana, la de la democracia jacobina radical que no entiende la posibilidad de establecer límite a la acción del legislador. Tal circunstancia, como advierte *Rubio Llorente,* explica el fracaso total del instituto de control de la constitucionalidad y del órgano al que se le encomendó esa función.

Aunque técnicamente la Constitución de 1931 incorporó un acervo de mecanismos jurídicos llamados a dinamizar y modernizar la vida política, es lo cierto que ya desde el primer momento operó más como elemento centrífugo que como factor de integración, más como cauce de polarización que como núcleo vertebrador de la vida social y política, lo que explica en buena parte su absoluto fracaso. Es precisamente la superación de tan grave falla constitucional el mérito más relevante de la actual Constitución de 1978.

BIBLIOGRAFIA

Argüelles, Agustín de: «Discurso Preliminar a la Constitución de 1812», C.E.C., Madrid, 1981.

Artola, Miguel: «Antiguo Régimen y revolución liberal», Editorial Ariel, Barcelona, 1978.

Attard, Emilio: «El constitucionalismo español: 1808-1978» (Ensayo histórico-jurídico), Valencia, 1988.

Clavero, Bartolomé: «Manual de historia constitucional de España», Alianza Universidad, Madrid, 1989.

De Esteban, Jorge: «Esquemas del constitucionalismo español. 1808-1976» (dirección y estudio preliminar), Universidad Complutense de Madrid, Facultad de Derecho, Madrid, 1976.

Diez del Corral, Luis: «El liberalismo doctrinario», Instituto de Estudios Políticos, Madrid, 1956.

Farias, Pedro: «Breve historia constitucional de España», Doncel, Madrid, 1975.

Fernández Segado, Francisco: «Las Constituciones Históricas Españolas», Editorial Civitas. 4.ª ed., Madrid, 1986.

Llorca, Carmen: «Parlamentarismo y Constituciones en España», Ediciones Istmo, Madrid, 1988.

Merino Merchán, José F.: «Regímenes históricos españoles», Editorial Tecnos, Madrid, 1988.

Ruggiero, Guido de: «Historia del liberalismo europeo», Ediciones Pegado, Madrid, 1944.

Sánchez Agesta, Luis: «Historia del constitucionalismo español (1808-1936)», C.E.C., 4.ª ed., Madrid, 1984.

Solé Tura, Jordi y *Aja, Eliseo:* «Constituciones y períodos constituyentes en España (1808-1936)», Siglo XXI de España Editores, Madrid, 1977.

Tomás Villarroya, Joaquín: «Breve historia del constitucionalismo español» C.E.C., Madrid, 1981.

Torres del Moral, Antonio: «Constitucionalismo histórico español», Atomo Ediciones, Madrid, 1986.

CAPITULO II

LA CONSTITUCION Y EL ORDENAMIENTO JURIDICO

SUMARIO

A) El proceso constituyente.

B) La estructura del texto constitucional.

C) El carácter fundamental de la Constitución.

D) El carácter normativo de la Constitución:
- *a/ Evolución y significado de este principio.*
- *b/ Las peculiaridades de la norma constitucional.*
- *c/ La heterogeneidad de las normas constitucionales.*
- *d/ El artículo 9.º.1 y la fuerza normativa de la Constitución.*
- *e/ La eficacia derogatoria de la Constitución.*
- *f/ El principio de interpretación conforme a la Constitución.*

E) La reforma de la Constitución:
- *a/ Significado, funciones y técnicas de la reforma.*
- *b/ La reforma constitucional en el ordenamiento español:*
  - a') La iniciativa de la reforma.
  - b') Los límites a la iniciativa de la reforma constitucional.
  - c') El procedimiento de reforma:
    - a'') El procedimiento de reforma parcial.
    - b'') El procedimiento de revisión total.
  - d') Inexistencia de límites materiales y consecuencias del doble procedimiento de reforma.

F) Los valores superiores del ordenamiento jurídico.

G) Los principios constitucionales informadores del ordenamiento:
1. El principio de legalidad.
2. El principio de jerarquía normativa.

3. El principio de interdicción de la arbitrariedad de los poderes públicos.
4. El principio de responsabilidad de los poderes públicos.
5. El principio de seguridad jurídica.
6. El principio de publicidad de las normas.
7. El principio de irretroactividad de las disposiciones sancionadoras no favorables o restrictivas de derechos individuales.

BIBLIOGRAFÍA.

A) El proceso constituyente

I. En el, por tantas circunstancias, modélico, a la par que sorprendente, proceso de la transición política, que implica el paso de un régimen autoritario a otro democrático, de un sistema de libertades reprimidas a otro sustentado en la libertad, de un modelo monista políticamente a otro asentado en el pluralismo político, pueden distinguirse tres etapas perfectamente diferenciadas:

1.ª) La que se extiende desde el fallecimiento del general Franco (20 de noviembre de 1975) hasta la ratificación referendaria de la Ley para la Reforma Política (15 de diciembre de 1976).

2.ª) La que abarca desde la promulgación de esta Ley, mínimo normativo para el tránsito de un sistema a otro, como la ha tildado *Hernández Gil,* hasta la celebración de las elecciones generales del 15 de junio de 1977. Y

3.ª) La que, tomando como punto de partida esos comicios, alcanza hasta la promulgación de la Constitución, el 27 de diciembre de 1978.

II. Aunque la muerte del general Franco supone teóricamente la apertura del proceso de transición, pues, a partir de ese momento, era patente la obsolescencia de un régimen basado en la pura concentración personal del poder, lo cierto será que, como apunta *Morodo,* habrá que esperar a la decisión regia de cesar al Presidente del Gobierno, Arias Navarro, para ver objetivamente abierta la transición a la democracia. El Rey asumía de esta forma, sin atisbo alguno de duda, su papel de impulsor, de «motor del cambio».

La Ley para la Reforma Política descubría en su propia denominación su auténtico significado: se trataba de una Ley *para* la reforma, no de reforma, lo que no era óbice para que, como advirtiera *Lucas Verdú,* el texto de la nueva Ley sorprendiera, de entrada, por su estilo y léxico, bien diferentes de los propios de las Leyes Fundamentales del franquismo. Esta naturaleza de *Ley instrumental, Ley para la reforma,* nos revelaba de modo inequívoco que con la nueva norma lo que se pretendía, pura y simplemente, era llevar a cabo desde la legalidad formal una reforma de amplio alcance constituyente.

Del nuevo léxico, de los nuevos principios que inspiran la Ley para la Reforma Política, nos dan clara idea, entre otros, la proclamación del principio de la soberanía popular, en cuanto que la Ley se considera como la expresión de la voluntad soberana del pueblo, y el reconocimiento de los supuestos básicos del Estado de Derecho: derechos fundamentales, que se declaran solemne y escuetamente inviolables y se establecen en forma imperativa, vinculando a todos los órganos del Estado, y división/colaboración de poderes.

Aprobada la Ley para la Reforma Política, de 4 de enero de 1977, y salvados los obstáculos intra-régimen que amenazaban la transición, el proceso hacia la democracia continuará, quedando progresivamente impregnado por un término que, con mayor o menor precisión conceptual, expresa, como dice *Morodo,* la nueva realidad: el consenso entre el Gobierno y la oposición democrática que marca toda la transición y aún el mismo proceso constituyente.

III. Mucho se ha debatido acerca de si el proceso de reformas políticas que culmina en la Constitución de 1978 puede ser propiamente calificado o no como constituyente.

Lucas Verdú lo definiría como un proceso singular, *«sui generis»* y heterodoxo. Singular, en cuanto se produce dentro de la legalidad formal (no es una ruptura sino una reforma) y en él conservan intacto su poder los llamados «poderes fácticos»; *«sui generis»,* por la disminución del poder constituyente en su calificación de soberano y originario; y heterodoxo, por no ajustarse a los cánones tradicionales de la dogmática constitucional.

Sánchez Agesta no vacila en tildar el proceso como «constituyente», calificando como «hecho constituyente» la afirmación de la Ley para la Reforma Política «de un principio democrático como fundamento del orden constitucional».

Por último, para *Morodo,* en opinión que suscribimos, el carácter constituyente es claro, pues el resultado fue constituyente, es decir, hubo ruptura ideológica e institucional. Un cambio político de la envergadura, aún más, de la radicalidad del que aconteció en España, presupone inequívocamente la puesta en marcha de un poder, si no *«de iure»,* por lo menos sí *«de facto»* constituyente.

IV. Las elecciones del 15 de junio de 1977 iban a propiciar unas Cortes con dos formaciones políticas muy destacadas: la UCD (Unión de Centro Democrático), el partido centrista que lideraba el Presidente del Gobierno, don Adolfo Suárez, y el PSOE (Partido Socialista Obrero Español), que se convertía en la principal fuerza de oposición parlamentaria. Sin embargo, el sistema parlamentario de partidos de esas

Cortes «*de facto*» constituyentes, aunque pudiera parecer próximo al bipartidismo, quedaba muy alejado de este modelo. De ahí que, como advirtiera *Alzaga,* la dinámica parlamentaria de formación de mayorías no pudiera confundirse ni de lejos con la propia de un auténtico sistema bipartidista.

En consonancia con ese peculiar modelo parlamentario de partidos, en el que había que destacar la presencia de las formaciones nacionalistas, el pacto constituyente tenía que ser multilateral y necesariamente dificultoso, pues habían de integrarse, si se quería romper con la funesta inercia de nuestro constitucionalismo histórico, caracterizado, como ya vimos, por la sucesión de «constituciones de partido», modelos de convivencia muy diferentes entre sí, ya no sólo en atención a sus premisas ideológicas, sino, incluso dentro de posiciones ideológicas similares, en atención a otras variables, como la propia concepción de la estructura territorial del Estado.

Sin embargo, el sentimiento compartido por la inmensa mayoría de las fuerzas políticas, de la necesidad de lograr lo que el Presidente de la Comisión Constitucional del Congreso, *Emilio Attard,* llamara una «Constitución hospitalaria con todos», que no dejase en la cuneta a ningún grupo, iba a conducir a un acuerdo responsable y pacificador y, en definitiva, a un texto integrador que, como bien dice *Peces-Barba,* se nos presenta hoy como un acuerdo responsable que ha pacificado en su dimensión de norma básica, nuestra convivencia. El enorme, el inestimable capital político de nuestra Norma Suprema, añadiríamos nosotros, es su carácter integrador, su indiscutible virtualidad centrípeta, con la que se ha venido a superar por fin el carácter centrífugo de la gran mayoría, por no decir que de todas, de las Constituciones de nuestra mutable historia constitucional.

Y todo ello no es sino la resultante del *consenso,* esto es, como dice *Peces-Barba,* de un acuerdo en lo fundamental, de un pacto para la paz y para la convivencia, con profundas raíces éticas y culturales, que pretende superar una tradición de enfrentamiento y buscar la coincidencia en lo fundamental.

V. El análisis del itinerario constituyente nos revela, ante todo, su gran duración, muy superior a la de la generalidad de análogos procesos en nuestra historia, circunstancia que encuentra su razón de ser en diferentes motivos, que van desde el dilatado trabajo de la Ponencia Constitucional hasta el carácter bicameral de las Cortes, sin olvidar las mutaciones que diferentes formaciones experimentaron a lo largo del «iter» constituyente en sus criterios político-constitucionales.

Fue una Ponencia integrada por siete miembros, tres de UCD, uno del PSOE, y uno más por AP, PCE y CiU, composición en la que se echa en falta la representación del PNV, lo que a nuestro juicio constituyó un error político de considerables dimensiones, la que, realizando su trabajo en base al principio de confidencialidad (quebrado, no obstante, el 22 de noviembre), articuló un Anteproyecto de Constitución integrado por 159 artículos, que sería objeto de 779 escritos de enmienda, con un total de 2.030 enmiendas a sus diversos preceptos.

Tras el preceptivo Informe de la Ponencia, en cuyo desarrollo se producía el abandono de la misma por parte del representante socialista, acertada jugada de póker, como el propio *Peces-Barba* ha definido su abandono, a los ocho meses del inicio del proceso, comenzaba el debate en la Comisión Constitucional del Congreso, que se cerraba con una intervención del Ministro de Justicia, *Landelino Lavilla,* quien reclamaba en nombre del Gobierno la necesidad de que la Constitución representara un marco efectivo de convivencia que incorporara a España al modelo de las democracias occidentales. El Ministro, a título propio, defendería la conveniencia de que el consenso no se fundara en la ambigüedad ni en la ambivalencia de los preceptos, sino en la búsqueda y proclamación de los puntos de convergencia, acertadísima idea que, sin embargo, no siempre se tuvo en cuenta.

Por lo demás, el debate en el seno de la Comisión de Asuntos Constitucionales y Libertades Públicas del Congreso de los Diputados nos ofreció el episodio de los pactos y acuerdos al margen de la Cámara, de los que constituye la primera manifestación la ya histórica cena del 22 de mayo, con presencia de representantes socialistas y centristas. A partir de este momento, el entendimiento y el pacto guiaron los debates constituyentes, con algunas aisladas excepciones.

En sus líneas maestras, la Constitución quedó perfilada por el Congreso, si bien la Cámara Alta llevó a cabo una tarea meritoria de perfeccionamiento técnico del texto. Y otro tanto cabe decir de la Comisión Mixta Congreso-Senado, que, como manifestara su Presidente, y a la par Presidente de las Cortes, don *Antonio Hernández Gil,* pretendió ante todo la búsqueda de una formulación superadora de las diferencias manifestadas por el Congreso y Senado respecto de un precepto concreto. A tal efecto, procuró evitar no sólo las divergencias mostradas por los propios textos de cada Cámara, sino también aquellas otras que pudieran surgir de la labor correctora que se le había encomendado. En definitiva, en su labor tuvo como norte la integración.

En el preceptivo referéndum de ratificación popular del texto de la Constitución, la participación fue relativamente elevada para una consulta de esta naturaleza, más aún si se advierte que algunas formaciones políticas propugnaron expresamente la abstención. Un 67,11 por 100 del cuerpo electoral participó en la histórica jornada del 6 de diciembre de 1978. Y de esos votantes, un abrumador 87,87 por 100 se pronunció a favor de la Constitución, mientras que tan sólo un 7,83 por 100 de los electores que acudieron a las urnas votó en contra.

VI. Para finalizar, nos referiremos a una cuestión de cierto interés. El hecho de que finalmente se impusiera el acuerdo, el pacto, el entendimiento, el consenso en definitiva, no significa que en el itinerario constituyente no existiesen temas especialmente controvertidos y polémicos. Es interesante recordarlos:

1/ La concepción de la Monarquía, inicialmente objetada por el PSOE, con una enmienda en la que la jefatura del Estado se atribuía a una Presidencia de la República, circunstancia que debe entenderse no sólo como un acto testimonial respecto de la tradición republicana del partido, sino también como un intento de capitalizar una serie de activos con los que ulteriormente proceder a negociar con otras fuerzas políticas. La declinatoria en este punto de su programa político le supondría al PSOE un fortalecimiento de sus posiciones en otros temas.

2/ Los derechos educativos, que en repetidas ocasiones (la última de ellas en el Senado) estuvieron a punto de quebrar el consenso. Dentro de esos derechos, el derecho a dirigir sus propios centros, por parte de las personas físicas y jurídicas que ejercitaran la libertad de creación de centros docentes, constitucionalmente garantizada, se convirtió posiblemente en el punto de disputa más enconado.

3/ El bloque normativo referente a la llamada «Constitución económica».

4/ La composición del Congreso y, especialmente, la del Senado.

5/ La organización territorial del poder reflejada en el Título VIII. La presencia del controvertido término de «nacionalidades», las dispares concepciones de la autonomía y la propia técnica cumulativa con que, como recuerda *Sánchez Agesta,* se redactó el Título VIII, con varios propósitos contrapuestos por parte de las distintas fuerzas políticas, condujeron a una normación arduamente discutida y, por lo demás, muy poco afortunada.

6/ La concepción constitucional de los derechos históricos de los territorios forales, que desencadenó finalmente la abstención del PNV respecto del texto constitucional.

CRONOLOGIA DEL PROCESO CONSTITUYENTE

Año 1977

15 de junio	— Elecciones generales legislativas.
22 de julio	— Solemne sesión conjunta del Congreso y del Senado en el Palacio de las Cortes presidida por los Reyes.
26 de julio	— Aprobación por el Pleno del Congreso de los Diputados de una moción redactada por todos los Grupos par-

		lamentarios, juntamente con la Mesa del Congreso, por la que, entre otras Comisiones, se creaba la Comisión Constitucional.
1 de agosto	—	Constitución y elección de la Comisión Constitucional.
2 de agosto	—	Elección de los siete miembros que habían de integrar la Ponencia Constitucional.
22 de agosto	—	Primeros acuerdos de la Ponencia: carácter reservado de sus trabajos, naturaleza del texto a elaborar, calendario y plan de trabajo.
22 de noviembre	—	Filtración del texto constitucional y publicación de los primeros 39 artículos del Borrador constitucional por la Revista «*Cuadernos para el Diálogo*».
25 de noviembre	—	El diario «*El País*» publica el texto íntegro del Borrador de Constitución.
23 de diciembre	—	El Borrador de Anteproyecto de Constitución es entregado por la Ponencia a la Presidencia del Congreso.

Año 1978

5 de enero	—	Publicación por el *Boletín Oficial de las Cortes* del texto del Anteproyecto de Constitución, junto a los Votos particulares al mismo.
31 de enero	—	Finaliza el plazo de presentación de enmiendas, quedando formalizados 779 escritos de enmiendas.
6 de marzo	—	Don *Gregorio Peces-Barba,* representante socialista en la Ponencia Constitucional, abandona la misma por discrepancias en relación con el tema de la regulación de la enseñanza.
16 de marzo	—	La Ponencia Constitucional concluye sus trabajos, en ausencia del representante socialista.
10 de abril	—	Reunión de la Ponencia a efectos de la firma del Informe, también suscrito por el señor *Peces-Barba,* quien declara expresamente el alcance de su firma.
17 de abril	—	El *Boletín Oficial de las Cortes* (BOC) publica el Informe de la Ponencia, junto a un Anexo al mismo.
5 de mayo	—	Comienzo del debate constituyente en la Comisión de Asuntos Constitucionales y Libertades Públicas del Congreso.
22 de mayo	—	Búsqueda de fórmulas de entendimiento que eviten las «mayorías mecánicas» en la aprobación del articulado constitucional, mediante la reunión en el Restaurante «José Luis» de Madrid, a la que asisten cuatro dirigentes de UCD y otros tantos del PSOE. Se inicia lo que *Peces-Barba* ha llamado el segundo tiempo de los debates de la Ponencia Constitucional.

23 de mayo	— Comienza a surtir efectos el consenso, al aprobarse en una tarde 27 artículos. El diputado de Alianza Popular señor *Silva Muñoz* manifiesta que su partido se retira de los debates de la Comisión.
24 de mayo	— Alianza Popular, en ausencia del señor *Fraga Iribarne,* que se hallaba en Estados Unidos, ratifica su retirada de la Comisión.
29 de mayo	— El señor *Fraga* anuncia en la Comisión Constitucional el retorno a la misma de su Grupo parlamentario.
1.ª quincena de junio	— Se celebran distintas reuniones en escenarios ajenos al Congreso (por lo general en los despachos de ciertos diputados) con la finalidad de fraguar un acuerdo consensuado.
20 de junio	— La Comisión de Asuntos Constitucionales del Congreso finaliza sus trabajos, al aprobar el preceptivo Dictamen.
1 de julio	— El BOC publica el texto del Dictamen de la Comisión, así como las enmiendas y votos particulares al texto constitucional que tienen intención de defender ante el Pleno del Congreso los diferentes Grupos parlamentarios.
4 de julio	— Comienzo del debate plenario sobre el texto del Dictamen de la Comisión en el Congreso de los Diputados.
21 de julio	— El Pleno del Congreso aprueba el texto constitucional con el siguiente resultado: 258 votos a favor, 2 en contra y 14 abstenciones.
24 de julio	— Publicación en el BOC del texto del Proyecto de Constitución aprobado por el Pleno del Congreso de los Diputados.
7 de agosto	— Finaliza el plazo de presentación de enmiendas al Proyecto de Constitución en el Senado, con la presentación de un total de 1133 escritos de enmiendas.
9 de agosto	— Comienzo de los trabajos de la Ponencia Constitucional del Senado.
18 de agosto	— Apertura del debate constituyente en la Comisión de Constitución del Senado.
14 de septiembre	— Aprobación por la Comisión de Constitución de la Alta Cámara del texto del Dictamen relativo al Proyecto de Constitución (publicado en el BOC del 6 de octubre).
25 de septiembre	— Comienzo del debate en el Pleno del Senado.
5 de octubre	— El Pleno del Senado aprueba el Proyecto de Constitución.
13 de octubre	— Publicación por el BOC de las modificaciones propuestas por el Pleno del Senado al texto del Proyecto de Constitución aprobado por el Congreso.

16 de octubre — Inicio de las reuniones de la Comisión Mixta Congreso-Senado, presidida por el Presidente de las Cortes, don *Antonio Hernández Gil.*

25 de octubre — Finalización de los trabajos de la Comisión Mixta.

28 de octubre — Publicación por el BOC del Dictamen de la Comisión Mixta Congreso-Senado sobre el Proyecto de Constitución.

31 de octubre — Plenos del Congreso y del Senado, de ratificación del texto del Dictamen de la Comisión Mixta.

En el Congreso, el Proyecto de Constitución es ratificado por 325 votos a favor, 6 en contra, 14 abstenciones y 5 ausencias.

En el Senado la ratificación se produce por 226 votos a favor, 5 en contra y 8 abstenciones.

6 de noviembre — El BOC publica la Declaración de la Presidencia de las Cortes sobre aprobación por ambas Cámaras del Dictamen de la Comisión Mixta Congreso-Senado.

6 de diciembre — *Referéndum de ratificación popular* del texto constitucional, con los siguientes resultados:

Electores:	26.632.180
Votantes:	17.873.301 (67,11 por 100)
Votos a favor:	15.706.078 87,87 por 100 de los votantes 58,97 por 100 de los electores
Votos en contra:	1.400.505 7,83 por 100 de los votantes 5,25 por 100 de los electores
Votos en blanco:	632.902 3,54 por 100 de los votantes 2,37 por 100 de los electores
Votos nulos:	133.786 0,74 por 100 de los votantes 0,50 por 100 de los electores.

27 de diciembre — Solemne sesión conjunta del Congreso y Senado, celebrada en el Palacio de las Cortes, para la sanción de la Constitución Española por S.M. el Rey Don Juan Carlos I.

29 de diciembre — Publicación en el *Boletín Oficial del Estado* del texto de la Constitución Española.

B) La estructura del texto constitucional

I. La estructura de los textos constitucionales, esto es, el orden sistemático de su contenido, así como su extensión, no son datos arbitrarios, sino que intencionadamente responden a una precisa voluntad. De ahí que no deje de ser significativo su análisis.

Nuestro código constitucional consta de un total de 169 artículos, a los que hay que sumar 4 Disposiciones Adicionales, 9 Transitorias, una Derogatoria y otra Final, esto es, un conjunto de 184 preceptos, con lo que, después de la Constitución de Cádiz, se nos presenta como el texto más extenso de nuestra historia.

El articulado constitucional se estructura en once Títulos: un Título Preliminar, en el que se contienen como principios normativos los principales rasgos de nuestro sistema constitucional, y entre ellos, y muy destacadamente, los valores que lo informan, al que siguen otros diez Títulos relativos, respectivamente, a: los derechos y deberes fundamentales (Título I); la Corona (Título II); las Cortes Generales (Título III); el Gobierno y la Administración (Título IV); las relaciones entre el Gobierno y las Cortes Generales (Título V); el Poder Judicial (Título VI); Economía y Hacienda (Título VII); la organización territorial del Estado (Título VIII); el Tribunal Constitucional (Título IX), y la reforma constitucional (Título X).

II. Esos Títulos van precedidos por un *Preámbulo* de indudable trascendencia. El Preámbulo o Exposición de Motivos de una Ley es un modo de explicar o justificar la razón de ser de la disposición elaborada. En los textos constitucionales, el Preámbulo reviste una extraordinaria importancia en cuanto, como advierte *Morodo,* con mayor o menor radicalidad, suele expresar una idea de ruptura respecto del sistema anterior, lo que lo convierte en un punto de referencia ideológico ilustrativo respecto a la dirección perseguida por el cambio de sistema.

El Preámbulo de nuestra Constitución fue introducido en la misma a raíz de una enmienda del Grupo Mixto del Congreso, obra en realidad de varios diputados del Partido Socialista Popular, liderado por *Tierno Galván.* Uno de los protagonistas destacados del PSP, *Raúl Morodo,* ha puesto de manifiesto que lo que en el fondo se planteaba y se defendía con el Preámbulo, era la testimonialidad constitucionalizada mínima de una resistencia democrática, que asumiese, también, la concordia política que estaba reflejando el consenso.

Como no podía ser de otra manera, el Preámbulo abandona la terminología estrictamente técnico-jurídica del articulado, para emplear, como significa *Alzaga,* un lenguaje directo y capaz de llegar a todos los españoles.

Básicamente, el Preámbulo subsume un conjunto de ideas que se hallan plasmadas en el articulado constitucional, como normas dispositivas. Quizá la única salvedad a esta regla general la hallemos en la última de sus proclamaciones: aquélla en la que la Nación manifiesta su voluntad de «colaborar en el fortalecimiento de unas relaciones pacíficas y de eficaz cooperación entre todos los pueblos de la Tierra».

Para comprender la relevancia de alguna de las proclamaciones del Preámbulo nos bastará con hacernos eco de ellas: *«garantizar la convivencia democrática* dentro de la Constitución y de las leyes *conforme a un orden económico y social justo»;* «promover el progreso de la cultura y de la economía para *asegurar a todos una digna calidad de vida»,* y *«establecer una sociedad democrática avanzada».*

Desde luego, por lo que a su valor jurídico se refiere, es claro que estamos ante un texto sin fuerza jurídica inmediata de obligar, sin eficacia jurídica, aunque, quizá a modo de contrapartida, con un enorme valor político-declaratorio. No podemos olvidar a este respecto que, como dice *Alzaga,* en cuanto declaración solemne de intenciones que formula colectivamente el poder constituyente, el Preámbulo se sitúa en un lugar muy destacado entre los elementos de que puede servirse el Tribunal Constitucional y los Tribunales *«tout court»* a la hora de buscar una interpretación auténtica del significado de un determinado precepto constitucional.

III. Si procedemos ahora a analizar la estructura constitucional desde una perspectiva comparada, puede destacarse la novedad que supone la regulación de ciertas materias desde la óptica de nuestro constitucionalismo histórico; este es el caso del Tribunal Constitucional y de la organización territorial del Estado, tan sólo reguladas en el texto de 1931. Es igualmente innovador el Título V, referente a las relaciones entre Legislativo y Ejecutivo, que nos recuerda en bastantes aspectos idéntico Título de la Constitución francesa de 1958.

Muy significativo resulta asimismo el orden en que se sitúan los Títulos. La Corona aparece en el primer lugar de la parte orgánica de la Constitución (esto es, de aquella relativa a la organización de los órganos constitucionales, que se contrapone a la parte dogmática, referida a los principios inspiradores del sistema, a los derechos y libertades constitucionales y a los principios del régimen socio-económico), contra lo que sucedió en los códigos constitucionales del pasado siglo y contra lo que, por ejemplo, acontece en la Constitución sueca de 1974, que antecede la regulación del *Riksdag* (Parlamento) a la del Jefe del Estado. Puede resultar un tanto paradójico si se advierte que el Rey tan sólo posee poderes formales, careciendo de toda capacidad decisoria, pero es ésta, precisamente, la circunstancia que explica que, en cuanto poder moderador, la Corona preceda, en el orden formal de los Títulos, a los restantes poderes del Estado, sin olvidar obviamente la propia precedencia que en el orden de la dignidad formal corresponde al Rey en cuanto Jefe del Estado y representante del mismo en las relaciones internacionales.

En cuanto a la ubicación del bloque normativo referido a la organización territorial del Estado, el constituyente optó por incluirlo inmediatamente después de la regulación de los órganos constitucionales (a salvo el Título VII, relativo a los principios económico-hacendísticos), a diferencia de lo que aconteciera en 1931, en donde figuraba como Título I («Organización nacional»). Además ya del claro mimetismo respecto a la Constitución italiana de 1947, esta mutación no parece hallarse exenta de una cierta significación política, como la doctrina ha puesto de relieve.

IV. Hemos de señalar finalmente que pese a su extensión, la Constitución exigía de un amplísimo desarrollo legislativo ulterior, cifrado en más de un centenar de leyes, buena parte de ellas de carácter orgánico. Todavía hoy, cerca de tres lustros después de su promulgación, se hallan pendientes de articulación algunos importantes aspectos de obligado desarrollo constitucional. El Reglamento de las Cortes Generales o una Ley reguladora del ejercicio del derecho de huelga, constituyen buenos ejemplos al respecto.

C) El carácter fundamental de la Constitución

En la historia del constitucionalismo puede establecerse una clara vinculación entre el concepto de Constitución y el de ley fundamental. *Carl Schmitt* se haría eco de cómo en un conocido tratado del siglo XVIII, *Vattel* respondía a la pregunta, ¿qué es una Constitución?, con esta respuesta: «la ordenación fundamental que determina el modo y manera en que debe ser ejercida la autoridad pública.»

Y entre nosotros, *Ramón Salas,* en el pasado siglo, en sus «Lecciones de Derecho Público Constitucional», significaba que Constitución «significa lo mismo que ley fundamental de un gobierno cualquiera». Por lo demás, en nuestros códigos constitucionales del siglo XIX son frecuentes las referencias a la idea de «ley fundamental». Baste como ejemplo paradigmático la conocida afirmación del Preámbulo del texto de Cádiz, al manifestar las Cortes generales y extraordinarias de la Nación española su convencimiento de que «las antiguas leyes fundamentales de esta Monarquía, acompañadas de las oportunas providencias y precauciones (...) podrán llenar debidamente el grande objeto de promover la gloria, la prosperidad y el bien de toda la Nación».

La Constitución es, pues, un orden jurídico que se califica como fundamental, que presenta un carácter fundamental. Ahora bien, ¿cuál es el preciso significado de tal carácter?

Siguiendo a *Sánchez Agesta,* diremos que son tres los sentidos en que tal término puede emplearse:

1.º) La Constitución se nos presenta como la expresión de los valores de un orden, de tal modo que en la medida en que el ordenamiento constitucional entraña verdaderamente la supremacía de unos valores, es verdadero orden fundamental.

2.º) La Constitución aparece como la estructura esencial del orden, y ello en cuanto que contiene el mínimo de elementos necesarios para que ese orden jurídico pueda existir, imprimiéndole a la par una forma específica.

3.º) La Constitución es, por último, un orden fundamental por cuanto se nos presenta como la base misma, el punto de apoyo sobre el que descansa el resto del ordenamiento jurídico.

A la vista de este triple significado, bien puede decirse que la Constitución es un código normativo que a todos vincula y que consagra un sistema de valores materiales que sirven de base a toda la organización estatal; por ello mismo, presenta un carácter fundamental.

La Constitución —ha dicho nuestro Tribunal Constitucional (STC 9/1981, de 31 de marzo)— es una norma; pero una norma cualitativamente distinta de las demás, por cuanto incorpora el sistema de valores esenciales que ha de constituir el orden de convivencia política y de informar todo el ordenamiento jurídico. La Constitución es así la norma fundamental y fundamentadora de todo el orden jurídico.

De este carácter fundamental de la Constitución derivan distintas consecuencias.

Una de ellas es la idea de *permanencia,* estrechamente vinculada de siempre a la Constitución, como recuerda *García Pelayo.* Hasta tal punto es intensa esa vinculación, que la estabilidad se ha considerado como un atributo necesario de la Constitución. Si ésta es el fundamento de la organización estatal y del ordenamiento jurídico, es claro, se dice, que ha de tener permanencia, pues de otro modo sería incapaz de cumplir su misión fundamentadora.

La conveniencia de la estabilidad, de la permanencia constitucional, viene exigida asimismo por una consideración de índole sociológica: el necesario arraigo social de la Constitución que posibilite lo que se ha dado en denominar el *«sentimiento constitucional»,* que a juicio de *Lucas Verdú* consiste en la adhesión interna a las normas e instituciones fundamentales de un país, experimentado con intensidad, más o menos consciente, porque se estiman que son buenas y convenientes para la integración, mantenimiento y desarrollo de una justa convivencia.

Y en orden a la consecución de esta permanencia constitucional se recurre a la rigidez formal de la Constitución, o lo que es igual, a sujetar el procedimiento de reforma a un conjunto de requisitos más estrictos que los que rigen el procedimiento legislativo ordinario. La reforma constitucional no sólo coadyuva positivamente al logro de la estabilidad y permanencia de la Norma suprema, sino que, como veremos más adelante, responde a la ineludible necesidad de adecuación de la realidad jurídica a la realidad política.

Y es que no puede olvidarse en modo alguno que junto a la idea de permanencia hemos de situar la de *dinamicidad, vivacidad constitucional.* Como dice *Loewenstein,* cada Constitución es un organismo vivo, siempre en movimiento como la vida misma, y está sometido a la dinámica de la realidad, que jamás puede ser captada a través de fórmulas fijas. No debe extrañarnos por ello que Constituciones formalmente rígidas, que han perdurado, o perduran, durante un dilatadísimo período de tiempo, hayan estado sujetas, y sigan estándolo, a constantes mutaciones en su contenido, por más que permanezca inalterable el texto constitucional, siendo de reseñar al efecto la extraordinaria importancia de la labor desempeñada por los jueces en orden a la interpretación de la Constitución y, a través de ella, a su «*aggiornamento*».

Quizá sea oportuno recordar aquí los términos de una Sentencia del Tribunal Supremo norteamericano *(Caso Trop versus Dulles,* 1958), para quien:

> «The provisions of the Constitution are not time-worn adages or hollow shibboleths. They are vital, living principles that authorize and limit government powers in our nation» (Las declaraciones de la Constitución no son adagios gastados por el tiempo ni una contraseña vacía de sentido. Son principios vitales, vivos, que otorgan y limitan los poderes del gobierno de nuestra nación).

Otra importante consecuencia del carácter fundamental de la Constitución es el control de constitucionalidad del ordenamiento jurídico ordinario, con el que se pretende evitar la vulneración de la Constitución por una norma de rango inferior. Si la Constitución es la Norma fundamental, la norma primaria, por cuanto es la única que emana de modo inmediato del poder constituyente, y en ella encuentran su validez las restantes normas jurídicas del ordenamiento, esto es, las normas secundarias, y además de todo ello da su unidad al ordenamiento, al enunciar el orden material de valores del mismo, resulta perfectamente comprensible que para las normas secundarias sean intangibles las normas constitucionales.

En esta misma dirección se ha manifestado el Tribunal Constitucional en su, por tantas razones, relevante Sentencia (en adelante STC) 76/1983, de 5 de agosto, en la que recuerda que la distinción entre el poder constituyente y los poderes constituidos no opera tan sólo en el momento de establecerse la Constitución, sino que, bien al contrario, «la voluntad y racionalidad del poder constituyente objetivadas en la Constitución no sólo fundan en su origen, sino que fundamentan permanentemente el orden jurídico y estatal y suponen un límite a la potestad del legislador».

La consecuencia inmediata de esta diferenciación es que la potestad legislativa del Estado, de la que son titulares las Cortes Generales, no puede considerarse como absoluta, sino que tiene sus límites, derivados de la propia Constitución. Las normas constitucionales, en definitiva, en cuanto que vinculan a todos los poderes públicos, son indisponibles por ellos.

Del carácter fundamental de la Constitución derivan, pues, una serie de límites de muy diversa naturaleza para los poderes públicos: unos son formales, otros materiales, y otros, finalmente, se desprenden de los propios valores constitucionalmente proclamados.

En relación con estos últimos, quisiéramos significar que aunque el sistema material de valores contenido en la Constitución no es sino el que subyace en la Declaración Universal y en los diversos Convenios internacionales sobre Derechos Humanos, pudiendo compendiarse en el respeto de la dignidad de la persona humana, de su libertad, del libre desarrollo de su personalidad y de la igualdad sustancial entre todos los seres humanos, valores universalmente aceptados y compatibles con todas las concepciones del mundo no totalitarias, de lo que se deduce que la Constitución no impone una determinada concepción del mundo, quedando por contra abierta a todas ellas, lo cierto es que nuestra «Lex Superior» no es axiológicamente neutral, sino que impone el respeto a unos valores, por universales que éstos sean, y de ello, obviamente, pueden derivarse una serie de limitaciones. En todo caso, como ha dicho nuestro supremo intérprete de la Constitución (STC 11/1981, de 8 de abril), la Constitución es un marco de coincidencias suficientemente amplio como para que dentro de él quepan opciones políticas de muy diferente signo.

D) El carácter normativo de la Constitución

a/ Evolución y significado de este principio

La idea de una Norma suprema, esto es, superior al Derecho positivo e inderogable por éste, remonta su origen a la doctrina que defiende la existencia de un Derecho natural superior a cualquier otro.

En la experiencia inglesa, el Derecho natural fue invocado como límite frente al poder del Rey, e igualmente frente a las supuestas omnímodas facultades del Parlamento. Y así, el *Juez Coke*, en el celebérrimo «*Bonham's Case*» (1610), afirmaba que: «Cuando una ley del

Parlamento se oponga al Derecho común o a la razón, el Derecho común verificará dicho acto y lo sancionará de nulidad.»

De otro lado, la versión puritana y laica del Derecho natural sostenida por *Locke* en la segunda mitad del siglo XVII, conducirá asimismo a la idea de un «*fundamental law*». Como al efecto recuerda *Hirschberger,* para *Locke,* al igual que para *Hobbes,* los hombres son libres e iguales; no hay subordinación ni preeminencia; cada uno es dueño y juez de sí mismo y todos buscan su propia felicidad. Pero existe una «ley natural» que obliga a todos. De ahí que *Locke* sostuviera enfáticamente que los derechos y deberes morales son intrínsecos y tienen prioridad sobre el Derecho (positivo); los gobiernos están, pues, obligados a hacer vigente por la ley aquello que es justo, natural y moralmente.

Esta concepción favorable a un Derecho primario, superior a cualquier otro *(«higher law»),* no llegará a consolidarse en Inglaterra, pero sí en las colonias americanas, donde las condiciones resultaban más propicias. El Pacto de Mayflower (1620), las Ordenes Fundamentales de Connecticut (1639), los llamados «*charters*» o «*covenants*» concedidos a las colonias entre 1620 y 1700 son buenos ejemplos de lo anterior. Como advierte *Pritchett,* los colonos siempre pretendieron legitimar y limitar la acción colectiva, mediante instrumentos escritos fundamentales.

Tal circunstancia contrasta notablemente con la evolución constitucional inglesa en la que terminará imponiéndose la doctrina de la «soberanía del Parlamento», que *Blackstone* compendiará en la afirmación de que el poder del Parlamento es absoluto y carece de control.

De esta forma, la Revolución americana aportará la idea de una Constitución que se formaliza en un documento escrito y solemne, que se define como «*limitada*», significando por tal, según *Hamilton,* la Constitución que contiene ciertas prohibiciones expresas aplicables a la autoridad legislativa, y que por ello mismo, exige de los tribunales de justicia el mantenimiento de sus cláusulas constitucionales frente a los actos que se les opongan, concepción en la que se halla en germen la doctrina de la «*judicial review*», a la que nos referiremos en otro momento.

Será así como el constitucionalismo norteamericano siente las bases de la primacía de la Constitución, de su carácter normativo, de su pretensión de regir con una eficacia inmediata la conducta de todos los poderes públicos.

Sin embargo, la evolución ulterior de los códigos constitucionales se ha dirigido hacia vías muy alejadas de la concepción inicial surgida en Norteamérica. Y así puede sostenerse que las Constituciones europeas del XIX se nos presentan como una mera recopilación de principios programáticos, en los que los constituyentes se limitan a marcar unas pautas de orientación, unos campos de actuación, muy especialmente en aquella parte del articulado constitucional relativa a los derechos y libertades. El artículo 4.º de la Constitución española de 1812 puede citarse como arquetipo de esta orientación: «La Nación —se señala en él— está obligada a conservar y proteger por leyes sabias y justas la libertad civil, la propiedad y los demás derechos legítimos de todos los individuos que la componen.»

La dogmática alemana del pasado siglo iba a desempeñar un papel decisivo en orden a la normativización de la Constitución, que se inscribe dentro del largo proceso de juridificación de ámbitos que durante el XIX habían vivido al margen del Derecho. A partir de esta reelaboración dogmática de la iuspublicística alemana se impondría la tesis proclive a la normativización de todas las regulaciones que establecen el fundamento del poder estatal y de todo poder público, así como de aquellas otras que precisan su estructura, configuración y actividades de toda clase.

En definitiva, el carácter normativo de la Constitución, unánimemente aceptado hoy en día, quiere significar que no estamos en presencia de un mero catálogo de principios, sino de una norma cuyo contenido material a todos (ciudadanos y poderes públicos) vincula de modo inmediato, siendo por lo demás sus preceptos, como regla general, alegables ante los tribunales y debiendo considerarse su infracción antijurídica.

b/ Las peculiaridades de la norma constitucional

La Constitución es, como acabamos de ver, una norma; sin embargo, tal afirmación no conlleva la consecuencia de que sea siempre y en todo caso directamente aplicable. Por lo demás, es claro que los efectos de las normas jurídicas son, de hecho, variadísimos, y en muchos casos no son directos.

A la vista de esta circunstancia, bien evidente, *Nieto* ha acudido a la llamada *doctrina de la complitud de las normas* para buscar la precisa caracterización de las normas constitucionales.

De conformidad con el resumen que de esa doctrina hizo *Karl Larenz,* una Ley consiste en una pluralidad de proposiciones jurídicas que tienen el sentido de una orden de validez; pero no toda proposición es una proposición jurídica completa. Algunas de ellas son proposiciones jurídicas incompletas, lo que quiere decir que participan del sentido de validez de la Ley, esto es, pretenden ser observadas, no queriendo limitarse a ser meras proposiciones declarativas; sin embargo, sólo desarrollan su fuerza constitutiva, fundamentadora de consecuencias jurídicas, en conexión con otras proposiciones jurídicas. El rasgo de la incomplitud vendría, pues, a caracterizar a algunas de las normas constitucionales.

En todo caso, es patente que aun en el supuesto de normas incompletas, se trata de normas, no de meros principios programáticos o retóricos, normas con unos efectos peculiares a los que también se ha referido el propio *Nieto,* y de los que destacaremos estos dos:

— La Constitución, al tiempo que norma jurídica, es un proyecto de futuro que se autoasigna la comunidad nacional, y a cuya realización se encomienda en gran parte el Estado. Y así, por poner un ejemplo, cuando el artículo 130 de nuestro código constitucional determina que: «Los poderes públicos atenderán a la modernización y desarrollo de todos los sectores económicos (...), a fin de equiparar el nivel de vida de todos los españoles», lo que está haciendo esta norma es encomendar a los poderes públicos la realización de esta tarea, pero es obvio que su incumplimiento no podrá ser alegado ante los Tribunales; si acaso generará una responsabilidad política, sancionable en último término no tanto por el Parlamento cuanto por el cuerpo electoral mediante la manifestación de su voluntad soberana en los comicios.

Una proposición como la citada nos muestra cómo los preceptos constitucionales no son normas jurídicas ordinarias, porque tienen un *minus* de efectividad jurídica y un *plus* de efectividad social.

— La Constitución, por su propia naturaleza, es una norma axiológica, tal y como ya expusimos con anterioridad, esto es, una norma que define los valores superiores, nucleares, del ordenamiento y, consecuentemente con ese carácter, una norma de reenvíos.

Como afirma *Nieto,* una buena parte del texto constitucional es, en sentido estricto, lo que *Vinogradoff* denomina una «*guía de conducta*», que no es necesariamente un mandato, sino que comprende una declaración de lo que es bueno y lo que es malo. De aquí la necesidad de su ulterior desarrollo, de esos reenvíos que concretan la «guía de conducta», los valores principales, en mandatos y sanciones.

En este sentido puede afirmarse que la Constitución es algo más que la Norma Suprema del ordenamiento jurídico, el vértice superior de la conocida pirámide kelseniana: es el centro mismo del propio ordenamiento jurídico.

Cuanto acabamos de señalar nos pone sobre aviso de que dentro de la Constitución podemos distinguir un plural conjunto de normas. En la Constitución existe en realidad un heterogéneo catálogo de normas constitucionales.

c/ La heterogeneidad de las normas constitucionales

Buen número de textos constitucionales han procedido a establecer lo que bien podríamos estimar como una gradación jerárquica de sus propios preceptos, que de esta forma se ordenan con rangos diferenciados.

Esta jerarquización ha llegado al extremo de admitir la posible inconstitucionalidad de normas constitucionales. *Otto Bachof*, en 1951, se planteaba teóricamente esta problemática *(«Verfassungswidrige Verfassungsnormen?»)*, de la que se hacía eco cinco años después *Gottfried Dietze («Unconstitutional constitutional norms?. Constitutional developmen in postwar Germany»)*. Y en 1950, el Tribunal Constitucional de Baviera, tras reconocer la existencia de «principios constitucionales fundamentales que son de naturaleza tan elemental y expresión de un Derecho que precede a la Constitución, que el mismo constituyente está vinculado a ellos», admitía la posibilidad de considerar nulas aquellas normas de la Constitución que no poseyendo tal rango, no concordaran con los referidos principios.

Nuestra Constitución ha jerarquizado perfectamente sus propias disposiciones cuando, en su Título X, ha previsto un doble procedimiento de reforma constitucional, protegiendo muy especialmente, y por ello mismo, otorgándoles un rango jerárquico superior, las normas acogidas por los Títulos Preliminar y II (relativo a la Corona) y por la Sección primera del Capítulo 2.º del Título I (referente a los derechos fundamentales y a las libertades públicas).

Pero al margen ya de esta jerarquía formal, es clara la heterogeneidad de las normas constitucionales, por lo menos en atención a su fuerza vinculante. Entre nosotros, *Rubio Llorente*, siguiendo la tipología de las normas materiales de la Constitución formulada en Alemania por *Scheuner*, ha distinguido los siguientes tipos de normas:

a/ Derechos fundamentales.

b/ Garantías institucionales.

c/ Mandatos al legislador. Y

d/ Principios fundamentales y fines del Estado.

A ellas bien podríamos añadir, a nuestro juicio:

e/ Normas orgánicas. Y

f/ Normas atributivas de competencia.

1. Las **normas orgánicas,** esto es, las que contemplan la constitución de los órganos constitucionales, al igual que las **normas atributivas de competencia,** es claro que vinculan de modo inmediato, desde el instante mismo de entrada en vigor de la Constitución.

2. Otro tanto puede decirse de los **derechos fundamentales,** que no requieren de la previa «interpositio legislatoris», esto es, de la necesidad de una ley interpuesta, vinculando de modo inmediato, si bien no puede ignorarse que, como ha significado el Tribunal Constitucional (en relación con el derecho a la objeción de conciencia: STC 15/1982,

de 23 de abril), cuando la Constitución, al reconocer un determinado derecho, opera con una reserva de configuración legal, el mandato constitucional puede no tener, hasta que la regulación se produzca, más que un mínimo contenido que, en cualquier caso, ha de ser protegido.

3. Las **garantías institucionales,** con las que el constituyente —como veremos detenidamente en un momento ulterior— intenta salvaguardar el núcleo esencial o irreductible de una determinada institución (así, por ejemplo, la autonomía local), vinculan al legislador, pues su vulneración entraña un vicio de inconstitucionalidad material.

Como dijera *Carl Schmitt,* la estructura de las garantías institucionales es por completo distinta, lógica y jurídicamente, de un derecho fundamental. Ni aun siquiera cuando se aseguran con la garantía institucional derechos subjetivos de individuos o de corporaciones, hay ahí derechos fundamentales ningunos. La garantía institucional es, por su esencia, limitada. Existe sólo dentro del Estado, y se basa, no en la idea de una esfera de libertad ilimitada en principio, sino que afecta a una institución jurídicamente reconocida, que, como tal, es siempre una cosa circunscrita y delimitada al servicio de ciertas tareas y de ciertos fines.

4. Los **mandatos al legislador,** como su propio nombre indica, constituyen disposiciones que prevén la necesidad de que del Poder Legislativo emanen normas encaminadas a completar, a dar su complitud, a ciertas normas constitucionales. Tal puede ser el caso de la Ley Orgánica del Régimen Electoral General, exigida por diversos preceptos de la Constitución. Sin embargo, donde la problemática se plantea con mayor intensidad es en el supuesto de aquellas normas de vigencia obligada para el ejercicio de determinados derechos, y de modo muy especial, de bastantes de los derechos prestacionales.

A juicio de *Rubio Llorente,* los mandatos al legislador son fuente del Derecho objetivo e imponen obligaciones, pero su eficacia para engendrar también derechos subjetivos correlativos de estas obligaciones depende de que el legislador pueda ser forzado a dictar estas leyes sin las cuales se frustra el ejercicio real de derechos contenidos «*in nuce*» en la Constitución.

En definitiva, estos mandatos vienen a plantear la problemática de la inconstitucionalidad por omisión. A este respecto, nuestro supremo intérprete de la Constitución ha sido rotundo al sostener (una vez más en relación con el derecho a la objeción de conciencia: STC 15/1982) que «la dilación en el cumplimiento del deber que la Constitución impone al legislador no puede lesionar el derecho reconocido en ella».

5. Los **principios fundamentales del orden jurídico-político** tienen un valor básicamente interpretativo. No es que la positivización de estos principios (así, por ejemplo, el artículo 1.°.1 de la Constitución, al definir a España como un Estado social y democrático de Derecho) nos sitúe

ante enunciados vacíos, pero es evidente que la complitud de estas disposiciones sólo puede producirse a partir de otras determinaciones constitucionales. Un ejemplo evidente de lo que decimos lo encontramos en el artículo 9.º.2, que al proclamar el principio de igualdad sustancial, otorga buena parte de su sentido al Estado social. Por lo demás, estos principios fundamentales, como bien advierte *Rubio Llorente,* constituyen una directriz básica para la interpretación de la Constitución.

6. En cuanto a los **preceptos que marcan los fines del Estado, normas de asignación de fines** o **normas programáticas,** como tradicionalmente se las conoce, precisan los fines que la Constitución asigna al Estado, y en nuestra Norma suprema se integran en su mayor parte en el Capítulo 3.º del Título I, cuyo rótulo («De los principios rectores de la política social y económica») es ya por sí mismo lo suficientemente significativo.

Rubio Llorente entiende que estos preceptos imponen una obligación a todos los poderes públicos, los vinculan, aunque el artículo 53.3 de la Constitución diga otra cosa, y sobre todo obligan al juez a la hora de interpretar cualquier otra norma.

Desde luego, la necesidad —de la que se hace eco el citado artículo 53.3— de que los principios rectores informen la práctica judicial, es un reconocimiento de que lo que los constitucionalistas alemanes llaman «determinaciones de fines del Estado» *(«Staatszielbestimmungen»)* son algo más que meras normas programáticas, en el sentido tradicional de las mismas surgido a raíz de la Constitución de Weimar, que les negaba toda aplicabilidad judicial. Así lo constata entre nosotros *García de Enterría.*

Ahora bien, esto sentado, no puede afirmarse, por lo menos en el estricto sentido de la expresión, tal y como se utiliza respecto de los derechos del Capítulo 2.º por el artículo 53.1, que los principios rectores del Capítulo 3.º vinculen a los poderes públicos. Estos principios carecen de eficacia inmediata, lo que no significa obviamente que puedan ser privados de todo medio de garantía y tutela. Y ello, sin perjuicio de que asuman un indiscutible valor como criterio hermenéutico. A este respecto, el Tribunal Constitucional ha significado que el artículo 53.3 impide considerar a estos principios como normas sin contenido, obligando a tenerlos presentes en la interpretación, tanto de las restantes normas constitucionales como de las leyes (STC 19/1982, de 5 de mayo).

Pero, como advierte *Cascajo,* los principios rectores no sólo generan obligaciones frente a determinados órganos públicos, sino que comprometen, como no podía ser de otra forma, a toda la acción del Estado en su conjunto y también a los poderes privados. Bien es cierto que el Tribunal Constitucional ha considerado como muy improbable que una norma legal cualquiera pueda ser considerada inconstitucional por omisión, esto es, por no atender, aisladamente considerada, el mandato a los poderes públicos y en especial al legislador, en el que cada uno de esos principios rectores por lo general se concreta (STC 45/1989, de 20 de febrero).

d/ El artículo 9.º.1 y la fuerza normativa de la Constitución

Arrancando de la heterogeneidad de las normas constitucionales y de su diferente fuerza vinculante, y teniendo en todo momento presente esta peculiaridad de las disposiciones constitucionales, podemos pasar a abordar, con carácter general, la fuerza normativa de nuestra Constitución.

Tal fuerza normativa se deduce sin ningún esfuerzo de la determinación del artículo 9.º.1 de nuestra «Lex Superior», de conformidad con la cual: «Los ciudadanos y los poderes públicos están sujetos a la Constitución y al resto del ordenamiento jurídico.»

Queda así explicitada formalmente con meridiana claridad la pretensión constitucional de regir eficazmente el comportamiento de toda la colectividad: ciudadanos y poderes públicos, en definitiva, su pretensión de normatividad. «Que la Constitución es nuestra Norma Suprema y no una declaración programática o principal, es algo —ha dicho el Tribunal Constitucional (STC 80/1982, de 20 de diciembre)— que se afirma de modo inequívoco y general en su artículo 9.º.1.»

Más aún, como señala *García de Enterría,* del texto del artículo 9.º.1 no se deduce sólo el carácter vinculante general de la Constitución, sino algo más, el carácter de esta vinculación como «vinculación más fuerte», en la tradicional expresión del constitucionalismo norteamericano. Ello es patente si se advierte que el precepto en cuestión, al declarar la vinculación de todos «a la Constitución y al resto del ordenamiento jurídico», otorga una manifiesta primacía a la vinculación constitucional, que, además, se separa de la sujeción al resto del ordenamiento jurídico. Y es que, como dijera *Otto Bachof* en su celebérrimo discurso rectoral en la Universidad de Tubinga (1959), las normas materiales de la Constitución poseen una enérgica pretensión de validez de la que se desprende una fuerte vinculación a ellas por parte de todos los poderes públicos. Bien es verdad que el hecho de esta sujeción no supone que cualquier tipo de infracción de cualquier parcela del ordenamiento jurídico acarree la inconstitucionalidad del acto en que se haya producido tal infracción (STC 108/1986, de 29 de julio).

El Tribunal Constitucional ha asumido como doctrina esencial el reconocimiento del carácter normativo de la Constitución, como ya queda claramente puesto de manifiesto con la jurisprudencia precedentemente citada. A este respecto, el Tribunal ha manifestado que conviene no olvidar nunca que la Constitución, lejos de ser un mero catálogo de principios de no inmediata vinculación y de no inmediato cumplimiento hasta que sean objeto de desarrollo por vía legal, es una norma jurídica, la norma suprema de nuestro ordenamiento, y en cuanto tal, tanto los ciudadanos como todos los poderes públicos y, por consiguiente, también los jueces y magistrados integrantes del poder judicial, están sujetos a ella. Por ello mismo, es indudable que sus preceptos son alegables ante los tribunales (STC 16/1982, de 28 de abril).

En otro momento, el Tribunal ha precisado que la Constitución no es sólo la norma que fundamenta la organización política de la comunidad y el ordenamiento jurídico entero, sino que es también una norma de ejecución y efectos inmediatos (STC 22/1984, de 17 de febrero).

Esta vinculatoriedad inmediata se pone especialmente de manifiesto respecto de los derechos y libertades fundamentales, que vinculan a todos los poderes públicos y son origen inmediato de derechos y obligaciones, no meros principios programáticos. Este principio general de aplicabilidad inmediata no tendrá más excepciones que aquellos casos en que así lo disponga la propia Constitución o en que la naturaleza misma de la norma impida considerarla inmediatamente aplicable (STC 15/1982, de 28 de abril).

Digamos por último que la sujeción a la Constitución, que a todos obliga, se traduce en un deber de distinto signo para los ciudadanos y los poderes públicos. Así lo ha estimado el Tribunal Constitucional (STC 101/1983, de 18 de noviembre), para quien mientras los primeros tienen un deber general negativo de abstenerse de cualquier actuación que vulnere la Constitución, sin perjuicio de los supuestos en que la misma establece deberes positivos, los titulares de los poderes públicos tienen además un deber general positivo de realizar sus funciones de acuerdo con la Constitución. De ahí que el acceso a un cargo público implique un deber positivo de acatamiento, entendido como respeto a la misma, lo que no supone necesariamente ni adhesión ideológica ni conformidad a su total contenido, como ha precisado con buen criterio nuestro supremo intérprete de la Constitución.

e/ La eficacia derogatoria de la Constitución

La Constitución acoge una Disposición Derogatoria que consta de tres apartados, el tercero de los cuales prescribe que: «Asimismo quedan derogadas cuantas disposiciones se opongan a lo establecido en esta Constitución.»

El precepto en cuestión nos muestra de modo explícito la vocación normativa de la Constitución por cuanto otorga a ésta una eficacia derogatoria respecto de todas aquellas disposiciones que, como expresara el Tribunal (STC 8/1983, de 18 de febrero), no sean susceptibles de reconducción por vías interpretativas al marco constitucional. El Tribunal, coherentemente con el principio de interpretación conforme a la Constitución, al que nos referiremos con posterioridad, ha insistido en la conveniencia de «apurar todas las posibilidades de interpretación de conformidad con la Constitución, de modo tal que sólo se declare la derogación de aquellos preceptos de una Ley preconstitucional cuya incompatibilidad con la Norma suprema resulte indudable por ser imposible llevar a cabo tal interpretación» (STC 126/1984, de 26 de diciembre). Por lo demás, la generalidad con que la cláusula derogatoria se enuncia subraya aún más esa pretensión normativa del texto constitucional.

La derogación formal se produce, pues, respecto de todas aquellas disposiciones que contradigan nuestra Norma suprema, y opera desde el preciso instante en que se manifiesta la contradicción. Como ha dicho el Tribunal Constitucional, los efectos que sobre la validez y la eficacia de las normas se derivan de su contradicción con la Constitución sólo surgen desde el momento en que se produce la contradicción misma (STC 17/1981, de 1 de junio), esto es, para las normas promulgadas con anterioridad al texto constitucional, desde la fecha en que éste inició su vigencia, o como se concreta en otro lugar (STC 66/1983, de 21 de julio), desde el 29 de diciembre de 1978, fecha de entrada en vigor de la Constitución.

La eficacia derogatoria es inequívoca respecto de aquellas disposiciones preconstitucionales que ordenan materias en las que la Constitución tiene una indiscutible aplicación inmediata: organización de los poderes, derechos fundamentales... etc. En estos ámbitos materiales, la eficacia derogatoria implica que cualquier instancia que aplique el ordenamiento jurídico deba llegar inexcusablemente a la conclusión de la absoluta falta de vigencia de las normas preconstitucionales. No se precisa, pues, la intervención específica del Tribunal Constitucional, puesto que no estamos ante un problema de inconstitucionalidad y subsiguiente invalidez de la norma enfrentada a la Constitución, sino ante la simple pérdida de vigencia de la norma, a partir de la Constitución, para regular situaciones futuras; dicho de otro modo, ante la mera derogación de aquélla. Más aún, en estos casos no se requiere ni tan siguiera —y así lo ha subrayado el Tribunal (STC 77/1982, de 20 de diciembre)— que el legislador, la Administración o los Tribunales, según los supuestos, hagan una declaración en el sentido de que la norma preconstitucional deba considerarse inaplicable en lo que vulnera la Constitución.

La problemática se complica, sin embargo, respecto de aquellas disposiciones preconstitucionales de contenido no directamente político que puedan suscitar dudas acerca de su compatibilidad/incompatibilidad respecto de la «Lex Superior».

Conviene recordar a este respecto que la Constitución ha optado por un *criterio de continuidad del ordenamiento jurídico,* como evidencia la propia cláusula derogatoria que estamos contemplando, que admite la efectividad de las normas anteriores en cuanto no se opongan a la Constitución (STC 76/1986, de 9 de junio). Como ya advertimos precedentemente, la promulgación de la Constitución no ha roto la continuidad del orden jurídico preconstitucional más que con respecto a aquellas normas que no puedan ser interpretadas de conformidad con la Constitución (STC 32/1981, de 28 de julio). Es evidente, pues, que las normas preconstitucionales que admitan una interpretación acorde con la Constitución habrán de ser preservadas. Ahora bien, en caso de duda, ¿quién decide al efecto: los jueces y tribunales ordinarios o el Tribunal Constitucional?

El Derecho comparado nos muestra dos soluciones dispares:

a/ La fórmula alemana remite la determinación de las presuntas contradicciones constitucionales de las disposiciones anteriores a la Constitución a los tribunales ordinarios, entendiendo que de dichas contradicciones no se deriva más que una derogación formal.

b/ La fórmula italiana ha venido caracterizada por arrogarse la «Corte Costituzionale» la competencia para decidir sobre la inconstitucionalidad de las leyes preconstitucionales.

Entre nosotros, el Tribunal Constitucional ha seguido una tesis híbrida, como muestra la doctrina fijada en una de sus primeras Sentencias: la Sentencia 4/1981, de 2 de febrero. En ella comienza razonando como sigue:

> «La peculiaridad de las leyes preconstitucionales consiste, por lo que ahora interesa, en que la Constitución es una Ley superior —criterio jerárquico— y posterior —criterio temporal—. Y la coincidencia de este doble criterio da lugar, de una parte, a la inconstitucionalidad sobrevenida, y consiguiente invalidez, de las que se opongan a la Constitución, y, de otra, a su pérdida de vigencia a partir de la misma para regular situaciones futuras, es decir, a su derogación.
>
> Esta pérdida de vigencia se encuentra expresamente preceptuada por la Disposición Derogatoria (...) en su número 3.
>
> La lectura de esta disposición evidencia que las Leyes anteriores que se opongan a lo dispuesto en la Constitución quedan derogadas.»

Esta argumentación parece mostrarnos la inclinación del Tribunal por la fórmula de la derogación formal, siendo en consecuencia los órganos de la jurisdicción ordinaria los llamados a constatarla. Sin embargo, poco después, tal razonamiento es matizado, por no decir que alterado, sobre la base de la siguiente reflexión:

> «... No puede negarse que el Tribunal, intérprete supremo de la Constitución, (...) es competente para enjuiciar la conformidad o dis-

> conformidad con aquélla de las leyes preconstitucionales impugnadas, declarando, si procede, su inconstitucionalidad sobrevenida y, en tal supuesto, la derogación operada por virtud de la Disposición Derogatoria.»

A la vista de esta argumentación, es patente que el Tribunal no renuncia al enjuiciamiento de la conformidad constitucional de las disposiciones preconstitucionales.

La conjugación de ambas reflexiones conduce, como no podía por menos de suceder, a una solución un tanto híbrida, alejada de los dos modelos comparados expuestos, que se refleja con nitidez en esta doctrina constitucional:

> «Así como frente a las Leyes postconstitucionales el Tribunal ostenta un monopolio para enjuiciar su conformidad con la Constitución, en relación a las preconstitucionales los Jueces y Tribunales deben inaplicarlas si entienden que han quedado derogadas por la Constitución, al oponerse a la misma; o pueden, en caso de duda, someter este tema al Tribunal Constitucional por la vía de la cuestión de inconstitucionalidad.»

Desde luego, es notable la diferencia que media entre que la ley preconstitucional sea inaplicada por los Jueces y Tribunales integrados en el Poder Judicial, o que sea declarada por el Tribunal Constitucional la inconstitucionalidad sobrevenida, pues, en este último supuesto, dado el valor *«erga omnes»* de la sentencia constitucional, ésta cumple la importante función de depurar el ordenamiento, resolviendo de manera definitiva y con carácter general las dudas que puedan plantearse.

En su Sentencia 11/1981, de 8 de abril, el Tribunal, insistiendo en la misma dirección apuntada, efectuará una importante precisión técnico-jurídica, sobre la que apoyará su doctrina de que la inconstitucionalidad de las leyes preconstitucionales conduce a unas consecuencias que pueden ser concurrentemente la derogación y la nulidad:

> «Hay que señalar —advierte el Tribunal— que no existe una auténtica contradicción entre el problema vigencia-derogación y el problema constitucionalidad-inconstitucionalidad. No es enteramente exacta la opinión de que el tema de la vigencia o derogación es previo al de la constitucionalidad, porque respecto de normas derogadas no cabe ni siquiera plantearse el tema de su constitucionalidad. En puridad, ocurre más bien lo contrario. En la medida en que la derogación se produce por contradicción con la Constitución, la contradicción con la Constitución es una premisa de la derogación.»

La doctrina acuñada por nuestro intérprete supremo de la Constitución ha sido objeto de diversas precisiones y críticas. Así, *García de Enterría,* ya incluso con anterioridad a su formulación jurisprudencial, se mostraría partidario de la fórmula italiana, sobre la base de que el criterio de la «Lex Superior», administrado por una jurisdicción especializada (el Tribunal Constitucional), puede rendir mejores frutos que el de la «Lex posterior» aplicado por todos los Tribunales.

Incluso en el seno del propio Tribunal Constitucional, uno de sus Magistrados, el señor *Rubio Llorente,* en un Voto particular presentado a la Sentencia 4/1981, defendería la conveniencia de una perfecta separación entre el instituto de la inconstitucionalidad y el de la derogación, reservando el primero exclusivamente para las leyes postconstitucionales, tesis ésta con la que nos identificamos.

Creemos de interés, ya para finalizar, hacernos eco de algunas de las reflexiones vertidas por el señor *Rubio Llorente* en su Voto particular:

> «*Inconstitucionalidad* y *derogación* —comienza afirmando el citado Magistrado— son instituciones jurídicas distintas, cuyas diferencias no pueden ser abolidas mediante el recurso a un concepto híbrido y contradictorio, el de «inconstitucionalidad sobrevenida» (...). La *derogación* es simple resultado de la sucesión de las normas en el tiempo, la *inconstitucionalidad,* por el contrario, resulta sólo de la contradicción entre la Constitución y una norma posterior a ella. El principio «*Lex posterior derogat anteriori*» es un principio lógico necesario del ordenamiento jurídico que ha de hacerse compatible con el principio de jerarquía normativa (...), pero que sólo cede ante éste. La «*Lex posterior*» no tiene efectos derogatorios cuando es de rango inferior a la «*Lex anterior*», pero sólo entonces. La validez de este principio lógico se ve, además, confirmada por el apartado tercero de la Disposición Derogatoria de la Constitución.»

f/ El principio de interpretación conforme a la Constitución

El principio de interpretación de las leyes —más bien del ordenamiento jurídico en su conjunto— conforme a la Constitución se traduce en que siendo posibles dos interpretaciones de un precepto, una ajustada a la Constitución y la otra no conforme a ella, debe admitirse la primera (STC 122/1983, de 16 de diciembre).

El principio en cuestión se justifica sobre la base de que la Constitución es uno de los elementos interpretativos que deben barajarse en toda labor de hermenéutica legal (STC 77/1985, de 27 de junio), particularmente al hacer uso de la *interpretación sistemática,* esto es, de aquella que parte de la base de que la Constitución es un todo en el que cada precepto adquiere su pleno valor y sentido en función del conjunto (STC 101/1983, de 18 de noviembre), y de la *interpretación teleológica,* es decir, de la que atiende a la finalidad de la norma. La razón de ello está en el principio de sujeción de los ciudadanos y los poderes públicos a la Constitución. Esta sujeción de los poderes públicos al ordenamiento constitucional impone una interpretación de las normas legales acorde con la Constitución, por lo que debe prevalecer en el proceso de exégesis el sentido de la norma, entre los posibles, que sea adecuado a ella. De esta forma, el principio que nos ocupa encuentra su razón de ser en el carácter normativo de la Constitución.

Estamos en presencia de un principio de inequívoco origen jurisprudencial, pues su formulación se debe a la doctrina sentada por los Tribunales Constitucionales. Y ello es, desde luego, predicable al caso español.

Este criterio hermenéutico se vincula íntimamente al *principio de conservación de la norma* con el que se trata de compatibilizar la primacía de la Constitución y la salvaguarda, allí hasta donde sea posible, de la voluntad del legislador. El respeto al Poder Legislativo, que en cada momento histórico actualiza la voluntad soberana del pueblo, y la preservación del principio de seguridad jurídica, que se ve afectado por la anulación de una norma legal como consecuencia de un vicio de inconstitucionalidad, se hallan en la base misma del principio de conservación de la norma.

Como nos recuerda *García de Enterría,* este principio ha sido, a su vez, conectado con lo que podríamos considerar como una auténtica *presunción de constitucionalidad de las Leyes,* que, como el propio autor señala, no es la simple afirmación formal de que cualquier Ley se tendrá por válida hasta que sea declarada inconstitucional, sino que materialmente implica algo más:

> — una confianza en el legislador, acerca de su observación y correcta interpretación de los principios constitucionales;
>
> — la imposibilidad de declarar inconstitucional una norma legal, salvo en el caso de que no exista «duda razonable» sobre su contradicción con la Constitución, y
>
> — la presunción, siempre que sea «razonablemente posible», de que entre las varias interpretaciones posibles de una Ley, el legislador ha querido inclinarse por la que posibilita el mantenimiento de la norma dentro de los límites constitucionales.

El Tribunal Constitucional ha hecho suya esta presunción de constitucionalidad de las normas, presunción que adquiere su más intenso grado respecto de aquellas normas que provienen del órgano que en cada momento actualiza la voluntad soberana del pueblo, del que emanan todos los poderes del Estado.

Y en conexión con tal presunción, ha consagrado el *principio de conservación de la norma,* en el bien entendido de que su efectividad, como ha precisado el Tribunal (STC 22/1985, de 15 de febrero), no alcanza a ignorar o desfigurar el sentido de enunciados legales meridianos; ello, como es obvio, desbordaría ese carácter «razonablemente posible» que requiere una presunción de esta naturaleza. Parece claro que cuando los enunciados legales contrarios a la Norma suprema son inequívocos, meridianos, no cabe «duda razonable» alguna acerca de su inconstitucionalidad, ni por tanto el recurso al principio de conservación de la norma.

En último término, es la naturaleza de la «Lex Superior» la que se proyecta sobre la necesidad de interpretar el conjunto del ordenamiento de conformidad con la Constitución, y ello precisamente, porque es la Constitución la que asegura la unidad del ordenamiento, al enunciar un conjunto de valores materiales que han de impregnarlo por entero. Como ha dicho *García de Enterría*, la unidad del ordenamiento es, sobre todo, una unidad material de sentido, expresada en unos principios generales de Derecho, que o al intérprete toca investigar y descubrir, o la Constitución los ha declarado de manera formal. Esos valores, añadiríamos nosotros, se ponen especialmente de relieve en la proclamación de los derechos constitucionales. De ahí que, como constituye una reiteradísima jurisprudencia (SSTC 19/1983, de 14 de marzo y 93/1984, de 16 de octubre, entre una lista casi interminable), la interpretación de las normas haya de hacerse conforme a la Constitución y en el sentido más favorable para la efectividad de los derechos fundamentales, manifestación primaria de ese orden axiológico sobre el que debe descansar el conjunto del ordenamiento.

E) La reforma de la Constitución

a/ Significado, funciones y técnicas de la reforma

Las normas jurídicas, generalmente, no contienen cláusulas de reforma; la única excepción la encontramos en el campo de la Norma Suprema, y ello responde a un concreto significado.

Es la Constitución Federal norteamericana la que inicia el recurso a unas cláusulas de reforma que presentan un significado bien preciso. El poder soberano, atribuido al pueblo en virtud del principio democrático, exige jurídicamente que la Constitución se convierta en «Lex Superior» para que, en cuanto obra del poder constituyente, y expresión de la voluntad permanente del mismo, ningún órgano constituido pueda desempeñar atribuciones soberanas. De ahí que, como afirma *De Vega*, la soberanía política se convierta en soberanía jurídica, y de ahí igualmente que *Paine* pudiera sostener con pleno acierto que «en América el soberano es la ley», esto es, la Constitución. No puede afirmarse otro tanto en la tradición europea, en la que las propias contradicciones en que se ve inmersa la concepción del poder constituyente, imposibilitarán la cumplida configuración de la Constitución como ley suprema.

En el constitucionalismo democrático actual, la reforma constitucional, según *De Vega,* cumple tres funciones diferenciadas:

— En primer lugar, hay que recordar que la realidad política que la Constitución debe regular es una realidad dinámica; de ahí que la necesidad de adecuar la realidad jurídica a la realidad política se presente como la primera exigencia del sistema constitucional. Pues bien, la reforma constitucional, lejos de interpretarse como un instrumento de deterioro del ordenamiento fundamental, debe entenderse como su primera y más significativa defensa.

— En segundo término, esa adecuación de las normas constitucionales a la realidad, operada a través de la reforma, se produce sin quebrantamiento de la continuidad jurídica. Como ya dijera *Carl Schmitt,* las instancias competentes para una revisión constitucional no resultan soberanas por razón de tal competencia, ni tampoco se convierten en titular o sujeto del poder constituyente. El poder de revisión es, pues, un poder constituido que obtiene su legitimidad en el propio ordenamiento; de ahí que la operación de reforma sea una operación esencialmente jurídica.

— Por último, habría que indicar que si, frente al poder constituyente y soberano, el poder de reforma aparece como mecanismo de articulación de la continuidad jurídica del Estado, frente al resto de los poderes constituidos se presenta como la institución básica de garantía. A través del procedimento de reforma, la Constitución se consagra y se transforma en «Lex superior».

La pauta generalizada en nuestro tiempo sobre el procedimiento de reforma constitucional es que en él participen los órganos legislativos, si bien, en ocasiones, se transforman en un órgano especial, al operar conjuntamente las dos Cámaras del Parlamento, constituyéndose en una Asamblea Nacional.

La técnica para dificultar la reforma constitucional más arraigada en la historia constitucional ha sido la de exigir mayorías parlamentarias cualificadas para la adopción de una ley de reforma constitucional. Con ella, como ha dicho *Loewenstein,* no sólo se alcanza un consenso más amplio entre los partidos elegidos en el Parlamento y entre las fuerzas sociales representadas por ellos, elevando así el grado de legitimidad de la reforma, sino que también se concede a la minoría disidente un veto que puede jugar el papel de un eficaz mecanismo de control en el seno de las propias Cámaras legislativas.

En ocasiones, la reforma exige de su aprobación por dos Legislaturas diferentes, lo que entraña normalmente una disolución automática de las Cámaras y, de esta forma, una participación del cuerpo electoral. Sin embargo, donde esta participación alcanza su máximo significado es en el referéndum constitucional, que puede ser facultativo u obligatorio, y que en todo caso supone, como el mismo *Loewenstein* afirma, una auténtica participación plebiscitaria del electorado en el procedimiento de reforma constitucional.

b/ La reforma constitucional en el ordenamiento español

La Constitución Española ha dedicado a la reforma su Título X (arts. 166 a 169). Tres aspectos esenciales deben estudiarse en relación con la reforma constitucional: la iniciativa, el doble procedimiento de reforma y la ausencia de límites. A ellos nos referimos a continuación.

a') La iniciativa de la reforma

De conformidad con el artículo 166 de nuestra Norma Suprema: «La iniciativa de reforma constitucional se ejercerá en los términos previstos en los apartados 1 y 2 del artículo 87», precepto este último que contempla los órganos legitimados a los efectos de la iniciativa legislativa ordinaria. Formalmente, ello significa que la iniciativa se concede al Gobierno, al Congreso, al Senado y a las Asambleas legislativas de las Comunidades Autónomas, excluyéndose, por el contrario, la iniciativa popular, regulada por el apartado 3 del propio artículo 87. Sin embargo, el significado exacto de esta titularidad para ejercer la iniciativa de reforma necesita de una mayor precisión.

Por lo que atañe a la iniciativa del Gobierno, nada la singulariza de la iniciativa legislativa ordinaria que el Gobierno, como veremos en otro lugar, de facto, casi monopoliza. Todo proyecto de reforma constitucional ha de tramitarse conforme a las normas establecidas por el Reglamento del Congreso para los proyectos de ley, lo que supone la posibilidad de que sea objeto de una enmienda de totalidad y, consecuentemente, de un debate de totalidad en el Pleno de la Cámara Baja, que evidentemente puede concluir con la devolución del proyecto (arts. 146 y 112 del Reglamento del Congreso).

En cuanto a la iniciativa parlamentaria, sí nos muestra algunas particularidades respecto de la iniciativa ordinaria: el Reglamento del Congreso exige que toda proposición de reforma constitucional vaya suscrita por dos Grupos parlamentarios (uno sólo en el caso de una proposición legislativa ordinaria) o por la quinta parte de los diputados, esto es, por un total de 70 diputados (frente a los 15 exigidos en el otro caso). A su vez, el Reglamento del Senado atribuye esta iniciativa a 50 senadores que no pertenezcan a un único Grupo parlamentario, mientras que para la iniciativa legislativa ordinaria exige el apoyo de un Grupo parlamentario o de 25 senadores.

En todo caso, ambas iniciativas han de superar el trámite de su «toma en consideración», lo que exige un pronunciamiento, de aprobación o rechazo, del conjunto del órgano (de la Cámara respectiva) en relación a la iniciativa de la fracción del mismo a la que se atribuye la titularidad de la puesta en marcha del proceso de reforma.

Por su lado, las Asambleas de las Comunidades Autónomas disponen de una doble opción: solicitar del Gobierno la adopción de un proyecto de ley de reforma constitucional, o bien remitir a la Mesa del Congreso una proposición de ley de la misma naturaleza. Por una u otra vía, es evidente que el Pleno del Congreso podrá (deberá si de una proposición se tratase) pronunciarse en torno a la conveniencia de esa iniciativa.

Quiere ello decir que, en último término, es a las Cámaras, en cuanto órganos colegiados que expresan una voluntad unitaria, a quienes corresponde decidir respecto de una iniciativa ajena (del Gobierno o de las Asambleas de las Comunidades) o de una iniciativa surgida en su propio seno.

Quizá lo más sorprendente de la regulación constitucional sea la exclusión de la iniciativa popular a efectos de la reforma constitucional. Como bien dice *De Vega*, desde el punto de vista teórico, resulta difícil asimilar que, en un ordenamiento constitucional como el nuestro, donde se proclama la soberanía popular y el poder constituyente del pueblo, y donde en virtud de esos principios se consagra la iniciativa popular para las leyes ordinarias, se la elimine luego para la actuación del poder constituyente. Se trata de una contradicción notable que alimentó la polémica en el proceso constituyente.

b') Los límites a la iniciativa de la reforma constitucional

El artículo 169 de la Constitución prevé que: «No podrá iniciarse la reforma constitucional en tiempo de guerra o de vigencia de alguno de los estados previstos en el artículo 116.»

Nos encontramos así en presencia de un límite puramente temporal respecto de la iniciativa del procedimiento de reforma constitucional. Es, pues, un límite a la iniciativa y no al procedimiento en sí.

Esta limitación se produce en tiempo de guerra, supuesto que, obviamente, se separa de los de vigencia de los estados de alarma, excepción o sitio, situaciones excepcionales contempladas por el artículo 116. La locución «tiempo de guerra» ha sido juridificada por el artículo 14 de la Ley Orgánica 13/1985, de 9 de diciembre, de Código Penal Militar, que incluye dentro de esa situación, al período de tiempo que comienza con la declaración formal de guerra, al ser decretada la movilización para una guerra inminente o con la ruptura generalizada de las hostilidades con potencia extranjera, finalizando en el momento en que cesan éstas. Aunque tal determinación se hace a los efectos del propio Código Penal Militar, es lo cierto que podemos proyectarla al supuesto que ahora nos ocupa.

Desde luego, como dice *Pérez Royo,* estamos ante uno de los preceptos más desafortunados, no ya del Título X, sino de toda la Constitución. Y es que, en realidad, se trata de una cláusula perfectamente inútil. Con ella, como advierte *De Vega,* se pretende garantizar la autonomía y la independencia de cualquier operación de reforma, frente a las lógicas anomalías previsibles en las situaciones excepcionales, como son las que contempla el precepto. Ahora bien, si la reforma constitucional gravita en las Cámaras, y si la declaración y continuidad de los estados de excepción, según el artículo 116, también depende de ellas, no se sabe ciertamente qué es, ni ante quién, lo que se quiere asegurar. Lo lógico es pensar que si las Cámaras se deciden por la declaración de situaciones de excepción no se decidan por la reforma, y a la inversa. De tener alguna operatividad, ésta se reduciría al supuesto del tiempo de guerra.

c') El procedimiento de reforma

Nuestra Constitución ha previsto dos alternativas procedimentales diferenciadas en función de la materia constitucional a que se refiere la reforma. El procedimiento general, o de reforma parcial, está contemplado por el artículo 167, que rige para la modificación de todo aquello que no afecte a los contenidos de la Constitución especialmente protegidos por el artículo 168, que prevé el procedimiento de revisión total de la Constitución. Nos referiremos separadamente a cada uno de estos procedimientos.

a") El procedimiento de reforma parcial

Formalizada una iniciativa de reforma constitucional, el procedimiento a seguir debe ajustarse, como regla general, a las previsiones del artículo 167 de la Constitución.

La tramitación parlamentaria a que han de acomodarse los proyectos o proposiciones de reforma constitucional se ajusta a la reglamentariamente establecida por cada Cámara (en sus respectivos Reglamentos) para los proyectos y proposiciones de ley, con la peculiaridad de que el texto aprobado por sus respectivos Plenos deberá someterse a una votación final en la que se requerirá para su aprobación el voto favorable de los tres quintos de los miembros de la Cámara.

En el supuesto de que no hubiere acuerdo entre ambas Cámaras, la Constitución recurre a una fórmula tradicional en nuestro Derecho histórico: la creación de una Comisión mixta de composición paritaria, integrada lógicamente por diputados y senadores. Su misión debe ser alcanzar un texto consensuado que pueda ser aprobado ulteriormente por Congreso y Senado. Ese texto que ha de ser presentado por la referida Comisión habrá de ser sometido a votación en cada Cámara, alcanzando en cada una de ellas la misma mayoría cualificada de los tres quintos de sus miembros.

De no lograrse la aprobación mediante el recurso a la Comisión mixta, la Constitución prevé una última posibilidad: si el texto de reforma hubiere alcanzado el voto favorable de la mayoría absoluta del Senado, el Congreso podrá aprobar la reforma por una mayoría de los dos tercios de sus miembros.

En este procedimiento general, la intervención referendaria del cuerpo electoral no es ineludible, dado que el artículo 167.3 no exige la celebración de un referéndum de ratificación, sino que lo contempla como meramente facultativo. La realización de ese referéndum habrá de tener lugar tan sólo cuando así lo soliciten, dentro de los quince días siguientes a la aprobación de la reforma, una décima parte de los miembros de cualquiera de las Cámaras.

b") El procedimiento de revisión total

Muy superior es la complejidad y dificultad del procedimiento de revisión total de la Constitución, preceptivo cuando la revisión sea efectivamente total o cuando, siendo parcial, afecte al Título Preliminar, al Título II, relativo a la Corona, o a la Sección primera del Capítulo 2.º del Título I, referente a los derechos fundamentales y libertades públicas.

La Constitución no define qué se entiende por «revisión total»; no deja de ser significativo que el artículo 168 hable de «revisión» y no de «reforma» como hace el artículo 167; sin embargo, tampoco este cambio terminológico es realmente esclarecedor. Parece lógico pensar, como apunta con buen criterio *Pérez Royo,* que en la definición de una reforma como «revisión» habrá que tomar en consideración tanto elementos cuantitativos (número de artículos o un Título completo...) como cualitativos (que la reforma afecte a alguna institución que pudiera ser definida como órgano inmediatamente constitucional y singularmente relevante).

En todo caso, lo realmente significativo lo encontramos en los ámbitos materiales cuya modificación implica la ineludibilidad de seguir el procedimiento de «revisión total» del artículo 168. Es aquí donde el constituyente se ha manifestado con más nitidez, y en último término, parece ser que el diseño de este procedimiento hiper-agravado de reforma tiene como finalidad esencial la protección de los mismos.

El procedimiento del artículo 168 implica en primer término la necesidad de que ambas Cámaras procedan a la aprobación del principio de revisión, esto es, de la conveniencia o necesidad de la reforma, por una mayoría de los dos tercios de sus miembros. Aprobado ese principio de revisión, se produce la disolución automática de las Cortes.

Las inmediatas elecciones generales propiciarán unas nuevas Cámaras cuya primera decisión habrá de ser, en su caso, la de ratificar la decisión de proceder a la «revisión total» de la Constitución. Nada dice nuestra Norma suprema sobre la mayoría requerida al efecto, si bien, por lo que hace al Senado, su Reglamento ha venido a subsanar tal silencio, al prescribir en su artículo 159 que: «La nueva Cámara que resulte elegida deberá ratificar, por mayoría absoluta de sus miembros, la reforma propuesta.»

Acto seguido, las Cámaras procederán al estudio del nuevo texto constitucional, que deberá ser aprobado por una mayoría de dos tercios de los miembros de cada una de ellas.

Aprobada la reforma por las Cortes Generales, será sometida a referéndum —en este caso preceptivo, no meramente facultativo como sucede con la reforma parcial— para su ratificación.

d') Inexistencia de límites materiales y consecuencias del doble procedimiento de reforma

En el constitucionalismo de la segunda postguerra adquirieron notable importancia las llamadas *«cláusulas de intangibilidad»*, que venían a suponer la existencia de unos límites materiales que no podían ser rebasados por el poder de reforma. La Ley Fundamental de Bonn llevaría estas cláusulas a su extremo al prever su artículo 79.3, la ilicitud de toda modificación de la propia Ley en cuya virtud se afectara la organización de la Federación en Länder, la participación de los Länder en la potestad legislativa o los principios establecidos en los artículo 1.º y 20 (consagración de la dignidad del ser humano, vinculatoriedad de los derechos fundamentales y principios fundamentales del orden jurídico-político).

Nuestra Constitución carece de tal cláusula y, consiguientemente, puede sostenerse la inexistencia en ella de límites materiales frente a su posible reforma.

En cierto modo, la existencia del doble procedimiento de reforma que acabamos de analizar, se nos presenta como una especie de sucedáneo de las referidas «cláusulas de intangibilidad». Como señala *De Vega*, la supresión de tales «cláusulas» se ha intentado compensar con el establecimiento en el artículo 168 de un mecanismo de revisión más complejo y difícil para determinados ámbitos materiales del texto constitucional.

Con ello, se ha creado una situación tan original como anómala en sus consecuencias para el entendimiento global de nuestro ordenamiento, tal y como explica el propio *De Vega*.

En efecto, con la distinción de dos procedimientos de reforma, vienen a separarse dentro de la Constitución dos tipos de normas, esto es, se establece una verdadera jerarquización de las normas constitucionales. Ello, a su vez, abre el camino para el reconocimiento de la existencia de normas constitucionales inconstitucionales. Ahora bien, la supuesta inconstitucionalidad de las leyes de reforma de que, en su caso, podría entender el Tribunal Constitucional, habría de limitarse al análisis de posibles inconstitucionalidades formales, no cabiendo, bajo ningún concepto, el planteamiento de la inconstitucionalidad material.

De esta forma, la pretensión de sustituir las «cláusulas de intangibilidad», por el procedimiento superagravado del artículo 168, adquiere su verdadero sentido, muy alejado por lo demás de aquella «superlegalidad constitucional» a que se refiriera *Maurice Hauriou*.

En efecto, la «superlegalidad» de que hablaba el autor francés no aparecía definida por un procedimiento especial de reforma, sino, precisamente, por quedar al margen del procedimiento. *Hauriou* defendería el principio de que ningún poder soberano, ni siquiera el constituyente, hubiera de considerarse desligado de las reglas del Derecho; consecuentemente, la revisión de la Constitución debía ser limitada, no cabiendo la revisión total.

La «superlegalidad constitucional» se crea y se establece por sus contenidos valorativos y materiales. Frente a ella, la «superlegalidad» que introduce el artículo 168 se presenta como una mera superlegalidad formal; su suerte depende del propio procedimiento que la establece y la consagra, y por ello mismo, en cualquier momento puede ser abolida. En definitiva, en la alternativa expuesta por *Anschütz* al abordar el tema de los límites de la reforma constitucional: dilucidar si la Constitución está por encima del legislador constitucional, o a su disposición, parece claro que en nuestro caso se impone la segunda opción.

F) Los valores superiores del ordenamiento jurídico

I. La Constitución de 1978 encabeza su texto dispositivo con la siguiente determinación: «España se constituye en un Estado social y democrático de Derecho, que propugna como valores superiores de su ordenamiento jurídico la libertad, la justicia, la igualdad y el pluralismo político.».

Este precepto nos revela inequívocamente que nuestra Constitución ha evitado caer en el reduccionismo del positivismo estatalista; no estamos, en definitiva, ante un código de corte positivista. El artículo ofrece un planteamiento relativamente singular en el que tomando como punto de partida la Nación española, «España», o lo que es lo mismo, el conjunto de seres humanos que se dotan, a través de la Constitución, de un sistema de convivencia política, procede a conectar el poder político del Estado con un ordenamiento jurídico respecto del que propugna una serie de valores.

La mera referencia constitucional al ordenamiento sería suficiente para entender superado el modelo de la teoría positivista del Derecho, por cuanto, como viene entendiéndose por la doctrina tras las aportaciones fundamentales de *Santi Romano,* el ordenamiento no es un mero agregado de normas, sino una realidad dinámica en la que las normas cambian, si bien el ordenamiento como tal permanece, en tanto permanecen sus principios. No obstante, la superación constitucional del normativismo positivista hay que buscarla prioritariamente en la sujeción del ordenamiento a un orden valorativo.

Es al Estado a quien se imputa el ordenamiento en el artículo 1.º.1, pero también es el propio Estado quien «propugna» unos valores superiores del ordenamiento. Como indica *Hernández Gil,* «propugna» equivale a decir que el Estado, definido como social y democrático de Derecho, asume la misión de que el ordenamiento jurídico tienda hacia esos valores, los alcance y realice. Consecuentemente, para nuestra Constitución el ordenamiento no se legitima «per se», por proceder del Estado y atenerse a los cauces procedimentales de elaboración y formulación formalmente enunciados por la propia Constitución; bien al contrario, el ordenamiento se nos ofrece como un intrumento para la realización de los fines que la Norma Suprema enuncia como valores, que no son sino los ideales que una comunidad decide erigir como sus máximos objetivos a desarrollar por el ordenamiento jurídico; de ahí que, como apuntara *Sánchez Agesta,* contengan un mínimo horizonte utópico.

Los valores contribuyen, pues, decisivamente a la *función de legitimidad* que la Constitución desempeña, entendiendo por legitimidad aquella calidad de un poder por cuya virtud las decisiones que de él emanan son acatadas y obedecidas como obligatorias por existir en los destinatarios de las normas el convencimiento de tal obligatoriedad.

Y en último término, la íntima conexión entre ordenamiento y valores supone el reconocimiento expreso de la dimensión axiológica del Derecho. El Derecho, como dijera *Recaséns Siches,* no es una idea pura, tiene que ver con lo que se llama el reino de la cultura. Entre los seres ideales hay una peculiar clase de ellos: los valores, que son esencias ideales con validez objetiva, en el sentido de que no son emanaciones del sujeto, no son la expresión de unos peculiares mecanismos psicológicos del sujeto, si bien los valores cobran su sentido precisamente en relación con la existencia del hombre, con la realidad.

En definitiva, en cuanto la Constitución de 1978 no se ha limitado a considerar los valores alojados en el cuadro de los derechos subjetivos y las libertades (pensemos, por ejemplo, que la libertad y la igualdad irrumpieron en el constitucionalismo liberal burqués como contenido de los derechos individuales), sino que ha preferido declararlos expresamente, esos valores no sólo han venido a impregnar el total ordenamiento jurídico objetivamente considerado, sino que, consecuentemente, han limitado, como bien significa *Peces-Barba,* la libertad de los operadores jurídicos en la construcción de los contenidos materiales del ordenamiento.

II. El artículo 1.º.1 conceptúa como «superiores» la tétrada de valores del ordenamiento que enumera, de lo que se infiere sin más que éstos no agotan los valores que han de orientar dicho ordenamiento, debiendo existir otros «inferiores», por así llamarlos. A este respecto, conviene no obstante efectuar una precisión.

En este «*Wertordnung*», en este orden valorativo, adquiere una extraordinaria relevancia el artículo 10.1 de la Constitución, a cuyo tenor:

> «La dignidad de la persona, los derechos inviolables que le son inherentes, el libre desarrollo de la personalidad, el respeto a la ley y a los derechos de los demás son fundamento del orden político y de la paz social.»

Este precepto no hace sino reconocer una realidad anterior al ordenamiento, un orden de valores que, como señalara *Otto Bachof,* no ha sido creado por la Constitución, sino que ésta se limita a reconocerlo y garantizarlo, y cuyo último fundamento de validez se encuentra en los valores determinantes de la cultura occidental, en una idea del hombre que descansa en estos valores. Es por ello mismo por lo que hemos de llegar a la conclusión de que al contenido axiológico del artículo 10.1 debe reconocérsele rango equivalente al propio de los valores superiores.

Más aún, como señalara *Parejo,* en el artículo 10.1 se encuentra la clave misma, el suelo axiológico, y por tanto, el criterio que otorga legitimidad, sentido y estructura a la totalidad del orden constitucional material. De esta forma, mientras los valores del artículo 10.1: dignidad de la persona, libre desarrollo de la personalidad y solidaridad social, valores que a su vez integran el valor complejo de armonía de la vida humana en sociedad, se refieren a cualidades de la realidad cultural individual y colectiva, la tétrada axiológica del artículo 1.º.1 alude a la configuración jurídica de esa realidad, a la conformación jurídica del ordenamiento del Estado.

Como dijera *Goldschmidt,* cada persona humana individual es una realidad en sí misma, mientras que el Estado no es más que una realidad accidental, ordenada como fin al bien de las personas individuales; en consecuencia, es perfectamente oportuno afirmar que el derecho fundamental para el hombre, base y condición de todos los demás, es el derecho a ser reconocido siempre como persona humana, que de esta forma se convierte en el fundamento último, en el sustrato último de validez de todo el sistema. Este sustrato filosófico iuspersonalista, que se manifiesta socialmente en lo que *Lucas Verdú* denomina el personalismo comunitario, esto es, en una comunidad social plural, es lo que late en el enunciado del artículo 10.1.

III. Es desde la perspectiva apuntada como cobran pleno sentido todos y cada uno de los valores enunciados por el artículo 1.º.1, valores que exigen de una consideración conjunta.

Es cierto que desde diferentes sectores del pensamiento se han tratado de relativizar algunos de esos valores. Y así, por poner tan sólo algunos ejemplos, mientras *Alzaga* manifiesta sus dudas acerca de que el pluralismo político sea un valor de alcance tan general como la libertad, la igualdad o la justicia, *Peces-Barba* considera que el sistema axiológico se centra en los valores de libertad e igualdad. En cualquier caso, a nuestro juicio, no sólo no debe excluirse ninguno de esos valores, sino que todos y cada uno de ellos se complementan de algún modo entre sí.

El **valor libertad** presenta, como señala *Peces-Barba,* una doble dimensión: una organizativa y otra en relación con el «status» de las personas en esa organización social.

Desde el punto de vista organizativo, la libertad es raíz de una serie de exigencias que se despliegan en la propia Constitución, y entre las que podemos identificar las siguientes: soberanía popular; legitimación de los gobernantes por medio de elecciones periódicas por sufragio universal; sujeción de los poderes públicos y de los ciudadanos a la Ley, y reconocimiento y protección de los derechos fundamentales.

Desde la perspectiva del «status» de las personas en la organización social, la libertad presenta una triple óptica:

— *La libertad-autonomía,* esto es, la creación de condiciones jurídicas para que la persona tenga un ámbito de actuación social, sin interferencias de otras personas, de los grupos sociales, ni del Estado.

— *La libertad-participación,* que favorece la intervención de las personas en la organización del poder y en la fijación de los criterios generales de la gobernación del Estado.

— *La libertad-prestación,* que requiere del Estado la obligación de realizar un conjunto de actuaciones encaminadas a facilitar la libertad y, en último término, a conseguir la igualdad, con lo que esta vertiente de la libertad se conecta estrechamente con el valor «igualdad».

El **valor igualdad** presenta a su vez una doble dimensión, formal y material. Junto a la añeja visión de la igualdad ante la ley y de la no discriminación (igualdad formal), contemplada por el artículo 14 de nuestra Lex Superior, nos encontramos con la vertiente material del principio, regulada por el artículo 9.º.2, que exige de los poderes públicos una tarea de promoción de las condiciones necesarias para que la igualdad (y la libertad) del individuo y de los grupos en que se integra sea real y efectiva, tarea que, llegado el caso, exige la remoción de los obstáculos que impidan o dificulten la plenitud de este principio.

En cuanto al **valor justicia,** la ambigüedad del concepto, la pérdida del sentido mítico de sus orígenes, e incluso el hecho de que jurisprudencialmente se lleguen a identificar, en algunos casos, los valores justicia e igualdad, han conducido a un sector de la doctrina, del que es destacado exponente *Peces-Barba,* a considerar que no estamos ante un valor superior, sino ante el instrumento de los jueces para incorporar a sus resoluciones criterios de moralidad.

Desde luego, es evidente que la libertad y sobre todo la igualdad, forman parte del contenido y del fin de la justicia; sin embargo, también lo es que la justicia, en cuanto valor social por excelencia, es un criterio de valoración destinado a conformar el comportamiento social, como nos recuerda *Hernández Gil.* Es por ello mismo por lo que la justicia tiene un sentido de totalidad que le lleva a ser no sólo valor en sí, sino también medida de los demás valores sociales y jurídicos. Este sentido debe contemplarse desde la dimensión dinámica de la justicia a que se refiriera *Friedrich.*

Por lo demás, el valor absoluto de la justicia, «dar a cada uno lo suyo», se encuentra indestructiblemente vinculado a la dignidad de la persona, al principio de que el individuo tiene un fin propio que cumplir, fin intransferible y privativo, al que parece apuntar el texto constitucional cuando en su artículo 10.1 se refiere al «libre desarrollo de la personalidad», esto es, como precisa *Ruiz-Giménez,* al despliegue de las diferentes potencialidades (psíquicas, morales, culturales, económicas y sociales) de cada persona humana, la conquista de los valores que la satisfagan y de los ideales que la atraigan; el avance, en suma, hacia «su modelo» de «ser humano» y de miembro activo, protagonista, de una sociedad plural determinada.

Y es aquí en donde entra en juego el **valor pluralismo político,** cuyo origen liberal democrático se manifiesta como expresión de una concepción relativista, que acepta la existencia de diversos puntos de vista sobre la realidad, y que incluso proclama la necesidad de esa diversidad para que sea posible una vida social asentada en la participación ciudadana.

Aunque este valor presenta una proyección básicamente estructural, desborda con creces esta perspectiva para incidir muy positivamente en que cada ser humano pueda desarrollar en libertad su personalidad.

El pluralismo ínsito a cualquier colectivo social, no sólo debe ser respetado por el ordenamiento jurídico, sino que éste debe venir informado por aquél. Corresponderá al Tribunal Constitucional la función de fijar los límites dentro de los cuales pueden plantearse legítimamente las distintas opciones políticas, pues, como el mismo Tribunal ha recordado (STC 4/1981, de 2 de febrero), en términos generales, resulta claro que la existencia de una sola opción es la negación del pluralismo.

IV. Una trascendental cuestión se suscita en relación a los valores: la de su eficacia jurídica. La doctrina, de modo prácticamente unánime, se inclina por la apreciación del carácter normativo de los valores. A partir de aquí, sin embargo, se impone efectuar ciertas consideraciones aclaratorias.

De entrada, conviene recordar con *Peces-Barba* que los valores superiores tienen un contenido conceptual que no se agota en su perspectiva normativa, sino que excede de la misma y hunde sus raíces en el campo de la moralidad. A partir de aquí, es necesario precisar la eficacia normativa de los valores.

La doctrina, partiendo de la distinción establecida por *Dworkin* entre fines, principios y reglas, ha diferenciado al respecto los valores de los principios y las reglas. Estas últimas contienen disposiciones específicas en las que se tipifican supuestos de hecho, con sus correspondientes consecuencias jurídicas. Los principios son cláusulas genéricas que enuncian modos de ser del Derecho. Los valores son cláusulas más generales aún que establecen fines a alcanzar, dejando a los operadores jurídicos la elección de los cauces más idóneos para su efectividad.

Los valores traen causa y evocan realidades culturales metajurídicas, pero, como bien sostiene *Parejo,* en su análisis como normas jurídicas, su origen y formación pierden trascendencia para pasar a primer plano su condición de prescripciones jurídicas. Desde esta perspectiva son, pues, normas construidas con conceptos jurídicos, que encuentran además una protección reforzada en nuestro ordenamiento constitucional y cuya vulneración puede fundamentar un recurso de inconstitucionalidad.

Muy significativa a este respecto es la doctrina fijada por el Tribunal Constitucional en relación al valor igualdad. A su juicio, «la igualdad se configura como un valor superior que (...) se proyecta con una eficacia trascendente, de modo que toda situación de desigualdad persistente a la entrada en vigor de la norma constitucional deviene incompatible con el orden de valores que la Constitución, como norma suprema proclama» (STC 8/1983, de 18 de febrero).

G) Los principios constitucionales informadores del ordenamiento

La Constitución, en cuanto norma sobre la que se fundamenta el ordenamiento jurídico en su conjunto, procede en su artículo 9.º.3 a la enumeración de los que pueden considerarse como principios informadores del ordenamiento jurídico. De conformidad con el citado precepto:

> «La Constitución garantiza el principio de legalidad, la jerarquía normativa, la publicidad de las normas, la irretroactividad de las disposiciones sancionadoras no favorables o restrictivas de derechos individuales, la seguridad jurídica, la responsabilidad y la interdicción de la arbitrariedad de los poderes públicos.»

Contra lo que pudiera pensarse, no estamos ante una enumeración anárquica y desordenada, sino que estos principios manifiestan una gran multiplicidad de conexiones. Así lo ha reiterado el Tribunal Constitucional, que ha venido insistiendo desde sus primeros pronunciamientos al respecto (así, en la STC 27/1981, de 20 de julio), acerca de cómo los principios constitucionales no son compartimentos estancos, sino que, al contrario, cada uno de ellos cobra valor en función de los demás y en tanto sirva a promover los valores superiores del ordenamiento jurídico que propugna nuestro Estado.

Estas interrelaciones suelen confluir, como manifiesta *Villar Palasí,* en dos grandes condensadores: el principio de legalidad y el principio de seguridad jurídica.

El *principio de legalidad* se relaciona con:

1/ El *principio de jerarquía normativa,* pues el principio de legalidad postula una jerarquización de las normas jurídicas, con arreglo a la cual, las normas se diversifican en diferentes categorías que se escalonan en atención a su rango jerárquico.

2/ El *principio de interdicción de la arbitrariedad de los poderes públicos.* Es patente que si los poderes públicos han de acomodar su actuación a la Constitución y al resto del ordenamiento jurídico, debe quedarles vedada toda actuación arbitraria. Y

3/ El *principio de responsabilidad de los poderes públicos,* consecuencia necesaria de los principios de legalidad e interdicción de la arbitrariedad, pues resulta una obviedad que los poderes públicos vienen obligados a responder de los daños y perjuicios causados por su actuación antijurídica.

El *principio de seguridad jurídica* se conecta, a su vez, con:

1/ El *principio de publicidad de las normas,* pues es patente que sería de todo punto imposible la seguridad jurídica si las normas no pudieran ser conocidas. Y

2/ El *principio de irretroactividad de las disposiciones sancionadoras no favorables o restrictivas de derechos individuales,* en cuanto que la seguridad jurídica quedaría gravemente constreñida de admitirse con carácter general la retroactividad «*in peius*» de las Leyes «*ex post facto*» sancionadoras o restrictivas de derechos.

Al margen ya de las precedentes correlaciones, cabe decir que los principios del artículo 9.º.3 reflejan una tradición muy arraigada en los ordenamientos liberales, que en último término revela una inequívoca preocupación garantista, pues con ellos, en definitiva, lo que se pretendía, y aún pretende, es garantizar la situación jurídica de los ciudadanos frente a la actuación de los poderes públicos. Bien es verdad que de ello no puede deducirse en el artículo 9.º.3 defina «*per se*» derechos cuya defensa pueda dar lugar a un recurso de amparo ante el Tribunal Constitucional. Por el contrario, estos principios, como ha precisado el propio Tribunal (STC 8/1981, de 30 de marzo), son mandatos dirigidos a los poderes públicos y, en especial, al legislador. En todo caso, de la eficacia normativa de los mismos no debe existir la más mínima duda, tal y como ya dijimos al contemplar los valores superiores del ordenamiento. Su garantía constitucional se hará efectiva, en consonancia con lo anteriormente expuesto, no a través de la vía del recurso de amparo, sino a través de las dos únicas vías procesales accesibles: la cuestión de inconstitucionalidad y el recurso de inconstitucionalidad.

No referiremos ahora particularizadamente a cada uno de estos principios.

1. El principio de legalidad

Este principio traduce jurídicamente el principio político de la primacía de la ley, del imperio de la ley, en cuanto «expresión de la voluntad popular», como se recuerda en el Preámbulo de la Constitución. Estamos ante un dogma básico de todo sistema democrático, como ha precisado el Tribunal Constitucional (STC 108/1986, de 26 de julio).

De conformidad con el principio de legalidad, todos los poderes públicos se encuentran sujetos a la ley, lo que no obsta para mantener que en un régimen constitucional, también el poder legislativo, del que aquélla emana, está sujeto a la Constitución, en cuanto ésta procede del poder constituyente, siendo misión del Tribunal Constitucional el velar por que se mantenga esa sujeción de la ley a la Constitución, que no es más que otra forma de sumisión a la voluntad popular, expresada esta vez como poder constituyente.

La manifestación más específica de este principio es la sumisión a la ley de la actividad administrativa, expresamente proclamada por el artículo 103.1 de la Constitución, que, según *Garrido Falla,* supone, a su vez, de un lado, la sumisión de los actos administrativos concretos a las disposiciones vigentes de carácter general, y de otro, la sumisión de los órganos que dictan disposiciones generales al ordenamiento jerárquico de las fuentes del Derecho.

2. El principio de jerarquía normativa

El principio de jerarquía normativa implica la existencia de una diversidad de normas entre las que se establece una jerarquización, de conformidad con la cual, una norma situada en un rango inferior no puede oponerse a otra de superior rango. Ello, a su vez, implica que el ordenamiento adopte una estructura jerarquizada, en cuya cúspide, obviamente, se sitúa la Constitución.

El principio de jerarquía nació en buena medida como una consecuencia del dogma liberal de la supremacía o imperio de la ley. En cuanto norma superior del ordenamiento, la ley se revestía de una característica fuerza, *«la fuerza de ley»,* en relación a otras normas, y ello condujo a una jerarquización normativa, es decir, a la jerarquía de unas normas sobre otras en el ordenamiento jurídico.

De esta forma, las fuentes del Derecho iban a ordenarse en un primer momento sobre la base de su articulación jerárquica, bien que en un momento ulterior, otros principios ordenadores hayan hecho acto de presencia, cobrando alguno de ellos especial relevancia, cual es el caso del principio de competencia, que implica la necesidad de atender a aspectos materiales, en detrimento de los puramente formales.

Digamos por último que el principio de jerarquía normativa se manifiesta también en la existencia de una clara correlación entre la fuente de la que emana una norma, la forma que ésta ha de adoptar y la fuerza jurídica de la misma.

3. El principio de interdicción de la arbitrariedad de los poderes públicos

Ya en el año 1900 *Orlando* definía el Estado de Derecho como aquel que asegura la libertad de los ciudadanos, preservándoles del poder y de la arbitrariedad de la autoridad. Es evidente que la actuación necesariamente conforme de los poderes públicos con el ordenamiento jurídico, impide cualquier actuación arbitraria de aquéllos.

El principio que nos ocupa, cuya formulación tiene un claro origen doctrinal (en un artículo publicado en 1959 por *García de Enterría:* «La interdicción de la arbitrariedad en la potestad reglamentaria»), se refiere en su esencia a la necesidad de controlar jurisdiccionalmente la discrecionalidad administrativa, si bien es evidente que su enunciación constitucional en referencia a los poderes públicos, implica que no sólo quepa tachar de «arbitraria» una actuación administrativa, sino toda actuación de cualquier poder público.

Así lo ha venido a corroborar el Tribunal Constitucional, que, tras reconocer que el juicio de la arbitrariedad suele remitirse a la actuación del Ejecutivo, y concretamente a la de la Administración pública, en cuyo caso «arbitrario» equivale a no adecuado a la legalidad, y ello tanto si se trata de actividad reglada (infracción de la norma) como de actividad discrecional (desviación de poder), admite que al referirse la Constitución a todos los poderes públicos, introduce un arma revisora en manos de los tribunales ordinarios y del Tribunal Constitucional, y en todo caso posibilita que pueda hablarse de la arbitrariedad del Legislativo, que se producirá cuando el acto del Legislativo engendre desigualdad, entendida no ya en un sentido formal, sino en un sentido material. Son de enorme interés al respecto algunas de las consideraciones del Tribunal:

> «Cuando se habla de la *arbitrariedad del Legislativo* no puede tratarse (a diferencia —recordémoslo por nuestra parte— de la arbitrariedad del Ejecutivo, que equivale a inadecuación a la legalidad) de la adecuación del acto a la norma, pero tampoco puede reducirse su examen a la confrontación de la disposición legal controvertida con el precepto constitucional que se dice violado.
>
> El acto del Legislativo se revela arbitrario, aunque respetara otros principios del 9.3, cuando engendra desigualdad. Y no ya desigualdad referida a la discriminación —que ésta concierne al art. 14—, sino a las exigencias que el 9.2 conlleva, a fin de promover la igualdad del individuo y de los grupos en que se integra, finalidad que, en ocasiones, exige una política legislativa que no puede reducirse a la pura igualdad ante la Ley» (STC 27/1981, de 20 de julio).

En otro momento, el Tribunal ha admitido implícitamente —al hacer suya en alguna medida la argumentación del recurrente— que una Ley pueda ser tachada de «arbitraria» cuando el fin perseguido por ella sea constitucionalmente ilícito, o constitucionalmente inadecuado, o cuando exista una desproporción entre el fin que se persigue y los medios establecidos para alcanzarlo (STC 66/1985, de 23 de mayo).

Admitida, pues, la posibilidad de aplicar el juicio de «arbitraria» a una Ley, debe hacerse notar una importante precisión, reconocida por el propio Tribunal Constitucional (STC 108/1986, de 26 de julio), en relación con el modo de llevar a cabo el oportuno control de constitucionalidad de las leyes, cuando el vicio de inconstitucionalidad que a aquélla se impute sea precisamente la vulneración del principio que nos ocupa. Si, de modo general, el control de constitucionalidad de las leyes debe ejercerse de manera que no imponga constricciones indebidas al poder legislativo y respete sus opciones políticas, lo que, correlativamente, entraña un especial cuidado por parte del Tribunal Constitucional para mantenerse dentro de los límites de ese control, dicha precaución debe extremarse cuando se trate de aplicar preceptos generales e indeterminados, como es el de la interdicción de la arbitrariedad.

4. El principio de responsabilidad de los poderes públicos

Este principio no es sino la resultante obligada del principio de legalidad y, en cierto modo, también del de interdicción de la arbitrariedad. Si los poderes públicos están obligados a sujetar su actuación al ordenamiento jurídico, y si les está vedada la arbitrariedad, parece lógico que una actuación inadecuada a la legalidad vigente o arbitraria desencadene una determinada responsabilidad, bien de naturaleza sancionadora, bien de carácter compensatorio.

La misma Constitución se ha hecho eco en diferentes lugares de su articulado de algunas manifestaciones particulares del principio de responsabilidad. Tal es el caso del artículo 106.2, que contempla el derecho de los particulares a ser indemnizados por toda lesión que sufran en cualquiera de sus bienes y derechos, cuando la misma sea consecuencia del funcionamiento de los servicios públicos. Tal acontece igualmente en el artículo 121, que prevé que los daños causados por error judicial, así como los que sean consecuencia del funcionamiento anormal de la Administración de Justicia, darán derecho a una indemnización a cargo del Estado.

5. El principio de seguridad jurídica

El principio de seguridad jurídica puede entenderse como la confianza que los ciudadanos pueden tener en la observancia y respeto de las situaciones derivadas de la aplicación de normas válidas y vigentes (STC 147/1986, de 25 de noviembre).

Desde otra perspectiva, se ha dicho, como recuerda *Villar Palasí*, que seguridad jurídica equivale a «*predictibilidad*», o lo que es igual, a poder predecir de antemano las consecuencias jurídicas de nuestros propios actos. Desde esta óptica, seguridad jurídica es tanto como saber a qué atenerse o, como dicen los tratadistas ingleses, *«legal security means protection of confidence»*.

En cierto modo, estamos en presencia del principio de mayor alcance de cuantos enumera el artículo 9.º.3. Así lo ha reconocido el Tribunal Constitucional al estimar que la seguridad jurídica es «suma de certeza y legalidad, jerarquía y publicidad normativa, irretroactividad de lo no favorable e interdicción de la arbitrariedad», si bien no se agota en la adición de estos principios, pues de ser así no hubiera precisado de su expresa formulación. «La seguridad jurídica es la suma de estos principios, equilibrada de tal suerte que permita promover, en el orden jurídico, la justicia y la igualdad, en libertad» (STC 27/1981, de 20 de julio).

Ahora bien, el principio de seguridad jurídica no puede erigirse en un valor absoluto por cuanto, en tal caso, daría lugar a la congelación del ordenamiento jurídico existente, siendo así que éste, al regular relaciones de convivencia humana, debe responder a la realidad social de cada momento como instrumento de perfeccionamiento y de progreso. Proyectando esta doctrina hacia el sistema tributario, nuestro supremo intérprete de la Constitución ha entendido (STC 126/1987, de 16 de julio) que el principio de seguridad jurídica, consagrado por el artículo 9.º.3, no puede entenderse como un derecho de los ciudadanos al mantenimiento de un determinado régimen fiscal.

En esta misma línea, el Tribunal Constitucional ha rechazado que pueda invocarse el principio de seguridad jurídica para hacer valer ante él, y frente al legislador, derechos adquiridos (STC 108/1986, de 26 de julio).

De tal posicionamiento no puede en modo alguno desprenderse que el principio de seguridad jurídica no vincule al legislador. Bien al contrario, éste se encuentra vinculado por aquél, de tal modo que una norma legal incierta o que cause incertidumbre deberá reputarse ilegítima desde la óptica constitucional, como se infiere de la doctrina constitucional (STC 99/1987, de 11 de junio).

6. El principio de publicidad de las normas

El principio de publicidad puede considerarse como un requisito ineludible del principio de seguridad jurídica, ya que mediante su publicidad, las normas pueden ser conocidas por los órganos de aplicación del Derecho y también por los ciudadanos, que se hallan de esta forma en condiciones de conocer de antemano las consecuencias jurídicas de sus propios actos. Como dice *Villar Palasí,* el principio de publicidad se impone necesariamente, dado que si el Derecho no fuera público no habría pauta cierta de conducta, y la misma expresión «Derecho» quedaría reducida a poco más que una entelequia.

Por lo demás, es incomprensible la idea de una norma secreta en un sistema constitucional cuyo último fundamento de legitimidad hay que buscarlo en la voluntad del pueblo, del que emanan todos los poderes del Estado.

Expuesto lo que antecede, conviene recordar que las normas tienen una validez objetiva, debiendo aplicarse a todos con independencia de que las conozcan o no. A este respecto, el artículo 6.1 del Código Civil ha venido a establecer una previsión fundamental para el ordenamiento jurídico: la de que la ignorancia de las leyes no excusa de su cumplimiento. Queda de esta forma fijada una presunción *«iuris et de iure»* de conocimiento de las leyes, con lo que la publicidad de las normas se orienta no tanto en la dirección de un conocimiento efectivo y real de la norma por el ciudadano, cuanto en la de posibilitar ese conocimiento.

Es precisamente en orden a posibilitar un conocimiento generalizado de la norma antes de su entrada en vigor, a lo que se orienta la *«vacatio legis»,* plazo subsiguiente a la publicación de la norma durante el que ésta no es aplicada. De conformidad con el artículo 2.º.1 del Código Civil, las leyes entrarán en vigor a los veinte días de su completa publicación en el *«Boletín Oficial del Estado»,* si en ellas no se dispone otra cosa.

7. El principio de irretroactividad de las disposiciones sancionadoras no favorables o restrictivas de derechos individuales

La primera de las precisiones que exige este principio es la definición de qué se entiende por irretroactividad. *Federico De Castro* la definió con suma claridad y concisión: «Irretroactividad significa que la ley se aplicará al futuro y no al pasado». Una ley es, pues, retroactiva cuando sus efectos se proyectan sobre hechos, actos o relaciones jurídicas acaecidas con anterioridad a su entrada en vigor.

Por su lado, el Tribunal Constitucional se ha encargado de precisar que, a los efectos del artículo 9.º.3, sólo puede afirmarse que una norma es retroactiva, cuando incide sobre «relaciones consagradas» y «afecta a situaciones agotadas» (STC 99/1987, de 11 de junio), y que «lo que se prohíbe en el artículo 9.º.3 es la retroactividad entendida como incidencia de la nueva Ley en los efectos jurídicos ya producidos en situaciones anteriores...» (STC 42/1986, de 10 de abril).

El principio de irretroactividad ya aparecía recogido por el artículo 2.º.3 del Código Civil, a cuyo tenor: «Las leyes no tendrán efecto retroactivo, si no dispusieren lo contrario.» Quiere ello decir que el Código Civil establece un principio general de irretroactividad que evidentemente admite excepciones, en cuyo defecto ha de entenderse que la norma tan sólo posee efectos *«pro futuro»*.

La Constitución proclama el mismo principio de irretroactividad, si bien circunscribe los efectos de la retroactividad *«in peius»* de las Leyes a las disposiciones sancionadoras o a aquellas otras restrictivas de derechos. Fuera de ello, nada impide, constitucionalmente, que el legislador dote a la Ley del ámbito de retroactividad que considere oportuno. Así lo ha entendido el Tribunal Constitucional (STC 27/1981, de 20 de julio), que estima que la interdicción absoluta de la retroactividad conduciría a situaciones congeladoras del ordenamiento jurídico, a la petrificación de situaciones dadas, contrarias a la concepción que fluye del artículo 9.°.2 (STC 8/1982, de 4 de marzo). En definitiva, la invocación del principio de irretroactividad no puede presentarse como una defensa de una inadmisible petrificación del ordenamiento (SSTC 27/1981, 6/1983, de 4 de febrero, 99/1987, de 11 de junio y, entre otras muchas, 227/1988, de 29 de noviembre).

La irretroactividad se proclama por la Constitución para dos tipos de disposiciones: las sancionadoras no favorables y aquellas otras restrictivas de derechos individuales, en el bien entendido de que el término «disposiciones» acoge tanto las leyes como las disposiciones reglamentarias.

Respecto de las disposiciones sancionadoras no favorables, cuyo ámbito, obviamente, es el del llamado Derecho sancionador, que afecta en su esencia al Derecho penal y al Derecho administrativo sancionador, cabe decir que la irretroactividad de este tipo de disposiciones ha venido constituyendo un principio básico del Derecho penal, que ahora se eleva a rango constitucional, y del que el Tribunal Constitucional ha deducido, en una interpretación *«a contrario sensu»* (STC 8/1981, de 30 de marzo), que la Constitución garantiza también la retroactividad de la Ley penal favorable, principio que ya estaba recogido y puntualmente regulado en cuanto a su alcance por el artículo 24 del Código Penal que, lejos de oponerse a la Constitución, resulta fortalecido por la interpretación del artículo 9.°.3.

Señalaremos finalmente que la cualidad de «no favorable», relativa a las disposiciones sancionadoras, se ha valorado por el Tribunal desde módulos jurídicos objetivos, siendo irrelevante la apreciación personal de quien se siente peor tratado por la nueva norma retroactiva.

En cuanto a la irretroactividad de las disposiciones restrictivas de derechos individuales, nos plantea problemas interpretativos de mucha mayor envergadura. De entrada, su consideración aislada, como advierte *Gaya Sicilia*, marca una neta separación entre el ámbito penal y administrativo y el de los derechos individuales.

En todo caso, el problema hermenéutico de mayor trascendencia ha sido la concreción de qué ha de entenderse por la expresión «derechos individuales» a los efectos del artículo 9.º.3.

En un primer momento (STC 27/1981, de 20 de julio), el Tribunal, tras manifestarse partidario de «rehuir cualquier intento de aprehender la huidiza *teoría de los "derechos adquiridos" (iura quaesita)*», teoría no casualmente soslayada por los constituyentes, pues «la defensa a ultranza de los derechos adquiridos no casa con la filosofía de la Constitución» (doctrina sistemáticamente reiterada; así, en la STC 97/1990, de 24 de mayo), y tras proclamar que esa teoría de los «*iura quaesita*», «que obliga a la Administración y a los tribunales cuando examinan la legalidad de los actos de la Administración, no concierne al Legislativo, ni al Tribunal Constitucional cuando procede a la función de defensa del ordenamiento», tras estos pasos previos, decimos, el Tribunal llega a la conclusión de que «cuando se trata de la defensa del ordenamiento constitucional», el concepto de «derecho individual no puede confundirse con el *"ius quaesitum"*; el artículo 9.º.3 —en todo o en parte— alude a los derechos fundamentales del Título I».

La doctrina, como fácilmente puede apreciarse, respondía a una preocupación por el sentido mismo, inequívocamente transformador, que debía otorgarse a la cláusula del Estado social. Sin embargo, la conclusión a la que iba a llegar el Tribunal pugnaba abiertamente, como advertiría *García de Enterría,* con el propósito subyacente en la expresada doctrina, pues la interdicción de la aplicación retroactiva de todo tipo de disposiciones en la totalidad de los derechos del Título I, bloqueaba situaciones preconstitucionales, impidiendo toda operación de cambio social.

La contradicción apuntada se mantendría durante algún tiempo. Finalmente, el Tribunal, haciendo suya la tesis doctrinal defendida por *López Menudo,* ha equiparado los «derechos individuales» a los derechos fundamentales y libertades públicas, con lo que parece identificar los derechos a que se refiere el artículo 9.º.3 con los de la sección primera del Capítulo 2.º del Título I. A esta conclusión llega *Gaya Sicilia* tras un detenido análisis de la jurisprudencia constitucional en torno al principio que nos ocupa. A nuestro juicio, esa identificación queda reflejada, no a veces sin cierta oscuridad, en diferentes Sentencias, de las que puede considerarse un buen ejemplo la Sentencia 42/1986, de 10 de abril, en la que el Tribunal, tras apuntar que la expresión «restricción de derechos individuales» del artículo 9.º.3 ha de equipararse a la idea de sanción, entiende que, por ello mismo, el límite de dicho artículo hay que considerarlo referido a las limitaciones introducidas en el ámbito de los derechos fundamentales y de las libertades públicas o en la esfera general de protección de la persona.

De esta forma, el principio del Estado social puede ya desplegar sin obstáculo todas sus potencialidades transformadoras, circunstancia especialmente relevante si se advierte que es este principio uno de los que preside la labor hermenéutica de nuestro supremo intérprete de la Constitución.

BIBLIOGRAFIA

Attard, Emilio: «La Constitución por dentro» (Evocaciones del proceso constituyente. Valores, derechos y libertades), Argos Vergara, Barcelona, 1983.

Balaguer Callejón, Francisco: «Fuentes del Derecho», tomo I (Principios del ordenamiento constitucional), Editorial Tecnos, Madrid, 1991, y tomo II (Ordenamiento general del Estado y Ordenamientos autonómicos), Madrid, 1992.

De Vega García, Pedro: «La reforma constitucional y la problemática del poder constituyente», Editorial Tecnos, Madrid, 1985.

Dirección General de lo Contencioso del Estado: «La Constitución Española y las fuentes del Derecho» (obra colectiva), 3 vols., Instituto de Estudios Fiscales, Madrid, 1979.

Gallego-Díaz, Soledad y *De la Cuadra, Bonifacio:* «Crónica secreta de la Constitución», Editorial Tecnos, Madrid, 1989.

García de Enterría, Eduardo: «La Constitución como norma y el Tribunal Constitucional», Editorial Civitas, Madrid, 1981.

Gaya Sicilia, Regina: «El principio de irretroactividad de las leyes en la jurisprudencia constitucional», Editorial Montecorvo, Madrid, 1987.

Hernández Gil, Antonio: «La Constitución y su entorno», tomo VII de sus «Obras Completas», Espasa Calpe, Madrid, 1988.

Jellinek, Georg: «Reforma y mutación de la Constitución», Centro de Estudios Constitucionales, Madrid, 1991.

López Menudo, Francisco: «El principio de irretroactividad en las normas jurídico-administrativas», Sevilla, 1982.

Martín-Retortillo, Sebastián (coord.): «Estudios sobre la Constitución Española» (Homenaje al Profesor Eduardo García de Enterría), tomo I («El ordenamiento jurídico»), Editorial Civitas, Madrid, 1991.

Ministerio de Justicia: «Jornadas de Estudio sobre el Título Preliminar de la Constitución» (obra colectiva), 5 vols., Centro de Publicaciones de la Secretaría General Técnica, Madrid, 1988.

Morodo, Raúl: «La transición política», Editorial Tecnos, Madrid, 1984.

Otto y Pardo, Ignacio de: «Derecho Constitucional» (Sistema de fuentes), Editorial Ariel, Barcelona, 1987.

Parejo Alfonso, Luciano: «Constitución y valores del ordenamiento», Editorial Centro de Estudios Ramón Areces, Madrid, 1990.

Peces-Barba, Gregorio: «Los valores superiores», Editorial Tecnos, Madrid, 1984.

Peces-Barba Martínez, Gregorio: «La elaboración de la Constitución de 1978» Centro de Estudios Constitucionales, Madrid, 1988.

Pérez Royo, Javier: «Las fuentes del Derecho», Editorial Tecnos, 4.ª ed., Madrid, 1988.

Pérez Royo, Javier: «La reforma de la Constitución», Publicaciones del Congreso de los Diputados, Madrid, 1987.

Schmitt, Carl: «Teoría de la Constitución», Alianza Editorial, Madrid, 1982.

CAPITULO III

LOS PRINCIPIOS FUNDAMENTALES DEL ORDEN JURIDICO-POLITICO

SUMARIO

A) Introducción.

B) El principio de la soberanía popular.

C) La definición del Estado como social y democrático de Derecho:
- *a/ El Estado de Derecho. Sus premisas:*
  1. Sujeción de los ciudadanos y los poderes públicos al ordenamiento jurídico.
  2. División de poderes.
  3. Reconocimiento de un orden valorativo.
- *b/ El Estado democrático. Principios caracterizadores:*
  1. La concepción plural de la sociedad.
  2. La participación como principio rector de la vida social y política.
  3. La democracia como principio de convivencia.
- *c/ El Estado social. Sus proyecciones:*
  1. El principio de igualdad material.
  2. El reconocimiento de derechos de carácter económico y social
  3. La Constitución económica.

D) La Monarquía parlamentaria como forma de gobierno.

E) El principio de autonomía y el Estado autonómico.

F) El principio del pluralismo:
- *a/ Significado y recepción del principio en la Constitución.*
- *b/ La constitucionalización de los partidos políticos:*
  - a') El sistema constitucional de control sobre los partidos.
  - b') El sistema de financiación pública de los partidos.

c/ La constitucionalización de los sindicatos y asociaciones empresariales.

BIBLIOGRAFÍA.

A) Introducción

Nuestra Constitución ha positivizado un conjunto de principios fundamentales del orden jurídico-político, que vienen a determinar la estructura estatal. Su importancia en el ámbito de la hermenéutica constitucional es muy notable por cuanto, como significa *Rubio Llorente,* constituyen una directriz básica para la interpretación de la Constitución que en ningún caso puede el juez pasar por alto y cuyo propio carácter «doctrinal» dota de una elasticidad profunda a la Constitución cuyo contenido puede así acomodarse al cambio histórico y social.

Por lo demás, la interpretación de estos principios, dada su misma generalidad, exige acudir a las restantes normas constitucionales, de modo que entre unas y otras se establece una relación esencial a los efectos hermenéuticos. Quiere ello decirnos que no estamos ante enunciados vacíos, bien que la complitud de estas normas requiera del concurso de otros preceptos de la Constitución.

De esta forma, no debe extrañarnos —como en otro lugar de esta obra ya indicamos— el relevante papel alcanzado por el principio del Estado social, del que se ha llegado a decir que preside la labor interpretativa del Tribunal Constitucional, que ha llenado de contenido ese principio, a partir del contenido que se desprende, básicamente, del artículo 9.º.2 de nuestra «Lex Superior», esto es, de la cláusula de igualdad material; en base a ello, el Tribunal ha podido potenciar la función transformadora que en nuestros días debe cumplir todo código constitucional y, desde luego, también el nuestro, con el que, como se afirma en su Preámbulo, la Nación aspira a conseguir una «sociedad democrática avanzada».

Los principios fundamentales del orden jurídico-político a que vamos a referirnos a continuación, particularizadamente, son éstos:

— El principio de la soberanía popular.

— Los principios del Estado de Derecho, del Estado democrático y del Estado social.

— El principio de la Monarquía parlamentaria.

— El principio de autonomía del que deriva la forma de organización territorial del Estado como Estado autonómico. Y

— El principio del pluralismo, que aunque ínsito en el propio principio del Estado democrático, queremos destacarlo específicamente.

B) El principio de la soberanía popular

«La soberanía nacional reside en el pueblo español, del que emanan los poderes del Estado». En tales términos se manifiesta el artículo 1.º.2 de nuestra Magna Carta política, precepto que enuncia el llamado principio de la soberanía popular, y que viene a ponernos de manifiesto inequívocamente que el pueblo es el origen de todo poder, lo que se traduce en la ineludibilidad del recurso al sufragio universal para la elección de todos los órganos representativos, así como en la necesidad de que todos los poderes del Estado se conecten, inmediata o mediatamente, con la voluntad popular. Queda así enunciado, tal y como el Tribunal Constitucional reconoce, el principio de legitimidad democrática (STC 6/1981, de 16 de marzo).

Muy diversas son las manifestaciones constitucionales que, como proyección natural de este precepto, acoge el articulado de nuestra Norma suprema. La primera de ellas la encontramos en el artículo 66.1, según el cual, «las Cortes Generales representan al pueblo español». Es por ello mismo por lo que «son electores y elegibles todos los españoles que estén en pleno uso de sus derechos políticos» (artículo 68.5).

Como una manifestación más del principio de legitimidad democrática han de entenderse las previsiones del artículo 99, en conexión con los artículos 108 y 114 de la Constitución. En efecto, en cuanto el primero exige la confianza del Congreso de los Diputados, órgano que, junto al Senado, expresa la voluntad del cuerpo electoral a través de sus representantes, para que el candidato propuesto por el Rey para la Presidencia del Gobierno pueda ser investido y, tras ello, nombrado para tal cargo, y los artículos 108 y 114 contemplan la responsabilidad solidaria del Gobierno ante el Congreso, con la lógica consecuencia de que si la Cámara hace efectiva tal responsabilidad, el Gabinete viene obligado a presentar la dimisión, están traduciendo esos preceptos la legitimidad democrática de que debe verse revestido en todo momento el Gobierno de la Nación.

No en otro sentido debe entenderse la determinación del artículo 117.1: «La justicia emana del pueblo», como tampoco escapa a este principio legitimador la previsión del artículo 122.3, al establecer de modo expreso que ocho de los miembros del Consejo General del Poder Judicial —órgano de gobierno del mismo— serán elegidos por el Congreso y el Senado (cuatro cada Cámara), previsión que ha sido ampliada, incluso diríamos que desnaturalizada, por la Ley Orgánica 6/1985, de 1.º de julio, del Poder Judicial, que ha previsto la elección en su totalidad de los veinte vocales del Consejo por las dos Cámaras (diez cada una de ellas). Esta modificación, amparada en la inconcreción constitucional (la Norma suprema se limita a señalar que los doce vocales restantes, hasta los veinte integrantes del Consejo General del Poder Judicial, serán elegidos de entre Jueces y Magistrados de todas las categorías judiciales, sin precisar el órgano elector, si bien en el ánimo del constituyente estaba que la elección correspondiese a los propios Jueces y Magistrados), será justificada en la Exposición de Motivos de la Ley Orgánica del Poder Judicial sobre la base del principio de legitimidad democrática: «La Ley —puede leerse en dicha Exposición—, informada por un principio democrático, partiendo de la base de que se trata del órgano de gobierno de un Poder del Estado, recordando que todos los poderes del Estado emanan del pueblo y en atención al carácter de representantes del pueblo soberano que ostentan las Cortes Generales, atribuye a éstas la elección de dichos miembros de procedencia judicial del Consejo General.»

La Constitución de 1978 se ha inclinado con claridad por la concepción de la «soberanía popular», frente a la de la «soberanía nacional», concepto común a todas las Constituciones españolas del pasado siglo, que sirviera para legitimar en alguna forma el recurso al sufragio censitario, común, como ya vimos, a buena parte del siglo XIX. No obstante, la fórmula empleada no se caracteriza precisamente por su rigor técnico. El constituyente, aún pronunciándose de modo rotundo en favor del origen popular del poder, no ha desechado por completo el añejo concepto de la «soberanía nacional»; bien al contrario, tal concepto vuelve a ser acuñado si bien con una finalidad muy distinta a la de antaño: la de aludir al conjunto del Estado como un sólo sujeto.

En nuestros días carecería de todo sentido reavivar la vieja polémica entre la soberanía popular y la soberanía nacional, tal y como ya se puso de manifiesto en el debate constituyente. Ello no obstante, puede ser de interés recordarla sumariamente.

La teoría de la *soberanía popular,* que, como bien advierte *Carré de Malberg,* debe su fuerza expansiva al desarrollo de la civilización democrática y también al incesante progreso del espíritu individualista, se asienta, de conformidad con la doctrina rousseauniana, en la consideración de que todo individuo está llamado a concurrir, con su voto y su voluntad, a la formación de la voluntad general, de lo que resulta que la soberanía tiene su sede fundamentalmente en el pueblo, es decir, en los individuos mismos de que el pueblo se compone, en cada uno de sus miembros. De ahí que *Rousseau* afirme que «le souverain n'est formé que des particuliers qui le composent». De esta forma, la teoría de la soberanía popular se apoya en una referencia muy inmediata a cada individuo concreto.

En cuanto a la teoría de la *soberanía nacional,* como recuerda *Carré de Malberg,* tal y como fue introducida en el derecho público moderno de Francia por sus mismos fundadores, no tenía más que una significación negativa. Siendo nacional la soberanía (referida, al modo de *Sieyès,* a la nación como una abstracción, como una realidad global y, desde luego, distinta de los individuos que la integran), no puede llegar a ser objeto de apropiación; consiguientemente, ningún órgano puede calificarse propiamente como soberano: el pueblo no lo es puesto que no hace otra cosa que elegir a sus representantes; tampoco el Parlamento puede tildarse de soberano, aunque sea el órgano supremo, pues se halla compuesto por miembros relativamente efímeros, que no ejercen sus poderes electivos más que bajo la condición, fuertemente restrictiva, de obtener la renovación a intervalos más o menos próximos. Se puede decir —concluye *Carré de Malberg*— que las Cámaras y el cuerpo electoral integran un órgano complejo cuyo poder efectivo es irresistible: pero precisamente el fin de esta combinación constitucional es impedir que cualquiera de los elementos que integran ese órgano complejo pueda adquirir un dominio completo y convertirse, por sí sólo, en el soberano.

Hoy, la añeja polémica ha perdido buena parte de su interés, y en nuestro caso, y desde una perspectiva histórica, bien puede decirse que los términos «soberanía nacional» y «soberanía popular» no cubren ni tienen por qué cubrir segmentos sociales de diferente extensión. Pero como bien advierte *Garrorena*, eso no significa que la opción entre una y otra cláusula haya pasado a ser indiferente y que no siga siendo absolutamente censurable el amalgamarlas en la ambigüedad de una fórmula común.

A nuestro modo de ver, sólo la necesidad sentida por el constituyente de soslayar de la soberanía a las nacionalidades y regiones que integran la Nación española, de impedir cualquier atisbo formal que pudiera dar pie a las comunidades que integran España de reclamar para sí el atributo de la soberanía, explica el recurso a la fórmula de la «soberanía nacional» para enunciar un principio que no es otro que el de la soberanía del pueblo, del que emanan todos los poderes del Estado. Con ello, en realidad, a lo que se alude es al Estado como único sujeto.

C) La definición del Estado como social y democrático de Derecho

El artículo 1.º.1 de nuestra «Lex Superior» se abre con la siguiente proclamación: «España se constituye en un Estado social y democrático de Derecho.»

Este principio puede considerarse como la resultante del proceso evolutivo recorrido por el Estado constitucional desde su nacimiento hasta nuestros días. En este proceso, como recuerda *Lucas Verdú*, cada una de las transformaciones experimentadas por el Estado de Derecho ha supuesto un claro progreso respecto de la estructura anterior. Se ha llegado así, mediante una evolución progresiva, hasta el momento actual, en que el principio fundamental del «Estado social y democrático de Derecho» se presenta como una realidad propia del mundo occidental que, como ha señalado nuestro «intérprete supremo de la Constitución», trasciende a todo el orden jurídico (STC 18/1984, de 7 de febrero).

Cada una de las tres notas caracterizadoras del Estado se ha traducido históricamente en una serie de rasgos peculiares: así, sin ánimo exhaustivo, el principio de legalidad y la división de poderes (Estado de Derecho), el sufragio universal (Estado democrático) y el reconocimiento de un conjunto de derechos sociales y la subsiguiente intervención estatal en la vida socio-económica (Estado social).

Sin embargo, en nuestra época, el tríptico de rasgos caracterizadores del Estado se nos presenta dotado de una verdadera unidad. Como ha señalado *Garrorena,* trascendiendo a esas tres definiciones del Estado, lo que el artículo 1.º.1 contiene es una definición en la que quedan implicados tres momentos lógicos, susceptibles, sí, de utilización independiente en cuanto no contradiga al conjunto, pero fuertemente integrados en la unidad que entre todos ellos componen. El Estado español es, en fin, cada una de esas tres calificaciones, pero no es ninguna de ellas si no se la considera en función de las demás. Se impone, pues, una interpretación total o armónica de la fórmula «Estado social y democrático de Derecho». Ahora bien, razones didácticas hacen aconsejable un estudio separado de las diversas concreciones constitucionales de cada uno de los tres elementos implicados en esta fórmula.

a) El Estado de Derecho. Sus premisas

Es de sobra conocido que la fusión en una misma fórmula, el «Estado de Derecho», de los términos «Estado» y «Derecho», pretendía expresar la relación de subordinación en que se encuentra el primero respecto del segundo de los términos; se trataba, en definitiva, de mostrarnos el sometimiento del Estado al ordenamiento jurídico con la finalidad de garantizar la seguridad jurídica de sus ciudadanos. La Constitución de Massachusetts de 1790 subsumiría el significado de esta cláusula en la conocida idea del gobierno de las leyes, que no de los hombres.

Sin embargo, como recuerda *Garrorena,* la cláusula «Estado de Derecho» no sólo hace referencia a la vinculación del Estado por la norma, sino sobre todo, a ciertas convicciones, principios y creencias, típicos de aquel originario mundo conceptual liberal y burgués, los cuales dan todo su sentido a esa vinculación, a esta limitación del Estado por el Derecho.

La Constitución de 1978 ha incorporado a su articulado las premisas fundamentales del «Estado de Derecho»; a ellas pasamos a referirnos:

1. Sujeción de los ciudadanos y los poderes públicos al ordenamiento jurídico

De conformidad con el artículo 9.º.1: «Los ciudadanos y los poderes públicos están sujetos a la Constitución y al resto del ordenamiento jurídico.» Esa subordinación tradicional del poder al Derecho queda perfectamente reflejada en este trascendental precepto que, como ya hemos tenido oportunidad de exponer con cierto detenimiento, otorga su sustento al principio general del valor normativo inmediato y directo de la Constitución, reiteradamente expresado en nuestra jurisprudencia constitucional.

Ya en una de sus primeras sentencias (STC 1/1981, de 26 de enero), el Tribunal Constitucional se pronunciaba acerca de «la vinculación de los preceptos constitucionales respecto de todos los poderes públicos», principio que con posterioridad ha sido expresado en numerosas ocasiones, de modo especial en relación con los derechos y libertades constitucionales, respecto de los cuales, el Tribunal ha dejado claro, como también hemos comentado en un momento precedente, que no requieren de la *«interpositio legislatoris»* para que alcancen su plena eficacia. Con ello se ha superado la, históricamente, tradicional concepción programática de nuestras Constituciones del siglo XIX, asumiendo en plenitud su carácter normativo.

La sujeción al ordenamiento se trata de hacer efectiva en el artículo 9.º.3, que enuncia los principios característicos de la construcción formal del Estado de Derecho: el principio de legalidad, el de jerarquía normativa, el de publicidad de las normas, el principio de irretroactividad de las disposiciones sancionadoras no favorables o restrictivas de derechos individuales, el de seguridad jurídica y el de responsabilidad e interdicción de la arbitrariedad de los poderes públicos. Se trata, en definitiva, de garantizar el imperio de la ley. No en vano la consolidación de un Estado de Derecho que asegure el imperio de la ley como expresión de la voluntad popular, es una de las metas últimas a alcanzar con la Constitución, según proclama la propia Nación española en el Preámbulo de la misma.

2. División de poderes

Nuestra Constitución ha recepcionado el viejo principio de la separación de poderes, o lo que es igual, aquella técnica que a través de la división del poder entre titulares diversos pretende garantizar más eficazmente la libertad de los ciudadanos.

El principio de división de poderes ha sido formulado por la Constitución de 1978 en términos evidentemente mucho más complejos que aquellos que en su día enunciara *Montesquieu*. En todo caso, sigue siendo perfectamente válida la idea central a la que el principio responde: impedir una concentración del poder que genere su abuso o su ejercicio anómico.

García Pelayo ha diferenciado en nuestra Norma Suprema, al menos, cuatro criterios de distribución del poder:

1.º La división entre el poder constituyente y el poder constituido, división cuya efectividad no se limita al momento de la elaboración de la Constitución, sino que ha de manifestarse a lo largo de toda su vigencia. Es función del Tribunal Constitucional garantizar que los poderes constituidos actúen dentro del marco y de los límites establecidos por la decisión del constituyente. En realidad, todas las competencias del Tribunal tienen como sentido custodiar esta dimensión primaria de la división de poderes.

En su trascendental Sentencia 76/1983, de 5 de agosto, el Tribunal reclamaría para sí la función de «custodiar la permanente distinción entre la objetivación del poder constituyente y la actuación de los poderes constituidos, los cuales nunca podrán rebasar los límites y las competencias establecidas por aquél». Corresponde, pues, al Tribunal el monopolio de la determinación con carácter vinculante de lo que ha querido decir el constituyente.

Ello, a su vez, se traduce en la expresa prohibición para todos los operadores jurídicos, incluido el legislador estatal, de dictar normas puramente interpretativas de la Constitución. «El legislador ordinario no puede —manifiesta el Tribunal (STC 76/1983, de 5 de agosto)— dictar normas meramente interpretativas, cuyo exclusivo objeto sea precisar el único sentido, entre los varios posibles, que deba atribuirse a un determinado concepto o precepto de la Constitución, pues, al reducir las distintas posibilidades o alternativas del texto constitucional a una sola, completa de hecho la obra del poder constituyente y se sitúa funcionalmente en su mismo plano, cruzando al hacerlo la línea divisoria entre el poder constituyente y los poderes constituidos.»

2.º El segundo criterio distributivo atiende a la relación Estado-Sociedad, o lo que es igual, a la división entre el poder estatal y los derechos y libertades de los individuos y grupos sociales. También este principio de distribución del poder está garantizado por el Tribunal Constitucional a través de la vía del recurso de amparo.

3.º El tercero de los criterios atiende a la división horizontal de poderes, esto es, a la distribución de competencias atribuidas a órganos de un mismo rango dentro del orden constitucional.

La Constitución divide el poder estatal entre diversos titulares, en atención a la función que realizan respecto del ordenamiento jurídico. Así, las Cortes Generales ejercen la potestad legislativa del Estado (artículo 66.2); el Gobierno ejerce la función ejecutiva y la potestad reglamentaria (artículo 97), y al Poder Judicial, integrado por Jueces y Magistrados independientes, se atribuye el ejercicio de la potestad jurisdiccional (artículo 117.3).

Esta división está también garantizada por el Tribunal Constitucional, que conoce de los conflictos entre órganos constitucionales. Además, a través del recurso de inconstitucionalidad, el Tribunal Constitucional no sólo asegura que el Parlamento mantenga su actividad dentro del marco constitucional, sino que actúa también como corrector de la acumulación fáctica de poderes producida por la articulación del principio parlamentario con la democracia de partidos.

4.º Finalmente, nos encontramos con la división vertical de poderes, es decir, con la distribución de competencias entre los poderes centrales del Estado y los poderes de las Comunidades Autónomas.

Una vez más, el garante de este cuarto criterio distributivo del poder es el Tribunal Constitucional, que a través del recurso de inconstitucionalidad garantiza que las leyes y otras disposiciones normativas con fuerza de ley no invadan el ámbito de las Comunidades Autónomas, ni éstas el reservado a los poderes centrales. Además, a través de su conocimiento de los conflictos de competencia, garantiza que los poderes centrales y los periféricos se mantengan dentro de sus propios límites.

Cuanto acabamos de señalar nos revela, a la par que la plena validez de la idea a que respondía la doctrina formulada en «*L'Esprit des Lois*» por *Montesquieu*, las enormes transformaciones que la misma ha experimentado.

Hoy ya no se persigue garantizar la libertad a través de una mera diferenciación material de las funciones estatales, que, correlativamente, se atribuyen a titulares independientes, separación que encontraría su reflejo en el dualismo de poderes (legislativo y ejecutivo) y en las peculiares relaciones entre ellos que habrían de caracterizar al régimen parlamentario. La entrada en la escena parlamentaria de los partidos políticos conduciría a una progresiva pérdida de sentido de los mecanismos iniciales en que se asentaba la separación de poderes. Como significa *Carré de Malberg*, este dualismo presenta en nuestros días un carácter simplemente nominal.

En contrapartida, y como el propio profesor de Estrasburgo advirtiera, se ha producido un espectacular crecimiento del poder de la opinión pública, de tal modo que bien puede decirse, siguiendo a un iuspublicista norteamericano citado por *Woodrow Wilson*, que el pueblo tiene en sus manos la balanza contra sus propios representantes mediante las elecciones periódicas, de forma tal que el cuerpo electoral dispone de un auténtico contrapeso con el que hacer frente al excesivo poder de un Gobierno respaldado por las Cámaras.

Y por si todo ello no fuera suficiente para mostrarnos los cambios experimentados por la doctrina de *Montesquieu*, la institucionalización del control de la constitucionalidad de las leyes y su atribución a un Juez «ad hoc», el Juez de la constitucionalidad, ha venido a trastocar el sistema de equilibrios tradicionales de los regímenes parlamentarios clásicos, convirtiendo al Tribunal Constitucional en el garante último de la libertad, en cuanto garante supremo de la primacía de la

Constitución, de la intangibilidad de la obra del poder constituyente, que es tanto como decir del orden material de valores en que aquélla se asienta.

3. Reconocimiento de un orden valorativo

Como ya hemos puesto de relieve, desde su formulación inicial, la cláusula del «Estado de Derecho» ha encerrado un conjunto de convicciones y creencias, esto es, un orden axiológico determinado. El Estado de Derecho fue ante todo un Estado garante de la libertad y seguridad individuales.

En nuestros días, esa cláusula no sólo no ha perdido su vertiente valorativa, sino que, bien al contrario, ésta se ha convertido Jen su elemento nuclear. El Estado de Derecho se legitima en tanto en cuanto se asienta en un conjunto de valores, en un orden valorativo al que debe responder, y que ha de impregnar el conjunto del ordenamiento jurídico.

Es por ello mismo por lo que, como bien dice *De Vega,* la Constitución no es un puro nombre, sino un código de valores a los que se pretende dar un contenido histórico y político. Así lo ha venido a entender igualmente nuestro Tribunal Constitucional, al poner de relieve (STC 9/1981, de 31 de marzo) que «la Constitución es una norma, pero una norma cualitativamente distinta de las demás, por cuanto incorpora el sistema de valores esenciales que ha de constituir el orden de la convivencia política y de informar todo el ordenamiento jurídico».

Ese orden de valores, como ya expusimos, es proclamado por la misma norma que sirve de frontispicio de la Constitución, el artículo 1.º.1, que, recordémoslo, tras declarar que «España se constituye en un Estado social y democrático de Derecho», añade: «que propugna como valores superiores de su ordenamiento jurídico la libertad, la justicia, la igualdad y el pluralismo político.»

Este «*Wertordnung*», este orden valorativo aparece expresado no sólo en el artículo 1.º.1, sino también en el fundamental artículo 10.1, y aún en la Sección primera del Capítulo 2.º del Título I, que formula el sistema formal de libertades y derechos fundamentales, como también en el artículo 14, que enuncia el principio de igualdad formal, complementado por el artículo 9.º.2, que recoge el de igualdad material. El mismo Preámbulo de la Constitución contempla el deseo de la Nación Española de establecer la justicia, la libertad y la seguridad y promover el bien de cuantos la integran.

Especial trascendencia reviste, como con anterioridad señalábamos, el artículo 10.1 de nuestra Norma suprema, que encabeza el Título I («De los derechos y deberes fundamentales»), precediendo a los cinco Capítulos en que se estructura dicho Título, lo que, lógicamente, nos pone de manifiesto que debe informar el conjunto del articulado del Título. A tenor del artículo 10.1: «La dignidad de la persona, los derechos inviolables que le son inherentes, el libre desarrollo de la personalidad, el respeto a la ley y a los derechos de los demás son fundamento del orden político y de la paz social.»

Este precepto supone la consagración de la persona y de su dignidad no sólo como el fundamento de la totalidad del orden político, sino, y por ello mismo, también como el principio rector supremo del ordenamiento jurídico. El Derecho, el ordenamiento jurídico en su conjunto, ha dicho *Lucas Verdú,* no quedará iluminado, legitimado, sino mediante el reconocimiento de la dignidad de la persona y de los derechos que le son inherentes.

Queda así condensada la axiología última a que responde por entero el orden dogmático constitucional. Puede hablarse, pues, de un sustrato filosófico iuspersonalista que, a nuestro entender, se alimenta ideológicamente de las aportaciones del liberalismo, del socialismo democrático y del humanismo social-cristiano.

b) El Estado democrático. Principios caracterizadores

Muy diversos han sido los intentos de precisar el significado de la cláusula «Estado democrático». No obstante, la más tópica definición del gobierno democrático sigue siendo la dada por el Presidente *Abraham Lincoln* en la inauguración del cementerio nacional de Gettysburg, el 19 de noviembre de 1863: «...that the government of the people, by the people, and for the people shall not perish from the earth.»

Bien es verdad que, como *Alf Ross* precisara en la consulta formulada por la UNESCO en 1949 en torno a la definición de *Lincoln,* la clave de la cláusula que nos ocupa debe verse en la expresión «by the people» (por el pueblo), pues del pueblo («of the people») han surgido gobiernos antidemocráticos en numerosas ocasiones, mientras que la expresión «for the people» se limita a marcar como norte de la actuación de los poderes públicos, una dedicación social, una atención prioritaria a las necesidades sociales, pero no implica necesariamente que esa actuación se ajuste a criterios democráticos.

Por todo ello, como bien señala *Garrorena,* parece oportuno acudir a una definición descriptiva en la que la calificación del Estado como «democrático» quede identificada por su triple referencia a un modo específico y peculiar de concebir el poder, a una estructura social y a la misma dinámica del sistema político. A este tríptico cualificador del «Estado democrático» habrá que añadir un cuarto elemento no tanto estructural como cultural: la consideración de la democracia como una norma, un principio de convivencia, elemento reiteradamente acogido por nuestro texto constitucional, como con acierto ha subrayado *Sánchez Agesta.*

Nos referiremos a continuación a los distintos elementos cualificadores del «Estado democrático», excepción hecha del principio de la soberanía popular (modo específico y peculiar de concebir el poder en un Estado democrático, en el que el referente último debe ser la voluntad del pueblo), que en cuanto presupuesto de nuestro sistema político, en cuanto —como ha dicho el Tribunal Constitucional (STC 6/1981, de 16 de marzo)— «base de toda nuestra ordenación jurídico-política», ha sido expuesto separadamente, encabezando la enumeración de los principios fundamentales del orden jurídico-político.

1. La concepción plural de la sociedad

Estructuralmente, la democracia se vincula tanto al pluralismo social como al principio participativo, o lo que es igual, tanto a una concepción plural de la realidad social como a una dinámica social y política regida por el principio de la participación ciudadana en todos los órdenes. En definitiva, tanto en su vertiente estática como dinámica, la sociedad debe estar transida por el principio democrático.

Por lo que hace a la concepción plural de la sociedad, la democracia supone una comprensión de la sociedad como un entramado en el que se interaccionan los diferentes grupos sociales, situados en un plano de igualdad, grupos que responden a la propia libertad del ser humano y que, a la par, proporcionan a éste la posibilidad de desarrollar libremente y en plenitud su personalidad.

La Constitución de 1978 ha recepcionado con generosidad esta concepción plural de la sociedad. Ya en el artículo 1.º.1 se considera al pluralismo político como un valor superior del ordenamiento jurídico. Sin embargo, más allá de su proyección política, el criterio del pluralismo parece referirse a la totalidad de las estructuras sociales. No deja de ser significativa al respecto la voluntad de la Nación española, proclamada en el Preámbulo, de «proteger a todos los españoles y pueblos de España en el ejercicio de los derechos humanos, sus culturas y tradiciones, lenguas e instituciones». Ese pluralismo social es explícitamente proclamado en el artículo 20.3, en el que, en relación con los medios de comunicación social dependientes del Estado o de cualquier ente público, la Constitución garantiza «el acceso a dichos medios de los grupos sociales y políticos significativos, respetando el pluralismo de la sociedad y de las diversas lenguas de España».

Sin embargo, la manifestación señera de ese pluralismo la encontramos en la constitucionalización por el Título Preliminar de las instituciones sociales que quizá con más nitidez simbolizan el pluralismo de la sociedad: partidos políticos, sindicatos de trabajadores y asociaciones empresariales.

El artículo 6.º eleva al máximo rango normativo, por vez primera en nuestra historia constitucional, a los partidos políticos, respecto de los cuales, no sólo se explicitan sus funciones: expresar el pluralismo político, concurrir a la formación y manifestación de la voluntad popular y ser el instrumento fundamental para la participación política, sino que se garantiza su libertad de creación y el libre ejercicio de su actividad, dentro del respeto a la Constitución y a la ley, y asimismo, se sujeta su estructura interna y su funcionamiento a los principios democráticos, previsiones estas últimas que reitera el artículo 7.º en relación a los sindicatos de trabajadores y a las asociaciones empresariales, con lo que la Norma Suprema proyecta el principio democrático a las relaciones internas que se desenvuelven en el seno de aquellos grupos sociales y políticos que mejor nos revelan esa concepción plural de la sociedad a que venimos refiriéndonos.

Por lo demás, la integración del individuo en una pluralidad de grupos es contemplada genéricamente por el artículo 9.º.2 y, particularizadamente, por un dispar conjunto de preceptos constitucionales. Así, el artículo 16.3, que se refiere a la pluralidad de creencias religiosas de la sociedad española, que habrá de ser tenida en cuenta por los poderes públicos, y de la que se deriva la necesidad de mantener «las consiguientes relaciones de cooperación con la Iglesia Católica y las demás confesiones». También, los artículos 51.1 y 52, a cuyo tenor, los poderes públicos garantizarán la defensa de los consumidores y usuarios, y la ley regulará las organizaciones profesionales.

Por último, el artículo 22, tras reconocer el derecho de asociación, legitima la constitución de todo tipo de asociaciones, siempre que persigan fines o utilicen medios legales, o lo que es igual, no tipificados como delitos.

2. La participación como principio rector de la vida social y política

El principio de participación es la consecuencia obligada de la atribución al pueblo español de la soberanía nacional; si del pueblo emanan todos los poderes del Estado, resulta lógico que el proceso político se asiente en la participación de todos los ciudadanos.

En esa dirección, el artículo 23.1 de la Constitución reconoce que: «Los ciudadanos tienen el derecho a participar en los asuntos públicos, directamente o por medio de representantes, libremente elegidos en elecciones periódicas por sufragio universal.» El apartado segundo del propio precepto proclama asimismo el derecho de todos los ciudadanos a acceder en condiciones de igualdad a las funciones y cargos públicos.

Todo ello implica que en una sociedad democrática no basta con el reconocimiento del pluralismo, sino que el proceso político exige de la competencia entre los diferentes individuos y grupos en que éste se integra, siendo impensable tal competencia sin la previa participación de todos.

Como puede apreciarse fácilmente, el artículo 23.1 alude a los dos cauces a cuyo través puede institucionalizarse el principio participativo: la participación directa y la indirecta, a través de representantes libremente elegidos. En todo caso, conviene significar que nuestro texto constitucional ha contemplado con enormes cautelas las instituciones propias de la democracia directa o semi-directa.

Digamos por último que la participación desborda los cauces estrictamente políticos para proyectarse a todas las manifestaciones de la vida en comunidad. En esta dirección, resulta perfectamente coherente el que el trascendental artículo 9.º.2 determine que corresponde a los poderes públicos «facilitar la participación de todos los ciudadanos en la vida política, económica, cultural y social».

Dispersas a lo largo y ancho del articulado constitucional nos encontramos con manifestaciones tan dispares del principio participativo como las que siguen: la participación de los ciudadanos en la Administración de Justicia mediante la institución del Jurado, en la forma y con respecto a aquellos procesos penales que la ley determine, así como en los Tribunales consuetudinarios y tradicionales (artículo 125); la participación ciudadana en la Administración Pública, respecto de la cual, el artículo 105 contempla una triple modalidad: la audiencia de los ciudadanos, directamente o a través de las organizaciones y asociaciones reconocidas por la ley, en el procedimiento de elaboración de las disposiciones administrativas que les afecten; el acceso de los ciudadanos a los archivos y registros administrativos, y la audiencia del interesado, cuando proceda, en el procedimiento de producción de los actos administrativos; la participación de los interesados en la Seguridad Social y en la actividad de los organismos públicos cuya función afecte directamente a la calidad de la vida o al bienestar general (artículo 129.1), y, finalmente, bien que sin ánimo exhaustivo, las diversas formas de participación en la empresa, que habrán de ser eficazmente promovidas por los poderes públicos, que deberán fomentar de modo específico una de esas formas, quizá la más emblemática de todas ellas, las sociedades cooperativas (artículo 129.2).

3. La democracia como principio de convivencia

La democracia no sólo entraña una estructura social plural y participativa, sino la formación de todos y cada uno de los ciudadanos en un espíritu de respeto y tolerancia, hacia lo que se encamina una educación que, entre otros objetivos, debe perseguir la formación de la persona en ese espíritu. Aparece así el principio democrático con un sentido básicamente cultural, como un principio de convivencia que está en la base de la misma funcionalidad de las estructuras formalmente democráticas, pues sin esa conciencia de respeto y tolerancia, sin ese espíritu de convivencia, no habrá verdadera democracia.

La Constitución de 1978 se ha hecho eco de esta premisa fundamental a todo Estado democrático. Ya en su Preámbulo, la Nación española proclama su voluntad de «garantizar la convivencia democrática dentro de la Constitución y de las leyes». Y en su importante artículo 27, que reconoce el derecho a la educación y la libertad de enseñanza, determina que: «La educación tendrá por objeto el pleno desarrollo de la personalidad humana en el respeto a los principios democráticos de convivencia y a los derechos y libertades fundamentales» (apartado segundo).

Queda de esta forma incorporada a nuestra Norma Suprema esa pauta cultural, ese espíritu convivencial, que ha de ser tenido en cuenta como uno de los objetivos prioritarios de la educación de todos los ciudadanos.

Parece claro que sólo desde el respeto a los principios democráticos de convivencia podrá alcanzarse esa meta final que proclama la Nación en el Preámbulo de la «Lex Superior»: «garantizar la convivencia democrática dentro de la Constitución y de las leyes.»

c) El Estado social. Sus proyecciones

El carácter «social» de los códigos constitucionales del período de entreguerras se acentuará y generalizará tras la Segunda Guerra Mundial. La Ley Fundamental de Bonn («Bonner Grundgesetz») convertirá en derecho positivo en su artículo 20.1 («La República Federal de Alemania es un Estado federal, democrático y social») la idea del Estado «social» *(«sozialer Rechtsstaat»)* que acuñara en 1903 *Hermann Heller,* mientras que los constituyentes italianos, poco tiempo antes, habían optado, entre los dos modelos contrapuestos de estructura socio-económica y socio-institucional, el modelo de «democracia formal» y el de «democracia real», por este último, con lo que ello entrañaba de clara opción por un nuevo modelo de sociedad.

Con la acuñación por los constituyentes germano-federales de la expresión *«sozialer Rechtsstaat»,* se intenta, como ha significado *Lucas Verdú,* convertir en derecho positivo viejas aspiraciones sociales, elevadas a la categoría de principios constitucionales protegidos por las garantías del Estado de Derecho. Estamos ante un postulado que, a tenor del artículo 3.º de la Ley Fundamental de Bonn, obliga como derecho inmediatamente vigente, a los tres poderes de la Federación y que está salvaguardado por el Tribunal Constitucional.

La Constitución de 1978 se ha alineado inequívocamente en esta dirección, desarrollando y aún profundizando las directrices ya trazadas por los constituyentes germano-federales e italianos.

Ya el Preámbulo, que viene a representar una síntesis de los valores básicos del orden jurídico-político constitucional, delinea los rasgos nucleares de la estructura socioeconómica: acomodar la convivencia democrática dentro de la Constitución a *un orden económico y social justo;* promover el progreso de la cultura y de la economía para *asegurar a todos una digna calidad de vida,* y *establecer una sociedad democrática avanzada,* precisión esta última que marca un aspecto radical del «telos» de la Constitución, y que, desde luego, encierra enormes posibilidades de desarrollo y aplicación.

Es cierto que, a diferencia de otras expresiones del Preámbulo, la que ahora nos ocupa no vuelve a ser reiterada por el articulado constitucional. Si recordamos que, como es doctrina comúnmente admitida, el Preámbulo, aún gozando de un enorme valor como solemne declaración política de intenciones formulada por el poder constituyente, es un texto carente de fuerza jurídica de obligar en términos directos, podríamos llegar a pensar que esa proclamación a favor del establecimiento de una *«sociedad democrática avanzada»* es una mera fórmula retórica carente de toda trascendencia política y, por supuesto, privada de cualquier vinculatoriedad jurídica.

Una conclusión de esta naturaleza estaría, sin embargo, enormemente alejada de la realidad, por cuanto, como ya en su momento indicamos, de una parte, el Preámbulo debe situarse en un lugar muy destacado entre los elementos hermenéuticos de que pueden servirse el Tribunal Constitucional y los jueces y tribunales ordinarios a la hora de la búsqueda de una interpretación auténtica de los preceptos de la Constitución, como por lo demás la praxis judicial viene revelando, y de otra, esa opción del constituyente en favor de la consecución de una *«sociedad democrática avanzada»* reviste una inequívoca operatividad política, pudiendo erigirse en motor impulsor de aquellas actuaciones de los poderes públicos encaminadas a transformar la sociedad, haciéndola más justa, más solidaria, más igualitaria y, por ello mismo, más libre.

Es sabido que las Constituciones, en nuestro tiempo, cumplen, o por lo menos debieran cumplir, una función transformadora de la sociedad que no se agota en la mera posibilidad de la reforma constitucional encaminada a su acomodo a las nuevas exigencias de una sociedad siempre en continua evolución, sino que se traduce asimismo, como bien señalara *De Esteban,* en la existencia de cláusulas que permiten, sin romper la legalidad constitucional, el avance a través de la consecución de ciertos objetivos, con el fin de hacer real y no ficticia la preeminencia del pueblo, en tanto que sujeto de la soberanía. Es en este ámbito en donde, a nuestro entender, puede desempeñar un rol destacado la proclamación del Preámbulo que ahora nos ocupa, no ya por sí misma, sino en conexión con aquellas otras previsiones del articulado constitucional que responden a lo que *Carlo Lavagna* y el resto de la doctrina italiana llamaran *«norme di scopo»,* esto es, «normas de intenciones» o «normas finalistas», que no son sino las que se dirigen a promover una realidad futura distinta de la actual, diferenciándose de las normas programáticas por el carácter vinculante de las primeras frente a la naturaleza meramente indicativa de las segundas.

En definitiva, como ha sostenido entre nosotros *Lucas Verdú*, esa meta a la que propende el constituyente español, la *«sociedad democrática avanzada»*, es la expresión técnica que designa el desarrollo político-social imprescindible para que se cumplan los postulados proclamados por el fundamental —posiblemente el de mayor trascendencia de todo el articulado constitucional— artículo 9.º.2, al que nos referiremos más adelante.

Expuesto lo que antecede, tiene escaso sentido detenernos en la discusión doctrinal en torno al significado auténtico de la cláusula del «Estado social», que en Alemania suscitó un gran debate. Recordemos, no obstante, que *Forsthoff* vislumbró con nitidez la verdadera significación de tal definición; a su juicio, la misma no apuntaba tan sólo en la dirección del Estado redistribuidor de la riqueza (en opinión de *Ellwein* debía entenderse como una mera orientación hacia la justicia social), sino que marcaba un proceso progresivo a seguir por los poderes públicos.

Hoy, está fuera de toda duda que la definición del Estado como «social» expresa una inequívoca opción en favor de un Estado decididamente intervencionista, empeñado en pro de la consecución de una nueva dimensión social de la libertad que conduzca, en último término, a una transformación de la sociedad en un sentido más justo e igualitario.

La definición del Estado como «social» se proyecta, por lo demás, hacia el articulado constitucional en múltiples direcciones, que en último término se entrelazan mutuamente, ofreciéndonos, en su perspectiva global, la exacta dimensión constitucional de esta cláusula. Contemplaremos a continuación algunas de esas proyecciones:

1. El principio de igualdad material

El artículo 14 de la Constitución proclama el principio de igualdad formal o jurídica, en su doble vertiente de la igualdad ante la ley (principio de igualdad de trato) y de la no discriminación («Los españoles son iguales ante la ley, sin que pueda prevalecer discriminación alguna por razón de nacimiento, raza, sexo, religión, opinión o cualquier otra condición o circunstancia personal o social»).

Esta añeja visión de la igualdad es, sin embargo, complementada por la previsión del artículo 9.º.2, a cuyo tenor: «Corresponde a los poderes públicos promover las condiciones para que la libertad y la igualdad del individuo y de los grupos en que se integra sean reales y efectivas; remover los obstáculos que impidan o dificulten su plenitud...»

El precepto es fiel trasunto de la conocida *cláusula Lelio Basso,* del párrafo segundo del artículo 3.º de la Constitución Italiana de 1947, que desempeñó un papel capital en la transformación del sistema político italiano de una democracia formal a una democracia real.

En cierto modo, puede afirmarse, siguiendo al propio *Lelio Basso,* que en cuanto un precepto como el transcrito desmiente las diferentes afirmaciones constitucionales que dan por realizado lo que aún se halla pendiente de conseguir (la democracia, la igualdad...), asume una virtualidad jurídica que desborda la propia de un mero mandato para el legislador, convirtiéndose en una norma llamada a superar esa flagrante contradicción constitucional mediante la transformación de la propia estructura constitucional en un sentido material. Una transformación que debe conducir al logro de una *«sociedad democrática avanzada».*

El artículo 9.º.2 tiene un sentido de totalidad. Hay en él, como entre nosotros señala *Hernández Gil,* como una tensión acumulativa. Destinatarios del precepto son, por una parte, los poderes públicos sobre los que recae el deber ser y, por otra, los individuos, los grupos y todos los ciudadanos, sus auténticos beneficiarios. La norma versa, pues, sobre el conjunto social y sobre él se proyecta, imprimiéndole impulso y propugnando su transformación. Por ello mismo, y como se advertía de igual modo en Italia, nos pone de relieve o, al menos, da como sobreentendida, la disconformidad con lo socialmente vigente y traza las líneas esenciales de un paradigma hacia el que conducir, desde y por el Derecho, a la sociedad.

En un plano más particularizado, resulta evidente que el principio de igualdad jurídica, de igualdad formal, proclamado por el artículo 14, debe ser integrado, en todos aquellos supuestos en que sea pertinente, con los criterios propios del principio de igualdad sustancial. Sin embargo, como parece claro después de las reflexiones precedentes, el alcance de este último principio desborda con creces el de un mero complemento del artículo 14, para convertirse en el eje sobre el que debe vertebrarse la transformación de nuestra sociedad postulada por la Constitución.

El progreso de la civilización humana, ha dicho *Frosini,* se mide sobre todo en la ayuda dada por el más fuerte al más débil, en la limitación de los poderes naturales de aquél como reconocimiento de las exigencias morales de éste, en el aumento del sentido de una fraternidad humana sin la cual los derechos a la libertad se convierten en privilegios egoístas y el principio de igualdad jurídica, en una nivelación basada en el sometimiento al poder del más fuerte.

Es por todo lo expuesto por lo que bien podemos concluir que en el artículo 9.º.2 está expresado un verdadero mandato de hacer, de actuar, dirigido a los poderes públicos a fin de obtener unos determinados resultados sociales. El Tribunal Constitucional ha ratificado esta interpretación al entender que un acto del Poder Legislativo se revela arbitrario cuando engendre desigualdad. «Y no ya —precisa el Tribunal (STC 27/1981, de 20 de julio)— desigualdad referida a la discriminación (que ésta concierne al artículo 14), sino a las exigencias que el artículo 9.º.2 conlleva, a fin de promover la igualdad del individuo y de los grupos en que se integra, finalidad que en ocasiones exige una política legislativa que no puede reducirse a la pura igualdad ante la Ley.»

2. El reconocimiento de derechos de carácter económico y social

Tras las críticas socialistas a la doctrina constitucional demoliberal, de las que puede considerarse paradigmática la posición de *Ferdinand Lassalle,* fijada en su conocida conferencia pronunciada en Berlín, en 1862, sobre la esencia de la Constitución («Uber Verfassungswesen»), en la que, como es sabido, sienta las bases del realismo constitucional, el constitucionalismo de entreguerras, por el influjo de dicha corriente ideológica —aunque, desde luego, no sólo de ella, pues, como bien advierte *Vanossi,* las raíces ideológicas de las cláusulas económicas y sociales han de encontrarse en la confluencia de varias corrientes del pensamiento contemporáneo que, alineadas en una concepción democrática del Estado, vuelcan los aportes filosófico-políticos del neoliberalismo, de la social-democracia y de la doctrina social-católica— dará un nuevo sesgo al régimen constitucional de los derechos y libertades, propiciando lo que *Mirkine-Guetzévitch* denominara las «tendencias sociales de las declaraciones de derechos de la postguerra».

Los derechos, dirá *Laski,* van a convertirse en las condiciones de la vida social, sin las que no puede ningún hombre libre perfeccionar y afirmar su propia personalidad. Puesto que el Estado existe para hacer posible esa tarea, sólo manteniendo esos derechos podrá conseguir su fin.

Desde esta perspectiva, la idea de *Spencer* del individuo frente al Estado parece haberse desvanecido; no en vano los términos de las relaciones entre individuo y Estado se han multiplicado. El individuo se mueve ahora inserto en un verdadero tejido social, pero con ello no se contrapone al Estado, sino que, por el contrario, es miembro del Estado y, al unísono, de un conjunto muy dispar de formaciones sociales.

La extensión de los derechos individuales en un sentido social no se limitará tan sólo a las relaciones recíprocas de trabajo y capital, sino que las declaraciones constitucionales de derechos tenderán a englobar la totalidad de la vida social, la familia, la escuela..., en definitiva, la mayor parte del conjunto de las relaciones sociales.

Situándose en esta dirección, la Constitución de 1978 acoge en su seno un amplio catálogo de derechos económico-sociales, a los que vamos a referirnos de modo sumario, sin perjuicio de un análisis ulterior más detenido.

En el ámbito de las relaciones entre trabajo y capital, nos encontramos, entre otros muchos, con el derecho a sindicarse libremente (artículo 28.1). La libertad sindical comprende el derecho a fundar sindicatos y a afiliarse al de su elección, así como el derecho de los sindicatos a formar confederaciones y a fundar organizaciones sindicales internacionales o afiliarse a las mismas. Este derecho tiene su vertiente negativa: nadie puede ser obligado a afiliarse a un sindicato. El derecho a la huelga de los trabajadores para la defensa de sus intereses (artículo 28.2); el derecho de trabajadores y empresarios para la adopción de medidas de conflicto colectivo (artículo 37.2); el derecho a la negociación colectiva laboral entre los representantes de los trabajadores y empresarios (artículo 37.1), y, en fin, el derecho al trabajo, a la libre elección de profesión, a la promoción a través del trabajo y a una remuneración suficiente para satisfacer las propias necesidades y las de la familia del trabajador (artículo 35.1), que tienen su contrapartida en la obligación de los poderes públicos de realizar una política orientada al pleno empleo (artículo 40.1, in fine), son algunos de los más significativos derechos de este ámbito.

En el terreno de la asistencia social, la Constitución acoge un amplio elenco de derechos, si bien, en muchos casos, no se trata de derechos vinculantes, sino más bien de principios rectores de la política social y económica. Es el caso de los derechos a la seguridad social (artículo 41), del derecho de todos los españoles a disfrutar de una vivienda digna y adecuada (artículo 47), del derecho a la protección de la salud (artículo 43.1), del derecho de todos a disfrutar de un medio ambiente adecuado (artículo 45.1), de la atención preferencial que los poderes públicos deben prestar a los disminuidos físicos, sensoriales y psíquicos (artículo 49), a los ciudadanos de la tercera edad (artículo 50), a la juventud (artículo 48)... etc. Además, también en este terreno, si bien como un derecho fundamental, debe situarse el derecho a la educación (artículo 27) y, en cierto modo como corolario del mismo, el derecho de acceso a la cultura (artículo 44.1), que, no obstante, es incluido entre los principios rectores de la política social y económica.

Por último, el reconocimiento por la Constitución de los derechos de carácter económico y social dota de una trascendencia social al ejercicio de sus derechos por los ciudadanos, especialmente en el caso de los de contenido patrimonial, como también al cumplimiento de determinados deberes, como los tributarios. Así lo ha reconocido explícitamente el Tribunal Constitucional (STC 18/1984, de 7 de febrero).

Y así lo ha admitido igualmente el Tribunal Europeo de Derechos Humanos, que, en su Sentencia de 9 de octubre de 1979 (Caso Airey), reconocería que si bien el Convenio recoge derechos esencialmente civiles y políticos, gran parte de ellos tienen implicaciones de naturaleza económica y social. El hecho de que una interpretación del Convenio de Roma pueda extenderse a la esfera de los derechos sociales y económicos no es, a juicio del Tribunal de Estrasburgo, factor decisivo en contra de dicha interpretación, pues no existe una separación tajante entre esa esfera y el campo cubierto por el Convenio.

La Constitución se ha hecho eco de esta trascendencia social en determinados casos. Así, en relación con los derechos a la propiedad privada y a la herencia (artículo 33.1), cuya función social delimitará su contenido, de acuerdo con las leyes (artículo 33.2). También en conexión con el deber constitucional de contribuir al sostenimiento de los gastos públicos (artículo 31.1), deber que se ha de acomodar a la capacidad económica de cada cual, a cuyo efecto se articulará por medio de un sistema tributario justo, inspirado en los principios de igualdad y progresividad, que, en ningún caso, tendrá alcance confiscatorio (artículo 31.1). Es de destacar aquí la incorporación a la Norma Suprema del trascendental principio de progresividad del sistema tributario, en sintonía con el artículo 53 de la Constitución Italiana de 1947.

Por lo demás, esa trascendencia social del ejercicio de los derechos creemos que puede predicarse, en mayor o menor medida, del ejercicio de cualquier derecho, no debiendo circunscribirse tan sólo a los derechos de contenido patrimonial. Así lo reconocería hace ya bastantes años el Tribunal Europeo de Derechos Humanos, tal y como ya hemos referido, y así lo ha admitido una reiterada jurisprudencia de nuestro intérprete supremo de la Constitución.

3. La Constitución económica

Una de las más sugestivas proyecciones constitucionales de la conceptualización del Estado como «social» ha sido la incorporación a la Norma suprema de lo que se ha dado en llamar «Constitución económica» o «Derecho constitucional económico». La primera de estas expresiones ha sido acuñada fundamentalmente por la Escuela alemana *(Huber, Neuman y Krüger)* («Wirtschaftsverfassung») y también por la italiana *(Lucarelli, Romagnoli).*

Huber ha definido la «Constitución económica» como el orden jurídico fundamental de los bienes, fuerzas y procesos económicos. Dicho en otros términos, la «Constitución económica» configura la índole de las relaciones que el Estado debe mantener con el mundo de la economía y el ámbito de libertad y finalidades que se plantean para los componentes de la estructura económica del país.

Entre nosotros, el propio Tribunal Constitucional ha reconocido expresamente su existencia: «En la Constitución española de 1978 —puede leerse en la Sentencia de 28 de enero de 1982— (...) existen varias normas destinadas a proporcionar el marco jurídico fundamental para la estructura y funcionamiento de la actividad económica; el conjunto de todas ellas compone lo que suele denominarse la constitución económica o constitución económica formal.» (STC 1/1982).

Aunque es el Título VII de nuestra «lex legum» («Economía y Hacienda») el que regula básicamente la materia que nos ocupa, fuera de él también encontramos previsiones esenciales; así, en el artículo 38, en el que se reconoce la libertad de empresa en el marco de la economía de mercado, o en el artículo 40.1, en el que, como principio rector de la política social y económica, se establece que «los poderes públicos promoverán las condiciones favorables para el progreso social y económico y para una distribución de la renta regional y personal más equitativa, en el marco de una política de estabilidad económica», previsión que se vincula muy estrechamente con la del artículo 9.º.2, a la que ya nos refiriéramos.

Sin entrar ahora en detalles acerca de las previsiones del Título VII (que examinaremos con posterioridad), significaremos, no obstante, que en él se contiene la normación básica en torno a la modernización y desarrollo de la economía, la planificación de la actividad económica general, la potestad tributaria, la política presupuestaria y la fiscalización de las cuentas del sector público.

D) La Monarquía parlamentaria como forma de gobierno

Las Monarquías parlamentarias existentes en la actualidad en diversos países europeos son el resultado de un dilatado y conflictivo proceso de evolución histórica que se inicia con la aparición a lo largo del siglo XVI del Estado absolutista, íntimamente unido a la Monarquía absoluta.

Bertrand de Jouvenel definirá la Monarquía absoluta como aquella que no acepta ya tratar con los diversos «estados» para convencerlos de lo que el soberano estima necesario, sino que se considera con derecho a imponer lo que juzga conveniente.

Las Monarquías centralizadas de Francia y España representarán una ruptura decisiva con la soberanía piramidal y fragmentada de las formaciones sociales medievales, con sus sistemas de feudos y estamentos. Con ellas y para ellas nació la idea de la soberanía absoluta del Monarca, es decir, de un poder susceptible de ejercerse sobre todos sin que ningún derecho subjetivo pudiera limitarlo.

El Derecho procedía así de una voluntad única con poder para establecerlo. Pero, ¿por qué había de ser la voluntad de uno sólo? El germen de las ideas revolucionarias aparecía, pues, contenido en la propia esencia de la monarquía absoluta. Y ese germen propiciaría finalmente el paso a un modelo diferenciado: la monarquía constitucional limitada, que aparece en Europa tras la Revolución Francesa, a imitación de la monarquía limitada británica, que se remonta al siglo XVII.

La expresión «*Monarquía constitucional*» encubre, como señala *De Otto,* una variedad de significaciones:

a) Como concepto jurídico, entraña dos rasgos esenciales: 1.º una determinada relación entre la institución monárquica y la Constitución: el Monarca no tiene más poderes que los enunciados por la Norma Suprema, que no sólo es límite, sino, esencialmente, fuente de la que deriva su poder, y 2.º una participación del Rey junto a otros órganos del Estado, de modo tal que su concurso se presenta necesario para la formación de la voluntad del Estado.

b) En su significación política, es decir, en el modo concreto en que la monarquía ejerce sus funciones, la monarquía constitucional no se opone a otros sistemas de titularidad, sino a otros sistemas fácticos de ejercicio, como, por ejemplo, la monarquía parlamentaria.

La «*Monarquía parlamentaria*» es aquella forma de gobierno en la que el poder ejecutivo es ejercido por un gobierno políticamente responsable ante el Parlamento, que a su vez ejerce la función legislativa. En ella, como apunta el propio *De Otto*, Parlamento, Gobierno y jueces se configuran como auténticos centros de poder, mientras que el Rey se convierte en una figura cuasi honorífica: el Rey reina pero no gobierna. Y no otra, como dice *Sánchez Agesta*, es la doctrina que se desprende del artículo 1.º.3 de nuestra Norma suprema, a tenor del cual: «La forma política del Estado español es la Monarquía parlamentaria.» Se trata, en definitiva, de desplazar hacia las Cortes y más concretamente hacia el Congreso, el peso de todas las decisiones políticas, configurando al Rey como una institución de representación social.

Aunque la «*Monarquía parlamentaria*» puede ser considerada como una construcción fundamentalmente consuetudinaria, es lo cierto que ha venido a operar como fórmula de inserción de la institución monárquica en la estructura constitucional de los Estados democráticos. De este modo se nos presenta como una forma de gobierno parlamentario de un Estado democrático, caracterizada por la naturaleza no electiva y hereditaria de la Jefatura del Estado, en la que el Rey, como titular de un órgano estatal, la Corona, se limita a formalizar las decisiones políticas adoptadas por aquellos órganos del Estado responsables y dotados de verdadera capacidad decisoria, Gobierno y Parlamento especialmente.

El artículo 1.º.3 de nuestra Constitución ha venido a plantear una singular controversia doctrinal que trae su origen de su escasamente afortunada redacción, y que trata de discernir el significado auténtico de la confusa expresión «forma política del Estado».

En principio, dos explicaciones posibles pueden encontrarse a la definición de la Monarquía parlamentaria como la «forma política del Estado»:

De un lado, la identificación de la Monarquía como la forma de Estado. Como es de sobra conocido, en la teoría constitucional se habla de «forma de Estado» para hacer referencia a la estructura y principios fundamentales del Estado definitorios de su naturaleza. Así, se habla por la doctrina de Estado autoritario frente a Estado democrático; de Estado absoluto frente a Estado constitucional; de Estado unitario frente a Estado federal.

De otro lado, la identificación entre Monarquía y forma de gobierno. La forma de gobierno se refiere a la recíproca posición en que se encuentran los diversos órganos constitucionales del Estado. Así, se habla de gobierno parlamentario frente a gobierno presidencial.

Dicho en otros términos, y según *Mortati,* la forma de Estado explicaría cómo está distribuido el poder en cuanto elemento constitutivo del Estado (el poder soberano) y la forma de gobierno nos mostraría cómo está organizado el poder en cuanto elemento constituido del Estado (el poder de gobierno).

En pura teoría, pues, la forma de Estado se refiere a la atribución de la soberanía, y en este sentido, la monarquía sólo puede considerarse «forma de Estado» cuando es absoluta, es decir, cuando la soberanía se residencia en el Rey. Es por ello que cuando el «principio democrático» desplaza al «principio monárquico», la monarquía deja de ser «forma de Estado» para convertirse en «forma de gobierno», o mejor, como señala *Aragón,* en un tipo (el monárquico) de la especie forma de gobierno parlamentario, del género forma de Estado democrático.

En nuestro código constitucional, el problema de la verdadera significación del artículo 1.º.3 no puede resolverse ni por el propio tenor literal del mismo, ni por la indagación de la voluntad del legislador constituyente.

En todo caso, el recuerdo de la transición política y del papel jugado en ella por la Monarquía, puede arrojar algo de luz sobre la ulterior redacción del artículo 1.º.3.

La transición política se realizó bajo el impulso directo del Rey. Y ello fue posible porque en la concepción jurídica y política de la Corona en aquel momento existían múltiples elementos propios del principio monárquico. Como ha dicho *Aragón,* en el período de la transición, la Monarquía se presenta como soporte sustancial de la forma política. En definitiva, la Monarquía jugó en la transición un papel efectivo de forma de Estado, pero si así aconteció fue, precisamente, para poder dejar de ser forma de Estado y limitarse a ser forma de gobierno. De ahí la incongruencia de los constituyentes, que parecen perpetuar lo que sólo fue transitorio.

Desde luego, los debates constituyentes, en cierto modo, nos muestran el intento de hacer coexistir esa doble categorización de la Monarquía; más aún, la redacción de algunos de los preceptos del Título II, relativo a la Corona, nos revela la intención más o menos larvada de conjugar categorías inherentes al principio monárquico con postulados propios del principio democrático. En efecto, el tenor literal del artículo 56.1 parece evocar el modelo del «poder neutro» que *Benjamín Constant* ideara para la preservación de la institución monárquica. La formulación general de tal artículo —manifestaría en el debate constituyente el senador señor *Ollero*— «consagra un funcionamiento real que colmaría las exigencias de un Benjamín Constant». Pero, como bien advierte *García Canales*, más allá de las concomitancias semánticas y la evocación histórica, no se puede ir hoy por ese camino, si se pretende una consideración rigurosa del Jefe del Estado en la Constitución Española.

Entre las muy diversas tesis que han tratado de explicar el artículo 1.º.3, quizá la más integradora haya sido la de *Aragón*, quien, partiendo de la distinción apuntada por *Jellinek* —que admite que la forma de Estado puede ser enfocada desde un doble punto de vista, jurídico y político—, entiende que el artículo 1.º.3 encierra dos enunciados perfectamente discernibles: uno de carácter político y otro de naturaleza jurídica. El primero: «La forma política del Estado español es la Monarquía»; el segundo: «La Monarquía española es una Monarquía parlamentaria.» Mientras el primero enunciaría la forma de Estado desde el punto de vista político, el segundo expresaría la forma de gobierno, con indudable trascendencia jurídica.

La tesis, desde luego, es original y permitiría posiblemente una potenciación de las funciones de la Corona. Sin embargo, y por ello mismo, no deja de ser discutible. La interpretación del artículo 1.º.3 debe hacerse desde una perspectiva estrictamente jurídica, y ello exige no sólo marginar las circunstancias políticas que configuraron los años de la transición en España, sino atender al conjunto del articulado constitucional —como, por lo demás, hace *Aragón* en su planteamiento global—, y de modo muy especial al artículo 1.º.2, que, como ya vimos, sin atisbo alguno de duda, atribuye la soberanía no al Rey sino al pueblo, con lo que la Monarquía parlamentaria es enmarcada en un Estado democrático, lo que debe llevarnos a la conclusión de que la forma de Estado no es sino el Estado democrático, en el que el único soberano es el pueblo, del que emanan todos los poderes, mientras que la Monarquía parlamentaria se nos presenta como la «forma de gobierno», lo que a su vez entraña la exclusión de todo atisbo del principio monárquico, y la rotunda diferenciación con las monarquías constitucionales, en las que el Rey participaba, junto a los órganos del Estado, en todos los poderes del mismo.

Por lo demás, la Constitución de 1978, a diferencia de lo que ocurre en la mayoría de las Constituciones monárquicas europeas —con alguna salvedad, como la sueca— ha tratado de reducir a normas jurídicas expresas las funciones del Monarca en un régimen de tipo parlamentario, o lo que es igual, ha intentado —como dice *Sánchez Agesta*— construir desde sus mismos inicios una monarquía parlamentaria racionalizada.

Mientras en buena parte de las restantes Monarquías europeas el régimen parlamentario se asienta, sustancialmente, en prácticas y convenciones, la inexistencia entre nosotros de las mismas está en la base de la amplitud del proceso racionalizador.

Esa racionalización ha venido a afectar a la propia naturaleza de la Monarquía. El Rey, en efecto, se ha convertido en el titular de un órgano del Estado, la Corona (denominación que recibe aquí la Jefatura del Estado), con las atribuciones y competencias que la Constitución le confiere.

De toda esta configuración se deriva que las competencias del Monarca están tasadas —rasgo al que no escapan las atribuciones de moderación y arbitraje a que se refiere el artículo 56.1 de la Constitución, como, con mayor detenimiento, expondremos en un momento ulterior—, le son atribuidas de modo expreso por la Constitución y las leyes, previsión a la que alude el inciso final del artículo 56.1, y en cuanto, por lo común, coinciden con las atribuidas como propias a otros órganos estatales, deben ser entendidas, como bien advierte *García Canales,* en términos estrictos e interpretadas restrictivamente, resultando obvio a partir de lo expuesto, que no puede hablarse de la existencia de poderes implícitos o derivados de las atribuciones regias, en oposición, y aun en disputa, con los órganos constitucionales de competencia general y ordinaria.

E) El principio de autonomía y el Estado autonómico

I. El Título VIII de la Constitución española diseña a grandes rasgos una nueva forma de organización territorial del Estado que bien podemos denominar el «Estado autonómico», desarrollando así la declaración política básica del artículo 2.°, a cuyo tenor: «La Constitución se fundamenta en la indisoluble unidad de la Nación española, patria común e indivisible de todos los españoles, y reconoce y garantiza el derecho a la autonomía de las nacionalidades y regiones que la integran y la solidaridad entre todas ellas.»

La exacta comprensión de este nuevo modelo de organización territorial requiere de una visión retrospectiva, que contribuye a aclarar alguna de las peculiaridades del Estado autonómico.

Tras el paréntesis del régimen franquista, caracterizado no sólo por una política de corte rígidamente centralista, sino, más aún, visceralmente opuesta a los nacionalismos periféricos, la restauración de la Monarquía irá unida al reconocimiento de las peculiaridades nacionales, ya anunciado en el Mensaje de la Corona, el 22 de noviembre de 1975.

En su declaración programática de 5 de julio de 1977, el Gobierno Suárez ponía de relieve que la institucionalización de las regiones en régimen de autonomía constituía uno de sus objetivos fundamentales, hallándose el Gobierno dispuesto a dar algún paso transitorio aún antes de que estuviese redactada la Constitución. Y en efecto, un Decreto-ley de 29 de septiembre de 1977 restablecía, con carácter provisional, la Generalidad de Cataluña.

Esta norma iba a dejar abierto el camino hacia la institucionalización de una nueva estructura territorial del Estado. Su propio preámbulo así lo dejaba entrever, al destacar que la regulación que acogía no entrañaba un privilegio ni impedía «que fórmulas parecidas puedan emplearse en supuestos análogos en otras regiones de España». Así habría de suceder, pues a este Decreto-ley seguirían otros doce que darían vida legal a una estructura preautonómica extendida por casi toda España.

Se iniciaba así la llamada «carrera de las autonomías», que, por lo demás, sintonizaba a la perfección con la tesis de la «generalización autonómica» defendida por el Gobierno de Adolfo Suárez, tesis que incidiría muy notablemente sobre la solución final dada a esta trascendental cuestión por nuestros constituyentes.

El primer borrador de Anteproyecto de Constitución elaborado por la Ponencia Constitucional establecía de hecho un sistema federal. Sin embargo, su filtración a la opinión pública desencadenó tal aluvión de críticas que condujo a un giro muy notable en la orientación del texto del Anteproyecto.

La disparidad de posturas existentes entre las formaciones políticas presentes en las Constituyentes hizo necesaria la vía del consenso, que fue muy difícil de conseguir en este punto. Todo ello propició el recorrido de un itinerario que progresivamente condujo de la claridad a la confusión. De esta forma, el Título VIII quedó reducido a un conjunto de principios, límites y cauces procedimentales que, aún habiendo de seguirse y respetarse en la construcción del Estado autonómico, sólo muy vagamente delimitaban el modelo final al que había de llegarse. *Pérez Royo* ha sostenido que, a diferencia del Proyecto inicial, la Constitución se nos presenta como una simple norma para la reorganización del Estado. Su contenido se circunscribe en este punto a la apertura de un proceso histórico, más que a una ordenación jurídica de la estructura del Estado. Y *Cruz Villalón,* un tanto exageradamente, llegó incluso a hablar de que nuestra Constitución había operado una desconstitucionalización de la estructura del Estado. Se trata —afirmaría— de una Constitución que permite, sin modificación formal alguna, lo mismo un Estado unitario y centralizado, que un Estado unitario pero descentralizado, que un Estado sustancialmente federal, que, incluso, fenómenos que rebasan los límites del Estado federal para recordar fórmulas confederales.

Independientemente de que puedan efectuarse algunas precisiones a la tesis precedente, lo cierto es que las indeterminaciones constitucionales en una materia de tanta trascendencia fueron realmente clamorosas.

En todo caso, lo que resulta exacto es que el marco formal de nuestra Norma suprema se ha ordenado en exceso sobre un principio dispositivo que si bien tiene su origen en la Constitución de 1931, considerado como un modelo con legitimidad histórica en la materia, se debe de modo muy especial, a la par que a la divergencia de posiciones en el debate constituyente, al juicio político sobre la conveniencia de aplazar decisiones gravemente conflictivas en un momento tan delicado como el de la discusión constituyente, por las singulares circunstancias de nuestra transición política. Y ello sin dejar de reconocer que los regímenes preautonómicos condicionaron en buena medida la solución final a la que había de llegarse, como después vinieron a corroborar los llamados «Pactos Autonómicos» entre el Gobierno centrista de UCD, liderado por Adolfo Suárez, y el Partido Socialista, Pactos que, firmados en 1981, hicieron posible una cierta concreción del sistema, que, entre sus varias posibilidades, se encaminaría hacia la generalización para todas las regiones de una verdadera autonomía política.

En cualquier caso, la pluralidad de soluciones implícita en la confusa regulación del Título VIII ha conducido al recurso constante, por parte de los órganos autonómicos y estatales legitimados para ello, al Tribunal Constitucional, que de esta forma ha desarrollado una muy relevante labor de clarificación y racionalización de la normativa del Título VIII, muy especialmente de aquella relacionada con el complicadísimo sistema de distribución de competencias entre el Estado y las Comunidades Autónomas.

II. Retornando al artículo 2.º de nuestra Constitución, diremos que este precepto, a la par que reconoce un derecho de las nacionalidades y regiones que integran la Nación española, establece un principio general de organización del Estado. A través del reconocimiento del derecho a la autonomía, España se estructura en un nuevo tipo de Estado: el Estado autonómico.

La imprecisión de la fórmula, su difícil encaje en las formas tradicionales de organización territorial del Estado y la propia indeterminación constitucional, dejarían sin resolver la cuestión de la «forma de Estado», en lo que hace a la distribución territorial del poder.

Así las cosas, en una de sus primeras Sentencias (STC 4/1981, de 2 de febrero), el Tribunal Constitucional comenzaba su labor de precisión de esta cuestión, al afirmar:

> «La Constitución parte de la unidad de la Nación española que se constituye en Estado social y democrático de Derecho, cuyos poderes emanan del pueblo español en el que reside la soberanía nacional. Esta

unidad se traduce así en una organización —el Estado— para todo el territorio nacional. Pero los órganos generales del Estado no ejercen la totalidad del poder público, porque la Constitución prevé, con arreglo a una *distribución vertical de poderes,* la participación en el ejercicio del poder de *entidades territoriales de distinto rango,* tal como se expresa en el artículo 137 de la Constitución.»

A juicio del Tribunal, el artículo 137 (que determina que el Estado se organiza territorialmente en municipios, en provincias y en las Comunidades Autónomas que se constituyan, entidades éstas que gozarán de autonomía para la gestión de sus respectivos intereses) refleja *«una concepción amplia y compleja del Estado,* compuesto de una pluralidad de organizaciones de carácter territorial dotadas de autonomía».

Poco tiempo después, el Tribunal volverá a manifestarse en términos similares, si bien aún más rotundamente, al proclamar (STC 29/1981, de 24 de julio) *«el carácter unitario del Estado, como institución compleja».*

En definitiva, en España existe un solo Estado políticamente descentralizado. Se trata de un Estado unitario complejo, en cuanto integrado por una pluralidad de organizaciones territoriales autónomas. Nos encontramos así ante el Estado autonómico, que cobra su nombre del principio general organizativo de la autonomía en que se asienta.

Puede por todo ello afirmarse con el Tribunal Constitucional que «el régimen autonómico se caracteriza por un equilibrio entre la homogeneidad y diversidad del "status" jurídico público de las entidades territoriales que lo integran. Sin la primera no habría *unidad* ni integración en el conjunto estatal; sin la segunda no existiría verdadera *pluralidad* ni *capacidad de autogobierno,* notas que caracterizan al Estado de las Autonomías» (STC 76/1983, de 5 de agosto).

Unidad y autonomía constituyen, pues, dos elementos indisociables; forman las dos caras de una misma moneda. «El derecho a la autonomía de las nacionalidades y regiones —ha afirmado en otro momento el Tribunal (STC 25/1981, de 14 de julio)—, que lleva como corolario la solidaridad entre todas ellas, se da sobre la base de la unidad nacional.»

F) El principio del pluralismo

a/ Significado y recepción del principio en la Constitución

En su significación más elemental, el pluralismo es un concepto que se opone al monismo. Y así, el Diccionario de la Real Academia de la Lengua define el pluralismo como el sistema por el que se acepta o reconoce la pluralidad, que a su vez es la calidad de ser más de uno. Y en el mismo sentido, como ya tuvimos oportunidad de señalar, el Tribunal Constitucional (STC 4/1981, de 2 de febrero) ha puesto de relieve que es claro que la existencia de una sola opción es la negación del pluralismo.

El primer liberalismo, con su sólido componente individualista, no se mostraría muy proclive hacia el principio que analizamos; el liberalismo democrático reivindicaría por contra este principio, si bien no sería hasta los años inmediatamente anteriores a la Primera Gran Guerra cuando comenzaran a difundirse las teorías pluralistas.

Como entre nosotros recuerda *Gómez Orfanel,* el pluralismo, en cuanto teoría y fenómeno social y político corresponde sustancialmente al siglo XX, siendo *Harold Laski* quien, en 1915, introduce el término en el debate político.

La recepción que del principio ha hecho la Constitución de 1978 ha sido amplia y profunda, como ya hemos tenido oportunidad de ver al analizar en un momento anterior el principio del Estado democrático.

Desde luego, el dato más significativo es la constitucionalización del pluralismo político como valor superior del ordenamiento jurídico. Además, son profusas las referencias constitucionales al pluralismo en aspectos bien dispares. Junto a su proyección política, el pluralismo, como ya señaláramos, parece referirse a la totalidad de las estructuras sociales, además de su presencia en el ámbito cultural. Ya el Preámbulo de la Constitución revela esta preocupación al proclamar la Nación su voluntad de proteger a todos los españoles y pueblos de España en el ejercicio de sus culturas y tradiciones, lenguas e instituciones.

Sistematizando la recepción constitucional de este principio, podemos referirnos a:

1/ Un *pluralismo político,* al que aludiremos detenidamente más adelante, que encuentra su máxima expresión en la constitucionalización de los partidos políticos, cauce de expresión del pluralismo político.

2/ Un *pluralismo social,* algunas de cuyas manifestaciones las encontramos en el reconocimiento de los sindicatos de trabajadores y las asociaciones empresariales, que contribuyen a la defensa y promoción de los intereses económicos y sociales que les son propios (artículo 7.º); en la constatación de la pluralidad de creencias religiosas de nuestra sociedad, que habrá de ser tenida en cuenta por los poderes públicos (artículo 16.3); en el reconocimiento del derecho de asociación (artículo 22) y del de sindicación (artículo 28.1); en la previsión de la existencia de una pluralidad de Colegios Profesionales (artículo 36); en el reconocimiento de las organizaciones profesionales (artículo 52), y, bien que sin ánimo exhaustivo, en la específica determinación de que los medios de comunicación social de titularidad pública respeten el pluralismo de la sociedad, garantizando el acceso a los mismos de los grupos sociales y políticos significativos.

3/ Un *pluralismo cultural*, cuya manifestación primigenia es la pluralidad lingüística de España, considerada por el artículo 3.º.3 de nuestra «lex legum» como un patrimonio cultural que será objeto de especial respeto y protección. Como ha constatado el Tribunal Constitucional (STC 82/1986, de 26 de junio), la Constitución de 1978 reconoce la realidad plurilingüe de la Nación española y, viendo en ella un valor cultural no sólo asumible, sino también digno de ser promovido, obtiene de dicha realidad una serie de consecuencias jurídicas en orden a la posible atribución de carácter oficial a las diversas lenguas españolas, a la protección efectiva de todas ellas y a la configuración de derechos y deberes individuales en materia lingüística.

Una nueva manifestación de este pluralismo cultural podemos encontrarla en el pluralismo del modelo educativo que se desprende del artículo 27 de la Constitución. Como se señalara en el primero de los votos particulares (suscrito por cuatro Magistrados) a la Sentencia 5/1981, de 13 de febrero, cuando la Constitución reconoce la libertad de enseñanza en el artículo 27.1, está afirmando «que el derecho de todos a la educación se ha de realizar dentro de un sistema educativo plural, regido por la libertad».

4/ Un *pluralismo simbólico*, en término de *Lucas Verdú*, que encuentra eco en la relevancia constitucional de las distintas banderas y enseñas propias de las Comunidades Autónomas, que, tal y como prescribe el inciso segundo del artículo 4.2, se utilizarán junto a la bandera de España en sus edificios públicos y en sus actos oficiales.

5/ Un *pluralismo autonómico*, finalmente, que encuentra su expresión acabada en el reconocimiento y garantía constitucional del derecho a la autonomía de las nacionalidades y regiones que integran la Nación española, pluralismo éste que encierra al unísono componentes históricos, culturales, políticos y, a veces, lingüísticos.

b/ La constitucionalización de los partidos políticos

I. El reconocimiento constitucional de los partidos políticos es un hecho relativamente reciente, pues se remonta tan sólo al constitucionalismo de la segunda postguerra. Ello no deja de sorprender en una institución que ya calificara *Pérez Serrano*, hace bastantes lustros, como el verdadero «*deus ex machina*» de los regímenes políticos.

La constitucionalización supone la culminación de un proceso de tránsito desde la clandestinidad hasta su reconocimiento legal, y de éste a su incorporación al código constitucional.

Los partidos nacieron y vivieron en un primer momento al margen de la Ley, no porque la infringieran, sino porque el Derecho no los tenía en cuenta. Respondía esta postura a un criterio característico de la ideología liberal del pasado siglo: la consideración de los partidos como personas sociales, mas no como personas jurídicas.

El segundo momento de esta evolución es, según *Pérez Serrano,* el que inician dos manifestaciones de la realidad política contemporánea: la aparición de las grandes Comisiones parlamentarias y la invasión de la representación proporcional; de ahí que los Reglamentos de las Cámaras y las leyes electorales tengan que admitir el hecho de que existen los partidos políticos, y se cuiden de puntualizar sus facultades en la respectiva órbita. Un ejemplo de lo que acabamos de decir lo encontramos en el Reglamento provisional de las Cortes Constituyentes de nuestra Segunda República, de julio de 1931, que dedica un Título a las «fracciones o grupos parlamentarios», exigiendo a los diputados la declaración de su filiación política y organizando rudimentariamente los partidos dentro de la Cámara.

Aún así, a nivel constitucional, se sigue apreciando en esta etapa una clara desconfianza frente a los partidos, de la que da buena muestra la previsión del artículo 130 de la Constitución de Weimar de 1919, que los menciona para determinar que «los funcionarios son servidores de la colectividad, no de un partido».

Finalmente, el constitucionalismo ulterior a la Segunda Gran Guerra ha iniciado el reconocimiento de los partidos y de sus funciones, bien que no siempre ello se haya debido a idénticas razones. Y así, mientras en la República Federal Alemana y en Italia se trataba de garantizar la existencia de los partidos frente a veleidades autoritarias, y a la vez precaver la salvaguarda de la democracia constitucional, en la Francia de la Quinta República se llegaba a ello por la conciencia de los efectos negativos que había tenido la insolidaridad multipartidista. En cualquier caso, las Constituciones ulteriores a 1945 contienen, con escasísimas excepciones, preceptos específicamente dedicados a los partidos políticos, preceptos que, con diversas formulaciones y con distinto grado de intensidad, vienen a reconocer, como bien dice *Blanco Valdés,* la centralidad del papel de aquéllos en el funcionamiento del mecanismo democrático.

II. En esta dirección debe situarse la previsión del artículo 6.º de la Constitución, de conformidad con el cual:

> «Los partidos políticos expresan el pluralismo político, concurren a la formación y manifestación de la voluntad popular y son instrumento fundamental para la participación política. Su creación y el ejercicio de su actividad son libres dentro del respeto a la Constitución y a la Ley. Su estructura interna y funcionamiento deberán ser democráticos.»

Los partidos políticos adquieren de esta forma relevancia constitucional, relevancia que se justifica por la decisiva importancia que estas organizaciones tienen en las modernas democracias pluralistas, de forma que, como recordara nuestro Tribunal Constitucional (STC 3/1981, de 2 de febrero), se ha podido afirmar por algunos Tribunales extranjeros que «hoy día todo Estado democrático es un Estado de partidos» o que éstos son «órganos casi públicos».

El precepto en cuestión enumera una triple función a desarrollar por los partidos: a/ expresar el pluralismo político; b/ concurrir a la formación y manifestación de la voluntad popular, y c/ ser instrumento fundamental para la participación política. De esta forma, nuestra Norma suprema enriquece las funciones a cumplir por los partidos, por lo menos si se contempla desde la perspectiva del Derecho comparado. Por poner tan sólo dos ejemplos clásicos, la Constitución italiana (artículo 49) se limita a prever que «todos los ciudadanos tienen derecho a asociarse libremente en partidos para concurrir democráticamente a determinar la política nacional».

A su vez, la Ley Fundamental de Bonn (artículo 21.1) tan sólo establece al respecto que «los partidos concurren a la formación de la voluntad política del pueblo».

De esta comparación, se desprende con claridad el acentuamiento de la centralidad de los partidos en el sistema democrático, que constitucionalmente aún se ve más subrayada si se advierte el lugar en que se ubica el artículo 6.º: el Título Preliminar, que como ya hemos visto, es objeto de especial protección constitucional. En igual dirección se manifiesta el Tribunal Constitucional, para quien:

> «La colocación sistemática de este precepto (del artículo 6.º) expresa la importancia que se reconoce a los partidos políticos dentro del sistema constitucional, y la protección que de su existencia y de sus funciones se hace, no sólo desde la dimensión individual del derecho a constituirlos y a participar activamente en ellos, sino también en función de la existencia del sistema de partidos como base esencial para la actuación del pluralismo político» (STC 85/1986, de 25 de junio).

En definitiva, al concretar particularizadamente las funciones de los partidos, el artículo 6.º de la Constitución viene a precisar la *naturaleza constitucional* de los partidos, que se nos presentan, pues, como un cauce para la expresión del pluralismo político y un instrumento fundamental para hacer posible el ejercicio del derecho de los ciudadanos a participar en los asuntos públicos por medio de representantes libremente elegidos en elecciones periódicas por sufragio universal, derecho contemplado por el artículo 23.1 de nuestra Norma suprema.

El Tribunal Constitucional ha venido desde otra perspectiva a efectuar una serie de precisiones en torno a la *naturaleza jurídica* de los partidos, de las que destacaremos:

— Los partidos políticos son, como expresamente declara el artículo 6.º, creaciones libres, producto como tales del ejercicio de la libertad de asociación que consagra el artículo 22 (STC 10/1983, de 21 de febrero).

— La creación de los partidos políticos —añadirá en otro momento el Tribunal (STC 85/1986, de 25 de junio), complementando la consideración que precede— no está sometida constitucionalmente a límites más estrictos que los de las demás asociaciones; antes bien, en la Constitución existe un cierto reforzamiento de garantías de los partidos, respecto a las demás asociaciones, en cuanto que el artículo 6.º señala y garantiza el ámbito de funciones institucionales que a aquéllos corresponden.

— Los partidos no son órganos del Estado, por lo que el poder que ejercen se legitima sólo en virtud de la libre aceptación de los Estatutos y, en consecuencia, sólo puede ejercerse sobre quienes, en virtud de una opción personal libre, forman parte del partido (STC 10/1983).

— Finalmente, la trascendencia política de sus funciones no altera su naturaleza, aunque explica que respecto de ellos establezca la Constitución la exigencia de que su estructura interna y su funcionamiento sean democráticos (STC 10/1983).

En otro orden de consideraciones, cabe decir que de la definición constitucional de las funciones de los partidos se derivan vínculos para los poderes públicos, y en primer lugar, para el legislador. A este respecto, *Jiménez Campo* entiende que el pluralismo político que se expresa en la existencia y funcionamiento libre de los partidos ha de ser, por lo pronto, respetado por los poderes públicos. No se trata sólo de la interdicción constitucional de impedimentos arbitrarios a la formación de un partido o de atentados a su funcionamiento, sino más bien se trata de exigir que la expresión del pluralismo no sea interferida, ni sea tampoco sustituida, por obra del legislador o de otros poderes públicos.

En el respeto del pluralismo tiene un valor primordial el principio de igualdad, en cuya virtud, si bien no siempre podrá sostenerse una plena uniformidad de trato para todos los partidos, sí cabrá requerir, como bien apunta *Jiménez Campo,* que las diferenciaciones entre los partidos muestren un fundamento objetivo y razonable en atención al fin perseguido. Toda la política legislativa en materia de financiación pública de los partidos, o la relativa a su acceso a los medios públicos de comunicación, podría ser, por ejemplo, medida con este parámetro de la igualdad.

La relevancia, la centralidad, de los partidos en el funcionamiento del sistema político democrático presenta múltiples reflejos en el ordenamiento, y ello pese a la prohibición constitucional (artículo 67.2) del mandato imperativo, a la que nos referiremos en otro lugar. Entre esas manifestaciones podemos recordar ahora:

— La constitucionalización de la representación proporcional a efectos de la elección del Congreso de los Diputados (artículo 68.3).

— El protagonismo que la Constitución atribuye a los «Grupos políticos con representación parlamentaria» en el procedimiento de investidura del Presidente del Gobierno (artículo 99.1), protagonismo que corre paralelo con el que el Reglamento del Congreso otorga a los Grupos parlamentarios.

— Las mismas restricciones constitucionales con que han sido diseñadas las instituciones de la llamada democracia directa o semidirecta (referéndum, iniciativa legislativa popular...).

— La opción de la Ley Orgánica 5/1985, del Régimen Electoral General, por un sistema de listas cerradas y bloqueadas, en orden, entre otros procesos electorales, a la elección del Congreso de los Diputados.

III. Al margen ya del sistema constitucional de control sobre los partidos, al que nos referiremos más adelante, el artículo 6.° de la Constitución suscita otro problema de enorme interés. Se trata de saber si nuestro constituyente ha optado por el llamado *sistema de «democracia militante»*.

El citado precepto, como ya vimos, incluye entre sus previsiones la de que la creación y el ejercicio de la actividad de los partidos «son libres dentro del respeto a la Constitución y a la Ley». Esta prescripción evoca la del artículo 21.2 de la Ley Fundamental de Bonn, que declara inconstitucionales los partidos que en virtud de sus objetivos o del comportamiento de sus afiliados «se propongan menoscabar o eliminar el orden básico demoliberal o poner en peligro la existencia de la República Federal Alemana». A su vez, el artículo 4.° de la Constitución francesa de 1958, tras precisar que los partidos se constituirán y ejercerán su actividad libremente, añade: «si bien deberán respetar los principios de la soberanía nacional y de la democracia.» La analogía del artículo 6.° es clara, especialmente en relación con el último de los preceptos. Y ello ha suscitado no pocos interrogantes y controversias, que, en último término, pueden reconducirse a la cuestión del encaje o acomodo constitucional de un sistema de control de los partidos similar al existente en la República Federal, en donde es el Tribunal Constitucional Federal el órgano encargado del mismo.

Entre nuestra doctrina no han faltado voces discrepantes. Y así, mientras *Santamaría Pastor* se inclina por la validez de tal sistema de control, radicando el único problema en la determinación de cual sea el «*minimum constitucional*» en el que ha de existir coincidencia entre el ideario del partido y el de la Constitución, otros autores, que constituyen mayoría *(De Otto, Jiménez Campo, Blanco Valdés...),* y a los que nos sumamos, entienden que dicho sistema de control sobre los partidos es inadmisible en nuestro ordenamiento constitucional.

Los argumentos que pueden aportarse en pro de esta última postura son muy dispares; nos referiremos tan sólo a algunos de ellos:

a/ La Constitución, como ya vimos, carece de límites materiales para su reforma, por lo que nos parece perfectamente legítimo que un partido defienda su entera reforma.

b/ Nuestra Norma Suprema, a diferencia de la Ley Fundamental de Bonn, no prevé un mecanismo de control de la constitucionalidad de los partidos, si bien es cierto que en virtud de la cláusula abierta del artículo 161.1, d/, la Ley Orgánica del Tribunal Constitucional podría quizá haber recepcionado un mecanismo similitar, pero no lo ha hecho.

c/ Las enmiendas que en el debate constituyente se orientaron a favor de la introducción de un sistema de *«democracia militante» («streitbare Demokratie»)* fueron sistemáticamente rechazadas.

d/ Por último, porque, como ha mostrado *De Otto,* la cláusula de sujeción a la Constitución del artículo 9.º.1 no contiene una decisión subyacente con relevancia jurídica propia en la que el constituyente haya configurado nuestra democracia como una *«democracia militante»,* lo que a su vez se justifica en el carácter bilateral de la sujeción (a la Constitución y al resto del ordenamiento jurídico), de lo que se deduce que se trata tan sólo de un mandato de obediencia al derecho positivo.

a') El sistema constitucional de control sobre los partidos

I. El artículo 6.º de la Constitución fija dos principios fundamentales en orden al régimen jurídico de los partidos políticos:

1.º) El principio de que su creación y el ejercicio de su actividad son libres dentro del respeto a la Constitución y a la Ley.

2.º) El de que su estructura interna y funcionamiento deberán ser democráticos.

Como fácilmente puede comprenderse, ambos principios entrañan sendas limitaciones.

Sin embargo, el marco constitucional atendible en orden a la determinación del régimen jurídico de los partidos debe ser ampliado a las previsiones del artículo 22, que regula el derecho de asociación, por cuanto, como significara el Tribunal Constitucional (STC 3/1981, de

2 de febrero), un partido es una forma particular de asociación y el artículo 22 no excluye las asociaciones que tengan una finalidad política.

A tenor del artículo 22 de la «Lex Superior»:

> «1. Se reconoce el derecho de asociación.
>
> 2. Las asociaciones que persigan fines o utilicen medios tipificados como delito son ilegales.
>
> 3. Las asociaciones constituidas al amparo de este artículo deberán inscribirse en un registro a los solos efectos de publicidad.
>
> 4. Las asociaciones sólo podrán ser disueltas o suspendidas en sus actividades en virtud de resolución judicial motivada.
>
> 5. Se prohíben las asociaciones secretas y las de carácter paramilitar.»

El régimen jurídico de los partidos políticos se encuentra desarrollado por la Ley 54/1978, de 4 de diciembre, de Partidos Políticos, norma un tanto peculiar, pues, pese a que su aprobación fue casi simultánea a la de la Constitución, no debe desconocerse que se trata de una Ley anterior a la aprobación de nuestra Norma suprema, y además, que es una Ley más tributaria de su inmediato antecedente legislativo (el Real Decreto-ley 12/1977, de 8 de febrero), que de la regulación constitucional al respecto. De ahí que, como ha venido a reconocer el Tribunal Constitucional (STC 85/1986, de 25 de junio), la Ley 54/1978, al igual que el resto del ordenamiento, aunque quizá más que en ningún otro caso, deba ser interpretada a la luz de los principios constitucionales.

II. Esta interpretación «de conformidad con la Constitución» se hace especialmente conveniente en lo que atañe a los requisitos necesarios para la *adquisición de la personalidad jurídica por un partido*.

A tenor del artículo 2.º.1 de la Ley 54/1978:

> «Los partidos políticos adquirirán personalidad jurídica el vigésimo primer día siguiente a aquél en que los dirigentes o promotores depositen, en el Registro que a estos efectos existirá en el Ministerio del Interior, acta notarial suscrita por los mismos, con expresa constancia de sus datos personales de identificación y en la que se inserten o incorporen los Estatutos por los que habrá de regirse el partido.»

La Ley ha mantenido el sistema de previa inscripción preceptiva que estableciera dos años antes la Ley de Asociaciones Políticas de 1976, si bien ha sustituido el control puramente administrativo de esta última norma por un control en que se mezclan elementos administrativos y judiciales, aunque con claro predominio de estos últimos, como ha reconocido el Tribunal Constitucional (STC 85/1986).

En efecto, siempre de conformidad con las previsiones de la Ley 54/1978, dentro de los veinte días siguientes al depósito en el Registro de la documentación legal exigida, el Ministerio del Interior procederá a la inscripción del partido en el Registro. Sin embargo, si del examen de la documentación presentada se dedujesen indicios racionales de ilicitud penal del partido, el Ministerio del Interior lo pondrá en conocimiento del Ministerio Fiscal, que, a la vista de la documentación remitida, acordará su devolución al Registro si estimare que no existen indicios de ilicitud penal o, caso contrario, instará de la autoridad judicial competente la declaración de ilegalidad del partido.

La interpretación de estas normas a la luz de los principios constitucionales ha llevado al Tribunal Constitucional a sentar la siguiente doctrina, que exponemos de modo sistematizado:

a/ La Constitución, en su deseo de asegurar el máximo de libertad e independencia de los partidos, los somete al régimen privado de las asociaciones, que permite y asegura el menor grado de control y de intervención estatal sobre los mismos (STC 85/1986).

b/ La disciplina constitucional en esta materia, tomada en su sustancia, se ha articulado sobre el reconocimiento de un derecho subjetivo público de los ciudadanos a constituir, bajo la forma jurídica de asociaciones, partidos políticos (STC 85/1986).

c/ En función de todo lo anterior, la adquisición de la calificación jurídica del partido, para respetar el precepto constitucional de libertad de fundación de partidos, no puede subordinarse a otros requisitos formales que a los ya previstos y con el alcance que establece el propio artículo 22 de la Constitución (STC 85/1986).

d/ Del artículo 22 se deduce con toda claridad la función de mera publicidad del Registro de Asociaciones, y que tal Registro no puede controlar materialmente y decidir sobre la «legalización» o «reconocimiento» de las asociaciones y, en particular de los partidos políticos (STC 85/1986).

El Registro de Partidos Políticos es, por tanto, un Registro cuyo encargado no tiene más funciones que las de verificación reglada, es decir, le compete exclusivamente comprobar si los documentos que se le presentan corresponden a materia objeto del Registro y si reúnen los requisitos formales necesarios (STC 3/1981, de 2 de febrero).

e/ En definitiva, al eliminarse todo tipo de control o autorización previa en la intervención administrativa en este procedimiento, la operación de registro se convierte en el presupuesto para el eventual control del partido, pero no en la ocasión para el mismo (STC 85/1986).

III. ¿Cuáles son los *órganos encargados del control de los partidos políticos?* Excluidos de este control los órganos administrativos, la respuesta a la pregunta anterior no parece ofrecer muchas dudas: será la jurisdicción ordinaria la encargada de verificar este control.

Si se recuerda la determinación del artículo 22.4 de la Constitución, que exige que las asociaciones sólo puedan ser disueltas o suspendidas en sus actividades en virtud de resolución judicial motivada, el interrogante inicialmente suscitado queda perfectamente aclarado.

El Tribunal Constitucional ha precisado aún más esta cuestión al significar que los instrumentos para garantizar que los partidos se ajusten a la idea que de éstos tiene la Constitución, han de centrarse fundamentalmente en el momento de la actuación de éstos y por medio de un control judicial (STC 85/1986).

Por lo demás, la ley 54/1978, tras reiterar (artículo 5.º.1) que la suspensión y disolución de los partidos políticos sólo podrán acordarse por decisión de la autoridad judicial competente, determina (artículo 5.º.2) que la disolución de los partidos sólo podrá declararse en los siguientes casos:

a/ Cuando incurran en supuestos tipificados como de asociación ilícita en el Código Penal. Y

b/ Cuando su organización o actividades sean contrarias a los principios democráticos.

En estos procesos el órgano judicial competente, de oficio o a instancia de parte, podrá acordar la suspensión provisional del partido hasta que se dicte sentencia.

El Tribunal Constitucional (STC 3/1981) ha ratificado que es al Poder Judicial y sólo a éste a quien la Constitución y también la legislación ordinaria encomiendan la función de pronunciarse sobre la legalidad de un partido político. Ello, sin embargo, no excluye que el propio Tribunal pueda tener algún cierto tipo de intervención en materias relacionadas con el control de los partidos, pues conviene no olvidar que el mismo Tribunal se ha declarado competente (en la STC 3/1981) para conocer en vía de amparo constitucional de la posible denegación del derecho a crear partidos políticos.

IV. ¿Cual es — podemos interrogarnos finalmente— el *objeto material del control sobre los partidos?*

A la vista de los artículos 6.º y 22, parece claro que el control deberá enderezarse a garantizar que los partidos se ajusten a la idea que de ellos tiene la Constitución, o lo que es igual: a su sujeción al orden constitucional, a su respeto de la legalidad, a su estructura interna y funcionamiento democráticos y a los demás requisitos generales que se exigen a todas las asociaciones (que no persigan fines o utilicen medios tipificados como delitos y que no tengan carácter secreto o paramilitar).

En todo caso, conviene significar ya de entrada que, como ha dicho el Tribunal Constitucional (STC 85/1986), se trata de límites marginales que parten de, y presuponen una amplísima libertad de constitución y de actuación de los partidos políticos.

Si a la normativa constitucional se añade la propia de la Ley 54/1978, podemos recordar que un partido debe ser declarado disuelto por el órgano jurisdiccional competente cuando incurra en un supuesto tipificado por el Código Penal como de asociación ilícita, o cuando su organización o actividades sean contrarias a los principios democráticos.

Este conjunto normativo arroja muchas dudas en torno al objeto material del control, y desde luego, exige de una labor de interpretación sistemática que venga a clarificarlo.

Descartado como ya vimos, y reitera el Tribunal Constitucional, un control finalista sobre los partidos, esto es, un control que atienda a sus fines, a su ideario político, a su programa, queda claro que es en el momento de su actuación, en el ejercicio de su actividad, cuando cobra sentido el control.

La problemática que creemos más relevante se suscita respecto del artículo 5.º2, b/ de la Ley 54/1978, que, como ya dijimos, contempla la disolución de los partidos «cuando su organización o actividades sean contrarias a los principios democráticos». El precepto viene a traducir con escaso acierto las previsiones constitucionales, pues, como advierte *Blanco Valdés,* identifica el *funcionamiento* (que retrotrae a la acción interna del partido y al que se refiere el artículo 6.º) con la *actividad* (que retrotrae a la acción externa del partido), identificación que no parece deducirse de la dicción literal de la Constitución ni tampoco de la voluntad del constituyente, que introdujo la exigencia democrática sólo respecto de la vida interna de los partidos. Ello ha dado lugar a que algún autor *(Jiménez Campo)* haya considerado la citada previsión como una exigencia inconstitucional.

En cuanto a la exigencia constitucional de *democracia interna,* que el Tribunal Constitucional justifica (STC 3/1981) por la decisiva importancia que estas organizaciones partidistas presentan en las modernas democracias pluralistas, ha encontrado eco en la Ley de Partidos Políticos, cuyo artículo 4.º.2 (párrafo segundo) establece el derecho de todos los miembros del partido a ser electores y elegibles para los cargos del mismo, así como su derecho de acceso a la información sobre sus actividades y situación económica. Además, los órganos directores de los partidos (el órgano supremo está constituido por la Asamblea general del conjunto de sus miembros, que podrán actuar directamente o por medio de compromisarios) se proveerán en todo caso mediante sufragio libre y secreto. Queda de esta forma garantizada un «*minimum*» de estructura interna democrática.

Ahora bien, la Constitución (artículo 6.º) no sólo exige que la estructura interna de los partidos sea democrática, sino que tal exigencia se proyecta asimismo hacia su funcionamiento, esto es, hacia la vida, la dinámica, interna del partido. La problemática de mayor entidad que aquí se plantea, como fácilmente puede comprenderse, es la relativa a cómo controlar el cumplimiento efectivo de esta exigencia en la vida real de los partidos. Por lo demás, como advierte *Blanco Valdés*, habrán de ser los órganos jurisdiccionales del Estado los encargados de llevar a cabo este control.

Por lo contrario, no parece que quepa papel alguno al efecto al Tribunal Constitucional, que en alguno de sus pronunciamientos se ha manifestado al respecto en el sentido de entender que no es la sede idónea «para atacar la corrección estatutaria de los acuerdos de expulsión adoptados en su contra (en contra del recurrente en vía de amparo) por el Partido Comunista de España...», esgrimiendo, entre otras razones, que los actos de un partido político no son actos de un poder público. (STC 10/1983, de 21 de febrero).

b') El sistema de financiación pública de los partidos

Un tema capital en la vida de los partidos políticos es el de su financiación. Dos son las modalidades que ésta puede presentar: la financiación privada, que se nutre de partidas muy dispares, que van desde las cuotas de los afiliados hasta los préstamos bancarios, pasando por los donativos y la gestión del propio patrimonio, y la financiación pública, que a su vez puede canalizarse directa o indirectamente, según se trate de subvenciones oficiales concedidas en función de diferentes variables y circunstancias, o se produzca mediante exenciones o bonificaciones fiscales o a través del empleo, sin la adecuada contraprestación económica, de ciertos servicios públicos.

En los tiempos actuales, la tendencia inequívoca se orienta hacia la adopción de sistemas de financiación pública, que no sólo tiende a una mayor equiparación de los partidos, sino que, si tiene como contrapartida una adecuada fiscalización, introduce un elemento de clarificación en el siempre espinoso tema de las finanzas de los partidos, coadyuvando de esta manera a evitar la corrupción que, bajo formas muy dispares, ha venido anidando en el trasfondo de la financiación de los partidos.

No es necesario precisar que la financiación pública de las actividades de los partidos no altera para nada, como significa *Colliard*, la naturaleza jurídica de los mismos: continúan siendo asociaciones privadas.

Nada dice la Constitución en torno al punto que nos ocupa. No sucese así con la Ley 54/1978, cuyo artículo 6.º prescribe que la Administración del Estado financiará las actividades de los partidos con arreglo a las siguientes normas:

a/ Cada partido percibirá anualmente una cantidad por cada escaño obtenido en cada una de las dos Cámaras, como también por los votos obtenidos por cada candidatura.

b/ En los Presupuestos Generales del Estado deberá consignarse la cantidad global destinada a estos fines.

c/ Reglamentariamente se determinará el régimen de distribución de las cantidades con las que subvencionar a los partidos.

La Ley Orgánica 5/1985, del Régimen Electoral General, ha regulado en detalle el régimen de las subvenciones electorales, al que nos referiremos al abordar el estudio del régimen jurídico electoral. También los Reglamentos de ambas Cámaras han previsto las subvenciones a los Grupos parlamentarios, que es otro modo de financiar a los partidos. Sin embargo, ha sido la Ley Orgánica 3/1987, de 2 de julio, sobre financiación de los partidos políticos, la que ha procedido a normativizar en toda su extensión el tema que nos ocupa.

La Ley establece dos fuentes de financiación: la pública y la privada.

Respecto de la financiación pública, se establece una subvención estatal anual no condicionada, con cargo a los Presupuestos Generales del Estado, para atender a los gastos de funcionamiento ordinario de los partidos políticos con representación en el Congreso de los Diputados. Las subvenciones se distribuirán en función del número de escaños y de votos obtenidos por cada partido en las últimas elecciones a la indicada Cámara.

Estas subvenciones, que se configuran sin perjuicio de las establecidas en normativas específicas, pretenden servir de apoyo a la independencia de los partidos. Así se significa expresamente en la Exposición de Motivos de la Ley.

En materia de financiación privada, se recoge como norma general la licitud de las aportaciones financieras a los partidos, con las limitaciones necesarias que se derivan de los principios de publicidad e independencia, en especial en relación con las aportaciones anónimas. Como recursos procedentes de la financiación privada contempla la Ley (artículo 2.º.2) los siguientes: las cuotas y aportaciones de sus afiliados; los productos de las actividades propias del partido y los rendimientos procedentes de su propio patrimonio; los ingresos procedentes de otras aportaciones; los créditos que concierten, y las herencias y legados que reciban, y, en general, cualquier prestación en dinero o especie que obtengan.

La Ley establece una serie de obligaciones contables de los partidos, siendo de destacar la necesidad de llevar registros detallados, con el fin de poder conocer en todo momento la situación financiera de los partidos y el cumplimiento de las obligaciones que en esta materia les sean exigibles, sin que ello obste al carácter no público de la afiliación a los partidos.

Por último, la Ley delinea un sistema de fiscalización y control interno y externo. Exige al respecto que los partidos prevean un sistema de control interno que garantice la adecuada intervención y contabilización de todos los actos y documentos de los que se deriven derechos y obligaciones de contenido económico, conforme a sus estatutos. Por otra parte, la fiscalización externa de la actividad económico-financiera de los partidos se atribuye en exclusiva al Tribunal de Cuentas.

c/ *La constitucionalización de los sindicatos y asociaciones empresariales*

I. La aparición del fenómeno sindical se produjo en los últimos lustros del pasado siglo como consecuencia del paulatino reconocimiento del derecho de asociación. En el llamado constitucionalismo social encontraría eco, como una manifestación particularizada de aquel derecho, el derecho de asociación sindical, esto es, la libertad sindical. Sin embargo, la fuerza del movimiento sindicalista y la conciencia de la importancia que estos agentes u operadores sociales, como son los sindicatos y las asociaciones empresariales, tienen en la realidad sociopolítica de nuestros días, ha conducido al más reciente constitucionalismo a regular, no ya el derecho de libre sindicación, sino también las organizaciones sindicales y patronales.

Este es el caso de la Constitución española, cuyo artículo 7.º establece lo siguiente:

> «Los sindicatos de trabajadores y las asociaciones empresariales contribuyen a la defensa y promoción de los intereses económicos y sociales que les son propios. Su creación y el ejercicio de su actividad son libres dentro del respeto a la Constitución y a la Ley. Su estructura interna y funcionamiento deberán ser democráticos.»

Un precepto de esta naturaleza implica, como señalara *Suárez González,* la potenciación del papel que se atribuye a los sindicatos de trabajadores y a las asociaciones empresariales en la vida económica y social. A partir de ahora —añade el citado autor— está claro que los sindicatos influirán en el sistema político institucional, como canales privilegiados para la participación de las masas. Y desde luego, así ha sido, pues no nos cabe la menor duda de la importante función que estas formaciones sociales intermedias cumplen al tender una especie de puente, entre los individuos y las instancias de poder.

De la relevancia que el constituyente otorga a estas asociaciones nos da buena prueba el hecho de que a ellas se haya dedicado un artículo que se ubica en el Título Preliminar de nuestra Norma suprema.

El artículo en cuestión mantiene un notable paralelismo con el que le precede, dedicado, como acabamos de ver, a los partidos políticos. En efecto, al igual que el artículo 6.°, su contenido se diversifica en el siguiente tríptico de cuestiones:

a/ La enunciación de las funciones propias de sindicatos y patronales.

b/ El reconocimiento de la libertad de creación de estas asociaciones, como también del libre ejercicio de su actividad.

c/ La sujeción de sindicatos y asociaciones empresariales a una estructura y funcionamiento democráticos.

II. La conexión del artículo 7.° con el artículo 28.1, que reconoce el derecho de todos a sindicarse libremente, es obvia, lo que no obsta para que posterguemos para un momento ulterior el estudio del derecho consagrado en el artículo 28.

En todo caso, recordaremos como el Tribunal Constitucional ha dado cuenta de esta íntima conexión. A su juicio (STC 70/1982, de 29 de noviembre), el derecho constitucional de libertad sindical comprende no sólo el derecho de los individuos a fundar sindicatos y a afiliarse a los de su elección, sino asimismo el derecho a que los sindicatos fundados realicen las funciones que de ellos es dable esperar, de acuerdo con el carácter democrático del Estado y con las coordenadas que a esta institución hay que reconocer, a las que se puede sin dificultad considerar como parte del «*contenido esencial*» de tal derecho. Por ello hay que entender que el derecho que reconoce el artículo 28 es el derecho a que las organizaciones sindicales libremente creadas desempeñen el papel y las funciones que a los sindicatos de trabajadores reconoce el artículo 7.°. Y en otro momento, el Tribunal ha precisado que los medios de acción a cuyo través los sindicatos pueden desenvolver la actividad a la que son llamados por el artículo 7.°, que se integran en el artículo 28.1 como «derechos de actividad», son los de negociación colectiva, huelga e incoación de conflictos colectivos. Estos derechos son un «núcleo mínimo e indisponible de la libertad sindical», pero es evidente que los sindicatos pueden ostentar facultades o derechos adicionales, atribuidos por normas infraconstitucionales (STC 9/1988, de 25 de enero).

La enumeración constitucional de las funciones que han de asumir estas organizaciones ha sido objeto de distintas apreciaciones por la doctrina. Y así, mientras para *Jiménez de Parga* el artículo 7.º de nuestra Constitución no refleja bien la imagen moderna del sindicato, al referirse sólo a la defensa y promoción de los intereses económicos y sociales, para *Lucas Murillo* la referencia a la promoción de sus intereses peculiares parece significar el reconocimiento constitucional de la realidad del conflicto de clases si se pone en relación con el artículo 9.º.2.

Desde luego, es significativo que los intereses cuya defensa y promoción se encomienda a ambos tipos de organizaciones sociales sean tan sólo aquellos «que les son propios». Quizá hubiera sido más conveniente la supresión de esta última puntualización, que por otra parte no figuró en el texto del precepto en determinadas etapas del itinerario constituyente. Al introducirse esa precisión, se plantea de inmediato la problemática de cuál es el ámbito que a cada organización social le es propio, cuestión de difícil determinación. En todo caso, es evidente que se impone en este punto una interpretación amplia. En nuestros días, los agentes sociales en general, y los aquí contemplados en particular, no pueden limitar sus funciones a las estrictas de un mero corporativismo, sino que han de operar de modo tal que contribuyan a aproximar la sociedad al aparato del Estado, pudiendo incluso asumir un papel más o menos relevante en determinadas cuestiones políticas, muy especialmente de política social y de política económica.

BIBLIOGRAFIA

Aragón Reyes, Manuel: «Constitución y democracia», Editorial Tecnos, Madrid, 1989.

Blanco Valdés, Roberto L.: «Los partidos políticos», Editorial Tecnos, Madrid, 1990.

De Cabo Martín, Carlos: «La crisis del Estado social», PPU, Barcelona, 1986.

De Otto Pardo, Ignacio: «Defensa de la Constitución y partidos políticos», Centro de Estudios Constitucionales, Madrid, 1985.

De Vega, Pedro (ed.): «Teoría y práctica de los partidos políticos» (obra colectiva), EDICUSA, Madrid, 1977.

Del Castillo, Pilar: «La financiación de los partidos y candidatos en las democracias occidentales», Siglo XXI-CIS, Madrid, 1985.

Duverger, Maurice: «Los Partidos Políticos», Fondo de Cultura Económica, México, 1974.

Gallego Castañera, Carmen: «Los partidos políticos en el ordenamiento constitucional español» (Constitución de 1978), Servicio de Publicaciones de la Facultad de Derecho de la Universidad Complutense, Madrid, 1988.

García Cotarelo, Ramón: «Los partido políticos», Editorial Sistema, Madrid, 1985.

García Pelayo, Manuel: «El Estado de partidos», Alianza Editorial, Madrid, 1984.

Garrorena Morales, Angel: «Representación política y Constitución democrática», Editorial Civitas, Madrid, 1991.

Garrorena Morales, Angel: «El Estado español como Estado social y democrático de Derecho», Editorial Tecnos, Madrid, 1984.

Lucas Verdú, Pablo: «La lucha por el Estado de Derecho», Publicaciones del Real Colegio de España, Bolonia, 1975.

Ministerio de Justicia: «Jornadas de Estudio sobre el Título Preliminar de la Constitución» (obra colectiva), 5 vols., Centro de Publicaciones de la Secretaría General Técnica, Madrid, 1988.

CAPITULO IV

LOS DERECHOS Y LIBERTADES CONSTITUCIONALES

SUMARIO

A) Evolución histórica y conceptual de los derechos.

B) La enunciación de los derechos en la Constitución de 1978.

C) La elevación de la dignidad de la persona y de sus derechos a fundamento del orden político. La doble naturaleza de los derechos.

D) La interpretación de los derechos.

E) Los límites de los derechos.

F) Las clasificaciones de los derechos.

G) Las condiciones de ejercicio de los derechos y libertades constitucionales:
a/ La nacionalidad.
b/ La mayoría de edad.

H) Derechos y libertades de los extranjeros en España:
a/ La situación jurídica de los extranjeros.
b/ La extradición.
c/ El derecho de asilo.

I) El principio de igualdad jurídica:
a/ Su evolución.
b/ La caracterización constitucional del principio de igualdad.
c/ El principio de igualdad de trato.
d/ El principio de no discriminación.
e/ El ámbito de aplicación del principio de igualdad.
f/ La igualdad en la Ley.
g/ La igualdad en la aplicación de la Ley.

J) Los derechos de la persona en su dimensión vital:

a/ El derecho a la vida.

b/ El derecho a la integridad física y moral.

c/ La abolición de la pena de muerte.

K) Los derechos de la persona como ser libre:

a/ Los derechos inherentes a la autonomía personal:

- a') El derecho al honor, a la intimidad y a la propia imagen.
- b') El derecho a la inviolabilidad del domicilio.
- c') El derecho al secreto de las comunicaciones.
- d') La libertad de residencia y de desplazamiento.
- e') El derecho a contraer matrimonio.

b/ Los derechos a la libertad y seguridad personales:

- a') La garantía legal de la privación de libertad.
- b') La garantía judicial y los límites temporales de la detención preventiva.
- c') Las garantías procesales de la detención:
  - a'') La garantía de información al detenido.
  - b'') La garantía de la inexistencia de cualquier obligación de declarar.
  - c'') La garantía de asistencia letrada.
- d') El control judicial de la legalidad de la detención: el procedimiento de «habeas corpus».
- e') La limitación temporal de la prisión provisional.
- f') El principio de legalidad penal.
- g') Los límites de la potestad sancionadora de la Administración.
- h') El principio «non bis in idem».

c/ El derecho a la jurisdicción:

- a') El derecho a la tutela judicial efectiva:
  - a'') El derecho de libre acceso al proceso.
  - b'') El derecho de defensa sin que pueda producirse indefensión.
  - c'') El derecho al pronunciamiento judicial sobre el fondo de la pretensión.
  - d'') El derecho a la ejecución de las Sentencias y resoluciones firmes.
  - e'') El derecho de acceso a los recursos legales.
- b') Las garantías constitucionales del proceso penal:
  - a'') El derecho al Juez ordinario predeterminado por la Ley.
  - b'') El derecho a la presunción de inocencia.
  - c'') Las garantías de un proceso debido:
    1. El derecho a ser informado de la acusación formulada.
    2. El derecho a la defensa y asistencia de Letrado.
    3. El derecho a un proceso público.
    4. El derecho a un proceso sin dilaciones indebidas.
    5. El derecho a utilizar los medios de prueba pertinentes para su defensa.
    6. El derecho a no declarar contra sí mismo y a no confesarse culpable.
  - d'') La interdicción de la «reformatio in peius».

L) Los derechos de la persona como ser espiritual:

a/ La libertad ideológica y religiosa y las relaciones del Estado con las confesiones religiosas:

a') La libertad ideológica.
b') La libertad religiosa y de culto.
c') El principio de aconfesionalidad del Estado.
d') El principio de cooperación con la Iglesia Católica y las demás confesiones.

b/ El derecho a la objeción de conciencia.

c/ Las libertades de expresión e información:

a') Su doble dimensión.
b') La concepción dual de estas libertades.
c') El derecho a la libertad de expresión.
d') El derecho a la libre comunicación o recepción de información veraz.
e') Las garantías de estas libertades: la interdicción de la censura previa y del secuestro administrativo.
f') Los derechos constitucionales de los profesionales de la información.
g') El derecho de rectificación como derecho del ciudadano frente a los medios de comunicación.
h') La creación de medios de comunicación.
i') Los principios constitucionales inspiradores de los medios de comunicación social de titularidad pública.
j') La libertad de producción y creación intelectual.
k') Los límites en el ejercicio de estas libertades:
  a'') Consideraciones generales.
  b'') El derecho al honor como límite.
  c'') El derecho a la intimidad como límite.

d/ El derecho a la educación y la libertad de enseñanza:

a') La regulación constitucional de las libertades educativas.
b') Los principios constitucionales del sistema educativo.
c') El derecho a la educación.
d') La libertad de enseñanza.
e') La libertad de creación de centros docentes:
  a'') El derecho a establecer el «ideario educativo» o «carácter propio» del centro.
  b'') El derecho del titular del centro a su dirección.
  c'') La ayuda económica pública a los centros privados.
f') La libertad de cátedra.
g') Los derechos educativos de los padres.
h') Los derechos de participación de la comunidad escolar en el control y gestión de los centros.
i') La intervención de los poderes públicos en el sistema educativo.
j') La autonomía universitaria como derecho fundamental.

M) Los derechos de la persona «uti socius»:

a/ El derecho de reunión.

b/ El derecho de asociación.

N) Los derechos de la persona en cuanto miembro de una comunidad política:

a/ El derecho a participar en los asuntos públicos.
b/ El derecho de acceso a los cargos públicos.
c/ El derecho de acceso a funciones públicas.
d/ El derecho de petición.

P) Los derechos de la persona como «homo faber»:

a/ El derecho al trabajo y a la libre elección de profesión y oficio.

b/ El derecho de libertad sindical:
- a') La titularidad del derecho.
- b') El contenido del derecho.
- c') El derecho a la actividad sindical.
- d') La configuración y alcance de la condición de «sindicato más representativo».

c/ El derecho de huelga.
- a') La titularidad del derecho.
- b') Objeto y contenido del derecho.
- c') El régimen jurídico del ejercicio del derecho.
- d') La garantía del mantenimiento de los servicios públicos esenciales de la comunidad.

d/ El derecho a la negociación colectiva.

e/ El derecho a la adopción de medidas de conflicto colectivo.

R) Los derechos de la persona en cuanto miembro de una colectividad socioeconómica:

a/ El derecho a la propiedad privada.
- a') Su naturaleza jurídica.
- b') La función social y el contenido esencial del derecho.
- c') La reserva de ley en materia de propiedad.
- d') Las garantías expropiatorias.

b/ El derecho de fundación.

c/ Los derechos sociales proclamados como principios:
1. El principio de protección de la familia.
2. El principio de protección de los niños.
3. El principio de promoción de la participación de la juventud.
4. El principio de asistencia y amparo a los disminuidos.
5. El principio de protección a los ciudadanos de la tercera edad.
6. El principio de protección a los trabajadores.
7. El principio de defensa de los consumidores y usuarios.
8. El derecho a la protección de la salud.
9. El derecho de acceso a la cultura.
10. El derecho al medio ambiente.
11. El derecho a una vivienda digna.
12. El principio de conservación y promoción del patrimonio.

S) Los deberes constitucionales.

T) Las garantías de los derechos:

a/ Los niveles de protección de los derechos en la Constitución.
b/ Las garantías de los principios del Capítulo 3.º.

c/ *Las garantías de los derechos del Capítulo 2.º:*
1. Principio de vinculatoriedad o de eficacia inmediata de los derechos.
2. ¿Eficacia de los derechos frente a terceros? («Drittwirkung der Grundrechte»).
3. Principio de reserva de ley.
4. Tutela de los derechos a través del control de constitucionalidad de las leyes: la salvaguarda del «contenido esencial».

d/ *Las garantías de los derechos fundamentales y las libertades públicas:*
1. El principio de reserva de ley orgánica.
2. La protección jurisdiccional por vía preferente y sumaria.
3. El recurso de amparo.

e/ *El Defensor del Pueblo.*

U) La suspensión de derechos y libertades:

a/ *La suspensión general de derechos y libertades:*
a') Características generales de los estados excepcionales.
b') El estado de alarma.
c') El estado de excepción.
d') El estado de sitio.

b/ *La suspensión individualizada de derechos.*

BIBLIOGRAFÍA

A) Evolución histórica y conceptual de los derechos

I. Las modernas Declaraciones de Derechos están íntimamente ligadas al movimiento constitucional, que operó una profunda transformación en la estructura política de los Estados. Estas Declaraciones tienen como punto de partida las norteamericanas, y, muy especialmente, la Declaración de Virginia, de 12 de junio de 1776, así como la celebérrima Declaración de Derechos del Hombre y del Ciudadano, de 26 de agosto de 1789, que, como dice *Soboul,* había de constituir el evangelio, el catecismo del orden nuevo instaurado en Francia por los otrora diputados del antiguo tercer estado.

Las «Declaraciones» no son sólo «declaraciones de derechos», sino que en ellas se incluye el diseño básico de la estructura del Estado. Este hecho, como bien sostiene *Cruz Villalón,* pone de manifiesto algo fundamental: que tanto los derechos del hombre en sociedad como la estructura política de la sociedad son parte, expresión y consecuencia del pacto social, de tal modo que ambos elementos de la Declaración se vinculan por igual a los *«derechos naturales».*

En la base de los principios «simples e indudables» proclamados en 1789 y que constituyen el núcleo racional de la ideología de los derechos del hombre, hay dos nociones conexas: la autonomía del individuo y el contrato, aspectos fundamentales de la filosofía de la Ilustración y del pensamiento burgués.

Las Declaraciones de Derechos americanas se integrarán como parte propia de las Constituciones. En 1776, la mayor parte de las antiguas colonias (ya convertidas en Estados libres) se habían dotado de textos constitucionales una de cuyas partes sería la «Declaración de Derechos» correspondiente. Y aunque en la Convención Constituyente (Filadelfia, mayo de 1787), como recuerda *Pritchett,* imperó la teoría de que las libertades tradicionales no necesitaban de una específica protección constitucional, dado que el concepto básico de un *«gobierno limitado»* había de alcanzarse mediante la separación de poderes y un conjunto de controles y equilibrios, ello no convenció plenamente a buen número de Estados, que con ocasión de la ratificación de la Constitución de 17 de septiembre de 1787, requirieron que se agregaran a la Constitución federal un conjunto de Enmiendas protectoras de los derechos individuales, petición apoyada por el propio *George Washington,* y que finalmente se traduciría en la aprobación de las diez primeras Enmiendas a la Constitución el 15 de diciembre de 1791. De esta forma, desde el primer momento, los derechos acogidos en las distintas Declaraciones norteamericanas, y también en las diez primeras Enmiendas a la Constitución federal de 1787, se presentarán con un significado muy semejante a aquel con el que hoy los entendemos en Europa.

No puede decirse otro tanto de Francia, en donde los derechos no agotan su presencia en la Declaración de 1789. Los primeros códigos constitucionales (Constitución de 3 de septiembre de 1791, Constitución de 24 de junio de 1793...) no se limitan a reconocer la Declaración de 1789, sino que incorporan a su articulado específico unas previsiones orientadas a garantizar los derechos, de lo que nos da buen ejemplo el artículo 122 de la Constitución de 1793, que reza como sigue:

> «La Constitution garantit à tous les Français l'égalité, la liberté, la sûreté, la propriété, la dette publique, le libre exercise des cultes, une instruction commune, des secours publics, la liberté indéfinie de la presse...»

De este modo, el modelo francés aparece peculiarizado, como significa *Cruz Villalón,* por la existencia de unos derechos que, en un documento (la Declaración de 1789) son «iusnaturalizados», se presentan como «derechos naturales», y en otro (la Constitución) son «constitucionalizados», al objeto de garantizarlos, lo que lógicamente viene a suponer que los derechos de la Declaración no son sino meras declaraciones de principios, y en tal sentido se pronunciaría *Esmein.*

La ulterior desaparición de las Declaraciones de Derechos, que dejan de hacer acto de presencia en los códigos constitucionales, no hará sino reforzar la orientación ya iniciada, que podemos resumir en la absoluta sujeción del ejercicio del derecho a la previa mediación del legislador, con lo que la vida del derecho vale tanto como lo que diga la Ley; en definitiva, el derecho se reconduce al principio de legalidad.

La Tercera República Francesa culminará esta orientación, al prescindir las Leyes constitucionales de 1875 de toda referencia a los derechos o a sus garantías. *Maurice Hauriou* podrá decir así que un derecho individual para el que no se haya hecho una ley orgánica no puede ser ejercido de forma lícita.

Bien es verdad que a lo largo del siglo XIX se ha podido constatar en algunos otros países europeo-continentales una progresiva aspiración a dar a los derechos y libertades una realización jurídica no abstracta, sino concreta y vinculatoria, esto es, a superar su carácter meramente programático, concediéndoles eficacia y acompañándolos de las garantías indispensables. *Biscaretti* ha recordado a este respecto como la proclamación de derechos y deberes, a lo largo del pasado siglo, habría de sufrir una doble transformación: de un lado, los derechos se incorporaron a los códigos constitucionales, imprimiendo a sus fórmulas, hasta entonces abstractas, el carácter concreto de normas jurídicas positivas, si bien de contenido general y de principio; de otro, la enunciación de los derechos se integró a menudo con la intervención de otras normas encaminadas a ofrecer una completa y detallada regulación jurídica de sus aspectos más delicados, de modo que no necesitaran ulteriormente, para tal fin, de la intervención del legislador ordinario. La primera concreción de esta doble transformación la encontramos en la, por tantas razones, importantísima Constitución belga de 7 de febrero de 1831.

II. Hacia fines del siglo XIX, la dogmática iuspublicística alemana, en un claro intento de desvincular los derechos de toda contaminación ideológica iusnaturalista, de acabar en definitiva con la conceptuación de los «derechos naturales», creó la categoría conceptual de los *«derechos públicos subjetivos»*, con la que los derechos se insertaban en un sistema de relaciones jurídicas entre el Estado, en cuanto persona jurídica, y los particulares.

Georg Jellinek, formulador principal de la doctrina, partiendo de la base de que el Derecho sólo es posible entre sujetos de Derecho, y de que sujeto de Derecho es aquel que puede poner en movimiento el orden jurídico, en interés propio, razonará que la capacidad que el Estado concede al individuo de mover el orden jurídico en razón de sus intereses personales crea, como todo poder limitado reconocido por el Derecho al individuo, un derecho subjetivo; por esto corresponde la personalidad al Derecho público; es la condición de todo el orden jurídico en general, y tal condición enlaza íntimamente con la existencia de los *derechos públicos subjetivos*, que se diferencian de los derechos subjetivos privados en que se fundan inmediatamente en la personalidad, no recayendo sobre ningún objeto, sino sobre la persona misma.

El tránsito del Estado liberal al Estado social de Derecho determinará un progresivo abandono de la categoría conceptual de los «derechos públicos subjetivos», en la que, a juicio de *Pérez Luño,* se vio con toda razón un producto de la ideología individualista liberal, categoría que ha sido sustituida por la noción más amplia de los *derechos fundamentales,* concepto que, sin embargo, como más adelante veremos, tiene en nuestra Norma suprema un sentido mucho más delimitado y técnicamente preciso.

Esa noción de los *«derechos fundamentales»* coexiste con la de *«libertades públicas»,* añeja expresión de origen francés y notable arraigo en la doctrina del vecino país, surgida por vez primera en la Declaración de Derechos que incorporara la Constitución de 24 de junio de 1793, a tenor de cuyo artículo 9.°, «la loi doit protéger la liberté publique et individuelle contre l'oppression de ceux qui gouvernent», y con la que se trataba de preservar un ámbito de libertad individual frente a la actuación de los poderes públicos.

Esta categoría conceptual ha evolucionado, y hoy bien podemos considerar a las *«libertades públicas»* como aquellos derechos que no agotan su virtualidad en la persona, y cuya trascendencia, como advierte *Sánchez Agesta,* reside en que su ejercicio crea de una manera inmediata y necesaria una fuerza social.

III. Abandonando la evolución conceptual y retornando a la evolución histórica propiamente dicha, diremos que habrá que esperar al siglo XX para contemplar un giro significativo en el tema que nos ocupa. *Pérez Serrano,* con la finalidad de explicar el viraje experimentado en nuestro siglo, diría que cada guerra supone un estado de fermentación tumultuosa en que pueblos y aún continentes someten a revisión sus conceptos fundamentales. Y cuando viene la paz, la Tabla de valores primarios, el catálogo de bienes jurídicos esenciales experimenta una obligada mutación.

Se explica así que a uno y otro período de postguerra (el que se inicia en 1918 y el que comienza en 1945) siguiesen la aparición de nuevas preocupaciones que habían de influir sobre las Declaraciones de derechos, a través de las recién elaboradas Constituciones o de la reforma de las ya existentes.

Por lo que al constitucionalismo de la primera postguerra se refiere, el constitucionalismo social, puesto que ya nos referimos a él en otro momento, nos limitaremos ahora a recordar que en él se quiebra con la versión individualista de las libertades, ínsita en los códigos constitucionales del XIX. Los derechos, dira *Laski,* van a convertirse en las condiciones de la vida social, sin las que ningún hombre libre puede perfeccionar y afirmar su propia personalidad. Por lo demás, como dijera *Maurice Hauriou,* «l'Etat va d'un individualisme inégalitaire à un individualisme égalitaire». Desde luego, el planteamiento de la cuestión social en las constituyentes inmediatamente posteriores al fin de la Primera Gran Guerra tiene mucho que ver con la crisis económica derivada del conflicto y también del amenazador experimento de la revolución soviética. Todo ello sin olvidar que, como sostuviera *Mirkine-Guetzévitch,* la extensión de los derechos individuales en un sentido social constituye una muestra más del proceso de racionalización de la vida pública que inspira todas las construcciones jurídicas de esta etapa.

IV. Al filo ya de la Segunda Guerra Mundial, en un caso inmediatamente antes y en otro inmediatamente después, van a cobrar vida dos doctrinas, íntimamente correlacionadas, que vendrán a dar un sesgo radicalmente novedoso a la concepción tradicional de los derechos fundamentales.

La primera de ellas es la del «*mayor valor*» de los derechos fundamentales, cuyo origen ha de verse en la llamada doctrina de la «*preferred position*» (posición preferencial) sentada por el Tribunal Supremo norteamericano.

Tras una larguísima etapa de 150 años, en la que el Tribunal Supremo mostró una notable falta de sensibilidad hacia los derechos distintos del de propiedad y del de libre empresa, en 1938, en el mismo momento en que el modelo de propiedad absoluta perece tras los embates de que es objeto por parte del Presidente Roosevelt, el Tribunal Supremo inaugura una nueva orientación con su conocida Sentencia «United States vs. Carolene Products». En ella, se formula la doctrina de la «*preferred position*» de los derechos, que implica un conjunto de consecuencias fundamentales, de entre las que entresacamos estas dos:

a) En primer término, frente a la normal presunción de constitucionalidad de las leyes, la Sentencia observa que existe un estrecho margen para hacer jugar dicha presunción cuando la legislación aparece frente a una específica prohibición constitucional de interferir una libertad clásica, como ocurre, observa la Sentencia, con las libertades contempladas por las diez primeras Enmiendas constitucionales.

b) Y de lo anterior, en segundo término, se deduce que frente a la «*self restraint*» ordinaria del Tribunal respecto a la validez de la ley enjuiciada, en casos como éste, la ley en cuestión se encuentra sujeta a una inquisición judicial rigurosa.

Sobre esta doctrina incidirá la concepción de la «*equal protection*», desarrollada por el Tribunal Supremo durante la época en que fue presidido por el *Juez Warren,* que vendrá a postular ya no simplemente la abstención del Estado frente a las libertades individuales básicas —como con anterioridad venía siendo tradicional—, sino, bien al contrario, la obligación estatal de proporcionar un «*quantum*» mínimamente identificable de oportunidad real de libertad, de lo que a su vez derivaba la necesidad de definir obligaciones positivas de hacer por parte del Estado para que la libertad pudiera ser real y efectiva.

V. La segunda de las doctrinas desencadenará unas consecuencias no muy alejadas de aquellas a las que había conducido la anterior. Surge en Alemania tras la finalización de la Guerra. Su orientación era inequívoca: superar la concepción vigente en la República de Weimar acerca de los derechos fundamentales, concepción que, partiendo de un extremado positivismo jurídico, entendía los derechos —como recordara *Otto Bachof*— no como seguridades y garantías de un orden de valores que en sus últimos caracteres es preestatal, lo que conduciría en último término a unos «derechos fundamentales vacíos».

Ello no obstante, no puede olvidarse que en Weimar ya se planteó con toda intensidad el problema de la eficacia jurídica de un conjunto de normas constitucionales entre las que se encontraban las relativas a los derechos. Ello daría pie a *Carl Schmitt* para la construcción de la doctrina de la *«garantía institucional»*, a cuyo través se trataba de dotar a ciertas instituciones de una garantía frente al legislador, protegiendo de esta forma su núcleo irreductible. *Schmitt* generalizaría el concepto en su «Teoría de la Constitución» en 1928. Por la misma época, *Heinrich Triepel* defendería un entendimiento material de los derechos fundamentales como valoraciones legales orientadoras y limitadoras de la actividad del legislador, y en 1926, en Münster, propugnaría el reconocimiento de un control judicial de las normas bajo el prisma de los derechos fundamentales.

También, y decisivamente, *Rudolf Smend* contribuiría a sentar las bases de una interpretación más profunda de los derechos fundamentales, gracias a su *«teoría de la integración»*. *Smend* verá en los derechos fundamentales un medio de integración objetiva, lo que justificará en que «los derechos fundamentales son los representantes de un sistema de valores concreto, de un sistema cultural que resume el sentido de la vida estatal contenida en la Constitución. Desde el punto de vista político, esto significa una voluntad de integración material; desde el punto de vista jurídico, la legitimación del orden positivo estatal y jurídico. Este orden positivo es válido sólo en cuanto representa este sistema de valores y precisamente por él se convierte en legítimo».

Poco tiempo después de formular tales reflexiones, en su conocida conferencia pronunciada en la Universidad «Friedrich Wilhelm» de Berlín, el 18 de enero de 1933, *Smend* llegará a sus últimas conclusiones al afirmar que la esfera de los derechos fundamentales emerge «no como una barrera o reserva que separe al ciudadano del Estado, sino como lazo de unión con él, como fundamento de su adecuación política».

A partir de este momento, estaban sentadas las bases teóricas de la consideración de los derechos fundamentales como parte esencial de un ordenamiento jurídico democrático, a la par que como elemento de legitimación del mismo.

La «Bonner Grundgesetz» (Ley Fundamental de Bonn) haría suya la nueva concepción de los derechos fundamentales en su artículo 1.º.2, en el que se reconocían «los derechos inviolables e inalienables del hombre como fundamento de toda comunidad humana», para, de inmediato, enunciar (artículo 1.º.3) el *principio de vinculatoriedad:* «Los derechos fundamentales que se enuncian a continuación vinculan al Poder Legislativo, al Poder Ejecutivo y a los Tribunales a título de derecho directamente aplicable.»

La anterior previsión se complementará con la atribución al Tribunal Constitucional Federal de una competencia para conocer de los llamados «recursos de queja» (equivalentes al recurso de amparo español), circunstancia que *Otto Bachof* justificaría, como en otro momento ya dijéramos, en base a la enérgica pretensión de validez de las normas materiales de la Constitución, que, a su vez, no es sino la resultante de la existencia de un orden de valores que vincula directamente a los tres poderes estatales, y que se refleja expresamente en la regulación de los derechos fundamentales. Y es que ese orden de valores no ha sido creado por la Constitución, sino que ésta se limita a reconocerlo y garantizarlo; su último fundamento de validez se encuentra en los valores determinantes de la cultura occidental, en un ideal del hombre que descansa en estos valores.

El trascendental cambio que el sistema de derechos fundamentales de Bonn iba a experimentar frente al modelo de Weimar, sería subsumido por *Herbert Krüger* en la conocida afirmación, un tanto tópica y exagerada, aun cuando acertada en lo esencial, de que: «antes los derechos fundamentales sólo valían en el ámbito de la ley, hoy las leyes sólo valen en el ámbito de los derechos fundamentales.»

B) La enunciación de los derechos en la Constitución de 1978

La Constitución de 1978 ha desarrollado amplísimamente los derechos y libertades, lo que se explica por una clara razón dialéctica: dado que en el régimen político franquista la práctica de su respeto no existía, los derechos debían ser tratados en el nuevo código constitucional extensa y aun prolijamente.

Los derechos y libertades están proclamados en el Título I (artículos 10 a 55), si bien fuera del mismo podemos encontrar algunos otros derechos, como también deberes: así, el deber de conocer el castellano, lengua oficial del Estado, como también el derecho a usarla (artículo 2.º), o el derecho de los ciudadanos a ejercer la acción popular y a participar en la Administración de Justicia mediante la institución del Jurado (artículo 125).

El Título I se estructura en cinco Capítulos, relativos, respectivamente, a: los españoles y los extranjeros, los derechos y libertades, los principios rectores de la política social y económica, las garantías de las libertades y la suspensión de los derechos y libertades. A su vez, el Capítulo segundo se divide en dos Secciones, referidas a los derechos fundamentales y las libertades públicas, la primera, y a los derechos y deberes de los ciudadanos, la segunda.

Si contemplamos el contenido específico de cada Sección o Capítulo, comprobaremos que en aquellos en los que con más propiedad se enuncian derechos y libertades (los Capítulos segundo y tercero), no existe una coherencia entre su titulación y su contenido. Hay derechos del ciudadano enunciados entre los derechos fundamentales, derechos humanos, del hombre (como el derecho a contraer matrimonio o el derecho de propiedad) incluidos entre los derechos ciudadanos, y hasta normas más propias del orden económico y social (como la libertad de empresa en el marco de una economía de mercado) insertas entre los derechos ciudadanos, y no entre los principios rectores del orden económico y social, sin olvidar que el Capítulo dedicado a estos principios (el tercero) incluye dentro de su articulado verdaderos derechos sociales, con la formulación propia del reconocimiento de un derecho.

Quiere todo ello decir que la Constitución no ha seguido ningún criterio sistemático doctrinal en la ordenación de los derechos. Es cierto que no han faltado intentos doctrinales por establecer una clasificación coherente; así, el de *Schneider,* quien sugirió una ordenación de los derechos en relación con los caracteres que la Constitución atribuye al Estado: por su función en el Estado de Derecho (derechos fundamentales y libertades públicas), por su función en el Estado democrático (derechos y deberes de los ciudadanos) y por su función en el Estado social (principios rectores de la política social y económica).

Sin embargo, más allá de estos intentos un tanto forzados, la realidad nos muestra que nuestros constituyentes, al agrupar como lo hicieron los distintos derechos y libertades, no pretendieron tanto seguir una determinada sistemática teórico-doctrinal, cuanto más bien ordenar los derechos en función de su distinta protección y de las garantías con las que trataban de protegerlos en cada caso.

La lectura del artículo 53 es enormemente clarificadora al respecto, pues nos revela que los derechos han sido ordenados en función de los tres niveles de protección que el constituyente ha previsto para ellos. Desde esta finalidad, resulta coherente que la Sección primera del Capítulo 2.º (referente a los derechos fundamentales y a las libertades públicas) acoja dentro de sí derechos ciudadanos, como el de petición o el de participación, o derechos socio-laborales, como el de huelga, como también que la libertad de empresa se entresaque de los principios rectores del orden económico, para quedar ubicada entre los derechos de los ciudadanos.

C) La elevación de la dignidad de la persona y de sus derechos a fundamento del orden político. La doble naturaleza de los derechos

La libertad, como bien recuerda *Sánchez Agesta,* tiene un sentido básico: permitir y favorecer el desenvolvimiento y perfección de la naturaleza humana en la vida social. Está, por consiguiente, vinculada al reconocimiento de la dignidad personal del hombre, de su racionalidad y de su vida moral y espiritual. Los derechos en que se articula son expresión de las exigencias que se derivan de esa naturaleza. Las limitaciones que el Estado acepta como derechos de la libertad del hombre tienen su fundamento en este respeto de la vida personal.

En España, la norma constitucional de apertura (artículo 1.º.1), tras definir la forma de Estado, proclama, como ya vimos, como valores superiores del ordenamiento, la libertad, la justicia, la igualdad y el pluralismo político. Este precepto se conecta estrechamente con el que inaugura el Título I (artículo 10.1), que, entre los fundamentos del orden político y de la paz social, incluye la dignidad de la persona humana. La conexión es evidente, pues no existe ni puede existir dignidad humana sin libertad, justicia, igualdad y pluralismo político; además, estos valores serían indignos si no redundasen en favor de la dignidad del ser humano.

Consecuentemente, el reconocimiento de unos derechos fundamentales no es sino la manifestación obligada de la primacía del valor constitucional último, la dignidad de la persona humana, al que se vincula íntimamente el libre desarrollo de la personalidad. Como ha significado *Bidart Campos,* la «razón de ser» de «qué» son los derechos humanos, «cómo» son, «por qué» se los reconoce, y «para qué», está dada en la doble dimensión ontológica y valorativa: el hombre es una persona a la que el Estado debe facilitar el desarrollo de su «valor» personalidad. Es por ello mismo por lo que puede afirmarse que todos los derechos que la Constitución proclama, de una u otra forma, se encaminan a posibilitar el desarrollo integral de la persona exigido por la propia dignidad de la misma. Y por idéntica razón, el artículo 10.1 incluye entre los fundamentos del orden político y de la paz social a los derechos inviolables inherentes a la persona, denominación ésta («derechos inviolables») que no tiene otro objetivo que el de reservar la calificación de «fundamentales» a un sector del conjunto de derechos y libertades (los de la Sección primera del Capítulo 2.º).

Es precisamente de esta elevación de los derechos al rango de fundamento del orden político, de donde el Tribunal Constitucional ha extraído el punto de apoyo para la formulación de su trascendental doctrina de la *doble naturaleza, subjetiva y objetiva, de los derechos fundamentales,* ya enunciada en la República Federal Alemana a nivel doctrinal y, más tarde, jurisprudencial. En su Sentencia 25/1981, de 14 de julio, el Tribunal se pronunciaba como sigue:

> «En primer lugar, los derechos fundamentales son *derechos subjetivos,* derechos de los individuos no sólo en cuanto derechos de los ciudadanos en sentido estricto, sino en cuanto garantizan un "status" jurídico o la libertad en un ámbito de existencia. Pero al propio tiempo, son *elementos esenciales de un ordenamiento objetivo de la comunidad nacional,* en cuanto ésta se configura como marco de una convivencia humana justa y pacífica, plasmada históricamente en el Estado de Derecho y, más tarde, en el Estado social de Derecho o el Estado social y democrático de Derecho, según la fórmula de nuestra Constitución.»

En cuanto elemento fundamental de un ordenamiento objetivo, los derechos fundamentales dan sus contenidos básicos a dicho ordenamiento. Vienen de esta forma a operar en *un sentido integrador:*

> «Puede decirse —afirma el Tribunal en la misma Sentencia 25/1981— que los derechos fundamentales, por cuanto fundan un "status" jurídico-constitucional unitario para todos los españoles y son decisivos en igual medida para la configuración del orden democrático en el Estado central y en las Comunidades Autónomas, son elemento unificador.»

Nuestra doctrina constitucional ha roto, pues, con la añeja concepción estrictamente subjetivista de los derechos fundamentales. Es claro que los derechos fundamentales se han convertido en nuestros días en un patrimonio común de los ciudadanos individual y colectivamente. Las libertades ya no pueden contemplarse tan sólo como derechos subjetivos de individuos aislados que se realizan en la soledad de sus micromundos, manteniéndose ajenos e indiferentes a la esfera estatal. Esa consideración de los derechos fundamentales como derechos de defensa del ciudadano frente al Estado, tan arraigada durante tanto tiempo, ha dado paso a la visión simultánea de aquéllos como *elementos del ordenamiento jurídico,* esto es, *normas jurídicas objetivas* que forman parte de un sistema axiológico que aspira a tener validez, como decisión jurídico-constitucional, para todos los sectores del Derecho. Con ello, los derechos han establecido una especie de vínculo directo entre los individuos y el Estado, operando en último término como fundamento de la propia unidad política.

Nuestro intérprete supremo de la Constitución ha proclamado rotundamente este nuevo carácter de los derechos, al considerarlos la decisión constitucional básica que ha de informar el conjunto de nuestro ordenamiento:

> «No cabe desconocer —advierte el Tribunal (STC 21/1981, de 15 de junio)— que los derechos fundamentales responden a un sistema de valores y principios de alcance universal que subyacen a la Declaración Universal y a los diversos convenios internacionales sobre Derechos Humanos ratificados por España, y que, asumidos como *decisión constitucional básica,* han de informar todo nuestro ordenamiento jurídico.»

D) La interpretación de los derechos

La naturaleza objetiva de los derechos, que les convierte en elementos esenciales del ordenamiento de la comunidad, en una decisión básica que ha de informar todo nuestro ordenamiento jurídico, incide directamente sobre su interpretación, como no podía por menos de suceder.

De esta forma, se comprende que la interpretación de los preceptos legales haya de hacerse a la luz de las normas constitucionales y especialmente de aquellas que proclaman y consagran derechos fundamentales y libertades públicas, debiendo prevalecer en caso de duda la interpretación que dote de mayor viabilidad y vigor al derecho fundamental (STC 1/1989, de 16 de enero).

Se entiende por ello mismo que una de las constantes de nuestra doctrina constitucional, y por efecto de ella de la propia jurisprudencia *«tout court»,* sea el principio hermenéutico *«favor libertatis»,* esto es, el principio de que los derechos fundamentales deben interpretarse del modo más amplio posible. «La legalidad ordinaria —ha dicho el Tribunal en otro momento (STC 17/1985, de 9 de febrero)— ha de ser interpretada de la forma más favorable para la efectividad de tales derechos.» Bien es verdad, y conviene no olvidarlo, que la interpretación más favorable a los derechos fundamentales presupone la existencia de alguna *«res dubia»,* esto es, de alguna variante en la interpretación de los preceptos legales, ya que, en otro caso, como el mismo Juez de la constitucionalidad ha advertido, no se estaría protegiendo el derecho constitucional, sino confiriendo a las leyes un sentido y alcance que las propias leyes no consienten (STC 32/1989, de 13 de febrero).

Junto al principio hermenéutico a que acabamos de referirnos, la misma Norma suprema incorpora al articulado otro principio de indudable relevancia: el principio de interpretación conforme con los Tratados sobre Derechos Humanos ratificados por España. En efecto, a tenor del artículo 10.2:

> «Las normas relativas a los derechos fundamentales y a las libertades que la Constitución reconoce se interpretarán de conformidad con la Declaración Universal de Derechos Humanos y los tratados y acuerdos internacionales sobre las mismas materias ratificados por España.»

El origen de este apartado se encuentra en una enmienda (la núm. 707) presentada por UCD en el Senado, con la que se pretendía que los derechos y libertades fueran tutelados y garantizados de conformidad con los acuerdos internacionales sobre derechos humanos ratificados por nuestro país. La enmienda suscitaría un agrio debate en el que llegó a ponerse de relieve que si la misma era aprobada, España tendría dos Constituciones: la aprobada por las Cortes elegidas el 15 de junio y los textos del Derecho Internacional. La enmienda, en último término, pretendía complementar, a través de la remisión al Derecho Internacional, el perfil constitucional del derecho a la educación y la libertad de enseñanza (artículo 27 CE).

La mediación del senador señor *Martín-Retortillo* resultaría a la postre decisiva en orden a la aprobación del precepto, al presentar una enmienda «in voce» mediante la cual se intentaba precisar en qué había de consistir la «tutela y garantía» a que se aludía en la enmienda centrista; esa tutela había de consistir en la «integración e interpretación» de las «normas relativas a los derechos» y no de los derechos y libertades sin más; la enmienda dejaba claro además que esta técnica era operativa respecto e los derechos y libertades constitucionalmente reconocidos. Con ligeras modificaciones, el texto de la referida enmienda «in voce» se incorporaría finalmente a nuestro código constitucional.

Muchos y muy diversos son los Tratados y Acuerdos internacionales ratificados por España en relación con la materia que nos ocupa. Nos referiremos a algunos de los más importantes:

— La Declaración Universal de Derechos Humanos, proclamada por la Asamblea General de Naciones Unidas el 10 de diciembre de 1948.

— El Convenio Europeo para la Protección de los Derechos Humanos y Libertades Fundamentales, hecho en Roma el 4 de noviembre de 1950.

— El Pacto Internacional de Derechos Civiles y Políticos, de 19 de diciembre de 1966.

— El Pacto Internacional de Derechos Económicos, Sociales y Culturales, de 19 de diciembre de 1966.

— El Convenio núm. 98 de la Organización Internacional del Trabajo, sobre aplicación de los principios del derecho de sindicación y de negociación colectiva, adoptado el 1 de julio de 1949.

— El Convenio núm. 87 de la Organización Internacional del Trabajo, sobre la libertad sindical y la protección del derecho de sindicación, adoptado el 9 de julio de 1948. Y

— La Convención Internacional sobre el Estatuto de los refugiados, hecho en Ginebra el 28 de julio de 1951.

Si analizamos la jurisprudencia constitucional comprobaremos la profusión de sentencias en que se acude a los Tratados citados, y a otros muchos, y de modo muy especial al Convenio Europeo del año 1950, a los efectos de interpretar los derechos constitucionalmente contemplados. Ello no es sino la consecuencia obligada de que la Constitución se inserta en un contexto internacional en materia de derechos fundamentales y libertades públicas, por lo que hay que interpretar sus normas en esta materia de conformidad con los referidos textos internacionales (STC 62/1982, de 15 de octubre). Más aún, esta interpretación afecta no sólo a las normas contenidas en la Constitución, sino a todas las del ordenamiento relativas a los derechos y libertades reconocidos por la norma fundamental (STC 78/1982, de 20 de diciembre).

Contemplada la técnica hermenéutica del artículo 10.2, se suscita de inmediato la problemática de si la misma difiere o, por contra, se asemeja a la del artículo 96.1, cuyo inciso inicial dispone que «los tratados internacionales válidamente celebrados, una vez publicados oficialmente en España, formarán parte del ordenamiento interno».

Se trata de dilucidar las diferencias que, en su caso, puedan existir entre la aplicación directa de un tratado en nuestro ordenamiento jurídico interno y la previsión de que las normas relativas a los derechos que la Constitución reconoce se hayan de interpretar de conformidad a los tratados suscritos por nuestro país en la materia.

En principio, hay que ver en el artículo 10.2, como por lo demás muestra a las claras su origen, una cláusula de tutela y garantía de los derechos, enderezada a salvar las dificultades de interpretación de los derechos constitucionalmente reconocidos, recurriendo al efecto a las normas de los tratados internacionales en materia de derechos humanos.

Esta remisión al Derecho internacional puede no resolver la problemática interpretativa cuando la norma del convenio está a su vez necesitada de interpretación. Ahora bien, el problema se complejiza aún más cuando, como en el caso del Convenio de Roma, nos encontramos con un órgano de carácter jurisdiccional (el Tribunal Europeo de Derechos Humanos) encargado de interpretar y aplicar las previsiones del Convenio y de sus Protocolos adicionales. En este preciso supuesto, ¿debe entenderse que la cláusula del artículo 10.2 implica que la Constitución hace suya la interpretación de los derechos y libertades llevada a cabo por el Tribunal Europeo?

Así lo han entendido *Linde* y *García de Enterría,* en interpretación que hacemos nuestra, para quienes esta autovinculación de la Constitución a la interpretación realizada por el Tribunal Europeo de Derechos Humanos en esta materia debe entenderse como vinculación a un standard mínimo susceptible de verse incrementado por nuestra legislación y por la propia jurisprudencia del Tribunal Constitucional, cuyo examen, por lo demás, nos muestra con evidente nitidez el influjo de la doctrina jurisprudencial fijada por el Tribunal Europeo.

Esta autovinculación no debe confundirse con la fuerza vinculante de los fallos del Tribunal Europeo. El Tribunal Constitucional así lo ha reconocido con claridad en un plano teórico:

> «Desde la perspectiva del Derecho Internacional y de su fuerza vinculante (artículo 69 CE), el Convenio (Convenio de Roma de 1950) ni ha introducido en el orden jurídico interno una instancia superior supranacional en el sentido técnico del término, de revisión o control directo de las decisiones judiciales o administrativas internas, ni tampoco impone a los Estados miembros unas medidas procesales concretas de carácter anulatorio o rescisorio para asegurar la reparación de la violación del Convenio declarada por el Tribunal... El Convenio no obliga a los Estados miembros a eliminar las consecuencias del acto contrario a la obligación jurídica internacional asumida por el Estado... El Convenio no obliga a dar efecto interno a las Sentencias del Tribunal Europeo mediante la anulación de la autoridad de cosa juzgada y de la fuerza ejecutoria de la decisión judicial nacional que dicho Tribunal haya estimado contraria al Convenio...» (STC 245/1991, de 16 de diciembre. Caso Bultó).

Ahora bien, pese a este inequívoco reconocimiento de que el Convenio Europeo, como instrumento internacional, no obliga a España a reconocer en su ordenamiento jurídico la fuerza ejecutoria directa de las decisiones del Tribunal Europeo, el Tribunal Constitucional ha precisado que ello no significa que en el plano de nuestro sistema constitucional de protección de los derechos fundamentales los poderes públicos hayan de permanecer indiferentes ante una declaración de la instancia europea de violación de un derecho reconocido en el Convenio. El Tribunal rechaza que la declaración de la jurisdicción europea carezca de todo efecto interno, de lo que se sigue que, declarada por Sentencia del Tribunal Europeo una violación de un derecho reconocido por el Convenio Europeo que constituya asimismo la violación actual de un derecho fundamental consagrado en nuestra Constitución, «corresponde enjuiciarla a este Tribunal, como Juez supremo de la Constitución y de los derechos fundamentales, respecto de los cuales nada de lo que a ello afecta puede serle ajeno» (STC 245/1991).

En definitiva, no sin una notable contradicción en sus planteamientos, puesta de relieve en algunos de los razonamientos del voto particular suscrito frente a esta Sentencia por el Magistrado señor *Gimeno Sendra,* el Tribunal Constitucional, en lo que constituye una posición muy minoritaria en el Derecho comparado europeo, manifiesta su decidida voluntad de ejecutar en sus propios términos las Sentencias de la instancia jurisdiccional europea.

Bien es verdad que ha de estarse plenamente de acuerdo con nuestro supremo intérprete de la Constitución cuando procede a enfocar el problema desde otra perspectiva, advirtiendo que dicho problema no consiste en la falta de ejecutoriedad de la Sentencia del Tribunal

Europeo, sino en la obligación de los poderes públicos de tutelar y reparar satisfactoriamente una lesión de un derecho fundamental que sigue siendo actual:

> «Es ésta —añadirá el Tribunal (STC 245/1991)— una obligación que pesa sobre todos los poderes públicos, conforme a su respectivo ámbito de competencia, porque la Constitución obliga a todos ellos a su cumplimiento, y también porque el Estado democrático de Derecho sufriría irremisiblemente si hubiera de consentirse la perpetuación de una situación declarada contraria a derechos fundamentales garantizados por la Constitución, sin posibilidad alguna de ser reparada satisfactoriamente por equivalente...»

A la vista de todo lo expuesto, puede concluirse que el Tribunal Constitucional ha sentado las bases para, a partir del razonamiento precedente, conocer de todas aquellas violaciones de derechos declaradas por la instancia jurisdiccional europea residenciada en Estrasburgo.

E) Los límites de los derechos

Los derechos fundamentales no son ilimitados, sino que están sujetos en su ejercicio a una serie de límites. En nuestra Constitución esta regla general, el carácter limitado de los derechos, no sólo no quiebra, sino que encuentra plena confirmación. Bien es verdad que podría pensarse lo contrario a la vista del artículo 10.1, que eleva a la categoría de valores jurídicos fundamentales, entre otros, la dignidad de la persona y los derechos inviolables que le son inherentes, considerados como «fundamento del orden político y de la paz social». Ahora bien, que ello sea así no significa, como ha reconocido el Tribunal Constitucional (STC 120/1990, de 27 de junio), ni que todo derecho sea inherente a la persona —y por ello inviolable— ni que los que se califican de «fundamentales» sean *«in toto»* condiciones imprescindibles para su efectiva incolumidad, de modo que cualquier restricción que a su ejercicio se imponga devenga un estado de indignidad.

Por el contrario, proyectada sobre los derechos individuales, la regla del artículo 10.1 CE implica que en cuanto «valor espiritual y moral inherente a la persona» (STC 53/1985, de 11 de abril), la dignidad ha de permanecer inalterada cualquiera que sea la situación en que la persona se encuentre, constituyendo, en consecuencia, un *«minimum»* invulnerable que todo estatuto jurídico debe asegurar.

Partiendo, pues, del carácter limitado de los derechos, diremos que los límites de éstos pueden ser de dos tipos: intrínsecos y extrínsecos.

Los límites intrínsecos derivan de la propia naturaleza de cada derecho y de su función social. Dentro de ellos suelen diferenciarse a su vez los límites objetivos (que se desprenden de la propia naturaleza, de la misma realidad del derecho) de los subjetivos (que derivan de la actitud del sujeto titular y de la forma de realizar el propio derecho). La infracción del límite objetivo intrínseco nos sitúa por lo general ante un fraude de ley. La vulneración de un límite subjetivo intrínseco, ante un abuso del derecho.

Los límites extrínsecos derivan de la propia existencia social y de los demás sujetos de derecho que en ella coexisten, y como es lógico son establecidos por el propio ordenamiento jurídico. En ocasiones derivan de la Constitución de forma inmediata, en otras, tan sólo de manera mediata o indirecta.

Así lo reconocería el Tribunal Constitucional en uno de sus primeros fallos: la Sentencia 11/1981, de 8 de abril, en la que tras admitir que ningún derecho es ilimitado, precisaría que los límites de los derechos derivan no sólo de su posible conexión con otros derechos constitucionales, sino también con otros bienes constitucionalmente protegidos.

> «Tampoco puede aceptarse —razona el Tribunal— la tesis del recurso, de que los derechos reconocidos o consagrados por la Constitución sólo pueden quedar acotados en virtud de límites de la propia Constitución o por la necesaria acomodación con el ejercicio de otros derechos reconocidos y declarados igualmente por la norma fundamental. Una conclusión como ésta es demasiado estricta y carece de fundamento en una interpretación sistemática de la Constitución (...). La Constitución establece por sí misma los límites de los derechos fundamentales en algunas ocasiones. En otras ocasiones el límite del derecho deriva de la Constitución sólo de una manera mediata o indirecta, en cuanto que ha de justificarse por la necesidad de proteger o preservar no sólo otros derechos constitucionales, sino también otros bienes constitucionalmente protegidos.»

La Constitución ha sido muy parca a la hora de contemplar con carácter general los límites de los derechos; quizá no podía ser de otra manera. Tan sólo el artículo 10.1, de modo muy genérico, prevé como fundamento de limitación de los derechos el respeto a los derechos de los demás, limitación que presupone lógicamente la colisión en el ejercicio de derechos por parte de distintos sujetos.

En todo caso, en virtud del principio interpretativo fijado por el artículo 10.2, y con sujeción a las pautas hermenéuticas a las que más adelante nos referiremos, ha de traerse a colación la determinación del artículo 29.2 de la Declaración Universal de Derechos Humanos, en cuya virtud:

> «En el ejercicio de sus derechos y en el disfrute de sus libertades, toda persona estará solamente sujeta a las limitaciones establecidas por la ley con el único fin de asegurar el reconocimiento y respeto de los derechos y libertades de los demás, y de satisfacer las justas exigencias de la moral, del orden público y del bienestar general en una sociedad democrática.»

El anterior precepto no debe entenderse en el sentido de que establezca unos límites que necesariamente han de operar respecto de la generalidad de los derechos; en modo alguno; su significado debe ser precisamente el opuesto, esto es, establecer un marco que acote ineludiblemente las posibilidades del legislador ordinario, al margen ya de las expresas previsiones constitucionales. Dicho de otro modo, sólo el legislador puede limitar el ejercicio de un derecho, y ello en el único supuesto de que persiga la salvaguarda de unos bienes susceptibles de protección, que no debieran ir más allá —insistimos, salvo expresa previsión constitucional— de los enumerados por el artículo 29.2 de la Declaración, que además han de entenderse en el sentido que se les da en el seno de una sociedad democrática. En definitiva, el artículo en cuestión suministra un punto de referencia hermenéutico, compatible con otras normas del ordenamiento internacional en las que, particularizadamente respecto de ciertos derechos, se prevean límites precisos a los mismos, normas que también nos proporcionarán un criterio interpretativo.

En todo caso, conviene tener en cuenta que el Tribunal Constitucional ha venido insistiendo con reiteración (véase por todas la STC 120/1990, de 27 de junio) en que sólo ante los límites que la propia Constitución expresamente imponga al definir cada derecho o ante los que de manera mediata o indirecta de la misma se infieran al resultar justificados por la necesidad de preservar otros derechos o bienes constitucionalmente protegidos, puedan ceder los derechos fundamentales.

Algo más casuística resulta nuestra Norma suprema a la hora de precisar particularizadamente los límites de ciertos derechos. Sin ánimo exhaustivo, recordaremos: el mantenimiento del orden público protegido por la ley, como límite para el ejercicio de la libertad ideológica, religiosa y de culto (artículo 16.1); la comisión de un delito flagrante, que opera como límite frente a la inviolabilidad del domicilio (artículo 18.2), y el respeto a los derechos reconocidos en el Título I, en los preceptos de las leyes que lo desarrollen y, especialmente, en el derecho al honor, a la intimidad, a la propia imagen y a la protección de la juventud y de la infancia, límites todos ellos frente a las libertades enumeradas por el artículo 20.1 (artículo 20.4).

La limitación de los derechos constitucionales exige en cualquier supuesto atender a una serie de reglas hermenéuticas que, de una u otra forma, se conectan con el principio del «*mayor valor*» de los derechos, que requiere inexcusablemente una interpretación restrictiva de las limitaciones que hayan de afectar a aquéllos.

Como derivación inmediata del principio anterior nos encontramos con un nuevo principio hermenéutico, al que ya aludiéramos en un momento precedente: el principio «*favor libertatis*», sobre el que no insistiremos ahora, y en conexión con el mismo, bien puede hablarse de una verdadera *fuerza expansiva de todo derecho fundamental*, por virtud de la cual, se restringe el alcance de las normas limitadoras que actúan sobre el derecho en cuestión. De esa fuerza deriva la exigencia de que los límites de los derechos fundamentales hayan de ser interpretados con criterios restrictivos y en el sentido más favorable a la eficacia y a la esencia de tales derechos (STC 159/1986, de 16 de diciembre). Y de ella misma se desprende la necesidad de que toda restricción de los derechos deba estar justificada (STC 62/1982, de 15 de octubre).

De otro lado, las limitaciones que se establezcan no pueden obstruir el derecho más allá de lo razonable (SSTC 53/1986, de 5 de mayo y 120/1990), de modo que todo acto o resolución que limite derechos fundamentales ha de asegurar que las medidas limitadoras sean necesarias para conseguir el fin perseguido (SSTC 62/1982, de 15 de octubre y 13/1985, de 31 de enero) y, a la par, ha de atender a la proporcionalidad entre el sacrificio del derecho y la situación en que se halla aquel a quien se impone (SSTC 37/1989, de 15 de febrero, y 120/1990, de 27 de junio).

Proyectando estas reglas a los supuestos de limitación del ejercicio de ciertos derechos basados en la «relación de sujeción especial» en que se encuentran determinadas categorías de personas, el Tribunal sólo ha considerado admisibles las susodichas restricciones en la medida en que resulten estrictamente indispensables para el cumplimiento de la misión o función derivada de aquella situación especial (STC 21/1981, de 15 de junio).

Digamos por último que toda limitación de un derecho debe respetar, en todo caso, su contenido esencial, como exige el artículo 53.1 de la Constitución y como constituye, desde la STC 11/1981, de 8 de abril, una reiteradísima doctrina constitucional.

F) Las clasificaciones de los derechos

Desde que *Pellegrino Rossi* formulara, mediado el pasado siglo, su conocida clasificación de los derechos: privados, públicos y políticos, han sido muchas las categorizaciones que de los derechos se han hecho, siendo de destacar la clasificación de *Carl Schmitt,* que distingue los derechos de libertad del individuo, que a su vez separa en función de que éste se encuentre aislado o en relación con otros, de los derechos ciudadanos y de los que hoy podríamos llamar derechos prestacionales.

Entre nosotros, *Sánchez Agesta,* atendiendo al bien jurídico protegido y a las consecuencias jurídicas y políticas de cada derecho en orden a una acción positiva o negativa del Estado, ha agrupado los derechos en cinco grandes bloques: derechos civiles, libertades económicas, libertades públicas, derechos políticos de participación y derechos sociales.

Si atendemos ahora a nuestra Constitución, debemos recordar ante todo que, como ya dijimos, el constituyente español ha sistematizado los derechos sin atenerse a criterio doctrinal alguno y atendiendo tan sólo a su diferente grado de protección.

Ello no obstante, llegado el momento de formular una sistematización de los derechos constitucionales, conviene tener presente la clásica división tripartita que, atendiendo a su naturaleza, agrupa los derechos en: *derechos de libertad, derechos prestacionales* y *derechos de participación.*

Los *derechos de libertad* son aquellos que, en su ejercicio, crean un ámbito de libertad dentro del cual los titulares del derecho pueden desenvolverse libremente, sin que su actividad pueda ser objeto de interferencia alguna, ni por parte del Estado, ni de los individuos o grupos de la colectividad social. En cuanto estos derechos se limitan a impedir esas intromisiones o interferencias, se les ha considerado como «libertades negativas».

Los *derechos de participación* posibilitan a su titular una participación activa en la formación de la voluntad del Estado y en los distintos órganos y niveles del mismo.

Finalmente, los *derechos prestacionales,* en contraposición a los derechos de libertad, implican que su titular pueda exigir del Estado comportamientos positivos, actuaciones o conductas determinadas. Estas actuaciones estatales es evidente que deben encaminarse a facilitar la libertad y, en último término, a conseguir la igualdad.

En todo caso, hoy se admite de modo muy generalizado que no existe una separación tajante entre la esfera de los derechos prestacionales o sociales y los derechos de libertad y de participación. Así lo ha reconocido, como en otro lugar señalamos, el Tribunal Europeo de Derechos Humanos en su Sentencia de 9 de octubre de 1979 (Caso Airey), y así lo ha admitido igualmente nuestro Tribunal Constitucional, para quien la garantía de la vigencia de los derechos no puede limitarse a la posibilidad del ejercicio de pretensiones por parte de los individuos, sino que ha de ser asumida también por el Estado. Consiguientemente, de la obligación del sometimiento de todos los poderes a la Constitución no solamente se deduce la obligación negativa del Estado de no lesionar la esfera individual o institucional protegida por los derechos fundamentales, sino también la obligación positiva de contribuir a la efectividad de tales derechos, y de los valores que representan, aun cuando no exista una pretensión subjetiva por parte del ciudadano. Ello obliga especialmente al legislador, quien recibe de los derechos fundamentales «los impulsos y líneas directivas» (STC 53/1985, de 11 de abril).

Llegado ya el momento de formular una sistematización de los derechos constitucionalmente contemplados, creemos conveniente atender no tanto al bien jurídico protegido por el derecho, como a la dimensión de la persona que el derecho trata de satisfacer, aunque ambas perspectivas se hallen íntimamente entrelazadas.

En cuanto la democracia, como bien afirmara *Maritain,* es una organización racional de libertades fundada en la ley, y en cuanto la libertad es indivisible y se asienta en la libertad fundamental del individuo, en un derecho radical, entre los fundamentales, del que, como advirtiera *Peces-Barba,* traen su causa los demás, esto es, en el derecho a ser considerado como ser humano, como persona, es decir, como ser de eminente dignidad, titular de derechos y obligaciones, el Derecho, el ordenamiento jurídico en su conjunto, no quedará legitimado sino mediante el reconocimiento de la dignidad de la persona humana y de los derechos que le son inherentes. Y no otra cosa pretende el artículo 10.1, como ya hemos tenido oportunidad de ver, precepto que nos permite hablar de la existencia de un sustrato filosófico iuspersonalista en nuestra Norma suprema.

A partir de aquí, el reconocimiento de unos derechos fundamentales no es sino la manifestación obligada de la primacía del valor constitucional último: *la dignidad de la persona humana.* Y el derecho fundamental para el hombre, base y condición de todos los demás, como en otro lugar ya dijéramos, es el derecho a ser reconocido siempre como persona humana. De esta forma, todos los derechos que la Constitución proclama, de uno u otro modo, se encaminan a posibilitar el desarrollo integral de la persona exigido por la propia dignidad de la misma, pues no en vano la persona se nos presenta como el referente último de todo el sistema político.

Se comprende así la opción que, siguiendo parcialmente a *Lucas Verdú,* aquí hacemos en favor de una sistematización de los derechos que atienda a las diferentes dimensiones que el desarrollo integral de la personal exige. Y así, vamos a separar los derechos de la persona según que atiendan a: 1/ su dimensión vital; 2/ las distintas vertientes que entraña la naturaleza radicalmente libre de la persona; 3/ la dimensión espiritual de todo ser humano; 4/ la vertiente social de la persona; 5/ la dimensión que la persona asume en cuanto miembro de una comunidad política; 6/ la vertiente que encontramos en la persona en cuanto trabajador, y 7/ la dimensión que la persona nos ofrece como miembro de una colectividad socioeconómica.

Como puede advertirse a la vista de las distintas dimensiones enumeradas, es fácil establecer una conexión entre esta clasificación y aquella otra que atiende al bien jurídico protegido por el derecho.

1/ La *dimensión vital de la persona* podemos considerarla, en especial, en lo que a su manifestación primigenia se refiere, la vida, como un *prius lógico, ontológico y deontológico de todos los derechos* y libertades fundamentales, como bien dice *Lucas Verdú,* pues la vida humana es obvio que es anterior al derecho, ya que sin la existencia humana carece de sentido hablar de derechos y libertades.

2/ Los *derechos de la persona en cuanto ser libre* se nos presentan como las clásicas *libertades individuales,* que, como ya hemos visto, tratan de crear las condiciones jurídicas para que la persona tenga un ámbito de actuación social propio, pudiéndose distinguir al efecto entre los derechos inherentes a la autonomía personal y los derechos de libertad, a los que creemos puede añadirse, aun cuando su encaje sea un tanto forzado, la que podríamos llamar «cláusula de protección jurisdiccional», que en cuanto viene a reconocer a todas las personas el derecho a obtener la tutela judicial efectiva de sus derechos e intereses legítimos, se convierte en lo que, como recuerda *Stein* en relación a la República Federal Alemana, se ha llamado el «derecho fundamental de libertad formal», en contraposición —y a la par en íntima conexión— con los «derechos fundamentales de libertad material».

3/ Los *derechos de la persona como ser espiritual* se nos presentan como las que *Sánchez Agesta,* con buen criterio, denomina las *libertades públicas como libertades espirituales.*

La conservación, desarrollo y perfección de la persona humana —fin supremo de la vida social, como la calificara *Pío XII* en su Mensaje de Navidad del año 1942— requiere de un ingrediente que podríamos tildar genéricamente de «espiritual», término dentro del cual se superponen elementos ideológicos, filosóficos, religiosos, culturales..., etc., que resultan imprescindibles en orden a posibilitar el libre desarrollo de la personalidad.

En consonancia con todo ello, estas libertades afectan a toda la vida espiritual del hombre, esto es, a sus creencias, a la manifestación y comunicación de las mismas y de su pensamiento, a la recepción de informaciones, a su educación, a su libertad intelectual y, en general, a toda la vida del hombre como ser racional y libre.

4/ Los *derechos de la persona como ser social («uti socius»)* no son sino las clásicas *libertades públicas de proyección social.*

Superado el individualismo liberal, las constituciones han reconocido una serie de derechos que posibilitan la vertiente asociativa de la persona, la persona «*uti socius*», vertiente que lejos de disminuir o delimitar su dimensión «*uti singulus*», viene a complementarla y enriquecerla.

5/ Todo ser humano es *miembro de una comunidad política* y, en cuanto tal, titular de un conjunto de derechos de naturaleza básicamente participativa, que tradicionalmente se nos presentan como los llamados *derechos políticos.*

6/ Una vertiente particularizada de la dimensión social de la persona la encontramos en su dimensión laboral, esto es, en la consideración de *la persona como «homo faber»*, como trabajador. El trabajo es patente que dignifica a la persona cuando fomenta su libre desarrollo integral. Nos situamos así en presencia de los *derechos laborales* o de ámbito laboral.

7/ Finalmente, la persona se nos presenta como *miembro de una colectividad socio-económica,* y también en cuanto tal se convierte en titular de un conjunto de derechos tradicionalmente conocidos como *derechos sociales,* derechos que nacen en una situación de desequilibrio social, con la finalidad de reajustarlo, alcanzando de esta forma un equilibrio asentado en el principio de igualdad material. Desde la perspectiva de su naturaleza, nos hallamos en presencia de los clásicos derechos prestacionales, si bien sea preciso establecer diversas matizaciones en cuanto al nivel de compromiso de actuación por parte de los poderes públicos en orden al logro último de lo que, utilizando los términos del Preámbulo constitucional, llamaremos una «sociedad democrática avanzada».

CLASIFICACION DE LOS DERECHOS

I. *Derechos de la persona en su dimensión vital:*
   1. El derecho a la vida (art. 15 CE).
   2. El derecho a la integridad física y moral (art. 15 CE).

II. *Derechos de la persona como ser libre* (Libertades individuales):
   1. Los derechos inherentes a la autonomía personal:
      a/ El derecho al honor, a la intimidad y a la propia imagen (art. 18.1 y 4 CE).
      b/ El derecho a la inviolabilidad del domicilio (art. 18.2 CE).
      c/ El derecho al secreto de las comunicaciones (art. 18.3 CE).
      d/ La libertad de residencia y de desplazamiento (art. 19 CE).
      e/ El derecho a contraer matrimonio (art. 32 CE).
   2. Los derechos a la libertad y seguridad personales (art. 17 CE):
      a/ La garantía legal de la privación de libertad (art. 17.1 CE).
      b/ La garantía judicial y los límites temporales de la detención preventiva (art. 17.2 CE).
      c/ Las garantías procesales de la detención (art. 17.3 CE).
      d/ El control judicial de la legalidad de la detención: el procedimiento de *«habeas corpus»* (art. 17.4 CE).
      e/ El principio de legalidad penal y su proyección sobre la potestad sancionadora de la Administración (art. 25.1 y 3 CE).
      f/ El principio *«non bis in idem»*.
   3. El derecho a la jurisdicción (art. 24 CE):
      a/ El derecho a la tutela judicial efectiva (art. 24.1 CE):
         a') El derecho de libre acceso al proceso.
         b') El derecho de defensa sin que pueda producirse indefensión.
         c') El derecho al pronunciamiento judicial sobre el fondo de la pretensión.

d') El derecho a la ejecución de las Sentencias y resoluciones firmes.
e') El derecho de acceso a los recursos legales.
b/ Las garantías constitucionales del proceso penal (art. 24.2 CE).
a') El derecho al Juez ordinario predeterminado por la Ley.
b') El derecho a la presunción de inocencia.
c') Las garantías de un proceso debido.
d') La interdicción de la «*reformatio in peius*».

III. *Derechos de la persona como ser espiritual* (Las libertades públicas como libertades espirituales).
1. La libertad ideológica, religiosa y de culto (art. 16 CE).
2. El derecho a la objeción de conciencia (art. 30.2 CE).
3. La libertades de expresión e información (art. 20 CE):
a/ El derecho a la libertad de expresión (art. 20.1, a/).
b/ El derecho a la libre comunicación o recepción de información veraz (art. 20.1, d/).
c/ Los derechos constitucionales de los profesionales de la información (art. 20.1, d/).
d/ El derecho de rectificación como derecho del ciudadano frente a los medios de comunicación.
e/ La libertad de producción y creación intelectual (art. 20.1, b/).
4. El derecho a la educación y la libertad de enseñanza (art. 27 CE):
a/ El derecho a la educación (art. 27.1).
b/ La libertad de enseñanza (art. 27.1).
c/ La libertad de creación de centros docentes (art. 27.6):
a') El derecho a establecer el «ideario educativo» o «caracter propio» del centro.
b') El derecho del titular del centro docente privado a su dirección.
d/ La libertad de cátedra (art. 20.1, c/).
e/ Los derechos educativos de los padres (art. 27.3).
f/ Los derechos de participación de la comunidad escolar en el control y gestión de los centros (art. 27.7).
g/ La autonomía universitaria como derecho fundamental (art. 27.10).

IV. *Derechos de la persona «uti socius»* (Las libertades públicas de proyección social).
1. El derecho de reunión (art. 21 CE).
2. El derecho de asociación (art. 22 CE).

V. *Derechos de la persona en cuanto miembro de una comunidad política* (Los derechos políticos).
1. El derecho a participar en los asuntos públicos (art. 23.1 CE).
2. El derecho de acceso a los cargos públicos (art. 23.2 CE).
3. El derecho de acceso a funciones públicas (art. 23.2 CE).
4. El derecho de petición (art. 29 CE).

VI. *Derechos de la persona como «homo faber»* (Los derechos laborales).
1. El derecho al trabajo y a la libre elección de profesión y oficio (art. 35.1 CE).
2. El derecho de libertad sindical (art. 28.1 CE).
3. El derecho de huelga (art. 28.2 CE).

4. El derecho a la negociación colectiva (art. 37.1 CE).
5. El derecho a la adopción de medidas de conflicto colectivo (art. 37.2 CE).

VII. *Derechos de la persona en cuanto miembro de una colectividad socioeconómica.* (Los derechos económicos y sociales).
1. El derecho a la propiedad privada (art. 33.1 CE).
2. El derecho de fundación (art. 34 CE).
3. Los derechos sociales proclamados como principios (Capítulo 3.º del Título I CE).

G) Las condiciones de ejercicio de los derechos y libertades constitucionales

El Título I de nuestra «Lex Superior» se abre con un Capítulo (Capítulo 1.º: «De los españoles y los extranjeros») en el que no se reconocen derechos fundamentales, sino que sólo se contemplan las condiciones básicas para su ejercicio, y, muy en particular, las condiciones de la nacionalidad y de la mayoría de edad.

De esta manera, el artículo 11, norma de apertura del Capítulo, determina, desde luego, de forma muy distinta a como se reguló esta materia en nuestro constitucionalismo histórico, el modo de adquirir, conservar y perder la nacionalidad española, mientras que el artículo 13, norma de cierre del Capítulo, precisa la situación jurídica de los extranjeros en España, incluyendo también sendas disposiciones (artículo 13.3 y 4) sobre la extradición y el derecho de asilo.

Entre ambos preceptos, el artículo 12, relativo a la mayoría de edad, que aunque en nada afecta a la condición de español, y menos aún a la de extranjero, sí que contempla una importante condición jurídica para el ejercicio de los derechos que el Título regula.

Casa esta normación con el hecho de que todos los ordenamientos jurídicos suelen reconocer a cualquier persona, por el sólo hecho de serlo, personalidad jurídica, esto es, capacidad para ser sujeto de derechos y obligaciones. Conviene, no obstante, recordar que la capacidad jurídica no es un atributo que se predique tan sólo de las personas físicas, sino que también a las personas jurídicas se les reconoce tal capacidad, y dentro de ellas, evidentemente al propio Estado.

Ahora bien, puede acontecer que un sujeto con capacidad jurídica se encuentre imposibilitado para operar jurídicamente por sí mismo. Tal circunstancia ha conducido a los ordenamientos jurídicos a diferenciar la capacidad jurídica de la capacidad de obrar. Esta última presupone la capacidad de la persona para desencadenar por su propia actuación una serie de consecuencias jurídicas válidas para el ordenamiento jurídico.

A la vista de todo lo expuesto, bien podría concluirse diciendo que mientras los artículos 11 y 13, al regular la nacionalidad y extranjería, abordan la normación de un elemento sustancial de la capacidad jurídica, el artículo 12, al determinar cuándo se alcanza la mayoría de edad, está regulando una condición general básica para disponer de capacidad de obrar. Y todo ello, en último término, y esto quizá sea lo que más nos importa, con vistas a delimitar los presupuestos subjetivos para la titularidad y el ejercicio de los derechos que el mismo Título acoge. Abordaremos ahora por separado el análisis de esos presupuestos subjetivos.

a/ La nacionalidad

I. El artículo 11.1 se separa radicalmente de una añeja tradición de nuestro constitucionalismo histórico, caracterizada por la regulación más o menos detallada de las circunstancias de adquisición y pérdida de la nacionalidad, de lo que constituye un testimonio paradigmático el Título II de la Constitución de 1931 («Nacionalidad»), cuyos dos únicos artículo (23 y 24) se dedicaban a enunciar quienes habían de considerarse españoles y las causas de pérdida de la calidad de español.

Esta constante constitucional se justifica, como advierte *Abarca Junco,* por el hecho de que si la Constitución establece la soberanía de la nación, es previa y de rango constitucional, la determinación de quien es nacional, pues podría darse el caso de una Constitución democrática que mediante el recurso a la legislación ordinaria, restringiera o ampliara de tal modo el ámbito de los nacionales, que viniera a resultar en fraude del principio de la soberanía nacional. Si este razonamiento pudo tener un relativo sentido históricamente, es patente que en nuestros días carece de toda razón de ser.

Frente a la tradición constitucional apuntada, el artículo 11.1 prescribe: «La nacionalidad española se adquiere, se conserva y se pierde de acuerdo con lo establecido por la ley». Ello entraña la desconstitucionalización de las causas de adquisición, conservación y pérdida de la nacionalidad, y al unísono supone el establecimiento de un principio de reserva de ley en materia de nacionalidad.

El precepto, como dice *López y López,* acoge un concepto funcional de la nacionalidad, en el sentido de configurarse como un vínculo de la persona con el Estado y sólo con éste. Vínculo con vocación de estabilidad y permanencia, que por su peculiar naturaleza en orden a la configuración de la comunidad, está en una gran medida detraído al campo de la autonomía de la voluntad.

Es cierto que las normas reguladoras de la nacionalidad son de capital importancia para el Estado, pues delimitan el elemento personal insustituible de aquél. Tal circunstancia podría haber aconsejado hoy el mantenimiento de una mínima normación constitucional; sin embargo, la conveniencia de flexibilizar esta materia justifica a nuestro modo de ver su desconstitucionalización.

La Ley 51/1982, de 13 de julio, de modificación de los artículos 17 a 26 del Código Civil, primero, y más tarde, la Ley 18/1990, de 17 de diciembre, sobre reforma del Código Civil en materia de nacionalidad, han venido a acomodar la regulación de nuestro Código Civil en materia de nacionalidad a los principios constitucionales.

II. La actuación del legislador ordinario, habilitado por la reserva de ley del artículo 11.1, encuentra, sin embargo, dos límites materiales en las previsiones de los apartados segundo y tercero del propio precepto. A ellos pasamos a referirnos.

III. El artículo 11.2 prescribe que: «Ningún español de origen podrá ser privado de su nacionalidad.» La privación de nacionalidad es un acto del Estado a cuyo través alguien pierde su nacionalidad contra su voluntad, o por lo menos sin ella. El artículo en cuestión trata, pues, de impedir la privación de la nacionalidad a todo español de origen. Digamos de inmediato que a tenor del artículo 17 del Código Civil, son españoles de origen: los nacidos de padre o madre españoles; los nacidos en España de padres extranjeros si, al menos, uno de ellos hubiera nacido también en España; los nacidos en España de padres extranjeros, si ambos carecieren de nacionalidad, y los nacidos en España cuya filiación no resulte determinada. Pues bien, la previsión del artículo 11.2 de la Constitución, «a sensu contrario», debe entenderse en el sentido de que no impide dicha privación de la nacionalidad a los españoles naturalizados.

En coherencia con todo ello, el artículo 25.1 de Código Civil establece la pérdida de nacionalidad respecto de los españoles que no lo sean de origen, en los dos casos siguientes: 1.º) cuando por sentencia firme fueren condenados a su pérdida, conforme a lo establecido en las leyes penales, y 2.º) cuando entren voluntariamente al servicio de las armas o ejerzan cargo político en un Estado extranjero contra la prohibición expresa del Gobierno.

Este límite material que pesa sobre el legislador ha suscitado la cuestión de si el artículo 11.2 reconoce un derecho fundamental a la nacionalidad de los españoles de origen o tan sólo un «status», una posición jurídica fundamental consistente en el mantenimiento de la nacionalidad española.

Si se tiene en cuenta que la somera normación constitucional de la nacionalidad encuentra su razón de ser básica, como ya indicamos, en la concreción de uno de los presupuestos subjetivos para la titularidad y ejercicio de los derechos constitucionales, se comprenderá que más que de un derecho en sentido estricto, debe hablarse de una posición jurídica fundamental de que gozan los nacionales de origen, calificación ésta de «fundamental» que se justifica si se advierte que la nacionalidad es el presupuesto de ejercicio del derecho fundamental de mayor significación desde el punto de vista jurídico-público: el derecho de sufragio, muy especialmente en su vertiente pasiva, derecho cuya titularidad se reserva tan sólo a los españoles (artículo 13.2 CE).

IV. El artículo 11.3 de la Constitución, finalmente, contempla el *principio de la doble nacionalidad* en los términos siguientes:

> «El Estado podrá concertar tratados de doble nacionalidad con los países iberoamericanos o con aquellos que hayan tenido o tengan una particular vinculación con España. En estos mismos países, aun cuando no reconozcan a sus ciudadanos un derecho recíproco, podrán naturalizarse los españoles sin perder su nacionalidad de origen.»

La doble nacionalidad permite a ciertas personas disfrutar de esa condición jurídica fundamental en dos Estados. Esta circunstancia se sujeta a la previa concertación por el Estado de un tratado de doble nacionalidad, que además no puede formalizarse con cualquier país, sino tan sólo «con los países iberoamericanos o con aquellos otros que hayan tenido o tengan una particular vinculación con España», fórmula que por su buscada imprecisión abre un amplio abanico de posibilidades.

Por lo demás, el inciso final del artículo 11.3, al permitir la naturalización de los españoles en esos otros países sin perder su nacionalidad de origen y con independencia de que rija o no el principio de reciprocidad, está llamado a incrementar notablemente los casos de binacionalidad.

b/ La mayoría de edad

El segundo de los presupuestos subjetivos para el ejercicio de los derechos constitucionales es el de la mayoría de edad, que el artículo 12 de nuestra «Norma normarum» fija en los dieciocho años de edad, lo que constituye realmente una novedad constitucional, pues la fijación de la mayoría de edad ha sido tradicionalmente extraña a los códigos constitucionales.

Estamos plenamente de acuerdo con aquel sector de la doctrina *(Lasarte, De Esteban, López Guerra...)* que ha emitido un juicio inequívocamente positivo respecto a la «originalidad» de constitucionalizar la mayoría de edad. La vocación de generalidad que ello entraña y sus repercusiones unificadoras sobre amplias parcelas del ordenamiento justifican más que sobradamente ese juicio positivo.

La Constitución culmina además un largo proceso de progresiva reducción de la mayoría de edad. Recordemos al respecto que el Código Civil fijó en un primer momento la mayoría de edad en los veintitrés años. Poco antes de la Constitución, el Real Decreto-ley 33/1978, de 16 de noviembre, establecía la mayoría de edad en los dieciocho años.

Digamos por último que la concreción constitucional de la mayoridad en los dieciocho años no entraña que, en determinados supuestos, el ordenamiento jurídico no pueda otorgar relevancia jurídica a otras edades a los efectos de asumir la titularidad de ciertos derechos u obligaciones. Bástenos al respecto con recordar estos dos ejemplos: el Código Civil (artículo 48) posibilita el ejercicio constitucional del derecho a contraer matrimonio con plena igualdad jurídica (artículo 23.1 CE) a partir de los catorce años; por su parte, el Código Penal (artículo 8.°.2.°) declara exentos de responsabilidad criminal a los menores de dieciséis años, lo que, «a sensu contrario», debe entenderse en el sentido de que el mayor de dieciséis, aun cuando menor de dieciocho, es responsable penalmente, aunque el Código considere que esa minoridad entraña por sí misma una circunstancia atenuante.

H) Derechos y libertades de los extranjeros en España

a/ La situación jurídica de los extranjeros

I. La titularidad y ejercicio de los derechos constitucionalmente reconocidos corresponde, como acabamos de ver, a las personas físicas (o jurídicas) en que se den las dos condiciones de ejercicio de los derechos: nacionalidad y, en el caso de las personas físicas, mayoría de edad. Ello nos sitúa ante una importante cuestión: la relativa a la situación jurídica en que se encuentran los extranjeros (nacionales de otros países o apátridas) respecto al ejercicio de los derechos y libertades, tema que trata de resolver el artículo 13.1 de la Constitución, de conformidad con el cual:

> «Los extranjeros gozarán en España de las libertades públicas que garantiza el presente Título en los términos que establezcan los tratados y la ley.»

La previsión del artículo 13.1 no supone que se haya querido desconstitucionalizar la posición jurídica de los extranjeros relativa a los derechos y libertades públicas, pues la Constitución no dice que los extranjeros gozarán en España de las libertades que les atribuyan los tratados y la Ley, sino de las libertades «que garantiza el presente Título en los términos que establezcan los tratados y la Ley», de modo que, como ha precisado el Tribunal Constitucional (STC 107/1984, de 23 de noviembre), los derechos y libertades reconocidos a los extranjeros siguen siendo derechos constitucionales y, por tanto, dotados de la protección constitucional, pero son todos ellos sin excepción en cuanto a su contenido *derechos de configuración legal.*

Consecuentemente, el artículo 13.1 debe entenderse en el sentido de que el disfrute por los extranjeros de los derechos y libertades reconocidos en el Título I de la Constitución se efectuará en la medida en que lo determinen los tratados internacionales y la Ley interna española, y de conformidad con las condiciones y el contenido previsto en tales normas, de modo que la igualdad o desigualdad en la titularidad y ejercicio de tales derechos y libertades dependerá de la libre voluntad del tratado o la Ley.

Sin embargo, conviene precisar que aunque el artículo 13.1 reconoce al legislador la posibilidad de establecer condicionamientos adicionales al ejercicio de derechos fundamentales por parte de los extranjeros, la posición del legislador no carece de límites, pues para ello ha de respetar, en todo caso, las prescripciones constitucionales, ya que no se puede estimar que el artículo 13.1 permita al legislador configurar libremente el contenido mismo del derecho, cuando éste ya haya venido reconocido directamente a los extranjeros (STC 115/1987, de 7 de julio).

II. En desarrollo del mandato constitucional del artículo 13.1 se ha aprobado la Ley Orgánica 7/1985, de 1 de julio, sobre derechos y libertades de los extranjeros en España. Como se afirma en su Preámbulo, en el articulado de la Ley destaca la preocupación por reconocer a los extranjeros la máxima cota de derechos y libertades, cuyo ejercicio —se sigue afirmando— queda prácticamente equiparado al de los propios ciudadanos españoles.

Ello no obstante, tres preceptos de la Ley fueron declarados inconstitucionales por la ya citada Sentencia 115/1987: el requisito previsto por el artículo 7.°, de la previa solicitud al órgano competente de su autorización para el ejercicio de los derechos de reunión y manifestación; la facultad legalmente otorgada al Consejo de Ministros (artículo 8.°.2) de acordar la suspensión de las actividades de las asociaciones promovidas e integradas mayoritariamente por extranjeros, y la imposibilidad legalmente contemplada (inciso segundo del artículo 34) de que los órganos judiciales ante los que fueren recurridas pudiesen suspender las resoluciones administrativas adoptadas de conformidad con lo establecido en la Ley.

III. A la vista de las previsiones constitucionales y de su interpretación jurisprudencial, cabe agrupar las libertades públicas de los extranjeros en tres bloques diferenciados, lo que, en último término, no es sino la consecuencia obligada de que, como ha dicho el Tribunal Constitucional (STC 107/1984, de 23 de noviembre), el problema de la titularidad y ejercicio de los derechos depende del derecho afectado. Esos tres bloques son los siguientes:

1.º) Los derechos que corresponden por igual a españoles y extranjeros y cuya regulación ha de ser idéntica para ambos. Este es el caso de aquellos derechos que pertenecen a la persona en cuanto tal y no como ciudadano, o, si se rehúye esta terminología ciertamente equívoca, de aquellos que son imprescindibles para la garantía de la dignidad humana. Derechos tales como el derecho a la vida, a la integridad física y moral, a la intimidad, la libertad ideológica... etc., corresponden a los extranjeros por propio mandato constitucional, y no resulta posible un tratamiento desigual respecto a ellos en relación a los españoles (STC 107/1984).

La Constitución nos proporciona un elemento hermenéutico para la determinación de cuáles son estos derechos al atribuir la titularidad de muchos de los derechos que reconoce a «todos» o a «toda persona», referencia que, como es lógico, incluye a españoles y extranjeros.

2.º) Aquellos derechos en los que el dato subjetivo de la nacionalidad resulta determinante en orden a la modulación del ejercicio del derecho. En estos casos queda excluida «a priori» la aplicación del principio de igualdad como parámetro al que hayan de ajustarse en todo caso las consecuencias jurídicas anudadas a situaciones que sólo difieren en cuanto al dato de la nacionalidad. La libertad de circulación, el derecho a entrar en el territorio nacional, el derecho de reunión, el derecho al trabajo..., etc., son algunos de los derechos y libertades que pueden enmarcarse en este segundo bloque de derechos.

3.º) Un tercer y último bloque de derechos de cuya titularidad resultan excluidos los extranjeros, por mor de las propias previsiones constitucionales. En efecto, a tenor del artículo 13.2:

> «Solamente los españoles serán titulares de los derechos reconocidos en el artículo 23, salvo lo que, atendiendo a criterios de reciprocidad, pueda establecerse por tratado o ley para el derecho de sufragio activo en las elecciones municipales.»

De conformidad con esta determinación, los extranjeros quedan privados de los derechos de participación política que enuncia el artículo 23, exclusión que adquiere su razón de ser en la naturaleza exclusivamente política de los derechos de referencia. En todo caso, la natural tendencia a superar las barreras estatales explica que el mismo artículo 13.2 establezca una salvedad frente a la regla general que instituye, excepción que atañe tan sólo al derecho de sufragio activo en las elecciones municipales, y siempre atendiendo a criterios de reciprocidad.

A este respecto, el artículo 176.1 de la Ley Orgánica 5/1985, de 19 de junio, del Régimen Electoral General, tras su redacción por la Ley Orgánica 8/1991, de 13 de marzo, prescribe que gozan del derecho de sufragio activo en las elecciones municipales los residentes extranjeros en España cuyos respectivos países permitan el voto a los españoles en dichas elecciones, en los términos de un tratado o en el marco de la normativa comunitaria. Y el artículo 5.° de la Ley Orgánica 7/1985, tras determinar que los extranjeros no podrán ser titulares de los derechos políticos de sufragio activo o pasivo ni acceder al desempeño de cargos públicos o que impliquen ejercicio de autoridad, precisa que se podrá reconocer el derecho de sufragio activo en las elecciones municipales a los extranjeros residentes, en los términos y con las condiciones que, atendiendo a criterios de reciprocidad, sean establecidos por tratado o por ley para los españoles residentes en los países de origen de aquéllos.

En conexión con esta cuestión, se ha suscitado tras la firma del Tratado de la Unión Europea, suscrito en Maastricht el 10 de diciembre de 1991, la problemática del encaje constitucional en la previsión del artículo 13.2 del acuerdo adoptado en Maastricht de conceder a los ciudadanos de los países miembros de la Unión Europea el derecho de sufragio pasivo en las elecciones municipales, esto es, el derecho a ser elegidos concejales.

Una determinación de esta naturaleza, en un primer análisis, parece no encajar en la previsión del artículo 13.2, que, taxativamente, frente a la exclusiva titularidad de los españoles respecto de los derechos de participación política del artículo 23, establece como única salvedad el derecho de sufragio activo en las elecciones municipales. Al tratarse de una expresa excepción frente a la regla general, ha de interpretarse en sentido estricto, todo ello al margen ya de que la propia dicción literal del artículo 13.2 no plantea duda hermenéutica alguna.

La cuestión ha suscitado interpretaciones de muy diverso signo. Y así, en favor de la innecesariedad de la reforma constitucional se ha aludido a la posibilidad de recurrir a una interpretación abierta de determinados preceptos constitucionales, como los artículos 93, 140 y 23.

El primero de ellos posibilita que mediante ley orgánica pueda autorizarse la celebración de tratados por los que se atribuya a una organización internacional el ejercicio de competencias derivadas de la Constitución. Este precepto, a nuestro juicio, no es de aplicación al caso que nos ocupa por cuanto el Tratado de Maastricht no atribuye a la Unión Europea la competencia de decidir quién debe gozar del derecho de sufragio pasivo, sino que directamente otorga ese derecho a los ciudadanos europeos que reúnan determinadas condiciones.

En cuanto al artículo 140, prevé que los concejales serán elegidos por los vecinos del municipio, por lo que podría pensarse en la posibilidad de una interpretación amplia del concepto de vecino; ello, sin embargo, siempre tropezaría con la más específica y taxativa determinación del artículo 13.2.

Por lo que el artículo 23 se refiere, en este punto concreto, su interpretación es inescindible de la previsión del artículo 13.2, por lo que no vemos cauce alguno que permita, sin forzar la normativa constitucional hasta extremos difícilmente compatibles con el exigido respeto a la misma, la introducción en nuestro ordenamiento del derecho de sufragio pasivo en los comicios municipales para los ciudadanos de la Unión Europea residentes en el municipio respectivo. En definitiva, a nuestro juicio, se impone una reforma constitucional del artículo 13.2 para posibilitar la vigencia en nuestro país de la determinación aprobada en Maastricht.

Una última cuestión se ha planteado respecto al tema que nos ocupa: la de, admitida la ineludibilidad de la reforma constitucional, determinar el procedimiento a cuyo través debe llevarse a cabo dicha modificación: si el procedimiento de reforma parcial del artículo 167 o, por el contrario, el de revisión total del artículo 168.

A favor del recurso al artículo 168 se ha aducido que en cuanto la modificación que ha de operarse afecta a un derecho fundamental, incluido dentro de la Sección primera del Capítulo 2.º del Título I: el derecho a acceder en condiciones de igualdad a las funciones y cargos públicos, no cabe sino acudir a la revisión total.

Sin embargo, no es esta nuestra posición. A nuestro juicio, la modificación constitucional en nada afecta al contenido sustancial del artículo 23.2; más aún, de no existir la específica previsión del artículo 13.2, no creemos que fuera preciso ni tan siquiera alterar la Norma suprema. El artículo 23 reconoce como titulares de los derechos que contempla a «los ciudadanos», no a los españoles, por lo que —insistimos, de no existir la determinación excluyente del artículo 13.2— cabría la posibilidad de que la normativa electoral otorgara el derecho de sufragio pasivo a los extranjeros residentes en España, al igual que ya les concede, en determinadas condiciones, el derecho de sufragio activo en los comicios municipales.

Quiere ello decirnos que el obstáculo constitucional no se encuentra en el artículo 23, sino en el artículo 13, que es el que otorga a los españoles la titularidad de los derechos reconocidos en el artículo 23, con la salvedad ya expuesta.

Dado que la modificación del artículo 13 no exige acudir al procedimiento «agravado» del artículo 168, entendemos que el cauce de reforma constitucional procedente es el del artículo 167 de nuestra «Lex Superior».

b/ La extradición

La normación del artículo 13 no se limita a contemplar la situación jurídica en que se encuentran los extranjeros en nuestro país a los efectos del ejercicio de derechos y libertades constitucionales, sino que dedica asimismo dos de sus apartados (tercero y cuarto) a regular otros tantos aspectos de esa situación: la extradición y el asilo.

Nos referiremos ahora a la extradición pasiva. El artículo 13.3 procede a fijar algunos de los aspectos principales por los que debe regirse la extradición, instrumento jurídico consistente en el envío de un individuo por parte de un Estado a los órganos competentes de otro, para que sea enjuiciado o, si ya lo ha sido, para que sufra la pena impuesta.

De acuerdo con el artículo 13.3:

> «La extradición sólo se concederá en cumplimiento de un tratado o de la ley, atendiendo al principio de reciprocidad. Quedan excluidos de la extradición los delitos políticos, no considerándose como tales los actos de terrorismo.»

Como puede apreciarse, el constituyente, con buen criterio, se ha limitado a contemplar dos límites frente a la extradición pasiva:

1.°/ El primero de esos límites atañe a las fuentes de la extradición: ésta sólo se concederá «en cumplimiento de un tratado o de la ley» y atendiendo además al «principio de reciprocidad».

La reciprocidad implica sujetar la extradición pasiva a la extradición activa en idéntico supuesto; dicho de otro modo, sólo podrá enviarse una persona a otro Estado cuando dicho Estado, en análogo supuesto, extradite a España a una persona aquí perseguida o condenada.

El valor de la reciprocidad, como advierten *Cobo del Rosal* y *Boix Reig,* queda identificado y embebido en el principio de legalidad expresado por el artículo 13.3. Así, la concesión de la extradición pasiva sólo se verificará en el marco de la legalidad (tratado o ley), y dentro de ella, con posibilidad de restringir aún más los requisitos de concesión, atendiendo a la reciprocidad, con la que sin duda se garantiza un régimen de igualdad en materia de extradición.

2.°/ El segundo de los límites es material: quedan excluidos de la extradición los delitos políticos, no considerándose como tales los actos de terrorismo. El problema que esta delimitación suscita es obviamente la determinación de qué ha de entenderse por «delitos políticos», algo que, como es lógico, no ha hecho el constituyente, que se ha circunscrito a precisar qué no es delito político. La Ley 4/1985, de 21 de marzo, de extradición pasiva, ha complementado la previsión constitucional al excluir de la consideración de «delitos políticos», además de los actos de terrorismo, los crímenes contra la Humanidad previstos por el Convenio para la prevención y penalización del crimen de genocidio adoptado por la Asamblea General de las Naciones Unidas, y los atentados contra la vida de un Jefe de Estado o de un miembro de su familia (artículo 4.°.1.°).

En otro orden de consideraciones, diremos que la referida Ley 4/1985 considera la extradición, en cuanto acto de soberanía en relación con otros Estados, como función del Poder Ejecutivo, bajo el imperio de la Constitución y de la Ley, sin perjuicio de su aspecto técnico penal y procesal que han de resolver los Tribunales en cada caso con la intervención del Ministerio Fiscal. De esta forma, es el Gobierno quien, a propuesta motivada del Ministerio de Justicia, habrá de adoptar el acuerdo sobre si ha lugar o no a continuar en vía judicial el procedimiento de extradición, y en el supuesto de que en el plazo de quince días desde que recibiera la propuesta no hubiese adoptado decisión alguna, el Ministerio de Justicia lo hará en su nombre (artículo 9.º).

Digamos por último que la regulación legal está transida por la preocupación de garantizar que no se conceda una extradición pasiva por un delito político, esto es, por una conducta que con arreglo a nuestro ordenamiento jurídico no sea sino la resultante del mero ejercicio de derechos y libertades constitucionalmente garantizados.

c/ El derecho de asilo

El artículo 13.4 contempla finalmente el derecho de asilo en España, remitiéndose a lo que la Ley establezca: «La ley —dice dicho precepto— establecerá los términos en que los ciudadanos de otros países y los apátridas podrán gozar del derecho de asilo en España.»

Como advierte *Díez de Velasco,* el asilo territorial, en cuanto institución protectora de los derechos humanos, tiene su fundamento en el momento actual de la evolución del Derecho internacional en la competencia que ejerce el Estado sobre su territorio. Esta circunstancia explica que el derecho de asilo no pueda ser considerado como un derecho en sentido estricto, sino más bien como un mecanismo de protección del que dispone el Estado para salvaguardar a ciudadanos de otros países y apátridas frente a las posibles vulneraciones que de sus derechos puedan hacer otros Estados.

El mandato al legislador contenido en el artículo 13.4 ha sido cumplimentado mediante la Ley 5/1984, de 26 de marzo, reguladora del derecho de asilo y de la condición de refugiado. La Ley, como se afirma en su Preámbulo, pretende ofrecer una solución jurídica a un problema de hecho como es el de refugio en España de personas perseguidas en sus países por motivos ideológicos o políticos, de acuerdo con los criterios de solidaridad, hospitalidad y tolerancia que deben inspirar al Estado democrático constitucionalmente definido.

La Ley separa dos condiciones diferentes: la de asilado y la de refugiado. La condición de asilado sólo protege a los perseguidos políticos, expresión que se entiende en un sentido amplio. El otorgamiento del derecho de asilo implica, como protección primaria, la no devolución de la persona al Estado perseguidor y, consecuentemente, la desestimación de las peticiones de extradición. Pero, además, el asilo puede comprender otras medidas, como: la autorización para desarrollar actividades laborales, profesionales o mercantiles, la asistencia social y económica... etcétera.

La petición de asilo debe hacerse ante la autoridad gubernativa competente, pudiendo efectuarse en cualquier frontera española, circunstancia que supondrá la admisión provisional del extranjero.

La competencia en materia de asilo, por tratarse de un acto en ejercicio de la soberanía del Estado, se atribuye al Gobierno a propuesta de la Comisión Interministerial creada en el seno del Ministerio del Interior.

El Gobierno queda asimismo facultado para revocar la condición de asilado en una serie de supuestos a los que se refiere el artículo 20 de la Ley. Además, los extranjeros asilados podrán ser expulsados del territorio español por actividades graves o reiteradas contra la seguridad interior o exterior del Estado, si bien en ningún caso se les expulsará a otro país donde hubiese motivos para temer persecución o castigo.

La condición de refugiado regulada por el Título II de la Ley es complementaria del Estatuto de los Refugiados suscrito en Ginebra el 28 de julio de 1951 y del Protocolo sobre la misma materia, firmado en Nueva York el 31 de enero de 1967, que forman parte de nuestro ordenamiento jurídico interno, tras la adhesión de España a la Convención Internacional sobre el Estatuto de los Refugiados por Instrumento de 22 de junio de 1978.

El Reglamento de ejecución de la Ley 5/1984 define (artículo 22) como refugiado al extranjero que tenga fundados temores de ser perseguido por motivos de raza, religión, nacionalidad, pertenencia a determinado grupo social u opiniones políticas, definición que no es sino la acogida por el artículo 1.°, A/, 2 de la Convención sobre el Estatuto de los Refugiados.

La condición de refugiado debe ser reconocida respecto de todas aquellas personas que cumplan los requisitos previstos en las Leyes y Convenios Internacionales suscritos por España, y en especial en la Convención de 1951.

A las personas a quienes se conceda el refugio en nuestro país, podrán extendérseles los correspondientes permisos de residencia y trabajo, siempre que deseen realizar una actividad lucrativa por cuenta propia o ajena.

Señalemos finalmente que las decisiones administrativas respecto a las peticiones de asilo y al reconocimiento o denegación de la condición de refugiado son recurribles en vía jurisdiccional por el procedimiento previsto en la Ley de Protección Jurisdiccional de los Derechos Fundamentales.

I) El principio de igualdad jurídica

a/ *Su evolución*

El principio de igualdad constituyó una de las más insistentes reivindicaciones del pensamiento revolucionario liberal. De ahí que fuera enfáticamente proclamado por la Declaración de Derechos de Virginia de 12 de junio de 1776, en cuyo pórtico ya podía leerse «que todos los hombres son, por naturaleza, igualmente libres e independientes», para afirmarse a continuación, en el punto IV de la Declaración, «que ningún hombre o grupo de hombres tiene derecho a privilegio o ventajas exclusivas o separadas de la comunidad».

El principio sería acogido desde el primer momento por los revolucionarios franceses, que lo elevarían al frontispicio mismo de la Declaración de Derechos del Hombre y del Ciudadano, cuyo artículo 1.º determinaba:

> «Les hommes naissent et demeurent libres et égaux en droits. Les distinctions sociales ne peuvent être fondées que sur l'utilité commune.»

Esta igualdad de origen, de nacimiento, quedaría, sin embargo, subsumida formalmente en la igualdad ante la Ley, que en cuanto expresión de la voluntad general, debía tratar a todos por igual. Algunas de las afirmaciones contenidas en el conocido artículo 6.º de la Declaración de 1789 son enormemente significativas:

> «La loi est l'expression de la volonté générale (...). Elle doit être la même pour tous, soit qu'elle protège, soit qu'elle punisse. Tous les citoyens étant ègaux à ses yeux...»

De esta forma, como recuerda *Rubio Llorente,* el principio de igualdad quedaba subsumido en el principio de legalidad, de modo tal que habían de considerarse iguales aquellos a quienes la Ley considerara como tales y diferentes aquellos otros a quienes la Ley diferenciara.

Esta concepción del principio de igualdad como *«igualdad ante la Ley»* no podía dejar de tener consecuencias sobre la misma *caracterización de la Ley,* que había de configurarse como: *universal,* esto es, con validez frente a todos los ciudadanos; *general,* con exclusión por tanto de las leyes singulares, que tienen como únicos destinatarios a un grupo de personas determinadas, o incluso a una sola persona, y *de duración indefinida,* esto es, con vocación de permanencia.

La igualdad ante la Ley se manifiesta no sólo en la Ley, sino también en su aplicación. *Argüelles,* en su «Discurso Preliminar» a la Constitución de Cádiz, dejaría nítidamente expuesta esta idea al afirmar: «La Ley ha de ser una para todos; y en su aplicación no ha de haber acepción de personas.»

En definitiva, en el pensamiento liberal del pasado siglo, el principio de igualdad se manifiesta básicamente como «igualdad ante la Ley». Esta es igual para todos porque reúne los caracteres de universalidad y generalidad. Es cierto que debe aplicarse asimismo sin acepción de personas, esto es, que puede hablarse de una igualdad en la aplicación, pero para quienes aplican el ordenamiento jurídico no hay más elemento de comparación —a efectos de detectar una presunta desigualdad— que la propia Ley, con lo que, en último término, la igualdad se supedita a la voluntad del legislador. Para éste, el principio de igualdad tiene un mayor contenido, por cuanto le veda establecer entre los ciudadanos diferencias que no resulten del libre juego de las fuerzas sociales, pero como bien advierte *Rubio Llorente,* entendida la sociedad civil como un hecho natural, ajeno al Estado, no hay obstáculo alguno para considerar naturales y, en consecuencia, jurídicamente relevantes, las diferencias que la sociedad establece.

Esta construcción teórica se mantendrá incólume durante largo tiempo, no viéndose afectada ni tan siquiera por las profundas reformas que sacudirán los sistemas constitucionales de fines del siglo XIX, como será el caso de la progresiva universalización del sufragio.

El cambio de orientación comenzará a gestarse, por lo menos a nivel intelectual, cuando, finalizando el pasado siglo, los partidos de clase, algunas otras fuerzas progresistas y la propia doctrina social de la Iglesia, comiencen a reivindicar la necesidad de que la igualdad no se conciba como un principio exclusivamente formal, sino que adquiera asimismo un contenido material, esto es, que la igualdad social se convierta en un logro, una meta a alcanzar mediante la actuación de los poderes públicos.

Como en tantos otros aspectos, la Constitución de Weimar será determinante, si no para culminar el cambio de perspectiva, sí al menos para propiciar el inicio de la reflexión intelectual que habría de conducir finalmente a un giro radical tras la Segunda Gran Guerra.

El párrafo primero del artículo 109 del referido código constitucional, en la más pura tradición constitucional novecentista, declaraba a todos los ciudadanos iguales ante la ley. Sin embargo, el precepto, como recuerda *Gerhard Leibholz,* desencadenaría la discusión acerca de si existen principios de Derecho más altos que la Ley y a los que ha de someterse el mismo legislador. En realidad, tras este debate lo que se discutía era la tradicional concepción del positivismo jurídico, que en el punto que nos ocupa entendía que la aplicación de la Ley sin acepción de personas se fundaba en la consideración de que la Ley contenía siempre un derecho materialmente obligatorio. Sin embargo, el propio *Leibholz* se haría eco de como la doctrina, dando un giro más que notable, iba a pasar a entender que el principio de igualdad debía extenderse también al legislador, lo que era tanto como decir que el libre albedrío del legislador estaba condicionado al Derecho, no pudiendo obrar arbitrariamente.

En análoga dirección, *Heinrich Triepel*, como ya indicáramos en un momento precedente, defendería en diferentes ocasiones una concepción material de los derechos fundamentales como valoraciones legales orientadoras y a la par limitadoras de la actividad del legislador. En 1926, en Münster, *Triepel* se pronunciaría públicamente a favor de la necesaria vinculación del legislador al principio de igualdad, propugnando el reconocimiento de un control judicial de las normas bajo el prisma de los derechos fundamentales, lo cual, como bien dice *Carro*, no era sino la consecuencia lógica de su caracterización de la Ley como un acto estatal vinculado constitucionalmente y no como un acto absolutamente soberano. La Constitución debía tener una primacía que se justificaba en la idea misma de Derecho, identificada con la de justicia material, en definitiva, con un orden valorativo.

A partir de estos postulados, radicalmente novedosos frente al positivismo jurídico hasta aquel momento dominante, no debe extrañarnos que en la Alemania de Bonn, el Tribunal Constitucional Federal, bajo la presidencia de *Leibholz*, acogiera bien pronto la *doctrina del «cambio de significado» del principio de igualdad*, poco después asumida por la «Corte Costituzionale» italiana, pese a la opinión contraria de algún sector doctrinal, como sería el caso de *Carlo Esposito*, y, desde el primer momento, plenamente acogida entre nosotros por el Tribunal Constitucional.

El punto final de este proceso lo encontramos en el reconocimiento de la igualdad como un principio normativo que a todos vincula. Como afirma *Rubio Llorente*, en cuanto principio normativo, el principio de igualdad no es una consecuencia derivada de un previo juicio de igualdad, sino que, por el contrario, excluye la existencia de tal juicio, en cuanto que afirma *«a priori»* la existencia de una igualdad que el Derecho ha de respetar por principio. Ello no debe entenderse en el sentido extremo de que no sea posible establecer determinadas diferenciaciones. Es evidente que el principio de igualdad no impone que todos los destinatarios de las normas hayan de tener inexcusablemente idénticos derechos y obligaciones. Por el contrario, a situaciones distintas pueden anudarse consecuencias jurídicas diferenciadas.

b/ La caracterización constitucional del principio de igualdad

I. La Constitución de 1978 ha sido plenamente coherente con esa doctrina a la que con anterioridad nos referíamos del «cambio de significado» del principio de igualdad.

La igualdad se configura como un valor superior que, como ha dicho el Tribunal (STC 8/1983, de 18 de febrero), se proyecta con una eficacia trascendente, lo que, entre otras consecuencias, implicó que toda situación de desigualdad persistente a la entrada en vigor de la norma constitucional deviniera incompatible con el orden de valores constitucionalmente proclamado.

El valor «igualdad», junto al valor «justicia», se nos revela por otra parte como inherente a la propia forma del Estado social que nuestro ordenamiento jurídico reviste, y a la que se ha de acomodar el conjunto de nuestra organización socio-política.

El valor «igualdad» no sólo se traduce en una vertiente formal, contemplada por el artículo 14, que, en principio, parece implicar únicamente un deber de abstención en la generación de diferenciaciones arbitrarias, sino asimismo en otra vertiente de índole material, recogida por el artículo 9.º.2, a la que ya nos referimos en otro Capítulo, y de la que sólo recordaremos ahora que obliga a los poderes públicos a promover las condiciones para que la igualdad de los individuos y de los grupos en que aquéllos se integran sean reales y efectivas.

La conclusión de todo ello es que la igualdad ha perdido el significado exclusivamente formal, y por ello mismo unívoco, con que tradicionalmente se concibiera, manifestándose ahora en diferentes direcciones que, en último término, están estrechamente entrelazadas.

Analizada ya la igualdad material proclamada por el artículo 9.º.2, hemos ahora de centrarnos en el principio de igualdad de trato que proclama el artículo 14 de nuestra «Lex Superior», precepto que se sitúa en el pórtico mismo del Capítulo 2.º del Título I, Capítulo dedicado a los derechos y libertades, antecediendo como artículo único a las dos Secciones en que se divide el citado Capítulo, circunstancia enormemente significativa por cuanto nos quiere indicar que el principio de igualdad de trato se proyecta sobre todos y cada uno de los derechos que enuncia el Capítulo 2.º. Ello, a su vez, se justifica por la peculiar naturaleza jurídica del derecho a la igualdad.

A tenor del artículo 14:

> «Los españoles son iguales ante la ley, sin que pueda prevalecer discriminación alguna por razón de nacimiento, raza, sexo, religión, opinión o cualquier otra condición o circunstancia personal o social.»

II. Acabamos de referirnos al derecho a la igualdad, y con ello hemos puesto de relieve ya desde el inicio que el artículo 14 enuncia un verdadero *derecho a la igualdad.* Ya en uno de sus primeros pronunciamientos (STC 10/1981, de 6 de abril), el Juez de la Constitución afirmaba que el principio de igualdad de trato, sancionado por el artículo 14, está asimilado en cuanto a su reconocimiento y tutela a los derechos fundamentales y libertades públicas propiamente dichos (por el artículo 53.2 CE), por lo que puede considerársele incluido entre ellos.

— Con posterioridad, el pronunciamiento anterior se ha visto ratificado con mayor precisión aún. Y así, el Tribunal ha entendido que lo que acoge el artículo 14 es el *derecho de igualdad jurídica* que prohíbe la discriminación o, lo que es lo mismo, que la desigualdad de tratamiento legal sea injustificada por no ser razonable (STC 7/1982, de 26 de febrero). Nos hallamos, pues, en presencia de un *derecho subjetivo a obtener un trato igual* (STC 49/1982, de 14 de julio), evitando los privilegios y las desigualdades arbitrarias. No estamos, por consiguiente, ante el derecho a ser igual que los demás, sino a ser tratado de la misma forma que los demás, lo que evidentemente es distinto.

— El derecho que analizamos puede ser caracterizado como un *derecho relacional,* lo que es tanto como decir que carece de existencia independiente, pues viene referido a los restantes derechos y libertades constitucionalmente proclamados. Quiere ello decir que el derecho subjetivo a la igualdad de trato protege a los individuos frente a todo tipo de trato arbitrario o discriminatorio de que pudieran ser objeto en el ámbito de los restantes derechos y libertades.

— El derecho a la igualdad de trato presenta un *carácter general* (STC 75/1983, de 3 de agosto) por cuanto se proyecta sobre cualesquiera relaciones jurídicas, y muy especialmente sobre las que se establecen entre los ciudadanos y los poderes públicos.

La generalidad del derecho exige, sin embargo, precisar que no siempre nuestro intérprete supremo de la Constitución lo ha admitido en las relaciones entre particulares, lo que relativiza su carácter general. Más aún, en los primeros momentos de la jurisprudencia constitucional, la regla general ha sido la inexigibilidad de la igualdad en las relaciones entre particulares, campo en el que se ha considerado como valor prioritario a defender el de la autonomía personal como expresión de la propia libertad personal. Sin embargo, como al respecto advirtiera *Suay Rincón,* hubiera sido muy conveniente en este punto distinguir según los casos, admitiendo diversas escalas en la vinculación de las relaciones entre particulares al artículo 14.

De alguna manera, esa parece ser la dirección emprendida por la STC 177/1988, de 10 de octubre, a propósito de una reclamación formulada por un grupo de trabajadores que resultaban discriminados respecto de los demás en la percepción de unas cantidades salariales, como consecuencia de las disposiciones de un Convenio Colectivo. El Tribunal Constitucional abordará la problemática suscitada en los siguientes términos:

«Ciertamente el artículo 53.1 del Texto constitucional tan sólo establece de manera expresa que los derechos fundamentales vinculan a los poderes públicos, pero ello no implica una exclusión absoluta de otros posibles destinatarios, dado que, como señala la STC 18/1984, "en un Estado social de Derecho no puede sostenerse con carácter general que el titular de tales derechos no lo sea en la vida social". De aquí que este Tribunal haya reconocido que los actos privados puedan lesionar los derechos fundamentales y que en estos supuestos los interesados puedan acceder a la vía de amparo si no obtienen la debida protección de los Jueces y Tribunales a los que el ordenamiento encomienda la tutela general de los mismos. *Las relaciones entre particulares, si bien con ciertas matizaciones, no quedan, pues, excluidas del ámbito de aplicación del principio de igualdad,* y la autonomía de las partes ha de respetar tanto el principio constitucional de no discriminación como aquellas reglas, de rango constitucional u ordinario, de las que se derive la necesidad de igualdad de trato.»

Admitida la vinculación de los particulares por el artículo 14, el Tribunal precisa que tal principio no puede tener aquí el mismo alcance que en otros contextos. En el ámbito de las relaciones privadas, los derechos fundamentales y, entre ellos, el derecho a la igualdad, han de aplicarse matizadamente, pues han de compatibilizarse con otros valores o parámetros que tienen su origen último en la autonomía de la voluntad.

Proyectando estas ideas sobre el supuesto concreto que nos ocupa, el Tribunal (STC 177/1988) consideraría que el derecho a la negociación colectiva lleva consigo que las partes puedan establecer las diferencias de regulación o de trato que consideren convenientes en razón de los respectivos intereses, pues sólo así se hará efectiva la capacidad reconocida por la Ley a trabajadores y empresarios para regular "las condiciones de trabajo y productividad". Ello, sin embargo, no supondrá otorgar a las partes negociadoras un cheque en blanco, pudiendo obligar al Tribunal a examinar la cuestión de acuerdo con los mismos parámetros de juicio que se emplean respecto de otras relaciones jurídicas. En todo caso, en el supuesto analizado, el Tribunal denegaría el amparo solicitado.

— En cuanto el artículo 14 establece un derecho subjetivo a obtener un trato igual, impone a los poderes públicos una obligación de llevar a cabo ese trato igual y, al mismo tiempo, limita el poder legislativo y los poderes de los órganos encargados de la aplicación de las normas jurídicas (STC 49/1982, de 14 de julio). Es decir, que en cuanto derecho subjetivo vincula a todos los poderes públicos, lo que no puede entenderse sino como un mandato constitucional (artículo 53.1 CE). Los poderes públicos no pueden dispensar a los ciudadanos un trato desigual, circunstancia que lógicamente se conecta con el principio de interdicción de la arbitrariedad de los poderes públicos (artículo 9.º.3).

Pero aún hay algo más. A los poderes públicos no sólo les veda el artículo 14 un trato discriminatorio o arbitrario, sino que, precisamente por ello, este derecho a la igualdad de trato les marca un límite que no pueden traspasar, y ello tanto por lo que se refiere a la Ley como a su aplicación.

Por lo que al legislador atañe, ese límite consiste en que las normas legales no creen entre los ciudadanos situaciones desiguales o discriminatorias (STC 103/1983, de 22 de noviembre). Y en lo que se refiere a la aplicación de la Ley por los órganos jurisdiccionales, si bien la simple desigualdad de los fallos de diversos casos aparentemente iguales en sus supuestos de hecho no da derecho sin más a entender vulnerado el principio de igualdad en la aplicación de la Ley, pues tales diferencias entre los fallos pueden tener su justa razón de ser (STC 8/1981, de 30 de marzo), es lo cierto que los órganos jurisdiccionales no podrán aplicar un mismo precepto en casos iguales con notoria desigualdad por motivaciones arbitrarias, esto es, no fundadas en razones jurídicamente atendibles, o apoyándose en alguna de las causas de discriminación explícita o genéricamente incluidas en el propio artículo 14.

En todo caso, y para delimitar negativamente este derecho, conviene significar que el principio de igualdad jurídica no constituye un mandato de igualdad absoluta que obligue en todo caso al tratamiento igual de supuestos iguales, pues como ha dicho el Juez de la Constitución (STC 62/1987, de 20 de mayo), ello sería contrario a la propia dinámica jurídica, una de cuyas manifestaciones es la razonable evolución en la interpretación y aplicación de la legalidad.

— A la vista de todo lo expuesto, parece que podemos llegar a una conclusión clara: el artículo 14 establece un derecho subjetivo a la igualdad jurídica, a la igualdad de trato, derecho que no es un derecho autónomo, sino relacional, que impone una obligación a todos los poderes públicos, que no comporta necesariamente una igualdad material, ni tampoco se traduce en una exigencia de uniformidad, sino que les limita en el sentido de vedarles toda actuación generadora de una desigualdad de trato arbitraria o discriminatoria.

Así entendido, el principio del artículo 14 de la Constitución exige el deslinde entre la diferenciación y la discriminación, pues el principio de igualdad de trato de su inciso primero no impide cualquier diferenciación, no impone la uniformidad de trato; ello, por lo demás, chocaría con el principio de igualdad material del artículo 9.º.2 que puede —nosotros llegaríamos a decir que, inexcusablemente, debe— requerir en muchas ocasiones (pensemos, por ejemplo, en las normas tributarias y en el principio de progresividad impositiva) una diferencia de trato. Lo único que veda el artículo 14 son las diferencias arbitrarias y la discriminación por alguna de las causas enumeradas por el inciso segundo del propio precepto, que, como ha dicho *Rodríguez-Piñero*, establece una prohibición más rigurosa, que va más allá de la exigencia de la mera razonabilidad o no arbitrariedad de las leyes, de su aplicación y de las actuaciones de los poderes públicos, para suponer una crítica y una corrección de unos fenómenos sociales anómalos que pueden tener su origen, aunque no necesariamente, en medidas legales, y que no consisten sólo en actos o medidas concretas, sino que afectan también a situaciones sociales de discriminación.

Llegados aquí, se impone el análisis separado de lo que bien podríamos denominar: el principio de igualdad de trato y el principio de no discriminación.

c/ El principio de igualdad de trato

I. El principio de igualdad de trato, como venimos diciendo, no impide cualquier diferencia, sino tan sólo aquellas que no se funden en una base objetiva y razonable; consecuentemente, de la igualdad de trato deriva la razonabilidad de las diferencias, esto es, que las diferencias de trato que puedan establecerse sean objetivas y razonables.

Ello entraña que la actuación de los poderes públicos haya de ajustarse a ciertos requisitos cuando conduzca a establecer una diferencia entre los ciudadanos. Estos requisitos han sido delineados por la doctrina constitucional, a la que es imprescindible referirse, si bien antes aludiremos a la jurisprudencia sentada al efecto por el Tribunal Europeo de Derechos Humanos.

II. El Tribunal Europeo de Derechos Humanos, a lo largo de una dilatada jurisprudencia, ha tenido oportunidad de pronunciarse sobre el principio que ahora nos interesa, con ocasión de su interpretación del artículo 14 del Convenio de Roma, que comienza prescribiendo que «el disfrute de los derechos y libertades reconocidos en este Convenio debe ser asegurado sin distinción alguna (sin discriminación en la versión inglesa)». La doctrina de la instancia jurisdiccional europea ha tenido un eco especial sobre la jurisprudencia de nuestro Juez de la Constitución; de ahí su interés para nosotros. La doctrina del órgano europeo puede ser sistematizada como sigue:

— En primer término, el Tribunal Europeo entiende que la condición específica de la «no discriminación» (o no distinción) en el disfrute de los derechos y libertades reconocidos en el Convenio no debe entenderse en el sentido de que éste prohiba el establecimiento de diferenciaciones legítimas.

— En segundo lugar, la instancia europea cree que una diferencia de trato vulnera el artículo 14 del Convenio cuando la distinción carece de *justificación objetiva y razonable.* La existencia de tal justificación debe apreciarse en relación con la finalidad y los efectos de la medida examinada, considerados desde la perspectiva de los principios que generalmente prevalecen en las sociedades democráticas.

— En tercer término, una diferencia de trato no sólo debe perseguir una *finalidad legítima,* sino que ha de respetar asimismo una *razonable relación de proporcionalidad* entre los medios empleados y la finalidad perseguida.

— En cuarto término, el artículo 14 del Convenio de Roma no impide una diferencia de trato si ésta se basa en una apreciación objetiva de circunstancias de hecho esencialmente diferentes; dicho de otro modo, el derecho a la igualdad protege a los individuos o grupos que se encuentren en una situación comparable.

— Por último, el Tribunal Europeo ha reconocido la peculiar situación de ciertas categorías de personas que ven limitados de modo específico algunos de sus derechos, en virtud de su «relación de sujeción especial», circunstancia que habrá de ser apreciada llegado el caso de decidir acerca de la existencia de una diferencia de trato compatible con el Convenio.

III. Centrándonos ya en la doctrina establecida por el Juez de nuestra Constitución, ésta puede ser sistematizada del siguiente modo:

1. El presupuesto esencial para proceder a un enjuiciamiento desde la perspectiva del artículo 14 de la Constitución es *que los supuestos de hecho, las situaciones subjetivas que quieran compararse sean efectivamente comparables* (STC 76/1986, de 9 de junio) y ello entraña la necesidad de que el término de comparación no resulte arbitrario o caprichoso (STC 148/1986, de 25 de noviembre).

> Una proyección concreta de esta doctrina la encontramos en la STC 26/1987, de 27 de febrero *(Caso LRU),* en la que, frente a la impugnación del artículo 37.4 de la citada Ley de Reforma Universitaria, que impide «concursar a plazas de profesor titular de Universidad a quienes hubieran estado contratados durante más de dos años como ayudantes en la Universidad a que corresponda dicha plaza», con la excepción que en la propia norma se establece respecto de quienes «durante un año o más hubieran realizado tareas de investigación o hubieran sido ayudantes en otra u otras Universidades españolas o extranjeras», artículo considerado por el recurrente contrario al principio de igualdad, el Tribunal advierte que *no puede darse violación del principio de igualdad entre quienes se hallan en situaciones diferentes:* la de quienes permanecen en la misma Universidad a que corresponde la plaza y la de quienes han enseñado o investigado fuera de ella.

Cuando la desigualdad de trato se atribuye al legislador, lo que se requiere para hacer posible un juicio de igualdad es que el legislador haya atribuido las consecuencias jurídicas que el recurrente estima diversificadoras a grupos o categorías personales creadas por el propio legislador, pues es entonces cuando la introducción de «factores diferenciales» (STC 42/1986, de 10 de abril) o de «elementos de diferenciación» (STC 162/1985, de 29 de noviembre) ha de ser debidamente fundada.

La anterior situación difiere notablemente de aquella otra en que existe una previa diferenciación de regímenes jurídicos y una norma posterior establece una regulación diferente para supuestos de hecho comprendidos en cada uno de dichos distintos regímenes jurídicos. No se puede exigir una igualdad de trato al legislador cuando intenta extraer consecuencias jurídicas diversas de situaciones que estaban originariamente en una situación jurídica distinta, siempre que el criterio adoptado por el legislador sea esa diferenciación de régimen jurídico, y la finalidad perseguida por la norma diferenciadora sea coherente con esa diferenciación de partida (STC 148/1986, de 25 de noviembre).

En definitiva, no cabe hablar de una diferencia de trato si ésta se basa en supuestos de hecho o situaciones subjetivas diferentes.

2. Una segunda exigencia para que pueda hablarse de trato desigual nos viene dada por la necesidad de que quien alega la vulneración del principio de igualdad jurídica, solicitando el juicio de igualdad, aporte lo que se conoce como un *«tertium comparationis»*, esto es, un término de comparación que sirva de base para razonar acerca de la posible vulneración del principio de igualdad (STC 14/1985, de 1 de febrero).

Esta exigencia se comprende si se advierte que para que una persona o un conjunto de ellas se encuentren sujetas a un trato desigual, hace falta que otros se hallen en mejor posición, gozando de un régimen jurídico más favorable. Como recuerda *Suay Rincón,* es frecuente que como término de comparación se traiga a colación una norma general y abstracta, en relación con la cual la impugnada tenga el carácter de norma especial, esto es, se nos presente como una norma que excluya de otra más general un determinado conjunto de supuestos de hecho y que disponga una consecuencia jurídica distinta.

3. El principio de igualdad de trato exige *que la diferenciación persiga una determinada finalidad,* exigencia perfectamente comprensible si se advierte que la introducción de un «factor diferencial» que no respondiese a fin alguno, que fuese puramente gratuito, deberá tacharse de arbitraria. Esta *finalidad* ha de ser *legítima;* dicho de otro modo, ha de asentarse en una *justificación objetiva y razonable,* de acuerdo con criterios y juicios de valor generalmente aceptados, cuya exigencia, según el Tribunal (STC 75/1983, de 3 de agosto), debe aplicarse en relación con la finalidad y efectos de la medida considerada.

La razonabilidad de la finalidad pretendida por la diferenciación no debe entenderse en el sentido de que haya de perseguirse un bien o valor constitucional; basta, por el contrario, con que el fin perseguido sea constitucionalmente admisible.

Por poner un ejemplo concreto que ilustre el *juicio de razonabilidad,* recordaremos que en su Sentencia 123/1987, de 15 de julio, el Juez de la Constitución entendía que una norma favorecedora del pluralismo, que es finalidad razonable y atendible, no puede considerarse como vulneradora del principio de igualdad.

Aunque la razonabilidad no exige que la finalidad del «factor diferencial» sea un bien o valor constitucional, ello, desde luego, no quiere decir que esta circunstancia sea irrelevante. Como fácilmente puede advertirse, cuando la finalidad de la diferenciación coincide con un bien constitucional, el margen de actuación de los poderes públicos es mucho menor, puesto que sólo podrá aceptarse aquella posibilidad que conduzca a la mejor realización del valor constitucional. Ese margen se ampliará cuando el fin perseguido no consista en un bien o valor constitucional, siendo meramente admisible desde la óptica constitucional; en este caso, los poderes públicos dispondrán de diferentes opciones (todas aquellas que no choquen con la norma constitucional). Es precisamente por esta última circunstancia por lo que constituye una reiterada doctrina constitucional (SSTC 75/1983, de 3 de agosto, 6/1984, de 24 de enero, 148/1986, de 25 de noviembre...) que el juicio de igualdad tiene su sentido exclusivo en la evitación de diferenciaciones carentes de todo basamento objetivo, y no en la determinación de cuáles sean las opciones mejores o más adecuadas que pudiera haber acogido el legislador.

4. El principio de igualdad de trato requiere asimismo, como bien advirtiera entre nosotros *Alonso García,* de un *juicio de racionalidad,* consistente en la utilización del argumento objetivo, lógico, que supone la relación medios—fines. Es irracional algo que pretende ser un medio para alcanzar un fin y, en realidad, no tiene nada que ver con la consecución de dicho fin. De esta forma, la racionalidad implicará una relación efectiva entre el trato desigual que se establece, el supuesto de hecho que lo justifica y la finalidad que se persigue.

Sus semejanzas con el juicio de razonabilidad son muy notables, pero existen algunas diferencias, la más relevante de las cuales es que mientras la razonabilidad atiende a un dato externo: la admisibilidad constitucional del fin, la racionalidad atiende a algo estructuralmente interno: la relación positiva entre medios y fines.

Un ejemplo del *juicio de racionalidad* lo podemos encontrar en la STC 114/1987, de 6 de julio, en la que el alto Tribunal razonaría como sigue: «La Ley puede condicionar el nacimiento del derecho a una pensión de retiro o de jubilación a la observancia de determinados requisitos objetivos, tales como haber prestado servicio (se refiere el Tribunal al voluntariado militar) durante un cierto tiempo, o el de haber cotizado durante un cierto tiempo como trabajador o funcionario para generar tal derecho. Pero no puede vincular dicha consecuencia prestacional a la observancia de ciertas condiciones que, como la buena conducta, no guardan una relación razonable de causalidad con la finalidad perseguida.» Es decir, no hay una razonable relación entre el medio y el fin.

5. La finalidad legítima perseguida ha de respetar asimismo una *razonable relación de proporcionalidad* entre los medios empleados y la finalidad perseguida. Un trato desigual fundado en un supuesto de hecho real, cuya finalidad sea constitucionalmente admisible y que se ajuste al juicio de racionalidad, vulnerará, sin embargo, el artículo 14 de la Constitución si la consecuencia jurídica que se dedujera fuese desproporcionada. En definitiva, como dice el Juez de la Constitución (STC 123/1987, de 15 de julio), debe darse una relación razonable de proporcionalidad entre los medios empleados y la finalidad perseguida.

d/ El principio de no discriminación

El artículo 14 de la Constitución prohíbe la discriminación por una serie de causas que enumera, si bien con carácter no tasado, puesto que el propio precepto se encarga de precisar que la discriminación no puede prevalecer por «cualquier otra (distinta de las enumeradas: nacimiento, raza, sexo, religión y opinión) condición o circunstancia personal o social». Como significara en el mismo sentido el Tribunal (STC 75/1983, de 3 de agosto), en el artículo 14 no ha de verse una intención tipificadora cerrada que excluya cualquier otra circunstancia de discriminación diferente de las precisadas en el texto legal.

El término *«discriminación»*, en el marco de la protección internacional de los derechos humanos, ha evolucionado de un sentido peyorativo genérico, equivalente a una imprecisa desigualdad de trato, a un sentido más específico y concreto, relativo sólo a desigualdades de trato que son injustas o arbitrarias por basarse en concretas razones especialmente odiosas o rechazables al suponer la negación de la propia igualdad entre los hombres. Como bien dice *Rodríguez-Piñero,* es en este segundo sentido como debe entenderse la utilización por el constituyente del término «discriminación» en el artículo 14.

Esta interpretación ha sido corroborada por el Juez de la Constitución, para quien la específica enunciación de una serie de supuestos de discriminación representa una explícita interdicción del mantenimiento de determinadas diferenciaciones históricamente muy arraigadas y que han situado, tanto por la acción de los poderes públicos, como por la práctica social, a sectores de la población en posiciones no sólo desventajosas, sino abiertamente contrarias a la dignidad de la persona que reconoce el artículo 10 de la Constitución (STC 128/1987, de 16 de julio).

Como parece lógico pensar tras lo expuesto, esta específica alusión constitucional a la «no discriminación» no puede por menos de acarrear alguna consecuencia jurídica.

En un plano muy general, creemos que la exigencia constitucional de *«no discriminación»* parece encerrar una mayor ambición que el principio de igualdad de trato, en el sentido de una proyección más impactante sobre el ámbito de las relaciones entre particulares. La tutela antidiscriminatoria no debiera reducirse por ello mismo, como advierte *Rodríguez-Piñero,* a la discriminación derivada de actos o normas de los poderes públicos, sino que debiera abarcar a formas de discriminación social, productos de actuaciones privadas, pues el Estado «discriminaría» si tolerara pasivamente la existencia de dichas discriminaciones aunque no fuesen originadas por él. En definitiva, en estos supuestos, debe potenciarse la incidencia del artículo 14 sobre el ámbito de las relaciones entre particulares.

Donde mayor trascendencia jurídica reviste el principio de «no discriminación» por alguna de las que el Tribunal Supremo norteamericano llamara *«categorías sospechosas» de discriminación,* es en relación a la justificación de la desigualdad, que en las referidas «categorías» (en nuestro caso explícitamente enumeradas por el artículo 14) se torna mucho más rigurosa.

En su Sentencia 81/1982, de 21 de diciembre, el Tribunal Constitucional es muy claro al respecto:

> «... cuando exista agravio por violación del derecho a la igualdad jurídica —razona el Juez de la Constitución—, compete a quienes sostengan la legitimidad constitucional de la diferenciación ofrecer el mencionado fundamento con objeto de que este Tribunal pueda enjuiciarlo. Y si esa *carga de la demostración del carácter justificado de la diferenciación,* es obvia en todos aquellos casos que quedan genéricamente dentro del general principio de igualdad que consagra el artículo 14 de la Constitución, *tal carga se torna aún más rigurosa en aquellos otros casos en que el factor diferencial es precisamente uno de los típicos que el artículo 14 concreta* para vetar que puedan ser base de diferenciación...»

Como fácilmente puede apreciarse, en los supuestos en que el «factor diferencial» es una de las categorías específicamente contempladas por el artículo 14, la demostración de la justificación de la diferenciación, la fundamentación objetiva y razonable del trato desigual, se hace más rigurosa, de tal modo que una razón que pudiera justificar suficientemente una desigualdad general, puede no bastar para fundamentar una desigualdad específica.

El Tribunal, en una jurisprudencia muy posterior (STC 128/1987, de 16 de julio), ha corroborado la precedente doctrina al significar que la presencia del sexo como elemento diferenciador, «debe llevar a un más cuidadoso análisis de las causas subyacentes en la diferenciación, al tratarse de una característica expresamente excluida como causa de discriminación por la disposición constitucional.»

Por el contrario, la *«carga de la argumentación»*, esto es, la carga de la demostración de la compatibilidad de las normas impugnada con el principio de igualdad, contra lo que algún sector doctrinal ha expresado *(Suay Rincón)*, no se ve alterada. La doctrina establecida en la primera jurisprudencia constitucional es que si existe una diferencia de trato y se solicita la aplicación del artículo 14, compete a los órganos del Estado demandados en el procedimiento la carga de ofrecer la justificación que el diferente trato legal posee (STC 68/1982, de 22 de noviembre). Ello supone una auténtica inversión de las reglas ordinarias sobre la «carga de la argumentación» en beneficio del particular recurrente, si bien esta doctrina, en la que el Tribunal parece incidir cada vez menos, ha venido manteniéndose con independencia de cual fuese el «factor diferencial», esto es, al margen de que se tratase o no de uno de los específicamente enumerados por el artículo 14.

En otros planos ya más puntuales, podríamos recordar que el Juez de la Constitución ha entendido que las discriminaciones que encuentran su origen en las cláusulas específicas del artículo 14 requieren de los poderes públicos, enfrentados a una desigualdad de origen histórico, la adopción de una actitud positiva y diligente tendente a su corrección, de modo tal que la pervivencia en el ordenamiento de una discriminación no rectificada —por la falta de celo y presteza del legislador en la procura de aquella corrección— en un lapso de tiempo razonable, habrá de llevar a la calificación como inconstitucional de los actos que la mantengan (STC 216/1991, de 14 de noviembre).

En aplicación de esta doctrina, el Tribunal declaró nulo el acuerdo de la Dirección General de Enseñanza del Ejército del Aire por el que se denegaba a una mujer el acceso a las pruebas de admisión en la Academia General del Aire, el 23 de marzo de 1987, al entender que desde la entrada en vigor de la Constitución hasta el momento de ese acuerdo, no se había adoptado medida alguna de tipo normativo correctora de la discriminación referida.

En el fondo de este posicionamiento late la problemática de la inconstitucionalidad por omisión, sistemáticamente rechazada por nuestro Juez de la Constitución, pero que ahora, tras la Sentencia 216/1991, deja abierto un portillo por el que puede tener cabida dicha doctrina.

Nos referiremos por último a la *doctrina de la discriminación favorable,* acogida por el Tribunal en su Sentencia 127/1987, de 16 de julio, tomando como punto de partida de su argumentación la histórica situación desventajosa en que se han venido encontrando ciertos sectores de la población (en el caso abordado en esa Sentencia por el Tribunal, la población femenina, colocada en posición de innegable desventaja en el ámbito laboral), por razones resultantes de hábitos sociales muy arraigados. Esta situación histórica es la que conduce al Tribunal a entender como no vulneradora del principio de igualdad una actuación de los poderes públicos (reconocimiento por un Hospital de la Seguridad Social de un complemento retributivo en concepto de guardería a todas las mujeres que, hallándose trabajando en el centro hospitalario, tuviesen hijos menores de seis años) encaminada a remediar esa histórica situación desventajosa de las mujeres en el ámbito laboral, aun cuando establezca un trato distinto para las mujeres, lo que se justificará en la necesidad de dar un trato desigual a situaciones efectivamente distintas, si bien el «factor diferencial» en este caso será el sexo.

e/ El ámbito de aplicación del principio de igualdad

El principio de igualdad garantizado por el artículo 14, en su doble vertiente de igualdad de trato y de no discriminación, se proyecta, como ya tuvimos oportunidad de decir, sobre todos los poderes públicos, operando por ello mismo en dos planos distintos: *igualdad en la Ley* e *igualdad en la aplicación de la Ley,* tal y como se ha sostenido por una reiteradísima doctrina:

> «La regla general de la igualdad ante la Ley contenida en el artículo 14 de la Constitución —afirmaría el Tribunal en su Sentencia 49/1982, de 14 de julio— contempla, en primer lugar, la igualdad en el trato dado por la Ley o *igualdad en la Ley* y constituye desde este punto de vista un límite puesto al ejercicio del poder legislativo, pero es asimismo *igualdad en la aplicación de la Ley,* lo que impone que un mismo órgano no pueda modificar arbitrariamente el sentido de sus decisiones en casos sustancialmente iguales...»

— La *igualdad en la Ley,* esto es, frente al legislador, aunque también frente al poder reglamentario, impide que uno y otro puedan configurar los supuestos de la norma de modo tal que se dé trato distinto a personas que, desde todos los puntos de vista legítimamente adoptables, se encuentran en la misma situación.

— La *igualdad en la aplicación de la Ley* obliga a que ésta sea aplicada efectivamente de modo igual a todos aquellos que se encuentran en la misma situación, sin que el aplicador pueda establecer diferencia alguna en razón de las personas o de circunstancias que no sean precisamente las presentes en la norma.

Como es lógico, en el plano de la aplicación, se hace necesario efectuar una segunda distinción para tomar en cuenta la diferente situación en que se hallan los órganos administrativos, de una parte, y los órganos judiciales de la otra.

Los *órganos administrativos*, esto es, los que integran el amplio conjunto de las Administraciones públicas, no están vinculados por el precedente, pero sí sujetos al control de los Tribunales, que han de corregir las desviaciones que en la aplicación igual de la Ley se produzcan, y ello no sólo en el ejercicio de las potestades regladas, sino también en el ejercicio de la discrecionalidad que las normas frecuentemente conceden a este tipo de órganos. Los Tribunales han de fijar, para llevar a cabo este control, tanto las circunstancias fácticas del caso como el contenido concreto de la norma aplicada. En todo caso, conviene significar que, como ha afirmado el Juez de la constitucionalidad (véase por todas STC 144/1988, de 12 de julio), las decisiones del Juez de instancia sobre uno y otro aspecto de la cuestión (el fáctico y el normativo) podrán ser revisadas, en su caso, por las sucesivas instancias dentro del Poder Judicial, pero no por el Tribunal Constitucional, salvo en lo que afecta al contenido mismo de la norma.

Los *órganos del Poder Judicial* se encuentran en situación bien diversa, pues tanto en la determinación de los hechos como en la interpretación de las normas, son independientes, no hallándose sometidos al control de otro poder del Estado, aunque sus decisiones puedan ser revisadas, tanto en los hechos como en la interpretación del Derecho, por otros Tribunales a través de los recursos previstos en las leyes procesales. El recurso de amparo constitucional —que no puede modificar los hechos declarados probados por los Tribunales ordinarios— sujeta también a estos últimos al control del Tribunal Constitucional, pero ello sólo para el caso de que hayan aplicado leyes contrarias a la Constitución o hayan interpretado de modo incompatible con ésta las que, en otra interpretación, no lo serían. Salvo en este doble supuesto concreto, no corresponderá al Tribunal Constitucional, sino al Tribunal Supremo, determinar cuál es la interpretación correcta de las normas jurídicas (STC 144/1988).

Como puede apreciarse por lo expuesto, el significado del principio de igualdad jurídica en la aplicación de la Ley ofrece un sentido muy diferente del que corresponde al principio de igualdad ante la Ley; según el alto Tribunal (STC 49/1985, de 28 de marzo), mientras este último es de carácter material y pretende garantizar la identidad de trato de los iguales, aquél es predominantemente formal, por cuanto lo que el principio de igualdad en la aplicación de la Ley exige no es tanto que la Ley reciba siempre la misma interpretación a efectos de que los sujetos a que se aplique resulten siempre idénticamente afectados, como que no se emitan pronunciamientos arbitrarios.

En perfecta sintonía con el diferente significado del principio de igualdad jurídica en uno y otro plano, hay que situar la distinta garantía que en el proceso de amparo constitucional puede dispensarse a la regla del artículo 14 (STC 30/1987, de 11 de marzo):

— En el control de diferenciaciones normativas, la intervención del Tribunal garantiza que la singularización enjuiciada responda a una finalidad objetiva y razonable y no a un puro voluntarismo selectivo y, por ello mismo, discriminatorio.

— En el control de la aplicación de la Ley, lo garantizado no es la obtención de una resolución igual a las que se hayan adoptado o puedan adoptarse en el futuro por el mismo órgano judicial, sino la razonable confianza (que a su vez se enlaza con el principio de seguridad jurídica) de que la propia pretensión merecerá del juzgador, a salvo que por éste se fundamente la imposibilidad de atender tal expectativa, la misma respuesta obtenida por otros en casos iguales.

f/ La igualdad en la Ley

I. La igualdad en la Ley, tal y como ya hemos puesto de relieve, impone al legislador la obligación de no establecer distinciones artificiosas o arbitrarias entre situaciones de hecho cuyas diferencias reales, si existen, carecen de relevancia, así como la de no anudar consecuencias jurídicas arbitrarias o irrazonables a los supuestos de hecho legítimamente diferenciados. Todo ello, además, obviamente, de la interdicción de atender como criterio diferencial a alguna de las circunstancias que el propio artículo 14 excluye de modo taxativo.

La regla de la igualdad jurídica, en definitiva, veda al legislador toda desigualdad arbitraria, sin que pueda entenderse lo anterior en el sentido de proscripción de los perjuicios ocasionados por los cambios legislativos (STC 148/1986, de 25 de noviembre), y sin que, como ya hemos advertido, sea oportuno interpretar que de esta regla deriva la necesidad de que todos los españoles se encuentren siempre, en todo momento y ante cualquier circunstancia, en condiciones de absoluta igualdad (STC 83/1984, de 24 de julio).

Tampoco la regla de la igualdad en la Ley acoge lo que habría que denominar la *«discriminación por indiferenciación»*, por cuya virtud, el principio de igualdad impediría no sólo dar un trato diverso a lo que es igual, sino también la igualdad en la diversidad, o lo que es lo mismo, que dos supuestos diversos reciban idéntico trato jurídico.

El Tribunal Constitucional no ha dado el importante paso de admitir esta peculiar modalidad de discriminación. En su Sentencia 86/1985, de 10 de julio, rechazaría que el artículo 14 acoja la interdicción de la identidad de régimen jurídico entre sujetos en posiciones fácticas diferentes. La «discriminación por indiferenciación» no puede situarse, pues, en el ámbito del artículo 14 de la Norma suprema.

II. A la vista de todo lo expuesto, resulta claro que la regla de la igualdad impone al legislador unos determinados límites por lo que al *contenido de la Ley* se refiere. Ahora bien, esos límites se proyectan asimismo hacia el *alcance de la Ley;* ésta, como ya vimos, se ha configurado históricamente como universal y general, derivándose del principio de igualdad el repudio de toda ley singular. ¿Puede seguir manteniéndose esta tesis?

El tema de las *Leyes de carácter singular* sería abordado por el Juez de la Constitución en su Sentencia 166/1986, de 19 de diciembre (que ponía fin a una cuestión de inconstitucionalidad sobre determinados artículos de la Ley 7/1983, de 29 de junio, sobre «expropiación por razones de utilidad pública e interés social de los Bancos y otras sociedades que componen el grupo RUMASA, S.A.»).

Las «*Leyes singulares*» o «*Leyes de caso único*» son aquellas dictadas en atención a un supuesto de hecho concreto, singular, que agotan su contenido y eficacia en la adopción y ejecución de la medida tomada por el legislador ante ese supuesto de hecho, aislado en la Ley singular y no comunicable con ningún otro.

En su enjuiciamiento de este tipo de normas, el Tribunal comienza recordando que la resistencia conceptual que, en principio, suscitó esta clase de Leyes se encuentra actualmente superada por la moderna doctrina científica, según la cual, el dogma de la generalidad de la Ley no es obstáculo insalvable que impida al legislador dictar, con valor de Ley, preceptos específicos para supuestos únicos o sujetos concretos, lo que no quiere decir que las Leyes singulares sean totalmente equiparables a las Leyes generales, en el sentido de que constituyan el ejercicio normal de la potestad legislativa.

Entrando ya en el análisis propiamente jurídico-constitucional, el Juez de la Constitución (STC 166/1986) advierte que «en la Constitución española no existe precepto, expreso o implícito, que impongan una determinada estructura formal a las Leyes, impeditiva de que éstas tengan un carácter singular, si bien consagra principios que obligan a concebir dichas Leyes con naturaleza excepcional».

> El Tribunal advierte de inmediato la presencia de límites frente a las Leyes singulares derivados de ciertos principios constitucionales, como es el caso del principio de igualdad, que impone a las Leyes una vocación de generalidad. Ahora bien, «*la prohibición de desigualdad arbitraria o injustificada no se refiere al alcance subjetivo de la norma, sino a su contenido*»; es precisamente por ello, por lo que la Ley singular debe responder a una situación excepcional igualmente singular, y por lo que «su canon de constitucionalidad es la razonabilidad y proporcionalidad de la misma al supuesto de hecho sobre el que se proyecta».

La conclusión final será que «la Ley singular sólo será compatible con el principio de igualdad cuando la singularidad de la situación resulte inmediatamente de los hechos, de manera que el supuesto de la norma venga dado por ellos y sólo quepa al legislador establecer las consecuencias jurídicas necesarias para alcanzar el fin que se propone». Ello debe implicar lógicamente que el control de constitucionalidad opere en un doble plano: de un lado, excluyendo la creación arbitraria de supuestos de hecho, y de otro, asegurando la razonabilidad, en función del fin propuesto y de las medidas adoptadas.

g/ La igualdad en la aplicación de la Ley

I. La igualdad en la aplicación de la Ley, o más ampliamente, en la aplicación de una determinada ordenación legal o reglamentaria (STC 60/1984, de 16 de mayo) por los órganos jurisdiccionales, implica un derecho subjetivo a obtener un trato igual, lo que significa que a supuestos de hecho iguales, deben serles aplicadas unas consecuencias jurídicas también iguales. Un mismo órgano no puede, pues, modificar arbitrariamente el sentido de sus decisiones en casos sustancialmente iguales, y cuando dicho órgano considere que debe apartarse de sus precedentes tienen que ofrecer para ello una fundamentación objetiva y razonable (SSTC 60/1984, de 16 de mayo y 103/1984, de 12 de noviembre, en una reiteradísima jurisprudencia).

La regla de la igualdad jurídica veda, consecuentemente, una interpretación voluntarista o arbitraria de la norma, o una ruptura irreflexiva e irrazonada con el precedente (STC 100/1988, de 7 de junio). Sin embargo, la igualdad en la aplicación de la Ley no puede obstaculizar el principio de independencia judicial, lo que se traduce en las dos consecuencias siguientes:

1.ª) El artículo 14 no permite la comparación entre Sentencias procedentes de órganos jurisdiccionales diferentes (SSTS 73/1988, de 21 de abril y 117/1988, de 20 de junio). Para tales casos, la institución que realiza el principio de igualdad, y a cuyo través se busca la uniformidad, es la jurisprudencia, encomendada a órganos jurisdiccionales de superior rango (STC 49/1982, de 14 de julio).

2.ª) Nada impide a los órganos judiciales proceder a rectificar su propia y precedente interpretación de la norma. Sobre los órganos del Poder Judicial —ha dicho el Juez de la Constitución (STC 30/1987, de 11 de marzo)— no pesa la exigencia de resolver siempre en los mismos términos sobre supuestos que se pretendan iguales, pues cada caso, para el mismo juzgador, puede merecer una consideración diversa, ya por las peculiaridades que a su juicio muestre, ya porque el entendimiento judicial de la norma aplicable varíe a lo largo del tiempo, ya, incluso, porque parezca necesario corregir errores anteriores en su aplicación. Es precisamente por todo ello por lo que el Tribunal ha considerado que lo único que en estos supuestos de aplicación de la Ley protege el principio de igualdad es la previsibilidad en la resolución judicial (STC 30/1987), esto es, la razonable confianza de que la propia pretensión merecerá del Juzgador la misma respuesta obtenida por otros en casos iguales.

Junto a las dos circunstancias expuestas inmediatamente antes, habría que añadir que el principio de seguridad jurídica veda que el principio de igualdad en la aplicación de la Ley pueda ser llevado a lo que resulte de resoluciones posteriores; ello entorpecería gravemente la necesaria evolución de la jurisprudencia ante la posibilidad de quedar sujetas a revisión todas las Sentencias anteriores contradictorias con las más recientes. La firmeza de una Sentencia y los efectos de la cosa juzgada material —afirma el Tribunal (STC 100/1988, de 7 de junio)— no pueden quedar subordinados a criterios posteriores en la aplicación de la Ley del mismo Tribunal.

II. Producido un cambio de criterio en la aplicación de la norma por un mismo órgano jurisdiccional, habrá que atender a dos elementos para decidir si esa modificación es lesiva del principio de igualdad jurídica del artículo 14:

— El primero de esos elementos es el de la *identidad de los rasgos sustanciales de los supuestos de hecho;* sin esa identidad no cabrá hablar, como es obvio por lo demás, de conculcación del artículo 14.

— El segundo elemento es el de la *motivación del cambio de criterio.* A este respecto, el Tribunal ha considerado (SSTC 63/1984, 64/1984, ambas de 21 de mayo) que la estricta aplicación de la Constitución exige que el cambio de criterio aparezca suficientemente motivado mediante la expresa referencia al criterio anterior y la aportación de las razones que justifican el apartamiento de los precedentes, pues ello constituye una garantía tanto de la evitación de la arbitrariedad como de la promoción de la seguridad jurídica.

Ahora bien, el Tribunal ha admitido las *motivaciones implícitas,* pues, a su juicio, no siempre que falte la motivación expresa del cambio de criterio habrá de entenderse sin más quebrado el principio de igualdad en la aplicación de la Ley. Puede haber casos en los que de la propia lógica interna de la resolución, o de datos externos a ella, pueda inferirse con relativa seguridad —a veces, incluso con certeza— que el cambio objetivamente perceptible es consciente, se ha adoptado de forma reflexiva y no es fruto de un voluntarismo selectivo y, por ello mismo, arbitrario, o bien de la mera inadvertencia (SSTC 49/1985, de 28 de marzo y 66/1987, de 21 de mayo).

No es inútil advertir, finalmente, que nuestro intérprete supremo de la Constitución no ha entrado a valorar la suficiencia de la motivación del cambio de criterio, limitándose a apreciar si existe dicha motivación.

La conclusión de todo lo expuesto es que las divergencias en la interpretación de la Ley no entrañan, en sí mismas, una quiebra del principio de igualdad jurídica, pues la Ley diversamente interpretada por los distintos Jueces o incluso por un mismo Juez, en diversos momentos, es aplicada, sin embargo, por igual siempre que en tal aplicación no se tomen en consideración diferencias personales a las que la Ley misma no conceda relevancia (STC 144/1988, de 12 de julio). Es decir, el mandato del artículo 14 sólo resultará infringido por aquel órgano judicial que, para aplicar con mayor o menor rigor un determinado precepto legal, tome en consideración las circunstancias personales o sociales de quienes son parte en el proceso.

J) Los derechos de la persona en su dimensión vital

a/ El derecho a la vida

El primer derecho, el más fundamental de todos, el «prius» de todos los demás, es el derecho a la vida, que aparece proclamado por el artículo 15 de nuestra Norma suprema en estos términos:

> «Todos tienen derecho a la vida y a la integridad física y moral, sin que, en ningún caso, puedan ser sometidos a torturas ni a penas o tratos inhumanos o degradantes...»

La titularidad de este derecho, que el precepto atribuye a *«todos»*, venía a suscitar la delicada cuestión de si el *«nasciturus»* era o no sujeto del mismo; dicho de otra forma, el artículo 15 dejaba planteado el tema de la constitucionalidad de una supuesta legislación abortiva.

En el debate constituyente ya se suscitó con toda crudeza la cuestión. En el curso del mismo tuvo lugar un importante cambio en la redacción del precepto: la sustitución del sustantivo «persona» por el adjetivo sustantivado «todos». Esta modificación no resultó casual, ni obedeció a un prurito de depuración lingüística; bien al contrario, el Grupo Parlamentario de UCD pretendió con ella universalizar el derecho a la vida, esto es, extenderlo no sólo a las que el Código Civil considera «personas», sino a todo ser humano, aunque se encuentre en el seno materno, esto es, a todo *«nasciturus»*.

Ello no obstante, el Gobierno socialista remitía a las Cortes Generales un proyecto de Ley por el que se incorporaba al Código Penal un nuevo precepto: el artículo 417 bis, de despenalización restringida del aborto en tres supuestos concretos:

1.º) El *aborto terapéutico o médico*, que se plantea en caso de conflicto entre la vida de la madre y la del *«nasciturus»* y que el proyecto de Ley admitía cuando fuera necesario «para evitar un grave peligro para la vida o la salud de la embarazada».

2.º) El *aborto criminológico,* que algunos, con escasísima fortuna, denominan *«ético»,* término cuyo empleo verdaderamente repugna en relación con un aborto. Este supuesto se suscita cuando el embarazo es consecuencia de un hecho constitutivo de un delito de violación, «siempre que el aborto se practique en las doce primeras semanas de gestación y que el mencionado hecho hubiese sido denunciado».

3.º) El *aborto eugenésico,* que se plantea cuando fuere probable que el feto nazca con graves taras físicas o psíquicas, siendo necesario, de conformidad con las previsiones del proyecto, que el aborto se realizara dentro de las veintidós primera semanas de gestación y que el pronóstico desfavorable, respecto del feto, constara en un dictamen emitido por dos médicos especialistas distintos del que interviniere a la embarazada.

El Proyecto sería recurrido en vía de recurso previo de inconstitucionalidad, resolviendo el Tribunal el recurso por medio de su Sentencia 53/1985, de 11 de abril.

La problemática suscitada por el proyecto implicaba un auténtico caso límite en el ámbito del Derecho; así lo reconocería el Tribunal en base a dos consideraciones: en primer lugar, porque el vínculo natural del *«nasciturus»* con la madre fundamenta una relación de especial naturaleza de la que no hay paralelo en ningún otro comportamiento social, pues, a nuestro juicio, creemos evidente el carácter ya obsoleto de la otrora tradicional idea de que el feto es *«pars viscerum matris»,* y en segundo término, por tratarse de un tema en cuya consideración inciden con más profundidad que en ningún otro, ideas, creencias y convicciones morales, culturales y sociales.

La Sentencia se vertebra formalmente en torno a tres núcleos argumentales relevantes: 1.º) la determinación del alcance constitucional de la protección del *«nasciturus»;* 2.º) la legitimidad constitucional de la exclusión de punibilidad del aborto ante determinadas *«indicaciones»* legales, y 3.º) la concreción de si la normativa recurrida establece las suficientes medidas de garantía y de certeza del presupuesto de hecho del precepto.

El Tribunal arranca de la relación existente entre el derecho a la vida y la dignidad de la persona, entendiendo que si bien la vida es un concepto jurídico indeterminado, debe, no obstante, ser considerada como un valor superior del ordenamiento jurídico, pues sin este derecho los restantes no tendrían existencia posible. Aunque para el Tribunal la vida humana es un proceso cuyo momento más decisivo es el del nacimiento, ello no significa que los momentos que le anteceden, a partir de la gestación, carezcan de relevancia. «La vida —admite el Tribunal— es una realidad desde el inicio de la gestación», por lo que la Constitución no puede desproteger la vida «en aquella etapa de su proceso que no sólo es condición para la vida independiente del claustro materno, sino que es también un momento del desarrollo de la vida misma».

Y sin embargo, un tanto sorprendentemente, el Tribunal no admite que el *«nasciturus»* sea titular del derecho fundamental a la vida. «En cuanto (el *«nasciturus»)* encarna un valor fundamental (la vida humana), garantizado por el artículo 15, constituye un bien jurídico protegido constitucionalmente», aunque nuestro supremo Juez de la Constitución no le reconoce la titularidad del derecho a la vida.

La protección constitucional dispensada al *«nasciturus»* implica para el Estado, entre otras, la obligación de establecer un sistema legal para la defensa de la vida que incluya como última garantía las normas penales. Ello no obstante, a renglón seguido, el Tribunal se inclinará por el principio general de legitimidad constitucional del sistema despenalizador de las llamadas *«indicaciones»*.

Dos grandes núcleos argumentales subyacen en la reflexión jurisprudencial:

— En primer término, la posibilidad de que el legislador tome en consideración situaciones características de conflicto que afectan de una manera específica a un ámbito determinado de prohibiciones penales, cual sucede en los supuestos en que la vida del *«nasciturus»*, en cuanto bien constitucionalmente protegido, entra en colisión con derechos relativos a valores constitucionales de muy relevante significación, como la vida y la dignidad de la mujer.

— En segundo lugar, los principios acuñados por la doctrina penal, de razonable exigibilidad de una conducta y de proporcionalidad de la pena. A la vista de estos principios, cree el Tribunal que el legislador puede renunciar a la sanción penal de una conducta que objetivamente pudiera representar una carga insoportable, sin perjuicio de que, en su caso, siga subsistiendo el deber de protección del Estado respecto del bien jurídico en otros ámbitos. Estamos, en definitiva, ante la doctrina de la no exigibilidad de otra conducta, que se complementa con la de la proporcionalidad de la pena.

A partir de aquí, el Tribunal entra en el análisis concreto del tríptico de *«indicaciones»* contemplado por el proyecto, concluyendo que la insuficiencia de las garantías formales de los supuestos despenalizadores, conculca el principio de seguridad jurídica, imprescindible en todo Estado de Derecho, y más aún en el supuesto aquí contemplado. A la vista de todo ello, el Tribunal falla que el Proyecto de Ley Orgánica por el que se introduce el artículo 417 bis del Código Penal es disconforme con la Constitución, «no en razón de los supuestos en que declara no punible el aborto, sino por incumplir en su regulación exigencias constitucionales derivadas del artículo 15 de la Constitución».

En la Sentencia que comentamos, discutibilísima por lo demás, el Tribunal realiza diferentes piruetas acrobáticas en su argumentación. Quizá la más discutible de todas ellas sea su rechazo de la titularidad del derecho a la vida por parte del *«nasciturus»*, que en modo alguno casa con las consideraciones previas que anteceden a dicha conclusión. Además, no dejan de parecernos más que criticables las diferentes ponderaciones de bienes y derechos que lleva a cabo el Tribunal en supuestos de colisiones o conflictos entre ellos. Más aún, las razones en que fundamenta el fallo se nos antojan de una notable debilidad. Una actitud de coherencia con sus postulados argumentales hubiera debido conducir a un fallo radicalmente contrapuesto.

Pero es que, además, y paradójicamente, con su fallo el Tribunal no haría sino posibilitar una nueva Ley despenalizadora aún más amplia que su precedente. En efecto, la Ley Orgánica 9/1985, de 5 de julio, incorporaría al Código Penal un artículo 417 bis que, en ciertos aspectos, aún resulta más lato que el delineado por el Proyecto inicial.

En estos momentos, se discute nuevamente la normación del aborto, propugnándose en ciertos sectores la insuficiencia de la despenalización parcial actual y la conveniencia de introducir una reforma legal, bien dando entrada en nuestro ordenamiento al llamado *«sistema de plazos»* (despenalización del aborto durante un determinado período de tiempo a partir del momento de la gestación), bien posibilitando una nueva indicación, la conocida como *«indicación social»*.

Respecto del *«sistema de plazos»*, creemos que resulta absolutamente incompatible con la actual doctrina constitucional.

Es cierto que el legislador —como ha reconocido el Tribunal— puede tomar en consideración situaciones características de conflicto que afectan de una manera específica a un ámbito determinado de prohibiciones penales, pero no lo es menos que estos singulares conflictos «no pueden contemplarse tan sólo desde la perspectiva de los derechos de la mujer o desde la protección de la vida del *"nasciturus"*». «Ni ésta —dice el Tribunal— puede prevalecer incondicionalmente frente a aquéllos, ni los derechos de la mujer pueden tener primacía absoluta sobre la vida del *"nasciturus"*, dado que dicha prevalencia supone la desaparición, en todo caso, de un bien no sólo constitucionalmente protegido, sino que encarna un valor central del ordenamiento constitucional.» Y como es evidente, el sistema de plazos implicaría una absoluta prevalencia —dentro del plazo legalmente habilitado para abortar con entera libertad— de unos supuestos derechos de la mujer sobre la vida del *«nasciturus»*, algo inequívocamente ilegítimo desde la perspectiva constitucional.

En cuanto a la *«indicación social»*, esto es, la posibilidad de despenalizar el aborto por razones económicas (no poder mantener al niño) o sociales (las injustas presiones a que somete la sociedad a las madres solteras), nos sitúa ante la necesidad de sopesar los bienes o derechos en conflicto. Y a este respecto hemos de interrogarnos: ¿Debe ceder la vida del *«nasciturus»* ante unos «bienes» —por así llamarlos— de tan relativa entidad? La pregunta se contesta, a nuestro modo de ver, por sí sola, y evidentemente esa respuesta no puede ser sino negativa desde el punto de vista constitucional. Además, resulta patético que en un Estado que se define como «social» no quepa otra fórmula de solución con la que hacer frente a los indicados problemas socio-económicos, que, efectivamente, puede plantear en ciertos supuestos el nacimiento de un hijo a su madre, que el aborto.

b/ El derecho a la integridad física y moral

I. Como ya vimos al transcribir con anterioridad el inciso inicial del artículo 15 de nuestra Norma suprema, éste, tras proclamar el derecho a la vida, reconoce el derecho de «todos», «a la integridad física y moral, sin que, en ningún caso, puedan ser sometidos a torturas ni a penas o tratos inhumanos o degradantes».

La misma dignidad del ser humano se encuentra en la base del reconocimiento y razón de ser de este derecho a la integridad física y moral, mediante el cual se protege la inviolabilidad de la persona, no sólo contra ataques dirigidos a lesionar su cuerpo o espíritu, sino también contra toda clase de intervención en esos bienes que carezca del consentimiento de su titular.

Como significa el Juez supremo de la Constitución (STC 120/1990, de 27 de junio), «tortura» y «tratos inhumanos o degradantes» son, en su significado jurídico, nociones graduadas de una misma escala que, en todos sus tramos, denotan la causación, sean cuales fueren los fines, de padecimientos físicos o psíquicos ilícitos infligidos de modo vejatorio para quien los sufre y con esa propia intención de vejar y doblegar la voluntad del sujeto paciente.

Especial importancia en esta materia tiene la normación propia del Derecho internacional. A ella pasamos a referirnos.

España ha ratificado mediante Instrumento de 19 de octubre de 1987, la Convención contra la tortura y otros tratos o penas crueles, inhumanos o degradantes de 10 de diciembre de 1984. Y otro tanto ha hecho con el Convenio Europeo para la prevención de la tortura y de las penas o tratos inhumanos o degradantes, de 26 de noviembre de 1987, ratificado por medio de Instrumento de 28 de abril de 1989.

De conformidad con el artículo 2.º del primero de esos Convenios, todo Estado Parte se compromete a tomar las medidas legislativas, administrativas, judiciales o de otra índole, eficaces para impedir los actos de tortura en todo territorio que esté bajo su jurisdicción.

A efectos de la Convención de 1984 (artículo 1.º) se entiende por «tortura»:

> «... todo acto por el cual se inflija intencionadamente a una persona dolores o sufrimientos graves, ya sean físicos o mentales, con el fin de obtener de ella o de un tercero información o una confesión,

de castigarla por un acto que ha cometido, o se sospeche que ha cometido, o de intimidar o coaccionar a esa persona o a otras, o por cualquier razón basada en cualquier tipo de discriminación, cuando dichos dolores o sufrimientos sean infligidos por un funcionario público u otra persona en el ejercicio de funciones públicas, a instigación suya, o con su consentimiento o aquiescencia.»

No se entenderán, por el contrario, «torturas», los dolores o sufrimientos que sean consecuencia únicamente de sanciones legítimas, o que sean inherentes o incidentales a éstas.

Por lo que al Convenio Europeo se refiere, su artículo 1.º crea un Comité Europeo para la prevención de la tortura, que por medio de visitas examinará el trato dado a las personas privadas de libertad para reforzar, llegado el caso, su protección contra la tortura y las penas o tratos inhumanos o degradantes. A su vez, cada Parte se compromete a autorizar la visita a todo lugar bajo su jurisdicción donde haya personas privadas de su libertad por una autoridad pública.

Digamos finalmente que la Ley 31/1978, de 17 de julio, ha tipificado el delito de tortura, introduciendo a tal efecto en el Código Penal el artículo 204 bis.

II. En el extremo contrapuesto a la vida, y en estrecha conexión con el derecho que ahora examinamos, se sitúa la cuestión de la muerte con los problemas conexos a ella, en especial el tema de la *eutanasia*. El Tribunal Constitucional ha sido tajante en su negativa a aceptar que el derecho a la vida incluya el derecho a su propia muerte. El derecho a la vida tiene un contenido de protección positiva que impide configurarlo como un derecho de libertad que incluya el derecho a la propia muerte.

La precedente consideración no impide, sin embargo, reconocer que, «siendo la vida un bien de la persona que se integra en el círculo de su libertad, pueda aquélla fácticamente disponer sobre su propia muerte, pero esa disposición constituye una manifestación del *"agere licere"*, en cuanto que la privación de la vida propia o la aceptación de la propia muerte es un acto que la ley no prohíbe y no, en ningún modo, un derecho subjetivo que implique la posibilidad de movilizar el apoyo del poder público para vencer la resistencia que se oponga a la voluntad de morir...» (STC 120/1990, de 27 de junio).

En definitiva, no es posible admitir que la Constitución garantice en su artículo 15 el derecho a la propia muerte.

En sintonía plena con esta doctrina, el Tribunal Constitucional ha rechazado en la propia Sentencia que los poderes públicos puedan admitir, siquiera sea mediante una actitud puramente pasiva, el suicidio de los ciudadanos. Y así, en modo alguno puede calificarse de «tortura» o de «trato inhumano o degradante», en el sentido del artículo 15, la autorización de una intervención médica que, en sí misma, no está ordenada a infligir padecimientos físicos o psíquicos, sino a evitar tan sólo, mientras médicamente sea posible, los efectos irreversibles de la inanición voluntaria. Quiere ello decir que la alimentación forzosa por suero, en el supuesto de huelga de hambre, no puede considerarse constitutiva de trato inhumano o degradante en razón del objetivo que persigue.

La situación cambia radicalmente cuando el ciudadano no se halla en una absoluta dependencia de los poderes públicos, sino que es capaz de decidir por sí mismo, pues en este supuesto, el derecho constitucional a la integridad física y moral resultará afectado cuando se imponga a una persona asistencia médica en contra de su voluntad, que puede venir determinada por los más variados móviles y no sólo por el de morir. Esa asistencia médica coactiva constituirá limitación vulneradora del derecho fundamental, a no ser que tenga justificación constitucional (STC 120/1990).

c/ *La abolición de la pena de muerte*

El inciso final del artículo 15, en perfecta sintonía con el derecho a la vida que el propio precepto proclama, declara abolida la pena de muerte en estos términos: «Queda abolida la pena de muerte, salvo lo que puedan disponer las leyes penales militares para tiempos de guerra.»

Una primera conclusión se deriva de la dicción del precepto: la previsión de la pena de muerte por la ley penal militar es potestativa, no necesaria. Su establecimiento depende de la voluntad del legislador, que, obviamente, puede cambiar.

La mayor duda que podía suscitar esta determinación era la del supuesto material habilitante; dicho de otro modo, la circunstancia que podía habilitar al legislador para decidir la implantación de la pena capital. Esa circunstancia extraordinaria es la de «tiempo de guerra». Es evidente que el «tiempo de guerra» a que se alude en el artículo 15 no es en modo alguno equiparable a los estados excepcionales del artículo 116, y, más en concreto, al estado de sitio. Si el constituyente hubiera deseado establecer dicha equiparación, lo habría hecho sin más, empleando idénticos términos. Pero no es así, y por si cupiese alguna duda, el artículo 169 la disipa al aludir por separado a cada una de esas situaciones.

La expresión «*tiempo de guerra*» exigía, por su propia indeterminación, ser precisada por el legislador, que así lo ha hecho, efectivamente, en la Ley Orgánica 13/1985, de 9 de diciembre, de Código Penal Militar. Su artículo 14 prescribe al respecto lo que sigue:

> «A los efectos de este Código se entenderá que la locución *"en tiempo de guerra"* comprende el período de tiempo que comienza con la declaración formal de guerra, al ser decretada la movilización para una guerra inminente o con la ruptura generalizada de las hostilidades con potencia extranjera, y termina en el momento en que cesen éstas.»

Ahora bien, el propio Código Penal Militar, más adelante, acota, delimita, el ámbito del «tiempo de guerra» a los efectos de la imposición de la pena de muerte, a la par que establece un requisito procesal específico para aquellas sentencias que impongan la pena capital. En efecto, de acuerdo con lo que prescribe su artículo 25:

> «La pena de muerte en tiempo de guerra sólo se podrá imponer en casos de extrema gravedad, debidamente motivados en la sentencia y en los supuestos de que la guerra haya sido declarada formalmente o exista ruptura generalizada de las hostilidades con potencia extranjera.»

Quiere ello decirnos que la mera movilización para una guerra inminente, que a otros efectos penales militares se considera «tiempo de guerra», no se entiende en ese sentido cuando de lo que se trata es de la imposición de la pena de muerte.

Digamos para finalizar que la Ley Orgánica 2/1989, de 13 de abril, Procesal Militar, establece determinadas especialidades procesales respecto de aquellas sentencias que impongan la pena de muerte. Así (artículo 406), el recurso de casación contra las sentencias dictadas en la zona de operaciones en las que se imponga la pena de muerte se considera admitido «de derecho» en beneficio del reo. Además, y en todo caso, para la ejecución de la pena de muerte se requerirá previamente el «enterado» del Gobierno.

K) Los derechos de la persona como ser libre

a/ Los derechos inherentes a la autonomía personal

Dentro de los derechos de la persona como ser libre, que como ya señalamos, tratan de crear las condiciones para que la persona disponga de un ámbito de actuación social propio, hemos de referirnos en primer término a los derechos inherentes a la autonomía personal, que garantizan a toda persona un ámbito de intimidad, de privacidad, frente al Estado.

a') El derecho al honor, a la intimidad y a la propia imagen

El artículo 18.1 de nuestra «Lex Superior» garantiza el derecho al honor, a la intimidad personal y familiar y a la propia imagen. Y desde una perspectiva radicalmente contrapuesta: en cuanto límite de las libertades de expresión y de libre comunicación o recepción de información veraz, el artículo 20.4 vuelve a referirse a aquellos derechos.

Estamos ante derechos con un inequívoco significado personalista, estrictamente vinculados a la propia personalidad y derivados sin duda de la dignidad de la persona. La vida privada íntima —afirma *Sánchez Agesta*— es como la atmósfera misma de la personalidad. Todos los derechos que la protegen tienen un carácter individualista, porque lo que en ella se respeta es precisamente la autonomía privada de la vida individual. Son, por eso mismo, los más clásicos y antiguos derechos de la libertad personal.

Los derechos a la imagen y a la intimidad personal y familiar implican la existencia de un ámbito propio y reservado frente a la acción y conocimiento de los demás, necesario, según las pautas de nuestra cultura, para mantener una calidad mínima de la vida humana (STC 231/1988, de 2 de diciembre). Desde esta perspectiva de la dignidad de la persona, no cabe duda, según el Tribunal (STC 197/1991, de 17 de octubre), que la filiación, y muy en particular la identificación del origen del adoptado, ha de entenderse que forma parte de ese ámbito propio y reservado de lo íntimo. Ello dará pie al Tribunal para entender que la publicación por el Diario «*Ya*» de una información sobre la madre del hijo adoptivo de *Sara Montiel* incide sobre el derecho a la intimidad del niño.

Pero el derecho a la intimidad se extiende no sólo a los aspectos de la propia vida personal, sino también a determinados aspectos de otras personas con las que se guarde una personal y estrecha vinculación familiar, aspectos que, por esa relación o vínculo familiar, inciden en la propia esfera de la personalidad del individuo que los derechos del artículo 18 protegen.

«No cabe duda —manifiesta el Juez de la Constitución (STC 231/1988)— que ciertos eventos que pueden ocurrir a padres, cónyuges o hijos tienen, normalmente y dentro de las pautas culturales de nuestra sociedad, tal trascendencia para el individuo, que su indebida publicidad o difusión incide directamente en la propia esfera de su personalidad. Por lo que existe al respecto un derecho —propio y no ajeno— a la intimidad, constitucionalmente protegido.» Aplicando esta doctrina al supuesto resuelto por la Sentencia 197/1991 *(Caso Diario «Ya» contra Sentencia de la Audiencia Territorial de Madrid),* nuestro supremo intérprete de la Constitución llegará a la conclusión de que la publicación de la noticia antes referida no sólo afectaba al derecho a la intimidad personal del menor, sino también al derecho a la intimidad de sus padres adoptivos.

En cuanto al derecho al honor, su nítido significado personalista debe entenderse en el sentido de que el honor es un valor referible a personas individualmente consideradas, lo que hace inadecuado hablar del honor de las instituciones públicas o de clases determinadas del Estado, respecto de las cuales, como ha dicho el Tribunal Constitucional (STC 214/1991, de 11 noviembre), y sin negar que en algunos casos puedan ser titulares del derecho al honor, es más correcto desde el punto de vista constitucional emplear los términos de dignidad, prestigio y autoridad moral.

La anterior doctrina parece aclarar con cierta nitidez que la titularidad de estos derechos es exclusivamente personal, esto es, sólo las personas físicas, españoles o extranjeros, parecen ser titulares de aquéllos. En esta misma dirección se ha reconocido, en relación con el derecho a la intimidad (Auto del Tribunal Constitucional de 17 de abril de 1985, en el que se sienta una doctrina que se acoge poco después en la STC 137/1985, de 17 de octubre), que, por su propio contenido y naturaleza, se refiere a la vida privada de las personas individuales, en la que nadie puede inmiscuirse sin estar debidamente autorizado, y sin que en principio las personas jurídicas, como las Sociedades mercantiles, puedan ser titulares del mismo.

Ello no obstante, por lo que atañe al honor, su significado personalista no ha de entenderse en sentido tan radical que sólo admita la existencia de lesión del derecho al honor constitucionalmente reconocido cuando se trate de ataques dirigidos a persona o personas concretas e identificadas; por el contrario, también es posible apreciar una lesión de ese derecho en aquellos supuestos en los que, aún tratándose de ataques referidos a un determinado colectivo de personas más o menos amplio, los mismos trascienden a sus miembros o componentes siempre y cuando éstos sean identificables, como individuos, dentro de la colectividad, interpretación esta última que no deja de ofrecer notables fallas.

En resumen, el significado personalista que tiene el derecho al honor no impone que los ataques o lesiones al mismo, para que tengan protección constitucional, hayan de estar de modo necesario perfectamente individualizados «*ad personam*» (STC 214/1991, de 11 de noviembre). Aplicando esta doctrina, el Tribunal ha estimado que unas afirmaciones con una manifiesta connotación racista y antisemita, constituyen un atentado al honor de la recurrente en vía de amparo y de todas aquellas personas que, como ella y su familia, estuvieron internadas en los campos nazis de concentración.

Un rasgo muy peculiar de estos derechos de la personalidad es la graduación de su protección en función de las circunstancias y actuaciones de cada persona. Queda ello muy claro en el desarrollo legal del principio general de garantía de los mismos, llevado a cabo por medio de la Ley Orgánica 1/1982, de 5 de mayo, de protección civil del derecho al honor, a la intimidad personal y familiar y a la propia imagen.

Al regular en su artículo 2.º el ámbito de protección de estos derechos, se admite que en lo no previsto por las normas legales, la esfera de estos derechos quede determinada por las ideas que prevalezcan en cada momento en la sociedad y por el propio concepto que cada persona, según sus actos propios, mantenga al respecto y determine sus pautas de comportamiento. El ámbito de protección queda de esta forma delimitado en términos lo suficientemente amplios como para permitir, llegado el caso, al juzgador la determinación de la esfera de protección en función de datos variables según los tiempos y las personas.

Estos derechos son irrenunciables, inalienables e imprescriptibles. Sin embargo, su irrenunciabilidad abstracta es perfectamente compatible con la autorización de intromisiones en ellos consentidas por el propio interesado, pues ese consentimiento no implica la absoluta abdicación de los derechos.

En perfecta sintonía con esta regla, el artículo 2.º.2 de la Ley Orgánica 1/1982, prescribe que no se apreciará intromisión ilegítima en el ámbito protegido cuando estuviere expresamente autorizada por la Ley o cuando el titular del derecho hubiere otorgado al efecto su consentimiento expreso, o, por imperativo del artículo 71 de la Constitución, cuando se trate de opiniones manifestadas por diputados y senadores en el ejercicio de sus funciones.

Por lo que a la protección de estos derechos se refiere, la Ley Orgánica 1/1982 ha venido a protegerlos civilmente frente a todo tipo de intromisiones ilegítimas. La tutela judicial comprenderá la adopción de todas las medidas necesarias para poner fin a la intromisión ilegítima de que se trate y restablecer al perjudicado en el pleno disfrute de sus derechos, así como para prevenir o impedir intromisiones ulteriores.

Pero junto a la protección civil también nos encontramos con la protección penal. Así, el Código Penal dedica el Título X de su Libro 2.º a los delitos contra el honor (calumnia e injuria). Es evidente que en los supuestos en que exista la protección penal tendrá ésta aplicación preferente, por ser la de más fuerte efectividad.

Por lo demás, en cuanto estos derechos se configuran como límites de las libertades de expresión y difusión del pensamiento, su operatividad se plasma no ya sólo en la necesidad de conciliar unos y otras, lo que se traduce —como veremos con detenimiento en un momento ulterior—, en el supuesto de conflicto o colisión, en la ineludibilidad de que el órgano jurisdiccional que conozca del mismo proceda a efectuar la consiguiente ponderación, sino también, en cierto modo, en el reconocimiento de un derecho de rectificación que se otorga a toda persona, natural o jurídica, frente a aquellas informaciones difundidas, por cualquier medio de comunicación social, de hechos que le aludan, que considere inexactos y cuya divulgación pueda causarle perjuicio. Este derecho ha sido objeto de regulación por la Ley Orgánica 2/1984, de 26 de marzo.

Una vía de protección más la encontramos en el artículo 18.4 de la Constitución, al que nos referiremos ya para terminar, y a cuyo tenor:

> «La ley limitará el uso de la informática para garantizar el honor y la intimidad personal y familiar de los ciudadanos y el pleno ejercicio de sus derechos.»

Esta previsión trata de hacer frente a una amenaza cada vez más real que pesa sobre estos derechos: la que proviene de la utilización de la informática, que a través de un uso abusivo de los bancos de datos puede llegar a atentar muy gravemente contra los derechos que contemplamos.

En el momento de la redacción de este epígrafe se halla en trámite de elaboración legislativa el Proyecto de Ley de regulación del tratamiento automatizado de los datos de carácter personal, Proyecto de Ley de carácter Orgánica, publicado en el Boletín de las Cortes Generales del 24 de julio de 1991. El Proyecto en cuestión pretende articular una serie de garantías frente —como en su Exposición de Motivos se afirma— a la posible utilización torticera de ese fenómeno de la contemporaneidad que es la informática. Diremos tan sólo que el artículo 2.º.1 del Proyecto declara de aplicación la Ley a los datos de carácter personal que figuren en ficheros automatizados de los sectores público y privado y a toda modalidad de uso posterior, incluso no automatizado, de datos de carácter personal registrados en soporte físico susceptible de tratamiento automatizado.

b') El derecho a la inviolabilidad del domicilio

El artículo 18.2 de nuestra «Lex Superior» contempla el derecho a la inviolabilidad del domicilio en los siguientes términos:

> «El domicilio es inviolable. Ninguna entrada o registro podrá hacerse en él sin consentimiento del titular o resolución judicial, salvo en caso de flagrante delito.»

En un primer momento, este derecho se conectó con la libertad y seguridad personal de cada ciudadano. Da buena prueba de ello la Enmienda cuarta de la Constitución de los Estados Unidos, que reconoce la inviolabilidad del derecho del pueblo a que sus personas, domicilios, papeles y efectos se hallen a salvo de pesquisas y aprehensiones arbitrarias. Sin embargo, en el constitucionalismo actual este derecho se vincula no tanto a la libertad individual como a la garantía de la privacidad, esto es, a la salvaguarda de un ámbito de autonomía personal.

La propia ubicación sistemática del derecho, en el mismo precepto en que se recogen los derechos al honor y a la intimidad ya resulta por sí sola enormemente significativa. Así lo ha corroborado el Juez supremo de la Constitución, para quien la protección constitucional del domicilio es una protección de carácter instrumental, que defiende los ámbitos en que se desarrolla la vida privada de la persona. Por ello existe un nexo de unión indisoluble entre la norma que prohíbe la entrada y el registro en un domicilio (artículo 18.2) y la que impone la defensa y garantía del ámbito de privacidad (artículo 18.1) (STC 22/1984, de 17 de febrero).

Es precisamente por esta razón, por lo que ha de entenderse obligado el mantenimiento, por lo menos «*prima facie*», de un concepto constitucional de domicilio de mayor amplitud que el concepto jurídico privado o jurídico-administrativo. El domicilio inviolable es un espacio en el cual el individuo vive sin estar sujeto necesariamente a los usos y convenciones sociales y ejerce su libertad más íntima. Por ello, a través de este derecho no sólo es objeto de protección el espacio físico en sí mismo considerado, sino lo que en él hay de emanación de la persona y de esfera privada de ella (SSTC 22/1984 y 137/1985, de 17 de octubre). Queda claro, pues, que la noción constitucional de domicilio se integra por dos rasgos, por dos elementos diferenciados: uno relativo al espacio físico propiamente dicho, y el otro, más ampliamente, a la esfera privada.

Esta amplitud del concepto constitucional de domicilio se proyecta de inmediato sobre las propias garantías que cubre la regla de la inviolabilidad, que impone una extensa serie de garantías y de facultades, en las que se comprenden las de vedar toda clase de invasiones, incluidas las que puedan realizarse sin penetración directa, por medio de aparatos mecánicos, electrónicos u otros análogos.

A la vista de todo lo expuesto, es obvio que nos hallamos ante un derecho de la persona; ahora bien, ¿ha de circunscribirse a las personas físicas o, por el contrario, puede ser reconocido asimismo respecto de las personas jurídicas? La Constitución no circunscribe el derecho a las personas físicas, por lo que debe considerarse extensivo o predicable igualmente respecto de las personas jurídicas. Así lo ha ratificado, por lo demás, nuestro supremo intérprete de la Constitución:

> «La libertad del domicilio —advierte el Tribunal (STC 137/1985)— se califica como reflejo directo de la protección acordada en el ordenamiento a la persona, pero no necesariamente a la persona física, desde el momento en que la persona jurídica venga a colocarse en el lugar del sujeto privado comprendido dentro del área de la tutela constitucional...»

La garantía constitucional del derecho reside en la interdicción de entrada y registro al domicilio, prohibición que tan sólo admite unas excepciones muy determinadas y, desde luego, tasadas. Son éstas: el consentimiento del titular, que según el texto del precepto no necesita ser expreso; la existencia de una resolución judicial que la autorice y la producción de un delito flagrante, supuesto en el que los perseguidores pueden continuar la persecución en el domicilio de la persona afectada. Aunque, como acabamos de decir, estas excepciones son tasadas, esto es, no cabe admitir ninguna otra, es lo cierto que el supuesto de fuerza mayor o de estado de necesidad no parece contrariar ese carácter taxativo de la enunciación constitucional del artículo 18.2. Contemplaremos a continuación estas excepciones:

— La primera de ellas, el *consentimiento del titular,* apenas si suscita cuestión de interés alguna. Advirtamos si acaso tan sólo que en el supuesto de una pluralidad de titulares, basta con la autorización de uno sólo de ellos.

— La segunda excepción se refiere a la *autorización judicial.* Se suscita aquí una problemática de interés: la posible colisión del contenido del derecho con la potestad de la Administración de autoejecución de sus resoluciones y, aún más, con la propia potestad jurisdiccional de hacer ejecutar lo juzgado.

La resolución de este conflicto exige atender a la garantía constitucional del derecho, que como antes dijimos, no es, en su esencia, sino la interdicción del registro domiciliar, entendido como inquisición o pesquisa, para lo que la entrada no es más que un trámite de carácter instrumental. La conclusión que se deduce desde esta perspectiva es que en toda actividad de ejecución de sentencias o decisiones llevada a cabo por los órganos públicos en que ha de producirse con carácter necesario el ingreso de los órganos ejecutores en un domicilio privado, se realiza en mayor o menor medida una inquisición de éste.

A partir de aquí cabe interrogarse acerca de si la circunstancia precedente entraña por sí misma que toda resolución judicial o administrativa que ordene una resolución que sólo pueda llevarse a cabo mediante el ingreso en un domicilio privado, por sí sola no conlleve el mandato y la autorización del ingreso, de suerte que cuando dicho acceso al domicilio sea negado por el titular, haya de obtenerse una nueva resolución judicial que autorice de modo específico la entrada y las actividades que una vez dentro puedan ser realizadas.

El Tribunal Constitucional sentaría una primera doctrina al respecto en su Sentencia 22/1984, de 17 de febrero, en la que se inclinaría por entender que la autorización judicial a que alude el artículo 18.2 de la Constitución debía ser específica. En dicha Sentencia, el supuesto de hecho era el derribo de un inmueble, y el Tribunal exigió, además de la primera resolución judicial por la que se acordaba dicho derribo, una segunda resolución encaminada a satisfacer específicamente la exigencia constitucional del artículo 18.2.

Sin embargo, esta doctrina ha sido expresamente modificada por la Sentencia 160/1991, de 18 de julio, dictada por el Pleno del Tribunal, pese a tratarse de un recurso de amparo, con la finalidad de satisfacer la exigencia contemplada por el artículo 13 de la Ley Orgánica del propio Tribunal.

En un supuesto muy semejante (unas actuaciones de desalojo y demolición de un amplio conjunto de edificaciones del municipio de Riaño, llevadas a cabo en cumplimiento de resoluciones judiciales firmes, confirmatorias por su parte de resoluciones administrativas expropiatorias de tierras), el Tribunal Constitucional rechazará la necesidad de una resolución judicial específica para proceder al desalojo y derribo de las viviendas, al existir una previa resolución judicial firme que ordena la expropiación y consecuente desalojo y derribo de una vivienda.

El razonamiento que al efecto lleva a cabo el Tribunal es inequívoco:

> «Corresponde al Juez (...), de acuerdo con el artículo 18.2 CE, llevar a cabo la ponderación preventiva de los intereses en juego como garantía del derecho a la inviolabilidad del domicilio. Y una vez realizada tal ponderación, se ha cumplido el mandato constitucional. La introducción de una segunda resolución por un Juez distinto no tiene sentido en nuestro ordenamiento, una vez producida, en el caso que se trata, una Sentencia firme en la que se declara la conformidad a Derecho de una resolución expropiatoria que lleva anejo el correspondiente desalojo.»

La nueva doctrina resulta mucho más razonable y ajustada a Derecho que la anterior, con arreglo a la cual, la firmeza de una resolución judicial no impedía que un nuevo órgano jurisdiccional pasase de nuevo a revisar lo acordado, entrando dentro de lo posible el que se tratase de órdenes jurisdiccionales distintos, o incluso que el primer órgano jurisdiccional interviniente fuese de superior rango en la jerarquía jurisdiccional. Como el propio Tribunal Constitucional admite en su segunda Sentencia (STC 160/1991), ello se opondría a los más elementales principios de seguridad jurídica.

Digamos por último que, a la vista del artículo 18.2, nada autoriza a pensar que el Juez competente deba funcionar con un «automatismo formal». Por el contrario, aunque no se somete a su juicio una valoración de la acción administrativa, sí que debe decidir, por el contrario, sobre la necesidad justificada de la penetración en el domicilio de una persona.

Por lo que se refiere al Juez competente, el artículo 87.2 de la Ley Orgánica 6/1985, de 1 de julio, del Poder Judicial, ha atribuido a los Juzgados de Instrucción la autorización, mediante resolución motivada, para la entrada en los domicilios y en los restantes edificios o lugares de acceso dependiente del consentimiento de su titular, cuando ello proceda para la ejecución forzosa de los actos de la Administración.

La Ley de Enjuiciamiento Criminal (art. 550) faculta a los Jueces Instructores para ordenar en los casos indicados en el art. 546 de la propia Ley (existencia de indicios de encontrarse en el domicilio el procesado o efectos o instrumentos del delito, o libros, papeles u otros objetos que pudieren servir para su descubrimiento y comprobación) la entrada y registro, de día o de noche, si la urgencia lo hiciere necesario, en cualquier edificio o lugar cerrado o parte de él, que constituya domicilio de cualquier español o extranjero residente en España, mediante, a falta del oportuno consentimiento del interesado, auto motivado, que se notificará a la persona interesada inmediatamente, o lo más tarde dentro de las veinticuatro horas de haberse dictado.

— La tercera de las excepciones es la del supuesto de *«delito flagrante»*. Con anterioridad a su reforma por la Ley Orgánica 7/1988, de 28 de diciembre, el artículo 779 de la Ley de Enjuiciamiento Criminal consideraba delito flagrante, el que se estuviere cometiendo o se acabara de cometer cuando el delincuente o delincuentes fueren sorprendidos. Tras la modificación legal advertida, desaparecería dicha definición. Ello no obstante, se ha venido entendiendo que la *«flagrancia»* entraña tanto como la percepción directa e inmediata del delito, en definitiva, la «evidencia» de la comisión del mismo.

El tema de la *«flagrancia»* y de su preciso significado ha desatado una ardua polémica parlamentaria con motivo del debate del Proyecto de Ley Orgánica de Seguridad Ciudadana.

En su redacción inicial, el artículo 21.2 del Proyecto (publicado por el Boletín Oficial de las Cortes Generales del día 26 de junio de 1991) establecía como «causa legítima para la entrada y registro en domicilio por delito flagrante» por parte de los Agentes de las Fuerzas y Cuerpos de Seguridad, el conocimiento por parte de estos últimos de que se está cometiendo alguno de los delitos que, en materia de drogas tóxicas, estupefacientes o sustancias psicotrópicas castiga el Código Penal.

La más que dudosa constitucionalidad de esta particular interpretación del concepto de «flagrancia» ha conducido, a lo largo del itinerario legislativo del Proyecto, a complementar la anterior previsión con una serie de matizaciones con las que se tratan de reforzar las garantías legales.

Esas modificaciones son básicamente las siguientes:

1.ª) La necesidad de que se trate de un conocimiento «fundado».

2.ª) La ineludibilidad de que ese «conocimiento fundado» lleve a las Fuerzas y Cuerpos de Seguridad a la «constancia» de que se está cometiendo o se acaba de cometer un delito de narcotráfico. Y

3.ª) La sujeción de la urgente intervención de los Agentes a la necesidad de impedir la consumación del delito, la huída del delincuente o la desaparición de los efectos o instrumentos del delito.

Tras estas modificaciones, el artículo 21.2 de la Ley Orgánica 1/1992, de 21 de febrero, sobre Protección de la Seguridad Ciudadana, considera como «causa legítima para la entrada y registro en domicilio por *delito flagrante*», por parte de los agentes de las Fuerzas y Cuerpos de Seguridad, el *conocimiento fundado* —por parte de estas Fuerzas y Cuerpos— que les lleve a la *constancia* de que se está cometiendo o se acaba de cometer algún delito penalmente castigado en materia de drogas tóxicas, estupefacientes o sustancias psicotrópicas, y ello siempre que la urgente intervención de los agentes sea *necesaria para alcanzar alguno de los fines legalmente previstos:* impedir la consumación del delito, la huida del delincuente o la desaparición de los efectos o instrumentos del delito.

Las modificaciones introducidas en el «iter» legislativo no han eclipsado por entero las dudas del encaje constitucional de un precepto como el que analizamos. No cabe olvidar que, a los efectos que nos ocupan, se ha venido entendiendo que existía un *«delito flagrante»* cuando los agentes gubernativos tenían la evidencia de su comisión. Con la previsión del artículo 21.2 de la Ley Orgánica 1/1992, basta con que el «conocimiento fundado» de los agentes les conduzca a la «constancia» de la comisión del delito. A nuestro modo de ver, sin embargo, cabe interpretar el artículo 21.2 de conformidad con la norma constitucional, eliminando de esta forma su supuesta tacha de inconstitucionalidad. Veamos por qué.

El conocimiento que se exige a los agentes gubernativos ha de ser «*fundado*», esto es, se ha de apoyar en motivos y razones eficaces (como dice el Diccionario de la Real Academia), en definitiva, suficientes. Pero no basta con ese conocimiento, sino que ha de llevarles a la *«constancia»* de que se está cometiendo o se acaba de cometer un delito relacionado con los estupefacientes, esto es, con una actividad delictual de graves repercusiones sociales y que, por ello mismo, suscita notable alarma social. *«Constancia»*, según se afirma en el Diccionario de la Real Academia, es la certeza o exactitud de algún hecho, mientras que *«evidencia»* es la certeza clara, manifiesta y tan perceptible de una cosa que nadie puede dudar racionalmente de ella. Es decir, que de la confrontación de uno y otro concepto se desprende, de un lado, que el de «evidencia» refuerza las garantías, pero, de otro, que ambos conceptos presuponen lo mismo: la certeza del hecho, su exactitud, difiriendo tan sólo en el grado de esa certeza. La diferencia conceptual no presupone una diferenciación sustancial, sino tan sólo de grado, y desde este punto de vista nos parece que las circunstancias delineadas por el art. 21.2 de la Ley de Seguridad Ciudadana son perfectamente reconducibles al concepto de «flagrancia».

Además, no cabe pensar en que esta previsión abre la puerta a la arbitrariedad, vulnerando de esta forma uno de los principios del artículo 9.º.3, por cuanto para la entrada y registro en domicilio no basta con la constancia de la comisión del delito, que ha de estar a su vez sólidamente fundada, sino que dicha entrada y registro domiciliarios han de responder a una de las finalidades predeterminadas legalmente.

En todo caso, no podemos por menos que advertir acerca de lo inusual de la técnica legislativa empleada al recurrir el legislador en sede orgánica a la particularización, respecto de un tipo específico de delitos: los relacionados con el narcotráfico, de una categorización constitucional, la del «delito flagrante», que se contempla con carácter general. Esta prevención que nos suscita el art. 21.2 de la Ley Orgánica de Seguridad Ciudadana no es, sin embargo, a nuestro modo de ver, razón suficiente para considerar a la citada norma como contraria a la Constitución.

— Junto a las excepciones que contempla el artículo 18.2, habría que situar, pese a su carácter taxativo, como ya señalamos en un momento precedente, el supuesto de fuerza mayor o estado de necesidad, que no se opone al carácter tasado de aquellas excepciones.

Un ejemplo del supuesto a que ahora nos referimos lo encontramos en el artículo 21.3 de la Ley Orgánica sobre Protección de la Seguridad Ciudadana, que considera como «causa legítima suficiente para la entrada en domicilio», la necesidad de evitar daños inminentes y graves a las personas y a las cosas, en supuestos de catástrofe, calamidad, ruina inminente u otros semejantes de extrema y urgente necesidad.

Un nuevo supuesto de esta naturaleza lo hallamos en la previsión del artículo 553 de la Ley de Enjuiciamiento Criminal, tras su modificación por la Ley Orgánica 4/1988, de 25 de mayo. El citado precepto autoriza a los Agentes de policía para proceder de propia autoridad, en casos de excepcional o urgente necesidad, a la inmediata detención de aquellas personas que fueren presuntos responsables de las acciones a que se refiere el artículo 384 bis de la misma Ley (delitos cometidos por personas integradas o relacionadas con bandas armadas o individuos terroristas o rebeldes), cualquiera que fuese el lugar o domicilio donde se ocultasen o refugiasen, así como al registro que, con ocasión de aquélla, se efectúe en dichos lugares y a la ocupación de los efectos o instrumentos que en ellos se hallasen y que pudieran guardar relación con el delito perseguido.

Del registro efectuado, conforme a la anterior previsión, se dará cuenta inmediata al Juez competente, con indicación de las causas que lo motivaron y de los resultados obtenidos en el mismo.

Esta determinación de la Ley de Enjuiciamiento Criminal trae su causa del artículo 16 de la Ley Orgánica 9/1984, de 26 de diciembre, contra la actuación de bandas armadas y elementos terroristas y de desarrollo del artículo 55.2 de la Constitución, Ley ya derogada y declarada parcialmente inconstitucional por la Sentencia 199/1987, de 16 de diciembre, que sin embargo no entendió constitucionalmente ilegítimo el anteriormente referido precepto, al considerar que sólo permitía la entrada en un domicilio, sin previa autorización judicial, para efectuar una inmediata detención, y, con ocasión de ella, proceder al registro y ocupación de los instrumentos y efectos relacionados con las actividades terroristas. De ello, a juicio del Tribunal (STC 199/1987), no debía deducirse que el precepto estableciera como regla general la falta de autorización judicial previa para la entrada y registro de un domicilio.

c') El derecho al secreto de las comunicaciones

El artículo 18.3 de nuestra Norma suprema garantiza el secreto de las comunicaciones, en especial, de las postales, telegráficas y telefónicas, salvo resolución judicial.

Este derecho encuentra su antecedente histórico en la inviolabilidad de la libertad y el secreto de la correspondencia, que ya se configura en la Revolución francesa. En 1790, la Asamblea Nacional proclamaba el principio en estos términos: «Le secret des lettres est inviolable.»

Este derecho fundamental consagra la libertad de las comunicaciones, implícitamente, y, de modo expreso, su secreto, estableciendo en este último sentido la interdicción de la interceptación o del conocimiento antijurídicos de las comunicaciones ajenas. El bien constitucionalmente protegido es así la libertad de las comunicaciones ampliamente entendida, esto es, con independencia de cual fuere el medio técnico a cuyo través se realice la comunicación, pues la enumeración constitucional (comunicaciones postales, telegráficas y telefónicas) es meramente ejemplificativa, cabiendo dentro del artículo 18.3 cualquier otra modalidad de comunicación que la técnica pueda habilitar en el futuro.

Este bien constitucionalmente protegido implica, como ha reconocido el Juez de la Constitución (STC 114/1984, de 29 de noviembre), que el derecho pueda conculcarse tanto por la interceptación en sentido estricto (aprehensión física del soporte del mensaje, independientemente de que el mismo se conozca o no) como por el simple conocimiento antijurídico de lo comunicado (apertura de la correspondencia ajena guardada por su destinatario, por ejemplo).

La libertad de comunicación se protege, como acabamos de decir, a través de la imposición a todos del «secreto». Este concepto tiene un carácter «formal» (STC 114/1984), en el sentido de que se predica de lo comunicado, sea cual sea su contenido y pertenezca o no el objeto de la comunicación misma al ámbito de lo personal, lo íntimo o lo reservado. Pero, además, el concepto de «secreto», que aparece en el artículo 18.3, no cubre sólo el contenido de la comunicación, sino también, en su caso, otros aspectos de la misma, como, por ejemplo, la identidad subjetiva de los interlocutores o de los corresponsales.

Esta condición formal del secreto de las comunicaciones (la presunción *«iuris et de iure»* de que lo comunicado es «secreto», en un sentido sustancial) contribuye a aclararnos la identidad del sujeto genérico sobre el que pesa el deber impuesto por la norma constitucional. Y es que tal imposición absoluta e indiferenciada del «secreto» no puede valer, siempre y en todo caso, para los comunicantes. Sobre éstos no pesa tal deber, sino, en todo caso, un posible «deber de reserva» que ya no derivaría del artículo 18.3, sino del derecho a la intimidad proclamado por el artículo 18.1. Como al efecto ha dicho nuestro supremo intérprete de la Constitución (STC 114/1984), la norma constitucional se dirige inequívocamente a garantizar la impenetrabilidad de la comunicación por terceros (públicos o privados, pues el derecho posee eficacia *«erga omnes»)* ajenos a la comunicación misma.

La Ley Orgánica 1/1982, de protección civil del derecho al honor, establece diversas previsiones en orden a la salvaguarda del derecho que ahora nos ocupa; así, por poner tan sólo un ejemplo, su artículo 7.º.2 considera intromisión ilegítima en el ámbito de protección delimitado por la propia norma, la utilización de cualquier medio para el conocimiento de la vida íntima de las personas (aparatos de escucha, dispositivos ópticos...) o de manifestaciones o cartas privadas no destinadas a quien haga uso de tales medios, así como su grabación, registro o reproducción.

El derecho al secreto de las comunicaciones es objeto asimismo de protección a través de la vía penal. Así, el artículo 497 bis del Código Penal (redactado de conformidad con la Ley Orgánica 7/1984, de 15 de octubre), castiga a quien, para descubrir los secretos o la intimidad de otros sin su consentimiento, interceptare sus comunicaciones telefónicas o utilizare instrumentos o artificios técnicos de escucha, transmisión, grabación o reproducción del sonido.

Una consecuencia última de la garantía constitucional del artículo 18.3, como también de la contemplada por el artículo 18.2 (inviolabilidad del domicilio), es la invalidez procesal de la prueba ilícitamente adquirida, esto es, adquirida con vulneración de esas garantías constitucionales. Así lo ha reconocido el Tribunal Constitucional (STC 114/1984), que ha hecho derivar tal consecuencia de la posición preferente de los derechos fundamentales en el ordenamiento y de su afirmada condición de «inviolables» (artículo 10.1 CE).

Esta garantía deriva de la nulidad radical de todo acto —público o, en su caso, privado— violatorio de las situaciones jurídicas reconocidas en la Sección primera del Capítulo 2.º del Título I de la Constitución y de la necesidad institucional de no confirmar, reconociéndolas efectivas, las contravenciones de los mismos derechos fundamentales. Se trata, en definitiva, de una garantía objetiva del orden de libertad.

La garantía constitucional del art. 18.3 puede ser salvada, levantada, mediante resolución judicial, tal y como el mismo inciso final del precepto establece. La razón de ser que subyace a esta determinación es, de modo general, la de posibilitar la investigación de supuestas actuaciones delictivas.

A este respecto, el artículo 579.3 de la Ley de Enjuiciamiento Criminal faculta al Juez para acordar, en resolución motivada, por un plazo de hasta tres meses, prorrogable por iguales períodos, la observación de las comunicaciones postales, telegráficas o telefónicas de las personas sobre las que existan indicios de responsabilidad criminal, así como de las comunicaciones de las que se sirvan para la realización de sus fines delictivos.

El propio precepto, en su apartado cuarto, redactado de conformidad con la Ley Orgánica 4/1988 (que, recordémoslo, trae su causa de la ya derogada Ley Orgánica 9/1984, de desarrollo del artículo 55.2 de la Constitución), prevé una notable salvedad respecto de la prescripción anterior. En efecto, en caso de urgencia, cuando las investigaciones se realicen para la averiguación de delitos relacionados con la actuación de bandas armadas o elementos terroristas o rebeldes, la observación de las comunicaciones podrá ser ordenada por el Ministerio del Interior o, en su defecto, por el Director de la Seguridad del Estado, comunicándolo inmediatamente por escrito motivado al Juez competente, quien, también de forma motivada, revocará o confirmará tal resolución en un plazo máximo de setenta y dos horas desde que fuera ordenada la observación.

El Tribunal Constitucional, en los recursos de inconstitucionalidad presentados frente a la Ley Orgánica 9/1984, de desarrollo del artículo 55.2 de la Constitución, ya se pronunció sobre una previsión idéntica a la del actual artículo 579.4 de la Ley de Enjuiciamiento Criminal (el artículo 17 de la citada Ley Orgánica 9/1984), considerándola legítima desde el punto de vista constitucional, al entender que el legislador está habilitado por el artículo 55.2 de la Constitución para eliminar el carácter previo de la intervención judicial, en supuestos en los que las circunstancias del caso no permitiesen la oportuna adopción previa de una resolución judicial, sin perjuicio de la ratificación posterior de la medida por la autoridad judicial.

Bien es verdad que la cobertura constitucional de la disposición anterior de la Ley de Enjuiciamiento Criminal resulta bastante más dudosa que la del artículo 17 de la Ley Orgánica 9/1984, aunque los contenidos materiales de ambos preceptos sean iguales, y ello por la sencilla razón de que esta última norma legal aparecía como de desarrollo directo del artículo 55.2 de nuestra Constitución, mientras que no puede decirse lo mismo del artículo 579.4 de la Ley de Enjuiciamiento Criminal.

Signifiquemos por último que, en cualquier caso ,las razones de urgencia a que alude el citado artículo 579.4, en cuanto que afectan a la limitación de un derecho fundamental, han de ser interpretadas restrictivamente. Así lo precisaría el Juez supremo de la Constitución en su Sentencia 199/1987, de 16 de diciembre.

d') La libertad de residencia y de desplazamiento

El artículo 19 de la Constitución reconoce en su párrafo primero el derecho de los españoles a elegir libremente su residencia y a circular por el territorio nacional.

La dicción del precepto es bastante significativa en cuanto al deseo del constituyente de restringir estas libertades a los españoles. Bien es cierto que de ello no debe inferirse que los extranjeros carezcan por entero de estas libertades, o que el ejercicio de las mismas se supedite a la exclusiva discrecionalidad administrativa. En este sentido, ya una Sentencia de 3 de noviembre de 1981, de la Sala Cuarta del Tribunal Supremo, razonaba que:

> «El derecho de residencia de los extranjeros en España no depende de la exclusiva discrecionalidad administrativa, como pretende la Administración apelante, sino que constituye un derecho fundamental garantizado por los artículo 13 y 19 de la Constitución, el Pacto Internacional de Derechos Civiles y Políticos de Nueva York y la Convención Europea para la Salvaguarda de los Derechos Humanos y las Libertades Fundamentales de Roma; derecho que debe ser respetado y amparado siempre que, en expediente tramitado con la garantía de la audiencia de los interesados, no aparezca suficientemente acreditado que los extranjeros legalmente residentes en el territorio nacional han incurrido en algunas de las conductas que autorizan a la Administración al ejercicio de su excepcional facultad de acordar la cesación de ese derecho mediante la orden de expulsión y prohibición de entrada en territorio nacional...»

Más bien, el significado del precepto constitucional debe interpretarse en el sentido de que el constituyente ha querido dejar un mayor grado de disponibilidad al legislador a los efectos de la configuración legal del derecho, respecto de los extranjeros.

La Ley Orgánica 7/1985, de 1 de julio, de los derechos y libertades de los extranjeros en España, viene a corroborar la anterior apreciación, al dedicar sendos Títulos al régimen de entrada y situaciones de los extranjeros y a las salidas del territorio español. Ello no obstante, su artículo 6.º consagra el derecho a circular libremente por nuestro territorio y a elegir con libertad su residencia, para todos aquellos extranjeros que se hallen legalmente en territorio español, sin más limitaciones que las legalmente previstas y las que, con carácter individual, pueda disponer el Ministro del Interior por razones de seguridad pública, que por lo demás sólo podrán consistir en medidas de:

1) presentación periódica ante las autoridades competentes; 2) alejamiento de fronteras o núcleos de población concretados singularmente, y 3) residencia obligatoria en determinado lugar.

Por lo que se refiere a las personas jurídicas, el tenor del artículo 19, al hablar de los españoles, parece excluir que pueda atribuirseles la titularidad de estas libertades, lo que no obsta, como advierte la doctrina *(López Guerra, Espín...)*, a que el principio de unidad de mercado, constitucionalmente consagrado por el artículo 139, suponga la necesidad de no imponer trabas carentes de justificación a la libertad de establecimiento de las personas jurídicas. Es evidente, por lo demás, que las libertades de residencia y de desplazamiento tienen, junto a su significado de libertad individual, una enorme trascendencia desde el punto de vista de la unidad económica y humana del Estado.

El artículo 19 comporta la obligación correlativa de los poderes públicos de no adoptar medidas que restrinjan u obstaculicen el derecho fundamental que en él se proclama. Ahora bien, ello no debe entenderse en el sentido de que las consecuencias jurídicas que se deriven de la fijación de residencia hayan de ser idénticas en todo el territorio nacional, ni tan siquiera en un mismo municipio. Y así, en relación con la revisión de los valores catastrales, el Juez supremo de la Constitución se pronunciaría en el sentido de que:

> «La libertad de elección de la residencia implica (...) la de opción entre los beneficios y perjuicios, derechos, obligaciones y cargas que, materialmente o por decisión de los poderes públicos competentes, corresponden a los residentes en un determinado lugar o inmueble por el mero hecho de la residencia, derechos, obligaciones y cargas que pueden ser diferentes en cada caso, en vitud de circunstancias objetivas y de acuerdo con lo dispuesto en el ordenamiento» (STC 8/1986, de 21 de enero).

En definitiva, el hecho de que los residentes en una determinada zona del territorio nacional hayan de soportar obligaciones y cargas mayores que las de otros —lo que normalmente se corresponde con la atribución de mayores beneficios o de una situación de hecho más ventajosa— no limita o restringe su derecho a la libre elección de residencia.

Por otra parte, las libertades de residencia y de desplazamiento no resultan vulneradas por la exigencia legal del cumplimiento de determinados requisitos. Así, el Tribunal Supremo, en su Sentencia de 24 de septiembre de 1986, entendió que la obligatoriedad de empadronamiento establecida por la legislación ordinaria no infringe la libertad de residencia.

El Tribunal Constitucional ha procedido asimismo a acotar el objeto de estas libertades, especialmente por lo que se refiere a la libertad de residencia. Esa delimitación ha sido más bien negativa, es decir, el alto Tribunal ha acotado qué no es objeto de la citada libertad. Así, en su Auto 212/1984, de 4 de abril, el Tribunal ha rechazado la identificación entre la libertad de residencia y la libre elección de un local en el que instalar una farmacia. Y en otro momento, ha separado el derecho a la residencia del derecho material, ordinario y especial, del inquilino de vivienda a la prórroga forzosa de su contrato locativo, que sólo cede en favor del arrendador en determinados supuestos (Auto 227/1983, de 25 de mayo).

En el mismo Auto 227/1983, el Juez supremo de la Constitución ha procedido a delimitar jurídicamente el domicilio de la residencia. Mientras el domicilio es la sede jurídica de la persona donde cumple sus derechos y obligaciones por tener su residencia habitual, la residencia en su sentido jurídico estricto, supone el lugar donde la persona se encuentra accidental o transitoriamente sin llegar a la permanencia domiciliaria. En definitiva, la residencia se nos presenta como un concepto más amplio que el domicilio, propiciando de esta forma la posibilidad de poder poseer más de un domicilio personal.

Señalaremos por último que estas libertades, de igual forma que cualesquiera otras, no son ilimitadas, sino que permiten restricciones que tengan fundamento bastante. Tal acaece con los funcionarios, a quienes el ejercicio de su cometido funcionarial exige la residencia en el lugar de destino, pero a los que por la naturaleza de la relación de servicio que efectúan, se les puede imponer restricciones a fin de alcanzar la mayor efectividad de dicha relación, como sucede con la medida de traslado forzoso a otra localidad por necesidades o conveniencias del servicio, siempre que se apoye en causas determinadas y justificadas. Pues bien, esas medidas de traslado forzoso, aunque restrinjan la libertad constitucionalizada por el artículo 19, no resultan contrarias a dicho precepto, debiendo entenderse como un límite permitido del derecho que el mismo consagra (Auto del Tribunal Constitucional 781/1985, de 13 de noviembre).

El párrafo segundo del propio artículo 19 consagra a su vez las *libertades de entrada y salida de España* en estos términos:

> «Asimismo tienen derecho (los españoles) a entrar y salir libremente de España en los términos que la ley establezca. Este derecho no podrá ser limitado por motivos políticos o ideológicos.»

Como puede apreciarse, el precepto, a diferencia del párrafo primero, efectúa una expresa remisión a «los términos que la ley establezca», con lo que se nos está revelando la sujeción del desarrollo de estas libertades a una más amplia capacidad de disposición por parte del legislador. No es que las libertades de residencia y desplazamiento no puedan ser limitadas, como ya hemos visto, pero es patente que en estas otras libertades de entrada y salida del territorio nacional, la disponibilidad del legislador se nos revela mayor. Ello no obstante, esa disponibilidad tiene un límite material intangible: la absoluta interdicción de restringir el derecho por motivos políticos o ideológicos, disposición que encuentra su razón de ser en la muy frecuente restricción de estas libertades, en el régimen anterior, precisamente por meros motivos políticos o ideológicos.

e') El derecho a contraer matrimonio

En el ámbito de los derechos inherentes a la autonomía personal se inscribe necesariamente el derecho a contraer matrimonio. Bien es verdad que no estamos tanto ante una libertad que garantice a la persona un ámbito de privacidad, como ante un derecho con el que se trata de salvaguardar la libre vinculación de una persona con otra a los efectos de constituir una unión estable que se manifiesta como una familia legalmente reconocida. Desde este punto de vista, el derecho que nos ocupa se nos presenta como una manifestación fundamental de la autonomía de que debe gozar todo ser humano.

De conformidad con el artículo 32 de la Constitución:

> 1. «El hombre y la mujer tienen derecho a contraer matrimonio con plena igualdad jurídica.»
>
> 2. «La ley regulará las formas de matrimonio, la edad y capacidad para contraerlo, los derechos y deberes de los cónyuges, las causas de separación y disolución y sus efectos.»

El primer rasgo a destacar de este derecho es el de la propia ubicación del artículo en que se enuncia: el artículo 32 se sitúa en la Sección segunda del Capítulo 2.º del Título I, mientras que los derechos que hemos venido examinando con anterioridad encontraban su reconocimiento constitucional en la Sección primera, lo que nos revela que el derecho a contraer matrimonio no goza de una protección jurídica tan reforzada como los anteriores. No nos hallamos, pues, en presencia de un derecho fundamental en el sentido jurídico-constitucional del término.

Dos consideraciones diferenciadas nos suscita el artículo 32:

— En primer término, el precepto consagra el principio de la plena igualdad jurídica de los cónyuges, con lo que viene a poner término a una tradicional situación jurídica de discriminación a la que se veía sometida la mujer casada. Esta igualdad jurídica no es, en último término, sino una precisa particularización del principio de igualdad formal que proclama el artículo 14 de nuestra Norma suprema.

— En segundo lugar, el precepto contiene una explícita remisión al legislador ordinario a los efectos de la normación del matrimonio, esto es, de su régimen jurídico. A tal efecto, el artículo 32.2 enuncia unos contenidos mínimos cuya regulación habrá de ser abordada por el legislador. De entre ellos reviste especial importancia la referencia a las «causas de separación y disolución y sus efectos». Tal alusión implicaba evidentemente el reconocimiento constitucional de la posibilidad de disolver el vínculo matrimonial por medio del divorcio, lo que, a nuestro modo de ver, no obsta para hablar, como antes hacíamos, de la unión estable que hay que presuponer, en principio, que se persigue con la constitución legal de un matrimonio.

La Ley 30/1981, de 7 de julio, vendría a dar cumplimiento al mandato que el constituyente hace al legislador a los efectos de regular el régimen jurídico del matrimonio. Esta Ley modificaría la regulación matrimonial llevada a cabo por el Código Civil.

Aunque el Tribunal Constitucional no ha tenido oportunidad de manifestarse en una Sentencia acerca de la citada norma legal, en su Auto 617/1984, de 31 de octubre, se ocupó del tema marginalmente. A su juicio, la Ley 30/1981 establece un marco legal común para todos los españoles, basado en el respeto a los principios constitucionales contenidos de forma específica en los artículos 14 y 16 de la Constitución: igualdad, libertad religiosa, aconfesionalidad con la consiguiente no discriminación por creencias religiosas y cooperación con la Iglesia Católica y las demás confesiones.

En la referida regulación legal se prevé el reconocimiento de los matrimonios celebrados según las normas del Derecho canónico, si bien —precisa el Juez de la constitucionalidad— tal reconocimiento no supone la asunción por el Estado de las características y propiedades que la Iglesia Católica asigna al matrimonio en su fuero propio, dado que, por su carácter pluralista y aconfesional, el Estado no viene obligado a trasladar a la esfera jurídico-civil los principios o valores religiosos que gravan la conciencia de determinados fieles y se insertan en el orden intraeclesial.

Una última consideración se hace necesaria. El reconocimiento constitucional del derecho de todo hombre y mujer a contraer matrimonio, no puede dejar de tener una serie de consecuencias en orden a la protección de la familia surgida como fruto de un matrimonio, frente a aquellas uniones de hecho cuyo «status» jurídico no tiene necesariamente que equipararse, por lo menos en ciertos aspectos, a la familia matrimonial.

Desde este punto de vista se comprende que el artículo 39, norma de apertura del Capítulo 3.º del Título I, prescriba (en su apartado primero) que «los poderes públicos aseguran la protección social, económica y jurídica de la familia», referencia ésta a la familia que parece llamada a entenderse en el sentido de la familia matrimonial. Esta previsión es perfectamente compatible con el principio de igualdad de los hijos ante la ley, independientemente de su filiación, y con el principio asimismo de igualdad de las madres, cualquiera que fuese su estado civil, correspondiendo a los poderes públicos el aseguramiento de la protección integral de los hijos (artículo 39.2). En desarrollo de esta previsión se aprobó la Ley 11/1981, de 13 de mayo, de modificación del Código Civil en materia de filiación, patria potestad y régimen económico del matrimonio. Señalemos por último el deber que constitucionalmente pesa sobre los padres, de prestar asistencia de todo orden a los hijos habidos dentro o fuera del matrimonio, durante su minoría de edad y en los demás casos en que legalmente proceda (artículo 39.3).

b/ Los derechos a la libertad y seguridad personales

La libertad es una dimensión esencial de la persona. Entendida como libertad general de actuación o, si se prefiere, como libertad general de autodeterminación individual (STC 137/1990, de 19 de julio), se nos presenta como un valor superior del ordenamiento jurídico que se concreta en un conjunto de manifestaciones a las que la Constitución concede la categoría de derechos fundamentales.

Viene de esta forma la libertad a garantizar un elenco de derechos fundamentales que, sin embargo, no tienen ni pueden tener como contenido concreto cada una de las manifestaciones de su práctica, por importantes que éstas sean en la vida del individuo (STC 89/1987, de 3 de junio).

Una de las vertientes más significativas que garantiza aquel valor superior es la libertad personal que contempla el artículo 17 de la Constitución, esto es, la libertad física, la libertad frente a la detención, condena o internamientos arbitrarios. El artículo 17 acoge al respecto un conjunto de mecanismos de bien dispar naturaleza que se encaminan a proteger jurídicamente la libertad personal. En una dirección análoga debe situarse el art. 25. Y a estas garantías pasamos ahora a referirnos.

a') La garantía legal de la privación de libertad

I. El derecho a la libertad y seguridad personal se nos presenta como uno de los derechos de más añejo reconocimiento formal. En efecto, ya en el punto 37 de la Carta Magna del Rey Juan (1215) se afirma:

> «Ningún hombre libre podrá ser detenido, ni preso (...), ni perjudicado en cualquier otra forma, ni procederemos, ni ordenaremos proceder contra él, sino en virtud de un juicio legal por sus pares o por la ley del país.»

Contemporáneamente, la Declaración de Derechos del Hombre y del Ciudadano, de 26 de agosto de 1789, se hará eco de este derecho en su artículo 7.º, que comienza prescribiendo que: «Nul homme ne peut être accusé, arrêté ni détenu que dans les cas déterminés par la Loi, et selon les formes qu'elle a prescrites.»

Este último precepto dejaría su impronta en el constitucionalismo, que ha venido manteniendo casi inmutable dicha determinación. Así nos lo corrobora el artículo 17.1 de nuestro texto constitucional, a cuyo tenor:

> «Toda persona tiene derecho a la libertad y a la seguridad. Nadie puede ser privado de su libertad, sino con la observancia de lo establecido en este artículo y en los casos y en la forma previstos en la ley.»

El artículo 17.1 trata, pues, de garantizar que nadie pueda ser privado de su libertad sino en los casos y de acuerdo con el procedimiento legalmente previstos. De esta forma, lo que se consagra, en último término, es la garantía legal de la privación de libertad; dicho de otro modo, que nadie pueda ser desposeído de su libertad si no es por una circunstancia legalmente predeterminada y con arreglo a un procedimiento también preestablecido por la misma norma legal.

Con la remisión a la ley se trata de imposibilitar que el Ejecutivo y sus agentes puedan precisar las circunstancias en que cabe privar a una persona de su libertad. En cuanto obra del órgano que permanentemente actualiza la voluntad popular, la ley se presenta como el instrumento jurídico que ofrece las mayores garantías, todo ello independientemente del hecho de que el recurso a la norma legal implica dejar en manos de los representantes del pueblo, elegidos por todos los ciudadanos, la concreción de las causas de privación de libertad.

Por lo demás, la predeterminación de las causas y de la forma de la privación de libertad responde a las exigencias lógicas del principio de seguridad jurídica, que exige que todo ciudadano pueda razonablemente conocer de antemano qué conductas pueden privarle de la libertad.

Es a la vista de todo lo expuesto como puede comprenderse que el incumplimiento del principio de legalidad punitiva (tipicidad) y procesal, se configure como una vulneración de la libertad personal (STC 31/1985, de 5 de marzo).

Ahora bien, el derecho a la libertad se extiende, en los supuestos de privación de la misma, no sólo a que se respeten los casos y la forma legalmente previstos, sino también a que la norma legal que ha de fijar tales supuestos y formalidades, reúna a su vez una serie de características, derivadas de los mandatos constitucionales y relativas a su tipo, rango y modo de aprobación. De esta forma, el Tribunal Constitucional ha entendido que el derecho a la libertad del artículo 17.1 es el derecho de todos a no ser privados de la misma, salvo en los casos y en la forma previstos en una Ley que debe tener carácter de Orgánica, por cuanto, por el hecho de fijar las condiciones de tal privación, es desarrollo del derecho que así se limita (STC 140/1986, de 11 de noviembre, y a partir de la misma, un amplio repertorio jurisprudencial: SSTC 160/1986, de 16 de diciembre; 17/1987, de 13 de febrero; 122/1987, de 14 de julio... etc.). No debe extrañar esta exigencia por cuanto es patente que constituye una garantía de los derechos constitucionalmente reconocidos, al suponer límites y requisitos para la acción normativa de los poderes públicos.

II. De una última cuestión debemos ocuparnos: se trata del ámbito que abarca el derecho a la libertad contenido en el artículo 17.1. Del contexto del artículo 17 —cuyo apartado segundo se refiere específicamente a la detención preventiva y cuyo apartado cuarto alude a la prisión provisional— podría deducirse que este derecho se circunscribe a las situaciones de privación de libertad anteriores a la imposición de una condena penal o, lo que es igual, a la detención preventiva y a la prisión provisional. Sin embargo, el Juez de la Constitución ha entendido (SSTC 140/1986, de 11 de noviembre y 159/1986, de 16 de diciembre) que este derecho se extiende también a aquellos casos en que la privación de libertad viene determinada, con carácter definitivo y no provisional o cautelar, por una condena penal en Sentencia firme.

Desde una perspectiva opuesta, el Tribunal Constitucional ha considerado (STC 22/1988, de 18 de febrero) que no es posible equiparar la privación de libertad a que se refiere el artículo 17 de nuestra «Lex Superior» en sus diversos apartados, con la presencia física de una persona en las dependencias policiales para la práctica de una diligencia (en el caso en cuestión, la prueba de alcoholemia), por el tiempo estrictamente necesario para llevarla a efecto.

Esta importante doctrina nos suministra un elemento de juicio de innegable relevancia en orden a discernir sobre la legitimidad constitucional del artículo 20.2 de la Ley Orgánica 1/1992, de 21 de febrero, sobre Protección de la Seguridad Ciudadana, que prevé que de no lograrse en la vía pública, o en el lugar donde se hubiere hecho el oportuno requerimiento, la identificación de una persona requerida por los agentes de las Fuerzas y Cuerpos de Seguridad, y siempre que ello resulte necesario a los efectos del ejercicio de las funciones de protección de la seguridad que a los agentes encomienda la Ley, los propios agentes, para impedir la comisión de un delito o falta o al objeto de sancionar una infracción, podrán requerir a dicha persona a que les acompañe a aquellas dependencias próximas que cuenten con los medios adecuados «*para realizar las diligencias de identificación, a estos solos efectos y por el tiempo imprescindible.*»

Este precepto nos suscita varias consideraciones.

En primer término, la identificación de la persona no puede ser arbitraria, sino que ha de resultar necesaria a los efectos del «ejercicio de las funciones de protección de la seguridad» que a los agentes encomiendan las Leyes (la Ley sobre Protección de la Seguridad Ciudadana y la Ley Orgánica de Fuerzas y Cuerpos de Seguridad) (artículo 20.1).

En segundo lugar, para requerir a una persona a que les acompañe a una dependencia policial, no basta con el hecho de que no se haya producido la identificación «por cualquier medio», sino que ha de existir una razón más profunda: «impedir la comisión de un delito o falta» o «sancionar una infracción» (artículo 20.2).

Por último, la presencia física de la persona en la dependencia gubernativa tiene lugar a los solos efectos de la identificación «y por el tiempo imprescindible».

Si proyectamos la doctrina sentada por el Juez de la Constitución (en su STC 22/1988) sobre el artículo 20.2 de la Ley Orgánica 1/1992, podemos llegar a la conclusión de que dicho precepto no nos sitúa ante una privación de libertad equiparable a la constitucionalmente prevista por el artículo 17. Además, en cuanto la decisión de los agentes ha de responder a unos estrictos fines predeterminados por la Ley, no parece que pueda vislumbrarse que la Ley posibilite resquicios para una actuación arbitraria. La consecuencia de todo ello es que, a nuestro entender, el tantas veces citado artículo 20.2 es constitucionalmente legítimo.

Ello no obstante, aun admitiendo la posibilidad de una interpretación conforme a la Constitución de la retención policial, por lo menos tal y como ha sido delineada jurídicamente por el legislador y a la vista de la doctrina constitucional hasta ahora fijada, no podemos dejar de manifestar la preocupación que un mecanismo como éste suscita, por cuanto es evidente que aunque ello no tenga necesariamente que acontecer, la retención policial puede propiciar actuaciones administrativas difícilmente reconducibles al marco constitucional, al colocar al ciudadano —cuando, por ejemplo, la retención se prolongue— en una situación en la que ni está formalmente detenido (por lo que no goza de las garantías y derechos que asisten a toda persona detenida), ni se halla tampoco en libertad.

En relación con el mismo supuesto legal, hemos de señalar que en las dependencias policiales en las que haya de tener lugar la identificación, se ha de llevar un Libro-Registro en el que se harán constar las diligencias de identificación realizadas en aquéllas, así como los motivos y duración de las mismas. Este Libro estará en todo momento a disposición de la autoridad judicial competente y del Ministerio Fiscal, no obstante lo cual, el Ministerio del Interior viene obligado (artículo 20.3) a remitir periódicamente extracto de las diligencias de identificación al Ministerio Fiscal.

En los casos de resistencia o negativa infundada a identificarse o a realizar voluntariamente las comprobaciones o prácticas de identificación, el artículo 20.4 de la misma Ley determina que «se estará a lo dispuesto en el Código Penal y en la Ley de Enjuiciamiento Criminal», debiendo recordar aquí que el artículo 237 del Código Penal tipifica la desobediencia grave a la Autoridad o a sus agentes en el ejercicio de las funciones de su cargo.

En otro orden de consideraciones, aunque lógicamente en relación con el tema que nos ocupa, diremos que el Juez de la Constitución ha entendido que una decisión de arresto tomada en el ámbito castrense por un superior jerárquico del arrestado y cumplida en un recinto militar, no es la detención a que se refiere el artículo 17 de la Constitución (Auto del Tribunal 145/1986, de 12 de febrero). Por el contrario, el arresto domiciliario impuesto a un militar, en aplicación de su régimen disciplinario, sí que ha sido considerado como una sanción privativa de libertad, aun cuando se impusiere «sin perjuicio del servicio» (STC 31/1985, de 5 de marzo).

III. En definitiva, los supuestos de privación o restricción de libertad a que se refiere el artículo 17.1, no se agotan en la modalidad de prisión, como tampoco la comisión de un hecho delictivo es el único título para restringir la libertad.

El artículo 17.1 de nuestra «Lex Superior» no concibe la libertad individual como un derecho absoluto y no susceptible de restricciones. Por el contrario, a través de la Ley podrán establecerse los casos y el procedimiento en que la privación de libertad sea posible, reserva de Ley que, sin embargo, por la excepcionalidad de la restricción o privación de libertad, exige, como ha señalado nuestro intérprete supremo de la Constitución (STC 178/1985, de 19 de diciembre), una proporcionalidad entre el derecho a la libertad y la restricción de la misma, de modo que se excluyan —aun estando previstas en la Ley— aquellas restricciones de libertad que, no siendo razonables, rompan el equilibrio entre el derecho y su limitación.

En resumen, el legislador, aun siendo competente para concretar los supuestos de privación de libertad, está sujeto en todo momento al principio de proporcionalidad, además, obviamente, de la obligación que sobre él pesa en todo momento de respetar el contenido esencial del derecho.

b') La garantía judicial y los límites temporales de la detención preventiva

I. Una segunda garantía se ha de añadir a la inmediatamente antes examinada: nos referimos a la garantía judicial, de conformidad con la cual, privada de libertad una persona, ha de ser puesta a disposición de la autoridad judicial en el más breve plazo posible.

La detención por la autoridad administrativa es, con mucho, la causa más habitual de privación temporal de libertad de una persona. No debe extrañarnos por ello mismo que el artículo 17.2 de nuestra Norma suprema contemple una serie de previsiones en relación con la detención preventiva. A su tenor:

> «La detención preventiva no podrá durar más del tiempo estrictamente necesario para la realización de las averiguaciones tendentes al esclarecimiento de los hechos, y, en todo caso, en el plazo máximo de setenta y dos horas, el detenido deberá ser puesto en libertad o a disposición de la autoridad judicial.»

Ahora bien, en sintonía con la doctrina sentada respecto del concepto de «privación de libertad», el Tribunal (STC 98/1986, de 10 de julio) ha considerado como «detención» cualquier situación en que la persona se vea impedida u obstaculizada para autodeterminar, por obra de su voluntad, una conducta lícita, de suerte que la detención no es una decisión que se adopte en el curso de un procedimiento, sino una pura situación fáctica, sin que puedan encontrarse zonas intermedias entre detención y libertad.

Como proyección de la anterior doctrina, el Juez de la constitucionalidad ha entendido, con buen criterio, que la privación de libertad que implica el internamiento judicial en un establecimiento psiquiátrico previsto para determinados casos por el Código Penal, ha de respetar las garantías que la protección del derecho fundamental a la libertad exige, interpretadas de conformidad con los Tratados y acuerdos internacionales sobre esta materia ratificados por España y, en concreto, por el Convenio para la Protección de los Derechos Humanos y de las Libertades Fundamentales (STC 112/1988, de 8 de junio).

De esta forma, salvo caso de urgencia, la legalidad del internamiento de un enajenado, ha de cumplir, siguiendo la doctrina fijada por el Tribunal Europeo de Derechos Humanos en su Sentencia de 24 de octubre de 1979 *(Caso Winterwerp)*, estas tres condiciones:

1.ª) Haberse probado de manera convincente la enajenación mental del interesado, es decir, haberse demostrado ante la autoridad competente, por medio de un dictamen pericial médico objetivo, la existencia de una perturbación mental real.

2.ª) Que la perturbación mental revista un carácter o amplitud que legitime el internamiento. Y

3.ª) Dado que los motivos que originariamente justificaron esta decisión pueden dejar de existir, es preciso averiguar si tal perturbación persiste y en consecuencia debe continuar el internamiento en interés de la seguridad de los demás ciudadanos, es decir, no puede prolongarse válidamente el internamiento cuando no subsista el trastorno mental que dio origen al mismo.

II. El artículo 17.2 contiene dos límites temporales frente a la detención preventiva. Uno de ellos es un plazo de máximos: setenta y dos horas, transcurridas las cuales el detenido deberá ser puesto en libertad o a disposición de la autoridad judicial. Sin embargo, el auténtico plazo, o mejor, la verdadera intención del constituyente cuando prevé la limitación temporal de la detención la encontramos en la determinación de que aquélla «no podrá durar más del tiempo estrictamente necesario para la realización de las averiguaciones tendentes al esclarecimiento de los hechos». Aunque, como es evidente, esta dicción no acota un plazo determinado, es lo cierto que sí revela un sentido inequívoco: circunscribir la detención preventiva al plazo más reducido posible, que en ningún supuesto puede exceder de las setenta y dos horas, período éste que se nos presenta como un límite absoluto que, en situaciones de normalidad constitucional, sólo encuentra una salvedad que se conecta mediatamente con la suspensión individualizada de derechos que prevé el artículo 55.2 de la propia Constitución.

Esa salvedad aparece recogida por el artículo 520 bis (apartado primero) de la Ley de Enjuiciamiento Criminal, incorporado a ésta por la Ley Orgánica 4/1988, de 25 de mayo, a la que ya hemos aludido en momentos precedentes, y que como entonces dijimos, es fiel trasunto de la ya derogada Ley Orgánica 9/1984, de 26 de diciembre, de desarrollo del artículo 55.2.

El citado precepto de la Ley de Enjuiciamiento Criminal, refiriéndose a las personas detenidas como presuntos partícipes de alguno de los delitos a que alude el artículo 384 bis de la propia Ley (delitos cometidos por personas integradas o relacionadas con bandas armadas o individuos terroristas o rebeldes), prevé la posibilidad de prolongar la detención el tiempo necesario para los fines investigadores, más allá como es lógico del tope de las setenta y dos horas constitucionalmente previsto, hasta un límite máximo de otras cuarenta y ocho horas, siempre que, solicitada tal prórroga mediante comunicación motivada dentro de las primeras cuarenta y ocho horas desde la detención, sea autorizada por el Juez en las veinticuatro horas siguientes, requiriéndose tanto para la autorización como para la denegación de la prórroga de una resolución motivada.

El artículo 520 bis.1 de la Ley de Enjuiciamiento Criminal (en adelante LECRIM) establece de esta forma una prórroga de cuarenta y ocho horas del tope máximo de la detención preventiva (setenta y dos horas). Ahora bien, en cuanto esa prolongación del período de detención requiere de una expresa autorización judicial, la suspensión de la garantía del artículo 17.2 se circunscribe exclusivamente a dicha prolongación, pero ni altera el significado procesal de la detención, ni hace decaer en principio las demás garantías que asisten al detenido, algo que se encuentra vedado al legislador, como declarara el Tribunal Constitucional en su Sentencia 199/1987, de 16 de diciembre.

Una segunda excepción encontramos en nuestro ordenamiento respecto de la previsión del artículo 17.2, si bien en este caso se circunscribe a los extranjeros. De conformidad con el artículo 26.2 de la Ley Orgánica 7/1985, sobre derechos y libertades de los extranjeros en España, en ciertos supuestos (estancia ilegal en nuestro territorio, implicación en actividades contrarias al orden público, carencia de medios lícitos de vida y desarrollo de actividades ilegales... etc.), se podrá proceder a la detención del extranjero con carácter preventivo o cautelar mientras se sustancia el expediente de expulsión. Sin embargo, la autoridad gubernativa que acordara la detención habrá de dirigirse al Juez de Instancia del lugar en que la misma se hubiere producido, dentro de las setenta y dos horas siguientes, interesando el internamiento a su disposición en centros de detención o en locales que no tengan carácter penitenciario. En todo caso, el internamiento, que no podrá prolongarse por más del tiempo imprescindible para la práctica de la expulsión, no podrá exceder de cuarenta días.

El Tribunal Constitucional (STC 115/1987, de 7 de julio) entendió que esta previsión es constitucionalmente legítima, por cuanto que la disponibilidad sobre la pérdida de libertad es judicial, sin perjuicio del carácter administrativo de la decisión de expulsión y de la ejecución de la misma.

La decisión judicial respecto a la medida de internamiento del extranjero pendiente de expulsión ha de respetar, en todo caso, los derechos fundamentales de defensa. Además, la intervención judicial no sólo ha de controlar el carácter imprescindible de la pérdida de libertad, sino que ha de permitir al interesado «presentar sus medios de defensa», evitando así que la detención presente el carácter de un internamiento arbitrario.

c') Las garantías procesales de la detención

El artículo 17.3 de nuestra «Lex Superior» proclama las garantías procesales que deben acompañar a toda detención. De conformidad con él:

> «Toda persona detenida debe ser informada de forma inmediata, y de modo que le sea comprensible, de sus derechos y de las razones de su detención, no pudiendo ser obligada a declarar. Se garantiza la asistencia de abogado al detenido en las diligencias policiales y judiciales en los términos que la ley establezca.»

La primera precisión que este precepto exige es la relativa a los titulares de las garantías procesales por él establecidas. La norma las atribuye a «toda persona detenida», lo que es tanto como decir que corresponden a quien haya sido privado provisionalmente de su libertad por razón de la presunta comisión de un ilícito penal y para su puesta a disposición de la autoridad judicial.

Estas garantías encuentran consiguientemente su sentido en el aseguramiento de la situación de quien, privado de su libertad, se enfrenta a la eventualidad de quedar sometido a un procedimiento penal, procurando así la norma constitucional que aquella situación de sujeción no devenga en ningún caso en productora de la indefensión del afectado (STC 107/1985, de 7 de octubre).

Las garantías procesales de la detención pueden reconducirse al tríptico siguiente:

a/ Garantías de información inmediata al detenido.

b/ Garantía de la inexistencia de cualquier obligación de declarar. Y

c/ Garantía de asistencia letrada.

Nos referiremos por separado a cada una de ellas.

a") La garantía de información al detenido

La garantía de la información al detenido abarca dos aspectos diferenciados: de un lado, los derechos que le asisten; de otro, las razones que han movido a su detención. Ambas informaciones han de facilitarse de forma inmediata, previsión con la que el constituyente deja muy clara la perentoriedad de tales informaciones, y de modo tal que sean comprensibles para la persona detenida, lo que exige una transmisión de la información concorde con las características peculiares del detenido.

La Ley Orgánica 14/1983, de 12 de diciembre, ha desarrollado el artículo 17.3 en materia de asistencia letrada al detenido y al preso, modificando a tal efecto los artículos 520 y 527 de la LECRIM.

De conformidad con la nueva redacción del artículo 520.2 de la referida Ley procesal criminal, toda persona detenida (o presa) ha de ser informada de los hechos que se le imputan y de las razones motivadoras de su privación de libertad, así como de los derechos que le asisten y especialmente de los siguientes:

a/ Derecho a guardar silencio, no declarando si no quiere, a no contestar alguna o algunas de las preguntas que le formulen, o a manifestar que sólo declarará ante el Juez.

b/ Derecho a no declarar contra sí mismo y a no confesarse culpable.

c/ Derecho a designar Abogado y a solicitar su presencia para que asista a las diligencias policiales y judiciales de declaración e intervenga en todo reconocimiento de identidad de que sea objeto.

d/ Derecho a que se ponga en conocimiento del familiar o persona que desee, el hecho de la detención y el lugar de custodia en que se halle en cada momento.

e/ Derecho a ser asistido gratuitamente por un intérprete, cuando se trate de extranjero que no comprenda o no hable el castellano. Y

f/ Derecho a ser reconocido por el médico forense o su sustituto legal, y en su defecto, por el de la Institución en que se encuentre, o por cualquier otro dependiente del Estado o de otras Administraciones Públicas.

Como puede apreciarse, el desarrollo legislativo en sede orgánica del artículo 17.3 se ha hecho con una visión amplia, en la que destaca el derecho a ser asistido gratuitamente de intérprete. Este derecho deriva del desconocimiento del idioma castellano que impide al detenido ser informado de sus derechos, hacerlos valer y formular las manifestaciones que considere pertinentes ante la administración policial. Como ha puesto de relieve nuestro Juez de la constitucionalidad (STC 74/1987, de 25 de mayo), este derecho debe entenderse comprendido en el artículo 24.1 de la Constitución en cuanto dispone que en ningún caso puede producirse indefensión. Y aunque es cierto que este precepto parece referirse a las actuaciones judiciales, sin embargo, debe interpretarse extensivamente como relativo a toda clase de actuaciones que afectan a un posible juicio y condena, y, entre ellas, a las diligencias policiales cuya importancia para la defensa es patente.

El derecho a la asistencia de intérprete se reconoce respecto de los extranjeros que desconozcan el castellano. Ahora bien, esta norma no debe interpretarse en sentido excluyente (STC 74/1987), es decir, en el sentido de que al reconocer el derecho a intérprete del extranjero se le niega ese derecho al español que se encuentra en las mismas circunstancias.

b") La garantía de la inexistencia de cualquier obligación de declarar

La garantía de la inexistencia de cualquier obligación de declarar se ha plasmado en el artículo 520.2 de la LECRIM, tal y como acabamos de ver, mediante el reconocimiento a toda persona detenida de dos derechos, de los que además debe ser informado: el derecho a guardar silencio no declarando si no quiere, no contestando a las preguntas que se le formulen o manifestando que sólo declarará ante el Juez, y el derecho a no declarar contra sí mismo y a no confesarse culpable.

c'') La garantía de asistencia letrada

I. En cuanto a la garantía de asistencia letrada al detenido, el inciso segundo del artículo 17.3 la establece para las diligencias policiales y judiciales, si bien su contenido preciso ha de ser concretado por el legislador.

La primera manifestación de esta garantía constitucional la encontramos en la necesaria información que ha de facilitarse a toda persona detenida del derecho que le asiste a designar Abogado y a solicitar su presencia en las diligencias policiales y judiciales.

A salvaguardar este derecho se encaminan las previsiones del artículo 520.4 de la Ley de Enjuiciamiento Criminal, que impone a los funcionarios bajo cuya custodia se encuentre el detenido una doble obligación: un deber de abstención de toda recomendación sobre la elección de Abogado y un deber de comunicar en forma que permita su constancia al Colegio de Abogados el nombramiento del Abogado elegido por aquél para su asistencia.

La garantía de asistencia letrada plasma finalmente en la ineludibilidad de subsanar la falta de designación de Abogado por el detenido. En tal supuesto se procederá a la designación de oficio, recayendo sobre los funcionarios bajo cuya custodia se encuentra aquél, la obligación de requerir del Colegio la designación de letrado de oficio.

El Colegio de Abogados viene a su vez obligado a notificar al letrado designado por el detenido dicha elección, a fin de que manifieste su aceptación o renuncia. En este último caso, o en el de que no compareciere el letrado, el Colegio procederá al nombramiento de un Abogado de oficio. El letrado designado habrá de acudir al centro de detención a la mayor brevedad y, en todo caso, en el plazo máximo de ocho horas, contadas desde el momento de la comunicación al Colegio. Si transcurrido dicho plazo no compareciere injustificadamente letrado alguno en el lugar donde el detenido se encuentre, podrá procederse a la práctica de la declaración o del reconocimiento de aquél, si lo consintiere, sin perjuicio de las responsabilidades contraídas en caso de incumplimiento de sus obligaciones por parte de los Abogados designados.

El artículo 520.6 LECRIM ha precisado, finalmente, el contenido específico de la garantía de asistencia letrada. De conformidad con lo dispuesto por el mismo, la asistencia de Abogado consistirá en:

1.º) Solicitar, en su caso, que se informe al detenido de los derechos a que alude el apartado segundo del propio precepto y que se proceda a su reconocimiento por el médico forense.

2.º) Solicitar del funcionario que hubiese practicado la diligencia en que el Abogado hubiese intervenido, una vez finalizada ésta, la declaración o ampliación de los extremos que considere convenientes, así como la consignación en el acta de cualquier incidencia que haya tenido lugar durante su práctica. Y

3.º) Entrevistarse reservadamente con el detenido al término de la práctica de la diligencia en que hubiere intervenido.

II. Analizado el contenido de la garantía de asistencia letrada, hemos de poner de relieve que aunque el artículo 520 LECRIM contempla dicha garantía, indiferentemente, respecto de toda persona detenida o presa, no podemos confundir los derechos que de ella emanan en uno y otro caso. La diferenciación que advertimos tiene especial relevancia respecto del *derecho al libre nombramiento de Abogado,* manifestación primigenia de la garantía analizada.

Este derecho, como ha advertido el Tribunal Constitucional (STC 169/1987, de 11 de diciembre), presenta una doble proyección constitucional: el artículo 17.3 lo reconoce al *«detenido»* en las diligencias policiales y judiciales como una de las garantías del derecho a la libertad protegido en el número 1 del propio artículo, mientras que el artículo 24.2 lo hace en el marco de la tutela judicial efectiva con el significado de garantía del proceso debido, especialmente del penal (SSTC 21/1981, de 15 de junio y 48/1982, de 5 de julio), y, por tanto, en relación con el *«acusado»* o *«imputado»*.

De ese expreso reconocimiento del derecho a la asistencia letrada, tanto al «detenido» como al «acusado», en distintos preceptos constitucionales, garantes de derechos fundamentales de naturaleza claramente diferenciada, se deriva la imposibilidad de determinar el contenido esencial del derecho a la asistencia letrada en relación conjunta con ambos preceptos.

Esta necesidad de un diseño diferenciado del núcleo del derecho según afecte a un detenido o a un acusado, se ha reflejado en un aspecto puntual, si bien de indiscutible relevancia, como es el de la libre elección de Abogado. ¿Se incluye esta libertad de elección en el núcleo del derecho a la asistencia letrada? La respuesta no puede ser unívoca, sino que exige atender a la situación de la persona de la que se predica el derecho. Así lo ha reconocido, por lo demás, el Juez supremo de la Constitución (STC 196/1987).

En el ejercicio del derecho a la asistencia letrada presenta un lugar destacado la confianza que al asistido le inspiren las condiciones profesionales y humanas de su letrado y, por ello, procede entender que la libre designación de éste viene integrada en el ámbito protector del derecho. Ahora bien, es preciso matizar que si el elemento de confianza alcanza especial relieve cuando se trata de la defensa de un acusado en un proceso penal, no ocurre lo mismo en el supuesto de detención en primeras diligencias policiales, constitutiva de una situación jurídica en la que la intervención del letrado responde a la finalidad de asegurar, con su presencia personal, que los derechos constitucionales del detenido sean respetados, que no sufra coacción o trato incompatible con su dignidad y libertad de declaración y que tenga el debido asesoramiento técnico sobre la conducta a observar en los interrogatorios.

Estas circunstancias, unidas a la propia habilitación del artículo 17.3 al legislador para establecer los términos de ejercicio de este derecho, sin imponerle formas concretas de designación, conducen a entender que la relación de confianza entre detenido y letrado no alcanza la entidad suficiente para hacer residir en ella el núcleo esencial del derecho.

En resumen, el núcleo esencial del derecho del detenido a la asistencia letrada se encuentra, no en la modalidad de la designación del Abogado, sino en la efectividad de la defensa, a diferencia de lo que acaece cuando este derecho se predica de una persona acusada en un proceso penal, pues aquí el elemento de confianza alcanza un relieve muy especial, dado que la defensa suele plantear complejos problemas procesales y sustantivos.

III. La precedente diferenciación iba a resultar decisiva en orden a juzgar acerca de si la forzosa *designación de oficio de Abogado respecto del detenido que se halle incomunicado* era o no conforme a la Constitución.

La Ley de Enjuiciamiento Criminal contempla *la incomunicación* como una situación procesal particular que puede recaer sobre cualquier persona detenida o presa.

La incomunicación de los detenidos o presos sólo puede durar el tiempo absolutamente preciso para evacuar las citas hechas en las indagatorias relativas al delito que haya dado lugar al procedimiento, sin que por regla general deba durar más de cinco días (artículo 506 LECRIM). Por la propia naturaleza de la medida, la regla general que rige respecto de la autoridad habilitada para decidir la incomunicación, es la atribución al Juez instructor de tal decisión.

Sin embargo, el Tribunal Constitucional ha admitido (STC 199/1987, de 16 de diciembre) que en una detención gubernativa la ordenación inmediata de la incomunicación puede realizarla la propia autoridad gubernativa, lo que no excluye ni impide que la decisión definitiva al respecto haya de adoptarse por el órgano judicial. Es decir, en aras de la efectividad de la medida, se justifica una previa decisión de carácter provisional de la autoridad gubernativa, pero sometida y condicionada a la simultánea solicitud de la confirmación por el órgano judicial. Y esto es, en definitiva, lo que ha venido a establecer el apartado segundo del artículo 520 bis LECRIM (precepto introducido, como ya dijimos, por la Ley Orgánica 4/1988, de 25 de mayo), de conformidad con el cual, detenida una persona por un delito cometido por bandas armadas o individuos terroristas o rebeldes, podrá solicitarse del Juez que decrete su incomunicación, debiendo pronunciarse aquél sobre la misma, en resolución motivada, en el plazo de veinticuatro horas. Solicitada la incomunicación, el detenido quedará en todo caso incomunicado sin perjuicio del derecho de defensa que le asiste, hasta que el Juez hubiere dictado la resolución pertinente.

Las consecuencias de la incomunicación sobre los derechos del detenido están recogidas por el artículo 527 de la propia LECRIM, que prescribe que el detenido o preso, mientras se halle incomunicado, disfrutará de los derechos establecidos en el artículo 520 —a los que nos refiriéramos con anterioridad— con las siguientes modificaciones:

a/ En todo caso, su Abogado será designado de oficio.

b/ No tendrá derecho a que se ponga en conocimiento del familiar o persona que desee, el hecho de la detención y el lugar de custodia.

c/ Tampoco tendrá derecho a la entrevista reservada con su Abogado a que se refiere el artículo 520.6 c/.

La previsión del apartado a/ del citado artículo 527 sería objeto de una cuestión de inconstitucionalidad, en la que se suscitaría su supuesta ilegitimidad constitucional por su contradicción con el artículo 17.3 de la Constitución.

El Tribunal abordaría el tema, arrancando de su anteriormente comentada doctrina sobre el núcleo esencial del derecho a la asistencia letrada del detenido, para, a renglón seguido, advertir que la especial naturaleza o gravedad de ciertos delitos o las circunstancias subjetivas y objetivas que concurran en ellos pueden hacer imprescindibles que las diligencias policiales o judiciales dirigidas a su investigación sean practicadas con el mayor secreto. Es en atención a ello por lo que la Ley de Enjuiciamiento Criminal concede a la autoridad judicial la competencia exclusiva para decretar la incomunicación del detenido. En tal situación, la imposición de Abogado de oficio se revela como una medida más de las que el legislador, dentro de su poder de regulación del derecho a la asistencia letrada, establece al objeto de reforzar el secreto de las investigaciones criminales.

La conclusión de todo lo expuesto es evidente: teniendo en cuenta que la persecución y castigo de los delitos son pieza esencial de la defensa de la paz social y de la seguridad ciudadana, bienes constitucionalmente reconocidos (artículos 10.1 y 104.1 CE), la limitación establecida por el artículo 527, a/ LECRIM encuentra justificación en la protección de dichos bienes, que, al entrar en conflicto con el derecho de asistencia letrada al detenido, habilitan al legislador para que, en uso de la reserva específica que le confiere el artículo 17.3 de la Constitución, proceda a su conciliación, imponiendo la modalidad de libre elección de Abogado (STC 196/1987, de 11 de diciembre).

d') El control judicial de la legalidad de la detención: el procedimiento de «habeas corpus»

La garantía de la libertad de los ciudadanos, máxima pretensión del ordenamiento delineado por nuestra Constitución, culmina en una técnica jurídica que se nos presenta como la última salvaguarda de la libertad personal. Nos referimos a la institución del «*habeas corpus*», que encomienda la protección de la libertad personal, en último término, a los Jueces.

Es ésta una institución característica del Derecho anglosajón, donde cuenta con una antiquísima tradición que se remonta al «Habeas Corpus Amendment Act», de 26 de mayo de 1679, cuyo primer punto establecía lo que sigue:

> «Cuando una persona sea portadora de un "*habeas corpus*", dirigido a un "*sheriff*", carcelero o cualquier otro funcionario, a favor de un individuo puesto bajo su custodia, y dicho "*habeas corpus*" se presente ante tales funcionarios, o se les deje en la cárcel, quedan obligados a manifestar la causa de esta detención a los tres días de su presentación (a no ser que la prisión sea motivada por traición o felonía, mencionada inequívocamente en el "*warrant*"), pagando u ofreciendo abonar los gastos necesarios para conducir al prisionero, que serán tasados por el juez o tribunal que haya expedido el "*habeas corpus*" (...) y después de haber dado por escrito (...) la garantía de que éste (el prisionero) no escapará en el camino; así como remitir dicha orden, y volver a presentar al individuo ante el Lord Canciller o ante el funcionario del orden judicial que haya de entender en la causa, a tenor de dicho mandamiento...»

El origen anglosajón de la institución no puede, sin embargo, ocultar su raigambre en el Derecho histórico español, donde cuenta con antecedentes lejanos, como el denominado «recurso de manifestación de personas» del Reino de Aragón y las referencias que sobre presuntos supuestos de detenciones ilegales se contienen en el Fuero de Vizcaya y otros ordenamientos forales, tal y como se recuerda en el Preámbulo de la Ley Orgánica 6/1984, de 24 de mayo, reguladora del procedimiento de «*habeas corpus*».

La pretensión de esta institución es establecer remedios eficaces y rápidos para los eventuales supuestos de detenciones de la persona no justificados legalmente o que transcurran en condiciones ilegales. Consiguientemente, el «*habeas corpus*» se configura como una comparecencia del detenido ante el Juez, comparecencia de la que proviene etimológicamente la expresión que da nombre al procedimiento, y que posibilita al ciudadano, privado de su libertad, exponer sus alegaciones contra las causas de la detención o las condiciones de la misma, al objeto de que el Juez resuelva sobre la conformidad a Derecho de la detención.

Al logro de tales pretensiones se orienta el inciso primero del artículo 17.4 de la Constitución, de conformidad con el cual: «La ley regulará un procedimiento de *"habeas corpus"* para producir la inmediata puesta a disposición judicial de toda persona detenida ilegalmente.» Como acabamos de decir, ha sido la Ley Orgánica 6/1984 la que ha procedido a desarrollar esta previsión constitucional.

Dada la función que cumple este procedimiento, no cabe duda de que comprende potencialmente todos los supuestos en que se produce una privación de libertad no acordada por el Juez, con objeto de conseguir el resultado indicado si la detención fuera ilegal (STC 31/1985, de 5 de marzo).

A los efectos de la Ley reguladora del procedimiento, se consideran personas ilegalmente detenidas (art. 1.º)

a/ Las que lo fueren por una autoridad, agente de la misma, funcionario público o particular, sin que concurran los supuestos legales, o sin haberse cumplido las formalidades prevenidas y requisitos exigidos por las Leyes.

b/ Las que estén ilícitamente internadas en cualquier establecimiento o lugar.

c/ Las que lo estuvieran por plazo superior al señalado en las Leyes si, transcurrido el mismo, no fueren puestas en libertad o entregadas al Juez más próximo al lugar de la detención.

d/ Las privadas de libertad a quienes no les sean respetados los derechos que la Constitución y las Leyes Procesales garantizan a toda persona detenida.

El procedimiento de *«habeas corpus»* tiene un carácter especial, de cognición limitada, pues a través de él se busca sólo «la inmediata puesta a disposición judicial de una persona detenida ilegalmente», como medio sustantivo del derecho de libertad que sólo permite hacer cesar de modo inmediato las situaciones irregulares de privación de libertad (SSTC 98/1986, de 10 de julio y 104/1990, de 4 de junio). En definitiva, el *«habeas corpus»* es un control judicial limitado no a todos los aspectos o modalidades de la detención, sino sólo a su regularidad o legalidad.

Es competente para conocer la solicitud de *«habeas corpus»* el Juez de Instrucción del lugar en que se encuentre la persona privada de libertad; si no constare, el del lugar en que se produzca la detención, y, en defecto de los anteriores, el del lugar donde se hayan tenido las últimas noticias sobre el paradero del detenido.

Si la detención obedeciere a la aplicación de la Ley Orgánica que desarrolle los supuestos previstos en el artículo 55.2 de la Constitución, el procedimiento deberá seguirse ante el Juez Central de Instrucción correspondiente.

Finalmente, en el ámbito de la jurisdicción militar, o, como ha precisado el Juez de la constitucionalidad (STC 194/1989, de 16 de noviembre), cuando la detención tenga como causa una sanción revisable por la jurisdicción castrense, será competente para conocer de la solicitud de «*habeas corpus*» el Juez Togado Militar de Instrucción constituido en la cabecera de la circunscripción jurisdiccional en la que se efectuó la detención.

El procedimiento de «*habeas corpus*» puede ser instado por:

1.º) El privado de libertad, su cónyuge o persona unida por análoga relación de afectividad; descendientes, ascendientes, hermanos y, en su caso, respecto a los menores y personas incapacitadas, sus representantes legales.

2.º) El Ministerio Fiscal.

3.º) El Defensor del Pueblo.

Asimismo, podrá iniciar de oficio este procedimiento, el Juez competente para conocer de la solicitud de «*habeas corpus*».

La Ley ha establecido un procedimiento caracterizado por su sumariedad y sencillez. Sólo un procedimiento rápido podrá lograr la inmediata verificación judicial de la legalidad y regularidad de la detención. A su vez, sólo un procedimiento sencillo será accesible a todos los ciudadanos, permitiéndoles, sin complicaciones innecesarias, el acceso a la autoridad judicial.

El procedimiento de «*habeas corpus*» concluye mediante un auto motivado del Juez en el que éste debe adoptar alguna de las siguientes resoluciones:

— Si estima que no se da ninguna de las circunstancias que permiten calificar la detención de una persona de «ilegal», acordar el archivo de las actuaciones, declarando ser conforme a Derecho la privación de libertad.

— Si estima la concurrencia de alguna de las circunstancias que posibilitan la calificación como «ilegal» de la detención de una persona, el Juez podrá acordar alguna de las siguientes medidas:

1.ª/ La puesta en libertad del privado de ésta, si lo fue ilegalmente.

2.ª/ La continuación de la situación de privación de libertad de acuerdo con las disposiciones legales, pero, si así lo considerase necesario, en establecimiento distinto, o bajo la custodia de personas diferentes.

3.ª/ La inmediata puesta a disposición judicial de la persona privada de libertad, si ya hubiere transcurrido el plazo legalmente establecido para su detención.

En todo caso, conviene tener en cuenta que no cabe descartar que una resolución desestimatoria en el procedimiento de «*habeas corpus*» pueda contrariar, por inmotivada o por falta de fundamento razonable, el derecho a la tutela judicial efectiva y tampoco que en la misma, de otro modo, se haya denegado la protección del derecho a la libertad personal que se establece en el artículo 17.4 por causa de una errónea interpretación del contenido del derecho reconocido en el artículo 17.1 de la Constitución, derecho éste que, a juicio del Tribunal Constitucional, tanto en una como en otra hipótesis, sería el conculcado en último término por el juzgador (STC 98/1986, de 10 de julio), lo que abriría las puertas del recurso de amparo constitucional.

e') La limitación temporal de la prisión provisional

La limitación temporal de toda privación de libertad no se contempla tan sólo respecto de la detención preventiva, sino también en relación con la prisión provisional. En efecto, el inciso final del artículo 17.4 prescribe que «por la ley se determinará el plazo máximo de duración de la prisión provisional».

A juicio del Juez supremo de la Constitución (STC 32/1987, de 10 de marzo), el artículo 17.4 reconoce y consagra el derecho fundamental de toda persona a no ser privada preventivamente de su libertad más allá del plazo máximo señalado por la ley, o, dicho en términos positivos, a ser puesta en libertad una vez transcurrido dicho plazo.

La prisión provisional presenta el carácter de simple medida cautelar que, sin prejuzgarlo, tiende a asegurar el resultado final del proceso. Se trata de una decisión judicial de carácter excepcional que incide negativamente en el «status» de libertad personal del inculpado, y, por lo mismo, es con toda evidencia restrictiva del derecho fundamental reconocido en los apartados primero y cuarto del artículo 17, como restrictivas de este derecho son también las Leyes Orgánicas que establecen las condiciones de aplicación y la duración máxima de aquella medida cautelar para los diferentes delitos. Es precisamente por todo ello, por lo que el constituyente ha dejado inequívocamente expuesta su voluntad de fijar plazos efectivos de duración de la prisión provisional. Y aunque éstos puedan variarse por el legislador, como ha reconocido el Tribunal (STC 127/1984,de 26 de diciembre), mientras la Ley fija unos es evidente que han de cumplirse, y ese cumplimiento integra la garantía constitucional de la libertad consagrada en el artículo 17.

A satisfacer la previsión constitucional, integrándola de acuerdo con la jurisprudencia del Juez de la constitucionalidad, se orientó la Ley Orgánica 10/1984, de 26 de diciembre, de modificación de determinados artículos de la Ley de Enjuiciamiento Criminal. Tras la entrada en vigor de aquella norma, los párrafos cuarto y quinto del artículo 504 de la LECRIM han dado cumplido desarrollo al mandato constitucional del inciso final del artículo 17.4, previendo un sistema de prórrogas vinculado a situaciones objetivas que permitan conjugar el principio de libertad personal con el aseguramiento del proceso penal sin que, en ningún caso, la prisión preventiva juegue como pena anticipada ni, en general, como medida criminológica.

De acuerdo con el precepto anterior de la LECRIM, la situación de prisión provisional no durará más de tres meses cuando se trate de causa por delito al que corresponda pena de arresto mayor (de un mes y un día a seis meses), ni más de un año cuando la pena sea de prisión menor (de seis meses y un día a seis años) o de dos años cuando la pena sea superior. En estos dos últimos casos, concurriendo circunstancias que hagan prever que la causa no podrá ser juzgada en estos plazos y que el inculpado pudiera sustraerse a la acción de la justicia, la prisión podrá prolongarse hasta dos y cuatro años, respectivamente. La prolongación de la prisión provisional se acordará mediante auto, con audiencia del inculpado y del Ministerio Fiscal.

Una vez condenado el inculpado, la prisión provisional podrá prolongarse hasta el límite de la mitad de la pena impuesta en la sentencia cuando ésta hubiere sido recurrida.

f') El principio de legalidad penal

El artículo 25.1 de nuestra Constitución contempla el que se conoce como principio de legalidad penal. De conformidad con el mismo:

> «Nadie puede ser condenado o sancionado por acciones u omisiones que en el momento de producirse no constituyan delito, falta o infracción administrativa, según la legislación vigente en aquel momento.»

Este principio, históricamente conocido con el aforismo *«nullum crimen, nulla poena sine lege»*, viene a ser una traducción o particularización del principio de legalidad genéricamente proclamado por el artículo 9.º.3.

El principio se funda a su vez en los de libertad, esto es, en la regla general de licitud de lo no prohibido, y seguridad jurídica, o lo que es igual, en la necesidad de saber a que atenerse en todo momento; dicho de otro modo, poder conocer de antemano las consecuencias jurídicas de nuestros actos. Pero aún se vincula el principio de legalidad penal con otras vertientes del Estado de Derecho, en el ámbito del Derecho estatal sancionador, como es el caso del principio de interdicción de la arbitrariedad de los poderes públicos o del derecho que a toda persona asiste a la objetividad e imparcialidad del juicio.

El artículo 25.1 viene de esta forma a expresar con carácter muy general el principio de legalidad en materia sancionadora, del que, en definitiva, se deriva que una sanción, de privación de libertad o de cualquier otra naturaleza, tan sólo procederá en los casos previstos y tipificados en normas preestablecidas y únicamente en la cuantía y extensión previstas por dichas normas (STC 25/1984, de 23 de febrero). Se enuncia así un auténtico derecho fundamental: el derecho a no ser condenado o sancionado por acciones y omisiones que en el momento de producirse no constituyan delito, falta o infracción administrativa, según la legislación vigente en aquel momento.

El precepto constitucional alude expresamente a «acciones u omisiones», con lo que casa a la perfección con la norma de apertura del Código Penal, que define los delitos o faltas como aquellas acciones u omisiones dolosas o culposas penadas por la Ley. Quiere ello decirnos, pues, que la condena o sanción que haya de imponerse se produce por la realización de una conducta, bien sea activa u omisiva, existiendo de esta forma, como destacan *Cobo del Rosal* y *Boix Reig,* una previsión constitucional por la que, en alguna medida, se viene a admitir el llamado *«Derecho penal del hecho»:* sólo si se realiza determinada conducta puede imponerse una sanción. Resulta casi una evidencia que el principio del «hecho» en el ámbito del Derecho sancionador es una exigencia inexcusable si se pretende que sea expresión de un Estado de Derecho.

El derecho fundamental así enunciado comprende una *doble garantía* (STC 42/1987, de 7 de abril, que marca la pauta de una reiteradísima jurisprudencia):

a/ Una primera garantía de orden material y alcance absoluto, tanto por lo que se refiere al ámbito estrictamente penal como al de las sanciones administrativas, que refleja la especial trascendencia del principio de seguridad jurídica en dichos ámbitos limitativos de la libertad individual y se traduce en la imperiosa exigencia de predeterminación normativa de las conductas ilícitas y de las sanciones correspondientes a través de una tipificación precisa dotada de la suficiente concreción en la descripción que ha de incorporar.

b/ Una segunda garantía de carácter formal que se refiere al rango necesario de las normas tipificadoras de aquellas conductas y de sus correspondientes sanciones, garantía que se vincula a la necesidad de una ley como presupuesto de la actuación punitiva del Estado en los bienes jurídicos de los ciudadanos.

Esta garantía, en el ámbito penal estricto, debe entenderse como de reserva absoluta de ley, e incluso, respecto de las penas privativas de libertad, de ley orgánica (STC 127/1990, de 5 de julio), pues, pese a que el empleo por el artículo 25.1 de la expresión «legislación vigente», parecía relativizar sobremanera el principio de legalidad, el Tribunal Constitucional ha insistido reiteradamente que la citada expresión alude a una reserva de ley en materia sancionadora.

A la vista de esta doble garantía, bien puede concluirse diciendo que el principio de legalidad en el ámbito del Derecho estatal sancionador implica, por lo menos, estas tres exigencias (STC 133/1987, de 21 de julio):

1.ª) La existencia de una ley *(lex scripta).*

2.ª) Que la ley sea anterior al hecho sancionado *(lex previa).*

3.ª) Que la ley describa un supuesto de hecho estrictamente determinado *(lex certa).*

De esta triple exigencia se desprenden de inmediato, entre otras consecuencias, que el derecho que consagra el artículo 25.1 no tolera, como ha dicho el Juez de la constitucionalidad (STC 75/1984, de 27 de junio), la aplicación analógica «*in peius*» de las normas penales o, dicho en otros términos, exige su aplicación rigurosa, de manera que sólo se pueda anudar la sanción prevista a conductas que reúnan todos los elementos del tipo descrito y que sean objetivamente perseguibles (doctrina reiterada, entre otras, en la STC 182/1990, de 15 de noviembre). Ello viene a significar un rechazo de la analogía como fuente creadora de delitos y penas, lo que a su vez impide, como límite a la actividad judicial, que el Juez se convierta en legislador. El Juez no puede vincularse a otras fuentes distintas a la Ley, pues, como dice el Tribunal Constitucional (STC 78/1984, de 9 de julio), tal posibilidad resulta absolutamente excluida por el hecho de que la Ley es la única fuente en materia de Derecho penal.

Se deriva igualmente de la triple exigencia precedente que la aplicación retroactiva de la ley penal (salvo en lo que fuere más favorable) es incompatible con el principio de legalidad penal y en consecuencia supone su violación (STC 150/1989, de 25 de septiembre).

Con todo, es la exigencia de «*lex certa*» la que mayores problemas interpretativos ha suscitado.

El principio acogido por el artículo 25.1 no permite entender que hay un automatismo o un mecanicismo completo, de suerte tal que cumplida la reserva de ley que en el precepto se establece, quede completamente satisfecha la exigencia constitucional, con independencia de los restantes problemas que una disposición legal de naturaleza penal pueda plantear.

Bien al contrario, como ha reconocido el Juez de la Constitución (STC 105/1988, de 8 de junio), el cumplimiento del mandato del artículo 25.1 exige una descripción de las conductas, acciones u omisiones constitutivas de delito que satisfaga las exigencias del principio de seguridad jurídica, lo que, por ejemplo, impide considerar comprendidos dentro del citado precepto constitucional los tipos formulados en forma tan abierta que su aplicación o inaplicación dependa de una decisión prácticamente libre y arbitraria, en el sentido estricto de la palabra, de los Jueces y Tribunales.

Insistiendo en lo ya expuesto, significaremos que la existencia de «*lex certa*» afecta no sólo a la tipificación de las infracciones y a la definición y, en su caso, graduación o escala de las sanciones imponibles, sino también a la necesaria correlación entre los actos o conductas ilícitas tipificadas y las sanciones consiguientes a las mismas, de manera que el conjunto de las normas punitivas aplicables permita predecir, con suficiente grado de certeza, el tipo y el grado de sanción del que puede hacerse merecedor quien cometa una infracción concreta. Este es, en definitiva, el significado de la garantía material a que antes nos referíamos, como bien ha precisado el Juez de la constitucionalidad (STC 219/1989, de 21 de diciembre).

La exigencia de «*lex certa*» no puede entenderse, sin embargo, en el sentido de exigir del legislador una claridad y precisión absolutas en la formulación de los conceptos legales; la propia naturaleza de las cosas dificulta sobremanera —por no decir que impide— tal logro (STC 62/1982, de 15 de octubre). Quiere ello decir que la certeza de la ley es perfectamente compatible, en ocasiones, con un cierto margen de indeterminación en la formulación de los tipos ilícitos.

El Tribunal Constitucional, en esta línea, ha considerado que la exigencia de «*lex certa*» no resulta vulnerada cuando el legislador regula los supuestos ilícitos mediante *conceptos jurídicos indeterminados,* siempre que su concreción sea razonablemente factible en virtud de criterios lógicos, técnicos o de experiencia y permitan prever con suficiente seguridad, la naturaleza y las características esenciales de las conductas constitutivas de la infracción tipificada (STC 69/1989, de 20 de abril).

Asimismo, es conciliable con los postulados constitucionales la utilización legislativa y aplicación judicial de las llamadas «*leyes penales en blanco*», esto es, de aquellas normas penales incompletas en las que la conducta o la consecuencia jurídico-penal no se encuentre agotadoramente prevista en ellas, debiendo acudirse para su integración a otra norma distinta. A tal efecto, el Juez de la Constitución ha exigido (STC 127/1990, de 5 de julio) estos dos requisitos: 1.º) que el reenvío normativo sea expreso y esté justificado en razón del bien jurídico protegido por la norma penal, y 2.º) que la ley, además de señalar la pena, contenga el núcleo esencial de la prohibición y sea satisfecha la exigencia de certeza (al darse la suficiente concreción, para que la conducta calificada de delictiva quede suficientemente precisada con el complemento indispensable de la norma a la que la ley penal se remite).

Digamos por último que los postulados del artículo 25.1 no pueden extenderse a ámbitos que no sean los específicos del ilícito penal o administrativo. Significa ello que la mera condición restrictiva de derechos de un determinado acto no es suficiente como para propugnar su sujeción al principio de legalidad penal, a no ser que dicho acto represente el efectivo ejercicio del «*ius puniendi*» del Estado o tenga un verdadero sentido sancionador.

> En esta dirección, el Tribunal rechazaría que las llamadas «multas coercitivas», previstas como medio de ejecución forzosa de los actos administrativos por la Ley de Procedimiento Administrativo, hubieran de sujetarse a las exigencias derivadas del principio de legalidad penal (STC 239/1988, de 14 de diciembre).

En perfecta sintonía con la precedente consideración el Tribunal ha denegado que el ámbito de operatividad del artículo 25.1 pueda extenderse a aquellas sanciones que en virtud del ordenamiento privado puedan ser adoptadas por quien esté legitimado para ello (en el caso en cuestión, una sanción laboral impuesta al amparo de la Ley de Procedimiento Laboral), supuesto en el que la corrección del exceso o del incumplimiento está amparada por la norma ordinaria, pero no por la constitucional (STC 69/1983, de 26 de julio).

g') Los límites de la potestad sancionadora de la Administración

I. La Constitución de 1978 no sólo no ha excluido, sino que, bien al contrario, ha incorporado a su articulado la potestad sancionadora de la Administración, pues no otro es el significado que ha de darse a la previsión del artículo 25.3, a cuyo tenor: «La Administración civil no podrá imponer sanciones que, directa o subsidiariamente, impliquen privación de libertad.»

Es evidente que en un sistema en el que rigiera de manera estricta y sin fisuras el principio de división de poderes, la potestad sancionadora debería constituir un monopolio judicial, no pudiendo estar nunca en manos de la Administración. Sin embargo, tal sistema no sólo no ha existido nunca, sino que es más que dudosa su viabilidad. Ello explica la acogida constitucional de la potestad sancionadora de la Administración.

Ahora bien, admitida dicha potestad, el mismo precepto establece de inmediato un límite material insalvable: la interdicción de toda sanción que, directa o subsidiariamente, implique privación de libertad. Pero no se reducen a éste los límites que pesan sobre la potestad sancionadora de la Administración, sino que del propio artículo 25.1 y de otros preceptos constitucionales se desprenden diversos límites, que, como ha advertido nuestro supremo intérprete de la Constitución (STC 77/1983, de 3 de octubre), contemplados desde el punto de vista de los ciudadanos, se transforman en derechos subjetivos de ellos, pudiendo ser reconducidos al derecho a no sufrir sanciones sino en los casos legalmente prevenidos y de autoridades que legalmente puedan imponerlas.

Los límites a que nos referimos son básicamente los siguientes:

1.º) El principio de legalidad, expresamente formulado por el artículo 25.1, tal y como hemos visto en el epígrafe inmediatamente anterior, artículo éste que se refiere de modo específico a la legalidad de toda infracción administrativa, y que determina la necesaria cobertura de la potestad sancionadora en una norma de rango legal, en los términos que más adelante veremos.

2.°) La interdicción de las sanciones que, directa o subsidiariamente, puedan implicar privación de libertad (artículo 25.3).

3.°) El respeto de los derechos de defensa reconocidos en el artículo 24 de nuestra Norma suprema, que son de aplicación a los procedimientos que la Administración siga para la imposición de sanciones. Y

4.°) La subordinación a la Autoridad judicial.

II. La primera de las limitaciones la encontramos en *el principio de legalidad*. Su significado en materia penal acaba de ser expuesto; sin embargo, es evidente que no cabe trasladar dicha significación miméticamente desde el plano penal al ámbito sancionador administrativo. Y ello por cuanto debe partirse de una primaria y esencial diferencia: mientras en el ámbito penal la reserva de ley es absoluta, no puede decirse otro tanto del ámbito sancionador administrativo, en donde dicha reserva se relativiza en los términos que ahora veremos.

Varias son las razones que se han esgrimido en orden a justificar esta diferenciación: unas atañen al modelo constitucional de distribución de las potestades públicas (STC 42/1987, de 7 de abril); otras se relacionan con el carácter en cierto modo insuprimible de la potestad reglamentaria en determinadas materias (STC 2/1987, de 21 de enero); finalmente, pueden aducirse asimismo exigencias de prudencia o de oportunidad que pueden variar en los distintos ámbitos de ordenación territoriales (STC 87/1985, de 16 de julio) o materiales.

En cualquier caso, lo cierto es que el alcance de la reserva de ley del artículo 25.1 no puede ser tan estricto respecto de la regulación de las infracciones y sanciones administrativas como por referencia a los tipos y sanciones penales en sentido estricto. Ello se traduce en el hecho de que la reserva de ley no excluye «la posibilidad de que las leyes contengan remisiones a normas reglamentarias, pero sí que tales remisiones hagan posible una regulación independiente y no claramente subordinada a la ley» (STC 83/1984, de 24 de julio y STC 42/1987, de 7 de abril, que ejemplifican una copiosísima jurisprudencia). En consecuencia, debe reputarse contraria a la exigencia constitucional del artículo 25.1 no sólo la regulación reglamentaria de infracciones y sanciones carente de toda base legal, sino también, en el ámbito de las relaciones de sujeción general, la simple habilitación a la Administración, por norma de rango legal vacía de todo contenido material propio, pues tal circunstancia degradaría la garantía esencial que el principio de reserva de ley entraña (SSTC 42/1987, de 7 de abril y 101/1988, de 8 de junio) como forma de asegurar que la regulación de los ámbitos de libertad que corresponden a los ciudadanos dependa en exclusiva de la voluntad de sus representantes.

Ello no obstante, conviene señalar que no es posible admitir la reserva de ley de manera retroactiva para anular o considerar nulas disposiciones reglamentarias respecto de las cuales esa exigencia formal no existía antes de la Constitución, si bien, a juicio del Juez de la constitucionalidad (STC 29/1989, de 6 de febrero), las habilitaciones ilimitadas a la potestad reglamentaria y las deslegalizaciones realizadas por leyes preconstitucionales incompatibles con el artículo 25.1 de la Constitución deben entenderse caducadas por derogación desde la entrada en vigor de aquélla.

El alcance de la reserva de ley a que venimos refiriéndonos pierde parte de su fundamentación material, se relativiza aún más, en las llamadas *relaciones de sujeción especial,* en las que se encuentran quienes, al margen de su condición común de ciudadanos, adquieren el «status» específico de individuos sujetos a un poder público que no es el que, con carácter general, existe sobre el común de los ciudadanos.

En virtud de esa sujeción especial, la potestad sancionadora no se presenta como la expresión del *«ius puniendi»* genérico del Estado, sino como una manifestación de la capacidad propia de autoordenación correspondiente (STC 2/1987, de 21 de enero); de ahí la relativización de la reserva de ley, si bien, incluso en este ámbito, una sanción carente de toda base normativa legal devendría lesiva del derecho fundamental que reconoce el artículo 25.1 (STC 69/1989, de 20 de abril).

Digamos por último que la doctrina de la interdicción de toda aplicación analógica *«in peius»* de las normas penales, a la que ya nos refiriéramos en el epígrafe precedente (doctrina que, recordémoslo, exige que sólo se pueda anudar la sanción prevista a conductas que reúnan todos los elementos del tipo descrito y que sean objetivamente perseguibles), ha sido taxativamente aplicada a las infracciones y sanciones administrativas, como una exigencia ineludible del principio de legalidad (STC 182/1990, de 15 de noviembre).

III. La segunda de las limitaciones que pesan sobre la potestad sancionadora de la Administración civil es la imposibilidad de imponer sanciones que, directa o subsidiariamente, impliquen privación de libertad, expresamente contemplada por el artículo 25.3, precepto que no encuentra homólogo en el Derecho comparado, y cuya presencia se explica por una clara relación dialéctica con el sistema anterior a la Constitución, caracterizado por un régimen sancionador que admitía en numerosos supuestos la imposición directa o subsidiaria de penas de privación de libertad por la Administración, algo muy común en materia de orden público.

Por lo demás, del precepto se deriva *«a sensu contrario»* que la Administración militar puede imponer sanciones que, directa o subsidiariamente, impliquen privación de libertad (STC 21/1981, de 15 de junio). Quiere ello decir que el artículo 25.3 viene de esta forma a contemplar el aspecto sancionador de la disciplina militar, disciplina a la que se refiere con carácter general —al regular la libertad sindical— el artículo 28.1 de la propia Constitución, al indicar que la Ley podrá limitar o exceptuar el ejercicio de este derecho a las Fuerzas o Institutos armados o a los demás Cuerpos sometidos a «disciplina militar». De donde resulta que nuestra Norma fundamental contempla como ajustado a la misma el que la Ley pueda sujetar a la disciplina militar a Institutos armados de naturaleza militar, por lo que, en principio, no puede afirmarse que la aplicación del régimen disciplinario sancionador de carácter militar a ciertos Cuerpos de Seguridad del Estado sea contraria a la Constitución, aun cuando ello suponga excluirlos en este aspecto de la Administración civil.

Esta doctrina tendría como principal destinataria a *la Guardia Civil,* Instituto armado de naturaleza militar, como la define el artículo 9.º, b/ de la Ley Orgánica 2/1986, de 13 de marzo, de Fuerzas y Cuerpos de Seguridad, que la convierte, como dijera el alto Tribunal (STC 194/1989, de 16 de noviembre), en un *«tertium genus»,* en una figura intermedia entre las Fuerzas Armadas y las Fuerzas y Cuerpos de Seguridad no sometidas a disciplina militar. Bien es verdad que la propia provisionalidad que debía tener la aplicación a la Guardia Civil de la Ley Orgánica 12/1985, de 27 de noviembre, de Régimen Disciplinario de las Fuerzas Armadas, puesta de relieve por el Tribunal Constitucional en la referida Sentencia 194/1989, conducía inexcusablemente a la normación de un régimen disciplinario propio, que ha encontrado carta de naturaleza en la Ley Orgánica 11/1991, de 17 de junio, del Régimen Disciplinario de la Guardia Civil.

Digamos para finalizar con estas reflexiones suscitadas al hilo del artículo 25.3 de nuestra «Lex Superior», que esta prevención constitucional no puede dejar de ponerse en relación, para su recta comprensión, con el contenido del derecho fundamental garantizado en el artículo 17.1 de la misma Constitución, que preserva el común *«status libertatis»* que corresponde, frente a los poderes públicos, a todos los ciudadanos, si bien no es menos cierto que dicho *«status»* queda modificado en el seno de una situación especial de sujeción, tal y como ya hemos tenido oportunidad de advertir y el Tribunal Constitucional ha significado reiteradamente (por todas, STC 2/1987, de 21 de enero).

IV. La tercera limitación con que se encuentra la potestad sancionadora de la Administración es la ineludibilidad del respeto de los derechos de defensa reconocidos en el artículo 24 de la Constitución, que son de aplicación a los procedimientos que la Administración siga para la imposición de sanciones. No es éste el momento de ocuparnos de estos derechos, cuyo análisis postergamos para un momento ulterior.

V. La última de las limitaciones es la subordinación de la Administración, en el ejercicio de su potestad sancionadora, a la Autoridad judicial, que exige, como ha declarado el Juez de la constitucionalidad (STC 77/1983, de 3 de octubre), que la colisión entre una actuación jurisdiccional y una actuación administrativa haya de resolverse en favor de la primera. De esta premisa son necesarias consecuencias las siguientes:

a/ El necesario control «*a posteriori*» por la Autoridad judicial de los actos administrativos mediante el oportuno recurso.

b/ La imposibilidad de que los órganos de la Administración lleven a cabo actuaciones o procedimientos sancionadores, en aquellos casos en que los hechos puedan ser constitutivos de delito o falta según el Código Penal o las leyes penales especiales, mientras la Autoridad judicial no se haya pronunciado sobre ellos. Y

c/ La necesidad de respetar la «*cosa juzgada*», que a su vez despliega un doble efecto: un efecto positivo, de manera que lo declarado por Sentencia firme constituye la verdad jurídica, y un efecto negativo, que determina la imposibilidad de que se produzca un nuevo planteamiento sobre el tema.

h') El principio «non bis in idem»

El principio «*non bis in idem*», esto es, el principio de exclusión de la doble sanción por unos mismos hechos, aparecía inicialmente previsto por el texto del Anteproyecto de Constitución, siendo finalmente suprimido por el Dictamen de la Comisión de Asuntos Constitucionales y Libertades Públicas del Congreso. Ello no obstante, su reconocimiento se ha producido a través de una jurisprudencia constitucional plenamente consolidada, que no sólo lo ha reconocido, sino que también lo ha definido y concretado su alcance y operatividad. Y ello se remonta a uno de los más tempranos fallos del Tribunal Constitucional: su Sentencia 2/1981, de 30 de enero.

La no constitucionalización del principio no impide, pues, reconocer su vigencia en nuestro ordenamiento, por cuanto este principio está íntimamente unido a los de legalidad y tipicidad de las infracciones recogidos en el artículo 25 de la Norma fundamental (STC 159/1985, de 27 de noviembre), más que al derecho a la tutela judicial efectiva del artículo 24.1 (STC 107/1989, de 8 de junio).

En su más conocida manifestación, el principio «*non bis in idem*» supone que no recaiga duplicidad de sanciones (administrativa y penal) en los casos en que se aprecie la identidad del sujeto, hecho y fundamento, sin que a la par exista una relación de supremacía especial de la Administración (relación de funcionario, servicio público, concesionario...) que justifique —en el supuesto al que más adelante aludiremos— el ejercicio del *«ius puniendi»* por los Tribunales y a su vez de la potestad sancionadora de la Administración (STC 2/1981).

El principio no siempre imposibilita la sanción de unos mismos hechos por autoridades de distinto orden y que los contemplen, por ello, desde perspectivas diferentes (por ejemplo, como ilícito penal y como infracción administrativa o laboral), pero, desde luego, sí que impide el que por autoridades del mismo orden, y a través de procedimientos distintos, se sancione repetidamente la misma conducta. Semejante posibilidad entrañaría, a juicio del Tribunal (STC 159/1985), una inadmisible reiteración en el ejercicio del *«ius puniendi»* del Estado e, inseparablemente, una abierta contradicción con el mismo derecho a la presunción de inocencia, porque la coexistencia de dos procedimientos sancionadores para un determinado ilícito deja abierta la posibilidad, contraria a aquel derecho, de que unos mismos hechos, sucesiva o simultáneamente, existan y dejen de existir para los órganos del Estado.

Es por ello mismo, por lo que el principio conduce igualmente a que, cuando el ordenamiento permite una dualidad de procedimientos, y en cada uno de ellos ha de producirse un enjuiciamiento y una calificación de unos mismos hechos, el enjuiciamiento y la calificación que en el plano jurídico puedan producirse, se hagan con independencia, si resultan de la aplicación de normativas diferentes, pero que no pueda ocurrir lo mismo en lo que se refiere a la apreciación de los hechos, pues, como ha dicho el Tribunal (SSTC 77/1983, de 3 de octubre y 107/1989, de 8 de junio, entre otras muchas), es claro que unos mismos hechos no pueden existir y dejar de existir para los órganos del Estado.

La aplicación tradicional del principio (al supuesto de duplicidad de sanciones penales y administrativas) no impide que pueda ser invocado en el caso de una duplicidad de acciones penales, es decir, cuando un mismo delito fuera objeto de Sentencias condenatorias distintas (STC 66/1986, de 23 de mayo). Más aún, con carácter general, puede afirmarse que el principio *«non bis in idem»* es aplicable también dentro de un mismo proceso o procedimiento, a una pluralidad de sanciones principales ante una identidad de sujetos, hechos o fundamentos, objeto o causa material y acción punitiva (STC 154/1990, de 15 de octubre). Dicho de otro modo, el principio impide sancionar doblemente por un mismo delito. La imposición a un sujeto por idéntica acción delictiva de una sanción penal principal doble o plural, contradiría a la par el *principio de proporcionalidad entre la infracción y la sanción*, que exige mantener una adecuación entre la gravedad de la sanción y la de la infracción.

En la propia naturaleza del principio se encuentra la exigencia de identidad de los hechos frente a los que, sin embargo, se trata de duplicar la sanción. Es evidente, pues, que en la medida en que se trate de hechos diferentes, cuyo enjuiciamiento deba ser necesariamente independiente, el principio no podrá ser invocado (Auto del Tribunal Constitucional 908/1985, de 13 de diciembre).

Digamos finalmente que sólo en el supuesto real de duplicidad de sanciones podrá recurrirse al principio «*non bis in idem*». A este respecto, el Tribunal Constitucional, en supuestos puntuales, ha excluido que ciertas actuaciones administrativas puedan equipararse, a los efectos que nos ocupan, a auténticas sanciones.

> Así, por poner tan sólo un ejemplo, el Tribunal ha rechazado (STC 94/1986, de 8 de julio) que la privación del *beneficio de redención de penas por el trabajo* —que se encuentra sometido a la «*conditio legis*» de que el posible beneficiario no intente quebrantar la situación penal de prisión o de condena penal— pueda estimarse, en correcta técnica, equiparable a una sanción penal sobreañadida, debiendo entenderse exclusivamente como la denegación de dicho beneficio como consecuencia de la lesión de las reglas del sistema penitenciario y de los fines que éste pretende conseguir, a los que precisamente se refiere la misma Norma suprema en su artículo 25.2, precepto que parece ubicarse en el ámbito de la teoría de la pena y que ofrece un contenido notablemente confuso, que en todo caso marca el norte constitucional hacia el que debe orientarse la ejecución de las penas privativas de libertad y de las medidas de seguridad: la reeducación y la reinserción social.

En otro orden de consideraciones, el Tribunal ha rechazado que la relación de sujeción especial excluya la vigencia del principio «*non bis in idem*», justificando la dualidad de sanciones. *Las relaciones de sujeción especial* no son entre nosotros un ámbito en el que los sujetos queden despojados de sus derechos fundamentales o en el que la Administración pueda dictar normas sin habilitación legal previa. Esas relaciones, es evidente, no se dan al margen del Derecho, sino dentro de él. Por ello mismo, para que la dualidad de sanciones sea constitucionalmente admisible no basta con que exista una dualidad de normas, pues si así fuera el principio que nos ocupa no tendría más alcance que el que el legislador (o en su caso el Gobierno como titular de la potestad reglamentaria) quisieran darle. De ahí que, como ha significado el Juez de Constitución (STC 234/1991, de 10 de diciembre), para que la dualidad de sanciones sea constitucionalmente admisible es necesario, además, que la normativa que la impone pueda justificarse porque contempla los mismos hechos desde la perspectiva de un interés jurídicamente protegido que no es el mismo que aquel que la primera sanción intenta salvaguardar o, si se quiere, desde la perspectiva de una relación jurídica diferente entre sancionador y sancionado.

c/ El derecho a la jurisdicción

El artículo 24 de nuestra Norma suprema constitucionaliza, como bien advierte *Almagro Nosete,* la instrumentación formal de un derecho fundamental: el derecho a la defensa jurídica de todos los demás derechos por medio del que bien podemos denominar *«derecho a la jurisdicción»,* a cuyo alrededor giran conceptos que aun siendo funcionalmente autónomos se nos presentan en la realidad como absolutamente inseparables, como es el caso del derecho a la tutela judicial efectiva sin que pueda producirse indefensión, del derecho al Juez predeterminado por la Ley o de las garantías procesales de lo que se conoce como el derecho a un proceso debido.

Basta con la enunciación de estos conceptos para captar la complejidad de este derecho, complejidad que ha sido puesta de relieve por el Tribunal Constitucional en relación a su manifestación primigenia: el derecho a la tutela judicial efectiva. A su juicio (STC 26/1983, de 13 de abril), esa misma complejidad impide calificar a este derecho en cualquiera de los términos de la clásica dicotomía «derechos de libertad—derechos de prestación», clasificación que sólo ofrece cabida para derechos de contenido simple.

Es por ello mismo, por lo que en otro momento (SSTC 99/1985, de 30 de septiembre y 206/1987, de 21 de diciembre) el Juez de la constitucionalidad ha afirmado que «no es éste un derecho de libertad, ejercitable sin más y directamente a partir de la Constitución, sino un derecho de prestación» que «sólo puede ejercerse por los cauces que el legislador establece o, dicho de otro modo, es un *derecho de configuración legal*», lo que implica que el legislador cuenta con un ámbito de libertad amplio en la definición o determinación de las condiciones y consecuencias del acceso a la justicia, pues le incumbe crear la configuración de la actividad judicial y, más concretamente, del proceso en cuyo seno se ejercita el derecho fundamental ordenado a la satisfacción de pretensiones.

La peculiar naturaleza de este *derecho complejo,* que se nos presenta más como un derecho prestacional que como un derecho de libertad, no impide, sin embargo, ubicarlo sistemáticamente dentro de los derechos de la persona como ser libre, pues, aunque es evidente, como acabamos de decir, que a través del derecho a la jurisdicción puede recabarse la defensa jurídica de cualquier otro derecho, no lo es menos que en su seno cobran especialísima relevancia las garantías constitucionales del proceso penal, cuya trascendencia en orden a la efectiva salvaguarda de la libertad personal es innecesaria advertir por obvia. De esta forma, las garantías jurisdiccionales del artículo 24 se convierten en el complemento esencial de los derechos a la libertad y a la seguridad personales del artículo 17.

a') El derecho a la tutela judicial efectiva

I. El artículo 24.1 de nuestra Norma suprema proclama el derecho a la tutela judicial efectiva en estos términos:

> «Todas las personas tienen derecho a obtener la tutela efectiva de los jueces y tribunales en el ejercicio de sus derechos e intereses legítimos sin que, en ningún caso, pueda producirse indefensión.»

El precepto supone, pues, no sólo que todas las personas tienen derecho al acceso a los Tribunales para el ejercicio de sus derechos e intereses legítimos, sino también que dichas personas tienen derecho a la obtención de una tutela efectiva de aquellos Tribunales sin que, como se afirma textualmente, en ningún caso pueda producirse indefensión.

De esta suerte, la idea de *«indefensión»*, entendida en un sentido amplio, engloba a todas las demás violaciones de derechos constitucionales que pueden colocarse en el marco del artículo 24. Es por ello mismo por lo que nuestro supremo intérprete de la Constitución ha entendido (STC 48/1984, de 4 de abril) que la idea de *«indefensión»* contiene, enunciada de manera negativa, la definición del derecho a la defensa jurídica, que en su esencia supone el empleo de los medios lícitos necesarios para preservar o restablecer una situación jurídica perturbada o violada, consiguiendo una modificación jurídica que sea debida, tras un debate (proceso), decidido por un órgano imparcial (jurisdicción). Resumidamente, entendida en este amplio sentido, la interdicción de la indefensión constituye *«prima facie»* una especie de cláusula o fórmula de cierre del derecho a la jurisdicción.

II. La dicción con la que nuestro constituyente formula este derecho recuerda la previsión del artículo 19.4 de la *«Bonner Grundgesetz»*, que constitucionaliza la conocida *«cláusula general de protección jurisdiccional»* del ciudadano, cláusula con la que se pretendía consagrar un *«lückenlose Rechtsschutz»*, esto es, una protección jurídica sin lagunas. Sin embargo, esta cláusula, que declara protegibles únicamente las lesiones que los ciudadanos sufran en sus derechos («Si alguien es lesionado por la autoridad en sus derechos, tendrá derecho a recurrir ante los Tribunales...»), ha sido profundizada por la doctrina con la finalidad de incluir dentro del concepto de derechos que se maneja la idea creada por la doctrina italiana de los *«intereses legítimos»*. A la vista de todo ello y del propio tenor literal del artículo 24.1, es claro que nuestro constituyente ha ampliado la cláusula general de protección jurisdiccional, al englobar dentro de ella no sólo los derechos, sino también los intereses legítimos.

Esta circunstancia ha suscitado, sin embargo, una cierta problemática hermenéutica: la de dilucidar qué debe entenderse por *«intereses legítimos»*.

Desde luego, una primera precisión se impone: esa expresión, aun cuando sea un concepto diferente y más amplio que el de «interés directo», ha de entenderse referida a *un interés en sentido propio,* cualificado o específico. No cabe, pues, confundirlo con el interés genérico en la preservación de derechos que ostenta todo ente u órgano de naturaleza política, cuya actividad esté orientada a fines generales (STC 257/1988, de 22 de diciembre).

El concepto de «interés legítimo» hace referencia a la idea de *un interés protegido por el Derecho,* en contraposición a otros que no son objeto de tal protección.

A su vez, dentro de los intereses protegidos hay que distinguir los de carácter personal, pues en relación a ellos se establece el derecho fundamental, lo que significa, como ha dicho el Tribunal (STC 62/1983, de 11 de julio), que si quien ejercita la acción es el titular de *un interés legítimo y personal,* lo que está ejercitando es un derecho fundamental.

Ahora bien, ¿cabe admitir la legitimación procesal en el supuesto de una acción ejercitada para velar por un interés común, esto es, no estrictamente personal?

Es evidente —razona al respecto el Tribunal (STC 62/1983)— que «dentro de los supuestos en atención a los cuales se establecen por el Derecho las acciones públicas se encuentran los intereses comunes, es decir aquellos en que la satisfacción del interés común es la forma de satisfacer el de todos y cada uno de los que componen la sociedad, por lo que puede afirmarse que cuando un miembro de la sociedad defiende un interés común sostiene simultáneamente un interés personal».

Esta solidaridad e interrelación social, especialmente intensa en la época actual, se refleja en la concepción del Estado como social y democrático de Derecho, que consagra la Constitución (artículo 1.º.1), en el que *la idea de interés directo, particular, como requisito de legitimación, queda englobado en el concepto más amplio de interés legítimo y personal, que puede o no ser directo* (STC 62/1983).

El mandato positivo en orden a la tutela efectiva que contiene el artículo 24.1 ha de ser tenido en cuenta asimismo a la hora de interpretar la legalidad ordinaria. De ahí que, a juicio del Juez de la Constitución (STC 24/1987, de 25 de febrero), el artículo 24.1 impone a los Jueces y Tribunales la obligación de interpretar con amplitud las fórmulas que las leyes procesales utilicen en orden a la atribución de legitimación activa para acceder a los procesos judiciales.

Signifiquemos finalmente que la atribución de la titularidad del derecho a *«todas las personas»* hay que interpretarla en relación con el ámbito del derecho de que se trata, es decir, con «la tutela efectiva de los Jueces y Tribunales», que comprende lógicamente, en principio, a todas las personas que tienen capacidad para ser parte en un proceso (STC 19/1983, de 14 de marzo).

III. El derecho que nos ocupa, como ya hemos tenido oportunidad de advertir, presenta un contenido complejo que puede sistematizarse (entre otras, SSTC 32/1982, de 7 de junio y 102/1984, de 12 de noviembre) del siguiente modo:

a/ Un derecho de libre acceso al proceso, a los Tribunales.

b/ Un derecho a la articulación del proceso debido, revistiendo especialísima relevancia el derecho a la defensa ante esos mismos Tribunales de la respectiva pretensión jurídica en igualdad con las otras partes, gozando de la libertad de aportar todas aquellas pruebas que procesalmente fueran oportunas y admisibles, sin que en ningún caso pueda producirse indefensión.

c/ Un derecho a la obtención de una resolución de fondo fundada en Derecho, salvo cuando exista alguna causa impeditiva prevista por la Ley que no se oponga al contenido esencial del derecho.

d/ Un derecho a la ejecución de las Sentencias y resoluciones firmes, que no impide que el legislador establezca supuestos de firmeza potencialmente debilitada, como sucede con los recursos de revisión, pero que sí veda que al margen de tales supuestos se dejen sin efecto las resoluciones firmes. Quiere ello decirnos que el derecho del artículo 24.1 exige que el fallo judicial se cumpla y que el recurrente sea repuesto en su derecho y compensado, si hubiere lugar a ello, por el daño sufrido.

e/ Un derecho de acceso a los recursos legalmente establecidos.

Delimitado positivamente el contenido del derecho, hemos de decir que el Juez de la Constitución ha tenido oportunidad en diferentes ocasiones de acotarlo negativamente. Desde esta óptica, cabe hacer las dos precisiones siguientes:

1.ª) El derecho del artículo 24.1 no puede interpretarse como un derecho incondicional a la prestación jurisdiccional, sino como un derecho a obtenerla siempre que se ejerza por las vías procesales legalmente establecidas (STC 19/1981, de 8 de junio). Y

2.ª) Este derecho no atribuye el derecho a obtener la satisfacción de la pretensión sustantiva o de fondo que en el proceso se deduce y tampoco comprende un derecho a que en el proceso se observen todos los trámites (incidentes, recursos... etc.) que el litigante desea, pues lo que la Constitución garantiza a todos los ciudadanos es el proceso y las garantías procesales constitucionalizadas (SSTC 22/1982, de 12 de mayo y 92/1983, de 8 de noviembre).

IV. En otro orden de consideraciones, conviene recordar que la aplicación del artículo 24.1 debe estar guiada por un *principio finalista* y por un *rechazo de los formalismos enervantes,* todo ello, como es obvio, presidido a su vez por el ya comentado principio de interpretación conforme a la Constitución.

El *carácter finalista* exige que el artículo 24.1 se aplique en cada caso según la naturaleza y fines de cada tipo de procedimiento (STC 7/1981, de 30 de marzo). Esta doctrina tiene una notable relevancia práctica, por cuanto implica la exigencia de que los recortes o limitaciones del derecho hayan de aparecer, en último término, justificados por la «*ratio*» de las distintas instituciones procesales en que dichos recortes o limitaciones se producen (STC 90/1985, de 22 de julio).

En cuanto al *rechazo del formalismo*, bien puede decirse que constituye una reiteradísima doctrina constitucional. El derecho a obtener la tutela efectiva de los Jueces y Tribunales —ha dicho nuestro supremo intérprete de la Constitución (SSTC 57/1984, de 8 de mayo y 117/1986, de 13 de octubre)— no puede ser comprometido u obstaculizado mediante la imposición de formalismos enervantes o acudiendo a interpretaciones de las normas que regulan las exigencias formales del proceso claramente desviadas del sentido propio de tales exigencias o requisitos, interpretados a la luz del artículo 24.1.

En definitiva, aunque las formas y requisitos procesales cumplen un papel de capital importancia para la ordenación del proceso, de ello no debe derivar el que toda irregularidad formal pueda convertirse en un obstáculo insalvable para su prosecución.

La anterior doctrina ha sido puesta de relieve de modo muy especial en aquellos supuestos en que el legislador no determina taxativamente que una determinada irregularidad formal lleva consigo de modo insalvable la paralización del proceso. Ello acontece cuando el legislador se limita a sentar una presunción de voluntad del acto que puede ser destruida mediante prueba en contrario (SSTC 19/1983, de 14 de marzo, 65/1983, de 21 de julio, 60/1985, de 6 de mayo...).

En aplicación de esta doctrina, por poner un ejemplo concreto, el Tribunal entendió que el artículo 181 de la Ley de Procedimiento Laboral, que exige a quien, sin ostentar el concepto de trabajador, intente interponer recurso de suplicación o casación, no estando declarado pobre para litigar, la constitución de un depósito sin la que «los recursos se declararán desistidos», establece una presunción legal de que la falta de constitución del depósito en la forma legalmente establecida, supone una voluntad del actor de apartarse del recurso. Ello no obstante, esta presunción, como establece el artículo 1215 del Código Civil con carácter general, es «*iuris tantum*», es decir, puede destruirse mediante prueba en contrario, y en el supuesto concreto a que nos estamos refiriendo, el Tribunal consideró patente que tal prueba existía, deduciendo de ello la evidencia de que había una voluntad de proseguir el recurso que no podía entenderse en absoluto desvirtuada por la comisión de un defecto formal (STC 19/1983).

Digamos por último que el artículo 24.1, como con anterioridad apuntáramos, contiene un mandato que obliga a interpretar la normativa vigente de conformidad con la Constitución y en el sentido más favorable para la efectividad del derecho fundamental (SSTC 19/1983, de 14 de marzo, 65/1983, de 21 de julio, 59/1984, de 10 de mayo y, entre otras muchas, 102/1984, de 12 de noviembre), y ello se proyecta en múltiples direcciones, a alguna de las cuales ya nos hemos referido (interpretación amplia de la legitimación activa) y a alguna otra aludiremos con posterioridad.

a'') El derecho de libre acceso al proceso

El derecho a obtener la tutela judicial efectiva tiene como primer contenido, en un orden lógico y cronológico, el acceso a la jurisdicción, que se concreta en el derecho a ser parte en un proceso, pudiendo de esta forma promover una actividad jurisdiccional que desemboque en una decisión judicial sobre las pretensiones deducidas (STC 115/1984, de 3 de diciembre).

Pero a su vez, el que hemos llamado derecho de libre acceso al proceso encierra otros dos derechos (STC 90/1985, de 22 de julio):

— El derecho a escoger la vía judicial que se estime más conveniente para la defensa de derechos e intereses legítimos, lo que entraña que siempre que la vía escogida sea procesalmente correcta, conforme a las normas legales vigentes, la privación o denegación de la misma, si fuera indebida, habría de estimarse que equivale a una privación o denegación de la tutela judicial efectiva. Y

— El derecho a señalar las personas que han de considerarse demandados o sujetos pasivos en la correspondiente acción procesal.

Como acabamos de señalar, los requisitos legales que condicionan la válida interposición de las acciones judiciales son de obligado cumplimiento para quien las promueve, correspondiendo a los órganos judiciales, como garantes del orden procesal, el velar por su observancia y, consecuentemente, hacer efectivas las consecuencias que la ley anuda a su incumplimiento. Ahora bien, la necesaria interpretación de la normativa legal en el sentido más favorable a la efectividad del derecho exige que en el ejercicio de su potestad, los Jueces y Tribunales orienten sus decisiones por el criterio más favorable a la efectividad del derecho fundamental de acceso al proceso, de lo que a su vez el Tribunal Constitucional ha entresacado la necesidad de atender a un *criterio de proporcionalidad,* de acuerdo con el cual, se impone un diverso tratamiento para los diferentes grados de defectuosidad de los actos (STC 102/1984, de 12 noviembre). Este criterio se nos revela de especial relevancia en los supuestos de inadmisión de una acción judicial.

En efecto, en cuanto que el derecho del artículo 24.1 consiste primariamente en que los litigantes obtengan una resolución judicial motivada que se pronuncie sobre el fondo de las pretensiones deducidas ante el órgano jurisdiccional, este derecho sólo podrá quedar subsidiariamente satisfecho con una resolución motivada de inadmisión o de extinción del proceso —que lógicamente impide llegar al fondo del asunto— cuando la inadmisión se funde en razones establecidas por el legislador, que deban al unísono considerarse como proporcionadas en relación con los fines constitucionalmente protegibles a que los requisitos procesales pretenden atender (STC 43/1985, de 22 de marzo).

En este orden de consideraciones, conviene precisar que constituye un cuerpo de doctrina constitucional muy consolidado que la declaración de incompetencia por parte de un órgano jurisdiccional frente a una acción a él dirigida, no vulnera el derecho de acceso al proceso, por cuanto dicha declaración de incompetencia, desde la perspectiva del derecho a la tutela judicial efectiva, tiene el sentido de una primera resolución que no impide al actor acudir a otra que decida sobre sus derechos e intereses legítimos, ni tampoco plantear, si esta última también se declara incompetente, cuestión negativa de competencia en la que se decida a qué órgano judicial le viene ésta legalmente atribuida (véase por todas la STC 112/1986, de 30 de septiembre).

b'') El derecho de defensa sin que pueda producirse indefensión

El concepto jurídico-constitucional de «indefensión» que el artículo 24.1 obliga a construir no tiene, a juicio del Tribunal Constitucional (STC 48/1984, de 4 de abril), por qué coincidir enteramente con la figura jurídico-procesal de la indefensión. Si en el Derecho procesal la indefensión presenta un contenido marcadamente formal, en el marco jurídico-constitucional no ocurre lo mismo. De esta forma, como ha reiterado el Juez de la Constitución, la indefensión no se produce si la situación en la que el ciudadano se ha visto colocado se debió a una actitud voluntariamente adoptada por él o si le fue imputable por falta de la necesaria diligencia.

La conclusión de todo ello es doble: de una parte, no toda infracción de normas procesales se convierte por sí sola en indefensión jurídico-constitucional y por ende en violación de lo ordenado por el artículo 24; y de otra, la calificación de la indefensión con relevancia jurídico-constitucional ha de llevarse a cabo con la introducción de factores diferentes del mero respeto de las normas procesales y del rigor formal del enjuiciamiento. En el contexto del artículo 24 la indefensión se caracteriza por suponer una privación o una limitación del derecho de defensa.

De esta forma, la exigencia de que «en ningún caso pueda producirse indefensión», lo que significa es que en todo proceso judicial debe respetarse el *derecho de defensa contradictoria de las partes contendientes,* o que legalmente debieran serlo, mediante la oportunidad dialéctica de alegar y justificar procesalmente los respectivos derechos e intereses.

Este *derecho de defensa y bilateralidad,* como lo ha denominado el Tribunal Constitucional (STC 4/1982, de 8 de febrero), expresado bajo el clásico principio procesal «*nemine damnatur sine audiatur*», se conculca cuando los titulares de derechos e intereses legítimos se ven imposibilitados de ejercer los medios legales suficientes para su defensa (STC 38/1981, de 23 de noviembre), como también cuando la igualdad entre las partes no resulta asegurada (STC 13/1981, de 22 de abril).

La indefensión viene a consistir, pues, en un impedimento del derecho a alegar y a demostrar en el proceso los propios derechos. En su manifestación más trascendente, es la situación en la que se impide a una parte, por el órgano judicial, en el curso del proceso, el ejercicio del derecho de defensa, privándole de ejercitar su potestad de alegar y, en su caso, justificar sus derechos e intereses para que le sean reconocidos, o para replicar dialécticamente las posiciones contrarias en el ejercicio del indispensable principio de contradicción (STC 89/1986, de 1 de julio).

c'') El derecho al pronunciamiento judicial sobre el fondo de la pretensión

El derecho a la tutela judicial efectiva, como ya tuvimos oportunidad de señalar, no comprende el derecho de obtener una decisión judicial acorde con las pretensiones que se formulan, sino el derecho a que se dicte una resolución fundada en Derecho en la que el Tribunal normalmente se pronuncie sobre el fondo del asunto que le ha sido sometido, si bien, cuando concurra alguna causa legal para ello, esa resolución podrá ser de inadmisión.

La resolución que requiere el derecho del artículo 24.1 ha de estar *fundada en Derecho,* lo que quiere decir que la resolución que se adopte ha de estar motivada, exigencia que deriva asimismo del artículo 120.3 de la Constitución, quedando el razonamiento adecuado confiado al órgano jurisdiccional competente (STC 61/1983, de 11 de junio). De este modo, una Sentencia carente de motivación entrañaría una violación del derecho constitucional del artículo 24.1 (entre otras, STC 13/1987, de 5 de febrero).

Ahora bien, tal necesidad de motivación no excluye la posible economía de los razonamientos, ni que éstos sean escuetos, sucintos o incluso expuestos de forma imprecisa. Lo importante —ha advertido el Juez de la constitucionalidad (STC 184/1988, de 13 de octubre)— es que guarden relación y sean proporcionados y congruentes con el problema que se resuelve y que, a través de los mismos, puedan las partes conocer el motivo de la decisión a efectos de su posible impugnación, permitiendo al unísono a los órganos jurisdiccionales superiores, el ejercicio de la función revisora que les corresponde.

De la anterior reflexión hay que destacar un principio de notable trascendencia: *el principio de congruencia.*

La congruencia de las Sentencias —requisito de las mismas establecido por el artículo 359 de la Ley de Enjuiciamiento Civil— se mide por el ajuste o adecuación entre la parte dispositiva y los términos en que las partes han formulado sus pretensiones y peticiones, de manera tal que no puede la Sentencia otorgar más de lo que se hubiera pedido en la demanda, ni menos de lo que hubiera sido admitido por el demandado, ni otorgar otra cosa diferente, que no hubiera sido pretendida. Cuando la desviación en que consiste la incongruencia es de tal naturaleza que supone una completa modificación de los términos en que se produjo el debate procesal, puede entrañar, a juicio del Tribunal (STC 20/1982, de 5 de mayo), una vulneración del principio de contradicción y por ende del fundamental derecho de defensa.

La doctrina sobre la congruencia es perfectamente compatible con el principio tradicional según el cual *«iura novit curia»*. Los Tribunales no tienen necesidad, ni tampoco obligación, de ajustarse en los razonamientos jurídicos que les sirven para motivar sus fallos a las alegaciones de carácter jurídico aducidas por las partes y pueden basar sus decisiones en fundamentos jurídicos distintos, pues la tradicional regla encarnada en el aforismo *«iura novit curia»* les autoriza para ello.

En definitiva, la incongruencia con repercusión constitucional (vulneración del artículo 24) sólo se dará cuando la resolución altere de modo decisivo los términos en que se desarrolle la contienda, sustrayendo a las partes el verdadero debate contradictorio propuesto por ellas, con merma de sus posibilidades y derechos de defensa y produciéndose un fallo o parte dispositiva no adecuado o no ajustado sustancialmente a las recíprocas pretensiones de las partes (STC 29/1987, de 6 de marzo).

Es preciso, por último, señalar que el artículo 24.1 de la Constitución también resultaría vulnerado por una Sentencia arbitraria o patentemente irrazonada (STC 9/1983, de 21 de febrero). Ciertamente, una decisión judicial arbitraria, irrazonada e irrazonable no estaría fundada en Derecho y, en consecuencia, vulneraría el derccho a la tutela judicial efectiva; ahora bien, como nuestro mismo Juez de la Constitución ha precisado (STC 23/1987, de 23 de febrero), el juicio sobre la arbitrariedad y la falta de fundamento jurídico de una resolución judicial debe distinguirse cuidadosamente de las discrepancias que pueden tenerse con la forma en que el Juez ordinario interpreta y aplica las Leyes, lo que resulta especialmente relevante llegado el caso de un recurso de amparo.

d") El derecho a la ejecución de las Sentencias y resoluciones firmes

El derecho a la tutela judicial efectiva exige también que el fallo judicial se cumpla y que el recurrente sea repuesto en su derecho y compensado, si hubiere lugar a ello, por el daño sufrido. Lo contrario sería convertir las decisiones judiciales y el reconocimiento de los derechos que ellas comportan en favor de alguna de las partes, en meras declaraciones de intenciones (STC 32/1982, de 7 de junio).

El derecho a que se ejecuten los fallos judiciales que reconocen derechos propios sólo se satisface cuando el órgano jurisdiccional adopta las medidas oportunas para llevar a cabo esa ejecución, con independencia de cual sea el momento en el que las dicta. Ahora bien, como es doctrina constitucional reiterada (desde la STC 26/1983, de 13 de abril), si esas medidas se adoptan el derecho a la tutela judicial efectiva se habrá satisfecho, aunque si se adoptan con una tardanza excesiva e irrazonable, pueda considerarse lesionado el derecho al proceso sin dilaciones indebidas, constitucionalizado por el artículo 24.2. Cuando, por el contrario, se adoptan, aunque sea con la mayor celeridad, medidas que no son eficaces para asegurar la ejecución o que, aun siendo en principio adecuadas, quedan privadas de eficacia por no ir seguidas de las destinadas a cumplimentarlas, no cabrá hablar seguramente de una dilación indebida, pero sí, sin duda alguna, de una falta de tutela judicial efectiva.

Conviene, no obstante, significar que el artículo 24 y la consagración constitucional del derecho a la tutela judicial efectiva, no alcanzan a cubrir las diferentes modalidades que puede revestir la ejecución de una Sentencia, pues, dado que la norma se cumple si la Sentencia es efectiva y el derecho del ciudadano recibe satisfacción, el Juez de la Constitución ha llegado a la conclusión (STC 58/1983, de 29 de junio) de que tan constitucional es una ejecución en la que se cumple el principio de identidad total entre lo ejecutado y lo estatuido en el fallo, como una ejecución en la que, por razones atendibles, la condena es sustituida por su equivalente pecuniario o por otro tipo de prestación.

De acuerdo con esta doctrina, el legislador está habilitado para establecer, sin afectar al contenido esencial del derecho, los supuestos en que puede no aplicarse el principio de identidad y sustituirse por una indemnización (STC 109/1984, de 26 de noviembre).

Presupuesto el ejercicio del derecho que asiste al justiciable a instar la ejecución de lo juzgado, siendo repuesto así en el disfrute de sus derechos e intereses legítimos, el *principio de intangibilidad de las Sentencias* y demás resoluciones dictadas por los órganos integrados en el Poder Judicial entra a formar parte del cuadro de garantías que el artículo 24.1 consagra. No quiere ello decir que el legislador no pueda sacrificar la llamada (STC 15/1986, de 31 de enero) «santidad de la cosa juzgada» en aras del superior valor de la justicia, estableciendo supuestos de firmeza potencialmente debilitada; por el contrario, lo que el derecho a la tutela judicial efectiva exige es que fuera de los supuestos taxativamente previstos, las resoluciones firmes no queden sin efecto.

Los principios de seguridad jurídica y de legalidad (artículos 9.º.3 y 117.3 CE) vedan a los Jueces y Tribunales, fuera de los casos previstos por la Ley, «revisar el juicio efectuado en un caso concreto, si entendieran con posterioridad que la decisión no se ajusta a la legalidad» (STC 67/1984, de 7 de junio).

La conclusión es evidente: en el ámbito de lo definitivamente resuelto por un órgano judicial no cabe iniciar —a salvo el remedio extraordinario de la revisión y el subsidiario del amparo constitucional— un nuevo procedimiento, y si así se hiciera, se menoscabaría la tutela judicial dispensada por la anterior decisión firme (STC 159/1987, de 26 de octubre).

Por lo demás, resulta patente que es a los Tribunales a quienes corresponde velar por el cumplimiento de las Sentencias, como expresamente declara el artículo 117.3 de la Constitución. Y ello con independencia de quien haya de cumplir la resolución judicial.

> Si la resolución judicial hubiera de ser cumplida por un ente público, en tal caso, el ente habría de llevarla a cabo «con la necesaria diligencia, sin obstaculizar el cumplimiento de lo acordado, por imponerlo así el artículo 118 de la Constitución, y cuando tal obstaculización se produzca, el Juez ha de adoptar las medidas necesarias para la ejecución, de acuerdo con las leyes» (STC 67/1984, de 7 de junio).

El Tribunal Constitucional se ha planteado asimismo (Auto 621/1985, de 25 de septiembre y STC 155/1985, de 12 de noviembre) el caso de qué ocurre cuando la ejecución es física o jurídicamente imposible, resolviéndolo en el sentido de que en tal circunstancia no cabe exigir la ejecución, sin perjuicio de las responsabilidades en que hayan podido incurrir quienes hubieren causado esa imposibilidad. Pero en este supuesto la imposibilidad ha de ser declarada expresamente en resolución motivada por el Juez o Tribunal competente.

e") El derecho de acceso a los recursos legales

El Tribunal Constitucional ha reiterado en numerosas ocasiones (entre otras, SSTC 51/1982, de 19 de julio, 19/1983, de 14 de marzo, 61/1983, de 11 de julio... etc.) que el derecho a la tutela judicial no comprende el de obtener dos resoluciones judiciales —a través del sistema de doble instancia o mediante otros recursos como el de casación— de forma que obligue a crear un sistema de recursos al legislador, pero una vez establecido tal sistema, aquel derecho comprende el de utilizarlo de acuerdo con la Ley y el de obtener una resolución fundada en Derecho en el recurso correspondiente. Todo ello dejando al margen las peculiaridades que representa el derecho del artículo 24.1 en el orden penal.

Esas peculiaridades fueron analizadas por el Juez de la constitucionalidad ya en su Sentencia 42/1982, de 5 de julio, en la que sentó la importante doctrina de que el derecho que, según el artículo 14.5 del Pacto Internacional de Derechos Civiles y Políticos, tiene toda persona declarada culpable de un delito a que el fallo condenatorio y la pena que se le haya impuesto sean sometidos a un Tribunal superior, no es bastante para crear por sí mismo recursos inexistentes, pero obliga a considerar que entre las garantías del proceso penal a las que genéricamente se refiere el artículo 24.2 se encuentra la del recurso a un Tribunal superior, con lo que, consecuentemente, deben ser interpretadas en el sentido más favorable a un recurso de este género todas las normas del Derecho procesal penal de nuestro ordenamiento.

Esta doctrina, quizá excesivamente tibia, y que nos revela la conveniencia de que el Tribunal, en ciertos supuestos, se incline por la vía de la inconstitucionalidad por omisión, lo que debía ser muy claro en aquellos casos en que la inactividad del legislador conduzca a la insuficiente garantía de un derecho, esta doctrina —decíamos— sería reforzada en la STC 140/1985, de 21 de octubre, en la que, arrancando de las reflexiones realizadas en su Sentencia 42/1982, reitera con mayor convicción que *entre las garantías del proceso penal se encuentra la del recurso ante un Tribunal superior,* en definitiva, la doble instancia procesal, consideración que acredita la pertinencia de apurar las posibilidades del recurso de casación, aun teniendo en cuenta su carácter extraordinario y los motivos tasados que pueden fundamentarlo, especialmente como cauce de protección de derechos fundamentales.

De acuerdo con la doctrina general expuesta en un primer momento, y al margen ya de las particularidades del orden penal a que acabamos de aludir, cabe decir que la existencia o inexistencia de doble instancia queda, con carácter general, confiada al legislador, sin que afecte al derecho fundamental del artículo 24.1. De esta forma, el legislador puede configurar libremente el sistema de recursos, estableciendo los supuestos en que cada uno de ellos procede y los requisitos que han de cumplirse en su formalización (STC 58/1987, de 19 de mayo).

En todo caso, establecidos por el ordenamiento unos determinados recursos, el derecho a la tutela judicial efectiva implica no sólo el derecho al proceso, sino también el derecho al recurso, entendiendo por tal no cualquier recurso doctrinalmente aconsejable o hipotéticamente conveniente, sino aquel que las normas vigentes en el ordenamiento hayan establecido para el caso (STC 54/1984, de 4 de mayo).

El *derecho al recurso procesal legalmente establecido* supone el derecho a la formulación y admisión ante nuevas instancias jurisdiccionales de las pretensiones desestimadas por el Tribunal *«a quo»*, con mayor o menor amplitud de conocimiento, pero excepcionalmente esta facultad de recurrir no impide la presencia, en el orden procesal, de alguna causa impeditiva prevista en la Ley, que evite la aceptación del recurso por no concurrir los requisitos esenciales establecidos normativamente, siempre que no vayan contra el contenido esencial del derecho (STC 110/1985, de 8 de octubre).

> Conviene significar que en cuanto el recurso constituye una prosecución del proceso y, al tiempo, una revisión del mismo por un órgano superior, que ha de decidir conforme a lo alegado por las partes, oídas contradictoriamente, los *principios de contradicción y de bilateralidad* (audiencia bilateral) permanecen, pues, vivos, integrando la tutela judicial efectiva. Sólo la incomparecencia, por voluntad expresa o tácita o por negligencia imputable, justificaría la resolución judicial «*inaudita pars*» (STC 112/1987, de 2 de julio).

Digamos por último que el antiformalismo, la interpretación de las normas procesales a la luz de la Constitución y el criterio más favorable a la efectividad del derecho fundamental de acceso al recurso, que debe guiar las decisiones judiciales (STC 59/1988, de 6 de abril), obliga a Jueces y Tribunales a evitar interpretaciones desmesuradas o desproporcionadas respecto del alcance real del incumplimiento de un requisito formalmente exigido para el recurso, concediendo, en último término, a quien haya incurrido en dicho incumplimiento, la oportunidad de subsanarlo, si su entidad y naturaleza lo consienten.

b') Las garantías constitucionales del proceso penal

Las peculiares circunstancias del proceso penal, en el que están en juego bienes jurídicos de enorme relevancia, cual es el caso de la libertad personal, explican que nuestro constituyente haya dedicado un apartado específico: el apartado segundo del artículo 24, a precisar las garantías de que debe rodearse a todo proceso penal, lo que no quiere decir, obviamente, que las previsiones del artículo 24.1 no sean de aplicación a este tipo de procedimientos, que en ningún caso pueden producir indefensión.

Al igual que acontece con el artículo 24.1, las previsiones del artículo 24.2 han sido objeto de una copiosísima jurisprudencia constitucional en la que hay que buscar ineludiblemente la concreción del sentido auténtico de las garantías constitucionalmente consagradas por el citado artículo 24.2, de conformidad con el cual:

> «Asimismo, todos tienen derecho al Juez ordinario predeterminado por la ley, a la defensa y a la asistencia de letrado, a ser informados de la acusación formulada contra ellos, a un proceso público sin dilaciones indebidas y con todas las garantías, a utilizar los medios de prueba pertinentes para su defensa, a no declarar contra sí mismos, a no confesarse culpables y a la presunción de inocencia.

> La ley regulará los casos en que, por razón de parentesco o de secreto profesional, no se estará obligado a declarar sobre hechos presuntamente delictivos.»

A la vista de esta previsión, podemos considerar que las garantías constitucionales del proceso penal se traducen en los siguientes derechos:

1.º) El derecho al Juez ordinario predeterminado por la ley.

2.º) El derecho a la presunción de inocencia.

3.º) El derecho a la defensa y a la asistencia de letrado.

4.º) El derecho a ser informado de la acusación formulada contra uno.

5.º) El derecho a un proceso público sin dilaciones indebidas.

6.º) El derecho a utilizar los medios de prueba pertinentes para su defensa. Y

7.º) El derecho a no declarar contra sí mismo y a no confesarse culpable.

A estas garantías podría añadirse alguna otra, como es el caso de la interdicción de la *«reformatio in peius»*, jurisprudencialmente reconocida y que, como veremos más adelante, encuentra su engarce constitucional a través de la tutela judicial efectiva y de las propias garantías contempladas por el art. 24.2 de la Norma fundamental.

Nos centraremos ahora en el estudio de cada uno de estos derechos y garantías, englobando buena parte de ellos en lo que, de modo más genérico, podemos denominar las garantías de un proceso debido.

a'') El derecho al Juez ordinario predeterminado por la Ley

El artículo 24.2 comienza proclamando el derecho de todos al Juez ordinario predeterminado por la Ley. El interés directo, el bien jurídico que pretende protegerse a través de este derecho no es sino la garantía de la independencia e imparcialidad de los Jueces (STC 47/1983, de 31 de mayo). De ahí que el derecho que analizamos comporte la aplicación al caso de que se trate de criterios de delimitación competencial previos y generales, pues es evidente y fácilmente comprensible por lo demás, que la *generalidad de los criterios legales* garantiza la inexistencia de Jueces *«ad hoc»*, mientras que la *anterioridad de tales criterios* respecto al planteamiento procesal del litigio garantiza que una vez determinado en concreto el Juez de un caso en virtud de la aplicación de los criterios competenciales contenidos en las Leyes, el Juez del caso no podrá ser desposeído de su conocimiento en virtud de decisiones tomadas por órganos gubernativos (STC 101/1984, de 8 de noviembre).

A la vista de estas reflexiones, podemos incluir dentro del contenido del derecho al Juez ordinario predeterminado por la Ley los siguientes elementos:

1.º/ La *judicialidad,* esto es, la incardinación del órgano jurisdiccional que haya de conocer del caso en el seno del Poder Judicial.

2.º/ El *carácter ordinario del órgano,* lo que implica que su régimen orgánico y procesal no permita calificarle de especial o excepcional. Recordemos al respecto que la Constitución prohíbe taxativamente (artículo 117.6) los Tribunales de excepción.

3.º/ La *predeterminación del órgano,* que a su vez implica (STC 47/1983):

— La creación previa del órgano por la norma jurídica.

— La investidura de ese mismo órgano jurisdiccional por la propia norma de jurisdicción y competencia con anterioridad al hecho que motive su intervención.

— La determinación, igualmente por la norma, de la composición del órgano, lo que a su vez exige que en cada caso concreto se siga el procedimiento legalmente establecido para la designación de sus miembros, en el bien entendido de que, como ha dicho el alto Tribunal (STC 47/1983), no cabe exigir el mismo grado de fijeza y predeterminación al órgano que a sus titulares.

4.º/ *La predeterminación* del órgano judicial se ha de llevar a cabo *por la Ley,* lo que, en coherencia con lo dispuesto por los artículos 53.1 y 81.1 de nuestra Norma suprema, exige que el vehículo normativo para determinar cuál sea el Juez de cada caso es la Ley en sentido estricto y no el Decreto-ley ni las disposiciones emanadas del Ejecutivo (STC 101/1984). Más aún, puede puntualizarse que esta Ley ha de ser precisamente una *Ley Orgánica.*

Analizados los elementos configuradores del derecho, hemos de efectuar alguna reflexión complementaria acerca de su contenido. El artículo 24.2 garantiza a toda persona un Juez ordinario previamente determinado mediante la institución jurídico-pública de las competencias legales (STC 111/1984, de 28 de noviembre). El derecho comporta, pues, la aplicación al caso de criterios de delimitación competencial previos y generales y de las reglas relativas a la idoneidad del titular del Juzgado, pero, sin embargo, no supone que la calificación jurídica de los hechos obligue a su completa sustanciación hasta dictar Sentencia (STC 148/1987, de 28 de septiembre).

Por otra parte, aunque la Constitución prohíbe los Jueces de excepción, permite al legislador una determinación de las competencias de acuerdo a los intereses de la justicia (STC 199/1987, de 16 de diciembre), lo que, en ciertos supuestos, puede conducir razonablemente al legislador a que la instrucción y enjuiciamiento de determinadas conductas delictivas se lleve a cabo por un órgano judicial centralizado, lo que a su vez entraña una cierta relativización de la idea de «*Juez natural*», si se entiende por tal el Juez del lugar. Es por ello mismo por lo que puede sostenerse que la garantía del inciso inicial del artículo 24.2 se orienta no tanto hacia el Juez natural, el Juez del lugar, como hacia el Juez ordinario legalmente predeterminado.

En atención a este último criterio, el derecho consagrado por el artículo 24.2 resultará vulnerado si se atribuye indebidamente un asunto a una jurisdicción especial (por ejemplo la jurisdicción castrense) y no a la ordinaria (STC 75/1982, de 13 de diciembre). Por lo demás, conviene advertir que la conculcación del derecho se producirá siempre que el enjuiciamiento se lleve a cabo por un órgano inadecuado, con independencia del contenido material de las resoluciones que dicho órgano adopte (STC 4/1990, de 18 de enero).

En íntima unión con este derecho, y casi diríamos que imbricado en él, cabría situar el *derecho a un Juez imparcial*, garantía fundamental de la administración de justicia, que el Juez de la Constitución ha incluido entre las garantías del artículo 24.2, aunque no se cite de forma expresa (STC 145/1988, de 12 de julio). A asegurar esa imparcialidad tienden precisamente las causas de recusación y de abstención que figuran en las leyes. Como ha dicho en otro momento el Tribunal (STC 47/1982, de 12 de julio), el derecho a la utilización de los medios de defensa y el derecho a ser juzgado por el Juez predeterminado por la Ley, comprenden el derecho a recusar a aquellos funcionarios en quienes se estime que concurren las causas legalmente tipificadas como circunstancias de privación de la idoneidad subjetiva o de las condiciones de imparcialidad y de neutralidad.

b") El derecho a la presunción de inocencia

El inciso final del párrafo primero del artículo 24.2 reconoce el derecho de todos a la presunción de inocencia. Con ello, bien puede sostenerse que la presunción de inocencia ha dejado de ser un principio general del Derecho que ha de informar la actividad judicial *(«in dubio pro reo»)* para convertirse en un derecho fundamental que vincula a todos los poderes públicos (STC 31/1981, de 28 de julio).

El significado de este derecho, tal y como se ha perfilado en una consolidada doctrina constitucional (véase por todas la STC 105/1988, de 8 de junio), es doble:

a/ De un lado, debe entenderse en el sentido de que se presume que los ciudadanos no son autores de hechos o conductas tipificadas como delito y que la prueba de la autoría y la prueba de la concurrencia de los elementos de tipo delictivo, corresponden a quienes, en el correspondiente proceso penal, asumen la condición de parte acusadora, sin que pueda imponerse al acusado o procesado una especial actividad probatoria, que dependerá siempre de la libre decisión que se adopte respecto de su defensa, pues conviene recordar que el propio artículo 24.2 también reconoce al acusado el derecho a no declarar contra sí mismo.

b/ De otro lado, el derecho a la presunción de inocencia significa que en los procesos en que se enjuician acciones delictivas debe existir una prueba de cargo suficiente, realizada a través de medios de prueba constitucionalmente legítimos.

Desde esta perspectiva, la presunción de inocencia comporta que para condenar hace falta la certeza de la culpabilidad, obtenida de la valoración de la prueba que ha llegado con las debidas garantías al proceso, valoración que, como ha precisado el Tribunal (STC 55/1982, de 26 de julio), es de la exclusiva incumbencia del juzgador, que ha de asumir en libertad, según su conciencia o íntima convicción, la comprometida función de fijar los hechos probados, anudándoles, en su caso, la calificación penal y los efectos inherentes a la misma.

A la vista de su contenido, bien puede sostenerse que el derecho fundamental a la presunción de inocencia representa una insoslayable garantía procesal que determina la exclusión de la presunción inversa de culpabilidad criminal hasta que la conducta sea reprochada por condena penal.

Para que la presunción de inocencia pueda ser desvirtuada se exige (STC 150/1989, de 25 de septiembre), en primer lugar, *que la Sentencia* condenatoria *se fundamente en auténticos actos de prueba* y, en segundo término, *que dicha actividad probatoria sea* efectivamente *incriminatoria,* para lo que se hace necesario que de su resultado se derive una *doble evidencia:* evidencia respecto de la existencia del hecho punible y evidencia en relación a la participación en él del acusado.

Por lo que atañe a la actividad probatoria, cabe decir que es doctrina reiterada (véase por todas STC 82/1988, de 28 de abril) que los medios de prueba válidos para desvirtuar la presunción de inocencia son los utilizados en el juicio oral y los preconstituidos de imposible o muy difícil reproducción, siempre que se hayan observado las garantías necesarias para la defensa.

> El Tribunal ha declarado asimismo en distintas ocasiones (SSTC 174/1985, de 17 de diciembre y 107/1989, de 8 de junio, entre otras) que el derecho a la presunción de inocencia no se opone a que la convicción judicial en un proceso penal pueda formarse sobre la base de una *prueba indiciaria,* entendida como aquella que se dirige a mostrar la certeza de unos hechos que no son los integrantes de la figura delictiva enjuiciada, pero de los que puede inferirse lógicamente la participación de los procesados en la conducta tipificada como delito. Para ello es necesario, no obstante, que los indicios estén plenamente probados, no pudiendo tratarse de meras sospechas, y que el

órgano judicial haga explícito el razonamiento en virtud del cual, partiendo de los indicios probados, haya llegado a la conclusión de que el acusado realizó la conducta delictiva.

En cuanto al *ámbito de aplicación* del derecho a la presunción de inocencia, cabe decir que éste se aplica, fundamentalmente, en relación con acusaciones formuladas en el proceso penal. Ahora bien, en cuanto garantía del proceso penal, el Tribunal ha considerado (véase por todas la STC 138/1990, de 17 de septiembre) que la presunción de inocencia es aplicable, más allá de dicho proceso, a todo acto del poder público, sea administrativo o judicial, mediante el cual se castigue una conducta de las personas; consecuentemente, esta garantía también despliega sus efectos protectores en el orden administrativo disciplinario.

En definitiva, la presunción de inocencia se aplica a toda resolución sancionadora, encontrando de esta forma sus ámbitos naturales de actuación en el proceso penal y en el proceso administrativo sancionador. El Juez de la Constitución, en algún caso, ha llevado aún más lejos el ámbito de la presunción de inocencia, al manifestar (STC 37/1985, de 8 de marzo) que esta garantía es aplicable a cualquier ámbito jurisdiccional.

Conviene en todo caso tener presente que este derecho no puede ser invocado con éxito para cubrir cada episodio, vicisitud, hecho o elemento debatido en el proceso penal, sino que ha de merecer una consideración global para puntualizar en cada caso si el derecho fue o no respetado concretamente en la decisión judicial condenatoria, pero tomando en cuenta el conjunto de la actividad jurisdiccional (STC 105/1983, de 23 de noviembre).

c'') *Las garantías de un proceso debido*

I. El artículo 24.2 de la Constitución, junto a los derechos a la presunción de inocencia y al Juez ordinario predeterminado por la Ley, acoge, bajo el enunciado de otros tantos derechos, un conjunto de garantías constitucionales que vienen a ser la traducción de lo que, por influjo norteamericano, se conoce como el «debido proceso legal» *(due process of law).*

Como señala *Pritchett* en relación con la conocida cláusula norteamericana, el debido proceso en las actuaciones judiciales exige que los litigantes tengan el beneficio de un juicio imparcial ante los tribunales y que sus derechos se acomoden a lo establecido por disposiciones jurídicas generales aplicables a todos aquellos que se hallen en una situación similar. El «*due process of law*» significa, en último término, el derecho de toda persona a un proceso justo y equitativo. Y ese derecho encierra dentro de sí un conjunto de garantías que se traducen en otros tantos derechos para el justiciable.

El *derecho a la defensa* que el artículo 24.1 consagra en formulación negativa, al vedar la indefensión, se sustancia en la posibilidad de acceder a un juicio contradictorio en el que las partes, alegando y probando cuanto estimen pertinente, puedan hacer valer en condiciones de igualdad sus derechos e intereses legítimos. Para promover su plena efectividad, *el derecho a la defensa se rodea de un conjunto de garantías* —las garantías de un proceso debido— entre las que ocupan lugar preferente, como ha reconocido el alto Tribunal (STC 156/1985, de 15 de noviembre), aquellas que tienden a asegurar a las partes, o a cualquier persona legitimada para intervenir en un proceso bajo otro título, el conocimiento de las resoluciones pronunciadas por el órgano judicial actuante durante el curso del proceso.

Es por ello mismo, por lo que *el emplazamiento personal,* al asegurar que el demandado pueda comparecer en juicio y defender sus posiciones frente a la parte demandante, se convierte en un *instrumento ineludible de garantía del derecho de defensa* (STC 37/1984, de 14 de marzo). Conviene además señalar que el emplazamiento personal no puede reducirse a una mera formalidad prescrita por la Ley o a un simple requisito de forma para proceder a la realización de los subsiguientes actos procesales. De ahí que no baste con el mero cumplimiento formal del requisito de la citación, siendo preciso que el órgano judicial se asegure, en la medida de lo posible, su efectividad real.

En la misma dirección ha de entenderse la doctrina constitucional que ubica *en el ámbito de las garantías del derecho a la defensa, todos los actos de comunicación de los Jueces y Tribunales con los litigantes* (STC 1/1983, de 13 de enero). Es por ello mismo por lo que las notificaciones y citaciones han de ser ejecutadas de modo que sirvan en plenitud a su objetivo, que no es otro que el de permitir al destinatario disponer lo conveniente para la mejor defensa de los derechos e intereses cuestionados.

El derecho de defensa comprende igualmente (STC 5/1984 de 24 de enero) el *derecho de toda persona acusada a ser asistida por un intérprete* cuando no comprenda o no pueda expresarse fluidamente en el idioma utilizado en el Tribunal.

Otra de las garantías que, aun cuando no expresamente contemplada por el artículo 24.2, se ha de considerar incluida en él —y a la que ya aludiéramos en un momento anterior— es *el derecho a un Juez imparcial.* La imparcialidad del Juez presenta una doble faceta: la imparcialidad subjetiva, cuyo posible quebrantamiento deriva de la relación del Juez con las partes, y la imparcialidad objetiva, que puede ser quebrada por la relación del Juez con el objeto del proceso.

A asegurar la imparcialidad subjetiva tienden, como ya significáramos en otro momento, las causas de recusación y de abstención que figuran en las leyes. A salvaguardar la imparcialidad objetiva debe orientarse la *separación entre la función instructora y la juzgadora,* propugnada por el Juez de la Constitución en su Sentencia 145/1988, de 12 de julio, en la que razona como sigue:

> «Dado que la forma típica que adopta la instrucción en nuestro Derecho es el sumario, puede definirse *la instrucción,* de acuerdo con el artículo 299 LECRIM, como: "las actuaciones encaminadas a preparar el juicio y practicadas para averiguar y hacer constar la perpetración de los delitos con todas las circunstancias que puedan influir en su calificación, y la culpabilidad de los delincuentes, asegurando sus personas y las responsabilidades pecuniarias de los mismos".
>
> Instructor de una causa será, por tanto, el Juez que lleve a cabo esas actuaciones y participe de forma activa en la investigación. Es precisamente el hecho de haber reunido el material necesario para que se celebre el juicio o para que el Tribunal sancionador tome las decisiones que le corresponda y el hecho de haber estado en contacto con las fuentes de donde procede ese material lo que puede hacer nacer en el ánimo del Instructor prevenciones y prejuicios respecto a la culpabilidad del encartado, quebrantándose la imparcialidad objetiva que intenta asegurar la *separación entre la función instructora y la juzgadora.*»

II. Junto a las garantías analizadas inmediatamente antes, ninguna de ellas expresamente contemplada por el artículo 24.2 de la Constitución, este precepto, enunciándolas como auténticos derechos fundamentales, acoge un conjunto de garantías específicas de las que, sin ningún género de dudas, forman parte el derecho al Juez ordinario predeterminado por la Ley y el derecho a la presunción de inocencia, que por su especial relevancia hemos examinado separadamente. Nos referiremos ahora, de modo sucesivo, a cada una de las restantes garantías.

1. *El derecho a ser informado de la acusación formulada*

La exigencia constitucional del artículo 24.2 de que el acusado sea informado de la acusación formulada contra él, a los efectos de que el proceso ofrezca las debidas garantías, entraña como es lógico que la acusación sea previamente formulada y conocida, y todo ello, como ha dicho el Tribunal (STC 54/1985, de 18 de abril), con la evidente finalidad de que el acusado pueda ejercitar el inviolable derecho de defensa, efectuando alegaciones y proponiendo pruebas en toda su extensión, para, en último término, lograr alcanzar un *equilibrio entre acusador y acusado,* cuya ruptura, que inevitablemente se produciría, en contra del acusado, de no conocer éste cuales son los hechos punibles que se le imputan, puede producirle indefensión (STC 9/1982, de 10 de marzo).

A la vista de lo expuesto, se comprende que la efectividad de los derechos de información y de defensa difícilmente puede lograrse sin un trámite previo de exposición de la acusación por el Juez. A este respecto, el Tribunal Constitucional ha entendido (STC 15/1984, de 6 de febrero) que siempre que en el juicio se dé oportunidad para que, en él, el acusado presente prueba de descargo sobre la acusación allí formulada, no podrá decirse que no ha conocido a tiempo la acusación.

El contenido esencial constitucionalmente exigible del derecho a ser informado de la acusación a los efectos de la defensa, consiste, pues, en la información sobre los hechos considerados punibles que se imputan al acusado, ya que ello es el objeto del proceso penal, siendo sobre tales hechos sobre los que recae primariamente la acusación y sobre los que versa el juicio contradictorio en la vista oral, correspondiendo al Tribunal la calificación jurídica de tales hechos, en virtud del principio «*iura novit curia*», sin que pese a ello esa calificación sea ajena al debate contradictorio, que versa no sólo sobre los hechos, sino también sobre su calificación jurídica (entre otras muchas, SSTC 12/1981, de 10 de abril y 105/1983, de 23 de noviembre).

De las consideraciones precedentes se desprende con claridad que la información que ha de facilitarse al acusado ha de venir referida no sólo a los hechos, sino también a su calificación jurídica. Lo contrario podría producir indefensión, en el sentido material con que el Juez de la Constitución entiende este concepto.

Y es precisamente en orden a evitar la indefensión, hacia lo que se orienta el *principio de vinculación del Tribunal sentenciador por los hechos y la calificación jurídica de la acusación,* doctrina de enorme relevancia práctica de la que, entre otras consecuencias, se desprende que el Tribunal sentenciador no puede apreciar agravantes que no hayan sido objeto de la acusación. La importancia de algunas de las reflexiones jurisprudenciales efectuadas al abordar esta cuestión justifica que nos detengamos en ellas.

> «El artículo 24 de la Constitución —razonaría al respecto el Tribunal (STC 205/1989, de 11 de diciembre)— establece (...) un sistema complejo de garantías íntimamente vinculadas entre sí (principios acusatorio y de contradicción y defensa y prohibición de la indefensión) que, en el proceso penal, se traduce en la exigencia de que, *entre la acusación y la Sentencia, exista una relación de identidad del hecho punible,* de forma tal que la condena recaiga sobre los hechos que se imputan al acusado, como configuradores de la ilicitud, punibilidad y responsabilidad criminales, puesto que *el debate procesal vincula al juzgador,* impidiéndole excederse de los términos en que viene formulada la acusación o apreciar hechos o circunstancias que no han sido objeto de consideración de la misma, ni sobre los cuales, por lo tanto, el acusado ha tenido ocasión de defenderse, a no ser que *el Tribunal sentenciador* los ponga de manifiesto, introduciéndolos en el debate por el cauce que, al efecto, previene el artículo 733 LECRIM (cuando juzgando por el resultado de las pruebas entendiere el Tribunal que el hecho justiciable ha sido calificado con manifiesto error) y, de

no hacer uso de la facultad que le confiere este precepto, *no podrá calificar o penar los hechos de manera más grave a lo pretendido por la acusación, ni condenar por delito distinto,* salvo que, respetando la identidad de los hechos se trate de tipos penales homogéneos.»

En resumidas cuentas, el derecho de defensa implica también la imposibilidad de condenar por delito distinto al formulado por la acusación, calificar o penar los hechos de manera más grave o alterar, en un sentido agravatorio, las circunstancias modificativas de la responsabilidad criminal. De ahí la importancia de la acusación y de la correcta información de la misma al acusado.

2. *El derecho a la defensa y asistencia de Letrado*

Al referirnos a las garantías procesales de la detención, ya aludimos a la doble proyección constitucional del derecho a la asistencia letrada: al detenido y al acusado. Lógicamente, nos circunscribiremos ahora a esta segunda vertiente del derecho, recogida por el artículo 24.2 en el marco de la tutela judicial efectiva y con el significado de garantía del proceso debido (STC 196/1987, de 11 de diciembre), especialmente del proceso penal.

Pese a que en el artículo 6.3, c/ del Convenio Europeo de Derechos Humanos el derecho a la asistencia de Letrado aparece como alternativo al derecho de defensa por uno mismo, el artículo 24.2 de nuestra Norma suprema no permite que se prive al acusado de la asistencia de Abogado por el motivo de que se le estuviese reconociendo la posibilidad de defenderse por sí mismo; más aún, el derecho a que ahora nos referimos, a juicio del Juez de la constitucionalidad (STC 216/1988, de 14 de noviembre), existe aun en aquellos procesos en los que no es preceptiva la defensa por medio de Letrado, y cuando la parte lo estime conveniente para la defensa de sus derechos.

El derecho a la defensa y asistencia de Letrado se reconoce de forma incondicionada a todos, por lo que es predicable en el ámbito procesal penal no sólo de los acusados, sino también de quienes comparecen como acusadores particulares, ejerciendo la acción como perjudicados por el hecho punible (STC 30/1981, de 24 de julio).

Interpretado de acuerdo con los textos internacionales, y muy especialmente, de conformidad con el Convenio Europeo para la Protección de los Derechos Humanos, el derecho que examinamos comporta de forma esencial el que el interesado pueda encomendar su representación y asesoramiento técnico a quien merezca su confianza y considere más adecuado para instrumentar su propia defensa. Requiere por tanto la posibilidad de contacto con un Abogado y de que éste pueda acceder a las distintas fases del juicio para llevar a cabo la defensa técnica de su cliente.

Destaca de todo lo expuesto —y a la vez, como ya advirtiéramos, diferencia el ejercicio de este derecho del derecho equivalente que asiste al detenido— la *relación de confianza* que debe mediar *entre cliente y Abogado,* que conduce a englobar en el contenido esencial del derecho la libre designación del Letrado (STC 196/1987, de 11 de diciembre).

El artículo 6.3, c/ del anteriormente citado Convenio Europeo, reconoce el derecho del acusado a la asistencia gratuita por un Abogado de oficio, si carece de medios para pagarlo y cuando los intereses de la justicia lo exijan. En línea con este precepto, nuestro Juez de la Constitución ha venido entendiendo que corresponde también al acusado el derecho a que se le designe defensa letrada de oficio no sólo en los casos en que tal defensa sea preceptiva, sino también en aquellos otros en los que, no siendo preceptiva, se solicite nombramiento de Letrado de oficio por carencia de medios económicos.

En suma, el derecho reconocido en el artículo 24.2 no sólo incluye el derecho de la parte en el proceso a poder designar un Letrado de su elección, sino también a que, cuando corresponda, le sea designado un Letrado de oficio (STC 216/1988, de 14 de noviembre). En el proceso penal el derecho a la designación de Abogado de oficio existe en todos los casos en los que siendo preceptiva la asistencia de Letrado el acusado no haya designado Letrado de su elección y, además, en aquellos supuestos en los que, aunque no sea preceptiva la asistencia letrada, carezca de medios económicos para la designación de un Abogado y lo solicite del órgano judicial.

Estas garantías, una vez más y en último término, pretenden evitar la indefensión, que «se puede producir cuando se priva a quien adolece de insuficiencia de recursos para litigar de la posibilidad efectiva de ser asistido por Letrado, denegándole el derecho a que se le nombre de oficio» (STC 47/1987, de 22 de abril). De ahí que este derecho del artículo 24.2 imponga a los órganos judiciales el deber positivo de evitar desequilibrios entre las respectivas posiciones procesales de las partes o limitaciones en la defensa susceptibles de ocasionar indefensión.

3. *El derecho a un proceso público*

El artículo 24.2 garantiza el derecho a un proceso público. Esta determinación ha de ponerse en conexión con el artículo 120.1, que a su vez prescribe que «las actuaciones judiciales serán públicas, con las excepciones que prevean las leyes de procedimiento».

El principio de publicidad tiene una doble finalidad: por un lado, proteger a las partes de una justicia sustraída al control público, y por otro, mantener la confianza de la comunidad en los Tribunales. En ambos sentidos, este principio constituye (STC 96/1987, de 10 de junio) una de las bases del debido proceso y uno de los pilares del Estado de Derecho.

La publicidad del proceso desempeña además una última y notabilísima función: la de asegurar el derecho de las partes a que el Tribunal decida la causa sin estar sometido a influencias ajenas a la misma, con lo que, en último término, la publicidad contribuye a garantizar el principio de imparcialidad del Juez, y a través de él opera como una fundamental garantía de los justiciables.

El principio de publicidad tiene un carácter eminentemente formal, pues de otro modo no podría satisfacer los fines anteriormente reseñados. Como prevé el artículo 120.1 de la Constitución, la publicidad del proceso puede conocer excepciones, que, en todo caso, deberán estar autorizadas por una Ley.

Una primera excepción se encuentra en el artículo 232 de la Ley Orgánica del Poder Judicial (en adelante LOPJ), que en su párrafo segundo establece que «excepcionalmente, por razones de orden público y de protección de los derechos y libertades, los Jueces y Tribunales, mediante resolución motivada, podrán limitar el ámbito de la publicidad y acordar el carácter secreto de todas o parte de las actuaciones».

Una segunda salvedad la hallamos en el artículo 680 LECRIM, a cuyo tenor, las sesiones podrán tener lugar a puerta cerrada «cuando así lo exijan razones de moralidad o de orden público, o el respeto debido a la persona ofendida por el delito o a su familia».

La publicidad del proceso no puede, consiguientemente, restringirse sino por los motivos expresos que autorice la Ley, y a su vez, las normas legales no pueden desconocer tal principio, razón por la cual deben ser interpretadas de tal manera que dejen a salvo su vigencia (STC 96/1987, de 10 de junio).

La no violación del principio de publicidad, referido a la celebración del acto de la vista, no depende tanto de la presencia efectiva de asistentes, cuanto de la posibilidad de que cualquier ciudadano pueda presenciar el juicio mientras se disponga de espacio para ello (SSTC 30/1982, de 1 de junio y 96/1987, de 10 de junio).

Digamos por último que el derecho al proceso público, en cuanto garantía de los justiciables, sólo es de aplicación, además de a la Sentencia, al proceso en sentido estricto, es decir, al juicio oral en el que se producen o reproducen las pruebas de cargo y descargo y se formulan las alegaciones y peticiones definitivas de la acusación y la defensa (STC 176/1988, de 4 de octubre).

4. *El derecho a un proceso sin dilaciones indebidas*

El artículo 24.2 garantiza asimismo el derecho a un proceso sin dilaciones indebidas. El concepto de «proceso sin dilaciones indebidas» es manifiestamente un concepto jurídico indeterminado o abierto, que ha de ser dotado de contenido concreto en cada caso, atendiendo a criterios objetivos congruentes con su enunciado genérico.

Nuestro intérprete supremo de la Constitución (STC 36/1984, de 14 de marzo), a la vista de los textos internacionales y muy especialmente del Convenio de Roma y de la doctrina fijada al respecto por el Tribunal Europeo de Derechos Humanos, ha considerado como criterios a tener en cuenta a los efectos de dotar de un preciso contenido a este derecho: la complejidad del litigio, la conducta de los litigantes y de las autoridades y las consecuencias que del litigio presuntamente demorado se siguen para aquéllos.

En cualquier caso, conviene advertir que el artículo 24.2 no constitucionaliza un derecho a los plazos procesalmente previstos, sino el derecho fundamental de toda persona a que su causa se resuelva dentro de un tiempo razonable (STC 5/1985, de 23 de enero). De ahí que por *«proceso sin dilaciones indebidas»* haya que entender aquel proceso que se desenvuelve en condiciones de normalidad dentro del tiempo requerido y en el que los intereses litigiosos pueden recibir pronta satisfacción (STC 43/1985, de 22 de marzo).

Así concebida esta garantía procesal, resulta patente que no toda dilación o retraso en el proceso puede identificarse como una violación de la misma; por el contrario, las dilaciones indebidas han sido consideradas por el Juez de la Constitución (STC 133/1988, de 4 de julio) como un supuesto extremo de funcionamiento anormal de la Administración de Justicia, con una irregularidad irrazonable en la duración mayor de lo previsible o tolerable, y además imputable a la negligencia o inactividad de los órganos encargados de aquella Administración.

Ahora bien, la garantía no puede ser excluida en aquellos supuestos en que los retrasos indebidos se deben a los defectos estructurales de la organización judicial. Es decir, el hecho de que los retrasos no sean imputables a conducta dolosa o negligente alguna, sino al exceso de trabajo que pesa sobre determinados órganos judiciales, puede exculpar a Jueces y Magistrados de toda responsabilidad personal, pero no priva a los ciudadanos del derecho a reaccionar frente a las dilaciones, o lo que es igual, no permite autorizar a considerar que dichas dilaciones no son indebidas (STC 36/1984, de 14 de marzo).

La circunstancia precedente explica que cuando el restablecimiento *«in natura»* del derecho no sea posible, haya de acudirse a fórmulas sustitutorias reparadoras y, entre ellas, a la de la indemnización (STC 50/1989, de 21 de febrero). Si la dilación indebida constituye, de acuerdo con una doctrina muy generalizada, el supuesto típico del funcionamiento anormal de la Administración de Justicia, la lesión del derecho a un proceso sin dilaciones indebidas debe generar, por mandato del artículo 121 de la Constitución, cuando no pueda ser remediada de otro modo, un derecho a ser indemnizado por los daños que tal lesión produzca.

Por lo demás, el principio de interpretación más favorable a la efectividad de los derechos fundamentales impide restringir el alcance y contenido del derecho fundamental a un proceso sin dilaciones indebidas con base en distinciones sobre el origen de las dilaciones (SSTC 223/1988, de 24 de noviembre, 81/1989, de 8 de mayo y 85/1990, de 5 de mayo). Y en cierto modo, como una derivación de aquel principio hermenéutico debe asimismo considerarse la doctrina por la que este derecho se ha proyectado más allá del proceso penal. Dentro del concepto general de la efectiva tutela judicial —ha dicho el Tribunal (STC 18/1983, de 14 de marzo)— deben plantearse como un posible ataque al mismo las dilaciones injustificadas que puedan acontecer en cualquier proceso. Y en su Sentencia 5/1985, de 23 de enero, el Tribunal ha proyectado esta garantía específicamente al proceso civil.

5. *El derecho a utilizar los medios de prueba pertinentes para su defensa*

El derecho de todos a utilizar los medios de prueba pertinentes se ha vinculado muy estrechamente por la jurisprudencia constitucional al derecho de defensa, que quedaría vulnerado, produciéndose indefensión, cuando, habiéndose intentado en tiempo y forma la realización de unas pruebas que, siendo pertinentes, son también influyentes para la decisión del litigio, el Juez del proceso las rechaza, sin disponer al mismo tiempo la realización de otras actividades probatorias (STC 50/1982, de 15 de julio).

Ahora bien, no estamos ante un derecho que faculte para exigir la admisión judicial de cualesquiera pruebas que las partes puedan proponer, sino tan sólo para la recepción y práctica de las que sean pertinentes, correspondiendo el juicio sobre la «*pertinencia*» de las pruebas al juzgador ordinario (STC 40/1986, de 1 de abril). Quiere ello decirnos que el derecho a las pruebas no es, en ningún caso, un derecho a llevar a cabo una actividad probatoria ilimitada.

La problemática interpretativa que el ejercicio del derecho suscita se circunscribe, básicamente, al concepto de «*pertinencia*», es decir, a cuándo una prueba solicitada debe entenderse pertinente. La *pertinencia de las pruebas* es la relación que las mismas guardan con lo que es objeto del juicio y con lo que constituye «*thema decidendi*» para el Tribunal y expresa la capacidad de los medios utilizados para formar la definitiva convicción del Tribunal (STC 51/1985, de 10 de abril). Así entendida, la pertinencia de las pruebas es distinta de su eventual relevancia, que consiste en el juicio de necesidad o de utilidad de las mismas.

Así acotado el concepto de «pertinencia», surge de inmediato la cuestión de los elementos caracterizadores del «juicio sobre la pertinencia», entre los que pueden destacarse los siguientes:

1.º) El objeto de la prueba han de ser hechos y no normas jurídicas.

2.º) Ha de tratarse de hechos que hayan sido previamente alegados y que estén, por consiguiente, previamente aportados al proceso. Y

3.º) No puede tratarse de hechos exonerados de prueba como pueden estarlo, por ejemplo, los hechos establecidos en virtud de una presunción legal.

A partir de las ideas expuestas se puede llegar a la conclusión de que el derecho que nos ocupa consiste en que las pruebas pertinentes propuestas sean admitidas y practicadas por el Juez o Tribunal, lo que no implica la pérdida de la potestad judicial no sólo para declarar la impertinencia de la prueba, sino para valorarla críticamente, según lo alegado y probado, y fallar en consecuencia (STC 147/1987, de 25 de septiembre). Bien es verdad que la constitucionalización de este derecho ha venido a imponer, tal y como ha reiterado el Juez de la Constitución (véase por todas la STC 30/1986, de 20 de febrero), una nueva perspectiva y una sensibilidad mayor en relación con las normas procesales atinentes a la admisión de las pruebas, de suerte que los Tribunales de Justicia deben proveer a la satisfacción de tal derecho, sin desconocerlo ni obstaculizarlo, siendo preferible aquí incurrir en un posible exceso en la admisión de las pruebas que en su denegación.

Es precisamente por idéntica razón a la que acabamos de esgrimir por lo que nuestro intérprete supremo de la Constitución ha considerado (STC 158/1989, de 5 de octubre) que en su valoración de la pertinencia de las pruebas propuestas, los Jueces y Tribunales no pueden sacrificar su realización a otros intereses que, aun estando también protegidos por el ordenamiento, sean de rango inferior al derecho que nos ocupa, como ocurre con el principio de economía procesal o con la celeridad y eficacia que debe presidir la actuación de la Administración de Justicia. Ello no obstante, y de modo especial en el caso del proceso penal, corresponde al órgano judicial evitar un alargamiento innecesario de la fase sumarial cuando existan elementos suficientes de convicción (STC 89/1986, de 1 de julio), más aún una vez constatada suficientemente la inexistencia de indicios racionales de criminalidad.

El derecho a utilizar los medios de prueba pertinentes protege a todos cuantos acuden ante los Jueces y Tribunales en defensa de lo que creen sus derechos e intereses legítimos (STC 89/1985, de 19 de julio). En cuanto que a través del mismo se pretende que nadie se vea privado de los medios necesarios para hacer valer sus derechos e intereses, es evidente que el ejercicio del derecho presupone que las partes aleguen y fundamenten la trascendencia y relevancia de las pruebas o que ello resulte de los hechos y peticiones de la demanda. Asimismo, el derecho debe enmarcarse dentro de la legalidad, esto es, dentro de un sistema legal probatorio de libre aportación y apreciación (STC 167/1988, de 27 de septiembre).

Digamos por último que si es claro que se producirá indefensión por el rechazo arbitrario (esto es, sin justificación razonable) de una prueba de interés relevante para la decisión, como también por la no realización de la diligencia de prueba por actos directamente imputables al órgano judicial, cuando su práctica hubiera podido alterar la decisión final (STC 167/1988, de 27 de septiembre), no podrá hablarse de indefensión cuando aun existiendo en la inadmisión de la prueba alguna irregularidad procesal, no se llegue a producir un menoscabo real del derecho de defensa por no existir la relación entre los hechos que se quisieron y no pudieron demostrar y las pruebas inadmitidas (STC 149/1987, de 30 de septiembre).

6. *El derecho a no declarar contra sí mismo y a no confesarse culpable*

El derecho a no declarar contra sí mismo y a no confesarse culpable garantiza que el procesado no pueda verse obligado a hacer una declaración de autoculpabilidad, como implícitamente ha venido a reconocer el Tribunal Constitucional (STC 75/1987, de 25 de mayo). Sólo cuando se obligue a la persona a emitir una declaración que exteriorice un contenido, admitiendo su culpabilidad, podrán entenderse vulnerados estos derechos; de ahí que nuestro intérprete supremo de la Constitución haya entendido que el deber de someterse al control de alcoholemia no puede considerarse contrario a los derechos que ahora nos ocupan (STC 103/1985, de 4 de octubre).

Cabe señalar finalmente que la Ley de Enjuiciamiento Criminal, al regular las declaraciones de los procesados, determina (artículo 387) que no se les exigirá juramento, exhortándoles solamente a decir la verdad, si bien no existe obligatoriedad alguna por parte del acusado de decir la verdad, ni tan siquiera de declarar. Por último, la propia Ley establece que no podrá emplearse con el procesado género alguno de coacción o amenaza (artículo 389).

d") La interdicción de la «reformatio in peius»

Una línea jurisprudencial muy consolidada ha establecido que la *«reformatio in peius»*, la reforma peyorativa, esto es, el empeoramiento de la condición jurídica de un apelante condenado en la primera instancia de un proceso penal, como consecuencia exclusiva de su recurso de apelación, vulnera el derecho a la tutela judicial efectiva del artículo 24.1, como también las garantías inherentes al proceso penal a que se refiere el artículo 24.2.

El Tribunal Constitucional tuvo oportunidad de pronunciarse sobre la reforma peyorativa a través de una serie de Autos de inadmisión de recursos de amparo. Así, en el Auto 283/1983, de 15 de junio, manifestaba que sólo puede haber *«reformatio in peius»* allí donde la condición del recurrente ha empeorado como consecuencia del recurso, no cuando esta condición permanece invariable al confirmarse la resolución recurrida. En el Auto 304/1984, de 23 de mayo, el Tribunal precisaba que la interdicción de la «*reformatio in peius*» sólo se infringe cuando la condición del recurrente empeora como consecuencia de su misma impugnación, pero no cuando se produce en base a otras apelaciones formuladas de forma concurrente o, incluso, incidental, que permiten la oportunidad de oponerse y utilizar contra ellas los medios de defensa que se estimen convenientes. Finalmente, en el Auto 701/1984, de 21 de noviembre, se pronunciaba en el sentido de que la interdicción de la «*reformatio in peius*» constituye un principio procesal del régimen de los recursos que tiene encaje constitucional a través de la interdicción de la indefensión o por las exigencias de las garantías inherentes al proceso a que se refiere el artículo 24 de la Constitución.

Este cuerpo doctrinal sería reiterado por el intérprete supremo de la Constitución en su Sentencia 84/1985, de 8 de julio, si bien, poco antes, el Tribunal se había manifestado en análogo sentido. En efecto, en su Sentencia 54/1985, de 18 de abril, el Tribunal arranca de la consideración de que el artículo 24.2 de la Constitución exige información de la acusación a los acusados, para que el proceso ofrezca las garantías debidas, y todo ello con la evidente finalidad de que puedan ejercitar el inviolable derecho de defensa, efectuando alegaciones y proponiendo pruebas en toda su extensión, a fin de lograr un equilibrio entre acusador y acusado en el proceso penal que evite la indefensión. A partir de aquí, el Juez supremo de la Constitución entiende que un Tribunal de alzada no puede agravar o empeorar la condición de los derechos del recurrente, apoyándose en una pretensión de signo contrario y beneficiosa, que se transforma en peyorativa al resolver «*extrapetitum*», imponiendo superiores sanciones o mayor número de penas, o ampliando el contenido de las indemnizaciones, lo que sólo podría aceptarse si concurrieran otras partes apelantes que con sus peticiones permitieran efectuar una decisión de superior contenido contra el condenado apelante, pues aunque la apelación se considere un «*novum iudicium*», la revisión que supone debe encuadrarse dentro de las pretensiones ejercitadas en ambas instancias, no admitiendo las apreciaciones distintas que las superen.

En definitiva, la interdicción de la reforma peyorativa constituye un principio general del Derecho procesal (STC 84/1985, de 8 de julio). Lo es, en primer lugar, como consecuencia de la regla expresada en el brocardo «*tantum devolutum quantum appelatum*», cuya vigencia en nuestro Derecho no puede discutirse. Se entiende así que es la impugnación de una Sentencia la que opera la investidura del Juez superior, determinando la posibilidad de que éste desarrolle los poderes que tiene atribuidos, con la limitación determinada por la pretensión de las partes. Además, es claro, como ha significado el Tribunal (STC 84/1985), que *en un sistema acusatorio deben entenderse igualmente excepcio-*

nales los poderes de actuación «ex officio» del Juez lo mismo en la primera que en la segunda instancia.

La conclusión de todo lo expuesto es inequívoca: existe una dimensión constitucional de este principio general del Derecho procesal que es la interdicción de la *«reformatio in peius»*, dimensión que se manifiesta a través del conjunto de derechos reconocidos por el artículo 24, y más concretamente, a través de cualquiera de las siguientes vías:

— La prohibición de la indefensión del artículo 24.1, cuando se produce en la segunda instancia una condena de empeoramiento, sin haberse dado al recurrente condenado la posibilidad de conocer los motivos de impugnación de la Sentencia recurrida y de defenderse sobre ellos.

— El régimen de las garantías procesales y de los recursos, por entenderse que forma parte de él una limitación de los poderes decisorios del Juez superior. Y

— La idea misma de tutela jurisdiccional efectiva de derechos e intereses, en la medida en que, constituyendo el interés en la impugnación uno de los presupuestos de la admisibilidad misma, la apelación única del condenado no puede conducir a unos resultados que estén en contraste o en contradicción con dicho interés.

L) Los derechos de la persona como ser espiritual

Los derechos de la persona en cuanto ser espiritual se vinculan a ese ingrediente «espiritual» que circunda a toda persona y en el que se superponen elementos ideológicos, filosóficos, religiosos y culturales, entre otros muchos, elementos que se nos presentan todos ellos como imprescindibles en orden a posibilitar el desarrollo integral de cualquier ser humano.

Estas libertades afectan al conjunto de la vida espiritual del hombre, entendida en un sentido muy lato; por ello mismo, puede decirse que caben aquí libertades tales como: la libertad ideológica y religiosa, las libertades de expresión e información, el derecho a la educación y la libertad de enseñanza y aún incluso el derecho a la objeción de conciencia. A todos estos derechos y libertades nos referiremos de inmediato.

a/ La libertad ideológica y religiosa y las relaciones del Estado con las confesiones religiosas

El artículo 16 de nuestra Constitución acoge un conjunto de libertades que, pese a hallarse perfectamente diferenciadas, mantienen en común ciertos vínculos que justifican su acogida en un mismo precepto. A tenor del citado artículo:

1. «Se garantiza la libertad ideológica, religiosa y de culto de los individuos y las comunidades sin más limitación, en sus manifestaciones, que la necesaria para el mantenimiento del orden público protegido por la ley.»

2. «Nadie podrá ser obligado a declarar sobre su ideología, religión o creencias.»

3. «Ninguna confesión tendrá carácter estatal. Los poderes públicos tendrán en cuenta las creencias religiosas de la sociedad española y mantendrán las consiguientes relaciones de cooperación con la Iglesia Católica y las demás confesiones.»

A la vista del texto del artículo 16, resulta claro que junto a las libertades que en él se garantizan, se acogen un conjunto de principios de indudable relevancia constitucional. De esta forma, el contenido del precepto puede quedar sistematizado, por lo menos a efectos didácticos, del siguiente modo:

1.º) La libertad ideológica.

2.º) La libertad religiosa y de culto.

3.º) El principio de aconfesionalidad del Estado. Y

4.º) El principio de cooperación con la Iglesia Católica y las demás confesiones

a') La libertad ideológica

La libertad ideológica, al igual que la religiosa, presenta una doble dimensión: una dimensión interna y otra externa. La dimensión interna del derecho se refleja en la adopción de una determinada posición intelectual ante la vida y cuanto le concierne y a representar o enjuiciar la realidad según personales convicciones. (SSTC 120/1990, de 27 de junio y 137/1990, de 19 de julio).

Esta dimensión de la libertad ideológica, que bien podríamos equiparar con la añeja libertad de pensamiento, nos sitúa ante una de las vertientes más íntimas, más intrínsecas de toda persona. De ahí que el artículo 16.2 prescriba que nadie puede ser obligado a declarar sobre su ideología, si bien esta determinación no puede entenderse en términos absolutos por cuanto los poderes públicos, en ciertos supuestos excepcionales, exigidos por el interés general, pueden requerir a una persona para que manifieste sus ideas o creencias, sujetando a tal circunstancia ciertos actos. El ejemplo clásico al respecto lo encontramos en la exención del servicio militar obligatorio, que se reconoce a los objetores de conciencia, que, lógicamente, deben manifestar con carácter obligatorio las convicciones que les impiden el cumplimiento del servicio de armas.

La libertad ideológica comprende, además, una dimensión externa de *«agere licere»*, con arreglo a las propias ideas sin sufrir por ello sanción o demérito ni padecer la compulsión o la injerencia de los poderes públicos, dimensión ésta perfectamente comprensible por cuanto la garantía constitucional de esta libertad debe permitir que los comportamientos personales se ajusten, en cuanto no lesionen algún bien social, a las propias convicciones.

Esta dimensión externa de la libertad ideológica tiene como manifestación más destacada la de expresar libremente lo que se piense. A la libertad ideológica que consagra el artículo 16.1 —ha dicho el Juez de la Constitución (STC 20/1990, de 15 de febrero)— le corresponde el correlativo derecho a expresarla que garantiza el artículo 20.1, a/, al reconocer el derecho a expresar y difundir libremente los pensamientos, ideas y opiniones. Esta estrecha correlación ha suscitado la problemática interpretativa del ámbito de protección que ha de aplicarse a esta manifestación externa de la libertad ideológica: la duda, lógicamente, gira en torno a si ese ámbito será el del propio artículo 16.1 o, por contra, el del artículo 20.

La diferencia es importante por cuanto la relevancia constitucional de la libertad ideológica es extraordinariamente notable. Así lo subrayaría nuestro intérprete supremo de la Constitución (STC 20/1990) al significar que sin la libertad ideológica consagrada en el artículo 16.1, no serían posibles los valores superiores de nuestro ordenamiento jurídico que se propugnan en el artículo 1.º.1. Para que la libertad, la justicia, la igualdad y el pluralismo político sean una realidad efectiva y no la enunciación teórica de unos principios ideales, es preciso que a la hora de regular conductas y, por tanto, de enjuiciarlas, se respeten aquellos valores superiores sin los que no se puede desarrollar el régimen democrático.

Pues bien, la libertad ideológica, aun no siendo un derecho absoluto, pues ninguno lo es, ha sido considerada como esencial para la efectividad de aquellos valores superiores, y muy especialmente del pluralismo político. De todo ello se desprende que este derecho no debe recortarse ni tener más limitaciones que la expresamente prevista por el artículo 16.1: la necesaria para el mantenimiento del orden público protegido por la ley. Y a la vista del artículo 20.4, que enuncia los límites que pesan sobre las libertades proclamadas por el propio precepto, resulta evidente que la restricción que contempla el artículo 16.1 no coincide en modo alguno con las limitaciones del artículo 20.4, mucho más amplias.

Por lo demás, la indisoluble unidad entre la libertad ideológica y el pluralismo político (STC 20/1990) exige la máxima amplitud en el ejercicio de aquélla, y ello no sólo en lo coincidente con la Constitución y con el resto del ordenamiento jurídico, sino también en lo que resulte contrapuesto a los valores y bienes que en ellos se consagran, excluida siempre la violencia para imponer los propios criterios.

De lo que acabamos de exponer no debe deducirse que la libertad ideológica, en su manifestación externa —por ejemplo, a través de un artículo periodístico—, pueda ser utilizada para eludir los límites que a la libertad de expresión impone el artículo 20.4. Quiere solamente decirse que la manifestación de la libertad ideológica a través de la libertad de expresión no implica automáticamente la absorción de la primera por la segunda.

Digamos por último que para que los actos de los poderes públicos puedan ser anulados por violaciones de la libertad ideológica, se requieren, cuando menos, estas dos exigencias: de una parte, que dichos actos perturben o impidan de algún modo la adopción o mantenimiento en libertad de una determinada ideología o pensamiento, y de otra, que entre el contenido de lo expresado y aquellos actos medie una relación de causalidad suficiente (STC 120/1990, de 27 de junio).

Asimismo, y en referencia concreta en este caso a quienes ostentan cargos públicos, el Juez de la Constitución ha entendido (STC 122/1983, de 16 de diciembre) que las manifestaciones de la libertad ideológica han de armonizarse en su ejercicio con el necesario cumplimiento del deber positivo inherente al cargo público de actuar en el marco constitucional, incluyendo por supuesto la posibilidad de promover su reforma por los cauces que en la Constitución se establecen.

b') La libertad religiosa y de culto

La libertad religiosa, al igual que la ideológica, en cuanto derecho subjetivo de carácter fundamental, se concreta en el reconocimiento de un ámbito de libertad y de una esfera de *«agere licere»*, o lo que es lo mismo, en una dimensión interna y en otra externa.

En su dimensión interna, este derecho implica la libertad de tener o adoptar la religión o las creencias de su elección. En cuanto *libertad de conciencia,* el derecho del artículo 16.1 se concreta en la posibilidad jurídicamente garantizada de acomodar el sujeto su conducta religiosa y su forma de vida a sus propias convicciones con exclusión de cualquier intervención por parte del Estado (Auto del Tribunal 617/1984, de 31 de octubre).

En su vertiente externa, la libertad religiosa entraña la libertad de manifestar la propia religión o creencias mediante el culto, la celebración de los ritos, las prácticas y la enseñanza (Auto del Tribunal —en adelante ATC— 180/1986, de 21 de febrero).

La *libre práctica del culto* constituye la primigenia manifestación externa de la libertad religiosa; se comprende así que el artículo 16.1 la haya contemplado de modo explícito, adquiriendo de esta forma relevancia constitucional.

Es evidente por lo demás que esta libertad de culto comprende no sólo el derecho a practicar el culto que se profese, sino también el de mantener los lugares de culto.

Otra relevante manifestación de la libertad religiosa, mucho más en un Estado que se declara aconfesional (artículo 16.3 CE), la encontramos en el rechazo de cualquier actitud religiosa del Estado en relación con la persona, y de ahí —y en conexión con la libertad de enseñanza que reconoce el artículo 27— la obligación de los poderes públicos de no imponer coactivamente el estudio de una confesión religiosa determinada. A tal fin responde el artículo 27.3 de nuestra Norma suprema, que garantiza el derecho que asiste a los padres para que sus hijos reciban la formación religiosa y moral que esté de acuerdo con sus propias convicciones. Con ello, no sólo se está amparando la libre elección por los padres de una cierta educación moral o religiosa para sus hijos, sino que, a la par, se está garantizando el derecho a la neutralidad ideológica de los centros públicos docentes, tal y como el alto Tribunal reconociera en uno de sus primeros fallos (STC 5/1981, de 13 de febrero).

En definitiva, pues, la actitud del Estado hacia el fenómeno religioso va a venir marcada por dos principios básicos: el primero de ellos es el principio de libertad religiosa que, como acabamos de ver, reconoce el derecho de los ciudadanos a actuar en este campo con plena inmunidad de coacción del Estado y de cualesquiera grupos sociales (inmunidad de coacción que afecta, como establece el artículo 18 de la Declaración Universal de Derechos Humanos —previsión que incorpora a su doctrina el Tribunal en su Auto 359/1985, de 29 de mayo—, a la libertad de toda persona de «manifestar su religión o su creencia, individual o colectivamente, tanto en público como en privado, por la enseñanza, la práctica, el culto y la observancia), de manera que el Estado se prohíbe a sí mismo cualquier concurrencia, junto a los ciudadanos, en calidad de sujeto de actos o actitudes de signo religioso; el segundo principio es el de igualdad, proclamado por los artículos 9 y 14, que significa que las actitudes religiosas de los sujetos de derecho no pueden justificar nunca diferencias de trato jurídico (STC 24/1982, de 13 de mayo) El artículo 14 se refiere específicamente a ello cuando prohíbe toda discriminación por razón de religión.

A estos principios responde la Ley Orgánica 7/1980, de 5 de julio, de Libertad Religiosa, que, por una parte, enumera los derechos de la persona que la libertad religiosa y de culto comprende, con la consiguiente inmunidad de coacción, mientras que, por otra, trata de salvaguardar la vigencia del principio de igualdad, prescribiendo (artículo 1.º.2) que no podrán alegarse motivos religiosos para impedir a nadie el ejercicio de cualquier trabajo o actividad o el desempeño de cargos o funciones públicas.

El artículo 2.º.1 de la Ley enumera los derechos comprendidos en la libertad que analizamos. Son éstos, bien que sin ánimo de exhaustividad:

1.º) El derecho a profesar las creencias religiosas que libremente elija la persona o a no profesar ninguna; a cambiar de confesión; a manifestar libremente sus propias creencias o a abstenerse de declarar sobre ellas.

2.º) El derecho a practicar los actos de culto y recibir asistencia religiosa de su propia confesión; conmemorar sus festividades; celebrar sus ritos matrimoniales, y no ser obligado a practicar actos de culto o a recibir asistencia religiosa contraria a sus convicciones personales.

3.º) El derecho a recibir e impartir enseñanza e información religiosa de toda índole. Y

4.º) El derecho a reunirse o manifestarse públicamente con fines religiosos y asociarse para desarrollar comunitariamente sus actividades religiosas.

La Ley, en sintonía con el artículo 16.1, que garantiza la libertad religiosa y de culto no sólo de los individuos, sino también de las comunidades, integra en la libertad religiosa y de culto (artículo 2.º.2) el derecho de las Iglesias, Confesiones y comunidades religiosas a establecer lugares de culto o de reunión con fines religiosos, a designar y formar a sus ministros, a divulgar y propagar su propio credo, y a mantener relaciones con sus propias organizaciones o con otras confesiones religiosas.

A fin de lograr la aplicación real y efectiva de estos derechos, ajustándose así al mandato constitucional del artículo 9.º.2, la Ley (artículo 2.º.3) dispone que los poderes públicos adoptarán las medidas necesarias para facilitar la asistencia religiosa en los establecimientos públicos militares, hospitalarios, asistenciales, penitenciarios y otros bajo su dependencia, así como la formación religiosa en centros docentes públicos.

El ejercicio de los derechos dimanantes de la libertad religiosa y de culto tiene como único límite la protección del derecho de los demás al ejercicio de sus libertades públicas y derechos fundamentales, así como la salvaguardia de la seguridad, de la salud y de la moralidad pública, elementos constitutivos del orden público protegido por la Ley en el ámbito de una sociedad democrática.

Señalemos por último que la Ley (artículo 5.º) atribuye personalidad jurídica a las Iglesias, Confesiones y Comunidades religiosas y sus Federaciones, una vez que se inscriban en el correspondiente Registro público, que se crea, a tal efecto, en el Ministerio de Justicia. Esas Comunidades tendrán plena autonomía y podrán establecer sus propias formas de organización, régimen interno y régimen de su personal.

c') El principio de aconfesionalidad del Estado

El inciso inicial del artículo 16.3 proclama que «ninguna confesión tendrá carácter estatal». Se sienta de esta forma de modo inequívoco el principio de aconfesionalidad del Estado, que resulta perfectamente coherente en una sociedad que ha entronizado como valores superiores, entre otros, los de libertad y pluralismo político.

De esta forma, el artículo 16.3 impide que los valores o intereses religiosos se erijan en parámetros para medir la legitimidad o justicia de las normas y actos de los poderes públicos. Al mismo tiempo, el citado precepto constitucional veda cualquier tipo de confusión entre funciones religiosas y funciones estatales (STC 24/1982, de 13 de mayo).

En definitiva, el carácter pluralista y aconfesional del Estado le impide trasladar a las diversas esferas del ordenamiento jurídico los principios y valores religiosos que gravan la conciencia de determinados fieles y que se insertan en el orden intraeclesial.

En todo caso, la neutralidad confesional del Estado no debe implicar en modo alguno que éste permanezca de espaldas a la realidad socio-religiosa. La propia Constitución, inmediatamente después de proclamar el principio de aconfesionalidad, establece que «los poderes públicos tendrán en cuenta las creencias religiosas de la sociedad española», lo que supone, como dijera *Beneyto,* confirmar la estricta consideración de «lo religioso», como factor social específico, al que, sin embargo, el Estado se compromete a servir con sus medios más genuinos, esto es, por medios estrictamente jurídicos.

Quiere ello decirnos que el carácter aconfesional del Estado no implica que las creencias y sentimientos religiosos de la sociedad no puedan ser objeto de protección. Bien al contrario, esa idea de protección no sólo está latente en la misma dicción de la norma constitucional, sino que, como significara el Juez de la Constitución (ATC 180/1986, de 21 de febrero), *la pretensión individual o general de respeto a las convicciones religiosas pertenece a las bases de la convivencia democrática* que, tal como declara el Preámbulo de la Constitución, debe ser garantizada.

En resumen, la Constitución de 1978 no proclama tanto un principio de laicidad militante del Estado, como sucediera en la Segunda República, cuanto un principio de neutralidad confesional del mismo, compatible con la plena cooperación con la Iglesia Católica y las restantes confesiones religiosas.

d') El principio de cooperación con la Iglesia Católica y las demás confesiones

I. El inciso final del artículo 16.3 de la Constitución, tras establecer que los poderes públicos habrán de tener en cuenta las creencias religiosas de la sociedad española, añade: «y mantendrán las consiguientes relaciones de cooperación con la Iglesia Católica y las demás confesiones.»

De esta forma, la Constitución establece un verdadero mandato que, como bien apuntara *Bernárdez Cantón,* se formula como una concreción o consecuencia del mandato autónomo e incluso principal, de tener en cuenta las creencias religiosas de la sociedad.

Nos encontramos en presencia de un auténtico *deber de cooperación* del Estado con la Iglesia Católica y las demás confesiones y no ante un derecho fundamental de los ciudadanos (STC 93/1983, de 8 de noviembre). Este deber no es sino la consecuencia obligada de esa atención que los poderes públicos han de prestar a las creencias religiosas de la sociedad y, en cierto modo, bien podría considerársele como una peculiar manifestación de la exigencia general que el artículo 9.º.2 establece, en el sentido de que los poderes públicos promuevan las condiciones para que la libertad y la igualdad del individuo y de los grupos en que se integra sean reales y efectivas.

En el momento del debate constituyente suscitó cierta controversia la específica alusión a la Iglesia Católica, que, a nuestro entender, en el contexto del artículo 16.3, resulta perfectamente legítima y razonable, por cuanto no sólo no se opone al principio de aconfesionalidad, sino que viene a reflejar una realidad social incuestionable, como es que la mayoría de la población profesa esa religión, todo ello, al margen ya de una serie de razones históricas que bien podrían esgrimirse. En definitiva, un realismo histórico-sociológico estaría, en un primer momento, en la base misma de la referencia constitucional a la Iglesia Católica.

Junto a la argumentación precedente, *Amorós Azpilicueta* ha señalado que la mención a la Iglesia Católica bien podría entenderse como el reflejo de un modelo de relaciones de cooperación. En todo caso, lo que debe descartarse por entero, a nuestro juicio, es aquella interpretación que ha atisbado en dicha alusión un trato diferencial discriminador, por cuanto el texto constitucional no opera discriminación alguna, pues los poderes públicos han de mantener las consiguientes relaciones de cooperación no sólo con la Iglesia Católica, sino asimismo con las restantes confesiones, es decir, con todas las confesiones religiosas socialmente arraigadas. El principio de igualdad es respetado, ya que ninguna confesión queda apartada de esta posible cooperación con los poderes públicos, lo que, desde luego, no entraña que dicha cooperación haya de ser idéntica en todos los casos.

Como con buen criterio señala *Sánchez Agesta,* estas relaciones de cooperación deben darse con una *igualdad proporcional* con todas las instituciones que representan creencias religiosas de la sociedad española. Y si se matiza esa igualdad como «proporcional», es porque resulta lógico que la cooperación venga medida por la importancia numérica de los españoles que profesan unas u otras creencias. Dada la abismal diferencia que a este respecto existe entre la religión católica y las restantes, parece perfectamente lógica la referencia constitucional a la Iglesia Católica.

El artículo 7.º de la Ley Orgánica 7/1980, de Libertad Religiosa, ha plasmado este principio constitucional de cooperación, al establecer que el Estado, teniendo en cuenta las creencias existentes en la sociedad española, establecerá, en su caso, Acuerdos o Convenios de cooperación con las Iglesias, Confesiones y Comunidades religiosas inscritas en el Registro, que por su ámbito y número de creyentes hayan alcanzado notorio arraigo en España. En todo caso, estos Acuerdos se aprobarán por Ley de las Cortes Generales.

Como puede apreciarse, este precepto traduce a la perfección algunos de los postulados precedentemente enunciados y acude a un concepto sociológico como es el del arraigo social. En efecto, el Estado puede formalizar Acuerdos de cooperación con cualquier Comunidad religiosa previamente inscrita en el correspondiente Registro del Ministerio de Justicia, pero el precepto, claramente, supedita la realización de un Acuerdo de esta naturaleza al notorio arraigo en nuestra sociedad de dicha Comunidad, arraigo que se mide en función de su ámbito y del número de creyentes.

II. En desarrollo del mandato constitucional de establecimiento de relaciones de cooperación con la Iglesia Católica, el 3 de enero de 1979 se formalizaban los *Acuerdos entre el Estado Español y la Santa Sede,* dando con posterioridad ambas Cámaras su autorización para la ratificación, y entrando en vigor, tras el oportuno canje de los Instrumentos de ratificación, el 4 de diciembre de 1979.

Se trata en realidad de cuatro Acuerdos distintos:

— Acuerdo sobre asuntos jurídicos.

— Acuerdo sobre enseñanza y asuntos culturales.

— Acuerdo sobre asuntos económicos. Y

— Acuerdo sobre la asistencia religiosa a las Fuerzas Armadas y el servicio militar de clérigos y religiosos.

1. En el *Acuerdo sobre asuntos jurídicos,* podemos destacar estos aspectos:

— El Estado español reconoce a la Iglesia Católica el derecho de ejercer su misión apostólica, garantizándole el libre y público ejercicio de las actividades que le son propias, y en especial las de culto, jurisdicción y magisterio.

— La Iglesia puede organizarse libremente, reconociéndose en particular la potestad de crear, modificar o suprimir diócesis, parroquias y otras circunscripciones territoriales, que gozarán de personalidad jurídica civil en cuanto la tengan canónica.

— El Estado reconoce asimismo la personalidad jurídica civil de la Conferencia Episcopal Española.

— El Estado reconoce y garantiza el ejercicio del derecho a la asistencia religiosa de los ciudadanos internados en establecimientos penitenciarios, hospitales, sanatorios, orfanatos y centros similares, tanto privados como públicos.

El régimen de asistencia religiosa católica y la actividad pastoral de los sacerdotes y de las religiosas en los centros mencionados que sean de carácter público serán regulados de común acuerdo entre las competentes autoridades de la Iglesia y del Estado.

— El Estado reconoce los efectos civiles al matrimonio celebrado según las normas del Derecho canónico. Estos efectos se producen desde la celebración. Para su pleno reconocimiento será necesaria la inscripción en el Registro civil, que se practicará con la simple presentación de certificación eclesiástica de la existencia del matrimonio.

Los contrayentes, a tenor de las disposiciones del Derecho canónico, podrán acudir a los tribunales eclesiásticos solicitando declaración de nulidad o pedir decisión pontificia sobre matrimonio rato y no consumado. A solicitud de cualquiera de las partes, dichas resoluciones tendrán eficacia en el orden civil si se declaran ajustadas al Derecho del Estado en resolución dictada por el tribunal civil competente.

Es importante recapitular sobre este último aspecto: la necesaria mediación de los tribunales civiles para que una resolución de nulidad matrimonial de un tribunal eclesiástico pueda surtir eficacia en el orden civil. De ello se deduce, obviamente, que cabe que el tribunal civil deniegue tales efectos civiles si considera la resolución de la jurisdicción eclesiástica como no ajustada a Derecho. Ello es perfectamente legítimo desde la perspectiva constitucional, como el Juez de la Constitución se ha encargado de recordar (STC 66/1982, de 12 de noviembre), al precisar que la cooperación del Estado con la Iglesia Católica no implica automatismo en el reconocimiento de las resoluciones dictadas por los Tribunales Eclesiásticos.

2. En el *Acuerdo sobre enseñanza y asuntos culturales* pueden destacarse los puntos siguientes:

— El Estado garantiza que la acción educativa que se imparta en los centros docentes públicos será respetuosa con los valores de la ética cristiana.

— Los planes educativos en los niveles de Preescolar, Educación General Básica, Bachillerato y Formación Profesional incluirán la *enseñanza de la religión católica en todos los centros de educación, en condiciones equiparables a las demás disciplinas fundamentales.* Por respeto a la libertad de conciencia, dicha enseñanza no tendrá carácter obligatorio para los alumnos, si bien se garantiza el derecho a recibirla.

— En los niveles educativos anteriores, la enseñanza religiosa será impartida por las personas que cada año escolar sean designadas por la autoridad académica entre aquellas que el ordinario diocesano proponga para ejercer esta enseñanza.

— A la Jerarquía eclesiástica corresponde señalar los contenidos de la enseñanza y formación religiosa católica, así como proponer los libros de texto y material didáctico relativos a dicha enseñanza y formación.

— El Estado reconoce la existencia legal de las Universidades de la Iglesia establecidas en España en el momento de la entrada en vigor de este Acuerdo. Los alumnos de tales centros universitarios gozarán de los mismos beneficios, en materia de sanidad, seguridad escolar, ayudas al estudio y a la investigación y demás modalidades de protección al estudiante, que se establezcan para los alumnos de las Universidades del Estado.

— La Iglesia Católica, a tenor de su propio Derecho, conserva su autonomía para establecer Universidades, Facultades, Institutos Superiores y otros centros de ciencias eclesiásticas para la formación de sacerdotes, religiosos y seglares.

— Salvaguardando los principios de libertad religiosa y de expresión, el Estado velará para que sean respetados en sus medios de comunicación social los sentimientos de los católicos.

3. En el *Acuerdo sobre asuntos económicos,* cabe significar los aspectos que a continuación señalamos:

— El Estado se compromete a colaborar con la Iglesia Católica en la consecución de su adecuado sostenimiento económico, con respeto absoluto al principio de libertad religiosa. A tal efecto, se prevé que, transcurridos tres ejercicios completos desde la firma del Acuerdo, el Estado podrá asignar a la Iglesia un porcentaje del rendimiento de la imposición sobre la renta o el patrimonio neto u otra de carácter personal por el procedimiento técnicamente más adecuado. Para ello será preciso que cada contribuyente manifieste expresamente, en la declaración respectiva, su voluntad acerca del destino de la parte afectada. Este sistema viene a sustituir al de dotación en los Presupuestos Generales del Estado de una partida, con carácter global y único, para la Iglesia Católica.

En cualquier caso, la Iglesia Católica declara su propósito de lograr por sí misma los recursos suficientes para la atención de sus necesidades, en definitiva, su autofinanciación, meta cuya consecución nos parece muy necesaria desde diferentes puntos de vista. Una vez conseguido este propósito, ambas partes se pondrán de acuerdo para sustituir los sistemas de colaboración financiera antes expresada por otras formas de colaboración económica.

— En desarrollo de la previsión del artículo 7.º.2 de la Ley Orgánica de Libertad Religiosa —que determina que en los Acuerdos de cooperación, y respetando siempre el principio de igualdad, se podrán extender a las Comunidades religiosas los beneficios fiscales previstos en el ordenamiento jurídico general para las Entidades sin fin de lucro y demás de carácter benéfico—, el Acuerdo sobre asuntos económicos establece una serie de exenciones tributarias y de beneficios fiscales.

Sería precisamente la mencionada referencia al principio de igualdad, la que daría pie a un recurso de amparo de la Comunidad Evangélica de Habla Alemana de Baleares, en el que, con motivo de la liquidación del Impuesto General de Sucesiones, entendería vulnerados los principios de igualdad y de libertad religiosa. En el Auto desestimatorio del recurso, por carencia de contenido constitucional de la demanda (ATC 480/1989, de 2 de octubre), el Juez de la Constitución consideraría incuestionable que el término de comparación que en el recurso se aporta (la previsión de un determinado beneficio fiscal del que goza la Iglesia Católica) no resulta idóneo, por cuanto olvida y prescinde que «en materia económica, concurren una serie de circunstancias —no sólo fácticas, sino también jurídicas— en las relaciones históricas entre el Estado Español y la Iglesia Católica que, sin perjuicio de su progresiva adecuación al nuevo ordenamiento constitucional, no concurren evidentemente en el caso de la Comunidad Evangélica de Habla Alemana de las Islas Baleares».

4. En el *Acuerdo sobre la asistencia religiosa a las Fuerzas Armadas y el servicio militar de clérigos y religiosos,* el Estado garantiza que la asistencia religioso-pastoral a los miembros de las Fuerzas Armadas se siga ejerciendo por medio del Vicariato Castrense, que es una diócesis personal, no territorial, que cuenta con la colaboración, entre otros, de los capellanes castrenses como párrocos personales.

Hasta la Ley 17/1989, de 19 de julio, reguladora del Régimen del Personal Militar Profesional, la asistencia religiosa católica a los miembros de las Fuerzas Armadas se había prestado por los integrantes de los Cuerpos Eclesiásticos del Ejército de Tierra, de la Armada y del Ejército del Aire. Sería precisamente la regulación de los tiempos de efectividad que se exigen en cada empleo, para el ascenso al inmediato superior (en lo que al Cuerpo Eclesiástico se refiere), normación llevada a cabo por la Ley 48/1981, de 24 de diciembre, de clasificación de mandos y regulación de ascensos en régimen ordinario para los militares de carrera del Ejército de Tierra, la que daría pie a un recurso de inconstitucionalidad presentado por el diputado socialista don *Gregorio Peces-Barba Martínez*, contra el apartado cuarto del artículo 9.º de la citada Ley, relativo al Cuerpo Eclesiástico, por entender que una norma de esa naturaleza venía a introducir un régimen de privilegios o de cuasiconfesionalidad para la Iglesia Católica en el seno de las Fuerzas Armadas.

El Tribunal Constitucional declararía no haber lugar a la estimación del recurso (STC 24/1982, de 13 de mayo), estableciendo una doctrina de notable interés, de conformidad con la cual, el hecho de que el Estado preste asistencia religiosa católica a los individuos de las Fuerzas Armadas no sólo no determina una lesión constitucional, sino que ofrece, por el contrario, la posibilidad de hacer efectivo el derecho al culto de los individuos y comunidades.

> «No padece el derecho a la libertad religiosa o de culto —apostilla el alto Tribunal—, toda vez que los ciudadanos miembros de las susodichas Fuerzas Armadas, son libres para aceptar o rechazar la prestación que se les ofrece; y hay que entender que asimismo tampoco se lesiona el derecho a la igualdad, pues por el mero hecho de la prestación en favor de los católicos no queda excluida la asistencia religiosa a los miembros de otras confesiones, en la medida y proporción adecuadas, que éstos pueden reclamar fundadamente, de suerte que sólo el Estado que desoyera los requerimientos en tal sentido hechos, incidiría en la eventual violación analizada.»

Por lo demás, y en directa referencia al Acuerdo que ahora nos ocupa, el Tribunal (STC 24/1982) advertiría que de la regulación de esta materia «se deduce que los Acuerdos de 1979 regularon la asistencia religioso-pastoral a los miembros católicos de las Fuerzas Armadas, sin que ello suponga limitación de la libertad religiosa de los miembros no católicos, y que se admite la consideración de los capellanes castrenses como párrocos personales, que queda en ese momento firmemente reglamentada, aunque no se desarrolle el punto específico relativo a si tales capellanes castrenses constituyen un cuerpo de funcionarios del Estado financiados por éste, ni tampoco si dentro de los capellanes castrenses se han de establecer graduaciones paralelas o similares a las militares».

Este último aspecto ha sido radicalmente modificado, como con anterioridad adelantábamos, por la Ley 17/1989, reguladora del Régimen del Personal Militar Profesional, cuya Disposición Final séptima ha procedido a regular en términos muy novedosos el Servicio de Asistencia Religiosa.

> El Gobierno, que debe garantizar la asistencia religiosa a los miembros de las Fuerzas Armadas, queda obligado a crear, por Real Decreto, el llamado *«Servicio de Asistencia Religiosa de las Fuerzas Armadas»*, debiendo atenerse a los criterios que la propia Disposición establece

en lo que al régimen de personal de este Servicio se refiere. En desarrollo de esta previsión se aprobó el Real Decreto 1145/1990, de 7 de septiembre, por el que se crea el Servicio de Asistencia Religiosa en las Fuerzas Armadas.

De los criterios legales antes mencionados destacaremos el hecho de que la relación de servicios profesionales se constituye con personal vinculado con carácter permanente y no permanente, que no tendrá la condición de militar. Se fija asimismo el plazo de ocho años como período de duración máxima de la relación de servicios con carácter no permanente.

Advirtamos finalmente que aunque la asistencia religioso-pastoral se seguirá ejerciendo por medio del Vicariato Castrense y en los términos del Acuerdo de 1979, la Ley 17/1989, en sintonía con los criterios precedentemente apuntados, declara a extinguir los Cuerpos Eclesiásticos del Ejército de Tierra, de la Armada y del Ejército del Aire.

La asistencia religiosa no se circunscribe a los profesionales de los Ejércitos, sino que lógicamente abarca a los españoles que se incorporen a las Fuerzas Armadas para cumplir el servicio militar. A tal efecto, el artículo 45 de la Ley Orgánica 13/1991, de 20 de diciembre, del Servicio Militar, tras prescribir que el ejercicio por el militar de reemplazo de los derechos dimanantes de la libertad ideológica, religiosa y de culto no tendrá otro límite, en sus manifestaciones, que los derivados de la salvaguarda de la disciplina y la seguridad nacional (apartado primero), determina que a los militares de reemplazo se les facilitará el cumplimiento de los deberes religiosos, proporcionándoles dentro del régimen interior de los acuartelamientos, buques y bases el tiempo necesario para la asistencia a los actos de culto. En todo caso, la asistencia a actos de carácter religioso será voluntaria (apartado tercero)

b/ El derecho a la objeción de conciencia

I. El artículo 30 de la Constitución, norma de apertura de la Seccion segunda del Capítulo 2.º del Título I, contempla en su apartado primero el derecho y deber de los españoles de defender a España, tras lo que su apartado segundo prescribe:

> «La ley fijará las obligaciones militares de los españoles y regulará, con las debidas garantías, la objeción de conciencia, así como las demás causas de exención del servicio militar obligatorio, pudiendo imponer, en su caso, una prestación social sustitutoria.»

De la lectura de este precepto pueden entresacarse las consideraciones siguientes:

1.ª/ El derecho a la objeción de conciencia que en el artículo 30.2 se reconoce, aparece como la *exención a un deber:* el deber de cumplir el servicio militar obligatorio, que recae, en principio, sobre la totalidad de los españoles.

2.ª/ El derecho a la objeción de conciencia *ha de ser regulado legalmente, a través* del instrumento normativo *de la ley ordinaria,* regulación que se ha llevado a cabo por medio de la Ley 48/1984, de 26 de diciembre, reguladora de la objeción de conciencia y la prestación social sustitutoria, norma que se complementa por la Ley Orgánica 8/1984, también de 26 de diciembre, por la que se regula el régimen de recursos en caso de objeción de conciencia, y su régimen penal, norma esta última que en cuanto deroga el artículo 45 de la Ley Orgánica del Tribunal Constitucional, será objeto de consideración al hilo de nuestro estudio del recurso de amparo.

En lo que se refiere al régimen penal previsto por la Ley Orgánica 8/1984 respecto de aquellos objetores que se nieguen a realizar la prestación social sustitutoria, cabe decir que sería modificado por la Ley Orgánica 14/1985, de 9 de diciembre.

> En el recurso de inconstitucionalidad planteado por el Defensor del Pueblo contra determinados preceptos de la Ley 48/1984, la primera tacha de inconstitucionalidad que el recurrente haría a la Ley sería la de no ser una Ley Orgánica. Se suscitaba así la cuestión del rango normativo que había de darse a la regulación legal del derecho a la objeción de conciencia. Sin perjuicio de que volvamos a hacernos eco de esta cuestión al abordar el análisis de las leyes orgánicas, diremos ahora tan sólo que el Juez de la Constitución (STC 160/1987, de 27 de octubre), de modo inequívoco, entendería que el derecho a la objeción de conciencia, aun en la hipótesis de estimarlo fundamental, no está sujeto a la reserva de Ley Orgánica por no estar incluido en los artículos 15 a 29 de la Constitución.

3.ª/ La regulación legal de este derecho se ha de hacer *«con las debidas garantías»,* expresión esta última que, con muy buen criterio, el Juez de la Constitución interpreta (STC 161/1987, de 27 de octubre) que debe entenderse referida no sólo a las garantías para el objetor, sino también a la comprobación de la alegada causa de exención y, asimismo, a las necesidades y buen funcionamiento de las Fuerzas Armadas, cuya relevancia constitucional está reconocida en el artículo 8.º de la Constitución.

De ello además se desprende una relevante conclusión: llegado el momento de regular la objeción de conciencia, el legislador habría de armonizar, en la forma que estimara más conveniente, el derecho individual del objetor con la salvaguarda del objeto o fines constitucionalmente reconocidos (la defensa de España y las Fuerzas Armadas a su servicio) que justifican un deber: el deber de defender a España y de cumplir el servicio militar obligatorio.

4.ª/ El tratamiento constitucional que a la objeción de conciencia da el artículo 30.2 se complementa con la *inclusión de este derecho entre aquellos susceptibles de protección en vía de amparo constitucional,* previsión que se contempla en el inciso final del artículo 53.2 de la Constitución.

II. A la vista de la ordenación constitucional del derecho, se impone analizar su *naturaleza* y *contenido.* Varios elementos contribuyen a perfilar esa, por lo demás muy peculiar, naturaleza y contenido del derecho a la objeción de conciencia.

— En primer término, es opinión doctrinal muy extendida, y que entre nosotros ha ratificado el alto Tribunal (SSTC 15/1982, de 23 de abril y 35/1985, de 7 de marzo), que existe una *íntima conexión entre la objeción de conciencia y la libertad de conciencia:*

> «La objeción de conciencia —dice el Tribunal— constituye una especificación de la libertad de conciencia, la cual supone no sólo el derecho a formar libremente la propia conciencia, sino también a obrar de modo conforme a los imperativos de la misma.»

El Derecho comparado y aun los mismos organismos internacionales (así, por ejemplo, la Asamblea Consultiva del Consejo de Europa) corroboran esta doctrina.

En cuanto la libertad de conciencia, a su vez, es una concreción de la libertad ideológica constitucionalmente reconocida en el artículo 16.1, puede afirmarse que la objeción de conciencia es un derecho reconocido explícita e implícitamente por nuestro ordenamiento constitucional; en definitiva, se trata de un *auténtico derecho constitucional.*

— Estamos, pues, en presencia de un derecho de naturaleza constitucional que, sin embargo, *no puede calificarse de fundamental,* y ello por cuanto aunque el artículo 53.2 de la Constitución lo incluye entre los derechos susceptibles de protección en vía de amparo, al igual por tanto que los derechos fundamentales y las libertades públicas de la Sección primera, esa equiparación, a juicio del Tribunal (STC 160/1987), lo es a los solos efectos de la interposición del recurso de amparo. En resumen, se trata de un derecho constitucional reconocido por la Norma suprema en su artículo 30.2, protegido por el recurso de amparo (artículo 53.2), pero cuya relación con el artículo 16.1 (libertad ideológica) no autoriza ni permite calificarlo de fundamental.

— Un tercer, y decisivo, elemento entra en juego en el diseño de la naturaleza de este derecho. Se trata de su propio contenido, del haz de posibilidades de acción o inacción que permite a su titular. Ya en su Sentencia 15/1982 el Juez de la Constitución establecía al respecto una importante doctrina que ha venido manteniendo intangiblemente en las escasas oportunidades que se le han presentado de pronunciarse al respecto.

El derecho a la objeción de conciencia no consiste fundamentalmente en la garantía jurídica de la abstención de una determinada conducta, sino en el *derecho a ser declarado exento de un deber* que, de no mediar tal declaración, sería exigible bajo coacción.

> «Técnicamente, por tanto —advierte el Tribunal (STC 15/1982)—, el derecho a la objeción de conciencia reconocido en el artículo 30.2 de la Constitución no es el derecho a no prestar el servicio militar, sino el derecho a ser declarado exento del deber general de prestarlo y a ser sometido, en su caso, a una prestación social sustitutoria.»

Consiguientemente, nos hallamos más que ante un derecho de acción, por así llamarlo, ante una excepción al cumplimiento de un deber general, deber que sería insalvable sin la constitucionalización de la objeción de conciencia, ya que el amparo en la libertad ideológica o de conciencia no sería argumento suficiente como para evadir el cumplimiento de aquel deber.

Es justamente su *naturaleza excepcional* (derecho a una exención de norma general, a un deber constitucional, como es el de la defensa de España) lo que le caracteriza como *derecho constitucional autónomo,* pero no fundamental (STC 160/1987). Y es precisamente esa misma y peculiarísima naturaleza lo que legitima al legislador para regular el derecho a la objeción de conciencia por Ley ordinaria y «con las debidas garantías», en el bien entendido de que sólo si existe tal regulación puede producirse la declaración en la que el derecho encuentra su plenitud.

III. Esta última circunstancia, esto es, el hecho de que la objeción de conciencia sea un derecho que para su desarrollo y plena eficacia requiera la *«interpositio legislatoris»,* iba a suscitar notables problemas, dado el retraso en el desarrollo legislativo del derecho y la insuficiencia constitucional de la única norma existente hasta la entrada en vigor de la Ley 48/1984: el Real Decreto 3011/1976, de 23 de diciembre, sobre la objeción de conciencia de carácter religioso al servicio militar.

El hecho de que no existiese el ineludible desarrollo legislativo no privaba, sin embargo, al derecho de toda su eficacia. El carácter normativo de la Constitución y la vinculatoriedad de todos los poderes públicos por los derechos y libertades fundamentales, convertían a los preceptos constitucionales formuladores de los mismos en origen inmediato de derechos y obligaciones, tal y como ya tuvimos oportunidad de exponer.

Ello no obstante, el Juez de la Constitución iba a precisar (STC 15/1982) que «cuando se opera con esa reserva de configuración legal, el mandato constitucional puede no tener, hasta que la regulación se produzca, más que un mínimo contenido que en el caso presente habría de identificarse con la suspensión provisional de la incorporación a filas».

Ese contenido mínimo había de ser, en cualquier supuesto, convenientemente protegido. De esta forma, puede recordarse cómo el Tribunal, en distintos casos (así, por ejemplo, en los resueltos mediante los Autos 108/1981, de 29 de octubre y 100/1982, de 24 de febrero), se pronunció —ante recursos de amparo de objetores de conciencia— por la suspensión del acto que disponía la inmediata incorporación a filas del solicitante de amparo, suspensión que se acordaba al abrigo de lo establecido por el artículo 56.1 de su propia Ley Orgánica, y que se extendía hasta tanto se dictara la Ley prevista por el artículo 30.2 de la Constitución.

IV. La Ley 48/1984, de 26 de diciembre, como con anterioridad señaláramos, vino a regular la objeción de conciencia y la prestación social sustitutoria.

La Ley, con una notable amplitud, enuncia los *motivos de la objeción* en su artículo 1.º.2, al disponer que los españoles sujetos a obligaciones militares que, por motivos de conciencia en razón de una convicción de orden religioso, ético, moral, humanitario, filosófico u otros de la misma naturaleza, sean reconocidos como objetores de conciencia, quedarán exentos del servicio militar, debiendo realizar en su lugar una prestación social sustitutoria.

El precepto, al margen ya de la indeterminación y amplitud de los motivos de objeción, deja inequívocamente claro que no basta con manifestar la objeción de conciencia para gozar automáticamente del derecho. El objetor ha de ser reconocido como tal por el órgano competente al respecto: el Consejo Nacional de Objeción de Conciencia.

Frente a la tacha de inconstitucionalidad que el Defensor del Pueblo adujera respecto de tales previsiones (en su recurso de inconstitucionalidad contra ciertas determinaciones de la Ley), el Juez de la Constitución (STC 160/1987) razonaría que aun siendo cierto que es el objetor de conciencia, y sólo él, el que «declara», manifiesta o expresa su condición de objetor, es decir, su oposición al servicio militar por los motivos que le afectan en conciencia, eso no basta para que, automáticamente, sin más, se le tenga por tal, pues *el fuero de la conciencia ha de conciliarse con el fuero social o colectivo.* Por ello mismo, el Consejo Nacional de Objeción de Conciencia se circunscribe a reconocer o no la condición de objetor, no a declarar el derecho. En definitiva, el

Consejo se limita a declarar la efectividad del derecho; de ahí que su actuación, una vez efectuada la pertinente comprobación, sea meramente declarativa, que no constitutiva.

En todo caso, como acabamos de decir, el Consejo puede llevar a cabo las comprobaciones que entienda pertinentes, y a tal efecto, el artículo 3.º.2 de la Ley le autoriza a recabar de los interesados que, por escrito u oralmente, amplíen los razonamientos expuestos en la solicitud de declaración de objeción de conciencia, pudiendo requerir de los interesados o de otras personas u organismos la aportación de la documentación complementaria o los testimonios que se entiendan oportunos.

V. El órgano competente para declarar la objeción es el *Consejo Nacional de Objeción de Conciencia,* órgano de nueva creación con el que se trata de salvaguardar —según se expresa en el mismo Preámbulo de la Ley— la imparcialidad y objetividad del procedimiento de resolución de las solicitudes de declaración de objeción de conciencia, procedimiento, por lo demás, muy flexible en cuanto a las formas y los plazos.

Se trata de un órgano evidentemente administrativo, aunque en su composición exista cierta presencia de miembros de la carrera judicial, que se crea en el Ministerio de Justicia (en el texto inicial de la Ley se adscribía al Ministerio de la Presidencia; tras el Real Decreto 1519/1986, de 25 de julio, de reestructuración de Departamentos ministeriales, se produciría el referido reencuadramiento), y que se integra de la siguiente forma:

a/ Un miembro de la carrera judicial, con categoría de Magistrado, que ejercerá las funciones de Presidente, siendo designado por el Gobierno a propuesta del Ministro de Justicia y previo dictamen del Consejo General del Poder Judicial.

b/ Dos Vocales nombrados uno por el Ministro de Justicia y otro por el de Defensa, debiendo recaer su designación en «juristas con experiencia profesional adecuada».

c/ Un Vocal designado por el Ministro de Justicia entre objetores de conciencia que hayan finalizado la fase de actividad de la prestación social sustitutoria.

d/ Un Vocal, que actuará como Secretario del Consejo, designado también por el Ministerio de Justicia.

e/ Asimismo, el Ministerio de Justicia podrá acordar la incorporación al Consejo, con voz pero sin voto, con carácter permanente o no, de aquellas personas que considere conveniente y, especialmente, de representantes de las entidades en las que vaya a realizarse la prestación social sustitutoria.

El cese de los miembros del Consejo corresponde a los mismos órganos competentes para su nombramiento.

VI. *La prestación social sustitutoria* debe consistir en una actividad de utilidad pública que no requiera el empleo de armas ni suponga dependencia orgánica de instituciones militares.

En su redacción inicial, el artículo 8.º.1 de la Ley establecía que el régimen de la prestación social sustitutoria del servicio militar tendría una duración normal de quince años, comprendiendo las situaciones de disponibilidad, actividad y reserva. Este precepto ha sido reformado por la Disposición Adicional décimotercera de la Ley Orgánica 13/1991, del Servicio Militar, que ha suprimido toda referencia a la duración total de las tres situaciones que abarca el régimen de la prestación social sustitutoria.

La duración propiamente dicha de la actividad prestacional que el objetor debe cumplir, es objeto de una remisión a una norma reglamentaria, por cuanto el artículo 8.º.3 de la Ley 48/1984 determina que será fijada por el Gobierno mediante Real Decreto, tras lo cual, en su redacción inicial, se preveía que, en todo caso, habría de comprender un período de tiempo no inferior a dieciocho meses ni superior a veinticuatro. La reducción del período del servicio militar (de doce a nueve meses) ha tenido su reflejo en la modificación del citado artículo 8.º.3, llevada a cabo por la Ley Orgánica del Servicio Militar, en el sentido de reducir igualmente el período de tiempo máximo y mínimo de la prestación, que ahora pasa a ser no inferior a trece meses ni superior a dieciocho.

La previsión inicial de la Ley 48/1984 en este punto concreto fue desarrollada por el Reglamento de la prestación social de objetores de conciencia, aprobado por el Real Decreto 20/1988, de 15 de enero, que fijó la duración de la situación de actividad prestacional en dieciocho meses. Con posterioridad, la Disposición Transitoria octava de la Ley Orgánica 13/1991, del Servicio Militar, ha previsto un régimen transitorio para dicha prestación, a cuyo tenor, la duración de la situación de actividad que fije el Gobierno será de aplicación a quienes se incorporen a la prestación social sustitutoria a partir del año 1992. Para quienes se hubieren incorporado con anterioridad, el Ministro de Justicia establecerá el calendario de reducción del tiempo de prestación.

La superior duración del período de actividad de la prestación social sustitutoria, respecto del de prestación del servicio militar, ha sido considerada muy críticamente por algún sector doctrinal *(Cámara Villar* llega a considerar este tratamiento cercano a lo punitivo). En idéntica dirección, en su recurso de inconstitucionalidad, el Defensor del Pueblo reprocharía a esta superior duración temporal un vicio de inconstitucionalidad, al entenderla discriminatoria.

Sin embargo, el Juez de la Constitución (STC 160/1987) no lo entendería así, considerando que los supuestos del servicio militar y de la prestación social sustitutoria no son similares, ni cabe equiparar la «penosidad» de uno y otro, ni tampoco olvidar que la prestación sustitutoria constituye, en sí, un mecanismo legal dirigido a establecer un cierto equilibrio con la exención del servicio de armas, exención que obviamente se extiende a un hipotético tiempo de guerra, que excluye la asimilación matemática entre ambas situaciones, no ciertamente razonable.

En cualquier caso, y aun admitiendo su constitucionalidad, quizá fuera conveniente, incluso creemos que sería una buena medida de política legislativa, equiparar los períodos de duración del servicio de armas y de la actividad prestacional sustitutoria.

En cuanto a la forma en que ha de prestarse esta actividad, el artículo 8.º.3 de la Ley dispone en su inciso inicial que en la situación de actividad, el objetor realizará las actividades propias de la prestación social sustitutoria en un régimen análogo al establecido para el servicio militar, previsión que no debe entenderse —como precisara el Tribunal (STC 160/1987)— en el sentido de que la prestación sustitutoria se exija con arreglo a la estricta disciplina militar, sino tan sólo en el de que es necesario garantizar el mínimo organizativo para que el servicio sustitutorio pueda realizarse, bien que no quepa olvidar, en último término, que se trata de un servicio obligado y que por ello mismo debe estar organizado con la disciplina precisa.

VII. Hemos de ocuparnos de una última y muy polémica cuestión. Se trata de la llamada *«objeción sobrevenida»*, esto es, de aquella que se manifiesta una vez producida la incorporación a filas. El artículo 1.º.3 de la Ley 48/1984 impide dicha objeción al prescribir que:

> «El derecho a la objeción podrá ejercerse hasta el momento en que se produzca la incorporación al servicio militar en filas, y una vez finalizado éste, mientras se permanezca en la situación de reserva.»

Esta norma sería objeto de varias cuestiones de inconstitucionalidad que, una vez acumuladas, eran falladas por el Tribunal Constitucional, que a través de su Sentencia 161/1987, de 27 de octubre, desestimaba las referidas cuestiones de inconstitucionalidad.

Arrancando de su doctrina en torno a la peculiar naturaleza del derecho que nos ocupa, el Tribunal entiende que la exclusión legal de la objeción sobrevenida no sólo no desnaturaliza el derecho en cuestión, sino que, a la vista de los demás intereses constitucionalmente protegibles, puede considerarse proporcionada y no lesiva para el contenido esencial del derecho.

Dentro de la necesaria ponderación que lleva a cabo el legislador —argumenta el Juez de la Constitución (STC 161/1987)—, no parece excesiva la restricción impuesta por el artículo 1.º.3. «Queda a salvo el pleno ejercicio del derecho a la objeción antes y después del período en el que se suspende o excluye su ejercicio, y la exclusión misma resulta justificable en atención a la organización interna del servicio militar obligatorio y a la prestación de un deber constitucional cuya dimensión colectiva podría resultar perturbada por el ejercicio individual del derecho durante el período de incorporación a filas y sólo durante esa fase, por lo que el mismo artículo 1.º.3 reconoce correctamente el ejercicio del derecho constitucional a la objeción durante la situación de reserva. No podemos olvidar que la defensa de España (artículo 30.1 CE), la organización y las funciones de las Fuerzas Armadas están reconocidas constitucionalmente (artículo 8.º CE) y que la Norma fundamental ha constitucionalizado también el servicio militar obligatorio.»

Aunque no faltan opiniones favorables a la interdicción de la objeción sobrevenida (así *Millán Garrido),* la doctrina, mayoritariamente *(Cámara Villar, Prieto Sanchís...),* se alinea más bien con la tesis de los Magistrados discrepantes del anterior fallo (cuatro en total, que reflejaron sus opiniones dispares en tres votos particulares).

Por nuestra parte, estamos plenamente de acuerdo con *Millán Garrido* cuando advierte que la única razón por la que el legislador ha excluido la objeción sobrevenida de nuestro ordenamiento es porque la misma podría afectar a los medios personales de acción de las Fuerzas Armadas, poniendo en peligro seriamente la eficacia de la institución castrense, que es tanto como decir del potencial bélico del Estado. A la vista de todo ello, aunque lógicamente puede discutirse el fallo del Tribunal, lo cierto es que éste, a partir de la consideración obvia de que ningún derecho es absoluto, y de que los derechos constitucionales pueden encontrar sus límites no sólo en otros derechos, sino también en bienes jurídicos de relevancia constitucional, se ha limitado a realizar una ponderación entre el derecho y los bienes afectados, llegando a una conclusión que nos parece por entero suscribible.

c/ Las libertades de expresión e información

a') Su doble dimensión

El artículo 20 de nuestra «Lex Superior» reconoce y protege las muy dispares manifestaciones que en nuestro tiempo presenta la libertad de expresión.

Es éste un derecho emblemático del primer constitucionalismo, como nos muestran los artículos 10 y 11 de la Declaración de Derechos del Hombre y del Ciudadano: el primero, disponiendo que nadie fuera molestado por sus opiniones, aun las religiosas, y el segundo proclamando la libertad de expresión en estos términos:

> «La libre communication des pensées et des opinions est *un des droits les plus précieux de l'homme;* tout citoyen peut donc parler, écrire, imprimer librement, sauf à répondre de l'abus de cette liberté dans les cas déterminés par la Loi.»

Buen reflejo de esta preocupación por la llamada entre nosotros *«libertad de imprenta»*, lo encontramos en los constituyentes de Cádiz, uno de cuyos primeros Decretos, el Decreto IX, de 10 de noviembre de 1810, se dirige precisamente a proclamar la libertad política de imprenta, esto es, la libertad de todos los cuerpos y personas particulares, de cualquier condición y estado, de escribir, imprimir y publicar sus ideas políticas sin necesidad de licencia, revisión o aprobación alguna anteriores a la publicación.

Con posterioridad, la libertad de imprenta será incorporada a la Constitución de 1812 (artículo 371), ubicándose de modo un tanto sorprendente en el Capítulo dedicado a la Instrucción pública, lo que tampoco debe extrañar sobremanera si se recuerda que *Agustín de Argüelles,* en su Discurso Preliminar a la Constitución, la considerará como el «verdadero vehículo de las luces», en una conceptualización de rancio sabor ilustrado. A esta libertad se la rodeará de una serie de garantías formales que contribuirán a presentárnosla como el paradigma de un régimen jurídico represivo, que sujeta el ejercicio de la libertad a las responsabilidades legalmente exigibles, despojándolo, en contrapartida, de todo control preventivo, de toda censura previa, modelo éste que se situará en las antípodas del régimen jurídico de las libertades característico del «Antiguo Régimen».

Este modelo ha quebrado en nuestros días, por lo menos en su versión inicial estricta. Hoy, la libertad de expresión y las que de ella emanan, en definitiva las que se ha dado en llamar libertades informativas, presentan una doble vertiente, un *carácter bidimensional:* en primer término, una dimensión individual, y en segundo lugar, una dimensión política, institucional o, si se prefiere, funcional, como la denomina *Barile* en Italia.

El derecho a la libertad de expresión es un derecho fundamental de toda persona, que se entrelaza con su dignidad y con el derecho a un trato igual. Privar a una persona del mismo atentaría gravemente contra su propia dignidad, al condenarle al ostracismo, al empobrecimiento intelectual y moral, que como ya advirtiera *Stuart Mill,* es el resultado de la ausencia de debate y de la imposición dogmática de ideas.

Pero, además, el derecho a la libertad de expresión se nos presenta como indispensable para que pueda existir un auténtico sistema democrático. Como dice *Hesse*, las elecciones y los votos tan sólo pueden desempeñar su función cuando el ciudadano se encuentra en condiciones de poderse formar un juicio sobre la vida política y la conducta de sus gobernantes, de modo tal que pueda aprobar o rechazar su gestión. La opinión pública —es indiscutible— presupone información sobre la cosa pública.

Ubicándose desde sus primeros pronunciamientos en esta dirección, nuestro intérprete supremo de la Constitución ha admitido que *las libertades del artículo 20* no sólo son derechos fundamentales de cada ciudadano, sino que *significan asimismo el reconocimiento y la garantía de una institución política fundamental, que es la opinión pública libre,* indisolublemente ligada al pluralismo político, valor fundamental de nuestro ordenamiento y requisito de funcionamiento del Estado democrático.

> «El artículo 20 de la Constitución —diría el Tribunal en su Sentencia 6/1981, de 16 de marzo—, en sus distintos apartados, *garantiza el mantenimiento de una comunicación pública libre,* sin la cual quedarían vaciados de contenido real otros derechos que la Constitución consagra, reducidas a formas hueras las instituciones representativas y absolutamente falseado el principio de legitimidad democrática que enuncia el artículo 1.º.2 de la Constitución, y que es la base de toda nuestra ordenación jurídico-política» (doctrina reiteradísima por el Tribunal; así, por poner tan sólo unos ejemplos: SSTC 12/1982, de 31 de marzo; 104/1986, de 17 de julio, y 159/1986, de 16 de diciembre, en donde considera la libertad de información como uno de los pilares de una sociedad libre y democrática).

Estas libertades del artículo 20 presentan la naturaleza propia de los *derechos de libertad frente al poder,* esto es, no exigen con carácter general más que la pura y simple abstención por parte de la Administración (STC 77/1982, de 20 de diciembre), es decir, la no injerencia de los poderes públicos. Dicho de otro modo, no pueden convertirse para quienes hacen profesión de la comunicación de información en un derecho de prestación que los legitime para exigir de los poderes públicos la creación o el mantenimiento de medios de comunicación a través de los cuales puedan comunicar información (STC 6/1981).

b') La concepción dual de estas libertades

Si hacemos omisión de las libertades de creación intelectual y de cátedra, constataremos que el artículo 20.1 de nuestra Norma suprema reconoce y protege el derecho a expresar y difundir libremente el pensamiento (artículo 20.1,a/) y el derecho a comunicar o recibir libremente información veraz (artículo 20.1, d/).

Acoge así nuestro constituyente una concepción dual que se aparta de las tesis unificadoras defendidas por ciertos sectores doctrinales y recepcionadas, entre otros textos, por el Pacto Internacional de Derechos Civiles y Políticos (cuyo artículo 19.2 sólo habla del derecho de toda persona a la libertad de expresión, englobando dentro del mismo una serie de libertades que podríamos considerar como instrumentales) y por el Convenio Europeo para la Protección de los Derechos Humanos y de las Libertades Fundamentales (cuyo artículo 10.1 se estructura de modo muy similar a como lo hace el precepto antes citado del Pacto).

La configuración de nuestra Constitución viene a normativizar, como ha reconocido el Juez de la Constitución (STC 107/1988, de 8 de junio), la progresiva autonomía que ha ido adquiriendo la libertad de información respecto de la libertad de expresión en la que tiene su origen y con la que sigue manteniendo una íntima conexión y conservando elementos en común. Ahora bien, estamos ante derechos de contenido diferente y con límites y efectos también diferentes tanto «ad extra» como «ad intra» (STC 6/1988, de 21 de enero).

La libertad de expresión tiene por objeto pensamientos, ideas y opiniones, mientras que el derecho a comunicar y recibir libremente información versa, en cambio, sobre hechos o, mejor aún, sobre aquellos hechos que pueden considerarse noticiables. Bien es verdad que en la realidad no es nada fácil separar la expresión de pensamientos, ideas y opiniones de la estricta comunicación informativa, pues la expresión de pensamientos necesita a menudo apoyarse en la narración de hechos y, a la inversa, la comunicación de hechos o de noticias no se da nunca en un estado químicamente puro y comprende, casi siempre, algún elemento valorativo. De ahí que, en los supuestos en que puedan aparecer entremezclados elementos de una y otra significación, sea aconsejable, a juicio del Tribunal (STC 6/1988), atender al elemento preponderante.

c') El derecho a la libertad de expresión

El apartado a/ del artículo 20.1 reconoce y protege el derecho «a expresar y difundir libremente los pensamientos, ideas y opiniones mediante la palabra, el escrito o cualquier otro medio de reproducción».

Con notable amplitud, este precepto acoge la clásica libertad de expresión, derecho fundamental del que gozan por igual todos los ciudadanos y que les protege frente a cualquier injerencia de los poderes públicos que no esté apoyada en la Ley, e incluso frente a la propia Ley en cuanto ésta intente fijar otros límites que los que la propia Constitución admite (SSTC 6/1981, de 16 de marzo y 30/1982, de 1 de junio). Esta protección abarca no sólo la mera expresión del pensamiento, sino también su difusión.

El derecho presenta, sin embargo, una faceta distinta, aunque de todo punto complementaria de la anterior. Esa otra faceta la encontramos en el artículo 14, que veda toda discriminación por razón de opinión, con lo que la libertad de expresión se traduce no sólo en la posibilidad de expresar y difundir libremente la propia opinión, sino asimismo en la imposibilidad de ser discriminado por dicha opinión.

El objeto del derecho nos viene dado por los pensamientos, ideas y opiniones, concepto amplio dentro del cual deben incluirse también las creencias y los juicios de valor (STC 6/1988); en definitiva, cualquier concepción intelectiva de la persona encuentra perfecto encaje en este derecho.

Es por ello mismo y también por la posibilidad de su ejercicio, por lo que se ha hablado del carácter universal de este derecho, que puede canalizarse mediante la palabra, la escritura o cualquier otro medio de reproducción, cláusula esta última absolutamente omnicomprensiva, y que, desde luego, impide cualquier tratamiento diferencial en función del medio de difusión utilizado.

d') El derecho a la libre comunicación o recepción de información veraz

El apartado d/ del artículo 20.1 reconoce y protege el derecho «a comunicar o recibir libremente información veraz por cualquier medio de difusión». La fórmula parece directamente inspirada en el artículo 19 de la Declaración Universal de los Derechos Humanos, si bien es cierto que algunos textos constitucionales de los primeros años de la segunda postguerra ya hablaban de la libertad de información (es el caso, entre otros, del artículo 5.º.1 de la Ley Fundamental de Bonn).

Se trata en todo caso de una fórmula que en su dicción final se nos presenta como un tanto novedosa, con la que se trata de apuntar un cambio de perspectiva en el modo de aproximarse a los problemas de la libertad que examinamos, al aludir a su dimensión institucional, poniéndose el acento, como ha escrito *Crisafulli,* especialmente en el interés de que todos estén informados, y por ello mismo, en el resultado social del ejercicio de esta libertad.

También en Italia, la «Corte Costituzionale» ha significado que existe un *«interés general a la información»,* interés que en un régimen de democracia libre implica: 1.º) la pluralidad de las fuentes de información; 2.º) el libre acceso a la misma, y 3.º) la ausencia de obstáculos legales sin justificación, aunque sean temporales, a la circulación de las noticias y de las ideas.

Si observamos la redacción del artículo 20.1, d/, constataremos de inmediato que en él se incluyen en realidad dos derechos distintos, si bien íntimamente entrelazados:

— El derecho a comunicar, que, en cierto sentido, puede considerarse como una simple aplicación concreta de la libertad de expresión. Y

— El derecho a recibir información, que es en realidad una redundancia por cuanto resulta una obviedad que no hay comunicación sin recepción. Sin embargo, el Juez de la Constitución (STC 6/1981) ha justificado su inclusión en el texto constitucional por el propósito de ampliar al máximo el conjunto de los legitimados para impugnar cualquier perturbación de la libre comunicación social, y todo ello sin que pueda olvidarse que este derecho a recibir una información veraz se nos presenta como el instrumento fundamental de conocimiento de los asuntos importantes de la vida colectiva.

Es esta relevancia institucional de los derechos a que acabamos de referirnos, la razón que se encuentra en la base misma de la consideración jurisprudencial que los entiende menoscabados tanto si se impide comunicar o recibir una información veraz como si se difunde, se impone o se ampara la transmisión de noticias que no responden a la verdad, siempre que ello suponga cercenar el derecho de la colectividad a recibir, sin restricciones o deformaciones, aquéllas que sean veraces (STC 168/1986, de 22 de diciembre). Por el contrario, la difusión de informaciones contrapuestas, que no hayan sido formalmente acreditadas como exactas o desacreditadas como falsas, con efectos de cosa juzgada, no lesionan los derechos que ahora nos ocupan.

La *titularidad de estos derechos* no corresponde tan sólo al órgano o medio difusor de la información o a los profesionales del periodismo —aunque el derecho a comunicar, en la práctica, sirva sobre todo de salvaguardia a quienes hacen de la búsqueda y difusión de la información su profesión específica— o a quienes, aún sin serlo, comunican una información a través de tales medios, sino, primordialmente, *a la colectividad y a cada uno de sus miembros* (SSTC 168/1986 y 6/1981). Ello no obstante, la relevancia del profesional del periodismo y de los medios de comunicación a efectos del ejercicio de estos derechos es patente, pues no sólo participan de esta titularidad del derecho, al igual que las restantes personas, sino que son, a la par, órganos o instrumentos de los mismos, en cuanto intermediarios naturales entre la noticia y la colectividad a la que se ha de dar a conocer.

El *objeto de estos derechos* lo encontramos en el *conjunto de hechos* que puedan considerarse como *noticiables o noticiosos,* entendiendo por tales aquéllos que puedan encerrar trascendencia pública y que sean necesarios para que la participación de los ciudadanos en la vida colectiva sea real (STC 105/1983, de 23 de noviembre), doctrina ésta concordante con la jurisprudencia del Tribunal Europeo de Derecho Humanos, y sobre la que volveremos al tratar de la colisión de estos derechos con otros derechos fundamentales, como es el caso del derecho al honor.

Ahora bien, estos derechos de comunicación o recepción de información han de referirse necesariamente, como la misma Norma suprema precisa, a la *información veraz.* Ello nos sitúa ante el requisito de la «*veracidad*», objeto lógicamente de análisis jurisprudencial:

«Cuando la Constitución requiere que la información sea «*veraz*» —razona el Tribunal (STC 6/1988, de 21 de enero)— no está tanto privando de protección a las informaciones que puedan resultar erróneas cuanto estableciendo un *específico deber de diligencia* sobre el informador, a quien se le puede y debe exigir que lo que transmita como «hechos» haya sido objeto de previo contraste con datos objetivos, privándose, así, de la garantía constitucional a quien, defraudando el derecho de todos a la información, actúe con menosprecio de la veracidad o falsedad de lo comunicado (...). En definitiva, *las afirmaciones erróneas son inevitables en un debate libre,* de tal forma que, de imponerse "la verdad" como condición para el reconocimiento del derecho, la única garantía de la seguridad jurídica sería el silencio.»

Por lo demás, «la obligación de contrastar la verosimilitud de la noticia —ha afirmado en otro momento el alto Tribunal (STC 172/1990, de 12 de noviembre)— es un deber propio y específico de cada informador».

Esta doctrina establece con notable claridad que el derecho a comunicar información veraz, aunque no deja de amparar las informaciones controvertibles, sí requiere de quien las transmita una específica diligencia, ya que el derecho constitucional no tutela las informaciones que se saben inexactas por quien las transmite, ni aquellas otras que se difunden sin contrastar, careciendo de toda apoyatura fáctica y revelándose finalmente en el curso de un proceso como no acreditadas, ni menos aún las meras invenciones o insinuaciones insidiosas.

Conviene recordar finalmente que el Juez de la Constitución ha hecho especial hincapié (STC 172/1990, de 12 de noviembre. Caso Pedro J. Ramírez contra Sentencia de la Sala Primera del Tribunal Supremo) en que *cada información periodística constituye un acto individual de ejercicio del derecho* de libertad de información que debe ser objeto del tratamiento jurídico que le corresponda, de acuerdo con las expresiones, afirmaciones o valoraciones que en la misma se contengan y el grado de cumplimiento de las reglas de veracidad e interés general, precisión que se debió al diferente tratamiento jurisdiccional llevado a cabo ante dos recursos de amparo presentados por los diarios «El País» y «Diario 16», a raíz de su condena por la jurisdicción ordinaria, por la violación del derecho al honor y a la intimidad personal del Comandante del avión siniestrado en el aeropuerto de Sondica (Bilbao), Sr. Patiño, en sendas informaciones facilitadas por ambos medios tras el accidente aéreo. El Tribunal Constitucional resolvería de modo contrapuesto cada uno de aquellos recursos de amparo.

Señalemos por último que los bienes jurídicos que estos derechos del artículo 20.1, a/ y d/ tratan de proteger, han sido objeto de una específica protección penal. La Ley Orgánica 4/1980, de 21 de mayo, de reforma del Código Penal, incorporó a éste, entre otros, el artículo 165 bis, que castiga a quienes impidieren u obstaculizaren el legítimo ejercicio de la libertad de expresión y de difusión informativa.

e') Las garantías de estas libertades: la interdicción de la censura previa y del secuestro administrativo

I. Como ya indicáramos al inicio de nuestro análisis de estos derechos, el origen de la libertad de expresión se vincula a la garantía formal de *interdicción de todo tipo de censura previa,* que como es obvio desnaturaliza, priva de toda virtualidad al contenido del derecho. Nuestros constituyentes no podían permanecer insensibles a tal circunstancia; de ahí la determinación del artículo 20.2: «El ejercicio de estos derechos no puede restringirse mediante ningún tipo de censura previa.»

Estamos ante una *cláusula general,* por cuanto afecta a todos y cada uno de los derechos proclamados por el apartado primero del propio precepto, *y absoluta,* en tanto que no admite salvedad de ningún género.

En perfecta sintonía con esta amplitud con que debe entenderse la garantía de interdicción de toda censura previa, el Juez de la Constitución ha definido la censura de modo inequívocamente expansivo, al entender que constituyen verdadera censura previa, «cualesquiera medidas limitativas de la elaboración o difusión de una obra del espíritu, especialmente al hacerlas depender del previo examen oficial de su contenido» (STC 52/1983, de 17 de junio). La Constitución —sigue razonando el Juez de la misma— dispone eliminar todos los tipos imaginables de censura previa, aun los más débiles y sutiles que tengan por efecto no ya el impedimento o prohibición, sino la simple restricción de los derechos de su artículo 20.1.

En un momento ulterior, el Tribunal (STC 13/1985, de 31 de enero) ha precisado que el *«previo examen oficial»* en que consiste la censura previa implica la finalidad de «enjuiciar la obra en cuestión con arreglo a unos valores abstractos y restrictivos de la libertad, de manera tal que se otorgue el placet a la publicación de la obra que se acomode a ellos a juicio del censor y se le niegue en el caso contrario».

II. La *prohibición del secuestro administrativo* es la segunda de las garantías constitucionales. A tenor del artículo 20.5: «Sólo podrá acordarse el secuestro de publicaciones, grabaciones y otros medios de información en virtud de resolución judicial.»

La preocupación frente a esta medida preventiva, que no por supuesto punitiva, que es el secuestro administrativo, se remonta en nuestra historia constitucional a la Constitución «nonnata» de 1856, cuyo artículo 3.º (párrafo segundo) ya determinaba que no se podría secuestrar ningún impreso hasta después de haber empezado a circular.

El secuestro supone la retención por parte de los poderes públicos de cualquier obra o manifestación de la libertad de expresión, sobre la base de que dicha obra vulnera la Ley.

La Constitución no impide el secuestro, pero establece la garantía de la intervención judicial, de modo tal que sólo los Jueces, mediante resolución judicial, que además ha de ser motivada —pues toda resolución que limite o restrinja el ejercicio de un derecho fundamental ha de estar fundamentada (STC 62/1982, de 15 de octubre), tal y como en su momento ya advirtiéramos—, pueden acordar el secuestro, lo que a su vez entraña la interdicción absoluta del secuestro administrativo.

A este respecto, el artículo 3.º.2 de la Ley 62/1978, de 26 de diciembre, de protección jurisdiccional de los derechos fundamentales de la persona, faculta a los Jueces que hayan de enjuiciar los delitos cometidos a través de la imprenta o cualquier otro medio mecánico de publicación, para acordar, al inicio del procedimiento, según los casos, el secuestro de la publicación o la prohibición de difundir o proyectar el medio a través del cual se produjo la actividad delictiva.

Una resolución judicial de esta naturaleza, si se atiende —como por lo demás es de todo punto ineludible— a la doctrina del Tribunal Europeo de Derechos Humanos, deberá responder, al menos, a un doble condicionamiento:

a) A una *«necesidad social imperiosa»*, que ha de constatarse en el marco de una sociedad democrática, lo que a su vez exige atender al pluralismo, la tolerancia y el espíritu de apertura, sin los que no existe «sociedad democrática». Y

b) Al *principio de proporcionalidad* respecto del fin legítimo perseguido, principio éste que ha sido acogido por nuestro intérprete supremo de la Constitución (así, en su STC 13/1985, de 31 de enero).

Nuestra «Lex Superior» no establece excepción alguna frente a la regla general de la interdicción del secuestro administrativo, a diferencia de algunos textos de nuestro entorno, como la Constitución Italiana, cuyo artículo 21 (párrafo cuarto) prevé, en supuestos de absoluta urgencia y de imposibilidad de intervención a tiempo de la autoridad judicial, en los casos de delitos para los que la Ley lo autorice expresamente, la intervención administrativa (llevada a cabo por funcionarios de la policía judicial) en el secuestro de la prensa periódica. De otro lado, la cláusula general que venimos comentando rige frente a cualquier medio de información, quedando todos ellos, cualquiera que fuese, protegidos por la misma.

III. La Constitución de 1978 no acoge, por el contrario, una previsión análoga a la del último párrafo del artículo 31 de la Constitución de 1931, que establecía que no podría decretarse la *suspensión* de ningún periódico, sino por sentencia firme. Esta garantía judicial no ha sido contemplada, lo que, por otro lado, no era tampoco necesario, pues, como dice *Fernández-Miranda,* siendo la suspensión una medida represiva de mayor gravedad que el secuestro, parece obvio que sólo podrá ser consecuencia de una sentencia judicial por causa de delito, en el supuesto de que así llegue a preverse en la legislación penal, en la que tal posibilidad no está contemplada.

En el ordenamiento del régimen político anterior, la Ley de Prensa e Imprenta de 1966, entre las sanciones procedentes por la infracción de las normas reguladoras del régimen jurídico de la prensa, preveía (artículo 69) la suspensión administrativa de las publicaciones periódicas, determinación que sería suprimida por el Decreto-ley 24/1977, de 1 de abril, sobre libertad de expresión.

Con posterioridad a la entrada en vigor de la Constitución, la Ley Orgánica 9/1984, de 26 de diciembre, contra la actuación de bandas armadas y elementos terroristas, hoy ya derogada, establecería en su artículo 21 la clausura de los medios de difusión. Admitida la querella presentada por el Ministerio Fiscal por delitos comprendidos en la propia Ley, cometidos por medio de la imprenta, radiodifusión o cualquier otro medio, el Juez, de oficio o a petición del Ministerio Fiscal, había de ordenar el cierre del medio de difusión. Esta norma sería declarada inconstitucional por el Juez de la Constitución (STC 199/1987, de 16 de diciembre), entre otras razones, por entender que no se ajustaba al principio de proporcionalidad que debe regir las injerencias sobre el ejercicio de cualquier derecho.

f') Los derechos constitucionales de los profesionales de la información

I. El artículo 20.1, d/, tras reconocer el derecho a la libre comunicación o recepción de información veraz, dispone: «La Ley regulará el derecho a la cláusula de conciencia y al secreto profesional en el ejercicio de estas libertades.»

Evidentemente, no estamos en presencia de una enumeración de derechos cuya titularidad pueda atribuirse a todos los ciudadanos, sino tan sólo a quienes ejercen profesionalmente la actividad informativa, a los profesionales de la información. El mismo contenido de estos derechos nos conduce a esta conclusión.

II. *La cláusula de conciencia,* ese Godot constitucional que todo el mundo espera pero que nadie conoce con exactitud, como de ella dijera *Quadra-Salcedo,* tiene un origen francés, siendo una Ley del vecino país del año 1935 el punto de referencia más común a la hora de dar una definición de la misma.

En su esencia, la «cláusula de conciencia» consiste en la facultad del periodista de resolver su contrato laboral, obteniendo las indemnizaciones que hubieran de corresponderle caso de un despido improcedente, cuando la política de la empresa informativa en la que está empleado pueda llegar a comprometer seriamente su conciencia, esto es, sus concepciones morales, su libertad ideológica o incluso su propia dignidad profesional; lógicamente, para que una circunstancia de esta naturaleza pueda tener lugar, parece razonable pensar que, con carácter previo, haya debido producirse un cambio de orientación en la política informativa de la empresa.

Dos circunstancias pueden destacarse de la propia dicción constitucional del artículo 20.1, d/: la primera es que el «*derecho a la cláusula*» se vincula íntimamente al derecho a comunicar y recibir libremente información veraz, de lo que puede entresacarse, como advierte *Carrillo,* que este derecho se nos presenta como un derecho específico a fin de hacer efectivo el derecho de información.

La segunda circunstancia la encontramos en la propia expresión, «*derecho a la cláusula*», que, como bien señala *Quadra-Salcedo,* trasluce que se trata de un derecho que se suscita en las relaciones entre particulares; es decir, en el ámbito en que el contrato es un instrumento de creación de derechos y obligaciones. La cláusula de conciencia, en definitiva, no opera de una forma genérica respecto de todos los ciudadanos, sino sobre la previa existencia de una situación contractual, por tanto, previamente pactada, configurándose, pues, este derecho como un derecho a la inclusión en el contrato de una cláusula determinada.

La ausencia de normación legal deja planteada la complicada cuestión del contenido y alcance de la cláusula, a cuyo efecto se ha propugnado por la doctrina *(Solozábal)* la posibilidad de aplicar una fórmula de resolución del conflicto análoga a la que rige en el ámbito educativo respecto de la libertad de cátedra, esto es, el periodista no estaría obligado a actuar como mero apologeta de una determinada política informativa que, lógicamente, debe venir marcada por el propietario del medio.

En cualquier caso, el problema suscitado lo que nos pone de manifiesto es la necesidad de un régimen jurídico especial para la empresa periodística, que encontraría su última «*ratio*» en la función institucional de los medios de comunicación. Ese régimen habría de garantizar lo que la doctrina alemana llama la «*libertad interna de la prensa*», que en modo alguno debe entenderse como la imposición de los profesionales del medio sobre la línea editorial del editor, que éste está legitimado a establecer como consecuencia de su derecho de propiedad de la empresa, pero que sí debería procurar otorgar al periodista, dentro del respeto a la línea editorial, unos ciertos márgenes de decisión para el ejercicio de su derecho a comunicar libremente información veraz.

III. El segundo de los derechos de los profesionales de la información es el *derecho al secreto profesional* en el ejercicio de las libertades que venimos analizando.

El secreto profesional, como ha dicho *Gómez-Reino,* aborda la garantía de la libertad del informador, en conflicto esta vez no con la dirección de la empresa informativa, sino con un desarrollo normal de la justicia.

El derecho al secreto profesional permite, en efecto, al periodista preservar el anonimato de sus fuentes de información, circunstancia que, como fácilmente puede comprenderse, plantea numerosos problemas cuando la información versa sobre hechos delictivos, pues en este caso el derecho al secreto choca con un elemento del orden público protegido por la Ley como es la salvaguarda de la seguridad pública que ineludiblemente exige la persecución del delito.

Esta garantía de que no se conozca la fuente de información se hizo derivar durante buen tiempo de las normas deontológicas de la profesión, que exigían mantener en secreto la fuente de la que provenía la información, como una derivación lógica del vínculo fiduciario existente entre el profesional y quien le había transmitido la información; sin embargo, como advierte *Gómez-Reino,* en nuestros días esa relación de confianza es inexistente, de modo que el secreto profesional no debe entenderse derivado, por lo menos exclusivamente, de un comportamiento ético-profesional. A nuestro modo de ver, ese secreto responde al interés en garantizar el mantenimiento de una comunicación pública libre.

El derecho al secreto profesional se manifiesta sustancialmente de modo negativo: en la exención de la obligación de declarar ante cualquier poder público, y muy particularmente ante los órganos jurisdiccionales, acerca de las fuentes de las que proviene la información.

De modo específico, el último párrafo del artículo 24.2 de la Constitución contempla esta exención al señalar que: «La ley regulará los casos en que, por razón de parentesco o de secreto profesional, no se estará obligado a declarar sobre hechos presuntamente delictivos.»

Al interpretar este último precepto, el Juez de la Constitución (STC 110/1984, de 26 de noviembre) ha considerado el secreto profesional como «el deber de secreto que se impone a determinadas personas, entre ellas los Abogados, de lo que conocieren por razón de su profesión», si bien esta concepción parece difícilmente proyectable sobre el supuesto que nos ocupa, en el que más que de un deber, de lo que ha de hablarse es de un auténtico derecho constitucional, derecho que, desde luego, no es absoluto, pues ninguno lo es, lo que exige que deba ceder, en ciertos casos, ante determinados bienes constitucionalmente protegidos, circunstancia que patentiza la inconveniencia del actual vacío legal existente en la materia.

g') El derecho de rectificación como derecho del ciudadano frente a los medios de comunicación

Al hablar del derecho al honor ya nos hicimos eco, si bien de modo tangencial, del derecho que ahora vamos a analizar con mayor detalle: el derecho de rectificación. Se trata de un derecho que aunque no directamente contemplado por la Constitución tiene encaje en ella por cuanto parece venir exigido por una mínima salvaguarda de otros derechos fundamentales, como sería el caso del derecho al honor, tutela ésta que requiere del reconocimiento de un derecho de rectificación atribuible a toda persona que haya sido objeto de una información inexacta que puede irrogarle perjuicios en su honor o en cualesquiera otros derechos o intereses legítimos.

Por lo demás, la propia exigencia de veracidad en la información de los hechos hace conveniente un derecho de esta naturaleza, ya que, contra lo que pudiera pensarse —y ya señaláramos en un momento precedente—, la divulgación de dos versiones diferentes de unos mismos hechos, cuya exactitud no ha sido declarada judicialmente, no restringe el derecho a recibir la información que sea veraz, es decir, en este caso concreto a que venimos refiriéndonos, a conocer cuál de aquellas dos versiones se adecúa a la realidad de lo acontecido.

El derecho de rectificación ha sido regulado por la Ley Orgánica 2/1984, de 26 de marzo.

En su esencia, el derecho consiste en la facultad otorgada a toda persona, natural o jurídica, de «rectificar la información difundida por cualquier medio de comunicación social, de hechos que le aludan, que considere inexactos y cuya divulgación pueda causarle perjuicio» (artículo 1.º de la Ley).

Titular del derecho no es sólo la persona directamente aludida por la información, sino, caso de haber fallecido, sus herederos o los representantes de éstos.

El derecho se ejercita mediante la remisión del escrito de rectificación al director del medio de comunicación dentro de los siete días naturales siguientes al de publicación o difusión de la información que se desea rectificar, rectificación que debe limitarse a los hechos de la información. Así ejercitado el derecho, el director del medio viene obligado a publicar o difundir íntegramente la rectificación, dentro de los tres días siguientes al de su recepción, con relevancia semejante a aquella en que se publicó o difundió la información que se rectifica, sin comentarios ni apostillas.

Con anterioridad a la elaboración de la Ley Orgánica 2/1984, sería el propio Tribunal Constitucional quien, en la doctrina sentada en su Sentencia 35/1983, de 11 de mayo, sentara las pautas que con posterioridad haría suyas el legislador en sede orgánica.

A juicio del Tribunal, el derecho de rectificación tiene un carácter puramente instrumental en cuanto que su finalidad se agota en la rectificación de las informaciones publicadas. Normalmente, sólo puede ejercerse con referencia a datos de hecho (incluso juicios de valor atribuidos a terceras personas), pero no frente a opiniones cuya responsabilidad asume quien las difunde.

Estamos, pues, ante un derecho cuya finalidad es esencialmente preventiva, que es independiente de la reparación del daño causado por la difusión de una información que se revela objetivamente inexacta (STC 168/1986, de 22 de diciembre). De ahí precisamente la sumariedad del trámite necesario para su ejercicio. Y es exactamente por lo mismo, por lo que el legislador ha diseñado, en garantía del ejercicio del derecho, un procedimiento judicial urgente y sumario para exigir la publicación de la rectificación, en caso de que no se haya realizado voluntariamente en el plazo legal o haya sido denegada por el director del medio requerido al efecto.

A este respecto, el Juez de la Constitución ha entendido (STC 168/1986) que la sumariedad del procedimiento verbal que se ha de desarrollar ante el Juez ordinario, y cuyo rasgo quizá más significativo es el de que sólo se admitan las pruebas que, siendo pertinentes, puedan practicarse en el acto (artículo 6 b/ de la Ley Orgánica 2/1984), exime sin duda al Juzgador de una indagación completa tanto de la veracidad de los hechos difundidos o publicados como de la que concierne a los contenidos en la rectificación. Por ello mismo, la resolución judicial que estime una demanda de rectificación no garantiza en absoluto la autenticidad de la versión de los hechos presentada por el demandante, ni puede tampoco producir, como es obvio, efectos de cosa juzgada respecto de una ulterior investigación procesal de los hechos efectivamente ciertos.

Insistiremos por último en que el ejercicio del derecho de rectificación no limita el derecho de la colectividad y de los individuos que la componen a recibir libremente información veraz, pues, como advirtiera el Juez de la Constitución (STC 168/1986), no comporta una ocultación o deformación de la que, ofrecida con anterioridad, lo sea o pueda serlo.

Sólo en supuestos tales como que la Sentencia que obliga a publicar la rectificación se dictara sin haber procedido a una previa investigación de la verdad, u ordenara la publicación de una información cuya falsedad o inexactitud le constara al órgano judicial o fuera manifiesta, sólo en tales casos, decimos, cabría apreciar una vulneración del derecho de información reconocido por el artículo 20.1, d/.

h') La creación de medios de comunicación

El artículo 20 de la Constitución nada dice respecto de un hipotético derecho de las personas a la creación de medios de comunicación social. Sin embargo, resulta difícil pensar en la virtualidad de las libertades informativas que el propio precepto reconoce sin admitir correlativamente un derecho de creación de dichos medios.

Esta argumentación sería acogida por nuestro intérprete supremo de la Constitución, que en su Sentencia 12/1982, de 31 de marzo (Caso Antena 3, S.A.), manifestaba que «no hay inconveniente en entender que el derecho de difundir las ideas y opiniones comprende en principio el derecho de crear los medios materiales a través de los cuales la difusión se hace posible».

Admitido, pues, el derecho de crear soportes o medios de comunicación, como un derecho instrumental orientado, en último término, a la satisfacción de los derechos expresamente proclamados por el artículo 20.1, a/ y d/, el Juez de la Constitución se haría eco de inmediato de los límites que pesan sobre este derecho.

El Tribunal Constitucional se manifestaba a favor de tres limitaciones concretas: una de carácter muy general, y por ello mismo predicable respecto de cualquier medio; las dos restantes, mucho más específicas y circunscritas básicamente a los medios de difusión de mayor complejidad técnica, esto es, la radio y, sobre todo, la televisión.

La primera de esas tres limitaciones es la necesidad de no impedir el igual ejercicio de los mismos derechos por los demás ciudadanos. Dicho más concretamente, la creación de un medio no debe impedir la creación de otros iguales o similares. La inexistencia de este límite, es obvio, podría conducir al monopolio de la información, lo que, indiscutiblemente, vulneraría el principio del pluralismo político, además de otras muchas determinaciones constitucionales. Este límite no genera especiales problemas respecto de la prensa, pero, por el contrario, se convierte en notablemente problemático cuando los bienes que se utilizan en un medio de reproducción ofrecen posibilidades limitadas de utilización, por su grado de escasez natural o tecnológica. En estos casos —obviamente radio y, de modo muy especial, televisión—, la circunstancia precedente determina una tendencia oligopolística que condiciona el régimen jurídico-político del medio y el propio ejercicio del derecho.

La segunda limitación atañe a la articulación jurídica del goce de aquellos bienes de limitadas posibilidades de utilización y a los problemas técnicos que ello plantea. Así, la emisión mediante ondas radioeléctricas que se expanden a través del espacio, entraña la utilización de un bien de dominio público, lo que a su vez implica que la creación del medio se supedite a la previa concesión del Estado.

Finalmente, nos encontramos con una serie de límites que derivan del Derecho internacional, pues la actividad de emisión de ondas para radiotelevisión se encuentra sometida a una reglamentación internacional, dentro de la cual conviene recordar los acuerdos que regulan la utilización de las frecuencias.

A la vista de las anteriores argumentaciones, la tesis jurisprudencial parecía poder subsumirse del siguiente modo: reconocimiento de un derecho a la creación por cualquier persona de un medio de comunicación; respeto a los límites expuestos, y articulación jurídica por el Estado de los mecanismos idóneos en orden a hacer realidad aquel derecho, conclusión esta última que bien podía entenderse reforzada por la doctrina fijada en la Sentencia 6/1981, de 16 de marzo, en la que el Tribunal, apoyándose en la cláusula del Estado social y en el mandato constitucional del artículo 9.º.2, afirmaba que «la libertad de los medios de comunicación (...) entraña seguramente la necesidad de que los poderes públicos, además de no estorbarla, adopten las medidas que estimen necesarias para remover los obstáculos que el libre juego de las fuerzas sociales pudieran oponerle».

Es cierto que esta actitud de remoción de obstáculos se predicaba frente a las fuerzas sociales, pero, precisamente por ello, con mayor razón aún, debía de propugnarse respecto del propio Estado. De esta obligación de los poderes públicos no cabía derivar, sin embargo, el derecho a exigir el apoyo con fondos públicos a determinados medios privados de comunicación social (STC 6/1981), entre otras razones, porque, como ya dijimos, no estamos en presencia de un derecho prestacional.

Partiendo, consiguientemente, de la financiación privada de la empresa que aspirara a crear el medio, parecía lógico por todo lo expuesto que los poderes públicos, y más concretamente el legislador, vinieran obligados a articular las técnicas jurídicas necesarias para la satisfacción del derecho que ahora nos ocupa. Sin embargo, no sería esa la conclusión del Tribunal Constitucional, sino que éste, en un fallo más que discutible, iba a supeditar la creación de televisiones privadas —pues ese era el medio que se trataba de crear— a la libérrima decisión del legislador.

A juicio del Tribunal (STC 12/1982), la implantación de la «televisión privada» no era una exigencia jurídico-constitucional, sino una decisión política que podía adoptarse, dentro del marco de la Constitución, siempre que, al organizarla, se respetaran los principios de libertad, igualdad y pluralismo, como valores fundamentales del Estado, siendo de destacar finalmente la exigencia que el Tribunal requería, a los efectos de una futura ordenación normativa de la materia, de que se preservase por los propios medios de comunicación el pluralismo, requisito ineludible para que dichos medios se ajustaran al propio orden constitucional.

Esta decisión política a que se refiriera el Juez de la Constitución vendría a materializarse finalmente a través de la Ley 10/1988, de 3 de mayo, de Televisión Privada, que, partiendo de la configuración de la televisión como un servicio público esencial, cuya titularidad corresponde al Estado —lo que, sin embargo, no implica un régimen de exclusividad o monopolio—, y de entre cuyos fines ha de destacarse el de contribuir al pluralismo informativo y a la formación de una opinión pública libre, trata de articular un régimen de gestión indirecta del servicio por los particulares, constituidos en sociedades anónimas, que obtengan la oportuna concesión administrativa, cuyo objeto será la emisión de programas con una cobertura nacional.

i') Los principios constitucionales inspiradores de los medios de comunicación social de titularidad pública

I. El artículo 20.3 de nuestra Norma fundamental contempla los medios de comunicación de titularidad pública, reservando a la Ley la regulación de la organización y el control de los mismos, e imponiendo, sin embargo, al legislador un mandato: la *garantía de acceso* a dichos medios de los grupos sociales y políticos significativos, mandato que, como reconociera el Tribunal Constitucional (STC 6/1981, de 16 de marzo), concede a esos grupos al menos el derecho a exigir que no se haga nada por impedir dicho acceso.

De conformidad con el referido artículo 20.3:

> «La ley regulará la organización y el control parlamentario de los medios de comunicación social dependientes del Estado o de cualquier ente público y garantizará el acceso a dichos medios de los grupos sociales y políticos significativos, respetando el pluralismo de la sociedad y de las diversas lenguas de España.»

El precepto en cuestión no se proponía en modo alguno congelar la situación existente en cuanto a los medios de prensa estatales, como se vería precisado a significar el Tribunal (STC 86/1982, de 23 de diciembre) ante las argumentaciones en tal sentido efectuadas por los recurrentes en vía de inconstitucionalidad contra la Ley 11/1982, de 13 de abril, sobre supresión del Organismo autónomo «Medios de Comunicación Social del Estado», creado cinco años antes por el Decreto 708/1977, de 15 de abril. Y ello, entre otras razones, porque para la efectividad de los derechos del artículo 20 no se requiere constitucionalmente, ni tampoco está prohibido, que existan medios de prensa de titularidad pública, al ser éste un tema en el que caben, dentro de la Constitución, diversas opciones políticas, como en la propia Sentencia 86/1982 admitiría el Tribunal.

La cuestión interpretativa de mayor interés que habría de suscitar el precepto constitucional sería la de qué había de entenderse por *«grupos sociales y políticos significativos»*, pues si la garantía fundamental de la norma era la garantía de acceso, resultaba del mayor interés aclarar qué grupos habían de gozar de ese derecho de acceso.

La aplicación de las previsiones del artículo 14 de la Ley Orgánica 2/1980, de 18 de enero, sobre regulación de las distintas modalidades de referéndum, precepto que disponía que durante la preceptiva campaña de propaganda, los medios de difusión de titularidad pública debían conceder espacios gratuitos, disponiendo tan sólo de ellos los grupos políticos con representación en las Cortes Generales, propiciaba un recurso de amparo presentado por la Mesa para la Unidad de los Comunistas contra un Acuerdo de la Junta Electoral Central. Este recurso sería fallado por la STC 63/1987, de 20 de mayo, en la que el Tribunal denegaba el amparo, sentando una doctrina que, en definitiva, lo único que hacía era otorgar una más que notable discrecionalidad al legislador, a efectos de la concreción de lo que había de entenderse por *«grupos sociales y políticos significativos»:*

> «Este derecho de acceso —razona el Tribunal— será en cada caso articulado por el legislador, pero ni éste queda libre de todo límite constitucional en dicha configuración, ni la eventual vulneración de sus determinaciones por los aplicadores del Derecho podrá decirse constitucionalmente irrelevante en orden al ejercicio eficaz de las libertades consagradas en el artículo 20, pues estas libertades habrán de realizarse a través de estos medios, del modo que quiere la Constitución en el apartado tres del mismo precepto, de tal modo que la denegación discriminatoria, o arbitraria por carente de fundamento legal, del acceso que la Ley haga posible, entrañará el consiguiente menoscabo del derecho del grupo así afectado —de quienes a su través pretendan difundir las propias ideas y opiniones— a la libertad que la Constitución garantiza» (STC 63/1987).

En definitiva, el legislador no carece de límites, pero ni el Tribunal los señala ni tampoco da pautas interpretativas para vislumbrar qué debiera entenderse por la controvertida referencia constitucional a tales grupos. En último término, corrobora la equiparación fijada por el legislador en la Ley Orgánica 2/1980 entre «significación» (grupos significativos) y «representación» en las Cámaras.

II. Quizá el más significativo reflejo legislativo de las previsiones del artículo 20.3 de nuestra «Lex Superior» lo encontremos en la Ley 4/1980, de 10 de enero, por la que se aprueba el Estatuto de la Radio y la Televisión.

Especial interés ofrece al respecto su artículo 4.º, que enumera los principios que habrán de inspirar la actividad de los medios de comunicación social del Estado a que se refiere el Estatuto. Son esos principios los siguientes:

a/ La objetividad, veracidad e imparcialidad de las informaciones.

b/ La separación entre informaciones y opiniones.

c/ El respeto al pluralismo político, religioso, social, cultural y lingüístico.

d/ El respeto al honor, la fama, la vida privada de las personas y cuantos derechos y libertades reconoce la Constitución.

e/ La protección de la juventud y de la infancia. Y

f/ El respeto de los valores de igualdad recogidos en el artículo 14 de la Constitución.

El Ente público RTVE —al que la Ley atribuye el ejercicio de las funciones que corresponden al Estado como titular de los servicios públicos de radiodifusión y televisión— se estructura sobre la base de un complejo orgánico del que destacan:

— El Consejo de Administración, integrado por doce miembros elegidos por cada Legislatura, seis por cada Cámara, por una mayoría de los dos tercios de los miembros de cada una de ellas. Y

— El Director General, nombrado por el Gobierno, oído el Consejo de Administración, por un período de cuatro años, salvo disolución anticipada de las Cortes Generales, en cuyo caso continuará en su cargo hasta la designación de Director General.

El Director General, órgano ejecutivo de RTVE, se convierte no ya en el gestor del Ente, sino en el auténtico monopolizador del poder, y a través de él, el Gobierno, puesto que sólo a este último compete el cese del Director General, oído el Consejo de Administración, cese que aunque debe responder a alguna de las causas previstas por el artículo 12 de la Ley, una de ellas es tan imprecisa (incompetencia manifiesta o actuación contraria a los criterios, principios u objetivos a los que se refieren los artículos 3.º y 4.º del Estatuto) que prácticamente habilita al Ejecutivo para actuar discrecionalmente, discrecionalidad que queda una vez más puesta de manifiesto al supeditar (artículo 12.2) el cese del Director General, cuando medie una previa propuesta en tal sentido del Consejo de Administración adoptada por mayoría de dos tercios, a la voluntad gubernamental, pues el Gobierno no queda vinculado por la propuesta del Consejo, sino que tan sólo «podrá cesar al Director General», algo insólito si se advierte que el acuerdo del Consejo de Administración cuenta con un respaldo mínimo de los dos tercios de sus miembros que, además, proceden de una directa elección parlamentaria, siendo al Parlamento a quien corresponde el control del Ente público, por preciso mandato constitucional (art. 20.3 CE).

Esta primacía casi descontrolada del Director General del Ente apenas si se ve matizada por la creación por el artículo 26 del Estatuto de una Comisión Parlamentaria del Congreso de los Diputados a la que se atribuye el control de la actuación de RNE (Radio Nacional de España), RCE (Radio Cadena Española) y TVE, Comisión cuyo funcionamiento fue regulado por una Resolución de la Presidencia de la Cámara de 14 de diciembre de 1983, y de cuya eficacia en el ejercicio de su función de control parlamentario del Ente público, puede dudarse razonablemente a la vista de la ausencia de facultades decisorias específicas respecto del Ente al que está llamada a controlar, cumpliendo un mandato constitucional, exigencia que queda de esta forma absolutamente desdibujada.

j') La libertad de producción y creación intelectual

El artículo 20.1, b/ reconoce el derecho a la producción y creación literaria, artística, científica y técnica, derecho que no es sino una concreción de la libertad de expresión y cuya especificación por el constituyente constituye una muestra más de la notabilísima amplitud con que han sido acogidas las libertades informativas.

Toda creación intelectual tiene cabida en esta libertad, que no se limita a proteger la mera creación, sino que garantiza igualmente su transmisión, su difusión, en definitiva, la posibilidad de que la colectividad social pueda conocer la obra creada. Así, por poner tan sólo un ejemplo, el Juez de la Constitución ha puesto de relieve, en relación con las obras teatrales, que el derecho que nos ocupa presupone no sólo la publicación escrita del texto literario, sino también la representación pública de la obra, que se escribe siempre para ser representada (STC 153/1985, de 7 de noviembre).

Aunque algún sector de la doctrina *(Fernández-Miranda)* ha interpretado que el artículo 20.1, b/ pretende la constitucionalización de los llamados derechos de autor, creemos que estos derechos no tienen encaje directo en la libertad analizada. La propiedad intelectual, como prescribe el artículo 2.° de la Ley 22/1987, de 11 de noviembre, de Propiedad Intelectual, está integrada por derechos de carácter personal y patrimonial, que atribuyen al autor la plena disposición y el derecho exclusivo a la explotación de la obra. Ello significa que se trata de derechos posteriores a la producción o creación intelectual, cuya libertad es lo único constitucionalmente garantizado.

Por si cupiese alguna duda al efecto, el Tribunal Constitucional ha tenido oportunidad en alguna ocasión de pronunciarse al respecto, ratificando esta apreciación. En efecto, en su Auto 197/1982, de 2 de junio, manifestaba rotundamente que el derecho de propiedad industrial no se identifica en modo alguno con la libertad de creación científica o artística que protege el artículo 20.1, b/ de la Constitución.

k') Los límites en el ejercicio de estas libertades

a") Consideraciones generales.

Un tema capital en el análisis de las libertades informativas es el de sus límites. El artículo 20.4 de nuestra Magna Carta política lo contempla en los siguientes términos:

> «Estas libertades tienen su límite en el respeto a los derechos reconocidos en este Título, en los preceptos de las leyes que lo desarrollen y, especialmente, en el derecho al honor, a la intimidad, a la propia imagen y a la protección de la juventud y de la infancia.»

El precepto, como puede apreciarse, enuncia dos tipos de limitaciones: unas de carácter más general y otras mucho más específicas, como el empleo del adverbio «especialmente» nos indica con cierta nitidez. Ello, en definitiva, lo que nos está revelando es que *caben gradaciones en la limitación de las libertades informativas,* algo que, por otro lado, ha sido puesto de relieve insistentemente por la doctrina constitucional. Sin ningún género de dudas, los derechos al honor y a la intimidad constituyen los límites más específicos de las libertades analizadas.

La remisión constitucional que el inciso inicial del artículo 20.4 hace a las leyes que desarrollen los derechos reconocidos por el Título I, cuyo respeto operará como límite de los derechos del artículo 20.1, es lo suficientemente amplia como para permitir el encaje constitucional de límites tales como la seguridad interior y exterior del Estado, que puede ponerse en riesgo cuando se produce una destrucción del prestigio de las instituciones democráticas y que, desde luego, constituye un límite irrefutable frente al derecho a la información, como ha reconocido el Juez de la constitucionalidad (STc 51/1985, de 10 de abril).

Por otra parte, la necesidad de interpretar las normas reguladoras de los derechos de acuerdo con los tratados internacionales ha llevado al Tribunal, en alguna medida, a admitir como límites frente a las libertades informativas, los bienes jurídicos que enumera el artículo 10.2 del Convenio de Roma: la seguridad nacional, la integridad territorial o la seguridad pública, la defensa del orden o la prevención del delito, la protección de la salud o de la moral... (STC 51/1989, de 22 de febrero), si bien las restricciones legales a las que las libertades informativas puedan verse sometidas con la finalidad de salvaguardar alguno de esos bienes habrán siempre de ser interpretadas restrictivamente por la propia fuerza expansiva de todo derecho fundamental. Por lo demás, ningún límite tendrá carácter absoluto, como tampoco lo tiene el derecho.

Un ejemplo de la *relatividad de los límites* lo encontramos en la STC 159/1986, de 16 de diciembre, en la que el Juez de la Constitución entendió que la responsabilidad penal imputada al Director del Diario vasco «Egin» por la publicación de unos comunicados emitidos por una organización terrorista de inequívoco contenido apologético del terrorismo, había vulnerado la libertad de información constitucionalmente reconocida por el artículo 20.1, d/, por cuanto el órgano judicial que condenó al Director del medio había interpretado la Ley Penal como un límite absoluto del derecho a informar, con abstracción de que el informador asumiera o no compartiera la actividad delictiva.

Cuando las libertades informativas colisionan con otros derechos fundamentales (por ejemplo, el derecho al honor), el problema se complica. En cualquier caso, resulta esencial atender en estos supuestos a una reiteradísima doctrina constitucional: *la posición preferencial de las libertades informativas,* que no es sino la lógica resultante de la relevancia institucional de los derechos del artículo 20 con los que, como ya dijimos, trata de garantizarse la formación y existencia de una opinión pública libre.

Este valor superior o *«eficacia irradiante»* (STC 107/1988, de 8 de junio) alcanza su máximo nivel cuando la libertad se ejerce por los profesionales de la información a través de ese vehículo institucionalizado de formación de la opinión pública que es la prensa, entendida en su más amplia acepción (STC 165/1987, de 27 de octubre), esto es, no circunscrita a los medios de comunicación escritos. Correlativamente, el valor preferente de la libertad declina, cuando su ejercicio no se realiza por los cauces normales de formación de la opinión pública (así, por ejemplo, cuando la información se lleva a cabo a través de hojas clandestinas).

En cualquier caso, el valor preferente de las libertades informativas no es absoluto (STC 172/1990, de 12 de noviembre) y en modo alguno debe conducirnos a pensar que tal valor preferente pueda llegar a vaciar de contenido otros derechos, como, muy especialmente, el derecho al honor y el derecho a la intimidad (STC 197/1991, de 17 de octubre).

A la vista de todo lo expuesto, la conclusión parece clara: en los supuestos de colisión de las libertades informativas con otros derechos o bienes susceptibles de protección constitucional se impone llevar a cabo una ponderación, que ha de realizar el órgano jurisdiccional, y en la que no debe partir apriorísticamente de la preponderancia de uno de los dos derechos en colisión, sino, habida cuenta de las circunstancias, ponderar si la actuación del informador se ha llevado a cabo dentro del ámbito protegido constitucionalmente o si, por el contrario, se ha transgredido ese ámbito (STC 105/1990, de 6 de junio). La ausencia de dicha ponderación o su manifiesta carencia de fundamento, implicará la vulneración del artículo 20 (SSTC 104/1986, de 17 de julio y 214/1991, de 11 de noviembre, entre otras muchas). Como acabamos de decir, esa ponderación ha de realizarla el órgano jurisdiccional que conozca de las supuestas vulneraciones de otros derechos, si bien el Tribunal Constitucional ha reivindicado para sí la revisión de la idoneidad de la ponderación realizada por los Jueces y Tribunales ordinarios, con el objeto de determinar si el ejercicio de las libertades reconocidas en el artículo 20 cumple con las exigencias del principio de proporcionalidad y se manifiesta o no constitucionalmente legítimo (por todas, véase STC 107/1988, de 8 de junio).

b") El derecho al honor como límite

Sin ningún género de dudas, el derecho al honor se nos presenta como el límite de mayor relevancia frente a las libertades informativas.

Para la adecuada comprensión de la problemática que se suscita en la colisión entre estos derechos, conviene recordar que con anterioridad a la Constitución existía una amplia jurisprudencia relativa a la protección penal del honor de las personas. Esta jurisprudencia había elaborado un conjunto de categorías técnicas dirigidas a proteger prevalentemente el honor personal frente a la libertad de información. La entrada en vigor de la Constitución iba a alterar la situación de modo radical, dado el valor preferencial ya mencionado de las libertades del artículo 20.

En los numerosos casos que han llegado a nuestro intérprete supremo de la Constitución, éste no sólo ha exigido la necesidad de una correcta ponderación de los derechos en litigio, sino que ha llegado incluso a precisar los criterios de ponderación, criterios que vamos a tratar de sistematizar a continuación:

— En primer término, el Tribunal ha puesto de relieve que la dimensión constitucional de las libertades del artículo 20 «convierte en insuficiente el criterio del *"animus injuriandi"*, tradicionalmente utilizado por la jurisprudencia penal en el enjuiciamiento de dicha clase de delitos» (delitos contra el honor) (STC 51/1989, de 22 de febrero).

— En segundo lugar, *la valoración* que ha de llevar a cabo el órgano jurisdiccional *debe atender a la clase de libertad ejercitada,* esto es, a si se trata del ejercicio de la libertad de expresión o de la libertad de información. La diferenciación es relevante por el diferente objeto de cada una de ellas, y, consiguientemente, supone atender a si lo que se han vertido son pensamientos, ideas u opiniones, o simplemente hechos. Mientras los hechos, por su materialidad, son susceptibles de prueba, los pensamientos, ideas, opiniones o juicios de valor, no se prestan, por su naturaleza abstracta, a una demostración de su exactitud y ello hace que a quien ejercita la libertad de expresión no le sea exigible *la prueba de la veracidad,* esto es, de la verdad o diligencia en su averiguación, que *sí es exigible respecto de quien ejerce la libertad de información.* De todo ello, el Juez de la Constitución (STC 107/1988, de 8 de junio) entresaca la conclusión de que *la libertad de expresión es más amplia que la libertad de información.*

> Bien es verdad que, como ya advirtiéramos con anterioridad, en la práctica es muy frecuente y normal que en la información se incluyan elementos valorativos, que no llegan a desnaturalizar el derecho a la información. En el ejercicio de este derecho —señala el alto Tribunal (STC 172/1990, de 12 de noviembre)— «se incluye la actitud crítica, incluso enérgica o áspera, siempre que los términos en que se exteriorice no sean desmesurados o desproporcionados con la finalidad de oposición o repulsa que la misma pretende, no siendo, por ello, exigible que las informaciones difundidas por los medios de comunicación social, que no se limiten al simple comunicado de noticias, sean neutrales o estrictamente objetivas, ya que lo contrario equivaldría a limitar el principio del pluralismo más allá de lo que consiente su condición de valor esencial de la sociedad democrática.»
>
> Ahora bien, en esta mezcla de la descripción de hechos y opiniones, que ordinariamente se produce en las informaciones, la exigencia de «veracidad» opera tan sólo respecto de los hechos, pero no en relación con las opiniones que les acompañen.

Sobre esta base, el Juez de la Constitución ha aclarado que *deben excluirse* del ámbito de la valoración de conductas personales, y considerarse desprovistas de toda justificación *las frases formalmente injuriosas* (STC 107/1988) *o las afirmaciones vejatorias para el honor ajeno* en todo caso innecesarias para el fin de formación de la opinión pública en atención al cual se garantiza constitucionalmente su ejercicio (STC 165/1987, de 27 de octubre).

— Un nuevo criterio de ponderación lo encontramos en *la relevancia pública de la información.* El Tribunal ha sido muy tajante en este punto al señalar que la información que aun siendo veraz carece de relevancia pública, no prevalece frente al derecho al honor (STC 172/1990). Ahora bien, ¿cuándo puede considerarse que una información tiene relevancia pública?

La relevancia pública de la información se vincula en alto grado a la condición pública o privada del implicado en el hecho objeto de la información. Como ya dijimos en un momento anterior, los personajes públicos o dedicados a actividades que persiguen notoriedad pública, o que —como en otro momento se afirma (STC 197/1991, de 17 de octubre)— por razón de su actividad profesional son conocidos por la mayoría de la sociedad, tienen un ámbito inferior de privacidad que aquellas personas privadas que, sin vocación de proyección pública, se ven circunstancialmente involucradas en asuntos de trascendencia pública (STC 172/1990). Dicho esto, conviene añadir de inmediato que no cualquier información sobre hechos que conciernan a una persona con notoriedad pública presenta automáticamente una relevancia pública (STC 231/1988, de 2 de diciembre) que legitime la información.

— Finalmente, se hace necesario atender a un último criterio: el del *interés general del asunto*. La circunstancia que acabamos de advertir inmediatamente antes conduce a sostener que la legitimidad de las intromisiones en el honor —y con mayor razón aún, como veremos después, en la intimidad personal— requiere más allá de la veracidad de la información y de la condición pública del personaje, que su contenido se desenvuelva en el marco del interés general del asunto al que se refiere, lo que es tanto como decir que la relevancia pública del asunto no depende tan sólo de un elemento subjetivo (la notoriedad pública del personaje), sino también de un elemento objetivo (la materia abordada en la información, que debe ser de interés general).

> «De otra forma —diría el Tribunal (STC 172/1990)— el derecho de información se convertiría en una cobertura formal para, excediendo del discurso público en el que debe desenvolverse, atentar sin límite alguno y con abuso de derecho al honor y a la intimidad de las personas, con afirmaciones, expresiones o valoraciones que resulten injustificadas por carecer de valor alguno en relación con el interés general del asunto.»

Queremos concluir poniendo de relieve que de nuestra precedente sistematización expositiva no ha de deducirse que el Tribunal Constitucional ha mantenido en sus posicionamientos, siempre y en todo caso, una dirección rectilínea, pues en algún supuesto aquél ha dado la impresión de separarse de su doctrina, por lo menos tangencialmente; así, en su Sentencia 172/1990, el Tribunal parecía sostener que la sola veracidad de la información relativa a una persona pública podía legitimar una intromisión en el derecho al honor; ello no obstante, tras nuestro análisis jurisprudencial, creemos que junto a la veracidad y a la notoriedad pública del personaje, el Tribunal exige por lo común que el contenido de la información se mantenga dentro del interés general del asunto, en atención a la materia tratada, exigencia que, como vamos a ver de inmediato, se convierte en decisiva cuando la intromisión incide sobre el derecho a la intimidad personal o familiar.

c") El derecho a la intimidad como límite

La diferencia esencial que separa, en el punto concreto que nos ocupa, el derecho a la intimidad personal y familiar del derecho al honor, atañe a que junto a los criterios de valoración comentados inmediatamente antes, se añade ahora con una especialísima importancia el *criterio del interés público del hecho divulgado*.

A juicio del Tribunal (SSTC 172/1990 y 197/1991), ya no basta con la veracidad del hecho sobre el que se informa, como tampoco con que el personaje sea de notoriedad pública: es ineludible la relevancia pública del hecho divulgado, es decir, que siendo verdadero, su comunicación a la opinión pública resulte justificada en función del interés público del asunto sobre el que se informa.

Con ello, a nuestro modo de ver, se pone el acento en el elemento objetivo de la información, de modo tal que, en último término, la diferencia de tratamiento entre el derecho al honor y el derecho a la intimidad se reconduce al elemento que cualifica la relevancia pública de la información, que es distinto en cada supuesto:

— En el supuesto de intromisión en el derecho al honor, se parte de la base de que presenta relevancia pública toda información que afecta a una persona pública; el elemento decisivo es, pues, el subjetivo.

— En el supuesto de intromisión en el derecho a la intimidad personal o familiar, se toma como punto de partida que para que una información presente relevancia pública no sólo ha de afectar a una persona de notoriedad pública, sino que, además y básicamente, ha de versar sobre un tema de interés público; con ello, el elemento objetivo, el elemento material, se convierte en fundamental.

Desde luego, habrá que atender a las circunstancias de cada caso, que es fácil que no siempre posibiliten efectuar esta diferenciación con nitidez. La propia doctrina constitucional corrobora cumplidamente esta apreciación.

d/ El derecho a la educación y la libertad de enseñanza

a') La regulación constitucional de las libertades educativas

La regulación constitucional de las libertades educativas se remonta a nuestro primer código constitucional, el de 1812, que dedicaría uno de sus Títulos (el IX) a la instrucción pública, pretendiendo de esta forma homogeneizar la enseñanza y reconducirla al ámbito de las funciones propias del Estado. A partir de aquí y durante buena parte del pasado y del presente siglo, bien puede decirse con *Sánchez Agesta* que la instrucción pública ha sido un campo de guerra no declarada, pero de lucha sorda entre una cierta tendencia liberal, que defendía la intervención del Estado, y una cierta Iglesia sospechosa de simpatías con el pensamiento conservador, que defendía la libertad de enseñanza. La última de nuestras Constituciones, la de 1931, supondría el triunfo radical de la primera de esas dos tendencias.

A la vista de estos antecedentes, no resulta del todo extraño que en 1978 la «cuestión educativa» estuviera a punto de hacer naufragar el consenso constituyente. El modelo educativo defendido en aquel momento por el PSOE se asentaba en la tríada: enseñanza única, pública y laica, modelo radicalmente contrapuesto al de UCD, que concebía el sistema educativo sobre la base de la libertad de enseñanza.

La controversia «enseñanza pública—enseñanza privada» iba finalmente a zanjarse, por lo menos a nivel constitucional, en un artículo, el 27, muy extenso, realmente confuso y cuyos enunciados no siempre respondían a una unidad de objetivos, lo que, como era inevitable que sucediera, habría de conducir a diferentes lecturas, en muchos aspectos contrapuestas.

El dispar desarrollo del precepto refleja con nitidez cuanto acabamos de advertir. La Ley Orgánica 5/1980, de 19 de junio, por la que se regula el Estatuto de Centros Escolares (LOECE), muy poco tiene que ver con la Ley Orgánica 8/1985, de 3 de julio, reguladora del derecho a la educación (LODE), que derogó la Ley inmediatamente precedente. Ambas normas fueron objeto de sendos recursos de inconstitucionalidad (el segundo de ellos un recurso previo), y pese al antagonismo de muchas de las soluciones legislativas contenidas en cada una de ellas, el Tribunal Constitucional (especialmente en la segunda de las Sentencias) apenas si estimó la existencia de vicios de inconstitucionalidad, por lo menos en relación a las pretensiones de los recurrentes.

En sus Sentencias (STC 5/1981, de 13 de febrero y STC 77/1985, de 27 de junio), ambas perfectamente identificables como Sentencias interpretativas, el Tribunal se esforzó sobremanera en la búsqueda de fórmulas hermenéuticas con las que conciliar los diferentes derechos en colisión, si bien, en la última de esas Sentencias, el esfuerzo por la conservación de la norma en cuanto permitiese una interpretación conforme con la Constitución, loable en todo caso, se llevó hasta extremos quizá improcedentes desde la perspectiva del artículo 27 de la Constitución, pues si bien éste impone, ineludiblemente, una limitación recíproca de derechos, el equilibrio se rompe cuando algunos de ellos prevalecen con claridad sobre otros, como a nuestro juicio acontece a la vista de algunos aspectos puntuales de la normación de la LODE.

Una detenida lectura del artículo 27 nos revela de inmediato la heterogeneidad de las normas que el precepto acoge: unos apartados (el tercero y el sexto) consagran derechos de libertad; otros imponen deberes (así, la obligatoriedad de la enseñanza básica); otros se hallan a mitad de camino entre la garantía de una institución y la proclamación de un derecho fundamental (la autonomía de la Universidad), mientras que también hallamos en este complejo precepto, derechos de prestación (gratuidad de la enseñanza), atribución de competencias a los poderes públicos (apartado octavo) o, finalmente, mandatos al legislador (apartado noveno). Bien es verdad que entre todos estos preceptos media una estrechísima conexión, que, a juicio del Tribunal Constitucional (STC 86/1985, de 10 de julio), autoriza a hablar del derecho de todos a la educación como expresión omnicomprensiva.

Ello no obstante, creemos que debe mantenerse la enunciación separada de ambos derechos (el derecho a la educación y el derecho a la libertad de enseñanza), porque mientras el derecho a la educación es un derecho prestacional, la libertad de enseñanza y las que de ella emanan son verdaderas libertades públicas, sin que ello sea óbice para admitir la íntima vinculación entre aquel derecho y estas libertades.

La normación constitucional de esta materia no se agota en el artículo 27, sino que requiere acudir a otros preceptos constitucionales, como el artículo 20.1, c/, que consagra el derecho a la libertad de cátedra; el artículo 149.1, 30, que delimita en materia educativa las competencias entre el Estado y las Comunidades Autónomas, e incluso el mismo artículo 44.1, que reconoce el derecho de todos a la cultura y ordena a los poderes públicos la consiguiente promoción y tutela del acceso a la cultura.

De otro lado, en esta materia, quizá más que en otras, se hace ineludible atender a los tratados y acuerdos internacionales ratificados por España, a los efectos de interpretar correctamente las normas relativas a la misma, debiendo destacarse de modo especial el Pacto Internacional de Derechos Económicos, Sociales y Culturales, de 19 de diciembre de 1966, y la Convención de la UNESCO relativa a la lucha contra la discriminación en la esfera de la enseñanza, de 14 de diciembre de 1960.

Por lo demás, entre las normas de desarrollo del artículo 27, en un aspecto muy puntual: la autonomía universitaria, hemos de hacernos eco de la Ley Orgánica 11/1983, de 25 de agosto, de Reforma Universitaria (LRU), y aunque no pueda considerarse en sentido estricto como de desarrollo inmediato del citado precepto constitucional, hemos de citar igualmente la Ley Orgánica 1/1990, de 3 de octubre, de Ordenación General del Sistema Educativo (LOGSE).

En un plano normativo de rango inferior conviene recordar los Reales Decretos 2375/1988, 2376/1988, 2377/1988 y 2378/1988, todos ellos de 18 de diciembre, en cuanto han venido a desarrollar la LODE en cuestiones de trascendental relevancia: criterios de admisión de alumnos en los Centros docentes sostenidos con fondos públicos; órganos de gobierno de los Centros públicos; normas básicas sobre conciertos educativos, y Consejo Escolar del Estado. A ellos habría que unir el Real Decreto 1543/1988, de 28 de octubre, sobre derechos y deberes de los alumnos.

b') Los principios constitucionales del sistema educativo

A la vista de los distintos enunciados constitucionales, pueden enumerarse los siguientes principios constitucionales del sistema educativo:

1.º) *El principio de no monopolio educativo por el Estado,* en cuanto que el artículo 27.6 reconoce a las personas físicas y jurídicas la libertad de creación de centros docentes, lo que entraña la coexistencia de la enseñanza pública con la privada, en definitiva, el carácter mixto o dual del sistema educativo.

2.º) *El principio de constitucionalidad,* que debe entenderse en el sentido de que el sistema educativo ha de configurarse de acuerdo con los principios y valores de la Constitución y asentarse en el respeto a los derechos y libertades reconocidos en ella, como establece el artículo 1.º.1 de la LOGSE.

3.º) *El principio de gratuidad y obligatoriedad de la enseñanza básica* (artículo 27.2 CE), que a su vez ha de ponerse en conexión con el de compensación de las desigualdades en la educación, a cuyo fin el artículo 63.1 de la LOGSE establece la necesidad de que los poderes públicos desarrollen una serie de actuaciones de carácter compensatorio en relación con las personas, grupos y ámbitos territoriales que se encuentren en situaciones desfavorables, lo que no hace sino reflejar en el ámbito educativo el principio de igualdad material que el artículo 9.º.2 de la Constitución proclama.

4.º) *El principio de participación,* específicamente contemplado por el artículo 27.7, que prevé la participación de todos los sectores integrantes de la Comunidad escolar (profesores, padres y, en su caso, alumnos) en la gestión y control de todos los centros sostenidos por la Administración con fondos públicos. Con posterioridad, la LODE ha introducido el principio participativo en la misma programación general de la enseñanza, creando al efecto el Consejo Escolar del Estado, órgano de ámbito nacional para la participación de los sectores afectados en la programación general de la enseñanza (artículo 30 de la LODE).

5.º) *El principio de responsabilidad educativa de los poderes públicos,* que se manifiesta constitucionalmente tanto en la programación general de la enseñanza y en la creación de centros docentes, como en la inspección y homologación del sistema educativo (artículo 27.5 y 8 CE, respectivamente), como, finalmente, en la ayuda que han de prestar a los centros docentes que reúnan las condiciones legalmente requeridas (artículo 27.9 CE).

6.º) *El principio de autonomía universitaria* (artículo 27.10 CE). Y

7.º) *El principio de compartición competencial en materia educativa entre el Estado y las Comunidades Autónomas,* si bien, en cuanto que el sistema educativo debe de estar homologado en todo el territorio del Estado, éste se reserva en exclusiva (artículo 149.1.30 CE) la regulación de las condiciones de obtención, expedición y homologación de títulos académicos y profesionales y de las normas básicas para el desarrollo del art. 27, a fin de garantizar el cumplimiento de las obligaciones de los poderes públicos en esta materia.

Estas competencias normativas del Estado requieren, sin embargo, de unas competencias ejecutivas (STC 6/1982, de 22 de febrero), ya que el sistema educativo único que proclama la Constitución no es sólo un resultado que haya que conservar, sino un objetivo que continuamente hay que lograr, objetivo compartido entre los órganos constitucionales del Estado y los de las Comunidades Autónomas.

c') El derecho a la educación

El artículo 27.1 comienza proclamando que: «Todos tienen el derecho a la educación.» Quiere ello decirnos que estamos ante un derecho de cuya titularidad gozan todos los españoles y también los extranjeros residentes en España, como se encarga de precisar el artículo 1.° de la LODE, que, por otro lado, no hace sino reflejar una norma de Derecho internacional ratificada por España: el artículo 3.°, e/ de la Convención de la UNESCO relativa a la lucha contra la discriminación en la esfera de la enseñanza, de 1960. Este precepto compromete a los Estados partes a conceder a los súbditos extranjeros residentes en su territorio, el acceso a la enseñanza en las mismas condiciones que a sus propios nacionales, debiendo entenderse a estos efectos la palabra «enseñanza», como referida a la enseñanza en sus diversos tipos y grados, y por tanto también a la enseñanza universitaria, respecto de la cual conviene recordar que el artículo 25 LRU reconoce el estudio en la Universidad de su elección como un derecho de todos los españoles, previsión que debe entenderse complementada por la norma internacional antes aludida.

El derecho a la educación, junto a su contenido primario de derecho de libertad, incorpora una dimensión prestacional en cuya virtud los poderes públicos habrán de procurar su efectividad y hacerlo, para los niveles básicos de la enseñanza, en las condiciones de obligatoriedad y gratuidad que demanda el artículo 27.4 (STC 86/1985, de 10 de julio). Al servicio de tal acción prestacional de los poderes públicos se hallan los instrumentos de planificación y promoción mencionados en el apartado quinto del mismo precepto constitucional, como también el mandato de las correspondientes ayudas públicas a los centros docentes que reúnan los requisitos que la Ley establezca.

Es claro, pues, que la carga prestacional del derecho a la educación pesa tan sólo sobre los poderes públicos, precisión que, no obstante, tendría oportunidad de explicitar el Juez de la Constitución con ocasión de un recurso de amparo por supuesta vulneración del derecho a la educación, como consecuencia de un cambio de horario laboral que imposibilitaba a dos trabajadores la asistencia normal a las clases de la Facultad de Derecho de la Universidad de Sevilla, de la que eran alumnos oficiales. El razonamiento del Tribunal (STC 129/1989, de 17 de julio) es inequívoco:

«Desde el artículo 27.1 de la Constitución no puede imponerse al empresario o empleador la obligación de satisfacer de forma incondicionada la pretendida compatibilidad de la asistencia a clases del trabajador o empleado con el cumplimiento de las obligaciones derivadas de la relación de dependencia hasta el punto de que, de no hacerlo, el derecho fundamental a la educación del trabajador sufriría un padecimiento que, de no ser reparado jurisdiccionalmente, podría someterse a conocimiento de este Tribunal en sede de amparo. Entenderlo así sería tanto como desplazar sobre el empleador la carga prestacional del derecho a la educación, que sólo sobre los poderes públicos pesa.»

El *contenido del derecho a la educación* puede ser sistematizado del modo que sigue:

1.º) El *derecho de acceso a las enseñanzas regladas que integran el sistema educativo,* que de conformidad con el artículo 3.º de la LOGSE comprende las enseñanzas de régimen general (educación infantil; educación primaria; educación secundaria, que a su vez abarca la educación secundaria obligatoria, el bachillerato y la formación profesional de grado medio; formación profesional de grado superior, y educación universitaria) y las enseñanzas de régimen especial (enseñanzas artísticas y de idiomas).

Este derecho, obviamente, comprende el acceso a los niveles superiores de educación, en función de las aptitudes y vocación de cada uno, sin que en ningún caso el ejercicio de este derecho pueda hallarse sujeto a discriminaciones debidas a la capacidad económica, nivel social o lugar de residencia del alumno; así lo prevé de modo específico el artículo 1.º.2 de la LODE.

En definitiva, el derecho a la educación no se agota con el acceso a la enseñanza básica, sino que se manifiesta también en la posibilidad de acceder a cualquier enseñanza reglada.

2.º) El *derecho a una educación básica gratuita.* La gratuidad de la enseñanza básica es una meta propugnada por los Convenios internacionales que se han ocupado del tema. Así, el artículo 13.2, a/ del Pacto Internacional de Derechos Económicos, Sociales y Culturales de 1966, prescribe que la enseñanza primaria debe ser obligatoria y asequible a todos gratuitamente. Y es que de lo que se trata, en definitiva, es de sentar las condiciones precisas para que el ejercicio del derecho a la educación pueda ser una realidad eficaz.

En este plano se ubica el artículo 27.4 de nuestra «Lex Superior» cuando determina que «la enseñanza básica es obligatoria y gratuita». A la vista de las previsiones de la LOGSE, la enseñanza básica comprende la educación primaria y la educación secundaria obligatoria (que no el bachillerato). La enseñanza básica se extiende, pues, a lo largo de un período de diez años de escolaridad, iniciándose a los seis años y llegando hasta los dieciséis (artículo 5.º de la LOGSE).

En todo caso, conviene señalar que este derecho a la gratuidad educativa en la enseñanza básica no comprende, como ha dicho el Juez de la Constitución (STC 86/1985, de 10 de julio), el derecho a la gratuidad educativa en cualesquiera centros privados, porque los recursos públicos no han de acudir, incondicionadamente, allá donde vayan las preferencias individuales.

La efectividad de este derecho ha de ser garantizada por los poderes públicos mediante una programación adecuada de los puestos escolares gratuitos, en los ámbitos territoriales correspondientes, que igualmente deberá posibilitar el derecho a la elección de centro docente, que el artículo 4.º, b/ de la LODE reconoce respecto de los padres o tutores, derecho éste que, por ello mismo, analizaremos en un momento ulterior, al abordar los derechos educativos de los padres.

3.º) El *derecho a recibir una formación que asegure el pleno desarrollo de su personalidad.* Este derecho, que el artículo 6.º.1, a/ de la LODE reconoce a los alumnos, no es sino la derivación obligada de la previsión constitucional del artículo 27.2, a cuyo tenor: «La educación tendrá por objeto el pleno desarrollo de la personalidad humana en el respeto a los principios democráticos de convivencia y a los derechos y libertades fundamentales.» Bien es verdad que la trascendental expresión constitucional, «libre desarrollo de la personalidad», no es de fácil interpretación, pero, como dice *Embid Irujo,* tiene un contenido normativo que, con todas las precauciones deseables, la hace susceptible de una posible consideración procesal. Una manifestación de esta formación orientada a garantizar el libre desarrollo de la personalidad, puede ser el derecho legalmente reconocido a los alumnos (artículo 6.º.1, c/) a que se respete su libertad de conciencia, así como sus convicciones religiosas y morales.

El desarrollo pleno de la personalidad debe orientarse hacia el respeto a los principios democráticos de convivencia y a los derechos y libertades fundamentales. De ahí que la actividad educativa persiga, entre otros fines, la formación en el ejercicio de la tolerancia y de la libertad dentro de los principios de convivencia democrática (artículo 2.º, b/ LODE), la formación en el respeto de la pluralidad lingüística y cultural de España (artículo 2.º, e/ LODE) y la preparación para participar activamente en la vida social y cultural (artículo 2.º, f/ LODE).

4.º) El *derecho a una evaluación objetiva del rendimiento escolar.* El artículo 6.º.1, b/ de la LODE reconoce a los alumnos el derecho a que su rendimiento escolar sea valorado conforme a criterios de plena objetividad.

Como dice *Embid Irujo,* el derecho a cursar una enseñanza básica, o a integrarse en centros pertenecientes a otros niveles, podría quedar vaciado de contenido si el escolar fuera objeto de un sistema de control que no guardara relación con los fines generales educativos que fija el artículo 27.2 de la Constitución. De ahí la conveniencia —que suele estar en función del progreso de las ciencias pedagógicas y de la receptividad social de sus conclusiones— de arbitrar sistemas racionales y objetivos de control del saber. Ello, por lo demás, conecta con el derecho a una educación impartida sin discriminación de ningún tipo.

La evaluación de los procesos de aprendizaje de los alumnos en la educación primaria será continua y global (artículo 15 LOGSE), mientras que la evaluación en la educación secundaria obligatoria habrá de ser continua e integradora.

A los alumnos se les reconoce por el Real Decreto 1543/1988 el derecho a formular reclamaciones en relación con sus evaluaciones. Por el contrario, es de interés significar que los alumnos no gozan de un derecho ilimitado a la permanencia en el centro. La LOGSE (artículo 6.º.2) les reconoce el derecho a permanecer en los centros ordinarios (hay que presuponer que la Ley se refiere a los centros públicos y a los privados concertados), cursando la enseñanza básica, hasta los dieciocho años de edad.

En relación a la enseñanza universitaria, la LRU (artículo 27.1) se limita a decir que las Universidades verificarán los conocimientos de los estudiantes universitarios, el desarrollo de su formación y su rendimiento. Y en cuanto a la permanencia del estudiante en la Universidad, el artículo 27.2 de la misma Ley faculta al Consejo Social de cada Universidad, previo informe del Consejo de Universidades, para señalar las normas que regulen la permanencia en la Universidad de aquellos estudiantes que no superen las pruebas correspondientes en los plazos que se determinen.

5.º) El *derecho a la calidad de la enseñanza.* Como advierte *Fernández-Miranda,* resultaría inadmisible entender que el derecho a la educación reconocido por la Constitución tiene una mera dimensión formal, de suerte que se agote con el simple ingreso y permanencia en un centro educativo, sin referencia alguna al contenido material de la prestación de los poderes públicos. Ello conduce a reconocer que todo discente cuenta entre sus derechos con el de que la enseñanza que reciba tenga la necesaria calidad, lo que, a su vez, presupone, entre otros muchos factores: la cualificación y formación del profesorado; una adecuada programación docente; unos recursos educativos suficientes, tanto humanos como materiales, y, a modo de mecanismo de garantía de todo lo anterior, una inspección educativa y una evaluación periódica del propio sistema educativo.

Por supuesto, somos conscientes de que cuando hablamos de un derecho a la calidad de la enseñanza nos estamos moviendo en un plano normativo de enorme abstracción, pero no es menos patente que, como puede leerse en el Preámbulo de la Ley Orgánica 1/1990 (LOGSE), asegurar la calidad de la enseñanza es uno de los retos fundamentales de la educación del futuro. Por ello mismo, lograrla es un objetivo de primer orden para todo proceso de reforma, si bien es evidente que la consecución de dicha calidad resulta, en buena medida, de múltiples elementos sociales y compromete a la vez a los distintos protagonistas directos de la educación.

También en la calidad de la enseñanza deben superarse todas las diferencias que puedan suponer una discriminación. Y en tal sentido, el artículo 4.º, b/ de la ya citada Convención de la UNESCO de 1960, establece la necesidad de mantener en todos los establecimientos públicos del mismo grado una enseñanza de igual nivel y condiciones equivalentes en cuanto se refiere a la calidad de la enseñanza proporcionada. Y en nuestro ordenamiento, la LOGSE dedica un Título (el IV) a la calidad de la enseñanza, ordenando a los poderes públicos que presten una atención prioritaria al conjunto de factores que favorecen la calidad y mejora de la enseñanza (artículo 55).

6.º) El *derecho a un tratamiento disciplinario exento de arbitrariedad.* Estamos ante un derecho de particular relevancia, por cuanto, como dijera el Juez de la constitucionalidad (STC 5/1981), de nada serviría reconocer el derecho a la educación en el texto constitucional si luego fuese posible sancionar arbitrariamente a los alumnos dentro de los centros por supuestas faltas de disciplina cuya consecuencia última pudiera ser la expulsión del centro; con ello se imposibilitaría, o por lo menos se dificultaría, el ejercicio real del derecho fundamental a la educación.

A este respecto, cabe decir que la LODE ha establecido la garantía de atribuir al Consejo Escolar del centro la resolución de los conflictos y la imposición de sanciones en materia de disciplina de alumnos, de acuerdo con las normas que regulen los derechos y deberes de los mismos (artículo 42.1, s/). Esas normas, contenidas en el Real Decreto 1543/1988, ya citado, prevén que las faltas graves o muy graves sólo puedan sancionarse, previa instrucción de un expediente y audiencia del alumno interesado, y si fuere menor, de sus padres o tutores.

d') La libertad de enseñanza

En nuestro país, tradicionalmente, la libertad de enseñanza se ha identificado con la libertad de creación de centros docentes, reconocida constitucionalmente por vez primera por la Constitución de 1869, cuyo artículo 27 facultaba a todo español para fundar y mantener establecimientos de instrucción o de educación, sin previa licencia.

El Derecho comparado nos muestra, por el contrario, que en otros ordenamientos la expresión «libertad de enseñanza» no se emplea en tal sentido. Este es el caso de Alemania, en donde la libertad de enseñanza alude de modo directo a la posición del docente («Freiheit der Lehre»), mientras que para la libre creación de centros educativos se utiliza otra expresión («Privatschulfreiheit»). En Italia, el término abarca ambas libertades, mientras que en Francia, con la expresión que nos ocupa, se alude a la libre creación de escuelas.

Nuestra Constitución, tras reconocer la libertad de enseñanza (artículo 27.1), consagra la libertad de creación de centros docentes (artículo 27.6) y la libertad de cátedra, si bien esta última en otro precepto (artículo 20.1, *c*)). De esta forma, la libertad de enseñanza acoge una pluralidad de contenidos que encuentra su razón de ser en la propia dualidad de libertades que están en la misma base de su existencia.

La libertad de enseñanza puede efectivamente ser entendida como una proyección de la libertad ideológica y religiosa y del derecho a expresar y difundir libremente los pensamientos, ideas u opiniones. Así lo ha reconocido el Tribunal Constitucional (STC 5/1981), y así se establece en el artículo 9.° del Convenio de Roma.

Pero la pluralidad de contenidos de la libertad de enseñanza halla igualmente su razón de ser en el mismo objeto de la enseñanza, actividad encaminada de modo sistemático y con un mínimo de continuidad a la transmisión de un determinado cuerpo de conocimientos y valores. De ahí que, como ha dicho el Tribunal (STC 5/1981), la libertad de enseñanza implique, de una parte, el derecho a crear instituciones educativas y, de otra, el derecho de quienes llevan a cabo personalmente la función de enseñar, a desarrollarla con libertad dentro de los límites propios del puesto docente que ocupan. Más aún, del principio de libertad de enseñanza deriva también el derecho de los padres a elegir la formación religiosa y moral que desean para sus hijos. Se trata en todos los casos de derechos que tienen límites necesarios que resultan de su propia naturaleza, con independencia de los que se producen por su articulación con otros derechos o de los que, respetando siempre su contenido esencial, puede establecer el legislador.

De esta forma, la libertad de enseñanza abarca no sólo la exclusión de todo monopolio educativo del Estado, con la consiguiente apertura de la enseñanza a la iniciativa privada, sino también el correlativo derecho de todo docente a transmitir sus conocimientos e ideas en libertad, que no es sino una particularización de la libertad de expresión, ejercida en el ámbito educativo. Así entendida, la libertad de enseñanza, como dice *Embid Irujo,* sería el tronco, el supraconcepto, la garantía institucional, en sentido impropio, de la que derivarían la libertad de creación de centros y la libertad de cátedra. Y en cuanto también se nos presenta como una proyección de la libertad religiosa, creemos que bien podría pensarse que de la propia libertad de enseñanza deriva el derecho de los padres a elegir la formación religiosa y moral para su hijos.

e') La libertad de creación de centros docentes

El artículo 27.6 de la Constitución reconoce a las personas físicas y jurídicas la libertad de creación de centros docentes, dentro del respeto a los principios constitucionales. Como acabamos de decir, esta libertad abre la enseñanza a la iniciativa privada, quebrando así cualquier posible monopolio estatal.

La titularidad de este derecho se contempla por la «Lex Superior» con una notable amplitud: toda persona física o jurídica es titular del mismo. Sin embargo, la LODE ha exigido (artículo 21.1) la nacionalidad española. A la par, ha excluido de esa titularidad (artículo 21.2) a una dispar serie de personas:

— En primer término, a aquéllas que presten servicios en la Administración educativa estatal, autonómica o local, circunstancia que el Juez de la Constitución (STC 77/1985) consideró fundada en el principio de neutralidad de la Administración recogido en el artículo 103.1 de la Constitución, a tenor del cual, «la Administración pública sirve con objetividad los intereses generales».

— En segundo lugar, la LODE excluye a quienes tengan antecedentes penales por delitos dolosos, prohibición que encuentra un sólido fundamento en la necesidad de proteger a la juventud y a la infancia, en los términos del artículo 20.4 de la Constitución, justificándose además en razón del artículo 27.2, que especifica como objeto de la educación «el pleno desarrollo de la personalidad humana» del alumno, siendo la prohibición establecida una garantía para la consecución de este objetivo (STC 77/1985).

— En tercer lugar, aquellas personas que hayan sido expresamente privadas del ejercicio de este derecho por sentencia judicial firme.

— Y por último, las personas jurídicas en las que las personas precedentemente citadas desempeñen cargos rectores o sean titulares del 20 por 100 o más del capital social, previsión ésta con la que lógicamente se trata de impedir el acceso a la acción educativa de aquellas personas jurídicas en las que puedan ejercer un poder decisorio real quienes se encuentren incursos en causas legales de prohibición.

La libertad de creación de centros docentes incluye la posibilidad de crear instituciones educativas que se sitúen fuera del ámbito de las enseñanzas regladas, si bien los requisitos exigidos en este caso difieren de los previstos cuando de lo que se trata es de crear centros insertos en el sistema educativo.

En el primer caso, la libertad que nos ocupa está limitada por el respeto a los demás derechos fundamentales, por la necesidad de proteger a la juventud y a la infancia, por el respeto a los principios constitucionales que, como los del Título Preliminar, no consagran derechos fundamentales (libertad, igual, justicia, unidad de España...) y por la muy relevante limitación que deriva del artículo 27.2 de la Constitución, de que la enseñanza ha de servir determinados valores (respeto a los principios democráticos de convivencia... etc.) que, como ha precisado el intérprete supremo de la Constitución (STC 5/1981), no cumplen una función meramente limitativa, sino de inspiración positiva.

En el segundo caso, esto es, cuando de la creación de centros docentes ubicados dentro del ámbito de las enseñanzas regladas se trata, a los límites anteriores hay que añadir la necesidad de que dichos centros se acomoden a los requisitos que el Estado imponga respecto de cada nivel.

La apertura y funcionamiento de los centros docentes privados se someterán al principio de autorización administrativa, que se concederá siempre que reúnan los requisitos mínimos establecidos con carácter general y referidos, a tenor de lo dispuesto por el artículo 14.2 de la LODE, a: titulación académica del profesorado, relación numérica alumnos-profesor, instalaciones docentes y deportivas y número de puestos escolares. En todo caso, la autorización se revocará cuando los centros dejen de reunir estos requisitos (artículo 23 de la LODE).

El procedimiento difiere sensiblemente respecto de los centros universitarios, ya que el artículo 58.1 de la LRU exige para el reconocimiento de una Universidad privada: una Ley de la Asamblea Legislativa de la Comunidad Autónoma en cuyo ámbito territorial haya de establecerse, o una Ley de las Cortes Generales, a propuesta del Gobierno, de acuerdo con el Consejo de Gobierno de la Comunidad Autónoma en cuyo territorio vaya a ubicarse. En cualquier caso, la LRU (artículo 58.2) habilitaba al Gobierno para determinar con carácter general el número de centros y las exigencias materiales y de personal mínimo necesarias que habrían de reunir las Universidades privadas para su reconocimiento. Esos requisitos han sido contemplados por el Real Decreto 557/1991, de 12 de abril.

En íntima unión con la libertad de creación de centros docentes se encuentran el derecho a establecer el «ideario educativo» o «carácter propio» del centro y el derecho del titular del mismo a su dirección. A su vez, y aunque no se contemple como un derecho, sino como un mandato al legislador, los centros docentes que reúnan los requisitos legales habrán de ser ayudados económicamente por los poderes públicos. A estos aspectos, tan vinculados con esta libertad, pasamos a referirnos de inmediato.

a'') El derecho a establecer el «ideario educativo» o «carácter propio» del centro

La Constitución nada dice respecto del derecho del titular del centro docente a fijar un «ideario educativo». Sin embargo, la Ley Orgánica del Estatuto de Centros Escolares, primero, y la Ley Orgánica del Derecho a la Educación, después, han contemplado ese derecho, que ha sido ratificado por la doctrina constitucional.

Ya el artículo 34 de la LOECE reconoció a los titulares de los centros privados el derecho a establecer un ideario educativo propio dentro del respeto a los principios y declaraciones de la Constitución. Este derecho forma parte de la libertad de creación de centros docentes, en cuanto equivale a la posibilidad de dotar a éstos de un carácter u orientación propios, especificidad que, como advirtiera el Juez de la constitucionalidad (STC 5/1981), explica la garantía constitucional de creación de centros docentes que, en otro caso, no sería más que una expresión concreta del principio de libertad de empresa que también la Constitución consagra (artículo 38).

Este derecho se mueve dentro de los límites de la libertad de creación de centros, ya aludidos en el epígrafe anterior. La existencia de estos límites condujo al Tribunal Constitucional, en relación con la LOECE, a considerar indispensable que el establecimiento de un ideario propio hubiera de entenderse sometido al sistema de autorización reglada a que la Ley sujetaba la apertura y funcionamiento de los centros privados. Ahora bien, esa autorización debe recaer exclusivamente sobre la adecuación del ideario del centro a los principios que han de inspirar la educación a la vista del artículo 27.2 de la Constitución.

De ahí que el Tribunal declarara inconstitucional (STC 77/1985) el artículo 22.2 del Proyecto de la LODE, en cuanto que, excediendo de aquel límite, suponía atribuir a la autoridad administrativa el ejercicio de una función jurisdiccional que no le correspondía y que desbordaba el ámbito de una estricta autorización reglada, al sujetar la autorización a la forma en que se articulara el derecho a establecer el «carácter propio» del centro con los derechos de los diversos miembros de la comunidad escolar.

La Ley Orgánica 8/1985 (LODE) también faculta a los titulares de los centros privados para establecer el «carácter propio» de los mismos, en el marco de la Constitución y con respeto de los derechos garantizados en el Título Preliminar de la propia LODE a profesores, padres y alumnos. Dicho «carácter propio» ha de ser puesto en conocimiento de los distintos miembros de la comunidad educativa por el titular (artículo 22 LODE).

La sustitución de la expresión «ideario educativo» de la LOECE —mucho más correcta e ilustrativa de lo que se quiere acoger con ella, a nuestro modo de ver— por la de «carácter propio» de la LODE no altera, sin embargo, lo más mínimo la doctrina constitucional fijada ya en la Sentencia 5/1981. En cuanto al hecho de que el artículo 22.1 de la LODE mencione los derechos de los miembros de la comunidad escolar, omitiendo el deber de éstos de respetar el ideario del centro, no tiene por qué suponer, ni que tal deber no exista ni que se produzca una inversión de la relación general establecida por el Tribunal en supuestos de conflicto o concurrencia entre los derechos de los citados miembros de la comunidad escolar y los del titular del centro (STC 77/1985).

Esa relación general se puede concretar en la doctrina de que una actividad docente hostil o contraria al ideario de un centro docente privado puede ser causa legítima de despido del Profesor al que se le impute tal conducta o tal hecho singular, con tal de que los hechos o el hecho constitutivo de un «ataque abierto o solapado» al ideario del centro resulten probados por quien los alega como causa de despido, esto es, por el empresario. Ahora bien, el respeto, entre otros, a los derechos del artículo 16 de la Constitución (libertad ideológica... etc.) implica que la simple disconformidad de un Profesor respecto al ideario del centro no puede ser causa de despido, si no se ha exteriorizado o puesto de manifiesto en alguna de las actividades educativas del propio centro (STC 47/1985, de 27 de marzo).

El derecho a establecer un ideario, en cuanto derecho autónomo, no está limitado a los aspectos religiosos y morales de la actividad educativa. Por el contrario, como reconociera el Juez de la Constitución (STC 5/1981), puede extenderse a los distintos aspectos de su actividad, todo ello, digámoslo de nuevo, dentro del marco de los principios constitucionales, del respeto a los derechos fundamentales, del servicio a la verdad, a las exigencias de la ciencia y a las restantes finalidades necesarias de la educación, mencionadas, entre otros preceptos, por el artículo 27.2 de la Constitución y por el artículo 13.1 del Pacto Internacional sobre Derechos Económicos, Sociales y Culturales, que, entre otras previsiones, determina la conveniencia de que la educación capacite a todas las personas «para participar efectivamente en una sociedad libre, favorecer la comprensión, la tolerancia y la amistad entre todas las naciones y entre todos los grupos raciales, étnicos o religiosos».

b") El derecho del titular del centro a su dirección

La libertad de creación de centros docentes no se agota en el mero acto de creación, sino que se proyecta hacia el devenir de la vida del centro, manifestándose muy particularmente en el poder de dirección, esto es, en la facultad que al titular asiste de dirigir el centro docente privado, que se traduce, a su vez, en múltiples manifestaciones: contratación del personal del centro, gestión económica del mismo... etcétera.

La LOECE (artículo 34) reconocía a los titulares de los centros privados tales facultades, si bien remitía al estatuto o reglamento de régimen interior de cada centro, a los efectos de determinar la intervención de profesores, padres, personal no docente y, en su caso, alumnos, en el control y gestión del centro, previsión ésta que sería declarada constitucionalmente ilegítima por el Tribunal por incumplir el principio de reserva de ley.

El Juez de la Constitución ha admitido, no obstante, la existencia de un derecho de los titulares de centros docentes privados a la dirección de los mismos, derecho que ha incardinado en el derecho a la libertad de enseñanza de los titulares de dichos centros. Como manifiesta el alto Tribunal (STC 77/1985), el acto de creación o fundación de un centro no se agota en sí mismo, sino que tiene evidentemente un contenido que se proyecta en el tiempo y que se traduce en una potestad de dirección del titular.

Más aún, el artículo 13.4 del ya citado Pacto de Derechos Económicos, Sociales y Culturales proclama la *libertad de los particulares y entidades para establecer y dirigir instituciones de enseñanza.*

El contenido esencial de este derecho, que opera como garantía del que asiste al titular de fijar un ideario, puede precisarse en un doble sentido (SSTC 5/1981 y 77/1985):

— Desde un punto de vista positivo, implica el *derecho a garantizar el respeto al «carácter propio»* y de asumir en última instancia la responsabilidad de la gestión, especialmente mediante el ejercicio de facultades decisorias en relación con la propuesta de Estatutos y nombramiento y cese de los órganos de dirección administrativa y pedagógica y del profesorado.

— Desde un punto de vista negativo, exige la *ausencia de limitaciones absolutas o insalvables,* o que lo despojen de la necesaria protección. De ello se desprende que el titular no puede verse afectado por limitación alguna que le imposibilite o dificulte objetiva y gravemente para realizar en sentido positivo aquel contenido discrecional.

Concretado el contenido esencial del derecho, es preciso advertir de inmediato que el derecho, como es lógico, está sujeto a limitaciones, una de las cuales es la resultante de la intervención estatal, que encuentra su apoyo constitucional en el artículo 27.9, para el caso de centros respecto de los cuales los poderes públicos realicen una labor de ayuda, particularmente a través de la financiación total o parcial de la actividad. Además, el reconocimiento constitucional de un derecho de participación de los miembros de la comunidad escolar en el control y gestión de los centros sostenidos con fondos públicos, puede suponer la posibilidad de colisiones de este derecho con el derecho a la dirección del centro correspondiente al titular del mismo.

Como es lógico, es en el *nombramiento del director del centro* donde se manifiesta con mayor nitidez el derecho del titular que ahora examinamos. La LODE (artículo 59) ha establecido un mecanismo que trata de articular los diferentes derechos en juego. Y así se establece que el director de los *centros concertados* (esto es, de aquéllos que siendo privados se hayan acogido a un régimen de concierto a los efectos de su financiación con fondos públicos) será designado, previo acuerdo entre el titular y el consejo escolar (órgano de participación en la vida del centro de los miembros de la comunidad escolar), de entre profesores del centro con un año de permanencia en el mismo o tres de docencia en otro centro docente de la misma entidad titular. El acuerdo del consejo escolar se adoptará por la mayoría absoluta de sus miembros.

En el supuesto de desacuerdo, el director será designado por el consejo escolar del centro, por la mayoría absoluta de sus miembros, de entre una terna de profesores propuesta por el titular.

El mandato del director tendrá una duración de tres años, requiriendo su cese, en todo caso, el acuerdo entre la titularidad y el consejo escolar del centro.

El Tribunal Constitucional (STC 77/1985) ha puesto de relieve que esta normación salvaguarda la capacidad del titular, que debe manifestarse de modo especialmente efectivo en este caso, dado el carácter nuclear que para la vida de una institución educativa tiene la figura del director. Ello no obstante, no deja de resultar discutible que el cese del director requiera de un acuerdo previo entre la titularidad del centro y el consejo escolar; el Tribunal ha entendido que esa necesaria aquiescencia del consejo debe reputarse como una garantía del mantenimiento de la por tantas razones deseable estabilidad en la dirección del centro.

En todo caso, a la vista de la doctrina constitucional, entendemos con *Embid Irujo* que los poderes de intervención de los consejos escolares o, en su caso, y con más razón aún, de la Administración educativa, no pueden llegar nunca a suprimir la posibilidad de que el titular del centro diga la última palabra —y normalmente también la primera— en las cuestiones conflictivas que puedan acontecer en el centro; otra interpretación contradiría claramente, a nuestro juicio, la doctrina constitucional en torno al contenido esencial del derecho del titular a la dirección del centro. Lo que sucede es que en algún supuesto concreto el Tribunal no ha sido muy coherente en sus conclusiones con sus propios postulados.

Recordemos por último que, por lo que atañe a los *centros públicos*, la LODE prevé (artículo 42.1, a/) que el director será elegido por el consejo escolar del centro, compuesto, además de por el director, que lo presidirá, por: el jefe de estudios; un concejal o representante del Ayuntamiento; un número determinado de profesores elegidos por el claustro, no inferior a un tercio del total de componentes del consejo; un determinado número de padres de alumnos y alumnos, elegidos, respectivamente, entre los mismos, que tampoco podrá ser inferior a un tercio de los integrantes del consejo, y el secretario del centro, que actuará como secretario del consejo con voz pero sin voto.

c") La ayuda económica pública a los centros privados

El artículo 27.9 de la Constitución prescribe que «los poderes públicos ayudarán a los centros docentes que reúnan los requisitos que la ley establezca». Este precepto iba a abrir un arduo debate acerca de si del mismo se derivaba un derecho a una ayuda económica pública o si, por el contrario, lo realmente relevante del mismo era la remisión al legislador a los efectos de que éste diseñara libremente el procedimiento a seguir para la satisfacción de esas ayudas.

Ya en su Sentencia 77/1985, el Tribunal advertía que el precepto en cuestión no podía interpretarse como una afirmación retórica, de manera que quedara en manos del legislador la posibilidad de conceder o no esa ayuda. Sin embargo, de inmediato, el Tribunal consideraba inaceptable que del artículo 27.9 pudiera derivarse un deber de ayuda a todos y cada uno de los centros docentes por el mero hecho de serlo, pues la remisión a la Ley que efectúa el precepto puede significar que esa ayuda se realice teniendo en cuenta otros principios, valores o mandatos constitucionales, todo ello sin olvidar que tal mandato debe conjugarse con la insoslayable limitación de los recursos disponibles.

Esta doctrina sería precisada aún más poco después (en la STC 86/1985, de 10 de julio), al matizar que, en su condición de *mandato al legislador*, el artículo 27.9 no encierra, sin embargo, un derecho subjetivo a la prestación pública. Esta prestación habrá de ser dispuesta por la Ley, de la que nacerá, con los requisitos y condiciones que en la misma se establezcan, la posibilidad de instar dichas ayudas y el correlativo deber de las Administraciones públicas de dispensarlas, según la previsión normativa.

Ahora bien, el legislador no es por entero libre para diseñar de cualquier modo este marco normativo. De esta forma, la Ley a que se remite el artículo 27.9 no podrá contrariar los derechos y libertades educativas del propio artículo 27, ni configurar el régimen de ayudas vulnerando el principio de igualdad. Todo ello sin olvidar que la acción prestacional de los poderes públicos habrá de encaminarse a procurar los objetivos de igualdad y efectividad en el disfrute de los derechos constitucionalmente consagrados. Es precisamente desde esta perspectiva, desde donde resulta patente que no puede reputarse inconstitucional el que el legislador, del modo que considere más oportuno en uso de su libertad de configuración, atienda, entre otras posibles circunstancias, a las condiciones sociales y económicas de los destinatarios finales de la educación a la hora de señalar a la Administración las pautas y criterios con arreglo a los cuales habrán de dispensarse las ayudas en cuestión, reflexión con la que nos sentimos plenamente identificados.

En definitiva, desde una óptica constitucional, el análisis de la ayuda pública a los centros privados debe partir de la inexistencia de un derecho fundamental de todo centros privado a la prestación pública, así como de la existencia de ciertos límites a los que el legislador está sometido a la hora de ordenar el régimen de prestación de las ayudas públicas.

La Ley Orgánica 8/1985 (LODE), en desarrollo de la previsión constitucional que nos ocupa, dispone (artículo 47.1) que para el sostenimiento de centros privados con fondos públicos se establecerá un *régimen de conciertos* al que podrán acogerse aquellos centros privados que, en orden a la prestación del servicio público de la educación, impartan la educación básica y reúnan los requisitos legalmente exigidos por el Título IV de la LODE («De los centros concertados»). A tal efecto, dichos centros deberán formalizar con la Administración educativa que proceda el pertinente concierto.

Esta previsión legal no supone, según el Juez de la Constitución (STC 77/1985), que se excluya en forma alguna toda ayuda estatal a los centros privados que impartan enseñanzas de un nivel distinto del básico. Más aún, la propia Disposición Adicional tercera de la LODE preveía la posibilidad de que se acogieran al régimen de conciertos, mediante acuerdos singulares, «los centros privados de niveles no obligatorios» que en la fecha de promulgación de la Ley estuvieran sostenidos total o parcialmente con fondos públicos.

El régimen de conciertos implica, por parte de los titulares de los centros, la obligación de impartir gratuitamente las enseñanzas objeto de los mismos. En los centros concertados las actividades escolares, tanto docentes como complementarias o extraescolares y de servicios, no podrán tener carácter lucrativo.

f') La libertad de cátedra

I. La libertad de cátedra ha sido definida por *Lucas Verdú*, con muy buen criterio, como «la exención de trabas que ha de tener todo profesor para investigar, exponer y transmitir el saber científico mediante la lección, seminarios, conferencias, escritos y experimentos a quien quiera aprender». Así entendida, la libertad de cátedra se nos presenta como el medio institucional más adecuado para verificar el engarce entre la ciencia y su posible audiencia. De todo ello se desprende que más que como un derecho del profesor, la libertad de cátedra se nos presenta como una garantía institucional en beneficio del mismo profesor, de sus alumnos y de la sociedad en general.

Será en el ámbito universitario en donde tendrá su origen la libertad de cátedra: una Real Orden Circular de 3 de marzo de 1881, dictada por el Ministro Albareda, del Gobierno de Sagasta, reconocía esta libertad con la finalidad de acabar con los controles impuestos a la enseñanza superior años antes por Orovio, Ministro del Gobierno de Cánovas del Castillo. La Constitución de 1931 (artículo 48, párrafo tercero) reconocería y garantizaría esta libertad.

Nuestra Constitución la contempla en el artículo 20.1, c/, que reconoce y protege el derecho a la libertad de cátedra. Al hilo del recurso de inconstitucionalidad presentado contra la LOECE, el Juez de la Constitución tendría oportunidad (STC 5/1981) de fijar una importantísima doctrina en torno a este derecho.

II. La primera de las cuestiones que en relación a este derecho se suscita es la de su titularidad. Tradicionalmente, sin duda como consecuencia de su mismo origen, se vino entendiendo que esta libertad era predicable tan sólo de los docentes de la enseñanza superior, incluso, con más precisión aún, de los titulares de los puestos docentes denominados «cátedras», y todavía hoy la doctrina alemana la entiende de tal modo, esto es, como una libertad predicable tan sólo respecto de aquellos profesores cuya docencia es proyección de la propia labor investigadora, con lo que se conecta con el tradicional principio germano (hoy proclamado por el artículo 5.º.3 de la Ley Fundamental de Bonn) de la libertad del arte, de la ciencia, de la investigación y, por ello mismo, de la enseñanza (libertad de cátedra).

Sin embargo, el Tribunal Constitucional ha interpretado que el constituyente de 1978 quiso *atribuir esta libertad a todos los docentes,* sea cual fuere el nivel de enseñanza en el que actúan y la relación que media entre su docencia y su propia labor investigadora. Esta interpretación se justifica, a nuestro modo de ver, por el hecho de que, constitucionalmente, la libertad de cátedra se presenta como una emanación de la libertad de expresión, lo que la convierte en un derecho atribuible no a cualquier ciudadano, pero sí a todo docente.

III. La libertad de cátedra es una libertad frente al Estado o, más generalmente, frente a los poderes públicos, cuyo contenido ha de modularse por las características propias del puesto docente cuya ocupación titula para el ejercicio de esta libertad. Tales características vienen determinadas por la acción combinada de dos factores: 1/ la naturaleza pública o privada del centro docente, y 2/ el nivel o grado educativo al que dicho puesto corresponde (STC 5/1981).

1. *En los centros públicos* de cualquier grado o nivel, la libertad de cátedra tiene un contenido negativo uniforme en cuanto que habilita al docente para resistir cualquier mandato de dar a su enseñanza una orientación ideológica determinada. Libertad de cátedra es así una noción incompatible con la existencia de una ciencia o una doctrina oficiales.

Junto a este contenido puramente negativo, la libertad de cátedra tiene también un amplio contenido positivo en el nivel educativo superior, que va disminuyendo en los niveles inferiores, entre otras razones, porque son los planes de estudio establecidos por la autoridad competente, y no el propio profesor, los que determinan el contenido mínimo de la enseñanza.

En cualquier caso, es importantísimo tener presente que en un sistema jurídico-político basado en el pluralismo, la libertad ideológica y religiosa de los individuos y la aconfesionalidad del Estado, *todas las instituciones públicas y muy especialmente los centros docentes han de ser ideológicamente neutrales*. Esta neutralidad ideológica de la enseñanza impone a los docentes de los centros escolares públicos una obligación de renuncia a cualquier forma de adoctrinamiento ideológico.

2. *En los centros privados*, la definición del puesto docente viene dada, además de por las características propias del nivel educativo, por el ideario del centro. La libertad de cátedra del profesorado de estos centros —ha dicho el Tribunal (STC 5/1981)— es tan plena como la de los profesores de los centros públicos, si bien no cabe ignorar la posible colisión de aquélla con el derecho del titular del centro a dotar a éste de un ideario propio. Y ello nos sitúa ante la problemática de una colisión de derechos, cuya resolución exige atender a los siguientes criterios:

— La existencia de un ideario no obliga al profesor ni a convertirse en un apologista del mismo, ni a transformar su enseñanza en propaganda o adoctrinamiento, ni tampoco a subordinar a ese ideario las exigencias que el rigor científico impone a su labor.

— La libertad de cátedra no faculta al profesor para dirigir ataques abiertos o solapados contra el ideario del centro.

— La virtualidad limitativa del ideario será mayor en los aspectos propiamente educativos o formativos de la enseñanza y menor en lo que toca a la simple transmisión de conocimientos.

En el mismo orden de consideraciones, el Juez de la Constitución ha reconocido que las actividades o la conducta de los profesores, al margen de su función docente, en un centro docente dotado de ideario propio, pueden ser eventualmente consideradas por el titular de éste como una violación de su obligación de respetar tal ideario y, en consecuencia, como un motivo suficiente para romper la relación contractual entre el profesor y el centro.

La conclusión que se entresaca de la doctrina constitucional es que el derecho a la libertad de cátedra debe ser entendido como el derecho de quienes llevan a cabo personalmente la función de enseñar, a desarrollarla con libertad dentro de los límites del puesto docente que ocupan.

g') Los derechos educativos de los padres

I. El artículo 27.3 de la Constitución consagra un derecho de libertad que asiste a los padres: el derecho a que sus hijos reciban la formación religiosa y moral que esté de acuerdo con sus propias convicciones.

Quizá sea útil comenzar recordando la interpretación que el Tribunal Europeo de Derechos Humanos ha dado de la expresión «convicciones religiosas y filosóficas», utilizada por el artículo 2.º del Protocolo Adicional al Convenio de Roma (Protocolo firmado en París el 20 de marzo de 1952) con una finalidad idéntica a aquélla con la que el artículo 27.3 emplea el término «*convicciones*». Para la instancia jurisdiccional europea, la citada expresión se refiere a las convicciones merecedoras de respeto en una sociedad democrática, que no son incompatibles con la dignidad humana y, además, no se oponen al derecho fundamental del niño a su instrucción (STEDH de 25 de febrero de 1982, Caso Campbell y Cosans). De esta interpretación, que entendemos debe ser acogida, se desprende una relevante consecuencia: la primacía del derecho a la educación del niño sobre los derechos educativos de sus padres.

En todo caso, junto al derecho que la Constitución proclama, coexiste otro derecho paterno, más genérico si se quiere, pero no por ello menos identificable: nos referimos al *derecho preferente de los padres a escoger el tipo de educación* que haya de darse a sus hijos, derecho proclamado por el artículo 26.3 de la Declaración Universal de los Derechos Humanos. Este derecho encierra dentro de sí el derecho de escoger escuelas distintas de las creadas por las autoridades públicas, también internacionalmente reconocido (artículo 13.3 del Pacto Internacional de Derechos Económicos, Sociales y Culturales).

De esta forma, el derecho a la elección del tipo de educación se vincula íntimamente con el *derecho a la libre elección de centro* y ambos, a su vez, se relacionan, aunque no deban confundirse, con el derecho de los padres a que sus hijos reciban una determinada educación religiosa y moral.

En esta misma dirección se ha manifestado el Tribunal Constitucional, para el que el derecho de los padres que proclama el artículo 27.3 es distinto del derecho a elegir centro docente que enuncia el artículo 13.3 del Pacto antes citado, aunque también es obvio que la elección de centro docente sea un modo de elegir una determinada formación religiosa y moral (STC 5/1981).

Los derechos de los padres a que acabamos de aludir tienen su correlato en la libertad de creación de centros docentes. Se trata, en definitiva, de derechos de libertad: elegir la institución educativa a la que se va a enviar a estudiar al hijo dentro de una oferta educativa plural. Ahora bien, este derecho paterno no entraña, correlativa y automáticamente, el derecho a una prestación pública. Quiere ello decir que los padres no pueden exigir de los poderes públicos que subvencionen cualquier tipo de opción educativa o, desde otro punto de vista, la enseñanza en la lengua de una determinada Comunidad Autónoma.

En relación con este último punto, el Juez de la Constitución (STC 195/1989, de 27 de noviembre) ha precisado que el derecho de los padres a elegir para sus hijos centros en los que la educación obligatoria se imparta en una lengua que no es la oficial del Estado, sino cooficial en la Comunidad Autónoma de la que forman parte, sólo existe en la medida en que haya sido otorgado por la Ley.

Ello es así porque en ninguno de los múltiples apartados del artículo 27 de la Constitución se incluye como parte o elemento del derecho constitucionalmente garantizado, el derecho de los padres a que sus hijos reciban educación en la lengua de preferencia de sus progenitores en el centro docente público de su elección.

II. La Ley Orgánica 8/1985 (LODE) enumera en su artículo 4.º los derechos de que disponen los padres o tutores en los términos legalmente establecidos. Son éstos:

1.º) El derecho a que sus hijos o pupilos reciban una educación conforme a los fines establecidos en la Constitución y en la propia Ley.

2.º) El derecho a escoger centro docente distinto de los creados por los poderes públicos. Y

3.º) El derecho a que sus hijos o pupilos reciban la formación religiosa y moral que esté de acuerdo con sus propias convicciones.

III. El *derecho a la elección de centro docente* se ha configurado como el más conflictivo de los tres legalmente reconocidos, a la vista de la normativa legal de desarrollo del mismo. El artículo 20.2 de la LODE prescribe al respecto que:

> «La admisión de los alumnos en los centros públicos, cuando no existan plazas suficientes, se regirá por los siguientes criterios prioritarios: rentas anuales de la unidad familiar, proximidad del domicilio y existencia de hermanos matriculados en el centro. En ningún caso habrá discriminación en la admisión de alumnos por razones ideológicas, religiosas, morales, sociales, de raza o nacimiento.»

A su vez, el artículo 53 de la propia Ley se remite al artículo 20.2 a efectos de la admisión de alumnos en los centros concertados.

El Real Decreto 2375/1988, de 18 de diciembre, ha regulado en detalle los criterios de admisión de alumnos en los centros docentes sostenidos con fondos públicos.

El Tribunal Constitucional tuvo oportunidad, en su Sentencia 77/1985, de pronunciarse acerca de los anteriormente mencionados preceptos legales de la LODE, entendiendo que en cuanto en ninguno de ellos se hace referencia a adscripciones forzosas de alumnos, ni a su destino, por la Administración, a centro determinado, tales preceptos no contradicen el derecho de elección de centro.

Más bien, podría decirse —a juicio del Tribunal no carente de razón— que el derecho a la elección de centro —que, recordémoslo, a todos los padres, sin excepción alguna, asiste— se ve reforzado por las disposiciones legalmente establecidas, en cuanto establecen criterios objetivos que impiden, caso de insuficiencia de plazas, una selección arbitraria por parte de los centros públicos y concertados.

Digamos por último que la libre elección por los padres de un centro con un ideario determinado implica, como ha reconocido el alto Tribunal (STC 5/1981), la obligación que sobre aquéllos pesa de no pretender que el centro siga orientaciones o lleve a cabo actividades contradictorias con tal ideario.

IV. En cuanto al *derecho de los padres a que sus hijos reciban una formación religiosa y moral acorde con sus convicciones,* por lo que a los centros públicos se refiere, trata de garantizarse mediante la determinación legal (artículo 18.1 LODE) del principio de neutralidad ideológica y respeto de las opciones religiosas y morales a que hace referencia el artículo 27.3, principios que han de presidir el desarrollo de las actividades de los centros públicos.

A su vez, conviene recordar que el artículo 2.º del Acuerdo entre el Estado español y la Santa Sede sobre enseñanza y asuntos culturales, prescribe que los planes educativos en los distintos niveles incluirán la enseñanza de la religión católica en todos los centros de educación, en condiciones equiparables a las demás disciplinas fundamentales, si bien dicha enseñanza no tendrá carácter obligatorio para los alumnos, por respeto a la libertad de conciencia.

Esta previsión resulta cumplida tan sólo formalmente por la Ley Orgánica 1/1990 (LOGSE), por cuanto si bien es cierto que su Disposición Adicional segunda incluye la religión como área o materia en los niveles educativos que corresponda, es lo cierto que no la mantiene —como los Acuerdos exigen— en la realidad en un plano equiparable a las restantes disciplinas fundamentales.

h') Los derechos de participación de la comunidad escolar en el control y gestión de los centros

I. El artículo 27.7 de nuestra «Lex Superior», en sintonía con el principio participativo que recorre nuestra Constitución, establece un derecho de participación de los miembros de la comunidad escolar (profesores, padres y, en su caso, alumnos) en la vida de los centros financiados con fondos públicos.

De conformidad con tal previsión:

«Los profesores, los padres y, en su caso, los alumnos intervendrán en el control y gestión de todos los centros sostenidos por la Administración con fondos públicos, en los términos que la ley establezca.»

El derecho de intervención que el código constitucional contempla puede revestir, en principio, como ha reconocido el Juez de la Constitución (SSTC 77/1985, de 27 de junio y 137/1986, de 6 de noviembre), las modalidades propias de toda participación, tanto informativa como consultiva, de iniciativa, incluso decisoria, dentro del ámbito propio del control y gestión, sin que deba limitarse necesariamente a los aspectos secundarios de la administración de los centros. Se deja así por la Constitución a la libertad de configuración del legislador la extensión de esta participación, en el bien entendido de que el límite máximo de este derecho de intervención está en el respeto al contenido esencial de los derechos de los restantes miembros de la comunidad escolar, y muy especialmente, del derecho del titular a la creación y dirección del centro docente.

De lo que acabamos de exponer, resulta evidente que será en los centros concertados donde el ejercicio de estos derechos de participación podrá generar más problemas como consecuencia de su colisión con los derechos del titular, siendo necesario advertir que no es preciso que el centro esté totalmente financiado para que la comunidad escolar asuma los derechos de participación que le reconoce el artículo 27.7. Esa participación no puede ser constitucionalmente excluida en los centros parcialmente financiados con fondos públicos.

El Consejo escolar es el órgano que canaliza la participación de los miembros de la comunidad escolar en la vida del centro. El artículo 56 de la LODE determina que, en los centros concertados, dicho órgano estará constituido por:

— El director.

— Tres representantes del titular del centro.

— Cuatro representantes de los profesores.

— Cuatro representantes de los padres o tutores de los alumnos.

— Dos representantes de los alumnos. Y

— Un representante del personal de administración y servicios.

Este órgano se renovará cada dos años.

De sus muy diversas funciones, vamos a centrarnos en su intervención en materia de contratación y despido del profesorado, en materia de disciplina de alumnos y en lo relativo a materia presupuestaria.

II. Por lo que se refiere a la *contratación de profesorado,* el Consejo escolar debe establecer los criterios de selección, que atenderán básicamente a los principios de mérito y capacidad. Tras ello, designará una comisión de selección integrada por el director, dos profesores y dos padres de alumnos, la cual, valorados los méritos de los aspirantes, propondrá al titular los candidatos que considere más idóneos. El titular del centro procederá a la formalización de los correspondientes contratos de trabajo, salvo caso de desacuerdo, en cuyo supuesto el artículo 61 de la LODE prevé la constitución de una comisión de conciliación compuesta por un representante de la Administración educativa competente, el titular del centro y un representante del Consejo escolar, elegido por la mayoría absoluta del mismo de entre los profesores o padres de alumnos miembros del Consejo.

La comisión de conciliación podrá acordar por unanimidad la adopción de las medidas adecuadas para la solución del conflicto. Caso de que no llegue a acuerdo alguno, la Ley (artículo 61.3) faculta a la Administración educativa para la adopción de las medidas provisionales que aconseje el normal desarrollo de la vida del centro, en el bien entendido de que la Administración no podrá adoptar en ningún caso medidas que supongan su subrogación en las facultades respectivas del titular o del Consejo escolar del centro (artículo 61.4 LODE). No deja de ser más que discutible, desde nuestro punto de vista, esta intervención absolutamente gratuita que se arroga la Administración educativa.

El Tribunal Constitucional (STC 77/1985) hubo de pronunciarse detenidamente respecto de estas cuestiones. Tras constatar que la regla de la unanimidad, exigida para que pueda fraguar el acuerdo en la comisión de conciliación, impide la adopción por aquélla de decisiones sin el acuerdo del titular del centro, con lo que no resulta vulnerado su derecho a la dirección del mismo, precisaría —refiriéndose a la potestad legalmente atribuida a la Administración educativa— que si entre las medidas provisionales que dicha Administración puede acordar se incluyera la de contratar nuevos profesores o impedir que el titular del centro lo hiciese, o cualesquiera otras que desconocieran el carácter propio del centro en los criterios de selección del profesorado, la norma (esto es, el artículo 61.3 de la LODE) no resultaría compatible con la Constitución. Sin embargo, a juicio del Tribunal, ello no es así por cuanto, de conformidad con la interpretación que el Tribunal ofrece —y que no aparece nada nítida en el texto legal—, el artículo 61.4 de la propia Ley veda tales posibilidades de actuación de la Administración educativa.

El Tribunal Constitucional, en un pronunciamiento que a nuestro juicio es más proclive a entender la inconstitucionalidad del artículo 61.3 de la LODE que a derivar del mismo su legitimidad constitucional, puntualiza que el hecho de que el artículo 61.3 de la LODE «establezca el procedimiento general a seguir no sólo en caso de desacuerdo sobre la selección del profesorado, sino en cualquier caso de desacuerdo, e incluso sin desacuerdo alguno entre el titular del centro y el Consejo escolar, en "caso de incumplimiento grave de las obligaciones derivadas del régimen de concierto", impide, sin embargo, declarar la inconstitucionalidad».

III. El *despido de profesores* requiere un pronunciamiento previo del Consejo escolar del centro, mediante acuerdo motivado adoptado por la mayoría absoluta de sus miembros. Caso de que dicho acuerdo sea desfavorable, se reunirá de inmediato la comisión de conciliación (artículo 60.6 de la LODE).

A juicio una vez más del alto Tribunal, este precepto no desnaturaliza las facultades del titular, pues no sólo le reconoce la iniciativa del despido, sino que respeta su decisión en último término, por cuanto en este caso la remisión a la comisión de conciliación no lleva consigo la ulterior intervención administrativa. Dicho de otro modo, no sólo se margina toda intervención administrativa en materia de despido, atendida la exclusividad del orden jurisdiccional laboral para pronunciarse sobre el mismo, sino que de la interpretación conjunta de los preceptos en juego el Tribunal deduce el carácter no necesario del pronunciamiento favorable de la comisión de conciliación para que el despido pueda producirse, interpretación ésta que deja muy claros unos derechos del titular del centro que la Ley más bien ubica en la más absoluta de las penumbras.

IV. *En materia de disciplina,* corresponde al Consejo escolar resolver los asuntos de carácter grave planteados en el centro en materia de disciplina de alumnos (artículo 57, d/ LODE).

Esta intervención, a juicio del Juez de la Constitución (STC 77/1985), se justifica tanto por su finalidad de introducir mayores garantías en temas, como los disciplinarios, que pueden llegar a afectar de forma importante al buen funcionamiento del centro, como por no justificar un obstáculo irreversible al ejercicio de las facultades de dirección del titular ni una merma de su contenido esencial, ya que el grado de iniciativa que se reconoce implícitamente al titular para promover la acción disciplinaria es suficiente para garantizar la efectividad de su poder de dirección y, eventualmente, del derecho a exigir el respeto al carácter propio del centro.

V. Finalmente, *en materia presupuestaria,* al Consejo escolar corresponde la facultad de aprobar, a propuesta del titular, el presupuesto del centro (artículo 57, e/ LODE).

A juicio, una vez más, del Tribunal Constitucional (STC 77/1985), la aprobación del presupuesto se trata de un acto de gestión, dada la trascendencia de las previsiones presupuestarias en toda la actividad ordinaria del centro y en la ejecución de sus tareas cotidianas. La intervención del Consejo escolar se reduce a una parte del presupuesto del centro, esto es, a la relativa a los fondos provenientes de la Administración y a la percepción de cantidades autorizadas, respecto a la cual, la aprobación del Consejo representa una garantía del adecuado fin de los fondos públicos, así como de que las cantidades autorizadas no hagan ilusorio el principio de gratuidad de la enseñanza. Además, el hecho de que el presupuesto sólo pueda ser aprobado a propuesta del titular deja a éste un razonable grado de discrecionalidad para entender que sus facultades directivas no se han visto desnaturalizadas.

i') La intervención de los poderes públicos en el sistema educativo

I. El artículo 27 de nuestra Norma suprema contempla de modo específico una doble intervención por parte de los poderes públicos respecto del sistema educativo: de una parte, éstos deben garantizar el derecho de todos a la educación mediante una *programación general de la enseñanza,* con participación efectiva de todos los sectores afectados y la creación de centros docentes (artículo 27.5 CE); de otra, a los poderes públicos corresponde la *inspección y homologación del sistema educativo* a fin de garantizar el cumplimiento de las leyes (artículo 27.8 CE).

II. El Título II de la LODE aborda la cuestión de la *programación general de la enseñanza.* En sus preceptos no se define en ningún momento lo que ha de entenderse por tal programación. Ello no obstante, de los apartados segundo y tercero del artículo 27 (de la LODE) puede entresacarse lo que el legislador ha querido decir al referirse a la programación general de la enseñanza. En dichos apartados se habla de la ineludibilidad de que el Estado y las Comunidades Autónomas definan «las necesidades prioritarias en materia educativa»; fijen «los objetivos de actuación del período que se considere»; determinen «los recursos necesarios, de acuerdo con la planificación general del Estado», y lleven a cabo una «programación específica de los puestos escolares en la que se determinarán las comarcas, municipios y zonas donde dichos puestos hayan de crearse», teniendo en cuenta en todo caso la oferta existente de centros públicos y concertados.

Esta larga enumeración de actuaciones nos lleva a la conclusión, como bien advierte *Embid Irujo,* de que, en realidad, la LODE configura contenidos de la clásica técnica administrativa de la planificación dentro de lo que, en materia educativa, llama «programación de la enseñanza». Planificar es prever necesidades y diseñar medidas para satisfacer esas necesidades, buscando al unísono financiación económica para la consecución de los fines predeterminados. Eso es, en último término, lo que la LODE entiende por programar.

Esa programación educativa se traduce en la configuración de un órgano consultivo: *el Consejo Escolar del Estado,* órgano de ámbito nacional para la participación de los sectores afectados en la programación general de la enseñanza y de asesoramiento respecto de los proyectos de ley o reglamentos que hayan de ser propuestos o dictados por el Gobierno (artículo 30 de la LODE).

En el Consejo Escolar del Estado, cuyo Presidente será nombrado por Real Decreto a propuesta del Ministro de Educación y Ciencia, de entre personas de reconocido prestigio en el ámbito educativo, estarán representados: los profesores, los padres de los alumnos, los alumnos, el personal de administración y de servicios de los centros docentes, los titulares de los centros privados, las centrales sindicales y organizaciones patronales de mayor representatividad en los ámbitos laboral y empresarial, la Administración educativa del Estado, las Universidades y las personalidades de reconocido prestigio en el campo de la educación, de la renovación pedagógica y de las instituciones y organizaciones confesionales y laicas de mayor tradición y dedicación a la enseñanza.

El Consejo Escolar del Estado ha de ser consultado preceptivamente en una serie de cuestiones a las que se refiere el artículo 32.1 de la LODE, y de entre las que destacaremos:

— La programación general de la enseñanza.

— Las normas básicas que haya de dictar el Estado para el desarrollo del artículo 27 de la Constitución o para la ordenación del sistema educativo.

— Los proyectos de reglamento que hayan de ser aprobados por el Gobierno en desarrollo de la legislación básica de la enseñanza.

— La regulación de las condiciones para la obtención, expedición y homologación de los títulos académicos. Y

— La determinación de los requisitos mínimos que deben reunir los centros docentes para impartir la enseñanza con garantía de calidad.

III. Junto a la programación general de la enseñanza, corresponde a los poderes públicos la *inspección y homologación del sistema educativo.* Esta facultad entraña, como ha reconocido nuestro intérprete supremo de la Constitución (SSTC 5/1981, de 13 de febrero y 6/1982, de 22 de febrero), que el sistema educativo del país debe estar homologado en todo el territorio del Estado, lo que a su vez incide sobre el ámbito de distribución de competencias en materia educativa entre el Estado y las Comunidades Autónomas, ya que si bien las competencias que en este ámbito material corresponden al Estado tienen un contenido de carácter sustancialmente normativo, parece evidente que las funciones estatales en la materia exigen e imponen también unas competencias ejecutivas y gestoras.

En esta dirección se ha de ubicar la atribución al Estado de la competencia de la Alta Inspección, creada por vez primera por el Real

Decreto 480/1981, de 6 de marzo, sobre el funcionamiento en el País Vasco y Cataluña de la Alta Inspección del Estado en materia de enseñanza no universitaria, con la que se trata de garantizar el cumplimiento de las facultades atribuidas al Estado en materia de enseñanza en las Comunidades Autónomas, así como la observancia de los principios y normas constitucionales. Singularmente, los servicios correspondientes del Ministerio de Educación y Ciencia inspeccionarán el cumplimiento de las condiciones que el Estado establezca para la obtención, expedición y homologación de títulos académicos y profesionales, así como la aplicación en las Comunidades Autónomas de la ordenación general del sistema educativo y de las enseñanzas mínimas cuya fijación corresponde al Estado.

j') La autonomía universitaria como derecho fundamental

I. El artículo 27.10 de la Constitución reconoce «la autonomía de las Universidades, en los términos que la ley establezca». Desde luego, no estamos en puridad ante un principio peculiar y exclusivo de la enseñanza universitaria; por el contrario, y en especial desde la entrada en vigor de la Ley Orgánica 1/1990, de 3 de octubre (LOGSE), el principio de autonomía inspira el conjunto del sistema educativo; el artículo 2.º.3, f/ de la propia LOGSE es inequívoco al respecto, al precisar que la actividad educativa se desarrollará atendiendo, entre otros, al principio de «autonomía pedagógica de los centros dentro de los límites establecidos por las leyes». Lo peculiar respecto de las Universidades es que su autonomía se postula por el propio código constitucional, lo que a su vez supone acabar con el tradicional régimen jurídico administrativo centralista de la Universidad española.

A la vista del precepto constitucional, y con anterioridad a que el Tribunal Constitucional se pronunciara sobre el recurso de inconstitucionalidad interpuesto por el Gobierno Vasco frente a algunos preceptos de la Ley Orgánica 11/1983, de 25 de agosto, de Reforma Universitaria (LRU), resuelto finalmente mediante la Sentencia 26/1987, de 27 de febrero, la doctrina se mostró dividida en torno a la consideración que había de darse a la autonomía universitaria: garantía institucional *(Fernández Rodríguez, Fernández-Miranda, Linde Paniagua...)* o derecho fundamental *(Leguina Villa, Nieto...)*.

La disquisición no se circunscribe en modo alguno al plano teórico o especulativo, sino que tiene importantes consecuencias prácticas, como el propio Tribunal Constitucional admitiría en su ya citada Sentencia 26/1987, si bien, de inmediato, trataría de restar relevancia a la contraposición entre las categorías jurídicas «*derecho fundamental*» y «*garantía institucional*»:

> «... derecho fundamental y garantía institucional —dice el Juez de la Constitución— no son categorías jurídicas incompatibles o que

necesariamente se excluyan, sino que buena parte de los derechos fundamentales que nuestra Constitución reconoce constituyen también garantías institucionales, aunque, ciertamente, existan garantías institucionales que, como por ejemplo la autonomía local, no están configuradas como derechos fundamentales (...). *Lo que la Constitución protege desde el ángulo de la garantía institucional es el núcleo básico de la institución,* entendido (...) como preservación de la autonomía en términos recognoscibles para la imagen que de la misma tiene la consciencia social en cada tiempo y lugar. Y no es sustancialmente distinto lo protegido *como derecho fundamental,* puesto que, reconocida la autonomía de las Universidades "en los términos que la ley establezca" (artículo 27.10 CE), *lo importante es que* mediante esa amplia remisión, *el legislador no rebase o desconozca la autonomía universitaria* mediante limitaciones o sometimientos que la conviertan en una proclamación teórica, *sino que respete el "contenido esencial"* que como derecho fundamental preserva el artículo 53.1 de la Constitución.»

El Tribunal, a través de esta reflexión, trata de mostrarnos que las categorías jurídicas analizadas vienen a proteger contenidos sustancialmente parejos: el núcleo básico de la institución, en un caso, y el contenido esencial del derecho, en el otro. Ello no obstante, es claro, a nuestro entender, que el margen de maniobra del legislador se reduce significativamente frente a un derecho fundamental, sin olvidar, por otro lado, que la conceptuación de la autonomía universitaria como un derecho fundamental, por la que, como veremos de inmediato, se inclina el Juez de la Constitución, permite a las Universidades recurrir en vía de amparo constitucional cuando entiendan vulnerado su derecho a la autonomía, como, por lo demás, ya ha acontecido; así, por poner tan sólo un ejemplo, la Universidad de Santiago utilizaría este mecanismo procesal constitucional frente a un Decreto de la «Xunta» de Galicia por el que se aprobaban los Estatutos de dicha Universidad, introduciendo en ellos modificaciones no aprobadas por el Claustro de la Universidad. El recurso se fallaría mediante la Sentencia 55/1989, de 23 de febrero, por la que el Tribunal, además, otorgaría el amparo solicitado.

II. En la antes comentada Sentencia 26/1987, el Juez de la constitucionalidad, como acabamos de anticipar, conceptuaría la autonomía universitaria como un derecho fundamental. Como señalan *Leguina Villa* y *Oliver Araujo,* cuatro son los criterios que sirven de punto de apoyo al Tribunal:

1.º) El *criterio contextual o de la ubicación de la norma.* El artículo 27.10 se ubica dentro de la Sección Primera del Capítulo 2.º del Título I, que recoge el catálogo de derechos fundamentales y libertades públicas, y aunque el Tribunal admite que no todo lo regulado en esa Sección son derechos, precisa de inmediato que cuando se reconoce un derecho, y no hay duda de que la autonomía de las Universidades lo es, «su configuración como fundamental es precisamente el presupuesto de su ubicación».

2.°) El *criterio gramatical o del sentido propio de las palabras,* al que se refiere precisamente el inciso inicial del artículo 3.°.1 del Código Civil. Atendiendo a este criterio, el Tribunal constata que la fórmula del artículo 27.10 es más propia de la proclamación de un derecho que del establecimiento de una garantía.

3.°) El *criterio histórico,* que atiende en este caso a la voluntad del constituyente, que nos muestra que la redacción del artículo 27.10 fue fruto de una decisión consciente y deliberadamente orientada al establecimiento de un derecho cuya titularidad se reconoce a las Universidades. Y

4.°) El *criterio teleológico o finalista,* de conformidad con el cual, el sentido mismo y la finalidad última de la autonomía universitaria consisten en la preservación de la libertad académica o libertad de la ciencia, entendida como libertad de enseñanza, de investigación y de estudio. A partir de este criterio, el Tribunal sostiene que *la libertad académica ofrece una doble dimensión inescindible:*

— de un lado, una dimensión individual, que en lo sustancial coincide con la libertad de cátedra;

— de otro, una dimensión colectiva o institucional, que vendría a ser justamente el derecho a la autonomía de la Universidad como institución social.

Ambas dimensiones de la libertad académica son igualmente necesarias «para delimitar ese espacio de libertad intelectual que es imprescindible para que la Universidad pueda desempeñar las funciones que le son propias al servicio de la sociedad», a las que se refiere el artículo 1.°.2 de la LRU: creación, desarrollo, transmisión y crítica de la ciencia, de la técnica y de la cultura; preparación para el ejercicio de actividades profesionales; apoyo científico y técnico al desarrollo cultural, social y económico, y extensión de la cultura universitaria.

III. Conceptuada la autonomía universitaria como un derecho fundamental, el Tribunal reconoce que su *«contenido esencial»* está formado por todos los elementos necesarios para el aseguramiento de la libertad académica. En los once apartados del artículo 3.°.2 de la LRU se enumeran las potestades que comprende, potestades que pueden reconducirse a estos cuatro grandes ámbitos:

— *Autonomía estatutaria o de gobierno:* elaboración de los Estatutos y demás normas de funcionamiento interno; elección, designación y remoción de los órganos de gobierno y administración...

— *Autonomía académica:* elaboración y aprobación de planes de estudio e investigación.

— *Autonomía financiera,* o de gestión y administración de sus recursos: elaboración, aprobación y gestión de sus presupuestos y administración de sus bienes.

— *Capacidad de selección y promoción del profesorado* dentro del respeto a los principios de mérito, publicidad y no discriminación, que deben regir la asignación de todo puesto de trabajo por parte del Estado. Esta vertiente de la autonomía universitaria, respetable y defendible en sí misma, ha conducido, sin embargo, por mor del desafortunadísimo sistema que rige la constitución de las Comisiones de selección del profesorado, a unos resultados absolutamente endogámicos, con la consiguiente cada vez mayor ausencia de competitividad y, en muchas ocasiones, absoluto olvido de los principios de mérito y capacidad, constitucionalmente proclamados (artículo 103.3 CE).

IV. El artículo 27.10 reconoce la autonomía universitaria «en los términos que la Ley establezca», lo que significa que el legislador regulará la autonomía universitaria en la forma que estime más conveniente, dentro del marco de la Constitución y del respeto a su contenido esencial.

Ahora bien, la conceptualización de la autonomía universitaria como derecho fundamental no excluye —ni se ve desvirtuada por ello— la existencia de un conjunto de límites que operan sobre dicho derecho fundamental, y que, según el Juez de la Constitución (STC 26/1987), proceden de ámbitos diferentes:

— En primer lugar, los límites que imponen otros derechos fundamentales, como es el caso del derecho a la igualdad de acceso al estudio, a la docencia y a la investigación.

— En segundo término, las limitaciones procedentes de la existencia de un sistema universitario nacional, que exige instancias coordinadoras y que, desde luego, resulta perfectamente compatible con la autonomía universitaria.

— Por último, los límites propios del servicio público que desempeña la Universidad (el servicio público de la educación superior), como se encarga de precisar el artículo 1.º.1 LRU.

V. Por lo que a la titularidad de este derecho fundamental se refiere, el Tribunal ha sido inequívoco al señalar que la autonomía universitaria requiere que la libertad de la ciencia sea garantizada no sólo en la vertiente individual, sino en la colectiva de la institución, «entendida ésta como la correspondiente a cada Universidad en particular y no al conjunto de las mismas, según resulta del tenor literal del artículo 27.10 (se reconoce la autonomía "de las Universidades") y del artículo 3.º.1 de la LRU ("Las Universidades están dotadas de personalidad jurídica y desarrollan sus funciones en régimen de autonomía y de coordinación entre ellas")».

En definitiva, la titularidad del derecho fundamental que examinamos corresponde a cada Universidad individualmente considerada y no a cada uno de sus miembros, ni tampoco al conjunto de todas las Universidades.

La Universidad es contemplada aquí como *la comunidad universitaria* que en cada institución ejerce la libertad académica a través de la docencia, la investigación y el estudio; la comunidad universitaria queda, pues, integrada por el conjunto de docentes, investigadores y estudiantes. Ello no significa que el Tribunal haya intentado desplazar la titularidad del derecho de la Universidad como institución a un nuevo sujeto, la comunidad universitaria, sino que, como advierten *Leguina Villa* y *Oliver Araujo*, quiere decir más bien que, contemplada la autonomía desde su consideración como derecho, hay una identificación o hipóstasis de la institución universitaria con su elemento personal indispensable, que es, en efecto, su propia comunidad académica.

M) Los derechos de la persona «utis socius»

Agostado el constitucionalismo liberal, los códigos políticos fundamentales reconocerían algunos derechos que se orientaban a fortalecer la vertiente social, comunitaria, de la persona, tradicionalmente ignorada por la filosofía política enormemente individualista del liberalismo.

Entre esos derechos destacan sobremanera los derechos de reunión y de asociación, respecto de los que bien puede afirmarse que tratan de coadyuvar al libre desarrollo de la personalidad, operando de modo no tanto individual como socialmente.

a/ El derecho de reunión

I. El derecho de reunión permanecerá ignorado en nuestro constitucionalismo histórico hasta el inicio de la segunda de sus grandes etapas: la del constitucionalismo democrático. Esta circunstancia contrasta con lo acaecido en otros modelos constitucionales, como el norteamericano, en el que ya en la primera Enmienda a la Constitución (aprobada en 1791) se reconoce el derecho del pueblo a reunirse pacíficamente, derecho que tendrá su correlato en el Título I de la Constitución francesa de 1791, que garantiza «la liberté aux citoyens de s'assembler paisiblement et sans armes, en satisfaisant aux lois de police».

En España, habrá que esperar a la Constitución de 1869 para ver proclamado este derecho; el artículo 17 de esa Constitución reconocería a todo español el derecho de reunirse pacíficamente, derecho reiterado por la Constitución de 1876 y que sería desarrollado por una Ley de 15 de junio de 1880, que habría de sobrevivir hasta los primeros momentos de la transición política.

La Ley de 1880, que *Soriano* califica como un oasis en medio de las disposiciones decimonónicas estrangulantes del ejercicio de las libertades, exigía para las reuniones en lugares de tránsito público un permiso previo de la autoridad gubernativa. Esta normación sería endurecida con el régimen franquista por medio de una Orden de 20 de julio de 1939, que sometía a todo tipo de manifestaciones y reuniones —con alguna salvedad políticamente irrevelante— a la previa autorización del Ministerio de la Gobernación.

En los primeros momentos de la transición se promulgaría un nuevo texto legal, la Ley 17/1976, de 29 de mayo, reguladora del derecho de reunión, que ha estado en vigor hasta su derogación por la Ley Orgánica 9/1983, de 15 de julio, reguladora igualmente del derecho de reunión, si bien acomodando (la Ley de 1976) alguna de sus previsiones a la interpretación fijada por nuestro intérprete supremo de la Constitución en su Sentencia 36/1982, de 16 de junio.

II. Aunque el derecho de reunión surge históricamente como un derecho autónomo, ya desde su mismo origen se nos revela como un derecho con una acentuada vertiente instrumental respecto al ejercicio de otros derechos, y muy señaladamente de las libertades de expresión y asociación. Esta idea sigue siendo perfectamente válida por cuanto si ningún derecho es absolutamente desvinculable de todos los demás, esa vinculación se acentúa en el caso de la libertad de reunión, verdadero punto de encuentro, como afirma *Soriano,* de las libertades personales, y por ello mismo, uno de los instrumentos más útiles para hacer real la existencia de una sociedad pluralista y democrática *(Torres Muro).*

Esta idea, muy arraigada entre la doctrina, ha sido respaldada por el Tribunal Constitucional, para quien el derecho de reunión es una manifestación colectiva de la libertad de expresión ejercitada a través de una asociación transitoria, concibiéndose, pues, como un derecho individual en cuanto a sus titulares y colectivo en su ejercicio, que opera a modo de técnica instrumental puesta al servicio del intercambio o exposición de ideas, la defensa de intereses o la publicidad de problemas o reivindicaciones, constituyendo, por tanto, un cauce del principio democrático participativo (STC 85/1988, de 28 de abril).

El derecho de reunión se presenta, pues, como un *derecho subjetivo de ejercicio colectivo,* cuyos *elementos* configuradores son los cuatro siguientes:

1.°) Un *elemento subjetivo,* esto es, una agrupación de personas, caracterizada por la nota esencial de ser una *concurrencia concertada,* en la que existe un cierto grado de vinculación subjetiva de cada persona interviniente en la reunión con las restantes que participan en ella. De ahí que el Juez de la Constitución (STC 85/1988) haya entendido que la mera aglomeración o confluencia de transeúntes en torno a una mesa petitoria carece del elemento subjetivo de toda reunión.

Como resulta lógico, el elemento subjetivo encierra dentro de sí un elemento cuantitativo, numérico. A este respecto, cabe recordar que el artículo 1.°.2 de la Ley Orgánica 9/1983, reguladora del derecho de reunión, entiende por reunión, a los efectos de la propia normación legal, la concurrencia concertada y temporal de más de veinte personas, con finalidad determinada.

2.°) Un *elemento finalista,* en el bien entendido de que la finalidad de comunicación pública, consustancial a toda clase de reuniones en lugares públicos, no es confundible con la concreta finalidad que tenga la reunión, elemento externo del derecho de reunión, al que viene a legitimar, de manera que si bien el derecho de reunión puede ejercitarse con cualquier finalidad lícita (STC 18/1981, de 8 de junio), por la misma razón no se incluyen en este derecho aquellas reuniones que tengan una finalidad ilícita (STC 85/1988).

3.°) Un *elemento temporal:* la duración transitoria de la reunión, que separa las reuniones objeto del derecho tanto de la pura confluencia conyuntural de personas, como de la vinculación más dilatada e intemporal, que sería objeto del derecho de asociación.

4.°) Por último, un *elemento objetivo,* que atiende al lugar de celebración de la reunión, que ha de ser público, pues las reuniones que no se celebren en tales lugares (sean recintos cerrados o lugares de tránsito público) no serán objeto del derecho de reunión.

Por ello mismo, el artículo 2.° de la Ley Orgánica 9/1983, excluye de sus previsiones un conjunto de reuniones que no responden a esta caracterización, entre otras: las que celebren las personas físicas en sus propios domicilios o en locales públicos o privados por razones familiares o de amistad; las que celebren los partidos políticos, sindicatos, organizaciones empresariales, sociedades civiles y mercantiles, asociaciones... etc.; las que celebren los profesionales con sus clientes en lugares cerrados para los fines propios de su profesión, y las que se celebren en unidades, buques y recintos militares, a las que se refieren las Reales Ordenanzas de las Fuerzas Armadas, que se regirán por su legislación específica.

III. La Constitución de 1978 acoge el derecho de reunión en su artículo 21 en estos términos:

1. «Se reconoce el derecho de reunión pacífica y sin armas. El ejercicio de este derecho no necesitará autorización previa.»

2. «En los casos de reuniones en lugares de tránsito público y manifestaciones se dará comunicación previa a la autoridad, que sólo podrá prohibirlas cuando existan razones fundadas de alteración del orden público, con peligro para personas o bienes.»

El primer rasgo que hemos de destacar es que estamos en presencia de un derecho de eficacia inmediata y directa, que no puede conceptuarse como de configuración legal (STC 59/1990, de 29 de marzo).

No es, desde luego, un derecho absoluto o ilimitado; ya hemos significado en varias ocasiones que ninguno lo es; sin embargo, en el caso del derecho que nos ocupa, el propio precepto constitucional, de modo específico, contempla dos límites o requisitos constitucionales a los que debe ajustarse el ejercicio del derecho: que la reunión sea pacífica y que los ciudadanos que deseen manifestarse en una vía pública, anuncien previamente a la autoridad el ejercicio de su derecho.

Esta última exigencia veda que una reunión haya de realizarse a ultranza, aun cuando incumpla el plazo de preaviso o, peor aún, llegue a faltar tal preaviso, y ello por cuanto dicho preaviso puede considerarse como un auténtico presupuesto para la utilización constitucional del derecho. El incumplimiento del requisito de la previa comunicación a la autoridad o del plazo en que la misma ha de hacerse, según el Tribunal (STC 36/1982, de 16 de junio), sería tanto como incumplir una exigencia constitucional trascendente, con lo que se realizaría una defraudación de la potestad de prohibir que el artículo 21.2 regula, posibilitando la actuación antijurídica, abusiva, e incluso al margen de la buena fe, del ciudadano infractor.

Ello no obstante, conviene decir de inmediato que el requisito del preaviso no ha de entenderse en el sentido del sometimiento del derecho a la previa autorización gubernativa. Bien al contrario, nuestra Norma suprema ha optado por un sistema de reconocimiento pleno del derecho, sin necesidad de autorización previa (artículo 21.1), de modo tal que esta *libertad de reunión sin autorización* se integra así en el contenido esencial del derecho (STC 115/1987, de 7 de julio), que quedaría desnaturalizado al imponerse la necesidad de autorización administrativa.

IV. El derecho de reunión es un derecho que se tiene frente a los poderes públicos, lo que no obsta sin embargo —más bien parece lógico— para que, con sujeción a la Constitución y sin perjuicio de su regulación general, puedan contemplarse también especialidades en su ejercicio en determinados supuestos, como, por ejemplo, cuando se ejercita en el ámbito laboral o por parte del personal al servicio de la Administración, en la medida en que puede afectar en alguna manera al funcionamiento de la actividad de que se trate y en que requiere además normalmente la colaboración de la empresa privada o de la Administración para hacerlo efectivo (STC 18/1981, de 8 de junio).

Precisando esta doctrina, el Tribunal Constitucional (en su Auto 869/1988, de 4 de julio) ha manifestado que el ejercicio del derecho de reunión en el seno de la empresa —esto es, en el ámbito laboral— ha de compatibilizarse con los derechos y obligaciones que nacen de la relación de trabajo y, en particular, con los derechos del empresario en cuanto a la dirección y organización del trabajo y sobre los locales y útiles de la empresa.

Arrancando de esta doctrina, el Juez de la Constitución ha puesto de relieve (STC 91/1983, de 7 de noviembre) que no puede afirmarse, de forma absoluta e incondicionada, que el derecho de reunión comprende el de que, para su ejercicio, un tercero deba poner a disposición de quienes lo ejercitan un local de su titularidad, ni que la entidad donde prestan sus servicios deba soportar, en la misma forma absoluta e incondicionada, el que la reunión se celebre dentro del horario de trabajo.

Y en otro momento (ATC 565/1989, de 27 de noviembre), el Juez de la Constitución ha entendido correcta la ponderación de derechos verificada por el Tribunal Central de Trabajo, cuando, tras constatar las circunstancias fácticas de una reunión en el ámbito de una empresa (verificación de la reunión en un lugar inadecuado, como es la entrada en la puerta principal de la factoría; uso de megáfono, lo que coadyuvó a expandir más de lo necesario el desarrollo de la reunión, y, sobre todo, incidencia perturbadora de la reunión sobre el normal proceso de actividad de la empresa), celebrada al amparo de las previsiones reguladoras del ejercicio del derecho de reunión en el ámbito laboral, del artículo 8.º de la Ley Orgánica 11/1985, de Libertad Sindical, falla en el sentido de entender que el ejercicio de tal derecho no se acomodó a las específicas determinaciones legales (particularmente, las del Estatuto de los Trabajadores).

V. En cuanto a la *titularidad del derecho* se refiere, el artículo 21.1 afirma genéricamente que se reconoce el derecho de reunión pacífica y sin armas, sin ninguna referencia a la nacionalidad del sujeto que haya de ejercerlo, a diferencia de otros artículos del Título I, en los que, como ya hemos tenido oportunidad de exponer, se otorga la titularidad del derecho tan sólo a los españoles, o a diferencia asimismo de otros preceptos del Derecho comparado, como es el caso, por ejemplo, del artículo 8.º de la Ley Fundamental de Bonn, que lo reconoce respecto de todos los alemanes. Quiere ello decir que nuestros constituyentes no han circunscrito el ejercicio de este derecho a los nacionales.

Ello no obstante, la Ley Orgánica 7/1985, sobre derechos y libertades de los extranjeros en España, procedió a regular el ejercicio del derecho de reunión por los extranjeros en condiciones diferentes de las que establecía con carácter general la Ley Orgánica 9/1983. Su artículo 7.°, efectivamente, exigía de los extranjeros que promovieran la celebración de reuniones públicas, que tuvieran la condición legal de residentes y —lo que realmente marcaba la diferenciación del régimen jurídico en el ejercicio del derecho— que solicitaran del órgano competente su autorización, el cual podría prohibirlas si resultaran lesivas para la seguridad nacional o los intereses nacionales, el orden público, la salud o la moral pública o los derechos y libertades de los españoles.

Este precepto sería uno de los impugnados en el recurso de inconstitucionalidad planteado por el Defensor del Pueblo contra la citada norma legal, sobre la base de que el sistema de autorización previa a que la Ley sujetaba el ejercicio del derecho suponía no una restricción del mismo, sino su verdadera negación.

El Tribunal (STC 115/1987, de 7 de julio), tras recordar que el artículo 21.1 no menciona expresamente a los españoles, consideraría que, en todo caso, el problema planteado no era el de si era posible aquí esta diferencia de trato en el ejercicio del derecho entre españoles y extranjeros, sino si el legislador había respetado el contenido imperativo y preceptivo que establece el artículo 21.1 también para los extranjeros, cuestión resuelta en sentido negativo, sobre la base de entender —tal y como ya advertimos— que el derecho de reunión constitucionalmente garantizado es el derecho de reunión sin necesidad de autorización previa. Por ello mismo, declararía inconstitucional la exigencia legal de la previa autorización del órgano competente para la celebración de una reunión.

VI. El artículo 21 de la Constitución no circunscribe el ejercicio del derecho que reconoce a ningún tipo específico de reunión, si bien es patente que la atención del constituyente está puesta en las reuniones en lugares de tránsito público y manifestaciones, como bien revela el apartado segundo del precepto.

La Ley Orgánica 9/1983 ha establecido una diferenciación en el régimen jurídico de las reuniones según se trate de reuniones en lugares cerrados o en lugares de tránsito público.

Aunque hay que entender lógicamente que en ambos casos rige la limitación constitucional de que se trate de una reunión pacífica y sin armas, no cabe decir otro tanto respecto de la preceptiva comunicación previa a la autoridad, que la Constitución y la Ley circunscriben al segundo tipo de reuniones.

De esta forma, el artículo 6.° de la citada Ley se limita a señalar que los organizadores y promotores de reuniones que se celebren en lugares, locales o recintos cerrados, podrán solicitar la presencia de delegados de la autoridad gubernativa, que ni podrán intervenir en las discusiones o debates, ni hacer uso de la palabra para advertir o corregir a los participantes (artículo 7.º). Como puede apreciarse, la comunicación a la autoridad es meramente potestativa del promotor, lo que marca una nítida diferencia con el régimen jurídico de las manifestaciones o reuniones en lugares de tránsito público.

VII. Centrándonos ya en la reuniones en lugares de tránsito público, hemos de decir que se hallan sujetas a dos limitaciones o requisitos constitucionales.

El primero de esos requisitos, que afecta además a todo tipo de reuniones, es el de que se trate de una *«reunión pacífica y sin armas»*. Como ya dijimos, el origen de este requisito se remonta a la Constitución francesa de 1791, que lo recogía en los mismos términos. En realidad, es la palabra «pacífica» la que apunta con más exactitud al significado del requisito. No basta, en efecto, con que los participantes concurran a la reunión «sin armas», sino que es preciso además que acudan a ella pacíficamente, esto es, con el propósito de no incidir en la violencia, pero no ya una violencia física, sino incluso moral. Como ha señalado el Juez de la Constitución (STC 2/1982, de 29 de enero), el derecho de reunión no comprende la posibilidad de ejercer sobre terceros una violencia moral de alcance intimidatorio, porque ello es contrario a bienes constitucionalmente protegidos como la dignidad de la persona y su derecho a la integridad moral.

El segundo de los requisitos constitucionales es el de *la comunicación previa a la autoridad.* El artículo 8.º de la Ley Orgánica 9/1983 establece al efecto que la celebración de reuniones en lugares de tránsito público y de manifestaciones deberán ser comunicadas por escrito a la autoridad gubernativa correspondiente por los organizadores o promotores de aquéllas, con una antelación de diez días naturales como mínimo y treinta como máximo. Si existieren causas extraordinarias y graves que justificasen la urgencia de convocatoria y celebración de este tipo de reuniones, la comunicación podrá hacerse con una antelación mínima de veinticuatro horas. A su vez, el artículo 9.º de la Ley enumera los datos que preceptivamente han de reflejarse en el escrito, entre ellos, el itinerario proyectado, cuando se prevea la circulación por las vías públicas, y las medidas de seguridad previstas por los organizadores.

La razón de ser de este requisito se comprende con facilidad si se advierte que el ejercicio del derecho de reunión incide sobre los derechos e intereses de otros ciudadanos, como también sobre la utilización exclusiva de bienes públicos, posibilitando, a veces, la alteración de la seguridad ciudadana y del orden general, que corresponde salvaguardar al poder público. El carácter preeminente de estos valores afectados exige, según el Tribunal (STC 36/1982, de 16 de junio), que la Constitución conceda poderes a la autoridad para imponer al ciudadano el deber de comunicar con antelación razonable, como requisito indispensable de la proyectada reunión, para poder conocer su alcance, facilitar el uso del lugar o modificar su emplazamiento, y tomar las medidas de seguridad que fueren precisas.

En todo caso, conviene insistir en que la comunicación no es equiparable a una solicitud de autorización de la reunión, incompatible con el propio diseño constitucional del derecho; se trata tan sólo de poner en conocimiento de la autoridad administrativa la celebración de la reunión, a fin de que, como acabamos de decir, dicha autoridad pueda adoptar las medidas pertinentes para posibilitar tanto el ejercicio en libertad del derecho de reunión o manifestación como la protección de los derechos y bienes de titularidad de terceros. Ello no obstante, como ya advertimos asimismo, el incumplimiento de este deber de preaviso faculta a la autoridad para prohibir el ejercicio del derecho.

VIII. Al margen de los límites anteriores, explícitamente previstos por la Norma suprema, se ha suscitado ante el Tribunal Constitucional la cuestión de si la libertad de circulación puede ser considerada como un límite frente al derecho de reunión.

Al abordar este punto, el Tribunal arranca de la consideración de que el derecho a la libre circulación por el territorio nacional, al estar proclamado como derecho fundamental por el artículo 19.1, podría erigirse en un límite al derecho de manifestación, pues, de conformidad con lo dispuesto por el artículo 11.2 del Convenio de Roma, el ejercicio del derecho de reunión pacífica puede ser objeto de medidas restrictivas siempre que sean «necesarias en una sociedad democrática, para la protección de los derechos y libertades ajenos», de entre los que hay que estimar incluido el derecho «a la libre circulación de los ciudadanos por el territorio nacional». A partir de aquí, se trata de dilucidar si la exclusiva protección de este último derecho es límite suficiente para negar el libre ejercicio del derecho de reunión pacífica. Se trata, en última instancia, de ponderar los derechos en litigio.

Así planteado el problema, el Tribunal (STC 59/1990, de 29 de marzo) entiende que toda reunión «en lugar de tránsito» ha de provocar una restricción al derecho a la libre circulación de los ciudadanos no manifestantes, que se verán impedidos de deambular o de circular libremente por el trayecto y durante la celebración de la manifestación; pero esta restricción, a la vista del artículo 21.2 de la Constitución, no legitima por sí sola a la autoridad a prohibir la reunión pacífica, sino que se hace preciso que dicha reunión en el lugar de tránsito altere el orden público y ponga en peligro la integridad de las personas o de los bienes.

IX. Esta última reflexión jurisprudencial nos sitúa ante la cuestión final que queremos abordar: la prohibición de una reunión o manifestación por la autoridad gubernativa.

El artículo 21.2 aborda el problema el prescribir que la autoridad «sólo podrá prohibirlas cuando existan razones fundadas de alteración del orden público, con peligro para personas o bienes». Con esta determinación, el constituyente ha venido a señalar exclusivamente un límite al derecho de reunión: la inmisión en la seguridad ciudadana, eliminando otras causas de oportunidad política o de similar alcance existentes en la legislación precedente (STC 36/1982, de 16 de junio).

Sólo, pues, la existencia de razones fundadas de alteración del orden público facultará a la autoridad para prohibir el ejercicio de este derecho, sin que dicha actuación administrativa sea reconducible a ningún género de manifestación de autotutela (STC 59/1990, de 29 de marzo), ya que la imposición de condiciones gravosas o la prohibición del ejercicio de este derecho fundamental es inmediatamente revisable por los órganos jurisdiccionales.

La Ley Orgánica 9/1983 confirma esta apreciación cuando establece (artículo 10) que si la autoridad gubernativa considerase que existen razones fundadas de que puedan producirse alteraciones del orden público, podrá prohibir la reunión o manifestación o, en su caso, proponer la modificación de su fecha, lugar, duración o itinerario. La resolución, que debe adoptarse en forma motivada, se habrá de notificar en el plazo máximo de cuarenta y ocho horas desde que le hubiese sido comunicada la celebración de la reunión.

Frente a esa resolución, los promotores u organizadores podrán interponer recurso contencioso-administrativo ante la Audiencia competente, en el plazo de cuarenta y ocho horas. Este recurso se tramitará de conformidad con el procedimiento preferente y sumario regulado por la Ley 62/1978, de 26 de diciembre, de protección jurisdiccional de los derechos fundamentales de la persona (artículo 7.º.6). Con arreglo a este procedimiento, el trámite se circunscribe a una audiencia contradictoria entre las partes, que debe celebrarse dentro del plazo improrrogable de cinco días, y en la que el Tribunal debe oír a todas las partes (Abogado del Estado, promotores de la reunión o manifestación y también al Ministerio Fiscal), resolviendo sin ulterior recurso sobre el mantenimiento o revocación de la prohibición o de las modificaciones propuestas por la autoridad gubernativa.

A la autoridad gubernativa reserva la Ley Orgánica 9/1983 la facultad de disolver las reuniones y manifestaciones en una serie de supuestos concretos:

a/ Cuando se consideren ilícitas de conformidad con las Leyes penales.

b/ Cuando se produzcan alteraciones del orden público, con peligro para personas o bienes, y

c/ Cuando se hiciere uso de uniformes paramilitares por los asistentes.

X. Como ya vimos, la Ley Orgánica 9/1983 excluye de su ámbito de aplicación, las reuniones que se celebren en unidades, buques y recintos militares, a las que se refieren las Reales Ordenanzas de las Fuerzas Armadas, que se regirán por su legislación específica (artículo 2.°, *e/*).

El artículo 180 de la Ley 85/1978, de 28 de diciembre, de Reales Ordenanzas para las Fuerzas Armadas, determina que los militares podrán reunirse libremente para fines lícitos, en lugares públicos o privados, observando lo que, con carácter general o específico, establezcan las disposiciones vigentes. En las unidades, buques y dependencias será imprescindible la autorización expresa de su jefe.

Por lo demás, a los militares les queda vedado el tomar parte en manifestaciones de tipo político, sindical o reivindicativo, como también el asistir a reuniones de organizaciones políticas o sindicales (artículo 182 de las Reales Ordenanzas). En conexión con ello, el artículo 9.°.28 de la Ley Orgánica 12/1985, de 27 de noviembre, del Régimen Disciplinario de las Fuerzas Armadas, considera falta grave la asistencia de uniforme o haciendo uso de la condición militar a cualquier reunión pública o manifestación cuando tuvieren carácter político o sindical.

b/ El derecho de asociación

I. El derecho de asociación tardará bastante tiempo en ser incorporado al catálogo de derechos de los códigos constitucionales. Ni la Declaración de Virginia ni tampoco la francesa de 1789 contemplarán el derecho de asociación como tal, aunque no podemos olvidar que el art. 2.° de esta última se refería a la asociación política al prescribir que: «Le but de toute association politique est la conservation des droits naturels...» Es claro, sin embargo, que esta referencia no puede considerarse hecha en el sentido con que entendemos hoy la asociación política, entre otras consideraciones, porque para la ideología revolucionaria las únicas realidades que cuentan a los efectos que nos ocupan, son el individuo y la comunidad nacional.

Rousseau ya se había manifestado en el «*Contrato Social*» (capítulo 3.° del libro II) en contra de las asociaciones parciales («Importa, pues, para poder fijar bien el enunciado de la voluntad general, que no haya ninguna sociedad parcial en el Estado y que cada ciudadano opine exclusivamente según él mismo»), principio con el que los revolucionarios franceses intentarían acabar con la jerarquía orgánica de los estamentos de la sociedad del Antiguo Régimen, y en un momento ulterior el mismo principio de rechazo de las asociaciones parciales justificará, como recuerda *Soboul*, la desaparición de los antagonismos sociales en el seno del «Tercer Estado», en beneficio de la nueva clase dominante, la burguesía. De esta forma, el 14 de junio de 1791, día de la aprobación de la conocida Ley que lleva su nombre, *Le Chapelier* podrá decir en la Asamblea, sin protesta alguna:

«Sin duda se ha de permitir que todos los ciudadanos se reúnan, pero no puede permitirse a los ciudadanos de determinadas profesiones reunirse para sus pretendidos intereses comunes. No existe ya corporación en el Estado; ya no existe sino el interés particular de cada individuo y el interés general.»

Entre nosotros, será la Constitución de 1869 la primera en reconocerlo. Su artículo 17 prescribía que ningún español podría ser privado del derecho de asociarse para todos los fines de la vida humana que no fueran contrarios a la moral pública. El derecho sería reiterado por la Constitución de 1876, bajo cuya vigencia se desarrollaría a través de la Ley de Asociaciones de 30 de junio de 1887.

Con el régimen político franquista, se promulgaría la Ley 191/1964, de 24 de diciembre, de Asociaciones, que aun sigue vigente en aquello que no se oponga a las determinaciones constitucionales del artículo 22, pendiente todavía hoy del adecuado desarrollo. Bien es verdad que, dada la diferencia de régimen jurídico del artículo 22 de nuestra «Norma normarum» y de la Ley de 1964, la vigencia de ésta se circunscribe a aspectos casi exclusivamente formales por cuanto sus contenidos materiales quedaron derogados en gran parte tras la entrada en vigor de la Constitución.

Sin embargo, conviene recordar que algunas modalidades específicas del derecho de asociación han sido objeto de una normación separada; tal sería el caso de los partidos políticos, objeto de la Ley 54/1978, y de los sindicatos, a los que son de aplicación las normas de la Ley Orgánica 11/1985, de 2 de agosto, de Libertad Sindical.

II. El derecho de asociación se vincula muy estrechamente con otros derechos, como las libertades de expresión y de reunión, y en buena medida, a la par que nos refleja el pluralismo, sirve de cauce para la participación, por lo menos en una de sus manifestaciones más señeras: la asociación política, o lo que es igual, los partidos políticos.

Varias son las notas con las que podemos caracterizar una asociación: en primer término, la agrupación de una pluralidad de personas; en segundo lugar, el carácter estable y permanente de esa unión, queriendo significar con ello la existencia de una voluntad de permanencia a lo largo del tiempo o, al menos, de un determinado período, y, por último, la existencia de una finalidad asociativa, que como resulta lógico ha de ser legal.

El Tribunal Constitucional, más sumariamente, ha definido las asociaciones como aquellas organizaciones estables de varias personas para la gestión de un interés común sobre una base consensual (STC 244/1991, de 16 de diciembre).

III. Nuestra Constitución recoge el derecho de asociación en su artículo 22, precepto que integra un contenido muy dispar a lo largo de sus cinco apartados. Y así, mientras su apartado primero se limita a reconocer el derecho, desde una perspectiva negativa su apartado segundo declara ilegales las asociaciones que persigan fines o utilicen medios tipificados como delitos, mientras que su apartado quinto prohíbe las asociaciones secretas y las de carácter paramilitar. A su vez, desde una perspectiva positiva, protege a las asociaciones de posibles interferencias del poder ejecutivo, al garantizar que sólo podrán ser disueltas o suspendidas en virtud de resolución judicial (apartado cuarto). Finalmente, el apartado tercero establece que «las asociaciones constituidas al amparo de este artículo deberán inscribirse en un registro a los solos efectos de publicidad».

El artículo 22 contiene una garantía que podríamos denominar *común;* es decir, el derecho de asociación que en él se regula se refiere a un género (la asociación) dentro del que caben modalidades específicas (STC 67/1985, de 24 de mayo).

La propia Constitución, como ya vimos, contiene normas especiales respecto de asociaciones de relevancia constitucional como los partidos políticos, los sindicatos y las asociaciones empresariales.

> Es en base a las inmediatamente precedentes reflexiones, por lo que ha de entenderse que la reserva de Ley Orgánica que el artículo 81.1 de la Constitución establece en orden a las leyes relativas «al desarrollo de los derechos fundamentales» se debe referir en este caso a la Ley que desarrolle el derecho fundamental de asociación en cuanto tal; sin embargo, tal reserva no excluye la posibilidad de que las Leyes ordinarias incidan en la regulación de tipos específicos de asociaciones, siempre que respeten el desarrollo efectuado en la Ley Orgánica.
>
> El Juez de la Constitución (STC 132/1989, de 20 de julio) ha recordado además una doctrina general de conformidad con la cual, no es posible estimar que cualquier regulación que en alguna forma afecte al ejercicio de un derecho constituye forzosamente un «desarrollo» del mismo, y, en consecuencia, ha de responder a los requisitos del artículo 81. De ahí que no toda regulación referente a las asociaciones, su actividad y funciones pueda considerarse como «desarrollo» del derecho de asociación, pues ello supondría una extensión desmesurada del ámbito de la Ley Orgánica al respecto.

El artículo 22, desde otra perspectiva, no prohíbe la existencia de entes que, siempre con una común base personal, exijan un específico tratamiento, o bien un suplemento de requisitos, postulados por los fines que se persiguen (STC 89/1989, de 11 de mayo).

Por el contrario —y ésta es una importante precisión jurisprudencial (STC 67/1985)—, el derecho de asociación reconocido por el artículo 22 no comprende el de constituir asociaciones cuyo objeto sea el ejercicio de funciones públicas de carácter administrativo relativas a un sector de la vida social. De ahí que cuando el Estado recurra a la vía asociativa a los efectos inmediatamente anteriores, pueda limitar el número de asociaciones a las que atribuye el ejercicio de tales funciones públicas de carácter administrativo, pues corresponde al Estado organizar dicho ejercicio en la forma más conveniente para la consecución del interés general.

IV. El derecho de asociación presenta una *doble vertiente,* positiva y negativa: una *libertad positiva* de asociación y una *libertad negativa* de no asociarse.

Ya en uno de sus primeros fallos (STC 5/1981, de 13 de febrero), el Juez de la Constitución admitiría esta doble faceta del derecho que nos ocupa, sobre la que ha vuelto en varias ocasiones. En su Sentencia 67/1985, de 24 de mayo, al amparo de la previsión del artículo 10.2 de la Constitución, recurriría a la Declaración Universal de Derechos Humanos a los efectos de interpretar el derecho de asociación en esta doble vertiente, pues el artículo 20.2 de la referida Declaración establece que «nadie podrá ser obligado a pertenecer a una asociación». De esta forma, puede afirmarse que el contenido esencial del derecho de asociación exige que se respete la libertad negativa, esto es, la libertad de no asociarse, pues una asociación coactiva u obligatoria no sería una verdadera asociación. Y asimismo exige respeto a la libertad positiva de crear otras asociaciones con fines privados.

La *libertad positiva* que acoge el artículo 22.1 de la Constitución presenta los siguientes contenidos (SSTC 165/1987, de 27 de octubre y 218/1988, de 22 de noviembre y ATC 374/1984, de 20 de junio):

— el derecho a fundar y participar en la asociación;

— el derecho a establecer la propia organización del ente creado por el acto asociativo dentro de la Constitución y de las Leyes que la desarrollen; esta potestad de organización se extiende con toda evidencia a regular en los Estatutos las causas y procedimientos de expulsión de socios;

— el derecho a incorporarse voluntariamente a cualquiera de las asociaciones legalmente constituidas, y

— el derecho a desarrollar la actividad necesaria o conveniente al logro de los fines lícitos en atención a los cuales se constituye.

La *libertad negativa* entraña, como ya dijimos, que nadie pueda ser obligado a pertenecer a una asociación. Como ha afirmado el Tribunal (STC 244/1991, 16 de diciembre), el derecho de asociación se configura como una de las libertades públicas capitales de la persona, al tomar justamente como presupuesto la libertad, con lo que viene a garantizar un ámbito de autonomía personal, y por tanto también el ejercicio con pleno poder de autodeterminación de las facultades que componen esa específica manifestación de la libertad, de modo que tal libertad quedaría incompleta si sólo se entendiera en su aspecto positivo.

El contenido esencial del derecho cubre, pues, no sólo las dos vertientes del mismo, sino todos y cada uno de los derechos que dentro de ellas —y especialmente dentro de la libertad positiva— pueden distinguirse. Consecuentemente, el derecho reconocido por el artículo 22.1 resulta vulnerado cuando se condicione, limite o impida ilegalmente el ejercicio de esta libertad en su doble vertiente.

Por el contrario, el Tribunal Constitucional ha precisado (STC 24/1987, de 25 de febrero) que aunque las asociaciones legalmente constituidas tienen indudablemente, al igual que las demás personas físicas y jurídicas, el derecho a ejercitar ante los Jueces y Tribunales las acciones que les correspondan en defensa de sus derechos e intereses legítimos, este derecho no está integrado en el de asociación, sino en el de tutela judicial que garantiza el artículo 24.1.

V. El mayor problema que constitucionalmente suscita la libertad negativa que el derecho de asociación entraña es el de si tal libertad, como facultad derivada del pleno reconocimiento de la libertad de asociación, alcanza sólo a las asociaciones voluntarias de carácter privado, o incluye también a otras estructuras organizativas que, aun no siendo resultado de ningún pacto asociativo, sino de una decisión de los poderes públicos, determinan una unión estable y permanente de personas para la prosecución de fines de carácter público fijados por el poder público.

La respuesta a este problema ha de partir de la doctrina constitucional ya muy consolidada (a partir de la STC 67/1985, de 24 de mayo) de que el derecho de asociación reconocido por el artículo 22 no comprende el de constituir asociaciones cuyo objeto sea el ejercicio de funciones públicas de carácter administrativo relativas a un sector de la vida social. Consiguientemente, estas asociaciones de tipo corporativo y de creación legal (así, por ejemplo, los Colegios Profesionales, objeto de la Ley 2/1974, de 13 de febrero), pese a contar con una «base asociativa», no pueden incardinarse sino con profundas modulaciones en el ámbito del artículo 22.

Evidentemente, al Estado social y democrático de Derecho no se le puede negar una intervención en sectores de la vida social a través de la creación de entes con estructura asociativa, cuando ello sea necesario para la consecución de determinados fines públicos de relevancia constitucional. Al crear este tipo de entes, el legislador, por lo expuesto inmediatamente antes, no queda estrictamente sujeto por las exigencias constitucionales del artículo 22, lo que no significa que sobre él no pesen una serie de límites.

El primero de esos límites consistirá en que la creación de entes de tipo corporativo no debe suponer una indebida restricción del ámbito de la libertad de asociación, de la libertad de sindicación y del juego del pluralismo social, económico y político, sustrayendo del mismo amplios sectores de la vida social.

La segunda de esas limitaciones se relaciona ya directamente con la libertad negativa de asociación. La libertad de no asociarse es, indiscutiblemente, una garantía adicional frente al peligro de dominio por el Estado de las fuerzas sociales a través de la creación de corporaciones o asociaciones coactivas que puedan llegar a disponer del monopolio de una determinada actividad social.

Es por ello mismo por lo que aunque el Tribunal Constitucional no excluye (STC 132/1989, de 18 de julio) que el legislador, para obtener una adecuada representación de intereses sociales, o por otros fines de interés general, pueda prever no sólo la creación de entidades corporativas, sino también la obligada adscripción a las mismas de todos los integrantes de un determinado sector social, de inmediato precisa que dicha adscripción obligatoria a esas Corporaciones públicas ha de considerarse como excepcional respecto del principio de libertad, y como tal, ha de justificarse suficientemente, bien en disposiciones constitucionales (así, por ejemplo, en el artículo 36 de la Constitución), bien, a falta de ellas, en las propias características de los fines de interés público que el legislador persigue, y cuya consecución ha de haber encomendado la Norma suprema a los poderes públicos. En definitiva, la afiliación forzosa ha de contar con una base directa o indirecta en los mandatos constitucionales.

La búsqueda de una adecuada ponderación entre los bienes constitucionales y derechos en juego, exige asimismo atender al principio del pluralismo. *El pluralismo supone la más completa movilidad, autodeterminación y competición de los sujetos sociales,* y de este principio deben derivar importantes límites constitucionales frente a *las formas de asociacionismo obligatorio,* que *han de ser consideradas como excepcionales* (STC 244/1991, de 16 de diciembre) y sólo posibles siempre que se justifique su procedencia en cada caso por razones acreditativas de que constituye una medida necesaria para la consecución de fines públicos y con los límites necesarios para que ello no incida de modo contrario a las previsiones constitucionales.

Recurriendo a este criterio hermenéutico restrictivo, el Juez de la Constitución ha admitido la legitimidad, a los efectos del artículo 22, de ciertas agrupaciones de carácter público que han impuesto determinadas obligaciones a los agrupados. Estas obligaciones, en unos casos (STC 45/1982, de 12 de julio), han sido de carácter meramente económico (pago de una cuota obligatoria de los asociados), mientras que en otros (SSTC 67/1985, de 24 de mayo, 89/1989, de 11 de mayo, 131/1989, de 17 de julio y 132/1989, de 18 de julio) han consistido en la pertenencia obligatoria en sentido estricto (en relación con las Federaciones deportivas, los Colegios Profesionales y las Cámaras Agrarias).

En definitiva, para que sea constitucionalmente admisible la pertenencia obligatoria a una entidad de carácter asociativo, es ineludible que resulte necesaria para asegurar la consecución y tutela de determinados fines públicos, constitucionalmente relevantes, siempre que ello no viole al mismo tiempo un derecho o principio constitucionalmente garantizado. En perfecta sintonía con esta pauta interpretativa, las excepciones al principio general de libertad de asociación habrán de justificarse en cada caso concreto, como ha reiterado en numerosas oportunidades el Juez de la Constitución (STC 139/1989, de 20 de julio).

VI. En cuanto a la *titularidad del derecho de asociación,* el artículo 22 reitera la formulación efectuada por el artículo 21, en el sentido de reconocer el derecho sin distinguir entre españoles y extranjeros. De ahí que el derecho de asociación, en cuanto derecho subjetivo, es también predicable de los extranjeros, y ello en términos tales que no pueda verse el derecho desnaturalizado por la sujeción a límites incompatibles con su contenido esencial.

El Tribunal Constitucional hubo de pronunciarse acerca de este tema en su Sentencia 115/1987, de 7 de julio, con motivo del recurso de inconstitucionalidad —ya en varias ocasiones referido— formulado por el Defensor del Pueblo frente a determinados preceptos de la Ley Orgánica 7/1985, sobre derechos y libertades de los extranjeros en España, declarando al respecto la inconstitucionalidad del artículo 8.º.2 de la citada Ley, que permitía al Consejo de Ministros acordar la suspensión de las actividades de las asociaciones integradas mayoritariamente por extranjeros, por un plazo no superior a seis meses, cuando atentaren gravemente contra los bienes legalmente previstos.

A juicio del Juez de la Constitución (STC 115/1987), las restricciones posibles del ejercicio del derecho de asociación, en aras de la protección de otros intereses o bienes jurídicamente protegidos, son las que se contienen en el artículo 11.1 del Convenio Europeo de Derechos Humanos, según el cual, el ejercicio de tal derecho no podrá ser objeto de más restricciones que aquéllas que, previstas por la Ley, constituyan medidas necesarias, en una sociedad democrática, para la seguridad nacional, la seguridad pública, la defensa del orden y la prevención del delito, la protección de la salud o de la moral, y la protección de los derechos y libertades ajenas.

Consiguientemente, ni el artículo 22 de la Constitución, ni los tratados internacionales permiten otras restricciones que las expuestas.

El derecho de asociación tiene, por lo demás, una vertiente colectiva, con lo que la protección jurídica del extranjero no se extiende tan sólo a las personas físicas, sino también a la entidad o persona jurídica en que se constituye, no debiendo olvidarse, por otro lado, que las asociaciones que se encuentren domiciliadas en España, según el Código Civil, gozarán de nacionalidad española. Por ello mismo, el Tribunal (STC 115/1987) ha precisado que a una asociación integrada mayoritaria o exclusivamente por extranjeros y domiciliada en España, debe aplicársele el régimen íntegro previsto en el artículo 22 de la Constitución, sin discriminación alguna hacia las demás asociaciones nacionales.

Una última referencia debemos hacer respecto de los miembros de las Fuerzas Armadas, que aun siendo titulares del derecho de asociación, encuentran ciertas restricciones en el ejercicio del mismo. El artículo 182 de las Reales Ordenanzas, tras disponer que el militar deberá mantener su neutralidad no participando en actividades políticas o sindicales, prescribe que «no podrá estar afiliado o colaborar en ningún tipo de organización política o sindical».

En relación a los militares no profesionales, el propio precepto establece que durante el tiempo de prestación de su servicio en las Fuerzas Armadas, podrán mantener la afiliación que con anterioridad tuvieran, si bien se abstendrán de realizar actividades políticas o sindicales.

Complementando tales previsiones, el artículo 8.º.31 de la Ley Orgánica de Régimen Disciplinario de las Fuerzas Armadas, considera falta leve el prestar colaboración a organizaciones políticas o sindicales, sin haber solicitado previamente el pase a la situación legalmente establecida. Y el artículo 9.º.28 de la propia Ley tipifica como falta grave la afiliación a alguna organización política o sindical sin haber solicitado con carácter previo el pase a aquella situación.

VII. Una cuestión de suma importancia en relación con el ejercicio del derecho que analizamos es la relativa a la *adquisición de la personalidad jurídica de las asociaciones*.

En estrecha conexión con este punto se ha de situar la previsión constitucional del artículo 22.3, que exige que las asociaciones que se constituyan al amparo del artículo 22 deban inscribirse en un registro «a los solos efectos de publicidad».

Desde luego, al afirmarse en el artículo 22.1 que el derecho de asociación «se reconoce» y no se concede, se cierra el paso a la discrecionalidad administrativa en el ejercicio de este derecho (STC 85/1986, de 25 de junio).

Problema distinto será el de que las leyes ordinarias reguladoras de ciertas modalidades específicas del derecho de asociación, es decir, de determinados derechos de configuración legal, puedan establecer algunos requisitos, de verificación reglada por la Administración, para calificar una determinada asociación como del tipo correspondiente a la actividad de que se trate. En relación con este punto, el Tribunal ha entendido (STC 67/1985, de 24 de mayo) que tal verificación reglada no va en contra del contenido esencial del derecho de asociación que debe respetar el legislador, en cuanto puede ser un requisito necesario para que una determinada asociación pase a estar regulada por el ordenamiento correspondiente.

A partir de aquí, y a la vista de la dicción constitucional, resulta evidente que el reconocimiento del derecho de asociación tiene una eficacia jurídica inmediata, o lo que es igual, la existencia de una asociación no depende de su inscripción registral, pues ésta tiene lugar, como taxativamente prevé el artículo 22.3 «a los solos efectos de publicidad».

Tan rotunda afirmación constitucional ha conducido a un sector de la doctrina y a una reiterada jurisprudencia ordinaria, a entender que la asociación asume su personalidad jurídica desde el mismo momento de su constitución.

Santamaría Pastor ha subsumido la jurisprudencia del Tribunal Supremo en este punto (así, entre otras, SSTS de 3 de julio de 1979 y de 6 de octubre de 1984), significando que de ella se desprende que las asociaciones adquieren personalidad jurídica desde el mismo momento de la concurrencia de las voluntades de los promotores, sin necesidad, pues, de ningún requisito administrativo y, en particular, de la inscripción registral.

Esta interpretación supone tanto como atribuir un mero efecto declarativo a la inscripción registral. Sin embargo, como el propio *Santamaría Pastor* ha sostenido, esta tesis resulta inaceptable por cuanto la publicidad a que alude el artículo 22.3 no es sólo una publicidad material de los datos relativos a la asociación, sino también —y ante todo— es una publicidad formal, lo que, de otra parte, no parece contradecirse con el limitativo tenor del precepto constitucional, ya que la personalidad jurídica en el mundo privado es una consecuencia de la publicidad registral y no se concibe sin ella. Por lo demás, los argumentos de la seguridad jurídica y de la protección de la buena fe de terceros, son lo suficientemente consistentes como para apoyar la tesis contraria a la mantenida por la jurisprudencia ordinaria, esto es, la de entender que la personalidad jurídica de las asociaciones se adquiere con la inscripción registral.

En resumen, haciendo nuestra la tesis de *Santamaría Pastor*, podemos decir que, tras la Constitución, no puede dudarse que el derecho de asociación es previo a cualquier registro público, y se ejerce al margen del mismo, con libertad absoluta en cuanto a la mayor o menor formalización de sus manifestaciones, pero de ahí no parece que pueda deducirse —como ha hecho el Tribunal Supremo— que ese ejercicio del derecho a asociarse con libertad plena al margen del registro conlleve también la adquisición de personalidad jurídica por las asociaciones constituidas, sino que la obligación registral sólo juega a efectos de la adquisición de personalidad jurídica, dato éste que es un «*plus*» y no un «*prius*» respecto de la asociación.

Con la inscripción registral, el ente asociativo, como sostiene *Fernández Farreres,* se configura definitivamente como sujeto de derecho, como persona jurídica. De esta forma, la publicidad consagra a la asociación como algo distinto de los individuos que la componen.

VIII. El artículo 22.4 atribuye a los órganos jurisdiccionales la exclusiva competencia a los efectos de declarar la disolución de las asociaciones o la suspensión de sus actividades, para lo que se requerirá de una resolución judicial motivada. Ello ha supuesto privar a la Administración de las amplísimas facultades que el artículo 10 de la Ley de Asociaciones de 1964 le otorgaba a los efectos de decretar la suspensión de las asociaciones sujetas al ámbito de esa Ley.

Se puede hablar así de una plena judicialización del control y fiscalización del fenómeno asociativo, rasgo que, como advierte *Fernández Farreres,* destaca en el contexto del Derecho comparado, en donde no es infrecuente que la Administración tenga al efecto algún tipo de intervención. Así, en la República Federal Alemana las autoridades supremas de los Länder o el Ministro Federal del Interior, según el ámbito territorial de actuación de las asociaciones, puede dictar resoluciones prohibiendo aquellas asociaciones cuyos fines o actividades contravengan las leyes penales o vayan dirigidas contra el orden constitucional o contra la idea del entendimiento de los pueblos.

IX. La Constitución exceptúa de la libertad de creación de asociaciones, aquellas a las que expresamente se refiere en los apartados segundo y quinto del artículo 22, esto es: las asociaciones ilegales, o lo que es igual, las que persigan fines o utilicen medios tipificados como delito; las asociaciones secretas, y las de carácter paramilitar.

Tras la entrada en vigor de la Constitución, la Ley Orgánica 4/1980, de 21 de mayo, relativa a los delitos contra la libertad de expresión, reunión y asociación, dio una nueva redacción al artículo 173 del Código Penal, al objeto de tipificar las asociaciones ilícitas, redacción que volvería a ser alterada por la Ley Orgánica 8/1983, de 25 de junio, de reforma urgente y parcial del Código Penal.

A tenor del actual artículo 173 del Código Penal, son *asociaciones ilícitas* las siguientes:

1.º) Las que tuvieren por objeto cometer algún delito o, después de constituidas, promuevan su comisión.

2.º) Las que, aun teniendo por objeto un fin lícito, emplearan medios violentos para su consecución.

3.º) Las organizaciones clandestinas o de carácter paramilitar. Y

4.º) Las que promuevan la discriminación racial o inciten a ella.

De esta normación penal conviene significar que el apartado primero no hace sino remitir de modo genérico a los tipos delictivos contemplados por el ordenamiento penal, con lo que habrá que atender a cada caso concreto para determinar si se está o no en presencia de una asociación ilícita, a la vista de las conductas delictivas tipificadas por el ordenamiento. En todo caso, conviene tener en cuenta que, por lo general, ninguna asociación va a contemplar una finalidad delictiva en sus estatutos; caso de incurrir en actuación ilegal, lo normal será que la autoría del ilícito penal recaiga en alguno de los miembros de la asociación, suscitándose así una cuestión arduo problemática: la de si el ilícito penal es atribuible tan sólo al individuo o, por contra, la autoría puede asignarse asimismo a la asociación.

Junto a las asociaciones que persigan fines o utilicen medios delictuales, la Constitución se refiere (artículo 22.5) a las asociaciones secretas y a las de carácter paramilitar, que quedan asimismo prohibidas. Por lo demás, como acabamos de ver, el artículo 173 del Código Penal declara ilícitas a ambas modalidades de asociaciones.

No es fácil precisar qué se entiende por *asociación secreta. Silvio Basile,* en un primer momento, entendió que al concepto de asociación secreta puede atribuírsele un significado muy preciso: secreta es toda asociación que, en el plazo correspondiente, no haya cumplido la obligación de inscripción registral. A su vez, *García-Pablos* ha identificado las asociaciones secretas o clandestinas, como las llama el artículo 173 del Código Penal, con toda asociación irregular no constituida con arreglo a Derecho.

Sin embargo, estas interpretaciones que acuden a un elemento exclusivamente formal, como es el de la inscripción, para la cualificación de una asociación como secreta, son difícilmente mantenibles por cuanto, como bien ha dicho *Aguiar,* la falta de inscripción, o cualquier otra deficiencia de publicidad formal, no pueden llevar automáticamente aparejada la caracterización como secreta o clandestina, por cuanto el incumplimiento de una carga administrativa no puede ser elemento constitutivo de delito.

Rechazada, pues, una interpretación puramente formal, no resulta fácil en modo alguno construir un concepto material, aunque no han faltado intentos al respecto. Y así, *Fernández Farreres* ha apuntado la idea de que asociaciones secretas podrían ser aquellas que ocultan en sus estatutos determinados fines y medios tipificados como ilícitos penales. De esta forma, la ocultación y la ilicitud del fin realmente perseguido, serían los dos requisitos cuya concurrencia conjunta convertiría en secreta a la asociación y, por ello mismo, en ilícita penalmente, tesis con la que nos identificamos.

En cuanto a las *asociaciones de carácter paramilitar,* cabe decir que se trata de una conceptualización que debe necesariamente vincularse a un modo determinado de organización asociativa, que además puede tener su reflejo externo (uso de uniformes o distintivos militares).

Para precisar si una asociación presenta este carácter, será necesario atender, a su organización, régimen interno de sus miembros, simbología, etc., que han de ser similares a los de las Fuerzas Armadas. A todo ello quizá convenga añadir, como hace *Santamaría Pastor,* el adiestramiento y equipamiento de sus miembros, con medios o en técnicas adecuadas para el ejercicio de la violencia.

X. Hemos de terminar, y lo queremos hacer poniendo de manifiesto como dentro del derecho de asociación del artículo 22, el Tribunal Constitucional ha encajado entidades asociativas de muy diversa factura y naturaleza.

Así, aun cuando haciendo ciertas matizaciones, el Juez de la Constitución ha asumido la tesis (STC 23/1987, de 23 de febrero) de que la asociación a que se refiere el artículo 22 comprende tanto las uniones de personas de finalidad no lucrativa como las de fines lucrativos, es decir, las sociedades, y, entre ellas, las anónimas.

> «A primera vista —razona el Tribunal (STC 23/1987)— nada se opone a esta interpretación, porque si bien es cierto que con nuestra terminología habitual el término "asociación" designa las uniones de personas con fines no lucrativos, también lo es que un concepto amplio de asociación se encuentra en el Código Civil (artículos 35.2 y 36) al referirse a la "asociación de interés particular", sean civiles, mercantiles o industriales.»

No cabe duda alguna, por el contrario, de que las Asociaciones de Vecinos, instrumento de participación de los ciudadanos en la vida pública, especialmente la local, se constituyen en ejercicio del derecho fundamental de asociación que garantiza el artículo 22.1 de la Constitución (STC 165/1987, de 27 de octubre).

Digamos por último, ya en referencia concreta a la actividad interna de las asociaciones y a las relaciones de éstas con sus socios, que dicha actividad no forma naturalmente una zona exenta del control judicial, pero los Tribunales, como todos los poderes públicos, deben respetar el derecho de autoorganización de las asociaciones que, como ya expusimos, forma parte de la libertad positiva de asociación, lo que supone que las normas aplicables por el Juez son, en primer término, las contenidas en los estatutos de la asociación, siempre que no fuesen contrarias a la Constitución y a la Ley. Y esas normas estatutarias, con mayor razón aún, vinculan a los propios miembros de la asociación.

N) Los derechos de la persona en cuanto miembro de una comunidad política

Toda persona es miembro de una comunidad política y, como tal, titular de un conjunto de derechos de naturaleza sustancialmente participativa, en cuanto entrañan que el individuo, como ciudadano que es, como partícipe de una colectividad, pueda intervenir en la conformación de la voluntad de esa colectividad, en definitiva, de la voluntad estatal *(status activae civitatis).*

Carl Schmitt denominaría a estos derechos, derechos democráticos, entendiendo que no presuponen al hombre individual libre en el estado extraestatal de «libertad», sino al ciudadano que vive en el Estado. De ahí que tengan un carácter esencialmente político.

La participación política se halla por lo demás en la base misma del principio de legitimidad democrática, pues si del pueblo emanan todos los poderes del Estado, éstos deben responder a la voluntad del conjunto de los ciudadanos, libremente manifestada. Es precisamente en orden a tal fin por lo que se reconocen a los ciudadanos unos derechos de participación política que, en último término, no son sino el reflejo más significado del principio general de participación ciudadana en todos los órdenes, al que ya tuvimos oportunidad de referirnos. Vamos, pues, a analizar a continuación estos derechos de participación política.

a/ El derecho a participar en los asuntos públicos

I. El artículo 23.1 de nuestra «Norma normarum» consagra el derecho de participación quizá más emblemático: el derecho de participación en los asuntos públicos. A tenor del citado precepto:

> «Los ciudadanos tienen el derecho a participar en los asuntos públicos, directamente o por medio de representantes, libremente elegidos en elecciones periódicas por sufragio universal.»

La participación a que se refiere el artículo 23.1 se circunscribe a los *«asuntos públicos»*, es decir, se trata de una participación política no extrapolable más allá de los asuntos públicos. Más aún, el artículo 23.1 no posibilita una participación en todos y cada uno de los asuntos públicos. Como al efecto precisara el Juez de la constitucionalidad (STC 51/1984, de 25 de abril), la participación en los asuntos públicos a que se refiere el artículo 23 de la Constitución, no entraña un derecho a que los ciudadanos participen en todos los asuntos públicos, cualquiera que sea su índole y su condición, pues para participar en los asuntos concretos se requiere un especial llamamiento a una específica competencia si se trata de órganos públicos, o una especial legitimación si se trata de entidades o sujetos de Derecho privado, que la Ley puede, en tal caso, organizar.

II. La Constitución contempla *dos modalidades de participación* en los asuntos públicos:

1. *La participación directa,* que se manifiesta básicamente en la intervención ciudadana en las distintas modalidades referendarias que regula nuestra Norma suprema, que pueden reconducirse a las tres formas siguientes:

a/ El referéndum consultivo previsto por el artículo 92, que posibilita que las decisiones políticas de especial trascendencia puedan ser sometidas a referéndum consultivo de todos los ciudadanos. El referéndum será convocado por el Rey, mediante propuesta del Presidente del Gobierno, previamente autorizada por el Congreso de los Diputados, por mayoría absoluta, tal y como exige el artículo 6.º de la Ley Orgánica 2/1980, de 18 de enero, sobre regulación de las distintas modalidades de referéndum.

b/ Los «referenda» autonómicos, esto es, aquellos que la Constitución prevé en relación con distintos momentos del procedimiento de acceso a la autonomía: bien de ratificación de la iniciativa autonómica (artículo 151.1), bien de ratificación de un proyecto de Estatuto de Autonomía (artículo 151.2, 3.º y 5.º).

c/ El referéndum de ratificación de una revisión total de la Constitución (artículo 168.3), que, como ya vimos, tiene carácter preceptivo, y el referéndum de ratificación de una reforma parcial de la Norma suprema, que es meramente facultativo (artículo 167.3).

Digamos por último que también puede considerarse una forma de participación directa la que el art. 87.3 canaliza a través de la iniciativa legislativa popular, a la que nos referiremos en otro momento.

2. *La participación indirecta,* por medio de representantes, libremente elegidos, que se refiere, en primer término, a la que se realiza al elegir los miembros de las Cortes Generales, que son los representantes del pueblo, como señala el artículo 66 de la Constitución, y que abarca asimismo la participación en el gobierno de las Entidades en que el Estado se organiza territorialmente, de acuerdo con el artículo 137 de la Constitución, esto es, Comunidades Autónomas, provincias y municipios.

III. La participación indirecta se canaliza por medio de representantes que han de ser elegidos libremente en elecciones periódicas por sufragio universal.

El sufragio, tal y como lo definiera *Pérez Serrano,* constituye una operación administrativa por su forma y procedimiento, mediante la cual se designa a quienes hayan de ocupar determinados cargos públicos, si bien a través de él puede también manifestarse el criterio del cuerpo electoral con respecto a una determinada medida o expresarse la opinión de los ciudadanos con voto en un cierto momento con respecto a la política nacional.

Históricamente, constituyó una cuestión de la mayor relevancia la determinación de la naturaleza del sufragio. Y así, como el propio *Pérez Serrano* recordaba, el sufragio ha sido concebido como función, como derecho y como deber.

De su entendimiento como función derivaría la postergación de los intereses individuales, que se supeditaba al logro de la más eficaz organización del gobierno; con tal base, se entendería que el sufragio debía pertenecer a los más cualificados económica (sufragio censitario) o intelectualmente (sufragio capacitario). Esta concepción era incompatible con aquella otra que entendía el sufragio como un derecho de participación política en la vida del país y en la conformación de la voluntad estatal, de la que lógicamente derivaba el sufragio universal. Finalmente, del reconocimiento de que el sufragio cumple una determinada función, derivaría el concepto de deber, esto es, el entendimiento del sufragio como una obligación ciudadana jurídicamente exigible.

A la vista del artículo 23 de nuestra Constitución, es evidente que no cabe concebir al sufragio sino como un derecho fundamental de todos los ciudadanos (sufragio universal) que ha de ejercerse periódicamente para la elección de los representantes. Como ha dicho el Juez de la Constitución (STC 10/1983, de 21 de febrero), es un derecho que corresponde a cada ciudadano y que puede ser vulnerado por actos que sólo afecten a cada uno de éstos en particular.

En nuestro ordenamiento, el sufragio no se concibe como deber jurídico, si bien ello no significa que no constituya una obligación ciudadana. Como advirtiera el Tribunal Supremo en su Sentencia de 20 de diciembre de 1990, la función pública que el sufragio cumple entraña que el derecho de sufragio presente como reverso su aspecto de obligación ciudadana, sobre cuyo ejercicio descansa la entera arquitectura del sistema democrático. De ahí que el sufragio resulte genéricamente inexcusable, aun cuando pueda ser excusado a título individual.

En perfecta coherencia con esta concepción del sufragio, resulta por entero lógico que los poderes públicos incentiven la participación política en todo tipo de procesos electorales, aún en los no políticos.

Así lo reconocería el Juez de la Constitución (STC 208/1989, de 14 de diciembre), en relación con unas elecciones sindicales, al manifestar que: «El interés general justifica sobradamente que los poderes públicos fomenten el voto de los trabajadores, cuando se trata de elegir a los representantes de éstos, a los que la Ley atribuye importantes competencias. Habiendo optado el legislador por crear unos determinados órganos de representación no puede merecer censura constitucional que los poderes públicos traten de favorecer la máxima participación electoral; es lo contrario lo que podría tacharse de incoherente y contradictorio con el designio del legislador.»

IV. En cuanto se refiere a la titularidad del derecho de sufragio activo, el artículo 23.1 lo atribuye a los ciudadanos, no a los españoles, ni mucho menos a todos. El problema que subyace a esta formulación es lógicamente el de si los extranjeros gozan de este derecho. Y ello, como ya vimos en otro lugar, exige acudir al artículo 13.2, que aunque sienta como regla general la de que sólo los españoles ostentarán la titularidad de los derechos del artículo 23, salva expresamente el derecho de sufragio activo en las elecciones municipales, que podrá reconocerse a los extranjeros en las condiciones que marca la norma constitucional y a las que ya aludiéramos en otro momento, y ahora no vamos reiterar.

En definitiva, excepción hecha de los comicios municipales, en los procesos electorales generales y autonómicos, el derecho de sufragio activo corresponde en exclusiva a los ciudadanos españoles que reúnan las condiciones legalmente requeridas, a las que aludiremos en el Capítulo referente al régimen jurídico electoral.

V. Señalemos por último que el contenido del derecho a participar en los asuntos públicos no se agota, por lo menos en su vertiente de participación indirecta, con el acto de la votación; en cuanto que los representantes dan efectividad al derecho de los ciudadanos a la participación, la permanencia de los representantes debe depender de la sola voluntad de los electores, que la expresan a través de elecciones periódicas, por lo que, como apuntara el Tribunal (STC 5/1983, de 4 de febrero), el cese en el cargo público representativo al que se accede en virtud del sufragio, no puede depender de una voluntad ajena a la de los electores. Es por ello mismo, por lo que el derecho que examinamos resulta vulnerado por el hecho de privar al representante de su función, circunstancia que no sólo conculca el derecho del representante a ejercer la función que le es propia, sino que, al unísono, incide sobre el derecho a participar en los asuntos públicos de todos los ciudadanos simultáneamente.

En definitiva, el derecho a la participación en los asuntos públicos por medio de representantes acoge entre sus contenidos el de que éstos permanezcan en el cargo y que puedan ejercerlo sin perturbaciones ilegítimas.

b/ El derecho de acceso a los cargos públicos

I. La participación de los ciudadanos en los actos públicos no se agota en la elección de sus representantes, sino que, bien al contrario, se proyecta en un derecho de acceso a los cargos públicos, esto es, a las instituciones representativas donde se fragua la voluntad de la comunidad, y a las funciones públicas, entendiendo por tales aquellos cargos no representativos, de carácter más bien funcionarial.

Centraremos ahora nuestra exposición en el acceso a los cargos públicos; dicho de otro modo, en el derecho de sufragio pasivo. A tenor del artículo 23.2 de la Constitución:

> «Asimismo tienen derecho (los ciudadanos) a acceder en condiciones de igualdad a las funciones y cargos públicos con los requisitos que señalen las leyes.»

A la vista de esta previsión, hay que destacar ante todo que, como constituye una consolidada doctrina constitucional, estamos ante un *derecho de configuración legal.* Una de las características del artículo 23.2 —ha dicho el Tribunal Constitucional (STC 75/1985, de 21 de junio)— es el muy amplio margen de libertad que confiere al legislador para regular el ejercicio del derecho, esto es, para configurar el sistema mediante el que se produce en la práctica el acceso a los cargos y funciones públicas.

Proyectando la precedente consideración sobre los cargos de elección popular, y, más ampliamente aún, sobre el mismo sistema electoral, cabe decir que del artículo 23.2 resulta que el derecho a ser elegido se adquiere «con los requisitos que señalen las leyes», de manera que de la sola consideración de dicho precepto no cabe derivar la exigencia de un determinado sistema electoral o, dentro de los elementos del mismo, de un determinado mecanismo electoral.

> La elegibilidad —dirá en otro momento el Tribunal (STC 45/1983, de 25 de mayo)— es un derecho ciudadano configurado por las leyes y delimitado negativamente (artículo 70.1 CE) por la ausencia de causas de inelegibilidad, que se inserta en el marco del artículo 23.2, de modo que, desde este parámetro, no podrá negarse a quien, estando en el pleno uso de sus derechos políticos, no esté incurso en causas de inelegibilidad.

En definitiva, *no estamos ante un derecho indiscriminado,* sino que su ejercicio requiere el cumplimiento de los requisitos establecidos por las leyes, las cuales, sin embargo, han de interpretarse en los términos más favorables a la efectividad del derecho fundamental y sin restricciones innecesarias para aquel ejercicio (STC 104/1991, de 13 de mayo). Más aún, el principio «*favor libertatis*» adquiere una relevancia especialísima en el proceso electoral, tal y como ha subrayado el intérprete supremo de la Constitución (SSTC 76/1987, de 25 de mayo y 24/1990, de 15 de febrero):

> «El principio de interpretación del ordenamiento jurídico en el sentido más favorable al ejercicio y disfrute de los derechos fundamentales —afirma el Tribunal— es de especial relevancia en el proceso electoral, en donde se ejercen de manera efectiva los derechos de sufragio activo y pasivo que, por estar en la base de la legitimación democrática del ordenamiento político, han de recibir un trato especialmente respetuoso y favorable, sin perjuicio del necesario respeto a la legislación electoral y de la diligencia que los partícipes activos en las elecciones han de tener en su actuación para posibilitar un ordenado y fluido proceso electoral.»

Por lo demás, la remisión a las leyes ha de ponerse en conexión con las previsiones que la propia Constitución establece en cuanto a la normación sustantiva de unos u otros cargos y funciones públicas (STC 47/1990, de 20 de marzo).

II. El *contenido del derecho de acceso a los cargos públicos* no se circunscribe en exclusiva al acceso propiamente dicho, sino que abarca también el derecho a permanecer en ellos en condiciones de igualdad, porque, de otro modo, el derecho fundamental quedaría vacío de contenido (STC 5/1983, de 4 de febrero). Igualmente, el derecho del artículo 23.2 comprende el derecho de no ser removido del cargo al que se accedió si no es por causas y de acuerdo con procedimientos legalmente establecidos (entre otras muchas, SSTC 28/1984, de 28 de febrero y 133/1989, de 19 de julio).

Asimismo, el acceso a un cargo público implica el derecho a desempeñarlo de acuerdo con lo previsto en la Ley, que, como ha precisado el Tribunal (STC 32/1985, de 6 de marzo), no podrá regular el ejercicio de los cargos representativos en términos tales que se vacíe de contenido la función que han de desempeñar, o se la estorbe o dificulte mediante obstáculos artificiales, o se coloque a ciertos representantes en condiciones inferiores a otros, pues si es necesario que el órgano representativo decida siempre en el sentido querido por la mayoría, no lo es menos que se ha de asignar a todos los votos igual valor. Más aún, los representantes miembros de la minoría tienen derecho a que la opinión de ésta (que es el instrumento de participación en los asuntos públicos de quienes fueron sus electores) sea oída sobre todos los asuntos en que el órgano de que forman parte ha de conocer y resolver, y lo sea, además, en los diferentes estadios del proceso decisorio.

El derecho que nos ocupa puede también ser delimitado negativamente, y desde este punto de vista hay que decir que del artículo 23.2 no nace derecho alguno a la ocupación de cargos, y ni siquiera derecho a proponerse como candidato (STC 50/1986, de 23 de abril). El derecho a tomar parte en el procedimiento que ha de llevar a la designación sólo nace de las normas legales o reglamentarias que disciplinan, en cada caso, el acceso al cargo.

En definitiva, la Constitución no confiere a ningún ciudadano el derecho a ocupar determinados cargos públicos y no impide, antes bien prevé de modo expreso, que puedan establecerse en cada caso ciertos requisitos para el acceso a los mismos. Ahora bien, estos requisitos, por imperativo del principio de igualdad del artículo 14, que el mismo artículo 23.2 especifica, han de tener una justificación objetiva y razonable.

Como ya tuvimos ocasión de exponer, el principio de igualdad no implica en todos los casos un tratamiento igual con abstracción de cualquier elemento diferenciador. Además, el principio democrático de la igualdad se encuentra abierto a las fórmulas electorales más diversas, y ello porque se trata de una igualdad referida a las «condiciones legales» en que el conjunto de un proceso electoral se desarrolla, por lo que, como ha advertido el Juez de la Constitución (STC 75/1985, de 21 de junio), *la igualdad no prefigura un sistema electoral y excluye otros,* sino que al tratarse de una igualdad «en la Ley» ha de verificarse dentro del sistema electoral libremente determinado por el legislador, impidiendo las diferencias discriminatorias, pero a partir de las reglas de tal sistema. De ello, a nuestro juicio, no debe desprenderse que el legislador carezca de límites en la configuración del sistema, pues creemos evidente que el legislador, aun respetando formalmente las, por lo demás muy genéricas, previsiones constitucionales, puede llegar a vulnerar valores materiales constitucionalmente proclamados.

En último término, no cabe olvidar que el proceso electoral en su conjunto no es sólo un canal para ejercer derechos individuales reconocidos por el artículo 23 de la Constitución, sino también un medio para dotar de capacidad de expresión a las instituciones del Estado democrático y proporcionar centros de decisión política eficaces y aptos para imprimir una orientación general a la acción de aquél.

De estos principios de eficacia, efectividad y aptitud en la organización o actuación de los poderes públicos, pueden derivar necesidades que, como por ejemplo señalara el Tribunal en su Sentencia 193/1989, de 16 de noviembre, impulsen al legislador, en el uso de su libertad de configuración normativa, a introducir correcciones o modulaciones al principio de proporcionalidad, sin que —añadamos por nuestra parte una vez más— tal principio pueda quedar vaciado de todo su sentido, pues ello, a nuestro juicio, implicaría una flagrante violación constitucional.

III. En cuanto al ámbito protegido por el derecho fundamental, conviene significar que se trata de un derecho de acceso a cargos públicos, lo que, aparte de darle una inequívoca dimensión política, significa que *el derecho no cubre el acceso a cualquier cargo, sino tan sólo a aquellos cargos públicos con representación política.*

El artículo 22.1 y 2 de la Declaración Universal de Derechos Humanos y el artículo 25 del Pacto Internacional de Derechos Civiles y Políticos de 1966 —a juicio del Juez de la Constitución (STC 23/1984, de 20 de febrero)— acreditan la interpretación de que el derecho de acceso a los cargos públicos que regula el artículo 23.2, interpretado en conexión con el 23.1 y de acuerdo con tales preceptos, se refiere a los cargos públicos con representación política que son los que corresponden al Estado y a los entes en que se organiza territorialmente de acuerdo con el artículo 137 de la Constitución.

En sintonía con esta interpretación, el Tribunal Constitucional ha declinado reconocer un significado constitucional del mismo nivel a las Corporaciones públicas no territoriales, precisando que la naturaleza de los cargos de los Colegios Profesionales no produce el efecto de comprenderlos entre los de carácter público (STC 23/1984). En igual sentido se ha manifestado respecto de aquellos cargos que no tienen la naturaleza de oficios públicos, sino de representación del personal al servicio de las Administraciones públicas ante las mismas (STC 149/1988, de 14 de julio), como también respecto de las Cajas de Ahorro, que si bien son entes de carácter social sometidos a una cierta actividad protectora del Estado o de las Corporaciones Locales, no tienen la naturaleza de entes públicos, ni los miembros de sus Consejos de Administración, la consideración de cargos públicos a los efectos del artículo 23 (STC 133/1989, de 19 de julio).

IV. Debemos referirmos por último a la titularidad de este derecho. Evidentemente, de la conexión del artículo 23.2 con el artículo 23.1 se desprende con nitidez meridiana que son titulares del mismo los ciudadanos. En consecuencia, y desde una perspectiva negativa, puede decirse que esta titularidad no corresponde a los partidos (STC 36/1990, de 1 de marzo), como tampoco a los sindicatos (SSTC 53/1982, de 22 de julio y 217/1988, de 21 de noviembre, entre otras varias).

Son, pues, los ciudadanos quienes ostentan la titularidad, primero como candidatos a un cargo representativo y luego como parlamentarios, y, en su caso, incluso los Grupos parlamentarios en que éstos se integran y que ellos mismos constituyen, en la medida en que resulten menoscabados sus derechos.

Por lo demás, si recordamos el artículo 13.2 de la Constitución, queda muy claro que el derecho de sufragio pasivo se circunscribe a los ciudadanos españoles, tal y como ya tuvimos oportunidad de exponer en un momento anterior.

c/ *El derecho de acceso a funciones públicas*

El artículo 23.2, como dijimos en el epígrafe anterior, acoge no sólo el derecho de acceso a los cargos públicos, sino asimismo el derecho de acceso a las funciones públicas en condiciones de igualdad. Una doctrina constitucional consistente y reiterada así lo ha interpretado, siempre y cuando, lógicamente, se trate de funciones públicas.

Esta extensión del ámbito protegido por el derecho fundamental del artículo 23.2 no implica, sin embargo, en modo alguno, que dentro de él no hayan de establecerse distinciones, pues es evidente que el contenido del derecho no es igual cuando se predica de cargos funcionariales o, más ampliamente, no representativos, que cuando hace relación a cargos que se alcanzan a través de la elección personal y tienen, por tanto, naturaleza representativa (STC 24/1990, de 15 de febrero).

Respecto de los primeros —que obviamente son los que ahora nos interesan— hay que comenzar advirtiendo que del artículo 23.2 no nace derecho alguno a la ocupación de una determinada función pública, y ello es así por cuanto el derecho que examinamos es un *derecho de configuración legal,* de modo tal que el derecho a tomar parte en el procedimiento selectivo que ha de llevar a la designación y, «*a fortiori*», el derecho a la misma, sólo nace de las normas legales o reglamentarias que disciplinan, en cada caso, el acceso a la función de que se trate.

Ahora bien, el derecho que examinamos es un derecho fundamental, lo que significa que el legislador, al regularlo, no carece de límites, y de entre ellos, quizá los más significativos sean los que derivan del principio de igualdad. De ahí que, a modo de concreción del principio general de igualdad, el artículo 23.2, como ha dicho el alto Tribunal (STC 50/1986, de 23 de abril), otorgue a todos los españoles un derecho de carácter puramente reaccional para impugnar ante la jurisdicción ordinaria y en último término ante el propio Tribunal Constitucional, toda norma o toda aplicación concreta de una norma que quiebre la igualdad.

El Juez de la Constitución debe, a su vez, revisar, si es instado a ello en vía de amparo, si la interpretación de la legalidad configuradora de los derechos fundamentales se ha llevado a cabo «*secundum Constitutionem*». De no ser así, los derechos fundamentales de configuración legal quedarían degradados al plano de la legalidad ordinaria y por esta vía excluidos del control del amparo constitucional.

El artículo 23.2 efectúa una remisión a «los requisitos que señalen las leyes», remisión que obliga a entender que *la igualdad se predica sólo de las condiciones establecidas para el acceso a cada función,* y que, por lo tanto, pueden ser distintos los requisitos o condiciones que los ciudadanos deben reunir para aspirar a los distintos cargos no representativos o funciones, sin que tales diferencias (posesión de ciertas titulaciones, edades mínimas o máximas, antigüedad mínima en otro empleo o función...) puedan ser consideradas lesivas de la igualdad.

En definitiva, del artículo 23.2 deriva la exigencia de que las reglas de procedimiento para el acceso a los cargos y funciones públicas (así, por ejemplo, las convocatorias de concursos y oposiciones) se establezcan en términos generales y abstractos y no mediante referencias individualizadas (STC 50/1986). *El principio de igualdad de trato* del artículo 14, que el propio artículo 23.2 absorbe, *veda el que se produzcan acepciones o pretericiones «ad personam» en el acceso a las funciones públicas* (STC 47/1990, de 20 de marzo).

Por lo que se refiere a la regulación de los requisitos exigibles en cada supuesto concreto de acceso a un cargo o función pública, la remisión a las leyes que el artículo 23.2 efectúa ha de conectarse con las previsiones que la propia Constitución establece y de modo muy especial con la determinación del artículo 103.3, que prevé que el acceso a la función pública se habrá de realizar de acuerdo con los principios de mérito y capacidad.

Aunque esta exigencia constitucional figura en el artículo 103.3 y no en el artículo 23.2, la necesaria relación recíproca entre ambos preceptos, que una interpretación sistemática no puede desconocer, autoriza a concluir, según el Tribunal (STC 50/1986 y STC 215/1991, de 14 de noviembre) que, además de la definición genérica de los requisitos o condiciones necesarios para aspirar a los distintos cargos y funciones públicas, el artículo 23.2 impone la obligación de no exigir para el acceso a la función pública requisito o condición alguna que no sea referible a los indicados conceptos de mérito y capacidad, de manera que pudieran considerarse también violatorios del principio de igualdad todos aquellos que, sin esa referencia, establezcan una diferencia entre españoles.

Bien es verdad que esta imposición no puede entenderse en términos absolutos. Los principios de mérito y capacidad operan con diferente rigor e intensidad según se trate del acceso a la carrera administrativa o de la ulterior previsión de vacantes en ella; de ahí que, a juicio del Tribunal (STC 200/1991, de 28 de octubre), quepa tener en cuenta otros criterios distintos, en atención a una mayor eficacia del servicio o a la prosecución de otros bienes constitucionalmente protegidos, y a tal efecto, se recuerda el criterio de la preferencia del consorte para obtener el destino en la población donde ya está destinado su cónyuge.

d/ El derecho de petición

I. El derecho de petición autoriza para dirigirse a los poderes públicos solicitando gracia, reparación de agravios o adopción de medidas que satisfagan el interés del peticionario o los intereses generales *(Pérez Serrano).*

Históricamente ha tenido una tremenda importancia. Y no debe extrañarnos por ello que aparezca en buen número de Declaraciones y textos. Así, el punto VI del «Bill of Rights», de 13 de febrero de 1689, proclamaría ya como un derecho de los súbditos, el de presentar peticiones al Rey, siendo ilegal toda prisión o procesamiento de los peticionarios. La primera Enmienda a la Constitución norteamericana impide al Congreso la aprobación de una ley que coarte el derecho del pueblo a solicitar reparación de cualquier agravio. Por último, la Constitución francesa de 3 de septiembre de 1791, en su Título primero, proclamará como un derecho natural, el de dirigir a las autoridades constituidas peticiones firmadas individualmente.

El devenir del tiempo ha ido, sin embargo, restando operatividad práctica a este derecho; en nuestros días, existen otros mecanismos mucho más eficaces a cuyo través intentar lograr la pretensión que antaño se instrumentalizaba vía derecho de petición: los recursos jurisdiccionales, la acción popular, la iniciativa legislativa popular, sin olvidar los mecanismos de control que los parlamentarios pueden utilizar frente al Gobierno a fin de hacerse eco de los problemas que preocupen a la opinión pública. Ante este cambio de circunstancias, producido ya desde hace muchos decenios, no debe extrañarnos que *Laband* considerase al derecho de petición tan vacío como el derecho de escribir cartas.

No obstante la evolución expuesta, el artículo 29 de nuestra Constitución se hace eco del derecho en los siguientes términos:

> 1. «Todos los españoles tendrán el derecho de petición individual y colectiva, por escrito, en la forma y con los efectos que determine la ley.»
>
> 2. «Los miembros de las Fuerzas o Institutos armados o de los Cuerpos sometidos a disciplina militar podrán ejercer este derecho sólo individualmente y con arreglo a lo dispuesto en su legislación específica.»

II. El precepto atribuye la titularidad del derecho a todos los españoles. Como ha señalado el Tribunal (ATC 426/1990, de 10 de diciembre), el derecho lo ostentan los ciudadanos precisamente en cuanto tales, y no está en juego cuando determinados cargos públicos representativos ejercen facultades propias de su función.

El derecho puede ejercerse individual o colectivamente, con la única salvedad de los miembros de las Fuerzas Armadas y Cuerpos sometidos a disciplina militar, a los que está vedada la posibilidad de ejercicio colectivo del mismo.

El derecho se ejerce por escrito, en la forma que determine la ley. Esta Ley es todavía una norma preconstitucional: la Ley 92/1960, de 22 de diciembre, reguladora del derecho de petición.

El contenido del derecho ha sido precisado por el Juez de la Constitución (STC 161/1988, de 20 de septiembre), al señalar que el artículo 29.1 de la Constitución reconoce un derecho *«uti cives»* del que disfrutan por igual todos los españoles, en su condición de tales, que les permite dirigir, con arreglo a la ley a la que se remite la Constitución, peticiones a los poderes públicos, solicitando gracias o expresando súplicas o quejas, sin que en él se incluya el derecho a obtener respuesta favorable a lo solicitado.

Así esbozado, resulta evidente que el derecho de petición no protege pretensiones que se deduzcan con base en reglas singulares ordenadoras de las funciones y facultades que correspondan a quienes ostenten el «status» específico de miembros de órganos colegiados. Y así, por ejemplo, no puede confundirse este derecho con el que asiste a los parlamentarios de recabar la información que consideren necesaria para el buen desempeño de su función, de otros poderes públicos.

Por lo demás, conviene insistir en la doctrina constitucional que ha sido tajante en torno a lo que hace al contenido intrínseco del derecho: éste sólo supone el reconocimiento en favor de los ciudadanos de hacer peticiones a los órganos institucionales de cualquier clase, pero nunca que lo solicitado tenga que ser necesariamente aceptado (ATC 749/1985, de 30 de octubre).

El artículo 77 de nuestra «Lex Superior» contiene una previsión paralela a la del artículo 29, al contemplar la posibilidad de que las Cámaras puedan recibir peticiones individuales y colectivas, siempre por escrito, prohibiendo, sin embargo, la presentación mediante manifestaciones ciudadanas. A su vez, las Cámaras podrán remitir al Gobierno las peticiones que reciban, viniendo obligado aquél a explicarse sobre su contenido, siempre que las Cámaras lo exijan.

La Ley 92/1960, de 22 de diciembre, reguladora de este derecho, dedica su Capítulo segundo a regular las peticiones en función del tipo de autoridad al que se dirijan: Jefe del Estado, Cortes, Gobierno, Ministros y restantes autoridades. A este respecto, conviene, no obstante, recordar que el Tribunal Constitucional ha sido muy tajante al rechazar que ante él pueda ejercitarse el derecho de petición, posición que, con evidente razón, justifica en que el Tribunal tiene unas competencias tasadas y delimitadas por el texto constitucional y su Ley Orgánica reguladora, entre las que no está la de acoger y resolver sobre «peticiones» presentadas por los ciudadanos (ATC 81/1980, de 5 de noviembre).

III. El artículo 29.2 sujeta a un régimen jurídico especial el ejercicio de este derecho por los miembros de las Fuerzas o Institutos armados o de los Cuerpos sometidos a disciplina militar.

El artículo 199 de las Reales Ordenanzas reitera, respecto de los miembros de las Fuerzas Armadas, la previsión constitucional, mientras que el artículo 203 establece que cualquier militar podrá dirigir propuestas a sus superiores, haciéndolo individualmente y por conducto regular. Por el contrario, no podrá solicitar ni conceder autorización para presentar reclamaciones o peticiones colectivas.

En coherencia con tales normas, la Ley Orgánica 12/1985, del Régimen Disciplinario de las Fuerzas Armadas, considera como falta leve la realización de reclamaciones o peticiones en forma o términos irrespetuosos o prescindiendo del conducto reglamentario (artículo 8.º.12), mientras que las reclamaciones, peticiones o manifestaciones contrarias a la disciplina, basadas en aseveraciones falsas, realizadas a través de los medios de comunicación social o formuladas con carácter colectivo, son consideradas por la propia norma legal (artículo 9.º.15) como faltas graves. Estas previsiones han sido sustancialmente reiteradas por la Ley Orgánica 11/1991, de 17 de junio, del Régimen Disciplinario de la Guardia Civil.

P) Los derechos de la persona como «homo faber»

Una vertiente particular de la dimensión social de la persona la encontramos en su dimensión laboral, esto es, en la consideración del ser humano como *«homo faber»*, como trabajador. Esta vertiente de la persona, de alguna manera, como apunta *Lucas Verdú,* se imbrica en la caracterización de nuestro Estado como «social». El trabajo dignifica a la persona cuando fomenta el libre desarrollo de la personalidad.

En cuanto trabajador, la persona es titular de una serie de derechos que se orientan sustancialmente hacia la defensa de sus intereses; son derechos laborales o de ámbito laboral, y a los más significados de ellos pasamos ahora a referirnos.

a/ El derecho al trabajo y a la libre elección de profesión y oficio

I. El artículo 35.1 de la Constitución reconoce el derecho de todos los españoles al trabajo y a la libre elección de profesión y oficio en los términos siguientes:

> «Todos los españoles tienen el deber de trabajar y el derecho al trabajo, a la libre elección de profesión y oficio, a la promoción a través del trabajo y a una remuneración suficiente para satisfacer sus necesidades y las de su familia, sin que en ningún caso pueda hacerse discriminación por razón de sexo.»

El precepto, como puede apreciarse, presenta un contenido complejo por cuanto no sólo proclama el derecho al trabajo, que a la par se nos ofrece con una vertiente de deber: el deber de trabajar, sino que, al unísono, contempla los derechos a la promoción a través del trabajo y a una remuneración suficiente, sin que en el goce de estos derechos pueda existir discriminación por razón de sexo. La complejidad del precepto se une a cierta heterogeneidad, puesto que el derecho a la libre elección de profesión u oficio no presenta, en sentido estricto, un carácter laboral, a diferencia de los restantes derechos garantizados, como, por lo demás, revela muy significativamente su misma evolución histórico-constitucional, que nos muestra que mientras la libertad de elección de profesión va unida a la libertad de industria y comercio (así, por ejemplo, el artículo 33 de la Constitución de 1931), lo que la vincula al constitucionalismo liberal, el derecho al trabajo presenta una connotación social que lo integra en los derechos que cobran vida en el constitucionalismo social.

II. El derecho al trabajo, como ha dicho *Sagardoy*, es un derecho que está tremendamente modalizado por las circunstancias socioeconómicas del momento y del país; de ahí que lo considere un derecho pleno en la formulación y variable en su contenido.

La doctrina se ha manifestado, no obstante, de forma muy dispar en torno a este derecho, diversificándose las posiciones en un arco que va desde quienes consideran que el artículo 35.1 formula una norma meramente programática, que no crea en realidad un derecho subjetivo, hasta aquellos otros que ven en él un auténtico derecho prestacional frente al Estado: el derecho a obtener un puesto de trabajo.

Esta última pretensión choca, sin embargo, en gran medida con uno de los principios constitucionales vertebradores del régimen económico-social: el principio de libertad de empresa (artículo 38 CE). Y si se encara con la propia realidad económica de buena parte de las sociedades occidentales en los últimos años, el contraste es aún mayor, pues la realidad nos muestra la imposibilidad de hacer efectiva esa prestación que derivaría del derecho al trabajo. Consiguientemente, el derecho al trabajo que el artículo 35.1 enuncia no puede ni debe entenderse como un derecho a exigir de los poderes públicos un puesto laboral. Ello no significa que estemos en presencia de una norma meramente programática, sino que, por el contrario, implica un mandato a los poderes públicos que éstos no pueden ignorar.

Así lo ha entendido el Tribunal Constitucional (STC 22/1981, de 2 de julio), para el que el derecho al trabajo no se agota en la libertad de trabajar; supone también el derecho a un puesto de trabajo y como tal presenta un doble aspecto: individual y colectivo, ambos reconocidos en los artículos 35.1 y 40.1 de nuestra Constitución, respectivamente.

En su aspecto individual, se concreta en el igual derecho de todos a un determinado puesto de trabajo si se cumplen los requisitos necesarios de capacitación, y en el derecho a la continuidad o estabilidad en el empleo, es decir, a no ser despedidos si no existe una justa causa. En esta vertiente, el derecho se proyecta básicamente frente al empresario, esto es, frente a quien ha de contratar laboralmente al trabajador, e implica el derecho a obtener el puesto de trabajo sin que quepa discriminación, en especial por razón de sexo, además del derecho a la permanencia o estabilidad en el empleo, todo ello, como es obvio, al margen ya de la propia libertad en el desempeño del trabajo. Ahora bien, de lo que acabamos de decir no debe derivarse que el derecho al trabajo suponga el derecho a continuar en el ejercicio de una función hasta una determinadad edad, ni menos aún, si cabe, el de hacerlo indefinidamente; así lo reconocería el Juez de la Constitución (STC 108/1986, de 29 de julio) en relación con el ejercicio de una función pública como es la función jurisdiccional.

En su dimensión colectiva, el derecho al trabajo implica además un mandato a los poderes públicos para que lleven a cabo una política de pleno empleo, mandato al que se refiere de modo explícito el inciso final del artículo 40.1 de nuestra «Lex Superior».

Ambas dimensiones están estrechamente interrelacionadas, y así lo ha puesto de relieve el Tribunal Constitucional con motivo de la cuestión de la jubilación forzosa (STC 22/1981).

La política de empleo basada en la jubilación forzosa es una política de reparto o redistribución de trabajo y como tal supone la limitación del derecho al trabajo de un grupo de trabajadores para garantizar el derecho al trabajo de otro grupo. Es cierto que esta política de empleo supone la limitación de un derecho individual consagrado constitucionalmente, pero esa limitación resulta justificada tanto por perseguir un límite legítimo, reconocido por el artículo 29.2 de la Declaración Universal de los Derechos Humanos (el reconocimiento y respeto de los derechos y libertades de los demás), como por su contribución al bienestar general.

Como consecuencia de todo lo anterior, el Juez de la Constitución llega a la conclusión de que la fijación de una edad máxima de permanencia en el trabajo será constitucional siempre que con ella se asegure la finalidad perseguida por la política de empleo, esto es, proporcionar una oportunidad de trabajo a la población en paro, por lo que no podrá suponer, en ningún caso, una amortización de puestos de trabajo. Por otra parte, la admisión de la jubilación forzosa conlleva necesariamente la percepción de una pensión para el trabajador (SSTC 58/1985, de 30 de abril y 95/1985, de 29 de julio).

III. Junto a esta conformación general del derecho al trabajo, la Constitución ofrece una manifestación particularizada del mismo que se articula jurídicamente de modo diferente. El inciso final del artículo 25.2 reconoce al condenado que estuviere cumpliendo pena de prisión el derecho a un trabajo remunerado, además de a los beneficios correspondientes a la Seguridad Social.

A juicio del alto Tribunal (STC 172/1989, de 19 de octubre), este derecho participa de los caracteres de los derechos prestacionales y tiene un doble aspecto: la organización prestacional en la medida necesaria para proporcionar a todos los internos un puesto de trabajo, que corre de cuenta de la Administración Penitenciaria, y que entraña incluso un mandato al legislador de que atienda a la necesidad del pleno empleo de la población reclusa, y un segundo aspecto consistente en el derecho fundamental de los reclusos a una actividad laboral retribuida o puesto de trabajo dentro de la organización prestacional existente. En todo caso, el Tribunal ha relativizado un tanto el carácter prestacional del derecho, al precisar que se trata de un derecho de aplicación progresiva, cuya efectividad se encuentra condicionada a los medios de que disponga la Administración en cada momento, no pudiendo pretenderse, conforme a su naturaleza, su total exigencia de forma inmediata.

IV. El derecho al trabajo se proclama por el artículo 35.1 como derecho de todos los españoles. A la vista de la titularidad constitucionalmente expresada y de que no existe Tratado ni Ley que establezca la igualdad de trato entre nacionales y extranjeros para el acceso a un puesto de trabajo, como sí lo hay, por el contrario, para la titularidad y ejercicio de los derechos laborales, una vez producida la contratación, el Juez de la Constitución (STC 107/1984, de 23 de noviembre) ha entendido que constitucionalmente no resulta exigible la igualdad de trato entre los extranjeros y los españoles en materia de acceso al trabajo.

V. Por lo que al «deber de trabajar» se refiere, no cabe identificarlo con los deberes constitucionales propiamente dichos (deber de prestación del servicio militar, deber tributario...), que entrañan determinadas prestaciones de los ciudadanos frente al Estado. Por el contrario, estamos ante un mero deber social de trabajar, que no es en modo alguno jurídicamente exigible, ni tan siquiera respecto de los reclusos, que si bien, como antes vimos, gozan del derecho a un trabajo remunerado, no pueden ser obligados a realizar trabajo alguno, por cuanto, como expresamente prescribe el artículo 25.2 (inciso inicial), «las penas privativas de libertad y las medidas de seguridad estarán orientadas hacia la reeducación y reinserción social y no podrán consistir en trabajos forzosos».

Es cierto que la Constitución admite (artículo 31.3) la posibilidad de que mediante ley puedan establecerse prestaciones personales de carácter público, pero en modo alguno puede atisbarse aquí un mecanismo a cuyo través exigir el deber de trabajar.

VI. El artículo 35.1 consagra igualmente, como ya hemos advertido, el *derecho a la libre elección de profesión y oficio*, que, como ha precisado el intérprete supremo de la Constitución (STC 83/1984, de 24 de julio), no consiste en el derecho a desarrollar cualquier actividad, sino en el de elegir libremente profesión u oficio, sin perjuicio de las normas que disciplinan, regulan y limitan el ejercicio de profesiones y oficios, imponiendo para ello muy diversos requisitos.

En todo caso, conviene significar que la regulación de las distintas profesiones u oficios no puede ser considerada como una regulación del ejercicio del derecho constitucionalmente garantizado por el artículo 35.1. No significa ello que las regulaciones limitativas queden entregadas al arbitrio de la potestad reglamentaria, pues el principio general de libertad que la Constitución consagra (artículo 1.º.1) autoriza a los ciudadanos a llevar a cabo todas aquellas actividades que la Ley no prohíba, y el principio de legalidad (artículos 9.º.3 y 103.1 CE) impide que la Administración dicte normas sin la suficiente habilitación legal.

En definitiva, del artículo 35.1 no deriva la exigencia de que las normas reguladoras de carácter restrictivo del ejercicio de una profesión u oficio tengan rango legal, lo que no obsta para que bien las cláusulas generales, bien otras determinaciones constitucionales, como es el caso del artículo 36 respecto de las profesiones tituladas, cuyo ejercicio habrá de ser regulado por ley, conduzcan a aquella exigencia.

VII. En cuanto a los restantes derechos que contempla el artículo 35.1, cabe decir que el *derecho a la promoción a través del trabajo* debe entenderse, tal y como se contempla por el Pacto Internacional de Derechos Económicos, Sociales y Culturales (artículo 7.º, c/), como el derecho de todos los trabajadores a una igual oportunidad de ser promovidos, dentro de su trabajo, a la categoría superior que les corresponda, sin más consideraciones que los factores de tiempo de servicio y de capacidad.

Finalmente, el *derecho a una remuneración suficiente* no sólo para satisfacer las propias necesidades personales, sino las de la familia del trabajador, plantea la problemática de la indeterminación del concepto de «suficiencia», si bien es claro que, pese a ello, este derecho debe entenderse como el derecho a un salario que posibilite unas condiciones de existencia dignas para el trabajador y su familia.

b/ El derecho de libertad sindical

El 20 de abril de 1977 eran registrados los Instrumentos de Ratificación por España de los Convenios números 87 y 98 de la Organización Internacional del Trabajo, sobre libertad sindical y protección del derecho de sindicación y negociación colectiva. Ello suponía un hito histórico en el ámbito de las relaciones laborales que cobraría toda su virtualidad el 20 de abril de 1978, fecha de entrada en vigor de ambos Convenios.

Buena parte —por no decir que casi todos— de los principios acogidos por tales Convenios: libertad sindical, derecho a la libre afiliación a un sindicato, pluralismo sindical, reconocimiento de las organizaciones «más representativas» con el consiguiente respeto de las organizaciones sindicales minoritarias..., han encontrado con posterioridad su reconocimiento constitucional o legal, o en último término han sido consagrados por nuestra doctrina constitucional.

De la relevancia del marco que nos suministra el Derecho internacional se ha hecho eco el Juez de la Constitución, al reconocer que los Convenios de la OIT ratificados por España son textos invocables respecto de los derechos reconocidos en los artículos 14 y 28.1, que se incorporan al ordenamiento interno, surgiendo de estas normas los derechos individuales. Más aún, las Recomendaciones de dicha Organización son textos orientativos que, sin eficacia vinculante, pueden operar como criterios interpretativos o aclaratorios de los Convenios (STC 38/1991, de 23 de noviembre).

En este marco debe situarse el reconocimiento constitucional del derecho a la libertad sindical por el artículo 28.1, a cuyo tenor:

> «Todos tienen derecho a sindicarse libremente. La ley podrá limitar o exceptuar el ejercicio de este derecho a las Fuerzas o Institutos armados o a los demás Cuerpos sometidos a disciplina militar y regulará las peculiaridades de su ejercicio para los funcionarios públicos. La libertad sindical comprende el derecho a fundar sindicatos y a afiliarse al de su elección, así como el derecho de los sindicatos a formar confederaciones y a fundar organizaciones sindicales internacionales o afiliarse a las mismas. Nadie podrá ser obligado a afiliarse a un sindicato.»

Lo primero que hay que decir de este precepto es que por muy detallado y concreto que parezca su enunciado, a propósito del contenido de la libertad sindical, no puede considerársele, como el propio Tribunal ha admitido (STC 23/1983, de 25 de marzo), como exhaustivo o limitativo, sino meramente ejemplificativo, con la consecuencia, sobre la que volveremos después, de que la enumeración expresa de los derechos concretos que integran el genérico de libertad sindical no agota, en absoluto, el contenido global de dicha libertad.

Por lo demás, como el Tribunal ha reiterado, y por nuestra parte ya pusimos de manifiesto en otro momento, el artículo 28.1 se conecta íntimamente con el artículo 7.º de la propia Norma fundamental, que contempla a los sindicatos de trabajadores y a las asociaciones empresariales, marcando la función que han de cumplir: la defensa y promoción de los intereses económicos y sociales que les son propios.

El artículo 28.1 ha sido desarrollado por la Ley Orgánica 11/1985, de 2 de agosto, de Libertad Sindical.

a') La titularidad del derecho

I. El derecho a la libertad sindical se atribuye por el artículo 28.1 a todos, expresión omnicomprensiva que abarca a españoles y extranjeros y que, desde luego, incluye dentro sí a todo tipo de trabajadores, sin perjuicio de que, como la propia Constitución hace, pueda en ciertos casos limitarse o aun exceptuarse el ejercicio de este derecho a algunos colectivos.

La Constitución, en otro lugar (artículo 127.1, ubicado dentro del Título VI, relativo al Poder Judicial), ha prohibido la sindicación a los Jueces, Magistrados y Fiscales mientras se hallen en activo.

II. Al amparo de la posibilidad constitucionalmente prevista (artículo 28.1) de exceptuar el ejercicio de este derecho a las Fuerzas Armadas y Cuerpos sometidos a disciplina militar, el artículo 181 de las Reales Ordenanzas prescribe que los miembros de las Fuerzas Armadas no podrán participar en sindicatos y asociaciones con finalidad reivindicativa, mientras que el artículo 180 les veda tomar parte en ningún caso en una manifestación de tipo sindical o reivindicativo.

En sintonía con las precedentes previsiones, el artículo 1.º.3 de la Ley Orgánica 11/1985, de Libertad Sindical (en adelante LOLS), exceptúa del ejercicio de este derecho a los miembros de las Fuerzas Armadas y de los Institutos armados de carácter militar, calificación que ha de darse a la Guardia Civil, Instituto armado de naturaleza militar, como la define el artículo 9.º, b/ de la Ley Orgánica 2/1986, de 13 de marzo, de Fuerzas y Cuerpos de Seguridad, por lo que los miembros del Cuerpo de la Guardia Civil quedan asimismo excluidos del ejercicio de este derecho.

Más aún, en aras de la preservación de la neutralidad sindical de las Fuerzas Armadas (STC 101/1991, de 13 de mayo), la Disposición Adicional tercera de la LOLS ha venido a impedir que el derecho a la actividad sindical, que se integra en la libertad sindical, pueda ejercerse en el interior de los establecimientos militares.

III. En cuanto al ejercicio del derecho de sindicación por los miembros de los Cuerpos y Fuerzas de Seguridad que no tengan carácter militar, se ha de regir por su normativa específica, dado el carácter armado y la organización jerarquizada de estos Institutos. Esa normación está constituida por la antes citada Ley Orgánica 2/1986, de Fuerzas y Cuerpos de Seguridad.

La referida norma legal reconoce el derecho de los miembros del Cuerpo Nacional de Policía a constituir organizaciones sindicales de ámbito nacional para la defensa de sus intereses profesionales, así como el de afiliarse a las mismas y participar activamente en ellas, en el bien entendido de que tales organizaciones sindicales habrán de estar formadas exclusivamente por miembros del propio Cuerpo.

Los límites de que se rodea el ejercicio de este derecho por los miembros del Cuerpo Nacional de Policía han sido, ya desde la primera jurisprudencia (STC 81/1983, de 10 de octubre), admitidos por el Juez de la constitucionalidad, a cuyo juicio, la estructura interna de estos Cuerpos y la misión que les atribuye el artículo 104.1 de la Constitución, entraña una serie de limitaciones, como, por ejemplo, la de que la crítica a los superiores, aunque se haga en uso de la calidad de representante y autoridad sindical y en defensa de los sindicatos, deberá hacerse con la mesura necesaria para no incurrir en la vulneración del respeto debido a los superiores, así como para no poner en peligro el buen funcionamiento del servicio y de la institución policial (STC 69/1989, de 20 de abril).

IV. Finalmente, por lo que se refiere a los funcionarios públicos, aunque gozan del derecho de libertad sindical, el artículo 28.1, explícitamente, señala que la ley regulará las peculiaridades del ejercicio de este derecho por aquéllos. Esta previsión vuelve a ser reiterada por el artículo 103.3 de nuestra «Lex Superior».

El Tribunal Constitucional se encargó de precisar que la determinación de las peculiaridades del derecho de sindicación de los funcionarios públicos corresponde tan sólo al legislador estatal, por cuanto, de una parte, implica la regulación o desarrollo de un derecho fundamental (artículos 53.2 y 81.1 CE) en términos que aseguren la igualdad en su ejercicio (artículo 149.1.1.ª CE) y, de otra, forma parte del régimen jurídico de las Administraciones públicas y del régimen estatutario de sus funcionarios (artículo 149.1.18 CE) (STC 57/1982, de 27 de julio). De esta forma, la ausencia de órganos de representación en la función pública, que perduró hasta la entrada en vigor de la Ley 9/1987, de 12 junio, de órganos de representación, determinación de las condiciones de trabajo y participación del personal al servicio de las Administraciones Públicas, no pudo ser suplida por las Comunidades Autónomas, como el Tribunal reiteró en alguna ocasión (STC 158/1988, de 15 de septiembre).

La Ley 9/1987, de 12 de junio, ha desarrollado la previsión constitucional, estableciendo como órganos específicos de representación de los funcionarios públicos —esto es, del personal que preste sus servicios en las distintas Administraciones Públicas, siempre que esté vinculado a las mismas a través de una relación de carácter administrativo o estatutario—, los Delegados de Personal y las Juntas de Personal. A esta normación debe unirse la ratificación por España de los Convenios números 151 y 154 de la OIT, sobre la protección del derecho de sindicación y los procedimientos para determinar las condiciones de empleo en la Administración Pública, y sobre el fomento de la negociación colectiva, respectivamente.

En todo caso, conviene recordar que el ejercicio por los funcionarios del derecho de libertad sindical no está exento de algunas limitaciones; así, el Juez de la Constitución se ha hecho eco (Autos 436/1984, de 11 de julio y 1121/1988, de 10 de octubre) de alguna de ellas como, por ejemplo, la de que el ejercicio de dicho derecho no les permite incumplir sus deberes como funcionarios, realizando actos que atenten contra el decoro y dignidad del funcionario o al prestigio y consideración debidos a la Administración.

V. Digamos por último que la Ley Orgánica de Libertad Sindical (artículo 3.º.1) ha fijado ciertos límites para el ejercicio del derecho de sindicación por los trabajadores por cuenta propia que no tengan trabajadores a su servicio, por los parados y por los que hayan cesado en su actividad laboral, como consecuencia de su incapacidad o jubilación; estas personas podrán afiliarse a las organizaciones sindicales constituidas con arreglo a lo previsto por la nueva Ley, pero no podrán fundar sindicatos que tengan precisamente por objeto la tutela de sus intereses singulares, sin perjuicio de su capacidad para constituir asociaciones al amparo de la legislación específica.

Esta previsión sería impugnada en uno de los recursos previos de inconstitucionalidad presentados frente al texto definitivo del Proyecto de Ley Orgánica de Libertad Sindical, resueltos finalmente por la Sentencia 98/1985, de 29 de julio. En ella, el Tribunal convalidaría la constitucionalidad de esta previsión.

> «La limitación que viene establecida en el Proyecto —argumenta el Juez de la Constitución— recae en rigor sobre la organización del sistema de defensa de los respectivos intereses, afectando a la forma de tutelarlos y no al trabajador. Si se parte de la idea válida de que *el sindicato*, en cuanto sujeto de la libertad de sindicación, *se justifica primordialmente por el ejercicio de la actividad sindical*, y que ésta se caracteriza por la existencia de otra parte ligada al titular del derecho por una relación de servicios, y frente a la que se ejercita, *siendo su expresión una serie de derechos como los de huelga, de negociación colectiva y de conflicto* (reconocidos por los artículos 28.2, 37.1

> y 37.2 de la CE), que no podría ejercer un sindicato de trabajadores autónomos, no hay motivo para considerar carente de fundamento razonable una regulación que en último término orienta el derecho de los trabajadores autónomos para defender sus intereses o hacia su integración en los sindicatos de trabajadores o (...) hacia la constitución de "asociaciones al amparo de la legislación específica".»

b') El contenido del derecho

I. El derecho que contempla el artículo 28.1 presenta una doble y complementaria vertiente:

a) Por una parte, nos presenta una *vertiente individual,* y en cuanto tal, como la propia dicción del precepto aclara, es un *derecho de libertad* que puede contemplarse en sentido positivo, como derecho de creación de sindicatos y de afiliación a ellos, y en sentido negativo, como derecho a permanecer al margen de cualquier organización sindical o a no sindicarse.

b) Por otra, el derecho a la libertad sindical ofrece una *vertiente colectiva,* por virtud de la cual incluye como contenido esencial el derecho a que las organizaciones sindicales libremente creadas desempeñen el papel y las funciones que a los sindicatos de trabajadores reconoce el artículo 7.° de la Constitución, de manera que participen en la defensa y promoción de los intereses de los trabajadores (SSTC 70/1982, de 29 de noviembre y 4/1983, de 28 de enero, entre otras muchas); en definitiva, el derecho a la libertad sindical, en su vertiente colectiva, se traduce en el *derecho a llevar a cabo una libre acción sindical* y, por consiguiente, en la realización del conjunto de actos que dentro de dicha acción pueden encuadrarse (STC 51/1984, de 25 de abril).

II. La Ley Orgánica de Libertad Sindical exige como único requisito para la adquisición de personalidad jurídica y plena capacidad de obrar por un sindicato, el depósito, por parte de sus promotores o dirigentes, de los estatutos del mismo en la oficina pública establecida al efecto en el Ministerio de Trabajo. Esta oficina dispondrá en el plazo de diez días la publicidad del depósito, o el requerimiento a sus promotores, por una sola vez, para que en el plazo máximo de otros diez días subsanen los defectos observados. Transcurrido este plazo la oficina dispondrá la publicidad o rechazará el depósito de los estatutos mediante resolución exclusivamente fundada en la carencia de alguno de los requisitos legalmente exigidos. Esta determinación muestra con nitidez que a la Administración le está vedado un control de legalidad del sindicato, pues el rechazo del depósito de los estatutos se circunscribe al supuesto de ausencia de alguno de los requisitos exigidos por el artículo 4.°.2 LOLS. Son, pues, los órganos judiciales los únicos legitimados para verificar ese control de legalidad.

Es por ello mismo por lo que la autoridad pública, como también quien acredite un interés directo, personal y legítimo, puede promover ante la autoridad judicial la declaración de no conformidad a derecho de cualesquiera estatutos que hayan sido objeto de depósito y publicación. La Ley Orgánica de Libertad Sindical (artículo 2.°.2, c/) ha reconocido como parte integrante del contenido del derecho a la libertad sindical por parte de las organizaciones sindicales, el derecho a no ser suspendidas ni disueltas sino mediante resolución firme de la autoridad judicial, fundada en incumplimiento grave de las Leyes.

El sindicato adquirirá personalidad jurídica y plena capacidad de obrar una vez transcurridos veinte días hábiles desde el depósito de los estatutos.

III. Junto a la libertad de creación o fundación de sindicatos, el derecho del artículo 28.1, también en su perspectiva individual, comprende el derecho del trabajador a afiliarse al sindicato de su elección con la sola condición de observar los estatutos del mismo, o a separarse del que estuviere afiliado, no pudiendo nadie ser obligado a afiliarse a un sindicato (artículo 2.°1, b/ LOLS).

Esta manifestación del derecho, como en general cualquier otra, ha de protegerse, tal y como ha puesto de relieve el Juez de la Constitución (entre otras muchas, SSTC 12/1983, de 22 de febrero y 20/1985, de 14 de febrero), frente a los actos que directamente atenten contra ella por medio de coacción, mandato imperativo o imposición de obligaciones, como asimismo frente a violaciones indirectas que pueden existir en aquellos casos en que se produce una presión para que los trabajadores adopten una actitud que, al nacer de una presión, deja de ser libre.

IV. La vertiente colectiva del derecho a la libertad sindical, de conformidad con el artículo 28.1 de la Constitución, se traduce en el derecho de los sindicatos a formar confederaciones y a fundar organizaciones sindicales internacionales o a afiliarse a las existentes, pero, como ya expusimos antes, va mucho más allá de este contenido, pues, en último término, el derecho se traduce en la *realización de una actividad sindical libre.*

Este contenido ha sido ampliamente desarrollado por el intérprete supremo de la Constitución, que ha sentado una doctrina de enorme relevancia, que puede ser compendiada del siguiente modo (véase por todas, STC 51/1988, de 22 de marzo):

1.°) El artículo 28.1 integra como derechos de actividad de los sindicatos, los de negociación colectiva, huelga e incoación de conflictos, medios de acción que contribuyen a que el sindicato pueda desenvolver la actividad a que es llamado por el artículo 7.° de la Constitución, y que en todo caso, como el Tribunal Constitucional ha subrayado de modo específico (así, en la STC 9/1988, de 25 de enero), son un núcleo mínimo e indisponible de la libertad sindical.

2.°) Los sindicatos pueden ostentar, junto a los anteriores, facultades o derechos adicionales, atribuidos por normas infraconstitucionales, que pasan a integrar el contenido del derecho. Así se ha reconocido por el Juez de la Constitución respecto a la participación institucional (STC 39/1986, de 31 de marzo) o respecto de la facultad de los sindicatos de promover y participar en las elecciones para órganos de representación de trabajadores o funcionarios, pese a que tales órganos de representación no tienen reconocimiento constitucional, sino que son creación de la ley (STC 9/1988, de 25 de enero).

3.°) El reconocimiento o creación —por norma legal o, incluso, reglamentaria— de un medio de acción sindical, adicional a los mínimos indispensables, y que atribuye a los sindicatos facultades o derechos también adicionales, no se integra en el contenido esencial de la libertad sindical, pero el derecho fundamental pasa a acoger en estos supuestos no sólo su contenido esencial, sino también esos derechos o facultades básicas que las normas infraconstitucionales crean y pueden alterar o suprimir. Quiere ello decir que la configuración legal o convencional de estas facultades o derechos adicionales no está sujeta a más límite que el de no vulnerar el contenido esencial del derecho a la libertad sindical (STC 127/1989, de 13 de julio).

4.°) El derecho de libertad sindical comprende asimismo el derecho del sindicato a formular su programa de acción (tal y como se reconoce en el Convenio num. 87 de la OIT), protegiendo asimismo al sindicato de ilegítimas e indebidas injerencias de otros sindicatos (STC 217/1991, de 14 de noviembre).

5.°) En el ámbito del derecho a la libertad sindical se comprende el derecho a que la Administración Pública no se interfiera en la actividad de las organizaciones sindicales o entorpezca la ejecución de sus programas (SSTC 23/1983, de 25 de marzo y 20/1985, de 14 de febrero).

En todo caso, conviene advertir que no pueden considerarse injerencia de la Administración sobre el ejercicio de este derecho, actuaciones tales como las medidas de fomento de la sindicación (STC 12/1983, de 22 de febrero), o la propaganda institucional tratando de promover la participación electoral en unas elecciones sindicales (STC 208/1989, de 14 de diciembre).

6.°) Finalmente, en el ámbito del derecho encuentra pleno encaje el derecho de las organizaciones sindicales a no ser discriminadas entre sí por parte de la Administración Pública de modo arbitrario o irrazonable (entre otras muchas, STC 23/1983, de 25 de marzo), y ello, entre otras consideraciones, de una parte, porque la defensa y promoción de los intereses económicos y sociales se atribuye por la Norma suprema a todos los sindicatos sin distinción (STC 20/1985, de 14 de febrero), y, de otra, porque en el derecho de libertad sindical está implícita la exigencia de igualdad entre las diferentes organizaciones sindicales (STC 98/1985, de 29 de julio).

Ahora bien, el derecho al trato igualitario no es incompatible con la utilización por parte de los poderes públicos de criterios dirigidos a seleccionar, en evitación de una posible atomización sindical, a aquellos sindicatos que gocen de una especial implantación, audiencia o consideración dentro del colectivo en el que ejercen su actividad y, en atención a ello, concederles determinadas facilidades, apoyo y ventajas que potencien o favorezcan su acción (STC 217/1988, de 21 de noviembre). A este respecto, conviene anticipar que el Juez de la Constitución, como más adelante veremos en detalle, ha reconocido como criterios objetivos de diferenciación y, por ello mismo, constitucionalmente válidos, los de «mayor representatividad» y «mayor implantación».

c') El derecho a la actividad sindical

I. La libertad sindical comprende, entre otros, el derecho a la actividad sindical; así lo reconoce el artículo 2.º1, d/ LOLS, y así lo ha ratificado el Juez de la Constitución en una reiteradísima jurisprudencia, a la que ya hemos tenido oportunidad de aludir.

La acción sindical es regulada en detalle por el Título IV de la Ley Orgánica de Libertad Sindical, que, sucesivamente, enuncia las facultades que podrán ejercitar los trabajadores afiliados a un sindicato, en el ámbito de la empresa o centro de trabajo; los derechos de las Secciones Sindicales; los derechos de los cargos electivos en las organizaciones sindicales más representativas, y los derechos de los delegados sindicales.

Los trabajadores afiliados a un sindicato no sólo pueden, en el ámbito de la empresa o centro de trabajo, constituir Secciones Sindicales de conformidad con lo establecido en los Estatutos del Sindicato, Secciones a las que, entre otros derechos, se les reconoce el derecho a la negociación colectiva, sino que pueden asimismo celebrar reuniones, previa notificación al empresario, recaudar cuotas y distribuir información sindical, fuera de las horas de trabajo y sin perturbar la actividad normal de la empresa.

El Tribunal Constitucional (STC 91/1983, de 7 de noviembre) ha considerado como parte integrante del contenido esencial del derecho de libre sindicación, el derecho de celebrar reuniones a las que concurran los afiliados al Sindicato, con el objeto de desarrollar los fines del propio Sindicato, derecho éste (de reunión sindical) que existe con independencia del derecho de reunión proclamado por el artículo 21 de la «Lex Superior».

En perfecta sintonía con la libertad sindical, el Tribunal Constitucional, haciendo suyas las previsiones de los Convenios de la OIT, ha considerado que el despido de un trabajador a causa de su afiliación sindical o de su participación en actividades sindicales o por razón de su condición de representante de los trabajadores, es una injerencia atentatoria a la libertad sindical, de modo tal que un despido contrario a la libertad sindical se ve afectado por un vicio de nulidad radical y, por ello, comporta necesariamente la readmisión (STC 38/1981, de 23 de noviembre).

Más aún, jurisprudencialmente se ha reconocido la necesidad de un especial reforzamiento de la protección frente a actos discriminatorios de aquellos trabajadores que ostenten cargos de representación sindical (SSTC 38/1981 y 78/1982, de 20 de diciembre). Y en conexión con esta doctrina, el Tribunal ha entendido (así, entre otras, STC 197/1990, de 29 de noviembre) que debe ser el empresario quien pruebe la razonabilidad y proporcionalidad de la medida adoptada y su carácter por completo ajeno a todo propósito atentatorio contra la libertad sindical. En definitiva, la carga de la prueba de que una determinada medida adoptada por el empresario no es discriminatoria en el ámbito sindical, recae sobre el propio empresario.

II. Los órganos de representación en la empresa son creación de la Ley y sólo poseen las competencias que ésta expresamente les atribuya, mientras que el sindicato está reconocido en la Constitución y de ella recibe sus funciones (STC 37/1983, de 11 de mayo).

Tales órganos de representación están contemplados por la Ley 8/1980, de 10 de marzo, del Estatuto de los Trabajadores, modificada por la Ley 32/1984, de 2 de agosto, que prevé dos tipos de órganos: los Delegados de personal y los Comités de empresa. Los primeros ostentan la representación de los trabajadores de la empresa o centro de trabajo que tengan menos de 50 y más de 10 trabajadores. Igualmente, podrá haber un Delegado de personal en aquellas empresas o centros que cuenten entre 6 y 10 trabajadores, si así lo decidieran éstos por mayoría. Los trabajadores elegirán, mediante sufragio libre, personal, directo y secreto, a los Delegados de personal (hasta 30 trabajadores, uno; de 31 a 49, tres).

El Comité de empresa es el órgano representativo y colegiado del conjunto de los trabajadores en la empresa o centro de trabajo para la defensa de sus intereses, constituyéndose en cada centro de trabajo cuyo censo sea de 50 o más trabajadores. La Ley precisa el número de miembros de estos Comités con arreglo a un baremo (artículo 66.1) que va de los cinco miembros (en las empresas que cuenten con un número de trabajadores que oscile entre 50 y 100) hasta un máximo de setenta y cinco.

Podrán promover elecciones a Delegados de personal y miembros de Comités de empresa las organizaciones sindicales más representativas, las que cuenten con un mínimo de un 10 por 100 de representantes en la empresa o los trabajadores del centro de trabajo por acuerdo mayoritario. En todo caso, los promotores comunicarán a la representación de la empresa y al Instituto de Mediación, Arbitraje y Conciliación su resolución de celebrar elecciones y la fecha de iniciación del proceso electoral con una antelación mínima de diez días hábiles.

La duración del mandato de los Delegados de personal y de los miembros del Comité de empresa será de cuatro años, entendiéndose prorrogado el mandato si, a su término, no se hubiesen promovido nuevas elecciones de representantes.

Serán electores todos los trabajadores de la empresa o centro de trabajo mayores de dieciséis años y con una antigüedad en la empresa de al menos un mes, y elegibles los trabajadores que tengan dieciocho años cumplidos y una antigüedad en la empresa de al menos seis meses, salvo en industrias en que, por movilidad del personal, se pacte en Convenio Colectivo un plazo inferior, con el límite mínimo de tres meses de antigüedad.

Se podrán presentar candidatos para la elección de Delegados de personal y miembros del Comité de empresa por los sindicatos de trabajadores legalmente constituidos. Igualmente podrán presentarse los trabajadores que avalen su candidatura con un número de firmas de electores de su mismo centro y colegio, en su caso, equivalente al menos a tres veces el número de puestos a cubrir.

El sistema de elección, como es obvio, varía según se trate de elegir a los Delegados de personal o a los miembros de los Comités de empresa.

En la elección para Delegados de personal (art. 70 de la Ley 8/1980), cada elector podrá dar su voto a un número máximo de aspirantes equivalentes al de puestos a cubrir entre los candidatos proclamados. Resultarán elegidos los que obtengan el mayor número de votos, y, caso de empate, el trabajador de mayor antigüedad en la empresa.

En la elección para el Comité de empresa, el sistema se ajusta a las reglas fijadas por el art. 71 del Estatuto de los Trabajadores tras su reforma por la Ley 32/1984. A su tenor, en las empresas de más de 50 trabajadores, el censo de electores y elegibles se distribuirá en dos colegios: uno integrado por los técnicos y administrativos y otro por los trabajadores especialistas y no cualificados. Las reglas a seguir a efectos de la elección son las siguientes:

a) Cada elector podrá dar su voto a una sola de las listas presentadas para los miembros del Comité que corresponda a su colegio. Las listas han de ser completas (contener tantos nombres como puestos a cubrir) y en ellas habrá de figurar la sigla del sindicato o grupo de trabajadores que la presenten.

b) No tendrán derecho a la atribución de representantes en el Comité de empresa las listas que no obtuvieren como mínimo el 5 por 100 de los votos de cada colegio.

c) Mediante el sistema de representación proporcional se atribuirá a cada lista el número de puestos que le correspondan, de conformidad con el cociente que resulte de dividir el número de votos válidos por el de puestos a cubrir. Si hubiese puestos sobrantes se atribuirán a la lista o listas que tengan un mayor resto de votos.

d) Dentro de cada lista resultarán elegidos los candidatos por el orden en que figuren en la candidatura.

La inobservancia de cualquiera de las reglas precedentes determinará la anulabilidad de la elección del candidato o candidatos afectados.

Las elecciones sindicales tienen una doble finalidad, tal y como ha reconocido el Tribunal Constitucional (STC 7/1990, de 18 de enero): por una parte, sirven para elegir a los representantes de los trabajadores en el centro de trabajo y en la empresa; por otra, para medir la audiencia de los distintos sindicatos en los órganos de representación de los trabajadores, con lo que estas elecciones tienen igualmente una finalidad institucional: constatar oficialmente el «*quantum*» de la representatividad de los distintos sindicatos, especialmente de las grandes confederaciones sindicales, a lo que la Ley anuda importantes consecuencias, y entre ellas, la de fundar en nuestro sistema la denominada «mayor representatividad» de las centrales sindicales.

d') La configuración y alcance de la condición de «sindicato más representativo»

I. El ordenamiento jurídico español, siguiendo en este punto la doctrina fijada por la OIT, ha consagrado la noción de «*sindicato más representativo*», cuyo alcance jurídico es más que notable.

El artículo 6.º LOLS precisa al respecto que la «mayor representatividad sindical» reconocida a determinados sindicatos les confiere una singular posición jurídica a efectos, tanto de participación institucional como de acción sindical. El propio precepto establece a continuación (artículo 6.º.2) el *criterio de la audiencia electoral* a los efectos de precisar qué sindicatos son más representativos.

A nivel estatal, tendrán esa consideración los que obtengan, en dicho ámbito, el 10 por 100 o más del total de Delegados de personal, de los miembros de los Comités de empresa y de los órganos correspondientes de las Administraciones Públicas. A su vez, por aplicación del llamado «*criterio de la irradiación*», los sindicatos o entes sindicales, afiliados, federados o confederados a una organización sindical de ámbito estatal que tenga la consideración de «más representativa», quedan también revestidos de idéntica consideración, eximiéndoles el legislador de esta forma del criterio de la audiencia electoral.

El Tribunal Constitucional, en su primera jurisprudencia (SSTC 53/1982, de 22 de julio y 65/1982, de 10 de noviembre), admitió el concepto de «organizaciones representativas de trabajadores», derivándolo del mismo pluralismo sindical, a la par que, siguiendo la doctrina de la OIT, manifestaba que los criterios para decidir qué había de entenderse por «organizaciones más representativas» debían ser establecidos por cada Estado, habiendo de tener carácter objetivo o fundarse en elementos que no ofrecieran posibilidad de parcialidad o abuso. Con posterioridad (STC 98/1985, de 29 de julio), el Juez de la constitucionalidad consideraría que la opción del legislador reflejada en la Ley Orgánica de Libertad Sindical se ajustaba a tales criterios generales.

En cuanto al llamado *«criterio de la irradiación»*, el Tribunal entendería que, en sí mismo, no plantea problema constitucional alguno, por cuanto su adecuación o no a la doctrina de la representatividad carece de relevancia a efectos constitucionales. El que el legislador, en atención a fines que sólo a él compete establecer, haya decidido potenciar la actividad sindical mediante la extensión de un sistema de mayor representatividad, es una decisión política no controlable judicialmente, salvo si se vulnerara la obligada igualdad de trato a los sindicatos, lo que, según el Tribunal (STC 98/1985), no ocurre en este caso.

A nivel de Comunidad Autónoma, tendrán la consideración de sindicatos «más representativos» (artículo 7.°.1 LOLS), los sindicatos de dicho ámbito que acrediten en el mismo una audiencia expresada en la obtención de un 15 por 100 de delegados, miembros de los Comités de empresa y representantes de los trabajadores en los órganos correspondientes de las Administraciones Públicas, siempre que cuenten con un mínimo de 1500 representantes.

Este mayor grado de exigencia sería justificado por el alto Tribunal (STC 98/1985), no considerándolo irrazonable, por cuanto con él se trata de garantizar la relevancia de estos sindicatos no sólo en el interior de la respectiva Comunidad, sino también en relación con el conjunto nacional, dado que han de ostentar una representación institucional no sólo en el ámbito autonómico, sino también ante las Administraciones Públicas u otras entidades de carácter estatal. Con ese mayor nivel de exigencia, se evitan las distorsiones que resultarían de la atribución de los mismos derechos a sindicatos de diferente implantación territorial y que representen a un número muy distinto de trabajadores, según la población laboral de las respectivas Comunidades Autónomas.

Aun cuando ahora nos estemos refiriendo en exclusiva a los sindicatos de trabajadores, aprovecharemos, no obstante, para recordar que el concepto de «*organización más representativa*» ha sido asimismo asumido por el legislador respecto de las *Asociaciones empresariales.* La Disposición Adicional sexta de la Ley 8/1980, del Estatuto de los Trabajadores, tras su reforma por la Ley 32/1984, de 2 de agosto, determina que a los efectos de ostentar representación institucional en defensa de intereses generales de los empresarios ante las Administraciones Públicas y otras Entidades u Organismos de carácter estatal o de Comunidad Autónoma que la tengan prevista, se entenderá que gozan de esta capacidad representativa las Asociaciones empresariales que cuenten con el 10 por 100 o más de las empresas y trabajadores en el ámbito estatal.

Asimismo, podrán estar también representadas las Asociaciones empresariales de Comunidad Autónoma que cuenten en ésta con un mínimo del 15 por 100 de los empresarios y trabajadores. No estarán comprendidas en este supuesto las Asociaciones empresariales que estén integradas en federaciones o confederaciones de ámbito estatal.

Las organizaciones empresariales que tengan la condición de «más representativas» con arreglo a la citada Disposición Adicional gozarán de capacidad para obtener cesiones temporales del uso de inmuebles patrimoniales públicos en los términos que se establezcan legalmente.

II. La Ley Orgánica 11/1985 establece el alcance de la condición de «sindicato más representativo». Las organizaciones que tengan dicha consideración gozarán de capacidad representativa a todos los niveles territoriales y funcionales para, entre otras funciones (artículo 6.º.3):

a/ Ostentar representación institucional ante las Administraciones Públicas u otras entidades y organismos de carácter estatal o de la Comunidad Autónoma que la tengan prevista.

b/ La negociación colectiva, en los términos previstos por el Estatuto de los Trabajadores.

c/ Participar como interlocutores en la determinación de las condiciones de trabajo en las Administraciones Públicas.

d/ Promover elecciones para Delegados de personal y Comités de empresa y órganos correspondientes de las Administraciones Públicas. Y

e/ Obtener cesiones temporales del uso de inmuebles patrimoniales públicos.

Especial relevancia reviste la singular posición jurídica que la mayor representatividad confiere a los sindicatos a efectos de su *participación institucional* (artículo 6.º.1 LOLS).

Como el Juez de la Constitución reconociera (STC 39/1986, de 31 de marzo), no existe un concepto preciso de «participación institucional» externo a la Constitución y al que deba entenderse que ésta remite.

Ello no obstante, existe un precepto clave a efectos de la determinación del alcance de dicha expresión. Se trata del artículo 129, que entiende por participación la desarrollada en el seno de «organismos públicos», fuera de la cual otras formas de participación no están prohibidas por la Constitución, pero tampoco reguladas por ella. Existe, pues, una estrecha vinculación entre la participación prevista por el citado artículo 129 y la estructura organizativa de la Administración Pública.

Esta participación institucional desborda en todo caso la participación de estos sindicatos en el ámbito específico de los órganos de gobierno y representación de entidades públicas, para proyectarse, con un alcance aún mucho mayor, a otros ámbitos que en todo caso suponen la conversión de esos sindicatos en los interlocutores sociales privilegiados de los poderes públicos (junto a las asociaciones empresariales más representativas) en las grandes cuestiones relativas al marco general socio-económico.

c/ El derecho de huelga

Una de las manifestaciones centrales de los derechos de la persona como *«homo faber»* la encontramos en el derecho de huelga, contemplado por buena parte de los códigos constitucionales de la segunda postguerra, y que nuestra «Lex Superior» acoge en su artículo 28.2 en los siguientes términos:

> «Se reconoce el derecho a la huelga de los trabajadores para la defensa de sus intereses. La ley que regule el ejercicio de este derecho establecerá las garantías precisas para asegurar el mantenimiento de los servicios esenciales de la comunidad.»

De la importancia que el constituyente ha otorgado a este derecho da idea su ubicación dentro de la Sección primera del Capítulo 2.º del Título I, dotándole de esta forma de las máximas garantías de que se revisten los derechos fundamentales y las libertades públicas.

Esta caracterización de la huelga como un derecho constitucional es perfectamente coherente con la idea del Estado social y democrático de Derecho establecido por el artículo 1.º.1 de la Constitución, que, como ha recordado el Tribunal (STC 11/1981, de 8 de abril), entre otras significaciones tiene la de legitimar medios de defensa a los intereses de grupos y estratos de la población socialmente dependientes, y entre los que se cuenta el de otorgar reconocimiento constitucional a un *instrumento de presión* que la experiencia secular ha mostrado ser necesario para la afirmación de los intereses de los trabajadores en los conflictos socio-económicos, conflictos que el Estado social no puede excluir, pero a los que sí debe y puede proporcionar los adecuados cauces institucionales.

> Conviene hacer notar la fórmula a la que recurre el constituyente para la proclamación del derecho: «se reconoce», fórmula coincidente con la utilizada respecto de los derechos de reunión y asociación (artículos 21 y 22 CE, respectivamente) y de la que nuestro intérprete supremo de la Constitución (STC 11/1981) ha extraído la importante consecuencia de que el constituyente no ha pretendido tan sólo establecer un marco de libertad de huelga, levantando con ello las específicas prohibiciones que sobre ella pudieran pesar, sino que, al unísono, ha intentado algo más: consagrar el carácter neutral del Estado y dejar las consecuencias del fenómeno a la aplicación de las reglas del ordenamiento jurídico sobre infracciones contractuales en general y sobre la infracción del contrato de trabajo en particular.

Sorprendentemente, estamos ante un derecho que aún no ha sido objeto de la adecuada normación de desarrollo, si bien en los momentos en que escribimos estas líneas el Gobierno parece ultimar un Proyecto de Ley Orgánica sobre el derecho de huelga. En la actualidad, el marco normativo del derecho lo encontramos en el Real Decreto-Ley 17/1977, de 4 de marzo, regulador del derecho de huelga y de los conflictos colectivos de trabajo, parcialmente derogado por la Ley 8/1980, de 10 de marzo, del Estatuto de los Trabajadores, y, lo que es más relevante, objeto de una importantísima doctrina fijada por el Tribunal Constitucional con ocasión precisamente de un recurso de inconstitucionalidad promovido por don *Nicolás Redondo* y cincuenta y un diputados más contra diversos preceptos del propio Real Decreto-Ley, recurso que sería fallado mediante la Sentencia 11/1981, de 8 de abril, en la que el Tribunal, además de declarar la inconstitucionalidad de algunos de los preceptos impugnados, reinterpretaría algunas otras de sus previsiones, sentando de esta manera las bases jurisprudenciales a partir de las cuales el legislador deberá proceder a instrumentalizar el futuro marco normativo del derecho de huelga.

La cuestión de si, tras la entrada en vigor de la Constitución, el derecho de huelga podía quedar válidamente regulado por medio de un Real Decreto-Ley, tratándose de una materia constitucionalmente reservada a la Ley Orgánica, sería objeto de atención por parte del Juez de la constitucionalidad, para quien *«no es posible exigir la reserva de ley de manera retroactiva»* para anular disposiciones reguladoras de materias y de situaciones respecto de las cuales tal reserva no existía de acuerdo con el Derecho anterior.

Consiguientemente, el Tribunal entendería que no existen motivos para considerar que el citado Decreto-Ley fuera inconstitucional por razones referentes a su forma de producción.

Ello no obstante, casi dos lustros después de ese pronunciamiento, el Juez de la Constitución se ha mostrado crítico con la ausencia del adecuado desarrollo normativo del derecho de huelga, al atribuir a tal laguna el origen de una conflictividad innecesaria en relación con la fijación de los servicios esenciales, así como una puesta en peligro tanto de la garantía del mantenimiento de dichos servicios como del ejercicio legítimo del propio derecho (STC 123/1990, de 2 de julio).

a') La titularidad del derecho

I. El artículo 28.2 atribuye la titularidad del derecho de huelga a los trabajadores. Ello, lógicamente, entraña una concepción individualista del derecho, que ha ratificado el Tribunal, para quien el derecho de huelga es un derecho atribuido a los trabajadores *«uti singuli»*.

Sin embargo, esta concepción individualista debe ser armonizada con la inequívoca vertiente colectiva del derecho, pues un sindicato sin derecho al ejercicio de la huelga quedaría, en una sociedad democrática, vaciado prácticamente de contenido (STC 11/1981); es por ello mismo por lo que el Tribunal ha compatibilizado el carácter individual del derecho con su ejercicio colectivo, de tal forma que puede decirse que si bien la titularidad del derecho de huelga pertenece a los trabajadores, de lo que a su vez deriva la importantísima consecuencia de que a cada uno de ellos corresponde el derecho de sumarse o no a las huelgas declaradas (derecho que, evidentemente, casa muy mal con la práctica habitual de los piquetes de huelga), las facultades en que consiste el ejercicio de este derecho, y entre otras: la convocatoria o llamada (esto es, el derecho a requerir de otros la adhesión a la huelga y a participar, dentro del marco legal, en acciones conjuntas dirigidas a tal fin. STC 254/1988, de 21 de diciembre), el establecimiento de las reivindicaciones, la publicidad o proyección exterior, la negociación y, finalmente, la decisión de darla por terminada, en cuanto acción colectiva y concertada, corresponden tanto a los trabajadores como a sus representantes y a las organizaciones sindicales.

Por lo demás, el Tribunal ha reconocido (STC 11/1981) que son perfectamente posibles las huelgas organizadas, dirigidas y controladas por los sindicatos de trabajadores y las llamadas «huelgas espontáneas», que en la terminología anglosajona se conocen con el nombre de *«wild strikes»*, huelgas «salvajes» o huelgas sin control sindical.

Es evidente, por el contrario, que no puede admitirse una huelga individual, y mucho menos cuando ésta se refiere tan sólo al lugar donde debía desplazarse el trabajador (ATC 375/1989, de 3 de julio).

II. El derecho de huelga se reconoce a los trabajadores para la defensa de sus intereses. Quiere ello decir que el derecho constitucionalmente protegido es el que se atribuye a las personas que prestan en favor de otros un trabajo remunerado, cuando tal derecho se ejercita frente a los patronos o empresarios.

El derecho constitucional de huelga —ha sostenido el Tribunal (STC 11/1981)— se concede para que sus titulares puedan desligarse temporalmente de sus obligaciones jurídico-contractuales. Y es precisamente este rasgo el que diferencia la huelga constitucionalmente protegida de aquella otra que se conoce como huelga de trabajadores independientes, de autopatronos o de profesionales, que, aun pudiendo ser considerados en un sentido amplio como trabajadores, no lo son por cuenta ajena ligados por un contrato de trabajo retribuido. De ahí que el cese en la actividad de este tipo de personas no pueda ser calificado como de ejercicio del derecho de huelga, aunque evidentemente pueda ser ejercido sin que ninguna norma les conceda ningún derecho, ateniéndose a las consecuencias que se deriven de las perturbaciones producidas.

III. La última de las cuestiones que se ha suscitado tanto ante el Tribunal Constitucional como por la propia doctrina, es la atinente a la titularidad de este derecho por parte de los funcionarios públicos. Esta titularidad es inequívoca a la vista del artículo 28. Basta con confrontar sus dos apartados para constatar que mientras el primero (referente al derecho a la libertad sindical) se remite a la ley a los efectos de la regulación de las peculiaridades del ejercicio del derecho de libre sindicación por los funcionarios, el segundo guarda un absoluto silencio al respecto, silencio que corrobora la plena titularidad del derecho de huelga por parte de los funcionarios.

Esta tesis no admite otras excepciones que las relativas a aquellos colectivos respecto de los cuales ya el artículo 28.1 limita o exceptúa el ejercicio del derecho de libertad sindical: miembros de las Fuerzas o Institutos armados y de los demás Cuerpos sometidos a disciplina militar.

Por lo que a los miembros de las Fuerzas Armadas se refiere, el artículo 181 de las Reales Ordenanzas dispone que no podrán condicionar, en ningún caso, el cumplimiento de sus cometidos a una mejor satisfacción de sus intereses personales o profesionales, ni recurrir a ninguna de las formas directas o indirectas de huelga.

Y en cuanto a los miembros de las Fuerzas y Cuerpos de Seguridad, el artículo 6.º.8 de la Ley Orgánica 2/1986, de 13 de marzo, de Fuerzas y Cuerpos de Seguridad, prescribe que no podrán ejercer en ningún caso el derecho de huelga, ni acciones sustitutivas del mismo o concertadas con el fin de alterar el normal funcionamiento de los servicios.

A la vista de lo expuesto y de las previsiones del artículo 28.2, parece claro, como advierte *Santamaría Pastor,* que los constituyentes desplazaron el tema de la limitación del derecho de huelga desde una perspectiva subjetiva (enumeración de colectivos excluidos del mismo) a otra objetiva (carácter esencial de los servicios que se presten, estén a cargo o no de funcionarios), determinación más sensata y realista.

En sintonía con ello, los funcionarios públicos, en principio, gozan plenamente del ejercicio de este derecho, aunque el Real Decreto-Ley 17/1977 no les sea de aplicación, pues se limita a regular el ejercicio de la huelga en el ámbito de las relaciones laborales, relaciones delimitadas por las reglas del Estatuto de los Trabajadores, que expresamente excluyen «la relación de servicios de los funcionarios públicos». Ello, lógicamente, sólo significa que el eventual derecho de huelga de los funcionarios no está regulado por esa norma, pero no que esté prohibido.

Por otra parte, no deja de ser significativa la previsión de la Disposición Adicional décimosegunda de la Ley 30/1984, de 2 de agosto, de medidas para la reforma de la función pública, de conformidad con la cual, los funcionarios que ejerciten el derecho de huelga no devengarán ni percibirán las retribuciones correspondientes al tiempo en que hayan permanecido en esa situación, sin que la deducción de haberes que se efectúe tenga, en ningún caso, carácter de sanción disciplinaria.

Aunque, como ha reconocido el Juez de la Constitución (STC 99/1987, de 11 de junio), tal Disposición no viene a regular o desarrollar el derecho de huelga de los funcionarios, es lo cierto que ese derecho ha sido admitido por lo menos de modo implícito, siendo además reiteradamente reconocido por el Tribunal Supremo a partir de la Sentencia de 22 de mayo de 1982.

Señalemos por último que la Disposición Adicional primera del Real Decreto-Ley 17/1977 excluye de su normación al personal civil dependiente de establecimientos militares, lo que tampoco debe entenderse en el sentido de que ese personal carezca de la posibilidad de ejercitar el derecho de huelga, como el mismo Tribunal ha corroborado (STC 11/1981).

b') Objeto y contenido del derecho

I. En un sentido estricto, la huelga es la cesación o paro del trabajo del personal empleado en el mismo oficio, hecho de común acuerdo con el fin de imponer ciertas condiciones a los patronos. Sin embargo, junto a este concepto, es posible detectar otro más amplio, de conformidad con el cual, la huelga puede ser definida como una perturbación que se produce en el normal desenvolvimiento de la vida social y en particular en el proceso de producción de bienes y servicios, que se lleva a cabo en forma pacífica y no violenta, mediante un concierto de los trabajadores y de los demás intervinientes en dicho proceso. En este sentido amplio, la huelga puede tener por objeto reivindicar mejoras en las condiciones económicas o, de modo general, en las condiciones de trabajo, pudiendo suponer también una protesta con repercusión en otras esferas o ámbitos.

Casa esta doble conceptuación con las diferentes modalidades de huelga que la doctrina reconoce; así, *Martín Valverde* distingue la *huelga contractual,* que se produce en función exclusiva de los intereses derivados de un contrato laboral o convenio colectivo; la *huelga laboral,* que los trabajadores ejercen en cuanto clase social y para la defensa de sus intereses colectivos, y la *huelga polivalente,* en la que encajan todas las modalidades de no colaboración colectiva en la marcha de los mecanismos sociales generales.

A la vista de estos diferentes modelos y concepciones de la huelga, la cuestión que se suscita es la de cuál es el modelo (o los modelos) constitucionalmente acogido por el artículo 28.2. Como ha resumido *Santamaría Pastor,* la postura del Tribunal Constitucional puede compendiarse en estos tres postulados: 1) rechazo implícito de la huelga polivalente; 2) rechazo de la tesis tendente a circunscribir el alcance del precepto a la huelga contractual, y 3) rechazo de las modalidades de huelga no consistentes en una cesación neta del trabajo.

Para el Juez de la constitucionalidad, el contenido esencial del derecho de huelga consiste en una cesación del trabajo, en cualquiera de las manifestaciones o modalidades que puede revestir.

Ahora bien, para terminar de perfilar cuál es el derecho constitucionalmente protegido, se hace necesario atender a una precisión finalista: el derecho se atribuye a los trabajadores «para la defensa de sus intereses». Con ello, el texto del artículo 28.2 pone en muy clara conexión la consagración constitucional del derecho y la idea de consecución de la igualdad económica y social.

La conclusión de todo lo expuesto es que no nos encontramos ante el fenómeno de huelga protegido por el artículo 28.2 cuando se producen perturbaciones en la producción de bienes y de servicios o en el normal funcionamiento de estos últimos, que se introducen con el fin de presionar sobre la Administración Pública o sobre los órganos del Estado para conseguir que se adopten medidas gubernativas o que se introduzca una nueva normativa más favorable para los intereses de una categoría. De esta forma, el Tribunal rechaza las huelgas puramente políticas.

De la reflexión que antecede tampoco puede desprenderse la conclusión de que el Tribunal Constitucional circunscribe a la huelga contractual el derecho constitucionalmente consagrado; si se entiende por *huelga contractual,* como antes señalamos, la que se desencadena o produce en el momento de la negociación de los convenios colectivos con el fin de presionar en favor de los mismos, es preciso señalar que el Decreto-Ley 17/1977 no ha establecido una vinculación necesaria entre huelga y convenio colectivo; por lo demás, a juicio del alto Tribunal, nada impide la huelga durante el período de vigencia del convenio colectivo cuando su finalidad no sea estrictamente la de alterar el convenio, cual acontecería en el supuesto de una reclamación acerca de cierta interpretación del mismo, o de la exigencia de una reivindicación que no implique su modificación.

Más aún, en otro momento de la misma Sentencia, el Tribunal, al referirse a las *huelgas de solidaridad,* manifiesta que los intereses defendidos mediante la huelga no tienen que ser necesariamente los intereses de los huelguistas, sino que pueden ser también los intereses de la categoría de los trabajadores. El hecho mismo de la huelga sindical obliga a reconocer la huelga convocada por un sindicato en defensa de las reivindicaciones que el sindicato considere como decisivas en un momento dado, entre las que puede encontrarse la solidaridad entre los miembros del sindicato. Es claro, pues, el rechazo de la identificación del derecho fundamental del artículo 28.2 con la modalidad de la huelga contractual.

II. En cuanto derecho subjetivo que es, la huelga implica que la relación jurídica de trabajo se mantiene y queda en suspenso, con suspensión del derecho de salario, que a su vez origina al tiempo la suspensión de la cotización por el empresario, que queda exento de este modo de una carga que, aunque constituye una obligación frente al Estado, se relaciona con el hecho de la prestación de trabajo, cuyas vicisitudes pueden lógicamente afectarle (SSTC 13/1984, de 3 de febrero y 48/1991, de 28 de febrero).

La huelga acarrea, sin embargo, otras consecuencias, como son que el empresario no puede sustituir a los huelguistas por otros trabajadores, como también tiene limitado el poder de cierre. Ello entraña que el derecho de los huelguistas, a la par que un derecho de incumplimiento transitorio del contrato de trabajo, es también un derecho a limitar la libertad del empresario. Y es precisamente por esta circunstancia por lo que exige una proporcionalidad y unos sacrificios mutuos, que hacen que cuando tales exigencias no se observen, las huelgas pueden ser consideradas como abusivas.

En resumen, el Juez de la Constitución ha dejado muy en claro que el derecho constitucional no cubre cualquier tipo de huelga, y que no son indiferentes al derecho las condiciones en que el mismo deba ejercitarse.

No sólo nos hallamos ante un derecho que, como cualquier otro, no es absoluto, y que puede ser limitado por su posible conexión con otros derechos o con otros bienes constitucionalmente protegidos, sino que su ejercicio está sujeto a una serie de *requisitos intrínsecos* a los que se ha referido nuestro intérprete supremo de la Constitución (STC 11/1981), y que, en esencia, son los siguientes:

— la proporcionalidad y carácter recíproco de los sacrificios de trabajadores y empresarios;

— la no imposición a otros trabajadores no huelguistas de una ineludible participación en la huelga;

— la no imposición a los usuarios de la empresa y público en general de más gravámenes o molestias que los que sean necesarios;

— la no dotación a la huelga de un efecto multiplicador, de manera que la huelga desencadene una desorganización empresarial que sólo pueda ser superada tiempo después del cese de la huelga;

— el respeto al deber mutuo de lealtad y de honradez en el ámbito de las relaciones laborales, y

— la proporcionalidad en la producción de daños a la empresa, pues para que una huelga sea calificada como abusiva no basta con que se origine un daño a la empresa, sino que es preciso que el daño sea grave (STC 72/1982, de 2 de diciembre); en todo caso, es innecesario señalar que la huelga no es una vía para producir daños o deterioros en los bienes de capital (STC 11/1981).

La inobservancia de estos requisitos intrínsecos conduce a que la huelga pueda considerarse como abusiva, calificación legalmente atribuida a cierto tipo de huelgas, supuesto que tiene como consecuencia la desviación de la carga de la prueba a los trabajadores que la utilicen, que deberán probar la ausencia de los requisitos precisos para la existencia del abuso, mientras que cuando la huelga ejercitada no aparece expresamente incluida en la prohibición legal, debe presumirse su validez, sin que, desde luego, pueda excluirse que las circunstancias concurrentes la conviertan en abusiva, correspondiendo en este caso la prueba del abuso a quienes interese (STC 72/1982).

III. La consideración que antecede nos conduce necesariamente a la actual normación del derecho contenida en el Real Decreto-Ley 17/1977, cuyo artículo 7.º.2 define como actos ilícitos o abusivos, «las huelgas rotatorias, las efectuadas por los trabajadores que presten servicios en sectores estratégicos con la finalidad de interrumpir el proceso productivo, las de celo o reglamento y, en general, cualquier forma de alteración colectiva en el régimen de trabajo distinta a la huelga». A estas modalidades ha de añadirse la llamada «huelga intermitente» o en días alternos, que el mismo Tribunal (STC 72/1982) ha considerado como no susceptible de ser incluida en el derecho de huelga.

El Juez de la Constitución consideraría constitucionalmente legítima la previsión del artículo 7.º.2 sobre la base de que aunque el derecho de huelga comprende la facultad de declararse en huelga y la de elegir la modalidad de la misma, tal facultad de elección sólo puede moverse dentro de aquellos tipos o modalidades que la Ley haya admitido, pudiendo a tal efecto el legislador considerar ilícitos o abusivos algunos tipos siempre que lo hiciere justificadamente, que la decisión legislativa no desborde el contenido esencial del derecho, y que los tipos o modalidades que el legislador admita sean bastantes por sí solos para reconocer que el derecho existe como tal y eficaces para obtener las finalidades del derecho de huelga (STC 11/1981), pues, como en otro lugar ha significado el alto Tribunal (STC 41/1984, de 21 de marzo), la búsqueda de la eficacia de cara a la finalidad ínsita a toda huelga, en cuanto instrumento de presión, es un elemento imprescindible del ejercicio del derecho de huelga.

c') El régimen jurídico del ejercicio del derecho

I. Al abordar el régimen jurídico del ejercicio del derecho de huelga, la primera cuestión a la que debemos referirnos es la relativa a las *formalidades* a que el ejercicio del derecho puede quedar legalmente sometido. A juicio del Tribunal (STC 11/1981), esa sujeción por Ley a algún tipo de procedimientos o formalismos requiere que éstos no sean arbitrarios, que tengan por objeto proteger otros bienes e intereses constitucionalmente protegidos y que no sean tan rígidos o difíciles de cumplir que en la práctica hagan imposible el ejercicio del derecho.

El Real Decreto-Ley 17/1977 sometía el ejercicio del derecho de huelga a una serie de requisitos o exigencias formales y procedimentales, que básicamente consistían en: la necesidad de un preaviso, la de un referéndum previo y obligatorio, la formación de un comité de huelga, la formalización de las reivindicaciones y el traslado o notificación de las mismas al empresario.

— El preaviso es, a juicio del Tribunal, una consecuencia del carácter de instrumento de negociación que la huelga tiene. Antes de que la huelga comience debe darse a la otra parte la oportunidad de atender las demandas de los huelguistas o establecer con ellos una transacción para evitar la huelga. En el caso de huelgas de servicios públicos, el preaviso también tiene por finalidad advertir a los usuarios y permitirles la adopción de las medidas necesarias para que puedan prevenir a sus propias necesidades.

— No puede decirse otro tanto del referéndum preceptivo y previo entre los eventuales huelguistas que el Decreto-Ley exigía, y respecto del cual, el Juez de la Constitución entendió que carecía de justificación y operaba como una pura medida impeditiva del derecho que iba más allá de su contenido esencial y que por ello había de considerarse inconstitucional.

— La obligatoriedad de la formación de un «comité de huelga» en el que no pueden participar más que los trabajadores del centro afectado, y cuya composición ha de ser comunicada al empresario en el momento del inicio del conflicto, debiendo además el comité participar en las actuaciones de todo tipo que se realicen para solucionar el conflicto, posee plena justificación y no desnaturaliza el fenómeno de la huelga.

— En cuanto a la formalización de las reivindicaciones y el traslado de las mismas al empresario, encuentra su propia razón de ser en el mismo objeto de la huelga: abrir una negociación, forzarla incluso y llegar a un compromiso. El Tribunal ha entendido (STC 13/1986, de 30 de enero) que la notificación al empresario es responsabilidad de los convocantes, a satisfacer en el ámbito en el que la convocatoria se efectúa.

II. Junto a estos requisitos formales, la normación actualmente en vigor también establece unas *exigencias materiales* a las que la huelga debe ajustarse.

— La más importante de ellas está contemplada por el artículo 7.º.1 del Decreto-Ley, que tras determinar que el ejercicio del derecho de huelga habrá de realizarse mediante la cesación de la prestación de servicios por los trabajadores afectados, exige asimismo que no se produzca ocupación por los trabajadores del centro de trabajo o de cualquiera de sus dependencias.

Según el Tribunal Constitucional (STC 11/1981), la interdicción de ocupación de locales y dependencias no puede entenderse como regla impeditiva del derecho de reunión de los trabajadores, necesario para el desenvolvimiento del derecho de huelga y para la solución de la misma. Es éste un derecho que debe quedar claramente preservado, llevándose a cabo su ejercicio de acuerdo con las normas del Estatuto de los Trabajadores.

Por otro lado, en todos aquellos casos en que exista notorio peligro de violación de otros derechos o de producción de desórdenes, la interdicción de permanencia en los locales puede decretarse como medida de policía.

— Una nueva exigencia material la encontramos en la previsión del artículo 6.º.7 del Real Decreto-Ley 17/1977, que establece que el comité de huelga habrá de garantizar durante la misma la prestación de los servicios necesarios para la seguridad de las personas y de las cosas, mantenimiento de los locales, maquinaria, instalaciones, materias primas y cualquier otra atención que fuese precisa para la ulterior reanudación de las tareas de la empresa.

En cuanto que, como antes dijimos, la huelga no es ni debe ser en momento alguno, una vía para producir daños o deterioros en los bienes de capital, se comprende de inmediato la razonabilidad de la exigencia legal de estas medidas de seguridad cuya ejecución compete a los propios trabajadores, siendo éste uno de los sacrificios que el ejercicio razonable del derecho de huelga les impone.

El Tribunal Constitucional declararía, sin embargo, contraria a la Constitución la previsión del propio precepto antes referido por la que se atribuía al empresario, de manera exclusiva, la designación de los trabajadores que debían efectuar dichos servicios. A juicio del Tribunal, la adopción de las medidas de seguridad no puede ser competencia exclusiva del empresario, sino que en ellas debe participar el comité de huelga, que es quien las garantiza con la inevitable secuela de que la huelga en que el comité no preste esta participación podrá ser considerada como ilícita por abusiva.

III. La última de las circunstancias a que debemos aludir dentro del régimen jurídico del ejercicio del derecho es la referente al *régimen de finalización de la huelga,* aspecto en el que es preciso referirse a dos cuestiones bien precisas: la potestad gubernamental de imponer la reanudación del trabajo y el recurso a la técnica de los llamados laudos de obligado cumplimiento.

— El párrafo primero del artículo 10 del Decreto-Ley 17/1977 preveía en su redacción inicial que el Gobierno, a propuesta del Ministerio de Trabajo, teniendo en cuenta la duración o las consecuencias de la huelga, las posiciones de las partes y el perjuicio grave de la economía nacional, podría acordar la reanudación de la actividad laboral en el plazo que determinara, por un período máximo de dos meses o, de modo definitivo, mediante el establecimiento de un arbitraje obligatorio.

El Tribunal Constitucional declararía inconstitucional esta determinación legal en cuanto facultaba al Gobierno para imponer la reanudación del trabajo, pero no en cuanto le facultaba para instituir un arbitraje obligatorio, siempre que en él se respetara el requisito de imparcialidad de los árbitros.

A juicio del Tribunal (STC 11/1981), para recortar tan gravemente el ejercicio de un derecho constitucional, la mayor o menor duración de un conflicto y la comparación de las respectivas posiciones de las partes (más o menos alejadas de una posible conciliación) no son parámetros útiles, mientras que la fórmula «perjuicio grave de la economía nacional» tampoco puede obstar al derecho, pues se trata de un concepto indeterminado que no concreta cuáles son los intereses a los que el derecho debe quedar sacrificado.

— Otra modalidad de finalización de la huelga es a través de la llamada técnica de los «laudos de obligado cumplimiento», contemplados por los artículos 25 y 26 del Decreto-Ley y objeto de una minuciosa argumentación jurisprudencial, que conduciría al Juez de la Constitución (STC 11/1981) a declarar la inconstitucionalidad de esta técnica como forma de composición obligatoria de aquellos conflictos que se hubieren planteado para modificar las condiciones de trabajo (artículo 25, b/), aunque no respecto de aquellos otros que derivaran de discrepancias relativas a la interpretación de una norma preexistente.

Tampoco sería considerada constitucionalmente ilegítima, aquella exclusión de la huelga que se produjera cuando, planteado un conflicto colectivo, ambas partes acudieran al nombramiento de uno o varios árbitros en el trámite previo de comparecencia ante la autoridad laboral, a fin de que ésta intente la avenencia entre las partes (artículo 17.2 en conexión con el artículo 24 del Decreto-Ley 17/1977).

En estos supuestos, son los propios trabajadores los que han puesto en marcha el procedimiento de conflicto, lo que justifica que les resulte imposible el ejercicio del derecho de huelga; por el contrario, cuando de lo que se trata es de un arbitraje público obligatorio, lo que en realidad existe es la sumisión a la decisión de un órgano administrativo, porque en modo alguno puede ser considerado genuino arbitraje el que reúne al mismo tiempo las características de ser público y obligatorio.

d') La garantía del mantenimiento de los servicios públicos esenciales de la comunidad

I. El inciso final del artículo 28.2 de la Constitución determina que la ley que regule el ejercicio del derecho de huelga establecerá las garantías precisas para asegurar el mantenimiento de los servicios esenciales de la comunidad. Esta idea se reitera en el artículo 37, cuando este precepto alude al derecho a la adopción de medidas de conflicto colectivo.

Uno y otro precepto significan que el derecho de los trabajadores de defender sus intereses mediante la utilización de un instrumento de presión en el proceso de producción de bienes o servicios, cede cuando con ello se ocasiona o se puede ocasionar un mal más grave que el que los huelguistas experimentarían si su reivindicación no tuviera éxito. Y es claro que ocurre así cuando se impide o se obstaculiza gravemente el funcionamiento de lo que la Constitución llama *«servicios esenciales de la comunidad»*, pues el derecho de la comunidad a estas prestaciones vitales es prioritario respecto del derecho de huelga (STC 11/1981).

II. La primera y más fundamental cuestión que aquí se suscita es la de determinar qué se entiende por «servicios públicos esenciales».

En su Sentencia 11/1981, el Juez de la Constitución no consideró necesario proceder a dar una definición de los mismos; sin embargo, poco tiempo después, en su Sentencia 26/1981, de 17 de julio, intentaba una primera aproximación a dicho concepto en buena medida indeterminado.

Dos son los conceptos que se manejan de lo que ha de entenderse por *«servicios esenciales»*. De acuerdo con el primero, se trataría de aquellas actividades industriales o mercantiles de las que derivan prestaciones vitales o necesarias para la vida de la comunidad. De acuerdo con el segundo, un servicio no es esencial tanto por la naturaleza de la actividad que se despliega como por el resultado que con dicha actividad se pretende. Más concretamente, por la naturaleza de los intereses a cuya satisfacción la prestación se endereza.

El Tribunal, de modo inequívoco, se inclina por esta segunda línea interpretativa, de acuerdo con la cual, para que el servicio sea esencial deben ser esenciales los bienes e intereses satisfechos, habiendo de considerarse como bienes e intereses esenciales, los derechos fundamentales, las libertades públicas y los bienes constitucionalmente protegidos.

Proyectando este razonamiento sobre el transporte ferroviario, y a efectos de determinar si debe considerarse como esencial el transporte ferroviario en su totalidad o si lo esencial es sólo una parte o una cuota dentro de la total organización ferroviaria, el Tribunal (STC 26/1981, de 17 de julio) entiende que no hay necesariamente un «transporte ferroviario esencial». Sólo en aquellos casos en que la satisfacción de los bienes e intereses esenciales exija el funcionamiento del ferrocarril, podrá decirse que es éste esencial para aquel fin.

III. La consideración de un servicio como esencial no significa la supresión del derecho de huelga de los trabajadores ocupados en tal, sino la previsión de las «garantías precisas» para su «mantenimiento», término éste que, según el Tribunal (STC 53/1986, de 5 de mayo), excluye aquellas garantías ordenadas al «funcionamiento» normal. Estas garantías no pueden ser descritas apriorísticamente, y para su concreción deben ponderarse, de un lado, las circunstancias concurrentes en la huelga y en la comunidad sobre la que incide (extensión territorial, duración... etc.), de otro, la naturaleza de los derechos o bienes constitucionalmente protegidos sobre los que repercute, y, finalmente, las restantes circunstancias que concurran en el ejercicio de la huelga y que puedan ser de relevancia para alcanzar el equilibrio más ponderado entre el derecho de huelga y los restantes bienes, sin olvidar, como bien ha dicho el Tribunal (STC 26/1981, de 17 de julio y STC 27/1989, de 3 de febrero), la oferta de preservación o mantenimiento de servicios que realicen los sujetos convocantes o trabajadores afectados.

En definitiva, a la hora de ponderar entre los derechos y bienes enfrentados parece que habrá que atender (STC 26/1981) al «razonable ajuste a las circunstancias» y a la observancia de la regla de la «proporcionalidad de los sacrificios».

IV. Una última cuestión se suscita: la relativa a la autoridad que puede adoptar las medidas necesarias para garantizar el mantenimiento de los servicios esenciales.

El tema ya sería abordado por el Juez de la constitucionalidad en la Sentencia 11/1981, al hilo de la impugnación por los recurrentes del párrafo segundo del artículo 10 del Real Decreto-Ley 17/1977, de conformidad con el cual, cuando la huelga se declare en empresas encargadas de la prestación de cualquier género de servicios públicos o de reconocida e inaplazable necesidad y concurran circunstancias de especial gravedad, la autoridad gubernativa podrá acordar las medidas necesarias para asegurar el funcionamiento de los servicios.

El Tribunal rechazaría la tesis de los recurrentes, proclive a que las medidas o garantías de aseguramiento de los servicios esenciales quedaran al arbitrio de los huelguistas, rechazo que se asentaba en la dificultad de que los mismos interesados pudieran a la vez ser juez y parte. Arrancando de aquí la conclusión es clara: «la decisión sobre la adopción de las garantías de funcionamiento de los servicios no puede ponerse en manos de ninguna de las partes implicadas, sino que debe ser sometida a un tercero imparcial».

De este modo, atribuir a la autoridad gubernativa la potestad para establecer las medidas necesarias de aseguramiento de los servicios mínimos no sólo no resulta inconstitucional, sino que, además, es la manera más lógica de cumplir con la previsión del artículo 28.2.

Bien es verdad que la autoridad gubernativa se encuentra limitada en el ejercicio de esta potestad por varios límites: ante todo, la imposibilidad de que las garantías en cuestión vacíen de contenido el derecho de huelga o rebasen su contenido esencial; y, después, en el orden formal, la posibilidad de entablar contra las decisiones la acción de tutela jurisdiccional de derechos y libertades públicas y el recurso de amparo ante el Tribunal Constitucional.

El concepto de autoridad gubernativa ha sido, por lo demás, objeto de algunas precisiones por la doctrina constitucional, de las que nos referiremos tan sólo a una de ellas. En la tantas veces citada Sentencia 11/1981, el Juez de la Constitución se manifestaba en el sentido de que el sujeto de la atribución de las potestades del párrafo segundo del artículo 10 del Decreto-Ley no era genéricamente la Administración Pública, sino aquellos órganos del Estado que ejercen las potestades de gobierno, y muy especialmente el Gobierno.

Pues bien, poco despues (en la STC 33/1981, de 5 de noviembre), el Tribunal matizaba que esa doctrina no excluye a los órganos de gobierno de las Comunidades Autónomas, integrantes del Estado y dotados de potestades de gobierno.

Ahora bien, fijados los servicios mínimos por una autoridad gubernativa, no puede excluirse la legítima posibilidad de deferir a la dirección del servicio la puesta en práctica de los servicios mínimos. Así lo entendería el Tribunal en relación a una Orden del Ministerio de Transportes, Turismo y Comunicaciones, de 17 de febrero de 1984, por la que se fijaban los servicios mínimos que habrían de garantizarse por la Compañía Metropolitana de Madrid durante los días de huelga previamente fijados y en uno de cuyos Anexos se defería a los servicios correspondientes de la Compañía la designación de los agentes que hubieran de cumplir los servicios mínimos predeterminados por la Orden Ministerial (STC 53/1986, de 5 de mayo).

Digamos por último que la jurisprudencia constitucional (y también la ordinaria) ha aceptado de modo implícito la legitimidad constitucional de la técnica de regulación por Real Decreto de los servicios mínimos, técnica que se asienta en la habilitación normativa que acoge el párrafo segundo del citado artículo 10 del Real Decreto-Ley 17/1977.

d/ El derecho a la negociación colectiva

I. El artículo 37.1 de la «Norma normarum» establece el que se conoce como derecho a la negociación colectiva en estos términos:

> «La ley garantizará el derecho a la negociación colectiva laboral entre los representantes de los trabajadores y empresarios, así como la fuerza vinculante de los convenios.»

En un sistema constitucional de relaciones laborales como el nuestro, asentado sobre el pluralismo social, la libertad sindical y la libertad de empresa en el marco de la economía de mercado, la satisfacción de una serie de intereses individuales se obtiene a través de la negociación colectiva, que, como ha precisado el Tribunal Constitucional (STC 58/1985, de 30 de abril), no sólo no es incompatible con ámbitos de libertad personal, sino que los asegura, contribuyendo decisivamente tanto a la mejora de las condiciones de trabajo y de vida de los trabajadores como al bienestar social general.

Este derecho viene a formalizar la libertad negociadora de los agentes sociales, en detrimento de un modelo de relaciones laborales intervenido y controlado por los poderes públicos. Quizá por ello, *Valdés Dal-Re* ha podido afirmar que son las Constituciones de los países en transición hacia fórmulas de convivencia democrática las que, de modo explícito o nominal, contienen definiciones en materia de negociación colectiva. En todo caso, conviene recordar que el artículo 4.º del Convenio núm. 98 de la OIT propugna que se adopten las medidas adecuadas a las condiciones nacionales para estimular y fomentar entre los empleadores y sus organizaciones, por una parte, y las organizaciones de trabajadores, por otra, el pleno desarrollo y uso de procedimientos de negociación voluntaria, con objeto de reglamentar, por medio de contratos colectivos, las condiciones de empleo.

Ya una norma preconstitucional, el Real Decreto-Ley 17/1977, de 4 de marzo, vino a anticipar el nuevo modelo que en este punto específico consagraría la Constitución. Con posterioridad, y de modo acorde a la inicial previsión del artículo 37.1 («La ley garantizará el derecho a la negociación colectiva laboral...»), la Ley 8/1980, de 14 de marzo, del Estatuto de los Trabajadores, ha dedicado uno de sus Títulos (el Título III) a la negociación y a los convenios colectivos.

II. La primera de las cuestiones que suscita este derecho es la de su *titularidad*. El artículo 37.1 se limita a atribuir el derecho a los representantes de los trabajadores y de los empresarios, sin otras precisiones, indefinición que, como se ha recordado *(Satrústegui)*, se remonta a la falta de acuerdo, en el período constituyente, entre las dos principales centrales sindicales, sobre si la titularidad contractual debiera corresponder a la representación unitaria de los trabajadores (tesis de Comisiones Obreras) o a las Secciones Sindicales (tesis de UGT).

Consecuentemente con esta indefinición, la Constitución opta por una fórmula abierta que posibilita diversas soluciones. Todas ellas deben, sin embargo, partir de una doctrina constitucional consolidada (véase por todas la STC 73/1984, de 27 de junio) de conformidad con la cual, el derecho a la negociación colectiva, en cuanto constituye una función esencial de los sindicatos —pues en la defensa y protección de los intereses de los trabajadores entra la negociación colectiva laboral cuando, sobre el supuesto de una representatividad mínima, el convenio rebasa el ámbito de una empresa (STC 4/1983, de 28 de enero)— forma parte del contenido del derecho fundamental de libertad sindical, al igual que el ejercicio por aquéllos de sus facultades de conflicto.

La legitimación negocial, que escapa al poder de transacción de las partes negociadoras (STC 73/1984), está contemplada por el artículo 87 del Estatuto de los Trabajadores, que en los convenios de empresa o ámbito inferior la atribuye al Comité de empresa, a los Delegados de personal, en su caso, o a las representaciones sindicales si las hubiere, esto es, a las Secciones Sindicales, siempre que totalicen la mayoría de los miembros del Comité.

En los convenios de ámbito superior a los anteriores, el art. 87.2 del Estatuto de los Trabajadores, tras su reforma por la Ley 32/1984, de 2 de agosto, atribuye la legitimación para negociar a:

1) Los sindicatos que tengan la consideración de más representativos a nivel estatal, así como en sus respectivos ámbitos, los entes sindicales afiliados, federados o confederados a los mismos.

2) Los sindicatos que tengan la consideración de más representativos a nivel de Comunidad Autónoma respecto de los convenios que no trasciendan de dicho ámbito territorial.

3) Los sindicatos que cuenten con un mínimo del 10 por 100 de los miembros de los Comités de empresa o Delegados de personal en el ámbito geográfico y funcional al que se refiera el convenio.

En los convenios de ámbito superior a los de empresa estarán asimismo legitimados para negociar las asociaciones empresariales que cuenten con el 10 por 100 de los empresarios y de los trabajadores afectados por el ámbito de aplicación del convenio.

En los convenios de ámbito estatal se encontrarán igualmente legitimados: los sindicatos de Comunidad Autónoma que cuenten en dicho ámbito con un mínimo del 15 por 100 de los miembros de los Comités de empresa o Delegados de personal y las asociaciones empresariales de Comunidad Autónoma que cuenten en tal ámbito con el 15 por 100 de los empresarios y trabajadores, referidos ambos al ámbito funcional del Convenio

Esta legitimación exclusiva que el artículo 87.2 del Estatuto de los Trabajadores confiere a las organizaciones sindicales, no se opone a la libertad negativa que el derecho de sindicación entraña (STC 4/1983, de 28 de enero), pues los no sindicados no quedan excluidos de la negociación colectiva laboral, por cuanto participan en la elección de representantes y pueden celebrar, a través de representantes directos, convenios de ámbito empresarial.

Por el contrario, el derecho a la negociación colectiva podría resultar desconocido o limitado y, de resultas de ello, lesionado el derecho a la libertad sindical, cuando un sindicato fuere excluido de algunas comisiones creadas por un pacto que no ha firmado ni al que se ha adherido, y ello cuando se trate de «comisiones negociadoras» con la función de establecer modificaciones del convenio o nuevas reglas no contenidas en el mismo (doctrina constitucional reiteradísima: entre otras, SSTC 73/1984, de 27 de junio y 213/1991, de 11 de noviembre).

De esta forma, puede concluirse que lo decisivo a efectos del límite a la autonomía colectiva, y de la consiguiente protección de la libertad sindical en el establecimiento de «comisiones cerradas» reservadas a las partes de un convenio colectivo, es el respeto de la legitimación para negociar legalmente reconocida al sindicato en base a su representatividad. Lo que se impide a las partes del convenio colectivo es que puedan establecer comisiones con función de modificación o regulación de condiciones de trabajo no abiertas a ese sindicato, pues la no suscripción de un convenio colectivo no puede suponer para el sindicato disidente quedar al margen, durante la vigencia del mismo, en la negociación de cuestiones nuevas, no conectadas ni conectables directamente con dicho acuerdo (STC 184/1991, de 30 de septiembre).

III. El *contenido de la negociación colectiva* viene en alguna medida delimitado por el artículo 37.1 de la Constitución, que alude de modo específico a la negociación colectiva laboral. Quiere ello decir que el convenio colectivo podrá regular cualquier aspecto de las relaciones laborales que afecte al ámbito previsto en la negociación. Ahora bien, este contenido debe ser interpretado ampliamente; así lo ha hecho el legislador, que en el artículo 85 del Estatuto de los Trabajadores prevé que dentro del respeto a las leyes, los convenios colectivos podrán regular materias de índole económica, laboral, sindical y asistencial, y, en general, cuantas otras afecten a las condiciones de empleo y al ámbito de relaciones de los trabajadores y sus organizaciones representativas con el empresario y las organizaciones empresariales.

Además de la regulación de las condiciones de trabajo y de productividad, los representantes de los trabajadores y empresarios, haciendo uso de esa facultad, que les es propia (STC 58/1985, de 30 de abril), de regular sus intereses recíprocos, pueden acordar la «paz laboral» a través de las obligaciones que se pacten, esto es, un convenio colectivo puede interdecir la huelga durante el período de vigencia del convenio.

Las partes negociadoras han de acordar asimismo el ámbito de aplicación que ha de darse al convenio (artículo 83.1 del Estatuto de los Trabajadores), si bien esas partes no gozan de libertad absoluta para delimitar su ámbito de aplicación. Antes al contrario, la negociación colectiva de eficacia general está sujeta a muy diversos límites y requisitos legales (STC 136/1987, de 22 de julio).

> A este respecto, el intérprete supremo de la Constitución ha precisado (en la misma STC 136/1987) que el principio de igualdad no obliga a perfilar la unidad de negociación con todos los trabajadores de una empresa o de un ámbito geográfico y funcional determinado y, por lo mismo, no impide que determinados grupos de trabajadores que cuenten con suficiente fuerza negociadora pacten por separado sus condiciones de empleo. Pero a esa exclusión que generalmente tiene su origen en una preferencia de los afectados, no puede asimilarse la de aquellos otros grupos de trabajadores que, por la precariedad de su empleo o por la modalidad de su contrato de trabajo, carecen de poder negociador por sí solos.

Digamos por último que el Tribunal Constitucional ha admitido (STC 11/1981, de 8 de abril) que es posible reclamar una «alteración del convenio» en aquellos casos en los que se haya producido «un cambio absoluto y radical en las circunstancias que permitan aplicar la llamada cláusula *"rebus sic stantibus"*». En consecuencia, quien alegue y acredite que una Ley, dictada una vez vigente el convenio colectivo, provoca el mencionado cambio radical y absoluto de las circunstancias, podría pedir la rescisión del convenio, pero, como ha precisado el Juez de la Constitución (STC 210/1990, de 20 de diciembre), en ningún caso pretender, con amparo en el artículo 37.1, la postergación de la plena efectividad de la norma legal, contrariando así lo en ella decidido respecto a su aplicación en el tiempo.

IV. El artículo 37.1 establece la *garantía constitucional de la fuerza vinculante de los convenios,* que implica la atribución a los convenios colectivos de una eficacia jurídica en virtud de la cual el contenido normativo de aquéllos se impone a las relaciones individuales de trabajo incluidas en sus ámbitos de aplicación de manera automática, sin precisar el auxilio de técnicas de contractualización ni necesitar el complemento de voluntades individuales (STC 58/1985, de 30 de abril).

Los convenios colectivos tienen, pues, plena fuerza normativa y son fuente de derecho objetivo; se integran en el sistema formal de fuentes del Derecho, lo que, entre otras consecuencias, supone el respeto por la norma pactada del Derecho necesario establecido por la Ley que, en razón de la superior posición que ocupa en la jerarquía normativa, puede desplegar una virtualidad limitadora de la negociación colectiva y puede, igualmente de forma excepcional, reservarse para sí determinadas materias que quedan excluidas, por tanto, de la negociación colectiva.

V. Un convenio colectivo puede ser impugnado, si bien su impugnación directa debe quedar reservada a una representación institucional del colectivo o grupo de trabajadores afectados (STC 124/1988, de 23 de junio). Ello no obsta para que pueda admitirse una legitimación de los trabajadores individuales para que, en atención a su interés particular, puedan ejercitar acciones procesales contra aquellas normas de un convenio que les causen lesión concreta en sus derechos o intereses, legitimación que no se extiende a una demanda de nulidad, anulabilidad o inaplicación genérica de los convenios colectivos (SSTC 47/1988, de 21 de marzo y 65/1988, de 13 de abril).

La legalidad ordinaria prevé tres vías de impugnación de un convenio colectivo típico o estatutario, esto es, negociado por la representación de los trabajadores y la empresa conforme al Título III del Estatuto de los Trabajadores. Estas vías son:

a/ La del artículo 90.5 del Estatuto de los Trabajadores, desarrollada por el artículo 136 de la Ley de Procedimiento Laboral, en la que es la autoridad laboral la que puede instar la acción impugnativa cuando estime que el convenio conculca la legalidad vigente, o lesiona gravemente el interés de terceros.

b/ La vía del conflicto colectivo, supuesto en el que, conforme al artículo 18.1 del Real Decreto-Ley 17/1977, de 4 de marzo, sólo pueden instar su iniciación los representantes institucionales, esto es, de los trabajadores o de los empresarios. Y

c/ La vía ordinaria del proceso laboral, a la que puede acudir cualquiera de los citados entes representativos, cuando lo estime pertinente.

Digamos para finalizar que el recurso de amparo no es un instrumento adecuado para pronunciarse sobre la licitud de un convenio colectivo. Ello no obstante, no puede excluirse tal recurso cuando se trate de reaccionar frente a actos de los poderes públicos que apliquen un convenio colectivo o le reconozcan validez en puntos que se opongan a la Constitución (STC 177/1988, de 10 de octubre).

De las reflexiones anteriores se desprende, sin embargo, que las reglas creadas para el ejercicio de la negociación colectiva no quedan totalmente al margen del recurso de amparo, en tanto que no cabe duda que el convenio colectivo, como otros actos privados, puede lesionar los derechos fundamentales, circunstancia con la que se habrá cumplido la primera condición para impetrar el amparo. Habrá que estar, pues, a lo establecido con carácter general respecto de la vigencia de los derechos fundamentales en las relaciones entre particulares, aspecto del que nos ocuparemos en otro momento.

e/ El derecho a la adopción de medidas de conflicto colectivo

I. En estrecha unión con el derecho a la negociación colectiva, el artículo 37.2 reconoce el derecho de los trabajadores y empresarios a la adopción de medidas de conflicto colectivo en estos términos:

> «Se reconoce el derecho de los trabajadores y empresarios a adoptar medidas de conflicto colectivo. La ley que regule el ejercicio de este derecho, sin perjuicio de las limitaciones que pueda establecer, incluirá las garantías precisas para asegurar el funcionamiento de los servicios esenciales de la comunidad.»

El precepto recuerda la previsión del artículo 6.º.4 de la Carta Social Europea, de 18 de octubre de 1961, que reconoce el derecho de los trabajadores y empleadores, en caso de conflicto de intereses, a emprender acciones colectivas, y al igual que este precepto del texto regional europeo, tampoco aclara el artículo 37.2 el tipo de medidas de conflicto colectivo que puedan adoptarse a su amparo, ni tan siquiera qué ha de entenderse por conflicto colectivo.

Ello no obstante, es opinión doctrinal común *(Bayón, Pérez Botija...)* que la existencia de un conflicto colectivo se exterioriza a partir del momento en que exista discrepancia de interés y trascendencia generales entre una colectividad de trabajadores y un empresario o grupo de empresarios.

No basta, pues, con que la discrepancia de intereses afecte a una colectividad, sino que se requiere asimismo que tenga trascendencia general.

II. El derecho que examinamos es atribuido por la Constitución, genéricamente, a los trabajadores y empresarios. En desarrollo de esta previsión, el artículo 18.1 del Real Decreto-Ley 17/1977, determina que sólo podrán instar la iniciación de conflicto colectivo de trabajo:

a) Los representantes de los trabajadores en el ámbito correspondiente al conflicto, por iniciativa propia o a instancia de sus representados.

b) Los empresarios o sus representantes legales, según el ámbito del conflicto.

Por lo que a los trabajadores se refiere, la jurisdicción laboral ha entendido que se trata de un poder exclusivo de la representación unitaria de los trabajadores en la empresa. Sin embargo, el Tribunal Constitucional ha modificado esta interpretación. A su juicio (STC 70/1982, de 29 de noviembre), dentro del ámbito de actuación de los sindicatos de trabajadores, considerados como piezas económicas y sociales indispensables para la defensa y promoción de sus intereses (artículo 7.º CE), hay que entender que los sindicatos tienen genéricamente capacidad para representar a los trabajadores y por ende pueden promover los procedimientos de conflicto colectivo.

El Tribunal ha precisado que para promover un conflicto colectivo cuyo objeto sea la reinterpretación de un convenio colectivo, habrá de poder reconocerse al sindicato de que se trate una relación directa con lo que es objeto del litigio por su notoria implantación en el centro de trabajo o marco general al que el conflicto se refiera. De esta suerte está legitimado para promover el conflicto colectivo de interpretación de un convenio e intervenir en él, el mismo sindicato que intervino en su negociación y cualquier otro que por su implantación en el ámbito del conflicto tenga una relación directa con el objeto discutido.

La libertad sindical —ha dicho en otro momento el Juez de la Constitución (STC 37/1983, de 11 de mayo)— implica la libertad para el ejercicio de la acción sindical, incluyendo todos los medios lícitos y, entre ellos, también la incoación de conflictos colectivos, de modo que el ámbito de ejercicio de la libertad sindical queda definido por los artículos 28.2 y 37.1 y 2. Es por ello mismo por lo que la denegación a un sindicato con implantación suficiente de la legitimación para instar un procedimiento de conflicto colectivo supone un atentado a la libertad sindical.

Por la misma razón, el Tribunal ha considerado (ATC 249/1988, de 29 de febrero) que las Secciones Sindicales —como ya vimos, medios de acción sindical en las empresas, que vienen a ser, al tiempo, órgano de la estructura del sindicato e instancia de representación de los intereses de sus afiliados en una empresa o centro— están investidas de la facultad de promover conflictos colectivos cuando éstos tengan un ámbito de afectación semejante al de su actuación.

III. Muy diversas son las modalidades de formalización de un conflicto colectivo: unas implican el cese del trabajo mientras que otras no suponen la cesación de la actividad laboral. Entre estas últimas, pueden recordarse la mera publicidad del conflicto y el boicot comercial, esto es, la negativa a la adquisición de bienes o servicios procedentes del empresario que es parte del conflicto. Entre las modalidades conflictuales que conllevan el cese de la actividad laboral hemos de citar, la huelga y el «*lock-out*» o cierre patronal.

Desde una perspectiva constitucional, resulta de enorme interés la consideración de si ambas modalidades de formalización de un conflicto son equiparables y, caso contrario, precisar sus diferencias.

El Tribunal Constitucional ha tenido oportunidad de pronunciarse al respecto en su ya ampliamente comentada (con motivo del análisis del derecho de huelga) Sentencia 11/1981, de 8 de abril. En ella, el Juez de la constitucionalidad, a partir de la consideración de que la huelga, «*prima facie*», parece una de las posibles medidas de conflicto colectivo, aborda en detalle las relaciones entre los artículos 28.2 (derecho de huelga) y 37.2 (derecho a la adopción de medidas de conflicto colectivo), y el diferente campo de aplicación de uno y otro.

El Tribunal comienza rechazando la tesis que ve en el artículo 37 un precepto parcialmente reiterativo del artículo 28. El constituyente, es claro, quiso separar el derecho de huelga de las restantes medidas de conflicto colectivo, por lo que debe propugnarse la separación entre ambos preceptos, que se produce, con claridad, desde el punto de vista de los trabajadores y consiste básicamente en que:

a/ El artículo 37 les faculta para otras medidas de conflicto distintas de la huelga, y

b/ El artículo 28 no liga necesariamente la huelga con el conflicto colectivo. La huelga no es un derecho derivado del conflicto colectivo, sino que es un derecho autónomo.

De todo ello se deriva la conclusión de que la Constitución no se funda en el principio que con expresión alemana se conoce como la «*kampfparität*», esto es, la igualdad de armas, la paridad en la lucha, la igualdad de las medidas de conflicto nacidas en el campo obrero y las que tienen su origen en el sector empresarial. De ahí, a su vez, se desprende que el régimen jurídico del «*lock-out*» o cierre patronal no puede ser idéntico al de la huelga.

Por lo demás, no cabe paralelismo entre ambas figuras: el cierre, contra lo que pudiera pensarse, no es una «huelga de patronos». Es preciso atender al hecho de que la decisión de cierre afecta no sólo al personal conflictivo, sino también al personal pacífico. La huelga es un «contrapeso»; tiende a restablecer el equilibrio entre partes de fuerza económica desigual. En cambio, el «*lock-out*» es una mayor dosis de poder que se otorga a una persona que tenía poder ya desde antes.

De todo lo expuesto, el Tribunal Constitucional (STC 11/1981) extrae una conclusión última: en todos aquellos casos en que el «*lock-out*» o cierre patronal vacía de contenido el derecho constitucional de hacer huelga o se alza como barrera que lo impide, el «*lock-out*» no puede considerarse como lícito, porque un simple derecho cívico impide un derecho fundamental.

En resumen, no es contrario a nuestra Constitución el poder de cierre patronal como poder de policía para asegurar la integridad de personas y de bienes, siempre que exista una decidida voluntad de apertura del establecimiento una vez desaparecido el riesgo; en cambio, es contrario a la Constitución todo tipo de cierre que vacíe de contenido o impida el derecho de huelga.

En otro orden de consideraciones, conviene recordar que la diferente ubicación sistemática de ambos derechos (el derecho de huelga se sitúa dentro de la Sección primera del Capítulo 2.°, mientras que el derecho a la adopción de medidas de conflicto colectivo se halla dentro de la Sección segunda) tiene notables consecuencias en cuanto a su respectivo régimen jurídico.

Así, las medidas de cierre patronal no se incluyen dentro de los derechos fundamentales susceptibles de recurso de amparo, como expresamente ha recordado el Juez de la constitucionalidad (STC 72/1982, de 2 de diciembre), mientras que el derecho de huelga es tutelable en vía de amparo y ante los tribunales ordinarios a través del procedimiento preferente y sumario a que se refiere el artículo 53.2 de la Constitución.

IV. La competencia para conocer de los conflictos colectivos de trabajo corresponde, según su naturaleza (artículo 29 del Real Decreto-Ley 17/1977):

a/ Al Delegado de Trabajo de la provincia en que se plantea el conflicto. La Dirección General de Trabajo será competente en aquellos conflictos que afecten a trabajadores de varias provincias.

b/ Al orden jurisdiccional laboral, de acuerdo con lo establecido en la Ley de Procedimiento Laboral.

El Tribunal Constitucional, como ya vimos al referirnos al derecho de huelga, ha declarado inconstitucional el recurso a los laudos de obligado cumplimiento, circunscribiendo de esta forma la actuación de la autoridad administrativa laboral al ámbito de una conciliación no dirimente.

V. Digamos ya para finalizar que tanto en el caso de medidas de conflicto provenientes de los trabajadores como de los empresarios, el constituyente ha establecido que la ley reguladora del ejercicio de este derecho habrá de incluir las garantías precisas para asegurar el funcionamiento de los servicios esenciales de la comunidad, previsión idéntica a la del inciso final del artículo 28.2, esto es, a la establecida respecto del ejercicio del derecho de huelga, y respecto de la cual nos remitimos a lo expuesto al tratar de este último derecho.

R) Los derechos de la persona en cuanto miembro de una colectividad socio-económica

En cuanto miembro de una comunidad, toda persona es partícipe, se desenvuelve en el ámbito de una colectividad socio-económica en la que le corresponden una serie de derechos, en unos casos de contenido económico, y en otros de naturaleza prestacional; estos últimos, tradicionalmente conceptuados como «sociales», nacen de una situación de desequilibrio social, con la finalidad de tratar de producir un cierto ajuste, alcanzando un equilibrio asentado en el principio de igualdad material o, como ha dicho *Mortati,* en el carácter solidario de la libertad individual.

La presencia de los derechos sociales es relativamente reciente en los textos constitucionales. Será en la Constitución de Weimar en donde harán acto de presencia por vez primera de modo realmente significativo. Como señala *Francesco Galgano,* en la Carta de Weimar y, más tarde, en desigual medida, en las restantes cartas constitucionales europeo-occidentales, se manifestará una idea nueva de constitución: ésta no sólo sujeta al Derecho las relaciones entre el Estado y los ciudadanos, en clara oposición al modelo de organización política del Antiguo Régimen, sino que, además, juridifica, a través de normas de principio, las relaciones entre los ciudadanos, en inequívoco rechazo a lo que *Galgano* llama el despotismo económico.

De esta suerte, la constitución deja de ser en exclusiva la fuente suprema del Derecho público, reguladora de la forma de gobierno y de las garantías de la libertad de los ciudadanos en sus relaciones con el Estado, para convertirse al unísono en la ley fundamental del Derecho privado, que regula las relaciones entre los particulares, bien mediante normas inmediatamente preceptivas, bien, con más frecuencia, a través de normas de orientación para el legislador ordinario («norme di indirizzo per la legislazione ordinaria»).

Las transformaciones sociales y económicas han originado cambios en la configuración del Estado que, como dijera *Forsthoff,* tras la apariencia de una forma constitucional inalterable, no han sido percibidos en un primer momento con claridad en muchos casos. El Estado social que ha resultado de tal desarrollo es, sin embargo, un Estado específico, con su propia lógica.

La evolución de la estructura estatal ha conducido, inevitablemente, a la transformación de la Constitución, cuyos contenidos se han visto sustancialmente ampliados, ampliación que, como advierte *De Cabo,* se manifiesta en dos direcciones íntimamente vinculadas: por una parte, en la aparición del denominado «Derecho constitucional económico», al que nos referiremos con posterioridad, Derecho que surge como conjunto de preceptos que regulan la intervención del Estado en el orden económico; por otra, en la generalización de la configuración constitucional de los llamados «derechos sociales» o preceptos que regulan la intervención del Estado en el orden social, derechos que, como advirtiera *Calamandrei,* se han convertido en la premisa indispensable para asegurar a todos los ciudadanos el goce efectivo de las libertades políticas. Y esta transformación constitucional, como decíamos antes, ha conducido a proyectar la Constitución de modo directo sobre el ámbito de las relaciones jurídicas privadas, con la enorme trascendencia que ello entraña en muy diferentes espacios jurídicos.

Los derechos sociales tienen una proyección económica indiscutible, y a su vez, los derechos de contenido económico, como el derecho a la propiedad, el derecho de fundación o la propia libertad de empresa (cuyo análisis aplazamos para un momento ulterior), presentan una vertiente social inequívoca, que en el caso del derecho a la propiedad, adquiere rango constitucional, incorporándose al núcleo mismo del derecho. Es por ello mismo por lo que, a efectos sistemáticos, hemos englobado de modo conjunto el estudio de unos y otros.

a/ El derecho a la propiedad privada

El primer constitucionalismo va a entronizar un concepto de propiedad radicalmente alejado del existente con anterioridad. Es enormemente significativa al respecto la concepción acogida en la Declaración de Derechos del Hombre y del Ciudadano, cuyo artículo 2.º la considera, inmediatamente después de la libertad, como un derecho natural e imprescriptible del hombre, para, más adelante, el artículo 17 de la Declaración consagrar la nueva versión burguesa de la propiedad, por la que se concibe a ésta como libre, individual y total. De acuerdo con el citado precepto:

> «La proprieté étant un droit inviolable et sacré, nul ne peut en être privé, si ce n'est lorsque la nécessité publique, légalement constatée, l'exige évidemment, et sous la condition d'une juste et préalable indemnité.»

Esta concepción burguesa, como recuerda *Soboul,* queda muy alejada de la concepción feudal de una propiedad recargada de derechos en beneficio del señorío, como también de la visión comunitaria de una propiedad colectiva de los bienes comunales y de una propiedad privada sujeta a notables servidumbres en beneficio de la comunidad. Bien al contrario, ahora nos encontramos ante un derecho inviolable y sagrado, fruto de su caracterización como derecho natural.

Entre nosotros, la nueva concepción de la propiedad hará ya su entrada en las Cortes de Cádiz, que llevarán a cabo una profunda obra de reforma orientada a reprimir todo vestigio del viejo orden estamental y sancionar la entronización de la burguesía ilustrada. Las Leyes sobre señoríos de 1811 y 1813, el Decreto de este último año sobre cierre de fincas rústicas, que desconoce buena parte de las servidumbres de pastos existentes, normas a las que hay que sumar las Leyes desvinculadoras de 1820, que suprimieron cuantas instituciones inmovilizaban la propiedad privada, son otros tantos ejemplos del nuevo orden socio-económico en materia de propiedad.

En cierto modo, como corolario de esta corriente de pensamiento bien podría situarse la definición que de la propiedad da el artículo 348 del Código Civil, de conformidad con el cual: «La propiedad es el derecho de gozar y disponer de una cosa sin más limitaciones que las establecidas en las leyes.»

Es cierto que el precepto en cuestión prevé la posibilidad de limitar legalmente este derecho de goce y disfrute, aunque no lo es menos que en el momento de su redacción —como es sabido, en los estertores del siglo XIX— esta hipotética restricción legal del derecho estaba pensada casi exclusivamente en la necesidad de compaginar el ejercicio del derecho entre los diferentes propietarios.

Esta visión ferozmente individualista e insolidaria del derecho de propiedad comenzaría a quebrar, por lo menos en alguna medida, como consecuencia de la doctrina social de la Iglesia.

Ya en 1891, *León XIII,* en su Encíclica *«Rerum novarum»,* pondría de manifiesto cómo todos los bienes terrenales están destinados al sustento y provecho de todos los hombres. *Juan XXIII,* incidiendo en lo que constituye una reiteradísima doctrina del magisterio social de la Iglesia, pondría de relieve en su Encíclica *«Mater et Magistra»* (1961), que del hecho de que tanto el Estado como las instituciones públicas hayan extendido enormemente el campo de su intervención, no debe deducirse que haya desaparecido la función social de la propiedad, pues esta función toma su fuerza del propio derecho de propiedad. Y en la Constitución Pastoral *«Gaudium et Spes»,* del Concilio Vaticano II, puede leerse: «La propiedad privada o un cierto dominio sobre los bienes externos garantizan a cada cual una zona absolutamente necesaria de autonomía personal y familiar, y deben ser considerados como prolongación de la libertad humana», tras lo que, sin embargo, se matiza que: «La propiedad privada tiene, por su misma naturaleza, un carácter social que se funda en la ley del *destino común de los bienes.*»

Nuestra «Lex Superior», en perfecta sintonía con la constitucionalización del Estado social, acoge en su artículo 33 una concepción actual del derecho de propiedad. De esta forma, el citado precepto, tras reconocer dicho derecho, como también el derecho a la herencia, explicita la función social de los mismos, que habrá de delimitar su contenido, de acuerdo con las leyes, para, finalmente, recoger las garantías expropiatorias.

a') Su naturaleza jurídica

«Se reconoce el derecho a la propiedad privada y a la herencia.» En estos términos se encuentra redactado el artículo 33.1 de nuestra «Norma normarum». La redacción del precepto («se reconoce...»), que, en alguna medida, recuerda la del párrafo segundo del artículo 42 de la Constitución italiana («La propiedad privada será reconocida y garantizada por la ley...»), puede dar pie para pensar que la Constitución está reconociendo una realidad que tiene una propia individualidad de Derecho natural, en sintonía con la clásica concepción burguesa de la propiedad, explicación que en Italia ha rechazado con buen criterio *Giannini,* y entre nosotros *López y López,* en tesis que hacemos nuestra.

La visión constitucional del derecho exige atender al modo como la Norma fundamental lo concibe en los tres apartados del artículo 33, que no pueden ser artificiosamente separados y que, más aún, nos revelan la naturaleza del derecho a la propiedad en su formulación constitucional.

Se trata de un derecho (SSTC 111/1983, de 2 de diciembre y 37/1987, de 26 de marzo) reconocido desde la *vertiente institucional* y desde la *vertiente individual,* siendo, desde este último punto de vista, un derecho subjetivo que cede para convertirse en un equivalente económico, cuando el bien de la comunidad, concretado en el artículo 33.3 por la referencia a los conceptos de utilidad pública o interés social, legitima la expropiación.

La referencia a la *«función social»* como *elemento estructural de la definición misma del derecho* a la propiedad privada o como factor determinante de la delimitación legal de su contenido, pone de manifiesto que «la Constitución no ha recogido una concepción abstracta de este derecho como mero ámbito subjetivo de libre disposición o señorío sobre el bien objeto del dominio reservado a su titular», sometido tan sólo en su ejercicio a las limitacioncs generales legalmente impuestas con el fin de salvaguardar los legítimos derechos o intereses de terceros o el interés general. Por el contrario, «la Constitución reconoce un derecho a la propiedad privada que se configura y protege, ciertamente, como un *haz de facultades individuales sobre las cosas,* pero también, y al mismo tiempo, como un *conjunto de deberes y obligaciones* establecidos de acuerdo con las Leyes, en atención a valores o intereses de la colectividad, es decir, a la finalidad o utilidad social que cada categoría de bienes objeto de dominio está llamada a cumplir» (STC 37/1987).

Desde luego, la traducción institucional de las exigencias colectivas no puede llegar a anular la utilidad meramente individual del derecho. Es por ello por lo que el Juez de la Constitución ha reconocido (en su Sentencia 37/1987, que puso fin al recurso de inconstitucionalidad interpuesto por senadores del Grupo Popular contra ciertos artículos de la Ley 8/1984, del Parlamento de Andalucía, de Reforma Agraria) que no sería constitucional una expropiación que, afectando parcialmente a algunas de las facultades del propietario reconocidas por la Ley, privase en realidad de todo contenido útil al dominio sin una indemnización adecuada a esta privación total del derecho, que puede medirse desde el punto de vista del aprovechamiento económico o rentabilidad de la nuda propiedad o de las facultades que el propietario conserve tras la operación expropiatoria.

En resumen, la doctrina constitucional establecida al efecto puede sintetizarse significando que el derecho a la propiedad privada constitucionalmente reconocido presenta una vertiente institucional derivada de la función social que cada categoría de bienes sobre los que se ejerce el señorío dominical está llamada a cumplir, lo que supone la incorporación del interés general o colectivo junto al puro interés individual del titular en la definición de cada derecho de propiedad o en la delimitación concreta de su contenido.

b') La función social y el contenido esencial del derecho

La presión del Estado social sobre la estructura del Estado de Derecho, fruto del progresivo entrecruzamiento de Estado y sociedad, posibilitó, como bien señalara *Ernst Forsthoff*, descubrir la función social de los derechos fundamentales, función que —añadiríamos nosotros— se manifiesta con especial intensidad en el derecho a la propiedad.

En el constitucionalismo de entreguerras, como advirtiera *Mirkine-Guetzévitch*, se asiste, en nombre de un principio social superior, a una limitación de ciertos derechos fundamentales, en particular el de propiedad. Buen ejemplo de ello lo encontramos en el último párrafo del artículo 153 de la Constitución de Weimar, que establece que: «La propiedad obliga», para añadir de inmediato que: «El uso (de la propiedad) debe estar igualmente en el interés general.»

En esta dirección, el artículo 33.2 de la Constitución de 1978 es rotundo cuando dispone que: «La función social de estos derechos (a la propiedad privada y a la herencia) delimitará su contenido, de acuerdo con las leyes.»

La función social de la propiedad, aun siendo un tópico jurídico de muy diversas interpretaciones, implica —como se afirmara en la Exposición de Motivos de la Ley 8/1984, del Parlamento de Andalucía, de Reforma Agraria— la incorporación de la perspectiva del deber al derecho subjetivo, deber que modaliza su ejercicio, que a su vez debe orientarse a la búsqueda de un logro social, que al mismo tiempo preserve el ámbito de poder del titular. Esta concepción sería ratificada por la doctrina constitucional, como en un momento anterior expusimos.

La función social de la propiedad, determinada de acuerdo con las Leyes, presupone la identificación de los fines de interés general que, sin perjuicio de la utilidad individual del titular del derecho, están llamados a satisfacer los bienes objeto de dominio privado.

La función social de este derecho y los deberes que de ella dimanen para el propietario a fin de satisfacer unos determinados fines de interés general, suponen, como resulta perfectamente comprensible, que el contenido esencial del derecho no pueda fijarse en atención a su exclusiva vertiente subjetiva, sino que sea preciso incluir en él la referencia a la función social. Es precisamente por lo mismo por lo que el contenido esencial del derecho no resulta alterado por virtud de las restricciones que sobre el mismo recaigan por mor de su vertiente social.

Así lo ha reconocido el Tribunal Constitucional, para quien (STC 37/1987, de 26 de marzo) la dimensión social de la propiedad privada, en cuanto institución llamada a satisfacer necesidades colectivas, es en todo conforme con la imagen que de aquel derecho se ha formado la sociedad contemporánea, por lo que debe ser rechazada la idea de que la previsión legal de restricciones a las otrora tendencialmente ilimitadas facultades de uso, disfrute, consumo y disposición o la imposición de deberes positivos al propietario hagan irreconocible el derecho de propiedad.

Pero aún puede significarse algo más. La función social del derecho no opera como mero límite externo frente al ejercicio del mismo, sino como parte integrante del ejercicio del propio derecho, lo que, por otro lado, no es sino la lógica resultante de la consideración de la función social de la propiedad como elemento estructural de la definición de la propiedad. Así lo ha ratificado la jurisprudencia constitucional (SSTC 37/1987, de 26 de marzo y 170/1989, de 19 de octubre).

Las manifestaciones del principio de la función social de la propiedad pueden asumir, en sus múltiples concreciones, configuraciones muy diversas entre sí. La propia función social es, como se ha significado por la doctrina italiana *(Iannelli)*, la causa principal de tal pluralismo, al operar con variedad de técnicas y sobre una pluralidad de bienes, siendo en último término decisiva la específica trascendencia socioeconómica. De ahí que pueda hablarse, como entre nosotros ha hecho *López y López*, de una *pluralidad de estatutos propietarios.*

Como resulta patente, esta pluralidad de estatutos propietarios presupone a su vez una *pluralidad de contenidos esenciales.* Habrá que atender a la naturaleza del bien objeto de dominio para precisar el contenido esencial respecto del mismo del derecho de propiedad.

No muy distante de esta posición es la doctrina consagrada por nuestro intérprete supremo de la Constitución, que, una vez más, en su importantísima Sentencia 37/1987, se manifestaría del siguiente modo:

«... la propiedad privada, en su doble dimensión como institución y como derecho individual, ha experimentado en nuestro siglo una transformación tan profunda que impide concebirla hoy como una figura reconducible exclusivamente al tipo abstracto descrito en el artículo 348 del Código Civil (...). Por el contrario, la progresiva incorporación de finalidades sociales relacionadas con el uso o aprovechamiento de los distintos tipos de bienes sobre los que el derecho de propiedad puede recaer ha producido una *diversificación de la institución dominical en una pluralidad de figuras o situaciones jurídicas reguladas con un significado y alcance diversos.* De ahí que se venga reconociendo con general aceptación doctrinal y jurisprudencial la flexibilidad o plasticidad actual del dominio que se manifiesta en la existencia de diferentes tipos de propiedades dotadas de estatutos jurídicos diversos, de acuerdo con la naturaleza de los bienes sobre los que cada derecho de propiedad recae.»

En cualquier caso, y como ya con anterioridad advirtiéramos, conviene reiterar que cualquiera que fuere el estatuto jurídico de un determinado tipo de propiedad, el contenido esencial del derecho no podrá prescindir de la utilidad meramente individual de aquél, y es por ello mismo por lo que la definición de la propiedad que en cada caso se infiera de las Leyes o de las medidas adoptadas en virtud de las mismas, puede y debe ser controlada en vía jurisdiccional, como también por el propio Tribunal Constitucional.

c') La reserva de ley en materia de propiedad

El artículo 33.2 de la Norma fundamental prevé que la delimitación del contenido del derecho que nos ocupa (por virtud de su función social) se hará «de acuerdo con las leyes», determinación que suscita el tema de la reserva de ley en materia de propiedad.

Como es evidente, respecto del derecho de propiedad también opera la previsión del artículo 53.1, que exige que sólo por ley pueda regularse el ejercicio de los derechos ubicados en el Capítulo 2.° del Título I, entre los que se sitúa el derecho a la propiedad privada.

Sin embargo, el artículo 33.2 ha flexibilizado aquella reserva de ley en lo que concierne a la delimitación del contenido de la propiedad privada en virtud de su función social, que, según el Tribunal Constitucional (STC 37/1987), debe ciertamente regularse por la ley, pero también por la Administración «de acuerdo con las leyes» cuando éstas recaben la colaboración reglamentaria de aquélla. Prohíbe esta concreta reserva de ley toda operación de deslegalización de la materia o todo intento de regulación del contenido del derecho de propiedad privada por reglamentos independientes o *«extra legem»*, pero no la remisión del legislador a la colaboración del poder normativo de la Administración para completar la regulación legal y lograr así la plena efectividad de sus mandatos.

> Dicha remisión a la potestad reglamentaria ha sido considerada por el Tribunal Constitucional como inexcusable cuando las características naturales del bien objeto de dominio y su propia localización (como sucede en el caso arquetípico de la propiedad inmobiliaria) lo hacen susceptible de diferentes utilidades sociales, que pueden y deben traducirse en restricciones y deberes diferenciados para los propietarios y que, como regla general, sólo por vía reglamentaria pueden establecerse.

Aplicando la doctrina precedentemente expuesta, el Juez de la Constitución entendió ajustado a los requerimientos de la Norma suprema, la previsión del artículo 2.º de la ya citada Ley andaluza de Reforma Agraria, que habilitaba a la Administración autonómica, en orden al cumplimiento de la función social de la propiedad rústica, privada o pública, para «fijar criterios objetivos de obtención del mejor aprovechamiento de la tierra y sus recursos», previsión en la que el alto Tribunal no observaría deslegalización alguna de la materia.

En relación con el tema de la reserva de ley en materia de propiedad, conviene significar asimismo que esta reserva no excluye por entero el recurso al Decreto-ley, por cuanto, como tendremos ocasión de exponer con detenimiento en un momento ulterior, el límite material que pesa sobre el instrumento normativo del Decreto-ley, de no poder afectar a los derechos y libertades de los ciudadanos, debe ser interpretado en el sentido de que no se regule mediante Decreto-ley el régimen general de los derechos, deberes y libertades del Título I (STC 111/1983, de 2 de diciembre).

Por último, debemos destacar que aunque el régimen jurídico común de la propiedad es evidente que constituye una competencia exclusiva del Estado, pues cae dentro de la legislación civil, que el artículo 149.1.8.ª atribuye al mismo, sin perjuicio de la conservación, modificación y desarrollo por las Comunidades Autónomas de los derechos civiles, forales o especiales, allí donde existan, al legislador regional le cabe en ciertos supuestos dar cumplimiento a la reserva de ley en materia de propiedad; así acontecerá cuando la Comunidad Autónoma sea titular de una determinada competencia que incluya la posibilidad de legislar sobre la propiedad de la tierra y su función social, dentro de su respectivo territorio. Tal sucedería con la Comunidad Autónoma de Andalucía, titular de la competencia específica para legislar en materia de «reforma y desarrollo del sector agrario» (artículo 18.1.4.ª de su Estatuto de Autonomía).

d') Las garantías expropiatorias

El artículo 33.3 de nuestro código fundamental acoge las que se conocen como garantías expropiatorias. De conformidad con el mismo:

> «Nadie podrá ser privado de sus bienes y derechos sino por causa justificada de utilidad pública o interés social, mediante la correspondiente indemnización y de conformidad con lo dispuesto por las leyes.»

Ya desde el primer constitucionalismo encontramos presentes en los textos constitucionales este tipo de garantías. Recordemos al efecto que el artículo 172 de la Constitución de Cádiz, que enumeraba las restricciones a la autoridad del Rey, en su punto décimo, prescribía que si el Rey necesitase «tomar la propiedad» de un particular para un objeto de conocida utilidad común, no lo podría hacer sin que al mismo tiempo fuera indemnizado.

La única salvedad frente a esta línea constitucional uniforme la constituye el código fundamental de la Segunda República, cuyo artículo 44 posibilitaba la expropiación forzosa de toda clase de bienes por causa de utilidad social sin necesidad de indemnización, cuando así lo dispusiere una ley aprobada por la mayoría absoluta de los miembros de las Cortes, lo que, como bien dice *Garrido Falla,* constituía una curiosa forma de confiscación, pese a que el párrafo último del propio artículo 44 prohibía imponer la pena de confiscación de bienes.

Nuestros constituyentes, con muy buen criterio, generalizaron el principio indemnizatorio, que no admite salvedad alguna. Por el contrario, resulta de interés recordar que, en el curso del itinerario constituyente, se suprimió la exigencia de que la indemnización fuese previa a la privación del bien; en efecto, la Ponencia constitucional constituida en el seno de la Comisión Constitucional del Congreso sustituyó la inicial expresión «previa la correspondiente indemnización» por la actual «mediante la correspondiente indemnización», modificación que sería juzgada por el diputado señor *De la Vallina,* como generadora de una especie de «empréstito forzoso que se impone al particular expropiado».

En cualquier caso, la vigente Ley de Expropiación Forzosa, de 16 de diciembre de 1954, determina la necesidad de una indemnización previa a la ocupación del bien. En efecto, su artículo 51 dispone que, hecho efectivo el justo precio, podrá ocuparse la finca por vía administrativa o hacer ejercicio del derecho expropiado, si bien el artículo 52 de la misma Ley contempla, con carácter excepcional, un procedimiento a cuyo través el Consejo de Ministros puede acordar la declaración de urgencia de la ocupación de los bienes afectados por la expropiación, declaración que, entre otros efectos, implica la ocupación del bien con anterioridad al pago de la indemnización, procedimiento al que, además, suele recurrirse en la enorme mayoría de los casos.

La regulación constitucional de la expropiación, obviamente, no supone una negación del derecho a la propiedad privada, sino sólo su sacrificio concreto ante la presencia de intereses públicos o sociales superiores, con respeto del contenido económico del derecho sacrificado, que se transforma en el derecho a obtener una indemnización por el valor del bien o derecho del que el titular ha sido forzosamente privado.

La expropiación forzosa se presenta así como una institución de garantía de los intereses económicos privados (STC 37/1987, de 26 de marzo), que implica la obligación de los poderes públicos de indemnizar a quien resulte privado de sus bienes o derechos por legítimas razones de interés general con un equivalente económico, que ha de establecerse conforme a los criterios objetivos de valoración prefijados por la Ley, a través de un procedimiento en el que, previa declaración de la causa legitimadora de la concreta operación expropiatoria, se identifica el objeto a expropiar, se cuantifica el justiprecio y se procede a la toma de posesión de aquél y al pago de éste. Como ha precisado el Juez de la Constitución (STC 227/1988, de 29 de noviembre), la garantía expropiatoria del artículo 33.3 alcanza tanto a las medidas ablatorias del derecho de propiedad privada en sentido estricto, como a la privación de los bienes y derechos individuales, es decir, de cualquier derecho subjetivo e incluso interés legítimo de contenido patrimonial.

A la par, y desde el punto de vista de los intereses públicos, la expropiación es también un medio indeclinable del que los poderes públicos pueden y deben servirse para el logro de sus fines, cuando ello exija privar a ciertos particulares de sus bienes y derechos por causa de utilidad pública o interés social.

Centrándonos ya en el análisis del contenido del artículo 33.3, diremos que este precepto suscita diferentes cuestiones a las que pasamos a referirnos:

— La primera de ellas es que los términos en que este precepto se halla redactado permiten afirmar, a juicio del Tribunal (STC 166/1986, de 19 de diciembre), que la concepción constitucional de la *«causa expropiandi»* incluye tanto las expropiaciones forzosas como aquellas otras en que el fin admite varios posibles destinos.

La causa de expropiación no es indiferente para el ordenamiento, puesto que a ella se une de modo inescindible la reversión expropiatoria. El artículo 33.3 no incluye dentro de las garantías constitucionales de la expropiación el *derecho de reversión*, que es, consiguientemente, un derecho de configuración legal, como ha precisado el Juez de la Constitución (STC 67/1988, de 18 de abril).

La reversión habilita al expropiado para recuperar el bien objeto de la expropiación cuando no se ejercite la obra o se establezca el servicio que motivó la expropiación, o cuando realizada aquélla o establecido éste, quede alguna parte sobrante de los bienes expropiados, o cuando desaparezca la afectación de los bienes o derechos a las obras o servicios que motivaron la expropiación. El supuesto de hecho para el surgimiento del derecho de reversión no es, pues, el de la enajenación del bien, sino el de la no destinación del bien o derecho al fin expropiatorio (STC 67/1988).

Estamos, en definitiva, ante un derecho patrimonial, íntimamente vinculado a la *«causa expropiandi»* y a su eventual incumplimiento, que, sin embargo, no es inherente por igual a toda persona expropiada, en cualquier circunstancia, configurándose en cada caso en atención a la diversidad legal de regímenes expropiatorios.

— Una segunda consideración atañe a la naturaleza de la indemnización. El artículo 33.3, como ya hemos advertido, no exige el previo pago de la misma, y, en cuanto a su contenido, la garantía constitucional que se establece, según el alto Tribunal (STC 166/1986, de 19 de diciembre), concede el derecho a percibir la contraprestación económica que corresponda al *valor real* de los bienes y derechos expropiados.

— En tercer término, aunque la potestad expropiatoria viene considerándose función administrativa encomendada a los órganos de la Administración, si bien no siempre ha sido así (recordemos, por ejemplo, que el artículo 14 de la Constitución de 1869 establecía que nadie podría ser expropiado de sus bienes sino en virtud de mandamiento judicial), nuestra Norma suprema no establece reserva de la materia expropiatoria a favor de la Administración, circunstancia por la que el alto Tribunal (STC 166/1986) ha admitido la legitimidad constitucional de las expropiaciones *«ope legis»*, siempre y cuando, como es lógico, respeten las garantías del artículo 33.3.

— En último lugar, y en conexión con lo que acabamos de señalar, se suscita la cuestión de la llamada *garantía del procedimiento expropiatorio*, respecto de la cual el Tribunal ha entendido (STC 166/1986) que, en cuanto es aplicación específica del principio de legalidad, puede sostenerse que las Leyes formales, incluidas las singulares, cubren por sí mismas esa garantía, cualquiera que sea el procedimiento expropiatorio que establezcan y al cual, obviamente, tendrá que ajustarse la Administración.

Esta reflexión, a nuestro juicio absolutamente discutible y por entero rechazable, por cuanto, entre otros principios, puede vulnerar el principio de seguridad jurídica, será, sin embargo, matizada con posterioridad, por no decir que modificada en la misma Sentencia y casi en el razonamiento inmediatamente ulterior, al precisar el Tribunal que la naturaleza excepcional y singular de las Leyes singulares de expropiación, no autoriza al legislador a prescindir de las garantías del procedimiento expropiatorio establecido en las Leyes generales de expropiación, si bien el legislador puede introducir en el procedimiento general las modificaciones que exija dicha singularidad excepcional, siempre que se inserten como especialidades razonables que no dispensen de la observancia de las demás normas procedimentales contenidas en la legislación general. Con ello, el Tribunal, aún matizando su doctrina inicial, de un rígido formalismo, abre un portillo demasiado peligroso en las exigencias lógicas del principio de seguridad jurídica.

b/ El derecho de fundación

El artículo 34 de nuestro Texto fundamental acoge el derecho de fundación, derecho que sin duda viene referido al concepto jurídico tradicional de fundación, por virtud del cual una fundación es una persona jurídica constituida por una masa de bienes vinculados por el fundador o fundadores a un fin de interés general. De esta forma, la dotación de la fundación y la vinculación de los bienes de la misma a un fin de interés general, se configuran como los dos elementos característicos de la fundación.

La constitucionalización de este derecho, que *Merino Merchán* tilda de un hito sin precedentes en nuestra legislación y aun en la del Derecho comparado, contrasta con viveza con la muy arraigada históricamente, actitud hostil del Estado frente a las fundaciones, circunstancia que se remonta a los siglos XVII y XVIII, en los que el enorme crecimiento de corporaciones y establecimientos de naturaleza religiosa y de caridad, con la subsiguiente acumulación de riquezas por los mismos, suscitó una radical reacción por parte del poder regio frente a lo que se dio en llamar las «manos muertas».

No cambiaría la situación con la Revolución Francesa, que si por un lado admite, no sin evidente prevención y cautela, la libertad de asociación, al poco tiempo restringida en virtud de la famosa Ley «*Le Chapelier*», aprobada el 14 de junio de 1791, por la que se prohíben las corporaciones profesionales, por otro lado, rechaza visceralmente los entes fundacionales, y de modo muy particular, aquellos cuyo patrimonio se hallaba afectado a fines religiosos.

El concepto de fundación, en sentido técnico, como la doctrina recuerda *(Vilaseca Marcet, Merino Merchán)*, sería elaborado en el siglo XIX gracias a los esfuerzos de la ciencia jurídica que acabó distinguiendo con nitidez entre las corporaciones *(universitas personarum)* y las fundaciones *(universitas bonorum)*. Decisiva sería la aportación verificada al respecto por los canonistas, quienes concebirían la fundación como una institución con personalidad jurídica distinta del titular, de los órganos colegiales que la administran o de los destinatarios de sus beneficios.

La Constitución de 1978 ha recepcionado el derecho de fundación en su artículo 34, a tenor del cual:

1. «Se reconoce el derecho de fundación para fines de interés general, con arreglo a la ley.»
2. «Regirá también para las fundaciones lo dispuesto en los apartados segundo y cuarto del artículo 22.»

La fundación nace, como ya hemos dicho, de un acto de disposición de bienes, que realiza el fundador, quien los vincula a un fin por él determinado y establece las reglas por las que han de administrarse al objeto de que sirvan para cumplir los fines deseados de manera permanente o, al menos, duradera.

Es precisamente el modo de constitución de la fundación: a través de un acto de libre disposición de bienes, lo que permite explicar que el constituyente haya reconocido este derecho inmediatamente después del artículo que recoge el derecho a la propiedad y a la herencia (artículo 33), lo que, como ha dicho el Juez de la Constitución (STC 49/1988, de 22 de marzo), permite entender que el derecho de fundación es una manifestación más de la autonomía de la voluntad respecto a los bienes, por cuya virtud una persona puede disponer de su patrimonio libremente, dentro de los límites y con las condiciones legalmente establecidas, incluso creando una persona jurídica para asegurar los fines deseados.

La fundación no se agota en el negocio jurídico fundacional que se halla en la base y origen de su existencia, puesto que tanto la manifestación de voluntad del fundador como la organización de la fundación que él mismo establezca han de cumplir los requisitos que marquen las leyes, pues no podemos olvidar que estamos en presencia de un derecho de configuración legal, como el propio artículo 34.1 nos muestra con inequívoca claridad. Y entre las previsiones legales, hemos de recordar la peculiar acción administrativa —conocida con la denominación de el «protectorado»— con la que se trata de asegurar el cumplimiento de los fines de la fundación y la recta administración de los bienes que la forman.

La doctrina ha puesto de relieve la conveniencia de una evolución del «protectorado» que debería ser acorde a la propia evolución del concepto tradicional de la fundación. Las fundaciones no son asociaciones ni empresas; son algo diferente que exige un trato jurídico particular y que están a la espera de recibir un impulso decidido por parte del legislador y de la Administración. Si la existencia del control, del «protectorado», se admite de modo generalizado y realmente pacífico, no sucede otro tanto con la naturaleza de ese control, que, como *Piñar Mañas* dice, debiera suprimir buen número de las autorizaciones, permisos, requisitos y condiciones que deben obtener o superar las fundaciones para poder simplemente actuar, trabas que dificultan la misma consecución de sus fines; en definitiva, la función del «protectorado» habría de hacer hincapié no tanto en la vertiente fiscalizadora cuanto en la labor de apoyo y asesoramiento a las fundaciones.

El derecho de fundación se reconoce para fines de interés general, lo que entraña que la garantía constitucional no cubra aquellas vinculaciones patrimoniales que se encaminen hacia fines estrictamente particulares o familiares. Ello no obstante, la exigencia de un interés general no acota definitivamente el ámbito de las fundaciones. Buen ejemplo de ello lo encontramos en la polémica surgida en torno al supuesto carácter fundacional de las Cajas de Ahorro, cuestión que sería abordada por el Tribunal Constitucional en su Sentencia 49/1988.

El Tribunal considera discutible en qué medida el concepto Fundación-Empresa, importado de la doctrina alemana, encaja en el de fundación protegida por el artículo 34 de la Constitución. De otro lado, tras referirse a la evolución experimentada por las Cajas de Ahorro, el Juez de la Constitución entiende que tal evolución no permite considerarlas hoy como fundaciones en el sentido que la doctrina, y con ella el artículo 34 de la Constitución, da a este concepto; consiguientemente, tampoco cabe afirmar que la creación actual de Cajas de Ahorro constituya el ejercicio del derecho de fundación reconocido por el citado artículo 34. Por el contrario, lo que se cree será una entidad de crédito sometida a una severa reglamentación no sólo para su autorización, sino para sus fines y actuación, y en que el fondo dotacional, aun siendo considerable, formará sólo una parte de sus recursos, que habrán de nutrirse en el futuro de depósitos de terceros.

El Tribunal concluirá poniendo de relieve (STC 49/1988) que sin negar que las Cajas tengan un cierto carácter fundacional, lo cierto es que son, en todo caso, fundaciones de carácter muy peculiar en las que domina su condición de entidades de crédito, que es lo que les da su fisonomía actual.

Digamos por último que el artículo 34.2 se remite a lo dispuesto por el artículo 22, 2 y 4 a los efectos de determinar qué fundaciones son ilegales (las que persigan fines o utilicen medios tipificados como delitos) y de establecer la garantía judicial en lo que se refiere a la disolución de la fundación o a la suspensión de sus actividades, que sólo podrán ser acordadas en virtud de resolución judicial motivada. Cuanto en su momento indicamos respecto al derecho de asociación, puede muy bien ser tenido en cuenta en relación con el derecho de fundación.

c/ Los derechos sociales proclamados como principios

La Constitución de 1978, siguiendo los perfiles característicos del constitucionalismo de nuestro tiempo, acoge en el Título I una amplia gama de derechos sociales que se conectan muy estrechamente con la caracterización de nuestro Estado como «Estado social».

Tradicionalmente, se les ha considerado derechos de naturaleza prestacional, esto es, derechos que implican que su titular pueda exigir del Estado comportamientos positivos, actuaciones o conductas determinadas; se distinguían así de los derechos individuales de libertad que implicaban inhibiciones por parte del Estado. Hoy, sin embargo, esta separación habría que relativizarla muy notablemente, y ello, al menos, por un doble orden de consideraciones: de un lado, porque, como ya hemos tenido oportunidad de advertir, todos los derechos, en mayor o menor grado, tienen implicaciones de naturaleza económica y social; de ahí que siga gozando de plena validez la tesis de *Häberle* sobre el doble carácter de los derechos fundamentales: como garantías de la libertad individual y como instituciones que persiguen fines sociales y colectivos constitucionalmente proclamados; de otro lado, porque la idea nueva de constitución que se inicia con la Carta de Weimar conduce a que las clásicas libertades individuales dejen de concebirse como algo puramente negativo para, al positivizarse como valores (la libertad, la igualdad...), cambiar radicalmente de signo, acercándose de esta forma a los otrora distantes derechos prestacionales.

Pero es que, además, junto a las precedentes reflexiones, conviene tener presente que con la expresión «derechos sociales», como bien ha expuesto entre nosotros *Cascajo,* se pretende hoy indicar realidades objetivas irreductibles a un mismo orden conceptual: pretensiones jurídicas frente a los poderes públicos, intereses legítimos, derechos de crédito en las relaciones entre particulares, formas de control del ejercicio de poderes privados, fines públicos no coordinados con pretensiones jurídicas de los particulares y mecanismos de garantía. Es precisamente esta pluralidad conceptual una de las razones del escepticismo con que algunos sectores doctrinales han acogido estos derechos, en especial llegado el momento de decidir si se trata de verdaderos derechos subjetivos o de meras expectativas derivadas de la forma de Estado.

Es ésta una problemática que en último término nos conduce a la eficacia jurídica de las normas contenidas en el Capítulo 3.° del Título I, puesto que es en él en donde se acogen la mayor parte de los derechos sociales. No vamos ahora a abordar esta cuestión, pues lo haremos en un momento ulterior; ello no obstante, es preciso advertir que resulta inadecuado formular una generalización en torno a este punto, pues es claro que no todos los derechos sociales admiten idéntica calificación jurídica, juicio del que, por otro lado, no debe derivarse que los preceptos del Capítulo 3.°, ni tan siquiera algunos de ellos, no deban ser considerados como normas jurídicas; serán normas cuya complitud requerirá de otras disposiciones jurídicas, pero, en todo caso, se tratará de normas.

En buen número de supuestos estamos ante «determinaciones de fines del Estado», como las ha denominado la doctrina alemana, esto es, ante normas que marcan fines que ha de seguir el Estado, normas, en definitiva, de principio, que son algo más que meras normas programáticas. No en vano muchos de estos derechos no se formulan jurídicamente como tales, sino como principios. El propio rótulo del Capítulo 3.° («De los principios rectores de la política social y económica») es ya por sí sólo lo suficientemente significativo.

En todo caso, no podemos por menos de constatar, antes del inicio del análisis particularizado de estos derechos, la existencia de una débil voluntad jurídico-política en orden al cumplimiento real —que no puramente formal— de buena parte de estos principios. Los poderes públicos, a nuestro juicio, han venido demostrando una actitud verdaderamente timorata en el cumplimiento material de estas determinaciones constitucionales, a cuyo través pueden y deben extraerse buena parte de sus virtualidades transformadoras a la Constitución.

El principio de igualdad material que proclama el artículo 9.º.2, que se encuentra en la base misma del pacto constituyente, exige que las normas de asignación de fines estatales del Capítulo 3.º no queden reducidas a mera retórica. No diremos que haya sucedido así, pero sí que se echa en falta una «sensibilidad social» en la actuación de los poderes públicos, acentuada en los últimos tiempos.

De los derechos a que vamos ahora a aludir, unos son proclamados como principios: protección de la familia, protección de los niños, promoción de la participación de la juventud, asistencia y amparo a los disminuidos, protección a los ciudadanos de la tercera edad, protección de los trabajadores y defensa de los consumidores y usuarios; otros se formulan como auténticos derechos: el derecho a la protección de la salud, el derecho de acceso a la cultura, el derecho al medio ambiente y el derecho a una vivienda digna. Junto a todos ellos nos referiremos, por último, al principio de conservación y promoción del patrimonio.

1. El principio de protección de la familia

Ya el artículo 16.3 de la Declaración Universal de los Derechos Humanos proclama a la familia como «el elemento natural y fundamental de la sociedad» y en cuanto tal le reconoce el derecho a la protección de la sociedad y del Estado.

El artículo 39.1 de la Constitución, en esta misma dirección, establece que: «Los poderes públicos aseguran la protección social, económica y jurídica de la familia.» Esta protección se concreta en la necesidad de que los poderes públicos aseguren, asimismo, la protección integral de los hijos, respecto de los cuales el artículo 39.2 proclama el principio de igualdad de los mismos ante la ley con independencia de su filiación, como también de las madres, cualquiera que sea su estado civil.

El texto constitucional no precisa la noción de familia, por lo que, como bien señalara *Espín Cánovas,* debe suponerse que el legislador constituyente ha tenido presente la imagen que la sociedad española da a la palabra «familia». Bien es verdad que un sector de la doctrina ha entendido que esta ausencia de definición de la familia puede interpretarse en el sentido de que el código constitucional no ha vinculado necesariamente familia y matrimonio, lo que permitiría amparar tanto las unidades familiares basadas en el matrimonio como las unidades estables de convivencia.

Por nuestra parte, creemos que esta equiparación no sólo no se deduce necesariamente de la Constitución, sino que ésta parece haber tomado en cuenta básicamente el modelo familiar asentado en el matrimonio. Los textos internacionales, por lo demás, corroboran cumplidamente esta interpretación. Así, el artículo 12 del Convenio de Roma proclama el derecho del hombre y la mujer, a partir de la edad núbil, a casarse y a fundar una familia. Ello no obsta para que las unidades de convivencia estables entre un hombre y una mujer puedan ser objeto de una determinada protección, cuando así lo entienda oportuno el legislador, sin que el no reconocimiento de tal protección pueda tildarse de discriminatorio respecto de la familia asentada en la institución matrimonial.

En análoga dirección a la que acabamos de exponer se sitúa la doctrina constitucional, que se ha explicitado de modo muy especial en la Sentencia 45/1989, de 20 de febrero, en la que el alto Tribunal parte de la consideración de que cualquier norma que incida sobre la vida de la familia debe ser respetuosa con la concepción de ésta que alienta en la Constitución.

Consecuentemente con ello, entiende el Juez de la Constitución que la utilización de la unidad familiar como unidad contribuyente, en cuanto implica una diferenciación fiscal de sus miembros por el hecho de serlo, diferenciación que además se traduce en un trato más desfavorable, no puede ser considerada constitucionalmente legítima.

> «Si la carga tributaria que pesa sobre una persona integrada en una unidad familiar —razona el Tribunal (STC 45/1989)— es mayor que la que pesa sobre otro contribuyente con idéntico nivel de renta, pero no integrado en una unidad de este género (o, lo que es lo mismo, mayor que la que pesaría sobre esa misma persona si no constituyera parte de una familia, a efectos fiscales), es evidente que no sólo se lesiona el principio de igualdad, sino que directamente se va en contra del mandato constitucional que ordena la protección de la familia, a la que al obrar así, no sólo no se protege, sino que directamente se perjudica.»

2. El principio de protección de los niños

El artículo 39.4 de la Norma fundamental establece que: «Los niños gozarán de la protección prevista en los acuerdos internacionales que velan por sus derechos.»

En conexión estrecha con esta previsión constitucional, España ha ratificado la Convención sobre los Derechos del Niño, adoptada por la Asamblea General de las Naciones Unidas el 20 de noviembre de 1989, mediante el Instrumento de Ratificación de 30 de noviembre de 1990.

La protección de los derechos del niño ha suscitado desde antaño la preocupación de los organismos internacionales, de lo que constituyen buena prueba la Declaración de Ginebra de 1924 sobre los Derechos del Niño y la Declaración de los Derechos del Niño adoptada por la Asamblea General de Naciones Unidas el 20 de noviembre de 1959. Como en esta última se señala, el niño, por su falta de madurez física y mental, necesita protección y cuidados especiales, incluso la debida protección legal, tanto antes como después de su nacimiento.

En la Convención de 1989, se entiende por niño todo ser humano menor de dieciocho años, salvo que, en virtud de la ley que le sea aplicable, haya alcanzado antes la mayoría de edad.

De entre los derechos reconocidos por esta última Convención, destacaremos el compromiso de los Estados Partes de adoptar cuantas medidas sean apropiadas para garantizar que el niño se vea protegido contra toda forma de discriminación o castigo por causa de la condición, las actividades, las opiniones expresadas o las creencias de sus padres.

Es de subrayar asimismo que el artículo 3.º de la Convención determina que el interés superior del niño habrá de ser la consideración primordial a la que deberá atenderse en cuantas medidas concernientes a los niños puedan ser adoptadas por cualesquiera instituciones o autoridades.

Significquemos por último la obligación que los Estados Partes han de asumir para salvaguardar que el niño no sea separado de sus padres contra la voluntad de éstos, excepto cuando, a reserva de revisión judicial, las autoridades competentes determinen, de conformidad con la ley y los procedimientos aplicables, que tal separación es necesaria en el interés superior del niño.

3. El principio de promoción de la participación de la juventud

«Los poderes públicos —prescribe el artículo 48— promoverán las condiciones para la participación libre y eficaz de la juventud en el desarrollo político, social, económico y cultural.»

Aunque no falta quien, como *Ruiz Rico,* entiende que este precepto pertenece al mundo de la «retórica constitucional», gozando de un valor jurídico que está a medio camino entre el ornamentalismo y el horizonte utópico, a nuestro modo de ver, estamos ante un precepto que concreta un mandato constitucional dirigido a los poderes públicos que éstos no pueden ignorar. Algo por entero diferente será el grado de sensibilidad de los poderes públicos hacia este mandato, y, desde otro punto de vista, la eficacia y operatividad de las actuaciones emprendidas, en su caso, para plasmar en la realidad social esta determinación.

La Ley 18/1983, de 16 de noviembre, del Consejo de la Juventud de España, trata en alguna medida de suministrar un cauce para el cumplimiento de este fin de relevancia constitucional, puesto que la finalidad esencial del Consejo de la Juventud que a través de la norma se crea es, precisamente, la de ofrecer un cauce de libre adhesión para propiciar la participación de la juventud en todos los órdenes de nuestro desarrollo.

4. El principio de asistencia y amparo a los disminuidos

El artículo 49 de nuestra «lex legum» determina que los poderes públicos habrán de realizar una política de previsión, tratamiento, rehabilitación e integración de los disminuidos físicos, sensoriales y psíquicos, a los que prestarán la atención especializada que requieran, amparándoles especialmente para el disfrute de los derechos que la Constitución otorga a todos los ciudadanos.

En desarrollo de esta previsión se ha aprobado la Ley 13/1982, de 7 de abril, de integración social de los minusválidos, de conformidad con la cual (artículo 2.°), el Estado debe inspirar la legislación para la integración social de los disminuidos en la Declaración de Derechos del Deficiente Mental, aprobada por las Naciones Unidas el 20 de diciembre de 1971 y en la Declaración de Derechos de los Minusválidos, aprobada por la Resolución 3447 de dicha Organización, de 9 de diciembre de 1975.

La Ley reconoce como una obligación del Estado la prevención, los cuidados médicos y psicológicos, la rehabilitación adecuada, la educación, la orientación, la integración laboral, la garantía de unos derechos económicos, jurídicos y sociales mínimos y la Seguridad Social. A tales efectos, declara (artículo 3.°.2) obligados a participar, para la efectiva realización de las previsiones anteriores, en su ámbito de competencias correspondientes, a la Administración Central, las Comunidades Autónomas, las Corporaciones Locales, los Sindicatos, las entidades y organismos públicos y las asociaciones y personas privadas.

En esta dirección, la Ley obliga (artículo 4.°.1) a la Administración del Estado, las Comunidades Autónomas y las Corporaciones Locales a amparar la iniciativa privada sin ánimo de lucro, colaborando en el desarrollo de estas actividades mediante asesoramiento técnico, coordinación, planificación y apoyo económico.

5. El principio de protección a los ciudadanos de la tercera edad

El artículo 50 de la Constitución prescribe que los poderes públicos garantizarán, mediante pensiones adecuadas y periódicamente actualizadas, la suficiencia económica a los ciudadanos durante la tercera edad. Asimismo, promoverán su bienestar mediante un sistema de servicios sociales que atenderán sus problemas específicos de salud, vivienda, cultura y ocio.

Como ha dicho *Linz,* la eficacia de un régimen político se refiere a la capacidad del mismo para encontrar soluciones a problemas básicos con los que se enfrenta todo sistema político que el ciudadano responsable percibe como más satisfactorias que perjudiciales. Pues bien, uno de los grandes retos que el Estado de nuestro tiempo ha debido asumir es el de proteger adecuadamente a un número cada vez más amplio de ciudadanos de lo que se ha dado en llamar la tercera edad, esto es, de personas que se han jubilado en su actividad laboral, situación que, con la tendencia generalizada a adelantar la edad de jubilación, se retrotrae progresivamente a una menor edad, prolongando a la par su existencia durante mayor número de años, dado el crecimiento de las expectativas de vida.

Esta protección debe proyectarse a todas las facetas de la vida, pues, con ella, de lo que se trata es de facilitar a estas personas una digna calidad de vida. Ello entraña unos adecuados niveles prestacionales por parte de la Seguridad Social, prestaciones cuya manifestación primigenia, sin ningún género de dudas, es la existencia de una pensión suficiente, que permita una vida digna, con un mínimo nivel de calidad. En todo caso, las prestaciones a que la Constitución se refiere exceden, obviamente, de ese derecho a una pensión adecuada.

Sin dejar de reconocer que en esta materia se han dado pasos muy importantes en los últimos años, como es el caso del reconocimiento de las pensiones no contributivas, o la actualización automática de las pensiones a la vista de la subida oficial del índice de precios, es lo cierto que un elevadísimo porcentaje de pensiones sigue estando por debajo del salario mínimo, que, por otro lado, viene delimitado por unos niveles salariales que realmente se sitúan muy por bajo de lo que las necesidades mínimas de subsistencia (no digamos ya de una cierta calidad de vida) exigen hoy. Con ello no creemos equivocarnos si decimos que un gran porcentaje de jubilados que dependa tan sólo de su pensión para vivir, está condenado al más absoluto de los ostracismos y a una economía de pura supervivencia, pues los niveles de las pensiones no permiten otra cosa. Ello choca lacerantemente con la existencia de un Estado constitucional que se define como social, que propugna una transformación de la sociedad orientada por el principio de igualdad material y cuyo norte último es la consecución de una sociedad democrática avanzada.

La disparatada relación existente entre los sueldos de los altos cargos públicos (no nos estamos refiriendo, obviamente, a la empresa privada) y los niveles salariales medios de la inmensa mayoría de nuestros pensionistas hace chirriar los goznes de nuestro Estado social. A ello habría que añadir que no guarda correlación lógica el notable incremento de la voracidad fiscal de los últimos tiempos con la mejora de los niveles prestacionales en un campo en el que debe incrementarse la sensibilidad social; el contraste se hace más incisivo aún si se atiende a la nada edificante ligereza con que a veces se dilapidan los fondos públicos.

6. El principio de protección a los trabajadores

Los artículos 40, 41 y 42 de nuestro código político acogen un conjunto de normas relativas a la protección de los trabajadores que pueden sistematizarse del modo siguiente:

— Un primer bloque de normas de determinaciones de fines de política socio-económica general: promoción de las condiciones favorables para el progreso social y económico y para una distribución de la renta regional y personal más equitativa, en el marco de una política de estabilidad económica y, de manera especial, realización de una política orientada al pleno empleo.

Como es bien conocido, estas determinaciones de fines a que debe responder la actuación de los poderes públicos se han saldado con un rotundo fracaso. Un porcentaje de paro superior al 15 por 100 convierte en un fiasco toda política que pretenda alcanzar el pleno empleo. En otro orden de consideraciones, no parece que la distribución de la renta tienda hacia una mayor equidad: el enriquecimiento súbito y no siempre excesivamente nítido de ciertos sectores de la población contrasta con la situación de otros cada vez más amplios, cercanos a la indigencia.

Tampoco parece que el panorama sea más alentador en lo que al logro de la equidad entre las rentas regionales se refiere. En 1978, *Cazola Pérez* constataba que tras quince años apoyados tan sólo en la ideología del puro desarrollo, las desigualdades entre los distintos estratos sociales y las diferentes regiones del país no sólo no habían disminuido, sino que tendían a acentuarse. Hoy quizá pueda apreciarse una cierta inflexión de esta tendencia (por lo menos en el ámbito de las desigualdades regionales), por lo demás muy insuficiente como para que pueda hablarse con realismo de una distribución de la renta regional más equitativa.

— Un segundo bloque normativo referente a algunos de los clásicos derechos sociales de los trabajadores, enunciados como principios que han de determinar la actuación de los poderes públicos: a/ fomentar una política que garantice la formación y readaptación profesionales; b/ velar por la seguridad e higiene en el trabajo, y c/ garantizar el descanso necesario, mediante la limitación de la jornada laboral, las vacaciones periódicas retribuidas y la promoción de centros adecuados.

Estamos, en definitiva, ante una serie de manifestaciones particularizadas de lo que, unido a otras previsiones constitucionales, bien podríamos considerar como el *derecho a unas condiciones de trabajo justas.*

Es importante reseñar que estas determinaciones constitucionales han quedado reflejadas en gran parte en la Ley 8/1980, de 10 de marzo, del Estatuto de los Trabajadores, cuyo artículo 4.º.2 reconoce a los trabajadores, en la relación laboral, entre otros, los derechos: a la promoción y formación profesional en el trabajo, y a su integridad física y a una adecuada política de seguridad e higiene.

La Ley regula igualmente (artículo 34) la duración de la jornada de trabajo; contempla el derecho de los trabajadores a un descanso mínimo semanal de día y medio ininterrumpido (artículo 37), como también su derecho a ausentarse del trabajo, con derecho a remuneración, en ciertos supuestos (matrimonio, nacimiento de un hijo, enfermedad grave o fallecimiento de parientes de hasta segundo grado...). Finalmente, el Estatuto de los Trabajadores establece un período de vacaciones anuales retribuidas, no sustituible por compensación económica, cuya duración en ningún caso será inferior a veintitrés días naturales (artículo 38.1).

— Un tercer bloque normativo viene referido al mantenimiento por los poderes públicos de un régimen público de Seguridad Social para todos los ciudadanos, que garantice la asistencia y prestaciones sociales suficientes ante situaciones de necesidad, especialmente en caso de desempleo.

Como señala *Vida Soria,* las normas internacionales sobre Seguridad Social (muy especialmente, la Carta Social Europea, de 18 de octubre de 1961 y el Convenio núm. 102 de la OIT) constituyen el punto de obligada referencia interpretativa para el artículo 41, interpretación que debería de llevarnos a la conclusión de que la técnica «debilitante» de los derechos de Seguridad Social, instrumentada sobre la base de la inclusión de los mismos en el Capítulo 3.º, debiera quedar teóricamente inhabilitada por causa de esa recepción del Derecho internacional, mucho más concreto y perentorio que la Constitución en estos temas.

El mandato contenido en el artículo 41 de la Norma fundamental, dirigido a los poderes públicos, de mantener un régimen público de Seguridad Social supone, en todo caso, como ha reconocido el Tribunal Constitucional (STC 65/1987, de 21 de mayo), apartarse de concepciones anteriores de la Seguridad Social en que primaba el principio contributivo y la cobertura de riesgos o contingencias. Tras ese mandato, las prestaciones de la Seguridad Social no se presentan ya —aun teniendo en cuenta la pervivencia de notas contributivas— como prestaciones correspondientes y proporcionales en todo caso a las contribuciones y cotizaciones de los afiliados, y resultantes de un acuerdo contractual.

El carácter público y la finalidad constitucionalmente reconocida del sistema de la Seguridad Social supone que éste se configure como un régimen legal, en que tanto las aportaciones de los afiliados como las prestaciones a dispensar, sus niveles y condiciones, vienen determinados no por un acuerdo de voluntades, sino por reglas que se integran en el ordenamiento jurídico y que están sujetas a las modificaciones que el legislador introduzca.

En cualquier caso, también en este ámbito material, se constata una progresiva disminución de la sensibilidad pública frente a los problemas sociales, en especial en relación con lo relativo a las prestaciones sociales en caso de desempleo, objeto de una reciente y muy restrictiva regulación a través del, por tantos aspectos, más que discutible Real Decreto-Ley 1/1992, de 3 de abril, de Medidas Urgentes sobre Fomento del Empleo y Protección por Desempleo.

— El último bloque normativo constitucional tiene como destinatarios a los trabajadores españoles en el extranjero. El Estado ha de velar por la salvaguarda de sus derechos económicos y sociales, orientando su política hacia su retorno.

7. El principio de defensa de los consumidores y usuarios

El artículo 51 de nuestra Constitución protege a todos los ciudadanos en cuanto consumidores o usuarios de bienes o servicios. Los poderes públicos vienen obligados a garantizar la defensa de los consumidores y usuarios, protegiendo, mediante procedimientos eficaces, la seguridad, la salud y los legítimos intereses económicos de los mismos. A tal efecto, los poderes públicos han de promover la formación y la educación de consumidores y usuarios, fomentando sus organizaciones y oyéndolas en las cuestiones que puedan afectar a aquéllos.

Con el fin de dar cumplimiento al mandato constitucional del artículo 51, se ha aprobado la Ley 26/1984, de 19 de julio, General para la Defensa de los Consumidores y Usuarios. A sus efectos, la Ley considera como consumidores o usuarios (artículo 1.º.2) a las personas físicas o jurídicas que adquieren, utilizan o disfrutan como destinatarios finales, bienes muebles o inmuebles, productos, servicios, actividades o funciones, cualquiera que sea la naturaleza, pública o privada, individual o colectiva, de quienes los producen, facilitan, suministran o expiden.

El artículo 2.º de la citada norma enumera los derechos básicos de los consumidores y usuarios, de entre los que recordaremos ahora:

a/ La protección contra los riesgos que puedan afectar su salud o seguridad.

b/ La protección de sus legítimos intereses económicos y sociales.

c/ La indemnización o reparación de los daños y perjuicios sufridos. Y

d/ La información correcta sobre los diferentes productos o servicios y la educación y divulgación para facilitar el conocimiento sobre su adecuado uso, consumo o disfrute.

Estos derechos no pueden ser considerados en sentido utilitarista; ello se uniría sin solución de continuidad a la concepción de las correspondientes organizaciones de consumidores y usuarios como un neocorporativismo; tal visión, como bien dice *Lucas Verdú,* atenta no sólo a la sociedad de bienestar; es, además, un enfoque insolidario y repercute sobre la naturaleza de modo depredador.

Se impone, por el contrario, una interpretación acorde a la «naturaleza de las cosas» latente en toda construcción jurídica ponderada conforme a valores y justamente equilibrada. Sólo así podrá llegarse a un verdadero equilibrio entre el Estado, la Sociedad y la Naturaleza.

En todo caso, no es inútil advertir que el reconocimiento de estos derechos de los consumidores y usuarios, en bastantes ocasiones, no supone sino un puro formalismo, pues, en la realidad, el desamparo del consumidor, su posición de absoluta inferioridad frente a la otra parte es una evidencia fácilmente constatable.

8. El derecho a la protección de la salud

El artículo 43.1 de la Constitución reconoce el derecho a la protección de la salud y en conexión con este derecho el artículo 43.2 atribuye a los poderes públicos competencia para organizar y tutelar la salud pública a través de medidas preventivas y de las prestaciones y servicios necesarios. El propio precepto se remite finalmente a la ley a los efectos de la concreción de los derechos y deberes de todos.

La Ley 14/1986, de 25 de abril, General de Sanidad, ha venido a desarrollar este punto, procediendo a regular todas las acciones que permitan hacer efectivo el derecho a la protección de la salud y a la atención sanitaria, del que son titulares todos los españoles y los ciudadanos extranjeros que tengan establecida su residencia en territorio nacional.

La Ley determina que el acceso a las prestaciones sanitarias se habrá de realizar en condiciones de igualdad efectiva, y asimismo que la política de salud deberá orientarse a la superación de los desequilibrios territoriales y sociales.

Junto a la norma anterior, hemos de hacernos eco de la Ley Orgánica 3/1986, de 14 de abril, de medidas especiales en materia de salud pública, que habilita a las autoridades sanitarias de las distintas Administraciones Públicas para adoptar determinadas medidas al objeto de proteger la salud pública y prevenir su pérdida o deterioro, cuando así lo exijan razones sanitarias de urgencia o necesidad.

El artículo 43.3 de la Norma suprema establece un mandato para los poderes públicos: el de fomentar la educación sanitaria, la educación física y el deporte, así como facilitar la adecuada utilización del ocio. Este imperativo constitucional ha sido objeto de desarrollo por la Ley 13/1980, de 31 de marzo, de la Cultura Física y del Deporte.

9. El derecho de acceso a la cultura

El artículo 44.1 de la «Lex Superior» determina un nuevo mandato para los poderes públicos: el de que éstos promuevan y tutelen el acceso a la cultura, a la que todos tienen derecho. La conexión de este precepto con el que reconoce el derecho a la educación es evidente, si bien el concepto de cultura que late en el artículo 44.1 no es equivalente al de mera educación formal.

El derecho que ahora analizamos ha sido objeto de reconocimiento por los textos internacionales; así, el artículo 15 del Pacto Internacional de Derechos Económicos, Sociales y Culturales reconoce el derecho de toda persona a participar en la vida cultural, así como también el derecho de gozar de los beneficios del progreso científico y de sus aplicaciones, derecho este último que se vincula en cierto modo con el anterior, conexión que también se aprecia en el artículo 44 de la Constitución, cuyo apartado segundo acoge otro mandato constitucional dirigido asimismo a los poderes públicos: el de promover la ciencia y la investigación científica y técnica en beneficio del interés general.

El derecho de acceso a la cultura debe promoverse en un marco de pluralismo cultural, al que se ha referido el artículo 27 del Pacto Internacional de Derechos Civiles y Políticos, que establece la necesidad de que no se niegue a las minorías el derecho que les corresponde, en común con los demás miembros de su grupo, a tener su propia vida cultural.

Nuestra Carta política se ha hecho eco de este pluralismo en relación a la cuestión lingüística. Y así, el artículo 3.º.3 considera a las distintas modalidades lingüísticas de España como un patrimonio cultural que será objeto de especial respeto y protección. Y en otro lugar (artículo 149.2), partiendo de ese pluralismo cultural, el Estado

—que considerará el servicio a la cultura como deber y atribución esencial— se obliga a facilitar la comunicación cultural entre las Comunidades Autónomas, de acuerdo con ellas.

10. El derecho al medio ambiente

El artículo 45.1 de la Norma fundamental, en lo que constituye una previsión verdaderamente novedosa en el Derecho constitucional, reconoce a todos el derecho a disfrutar de un medio ambiente adecuado para el desarrollo de la persona, prescribiendo a la par el deber de conservarlo. En sintonía con el reconocimiento de este derecho, el artículo 45.2 acoge el mandato constitucional de que los poderes públicos velen por la utilización racional de todos los recursos naturales, con el fin de proteger y mejorar la calidad de vida y defender y restaurar el medio ambiente, apoyándose en la indispensable solidaridad colectiva. A efectos de hacer realidad tal previsión, la ley establecerá sanciones penales o, en su caso, administrativas, así como la obligación de reparar el daño causado, para quienes violen las anteriores previsiones constitucionales (artículo 45.3).

Pérez Luño ha compendiado el planteamiento constitucional de la política medioambiental sobre la base de las siguientes premisas:

a/ la normativa constitucional se presenta como un intento de contemplar globalmente los distintos planos de incidencia de la temática ambiental;

b/ su orientación es dinámica en cuanto que la política medioambiental se dirige a posibilitar el pleno desarrollo de la persona y la calidad de la vida;

c/ supone un planteamiento positivo, en cuanto entraña unas directrices básicas de acción tendentes no sólo a conservar y defender, sino también a restaurar el medio ambiente, y

d/ implica, por último, una concepción concreta de la interacción existente entre el hombre y el medio ambiente.

En desarrollo de esta determinación constitucional, se han aprobado diferentes normas de las que recordaremos ahora: la Ley 38/1972, de 22 de diciembre, de protección del ambiente atmosférico y la Ley 4/1989, de 27 de marzo, de conservación de los espacios naturales y de la flora y fauna silvestres.

11. El derecho a una vivienda digna

El artículo 47 de la Constitución proclama el derecho de todos los españoles a disfrutar de una vivienda digna y adecuada, a cuyo efecto los poderes públicos promoverán las condiciones necesarias y establecerán las normas pertinentes para hacer efectivo este derecho, regulando la utilización del suelo de acuerdo con el interés general para impedir la especulación. Asimismo, la comunidad participará en las plusvalías que genere la acción urbanística de los entes públicos.

El derecho a la vivienda se reserva tan sólo a los españoles, circunstancia que debe destacarse por cuanto, dentro del Capítulo 3.º del Título I, el artículo 47 es el único precepto que subordina la efectividad de un principio rector de la política social y económica, que en este caso se enuncia como verdadero derecho social, a una condición subjetiva, como es la de ostentar la nacionalidad española.

El derecho que se proclama lo es a disfrutar de una vivienda digna y adecuada, requisitos que, como advierte *Bassols,* son dos conceptos indeterminados y elásticos, destinados a legitimar una serie de intervenciones del poder público en aras a la consecuención de estas dos capitales aspiraciones.

Como es lógico, el problema de la vivienda es inescindible de una problemática más amplia, como es la del entorno inmediato, que debe estar dotado de una serie de equipamientos que se conectan con una planificación urbanística adecuada.

El contenido material de este derecho plantea notables problemas interpretativos respecto a su efectivo alcance y extensión. La realidad, desde luego, nos muestra como el ciudadano carece de toda acción para exigir del Estado o de cualquier otro ente público que se le ponga materialmente en uso y disfrute de una vivienda digna y adecuada. De ahí que *Galvez* llegue a la conclusión de que la Constitución tan sólo exige de los poderes públicos una ordenación normativa en la que se establezcan las correspondientes formas de actividad pública.

En todo caso, *Bassols* ha entendido, creemos que con buen criterio, que se puede ofrecer una visión nueva del derecho constitucional a la vivienda, superponiendo a la consideración meramente jurídico-patrimonial del bien-vivienda una valoración de la finalidad social que el artículo 47 pretende alcanzar (satisfacer una necesidad colectiva) y respecto a la cual el inmueble-vivienda en sí mismo considerado presenta un carácter meramente instrumental. De todo ello derivaría que el fin tutelado por el artículo 47 no es directamente asegurar de modo universal y desde una perspectiva jurídico-patrimonial la titularidad de un inmueble destinado a vivienda. El inmueble será un medio instrumental respecto a la necesidad social que la norma protege: asegurar a todos los españoles la satisfacción de la necesidad de alojamiento o habitabilidad.

Los poderes públicos vendrán obligados de esta forma a articular una serie de prestaciones administrativas en materia de vivienda, que constituirán el auténtico contenido del artículo 47. Son precisamente estas prestaciones las que han resultado hasta el momento, a nuestro juicio, absolutamente insuficientes, sin que ello suponga ignorar la existencia de normaciones dirigidas en esa dirección, como, por ejemplo, el Real Decreto 2329/1983, de 28 de julio, de rehabilitación del patrimonio residencial y urbano, al margen ya de un amplio elenco de normas en materia de urbanismo.

En resumen, bien puede concluirse con *Bassols* que la orientación social que impone el artículo 47 del disfrute del bien-vivienda transforma a dicho sector en un auténtico servicio público que, si bien no se presta en régimen de monopolio, atribuye a los poderes públicos la facultad de ordenar e intervenir en todo el sector de construcción y uso de la vivienda.

12. El principio de conservación y promoción del patrimonio

El artículo 46 de nuestra Norma fundamental encomienda a los poderes públicos garantizar la conservación y promover el enriquecimiento del patrimonio histórico, cultural y artístico de los pueblos de España y de los bienes que lo integran, cualquiera que sea su régimen jurídico y su titularidad.

Este precepto debe relacionarse con las previsiones constitucionales orientadas a preservar e impulsar la identidad histórica, artística y cultural de la Nación española y de los pueblos que la integran, y también, como dice *Pérez Luño,* con el conjunto de normas que imponen un modelo de desarrollo cualitativo al sistema económico constitucional.

En desarrollo de las previsiones constitucionales cabe hacerse eco de la Ley 16/1985, de 25 de junio, del Patrimonio Histórico Español, que tiene por objeto (artículo 1.º.1) la protección, acrecentamiento y transmisión a las generaciones futuras del Patrimonio Histórico Español integrado por los inmuebles y objetos muebles de interés artístico, histórico, paleontológico, arqueológico, etnográfico, científico o técnico, como también por el patrimonio documental y bibliográfico, los yacimientos y zonas arqueológicas, así como los sitios naturales, jardines y parques, que tengan valor artístico, histórico o antropológico.

S) Los deberes constitucionales

I. Los deberes constitucionales entrañan la existencia de una situación de sujeción que se impone a los ciudadanos a fin de tutelar intereses de carácter general. Nuestra Norma suprema dedica la Sección segunda del Capítulo 2.º del Título I a los «derechos y deberes de los ciudadanos».

Y es aquí, efectivamente, en donde se contemplan los dos deberes más característicos de todo ciudadano: el deber de defensa y el de contribución a los gastos públicos. Sin embargo, fuera de los límites de esa Sección, la Constitución se ha referido a otros deberes, como, por ejemplo, los deberes que incumben a los ciudadanos en relación con la salud pública (artículo 43), o el deber que todos tienen de conservar el medio ambiente (artículo 45.1).

Por lo demás, en la antes citada Sección segunda, y al margen de los dos deberes característicos con anterioridad mencionados, la Constitución se refiere a algún otro deber: así, el deber de trabajar de todos los españoles (artículo 35.1), o también, los deberes del hombre y mujer que hayan contraído matrimonio, esto es, de los cónyuges, que habrán de ser regulados por la ley (artículo 32.2).

A la vista de los deberes constitucionalmente establecidos y del hecho de que la Norma suprema no contempla sanciones específicas frente al incumplimiento de los deberes que enuncia, la doctrina se ha planteado la cuestión del grado de vinculatoriedad de los deberes constitucionales. Dicho de otro modo: ¿generan tales deberes comportamientos exigibles a los ciudadanos o, por el contrario, requieren de la mediación del legislador?

Si atendemos a los dos deberes constitucionales más característicos: los deberes militares y los deberes tributarios (o si se prefiere, el deber de defensa y el de contribuir a los gastos públicos), podremos observar que en ambos casos los artículos 30 y 31 que, respectivamente, proceden a su enunciación, se remiten a la ley, de lo que puede deducirse que es a través de la «*interpositio legislatoris*» como surge la obligación de los ciudadanos de ajustarse a determinados comportamientos jurídicamente exigibles.

Es precisamente por todo lo expuesto por lo que *Varela* entiende que los deberes constitucionales entrañan mandatos dirigidos al legislador, más que una vinculación de la conducta de las personas. Es decir, no crean una expectativa de comportamientos privados, sino una expectativa de actuación por parte de los poderes públicos. Y *Espín* cree que podría llegar a hablarse de la existencia de una reserva genérica de ley en relación con los deberes constitucionales.

II. El artículo 30 de la Constitución, norma de apertura de la Sección segunda del Capítulo 2.º, contempla el deber de defensa o, dicho de otro modo, los deberes militares de los españoles. Estos —proclama el apartado primero del precepto— tienen el derecho y el deber de defender a España.

A la vista de la enunciación constitucional de este deber, que también se proclama como derecho, podría desde luego plantearse la cuestión de la discriminación de la mujer, al ser excluida de la prestación del servicio militar y, consecuentemente, privada del ejercicio de su derecho de defender a España. Bien es verdad que el tema más espinoso que al respecto se planteaba: la discriminación de la mujer como consecuencia de su imposibilidad de acceso a la carrera militar, ya ha sido solventado por el legislador, que ha suprimido toda barrera o impedimento al efecto. Ello no obstante, la problemática no puede considerarse definitivamente resuelta.

El artículo 30.2 se remite a la ley en lo que atañe al deber de prestación del servicio militar. Será el legislador el que fije las obligaciones militares de los españoles y, junto a ellas, ordene normativamente el derecho a la objeción de conciencia, al que nos referimos en otro lugar.

Ya la Ley Orgánica 6/1980, de 1 de julio, por la que se regulan los criterios básicos de la defensa nacional y la organización militar, recogió el carácter obligatorio del servicio militar, en línea con la tradición de nuestra historia contemporánea. Recientemente, la Ley Orgánica 13/1991, de 20 de diciembre, del Servicio Militar, ha regulado en detalle el régimen jurídico del ejercicio de este deber constitucional.

La Ley del Servicio Militar mantiene un modelo de recluta universal, cuyo fin último es el de dotar a las Fuerzas Armadas de los necesarios efectivos de reemplazo. Ello no obstante, el modelo de Fuerzas Armadas hacia el que se tiende es un modelo mixto en el que los efectivos de reemplazo se complementen con un volumen creciente de soldados profesionales, hasta alcanzar una tasa de profesionalización en torno al 50 por 100 de los efectivos totales. Es más que posible, a la vista de las corrientes sociales predominantes y del propio entorno internacional, que este modelo al que se aspira no sea sino un paso intermedio hacia unas Fuerzas Armadas absolutamente profesionales.

La Ley excluye a la mujer de la obligatoriedad del servicio militar, sobre la base de que las necesidades de la defensa militar quedan cubiertas con el concurso de los varones y por considerar que esta decisión no vulnera el mandato de no discriminación establecido en el artículo 14. Ello no obstante, las mujeres podrán incorporarse a las tareas de la defensa nacional, con arreglo a las normas sobre movilización nacional.

La duración del servicio militar se establece en nueve meses, tiempo que, en el Preámbulo de la Ley, se considera como «mínimo necesario» para obtener el grado de instrucción conveniente y de esta forma asegurar la operatividad de los Ejércitos con el menor coste personal para los españoles que son llamados a prestar un servicio de solidaridad al conjunto de la sociedad.

La Ley del Servicio Militar (artículo 12) fija como año de referencia para el cumplimiento del servicio militar aquel en el que se cumplen los diecinueve años de edad, no obstante lo cual, se podrá adelantar el cumplimiento del servicio militar e incorporarse a las Fuerzas

Armadas a partir del momento en que se cumpla la mayoría de edad. Asimismo, cuando se reúnan los requisitos legalmente previstos, los alistados (esto es, los inscritos en las listas de alistamiento) que deseen retrasar el momento de su incorporación al servicio militar podrán solicitar las oportunas prórrogas. Con independencia de ello, los alistados podrán manifestar sus preferencias para cumplir el servicio militar entre los diecinueve y los veintidós años de edad, preferencias que se atenderán en la medida en que lo permitan las necesidades del reclutamiento mediante procedimientos que aseguren la igualdad de oportunidades.

El artículo 11.1 establece las causas de exención del servicio militar, que son las siguientes:

a/ Mantener obligaciones familiares de carácter excepcional.

b/ Padecer alguna enfermedad o limitación física o psíquica que impida la prestación del servicio militar.

c/ Las derivadas de convenios internacionales.

d/ Tener cumplidos treinta años de edad. Y

e/ Ser declarado objetor de conciencia de acuerdo con la Ley.

III. El artículo 31.1 de la Constitución contempla a su vez el deber que pesa sobre todos de contribuir al sostenimiento de los gastos públicos de acuerdo con su capacidad económica. Se trata de un deber que, a diferencia del deber anteriormente analizado, no presenta naturaleza personal sino patrimonial.

El propio precepto constitucional precisa los requisitos a que se ha de ajustar el sistema tributario y, por ello mismo, los deberes tributarios, aspectos que, sin embargo, analizaremos en otro momento.

T) Las garantías de los derechos

Muy dispares son las modalidades de protección de los derechos que encontramos en el Derecho comparado. Los derechos, en efecto, pueden ser garantizados mediante formas muy diversas que se corresponden con las diferentes tradiciones jurídicas latinas, anglosajonas e incluso nórdicas, que se han superpuesto y combinado a fin de dotar a los derechos constitucionalmente reconocidos de la mayor garantía y eficacia posibles.

Pues bien, las modalidades de protección más comunes son las siguientes:

a) El principio de «reserva de Ley», de conformidad con el cual, sólo el legislador ordinario puede desarrollar las condiciones de ejercicio de los derechos, pudiendo incluso, en ocasiones, requerirse ciertas calidades a las leyes que los determinen, desarrollen o limiten.

b) La intervención de los jueces en base a su función esencial de «tutores de los derechos», definiendo los límites del ejercicio de un derecho o garantizando con su intervención la legitimidad de una restricción concreta.

c) Una protección especial de los jueces mediante la creación de recursos específicos para el restablecimiento de derechos que se entiendan violados; tal sería el curso de la previsión de recursos sumarios dotados a la par de preferencia procesal.

d) La definición de garantías procedimentales específicas, bien en la actuación del juez o en la de cualquier otro agente público (por ejemplo, la audiencia o la publicidad).

e) La creación de órganos específicos, como puede ser el caso del Ombudsman sueco, del Mediador francés o del Defensor del Pueblo español, o como también podría suceder con la creación de una Comisión parlamentaria «ad hoc» encargada de velar por la protección real de los derechos o de un derecho en particular.

f) Finalmente, la intervención de los Tribunales Constitucionales, como sucede en la República Federal Alemana a través del recurso de queja constitucional o en España, por intermedio del recurso de amparo.

a/ Los niveles de protección de los derechos en la Constitución

El artículo 53 de nuestra Constitución encabeza el Capítulo 4.º del Título I, que lleva por rúbrica «De las garantías de las libertades y derechos fundamentales». Si partimos de la consideración de que un sistema de derechos sólo podrá ser tildado de jurídico si contempla un conjunto de garantías para su efectividad, se comprenderá fácilmente la trascendencia de este precepto.

El artículo 53, por lo pronto, nos pone de relieve que la sistemática seguida por el constituyente para la enumeración de los derechos responde exclusivamente al grado de protección jurídica de que se les ha querido dotar, pues el precepto en cuestión viene a diferenciar tres niveles de protección, lo que a su vez nos conduce a la conclusión de que el concepto de derecho subjetivo no es unívoco en las distintas partes en que se divide el Título I.

En tres grupos podemos clasificar los derechos fundamentales contemplados por nuestra Constitución si se atiende a su garantía jurídica, al nivel de su protección constitucional, y seguimos un orden creciente, esto es, de menor a mayor protección:

a) Los derechos proclamados como principios e incluidos en el Capítulo 3.º del Título I, cuya rúbrica general es: «De los principios rectores de la política social y económica.»

b) Los derechos del Capítulos 2.º del mismo Título, que, bajo el rótulo «Derechos y libertades», acoge los derechos fundamentales y las libertades públicas (Sección primera) y los derechos y deberes de los ciudadanos (Sección segunda), y de modo muy particular estos últimos derechos de la Sección segunda, puesto que los de la Sección primera son objeto de una protección reforzada que conduce a ubicarlos en el tercer nivel de protección.

c) Los derechos de la Sección primera del Capítulo 2.º («De los derechos fundamentales y de las libertades públicas»), el principio de igualdad del artículo 14 y, bien que con un régimen particular, el derecho a la objeción de conciencia del artículo 30.2.

Nos centraremos ahora en sus respectivas garantías.

b/ Las garantías de los principios del Capítulo 3.º

I. El primer nivel de protección al que hemos de referirnos es el de los derechos proclamados como «principios rectores de la política social y económica» por el Capítulo 3.º del Título I, rúbrica muy significativa por cuanto de ella se deduce que no estamos, por lo menos en sentido técnico-jurídico, ante verdaderos derechos subjetivos fundamentales, sino ante lo que *Garrido Falla* denominara «normas de acción» de carácter constitucional, dirigidas a los poderes públicos para que actúen en un determinado sentido. Dicho esto, conviene de inmediato que hagamos una doble precisión:

— La primera, y más relevante, es que aunque técnicamente no puede calificárseles de auténticos derechos fundamentales, ello no significa que carezcan de relevancia, que estemos ante meras declaraciones retóricas privadas de cualquier contenido jurídico, en definitiva, ante puros motivos ornamentales de naturaleza constitucional; bien al contrario, estos derechos no sólo tienen un significado jurídico que trataremos de desentrañar más adelante, sino que, política y axiológicamente, revisten una extraordinaria importancia por cuanto, de un lado, son un reflejo ineludible de la forma social de nuestro Estado, presentándosenos en muchos casos como una exigencia insoslayable de la función de transformación social que nuestra Norma suprema debe cumplir como vía hacia el logro de una sociedad democrática avanzada, y desde este punto de vista se nos presentan como un elemento relevante del pacto constituyente que se encuentra en la base misma de la Constitución.

Desde una perspectiva axiológica, la trascendencia de estos derechos se acrecienta si se advierte que buena parte de ellos son una exigencia inmediatamente derivada de la dignidad de la persona, por lo que su ignorancia o violación atenta de alguna forma contra aquel valor esencial. Además de todo ello, el principio de igualdad material exige que estos derechos no queden convertidos en mera retórica.

— La segunda precisión que creemos necesario efectuar es que bajo la rúbrica del Capítulo 3.° coexisten una heterogeneidad de preceptos: en unos casos se trata de determinaciones de fines del Estado (así, el artículo 40.1, cuando establece como fines de interés general, a cuya consecución se ha de dirigir la actuación de los poderes públicos, el progreso social y económico, la distribución más equitativa de la renta... etc.); en otros, de auténticos mandatos al legislador (tal sería el caso de la previsión del inciso final del artículo 46, en el sentido de que la ley penal sancione los atentados contra el patrimonio histórico, cultural y artístico); otros preceptos se formulan en términos de verdaderos derechos subjetivos (así, el derecho de todos a disfrutar de un medio ambiente adecuado o el derecho a la protección de la salud); por último, cabría hablar incluso de preceptos que responden al esquema formal de las garantías institucionales, como es el caso del artículo 39.1, en relación con la familia.

En todo caso, el problema de la forma de positivación de los derechos sociales como derechos subjetivos o como determinaciones de fines del Estado, alternativa a la que bien podrían reconducirse los preceptos del Capítulo 3.°, pierde interés si, como recuerda *Cascajo,* se advierte la virtualidad procesal de la jurisdicción constitucional para subjetivizar e interpretar en clave individual, principios constitucionales como el de igualdad y el del Estado social. En último término, las normas constitucionales que proclaman principios o declaran derechos se integran con el devenir del tiempo a través de la acción de la jurisprudencia constitucional.

II. Los derechos sociales proclamados como principios y acogidos en el Capítulo 3.° tienen un significado jurídico al que se ha referido, bien es verdad que con escasa fortuna, el artículo 53.3 de la Constitución, a cuyo tenor:

> «El reconocimiento, el respeto y la protección de los principios reconocidos en el Capítulo tercero informarán la legislación positiva, la práctica judicial y la actuación de los poderes públicos. Sólo podrán ser alegados ante la jurisdicción ordinaria de acuerdo con lo que dispongan las leyes que los desarrollen.»

A la vista de esta determinación, resulta claro que no estamos en presencia de normas de eficacia inmediata, sino ante principios informadores que cumplen una función orientadora, que marcan un rumbo a seguir, pero que han de canalizarse jurídicamente a través de las leyes que los desarrollan, pues sólo de conformidad con sus previsiones podrán ser alegados ante la jurisdicción ordinaria. Bien es verdad que no faltan posturas doctrinales opuestas a esta interpretación. Es, por ejemplo, el caso de *Pérez Luño,* quien se muestra a favor de la eficacia inmediata de estos derechos, sobre la base de que el artículo 96.1 de la Constitución proclama que los tratados internacionales, una vez publicados oficialmente en España, formarán parte del ordenamiento interno. Dado que España ratificó en 1977 el Pacto Internacional de Derechos Económicos, Sociales y Culturales, que incluye el reconocimiento de la mayor parte de los derechos sociales consagrados en el Capítulo 3.º, sería un grave error —siempre a juicio de *Pérez Luño*— desconocer el «status» normativo de estos derechos.

Por nuestra parte, creemos que la previsión del inciso final del artículo 53.3 es difícilmente reinterpretable a la vista de los textos internacionales, pues su claridad es meridiana. Como reconociera el Tribunal Constitucional (STC 80/1982, de 20 de diciembre), el valor normativo inmediato de los artículos 39 a 52 de la Constitución ha de ser modulado en los términos del artículo 53.3 de la Norma fundamental.

Ahora bien, de lo que acabamos de decir no debe desprenderse que los principios del Capítulo 3.º no generen ningún tipo de obligaciones para los poderes públicos, no les vinculen, en definitiva, de manera alguna, como tampoco que puedan ser privados de todo medio de garantía y tutela.

El artículo 53.3 sustenta una especie de mandato, en verdad «sui generis», al legislador, por cuanto éste debe orientar y adecuar su obra normativa hacia el reconocimiento, respeto y protección de estos derechos sociales enunciados normalmente como principios. Es en el ámbito de las medidas legislativas de promoción donde se manifiesta de modo quizá más significado la virtualidad de estos derechos. Bien es verdad que resulta difícil defender jurídicamente la inconstitucionalidad por omisión, esto es, por la ausencia de actuaciones eficaces del legislador encaminadas a la promoción de estos derechos, si bien creemos que en ciertos supuestos podría y debería sostenerse dicha inconstitucionalidad, al conducir la inactividad del legislador a la vulneración de principios y valores constitucionales.

No ha sido ésta la interpretación del Juez de la constitucionalidad, para el que la naturaleza de los principios rectores de la política social y económica que recoge el Capítulo 3.º hace improbable que una norma legal cualquiera pueda ser considerada inconstitucional por omisión, esto es, por no atender, aisladamente considerada, el mandato a los poderes públicos y en especial al legislador, en el que cada uno de esos principios por lo general se concreta (STC 45/1989, de 20 de febrero).

Una jurisprudencia dinámica, a nuestro modo de ver, bien debiera replantearse este tema, a la vista ya de los años transcurridos desde la aprobación de la Constitución y de las ineludibles exigencias que se derivan del carácter «social» de nuestro Estado. El propio Tribunal Constitucional, en alguna ocasión, ha establecido las premisas para el reconocimiento de la inconstitucionalidad por omisión. Y así, en la antes referida Sentencia 45/1989, precisaba que no cabe excluir que la relación entre alguno de los principios del Capítulo 3.º y los derechos fundamentales (señaladamente el de igualdad) haga posible un examen de este género.

En otro orden de consideraciones, los principios del Capítulo 3.º asumen un indiscutible valor como criterios hermenéuticos. Así lo ha reconocido nuestro intérprete supremo de la Constitución, para el que el artículo 53.3 impide considerarlos como normas sin contenido, obligando a tenerlos presentes en la interpretación tanto de las restantes normas constitucionales como de las leyes (STC 19/1982, de 5 de mayo). Quiere ello decir que estos principios han de ser utilizados como criterios para resolver sobre actuaciones del legislador, cuando éstas se reflejen en una norma de notable incidencia sobre los bienes constitucionalmente protegidos por el Capítulo 3.º.

III. Los principios a que venimos refiriéndonos han de tener su reflejo igualmente en la actuación de la Administración a todos los niveles. Como ha dicho el alto Tribunal (STC 64/1982, de 4 de noviembre), entre los poderes públicos a que se refiere el artículo 53.3 se encuentran las Comunidades Autónomas.

El que la actuación de los poderes públicos deba venir informada por estos principios entraña muy especialmente que el «programa de gobierno» los haya de tener muy en cuenta, que exista una sensibilidad política por parte del Ejecutivo hacia los mismos, y que tal sensibilidad se refleje en el ejercicio de sus potestades de gobierno, y muy especialmente en la potestad reglamentaria, pues, además, es claro que la legislación positiva a que alude el artículo 53.3 debe entenderse en un sentido material, que no formal; dicho de otro modo, dentro de aquella expresión tienen plena cabida las normas reglamentarias.

IV. Los principios rectores del Capítulo 3.º han de informar finalmente la práctica judicial. El sentido de esta previsión resulta más difícil de desentrañar. *Pérez Luño* ha puesto de relieve que difícilmente podría cumplirse este imperativo constitucional si las normas contenidas en este Capítulo no pudieran ser objeto de alegación ante los tribunales ordinarios o de aplicación por los mismos.

Desde luego, a nuestro entender, la exigencia constitucional de que estas normas informen la práctica judicial no sólo implica el reconocimiento de que nos hallamos ante algo más que meros principios programáticos, sino que debe tener algún reflejo en la actuación jurisdiccional. De esta forma, aunque la garantía de los derechos sociales debe buscarse más a través de actuaciones legislativas que de intervenciones coercitivas de los órganos jurisdiccionales, es indudable, como apunta *Cascajo,* que la jurisdicción ordinaria civil, y sobre todo penal, contribuye, o por lo menos debiera contribuir, a la difícil protección de algunos intereses sociales que no encuentran un fácil encaje en las figuras tradicionales del derecho subjetivo o del interés legítimo.

Por lo demás, la exigencia constitucional de que sólo puedan ser alegados ante la jurisdicción ordinaria de acuerdo con lo que dispongan las leyes que los desarrollen, lógicamente, no puede entenderse en sentido literal, sino en el de que a los órganos jurisdiccionales ordinarios les queda vedado el reconocimiento de prestaciones cuyo único fundamento se encuentre en los preceptos del propio Capítulo 3.°.

V. En otro orden de consideraciones, resulta patente que los principios del Capítulo 3.° no obligan tan sólo a los poderes públicos, sino que, con mayor amplitud, podría decirse que comprometen la acción del conjunto del Estado, como ya señaláramos en otro lugar. Los derechos sociales, ha dicho *Cascajo,* admiten una traducción en términos de figuras jurídicas subjetivas, pero también pueden ser entendidos como un programa constitucional de distribución de bienes, que se realiza mediante el equilibrio de intereses públicos, colectivos y privados. Es por ello mismo por lo que su consecución a todos compromete; no en vano a través de ellos puede materializarse la igualdad sustancial entre los individuos y los grupos y cobrar así realidad una de las aspiraciones últimas y de mayor hondura que se halla en la base misma del pacto constituyente.

c/ Las garantías de los derechos del Capítulo 2.°

En este segundo nivel nos encontramos con todos los derechos del Capítulo segundo del Título I, objeto de un régimen específico de garantías a las que se refiere el artículo 53.1 de la Constitución. Ello no obstante, conviene significar que dentro de ese Capítulo no todos los derechos reconocidos gozan de idéntica protección, pues los derechos de su Sección primera son objeto específico de una protección reforzada que más adelante contemplaremos y a la que alude el artículo 53.2. A su vez, el derecho a la objeción de conciencia es objeto de un tratamiento constitucional específico.

De conformidad con el artículo 53.1 de nuestra «Lex Superior»:

> «Los derechos y libertades reconocidos en el Capítulo segundo del presente Título vinculan a todos los poderes públicos. Sólo por ley, que en todo caso deberá respetar su contenido esencial, podrá regularse el ejercicio de tales derechos y libertades, que se tutelarán de acuerdo con lo previsto en el artículo 161.1, a/.»

El precepto transcrito acoge, como fácilmente puede constatarse, el siguiente tríptico de garantías:

— Principio de vinculatoriedad o de eficacia inmediata de los derechos.

— Principio de reserva de ley.

— Tutela del contenido esencial de los derechos a través del control de constitucionalidad de las leyes de desarrollo de los mismos.

A estas garantías nos referiremos a continuación.

1. Principio de vinculatoriedad o de eficacia inmediata de los derechos

Todos los poderes públicos se encuentran vinculados por estos derechos. Con esta fórmula, como advierte *Alzaga,* nuestra Constitución acepta la mejor doctrina jurídico-constitucional, conforme a la cual, los derechos fundamentales resuelven conflictos entre áreas de intereses particulares y áreas de intereses públicos. En última instancia, son colisiones entre intereses privados y estatales, aunque como veremos más adelante, no quepa descartar una colisión entre simples intereses privados por virtud de la cual se produzca una violación de un derecho. De aquí que tales derechos y libertades garanticen, en sus respectivos ámbitos, a los ciudadanos frente a la colectividad y de aquí que vinculen a todos los poderes públicos, y desde luego creemos que bien puede sostenerse también que a todos y cada uno de los ciudadanos.

En el debate constituyente, se aludió a la innecesariedad de esta previsión por cuanto el artículo 9.º.1 de la misma Norma suprema ya había establecido el principio de sujeción de los poderes públicos a la Constitución. De esta forma, el artículo 53.1 acogería una reiteración innecesaria.

No podemos estar de acuerdo con tal planteamiento por cuanto el artículo 9.º.1 persigue un objetivo muy distinto del que trata de lograr el artículo 53.1. Mientras el primero formula genéricamente el principio de constitucionalidad, el segundo persigue la concreción de unas garantías para los derechos. Nos bastará con observar que, pese a la determinación del artículo 9.º.1, los derechos del Capítulo 3.º no vinculan en iguales términos que los derechos y libertades enunciados en el Capítulo 2.º, para comprobar de inmediato la utilidad de la previsión que ahora nos ocupa, y que en todo caso lo que viene a significar es que los derechos y libertades del Capítulo 2.º no son meras «normas de acción» que requieran de la *«interpositio legislatoris»* para cobrar eficacia. Bien al contrario, su eficacia es inmediata, vinculan a todos los poderes públicos y, por ello mismo, también a los jueces y tribunales, a los que se encomienda la garantía plenaria de su tutela efectiva, como ha quedado reflejado en la Ley Orgánica del Poder Judicial.

En efecto, a tenor del artículo 7.º.1 de la Ley Orgánica 6/1985, de 1 de julio, del Poder Judicial: «Los derechos y libertades reconocidos en el Capítulo 2.º del Título I de la Constitución vinculan, en su integridad, a todos los Jueces y Tribunales, y están garantizados bajo la tutela efectiva de los mismos.» Es una evidencia, pues, que estos derechos pueden fundamentar, en su letra y espíritu, el *«petitum»* de una demanda, como también el fallo de una sentencia judicial.

Diremos por último que el Tribunal Constitucional ha insistido con reiteración, en su jurisprudencia, en el principio de vinculatoriedad.

Ya en una de sus primeras Sentencias (STC 21/1981, de 15 de junio) precisaba —refiriéndose al artículo 24.1, que proclama el derecho a la tutela judicial efectiva— que este precepto vincula a todos los poderes públicos; es origen inmediato de derechos y obligaciones y no mero principio programático. En su Sentencia 15/1982, de 23 de abril, reiteraba que «los principios constitucionales y los derechos y libertades fundamentales vinculan a todos los poderes públicos y son origen inmediato de derechos y obligaciones y no meros principios programáticos», doctrina que rige incluso respecto de aquellos derechos que para su desarrollo y plena eficacia requieren la *«interpositio legislatoris»*, supuesto en el que el precepto constitucional no ha de entenderse en modo alguno como un mero mandato dirigido al legislador sin virtualidad «per se» para amparar pretensiones individuales.

2. ¿Eficacia de los derechos frente a terceros? *(«Drittwirkung der Grundrechte»).*

I. La eficacia jurídica inmediata de los derechos fundamentales suscita una cuestión verdaderamente controvertida, como es la de su eficacia *«erga omnes»*, que ineludiblemente debe incluir su eficacia frente a los particulares.

Una de las consecuencias que se derivan de la existencia de un orden de valores positivizado es la llamada por la doctrina alemana *«Drittwirkung der Grundrechte»*, esto es, la eficacia frente a terceros de derechos fundamentales, teoría muy discutida durante el primer decenio de vigencia de la Ley Fundamental de Bonn. Si los derechos fundamentales responden a un orden de valores y expresan principios jurídicos generales, su validez no puede quedar reducida a la esfera estatal, sino que parece lógico que se proyecte a la esfera de las relaciones sociales interindividuales.

Bien es verdad que entre la propia doctrina alemana no han faltado autores que, como *Forsthoff*, han entendido que atribuir a un ciudadano un derecho fundamental contra o frente a otro ciudadano significa simultáneamente convertirlo en norma obligatoria para este último. De ahí que el propio autor advierta que el cambio de interpretación de los derechos fundamentales desde derechos de libertad hacia normas obligatorias no es compatible con una interpretación del derecho que todavía cree en la fuerza vinculante del texto legal.

Ahora bien, si se advierte que, como en otro momento ya señaláramos, la Constitución ha dejado de ser en exclusiva la norma reguladora de la forma de gobierno y de las garantías de la libertad de los ciudadanos en sus relaciones con el Estado, para convertirse al unísono en la norma reguladora de las relaciones entre los particulares, se toma plena conciencia de la incongruencia que reviste el reconocimiento de la plena eficacia de los derechos frente a los poderes públicos y, por el contrario, la inadmisibilidad de la eficacia de los mismos frente a los particulares. Esta contradicción se nos presenta como la resultante última del mantenimiento de un modelo constitucional característico del liberalismo que resulta inadecuado para hacer frente a las nuevas exigencias derivadas del Estado social.

Es precisamente por todo lo inmediatamente antes expuesto por lo que *Forsthoff,* matizando su posición antes comentada, admite que si se acentúan los componentes sociales atribuidos al orden de valores que representan los derechos fundamentales, se abren unas perspectivas absolutamente distintas, pues, de esta forma, el individuo queda liberado de su situación de enfrentamiento con el Estado, incluyéndosele en la ordenación social global, lo que expone la libertad de los derechos fundamentales a intervenciones que se consideran necesarias para la prosperidad de la propia sociedad. A partir de aquí, cobra entera validez la idea de la plena operatividad jurídica, tanto frente a los poderes públicos como frente a los particulares, de ciertos derechos, muy especialmente de naturaleza social. Desde este punto de vista no es de extrañar que algunos Tribunales Constitucionales, cual es, por ejemplo, el caso de la «Corte Costituzionale» italiana, se hayan manifestado en esta dirección respecto de algún derecho social concreto, como es el caso del derecho a la salud, reconociéndolo plenamente operativo en las relaciones de derecho privado.

II. Nuestra Constitución, desde luego, sienta las bases para que la eficacia jurídica de los derechos pueda extenderse a las relaciones entre particulares.

En efecto, el artículo 9.º.1 sujeta a la Constitución y al resto del ordenamiento jurídico no sólo a los poderes públicos, sino también a todos los ciudadanos. Es la muestra más fehaciente del carácter normativo de la Constitución, pero también el punto de apoyo en el que sostener, como hace *Pérez Luño,* sobre la base de una interpretación sistemática de este precepto con el artículo 53.1, la *«Drittwirkung der Grundrechte»,* literalmente, efecto frente a terceros de los derechos fundamentales, en definitiva, la eficacia de los derechos sobre las relaciones jurídicas privadas.

Nuestro Tribunal Constitucional ha soslayado una formulación general al respecto; sin embargo, ha tendido a reconocer la «*Drittwirkung*» en los casos concretos con cierta generosidad. Como señalan a este respecto *García Torres* y *Jiménez Blanco,* de esta liberalidad en reconocer y proteger los efectos entre particulares de los derechos fundamentales, ha sido piedra angular la doctrina de la imputación a los órganos jurisdiccionales de la violación por deficiente protección.

Buen ejemplo de ello lo encontramos en las siguientes reflexiones de la Sentencia del Tribunal de 22 de junio de 1983:

> «Suscita ciertamente el Ministerio Fiscal la cuestión de si, cuando las presuntas violaciones de los derechos fundamentales son debidas, como en el presente caso, a un particular, cabe recurso de amparo para su protección. Entiende esta Sala que cuando se ha pretendido judicialmente la corrección de los efectos de una lesión de tales derechos y la sentencia no ha entrado a conocerla, tras la correspondiente averiguación de su existencia previo el análisis de los hechos denunciados, es la sentencia la que entonces vulnera el derecho fundamental en cuestión.»

A la vista de esta doctrina, parece que nuestro Tribunal Constitucional se orienta hacia lo que la jurisprudencia y doctrina germanas califican de «eficacia mediata» («mittelbare»), es decir, no inmediata («unmittelbare»), de los derechos fundamentales en las relaciones entre particulares. Con esta doctrina constitucional, puede decirse que más que una incidencia directa de los derechos fundamentales en las relaciones privadas, lo que existe es una proyección indirecta, en la medida en que los poderes públicos se hallan inexorablemente obligados a configurar las situaciones jurídicas de todos los particulares de acuerdo con los derechos fundamentales, posición que resulta quizá un tanto insuficiente y que puede encontrar un cierto contrapunto en la tutela jurisdiccional, por parte de jueces y tribunales de la jurisdicción ordinaria, de ciertos derechos constitucionales dotados de una eficacia inmediata en las relaciones entre particulares.

3. Principio de reserva de ley

Este principio de «reserva de ley» supone atribuir en exclusiva al legislador ordinario, que es el representante en cada momento histórico de la soberanía popular, la regulación de las condiciones de ejercicio de cada derecho, que serán más restrictivas o abiertas, de acuerdo con las directrices políticas que le impulsen, siempre que no traspase el límite fijado por el artículo 53.1, esto es, siempre que el «*contenido esencial*» del derecho no se vea afectado.

Esta habilitación del legislador ordinario obedece tanto al hecho de que la Constitución no puede ser un código omnicomprensivo, como a la circunstancia de que en cuanto marco de coincidencias lo suficientemente amplio, caben dentro de nuestra Norma suprema opciones políticas de muy diferente signo, como bien ha reconocido el Tribunal Constitucional (STC 11/1981, de 8 de abril). De ahí que nuestra «Lex Superior», en relación con los derechos, se haya limitado a reconocerlos, consagrarlos, otorgarles rango constitucional y atribuirles las necesarias garantías, habilitando al legislador ordinario para su desarrollo.

Además, y fundamentalmente, esta habilitación persigue excluir al Ejecutivo, y a su producción normativa propia, los Reglamentos, de toda posibilidad de regulación de estos derechos.

De esta forma, el principio de reserva de ley no sólo incide sobre la posible remisión a normas reglamentarias sino que, asimismo, acota la propia libertad de acción del legislador, en cuanto que éste se ve constreñido a dotar a la Ley de «suficientes referencias normativas de orden formal y material», que permitan, de una parte, conocer que la manifestación de voluntad es propiamente del legislador, y de otra, delimitar la actuación ulterior del Gobierno al adoptar las oportunas medidas de ejecución de aquella voluntad.

Es paradigmática a este respecto la Sentencia 83/1984, de 24 de julio, en la que se plantea la función respectiva de la ley y del reglamento, y el límite extremo de éste en la deslegalización.

Tras considerar el Tribunal el principio de reserva de ley, «una garantía esencial de nuestro Estado de Derecho», en cuanto su significado último es el de asegurar que la regulación de los ámbitos de libertad que corresponden a los ciudadanos dependa exclusivamente de la voluntad de sus representantes, quedando, en consecuencia, exentos de la acción del poder ejecutivo y, por ello mismo, de sus productos normativos propios, los reglamentos, reconoce nuestro supremo intérprete de la Constitución que aquel principio no excluye, ciertamente, la posibilidad de que las leyes contengan remisiones a normas reglamentarias, «pero sí que tales remisiones hagan posible una regulación independiente y no claramente subordinada a la Ley, lo que supondría una degradación de la reserva formulada por la Constitución en favor del legislador».

Esto se traduce en ciertas exigencias en cuanto al alcance de las remisiones o habilitaciones legales a la potestad reglamentaria. El Tribunal resume dichas exigencias en el criterio de que «las mismas (las habilitaciones legales) sean tales que restrinjan efectivamente el ejercicio de esa potestad (reglamentaria) a *un complemento de la regulación legal que sea indispensable* por motivos técnicos o para optimizar el cumplimiento de las finalidades propuestas por la Constitución o por la propia Ley».

El criterio anterior resulta contradicho con evidencia mediante cláusulas legales en cuya virtud se produce una verdadera deslegalización de la materia reservada, esto es, una total abdicación por parte del legislador de su facultad para establecer reglas limitativas, transfiriendo esta facultad al titular de la potestad reglamentaria, sin fijar ni siquiera cuáles son los fines u objetivos que la reglamentación ha de perseguir.

En definitiva, el principio de reserva de ley debe entenderse en el sentido de una ley expresa, exigencia que se vulnera con cláusulas formales deslegalizadoras que suponen la reducción del rango normativo de una materia regulada por norma legal en el momento en que se dicta la Ley deslegalizadora, de tal manera que a partir de ésta y en su virtud pueda ser regulada por normas reglamentarias (STC 29/1986, de 20 de febrero).

La reserva de esta competencia al legislador ha supuesto asimismo la restricción de la posibilidad de habilitar legalmente al Ejecutivo para que pueda inmiscuirse en ámbitos propios de la libertad. De este modo, las llamadas *«regulae agendi»*, esto es, las reglas que prescriben conductas que constriñen o limitan la libertad de los ciudadanos, deben estar amparadas por habilitaciones legales expresas.

Digamos por último que la «reserva de ley» a que venimos refiriéndonos aparece reforzada materialmente por el propio artículo 53.1, al exigir que la ley que regule el ejercicio de estos derechos y libertades respete, en todo caso, el «contenido esencial» de los mismos. Y es precisamente esta exigencia la que, a nuestro entender, dota de sentido a la tercera de las garantías contempladas por el precepto, que ahora pasamos a examinar.

4. Tutela de los derechos a través del control de constitucionalidad de las leyes de desarrollo: la salvaguarda del «contenido esencial»

El inciso final del artículo 53.1 se refiere a la tutela de los derechos y libertades del Capítulo 2.° «de acuerdo con lo previsto en el artículo 161.1, *a)*». Este último precepto contempla la jurisdicción del Tribunal Constitucional para conocer del recurso de inconstitucionalidad contra leyes y disposiciones normativas con fuerza de ley.

Desde luego, cualquier norma legal está sujeta a este control de constitucionalidad. Es por ello mismo por lo que se ha dudado de la necesidad de esta determinación constitucional.

A nuestro modo de ver, más allá de que esta remisión del artículo 53.1 al recurso de inconstitucionalidad pueda entenderse —como señala *Pérez Luño*— como la asunción por parte de nuestro constituyente de la inquietud del constitucionalismo comparado actual por asegurar la integridad del estatuto de los derechos y libertades no sólo frente a posibles abusos del ejecutivo, sino también frente a su eventual menoscabo por el legislativo, lo que hay que ver en ella es la intención de conectar el control de constitucionalidad con el respeto del *«contenido esencial»* de los derechos. Dicho de otro modo, el órgano legitimado para salvaguardar ese *«contenido esencial»* de cada derecho es el Tribunal Constitucional, y el mecanismo procesal con el que hacer frente a posibles abusos del Legislativo, el recurso de inconstitucionalidad.

Ello nos sitúa ante la problemática de dar una conceptualización de esa noción del *«contenido esencial»,* que nuestro constituyente ha trasvasado de la «Bonner Grundgesetz», cuyo artículo 19.2 prevé que: «En ningún caso se podrá afectar el contenido esencial de un derecho fundamental» (cuando al amparo de la propia Ley Fundamental sea restringido un derecho fundamental por una ley determinada). Ya en la República Federal tal tarea suscitó una enconada disputa doctrinal, zanjada finalmente por la jurisprudencia del Tribunal Constitucional Federal.

También entre nosotros la problemática llegó al Tribunal Constitucional, que, por lo demás, ha reclamado para sí, expresamente, la resolución de las controversias que en torno a cuál sea el contenido esencial de los distintos derechos y libertades puedan suscitarse (así, en su Sentencia 37/1981, de 16 de noviembre).

Sería en su importante Sentencia 11/1981, de 8 de abril, en donde nuestro intérprete supremo de la Constitución abordaría la noción que nos ocupa.

Dos acepciones distinguirá el Tribunal:

1.ª La primera equivale a la «naturaleza jurídica de cada derecho», esto es, al modo de concebirlo o configurarlo. En ocasiones, el «nomen» y el alcance de un derecho subjetivo son previos al momento en que tal derecho resulta regulado por un legislador concreto. El tipo abstracto del derecho preexiste conceptualmente al momento legislativo y en este sentido se puede hablar de una «recognoscibilidad de ese tipo abstracto en la regulación concreta». Desde esta óptica, constituyen el «contenido esencial» de un derecho subjetivo aquellas facultades o posibilidades de actuación necesarias para que el derecho sea recognoscible como pertinente al tipo descrito, sin las cuales el derecho se desnaturalizaría.

2.ª La segunda corresponde a «los intereses jurídicamente protegidos como núcleo y médula del derecho». Se puede entonces hablar de una esencialidad del contenido del derecho para hacer referencia a aquella parte del contenido del mismo que es absolutamente necesaria para que los intereses jurídicamente protegibles, que dan vida al derecho, resulten real, concreta y efectivamente protegidos. De este modo, se rebasa o se desconoce el «contenido esencial» cuando el derecho queda sometido a limitaciones que lo hacen impracticable, lo dificultan más allá de lo razonable o lo despojan de la necesaria protección.

Estos criterios de delimitación del «contenido esencial» de un derecho subjetivo no son alternativos ni menos todavía antitéticos, sino que, por el contrario, se pueden considerar como complementarios, de modo que pueden ser conjuntamente utilizados por el Tribunal.

En resumen, el Tribunal Constitucional ha entendido por *«contenido esencial»*, «aquella parte del contenido de un derecho sin la cual éste pierde su peculiaridad, o, dicho de otro modo, lo que hace que sea recognoscible como derecho perteneciente a un determinado tipo. Es también aquella parte del contenido que es ineludiblemente necesaria para que el derecho permita a su titular la satisfacción de aquellos intereses para cuya consecución el derecho se otorga».

Este encomiable discurso lógico-jurídico, orientado más a describir que a captar el contenido esencial de un derecho, no puede hacernos en ningún caso olvidar que, como bien sostiene *Lucas Verdú,* la esencia de todo derecho y libertad estriba en el libre desarrollo integral de toda persona como ser digno, racional y social, según postulados de justicia e igualdad.

d/ Las garantías de los derechos fundamentales y las libertades públicas

Hemos de ubicar en este tercer nivel los derechos de la Sección primera del Capítulo 2.°, la igualdad ante la ley del artículo 14 y el derecho a la objeción de conciencia, objeto de un tratamiento jurídico diferenciado.

Es el apartado segundo del artículo 53 el que contempla sus garantías:

> «Cualquier ciudadano —prescribe— podrá recabar la tutela de las libertades y derechos reconocidos en el artículo 14 y la Sección 1.ª del Capítulo 2.° ante los Tribunales ordinarios por un procedimiento basado en los principios de preferencia y sumariedad y, en su caso, a través del recurso de amparo ante el Tribunal Constitucional. Este último recurso será aplicable a la objeción de conciencia reconocida en el artículo 30.»

A la anterior previsión habría que añadir la del artículo 81.1, que considera leyes orgánicas, entre otras, las relativas al desarrollo de los derechos fundamentales y de las libertades públicas, o lo que es lo mismo, todas aquellas que hayan de desarrollar los derechos y libertades contemplados por la Sección primera del Capítulo 2.°. La aprobación, modificación o derogación de las leyes orgánicas exigirá mayoría absoluta del Congreso de los Diputados, en una votación final sobre el conjunto del proyecto (artículo 81.2).

A la vista de estos preceptos, es claro que los derechos y libertades de este tercer nivel son protegidos por nuestro constituyente a través de un tríptico de garantías específicas. Sin embargo, antes de pasar a su examen, debemos recordar que las tres garantías enunciadas por el artículo 53.1 son de aplicación también a los derechos de la Sección 1.ª y del artículo 14, con la sola salvedad de que el principio de «reserva de ley» se ve ahora todavía más reforzado.

Hecha esta importante precisión, nos referiremos a las garantías específicas de los derechos de este tercer nivel:

1. El principio de reserva de ley orgánica

La «reserva de ley» contemplada por el artículo 53.1 se ve formalmente reforzada respecto de estos derechos como consecuencia de la previsión del artículo 81.1, que no obsta en modo alguno a que siga existiendo el refuerzo material de esta reserva, esto es, la necesidad de que la ley orgánica de desarrollo de estos derechos respete su contenido esencial, correspondiendo al Tribunal Constitucional la tutela del mismo.

2. La protección jurisdiccional por vía preferente y sumaria

El establecimiento de un procedimiento preferente y sumario, como mandato constitucional, abría un amplio abanico de posibilidades al legislador ordinario, que iban desde la simple reducción de plazos hasta una reestructuración a fondo de los procedimientos pertinentes.

Una Ley casi coetánea a la Constitución, la Ley 62/1978, de 26 de diciembre, de protección jurisdiccional de los derechos fundamentales de la persona, procedía parcialmente a desarrollar por anticipado el precepto constitucional. Su Disposición Final autorizaba al Gobierno para, por Decreto legislativo (título que reciben las disposiciones del Gobierno que contengan legislación delegada, tal y como establece el artículo 85 de la Constitución), incorporar al ámbito de la Ley nuevos derechos constitucionales, a fin de acomodarla plenamente a la Norma suprema. A tal efecto, el Real Decreto Legislativo 342/1979, de 20 de febrero, incluía dentro de la Ley un nuevo conjunto de derechos susceptibles de ser protegidos a través de los cauces procesales previstos en ella.

Finalmente, y ante las dudas existentes acerca de si todos los derechos previstos por el artículo 53.2 de la Constitución estaban contemplados por la Ley 62/1978, la Disposición Transitoria segunda (apartado segundo) de la Ley Orgánica 2/1979, de 3 de octubre, del Tribunal Constitucional, declaró que en tanto no fueran desarrolladas las previsiones del artículo 53.2 para configurar el procedimiento judicial de protección de los derechos y libertades fundamentales, se había de entender que la vía judicial previa a la interposición del recurso de amparo era la contencioso-administrativa ordinaria o la configurada en la Sección segunda de la Ley 62/1978 (que contempla la garantía contencioso-administrativa), a cuyos efectos el ámbito de esta Ley debía entenderse extendido a todos los derechos y libertades a que se refiere el artículo 53.2.

Las reglas de mayor trascendencia de la Ley 62/1978 se encuentran precisamente en esa Sección segunda, en cuanto la misma se refiere a la protección de los derechos fundamentales frente a la Administración. Si se tiene en cuenta que la Constitución incorpora un sistema de garantías de los derechos de los ciudadanos frente a los poderes públicos, se comprenderá que sea la garantía contencioso-administrativa la que, tal y como prevé la Disposición Transitoria segunda de la Ley Orgánica del Tribunal Constitucional, adquiere su peculiar significado como desarrollo del artículo 53.2. Por todo lo expuesto, será a esta garantía jurisdiccional contencioso-administrativa a la única que nos referiremos.

La Ley 62/1978 pretende en su Sección 2.ª regular un procedimiento preferente y sumario (procedimiento que algún autor ha denominado de *«amparo judicial ordinario»)* para la tramitación del recurso contencioso-administrativo «contra los actos de la Administración pública sujetos al Derecho administrativo que afecten al ejercicio de los derechos fundamentales de la persona» que caigan dentro del ámbito de aplicación de la misma.

A falta de previsión especial por parte de esta Ley, el recurso se tramitará de acuerdo con las reglas generales de la Ley de la Jurisdicción Contencioso-Administrativa, cuya aplicación será, pues, supletoria.

De las especialidades procedimentales establecidas por la Ley 62/1978 destacaremos ahora las siguientes:

1.ª No será necesaria la «reposición» —recurso éste (el de «reposición previo al contencioso») que se ha de resolver por el mismo órgano que dictó el acto recurrido—, ni la utilización de cualquier otro recurso previo administrativo. No hay que agotar, pues, la vía administrativa.

2.ª Podrá solicitarse la suspensión del acto impugnado en el mismo escrito de interposición del recurso contencioso-administrativo, o en cualquier momento posterior, y tras el breve trámite exigido por la Ley, «la Sala acordará la suspensión del cumplimiento del acto impugnado, salvo que se justifique la existencia o posibilidad de perjuicio grave para el interés general, suspensión que podrá concederse con o sin afianzamiento de los perjuicios de cualesquiera otra naturaleza que pudieran derivarse». La suspensión se producirá en todo caso cuando se trate de sanciones pecuniarias por razón de orden público.

3.ª Si se impugna la prohibición de una reunión, el procedimiento se contrae, como ya tuvimos oportunidad de exponer, fundamentalmente, a una audiencia contradictoria de las partes, a fin de que el Tribunal dicte sentencia, confirmando o revocando la prohibición, o aceptando las modificaciones propuestas.

4.ª El recurso se interpondrá dentro de los diez días siguientes a la notificación del acto impugnado, si fuere expreso. En caso de silencio administrativo, el plazo anterior se computará una vez transcurridos veinte días desde la solicitud del interesado ante la Administración, sin necesidad de denunciar la mora.

5.ª Dictada la correspondiente sentencia, cabe (en el plazo de tres días, una vez conclusas las actuaciones) recurso de apelación, en un sólo efecto, ante el Tribunal Supremo, recurso cuya tramitación será asimismo sumaria.

6.ª Las costas son preceptivas: se impondrán al recurrente o a la Administración, si fueran rechazadas o aceptadas, respectivamente, todas sus pretensiones.

En cuanto vía judicial previa a la interposición del recurso de amparo, el procedimiento establecido por la Ley 62/1978 se ha demostrado hasta hoy totalmente incapaz de reducir el enorme cúmulo de recursos de amparo que llegan al Tribunal Constitucional. Esta circunstancia, unida a la propia provisionalidad de la Ley, reflejada en la Disposición Transitoria segunda de la Ley Orgánica del Tribunal Constitucional, ha conducido a que exista una conciencia generalizada entre la doctrina acerca de la conveniencia de modificar en profundidad la Ley 62/1978.

3. El recurso de amparo

El recurso de amparo, como tendremos ocasión de examinar con detalle en otro lugar, es la última garantía que se otorga a los derechos de este tercer nivel, a los que se ha de unir el derecho a la objeción de conciencia del artículo 30.2. Implica la posibilidad de que, una vez agotados los trámites previos legalmente marcados, pueda llegarse al Tribunal Constitucional en demanda de amparo constitucional.

La asunción por nuestro intérprete supremo de la Constitución de esta competencia debe intentar vislumbrarse desde el lugar central que los derechos fundamentales ocupan en la dogmática constitucional, circunstancia de la que constituye prueba fehaciente el hecho de que la libertad y la igualdad sean considerados valores superiores del ordenamiento, así como la elevación de la dignidad de la persona, de los derechos inviolables que le son inherentes y del libre desarrollo de la personalidad, a fundamento del orden político y de la paz social. Como bien dice *García de Enterría,* la tutela solemne y reforzada del amparo constitucional es una exigencia sistemática del lugar que la libertad ocupa en el orden constitucional mismo. Recordemos al respecto que, como señalara el Tribunal, los derechos fundamentales responden a un sistema de valores y principios de alcance universal, asumidos por nuestro constituyente como «decisión constitucional básica».

e/ El Defensor del Pueblo

I. El artículo 54 de nuestra «Lex Superior» se integra, junto al artículo 53, en el Capítulo 4.º del Título I, dedicado a las garantías de los derechos y libertades. Tal precepto acoge una institución por entero novedosa entre nosotros: el Defensor del Pueblo.

A tenor del artículo 54: «Una ley orgánica regulará la institución del Defensor del Pueblo, como alto comisionado de las Cortes Generales, designado por éstas para la defensa de los derechos comprendidos en este Título, a cuyo efecto podrá supervisar la actividad de la Administración, dando cuenta a las Cortes Generales».

De la previsión constitucional anterior se desprenden varias ideas nucleares: en primer término, la vinculación del Defensor del Pueblo, institución que tiene su origen en el Ombudsman sueco, a las Cortes Generales; en segundo lugar, su misión de velar por la defensa de todos los derechos enunciados por el Título I de la Constitución, y finalmente, la circunscripción de su ámbito de actuación a la actividad de la Administración Pública.

El diseño general de la institución resultaba, en principio, adecuado, si bien su funcionalidad real quedaba supeditada al nivel de competencias que el legislador, en sede orgánica, le atribuyera.

El artículo 54 iba a ser desarrollado por la Ley Orgánica 3/1981, de 6 de abril, del Defensor del Pueblo.

II. En cuanto comisionado de las Cortes Generales, la elección del Defensor del Pueblo no puede corresponder sino a las propias Cortes Generales. En coherencia con ello, el artículo 2.º.1 de la Ley Orgánica de la Institución determina que el Defensor del Pueblo será elegido por las Cortes Generales para un período de cinco años, y se dirigirá a las mismas a través de los Presidentes del Congreso y del Senado, respectivamente.

A su vez, en su redacción inicial, la Ley Orgánica 3/1981 determinaba que tanto en el Congreso como en el Senado se había de designar una Comisión encargada de relacionarse con el Defensor del Pueblo e informar al Pleno en cuantas ocasiones fuera necesario.

Aunque ambas Comisiones en determinadas ocasiones podían, e incluso en algún supuesto debían, reunirse conjuntamente, lo cierto es que el hecho de que su régimen de funcionamiento habitual tuviese carácter independiente dificultaba a menudo la relación entre las Cortes Generales como todo institucional con el Defensor del Pueblo, alto comisionado de las mismas.

En aras a corregir tal deficiencia, y buscando —según se dice en su Preámbulo— establecer un cauce de relación más eficaz, la Ley Orgánica 2/1992, de 5 de marzo, de modificación de la Ley Orgánica 3/1981, a efectos de constituir una Comisión Mixta Congreso-Senado de Relaciones con el Defensor del Pueblo, ha establecido una Comisión unitaria de relaciones con aquella institución, que se designará en las Cortes Generales, y a la que se encarga que informe a los respectivos Plenos en cuantas ocasiones sea necesario, defiriéndose a la potestad reglamentaria interna de las Cámaras el régimen de designación y funcionamiento de tal Comisión.

III. La elección del Defensor del Pueblo requiere de una propuesta que, en la redacción inicial de su Ley Orgánica, había de ser formulada en reunión conjunta por las Comisiones de ambas Cámaras encargadas de relacionarse con la Institución y que, tras la reforma operada por la Ley Orgánica 2/1992, será formulada por la Comisión Mixta Congreso-Senado de Relaciones con el Defensor del Pueblo.

Efectuada la propuesta, deberá reunirse el Pleno del Congreso para proceder a elegir, en su caso, a la persona propuesta o a una de ellas (caso de ser varias las propuestas), lo que requerirá el voto favorable de los 3/5 de los miembros del Congreso. Con posterioridad, y por idéntica mayoría de 3/5, el Senado habrá de ratificar tal nombramiento.

Caso de no alcanzarse las mencionadas mayorías, se procederá a una nueva sesión de la Comisión, y en el plazo máximo de un mes, a formular sucesivas propuestas. En tales supuestos, una vez conseguida la mayoría de los tres quintos en el Congreso, la designación quedará realizada al alcanzarse la mayoría absoluta del Senado.

Podrá ser elegido Defensor del Pueblo cualquier español mayor de edad que se encuentre en el pleno disfrute de sus derechos civiles y políticos.

El Defensor del Pueblo es elegido por un período de cinco años, pudiendo, sin embargo, cesar por alguna de las causas enumeradas por el artículo 5.º.1 de su Ley Orgánica: por renuncia; por expiración del plazo de su nombramiento; por muerte o incapacidad sobrevenida; por actuar con notoria negligencia en el cumplimiento de las obligaciones y deberes del cargo, y por haber sido condenado, mediante sentencia firme, por delito doloso. En los casos de fallecimiento, renuncia o expiración del plazo, la vacante se declarará por el Presidente del Congreso, cumpliendo así con un requisito meramente formal. Sin embargo, en las restantes causas legales de cese, se decidirá, por mayoría de las tres quintas partes de los componentes de cada Cámara, mediante debate y previa audiencia del interesado. Si ello es perfectamente comprensible en todos los casos, existe una salvedad: la referida al cese por haber sido condenado, mediante sentencia firme, por delito doloso. Esta circunstancia debiera operar en pura lógica de forma automática, como la renuncia o el fallecimiento, por lo que no se entiende muy bien el por qué del pronunciamiento ulterior de cada Cámara, salvo que sea para exonerar del cese al Defensor del Pueblo así condenado, algo que, por otro lado, difícilmente tendría explicación.

IV. El estatuto jurídico del Defensor está regulado minuciosamente por la Ley.

El Defensor del Pueblo no está sujeto a mandato imperativo alguno; no puede recibir instrucciones de ninguna autoridad, debiendo por contra desempeñar sus funciones con autonomía y según su criterio.

Goza asimismo de inviolabilidad, de inmunidad y de fuero privilegiado.

Finalmente, y a modo de contrapartida, en orden a garantizar efectivamente su independencia, se ve afectado por una amplísima gama de incompatibilidades que enumera en detalle el artículo 7.º de su Ley Orgánica, y de las que entresacaremos algunas de ellas. La condición de Defensor del Pueblo es incompatible con todo mandato representativo; con todo cargo político o actividad de propaganda política; con la permanencia en el servicio activo de cualquier Administración pública; con la afiliación a un partido político o el desempeño de funciones directivas en el mismo o en un sindicato, asociación o fundación...

V. Las atribuciones del Defensor del Pueblo se extienden a la actividad de los ministros, autoridades administrativas, funcionarios y, en general, a cualquier persona que actúe al servicio de las Administraciones públicas. En relación con las Comunidades Autónomas, el Defensor del Pueblo podrá, de oficio o a instancia de parte, supervisar por sí mismo la actividad de aquéllas en el ámbito de competencias definido por la Ley. En todo caso, es preciso tener presente la existencia, en varias Comunidades, de figuras afines a la que ahora nos ocupa, de ámbito autonómico lógicamente. Esta circunstancia ha hecho precisa la normativización de las relaciones entre el Defensor del Pueblo estatal y sus equivalentes autonómicos, finalidad a la que responde la Ley 36/1985, de 6 de noviembre.

En el ámbito de la Administración de Justicia, la Ley Orgánica del Defensor del Pueblo ha previsto que cuando esta institución reciba quejas referidas al funcionamiento de aquélla, deberá dirigirlas al Ministerio Fiscal para que éste investigue su realidad y adopte las medidas oportunas con arreglo a la ley, o bien dé traslado de las mismas al Consejo General del Poder Judicial, según el tipo de reclamación de que se trate.

Respecto a la Administración Militar, la propia Ley Orgánica determina que el Defensor velará por el respeto de los derechos proclamados por el Título I de la Constitución en el ámbito de la Administración Militar, sin que ello pueda entrañar una interferencia en el mando de la Defensa Nacional, salvedad esta última de perfiles muy indefinidos.

El Defensor del Pueblo podrá iniciar y proseguir de oficio, o a instancia de parte, cualquier investigación conducente al esclarecimiento de los actos y resoluciones de la Administración pública y sus agentes, en relación con los ciudadanos, a la luz de lo dispuesto en el artículo 103.1 de la Constitución (precepto que se refiere a los principios a los que ha de atenerse la Administración en su actuación: principios de eficacia, jerarquía, descentralización, desconcentración y coordinación con sometimiento pleno a la Ley y al Derecho, todo ello con independencia de servir en todo momento con objetividad los intereses generales) y a la luz igualmente del respeto debido a los derechos proclamados en su Título I.

Podrá dirigirse al Defensor del Pueblo toda persona natural o jurídica que invoque un interés legítimo, sin restricción alguna, además de los diputados y senadores individualmente, las Comisiones de investigación o relacionadas con la defensa general o parcial de los derechos y libertades públicas y, principalmente, la Comisión Mixta Congreso-Senado de relaciones con el Defensor del Pueblo, que podrán solicitar, mediante escrito motivado la intervención del Defensor del Pueblo para la investigación o esclarecimiento de actos, resoluciones y conductas concretas producidas en las Administraciones públicas, que afecten a un ciudadano o grupo de ciudadanos.

VI. En el ejercicio de sus competencias, se atribuyen al Defensor del Pueblo un conjunto de instrumentos de distinto alcance y operatividad, sobre la base de la absoluta imposibilidad de que el Defensor pueda ejercitar funciones sancionadoras. Todo ello no hace sino corroborar que nos hallamos en presencia de una magistratura de consejo, opinión y persuasión, pero nunca de acción y ejecución.

El Defensor del Pueblo está capacitado para:

1.º Aun no siendo competente para modificar o anular los actos y resoluciones de la Administración Pública, podrá sugerir la modificación de los criterios utilizados para la producción de aquéllos.

2.º Sugerir al órgano legislativo competente o a la Administración la modificación de una determinada norma cuyo riguroso cumplimiento pueda provocar situaciones injustas o perjudiciales para los administrados.

3.º Instar de las autoridades administrativas competentes el ejercicio de sus potestades de inspección y sanción.

4.º Finalmente, formular a las autoridades y funcionarios de las Administraciones públicas advertencias y recomendaciones, recordatorios de sus deberes legales.

En otro orden de consideraciones, diremos que el Defensor del Pueblo está legitimado para interponer los recursos de inconstitucionalidad y de amparo, potestad importante que, no obstante, ha venido ejerciendo tan sólo muy esporádicamente.

Digamos por último que, con carácter anual, el Defensor del Pueblo viene obligado a dar cuenta a las Cortes Generales de la gestión realizada en un Informe que presentará ante las mismas cuando se hallen reunidas en período de sesiones ordinario. En todo caso, cuando la gravedad o urgencia de los hechos lo aconsejen, podrá presentar un Informe extraordinario que dirigirá a las Diputaciones Permanentes de las Cámaras si éstas no se encontraran reunidas. Como ha puesto de relieve *Pérez Luño,* tales Informes abren una importante vía dinamizadora del estatuto de los derechos fundamentales al suponer una denuncia ante las Cortes de las eventuales situaciones de carencia o lagunas en el sistema de los derechos fundamentales constitucionalmente positivados, así como de las posibles deficiencias en la formulación normativa de los derechos y libertades reconocidos.

De esta forma, el Defensor del Pueblo, aun operando tan sólo como magistratura de persuasión, puede actuar como una especie de cláusula de garantía en orden a la consecución de una dinámica que tienda a adecuar el sistema constitucional a la evolución de las cambiantes aspiraciones individuales y sociales. Para ello, es obvio, el Defensor del Pueblo deberá calar en la opinión pública. Esta deberá concienciarse de lo que hace y para qué lo hace. Caso contrario, como ha señalado *Oehling,* cabe el peligro de que el Defensor del Pueblo se convierta en una figura ascética y virtuosa que dice que ayuda a los ciudadanos, pero nadie sabe cómo, ni cuándo, ni ante quién.

U) La suspensión de derechos y libertades

El artículo 55 de la Constitución integra, como artículo único, el Capítulo 5.º del Título I, referente a la suspensión de los derechos y libertades. A lo largo de sus dos apartados, el precepto contempla los derechos susceptibles de suspensión con carácter general, esto es, cuando se declare alguno de los estados excepcionales previstos por la Norma suprema en que así proceda y se acuerde por los órganos legitimados para su declaración (apartado primero), y la suspensión individualizada de derechos (apartado segundo). Nos referiremos separadamente a cada una de esas situaciones.

a/ La suspensión general de derechos y libertades

El análisis de la suspensión general de derechos plantea, por lo menos, cuatro cuestiones de interés: los derechos susceptibles de suspensión; las circunstancias, los supuestos de hecho en que procede la suspensión; el procedimiento a seguir para la formalización de la suspensión, y los efectos de tal suspensión.

El análisis de todos estos aspectos exige ineludiblemente acudir al artículo 116 de la Constitución. Ubicado en su Título V («De las relaciones entre el Gobierno y las Cortes Generales»), quizá por puro mimetismo de la Constitución Francesa de 1958, quizá también por el deseo de nuestro constituyente de dejar marcado que los estados excepcionales no suponen el protagonismo exclusivo del Gobierno, sino que se enmarcan en el plano de las relaciones entre éste y las Cortes Generales, el precepto en cuestión sienta las normas básicas en torno a los estados de alarma, excepción y sitio, tríptico de situaciones excepcionales que se incorporan a nuestra «Lex Superior».

El artículo 116 ha sido desarrollado por la Ley Orgánica 4/1981, de 1 de junio, de los estados de alarma, excepción y sitio, norma que, junto a los preceptos constitucionales, integra lo que se ha dado en llamar el Derecho excepcional, exigido por el propio Estado de Derecho, que debe prever la excepción y normativizar en la medida de lo posible tal hipótesis, con la finalidad última de someter al Derecho en todo momento y circunstancia la actuación de los poderes públicos.

Como ya hemos señalado, la Constitución distingue tres situaciones o estados excepcionales: los estados de alarma, de excepción y de sitio, lo que viene a suponer una graduación, en sentido ascendente, de la excepcionalidad.

Como es lógico, cada estado excepcional presenta sus propias peculiaridades en orden a las cuestiones de interés que con anterioridad mencionamos. Por ello mismo, creemos que una buena sistemática expositiva exige el análisis de aquéllas al hilo de la exposición relativa a cada uno de los tres estados de excepción. Previamente, sin embargo, entendemos de interés revisar los que podríamos considerar como caracteres generales de estos estados excepcionales.

a') Características generales de los estados excepcionales

«Procederá la declaración de los estados de alarma, excepción o sitio cuando circunstancias extraordinarias hiciesen imposible el mantenimiento de la normalidad mediante los poderes ordinarios de las autoridades competentes.»

Así reza el artículo 1.º de la Ley Orgánica 4/1981, que se orienta en una dirección tradicional, al compendiar las circunstancias que la doctrina, por lo general, ha considerado necesarias para poder recurrir al Derecho excepcional. Y así, de una parte, debe de tratarse de circunstancias realmente graves y extraordinarias, circunstancias que la Ley precisará en relación a cada estado, y de otra, han de imposibilitar el mantenimiento de la normalidad constitucional, o lo que es igual, las facultades ordinarias de los poderes públicos han de ser insuficientes para el restablecimiento de aquella normalidad.

Uno de los requisitos formales clásicos para la declaración de estos estados es el requisito de la publicidad. Es imprescindible que la declaración se rodee de la mayor publicidad posible. Esto es lo que pretende el artículo 2.° de la Ley, al ordenar que la declaración de estos estados habrá de ser publicada de inmediato en el *Boletín Oficial del Estado* y difundida obligatoriamente por todos los medios de comunicación públicos y por los privados que se determinen.

En cuanto a los efectos de la declaración, es obvio que cada uno de los estados tiene los suyos propios; sin embargo, común a todos ellos es la no interrupción del normal funcionamiento de los poderes constitucionales del Estado, previsión contemplada por el artículo 1.°.4 de la Ley, que, sin embargo, no hace sino reflejar la determinación del artículo 116.5 de la Constitución, de conformidad con el cual:

> «No podrá procederse a la disolución del Congreso mientras estén declarados algunos de los estados comprendidos en el presente artículo, quedando automáticamente convocadas las Cámaras, si no estuvieren en período de sesiones. Su funcionamiento, así como el de los demás poderes constitucionales del Estado, no podrán interrumpirse durante la vigencia de estos estados. Disuelto el Congreso o expirado su mandato, si se produjere alguna de las situaciones que dan lugar a cualquiera de dichos estados, las competencias del Congreso serán asumidas por su Diputación Permanente.»

Como pondría de relieve *Alzaga,* en el debate legislativo de la Ley Orgánica de desarrollo del artículo 116, la última «ratio» del artículo 116.5 es garantizar la existencia vital del Congreso durante los períodos excepcionales, esto es, garantizar su no disolución y, por consiguiente, que igualmente ni se disuelvan ni se consideren entre paréntesis los poderes públicos del Estado, que existen, y no vegetativa, sino operativamente, es decir, en funcionamiento. Y es desde este punto de vista como debe interpretarse la previsión del artículo 1.°.4 de la Ley a que antes nos referíamos, pues una interpretación de la misma en su literalidad carece de sentido, ya que es obvio que el funcionamiento de los poderes públicos en situaciones de excepción no es normal, sino excepcional.

Con independencia de que cada situación excepcional entraña sus propias consecuencias, fruto de la adopción por los poderes públicos de las medidas que la Ley les permite y que en cada caso entienden necesarias, es lo cierto que, con carácter general, la Ley ha previsto unos límites muy genéricos, pero límites al fin. Y así podemos distinguir unas limitaciones materiales y un límite temporal.

Las medidas a adoptar durante la vigencia de estos estados serán en cualquier caso las estrictamente indispensables para asegurar el restablecimiento de la normalidad. Así se manifiesta el artículo 1.º.2 de la Ley, que aún dentro de su generalidad, establece un límite material, comprensible por cuanto, como dijera *Pérez Serrano,* toda suspensión de derechos mortifica a personas inocentes y disipa un poco la fe en el ordenamiento jurídico. Al unísono, el precepto anterior establece una importante precisión de carácter finalista, esto es, enderazada a señalar de modo inequívoco la meta que debe perseguirse con este tipo de decisiones: las medidas a adoptar serán las indispensables para asegurar el restablecimiento de la normalidad. Como ha señalado *Friedrich,* la condición definitiva, final, en el ejercicio de los poderes constitucionales de emergencia es que el objetivo resulte legítimo, y ese objetivo no puede ser otro que la defensa del orden constitucional, el más rápido restablecimiento del mismo.

El mismo artículo 1.º.2 contiene otra limitación material. De conformidad con tal precepto, la aplicación de las medidas excepcionales adoptadas «se realizará en forma proporcionada a las circunstancias». Se trata, en definitiva, de respetar en todo momento el principio de proporcionalidad, lo que entraña que la respuesta de los poderes públicos sea siempre adecuada a la agresión sufrida o a la alteración producida.

Nos encontramos finalmente con una limitación temporal, que se manifiesta en un doble sentido. De un lado, la duración de los estados excepcionales debe ser la estrictamente indispensable para asegurar el restablecimiento de la normalidad. De otro, finalizada la vigencia de estas situaciones, decaerán en su eficacia cuantas competencias en materia sancionadora y en orden a actuaciones preventivas correspondan a las autoridades competentes, como también las medidas concretas adoptadas en base a éstas (artículo 1.º.3 de la Ley Orgánica 4/1981).

Con carácter general, la Ley contempla asimismo dos tipos de garantías específicas en su artículo 3.º. La primera es el mantenimiento del principio de justiciabilidad general de todos los actos y disposiciones de la Administración pública adoptados durante la vigencia de cualquiera de estas situaciones; en efecto, tales actos y disposiciones serán impugnables en vía jurisdiccional, de conformidad con lo dispuesto en las leyes.

La segunda garantía es el mantenimiento del principio de responsabilidad de la Administración, con la consiguiente contrapartida del derecho de los particulares a ser indemnizados por los daños o perjuicios que sufran en su persona o bienes, no siéndoles imputables. Esta garantía tiene rango constitucional por cuanto es acogida por el artículo 116.6 de nuestra Norma suprema, a cuyo tenor: «La declaración de los estados de alarma, de excepción y de sitio no modificará el principio de responsabilidad del Gobierno y de sus agentes reconocido en la Constitución y en las leyes.»

b') El estado de alarma

El primer rasgo a reseñar en relación con este estado es que se trata de una situación de naturaleza completamente distinta a la de los estados de excepción y de sitio. El estado de alarma no es una fase previa al de excepción, por cuanto sus supuestos de hecho son de naturaleza bien dispar. Nos encontramos ante una situación con la que se pretende proteger a la sociedad frente a un conjunto de riesgos procedentes de hechos naturales o de circunstancias sociales, brillando con escasa intensidad los matices políticos, si bien a esta apreciación no pretendemos darle un valor absoluto.

Las circunstancias que pueden motivar la declaración del estado de alarma son, entre otras, las siguientes: catástrofes, calamidades o desgracias públicas, tales como terremotos, inundaciones, incendios urbanos y forestales; crisis sanitarias; paralización de servicios públicos esenciales para la comunidad, y situaciones de desabastecimiento de productos de primera necesidad.

La declaración del estado de alarma se lleva a cabo mediante Decreto acordado en Consejo de Ministros, en el que se habrá de determinar el ámbito territorial, sus efectos y su duración, que no podrá en ningún caso exceder de quince días.

El Gobierno debe dar cuenta al Congreso de la declaración, suministrándole la información que le sea requerida. La intervención de la Cámara Baja ha de producirse en un brevísimo intervalo de tiempo, pues la Constitución señala taxativamente que debe reunirse (el Congreso de los Diputados) «inmediatamente al efecto» (artículo 116.2).

La prórroga de este estado exige de modo necesario autorización expresa del Congreso, que, además, podrá en tal caso establecer el alcance y las condiciones vigentes durante la prórroga.

El rasgo más sobresaliente de las medidas a adoptar durante la vigencia de esta situación es la imposibilidad de proceder durante la misma a suspender o restringir el ejercicio de ningún derecho fundamental. Esto es, la suspensión de derechos no cabe con el estado de alarma.

Las medidas que pueden adoptar las autoridades gubernativas durante la vigencia de esta situación tienden, de un lado, a la movilización de personas y recursos materiales, a fin de asegurar la protección, asistencia y seguridad de las personas, bienes o lugares afectados por la circunstancia extraordinaria, y de otro, a controlar o limitar, con igual finalidad, el movimiento de personas y vehículos, así como el consumo de artículos o servicios de primera necesidad.

c') El estado de excepción

La Ley Orgánica 4/1981 (artículo 13.1) faculta al Gobierno para solicitar del Congreso de los Diputados autorización para declarar el estado de excepción «cuando el libre ejercicio de los derechos y libertades de los ciudadanos, el normal funcionamiento de las instituciones democráticas, el de los servicios públicos esenciales para la comunidad, o cualquier otro aspecto del orden público, resulten tan gravemente alterados que el ejercicio de las potestades ordinarias fuera insuficiente para restablecerlo y mantenerlo».

Como puede apreciarse, en último término, es la alteración grave del orden público la «ratio» que permite iniciar el procedimiento; sin embargo, frente al concepto tradicional de nuestras antiguas Leyes de Orden Público (orden público equivalía a mantenimiento de la paz pública), la actual concepción del mismo identifica el mantenimiento del orden público con el mantenimiento de una serie de principios propios de cualquier Estado de Derecho, tales como el libre ejercicio de los derechos ciudadanos, el normal funcionamiento de las instituciones democráticas... etc.

La declaración del estado de excepción corresponde al Gobierno de la Nación, siempre que haya obtenido previamente autorización del Congreso. A los efectos de obtener dicha autorización, el Gobierno remitirá a la Cámara una solicitud de autorización que deberá contener un elevado número de previsiones (determinación de sus efectos, con mención expresa de los derechos cuya suspensión se solicita; relación de las medidas a adoptar referidas a los derechos cuya suspensión se solicita; ámbito territorial y duración...)

El Congreso procederá a debatir la solicitud de autorización remitida por el Gobierno, pudiendo aprobarla en sus propios términos o introducir modificaciones en ella. Durante la discusión parlamentaria de la Ley Orgánica 4/1981, *Alzaga* manifestó, con buen criterio, la conveniencia de que este debate parlamentario fuera una especie de debate de totalidad, un debate de valoración de circunstancias fácticas y políticas y de la necesidad de una determinada respuesta política excepcional. No parece conveniente que pueda ser un debate con técnica legislativa de confección articulada de los supuestos concretos en que se pueden suspender unos u otros derechos. En todo caso, el hecho de que el Congreso pueda introducir modificaciones en la solicitud remitida por el Ejecutivo nos hace dudar de la exacta naturaleza de tal debate, aunque el artículo 162.4 del Reglamento del Congreso de los Diputados prevea que el mismo se ajustará a las normas previstas para los de totalidad.

El procedimiento se cierra, una vez obtenida la autorización del Congreso, al proceder el Gobierno a declarar este estado, aprobando para ello en Consejo de Ministros un Decreto con el contenido autorizado por la Cámara, debiéndose determinar expresamente sus efectos, el ámbito territorial a que se extiende y su duración, que no podrá exceder de treinta días, prorrogables por otro plazo igual, con los mismos requisitos.

Entre los efectos del estado de excepción sí que cabe la suspensión de derechos. El artículo 55.1 de nuestra Norma suprema enumera tasadamente los derechos que, llegado el caso, pueden ser objeto de suspensión. Son éstos los siguientes: el derecho a la libertad y a la seguridad personal (del artículo 17.1); el derecho a que la detención preventiva no exceda de setenta y dos horas (artículo 17.2); el derecho de «habeas corpus» (artículo 17.4); el derecho a la inviolabilidad del domicilio (artículo 18.2); el derecho al secreto de las comunicaciones (artículo 18.3); los derechos de libre elección de residencia, de libertad de circulación y de libertad de entrada y salida de España (artículo 19); la libertad de expresión y difusión del pensamiento [artículo 20.1, a)]; el derecho a comunicar o recibir libremente información y el derecho a la cláusula de conciencia [artículo 20.1, d)]; la garantía judicial del secuestro previo de publicaciones (artículo 20.5); el derecho de reunión pacífica (artículo 21.1); el derecho de manifestación (artículo 21.2); el derecho de huelga (artículo 28.2), y finalmente, el derecho de trabajadores y empresarios a adoptar medidas de conflicto colectivo (artículo 37.2).

d') El estado de sitio

El estado de sitio no se propone directamente facilitar el desarrollo de una contienda militar, sino que, en su esencia, tiende a asegurar y mantener el orden constitucional en aquellos supuestos cualitativamente diferentes y, desde luego, de mucha mayor gravedad que los que pueden motivar la declaración del estado de excepción, en que peligren los mismos fundamentos del Estado. Tales supuestos sólo pueden producirse, en pura lógica, cuando medie un levantamiento o insurrección armada que ponga en peligro los fundamentos básicos de todo Estado, esto es, su soberanía, su integridad territorial o su ordenamiento constitucional.

Tal creo que es el sentido que se ha dado por la Ley Orgánica 4/1981 al estado de sitio. De conformidad con el artículo 32.1 de dicha Ley: «Cuando se produzca o amenace producirse una insurrección o acto de fuerza contra la soberanía o independencia de España, su integridad territorial o el ordenamiento constitucional, que no pueda resolverse por otros medios, el Gobierno, de conformidad con lo dispuesto por el artículo 116.4 de la Constitución, podrá proponer al Congreso de los Diputados la declaración del estado de sitio.»

Esta previsión debe complementarse con la propia del referido artículo 116.4, que atribuye «en exclusiva» al Gobierno esta facultad de propuesta.

La declaración corresponde al Congreso por mayoría absoluta de sus miembros. En ella debe determinarse el ámbito territorial, la duración y condiciones de esta situación.

En lo que se refiere a los derechos objeto de suspensión, cabe decir que pueden ser suspendidos todos los mencionados en relación con el estado de excepción más los derechos y garantías jurídicas que el artículo 17.3 reconoce a toda persona detenida.

En otro orden de consideraciones, debe significarse que es el Gobierno el órgano que, declarado el estado de sitio, asumirá todas las facultades extraordinarias previstas por la Ley. En uso de tales facultades, procederá el Gobierno a designar la autoridad militar que, bajo su dirección, haya de ejecutar las medidas pertinentes en el territorio a que el estado de sitio se refiera. Esta autoridad procederá, a su vez, a publicar y difundir los oportunos bandos, que contendrán las medidas y prevenciones necesarias, de acuerdo con la Constitución, la Ley Orgánica 4/1981 y las propias condiciones de la declaración.

El papel que ha de desempeñar la autoridad militar, y con ella el propio Ejército —rasgo característico es su intervención en el estado de sitio—, queda, pues, nítidamente reflejado en la Ley: la autoridad castrense actúa como mera ejecutora de las órdenes tomadas por el Gobierno.

La declaración del estado de sitio puede entrañar una última consecuencia: la ampliación del ámbito competencial de los Tribunales militares. En efecto, en la declaración, el Congreso de los Diputados podrá determinar los delitos que durante la vigencia de esta situación quedan sometidos a la jurisdicción militar.

En todo caso, conviene finalmente advertir que las autoridades civiles continuarán en el ejercicio de las facultades que no hayan sido conferidas a la autoridad militar.

b/ La suspensión individualizada de derechos

El artículo 55.2 de nuestra Norma suprema ha incorporado a la misma una figura relativamente novedosa, por lo menos a nivel constitucional: la suspensión individualizada de derechos, esto es, la posibilidad de que ciertas personas puedan ver suspendidos determinados derechos fundamentales.

Como fácilmente puede comprenderse, el problema del terrorismo se hallaba detrás de un precepto de esta naturaleza, que entraña el grave peligro de convertir en normal el Derecho excepcional.

De conformidad con el artículo 55.2:

> «Una ley orgánica podrá determinar la forma y los casos en los que, de forma individual y con la necesaria intervención judicial y el adecuado control parlamentario, los derechos reconocidos en los artículos 17.2 y 18.2 y 3 pueden ser suspendidos para personas determinadas, en relación con las investigaciones correspondientes a la actuación de bandas armadas o elementos terroristas. La utilización injustificada o abusiva de las facultades reconocidas en dicha ley orgánica producirá responsabilidad penal, como violación de los derechos y libertades reconocidos por las leyes.»

Como puede apreciarse, el precepto habilita al legislador en sede orgánica para que, si lo considera oportuno, proceda a aprobar una Ley orgánica, único instrumento jurídico que puede amparar las actuaciones de los poderes públicos encaminadas a la suspensión individual de derechos. En todo caso, conviene significar que no estamos ante un mandato preceptivo que el legislador haya de cumplir, sino ante una mera habilitación constitucional de la que el legislador, a la vista de las circunstancias, puede o no hacer uso.

La realidad nos muestra, sin embargo, que se ha hecho uso de esta habilitación con quizá demasiada frecuencia. La primera norma de desarrollo constitucional del artículo 55.2 fue la Ley Orgánica 11/1980, de 1 de diciembre, posteriormente sustituida por la Ley Orgánica 9/1984, de 26 de diciembre, contra la actuación de bandas armadas y elementos terroristas, norma ésta que, tras ser recurrida ante el Tribunal Constitucional por los Parlamentos vasco y catalán, sería parcialmente declarada inconstitucional por la Sentencia 199/1987, de 16 de diciembre. Por último, las Leyes Orgánicas 3/1988 y 4/1988, ambas de 25 de mayo, de reforma, respectivamente, del Código Penal y de la Ley de Enjuiciamiento Criminal, han venido a incorporar parcialmente esta legislación excepcional al régimen penal y procesal común.

Centrándonos en el contenido del artículo 55.2, cabe reseñar que la suspensión individual no puede tener lugar sino respecto a personas determinadas, «en relación con las investigaciones correspondientes a la actuación de bandas armadas o elementos terroristas». Quiere ello decir que la suspensión no tiene necesariamente que afectar tan sólo a los miembros de esas bandas o a los elementos terroristas, sino que puede verse afectada por la misma cualquier persona relacionada, inmediata o mediatamente, con la investigación. Tal circunstancia abre un amplísimo ámbito subjetivo para la suspensión.

En otro orden de consideraciones, la relatividad de la intervención judicial queda puesta de relieve respecto de la suspensión de alguno de los derechos previstos; así, en relación con la inviolabilidad del domicilio, pues aquí el derecho se identifica con la garantía de la resolución judicial como única forma legal de entrada a un domicilio particular contra la voluntad de su dueño. Mayor margen de maniobra presenta la intervención judicial en el caso de los otros dos derechos susceptibles de ser suspendidos individualmente: el derecho al secreto de las comunicaciones y el derecho a que la detención preventiva no exceda de un plazo máximo de setenta y dos horas.

Por lo demás, el control parlamentario de la aplicación por los poderes públicos de estas medidas suspensivas de carácter individualizado presenta una utilidad dudosa. En la legislación preexistente, ese control se traducía tan sólo en la necesidad de que el Gobierno informara a ambas Cámaras, al menos cada tres meses, o antes si así lo solicitaban dos Grupos parlamentarios, del uso que se hacía y de los resultados conseguidos por la aplicación de las medidas legalmente previstas.

Finalmente, sólo nos resta decir que la incorporación al régimen penal y procesal-criminal común de facultades administrativas un tanto excepcionales, pensadas más bien para normas de desarrollo del artículo 55.2, aunque hayan sido «dulcificadas» en alguna medida, se nos antoja difícilmente compatible con las normas constitucionales y, desde luego, en modo alguno viable desde la perspectiva del propio artículo 55.2 de nuestra Constitución.

BIBLIOGRAFIA

Alzaga, Oscar: «Por la libertad de enseñanza», Editorial Planeta, Barcelona, 1985.

Amorós Azpilicueta, José J.: «La libertad religiosa en la Constitución Española de 1978», Editorial Tecnos, Madrid, 1984.

Asís Roig, Rafael: «Deberes y obligaciones en la Constitución», Centro de Estudios Constitucionales, Madrid, 1991.

Balaguer Callejón, María Luisa: «El derecho fundamental al honor», Tecnos, Madrid, 1992.

Basterra, Daniel: «El derecho a la libertad religiosa y su tutela jurídica», Editorial Civitas, Madrid, 1989.

Berdugo Gómez de la Torre, Ignacio: «Honor y libertad de expresión», Editorial Tecnos, Madrid, 1987.

Cámara Villar, Gregorio: «La objeción de conciencia el servicio militar» (Las dimensiones constitucionales del problema), Editorial Civitas, Madrid, 1991.

Cano Mata, Antonio: «Comentarios a la Ley 62/1978, de 26 de diciembre, sobre protección jurisdiccional de los derechos fundamentales de la persona» (Doctrina del Tribunal Constitucional), Editorial Revista de Derecho Privado, Madrid, 1985.

Cano Mata, Antonio: «El principio de igualdad en la doctrina del Tribunal Constitucional», Editorial Revista de Derecho Privado, Madrid, 1983.

Cantín, Luis Vicente: «Naturaleza, contenido y extensión del derecho de libertad religiosa», Editorial Civitas, Madrid, 1990.

Carrillo, Marc: «Los límites a la libertad de prensa en la Constitución Española de 1978», PPU, Barcelona, 1987.

Cascajo Castro, José Luis: «La tutela constitucional de los derechos sociales», Cuadernos y Debates, núm. 5, Centro de Estudios Constitucionales, Madrid, 1988.

Corral, Carlos y *Listl, J.:* «Constitución y Acuerdos Iglesia-Estado» (Actas del II Simposio Hispano—Alemán), Publicaciones de la Universidad Pontificia de Comillas, Madrid, 1988.

Corral, Carlos y *Martínez de Carvajal, José G.* (dirs.): «Iglesia y Estado en España» (Régimen jurídico de sus relaciones), Ediciones Rioduero, Madrid, 1980.

Cruz Villalón, Pedro: «Estados excepcionales y suspensión de garantías», Editorial Tecnos, Madrid, 1984.

Del Estal, Gabriel: «Derecho a la vida e institución familiar» (Aportación crítica al desarrollo de la nueva Constitución Española), Eapsa, Madrid, 1979.

Departamento de Derecho del Trabajo de la Universidad Complutense: «Jurisprudencia constitucional y relaciones laborales», Centro de Estudios Constitucionales, Madrid, 1983.

Dirección General del Servicio Jurídico del Estado: «El principio de igualdad en la Constitución Española» (obra colectiva), 2 vols. Ministerio de Justicia, Madrid, 1991.

Embid Irujo, Antonio: «Las libertades de la enseñanza», Editorial Tecnos, Madrid, 1983.

Escuin Palop, Vicente: «Régimen jurídico de la entrada y permanencia de extranjeros en España», Centro de Estudios Constitucionales, Madrid, 1991.

Fairén Guillén, Victor: «El Defensor del Pueblo. Ombudsman», tomo II (parte especial: derecho positivo, informes del Defensor, casuística comparada), Centro de Estudios Constitucionales, Madrid, 1986.

Fernández Farreres, Germán: «Asociaciones y Constitución» (Estudio específico del artículo 22 de la Constitución), Editorial Civitas, Madrid, 1987.

Fernández-Miranda y Campoamor, Alfonso: «De la libertad de enseñanza al derecho a la educación» (Los derechos educativos en la Constitución Española), Editorial Centro de Estudios Ramón Areces, Madrid, 1988.

Figueruelo Burrieza, Angela: «El derecho a la tutela judicial efectiva», Editorial Tecnos, Madrid, 1990.

Friginal Fernández-Villaverde, Luis: «La protección de los derechos fundamentales en el ordenamiento español», Editorial Montecorvo, Madrid, 1981.

Freixes Sanjuán, Teresa: «Los derechos sociales de los trabajadores en la Constitución», Ministerio de Trabajo y Seguridad Social, Madrid, 1986.

Garberí Llobregat, José: «La aplicación de los derechos y garantías constitucionales a la potestad y al procedimiento administrativo sancionador» (Doctrina del Tribunal Constitucional y reforma legislativa), Editorial Trivium, Madrid, 1989.

García de Enterría, E. (y otros): «El sistema europeo de protección de los derechos humanos», Editorial Civitas, 2.ª edic., Madrid, 1983.

García Torres, Jesús y *Jiménez-Blanco, Antonio:* «Derechos fundamentales y relaciones entre particulares», Editorial Civitas, Madrid, 1986.

Gil-Robles Gil-Delgado, Alvaro: «El control parlamentario de la Administración» (El Ombudsman), Instituto de Estudios Administrativos, Madrid, 1977.

Gil-Robles Gil-Delgado, Alvaro: «El Defensor del Pueblo» (Comentarios en torno a una proposición de Ley Orgánica), Editorial Civitas, Madrid, 1979.

Gimeno Sendra, Vicente: «El proceso de "habeas corpus"», Editorial Tecnos, Madrid, 1985.

Giner, Carlos: «El Defensor del Pueblo en la teoría y en la práctica», Editorial Popular, Madrid, 1986.

Gómez Colomer, Juan Luis: «La exclusión del Abogado defensor de elección en el proceso penal», Librería Bosch, Barcelona, 1988.

González Pérez, Jesús: «El derecho a la tutela jurisdiccional», Editorial Civitas, Madrid, 1984.

González Pérez, Jesús: «La dignidad de la persona», Editorial Civitas, Madrid, 1986.

González Salinas, Esperanza: «Proceso administrativo para la protección de los derechos fundamentales» (Jurisprudencia del Tribunal Constitucional y del Tribunal Supremo), Editorial Civitas, Madrid, 1989.

González-Trevijano Sánchez, Pedro José: «Libertades de circulación, residencia, entrada y salida en España», Servicio de Publicaciones de la Facultad de Derecho. Universidad Complutense—Editorial Civitas, Madrid, 1991.

Herrera Jaramillo, Francisco José: «El derecho a la vida y el aborto», EUNSA, Pamplona, 1984.

Herrero-Tejedor, Fernando: «Honor, intimidad y propia imagen», Editorial Colex, Madrid, 1990.

Ibán, Iván C. (coord.): «Libertad y derecho fundamental de libertad religiosa», Editorial Revista de Derecho Privado, Madrid, 1989.

Jaén Vallejo, Manuel: «La presunción de inocencia en la jurisprudencia constitucional», Ediciones Akal, Madrid, 1987.

Lamarca Pérez, Carmen: «Tratamiento jurídico del terrorismo», Centro de Publicaciones del Ministerio de Justicia, Madrid, 1985.

López Barja de Quiroga, Jacobo: «Las escuchas telefónicas y la prueba ilegalmente obtenida», Akal, Madrid, 1989.

López y López, Angel M.: «La disciplina constitucional de la propiedad privada», Editorial Tecnos, Madrid, 1988.

López Pina, Antonio (dir.): «La garantía constitucional de los derechos fundamentales. Alemania, España, Francia e Italia», Servicio de Publicaciones de la Facultad de Derecho. Universidad Complutense—Editorial Civitas, Madrid, 1991.

Martín-Retortillo, Lorenzo y *De Otto y Pardo, Ignacio:* «Derechos fundamentales y Constitución», Editorial Civitas, Madrid, 1988.

Martín-Retortillo, Sebastián (coord.): «Estudios sobre la Constitución Española» (Homenaje al Profesor Eduardo García de Enterría), tomo II («De los derechos y deberes fundamentales»), Editorial Civitas, Madrid, 1991.

Millán Garrido, Antonio: «La objeción de conciencia al servicio militar y la prestación social sustitutoria» (Su régimen en el Derecho positivo español), Editorial Tecnos, Madrid, 1990.

Motilla de la Calle, Agustín: «Los Acuerdos entre el Estado y las confesiones religiosas en el Derecho español», Bosch Casa Editorial, Barcelona, 1985.

Muñoz Machado, Santiago: «Libertad de prensa y procesos por difamación», Editorial Ariel, Barcelona, 1988.

O'Callaghan, Xavier: «Libertad de expresión y sus límites: honor, intimidad e imagen», Editorial Revista de Derecho Privado, Madrid, 1991.

Peces-Barba, Gregorio: «Derechos Fundamentales», Latina Universitaria, 3.ª ed., Madrid, 1980.

Peces-Barba, Gregorio, Hierro, Liborio (y otros): «Derecho positivo de los derechos humanos» (Textos del Derecho positivo histórico de los derechos humanos), Editorial Debate, Madrid, 1987.

Peláez Albendez, Francisco Javier: «La objeción de conciencia al servicio militar en el Derecho positivo español», Ministerio de Justicia, Madrid, 1988.

Pérez Luño, Antonio E.: «Los derechos fundamentales», Editorial Tecnos, Madrid, 1984.

Pérez Luño, Antonio E.: «Derechos Humanos, Estado de Derecho y Constitución», Editorial Tecnos, Madrid, 1984.

Prieto Sanchís, Luis: «Estudios sobre derechos fundamentales» Editorial Debate, Madrid, 1990.

Quintela Gonçalvez, María Teresa: «La protección de los consumidores y usuarios y la Constitución Española de 1978», Instituto Nacional del Consumo, Madrid, 1986.

Rodríguez-Piñero, Miguel y *Fernández López, María Fernanda:* «Igualdad y discriminación», Editorial Tecnos, Madrid, 1986.

Rowat, Donald C.: «El Ombudsman en el mundo», Editorial Teide, Barcelona, 1990.

Ruiz Ruiz, Gregorio: «El derecho al juez ordinario en la Constitución Española», Centro de Publicaciones del Ministerio de Justicia —Editorial Civitas, Madrid, 1991.

Sagarra i Trias, Eduard: «Los derechos fundamentales y las libertades públicas de los extranjeros en España» («Protección jurisdiccional y garantías»), José María Bosch Editor, Barcelona, 1991.

Sánchez Ferriz, Remedios: «Estudio sobre las libertades», Tirant lo Blanch, Valencia, 1989.

Soriano, Ramón: «Las libertades públicas» (Significado, fundamento y estatuto jurídico), Editorial Tecnos, Madrid, 1990.

Torres Muro, Ignacio: «El derecho de reunión y manifestación», Editorial Civitas—Servicio de Publicaciones de la Facultad de Derecho. Universidad Complutense, Madrid, 1991.

Zumaquero, José Manuel: «Los derechos educativos en la Constitución Española de 1978», EUNSA, Pamplona, 1984.

Obras colectivas

«Derecho del trabajo y de la Seguridad Social en la Constitución», Centro de Estudios Constitucionales, Madrid, 1980.

«El hecho religioso en la nueva Constitución española» (Trabajos de la XVI Semana Española de Derecho Canónico), Consejo Superior de Investigaciones Científicas, Salamanca, 1979.

«Anuario de Derechos Humanos», Instituto de Derechos Humanos, Universidad Complutense, números 1 a 7 (años 1981-1990).

«Introducción a los Derechos Fundamentales» (X Jornadas de Estudios), Dirección General del Servicio Jurídico del Estado, 3 vols., Ministerio de Justicia, Madrid, 1988.

CAPITULO V

EL REGIMEN ECONOMICO-SOCIAL Y HACENDISTICO

SUMARIO

b/ Los principios constitucionales presupuestarios:
1. El principio de universalidad.
2. El principio de anualidad.
3. El principio de publicidad.

c/ La competencia en materia presupuestaria.
d/ La fiscalización presupuestaria: el Tribunal de Cuentas.
BIBLIOGRAFÍA.

A) La «Constitución económica» y el Título VII de la Constitución

El Título VII de nuestra Norma fundamental (arts. 128-136) acoge, bajo la rúbrica de «Economía y Hacienda», los principios básicos del orden socio-económico, con alguna aislada excepción. Estamos en presencia de lo que desde hace ya más de medio siglo se conoce como la *«constitución económica»*, esto es, el conjunto de normas que delinean el marco jurídico fundamental para la estructura y funcionamiento de la actividad económica.

Como entre nosotros recuerda *Lojendio*, ya en 1932, en Alemania, *Beckerath*, en su notable trabajo «Politische und Wirtschafstverfassung» concebía la «constitución económica» como ordenación de la propiedad, del contrato y del trabajo, de la forma y extensión de la intervención del Estado, así como de la organización y la técnica de la producción y distribución. Aunque la expresión provocó cierta resistencia por parte de los juristas *(Carl Schmitt* llegó a considerarla un concepto aberrante), con el paso del tiempo, se impuso plenamente la necesidad de una ordenación jurídica de la economía, marcada por un intervencionismo estatal aún en el ámbito de una economía de mercado.

En último término, bien podría afirmarse con *Kurt Ballerstedt* que el Derecho constitucional económico se caracteriza por ser la «realización de la idea de que toda economía colectiva debe cumplir los dictados de la justicia». Es evidente que las decisiones económicas, por su incidencia en el ámbito social, deben someterse, regirse de modo muy especial por el principio, por el valor superior justicia, como en igual sentido apunta *Lojendio*. Desterrado ya desde hace muchos decenios el antiguo dogma fisiocrático del *«laissez faire, laissez passer; le monde va de lui même»*, la nueva actitud intervencionista de los poderes públicos exige imperiosamente de unas normas jurídicas ordenadoras que vertebren su actividad en el ámbito socio-económico, guiándola en orden a la consecución de los valores constitucionales supremos, de modo muy especial del valor justicia y del valor igualdad, entendida en su sentido material.

No podemos olvidar, en último término, que una de las transformaciones más notables del Estado contemporáneo, como bien advirtiera

García Pelayo, ha sido su conversión en un gigantesco sistema de distribución y redistribución del producto social cuya actualización afecta a la totalidad de la economía nacional, a las «*policies*» de cualquier especie y a los intereses de todas las categorías y estratos sociales.

La Constitución de 1978 no podía ser ajena a esta línea de pensamiento y a ello responde el Título VII. Incluso, en una de sus primeras Sentencias, el Tribunal Constitucional se hizo eco de esta vertiente constitucional, la «*Constitución económica*»:

> «En la Constitución Española de 1978 —puede leerse en la STC 1/1982, de 28 de enero—, a diferencia de lo que solía ocurrir con las Constituciones liberales del siglo XIX y de forma semejante a lo que sucede en las más recientes Constituciones europeas, existen varias *normas destinadas a proporcionar el marco jurídico fundamental para la estructura y funcionamiento de la actividad económica;* el conjunto de todas ellas compone lo que suele denominarse la constitución económica o constitución económica formal. Ese marco implica la existencia de unos principios básicos del orden económico que han de aplicarse con carácter unitario, unicidad que está reiteradamente exigida por la Constitución, cuyo Preámbulo garantiza la existencia de "un orden económico y social justo"...»

El Título VII, desde luego, no acoge en su articulado la totalidad de las normas que delinean el marco jurídico fundamental de la actividad económica, pues fuera del mismo encontramos algunas en verdad esenciales; ello no obstante, en él hallamos el núcleo central de la constitución económica.

Se trata de un Título un tanto prolijo, que adolece de una estructura verdaderamente sistemática y que presenta una notable heterogeneidad de contenidos.

En efecto, mientras sus cuatro primeros preceptos contienen en realidad formulaciones de principios rectores de la política social y económica, que bien podrían haber tenido encaje en el Capítulo 3.º del Título I, sus cinco últimos artículos tienen un mayor contenido dispositivo, por lo que quizá hubieran debido constituir el núcleo sobre el que se vertebrara el Título.

Por lo demás, como bien advierte *Cazorla Prieto,* el consenso constitucional ha dado origen a una serie de indeterminaciones e imprecisiones en la dicción de numerosos preceptos y de manera principal en los que integran la Constitución económica, que obligan al jurista intérprete a un importante esfuerzo en busca del verdadero sentido y ámbito de las normas.

B) Los principios del orden socio-económico

Los principios constitucionales informadores del orden socio-económico a que vamos a referirnos son los seis siguientes:

a/ El principio de economía de mercado.

b/ El principio de iniciativa pública.

c/ El principio de subordinación de la riqueza y la propiedad al interés general.

d/ El principio de planificación de la actividad económica.

e/ El principio de participación.

f/ El principio de equiparación del nivel de vida de todos los españoles.

a/ El principio de economía de mercado

Es el artículo 38 de la Constitución el que, tras reconocer la libertad de empresa, ubica ésta en el marco de la economía de mercado. A tenor del mismo:

> «Se reconoce la libertad de empresa en el marco de la economía de mercado. Los poderes públicos garantizan y protegen su ejercicio y la defensa de la productividad, de acuerdo con las exigencias de la economía general y, en su caso, de la planificación.»

Estamos en presencia de uno de los preceptos que mayor discusión pública suscitó durante su tramitación por nuestras Constituyentes, lo que se explica en buena medida por el hecho de que, en un primer momento, se limitaba a reconocer el derecho a la libre iniciativa económica privada, cuyo ejercicio había de ser regulado por la ley, de acuerdo con los intereses económicos generales. El acuerdo político final se logró mediante la adición de una expresa referencia a la economía de mercado.

De esta forma, la constitucionalización de la libertad de creación y establecimiento de industria y comercio, que no otra cosa significa la libertad de empresa, adquiere su sentido peculiar por la inserción de esa libertad «en el marco de la economía de mercado».

Nuestra Norma suprema se pronuncia de esta forma de modo más decidido e inequívoco que la mayoría de los textos de otros países de nuestro entorno en pro de la economía de mercado. Pensemos que, por ejemplo, la Constitución Italiana (artículo 41) sujeta el desarrollo de la iniciativa económica privada a que la misma no se oponga a la utilidad social, y a que no cause daños a la seguridad, la libertad y la dignidad humanas. Y en Alemania, aunque la Ley Fundamental de Bonn no contiene un precepto análogo, la doctrina, generalizadamente, entiende que del citado texto se desprende un sistema de «economía social de mercado». *Nipperdey* ha llegado aún más lejos al sostener que la «*Bonner Grundgesetz*» impone a la República Federal, como único sistema económico admisible, la economía de mercado en su forma de «economía social de mercado», es decir, con un enérgico contenido social.

Nuestra Constitución se limita a aludir a la «economía de mercado». Aclaremos ante todo que la «economía de mercado» no es un derecho ni libertad ciudadana; es simplemente un sistema económico, un marco económico en el que se ha de ejercitar la libertad de empresa, elemento importante de tal sistema, si bien, desde luego, no el único. Junto a la libertad empresarial, el sistema de economía de mercado exige de una libertad laboral, de una libertad de consumo y de un mercado que libremente regula la oferta y la demanda.

Ahora bien, pensar que nuestra «Lex Superior» ha resucitado las viejas leyes mecánicas de autorregulación de la economía sería perder de vista la realidad constitucional y aún el conjunto normativo de nuestro código político. Y es que el precepto no puede aislarse de su contexto normativo. Bien al contrario, el artículo 38 se conecta muy directamente con otros de la Constitución y, señaladamente, con el artículo 128, que reconoce la iniciativa pública en la actividad económica, y con el artículo 131, que se refiere a la posibilidad de que el Estado pueda planificar la actividad económica general. En una interpretación conexa con los anteriores, el artículo 38, como ha reconocido el Tribunal Constitucional (STC 37/1981, de 16 de noviembre), viene a establecer los límites dentro de los que necesariamente han de moverse los poderes constituidos al adoptar medidas que incidan sobre el sistema económico de nuestra sociedad.

El mantenimiento de esos límites, en cuanto el artículo 38 forma parte del Capítulo segundo del Título I de la Constitución, goza de las garantías a que se refiere el artículo 53.1, muy señaladamente, de la garantía de reserva de ley y de la que resulta de la atribución a cada derecho de un núcleo indisponible por el mismo legislador, de un contenido esencial, si bien el Tribunal no se ha pronunciado acerca de cuál es el contenido esencial de la libertad de empresa.

Ello no obstante, el Tribunal sí que ha acotado negativamente la libertad de empresa del artículo 38, al precisar que en este artículo no se reconoce el derecho a acometer cualquier empresa, sino sólo «el de iniciar y sostener en libertad la actividad empresarial, cuyo ejercicio está disciplinado por normas de muy distinto orden» (STC 83/1984, de 24 de julio). Este pronunciamiento, es de interés recordarlo, se produjo con ocasión de una cuestión de inconstitucionalidad promovida contra la previsión de la Base XVI de la Ley de Bases de la Sanidad Nacional, de 1944, en cuanto que disponía que «queda regulado y limitado en el territorio nacional el establecimiento de oficinas de farmacia», previsión constitucionalmente legítima según nuestro intérprete supremo de la Constitución.

El artículo 38 no se limita a reconocer la libertad de empresa, sino que nuestro constituyente declara a los poderes públicos garantes de la misma, encomendándoles la protección de su ejercicio. Ello implica la necesidad de actuaciones específicamente encaminadas a defender tales objetivos constitucionales. Pues bien, nuestro Tribunal Constitucional (STC 88/1986, de 1 de julio) ha entendido que la defensa de la competencia y la protección del consumidor caen dentro de esas actuaciones:

> «Una de las actuaciones que pueden resultar necesarias —advierte el Tribunal— es la consistencia en evitar aquellas prácticas que puedan afectar o dañar seriamente a un elemento tan decisivo en la economía de mercado como es la concurrencia entre Empresas, apareciendo así la defensa de la competencia como una necesaria defensa, y no como una restricción, de la libertad de Empresa y de la economía de mercado.»

La libertad de empresa encuentra, sin embargo, un conjunto de principios y derechos a los que debe acomodarse:

— Ya nos hemos referido al principio de la iniciativa pública en la actividad económica (artículo 128.2) y a la posibilidad de que el Estado, mediante ley, planifique la actividad económica general (artículo 131.1).

— El propio artículo 38 atribuye a los poderes públicos la protección de la defensa de la productividad, de acuerdo con las exigencias de la economía general y, en su caso, de la planificación. Aunque estamos ante conceptos ciertamente imprecisos, pues resulta difícil, apriorísticamente, precisar cuáles puedan ser las exigencias de la economía general, es lo cierto que tales exigencias deberán de ser concretadas de acuerdo con esa meta última que debe inspirar el sistema económico en su conjunto: el logro de un orden económico y social justo, tal y como se proclama en el Preámbulo de la Constitución. Y en todo caso, lo que es irrefutable es que nos encontramos ante nuevos límites frente a la libertad de empresa.

— La libertad de empresa debe asimismo respetar y convivir con los diversos derechos de carácter socio-económico que la Constitución reconoce a los trabajadores.

En definitiva, es claro, a nuestro modo de ver, que la Constitución opta de modo muy rotundo por el marco socio-económico de la economía de mercado, proclamado incluso con mayor rotundidad de lo que es habitual en otros textos constitucionales de la segunda postguerra, si bien, al unísono, deja abiertos márgenes lo suficientemente amplios como para canalizar ese carácter «social» que nuestra economía de mercado indiscutiblemente debe tener, aunque el término no haya sido incorporado para adjetivar el sistema de «economía de mercado». De hecho, puede perfectamente hablarse en nuestro código constitucional de una *«economía social de mercado»*.

La Constitución permite una pluralidad de programas de política económica, en el bien entendido de que todos ellos han de tener el mismo objetivo final: alcanzar una «sociedad democrática avanzada» que no puede ser sino aquella en la que, entre otros muchos requisitos, exista un «orden económico y social justo».

b/ El principio de iniciativa pública

El artículo 128.2 de la Constitución enuncia lo que podríamos considerar como el exacto contrapunto a la libertad de empresa, pues no otra cosa significa el reconocimiento de la iniciativa pública en la actividad económica. A tenor de tal precepto:

> «Se reconoce la iniciativa pública en la actividad económica. Mediante ley se podrá reservar al sector público recursos o servicios esenciales, especialmente en caso de monopolio y asimismo acordar la intervención de empresas cuando así lo exigiere el interés general.»

De las diversas técnicas de intervencionismo estatal en la economía, ciertamente, como señala *Garrido Falla,* esta es la más agresiva. Utilizando la terminología que puso en circulación *Rivero* en Francia, en 1947, aquí hay bastante más que «delimitación externa», «protectorado» o «infiltración».

La «iniciativa pública» apunta claramente a la posibilidad de la anexión por el sector público de actividades quc, real o potencialmente, están en el sector de las actividades privadas. Consiguientemente, la iniciativa pública supone el reconocimiento constitucional de la posibilidad de nacionalizar, es decir, de transferir del sector privado al público, actividades económicas.

Ahora bien, el artículo 128.2 exige necesariamente una interpretación separada de sus dos incisos.

Con la proclamación de la iniciativa pública en la actividad económica, como reconoce la mayoría de la doctrina *(Menéndez, Fernández Rodríguez...),* se ha venido a situar a la actividad económica pública en posición de igualdad con la actividad privada. Esto es, diríamos, lo normal. Ahora bien, lo excepcional se recoge en el inciso segundo del propio precepto, al sustraer de la actividad económica general, sea pública o privada, mediante ley y para su reserva al sector público, recursos o servicios esenciales, especialmente en caso de monopolio, y asimismo acordar la intervención de empresas cuando así lo exigiere el interés general.

Desde luego, con el reconocimiento de la iniciativa pública nuestro constituyente no hace sino reconocer lo que es una dilatada realidad: el que en los sistemas económicos de nuestro tiempo coexisten sectores económicos privados y públicos.

El carácter público de esta iniciativa hay que entenderlo referido a cualquier ente público, esto es, no sólo a los entes estatales, sino también a los municipales, provinciales y autonómicos.

En cuanto a la posibilidad de que mediante Ley puedan reservarse al sector público ciertos recursos o servicios esenciales, lo primero que debe destacarse de ella es que esta reserva, jurídicamente, ha de entenderse como atribución de titularidad jurídica al citado sector. Como bien sostiene *Cazorla Prieto,* la norma autoriza lo que podría llamarse atribución exclusiva al sector público, es decir, que todo un bloque de actividades quede exclusivamente reservado al sector público, pero no impide que dentro de una determinada área de actividades se reserven a lo público las empresas más importantes.

El instrumento jurídico-formal a cuyo través se ha de realizar esta reserva es la Ley. Sin embargo, el Tribunal Constitucional ha rechazado que deba darse a esta expresión el sentido de Ley formal:

> «La expresión "mediante Ley" que utiliza el mencionado precepto (el artículo 128.2) —sostiene el Tribunal (STC 111/1983, de 2 de diciembre)—, además de ser comprensiva de leyes generales que disciplinan con carácter general la intervención, permite la Ley singularizada de intervención que, mediando una situación de extraordinaria y urgente necesidad y, claro es, un interés general legitimador de la medida, está abierta al Decreto-ley, por cuanto la mención a la Ley no es identificable en exclusividad con el de Ley en sentido formal» (Sentencia relativa al «Caso RUMASA»).

Hemos de incidir finalmente en la esencialidad de los recursos o servicios que pueden reservarse al sector público. Es cierto que, como ha dicho *Ariño Ortiz,* la esencialidad de una actividad, recurso o servicio, es de imposible definición «a priori», lo que lógicamente implica que esta exigencia se relativice notablemente. Estamos ante un concepto jurídico indeterminado cuya concreción corresponderá al legislador y cuyo control será de la competencia del Tribunal Constitucional.

El artículo 128.2 se refiere por último a la intervención de empresas, que podrá acordarse mediante ley cuando así lo exigiere el interés general.

La intervención de empresas, a diferencia de la reserva de servicios o recursos esenciales, no implica la transferencia de la titularidad jurídica de aquéllas en favor del sector público, aunque sí, como advierte *De Juan Asenjo,* el control directo por los poderes públicos de la gestión empresarial. A la par, parece ínsita en el propio concepto de «intervención», la idea de una acción pública transitoria, temporal, circunscrita y llevada a cabo en función de circunstancias socioeconómicas muy particulares.

El contenido de la intervención ha de interpretarse, como advierte *Cazorla Prieto,* de un modo amplio; encaja dentro de la disposición cualquier género de medida interventora, incluso la dirección de la empresa. Finalmente, el elemento decisivo de la intervención es la salvaguarda del interés general, a cuyo efecto parece razonable que se atienda no sólo a consideraciones económicas, sino también sociales y políticas.

c/ El principio de subordinación de la riqueza y la propiedad al interés general.

Este principio aparece contemplado por dos preceptos diferentes. Uno de ellos, el artículo 128.1, norma de apertura del Título VII, a cuyo tenor:

> «Toda la riqueza del país en sus distintas formas y sea cual fuere su titularidad está subordinada al interés general.»

El otro es el artículo 33.2, precepto que tras reconocer en su apartado primero el derecho a la propiedad privada y a la herencia, precisa:

> «La función social de estos derechos delimitará su contenido de acuerdo con las leyes.»

Resumiendo algunas de las ideas que expusimos en otro lugar, diremos que en la concepción clásica de la tradición romanística, las restricciones al derecho de propiedad han sido siempre algo excepcional y que, por ello mismo, debían sujetarse a una interpretación restrictiva. Las limitaciones podían producirse en interés privado o en interés público. Si en el primer supuesto era el propietario quien las decidía voluntariamente, en el segundo, las restricciones eran establecidas por las leyes.

Desde esta perspectiva, no deja de ser significativa la dicción del artículo 33.2, que tras aludir a la función social de los derechos que reconoce el apartado primero, precisa que la delimitación de su contenido se ha de hacer «de acuerdo con las leyes». Sin embargo, contra lo que en un primer momento pudiera pensarse, esta expresión «de acuerdo con las leyes» no ha de entenderse como un rígido principio de reserva de ley.

El Tribunal Constitucional (STC 37/1987, de 26 de marzo) ha interpretado que el artículo 33.2 flexibiliza la reserva de ley en lo que concierne a la delimitación del contenido de la propiedad privada en virtud de su función social, «que debe ciertamente regularse por la Ley, pero también por la Administración "de acuerdo con las leyes" cuando éstas recaben la colaboración reglamentaria de aquélla»:

> «Prohíbe esta concreta reserva de Ley —añade el Tribunal (STC 37/1987) —toda operación de deslegalización de la materia o todo intento de regulación del contenido del derecho de propiedad privada por reglamentos independientes o *"extra legem"*, pero no la remisión del legislador a la colaboración del poder normativo de la Administración para completar la regulación legal y lograr así la plena efectividad de sus mandatos...» (Sentencia dictada en el Caso de la Reforma agraria andaluza).

Al margen ya de consideraciones formales, hemos de destacar que, como ya vimos en su momento, el reconocimiento constitucional de la función social de los derechos a la propiedad privada y a la herencia, no sólo es inescindible del mismo reconocimiento constitucional de los derechos, sino que nos revela que se trata de derechos reconocidos, como ha declarado el Tribunal (STC 111/1983, de 2 de diciembre), desde la vertiente institucional y desde la vertiente individual.

En efecto, tal y como sostiene el Tribunal en otro momento (STC 37/1987), la referencia a la «función social» como elemento estructural de la definición misma del derecho a la propiedad privada o como factor determinante de la delimitación legal de su contenido, pone de manifiesto que la Constitución no ha recogido una concepción abstracta de ese derecho como un mero ámbito subjetivo de libre disposición o señorío sobre el bien objeto del dominio reservado a su titular. Bien al contrario, la Constitución reconoce un derecho a la propiedad privada que se configura y protege, ciertamente, como un haz de facultades individuales sobre las cosas, pero también, al mismo tiempo, como un conjunto de deberes y obligaciones establecidos de acuerdo con las Leyes, en atención a valores o intereses de la colectividad, es decir, a la finalidad o utilidad social que cada categoría de bienes objeto de dominio esté llamada a cumplir.

Circunscribiéndonos ya a la determinación del artículo 128.1, la primera impresión que se obtiene de la misma es la de una cierta duplicidad con el precepto anterior, circunstancia que *Alzaga* ha explicado acertadamente por el deseo de nuestros constituyentes de arrancar con este principio el articulado del Título VII. Esta circunstancia, aunque carente de consecuencias jurídicas, no deja de tener un cierto simbolismo. El primero de los preceptos del Título dedicado a la fijación del marco jurídico fundamental de la actividad económica es, precisamente, el de prevalencia del interés general sobre el particular, con la obligada consecuencia de la subordinación de toda la riqueza del país, con independencia de su titularidad, a este interés general.

Desde luego, el primer rasgo que destaca en el artículo 128.1 es el de la amplitud de la fórmula utilizada. Todo titular de cualquier tipo de riqueza, independientemente de la naturaleza de ésta, está sujeto al interés general. A la amplitud con que se formula el principio coadyuva el término al que el constituyente recurre: «subordinación» , con el que, como advierte *Cazorla Prieto,* se expresa una fórmula genérica e indeterminada que no tiene categorización jurídica en sentido propio, y que por su misma amplitud permite que después se precise en cada institución la forma jurídica en la que esa subordinación se ha de plasmar.

En su Sentencia 64/1982, de 4 de noviembre, el Tribunal entendería que en una de sus aplicaciones, el artículo 128.1 supone que no pueden sustraerse a la riqueza del país recursos económicos que el Estado considere de interés general, aduciendo otras finalidades, como la protección del medio ambiente. Se trata de nuevo, advertirá el Tribunal, de armonizar la protección del medio ambiente con la explotación de los recursos económicos. De esta forma, el Juez de la Constitución acoge una interpretación enormemente expansiva del concepto de riqueza, lo que, por otro lado, como ya hemos dicho, casa a la perfección con la misma redacción de la norma.

d/ El principio de planificación de la actividad económica

Con la Segunda Guerra Mundial, el problema de la intervención del Estado en la economía vuelve a suscitar planteamientos muy enconados. Así, mientras el anglosajón *Lorwin* con su conocida obra, «La hora del Plan», se convierte en abanderado de la planificación económica, el alemán *Hayek,* con su no menos divulgado libro, «The road to serfdom» («Camino de servidumbre» en la traducción española), se erige en portaestandarte de los adversarios de la planificación. En 1959, *Hayek* (Premio Nobel de Economía en 1974) volverá a escribir una nueva obra contra la planificación, «The Constitution of Liberty». Sus anatemas contra la actividad planificadora no fueron suficientes como para impedir que la planificación de la actividad económica general tuviese reflejo más o menos mediatizado en los textos constitucionales de la segunda postguerra.

Y así, por poner tan sólo un ejemplo, el artículo 109.3 de la «Bonner Grundgesetz» determinaba que por ley federal, que requeriría de la aprobación del Bundesrät, podrían fijarse principios de validez conjunta para la Federación y los Länder en lo que atañe al Derecho presupuestario, a una economía presupuestaria, que tenga en cuenta las exigencias coyunturales y a una planificación financiera de varios años de duración.

La doctrina iba a discutir acerca de la conveniencia de proceder a constitucionalizar la planificación económica. Así, *Krüger* entendería que la planificación es una materia puramente programática a la que, por ello mismo, no debe corresponder un nivel constitucional. En todo caso, la realidad es que numerosos códigos constitucionales contemplarían la planificación, aún sin citarla directamente por su nombre. Recordemos, por ejemplo, el artículo 34, apartado quinto, de la Constitución Francesa de 1958, que dispone que:

> «El Parlamento vota las leyes que determinen los objetivos de la acción económica y social del Estado.»

En este contexto, el artículo 131 de nuestra Norma suprema se refiere a la planificación. De conformidad con su apartado primero:

> «El Estado, mediante ley, podrá planificar la actividad económica general para atender a las necesidades colectivas, equilibrar y armonizar el desarrollo regional y sectorial y estimular el crecimiento de la renta y de la riqueza y su más justa distribución.»

La primera de las grandes cuestiones que este precepto suscitaba era la referente a su naturaleza: ¿indicativa o coercitiva?; dicho de otra forma, ¿era posible una planificación vinculante para el sector privado?

Una planificación coercitiva (vinculante para el sector privado) en ningún caso parece posible, pues contravendría frontalmente el reconocimiento de la libertad de empresa en el marco de la economía de mercado. Además, en el contexto de una norma constitucional que reconoce con la mayor solemnidad el derecho a la propiedad privada, aunque de inmediato admita su función social, no parece posible concebir otra planificación que la meramente indicativa, dotada, eso sí, de fuerza de obligar para el sector público y de efectos más o menos vinculantes para quienes se acojan a los incentivos que, en su caso, pueda ofrecer la Administración, contemplados como es lógico por la propia ley planificadora.

Como al respecto ha señalado *Bassols,* no se trata, en principio, de un sistema de planificación vinculada a la realización del orden político (como en los ya escasos sistemas de economía marxista), ni destinada «a priori» a sustituir o transformar el orden económico existente (como, por ejemplo, en el supuesto de la Constitución de Portugal). Tampoco puede asimilarse a un tipo de planificación meramente neutra o indiferente a fines socio-económicos que remita a cada plan la determinación concreta de los mismos. Sin embargo, la enumeración de los fines que se pretenden alcanzar no va acompañada de una indicación de medidas de intervención, dirección, coordinación o de control sobre el sistema económico y sus agentes.

En su doctrina constitucional, el Tribunal (STC 29/1986, de 20 de febrero) ha puesto de relieve que el art. 131 de la Constitución responde a la previsión de una posible planificación económica de carácter general que se refiere a una planificación conjunta, de carácter global, de la actividad económica. Por ello, resulta claro que la observancia de tal precepto no es obligada constitucionalmente en una planificación de ámbito más reducido, por importante que pueda ser, como sucede en el caso de la reconversión y reindustrialización.

En el análisis del precepto antes transcrito pueden destacarse tres aspectos relevantes:

— En primer término, el principio de reserva de ley que el artículo 131.1 acoge. Como bien señala *Cazorla Prieto,* en este supuesto, no caben dudas de que la norma se refiere a la Ley votada en Cortes Generales, ya que estamos ante la planificación de la actividad económica general del país, cuyo sujeto agente es el Estado, entendido en sentido estricto.

— En segundo lugar, la atribución exclusiva al Estado, con la exclusión implícita de las Comunidades Autónomas.

— Por último, la necesidad de que la planificación responda a una triple finalidad:

a/ una finalidad prestacional: atender a las necesidades colectivas;

b/ una finalidad de fomento, de impulso de la actividad económica y del crecimiento: estimular el crecimiento de la renta y de la riqueza; por último,

c/ una finalidad reequilibradora, posiblemente la de mayor trascendencia, con la que se trata de posibilitar el principio de igualdad sustancial o material del artículo 9.º.2. Este reequilibrio, a su vez, se proyecta en una triple dirección: regional, sectorial e individual, de modo tal que la planificación puede perseguir la armonización del desarrollo de las distintas regiones españolas (más bien, en términos político-constitucionales, habría que decir de las diversas Comunidades Autónomas), de los diferentes sectores económicos, entre los que, como es bien sabido, median abismales distancias, y de los propios ciudadanos individualmente considerados, pues es obvio que puede recurrirse a la planificación para lograr una más justa distribución de la renta y la riqueza.

a') El procedimiento de elaboración de los proyectos de planificación

El artículo 131.2 aborda la compleja cuestión de posibilitar que la planificación sea coherente, se acomode a un modelo de régimen democrático, asentado en el pluralismo no sólo político, sino también territorial, económico y social. A hacer posible tal meta se dirige el artículo 131.2, a cuyo tenor:

> «El Gobierno elaborará los proyectos de planificación, de acuerdo con las previsiones que le sean suministradas por las Comunidades Autónomas y el asesoramiento y colaboración de los sindicatos y otras organizaciones profesionales, empresariales y económicas. A tal fin se constituirá un Consejo, cuya composición y funciones se desarrollarán por ley.»

A través de esta normación se pretende conseguir que el pluralismo social y, como no podía por menos de acontecer en un Estado complejo como el nuestro, también la pluralidad de entes territoriales autonómicos, tengan la posibilidad de participar de alguna manera en la elaboración de los proyectos de planificación; en definitiva, se trata de conseguir democratizar el proceso planificador, dando entrada en el mismo a los agentes sociales y a los entes territoriales de nuestro Estado autonómico.

La Constitución adjudica al Gobierno la tarea de elaborar el proyecto de planificación; al igual que sucede con el Proyecto de Ley de Presupuestos, es el Ejecutivo quien monopoliza la iniciativa legislativa en materia de planificación. Una determinación de esta naturaleza encuentra su razón de ser en el hecho de que el Gobierno es el ente colegiado que asume la dirección de la política económica y que dirige la Administración pública, en cuyo seno se encuentran los técnicos y expertos capaces de efectuar los complejos trabajos que entraña todo esfuerzo planificador. Estos, sin embargo, no deben permanecer, como dice *Alzaga,* encerrados en una campana de vidrio, sino abiertos a todo tipo de sugerencias; más aún, el precepto institucionaliza esta participación de los actores sociales, previendo un órgano innominado que ha de servir de cauce de canalización de la misma.

En definitiva, el constituyente ha pretendido diseñar una planificación democrática que gire en torno a este doble criterio:

a) La democracia de los medios (participación de los grupos intermedios de la sociedad, de los actores sociales, en la elaboración del plan), y

b) La democracia en orden al fin (orientación de la planificación con vistas a satisfacer las necesidades previstas y posteriormente expuestas por las Comunidades, así como con la finalidad de equilibrar y armonizar el desarrollo).

b') El Consejo Económico y Social

El inciso final del artículo 131.2 prevé la creación de un Consejo innominado cuyas líneas maestras habrán de ser reguladas por el legislador, llamado a jugar un papel muy importante en orden a la elaboración democrática de las iniciativas gubernamentales en materia de planificación.

La creación de un Consejo de tales características persigue la armonización de las pretensiones de todos los sectores implicados en la planificación, en la línea de otros órganos similares existentes en otros países, como es el caso del Consejo Económico y Social contemplado por la Constitución Francesa de la Quinta República (1958), o del Consejo Nacional de Economía y Trabajo, diseñado por el constituyente italiano en 1947, o incluso del Consejo Nacional del Plan que articulara la Constitución Portuguesa de 1976.

El desarrollo de esta previsión constitucional se ha dilatado quizá más tiempo del que hubiera sido necesario. Es muy reciente. En efecto, la Ley 21/1991, de 17 de junio, por la que se crea el Consejo Económico y Social, ha venido a desarrollar las previsiones constitucionales en este punto.

El órgano que en ella se crea pretende reforzar la participación de los agentes económicos y sociales en la vida socio-económica, reafirmando su papel en el desarrollo del Estado social y democrático de Derecho. Al tiempo que cumple esta función, el Consejo Económico y Social —como se significa en la Exposición de Motivos de la Ley— sirve de plataforma institucional permanente de diálogo y deliberación, en la medida en que constituye el único órgano donde están representados un amplio conjunto de organizaciones socio-profesionales.

El Consejo Económico y Social se configura como un Ente de Derecho Público de los previstos por el artículo 6.º.5 del Real Decreto Legislativo 1091/1988, de 23 de septiembre, por el que se aprueba el Texto refundido de la Ley General Presupuestaria (esto es, un Ente del Sector público estatal no incluido ni por el artículo 6.º ni por los inmediatamente anteriores del Texto refundido de la Ley General Presupuestaria —preceptos estos últimos que, entre otros, contemplan los Organismos autónomos del Estado, la Seguridad Social y las Sociedades estatales— que se regirá por su normativa específica), con personalidad jurídica propia y plena capacidad, autonomía orgánica y funcional para el cumplimiento de sus fines. El Consejo es adscrito al Ministerio de Trabajo y Seguridad Social.

El Consejo está integrado por 61 miembros, incluido su Presidente. De ellos, 20 componen el Grupo Primero en representación de las organizaciones sindicales; otros 20 el Grupo Segundo, en representación de las organizaciones empresariales, y un último bloque de otros 20 el Grupo Tercero, correspondiendo de ellos 3 al sector agrario, 3 al sector marítimo-pesquero, 4 a consumidores y usuarios, 4 al sector de la economía social, siendo los 6 restantes expertos en las materias competencia del Consejo.

Los miembros del Consejo representantes del Grupo Primero serán designados por las organizaciones sindicales que hayan obtenido la condición de más representativas, en proporción a su representatividad, de acuerdo con lo dispuesto por la Ley Orgánica 11/1985, de 2 de agosto, de Libertad Sindical.

Los miembros del Consejo que representan al Grupo Segundo serán designados por las organizaciones empresariales que gocen de capacidad representativa, en proporción a su representatividad, con arreglo a lo dispuesto en la Ley 8/1980, de 10 de marzo, del Estatuto de los Trabajadores, tras su modificación por la Ley 32/1984, de 2 de agosto.

Finalmente, los integrantes del Grupo Tercero serán propuestos en cada uno de los casos por las siguientes entidades o asociaciones: las organizaciones profesionales con implantación en el sector agrario, las organizaciones de productores pesqueros con implantación en el sector, el Consejo de Consumidores y Usuarios, las asociaciones de cooperativas y de sociedades laborales y, en lo que se refiere a los expertos, por el Gobierno de la Nación a propuesta conjunta de los Ministros de Trabajo y Seguridad Social y de Economía y Hacienda, entre personas con una especial preparación y reconocida experiencia en el ámbito socioeconómico y laboral.

El Presidente del Consejo Económico y Social será nombrado por el Gobierno de la Nación a propuesta conjunta de los Ministros de Trabajo y Seguridad Social y de Economía y Hacienda, previa consulta a los grupos de representación que integran el Consejo. En todo caso, la persona cuyo nombramiento se proponga deberá contar con el apoyo de, al menos, dos tercios de los miembros del Consejo.

El mandato de los miembros del Consejo, incluido su Presidente, será de cuatro años, renovable por períodos de igual duración.

Digamos por último que la Ley atribuye al Consejo, entre otras, las siguientes funciones:

a/ Emitir dictamen con carácter preceptivo sobre los Anteproyectos de Leyes del Estado y Proyectos de Reales Decretos Legislativos que regulen materias socioeconómicas y laborales y Proyectos de Reales Decretos que se considere por el Gobierno que tienen una especial trascendencia en la regulación de las indicadas materias. De esta consulta queda expresamente exceptuado el Anteproyecto de Ley de Presupuestos Generales del Estado.

b/ Emitir igualmente dictamen preceptivo sobre los Anteproyectos de Ley o Proyectos de disposiciones administrativas que afecten a la organización, competencias o funcionamiento del Consejo.

c/ Emitir dictamen en los asuntos que, con carácter facultativo, se sometan a consulta del Consejo por el Gobierno de la Nación o sus miembros.

d/ Elaborar y elevar anualmente al Gobierno, dentro de los cinco primeros meses de cada año, una Memoria en la que se exponga sus consideraciones sobre la situación socioeconómica y laboral de la nación.

e/ El principio de participación

Este principio de participación se halla contemplado como principio rector del orden socio-económico por el artículo 129.2, de conformidad con el cual:

> «Los poderes públicos promoverán eficazmente las diversas formas de participación en la empresa y fomentarán, mediante una legislación adecuada, las sociedades cooperativas. También establecerán los medios que faciliten el acceso de los trabajadores a la propiedad de los medios de producción.»

Esta norma de asignación de fines no es sino un fiel reflejo en el ámbito socio-económico del principio general de participación sobre el que se asienta nuestro Estado, que no se circunscribe, como ya hemos advertido, al ámbito político, sino que se proyecta, como señala el inciso final del artículo 9.º.2 de la Constitución, a la vida económica, cultural y social.

El artículo 129.2 aspira a promover la cogestión en el seno de las empresas, a dar nuevo impulso al movimiento cooperativo y a facilitar en todos los terrenos el acceso de los trabajadores a la propiedad de los medios de producción.

Como ha advertido *Alzaga,* la importancia de este precepto reside, antes que nada, en que bajo él subyace no una visión del Estado empresario o, si se prefiere, del Estado propietario de todos los medios de producción, sino, bien al contrario, una filosofía de libertad, en este caso de libertad de riqueza, de conformidad con la cual, todos los españoles, con el apoyo del Estado, deben hallarse en condiciones de acceder a determinadas cuotas de propiedad. Y a hacer efectiva esta última meta debe dirigirse la actuación de los poderes públicos, que han de desempeñar una actividad de promoción y fomento. El logro de un orden económico y social más igualitario, más justo, debe ser el norte que siempre guíe esas actividades.

La participación en la empresa reviste modalidades muy diferentes. En todo caso, es claro que ese concepto decimonónico de dominio absoluto del titular de un medio de producción sobre el mismo ya no se mantiene hoy en pie. La participación de los trabajadores en la gestión de la empresa, bajo una forma u otra, es hoy admitida de modo muy generalizado. De ahí que el precepto se dirija a los poderes públicos, todos en general, haciéndoles destinatarios de esta acción de impulso, de promoción de las distintas formas de participación en la empresa.

Hasta la fecha, el Estatuto de los Trabajadores, aprobado por la Ley 8/1980, de 10 de marzo, es la norma que regula los cauces de participación en la empresa por parte de los trabajadores, uno de cuyos derechos laborales (artículo 4.º.1, g/) es precisamente el derecho de participación en la empresa, reiterado por el artículo 61, norma de apertura del Título II del Estatuto («De los derechos de representación colectiva y de reunión de los trabajadores en las empresas»). Esa participación ha de canalizarse a través de los órganos de representación que regula el propio Título, que en esencia son los delegados de personal y los Comités de empresa.

En la misma dirección que la anterior ha de situarse el fomento de las cooperativas, que debiera propiciar un nuevo impulso del movimiento cooperativo, que amplíe el campo real de actuación de estas entidades, robusteciéndolas y haciéndolas más eficaces. Tal es lo que ha pretendido la nueva ordenación jurídica de las Cooperativas, llevada a cabo por la Ley 3/1987, de 2 de abril, General de Cooperativas, que, entre otras finalidades, pretende potenciar cuanto favorezca el desarrollo de la actividad empresarial de las Cooperativas. La Ley crea asimismo el llamado Consejo Superior del Cooperativismo, como órgano consultivo y asesor de la Administración Central del Estado para las actividades de ésta, relacionadas con el cooperativismo, atribuyéndole, asimismo, funciones de conciliación y arbitraje cooperativo.

El inciso final del artículo 129.2 se refiere al acceso de los trabajadores a la propiedad de los medios de producción, previsión que, como ha señalado *Merino Merchán,* abre un amplio cauce constitucional por el que podrán tener acceso a la propiedad de las empresas los propios trabajadores a través de fórmulas comunitarias como pueden ser, entre otras, las sociedades económicas laborales y demás entidades de régimen asociativo laboral y, en general, las sociedades comunitarias.

A este respecto, es de interés recordar la posibilidad de que, de modo conexo con la retribución laboral, los trabajadores puedan pasar a ser titulares de acciones de su propia empresa, aspecto que, como bien advierte *Cazorla Prieto,* tendrá que ser objeto también de atención por los poderes públicos, en cumplimiento del deber constitucional en tal sentido.

Digamos por último que el artículo 129.1 acoge una concreción de este principio general de participación, en relación al régimen público de la Seguridad Social. A tenor del mismo:

> «La Ley establecerá las formas de participación de los interesados en la Seguridad Social y en la actividad de los organismos públicos cuya función afecte directamente a la calidad de la vida o al bienestar general.»

f/ El principio de equiparación del nivel de vida de todos los españoles

Este principio aparece recogido por el artículo 130, de conformidad con el cual:

> 1. «Los poderes públicos atenderán a la modernización y desarrollo de todos los sectores económicos y, en particular, de la agricultura, de la ganadería, de la pesca y de la artesanía, a fin de equiparar el nivel de vida de todos los españoles.»
>
> 2. «Con el mismo fin se dispensará un tratamiento especial a las zonas de montaña.».»

Es sabido que algunos textos constitucionales de nuestro siglo han traducido en sus preceptos la preocupación por el desequilibrio en que se ven los ciudadanos que desarrollan su actividad en el sector primario de la economía, pues es una realidad irrefutable que, en muchos casos, esos ciudadanos viven en evidentes condiciones de inferioridad respecto de quienes participan en otros sectores (secundario y terciario) de la actividad económica.

En España, la circunstancia anterior se nos ofrece con perfiles aún más acentuados si cabe. La desadaptación colectiva a la tierra constituye un hecho de creciente intensidad, a la par que gravedad en cuanto a sus implicaciones sociopolíticas. De ahí que los poderes públicos no puedan permanecer insensibles ante esta realidad.

A todo ello trata de dar respuesta el precepto que comentamos, si bien es evidente que los artículos programáticos de los textos constitucionales, por sí solos, poco pueden resolver. Como dijera *Pérez Serrano* con motivo del debate constituyente en las Cortes de la Segunda República de un precepto análogo, las afirmaciones de esta índole ofrecen el peligro de la inanidad poco airosa cuando los años pasan y la ilusión no se traduce en realidades concretas. Ello no obstante, es de alabar que el constituyente haya mostrado su sensibilidad hacia este tipo de problemas.

El artículo 130 está llamado a servir de eje inspirador de la política económica y social; en cierto modo, bien puede afirmarse que en él se acogen una serie de principios rectores de esa política: modernización y desarrollo de los sectores económicos, atención especial a los sectores tradicionalmente más deprimidos (agricultura, pesca, artesanía...) y equiparación del nivel de vida de todos los españoles, si bien, es en función de este último principio por lo que se enuncian los dos anteriores.

Por lo demás, esta equiparación del nivel de vida no es sino la consecuencia necesaria del valor justicia y del valor igualdad, entendido este último no en su sentido formal sino material.

Quisiéramos finalmente llamar la atención acerca de lo significativo que resulta que al precepto que acabamos de comentar siga el artículo 131, referido a la planificación de la actividad económica, uno de cuyos fines, recordémoslo, es precisamente el de armonizar el desarrollo sectorial, sin olvidar que, en último término, parece claro que todo proceso planificador está llamado a estimular el crecimiento de la renta y la riqueza y su más justa distribución. No deja de ser significativa esta proximidad en el articulado de estos dos preceptos, que bien podríamos interpretar como un solapado deseo del constituyente de apuntar hacia la planificación como el instrumento quizá más operativo en orden a convertir en realidad este principio de equiparación del nivel de vida de todos los ciudadanos.

C) Los principios constitucionales inspiradores de los ingresos y gastos del Estado

Dos son las vertientes que presenta la actividad financiera del Estado: una, la constituida por los ingresos de la Hacienda del Estado; otra, la correlativa vertiente del gasto público, esto es, la aplicación de los recursos económicos a la satisfacción de las necesidades del Estado y a la financiación de sus servicios.

Esta actividad financiera del Estado ha sido objeto de algunos de los artículos del Título VII, que viene de esta forma a sentar las bases de la Hacienda Pública española.

A efectos de una siempre conveniente sistematización, separaremos los principios constitucionales que rigen los ingresos de los que inspiran los gastos del Estado.

a/ Los principios constitucionales tributarios

De todos los posibles ingresos de la Hacienda Pública, nuestra Norma suprema tan sólo se ocupa de los tributos (artículo 133) y de la Deuda Pública (artículo 135), si bien es cierto que contempla igualmente el patrimonio del Estado (artículo 132.3) y los bienes de dominio público (artículo 132, 1 y 2), susceptibles de producir ingresos de derecho privado.

Desde sus orígenes, la elaboración dogmática del Derecho Financiero situó el fundamento de la potestad tributaria —en cuanto poder para establecer y exigir los tributos— en la potestad de imperio del Estado. De ahí que, siguiendo esta línea de pensamiento, *Giannini* llegara a considerar el poder financiero como teóricamente ilimitado, dado que el Estado, a su juicio, no estaba sujeto en el ejercicio de tal potestad a vínculo jurídico alguno.

Esta concepción carece en la actualidad de todo sentido, pues, como advierte *Rodríguez Bereijo,* hoy día no existen poderes soberanos, al estilo de los antiguos monarcas absolutos, sino poderes concedidos y limitados por el ordenamiento. Consecuentemente, no existe un poder ilimitado para la creación de tributos; bien al contrario, su establecimiento responde a algo distinto de la mera voluntad del legislador, algo que la doctrina identifica con el gasto público que con el tributo se financia. Ello nos sitúa ante una concepción causalista del impuesto.

Pero es que, además, la potestad tributaria no puede desvincularse de los valores superiores que inspiran el conjunto del ordenamiento, y de modo muy especial, del valor justicia. A este respecto, conviene recordar que en la década de los sesenta se registra en Italia una clara toma de postura doctrinal *(Giardina, Manzoni, Moschetti...)* a favor de la apelación a un fundamento de justicia material del tributo, que se encuentra en el principio de capacidad contributiva, que es elevado al rango de principio definidor de la justicia tributaria y de condición de legitimidad de la imposición.

Bien es verdad que este principio de capacidad contributiva no puede ser considerado como el único criterio de justicia tributaria. Junto a él, deben situarse otros principios, como, por lo demás, corrobora cumplidamente el artículo 31.1 de nuestra Constitución. Así lo ha entendido el Tribunal Constitucional, quien ha subrayado (STC 27/1981, de 20 de julio) que nuestra Constitución, a diferencia de otras, alude expresamente al principio de la capacidad contributiva y, además, lo hace sin agotar en ella el principio de justicia en materia contributiva. Y es que la capacidad económica no asegura, por sí sola, un sistema tributario justo, que no puede separarse, en ningún caso, del principio de progresividad ni del principio de igualdad. Es a partir de estas reflexiones como podemos abordar el análisis de los principios constitucionales tributarios, en cuyo examen nos centramos ahora. Son éstos:

1. El principio de legalidad

Consagra este principio el artículo 31.3, a cuyo tenor: «Sólo podrán establecerse prestaciones personales o patrimoniales de carácter público con arreglo a la ley.»

Esta norma da entrada no a una legalidad tributaria de carácter absoluto, sino, con mayor flexibilidad, a la exigencia de que ordene la Ley los criterios o principios con arreglo a los cuales se ha de regir la materia tributaria y, concretamente, la creación «ex novo» del tributo y la determinación de los elementos esenciales o configuradores del mismo. Así lo ha precisado una dilatadísima doctrina constitucional (SSTC 37/1981, de 16 de noviembre; 6/1983, de 4 de febrero; 179/1985, de 19 de diciembre, y 19/1987, de 17 de febrero, entre otras).

Como ocurre con otras de las reservas de Ley presentes en la Constitución, el sentido de la establecida por el artículo 31.3 no es otro que el de asegurar que la regulación de determinado ámbito vital de las personas dependa exclusivamente de la voluntad de sus representantes, sin que, como ha significado el Tribunal (SSTC 83/1984, de 24 de julio y 19/1987), ello excluya la posibilidad de que la Ley pueda contener remisiones a normas infraordenadas, pero sí el de que mediante tales remisiones se provoque, por su indeterminación, una degradación de la reserva formulada por la Constitución en favor del legislador.

En resumen, la reserva del artículo 31.3 es, según expresión doctrinal común, acogida por el Tribunal Constitucional (STC 19/1987), una reserva «relativa».

El sentido que hay que reconocer en la reserva del artículo 31.3 (en último término, una garantía de autodisposición de la comunidad sobre sí misma) no puede entenderse, sin embargo, desligado de las condiciones propias del sistema de autonomías territoriales que la Constitución consagra en su artículo 137.

En lo que al orden tributario importa, la reserva de ley del artículo 31.3 resulta reiterada en los apartados primero y segundo del artículo 133, de conformidad con los cuales:

> 1. «La potestad originaria para establecer los tributos corresponde exclusivamente al Estado, mediante ley.»
>
> 2. «Las Comunidades Autónomas y las Corporaciones locales podrán establecer y exigir tributos, de acuerdo con la Constitución y las leyes.»

Se enuncia así la potestad originaria del Estado para establecer tributos, mediante Ley, y la potestad tributaria de carácter derivado de las Comunidades Autónomas y las Corporaciones locales. De esta forma, la Constitución procura integrar las exigencias diversas, en este campo, de la reserva de Ley estatal y de la autonomía territorial. Bien es verdad que no es fácil precisar apriorísticamente cómo habrán de integrarse, en cada caso, las exigencias derivadas de cada uno de esos imperativos constitucionales, que, como ha recordado el Tribunal, no pueden abolirse entre sí en su respectivo despliegue.

Aun cuando el Tribunal Constitucional no ha pretendido definir en términos generales y abstractos cómo han de integrarse unas y otras exigencias, sí que ha sentado una doctrina de enorme relevancia en su Sentencia 19/1987, de 17 de febrero (dictada en el Caso de la Contribución Territorial Urbana, Rústica y Pecuaria). A ella nos referiremos a continuación.

Entiende el Tribunal que la exigencia del artículo 133.2 (que el establecimiento de tributos se realice no sólo de acuerdo con la Constitución misma, sino también de conformidad con lo dispuesto en las leyes) significa que la potestad tributaria de carácter derivado no puede hacerse valer en detrimento de la reserva de ley presente en este sector del ordenamiento (artículos 31.3 y 133.1) y que el legislador, por ello, no podrá limitarse, al adoptar las reglas a las que remite el artículo 133.2 en su último inciso, a una mera mediación formal, en cuya virtud se apodere a las Corporaciones locales para conformar, sin predeterminación alguna, el tributo de que se trate.

Por el contrario, las Leyes reclamadas por la Constitución en el artículo 133.2 no son, por lo que a las Corporaciones locales se refiere, meramente habilitadoras para el ejercicio de una potestad tributaria que originariamente sólo corresponde al Estado. Son también Leyes ordenadoras de los tributos así calificados de «locales». Y este carácter ordenador de la Ley exige tener en cuenta que es jurisprudencia constitucional constante la consideración del tipo impositivo como un elemento esencial en la definición del tributo (STC 179/1985, de 19 de diciembre).

Es precisamente como consecuencia de todo lo expuesto, por lo que el Tribunal declararía (STC 19/1987) inconstitucional, la determinación de la Ley 24/1983, de 21 de diciembre, de Medidas Urgentes de Saneamiento y Regulación de las Haciendas Locales, en el sentido de habilitar a los Ayuntamientos para fijar libremente el tipo de gravamen de la Contribución Territorial Urbana y de la Rústica y Pecuaria.

2. El principio de capacidad económica

El artículo 31.1 enuncia este principio cuando dice que: «Todos contribuirán... de acuerdo con su capacidad económica...»

La capacidad económica, según *Sainz de Bujanda,* supone en el sujeto tributario la titularidad de un patrimonio o de una renta aptos en cantidad y en calidad para hacer frente al pago del impuesto, una vez cubiertos los gastos vitales ineludibles del sujeto.

La capacidad económica debe entenderse, como advierte *Lozano,* como el criterio de medición de la carga tributaria y como una cualidad subjetiva del obligado tributario. Desde este punto de vista, cobra pleno sentido el rechazo del Tribunal a admitir que la sujeción conjunta al impuesto sobre las personas físicas de los miembros de la unidad familiar, pueda transformar este impuesto en un impuesto de grupo, «porque esta transformación infringe el derecho fundamental de cada uno de tales miembros, como sujetos pasivos del impuesto, a contribuir, de acuerdo con su propia capacidad económica, en la misma cuantía en que habrían de hacerlo si, manteniendo esa misma capacidad, tributasen separadamente» (STC 45/1989, de 20 de febrero, Caso de la Ley del Impuesto de las Personas Físicas).

Es cierto, reconoce el Tribunal, que la igualdad absoluta, matemática, es tal vez un ideal inalcanzable en cada caso concreto, pero el sistema debe tender hacia ella y, en consecuencia, la consideración conjunta de todas las rentas de los miembros de la unidad familiar no puede ser utilizada como un procedimiento suficiente para determinar por sí sólo la base imponible; por contra, debe combinarse con alguna técnica que atienda al número de miembros que componen la familia.

En definitiva, la capacidad económica, en cuanto criterio de medición de la carga tributaria, ha de referirse sólo a las personas físicas o jurídicas; de ahí que aunque la Constitución no excluya técnicas impositivas de acumulación en relación con quienes integran la unidad familiar, sí impide que la carga tributaria que pesa sobre una persona integrada en una unidad familiar sea mayor que la que pesa sobre otro contribuyente con idéntico nivel de renta, pero no integrado en una unidad de este género. Caso contrario, no sólo se lesionaría el principio de igualdad, sino que se iría directamente contra el mandato constitucional del artículo 39.1, que ordena a los poderes públicos la protección de la familia.

3. El principio de generalidad

El artículo 31.1 comienza afirmando que «todos contribuirán...» Es decir, su dicción se abre poniendo de relieve la generalidad de la obligación tributaria. Sujetos pasivos de los deberes tributarios son *«todos»*, término con el que, indiscutiblemente, se pretende incluir a cuantas personas físicas y jurídicas residan en España, independientemente de que posean o no nuestra nacionalidad, siempre que tengan capacidad económica para contribuir. Esta generalidad de la obligación tributaria es perfectamente compatible con la existencia de exenciones subjetivas en algunos tributos.

4. El principio de igualdad

La obligación que todos tienen de contribuir ha de canalizarse a través de «un sistema tributario justo inspirado en los principios de igualdad y progresividad que, en ningún caso, tendrá carácter confiscatorio» (artículo 31.1 CE).

Como puede apreciarse, la justicia tributaria no sólo se vincula con la capacidad económica de cada persona, sino también, de modo muy especial, con los principios de igualdad y progresividad, que han de inspirar el sistema tributario. Nos referiremos ahora al primero de estos principios.

Nuestro supremo intérprete de la Constitución ha vinculado el principio de igualdad tributaria del artículo 31.1 CE con el principio general de igualdad consagrado por el artículo 14 CE. Es evidente que la igualdad se predica de la situación ante la Ley reguladora del tributo de que se trate, de todos los sujetos del mismo. Como la carga tributaria a que cada sujeto ha de hacer frente es función de su capacidad económica, «la definición de ésta y el método para determinarla han de ser establecidos mediante normas que efectivamente den a todos los sujetos un trato igual y no introduzcan entre ellos diferencias resultantes de su propia condición personal, o de las relaciones que existen entre ellos y otras personas cuando ni aquella condición ni estas relaciones son elementos determinantes del impuesto en cuestión» (STC 45/1989).

A esta igualdad formal hay que añadir la exigencia de una igualdad real o material, en sintonía con la exigencia del artículo 9.º.2 CE, y que en este ámbito del Derecho Tributario resulta especialmente necesaria; de ahí que la igualdad sea perfectamente compatible con la progresividad del impuesto.

5. El principio de progresividad

Para que pueda hablarse de un sistema tributario justo es preciso que uno de los principios en que se inspire sea el de progresividad. Así lo exige el artículo 31.1 de nuestra Norma suprema.

La progresividad es un concepto relacionado con el tipo tributario o las escalas de gravamen; se opone a la proporcionalidad, y entraña que a bases imponibles más elevadas deben aplicarse alícuotas también más altas de gravamen, como procedimiento técnico más idóneo con vistas a conseguir la «igualdad de sacrificio» del contribuyente. El principio de progresividad, a nuestro juicio, se nos presenta como uno de los mecanismos más relevantes en orden a la consecución de la igualdad material que nuestro constituyente reclama en su artículo 9.º.2.

El Tribunal Constitucional, tras advertir, como antes señalamos, la plena compatibilidad entre los principios de igualdad y de progresividad, precisa que la igualdad sólo exige «que el grado de progresividad se determine en función de la base imponible y no en razón del sujeto» (STC 45/1989), precisión que resulta una obviedad.

Esta progresividad puede llegar a plantear una última cuestión problemática: ¿tiene algún límite? Parece obligado concluir que el límite de la progresividad vendrá dado por la interdicción constitucional de que el sistema tributario tenga alcance confiscatorio; en ningún caso puede tenerlo. Ahora bien, ¿a partir de qué tipo podría hablarse de confiscación? El Tribunal Constitucional no se ha pronunciado al respecto y el tema no es fácil de dilucidar.

b/ Los principios constitucionales inspiradores del gasto público

La segunda vertiente de la actividad financiera del Estado está constituida, como ya dijimos, por el gasto público. Nuestra «Lex Superior» se ocupa en distintos preceptos del gasto público, consagrando los siguientes principios aplicables al mismo:

1. El principio de legalidad

Se refiere a este principio con carácter general el artículo 133.4 de la Constitución, a cuyo tenor: «Las Administraciones públicas sólo podrán contraer obligaciones financieras y realizar gastos de acuerdo con las leyes». El principio es reiterado por los apartados segundo y quinto del artículo 134, dedicado a los Presupuestos Generales del Estado. El primero de ellos exige que en los Presupuestos figure la totalidad de los gastos del sector público, mientras que el segundo establece que, una vez aprobados los Presupuestos, el aumento del gasto público requerirá de la presentación por el Gobierno de un previo proyecto de ley en tal sentido.

A juicio del Tribunal (STC 4/1981, de 2 de febrero), el artículo 133.4 CE supone que «la Constitución remite "en blanco" al legislador la posibilidad de limitar la asunción de obligaciones financieras por parte de las Administraciones públicas».

Por lo demás, parece perfectamente coherente que si se ha de recurrir a la ley para el ejercicio de la potestad tributaria, otro tanto haya de suceder con la realización de gastos públicos.

2. El principio de equidad

Este principio ha sido establecido como novedad constitucional en nuestra historia por el artículo 31.2, que prevé que: «El gasto público realizará una asignación equitativa de los recursos públicos.»

Como advierte *Cazorla Prieto,* la norma determina el «*telos*» del gasto público: la asignación equitativa de los recursos públicos, que se convierte en la directriz que debe guiar la actuación de los poderes públicos en la materia. Se trata del verdadero principio de justicia material en el gasto público.

Ahora bien, ¿qué debe entenderse por asignación equitativa de los recursos públicos? *Lozano,* con muy buen criterio, manifiesta que la «asignación equitativa» del gasto público que ordena el artículo 31.2 es la síntesis en este terreno de los mismos principios que inspiran el sistema tributario. Quiere ello decir que el gasto público deberá tener como norte la consecución del principio de igualdad, materialmente entendido. De ahí que el Tribunal Constitucional (STC 20/1985, de 14 de febrero y STC 77/1985, de 27 de junio) haya podido afirmar tajantemente que en materia de gasto «la máxima eficacia debe ceder ante la igualdad», abonando con ello, como advierte *Lozano,* una separación de planos entre la mencionada asignación equitativa y los criterios de eficacia y economía que también recoge el propio precepto.

No en vano la referencia a la equidad, esto es, a la justicia aquilatada a las concretas circunstancias sociales de cada momento, ya nos marca la meta última a conseguir, meta por lo demás variable por las propias contingencias de las circunstancias de cada tiempo y lugar.

3. Los principios de eficiencia y economía

El propio artículo 31.2, en su inciso final, determina, en relación con el gasto público, que «su programación y ejecución responderán a los criterios de eficiencia y economía».

Parece claro, de conformidad con lo expuesto en el principio inmediatamente precedente, que mientras la equidad, la igualdad material en último término, nos marcan el norte que ha de inspirar el gasto público, los principios de eficiencia y economía aluden a meras reglas de buena administración en el manejo y empleo de los fondos públicos, pero sin ser parangonables en su significado, como bien señala *Lozano,* al principio anterior, y, por ende, sin integrarse como contenidos de la justicia financiera en materia de gasto.

D) Los Presupuestos Generales del Estado

Las constituciones, por lo general, suelen dedicar una especial atención a los principios y normas básicas que afectan a los Presupuestos del Estado. Quizá por ello, *Rodríguez Bereijo* ha podido decir que el Derecho Presupuestario sc presenta como la rama del Derecho Financiero más íntimamente ligada al Derecho Constitucional.

Resulta evidente que el mejor control que el Poder Legislativo puede ejercer sobre el Ejecutivo es el control financiero, pues sin los recursos adecuados no es posible ningún tipo de actividad. Está fuera de toda duda la vital importancia de la política económica, pues a través de ella puede llegar a incidirse sobre todas las esferas de la vida social, y es obvio que toda política económica requiere de unos medios financieros.

Nuestra Constitución no ha sido ajena a este postulado; de ahí que dedique una especial atención al Presupuesto y a los principios presupuestarios, objeto de la normación del artículo 134 y de otros preceptos concordantes.

a/ *Naturaleza del Presupuesto*

El Presupuesto General del Estado tiene una triple naturaleza:

1. De un lado, es una institución política que afecta a los distintos poderes del Estado. Como lo ha definido *Sardina Paramo,* constituye un sistema de control de los ingresos y gastos públicos, control ejercido sobre el Poder Ejecutivo y que históricamente corresponde llevar a cabo al Parlamento.

2. De otro lado, es una institución económica, una planificada previsión de ingresos y gastos. Desde esta óptica, podría definirse como el plan periódico de gestión y administración del ingreso y gasto público, obligatorio para el Ejecutivo y objeto de control político por el Legislativo.

3. Por último, es una institución jurídica, una ley muy especial, cuya naturaleza y contenido, en cuanto norma jurídica, han sido y son objeto de abundante controversia doctrinal.

Centrándonos ahora en el aspecto jurídico del Presupuesto, hemos de significar que, formalmente, estamos ante una ley aprobada por las Cortes Generales que, sin embargo, presenta notables singularidades tanto en su tramitación como en su contenido. A la vista de nuestra Norma suprema, esas particularidades son las siguientes:

1.ª En cuanto a su iniciativa, corresponde sólo al Gobierno (artículo 134.1), por lo que no rige respecto de esta norma la previsión del artículo 87.1, esto es, la iniciativa legislativa parlamentaria.

2.ª En cuanto a su contenido, estamos en presencia de una ley que «no puede crear tributos» (artículo 134.7), aunque «podrá modificarlos cuando una ley tributaria sustantiva así lo prevea» (artículo 134.7). Se trata asimismo de una ley predeterminada en algunos aspectos de su contenido, que obliga al propio Poder Legislativo. Este es el caso de la previsión del artículo 135.2, según la cual: «Los créditos para satisfacer el pago de intereses y capital de la Deuda Pública del Estado se entenderán siempre incluidos en el estado de gastos de los Presupuestos y no podrán ser objeto de enmienda o modificación, mientras se ajusten a las condiciones de la Ley de emisión.»

Igualmente, el artículo 134.6 limita las facultades de las Cortes en materia de proposición o enmienda a la Ley Presupuestaria al exigir que toda proposición o enmienda que suponga aumento de los créditos o disminución de los ingresos presupuestarios requerirá la conformidad del Gobierno para su tramitación, limitación, por lo demás, muy característica del Derecho Parlamentario.

3.ª En cuanto a su duración, nos encontramos ante otra especialidad de la Ley de Presupuestos, pues las normas de esta naturaleza tienen limitada su eficacia al período de un año (artículo 134.2), sin perjuicio de que nuestro constituyente haya previsto, a modo de cláusula de salvaguardia frente a la posibilidad de paralización de la vida económica (por no haber sido aprobada al inicio del siguiente ejercicio económico una nueva Ley Presupuestaria), una importante salvedad frente a ese principio general. En efecto, a tenor del artículo 134.4: «Si la Ley de Presupuestos no se aprobara antes del primer día del ejercicio económico correspondiente, se considerarán automáticamente prorrogados los Presupuestos del ejercicio anterior hasta la aprobación de los nuevos.»

b/ Los principios constitucionales presupuestarios

La doctrina ha venido prestando tradicionalmente una especialísima atención a los llamados «principios presupuestarios», que *Manlio Ingrosso* ha reducido a los siguientes: el principio de anualidad, el de universalidad, el de integridad, el de unidad, el de especialización, el de veracidad, el de publicidad y el principio de claridad.

De todos ellos, sólo los de universalidad, anualidad y publicidad han tenido consagración constitucional en nuestra «Lex Superior». Los restantes, o bien aparecen reflejados en la Ley General Presupuestaria, o bien más que como principios se nos presentan como condiciones obvias, cual sucede con las de veracidad y claridad.

Nos referiremos a continuación muy superficialmente a los tres principios constitucionalizados:

1. El principio de universalidad

Se recoge en el artículo 134.2, cuando dispone que «los Presupuestos... incluirán la totalidad de los gastos e ingresos del sector público estatal». El principio se formula, pues, con un doble aspecto, objetivo y subjetivo. El primero viene dado por la necesidad de que se contengan en los Presupuestos todos los gastos e ingresos previstos para un año. El aspecto subjetivo lo encontramos en el hecho de que se trata de todos los gastos e ingresos del «sector público estatal».

El principio de universalidad encuentra su justificación última en la exigencia de que ninguno de los actos que afectan a la gestión financiera del Estado se sustraiga al control parlamentario, bien preventivo, bien ulterior a la realización del gasto, y además, en la conveniencia de posibilitar una evaluación global y completa de la gestión financiera.

2. El principio de anualidad

Está contemplado, como ya hemos señalado con anterioridad, por el inciso inicial del artículo 134.2, sin perjuicio de la prórroga automática de los Presupuestos, que rompe con este principio, prevista por el artículo 134.4. A juicio de *Ingrosso*, el principio de anualidad, que representa una concreción del de periodicidad del Presupuesto, se halla ligado a la historia de los Parlamentos, enfrentados a la prepotencia de los soberanos y de los gobiernos en materia de establecimiento y recaudación de tributos.

3. El principio de publicidad

Aun cuando este principio no se encuentra expresamente incorporado a nuestra Norma Suprema en relación con el Presupuesto, puede considerarse como un principio perfectamente aplicable en tanto en cuanto los Presupuestos Generales del Estado se aprueban por medio de una Ley, y las leyes deben ser objeto de la adecuada publicidad, como prescribe el artículo 9.º.3 de la Constitución, que, entre otros principios formales, contempla el de publicidad de las normas.

c/ La competencia en materia presupuestaria

Larga ha sido la polémica mantenida en torno a la naturaleza de ley formal o material del Presupuesto, lo que, en buen grado, se explica por la enorme carga política que encierra el tema.

La tesis formal reduce la intervención del Poder Legislativo en materia presupuestaria a la producción de una mera norma de aprobación, en cuya realización la institución parlamentaria no desarrolla, en sentido estricto, una función legislativa, sino más propiamente un control político sobre el Gobierno. Este planteamiento, en su última expresión, reduce al Parlamento a una mera comparsa del Ejecutivo, y elimina casi por completo la posibilidad de introducir modificaciones en el Presupuesto. No es éste, ni mucho menos, el criterio que acoge la Constitución de 1978.

Nuestra Ley suprema no diseña el Presupuesto como un acto en cuya conformación no participe más que el Gobierno, limitando el papel de las Cortes Generales a una mera, casi testimonial, presencia formal. Bien al contrario, a las Cortes competen, además del acto aprobatorio, el examen y la enmienda del documento presupuestario. En esta dirección, Congreso y Senado son titulares de una auténtica competencia material en el campo presupuestario, muy superior a la estrictamente formal de aprobación del texto.

Un matiz es preciso introducir, sin embargo, en este punto concreto. El Presupuesto, además de un documento jurídico-contable, tiene una notabilísima dimensión política. Constituye, como señalamos en un momento anterior, el apoyo financiero de un determinado plan de acción gubernamental para un concreto período de tiempo. Por ello mismo, parece lógico admitir que si bien las Cámaras pueden decidir su devolución al Gobierno mediante una enmienda a la totalidad, su competencia material, una vez aceptado en el debate de totalidad el proyecto gubernamental, se vea constreñida por la cifra global de ingresos y gastos del proyecto.

El principio presupuestario de competencia es el que delimita la esfera de actuación y funciones de las instituciones del Estado en el marco del proceso que culmina con la aprobación de los Presupuestos.

A juicio de *Cazorla Prieto,* el texto constitucional configura lo que podríamos llamar un «poder presupuestario» compartido. En efecto, el artículo 134.1 delimita con nitidez la elaboración de los Presupuestos, que es conferida de modo exclusivo al Gobierno, de su examen, enmienda y aprobación, que son confiados a las Cortes Generales.

Al Ejecutivo, pues, compete la elaboración del proyecto. Nuestra Constitución no prejuzga las distintas fases intraadministrativas que han de culminar con el envío de los Presupuestos (del proyecto) al Congreso. Es éste un campo de normación autónoma para la ley ordinaria, hoy regulado por la Ley General Presupuestaria.

A las Cortes Generales corresponde, por el contrario, el examen, enmienda y aprobación de los Presupuestos. La atribución al Legislativo de la capacidad de enmienda es altamente significativa. En opinión de *Cazorla Prieto,* a través de ella se aprecia con nitidez que el papel parlamentario respecto a los Presupuestos va más allá de la simple aprobación formal y penetra en terrenos mucho más ambiciosos.

Por otro lado, no parece que el vocablo «enmienda» del artículo 134.1 haya sido utilizado en su acepción técnico-parlamentaria, sino en la equivalente a modificación o alteración; pero a la postre, el resultado es el mismo, puesto que la articulación de tal modificación o alteración en el Proyecto de Ley de Presupuestos ha de llevarse a cabo a través de las distintas clases de «enmiendas» que nuestro Derecho Parlamentario conoce. Recordemos, no obstante, la ya referida previsión del artículo 134.6, que impide, salvo la conformidad previa del Gobierno, la tramitación de aquellas enmiendas que supongan aumento de los gastos o créditos o, alternativamente, disminución de los ingresos.

d/ La fiscalización presupuestaria: el Tribunal de Cuentas

Desde antiguo se llegó a la conclusión de que no era suficiente el previo control de los gastos e ingresos de la Hacienda pública a través de la Intervención General del Estado, sino que resultaba imprescindible una supervisión posterior que permitiese deslindar el grado de observancia del Presupuesto General del Estado respecto a las normas del Derecho Tributario, en definitiva, que posibilitase fiscalizar la gestión económica del Estado, a cuyo fin pareció imprescindible la creación de un Tribunal especializado. Entre nosotros, ese órgano iba a ser el Tribunal de Cuentas.

La institución del Tribunal de Cuentas goza de una gran raigambre en nuestro Derecho histórico, remontándose su origen a las Ordenanzas de Juan II del año 1437, por las que se creaba la Contaduría Mayor de Cuentas, que nació con la razón que también hoy justifica su existencia: completar la labor fiscalizadora de las Cortes.

El artículo 136 de la Constitución, norma de clausura del Título VII, contempla en sus grandes rasgos esta institución, calificando al Tribunal de Cuentas como «el supremo órgano fiscalizador de las cuentas y de la gestión económica del Estado, así como del sector público» (artículo 136.1). Tal calificación, en principio, parece apuntar hacia la desvinculación de este órgano del Ejecutivo y del Legislativo. Sin embargo, esa interpretación se ve matizada por la determinación del propio precepto, en el sentido de que el Tribunal «dependerá directamente de las Cortes Generales y ejercerá sus funciones por delegación de ellas en el examen y comprobación de la Cuenta General del Estado».

¿Se inscribe, pues, el Tribunal de Cuentas dentro del Poder Legislativo? A juicio de *Cazorla Prieto,* la dependencia que se proclama constitucionalmente no debe entenderse como incorporación del Tribunal a la institución parlamentaria, y ello, entre otras, por estas dos razones:

1. De un lado, porque el Tribunal de Cuentas no es tan sólo un órgano fiscalizador, sino también jurisdiccional, y esta faceta, en ningún caso entraría dentro de lo que constitucionalmente son las Cortes Generales.

2. De otro, porque el precepto glosado (artículo 136.1) se inspira directamente en el artículo 120 de nuestra Constitución de 1931, y la Ley de 29 de junio de 1934, que desarrolló este último precepto, no entendió en modo alguno tal dependencia como incorporación del Tribunal de Cuentas a la estructura parlamentaria.

En definitiva, podemos considerar al Tribunal de Cuentas como una institución dependiente de las Cortes Generales, situada, por tanto, dentro de la órbita parlamentaria, pero sin que ello signifique que sea un órgano parlamentario, y cuya dependencia de aquéllas tiene más significado político-histórico que jurídico, pues se justifica en gran medida en el parecer de que la independencia que el Tribunal precisa para el desempeño cabal de sus funciones se garantiza mejor, dadas éstas, en el marco parlamentario.

El artículo 136.4 se remite a una ley orgánica a los efectos de la regulación de la composición, organización y funciones del Tribunal de Cuentas. En desarrollo de esta previsión constitucional, se aprobaría la Ley Orgánica 2/1982, de 12 de mayo, del Tribunal de Cuentas.

De conformidad con el artículo 19 del citado texto legal, son órganos del Tribunal de Cuentas: el Presidente, el Pleno, la Comisión de Gobierno, la Sección de Fiscalización, la Sección de Enjuiciamiento, los Consejeros de Cuentas, la Fiscalía y la Secretaría General.

El Tribunal en Pleno, a tenor del artículo 21 de la misma Ley, estará integrado por doce Consejeros de Cuentas, uno de los cuales será el Presidente, y el Fiscal. Los Consejeros serán designados por las Cortes Generales, seis por el Congreso de los Diputados y seis por el Senado, mediante votación en la que se requerirá la mayoría de los tres quintos de los miembros de cada una de las Cámaras, por un período de nueve años, entre Censores del Tribunal de Cuentas, Censores Jurados de Cuentas, Magistrados y Fiscales, Profesores de Universidad y funcionarios públicos pertenecientes a Cuerpos para cuyo ingreso se exija titulación académica superior, Abogados, Economistas y Profesores Mercantiles, todos ellos de reconocida competencia, con más de quince años de ejercicio profesional.

El Presidente del Tribunal será nombrado de entre sus miembros por el Rey, a propuesta del mismo Tribunal en Pleno y por un período de tres años.

El estatuto jurídico de los Consejeros ha tratado de equipararse al de los miembros de la Carrera judicial. Ya el artículo 136.3 de la Constitución prescribe al efecto que: «Los miembros del Tribunal de Cuentas gozarán de la misma independencia e inamovilidad y estarán sometidos a las mismas incompatibilidades que los Jueces.» Ello, por lo demás, resulta bastante significativo del perfil jurisdiccional que se trata de dar a este órgano.

¿Cuáles son las funciones del Tribunal? Como ya hemos significado, el artículo 136.1 de nuestra «Norma normarum» lo califica como el «supremo órgano fiscalizador de las cuentas y de la gestión económica del Estado».

No deja de ser significativo que se le atribuya la función fiscalizadora de forma suprema, sobre todo si tal función se relaciona con el control político que de igual modo compete a las Cortes Generales. A juicio de *Cazorla Prieto,* el decantamiento de ambas funciones tiene que fundarse en la consideración de que el control, que como función señera otorga el artículo 66.2 del Código constitucional a las Cortes Generales, tiene una proyección sustancialmente política. Se justifica en términos políticos y su auténtica razón de ser se centra en este campo.

La fiscalización que con carácter supremo se confiere al Tribunal de Cuentas es, por el contrario, eminentemente técnica, y su meta principal ha de consistir en facilitar elementos de juicio sustancialmente técnicos a las Cortes Generales, a quienes corresponde el control político en base a ellos.

En esta doble vertiente, política y técnica, hay que encontrar la decantación entre control y fiscalización, uno atribuido a las Cortes Generales y otra al Tribunal de Cuentas.

Digamos por último que, a la vista del artículo 136.2, las funciones del Tribunal pueden enmarcarse en estos dos bloques:

a) La censura de las cuentas del Estado y del sector público estatal, que, previamente, habrán de rendirse ante el Tribunal.

b) La remisión a las Cortes Generales de un informe anual en el que, cuando proceda, comunicará las infracciones o responsabilidades en que, a su juicio, se hubiere incurrido.

BIBLIOGRAFIA

Bassols Coma, Martín: «Constitución y sistema económico», Editorial Tecnos, Madrid, 1985.

Escribano López, Francisco: «Presupuesto del Estado y Constitución», Instituto de Estudios Fiscales, Madrid, 1981.

Escribano López, Francisco: «La configuración jurídica del deber de contribuir. Perfiles constitucionales», Editorial Civitas, Madrid, 1988.

Fomento del Trabajo Nacional: «La empresa en la Constitución Española» (obra colectiva), Editorial Aranzadi, Pamplona, 1989.

Garrido Falla, Fernando (y otros). «El modelo económico en la Constitución Española», 2 vols., Instituto de Estudios Económicos, Madrid, 1981.

Juan Asenjo, Oscar de: «La Constitución Económica Española», Centro de Estudios Constitucionales, Madrid, 1984.

Linde Paniagua, Enrique: «Introducción al sistema económico en la Constitución Española», Valencia, 1987.

Lozano Serrano, Carmelo: «Consecuencias de la jurisprudencia constitucional sobre el Derecho Financiero y Tributario», Editorial Civitas, Madrid, 1990.

Martín-Retortillo, Sebastián (coord.): «Estudios sobre la Constitución Española» (Homenaje al Profesor Eduardo García de Enterría) (obra colectiva), tomo V (Economía y Hacienda), Editorial Civitas, Madrid, 1991.

Ojeda Marín, Alfonso: «El contenido económico de las Constituciones modernas», Instituto de Estudios Fiscales, Madrid, 1990.

Sánchez Agesta, Luis (coord.): «Constitución y Economía» (La ordenación del sistema económico en las Constituciones occidentales), Editorial Revista de Derecho Privado, Madrid, 1977.

CAPITULO VI

LOS ORGANOS CONSTITUCIONALES (I). LA CORONA

SUMARIO

A) Introducción: la Corona en la Constitución.

B) El «status» del Rey.

C) La sucesión en la Corona.

D) La Regencia.

E) La tutela regia.

F) Los poderes de la Corona:

a/ Funciones genéricas del Rey:
1. La función simbólica.
2. La función moderadora.
3. La función arbitral.

b/ Competencias específicas del Monarca:
1. Competencias que ejerce en virtud de su función simbólica.
2. Competencias atribuidas al Rey en virtud de su función moderadora:
   I) En relación con las Cortes y el proceso legislativo.
   II) En relación con el Poder Ejecutivo.
3. Competencias del Rey en el ejercicio de su función arbitral.

BIBLIOGRAFÍA.

A) Introducción: la Corona en la Constitución

El Título II de nuestra Lex Superior se encabeza con un enunciado, «De la Corona», relativamente novedoso en nuestra historia constitucional. La rúbrica del Título nos remite ineludiblemente al precedente constitucional inglés, en donde el concepto nos ofrece un significado un tanto singular y, desde luego, bastante complejo.

La interpretación común de la Monarquía constitucional y parlamentaria tiende a identificar la «Corona» como un símbolo de la unidad de los órganos del Estado, e incluso en el Derecho inglés, como el Estado mismo. Es, en efecto, una forma popular de expresar la unidad del Estado y de su poder, dentro de la pluralidad de funciones que se atribuyen a órganos diferenciados que, sin embargo, cooperan entre sí.

Ya *Bagehot* trató de ofrecernos las claves de este hecho. Estas claves habían de buscarse en la compleja y difícil evolución de la monarquía inglesa desde el siglo XVII hasta nuestros días, que había permitido la transformación pacífica de una monarquía absoluta en una democracia parlamentaria. Y ello había sido posible gracias a la naturaleza peculiar de la institución monárquica. Respaldaba su tesis *Bagehot* en los fundamentos más varios. En una sociedad pluralista, los ciudadanos que no pueden encontrar el símbolo de la unidad común en un partido vuelven sus ojos a la realeza como símbolo de la unidad y la continuidad.

Tambien *Stein* se pronunciaría sobre el tema, recordando que el Príncipe aparece como la representación personal del Estado y que el Estado, por su propia naturaleza, encarna un principio de libertad frente a la lucha de intereses sociales que pueden manifestarse en el dominio de clases, grupos o partidos frente a otros grupos, clases o partidos. El Estado es una idea abstracta de convivencia en el derecho, en la justicia y en la libertad. Los hombres del Gobierno son hombres de partido. El Rey se identifica, por el contrario, con esa idea del Estado que la misma Constitución orienta a la realización de la libertad, la justicia, la igualdad y el pluralismo político. El Estado supone siempre un esfuerzo por someter el poder al Derecho, definiéndolo como un poder jurídico. Y en el Estado, afirma *Stein,* es necesario dar a alguien una posición tan alta e intangible que todos los intereses sociales desaparezcan a su lado, sobre la base de que se encuentre más allá de todo conflicto social y de todos los intereses. Pues bien, la Monarquía, en cuanto portadora de la idea pura del Estado, que es una idea de libertad, se situaba por encima de todo conflicto de intereses.

En España, la institución monárquica, como garante de la transición, vino de alguna manera a realizar tal función. Identificándose con la idea de libertad que el Estado representa y manteniéndose al unísono como símbolo tangible de la unidad, iba a ganar una nueva legitimidad histórica. Como advierte *Sánchez Agesta,* decir que el Rey ha ganado así una legitimidad democrática es trivializar el problema. Y ni siquiera vale argüir que la Monarquía ha demostrado ser compatible con la libertad y la democracia. Se trata de algo más profundo. Los españoles —siempre según *Sánchez Agesta*— han reconocido en la Monarquía un símbolo de paz, de continuidad, de libertad y de justicia social que se identifica con la idea misma del Estado, como organización jurídica de la Nación.

Sin dejar de reconocer la certeza de las precedentes afirmaciones, es lo cierto que deben efectuarse una serie de precisiones que creemos de interés. De entrada, las diferencias contextuales (históricas, políticas y jurídicas) que median entre el precedente constitucional inglés y nuestro ordenamiento político-constitucional nos impiden proceder, sin más cautela, a trasvasar a nuestro ordenamiento todas aquellas significaciones que derivan del citado precedente, y de modo especial aquella que tiende a ver en la Corona la propia encarnación del Estado. Incluso en las monarquías continentales europeas la Corona es un órgano constitucional, por lo que no puede ser entendida desde una concepción supraconstitucional.

Por lo demás, la función desempeñada por la Monarquía durante el complicado proceso de nuestra transición política no puede en modo alguno condicionar nuestro entendimiento del rol constitucional de la Corona. Como señalara *Aragón*, la Constitución fue posible porque la Monarquía no funcionó como forma de gobierno, sino como forma de Estado, pero la Monarquía sólo será posible si la Constitución no la configura como forma de Estado sino como forma de gobierno.

Así las cosas, en la rúbrica del Título II podríamos entrever, como observa *García Canales*, la referencia a una cierta despersonalización en relación con el titular de la Jefatura del Estado, el Rey. Ahora bien, en último término, la Monarquía puede tener un elemento emocional, mágico si se quiere, como señalara *Bagehot*, pero para el análisis jurídico, la Corona, como advierte *Menéndez Rexach*, es una denominación específica de un órgano constitucional (la Jefatura del Estado), cuyo titular se recluta en base al principio monárquico hereditario.

B) El «status» del Rey

La titularidad de la Corona supone una serie de consecuencias que afectan al estatuto personal del Rey, no sólo por la atribución de ciertos títulos, como también de determinadas prerrogativas económicas, sino asimismo y fundamentalmente, por dos rasgos característicos: la irresponsabilidad y la inviolabilidad.

Por lo que se refiere a la atribución de títulos, la Constitución indica de modo expreso (artículo 56.2) el de «Rey de España», remitiéndose al Derecho histórico al precisar que «podrá utilizar los demás que correspondan a la Corona».

En cuanto a las prerrogativas económicas —por así llamarlas, quizá con cierta impropiedad—, el artículo 65.1 precisa que: «El Rey recibe de los Presupuestos del Estado una cantidad global para el sostenimiento de su Familia y Casa, y distribuye libremente la misma.»

Por lo que atañe a la irresponsabilidad e inviolabilidad, *Herrero de Miñón* ha señalado que, usualmente, se entiende que la irresponsabilidad se refiere a las funciones ejercidas en el desempeño de su cargo, mientras que la inviolabilidad vendría a ser un «status» personal de inmunidad frente a las leyes penales.

La irresponsabilidad se justifica por la exigencia de refrendo de los actos del Rey, que viene a suponer un traspaso de responsabilidad. Recordemos que el artículo 64.2 prescribe que: «De los actos del Rey serán responsables las personas que los refrenden.»

En todo caso, conviene que nos detengamos brevemente en la institución del refrendo, una de las máximas sutilezas del Derecho constitucional contemporáneo, como la ha considerado *Sánchez Agesta.*

Históricamente, el refrendo fue una simple formalidad que autentificaba o daba fe de un acto; hoy, en el régimen parlamentario, es fundamentalmente una limitación material del poder regio en cuanto quien refrenda asume íntegramente la responsabilidad de la legalidad y de la oportunidad del acto. A tenor del inciso segundo del artículo 56.3 de nuestra Norma Suprema, los actos del Rey «estarán siempre refrendados en la forma establecida en el artículo 64, careciendo de validez sin dicho refrendo», con la sola salvedad del nombramiento y relevo de los miembros civiles y militares de la Casa Real, que ejerce el Rey libremente.

Desde luego, con independencia de la doctrina del refrendo que pueda aceptarse, es lo cierto que desde el ámbito de la técnica jurídica, la firma del Monarca es tan necesaria como su refrendo. Ello indica que el refrendo entraña la existencia de dos voluntades concurrentes que se proyecta hacia el exterior como una conjunción o colaboración necesaria de dos instancias en un solo acto. En consecuencia, el papel del Rey no tiene por qué ser necesariamente pasivo, pero es obvio que no puede ser el órgano preponderante por la razón antes expuesta. En definitiva, como bien dice *García Canales,* en un sistema democrático, en caso de desacuerdo de las dos voluntades concurrentes en el refrendo, la balanza debe inclincarse del lado del órgano refrendante.

Complementando este esquema, el artículo 64 regula la forma del refrendo en cuanto a los llamados a prestarlo, inclinándose por una opción plural, con un cierto atisbo de especialización funcional (en lo que hace a los actos refrendados por el Presidente del Congreso), si bien muy limitado por cuanto no se sigue la regla de convertir en refrendante al órgano por cuya iniciativa o propuesta se ha de formalizar el acto o decisión de que se trate.

De conformidad con la previsión del artículo 64.1: «Los actos del Rey serán refrendados por el Presidente del Gobierno y, en su caso, por los Ministros competentes. La propuesta y el nombramiento del Presidente del Gobierno, y la disolución prevista en el artículo 99 (disolución automática de ambas Cámaras como consecuencia del fracaso del proceso de investidura una vez transcurrido el plazo de dos meses, a partir de la primera votación de investidura), serán refrendados por el Presidente del Congreso.»

Por lo que se refiere a la inviolabilidad regia, es constitucionalizada por el artículo 56.3 («La persona del Rey es inviolable...»). En cuanto la inviolabilidad supone, como ya dijimos, un «status» personal de inmunidad frente a las leyes penales, algún sector de la doctrina se ha planteado la problemática que podría suscitarse en el, desde luego, remoto supuesto de que el Monarca llevase a cabo un acto materialmente delictivo. *De Esteban* ha llegado a apuntar que en tal supuesto cabría aplicar el artículo 59.2, es decir, considerar que el Rey se halla inhabilitado para el ejercicio de su cargo, si bien se trata de una interpretación harto discutible.

C) La sucesión en la Corona

La Constitución, como resulta lógico, configura un criterio automático de sucesión, de forma que en ningún caso (salvo en el de extinción total de la dinastía) pueda quedar vacante la Corona.

El criterio sucesorio adoptado es el tradicional en nuestro país desde las Leyes de Partidas de Alfonso X el Sabio, criterio que es expresado en una fórmula tradicional, escasamente alterada en nuestras Constituciones históricas desde la de 1837. De esta forma, tras precisar que «la Corona de España es hereditaria en los sucesores de S. M. Don Juan Carlos I de Borbón, legítimo heredero de la dinastía histórica», el artículo 57.1 se refiere a los criterios sucesorios en estos términos: «La sucesión en el trono seguirá el orden regular de primogenitura y representación, siendo preferida siempre la línea anterior a las posteriores; en la misma línea, el grado más próximo al más remoto; en el mismo grado, el varón a la mujer, y en el mismo sexo, la persona de más edad a la de menos.»

En términos generales, cabe decir que el sistema sucesorio seguido se asienta en los tres siguientes principios fundamentales:

a) El principio de preferencia de la línea recta sobre la colateral.

b) El principio de preferencia de los hijos varones sobre las hembras.

c) El principio de representación.

La Norma suprema contempla un supuesto de exclusión de eventuales herederos para «aquellas personas que teniendo derecho a la sucesión en el trono contrajeren matrimonio contra la expresa prohibición del Rey y de las Cortes Generales» (artículo 57.4). Tales personas quedarán excluidas en la sucesión a la Corona por sí y sus descendientes.

En cuanto a los supuestos en que cabe que se produzca la sucesión en la Corona, es preciso separar los siguientes:

1.º El fallecimiento del Monarca.

2.º La abdicación, circunstancia en la que habrá de aplicarse lo que disponga la ley orgánica a que se refiere el artículo 57.5 cuando prescribe: «Las abdicaciones y renuncias y cualquier duda de hecho o de derecho que ocurra en el orden de sucesión a la Corona se resolverán por una ley orgánica.» De todos los supuestos de hecho que requieren de la intervención del Legislativo en el Título II, cabe significar que éste es el único en el que el constituyente exige para su resolución de una ley orgánica, pues en las restantes circunstancias, se remite a lo que decidan las Cortes Generales. La diferencia es importante, por cuanto la ley orgánica requiere de la intervención separada del Congreso y Senado, con el refuerzo formal de que el Congreso deberá aprobar tal norma por la mayoría absoluta de sus miembros, en una votación final de conjunto.

Por contra, el reenvío a la decisión de las Cortes Generales se materializa en una reunión conjunta de ambas Cámaras, Congreso y Senado, en la que ambas no se superponen, sino que, bien al contrario, se funden en un todo orgánico. Con ello se pretende, como bien han apuntado *Solé Tura* y *Aparicio,* que determinadas decisiones sean tomadas por un órgano que funde las dos formas de representatividad previstas para cada Cámara, y en el que se modifica el juego de los mecanismos normales de cada una de ellas (grupos parlamentarios, formas de intervención...), pues no en vano la reunión de las Cortes Generales debe regirse por su propio Reglamento, aún hoy inexistente, en lo que constituye una de las más preocupantes lagunas del desarrollo constitucional.

3.º La inhabilitación a que se refiere el artículo 59.2, que acoge el supuesto de que el Rey se inhabilitare para el ejercicio de su autoridad, siendo la imposibilidad reconocida por las Cortes Generales. Bien es verdad que, en principio, esta circunstancia no desencadena un supuesto sucesorio, pues el inhabilitado sigue siendo Rey, si bien, en los términos del artículo 59.2, «entrará a ejercer inmediatamente la Regencia el Príncipe heredero de la Corona, si fuere mayor de edad». Si no lo fuere, el padre o la madre del Rey y, en su defecto, el pariente mayor de edad más próximo a suceder en la Corona, según el orden sucesorio constitucionalmente establecido, entrará a ejercer de inmediato la Regencia, ejerciéndola hasta que el Príncipe heredero alcance la mayoría de edad.

4.º Las renuncias. El artículo 57.5 se refiere, junto a las abdicaciones, a las renuncias. Estas, al igual que aquéllas, deberán resolverse por medio de una ley orgánica. Sin embargo, a diferencia de lo que acontece con quien abdica, el renunciante es una persona incluida en la línea sucesoria, pero aún no reinante. En consecuencia, ésta no es «per se» una causa de sucesión.

Señalemos por último que nuestra Norma suprema ha contemplado también el supuesto de inexistencia de sucesor, por extinción de todas las líneas llamadas en Derecho. En este supuesto, en verdad extraño, el artículo 57.3 dispone que corresponde a las Cortes Generales proveer a la sucesión en la Corona «en la forma que más convenga a los intereses de España».

D) La Regencia

La Constitución ha regulado con extrema minuciosidad la institución de la Regencia, lo que, a juicio de *De Esteban,* encuentra su causa fundamental en la frecuencia con que en nuestro pasado constitucional se ha tenido que recurrir a dicha institución.

Dos son los supuestos de Regencia contemplados por la Constitución:

1. Por la minoría de edad del Rey (artículo 59.1), siendo de reseñar que la minoridad durará hasta que el Rey cumpla los dieciocho años de edad, pues la Norma suprema mantiene en este punto el régimen general.

2. Por la inhabilitación del Rey, prevista por el artículo 59.2, que contempla como supuesto de hecho la inhabilitación del Monarca para el ejercicio de su autoridad, imposibilidad que ha de ser reconocida por las Cortes Generales. El significado de la inhabilitación ha suscitado una disparidad de criterios entre nuestra doctrina. Y así, mientras *Menéndez Rexach* sostiene que el artículo 59.2 ha de interpretarse en el sentido de excluir inhabilitaciones políticas, tesis que compartimos, *Aragón* considera que estas últimas estarían incluidas en el supuesto contemplado por el precepto.

En ambos casos, el Regente deberá cumplir una doble condición: ser español y mayor de edad (artículo 59.4). Pero en cuanto a la persona o personas a quienes, en su caso, deba corresponder el ejercicio de la Regencia, es preciso separar dos supuestos:

1.º La Regencia legítima o *«de iure»:* es la que se atribuye a sujetos concretos por mandato constitucional expreso, atendiendo a razones de parentesco. Así, en el supuesto de minoría de edad regia, el artículo 59.1 dispone que la Regencia pasará a ser ejercida inmediatamente y durante el tiempo de la minoridad regia, por el padre o la madre del

Rey y, en su defecto, por el pariente mayor de edad más próximo a suceder en la Corona, de conformidad con el orden sucesorio constitucionalmente establecido. A su vez, en el supuesto de inhabilitación regia para el ejercicio de su autoridad, el artículo 59.2 prevé que «entrará a ejercer inmediatamente la Regencia el Príncipe heredero de la Corona, si fuere mayor de edad».

2.º La Regencia electiva: tiene carácter subsidiario de la anterior, esto es, no puede recurrirse a ella más que en el caso de que no hubiere ninguna persona a quien «de iure» correspondiese ejercer la Regencia. Es contemplada por el artículo 59.3, a tenor del cual: «Si no hubiere ninguna persona a quien corresponda la Regencia, ésta será nombrada por las Cortes Generales, y se compondrá de una, tres o cinco personas.»

Por lo que se refiere a la duración de la Regencia, ésta se configura en nuestro sistema constitucional como una institución forzosamente provisional; y así, en el caso de la minoría de edad regia, su término lo representa la mayoría de edad del Monarca, mientras que en el caso de inhabilitación, la Regencia finalizará por la recuperación, muerte o abdicación del Rey inhabilitado.

Es importante precisar cuál es la posición constitucional de la Regencia. Nuestro constituyente se ha ocupado de la misma en el artículo 59.5, que prevé: «La Regencia se ejercerá por mandato constitucional y siempre en nombre del Rey». Quiere ello decir que la Regencia posee una posición constitucional análoga a la del Monarca, si bien limitada a los supuestos y al período constitucionalmente predeterminados. La Constitución obvia, no obstante, una referencia expresa a las funciones de la Regencia, si bien, como señala *De Esteban,* debe entenderse que son las mismas que las atribuidas al Rey. Es significativo al respecto que el artículo 61.2 exige del Regente o Regentes la prestación, al hacerse cargo de sus funciones, del mismo juramento que el apartado primero de aquel precepto exige del Rey, al ser proclamado ante las Cortes Generales, con la sola adición de prestar asimismo fidelidad al Monarca.

En todo caso, sería conveniente una explicitación por vía legal de las normas a que, llegado el supuesto, habrá de ajustar su actuación la Regencia colectiva. Es ésta una de las muchas lagunas que nos ofrece el articulado constitucional del Título II, y que aún se halla pendiente de desarrollar.

E) La tutela regia

En el supuesto de minoridad regia, junto a la Regencia, presenta relevancia constitucional la tutela del Rey menor. A ella se refiere el artículo 60 de nuestra «lex legum».

Tres son las clases de Tutorías admitidas por la Constitución:

1. La Tutoría *testamentaria,* que como su denominación indica, se produce cuando el Rey difunto hubiese procedido en su testamento a nombrar tutor al Rey menor. El nombramiento, en todo caso, deberá recaer en una persona mayor de edad y español de nacimiento, requisito este último más estricto que el exigido por la Constitución para el ejercicio de la Regencia, que sólo requiere ser español.

2. La Tutoría *legítima,* que entra en juego en defecto de la testamentaria, correspondiendo el cargo de tutor en este caso al padre o la madre del Rey menor de edad, mientras permanezcan viudos.

3. La Tutoría *parlamentaria,* que en defecto de las dos anteriores, habrá de ser nombrada por las Cortes Generales, en el bien entendido de que no podrán acumularse los cargos de Regente y de tutor sino en el padre, madre o ascendientes directos del Rey.

Señalemos por último que el artículo 60.2 declara el ejercicio de la tutela incompatible con el de todo cargo o representación política.

F) Los poderes de la Corona

La regulación de los poderes de la Corona que lleva a cabo la Constitución de 1978 se ha de situar en un doble contexto: la configuración de nuestra monarquía como racionalizada y como parlamentaria, y en último término, la consideración de la Corona como un órgano del Estado al que la Constitución y las leyes atribuyen un conjunto preciso y delimitado de funciones.

En este sentido se ha manifestado la mayor parte de la doctrina. Y así, *Alzaga* advierte que no hay en la Constitución una diferenciación entre las funciones expresamente atribuidas por la Norma Suprema y las leyes, y las funciones genéricas, abiertas a una amplia discrecionalidad, de árbitro y moderador.

Por su lado, *De Esteban* entiende que aunque la Constitución atribuya al Monarca funciones simbólicas, de arbitraje y de moderación, ello no quiere decir que aparte de las funciones que expresamente le otorga la Norma Suprema (enumeradas básicamente por el artículo 62), disponga el Rey de unos poderes implícitos, derivados de su función simbólica, arbitral o moderadora. Más bien, la interpretación que procede es la de que para cumplir las funciones genéricas que nuestra Constitución le encomienda en el artículo 56.1, el Rey dispone de una lista cerrada, tasada, de poderes concretos, cuya utilización le posibilitará el cumplimiento de aquellas funciones.

Y *García Canales,* en coincidencia con los anteriores, apunta que el alcance que ha de darse a la función arbitral y moderadora debe hacerse en estrecha relación con las competencias concretas ejercitables por el Monarca. Por tanto, quedan fuera de lugar todas aquellas concepciones tendentes a extraer consecuencias jurídicas operativas, derivables de supuestas funciones o potestades inherentes a la condición mayestática del tipo específico de Jefatura del Estado monárquica. El propio autor desecha muy especialmente, en el contexto de nuestra monarquía parlamentaria, la concepción tradicional inglesa de los «poderes de prerrogativa».

En definitiva, el Rey, a la vista de sus funciones, aparece constitucionalmente configurado como un órgano con naturaleza propia, distinto de los tres clásicos poderes del Estado, Legislativo, Ejecutivo y Judicial. Un órgano que, como los restantes órganos estatales, debe verse sujeto al campo pautado de la juridicidad, sin que ello entrañe ignorar que, de la misma forma que no cabe reconocer un compendio de facultades políticas autónomas, de prerrogativa, o un fondo de reserva de poder en la Corona, es preciso admitir la existencia de una capacidad regia de consejo, advertencia y persuasión que, ejercida dentro de las pautas de prudencia y discreción en que debe permanecer la actuación del Rey, constituye un elemento de enorme funcionalidad en orden al ejercicio de las competencias regias.

Efectuadas estas consideraciones previas, nos centraremos en el análisis particularizado de las funciones que la Constitución atribuye al Monarca, funciones que vamos a agrupar en dos bloques: funciones genéricas y competencias específicas.

a/ Funciones genéricas del Rey

Son básicamente tres: la función simbólica, la moderadora y la arbitral. A ellas pasamos a referirnos separadamente:

1. La función simbólica

«El Rey —comienza afirmando el artículo 56.1— es el Jefe del Estado, símbolo de su unidad y permanencia». Esta función no suscita grandes dificultades. Puede considerarse parte de ella la de asumir «la más alta representación del Estado Español en las relaciones internacionales, especialmente con las naciones de su comunidad histórica» (artículo 56.1), como también la función sucesoria, que posibilita la transferencia automática, de un individuo a otro, de la Jefatura del Estado. Es precisamente por el ejercicio de esta función simbólica por lo que el Monarca ocupa una posición preeminente desde el punto de vista de la dignidad formal.

2. La función moderadora

El Rey, vuelve a señalar el artículo 56.1, «modera el funcionamiento regular de las instituciones». Alude esta función a la colaboración del Monarca con otros poderes del Estado en actos de muy dispar naturaleza: legislativos (el Rey sanciona y promulga las leyes tras su elaboración y aprobación por las Cortes Generales), ejecutivos (nombramiento de los Ministros a propuesta del Presidente del Gobierno). En todo caso, conviene insistir en que si bien los actos a que nos referimos son formalmente del Rey, en la realidad resultan ser actos de otros órganos, en cuanto su contenido es fijado primariamente por otras instancias.

Como señala *De Esteban,* la Constitución convierte en irrelevante la voluntad regia en cuanto voluntad integrante de un acto complejo, en el sentido de que desaparece en gran parte su discrecionalidad, convirtiendo un acto en teoría libre (la sanción de una ley o el nombramiento de un Ministro) en un acto debido.

Por lo demás, en cuanto la función de moderación trata de facilitar, potenciar o favorecer el correcto y fluido proceder constitucional de los órganos del Estado, es obvio que no requiere una actuación regia al margen de las competencias específicas que asigna al Monarca el artículo 62 de la Constitución.

3. La función arbitral

Inspirándose en el artículo 5.º de la Constitución Francesa de 1958 (de conformidad con el cual, el Presidente de la República asegura con su arbitraje el funcionamiento regular de los poderes públicos), el artículo 56.1 de nuestra «lex legum» prevé que el Rey arbitra (y modera) el funcionamiento regular de las instituciones.

La función arbitral debe ser entendida como uno de los restos de lo que en otra época fueron los poderes discrecionales del Monarca.

En su función de árbitro, el Rey ya no colabora, siquiera sea formalmente, en un acto complejo, protagonizado de hecho por la voluntad de otro órgano constitucional, sino que, al introducirse en un área de tensiones y enfrentamientos políticos, en esa zona de sombras de la que ya hablara *Bagehot,* inicia una acción encaminada a evitar posibles bloqueos en el juego normal de las instituciones.

Se ha afirmado entre nosotros por buena parte de la doctrina que esta función arbitral tiene como norte de referencia un caso bien concreto: la propuesta de un candidato a la Presidencia del Gobierno, que el artículo 99 de la Constitución atribuye al Monarca, previa consulta con los representantes designados por los Grupos políticos con representación parlamentaria. Tanto *Aragón* como *De Esteban* han coincidido en señalar a esta competencia relacionada con el Poder Ejecutivo como la única muestra, el último resquicio de prerrogativa regia que pervive en nuestro ordenamiento constitucional.

Sin embargo, a nuestro modo de ver, la función arbitral no puede circunscribirse a esa específica competencia; más aún, en cuanto el candidato propuesto por el Monarca debe contar con el apoyo del Congreso, cabe pensar que en determinadas condiciones políticas (mayoría absoluta de un sólo partido en la Cámara), la propuesta del candidato por el Rey se convertirá, de facto, en un acto reglado, en un mero formalismo. Creemos, en definitiva, que la función de arbitraje, al igual que la de moderación, es algo que habitualmente va a realizar el Monarca en el ejercicio de las competencias tasadas que le reconoce nuestra Norma suprema.

En todo caso, como recordara *Sánchez Agesta,* no puede ignorarse la existencia de actos regios de gran valor político y en los que, además, no es preciso el refrendo material, por no ser éste viable, al no reflejarse aquellos actos en textos documentales. Tal sería el caso de la presencia del Monarca en determinados actos de clara significación política, de sus viajes dentro y fuera del país, e incluso de las mismas audiencias reales. Bien es cierto que también en alguno de estos casos puede hablarse de un cierto refrendo, de una suerte de refrendo simbólico; así acontecería en los viajes reales, en los que el Monarca va acompañado de un Ministro, que de esta forma asumiría la responsabilidad del acto.

Entre la más reciente doctrina, no falta alguna posición discrepante frente a la tesis precedente. Este es el caso de *García Canales,* para quien cualquier acto público al que pudiera atribuirse efectos políticos (mensajes, presencias significativas, viajes, recepciones, audiencias, etc.) debe quedar bajo la disciplina de las formas y el sentido constitucional que envuelve la actuación del Rey en una monarquía parlamentaria. Ello significa que si hay que reconocer alguna virtualidad a la función de arbitraje y moderación regia, como atribución específica y diferenciable de las competencias consignadas en otros artículos de la Constitución, no se podría ir más allá de la mediación, advertencia y consejo, esto es, de una actividad no formalizable ni exteriorizable en su contenido sustantivo.

En definitiva, entendida la función arbitral como función de persuasión, de consejo, dentro del marco de la «auctoritas» de que goza el Monarca, no cabe rechazar de modo absoluto la posibilidad de actos regios que, pese a tener una cierta virtualidad o carga política y un carácter público, se hallen exentos del refrendo, por no ser éste materialmente viable; en todo caso, dichos actos no podrán nunca entrañar una toma de actitud política por parte del Rey.

b/ Competencias específicas del Monarca

Estas competencias pueden ser agrupadas en tres bloques que se corresponden con las tres funciones genéricas que acabamos de contemplar, esto es, la simbólica, la moderadora y la arbitral.

1. Competencias que ejerce en virtud de su función simbólica

Se trata de un conjunto de atribuciones derivadas del carácter de suprema magistratura del Estado que tiene el Rey, de sentido fundamentalmente simbólico, bien por resultar vaciadas de contenido por la acción de otros órganos, bien por su propia naturaleza honorífica. Este es el caso, entre otras, de las siguientes atribuciones:

1.ª Acreditar a los embajadores y otros representantes diplomáticos, a la par que los representantes extranjeros en España están acreditados ante el mismo Monarca (artículo 63.1).

2.ª Manifestar el consentimiento del Estado para obligarse internacionalmente por medio de tratados, de conformidad con la Constitución y las leyes (artículo 63.2).

3.ª Declarar la guerra y hacer la paz, previa autorización de las Cortes Generales (artículo 63.3).

4.ª Conferir los empleos civiles y militares y conceder honores y distinciones con arreglo a las leyes [artículo 62, *f)*].

5.ª Ejercer el derecho de gracia con arreglo a la ley, que no podrá autorizar indultos generales [artículo 62, *i)*]. Es patente, en este específico supuesto, la existencia de una triple limitación: necesidad de refrendo, ejercicio según la ley e imposibilidad absoluta de conceder indultos generales.

6.ª Administración de la justicia por los jueces y magistrados integrantes del Poder Judicial en nombre del Rey (artículo 117.1). No estamos aquí, en sentido estricto al menos, ante una verdadera competencia regia. Sin embargo, el hecho de que la justicia se administre en nombre del Monarca sí que presenta un manifiesto carácter simbólico, que queda aún más patente si advertimos que la propia Constitución determina que la justicia emana del pueblo y que los jueces están sometidos tan sólo al imperio de la ley (artículo 117.1).

7.ª Ejercer el alto Patronazgo de las Reales Academias [artículo 62, *j)*].

8.ª Detentar el mando supremo de las Fuerzas Armadas [artículo 62, *h)*]. Sobre el carácter y alcance de esta disposición existe una clara disparidad de criterios entre nuestra doctrina. Un sector de la misma *(Aragón, De Esteban)* sostiene que esta disposición se ve vaciada de contenido por el artículo 97 de la Constitución, que atribuye al Gobierno la dirección de la Administración militar y la defensa del Estado. Consecuentemente, la mención del papel del Jefe del Estado como comandante supremo de las Fuerzas Armadas no supone ninguna consecuencia práctica ni exime de la necesidad del refrendo. Opinión contraria es la mantenida, entre otros, por *Sánchez Agesta* y *Herrero de Miñón,* quienes, aún con distintos matices, reafirman la eficacia práctica de la atribución al Monarca del mando supremo de los Ejércitos. Así, *Sánchez Agesta* entiende que puede corresponder al Rey una cierta participación (en el mando supremo de las Fuerzas Armadas) correspondiente a la autoridad de un superior que implica un mando. Y *Herrero de Miñón* sitúa al Rey, en base al artículo 62, *h),* como último garante de la Constitución.

Por nuestra parte, entendemos que el mando regio de las Fuerzas Armadas es una atribución a la que no puede darse un contenido práctico relevante; por contra, presenta el mismo carácter simbólico que las anteriores. Otra conclusión chocaría de modo frontal con la naturaleza parlamentaria de la monarquía.

2. Competencias atribuidas al Rey en virtud de su función moderadora

La función moderadora, como ya vimos, se ha reducido en nuestra Norma suprema a casi una ficción jurídica: los actos de moderación regia en colaboración con otros órganos son en realidad actos debidos en que la voluntad real cuenta poco o aún nada. Estas competencias, que bien podríamos entender que en alguna medida traslucen la función moderadora, pueden ser agrupadas en dos bloques: las que se relacionan con las Cortes y el proceso legislativo y aquellas otras que se relacionan con el Ejecutivo.

I) En relación con las Cortes y el proceso legislativo

El propósito de nuestro constituyente de reducir a un mínimo las competencias del Rey se hace muy evidente en este caso. Si se atribuye al Rey, de modo genérico, una función moderadora, se le niegan en este ámbito dos armas en otro tiempo consideradas esenciales:

— Una de ellas, la posibilidad de resolver los conflictos expresos entre las Cortes y el Gobierno mediante el recurso a la disolución de aquéllas.

— La otra, la prerrogativa, siquiera formal, de negar o aplazar su sanción a los proyectos o proposiciones de ley aprobadas por las Cortes.

Si se advierte además la necesidad de refrendo de los actos regios, bien se puede concluir con *De Esteban* que, en relación con las Cortes, la función moderadora del Rey puede considerarse reducida en gran medida a una especie de poder notarial.

A la vista de las previsiones constitucionales, y con todas las salvedades hasta aquí expuestas, pueden considerarse competencias regias de carácter moderador las siguientes:

1.ª La convocatoria de elecciones en los términos previstos por la Constitución [artículo 62, *b)]*. *Sánchez Agesta* ha considerado la convocatoria de elecciones como una facultad de la Corona, esto es, de su titular, el Rey, con el refrendo del Presidente del Gobierno, que tiene un cierto contenido discrecional en cuanto la Constitución deja un margen entre los treinta y los sesenta días de la terminación del mandato de las anteriores Cortes para señalar la fecha de la convocatoria. La discrecionalidad real, siempre según el citado autor, vendría referida tan sólo, por lo tanto, a la fijación de una fecha.

Ahora bien, a nuestro modo de ver, ni tan siquiera puede admitirse tal discrecionalidad. La Ley Orgánica 5/1985, de 19 de junio, del Régimen Electoral General, ha establecido (artículo 42.1) que salvo en los supuestos de disolución anticipada (en los que, como estatuye el artículo 115 de la Constitución, la decisión disolutoria última es competencia exclusiva del Presidente del Gobierno), los Decretos de convocatoria se expiden el día vigésimo quinto anterior a la expiración del mandato de las Cámaras , y se publican al día siguiente en el Boletín Oficial del Estado. A su vez, estos Decretos han de señalar la fecha de los comicios, que habrán de celebrarse entre el quincuagésimo cuarto y el sexagésimo día posterior a la convocatoria. De este modo, resulta una evidencia el carácter de mero acto reglado que entraña esta competencia regia.

2.ª La convocatoria y disolución de las Cortes Generales [artículo 62, b)]. La competencia regia es aquí tan formal como en el supuesto anterior. En efecto, por lo que atañe a la convocatoria de las Cortes, el artículo 68.6 de la Constitución precisa que el Congreso electo deberá ser convocado dentro de los veinticinco días siguientes a la celebración de las elecciones, cláusula que debe aplicarse por analogía al Senado. Y es claro que la concreción, dentro de esos estrechos márgenes, del día y hora en que deben reunirse las Cámaras en sesión constitutiva, que habrá de precisar el Real Decreto de convocatoria, escapa a la decisión del Monarca.

En lo que hace a la competencia disolutoria, el Rey sólo puede ejercerla en los supuestos constitucionalmente previstos, esto es: cuando se extinga el período de cuatro años a que se extiende el mandato parlamentario, aunque aquí más que de disolución ha de hablarse de agotamiento del mandato; en el supuesto del artículo 99.5 (fracaso de la votación de investidura), en el que en realidad debe hablarse de una disolución «ope legis»; cuando las Cortes hayan aprobado, por mayoría de dos tercios en cada Cámara, una propuesta de revisión total de la Norma suprema (artículo 168.1), y, finalmente, cuando, en ejercicio de la facultad que le reconoce el artículo 115 de la Constitución, así lo decida el Presidente del Gobierno.

Es patente que el Monarca no puede evitar la disolución en ninguno de esos casos, pues la única disolución discrecional (la contemplada por el artículo 115) atribuye el margen de discrecionalidad en exclusiva al Jefe del Gobierno. Bien es verdad que el Monarca, como advierte *Sánchez Agesta,* podría hacer observaciones ante una decisión tan importante; sin embargo, ello nunca podría ir más allá del ejercicio de esa capacidad de advertencia y consejo de que goza el Rey, que carece de toda formalización y exteriorización en su contenido sustantivo.

3.ª La sanción y promulgación de las leyes [artículo 62, *a)*]. Se trata ésta de una disposición tradicional a la que, sin embargo, se ha privado de todo contenido. La sanción se ha entendido históricamente como un acto de voluntad del Rey que, bien creaba por sí sólo la ley (siendo la labor parlamentaria puramente preparatoria, como acontecía en el derecho alemán monárquico), bien colaboraba con la voluntad del Parlamento (doctrina característica del liberalismo doctrinario francés o español).

Como es patente, ninguna de ambas situaciones se mantiene en la Constitución de 1978. El poder legislativo corresponde en exclusiva al Parlamento. «Las Cortes Generales ejercen la potestad legislativa del Estado», proclama el artículo 66.2 de nuestra «lex legum». En definitiva, y como advierte la generalidad de la doctrina, no se concede ninguna potestad legislativa al Rey, ni tan siquiera en el ámbito de la potestad reglamentaria, expresamente atribuida al Gobierno por el artículo 97.

Quiere ello decir que la voluntad regia es formalmente irrelevante en el proceso legislativo. El artículo 91 de la Constitución determina al efecto que: «El Rey sancionará en el plazo de quince días, las leyes aprobadas por las Cortes Generales, y las promulgará y ordenará su inmediata publicación.» Estamos ante una norma de derecho necesario que establece una obligación inexcusable. Siendo ello así, cabría interrogarse acerca de la razón por la que los constituyentes no redujeron la facultad regia a la mera promulgación, eliminando la sanción. A juicio de *Aragón,* tres razones podrían aducirse al respecto: *a)* el mantenimiento de ciertos símbolos inherentes al principio monárquico; *b)* la inercia de determinadas fórmulas del Derecho histórico, y *c)* la traslación de contenidos de los textos constitucionales de las monarquías europeas.

En resumen, teniendo la sanción un doble significado: uno amplio y clásico (la sanción entraña un derecho de veto) y otro restringido y actual (la sanción no encierra dentro de sí el derecho de veto), la supremacía del principio democrático en nuestra Constitución, y el propio tenor de las previsiones constitucionales, nos conducen a la conclusión ya expuesta: de la sanción regia que contempla el artículo 62, *a)* no se deriva derecho de veto alguno. El Rey viene obligado siempre a sancionar. Esta última consideración no es compartida por *De Esteban,* para quien, en casos de inexistencia patente de la ley, es decir, cuando le falte alguno de sus requisitos sustanciales, el Monarca podrá negarse a sancionar, juicio que no compartimos.

II) En relación con el Poder Ejecutivo

Es muy limitada la capacidad moderadora del Monarca en relación al Poder Ejecutivo. El Rey, básicamente, dispone de estas competencias:

1. Poner fin a las funciones del Presidente del Gobierno en los términos constitucionalmente previstos [artículo 62 *d)]*. El Monarca carece en este supuesto de todo tipo de poder discrecional, contemplándose tan sólo los casos de celebración de elecciones generales, pérdida de la confianza parlamentaria, dimisión o fallecimiento, más allá de los cuales el Rey carece de toda atribución.

2. Nombrar y separar a los miembros del Gobierno, a propuesta de su Presidente [artículo 62, *e)]*. Es evidente que ya no existen «Ministros del Rey» al haber dejado el Monarca de ser la cabeza del Ejecutivo. Estamos una vez más ante una competencia puramente formal.

3. Presidir las reuniones del Consejo de Ministros, si bien con una doble limitación que elimina cualquier papel directivo regio en las reuniones del Gabinete: que medie una previa petición en tal sentido del Presidente del Gobierno y que tal circunstancia se produzca con la sola finalidad de ser informado el Rey de los asuntos de Estado [artículo 62, *g)]*. La praxis, por lo demás, nos muestra que en los Consejos de Ministros presididos por el Monarca, no se han adoptado nunca decisiones de ningún tipo; es decir, se ha tratado de reuniones del Gabinete puramente informativas.

4. Expedir los Decretos acordados en Consejo de Ministros [artículo 62, *f)]*. Como bien aduce *De Esteban,* no se refiere la Constitución a que el Rey sancione tales Decretos mediante un acto de voluntad, ni tan siquiera simbólicamente, como ocurre en el caso de la sanción de las leyes. El Rey pasa a ser en este supuesto un mero agente de expedición de los Decretos.

3. Competencias del Rey en el ejercicio de su función arbitral

Es en sus relaciones con el Gobierno donde el Monarca, básica aunque no exclusivamente, ejerce su función arbitral.

La Constitución de 1978 reserva al Monarca una competencia que, según las condiciones del sistema de partidos, puede llegar a encerrar un cierto margen de discrecionalidad regia. Nos referimos a la propuesta de candidato para la Presidencia del Gobierno. Como ya indicamos, el artículo 62, *d)* de nuestra «Lex Superior» atribuye al Rey la facultad de «proponer el candidato a Presidente del Gobierno». Esta competencia puede, efectivamente, entrañar ciertos márgenes de discrecionalidad que, sin embargo, se encierran dentro de límites muy precisos:

1.° La acción regia está sujeta al refrendo del Presidente del Congreso, si bien, como dice *Sánchez Agesta,* este refrendo no puede considerarse sino como un refrendo «de certificación».

2.° La propuesta regia debe responder a la distribución de escaños parlamentarios en el Congreso de los Diputados, distribución que puede llegar incluso a condicionar en absoluto la decisión del Monarca, pues nuestra Constitución diseña un sistema de parlamentarismo positivo (a diferencia del que *Raymond Fusilier* denominara «parlamentarismo negativo» de las Monarquías nórdicas, en el que no se hace preciso una expresa investidura del Jefe del Gobierno), en cuanto que el candidato propuesto por el Rey para la Presidencia del Gobierno debe obtener la confianza de la Cámara antes de poder ser nombrado, para lo que se ve obligado a superar la llamada votación «de investidura», contemplada en detalle por el artículo 99. Consecuentemente, cualquier iniciativa del Monarca adoptada al margen de las consideraciones precedentes, tendría nulas posibilidades de prosperar, sin olvidar que ello violentaría el carácter parlamentario de la monarquía constitucionalmente previsto.

En cualquier caso, hemos de recordar algo ya precisado con anterioridad. A nuestro entender, la función arbitral no se agota en modo alguno en el ejercicio por el Rey de la competencia que le atribuye el apartado *d)* del artículo 62, lo que no quiere decir que el ejercicio de esta última competencia no traduzca relevantemente tal función arbitral.

BIBLIOGRAFIA

Aragón Reyes, Manuel: «Dos estudios sobre la Monarquía parlamentaria en la Constitución Española», Editorial Civitas, Madrid, 1990.

Fernández-Fontecha Torres, Manuel y *Pérez de Armiñán, Alfredo:* «La Monarquía y la Constitución», Editorial Civitas, Madrid, 1987.

García Canales, Mariano: «La Monarquía parlamentaria española», Editorial Tecnos, Madrid, 1991.

Lafuente Balle, José María: «El Rey y las Fuerzas Armadas en la Constitución», Editorial Revista de Derecho Privado, Madrid, 1987.

López Pina, Antonio (ed.): «La Constitución de la Monarquía Parlamentaria», Fondo de Cultura Económica, Madrid, 1983.

Lucas Verdú, Pablo (dir.): «La Corona y la Monarquía parlamentaria en la Constitución de 1978», Universidad Complutense de Madrid, Madrid, 1983.

Martín-Retortillo, Sebastián (coord.): «Estudios sobre la Constitución Española» (Homenaje al Profesor Eduardo García de Enterría), tomo III (La Corona. Las Cortes Generales. Del Gobierno y de la Administración Pública), Editorial Civitas, Madrid, 1991.

Menéndez Rexach, Angel: «La Jefatura del Estado en el Derecho Público Español», Instituto Nacional de Administración Pública, Madrid, 1979.

Solozábal Echevarría, Juan José: «La sanción y promulgación de la ley en la Monarquía parlamentaria», Editorial Tecnos, Madrid, 1987.

CAPITULO VII

LOS ORGANOS CONSTITUCIONALES (II). LAS CORTES GENERALES

SUMARIO

A) Introducción.

B) Su naturaleza.

C) El bicameralismo y la composición del Congreso y Senado.
a/ La opción bicameral en la Constitución de 1978.
b/ La composición del Congreso de los Diputados.
c/ La composición del Senado.

D) El estatuto jurídico de los parlamentarios:
a/ El tipo de mandato: la prohibición del mandato imperativo.
b/ Adquisición y pérdida de la condición de parlamentario.
c/ Régimen de incompatibilidades.
d/ Derechos y deberes de los parlamentarios.
e/ Las prerrogativas parlamentarias:
a') La inviolabilidad parlamentaria.
b') La inmunidad parlamentaria.
c') El privilegio de fuero.

E) Estructura y funcionamiento de las Cámaras:
a/ Los Reglamentos parlamentarios.
b/ Los Grupos parlamentarios.
c/ Los órganos de dirección y de gobierno interno:
a') El Presidente.
b') La Mesa.
c') La Junta de Portavoces.

d/ Los órganos de producción parlamentaria:
- a') El Pleno.
- b') Las Comisiones.

e/ La Diputación Permanente.

f/ Reglas generales de funcionamiento.

F) Las funciones de las Cortes:

a/ La función legislativa:
- a') El procedimiento legislativo. Sus fases:
  - 1.ª La fase de iniciativa.
  - 2.ª La fase constitutiva.
  - 3.ª La fase integradora de eficacia.
- b') La tipología constitucional de la ley:
  - a'') Las leyes orgánicas.
  - b'') La ley ordinaria.
  - c'') Los actos normativos con fuerza de ley:
    - a''') El Decreto legislativo.
    - b''') El Decreto-ley:
      1. Supuesto habilitante: extraordinaria y urgente necesidad.
      2. Los límites materiales del Decreto-ley.
      3. La tramitación parlamentaria del Decreto-ley.
  - d'') Los Tratados internacionales.

b/ La función financiera y presupuestaria.

c/ La función de control:
- a') La actividad de información parlamentaria.
- b') El control-inspección:
  - a'') El derecho de petición de los ciudadanos.
  - b'') Las preguntas parlamentarias.
  - c'') Las interpelaciones parlamentarias.
  - d'') Las Comisiones de investigación.
- c') El control-autorización.

d/ La función de dirección política.

BIBLIOGRAFÍA.

A) Introducción

Las Cortes Generales son contempladas por el Título III de la Constitución que, significativamente, antecede al dedicado al Gobierno, circunstancia en la que *Peces-Barba* ha visto un signo del carácter de régimen parlamentario racionalizado que establece nuestra Norma suprema.

«Las Cortes Generales representan al pueblo español y están formadas por el Congreso de los Diputados y el Senado.» En estos términos está redactado el artículo 66.1, norma de apertura del Título III, que en su apartado segundo atribuye a aquéllas el ejercicio de las potestades legislativa, presupuestaria y de control de la acción del Gobierno, sin efectuar distinción alguna en lo que atañe a las facultades concretas que deben asumir el Congreso y el Senado, lo que, desde luego, no debe entenderse en el sentido de que se esté propugnando el principio de igualdad. Bien al contrario, la distribución de competencias entre una y otra Cámara está regida por la más absoluta desigualdad, con un predominio muy neto de la Cámara Baja sobre la Alta.

Por lo demás, y como en un momento precedente ya advertimos, el concepto de Cortes Generales no debe considerarse como una mera abstracción, sino que se materializa en la posibilidad de reunión de las Cámaras en sesión conjunta, prevista por el artículo 74, cuyo apartado primero exige imperativamente tales sesiones conjuntas para el ejercicio de las competencias no legislativas que el Título II (relativo a la Corona) atribuye expresamente a las Cortes Generales. Como dijeran *Solé Tura* y *Aparicio,* el imperativo de las sesiones conjuntas no significa que se produzca una simple superposición de ambas Cámaras. Más bien, de lo que se trata es de atribuir a un órgano diferenciado el cumplimiento de tareas específicas, no realizables por la simple suma de voluntades de una y otra Cámara por separado.

Aunque no se contempla la figura de un Presidente de las Cortes Generales, pues las sesiones conjuntas serán presididas por el Presidente del Congreso (artículo 72.2), ello no es ningún impedimento para que pueda seguir manteniéndose la tesis antes expuesta, que, además, queda reforzada si se atiende al hecho de que el artículo 72.2 exige que las sesiones conjuntas se rijan por un Reglamento de las Cortes Generales aprobado por mayoría absoluta de cada Cámara.

En definitiva, parece claro que lo que el constituyente ha querido reflejar es la conveniencia de que determinadas decisiones, dotadas de un peculiar sentido político, sean adoptadas por un órgano que funda las dos formas de representatividad previstas en la Constitución (la del Congreso y la del Senado) y en el que se altere el juego normal de los mecanismos parlamentarios propios de cada Cámara.

B) Su naturaleza

La descripción constitucional de las Cortes Generales exige en primer término una aproximación a los caracteres que nos dan cuenta de su naturaleza. Son éstos los siguientes:

1.º Organo de poder político

Las Cortes Generales son, sin ningún género de dudas, uno de los poderes del Estado a que se refiere el artículo 1.º.2; más aún, es el poder más relevante en cuanto actualiza permanentemente la soberanía popular.

Se trata de un poder político por cuanto, como advierte *Sánchez Agesta,* de un lado, sólo se ve limitado por la Constitución, en la que encuentra su origen inmediato y directo, y de otro, resulta relevante en la adopción de decisiones políticas.

Este carácter genera una serie de consecuencias, de entre las que hemos de señalar ahora que sus decisiones sólo están sujetas a la Constitución, y en consonancia con ello, únicamente pueden ser revisadas, en cuanto sean contrarias a aquélla, por el Tribunal Constitucional. Quizá por ello, se suele entender que el control de los actos del legislador es lo único que pertenece a la esencia de la Justicia Constitucional.

A la vista de lo expuesto, puede comprenderse que las relaciones entre el Poder Legislativo y el Tribunal Constitucional presenten algunos perfiles un tanto sinuosos. Nuestro supremo intérprete de la Constitución ha tratado de precisar esa relación, sentando la doctrina (STC 66/1985, de 23 de mayo) de que la misma ha de asentarse, entre otros, en los siguientes criterios:

a) Rechazo de la posibilidad de llevar a cabo un control de la actividad del legislador a partir de valoraciones teleológicas, finalistas, de la norma impugnada.

b) Rechazo de la existencia en la Constitución de «exigencias implícitas».

c) Presunción de legitimidad de los actos o normas que emanan de poderes legítimos. «Los actos o las normas que emanan de poderes legítimos —ha afirmado el Tribunal— disfrutan de una presunción de legitimidad, que si bien puede ser cuestionada por quien entienda sus derechos vulnerados por aquéllos o éstas, obliga a considerar como excepcional la posibilidad de suspender su vigencia o ejecutoriedad. Esta presunción es, además, tanto más enérgica cuanto más directa es la conexión del órgano con la voluntad popular.»

d) Interpretación «conforme a la Constitución» de la Ley impugnada siempre que ello sea posible, principio muy reiterado jurisprudencialmente, como ya tuvimos oportunidad de advertir.

e) Admisión del criterio de que la interpretación del legislador no tiene por qué ser la más lógica, la más coherente de las posibles con la voluntad del constituyente, sino que basta con que encaje o, mejor dicho, con que no esté manifiestamente en contra de la Constitución.

Como puede apreciarse, aunque de muy dispar naturaleza y operatividad, el Tribunal Constitucional ha precisado unos criterios de autolimitación *(«self-restraint»)* en sus relaciones con el legislador, a la par que ha impuesto a éste el cumplimiento de determinadas funciones que constitucionalmente le han sido asignadas, como la obligación de aprobar la ley con el carácter que venga establecido en la Constitución (orgánica u ordinaria), o la de no delegar en el poder reglamentario la emisión de normas jurídicas que tienen que ser producidas por el propio legislador. Por el contrario, sólo tangencialmente ha abordado el Tribunal la cuestión de la «inconstitucionalidad por omisión», subrayando la dificultad de encontrar encaje a esta figura, que «sólo existe cuando la Constitución impone al legislador la necesidad de dictar normas de desarrollo constitucional y el legislador no lo hace» (STC 24/1982).

2.º Organo de naturaleza representativa

«Las Cortes Generales —prescribe el artículo 66.1— representan al pueblo español.» Quiere ello decir que es el órgano específico del Estado que «actúa por» el pueblo español, «en vez de» el pueblo en aquellas funciones que la Constitución señala. Como dicen *Solé Tura* y *Aparicio,* la representación adquiere aquí un verdadero sentido escénico.

Esta naturaleza representativa convierte a este órgano, que en cada momento histórico expresa la soberanía, residenciada en el pueblo español, en el órgano preeminente y, en cierto modo, en el titular real de la soberanía.

Es cierto que este carácter se otorga a las Cortes *«ope legis»,* esto es, por obra inmediata de la determinación del articulado constitucional, sin que necesariamente deba conectarse con el significado tradicional de la representación, que alude al resultado de una elección por la mayoría de los miembros de la base social y a la expresión de una pluralidad significativa de las distintas opciones existentes en esa base social.

Sin embargo, ese sentido tradicional de la representación es asimismo acogido por nuestros constituyentes en otros preceptos: así, la referencia a los criterios de representación proporcional a que debe atender la elección del Congreso (artículo 68.3), o el carácter de Cámara de representación territorial de que se reviste al Senado (artículo 69.1).

De ahí que en cuanto las Cortes responden a la elección popular y traducen o reflejan el pluralismo de esa base social de la que surgen, se convierten en el cauce obligado para que los restantes poderes del Estado adquieran su legitimidad democrática. A través de las Cortes, esos otros poderes operan como órganos mediatamente representativos.

Hemos de significar finalmente que la Constitución ha previsto dos formas de representatividad, atribuibles cada una de ellas a cada Cámara. Una representación política general, ejercida por el Congreso, y una representación territorial (una representación específica, pues), que ejercerá el Senado. Sin embargo, la regulación concreta de los órganos representativos conduce en la realidad, por las razones que veremos más adelante, a una duplicidad representativa.

3.º Organo complejo

Las Cortes Generales se nos presentan como un órgano complejo, y ello, al menos, por dos razones distintas: de una parte, por su composición bicameral, a la que hay que unir la propia operatividad, como órgano diferenciado, de las Cortes Generales cuando actúan en sesión conjunta de ambas Cámaras, y de otra, por la estructura plural de cada asamblea, estructura en la que adquieren luz propia las Comisiones parlamentarias.

4.º Organo colegiado y deliberante

En cuanto órgano colegiado, esto es, integrado por una pluralidad de personas, las Cortes adoptan sus decisiones mediante la previa deliberación y discusión. El debate parlamentario se ha configurado tradicionalmente como el medio más eficaz de conjugar voluntades en orden a alcanzar las necesarias mayorías. Bien es verdad que las transformaciones que han sacudido a los Parlamentos en los últimos tiempos han incidido de modo muy notable sobre el contenido y el sentido de la función deliberante, lo que no obsta para que siga siendo uno de los rasgos esenciales del Parlamento. Algún autor, como es el caso de *Friedrich,* ha entendido que los dos rasgos básicos del Parlamento moderno son los de ser un cuerpo representativo y un cuerpo deliberante.

Hoy, los debates, las deliberaciones parlamentarias no se vinculan con el logro de una determinada decisión, pues, en buena medida, la disciplina de voto condiciona decisivamente tales decisiones, que, en lo esencial, han sido adoptadas extraparlamentariamente; de ahí que las deliberaciones se conecten con la manifestación, la proyección pública de la decisión tomada, circunstancia que no debe extrañarnos si se advierte la trascendencia de la publicidad en la vida parlamentaria.

5.º Organo de publicidad

Como ha puesto de relieve *Sánchez Agesta,* en la actualidad, los Parlamentos cumplen una función de extraordinaria importancia: la de asegurar la publicidad de la vida política. Las Cortes Generales no iban a ser una excepción. En ellas se actúa con la mirada puesta en la opinión pública, a fin de poder persuadirla con vistas a las inmediatas elecciones generales. En estricta coherencia con ello, el artículo 80 de nuestra Constitución establece, como regla general, el carácter público de las sesiones plenarias de las Cámaras, que sólo podrá salvarse mediante acuerdo en contrario de cada asamblea, adoptado por mayoría absoluta.

6.º Organo permanente

Las Cortes Generales son un órgano permanente, lo que quiere indicarnos que aunque no se hallen reunidas permanentemente, tienen una vocación de continuidad, aunque su funcionamiento no sea continuo.

Esta vocación se manifiesta de modo muy específico en relación con el ejercicio de la función de control de la acción de gobierno. A lograr ese principio de continuidad responde la creación por nuestro constituyente de una institución de añeja raigambre en nuestras Cortes, la Diputación Permanente, contemplada por el artículo 78 de nuestra «Norma normarum», que prevé la existencia en cada Cámara de una Diputación Permanente, que, genéricamente, asume la función de velar por los poderes de la Cámara respectiva, cuando ésta no se halle reunida.

7.º Organo inviolable

«Las Cortes Generales —proclama el artículo 66.3— son inviolables.» Este principio de inviolabilidad del órgano viene a sintetizar el principio de la inviolabilidad de los parlamentarios individualmente considerados, contemplado por el artículo 71.1 (que se complementa con el principio de inmunidad) y el de inmunidad de la sede, que tiene su reflejo constitucional en el artículo 72.3, que atribuye a los Presidentes de las Cámaras el ejercicio en nombre de las mismas de todos los poderes administrativos y facultades de policía en el interior de sus respectivas sedes.

La protección de esta inviolabilidad se lleva a cabo a través de una tutela penal específica, regulada por la Sección segunda («Delitos contra los altos Organismos de la Nación») del Capítulo 1.º del Título II del Código Penal, que, entre otras conductas delictivas, tipifica la invasión violenta o con intimidación del Palacio de las Cortes, las manifestaciones u otra clase de reuniones al aire libre en los alrededores del Palacio cuando las Cortes estén reunidas, las injurias a las Cortes hallándose en sesión... etc.

C) El bicameralismo y la composición del Congreso y Senado

a/ La opción bicameral en la Constitución de 1978

Si en su origen el bicameralismo responde, como dice *Laski,* a un accidente de la historia, a la circunstancia de que en Inglaterra, modelo copiado luego por doquier, fuesen dos los cuerpos en que el Parlamento se articuló, la invención obedeció, evidentemente, a razones de contenido que explican asimismo la persistencia del tipo creado y justifican su difusión, que llegó a tal punto que, como señalara *Biscaretti*, pocos principios de técnica constitucional han conseguido entre los Estados de democracia clásica una afirmación tan plena y difusa semejante a la alcanzada por la existencia en el Parlamento de dos Cámaras legislativas. Y a la par, lo cierto es que ha sido éste uno de los aspectos más controvertidos del Derecho constitucional.

Históricamente, la Cámara Baja o Congreso aparece como el órgano de representación de la emergente burguesía, mientras que la Cámara Alta o Senado se presenta como la asamblea en la que encuentran su asiento los viejos sectores de la nobleza y del clero, los llamados entre nosotros representantes de las aristocracias naturales. No es de extrañar por ello mismo que la controversia en torno al bicameralismo haya sido especialmente ácida en nuestra historia constitucional, clausurándose finalmente con la pura y simple supresión del Senado.

En los últimos tiempos, hemos asistido a un lento declive del bicameralismo, en la medida en que el empuje democrático ha hecho perder a la Cámara Alta buena parte de sus caracteres originales. Esta pauta quiebra tan sólo en los Estados federales, en donde la representación de las comunidades territoriales, acogida por las Cámaras Altas, encuentra un perfecto ensamblaje en el principio federativo.

En España, la Ley para la Reforma Política, de 4 de enero de 1977, iba a resultar un condicionante decisivo en la ulterior constitucionalización del modelo parlamentario bicameral. La citada Ley creó una estructura bicameral, quizá con la finalidad de equilibrar los posibles excesos del Congreso en el que ya se preveía como inmediato proceso constituyente. El notable papel desempeñado por el Senado en ese proceso convertía en quimérica la opción unicameral en la Constitución. Por lo demás, desde el primer texto hecho público (el Borrador de la Constitución) hasta la redacción final, la presencia del Senado fue una constante. Es más, frente a ella no se produjeron significativos ataques; la discusión giró más bien en torno al modelo de Cámara Alta que se había de constitucionalizar, y de modo particular, acerca de su composición. En definitiva, el bicameralismo fue aceptado desde el primer paso del largo caminar del proceso constituyente.

De esta forma el artículo 66 prevé que las Cortes Generales están formadas por el Congreso de los Diputados y el Senado. Parece, pues, que estamos en presencia de dos Cámaras análogas tanto en lo que a su representatividad se refiere como a sus funciones, pues el artículo 66.2 enumera, sin establecer diferenciación alguna entre ellas, las potestades que ejercen las Cortes Generales. Ahora bien, si es preciso avanzar en la lectura del articulado para constatar la profunda desigualdad funcional entre las Cámaras, basta con la lectura de dos preceptos casi inmediatos, los artículos 68 y 69, para comprender que la representatividad que se asigna a cada Cámara es bien diferente. Y así, mientras el artículo 68 contempla a un Congreso elegido directamente y por sufragio universal, con arreglo a unos criterios de representación proporcional, el artículo 69, ya en su primer apartado, precisa que el Senado es la Cámara de representación territorial. En realidad, el enunciado de los artículos 68 y 69, como advierten *Solé Tura* y *Aparicio,* sugiere que nos encontramos ante un *bicameralismo de intención federal o federalizante,* intención que no se ve después reflejada en la realidad.

Ese carácter de «Cámara de representación territorial» debe ser necesariamente matizado, aun cuando, «per se», tal configuración supone que la finalidad de la Cámara Alta no es representar a los ciudadanos aisladamente considerados, sino a las colectividades definidas en función de un criterio territorial. ¿Y cuáles son esas colectividades? Parece lógico pensar que el Senado hubiera debido encontrar su punto de apoyo inmediato en la entidad territorial que más significativamente refleja la nueva distribución territorial del poder en el Estado, esto es, las Comunidades Autónomas, aunque ello no implique olvidar que el Estado se organiza territorialmente en municipios, en provincias y en las Comunidades Autónomas que se constituyan.

Sin embargo, basta con atender a las previsiones de los apartados segundo al quinto del artículo 69 para comprender que las entidades representadas no son las Comunidades Autónomas. Más bien, habría de decirse que los entes territoriales representados son las provincias, pues no en vano es la provincia la que elige cuatro senadores, con algunas salvedades relativas a las provincias insulares. Así resultan un total de 208 senadores. Mientras, las Comunidades Autónomas se limitan a designar un senador y otro más por cada millón de habitantes, lo que totaliza en la actualidad apenas medio centenar de senadores.

En definitiva, ni los territorios representados por la Cámara Alta coinciden con los correspondientes a las Comunidades Autónomas, ni el mandato de los senadores tiene una especial vinculación con territorio alguno, puesto que «las Cortes Generales representan al pueblo español». Es por ello por lo que el principio de representación territorial queda circunscrito al campo de las grandes proclamaciones retóricas, carentes de traducción efectiva en la realidad. Más aún, en cuanto los senadores son elegidos en unas circunscripciones electorales coincidentes con las de los diputados, en cuanto más de la mitad del conjunto de circunscripciones del Congreso presentan un tamaño similar al de las circunscripciones senatoriales y en cuanto, finalmente, el sistema de representación proporcional del Congreso se ve enormemente distorsionado en lo que hace a sus efectos proporcionales, con lo que se aproxima notablemente al sistema mayoritario que rige la elección de los senadores, nos encontramos con la conclusión un tanto patética de que la Cámara Alta queda convertida en una dúplica distorsionada de la Baja.

La doctrina ha cifrado sus esperanzas de una evolución federalizante de la Cámara Alta en la propia dinámica política de la misma. Y así, mientras *Trujillo* aludía a las especiales vinculaciones que la práctica posiblemente habría de establecer entre los senadores y las Comunidades, vinculaciones en las que habría de jugar un papel destacado el sistema de partidos operante en cada Comunidad, *Aja* y *Arbós* admitían una posible alternativa para nuestro Senado, alternativa que estribaría en el desarrollo de la dinámica propia de los senadores «autonómicos», esto es, de los elegidos por las Comunidades Autónomas.

La realidad nos muestra, sin embargo, que la evolución del Senado no se ha orientado en ese sentido federalizante, como debiera haber acontecido. A ello no ha contribuido la dinámica partidista, si bien es cierto que las posibilidades que, en orden al logro de tal finalidad, dejan abiertas la estructura y funciones constitucionales del Senado son realmente escasas.

De esta forma, si la existencia de una Cámara Alta en nuestra estructura parlamentaria, aparte obviamente de motivos de racionalidad —como que el Senado coadyuve a que nuestro Parlamento sea una plataforma de entendimiento y de compromiso—, debe responder a la necesidad de complementar la representación del Congreso, mediante un criterio de territorialidad, exigible no sólo en los Estados federales, sino también en los que, como el nuestro, se nos presentan como Estados unitarios complejos, la realidad nos muestra que el Senado perfilado por la Constitución de 1978 queda muy lejos de dar una adecuada respuesta a aquella exigencia.

b/ La composición del Congreso de los Diputados

El artículo 68 de la Constitución es el que traza las líneas maestras sobre las que se vertebra el Congreso de los Diputados. Ahora vamos a circunscribirnos al análisis de los principios constitucionales informadores de la elección de la Cámara Baja, dado que, en un momento ulterior, nos centraremos en su desarrollo por la Ley Orgánica 5/1985, del Régimen Electoral General.

Nuestra Norma suprema confirma la pervivencia en el Derecho Electoral de la llamada «ley de la inercia», por virtud de la cual, una vez establecido un determinado sistema electoral tiende, por su propia inercia, a perpetuarse. Y es que uno de los aspectos más sorprendentes del proceso constituyente es el hecho de que pese a las numerosas críticas vertidas con anterioridad hacia los principios-marco fijados por la Ley para la Reforma Política con vistas a la elección del Congreso de los Diputados, tales principios serían finalmente elevados a rango constitucional por el artículo 68, con alguna aislada excepción.

La Ley para la Reforma Política, desarrollada por el Decreto-ley 20/1977, de 18 de marzo, sobre Normas Electorales, estatuía cinco principios fundamentales sobre los que se había de perfilar la elección del Congreso: la concreción del número de diputados, fijado en 350; la opción por un sistema de representación proporcional; la determinación de la circunscripción provincial; la asignación de un número mínimo inicial de escaños a cada circunscripción, y el establecimiento de una «barrera legal», esto es, de un porcentaje mínimo de votos para el acceso al Congreso.

Pues bien, el artículo 68 de nuestra Norma suprema, siguiendo muy de cerca esos criterios, ha fijado una serie de principios informadores de cualquier normativa ulterior de desarrollo del sistema electoral del Congreso. Esos principios son los cuatro siguientes:

1.º Establecimiento de un doble tope numérico en relación con el número de miembros que han de integrar la Cámara Baja: un mínimo de 300 y un máximo de 400 (artículo 68.1).

2.º Circunscripción provincial (artículo 68.2, inciso primero).

3.º Opción por un criterio mixto de reparto circunscripcional de escaños, con arreglo al cual, se ha de asignar una representación mínima inicial a cada circunscripción, distribuyéndose los restantes escaños en proporción a la población (inciso segundo del artículo 68.2).

4.º Opción por la representación proporcional, sin concreción de la fórmula electoral, pero, en todo caso, con especificación de que la elección «se verificará en cada circunscripción atendiendo a criterios de representación proporcional» (artículo 68.3).

La génesis de estos principios fue harto compleja, como nos muestra el «iter» constituyente, en cuyos primeros pasos el precepto equivalente, prácticamente, se limitaba a un reenvío a la Ley Electoral, sin apenas sentar principio alguno. En el fondo de todo ello, se situaba la polémica entre los partidarios de la constitucionalización de la representación proporcional y aquellos otros que, inclinándose de hecho por el sistema mayoritario, adoptaron la estrategia de la no constitucionalización de ningún sistema, con el soterrado deseo de que, en su momento, la Ley Electoral se decantase por el sistema por ellos preferido.

Sería finalmente en el último día de debate en el seno de la Comisión de Asuntos Constitucionales y Libertades Públicas del Congreso, cuando quedaría formalizado el acuerdo entre la UCD y el PSOE, al que se adherían otras formaciones del arco parlamentario. El acuerdo se producía «a dos bandas», esto es, englobaba la composición del Congreso y la del Senado.

De esta forma, el Grupo parlamentario centrista (de UCD) se avenía a lo que en un momento anterior se había opuesto: la constitucionalización del sistema proporcional, y, a tal efecto, respaldaba una enmienda «in voce» presentada por el diputado socialista, señor *Peces-Barba*, con la que se trataba de resolver el siguiente tríptico de cuestiones: 1. fijar el número de diputados; 2. establecer la circunscripción electoral y proceder a concretar un criterio de reparto de los escaños entre las circunscripciones, y 3. especificar los criterios a que habría de ajustarse la fórmula electoral. No hace falta indicar tras lo expuesto que la solución dada a estos tres aspectos fundamentales de todo sistema electoral vendría dada por los principios-marco de la Ley para la Reforma Política.

Digamos finalmente que la contrapartida socialista a la aceptación por UCD de su tesis (básicamente la constitucionalización del sistema proporcional) sería el respaldo a un diseño de Senado que no hacía sino reproducir en sus rasgos básicos el modelo creado asimismo por la Ley para la Reforma Política.

Retornando al Congreso, diremos que la constitucionalización de los principios informadores antes expuestos, implicaría un decisivo condicionamiento para el legislador ordinario, que a partir de la Constitución, dispone en este punto de márgenes de acción verdaderamente reducidos. La rigidez de nuestro constituyente contrasta por lo demás con la tradicional flexibilidad mantenida en este aspecto por las Constituciones históricas españolas.

Las limitaciones e hipotecas del artículo 68 son de tal naturaleza que, como sostiene *Martínez Cuadrado*, llegan a condicionar los propios principios o valores superiores de la norma constitucional. Este sería el caso, a nuestro modo de ver, del principio de igualdad, muy condicionado en su vertiente concreta de la igualdad de voto, por las notables quiebras que este principio experimenta en muchas circunscripciones electorales, como veremos en un momento ulterior. Todo ello sin olvidar que la pretendida proporcionalidad del sistema se ve gravemente distorsionada en la realidad en virtud de la conjunción de las diversas variables conformadoras del sistema electoral.

La Constitución iba a dejar sentadas las bases para que, salvo fenómenos extraños de sensible fragmentación y polarización del voto, los comicios vinieran a perfilar un bipartidismo dominante enmarcado en el ámbito de un multipartidismo moderado, que encuentra su razón de ser, básicamente, en la existencia de partidos de ámbito regional (partidos nacionalistas) sólidamente implantados en sus respectivas circunscripciones.

c/ La composición del Senado

El artículo 69 de nuestra «Lex Superior» aborda la regulación del perfil del Senado, Cámara de «representación territorial», como ya dijimos, si bien de carácter más nominal que real.

El Senado está compuesto por dos tipos de miembros: los que llamaremos senadores «provinciales» y los «autonómicos», también denominados «comunitarios». Los primeros son elegidos en circunscripciones provinciales, con las salvedades que después apuntaremos, mientras que los segundos son designados por las Comunidades Autónomas.

Cada provincia elige cuatro senadores, con la sola salvedad de las provincias insulares, en las que, a efectos de la elección de senadores, cada isla o agrupación de ellas, con Cabildo o Consejo Insular, constituirá una circunscripción. Las islas mayores (Gran Canaria, Mallorca y Tenerife) elegirán tres senadores cada una de ellas, mientras que las restantes islas o agrupaciones (Ibiza-Formentera, Menorca, Fuerteventura, Gomera, Hierro, Lanzarote y La Palma) elegirán tan sólo a uno. A su vez, las problaciones de Ceuta y Melilla elegirán cada una de ellas dos senadores (artículo 69, 2, 3 y 4).

Aunque no han faltado críticas a esta excepción frente a la norma general, cuestionando que la insularidad sea un factor político determinante, por nuestra parte, creemos positivo el haber dado satisfacción a la vieja pretensión de nuestros territorios insulares de gozar de una representación singularizada, pretensión que entendemos coherente con las peculiaridades y especificidad de la problemática de cada territorio insular.

Con la adopción de la provincia como núcleo básico de las circunscripciones electorales, y la opción por un número idéntico de senadores por provincia, la distorsión de la representación poblacional es muy notable, dadas las enormes diferencias demográficas entre unas y otras provincias, que en algunos casos llega a una relación 1/50. Ello, sin embargo, es hasta cierto punto connatural a la representación territorial, que atiende no tanto a la población como a los entes territoriales en que aquélla se agrupa. Algo muy distinto es que, en este caso, esos entes no coincidan con aquellos otros sobre los que se vertebra la organización territorial del Estado, las Comunidades Autónomas.

La Constitución no precisa el sistema electoral de los senadores provinciales. El artículo 69.2 se limita a decir que se elegirán por sufragio universal, libre, igual, directo y secreto por los votantes de cada provincia, «en los términos que señale una ley orgánica», referencia ésta un tanto equívoca y que además no guarda paralelo con la redacción del artículo 68.1, que al establecer que la elección de los diputados se hará de la misma forma (por sufragio universal, libre, igual, directo y secreto), añade: «en los términos que establezca la ley», sin mayores precisiones, a fin de evitar redundancias innecesarias, pues por mandato constitucional del artículo 81.1, la ley que apruebe el régimen electoral general ha de ser necesariamente ley orgánica. Ha sido lógicamente esta última norma, la Ley Orgánica 5/1985, del Régimen Electoral General, la que ha desarrollado el sistema de elección de los senadores provinciales, cuestión en la que no vamos a entrar ahora. Tan sólo diremos que ese sistema es el mayoritario.

Los senadores autonómicos vienen a ostentar en cierto sentido (pues en sentido estricto las Cortes Generales representan al pueblo español, y sus miembros no están ligados por mandato imperativo) la representación directa de las Comunidades Autónomas, a las que por el mero hecho de constituirse, les corresponde la elección de un senador, y por cada millón de habitantes de su respectivo territorio, tienen derecho a designar otro senador más.

«La designación —prescribe el artículo 69.5— corresponderá a la Asamblea legislativa o, en su defecto, al órgano colegiado superior de la Comunidad Autónoma, de acuerdo con lo que establezcan los Estatutos (los Estatutos de Autonomía de cada Comunidad), que asegurarán, en todo caso, la adecuada representación proporcional.»

El Tribunal Constitucional se ha pronunciado expresamente sobre el distinto carácter de los senadores designados por las Comunidades Autónomas respecto al resto de los miembros del Senado. En su Sentencia 40/1981, de 18 de diciembre, admitía la especificidad de los senadores representantes de las Comunidades, consecuencia de su peculiar modo de acceso a la Cámara, establecido en el apartado quinto del propio artículo 69. Como indica el Tribunal, el proceso de acceso de los senadores de las Comunidades Autónomas, aunque se haga por elección, presenta el rasgo diferencial de que es una elección de segundo grado, en el seno de las respectivas Asambleas legislativas, y para subrayar su peculiaridad, el artículo 69.5 lo califica expresamente de «designación», la cual se lleva a cabo de acuerdo con lo que establezcan los Estatutos de Autonomía en cada caso.

Esta especificidad nace de que, por corresponderles estos senadores a las Comunidades Autónomas en cuanto tales, se confiere a los Estatutos de Autonomía un margen para precisar alguna condición directamente conectada por el carácter propio de dicha designación, dentro del respeto del mínimo fijado por el artículo 70.1 (que aunque remitiéndose a la ley electoral para la determinación de las causas de inelegibilidad e incompatibilidad de diputados y senadores, precisa una serie de circunstancias que habrán de ser comprendidas, en todo caso, por aquella ley).

Aclarado por el Tribunal el preciso sentido del empleo del término «designación», otras dos cuestiones interpretativas se han suscitado al hilo del texto del artículo 69.5.

Una de ellas, la dualidad de órganos legitimados para la designación de estos senadores. Recordemos que el precepto alude a «la Asamblea legislativa o, en su defecto, al órgano colegiado superior de la Comunidad Autónoma».

La cuestión no ofrece hoy ningún interés práctico, pues todas las Comunidades cuentan con su Asamblea legislativa, que es quien ha de proceder a la designación. La dualidad del precepto constitucional sólo encuentra explicación en el hecho de que, en la concepción inicial del constituyente, sólo las Comunidades Autónomas que accedieran a la autonomía a través del procedimiento regulado por el artículo 151, podrían disponer de la organización institucional autonómica prevista por el artículo 152.1 (que se basa en una Asamblea Legislativa elegida por sufragio universal), por lo que las restantes Comunidades (las que formalizaren su iniciativa autonómica a través del artículo 143.2) carecerían de Asamblea legislativa; de ahí la alusión al «órgano colegiado superior de la Comunidad Autónoma».

La segunda de aquellas cuestiones se refiere a la interpretación que ha de darse a la referencia constitucional a una «adecuada representación proporcional», que debe ser asegurada por los propios Estatutos de Autonomía.

Una vez más, ha sido el Tribunal Constitucional quien ha aclarado la cuestión. En su Sentancia 40/1981, precisaría: «No ofrece dudas que el punto de referencia para la proporcionalidad de la representación sea la composición de la propia Cámara electoral.»

En cuanto a la duración del mandato de los senadores, el artículo 69.6 (transcripción exacta del artículo 68.4, con la sola salvedad del cambio de la referencia al Congreso por la del Senado) prescribe: «El Senado es elegido por cuatro años. El mandato de los senadores termina cuatro años después de su elección o el día de la disolución de la Cámara.»

Si la duración del mandato de los senadores provinciales no ofrece duda alguna: son elegidos por cuatro años, al igual que los diputados, no puede decirse otro tanto en relación con los senadores «autonómicos». Como ha advertido nuestro intérprete supremo de la Constitución (STC 40/1981), la fórmula del artículo 69.6 es imprecisa y difícilmente aplicable a los senadores del artículo 69.5, tanto si se vincula su mandato al del Senado como si se vincula al del órgano designante, esto es, a la Asamblea legislativa de la Comunidad Autónoma. Por ello mismo, el Tribunal ha admitido la constitucionalidad de las dos opciones posibles de vinculación del mandato senatorial (con la legislatura de la Asamblea legislativa o con la legislatura del Senado). A su juicio, la ausencia de una regulación constitucional sistemática de los senadores representantes de las Comunidades Autónomas, la remisión del artículo 69.5 a «lo que establezcan los Estatutos» para su designación y la coherencia con la concepción autonómica que obviamente inspiró su institución, hacen perfectamente constitucional cualquiera de las dos opciones.

D) El estatuto jurídico de los parlamentarios

El estatuto jurídico de los parlamentarios abarca un conjunto de cuestiones bien dispares que van desde el tipo de mandato al que el parlamentario está vinculado, hasta las llamadas prerrogativas parlamentarias, pasando por la adquisición y pérdida de la condición de parlamentarios, el régimen de incompatibilidades y el de sus derechos y deberes. A todo ello vamos a referirnos a continuación.

a/ El tipo de mandato: la prohibición del mandato imperativo

I. El artículo 67.2 de la Constitución es inequívoco en su interdicción del mandato imperativo y, consecuentemente, en la atribución de la titularidad del mandato al diputado individual. A tenor del mismo: «Los miembros de las Cortes Generales no estarán ligados por mandato imperativo.»

El precepto reproduce una previsión común en los ordenamientos constitucionales de nuestro entorno, con la que, como ha advertido *Virga* —refiriéndose a un artículo muy similar de la Constitución italiana, el artículo 67, que establece que: «Todo miembro del Parlamento representa a la Nación y ejerce sus funciones sin estar ligado a mandato alguno»—, se pretende consagrar básicamente la independencia de los parlamentarios frente a los grupos políticos y económicos.

En todo caso, la norma en cuestión refleja uno de los más añejos, y a la par característicos, principios del Estado liberal burgués, circunstancia que se halla en la base misma de buena parte de las colisiones que, en su contacto con la nueva realidad del Estado de partidos, genera.

Una norma de este tipo, en cuanto consagra jurídicamente el mandato libre, la absoluta libertad del parlamentario, lleva implícita la titularidad personal del escaño, circunstancia que choca frontalmente con la realidad política y social del presente, en la que las amplias transformaciones de la democracia representativa, han llevado a un amplio sector doctrinal a sostener que el mandato de los parlamentarios no es un mandato otorgado por el pueblo, sino un mandato de partido, siendo por ello mismo a los partidos políticos a quienes corresponde su titularidad. Como entre nosotros significa *De Vega,* de hecho, en la praxis parlamentaria de todos los países, se comprueba cada día la efectividad de este aserto. Son los partidos y los Grupos parlamentarios quienes condicionan y determinan de una manera absoluta la conducta de los diputados.

Así las cosas, la problemática se suscita no tanto en relación con la titularidad del mandato, que jurídicamente está muy clara en nuestra Norma suprema, sino respecto de los conflictos que se producen entre los parlamentarios individualmente considerados y las organizaciones partidistas a las que pertenecen y a cuyo través, por cuya mediación, han logrado en la práctica totalidad de los casos su acta de parlamentario.

II. La prohibición del mandato imperativo fue introducida en Francia en los albores de la Revolución Francesa (cabe recordar al respecto la Ordenanza real de 24 de enero de 1789), con la finalidad de desvincular a los diputados de las instrucciones que a través de los «*cahiers d'instructions*» recibían de las distintas corporaciones y de los electores en general.

El diputado del Antiguo Régimen se nos presenta como un auténtico mandatario —en el sentido civil, y por ello mismo contractual, del término— del estamento que lo ha elegido. De esta forma, no sólo se encuentra vinculado por unas determinadas instrucciones de su estamento, sino que puede ser revocado en cualquier momento por él.

El tránsito del mandato imperativo al representativo es fruto en el continente de la construcción teórica de *Enmanuel Sieyès.* De conformidad con su doctrina de la soberanía nacional, es en la nación en su conjunto («un cuerpo de asociados viviendo bajo una ley común y representados por la misma legislatura», como la define *Sieyès* en «¿Qué es el tercer estado?») en donde reside la soberanía. Ahora bien, en cuanto ente abstracto, la nación no puede decidir por sí misma, sino que actúa a través de sus representantes, que aun no siendo soberanos, expresan la voluntad de la nación.

A partir de esta formulación, los diputados dejan de representar a un estamento, convirtiéndose en representantes de la nación en su conjunto. En consonancia con ello, el diputado cesa en su vinculación a unas determinadas instrucciones de quienes lo han elegido; actúa en conciencia, y no puede ser revocado, desempeñando su mandato durante todo el período al que el mismo deba extenderse.

Como ha dicho *De Vega,* en la doctrina de la representación nacional, la burguesía encuentra el definitivo argumento que le permitirá situar frente al Estado personificado en el Príncipe, el Estado personificado en la nación. Y no tanto en cuanto a través del mecanismo de la representación se manifiesta la voluntad y la soberanía nacional, sino en cuanto que por su mediación, el ente ficticio y abstracto de la nación adquiere una dimensión real y concreta en las Asambleas.

El concepto de representación burgués presenta un carácter puramente individualista, que presupone no sólo la desaparición de cualquier agrupación intermedia, sino el establecimiento de un vínculo directo entre el diputado y la nación, entre quienes se establece la relación representativa.

Puede comprenderse fácilmente por ello mismo que la entrada en la escena política de los partidos, sindicatos y otros tipos de organizaciones, altere sustancialmente el esquema sobre el que se asienta la formulación inicial de la doctrina de la representación política.

III. La realidad política de nuestro tiempo nos ofrece un panorama bien distinto de aquel en que surge la doctrina de la representación. Hoy, los partidos políticos, como ya hemos tenido ocasión de señalar, no sólo se nos presentan como un cauce para la expresión del pluralismo político, sino también como el instrumento fundamental para la participación política, y así lo reconoce el artículo 6.º de nuestra «Lex Superior».

Los partidos monopolizan de hecho la designación de las candidaturas; si a ello se une, como sucede entre nosotros, la existencia de un sufragio de listas cerradas y bloqueadas, las posibilidades de opción del elector se ciñen a la elección de una u otra lista; en tal contexto, carece de sentido hablar de una relación electoral entre diputado y electores, debiendo sostenerse que la única relación posible se da entre los partidos y los electores.

Por si todo ello no fuera suficiente para mostrarnos la nueva realidad política, las campañas electorales, monopolizadas asimismo por las principales formaciones partidistas, nos revelan, como ha señalado *Torres del Moral*, una nueva manifestación de los añejos *«cahiers d'instructions»*, que encontramos en los programas electorales. El elector decide su opción de voto en la mayoría de los casos en atención a esos programas, cuando no simplemente a la personalidad de un determinado líder político, mientras que raras veces atiende a los candidatos a elegir por su circunscripción, en ocasiones absolutamente desconocidos para buena parte de los electores.

Este conjunto de nuevas circunstancias ha conducido a *Emeri* y *Cotteret* a señalar que la *«elección-representación»*, inherente a la forma liberal del Estado, ha sido sustituida por la *«elección-participación»*, en la que ya no se trata tanto de nombrar a un representante para que decida libremente la política a realizar, como de aprobar un programa y avalar al equipo agrupado en torno a un determinado partido.

Realizada la elección, el control de los partidos sobre los representantes sigue manifestándose férreamente en aspectos tales como la rígida disciplina de voto, el protagonismo cada vez mayor de los Grupos parlamentarios en la vida de las Asambleas legislativas, en detrimento del diputado individualmente considerado, las cláusulas de dudosa legalidad a que, a veces, se ven constreñidos los parlamentarios, de las que constituyen un buen ejemplo las llamadas «dimisiones en blanco de los diputados»... etcétera.

En definitiva, como advierte *De Vega*, la preeminencia y el protagonismo partidista impiden seguir manteniendo la ficción jurídica de la existencia de un órgano colegial único, compuesto por todos los electores, y presentar los resultados electorales como la expresión unitaria de la voluntad de un cuerpo colectivo a través del acto de la votación. Ni cada representante representa ya a la totalidad de la nación, ni todos los representantes representan a cada uno de los individuos.

Estas transformaciones de la democracia representativa explican suficientemente la razón por la que, como con anterioridad señaláramos, amplios sectores doctrinales sostienen que la titularidad del mandato corresponde a los partidos.

IV. Esta realidad política choca, como también ya dijimos, con la incontrastable realidad jurídica, reflejada en nuestro caso por el artículo 67.2 de la Constitución. Y esta colisión suscita un conjunto de problemas de cierta envergadura, de no fácil solución y de una notable trascendencia práctica. De todos ellos, el que mayor interés presenta ahora para nosotros es el de las consecuencias que respecto del «status» parlamentario o, más ampliamente, representativo, puede tener el abandono del partido por el representante, en relación obviamente con el escaño.

La problemática anterior llegaría al Tribunal Constitucional a raíz de una serie de recursos de amparo planteados por distintos cargos de representación municipal (Concejales y Alcaldes), cesados en su mandato por efecto de la aplicación del artículo 11.7 de la Ley 39/1978, de 17 de julio, de Elecciones Locales, que preveía que en los casos de listas que representaran a partidos, federaciones o coaliciones de partidos, si alguno de los candidatos electos dejare de pertenecer al partido que le presentó, habría de cesar en su cargo, atribuyéndose la vacante a los candidatos incluidos en la lista por el orden de colocación en que aparecieran.

Nuestro supremo intérprete de la Constitución, a lo largo de un conjunto de Sentencias (SSTC 5/1983, de 4 de febrero; 10/1983, de 21 de febrero; 16/1983, de 10 de marzo; 20/1983, de 15 de marzo; 28/1983, de 21 de abril; 29/1983, de 26 de abril, y 30/1983, de 26 de abril), iba a manifestarse de modo específico sobre la problemática anteriormente expuesta.

El Tribunal arranca su argumentación de una previa interpretación de la relación representativa:

> «Lo propio de la representación, de cualquier modo que ésta se construya —señala el Tribunal (STC 10/1983)—, tanto basada en el mandato libre como en el mandato imperativo, es el establecimiento de la presunción de que la voluntad del representante es la voluntad de los representados, en razón de la cual son imputados a éstos en su

conjunto y no sólo a quienes votaron en su favor o formaron la mayoría, los actos de aquél. El desconocimiento o la ruptura de esa relación de imputación destruye la naturaleza misma de la institución representativa y vulnera, en consecuencia, un derecho fundamental de todos y cada uno de los sujetos que son parte de ella.»

A partir de este argumento, que supone, en definitiva, entender que el representante lo es del conjunto de los representados, planteamiento que se contrapone al que con anterioridad efectuábamos a la vista de la realidad política, el Tribunal rechazará que el cese en el cargo público representativo pueda depender de una voluntad ajena a la de los electores, y eventualmente a la del elegido (STC 5/1983).

En consonancia con lo expuesto, es claro que el Tribunal, pese a tratarse de sendos recursos de amparo, formulará un auténtico juicio de inconstitucionalidad «en abstracto» sobre la determinación legal del citado artículo de la Ley 39/1978. Sin embargo, lo verdaderamente sorprendente de la declaración de ilegitimidad constitucional de una ordenación de la representación que posibilita que los representantes puedan ser cesados en su cargo público representativo por una decisión extraña a los electores, reside en el fundamento sobre el que el Tribunal basa su posición, que no es el de la interdicción del mandato imperativo del artículo 67.2, sino que toma como punto de partida el derecho que los ciudadanos tienen a participar en los asuntos públicos (artículo 23.1 CE).

El derecho que la Constitución garantiza a todos los ciudadanos de participar en los asuntos públicos mediante representantes libremente elegidos, es un derecho que corresponde a cada ciudadano y que puede ser vulnerado por actos que sólo afecten a cada uno de éstos en particular. Ahora bien, «la vulneración que resulta del hecho de privar al representante de su función les afecta sin embargo a todos simultáneamente y es también una vulneración del derecho del representante a ejercer la función que le es propia, derecho sin el que, como es obvio, se vería vaciado de contenido el de los representados» (STC 10/1983).

De esta forma, el cese en un cargo público representativo como consecuencia de una voluntad extraña a la de los electores, no sólo vulnera el derecho del representante a acceder y permanecer en el cargo público en condiciones de igualdad, derecho reflejo del principio de igualdad formal, sino también el derecho de los ciudadanos a ser representados.

En último término, al reaccionar contra el acto que lo expulsa de su función, el representante no defiende sólo un derecho propio, si bien tampoco, en modo alguno, ajeno, sino que la finalidad que persigue es justamente la de «restaurar la unidad de voluntad en que la representación consiste».

V. Retornando al artículo 67.2, hemos de significar finalmente que de una norma de esta naturaleza, como ha señalado *Virga*, se desprenden un conjunto de importantes consecuencias, directamente vinculadas con el principio de independencia que aquélla pretende garantizar. El propio autor italiano se ha referido a las tres siguientes consecuencias:

1.ª) La prohibición para el parlamentario de estipular negocios jurídicos relativos al ejercicio del mandato; así, un parlamentario no podrá asumir obligaciones escritas o verbales de apoyar en el Parlamento una determinada política.

2.ª) La prohibición de aceptar retribuciones de ningún género para que inste una acción política concreta o para que apoye una norma específica.

3.ª) La invalidez de las estipulaciones del parlamentario relativas al ejercicio de su función parlamentaria.

b/ Adquisición y pérdida de la condición de parlamentario

I. La Constitución apenas si dice nada en torno a esta cuestión; se limita a determinar que: «La validez de las actas y credenciales de los miembros de ambas Cámaras estará sometida al control judicial, en los términos que establezca la ley electoral» (artículo 70.2 CE). Son los Reglamentos del Congreso y Senado (de 10 de febrero de 1982 y de 26 de mayo del mismo año, respectivamente) los que, como es lógico por otra parte, proceden a regular los requisitos para la adquisición de la «condición plena de diputado» o para «la perfección de su condición» de senador.

El artículo 20 del Reglamento del Congreso prescribe en su apartado primero que:

> «El diputado proclamado electo adquirirá la condición plena de diputado por el cumplimiento conjunto de los siguientes requisitos:
> 1.º Presentar en la Secretaría General la credencial expedida por el correspondiente órgano de la Administración electoral.
> 2.º Cumplimentar su declaración, a efectos del examen de incompatibilidades, reflejando los datos relativos a profesión y cargos públicos que desempeñe.
> 3.º Prestar, en la primera sesión del Pleno a que asista, la promesa o juramento de acatar la Constitución.»

Esta previsión, sustancialmente reiterada por el artículo 12 del Reglamento del Senado, suscita una primera reflexión: la norma parlamentaria separa con nitidez la condición del parlamentario electo de la del parlamentario que ha adquirido su condición plena de tal. Ello entraña que aunque la elección por el cuerpo electoral es el elemento que reviste de legitimidad al parlamentario, no basta «per se» para que el parlamentario ejerza efectivamente su función. Para ello, debe cumplir los requisitos reglamentariamente exigidos.

Es evidente que los dos primeros requisitos presentan una naturaleza fundamentalmente administrativa; ambos son igualmente necesarios para la formación de las Cámaras en cuanto órganos; sin embargo, mientras el primero es puramente formal, pues se ciñe a la presentación de la oportuna credencial por la que se acredita documentalmente la elección, el segundo se orienta a posibilitar el ulterior examen por la Comisión de Estatuto de los Diputados, o en su caso por la Comisión de Incompatibilidades del Senado, de la precisa declaración que exige el artículo 160.1 de la Ley Orgánica del Régimen Electoral General (declaración de todas las actividades que puedan constituir causa de incompatibilidad conforme a lo establecido por la propia Ley y de cualesquiera otras actividades que les proporcionen o puedan proporcionar ingresos económicos, así como de su bienes patrimoniales). A la vista de tal declaración, el Pleno de la Cámara resolverá sobre la posible incompatibilidad, a propuesta de la Comisión correspondiente, que deberá ser motivada y, si declara ésta, el parlamentario deberá optar entre el escaño y el cargo, actividad, percepción o participación incompatible. En el caso de no ejercitarse la opción, se entenderá que renuncia al escaño (artículo 160.3 de la Ley Orgánica 5/1985, tras su modificación por la Ley Orgánica 8/1991).

II. Mayor complejidad presenta el tercer requisito, que responde a unas circunstancias muy concretas: la negativa de los diputados y senadores de la coalición independentista vasca Herri Batasuna a asistir a las sesiones de las Cortes, lo que planteó el problema de que unos parlamentarios que no ejercían su cargo ni cumplían los deberes inherentes al mismo, gozaban sin embargo de todos los derechos y prerrogativas de los restantes parlamentarios.

De ahí la incorporación a los Reglamentos del Congreso y Senado de este tercer requisito, de la prestación de la promesa o juramento de acatamiento a la Constitución.

De esta forma, los Reglamentos crean una nueva figura, en verdad peculiar: la de los parlamentarios electos que manteniendo su condición formal de tales, no gozan de los derechos y prerrogativas que les son propios, ya que, a tenor del artículo 20.2 del Reglamento de la Cámara Baja:

> «Los derechos y prerrogativas serán efectivos desde el momento mismo en que el diputado sea proclamado electo. Sin embargo, celebradas tres sesiones plenarias sin que el diputado adquiera la condición de tal, conforme al apartado precedente, no tendrá derechos ni prerrogativas hasta que dicha adquisición se produzca.»

La polémica cuestión iba a llegar al Tribunal Constitucional, a raíz de un recurso de amparo promovido por varios diputados electos de la coalición independentista vasca Herri Batasuna. Fruto de este recurso era la Sentencia 101/1983, de 18 de noviembre.

En ella, y frente a la alegación de los recurrentes de que el artículo 20.1 del Reglamento del Congreso vulneraba el artículo 23.2 de la Constitución, que establece el derecho de acceso en condiciones de igualdad a las funciones y cargos públicos, el Tribunal rechazaría tales argumentaciones sobre la base de una interpretación conjunta de los artículos 23 y 9.1, de la que se desprende que la sujeción a la Constitución es una consecuencia obligada de su carácter de norma suprema, que se traduce en un deber de distinto signo para los ciudadanos y los poderes públicos:

> «Mientras los primeros —añade el Tribunal— tienen un deber general negativo de abstenerse de cualquier actuación que vulnere la Constitución, sin perjuicio de los supuestos en que la misma establece deberes positivos, *los titulares de los poderes públicos tienen además un deber general positivo* de realizar sus funciones de acuerdo con la Constitución, es decir, que *el acceso al cargo implica un deber positivo de acatamiento* entendido como respeto a la misma, lo que no supone necesariamente una adhesión ideológica ni una conformidad a su total contenido, dado que también se respeta la Constitución en el supuesto extremo de que se pretenda su modificación (...). Entendido así el acatamiento, (...) constituye un deber inherente al cargo público, una condición, en el sentido de requisito, con independencia de que se exteriorice o no en un acto formal.»

A partir de esta reflexión de carácter general acerca del sentido del acatamiento de la Constitución, el Tribunal Constitucional llega a la conclusión de que el requisito reglamentario del acatamiento es perfectamente acorde a la Constitución, pues se limita a formalizar, a exteriorizar mediante un acto formal el deber positivo de acatamiento que contiene la propia Norma suprema.

III. La problemática iba, sin embargo, a volverse a suscitar con posterioridad, a raíz de una Resolución de la Presidencia del Congreso, de 30 de noviembre de 1989, sobre la forma en que se había de prestar el juramento o promesa de acatamiento a la Constitución.

El Reglamento del Congreso, a diferencia del de la Cámara Alta, no precisaba la fórmula de acatamiento, si bien constituía un uso parlamentario repetido e indiscutido, y por ello mismo de carácter normativo, el que a la pregunta del Presidente del Congreso en torno a si se promete o jura acatar la Constitución, se respondiera: «sí, juro» o «sí, prometo».

Una circunstancia política precisa: el anuncio por la coalición vasca

Herri Batasuna de su disposición a acudir a la sesión plenaria de investidura del Presidente del Gobierno (a celebrar el 4 de diciembre), unida a su intención de hacer preceder la fórmula legal tradicional de acatamiento de la apostilla «por imperativo legal», desencadenaba los acontecimientos.

En su sesión del 30 de noviembre, la Junta de Portavoces de la Cámara informaba favorablemente, al igual que la Mesa, acerca del ejercicio por el Presidente de la Cámara de su facultad supletoria del Reglamento, en orden a la concreción de la forma de prestar el preceptivo juramento o promesa de acatamiento, procediéndose a renglón seguido a incorporar al Reglamento, por la vía de la Resolución de la Presidencia antes citada, la fórmula exclusiva y solemne que venía manteniéndose hasta ese momento.

Esta norma tenía como consecuencia inmediata la consideración por el Presidente como no ajustada al Reglamento de la forma de expresión de acatamiento constitucional prestada por los diputados electos de Herri Batasuna, en la sesión celebrada el 4 de diciembre de 1989. Contabilizadas tres sesiones plenarias sin que los diputados independentistas vascos formalizasen su acatamiento a la Norma suprema, la Presidencia de la Cámara decidía privarles de sus derechos y prerrogativas parlamentarias, de conformidad con lo previsto por el artículo 20.3 del Reglamento del Congreso (en adelante Rgl. C.).

Los diputados vascos recurrían en vía de amparo ante el Tribunal Constitucional, que, en su Sentencia 119/1990, de 21 de junio, les otorgaba el amparo solicitado.

El Tribunal comenzaba reiterando su anterior doctrina (expuesta en las Sentencias 101/1983 y 122/1983), en el sentido de que la exigencia de acatamiento a la Constitución como requisito para el acceso a los cargos y funciones públicas no es contraria a los derechos fundamentales que la misma Constitución consagra, para precisar a continuación que «tampoco puede ignorarse que los términos en los que tal exigencia se hace pueden ser tales que la invaliden, pues cuando se trata de cargos y funciones públicas cuya naturaleza esencial viene establecida por la Constitución o es deducible de ella "los requisitos que señalen las leyes" (a que se refiere el artículo 23.2 de nuestra Norma fundamental) sólo son constitucionalmente admisibles en la medida en que sean congruentes con ella», apreciación ésta que se apoya en la doctrina sentada por el Tribunal Europeo de Derechos Humanos (en su Sentencia de 2 de marzo de 1987, Caso Mathieu-Mohin y Clerfayt), para el que tales requisitos «no deben contrariar la libre expresión de la opinión del pueblo en la elección del Cuerpo legislativo».

A partir de estos argumentos, nuestro supremo intérprete de la Constitución entendería que la interpretación que el Presidente de la Cámara había hecho del artículo 20 del Reglamento era lesiva del derecho de los recurrentes a acceder a la condición de diputados «en condiciones de igualdad, con los requisitos que señalan las leyes» porque incluía entre tales requisitos una prohibición que no figuraba en las leyes mismas.

El Tribunal concluía con la relevante reflexión que sigue:

> «En un Estado democrático que relativiza las creencias y protege la libertad ideológica; que entroniza como uno de sus valores superiores el pluralismo político; que impone el respeto a los representantes elegidos por sufragio universal en cuanto poderes emanados de la voluntad popular, no resulta congruente una interpretación de la obligación de prestar acatamiento a la Constitución que antepone un formalismo rígido a toda otra consideración, porque de ese modo se violenta la misma Constitución de cuyo acatamiento se trata, se olvida el mayor valor de los derechos fundamentales (en concreto, los del artículo 23) y se hace prevalecer una interpretación de la Constitución excluyente frenta a otra integradora» (STC 119/1990).

IV. En cuanto a la pérdida de la condición de parlamentario, el artículo 22 del Reglamento del Congreso enumera un total de cuatro causas de las que se deriva aquélla:

1.ª Decisión judicial firme que anule la elección o la proclamación del diputado, circunstancia perfectamente acorde con la previsión constitucional del artículo 70.2, a la que ya aludimos, que somete al control judicial la validez de las actas y credenciales de los miembros de ambas Cámaras.

2.ª Fallecimiento o incapacitación del diputado, declarada ésta por decisión judicial firme.

3.ª Extinción del mandato, al expirar su plazo o disolverse la Cámara, sin perjuicio de la prórroga en sus funciones de los miembros, titulares y suplentes, de la Diputación Permanente, hasta la constitución de la nueva Cámara.

4.ª Renuncia del diputado, ante la Mesa del Congreso.

Digamos finalmente que los Reglamentos contemplan un régimen de suspensión de la condición de diputado o senador, o más bien, de la suspensión de sus derechos y deberes parlamentarios en los dos supuestos que siguen (por lo que se refiere al Reglamento del Congreso, artículo 21):

a) En los casos en que así sea procedente por aplicación de las normas de disciplina parlamentarias reglamentariamente fijadas.

b) Cuando, concedida por la Cámara la autorización objeto de un suplicatorio y firme el Auto de procesamiento, se hallare en situación de prisión preventiva y mientras dure ésta.

Asimismo, el diputado quedará suspendido en sus derechos, prerrogativas y deberes parlamentarios cuando una sentencia firme condenatoria lo comporte, o cuando su cumplimiento implique la imposibilidad de ejercer la función parlamentaria.

c/ Régimen de incompatibilidades

Las incompatibilidades son, como las ha definido *Santaolalla,* el conjunto de cargos y situaciones jurídicas que no se pueden ostentar durante el ejercicio del mandato representativo. Persiguen la independencia de los parlamentarios en relación a otros poderes del Estado y a concretas fuerzas políticas y sociales, en modo a asegurar el correcto ejercicio de las importantes funciones puestas en sus manos.

Es preciso no confundir las causas de incompatibilidad con las de inelegibilidad; unas y otras, desde luego, pretenden asegurar la independencia de los parlamentarios; sin embargo, las causas de inelegibilidad se orientan además a salvaguardar la transparencia del proceso electoral, impidiendo que personas que ostentan ciertos cargos privilegiados puedan participar en el proceso electoral como candidatos.

El Tribunal Constitucional, con ocasión de un recurso de amparo, tuvo oportunidad de pronunciarse acerca de la diferencia que media entre inelegibilidad e incompatibilidad, y aunque su referencia legal es el Decreto-ley 20/1977, de Normas Electorales, hoy derogado por la Ley Orgánica 5/1985, lo cierto es que su reflexión sigue siendo perfectamente válida.

Según el Tribunal, «nuestro sistema es el de la concurrencia de supuestos de inelegibilidad, que impiden el convertirse, en quien concurran, en sujeto pasivo de la relación electoral, y de supuestos de incompatibilidad, en los que se transforman los de inelegibilidad (el artículo 155.1 de la Ley Orgánica 5/1985, del Régimen Electoral General —en adelante LOREG— determina que las causas de inelegibilidad de los diputados y senadores lo son también de incompatibilidad) (...), operando en su caso, impidiendo el acceso al cargo o el cese en el mismo, de modo que aquéllos, proclamados y aún elegidos, que han quedado posteriormente afectados por tales causas, incurren en incompatibilidad. La causa sobrevenida opera así como supuesto de incompatibilidad, generadora, no de la invalidez de la elección, sino de impedimento para asumir el cargo electivo o de cese, si se hubiera accedido al escaño. (STC 45/1983, de 25 de mayo).

El artículo 70 de nuestra Lex Superior ha remitido a la Ley Electoral para la determinación de la causas de inelegibilidad e incompatibilidad de diputados y senadores. Sin embargo, ha predeterminado unos «mínimos», esto es, unas causas que habrán de ser comprendidas, en todo caso, por la referida norma de desarrollo. Esas causas abarcarán:

a) A los componentes del Tribunal Constitucional.

b) A los altos cargos de la Administración del Estado que determine la ley, con la excepción de los miembros del Gobierno.

c) Al Defensor del Pueblo.

d) A los Magistrados, Jueces y Fiscales en activo.

e) A los militares profesionales y miembros de las Fuerzas y Cuerpos de Seguridad y Policía en activo.

f) A los miembros de las Juntas Electorales.

Nuestra Norma suprema contempla además otras dos circunstancias generadoras de incompatibilidad. En efecto, su artículo 67.1 prescribe que: «Nadie podrá ser miembro de las dos Cámaras simultáneamente, ni acumular el acta de una Asamblea de Comunidad Autónoma con la de diputado al Congreso.»

Como puede apreciarse, pues, no se puede ser a la vez diputado y senador, como tampoco compaginar el escaño de la Cámara Baja con el de una Asamblea Legislativa autonómica. Esta interdicción, «a sensu contrario», nos conduce a la conclusión de que pueden acumularse las actas de senador y diputado autonómico, circunstancia que parece, básicamente, estar pensada en función de los senadores que representan a las Comunidades Autónomas, siendo designados por sus Asambleas legislativas.

La LOREG ha desarrollado extensamente el régimen de incompatibilidades e inelegibilidades, contemplando con carácter general, esto es, dentro de su primer Título, relativo a las disposiciones comunes para las elecciones por sufragio universal directo, las causas de inelegibilidad, y remitiendo a los sucesivos Títulos (en los que se establecen las disposiciones especiales para cada tipo de comicios) la regulación de las causas de incompatibilidad.

Digamos por último que el control del cumplimiento de las incompatibilidades corresponde al Congreso y al Senado, que lo ejercen auxiliados por Comisiones internas (la del Estatuto de los Diputados y la de Incompatibilidades, respectivamente). Ambas Comisiones realizan una función de instrucción y de propuesta, reservándose siempre a las Cámaras la capacidad decisoria.

d/ Derechos y deberes de los parlamentarios

Los Reglamentos de cada Cámara reconocen un conjunto de derechos a sus miembros con los que se pretende facilitar el adecuado cumplimiento por éstos de sus funciones como miembros de una Cámara.

El más significativo de estos derechos es el derecho a una asignación económica, reconocido por el artículo 71.4 de nuestra Norma suprema, de conformidad con el cual: «Los diputados y senadores percibirán una asignación que será fijada por las respectivas Cámaras». Con ello, como indica *Santaolalla,* se trata de asegurar la autonomía y dignidad de los miembros de las Cortes Generales, evitando la dependencia de sujetos extraños que podría producirse en caso contrario. Por lo demás, una adecuada retribución debe permitir, a nuestro juicio, una dedicación exclusiva a las trascendentales funciones parlamentarias. De ahí también la existencia de un sistema de incompatibilidades que, entre otras finalidades, persigue la de garantizar esa dedicación por entero a la vida parlamentaria.

En desarrollo del precepto constitucional, el artículo 8.° del Reglamento del Congreso y el artículo 23.1 del Reglamento de la Alta Cámara han venido a concretar los términos en que debe materializarse el ejercicio de este derecho a una asignación económica.

Así, el artículo 8.1 prescribe que: «Los diputados percibirán una asignación económica que les permita cumplir eficaz y dignamente su función». «Tendrán igualmente derecho —añade el apartado segundo— a las ayudas, franquicias e indemnizaciones por gastos que sean indispensables para el cumplimiento de su función». La Mesa del Congreso fijará cada año la cuantía de las percepciones de los diputados y sus modalidades dentro de las correspondientes consignaciones presupuestarias.

La Constitución ha guardado silencio en torno a los restantes derechos de los parlamentarios. Son los Reglamentos de las Cámaras los que proceden a su enunciación. Es preciso señalar que algunos de estos otros derechos entran dentro de la categoría de los *«derechos-función»*, esto es, de aquellos derechos que derivan, a la par que sirven de soporte, del ejercicio de la función parlamentaria. Es por ello, por lo que en la mayoría de los supuestos se nos presentan como derechos-deberes. Este es el caso, entre otros, del derecho-deber de asistir con voto a las sesiones del Pleno y a las de las Comisiones de que formen parte, o del derecho-deber de ejercer las facultades y desempeñar las funciones que les atribuye el Reglamento.

Junto a ellos, podemos hacernos eco de otros derechos, como: el derecho de los diputados a formar parte, al menos, de una Comisión; el derecho de información, en orden al cual, tendrán la facultad de recabar de las Administraciones Públicas los datos, informes o documentos que obren en poder de éstas (artículo 7.° del Reglamento del Congreso)...

Todos los parlamentarios están afectados por una serie de obligaciones que han de cumplir a título personal. Destaca de entre ellas la exigencia de los Reglamentos de ambas Cámaras (artículo 18 Reglamento del Congreso y artículo 26 Reglamento del Senado —en adelante Rgl.

C. y Rgl. S., respectivamente—) de una declaración notarial que diputados y senadores han de formular, reflejando sus bienes patrimoniales y aquellas actividades que les proporcionen o puedan proporcionar ingresos económicos. Tras la reforma de la LOREG llevada a cabo por la Ley Orgánica 8/1991, de 13 de marzo, de modificación de la Ley Orgánica del Régimen Electoral General, se ha ampliado aún más de lo que ya lo había hecho la propia LOREG, el contenido de la declaración de actividades que, junto a la declaración de bienes, deberán inscribirse en un Registro de Intereses, constituido en cada una de las Cámaras bajo la dependencia directa de sus respectivos Presidentes. Este Registro tendrá carácter público, a excepción de lo que se refiere a bienes patrimoniales. La instrucción y la resolución de todos los procedimientos relativos al Registro de Intereses y a las actividades de los diputados y senadores —con algunas salvedades, como la resolución sobre las posibles incompatibilidades— corresponderá al Presidente de cada Cámara.

Nos referiremos por último a la obligación establecida por el artículo 17 del Reglamento del Congreso, a cuyo tenor: «Los diputados no podrán invocar o hacer uso de su condición de parlamentarios para el ejercicio de actividad mercantil, industrial o profesional». El incumplimiento de esta obligación se sanciona (artículo 101.1, 4.º Rgl. C.) con la suspensión temporal en la condición de diputado, que habrá de ser acordada por el Pleno de la Cámara.

e/ Las prerrogativas parlamentarias

Históricamente, los miembros de las Asambleas legislativas se han visto investidos de dos prerrogativas de extraordinaria relevancia: la inviolabilidad y la inmunidad. Se han justificado estos privilegios en base a la necesidad de mantener la independencia de las Cámaras frente a posibles agresiones procedentes de otros poderes públicos.

Recordemos al respecto que ya el «Bill of Rights» contemplaba expresamente la inviolabilidad parlamentaria al señalar, en su declaración IX, que «las libertades de expresión, discusión y actuación en el Parlamento no pueden ser juzgadas ni investigadas por otro Tribunal que el Parlamento». La misma Constitución norteamericana se haría eco de este privilegio, pasando con posterioridad a ser regulado por la inmensa mayoría de los códigos constitucionales.

Hoy, podemos decir con *Solé Tura* y *Aparicio,* que nos hallamos ante unas categorías que, al menos en materia de inmunidades, responden más a criterios exacerbados de autodefensa corporativa que a necesidades reales de prevención de la indepedencia de los parlamentarios. En este sentido, por un lado, en los sistemas parlamentarios ha perdido ya su razón de ser buena parte de la institución de la inmunidad al funcionar el Parlamento más en un plano de colaboración entre poderes que en una trayectoria de enfrentamiento orgánico; por otro lado, existe una amplia red de garantías de los derechos ciudadanos que debiera bastar para salvaguardar los propios del parlamentario como tal ciudadano que es.

a') La inviolabilidad parlamentaria

La inviolabilidad parlamentaria («*freedom of speech*» para los ingleses) consiste en la irresponsabilidad jurídica de que gozan los parlamentarios «por las opiniones manifestadas en el ejercicio de sus funciones», en los términos del artículo 71.1 de la Constitución.

La libre discusión y debate es tan importante en una Cámara deliberante que se ve especialmente protegida frente a otros bienes jurídicos a través de este privilegio. Como ha señalado nuestro Tribunal Constitucional (STC 51/1985, de 10 de abril), la «*freedom of speech*» de los parlamentarios se orienta a la preservación de un ámbito cualificado de libertad en la crítica y en la decisión sin el cual el ejercicio de las funciones parlamentarias podría resultar mediatizado y frustrado, por ello, el proceso de libre formación de la voluntad del órgano.

Esta garantía de los parlamentarios no decae por la extinción del mandato. Recordemos que el artículo 10 Rgl. C. establece que: «Los diputados gozarán de inviolabilidad, aun después de haber cesado en su mandato, por las opiniones manifestadas en el ejercicio de sus funciones», previsión reiterada por el artículo 21 Rgl. S. Sus efectos son, pues, perpetuos.

Ahora bien, se trata de una prerrogativa que cubre tan sólo el ejercicio de la función parlamentaria; sólo lo realizado al amparo de ésta puede ser protegido por la inviolabilidad. Ello requiere de una correcta delimitación material y funcional de la misma, delimitación que ha llevado a cabo el Tribunal Constitucional en su Sentencia 51/1985.

En lo que hace a su delimitación material, el Tribunal ha considerado evidente que la garantía no ampara cualesquiera actuaciones de los parlamentarios y sí sólo sus declaraciones de juicio o de voluntad, siendo éste, pues, el ámbito material del término «opiniones» del artículo 71.1.

En lo que se refiere a su delimitación funcional, la duda de mayor entidad que surge es la de si la inviolabilidad cubre toda la actuación de «relevancia política» del parlamentario o si, más estrictamente, la protección dispensada por esta garantía no alcanza sino a la conducta de su titular en tanto que miembro del órgano colegiado, cesando, por lo tanto, cuando el sujeto despliegue ya su conducta —incluso con trascendencia «política»— al margen de las funciones parlamentarias.

Nuestro intérprete supremo de la Constitución, ante esta disyuntiva, se inclina por la comprensión más estricta de la prerrogativa. A su juicio, el nexo entre inviolabilidad y ejercicio de funciones propias a la condición de parlamentario está claramente expuesto por el mismo artículo 71.1. «A no ser —precisa el Tribunal— que la expresión «funciones» que recoge esta norma («opiniones manifestadas en el ejercicio de sus funciones») se entendiera en un sentido inespecífico (de corte sociológico y no jurídico), las mismas deberán identificarse en las que son propias del diputado o senador en tanto que sujetos portadores del órgano parlamentario, cuyo autonomía, en definitiva, es la protegida a través de esta garantía individual.»

En resumen, el interés a cuyo servicio se encuentra establecida la inviolabilidad es el de la protección de la libre discusión y decisión parlamentarias, decayendo tal protección cuando los actos hayan sido realizados por su autor en calidad de ciudadano (de «político» incluso), fuera del ejercicio de competencias y funciones que le pudieran corresponder como parlamentario. Así, las funciones relevantes para el artículo 71.1 de la Constitución no son indiferenciadamente todas las realizadas por quien sea parlamentario, sino aquellas imputables a quien, siéndolo, actúa jurídicamente como tal.

Señalaremos por último que el carácter absoluto de la inviolabilidad se manifiesta tan sólo «ad extra», esto es, hacia el exterior de la Cámara, pues es patente que «ad intra», la *«freedom of speech»* está limitada por la disciplina parlamentaria. Así, los diputados y oradores serán llamados al orden, tal y como determina el artículo 103. 1.º Rgl. C., cuando profirieren palabras o vertieren conceptos ofensivos al decoro de la Cámara o de sus miembros, de las Instituciones del Estado o de cualquiera otra persona o entidad.

b') La inmunidad parlamentaria

La inmunidad parlamentaria *(«freedom from arrest»* para los ingleses) es el privilegio de que gozan diputados y senadores en virtud del cual no pueden ser detenidos ni procesados más que en determinadas circunstancias y con arreglo a un procedimiento específico. La denominación con que se conoce esta prerrogativa es verdaderamente equívoca, pues parece referirse a una total irresponsabilidad de los parlamentarios, a su sustracción por entero a la acción de la justicia. La realidad es muy distinta, pues se trata de un privilegio procesal que entraña ciertas garantías o trámites en la persecución de un delito presuntamente cometido por un parlamentario. Bien es verdad que el privilegio puede llegar a impedir totalmente el proceso.

El artículo 71.2 contempla la inmunidad en estos términos: «Durante el período de su mandato los diputados y senadores gozarán asimismo de inmunidad y sólo podrán ser detenidos en caso de flagrante delito.

No podrán ser inculpados ni procesados sin la previa autorización de la Cámara respectiva.»

Como ha puesto de relieve el Tribunal Constitucional (STC 90/1985, de 22 de julio), la institución de la inmunidad se hace efectiva mediante actuaciones que son, por el órgano que las lleva a cabo, de naturaleza parlamentaria —pues la inmunidad se concreta en la posibilidad de conceder o denegar suplicatorios para procesar a diputados o senadores—, pero que adquieren también significado procesal, desde el punto de vista del derecho a la jurisdicción, en cuanto suponen, dentro del procesamiento penal un elemento diferenciador, como es la necesidad de que las Cámaras respectivas den a la jurisdicción competente autorización para procesar.

Es por ello por lo que se hace especialmente necesario atender a la «ratio» última a que responde la inmunidad, en la que se va a justificar esa limitación del derecho a la jurisdicción.

La inmunidad parlamentaria no puede concebirse, como ha dicho el Tribunal Constitucional (STC 90/1985), como un privilegio personal, esto es, como un instrumento que únicamente se establece en beneficio de las personas de diputados o senadores, al objeto de sustraer sus conductas del conocimiento o decisión de jueces y tribunales. Tal tipo de privilegios pugnaría con los valores de «justicia» e «igualdad». Por el contrario, la inmunidad se justifica en atención al conjunto de funciones parlamentarias respecto a las que tiene, como finalidad primordial, su protección.

Esa protección a que la inmunidad se orienta no lo es, sin embargo, frente a la improcedencia o a la falta de fundamentación de las acciones penales dirigidas contra los diputados o senadores, pues no cabe mayor defensa frente a tales riesgos o defectos de tipo jurídico que la proporcionada por los jueces y tribunales. La amenaza frente a la que protege la inmunidad sólo puede serlo de tipo político, y, como ha dicho el Tribunal, consiste en la eventualidad de que la vía penal sea utilizada con la intención de perturbar el funcionamiento de las Cámaras o de alterar la composición que a las mismas ha dado la voluntad popular. «La posibilidad de que las Cámaras aprecien y eviten esa intencionalidad es lo que la Constitución ha querido al otorgarles la facultad de impedir que las acciones penales contra sus miembros prosigan». De ahí que la institución de la inmunidad venga, en definitiva, a posibilitar que las propias Cámaras realicen algo que no pueden llevar a cabo los órganos de naturaleza jurisdiccional, como es una valoración sobre el significado político de tales acciones.

Los Reglamentos de las Cámaras han regulado en detalle el trámite a seguir en el caso de detención de un parlamentario (en un supuesto de flagrante delito) así como en el de solicitud de inculpación o procesamiento.

Y así, el artículo 12 del Rgl. C. prevé que el Presidente del Congreso, una vez conocida la detención de un diputado o cualquier otra actuación judicial o gubernativa que pudiere obstaculizar el ejercicio de su mandato, «adoptará de inmediato cuantas medidas sean necesarias para salvaguardar los derechos y prerrogativas de la Cámara y de sus miembros».

Por su lado, los artículos 13 y 14 del propio Reglamento prescriben los trámites a seguir en el supuesto de recepción en la Cámara de un suplicatorio, en solicitud de la autorización del Congreso para la inculpación o procesamiento de uno de sus miembros. En tal caso, el Presidente, previo acuerdo de la Mesa, remitirá el suplicatorio, en el plazo de cinco días, a la Comisión del Estatuto de los Diputados. En un máximo de treinta días, la Comisión habrá de concluir su trabajo, tras la previa audiencia del interesado. Tras ello, la cuestión, debidamente documentada, será sometida al primer Pleno ordinario de la Cámara. El artículo 14.2 del propio Reglamento contempla el supuesto de silencio de la Cámara, por falta de pronunciamiento de la misma en el plazo de sesenta días naturales, computados a partir del siguiente al del recibo del suplicatorio. En tal caso, el suplicatorio se entenderá denegado.

En definitiva, la doctrina constitucional se ha manifestado proclive a interpretar restrictivamente este privilegio, de dudosa justificación en nuestros días (así, en la Sentencia comentada, como también, entre otras, en la STC 51/1985 y en la STC 243/1988).

c') El privilegio de fuero

El artículo 71.3 de nuestra Norma suprema establece el que se conoce como fuero privilegiado o privilegio de fuero, que, aun cuando con mucha menor trascendencia que la inviolabilidad y la inmunidad, suele situarse junto a aquéllas al contemplar las prerrogativas parlamentarias.

A tenor del artículo 71.3: «En las causas contra diputados y senadores será competente la Sala de lo Penal del Tribunal Supremo». En consecuencia, una vez autorizado el procesamiento, tras la aprobación del suplicatorio, la Sala de lo Penal conocerá en primera y única instancia de la causa.

El hecho de que el pronunciamiento judicial sea en una sola instancia daría pie a un recurso de amparo ante el Tribunal Constitucional, asentado en la consideración de que el carácter firme y definitivo de la Sentencia de la Sala del Tribunal Supremo vulneraba el artículo 24 de la Constitución que, interpretado de conformidad con el artículo 14 del Pacto Internacional de Derechos Civiles y Políticos, ratificado por España, debe reconocer la garantía al doble grado de jurisdicción en materia penal.

El Tribunal, sin embargo, rechazaría el amparo solicitado por entender, siguiendo una doctrina muy reiterada, que el artículo 14 del citado Pacto Internacional, aunque es Derecho interno, no es bastante para crear «per se» recursos inexistentes en nuestro ordenamiento.

Además, y en relación ya con el fuero privilegiado, el Tribunal (STC 51/1985, de 10 de abril) precisaría que el hecho de que determinadas personas gocen, *«ex Constitutione»*, y en atención a su cargo, de una especial protección, contrarresta la imposibilidad de acudir a una instancia superior, pudiendo afirmarse que «esas particulares garantías que acompañan a senadores y diputados disculpan la falta de un segundo grado jurisdiccional, por ellas mismas y porque el órgano encargado de conocer en las causas en que puedan hallarse implicadas es el superior en la vía judicial ordinaria».

E) Estructura y funcionamiento de las Cámaras

La estructura y funcionamiento de las Cámaras constituye el objeto fundamental del Derecho parlamentario, rama jurídica del Derecho constitucional dotada de principios y caracteres específicos. Entre las fuentes del Derecho parlamentario destacan con luz propia los Reglamentos parlamentarios, que traen su causa de la Constitución, y que proyectan su operatividad hacia la vida interna de las Cámaras, por lo que se les ha llamado *«interna corporis»*. Así lo ha reconocido el Tribunal Constitucional, al señalar que son normas que operan «ad intra» de las Cámaras que los aprueban (STC 108/1986, de 29 de julio).

El inciso primero del artículo 72.1 de la Constitución prescribe: «Las Cámaras establecen sus propios Reglamentos, aprueban autónomamente sus presupuestos y, de común acuerdo, regulan el Estatuto del Personal de las Cortes Generales.» Este precepto precisa una triple manifestación de la autonomía de las Cortes: la *autonomía reglamentaria*, la *presupuestaria* y la *administrativa*.

En cuanto a la primera, hoy constituye una evidencia la consideración de los Reglamentos como un acto de potestad autonormativa de las Cámaras, con el que se persigue garantizar su independencia frente al Ejecutivo, a la par que racionalizar el trabajo parlamentario. Ello, sin embargo, no siempre ha sido así.

La autonomía presupuestaria no es sino la premisa obligada para el normal ejercicio por las Cámaras de sus funciones; sin ella, quedarían supeditadas a la voluntad de los órganos que están llamados a ser fiscalizados por las Cortes.

Consecuencia de la autonomía reglamentaria es la autonomía administrativa. Si las Cortes son autosuficientes en orden a fijar su estructura, parece totalmente lógico que también lo sean para regular el estatuto de su personal. En consonancia con ello, es comprensible que a los Presidentes de las Cámaras se les atribuya (artículo 72.3), en nombre de las mismas, el ejercicio de todos los poderes administrativos y facultades de policía en el interior de sus respectivas sedes.

Digamos por último, antes de centrarnos en el principio de autonomía reglamentaria, que nuestra «Lex Superior» contempla una nueva manifestación de la autonomía de las Cámaras: su *autonomía de gobierno interno.* A tenor del artículo 72.2, «las Cámaras eligen sus respectivos presidentes y los demás miembros de sus Mesas». Se asegura de esta forma que los órganos de dirección de las Cámaras se deban a su exclusiva voluntad.

a/ Los Reglamentos parlamentarios

El principio de autonormatividad parlamentaria, como señala *Morodo,* fue asumido por el Estado liberal como uno de sus elementos esenciales, elevándose incluso a rango constitucional. Recordemos que el propio *Sieyès* había fundamentado en la teoría del poder constituyente este mismo principio, que, por lo demás, tradicionalmente, se ha visto afectado de modo directo por los cambios de orientación de la vida política, viéndose tanto más restringido cuanto más conservador, o incluso autoritario, se hacía el régimen, circunstancia que se comprende con facilidad si se advierte la enorme trascendencia política de los Reglamentos, que inciden sobre aspectos realmente claves para el conjunto del sistema político, como son en la actualidad, entre otros, el funcionamiento de los Grupos parlamentarios —traducción en la vida parlamentaria de los partidos políticos—, la fiscalización del Gobierno, las relaciones con otros órganos constitucionales... etc.

Admitido en nuestros días sin debate alguno este principio de «normación autónoma» que poseen las Cortes, la controversia doctrinal se ha centrado en torno a la naturaleza jurídica de los Reglamentos parlamentarios.

Dos han sido las posiciones de mayor peso específico durante largo tiempo:

Una, la que considera a los Reglamentos, más un conjunto de reglas convencionales que de normas jurídicas. Esta es la postura de *Hatschek,* para quien los Reglamentos son meras compilaciones de prácticas largamente observadas.

Otra, la que ve en ellos una naturaleza estatutaria, de derecho corporativo, en cuanto sólo cubren los asuntos interiores de la Cámara, obligando en exclusiva a sus miembros. *Laband* es el más significado representante de esta posición.

En todo caso, desde ambas visiones, el funcionamiento del régimen interno de la Cámara era una cuestión ajena al ordenamiento jurídico del Estado.

El progresivo protagonismo del Parlamento sobre los restantes órganos constitucionales condujo a la doctrina francesa clásica *(Duguit, Maurice Hauriou)* a un replanteamiento de la cuestión, fruto del cual fue el reconocimiento de su naturaleza jurídico pública, si bien con la precisión de que su eficacia jurídica se circunscribía a los miembros de la propia Cámara. Consiguientemente, carecían de toda relevancia exterior y no podían ser invocados ante los Tribunales.

Tras la Segunda Guerra Mundial, con los notabilísimos cambios experimentados por el Derecho constitucional, se ha retornado a la teorización sobre la cuestión que nos ocupa, expresándose nuevas posturas al respecto, de entre las que destaca la de *Bon Valsasina,* para quien no hay una naturaleza común en el conjunto de las normas reglamentarias, sino que cabe distinguir las que generan efectos frente a terceros de aquellas otras que circunscriben su eficacia al ámbito interno de la Cámara. Ello, en todo caso, ha conducido a entender los Reglamentos como normas jurídicas derivadas inmediatamente de la Constitución, que tienen por ello mismo su lugar propio en el ordenamiento jurídico. En definitiva, se ha reconocido la naturaleza jurídico-normativa de los Reglamentos parlamentarios.

Así las cosas, el problema se ha trasladado al rango jerárquico de los Reglamentos, teorizándose frecuentemente sobre su condición de normas legales o con fuerza de ley. *Santaolalla* ha llegado a la conclusión de que, en sentido propio, no puede afirmarse que los Reglamentos sean de la misma naturaleza que las leyes o normas con fuerza de ley. Como no son ley formal —añade el citado autor—, no tienen fuerza general de obligar y, por consiguiente, no pueden vincular ni a los ciudadanos ni a otros órganos estatales, lo que no significa que, a efectos determinados, no puedan tener una particular significación en el ordenamiento general. En definitiva, y siempre según *Santaolalla,* los Reglamentos parlamentarios son normaciones autónomas de las Cámaras, un caso atípico en el mundo del Derecho, que no pueden equipararse ni con las leyes formales ni con los Reglamentos administrativos.

Ahora bien, en la problemática que nos ocupa un nuevo elemento ha entrado en juego, incidiendo decisivamente. Nos referimos a la Ley Orgánica 2/1979, de 3 de octubre, del Tribunal Constitucional. Su artículo 27 ha venido a desarrollar la previsión del artículo 161.1, de la Constitución, precepto este último que proclama la competencia del Tribunal Constitucional para conocer, entre otras materias: 1.° del recurso de inconstitucionalidad contra leyes y disposiciones normativas con fuerza de ley [apartado *a)*] y 2.° de las demás materias que le atribuyan la Constitución o las leyes orgánicas [apartado *d)*].

Pues bien, el artículo 27.2 de la Ley Orgánica del Tribunal Constitucional, en su apartado *d)*, considera susceptibles de declaración de inconstitucionalidad, los Reglamentos de las Cámaras y de las Cortes Generales.

Como advierten *Solé Tura* y *Aparicio*, nos hallamos ante una disposición que borra cualquier pretensión de considerar a los Reglamentos parlamentarios como «*interna corporis*». Ciertamente que no se establece de manera expresa una asimilación de aquéllos a fuentes normativas concretas como puede ser la ley, pero sin duda alguna su regulación a través de la citada Ley Orgánica sitúa a los Reglamentos como una fuente normativa más.

Una fuente normativa que no es en modo alguno un Reglamento administrativo, por una razón obvia: deriva de modo inmediato, sin interposición alguna, sin que en definitiva exista norma interpuesta, de la Constitución. Pero una fuente que tampoco es en puridad una ley.

Y no lo es en atención a razones formales, materiales e incluso en base a argumentos relacionados con el control jurisdiccional.

Formalmente, el Reglamento es aprobado y reformado por la propia Cámara, tal y como prevé el artículo 72.1, inciso segundo, que exige su sometimiento a una votación final sobre la totalidad, que requerirá la mayoría absoluta de los miembros de la propia Cámara. La única salvedad a esta regla general atañe al Reglamento de las Cortes Generales, que deberá ser aprobado por la mayoría absoluta de cada Cámara (artículo 72.2, inciso final). Este procedimiento entraña que, a diferencia del procedimiento legislativo, ni interviene la otra Cámara, ni se requiere de la sanción y promulgación regias.

Materialmente, el Reglamento parlamentario sólo puede regular las materias expresamente reservadas por la Constitución para tal tipo de normas, sin que las leyes puedan invadir tal ámbito de reserva.

Por último, y como consecuencia obligada de la naturaleza de la reserva competencial efectuada por la Constitución a favor del Reglamento, el control jurisdiccional de los Reglamentos parlamentarios sólo puede ser ejercido por el Tribunal Constitucional. Los Reglamentos no pueden ser controlados ni aplicados por los Tribunales ordinarios.

A la vista de todo lo expuesto, podemos concluir con *Solé Tura* y *Aparicio* que el Reglamento es una norma jurídica especial, que produce efectos dentro del ordenamiento jurídico en cuanto regula actividades de las Cámaras conectadas con otras instancias jurídicas e institucionales y que se halla sometida al control de constitucionalidad.

b/ Los Grupos parlamentarios

Los Grupos parlamentarios son los goznes sobre los que gira la vida político-parlamentaria. Sin embargo, no siempre ha sido así. En el parlamentarismo de buena parte del pasado siglo, los parlamentarios individualmente considerados eran el elemento principal de la vida de aquellas asambleas, en las que el componente asociativo tenía una presencia débil y desdibujada.

La democracia parlamentaria de partidos, en la que el elector, más que a un candidato individual, otorga su voto a una opción política organizada, que proyecta su acción política en el Parlamento a través de su propio Grupo parlamentario, es la última razón que nos explica el por qué de la importancia de estos Grupos en las modernas Asambleas legislativas.

Muy debatida doctrinalmente ha sido la cuestión de la naturaleza jurídica de los Grupos. Un amplio núcleo doctrinal los ha llegado a considerar órganos parlamentarios, circunstancia explicable a la vista de que actúan en el seno de las Cámaras y en atención a su extraordinaria relevancia en el funcionamiento de las mismas. Sin embargo, como señala *Santaolalla,* existen razones de peso que se oponen a esta caracterización. Así, los Grupos actúan siempre en nombre y por cuenta propia, nunca en nombre de las Cámaras; sus actos, en consecuencia, no son imputables a aquéllas; además, los Grupos se rigen por su propio reglamento interno, respecto del que no rige el principio de publicidad, administran autónomamente sus propios fondos... etc.

Por todo ello, parece preferible caracterizarlos como asociaciones privadas, constituidas voluntariamente por un conjunto de parlamentarios individuales, de conformidad con los requisitos reglamentariamente previstos, que van a ejercer funciones públicas.

Dos son los tipos de requisitos establecidos por el Reglamento del Congreso a efectos de la constitución de un Grupo parlamentario: los requisitos de fondo, los verdaderamente constitutivos, y los de actividad.

Respecto de los primeros, el artículo 23 Rgl. C. exige para la constitución de un Grupo un número de diputados no inferior a quince, si bien podrán igualmente constituirlo un mínimo de cinco, siempre que sus respectivas formaciones políticas hubiesen obtenido, al menos, el 15 por 100 de los votos correspondientes a las circunscripciones en que hubieren presentado candidatura o el 5 por 100 de los emitidos en el conjunto de la Nación.

En cuanto a los que hemos llamado requisitos de actividad, el artículo 27.2 Rgl. C. prevé que cuando los componentes de un Grupo, distinto del Mixto, se reduzcan durante el transcurso de la legislatura a un número inferior a la mitad del mínimo exigido para su constitución, el Grupo quedará disuelto y sus miembros pasarán automáticamente a formar parte del Grupo Mixto.

Por lo demás, el artículo 23.2 Rgl. C. ha establecido ciertas restricciones en orden a la constitución de los Grupos. De un lado, prohíbe que miembros de un mismo partido puedan constituir Grupos separados. En el mismo sentido, se excluye la constitución de un Grupo separado a los diputados que, al tiempo de las elecciones, pertenecieran a formaciones políticas que no se hubieran enfrentado ante el electorado. Con ello, el Reglamento fuerza a que los diputados que, aun sin militar en idéntico partido, formaran parte de la misma coalición electoral, se integren en el mismo Grupo parlamentario, con lo que se intenta mantener una correlación entre el respaldo electoral de partidos o coaliciones y la organización parlamentaria postelectoral.

Bien al contrario, el Reglamento no sólo no prohíbe, sino que posibilita (el artículo 23.1 alude a los diputados de una o varias formaciones políticas) que diputados de diferentes partidos procedan a constituir un mismo Grupo.

La constitución de los Grupos debe hacerse dentro de los cinco días siguientes a la sesión constitutiva del Congreso, mediante escrito dirigido a la Mesa de la Cámara.

Los diputados que no se integraren en ningún Grupo parlamentario en los plazos reglamentariamente previstos, quedarán incorporados, por mandato reglamentario (artículo 25.1 Rgl. C.), al Grupo Mixto.

El Reglamento prevé que ningún diputado pueda formar parte de más de un Grupo (artículo 25.2). Contempla asimismo la posibilidad de cambio de Grupo, bien que sujetándola a un conjunto de restricciones (artículo 27.1 Rgl. C.). En efecto, el cambio de un Grupo a otro, con excepción del Grupo Mixto, sólo podrá llevarse a cabo dentro de los cinco primeros días de cada período de sesiones.

En lo que se refiere al Senado, el Reglamento de la Cámara Alta exige para la constitución de un Grupo parlamentario (artículo 27.1 Rgl. S.), al menos, diez senadores. Siguiendo los pasos del Reglamento de la Cámara Baja, se establece que cuando los componentes de un Grupo, normalmente constituido, se redujeren durante el transcurso de la legislatura a un número inferior a seis, el Grupo quedará disuelto al fin del período de sesiones en que se produzca esta circunstancia. La disolución del Grupo, a diferencia de lo que acontece en el Congreso, no es aquí automática, sino que se aplaza hasta el término de ese período de sesiones.

El Reglamento del Senado (artículo 27.3) también prohíbe a los senadores que hubieren concurrido a los comicios formando parte de un mismo partido, federación, coalición o agrupación, la formación de más de un Grupo parlamentario.

La constitución del Grupo debe formalizarse igualmente en el término de cinco días hábiles, contados desde la constitución de la Cámara. Los senadores que en tal plazo no se hubieren incorporado a un Grupo específico, pasarán a integrar el Grupo Mixto.

La gran novedad del Reglamento del Senado en el punto que nos ocupa es la institucionalización de los llamados «Grupos territoriales». De conformidad con su artículo 32, dentro de los Grupos parlamentarios que se compongan de senadores de dos o más Comunidades Autónomas (independientemente del sistema por el que hayan sido elegidos o designados), podrán constituirse Grupos territoriales. Cada Grupo territorial estará integrado, al menos, por tres senadores.

La normación reglamentaria de este tipo de Grupos pretendía operar como revulsivo autonómico del Senado. Sin embargo, el hecho de que estos Grupos territoriales no existan con independencia de los tradicionales Grupos parlamentarios, pues sólo pueden constituirse dentro de estos últimos, desvirtúa en alguna medida su posible eficacia práctica. Además, mientras la simple concurrencia de voluntades basta para la constitución de un Grupo parlamentario, no parece resultar suficiente para la formación de uno territorial por cuanto, a la vista del artículo 33 Rgl. S., también se precisa la intervención externa del portavoz del Grupo parlamentario al que previamente están adscritos los senadores; el portavoz ha de suscribir con éstos la relación nominal que debe entregarse a la Presidencia de la Cámara. No hay, por lo tanto, un acto que exprese la autonomía de la voluntad de los senadores, sino una autorización concedida al Grupo parlamentario en el que se ha integrado con carácter previo el senador y cuya disciplina ha acatado.

Hemos de terminar esta referencia acerca de los Grupos haciéndonos eco del destacadísimo papel que han asumido en la vida parlamentaria.

Todas las Comisiones de una y otra Cámara —con la sola salvedad de la Comisión del Estatuto de los Diputados, compuesta por un miembro por cada Grupo, a tenor del artículo 48.1 Rgl. C.— se han de constituir de modo tal que reflejen la importancia numérica de cada Grupo de la Cámara. A su vez, son los propios Grupos quienes designan los miembros de las Comisiones (artículo 40 Rgl. C. y artículos 51 y 52 Rgl. S.). Esta misma regla de proporcionalidad rige para la Diputación Permanente.

Los portavoces de todos y cada uno de los Grupos forman la llamada «Junta de Portavoces», órgano extraordinariamente relevante en el Congreso de los Diputados, en cuanto, entre otras competencias notables, le corresponde fijar el orden del día de las sesiones plenarias. El mecanismo del voto ponderado comporta que la correlación mayoría-minoría del Congreso tenga perfecto reflejo en la Junta, y a la inversa, por cuanto, alcanzado un compromiso en ésta, el portavoz que ha negociado en nombre de su Grupo se encarga de velar para que los diputados integrantes del mismo respeten dicho acuerdo, a cuyo fin se orientan los mecanismos de disciplina interna del propio Grupo.

Como señalan *Solé Tura* y *Aparicio,* la experiencia demuestra que el papel de la Junta de Portavoces es especialmente importante cuando no existe ningún Grupo que cuente con mayoría absoluta en el Congreso. Entonces, la Junta se convierte en el órgano privilegiado de negociación y compromiso, incluso para la formación de mayorías parlamentarias, y en ella es evidente el protagonismo alcanzado por los Grupos.

Digamos por último que los debates se encuentran organizados, especialmente en la Cámara Baja, en torno a la participación preponderante de los Grupos.

Además de todo lo expuesto, el Reglamento del Congreso reserva a los Grupos un conjunto notable de facultades (presentar proposiciones de ley, enmiendas a la totalidad, mantener votos particulares con vistas al debate plenario...). En definitiva, es patente el protagonismo de los Grupos en la vida parlamentaria y, en particular, muy acentuadamente, en la del Congreso de los Diputados.

c/ Los órganos de dirección y de gobierno interno

Pueden considerarse órganos de este tipo, según *Solé Tura* y *Aparicio,* aquellos que, al coordinar y dirigir la actividad parlamentaria, constituyen el elemento de cohesión y soporte de los órganos más directamente encargados de la realización de las funciones propiamente parlamentarias, que siguiendo a los mismos autores denominaremos «órganos de producción parlamentaria».

Los órganos de dirección son básicamente tres: el Presidente, la Mesa y la Junta de Portavoces.

a') El Presidente

La presidencia de la Cámara suele considerarse la máxima autoridad de la misma. Incluso puede detectarse una cierta tendencia en el Derecho comparado a dotar de un cierto carácter institucional a esta autoridad, en una línea similar a la del «Speaker» inglés.

Obviamente, son las Cámaras las que eligen sus respectivos Presidentes y los demás miembros de sus Mesas; así lo determina el artículo 72.2 de la Constitución. Los Reglamentos de cada una de ellas regulan detenidamente el procedimiento de elección, muy similar en el Congreso y el Senado.

En la sesión constitutiva de las Cámaras, el Pleno debe proceder a la elección del Presidente y restantes miembros de la Mesa. En la elección del Presidente del Congreso (artículo 37 Rgl. C.), cada diputado escribirá en su respectiva papeleta un sólo nombre, resultando elegido el candidato que obtuviere el voto de la mayoría absoluta. Si ninguno la alcanzare, se repetirá la elección entre los dos más votados, resultando elegido quien obtuviere mayor número de votos.

El Reglamento del Congreso, a diferencia del de la Cámara Alta, guarda silencio en torno al trámite de presentación de candidatos. Sin embargo, debe entenderse que la propuesta debe partir de uno o más diputados, pues hasta el momento de la constitución no existen en la Cámara órganos a los que imputar esta iniciativa.

A la vista de las funciones que desempeñan los Presidentes, hay que convenir en la semejanza de nuestro modelo con el que podríamos considerar modelo continental, caracterizado por la proximidad del Presidente a las mayorías electorales y, por ello mismo, parlamentarias, a diferencia del modelo inglés, en el que el Speaker de la Cámara tiende a situarse por encima de las confrontaciones partidistas. Es cierto que en alguna ocasión se ha intentado una aproximación del modelo —especialmente el del Congreso— al inglés. Ello iría unido incluso a una institucionalización del «líder de la Oposición», circunstancias que responderían al intento de dar vida parlamentaria a un sistema bipartidista un tanto irreal y que, por ello mismo, estaba condenado al fracaso.

La realidad nos muestra, en definitiva, el destacadísimo papel que desempeña el Presidente en la vida de las Cámaras, que se ve además reforzado por la atribución al mismo de ciertas funciones constitucionales de vital importancia, entre las que destaca —en relación al Presidente del Congreso— la de ser el cauce a través del cual el Rey propone al Congreso un candidato a la Presidencia del Gobierno (artículo 99 de la Constitución). Es el Presidente de la Cámara Baja quien refrenda ese acto regio, con lo que asume la función de dar validez a las decisiones del Monarca.

Esta última función, como también las restantes que se le encomiendan en relación con otros órganos constitucionales, en su condición de representante de la Cámara, convierten al Presidente del Congreso en un elemento de convergencia constitucional.

Además de estas funciones, corresponde al Presidente un amplio elenco de atribuciones de orden interno, esto es, que se proyectan sobre el funcionamiento general de la Cámara y de sus distintos órganos (la Mesa, la Junta de Portavoces, el Pleno, las Comisiones...). Este es el caso de la dirección de los debates, el mantenimiento del orden de los mismos, la convocatoria de las sesiones, el ejercicio de la potestad disciplinaria... etc.

Especialísima importancia tiene la atribución que le otorga el artículo 32.2 Rgl. C.: «cumplir y hacer cumplir el Reglamento, interpretándolo en los casos de duda y supliéndolo en los de omisión», quedando facultado, en el ejercicio de esta función supletoria, para dictar resoluciones de carácter general, a cuyo efecto deberá mediar el parecer favorable de la Mesa y de la Junta de Portavoces.

También el Reglamento del Senado contempla análogas determinaciones, atribuyendo a su Presidente (artículo 37, 7 y 8) las facultades de «interpretar el Reglamento» y «suplir, de acuerdo con la Mesa de la Comisión del Reglamento, las lagunas de éste».

De esta forma, los Presidentes, aun cuando con la obligada colaboración de otros órganos, se convierten en instrumentos de cierre interior de las normas reglamentarias de su propia Cámara, con la enorme importancia que ello puede tener en ocasiones.

b') La Mesa

La Mesa es el órgano rector de cada Cámara, ostentando su representación colegiada. En cierto modo, se trata de un órgano que debiera tener un carácter sustancialmente institucional por cuanto no es una instancia llamada a reflejar posiciones partidistas. Sin embargo, no siempre sucede así.

La Mesa del Congreso está compuesta por el Presidente, cuatro Vicepresidentes y cuatro Secretarios, incorporándose a ella, como miembro técnico, el Letrado Secretario General (Letrado Mayor en el Senado). La Mesa del Senado tiene idéntica composición, con la sola salvedad de que el número de Vicepresidentes es de tan sólo dos.

En la elección de los miembros de las Mesas rige un sistema electoral mayoritario corregido. Así, como Vicepresidentes y Secretarios del Congreso son elegidos los cuatro candidatos que en ambos casos obtuviesen el mayor número de votos, si bien con la particularidad en la elección de que cada diputado tan sólo puede escribir un nombre en la papeleta de votación; dispone así de un sólo voto para la elección de los Vicepresidentes y de otro para la de los Secretarios. De esta forma, se garantiza una cierta presencia en la Mesa de diputados procedentes de diferentes minorías parlamentarias, sin que, por otro lado, tal presencia sea imperativa. El sistema del Senado es muy similar al descrito.

Las funciones de las Mesas varían de una a otra Cámara. El artículo 31.1, 1.º Rgl. C. atribuye a la Mesa del Congreso la adopción de «cuantas decisiones y medidas requieran la organización del trabajo y el régimen y gobierno interiores de la Cámara», lo que la convierte en una especie de órgano colegiado de dirección de la Cámara. Algo distinto de lo que acontece en el Senado, en donde el artículo 35.1 Rgl. S. precisa que la Mesa actúa bajo la autoridad y dirección de su Presidente, para, a continuación, limitarse el artículo 36 a atribuir a la Mesa un conjunto de funciones muy puntuales.

De modo general, puede decirse que la Mesa, en especial la del Congreso, es el órgano de programación de los trabajos parlamentarios. El artículo 31.1, 6.º Rgl. C. atribuye a la Mesa la programación de las líneas generales de actuación de la Cámara, la fijación del calendario de actividades del Pleno y de las Comisiones para cada período de sesiones y la coordinación de los trabajos de sus distintos órganos, todo ello previa audiencia de la Junta de Portavoces. De esta forma, una vez oída la Junta de Portavoces, la Mesa programa y selecciona el trabajo parlamentario, con lo que viene a convertirse en una especie de mecanismo de filtro de las propuestas de los distintos Grupos parlamentarios, abandonando así en parte su carácter de órgano institucional para pasar a operar como órgano de materialización de los acuerdos previos de las mayorías operantes en cada caso.

c') La Junta de Portavoces

Este órgano, absolutamente desconocido en el parlamentarismo del pasado siglo, ha emergido en la vida parlamentaria de los últimos decenios, consolidándose como una pieza clave de las Cámaras de nuestros días, lo que no es sino la obligada consecuencia del abandono de un parlamentarismo individualista, esto es, apoyado en las individualidades políticas, y su sustitución por otro que gira en torno a los Grupos parlamentarios.

En efecto, la Junta implica la entrada en la escena parlamentaria de los Grupos a través de sus respectivos portavoces. Estos son en realidad quienes constituyen la Junta de Portavoces (artículo 39.1 Rgl. C.), que en el Congreso se reunirá bajo la presidencia del Presidente de la Cámara, debiendo asimismo asistir a sus reuniones, al menos, un Vicepresidente, uno de los Secretarios de la Cámara y el Secretario General. Los portavoces o sus suplentes podrán estar acompañados por un miembro de su Grupo sin derecho a voto. De las reuniones de la Junta se dará cuenta al Gobierno para que envíe, si lo estima oportuno, un representante.

También la Junta de Portavoces del Senado es presidida por el Presidente de la Cámara (artículo 43 Rgl. S.), pudiendo asistir a sus reuniones un representante del Gobierno y hasta dos representantes de los Grupos territoriales de un mismo Grupo parlamentario, designados por su portavoz.

Notable relevancia tiene la previsión del artículo 39.4 Rgl. C., que prescribe que las decisiones de la Junta de Portavoces se adoptarán siempre en función del criterio de voto ponderado, lo que significa que el voto de cada portavoz vale tanto como el número de miembros integrantes de su Grupo. Tal previsión supone que cuando la Junta de Portavoces haya de adoptar un acuerdo, los únicos miembros que votarán serán los respectivos portavoces, circunstancia un tanto extraña en un órgano colegiado, que implica que dentro de él unos miembros tengan derecho de voto y otros no.

De esta forma, la Junta se nos ofrece como un órgano dotado de una doble naturaleza: como órgano de deliberación, supuesto en el que integran la Junta todos los miembros reglamentariamente previstos, y como órgano de adopción de acuerdos, en cuyo caso la Junta queda circunscrita a los respectivos portavoces, que vienen a reflejar con su votación la correlación de fuerzas existentes en la Cámara, el juego de mayorías-minorías que en cada momento hay en ella.

A la vista de este modo de adopción de acuerdos, se acentúa muy notablemente, como ya tuvimos ocasión de exponer, el carácter partidista de la Junta. Ello resulta especialmente preocupante en el ejercicio de algunas atribuciones de la Junta, como la que le otorga el artículo 67.1 Rgl. C.: la fijación del orden del día del Pleno, que se encomienda al Presidente del Congreso, de acuerdo con la Junta de Portavoces. A través de la fijación del orden del día, como es patente, puede incidirse sobre el funcionamiento general de la Cámara.

No sucede otro tanto en la Junta de Portavoces del Senado, pues el Reglamento de la Alta Cámara nada dice en torno al voto ponderado, por lo que hay que entenderlo inexistente. La explicación de ello se encuentra en el divergente papel que desempeña este órgano en el Senado. Mientras la Junta de Portavoces del Congreso dispone de plena capacidad decisoria en una serie de importantes cuestiones, no sucede otro tanto con la del Senado, que se nos presenta con una función meramente consultiva. A este respecto es enormemente significativo el artículo 44 del Rgl. S., que circunscribe el papel de la Junta de Portavoces a ser oída para la fijación, entre otras cuestiones, del orden del día de las sesiones del Senado, de los criterios que contribuyan a ordenar y facilitar los debates y tareas del Senado, de las normas interpretativas o supletorias que pueda dictar la Presidencia... etc.

d/ Los órganos de producción parlamentaria

Como ya expusimos, estos órganos son los que, básica y sustancialmente, se han de encargar de realizar las funciones constitucionalmente atribuidas a cada Cámara. En esencia, son dos: las Comisiones y el Pleno. La propia Constitución deja muy claro este aspecto en su artículo 75.1, al precisar que «las Cámaras funcionarán en Pleno y por Comisiones».

a') El Pleno

El Pleno es el órgano formado por la totalidad de los miembros de la Cámara. Se ha dicho que más que de un órgano de la Cámara, se trata en realidad de la Cámara misma. Ahora bien, existen diferentes argumentos para proceder a separar el Pleno de la Cámara y poder considerarlo un órgano más de aquélla. Es evidente que la Cámara no deja de existir como órgano constitucional por el hecho de que no se encuentre reunido el Pleno. Además, no toda reunión plenaria de los diputados o senadores entraña la consideración de la Cámara como órgano actuante. A este respecto, la propia Constitución ha sido especialmente cuidadosa.

En efecto, el artículo 67.3 prevé: «Las reuniones de parlamentarios que se celebren sin convocatoria reglamentaria no vincularán a las Cámaras, y no podrán ejercer sus funciones ni ostentar sus privilegios». Y el artículo 79.1 exige para la adopción de acuerdos que las Cámaras estén reunidas reglamentariamente y con asistencia de la mayoría de sus miembros. Por si aún cupiese alguna duda, el artículo 75.1 se refiere al Pleno como un modo de funcionamiento de las Cámaras (el otro es a través de Comisiones).

Quiere ello decir que el Pleno tiene la consideración propia de órgano de la Cámara. El constituyente no ha querido vincular a la Cámara por cualquier reunión plenaria, sino tan sólo por aquélla que se ajuste a los requisitos constitucional y reglamentariamente previstos.

En todo caso, el Pleno es el órgano que se sitúa en la cima misma de la estructura orgánica de la Cámara. En cuanto tal, todas las funciones constitucionalmente atribuidas a las Cámaras encuentran su culminación en el Pleno, lo que no debe entenderse en el sentido de que aquí resida el momento más importante del debate parlamentario; más bien habría que decir que ese momento se ha trasladado a las Comisiones, órganos en los que se gestan verdaderamente los acuerdos. Más aún, como reconoce el artículo 75.2 de la Constitución, las Cámaras podrán delegar en las Comisiones Legislativas Permanentes la aprobación de proyectos o proposiciones de ley. Sin embargo, el Pleno podrá recabar en cualquier momento el debate y votación de cualquier proyecto o proposición de ley que haya sido objeto de esta delegación.

La convocatoria del Pleno del Congreso (artículo 54 Rgl. C.) corresponde a su Presidente, por propia iniciativa o a solicitud, al menos, de dos Grupos parlamentarios o de una quinta parte de los miembros de la Cámara. En cuanto al Senado, el artículo 37 de su Reglamento atribuye al Presidente la convocatoria y presidencia de las sesiones plenarias.

b') Las Comisiones

Las Comisiones son los órganos regulares de trabajo parlamentario, a cuyo través se realizan casi todas las funciones competenciales asignadas a las Cámaras. Uno de los cambios de funcionamiento más notables de los actuales Parlamentos es la progresiva transferencia del trabajo de los Plenos a las Comisiones que, en cuanto órganos más reducidos numéricamente y dotados de una mayor especialización, se han convertido en el eje central del trabajo parlamentario y en centros privilegiados para la adopción de acuerdos y la búsqueda de compromisos entre las diferentes formaciones políticas. De ello se ha hecho eco, en alguna medida, la Constitución cuando, en su artículo 75.1, considera a las Comisiones como órganos del funcionamiento regular de las Cámaras.

En todo caso, con la denominación de «Comisiones» se hace referencia a un dispar conjunto de órganos. Basta para comprobarlo con atender a los Reglamentos de cada Cámara.

El Reglamento del Congreso distingue dos grandes tipos: las Comisiones Permanentes y las no Permanentes. A su vez, las primeras se subdividen en Legislativas y no Legislativas. El artículo 46.1 Rgl. C. enumera hasta once Comisiones Permanentes Legislativas (Constitucional, Asuntos Exteriores, Justicia e Interior, Defensa, Educación y Cultura, Economía, Comercio y Hacienda, Presupuestos...). En cuanto a las Comisiones Permanentes no Legislativas, son tres en total: la de Reglamento, la de Estatuto de los Diputados y la de Peticiones. Las Comisiones Permanentes deben constituirse dentro de los diez días siguientes a la sesión constitutiva del Congreso, siendo fijas a lo largo de toda la legislatura.

Por contra, las Comisiones no Permanentes son las que se crean para un trabajo concreto, extinguiéndose a la finalización del trabajo encomendado y, en todo caso, al concluir la legislatura (artículo 51 Rgl. C.).

El único tipo básico de esta clase de Comisiones es el de las llamadas Comisiones de Investigación, dotadas de relevancia constitucional, y a las que nos referiremos en un momento ulterior.

El Reglamento del Senado ha reproducido, a grandes rasgos y con denominaciones específicas, la estructura de las Comisiones diseñada por el del Congreso. Así, diferencia (artículo 49.1 Rgl. S.) cuatro tipos de Comisiones: Generales (las de Gobierno Interior, Suplicatorios, Incompatibilidades, Peticiones y Reglamento); Legislativas (enumerando un total de catorce, entre ellas las de: Constitución, Presidencia del Gobierno e Interior, Autonomías y Organización y Administración Territorial, Asuntos Exteriores, Justicia, Defensa...); Comisiones no Legislativas Permanentes (Asuntos Iberoamericanos y Comisión de Relaciones con el Defensor del Pueblo y de los Derechos Humanos), y, por último, Comisiones de Investigación o Especiales, que serán las que se creen a tal fin o para un objetivo determinado.

Las Comisiones del Congreso no poseen un número fijo de miembros. Será la Mesa de la Cámara la que, oída la Junta de Portavoces, precisará el número de miembros de la Comisión, como también el de diputados que han de incorporarse a ella por parte de cada Grupo Parlamentario (artículo 40.1 Rgl. C.). Por contra, en el Senado, las Comisiones se componen de veinticinco miembros (artículo 51 Rgl. S.).

La estructura de las Comisiones es muy semejante en casi todos los casos. En ellas debe haber una participación de todos los Grupos, en proporción a su importancia numérica. En consecuencia, los miembros lo son en su calidad de integrantes de un Grupo, siendo designados libremente por el propio Grupo, con la sola limitación que deriva de que todo parlamentario tiene el derecho y la obligación de pertenecer al menos a una Comisión.

Algunas Comisiones presentan excepciones frente a esa estructura orgánica común. Así, la Comisión de Reglamento del Congreso (artículo 47 Rgl. C.) está presidida por el propio Presidente de la Cámara, integrándose en ella asimismo los restantes miembros de la Mesa del Congreso, además de quienes, de acuerdo con las previsiones generales, hayan de ser miembros de la misma. La Comisión del Estatuto de los Diputados está compuesta a su vez (artículo 48.1 Rgl. C.) por un miembro de cada uno de los Grupos parlamentarios. Su Presidente, Vicepresidente y Secretario se corresponderán, por su orden, con los representantes de los tres Grupos parlamentarios de mayor importancia numérica al comienzo de la Legislatura.

Las Comisiones, de modo similar a como sucede con el Pleno, con las excepciones ya expuestas (a las que hay que unir el caso de la Comisión de Gobierno Interior del Senado, que estará constituida por los miembros de la Mesa del propio Senado, cual estipula el artículo 55 Rgl. S.), elegirán de entre sus miembros una Mesa, compuesta por un Presidente, dos Vicepresidentes y dos Secretarios, verificándose la elección de conformidad con lo establecido para la elección de la Mesa de la Cámara.

Digamos por último que la convocatoria de las Comisiones del Congreso corresponde a su Presidente, de acuerdo con el de la Cámara, por iniciativa propia o a petición de dos Grupos parlamentarios o de una quinta parte de los miembros de la Comisión. En cuanto a las del Senado, las Comisiones han de ser convocadas, directamente o a petición de un tercio de sus miembros, por su Presidente o por el de la Cámara.

e/ La Diputación Permanente

La Diputación Permanente expresa la continuidad de la institución parlamentaria. Este órgano viene a sustituir a las Cámaras (cada una de las cuales tiene su propia Diputación) cuanto éstas no estén reunidas por no encontrarse en período de sesiones, cuando hubiera expirado su mandato, al término de la Legislatura, y cuando, finalmente, hubieren sido disueltas.

Estamos ante una institución de honda raigambre en nuestra historia y, desde luego, también en nuestro constitucionalismo, en donde ya fuera acogida en la Constitución de 1812.

Sin embargo, no es ésta la única solución de continuidad de la vida de las Cámaras que encontramos en el Derecho comparado. Y así, en algunos países, como es el caso de Francia o Portugal, el Parlamento cuyo mandato ha expirado puede reunirse cuando se produzcan determinados acontecimientos trascendentales para la vida del Estado. En Italia, se produce una prórroga «ope legis» del mandato de las Cámaras ya concluido hasta tanto se reúnan las elegidas ulteriormente.

La opción acuñada entre nosotros, como advierte *Santaolalla,* representa una decisión discutible, pues no se comprende muy bien por qué la prórroga del mandato se limita a un número determinado de parlamentarios. Bien es verdad que resulta funcional, por cuanto la Diputación Permanente refleja con exactitud la correlación de las fuerzas parlamentarias, no alterándose así la voluntad de la Cámara. En todo caso, el restablecimiento constitucional de esta añeja institución responde a razones históricas, más que de cualquier otro tipo.

El artículo 78 de nuestra Norma suprema contempla esta institución. En cada Cámara deberá haber una Diputación Permanente compuesta por un mínimo de veintiún miembros, que representarán a los Grupos parlamentarios, en proporción a su importancia numérica. Las Diputaciones Permanentes estarán siempre presididas por el Presidente de la Cámara respectiva. Mientras la fijación del número exacto de miembros de la Diputación Permanente del Congreso se hará por la Mesa, oída la Junta de Portavoces (esto es, de idéntico modo a como se hace en relación a las Comisiones), en el Senado, será el propio Pleno de la Cámara quien concrete ese número.

En cuanto a sus funciones, son explicitadas por el artículo 78.2 de la Constitución, y en esencia son las siguientes: solicitar una reunión de las Cámaras en sesión extraordinaria, cuando lógicamente no se encuentren en período de sesiones; asumir las facultades que correspondan a las Cámaras, cuando éstas hubieren sido disueltas o hubiere expirado su mandato, en orden al control de los Decretos-leyes dictados por el Gobierno al amparo del artículo 86 de la Constitución, y a la intervención parlamentaria prevista por el artículo 116 de la Norma suprema en relación con la declaración y prórroga de los estados de alarma, excepción y sitio, y, por último, velar por los poderes de las Cámaras, cuando éstas no estén reunidas.

A la vista de estas funciones, es preciso advertir que el núcleo central de las mismas (control de los Decretos-leyes e intervención parlamentaria en materia de estados de alarma, excepción y sitio) corresponde a la Diputación Permanente del Congreso, pues sólo esta Cámara asume competencias en relación a la fiscalización de las materias citadas.

Por lo demás, la misión general de la Diputación Permanente es la de velar por los poderes de las Cámaras. Esta previsión del artículo 78.2 parece pensada con carácter simbólico, sin referencia a funciones concretas; ahora bien, como entienden *Solé Tura* y *Aparicio,* no resulta descabellado pensar en la atribución a la Diputación de dos formas de cumplir esa función genérica: mediante la convocatoria de las Cámaras, siempre que no estén disueltas o haya expirado su mandato, y mediante la atribución de la titularidad parlamentaria. En cuanto la Diputación representa a la Cámara, se podrá personar como tal en cuantas instancias jurídicas sea aquélla requerida.

Las Diputaciones Permanentes, expirado el mandato o en caso de disolución, seguirán ejerciendo sus funciones hasta la constitución de las nuevas Cortes Generales. Reunida la Cámara correspondiente, la Diputación Permanente dará cuenta de los asuntos tratados y de sus decisiones (artículo 78. 3 y 4).

Digamos por último que el funcionamiento de la Diputación Permanente se ajusta en cada Cámara a las reglas generales que rigen el de los órganos colegiados parlamentarios.

f/ Reglas generales de funcionamiento

Las Cámaras se reúnen anualmente en dos períodos ordinarios de sesiones: el primero, de septiembre a diciembre, y el segundo, de febrero a junio (artículo 73.1 de la Constitución). Fuera de dichos períodos, podrán reunirse en sesiones extraordinarias a petición del Gobierno, de la Diputación Permanente o de la mayoría absoluta de los miembros de cualquiera de las Cámaras. Estas sesiones requieren de un orden del día determinado, sobre el que deberán ser convocadas, siendo clausuradas una vez que ese orden haya sido agotado.

Las sesiones plenarias de las Cámaras serán públicas, salvo acuerdo en contrario de cada Cámara, adoptado por mayoría absoluta o con arreglo al Reglamento (artículo 80 de la Constitución). El Reglamento de la Cámara Baja contempla como únicas excepciones al principio general de publicidad de las sesiones plenarias (además de la salvedad constitucionalmente prevista: acuerdo en tal sentido del Pleno, por mayoría absoluta) las dos siguientes: cuando se trate de cuestiones concernientes al decoro de la Cámara o de sus miembros, o de la suspensión de un diputado y cuando se debatan propuestas, dictámenes, informes o conclusiones elaborados en el seno de la Comisión del Estatuto de los Diputados o formuladas por las Comisiones de Investigación (artículo 63 Rgl. C.).

En el Senado, el principio de publicidad de los Plenos tiene como única salvedad el acuerdo en contrario de la mayoría absoluta de la Cámara, a petición razonada del Gobierno o de cincuenta senadores (artículo 72 Rgl. S.).

En cuanto a las sesiones de las Comisiones, el Reglamento del Congreso sienta (artículo 64) la regla general de que no serán públicas. No obstante, podrán asistir los representantes debidamente acreditados de los medios de comunicación social, excepto cuando aquéllas tengan carácter secreto. Serán a su vez secretas cuando así lo acuerden por mayoría absoluta de sus miembros.

En la fijación del orden del día es donde se aprecia el mayor fortalecimiento reglamentario de la figura del Presidente del Senado respecto de quien preside la Cámara Baja. El orden del día del Pleno del Senado será fijado por el Presidente de la Cámara de acuerdo con la Mesa y oída la Junta de Portavoces. Por el contrario, el orden del día del Pleno del Congreso será fijado por el Presidente, de acuerdo con la Junta de Portavoces.

Como la doctrina ha constatado, el sistema de debates en nuestra reglamentación parlamentaria es abiertamente restrictivo no sólo en relación con los imperantes en el parlamentarismo clásico, sino también incluso con los actualmente seguidos en otros países de la misma área política.

En el Congreso, los debates ordinarios parten de la existencia de dos únicos turnos de intervención, uno a favor y otro en contra, sobre el objeto de discusión de que se trate, con una duración máxima de diez minutos por cada intervención que se produzca en cada uno de dichos turnos. Las únicas interferencias que se admiten en este juego de turnos son: los derechos de réplica y de rectificación por una sola vez y por tiempo máximo de cinco minutos y el derecho a contestar por alusiones, cuando, a juicio de la presidencia, en el desarrollo de los debates se hicieren alusiones que impliquen juicios de valor o inexactitudes, sobre la persona o la conducta de un diputado. El diputado aludido habrá de contestar estrictamente a las alusiones realizadas.

La Constitución exige que para la adopción de acuerdos, las Cámaras estén reunidas reglamentariamente y con asistencia de la mayoría de sus miembros (artículo 79.1). A su vez, para que dichos acuerdos sean válidos, deberán ser aprobados por la mayoría de los miembros presentes, sin perjuicio de las mayorías especiales que prevean la Constitución o las leyes orgánicas y las que para elección de personas establezcan los Reglamentos de las Cámaras (artículo 79.2). En todo caso, el voto de senadores y diputados es personal e indelegable (artículo 79.3), por lo que debe ejercerse directa y personalmente en la sesión de que se trate.

Como puede verse, la Norma suprema separa dos momentos distintos: el de la adopción del acuerdo, que requiere no sólo que la reunión haya sido convocada de conformidad con el Reglamento, sino también que se hallen presentes la mayoría de sus miembros, y el de la validez del acuerdo, que exige su aprobación por la mayoría simple de los miembros presentes del órgano correspondiente, salvo que se requiera una mayoría cualificada que puede ser: absoluta, de dos tercios, en supuestos muy excepcionales, y de tres quintos, siempre de los miembros de la Cámara.

La votación puede ser de distintos tipos (artículo 82 Rgl. C.): por asentimiento a la propuesta de la Presidencia; ordinaria (que a su vez puede realizarse por el procedimiento electrónico o por el más elemental de ir levantándose, sucesivamente, los diputados que aprueben el acuerdo, los que lo desaprueben y quienes se abstengan); pública por llamamiento, y secreta.

En la votación pública por llamamiento, un Secretario nombrará a los diputados, respondiendo éstos: «sí», «no» o «abstención». Esta modalidad habrá de seguirse necesariamente para la investidura del Presidente del Gobierno, la moción de censura y la cuestión de confianza.

F) Las funciones de las Cortes

El artículo 66.2 de nuestra Norma suprema establece que: «Las Cortes Generales ejercen la potestad legislativa del Estado, aprueban sus Presupuestos, controlan la acción del Gobierno y tienen las demás competencias que les atribuya la Constitución.»

A las Cortes competen, pues, una pluralidad de funciones. El precepto enuncia expresamente tres: la función legislativa, la presupuestaria y la de control; sin embargo, esta enumeración no es cerrada sino abierta, como bien revela el inciso final; en consecuencia, no se agotan en ese tríptico las funciones de las Cortes Generales. Por nuestra parte, las agruparemos en los cuatro bloques siguientes: función legislativa, función financiera y presupuestaria, función de control y función de dirección política.

a/ La función legislativa

La función legislativa es sin ningún género de dudas la más característica de los Parlamentos, hasta el punto de que se les conoce como el Poder Legislativo del Estado. Consiste esta función en la aprobación de normas jurídicas de eficacia general. Es, pues, una función normativa.

Sin embargo, esta función ya no responde a los esquemas clásicos. Muchos argumentos podrían aducirse para justificar esta circunstancia. Diremos tan sólo que el concepto actual de la ley queda muy alejado del concepto rusoniano de la ley como expresión de la voluntad general. La ley ya no tiene por qué ser norma general y abstracta, aunque normalmente lo sea. Además, aunque la ley integre el primer nivel jerárquico del ordenamiento jurídico, está sujeta a la Constitución, y esta misma contempla unos procedimientos de control de constitucionalidad de las leyes. Ningún poder constituido, y por ello mismo tampoco las Cortes Generales, puede rebasar los límites y competencias establecidos por el poder constituyente.

Además, hoy difícilmente podría mantenerse en términos absolutos el otrora monopolio parlamentario de la emisión de normas jurídicas de naturaleza legislativa, esto es, «con fuerza de ley». La Constitución, efectivamente, contempla dos importantes excepciones frente a ese monopolio: los Decretos-leyes y los Decretos legislativos, actos normativos del Gobierno «con fuerza de ley». Y todo ello sin olvidar el papel relevante que corresponde al Ejecutivo en el proceso legislativo.

Nuestra Constitución no define la ley. Se limita a atribuir a las Cortes Generales la potestad legislativa del Estado, precisión importante si se advierte que, en su ámbito territorial, las Asambleas legislativas de las Comunidades Autónomas también son titulares de esa potestad. Junto a ello, el constituyente dedica un capítulo (el segundo) del Título III («De las Cortes Generales») a la elaboración de las leyes, esto es, a configurar los grandes trazos del procedimiento legislativo, a la par que a precisar lo que podríamos llamar la tipología constitucional de la ley.

Quiere ello decir que en nuestra Norma suprema se consagra un concepto formal de la ley. Lo determinante para que pueda hablarse de ley es el órgano del que procede la norma, las Cortes Generales, y el procedimiento a cuyo través ha sido elaborada, que debe ser el contemplado por la Constitución y ulteriormente desarrollado por los Reglamentos de las Cámaras.

De esta forma, encontramos que la Constitución utiliza formalmente la categoría de la «ley» para decisiones singulares. Tal sucede, entre otros casos, con la ley orgánica por la que se ha de aceptar una abdicación o renuncia a la Corona o resolver cualquier duda de hecho o de derecho en el orden sucesorio (artículo 57.5); igualmente, con las leyes orgánicas de autorización de constitución de una Comunidad Autónoma de ámbito territorial uniprovincial, cuando la provincia carezca de la necesaria entidad regional histórica [artículo 144, *a)*], o de sustitución de la iniciativa autonómica que compete a las Corporaciones locales [artículo 144, *c)*].

Por lo demás, actos que formalmente son leyes, materialmente constituyen manifestaciones de funciones parlamentarias diferentes a la legislativa. Es el caso de la Ley de Presupuestos (artículo 134) o de las leyes de autorización al Gobierno para emitir Deuda Pública o contraer crédito (artículo 135), que deben enmarcarse en el plano de la función financiera y presupuestaria. Es igualmente el supuesto de la ley orgánica prevista por el artículo 93.1, mediante la cual se puede autorizar la celebración de ciertos tratados. Aquí estamos en presencia de una importante manifestación de la función de control.

Queda clara, pues, la opción por un concepto formal de «ley». La Ley es la norma emanada de las Cortes Generales de acuerdo con el procedimiento legislativo, procedimiento que pasa de esta forma a ser determinante para la definición de «ley».

a') El procedimiento legislativo. Sus fases

El procedimiento legislativo comprende tres fases: 1.ª La *fase de iniciativa,* en la que quien está habilitado para ello propone un texto concreto con vistas a su ulterior discusión. 2.ª La *fase constitutiva,* de debate y aprobación por las dos Cámaras sucesivamente. 3.ª La *fase integradora de eficacia,* que abarca la sanción, promulgación y publicación.

1.ª La fase de iniciativa

El artículo 87 de la Constitución precisa con cierto detalle quiénes son los titulares de esta prerrogativa. En la línea preponderante en el constitucionalismo actual, el precepto diversifica esa titularidad, abandonando la clásica dualidad iniciativa gubernamental —iniciativa parlamentaria, para extender esta prerrogativa al Gobierno, a las Cámaras, a las Asambleas legislativas de las Comunidades Autónomas y al propio cuerpo electoral, o mejor, a una fracción del mismo: 500.000 electores.

— La *iniciativa gubernamental* es con diferencia la más común. Tras el reconocimiento por el artículo 87.1 de la iniciativa legislativa del Gobierno, el artículo 88 precisa que: «Los proyectos de ley serán aprobados en Consejo de Ministros, que los someterá al Congreso, acompañados de una exposición de motivos y de los antecedentes necesarios para pronunciarse sobre ellos.»

De esta forma, la Constitución reserva la expresión «proyectos de ley» a los textos que son fruto de la iniciativa gubernamental, utilizando la de «proposiciones de ley» para los restantes supuestos de iniciativa.

La primera etapa de todo proyecto de Ley, como es de sobra conocido, consiste en la redacción del correspondiente anteproyecto. La preocupación por la mayor calidad técnica de las Leyes, que redunda en la más plena realización del principio de seguridad jurídica, ha conducido a la aprobación por el Consejo de Ministros, en su reunión del 18 de octubre de 1991, de unas Directrices sobre la forma y estructura de los anteproyectos de Ley, que acogen unas pautas de técnica legislativa con las que, en último término, se pretenden conseguir, claridad y precisión, rigor y exactitud, coherencia y armonía en las Leyes, tanto internamente como en el conjunto del ordenamiento. Estas Directrices han sido hechas públicas mediante la Resolución de 15 de noviembre de 1991, de la Subsecretaría del Ministerio de Relaciones con las Cortes y de la Secretaría del Gobierno.

Los proyectos de ley han de ser aprobados en una reunión formal del Consejo de Ministros, tras lo cual deben ser presentados ante la Cámara Baja, siguiéndose así lo que es una pauta común de nuestro procedimiento legislativo: el conocimiento inicial de todo proyecto o proposición por el Congreso de los Diputados, que no es sino una de las muchas manifestaciones que en la Constitución encontramos de la primacía de la Cámara Baja.

Digamos por último que, a tenor del artículo 89.1 de la Constitución, los proyectos de ley gozan de prioridad en su tramitación, prioridad que, sin embargo, en ningún caso debe impedir el ejercicio de otras formas de iniciativa legislativa.

— La *iniciativa parlamentaria* se otorga por el artículo 87.1 al Congreso y al Senado, «de acuerdo con la Constitución y los Reglamentos de las Cámaras». Como bien dice *Santaolalla,* este otorgamiento no puede ser interpretado en un sentido literal, de tal modo que se considere que la iniciativa no se produce hasta que la proposición de ley es asumida o tomada en consideración por la Cámara. Forzosamente, tiene que haber un momento anterior a esta asunción en que se presenten las proposiciones de ley. Es en este momento previo donde realmente radica la iniciativa. En definitiva, lo que el artículo 87.1 ha tratado de asegurar es que el procedimiento legislativo pueda iniciarse no sólo por el Gobierno, sino también directamente en el seno del Congreso y del Senado. Pero no obliga a que tal iniciación tenga que hacerse por las Cámaras en cuanto tales. De ahí la remisión a sus respectivos Reglamentos.

Los Reglamentos, coherentemente con la pérdida de protagonismo del parlamentario individualmente considerado, han hecho recaer esta iniciativa básicamente sobre los Grupos parlamentarios.

La iniciativa ha de formalizarse en una proposición de ley. Las que tienen su origen en el Congreso han de presentarse acompañadas de una exposición de motivos, así como de los antecedentes necesarios para poder pronunciarse sobre ellas. Toda proposición debe ser suscrita por un diputado con la firma de otros catorce miembros de la Cámara (esto es, por un total de quince diputados, número de miembros que, con carácter general, se exige para la constitución de un Grupo parlamentario), o bien por un Grupo parlamentario con la firma de su portavoz, supuesto este último que, con diferencia, es el más común. Toda proposición así presentada, una vez publicada y remitida al Gobierno para que manifieste su criterio, debe superar el trámite de su «toma en consideración» (artículo 126 Rgl. C.), que exige un debate que se ajustará a lo establecido para los debates de totalidad y, en todo caso, un explícito pronunciamiento favorable del Pleno del Congreso. Tomada en consideración la proposición, la Mesa de la Cámara acordará su envío a la Comisión competente.

Las proposiciones de ley que se deban a la iniciativa de los senadores deberán ser formuladas en un texto articulado, acompañado de una exposición justificativa y, en su caso, de una Memoria en la que se evalúe su coste económico. Deberán ir suscritas por un Grupo parlamentario o veinticinco senadores (artículo 108.1 Rgl. S.). Tras la formalización de una proposición, el Reglamento de la Alta Cámara posibilita la presentación de otras proposiciones de ley que versen sustancialmente sobre el mismo objeto, en un plazo no superior a quince días, contados a partir de la fecha de publicación de la primera proposición. Tras ello, la proposición o, en su caso, proposiciones presentadas habrán de superar el trámite de «toma en consideración». Aprobada una de ellas, el Presidente del Senado, de conformidad con el mandato constitucional del artículo 89.2, la remitirá al Congreso para su trámite en éste como tal proposición. En todo caso, estas proposiciones provenientes de la Cámara Alta quedan excluidas en el Congreso del trámite de «toma en consideración», siguiéndose por lo demás el procedimiento reglamentario previsto para cualquier otra proposición (artículo 125 Rgl. C.).

— La *iniciativa de las Comunidades Autónomas* puede articularse a través de una doble vía: indirecta o directa. En el primer caso, las Comunidades, a través de sus Asambleas legislativas, verdaderas titulares de la iniciativa, podrán solicitar del Gobierno la adopción de un proyecto de ley. En el segundo supuesto, podrán remitir a la Mesa del Congreso una proposición de ley, delegando ante dicha Cámara un máximo de tres miembros de la Asamblea encargados de su defensa (artículo 87.2 de la Constitución). Esta proposición será examinada por la Mesa del Congreso a efectos de verificar el cumplimiento de los requisitos legalmente establecidos. Si los cumple, su tramitación se ajustará a lo previsto respecto de las proposiciones de ley del Congreso (publicación, remisión al Gobierno para que manifieste su criterio y debate de «toma en consideración»), con la única especialidad de que la defensa de la proposición en este último trámite de la «toma en consideración» corresponderá a la delegación nombrada por la Asamblea legislativa que haya ejercido esta iniciativa.

— La *iniciativa popular* o iniciativa del cuerpo electoral, o más bien de una fracción del mismo, ha sido regulada muy restrictivamente por el artículo 87.3 de la Constitución y por la Ley Orgánica 3/1984, de 26 de marzo, reguladora de la iniciativa legislativa popular, que lo ha desarrollado.

A tenor del citado artículo 87.3: «Una ley orgánica regulará las formas de ejercicio y requisitos de la iniciativa popular para la presentación de proposiciones de ley. En todo caso se exigirá no menos de 500.000 firmas acreditadas. No procederá dicha iniciativa en materias propias de ley orgánica, tributarias o de carácter internacional, ni en lo relativo a la prerrogativa de gracia.»

Estamos en presencia de un mecanismo propio de la democracia semidirecta con el que se trata de facilitar una vía de participación en la vida política al cuerpo electoral. Sin embargo, los temores de nuestro constituyente ante la posibilidad de manipulaciones partidistas en el empleo de este cauce participativo, le condujeron a una normación restrictiva, que ha sido profundizada en la Ley Orgánica 3/1984, de modo especial, en la concreción por su artículo 5.º.2 de un conjunto muy amplio de causas de inadmisión de la proposición.

Formalizada una proposición de ley a través de este cauce, deberá seguir la misma tramitación que la de aquellas otras proposiciones que tuvieren su origen en la Asamblea legislativa de una Comunidad.

2.ª La fase constitutiva

La fase constitutiva abarca el conjunto de trámites a lo largo de los cuales se debate y, en su caso, se aprueba la ley en las dos Cámaras. En esta fase pueden diferenciarse los siguientes momentos:

1. Publicación del proyecto, a instancias de la Mesa del Congreso, apertura del plazo de presentación de enmiendas y envío del mismo a la Comisión correspondiente.

2. Presentación de enmiendas por los diputados y los Grupos parlamentarios durante un plazo de quince días. El escrito de enmiendas, dirigido a la Mesa de la Comisión, deberá llevar la firma del portavoz del Grupo a que pertenezca el diputado, a los meros efectos de conocimiento. Las enmiendas podrán ser a la totalidad o al articulado. Las primeras serán las que versen sobre la oportunidad, los principios o el espíritu del proyecto de ley y postulen su devolución al Gobierno, o las que propongan un texto completo alternativo. Este tipo de enmiendas quedan reservadas a los Grupos parlamentarios. En cuanto a las enmiendas al articulado, podrán ser de supresión, modificación o adición.

3. Debate de totalidad. Procederá este debate cuando se hubieren presentado, dentro del plazo reglamentario, enmiendas a la totalidad. Cada enmienda presentada podrá dar lugar a un turno a favor y otro en contra. Terminada la deliberación, el Presidente de la Cámara someterá a votación las enmiendas a la totalidad defendidas. Si el Pleno acordara la devolución del proyecto, éste quedará rechazado. En caso contrario, se remitirá a la Comisión para proseguir su tramitación.

4. Nombramiento de una Ponencia. Finalizado el debate de totalidad, si lo hubiere habido, y en todo caso el plazo de presentación de enmiendas, la Comisión nombrará en su seno uno o varios ponentes para que, a la vista del texto y de las enmiendas presentadas al articulado, redacte un Informe en el plazo de quince días. De conformidad con la Resolución de la Presidencia de la Cámara de 19 de diciembre de 1989, las Ponencias colegiadas se compondrán de diez miembros. Cabe la prórroga por la Mesa de la Comisión del plazo para la emisión del Informe, cuando la trascendencia o complejidad del proyecto de ley así lo exigiere.

5. Debate en Comisión. Concluido el Informe de la Ponencia, comenzará el debate en el seno de la Comisión correspondiente. El debate se hará artículo por artículo y en él podrán hacer uso de la palabra los enmendantes y los miembros de la Comisión. Durante la discusión, podrán admitirse a trámite nuevas enmiendas presentadas por un miembro de la Comisión, siempre que se orienten a alcanzar un acuerdo de aproximación entre las enmiendas ya formuladas y el texto del artículo, o que tengan por finalidad subsanar errores o incorrecciones técnicas, terminológicas o gramaticales. El debate concluirá con la adopción de un Dictamen, que se remitirá al Presidente de la Cámara a efectos de la tramitación subsiguiente que proceda.

6. Deliberación en el Pleno del Congreso. Con carácter previo a esta deliberación, los Grupos parlamentarios, dentro de las cuarenta y ocho horas siguientes a la fecha de terminación del Dictamen, deberán comunicar, en escrito dirigido al Presidente de la Cámara, los votos particulares y enmiendas que pretenden defender en el Pleno. El debate plenario comienza por lo general con la presentación por un miembro del Gobierno de la iniciativa gubernamental y por la que del Dictamen haga un diputado de la Comisión. La Presidencia de la Cámara, oídas la Mesa y la Junta de Portavoces, queda facultada para ordenar los debates y votaciones por artículos o por materias, como también para fijar de antemano el tiempo máximo de debate de un proyecto. Durante la deliberación la Presidencia podrá admitir enmiendas que tengan por finalidad subsanar errores o incorrecciones técnicas; sin embargo, sólo podrán admitirse a trámite enmiendas de transacción entre las ya presentadas y el texto del Dictamen cuando ningún Grupo se oponga a su admisión y ésta comporte la retirada de las enmiendas respecto de las que se transige.

7. Remisión del proyecto aprobado por el Congreso al Senado. Aprobado un proyecto de ley por el Congreso, su Presidente lo remitirá, con los antecedentes del mismo y con los documentos producidos en la tramitación ante la Cámara, al Presidente del Senado.

8. Deliberación por el Senado. Recibido en la Cámara Alta un texto legislativo remitido por el Congreso, se inicia un proceso que prácticamente reproduce el que ya ha tenido lugar en el Congreso: publicación, apertura del plazo de presentación de enmiendas, designación de una Ponencia, Informe de la misma, debate en Comisión, aprobación por ésta de un Dictamen y deliberación por el Pleno. La única limitación que pesa sobre la Cámara Alta es de carácter temporal. El Senado dispone de un plazo de dos meses, a partir del día de la recepción del texto, para pronunciarse sobre el mismo. Dicho plazo se entiende referido al período ordinario de sesiones. En el supuesto de que concluyese fuera de este período, se computarán los días necesarios del siguiente hasta completar el plazo de dos meses. Este plazo de dos meses, previsto por el artículo 90.2 de la Constitución, se reducirá al de veinte días natura-

les en los proyectos declarados urgentes por el Gobierno o por el Congreso de los Diputados (artículo 90.3).

9. Aprobación expresa, veto o enmiendas al proyecto por parte del Senado. En los plazos antedichos, la Cámara Alta puede, mediante mensaje motivado, oponer su veto o introducir enmiendas al proyecto que le ha sido remitido. El veto deberá ser aprobado por mayoría absoluta. No así las enmiendas, que no requieren de una mayoría cualificada. Como es lógico, el Senado podrá igualmente aprobar en sus mismos términos el texto legislativo del Congreso.

10. Pronunciamiento del Congreso sobre las enmiendas del Senado y, en caso de veto, ratificación del proyecto. Todo proyecto de ley aprobado por la Cámara Baja y vetado o enmendado por el Senado será sometido a nueva deliberación del Pleno del Congreso de los Diputados.

Las enmiendas propuestas por el Senado serán objeto de debate y votación y quedarán incorporadas al texto del Congreso las que obtengan la mayoría simple de los votos emitidos.

En el caso de que el Senado hubiere opuesto su veto a un proyecto de ley, el debate plenario en el Congreso se ajustará a lo establecido para los de totalidad. Terminado el debate, se someterá a votación el texto inicialmente aprobado por el Congreso y, si fuera ratificado por el voto favorable de la mayoría absoluta de los miembros de la Cámara, quedará levantado el veto.

Si no obtuviere dicha mayoría, se someterá de nuevo a votación, transcurridos dos meses a contar desde la interposición del veto. Si en esta votación el proyecto lograse la mayoría simple de los votos emitidos, quedará, igualmente, levantado el veto; en caso contrario, el proyecto resultará rechazado.

3.ª La fase integradora de eficacia

Consiste esta fase en la sanción por el Rey de la ley, la promulgación y la publicación de la misma. A tenor del artículo 91 de la Constitución: «El Rey sancionará, en el plazo de quince días, las leyes aprobadas por las Cortes Generales, y las promulgará y ordenará su inmediata publicación.»

La sanción ha tenido históricamente una enorme importancia, en especial en el constitucionalismo del siglo XIX basado en el principio monárquico. Aunque hoy aún existen vestigios de la misma en algunos sistemas (bajo la forma del derecho de veto o de la facultad de remisión al Parlamento de un proyecto ya aprobado a efectos de una segunda lectura), en la generalidad de ellos carece de toda relevancia.

Este es el caso español, en donde la sanción no es más que un acto debido que ha de producirse de modo automático dentro del plazo de quince días establecido por la Constitución.

La promulgación consiste, como la define *Pérez Royo,* en una declaración solemne, de acuerdo con una fórmula ritual, mediante la que se formaliza la incorporación de la ley de manera definitiva al ordenamiento jurídico.

En nuestro ordenamiento constitucional actual, la sanción y promulgación no se diferencian espacial ni temporalmente, sino que se efectúan en el mismo acto. La fórmula ritual utilizada para la promulgación de la ley es la siguiente: «Don Juan Carlos I, Rey de España. A todos los que la presente vieren y entendieren. Sabed: Que las Cortes Generales han aprobado y yo vengo en sancionar la siguiente ley.»

En cuanto a la publicación, responde al principio de publicidad de las normas, garantizado por la Constitución (artículo 9.º.3). Se trata de una simple operación material, consistente en su inserción en el Boletín Oficial del Estado. Sin embargo, su importancia es notable por cuanto la entrada en vigor de la ley se supedita a la fecha de su publicación. El artículo 2.º.1 del Código Civil fija un plazo de veinte días para la entrada en vigor de la norma, a menos que la propia ley disponga expresamente lo contrario. Este plazo, conocido como la *«vacatio legis»* —con el que tradicionalmente se pretende posibilitar el conocimiento efectivo de la norma—, como es obvio, comienza a contabilizarse desde el mismo momento de la publicación de la ley en el Boletín Oficial del Estado.

b') La tipología constitucional de la ley

Muy distintas son las categorías de normas que integran el ordenamiento jurídico del Estado. Bien podría afirmarse que la tipología constitucional de la ley es de una enorme riqueza. Sin pretensión de exhaustividad, nos vamos a referir a los siguientes tipos: las leyes orgánicas, las leyes ordinarias, los actos normativos con fuerza de ley (Decretos-leyes y Decretos legislativos) y los Tratados internacionales.

a'') Las leyes orgánicas

I. Sin ningún género de dudas, la ley orgánica es la categoría normativa más novedosa, y a la par polémica, de cuantas ha introducido la Constitución en el sistema de fuentes del ordenamiento jurídico del Estado.

El texto constitucional contempla la ley orgánica en su artículo 81, de conformidad con el cual:

«1. Son leyes orgánicas las relativas al desarrollo de los derechos fundamentales y de las libertades públicas, las que aprueben los Estatutos de Autonomía y el régimen electoral general y las demás previstas en la Constitución.

2. La aprobación, modificación o derogación de las leyes orgánicas exigirá mayoría absoluta del Congreso, en una votación final sobre el conjunto del proyecto.»

De esta forma, la ley orgánica es definida a través de dos criterios: uno material, al fijar la Norma suprema unas materias que han de ser objeto de ley orgánica y remitirse a las reservas de ley orgánica esparcidas a lo largo del articulado, y otro formal, por el que se exige una mayoría cualificada en el Congreso para su aprobación, modificación o derogación.

II. El *ámbito material* de estas leyes no ha dejado de suscitar problemas interpretativos, hoy resueltos por el Tribunal Constitucional.

La problemática de mayor entidad se planteó respecto de la primera referencia del artículo 81.1: «las relativas al desarrollo de los derechos fundamentales y de las libertades públicas.» Ciertos sectores doctrinales abogaron por una interpretación amplia de esta expresión que no se circunscribiese a los derechos y libertades contemplados por la Sección primera del Capítulo 2.° del Título I, Sección cuya rúbrica coincide, como en su momento vimos, con la referencia inicial del artículo 81.1. Así, para *García de Enterría* este precepto remitiría, como mínimo, a los derechos susceptibles de recurso de amparo.

Sin embargo, el Tribunal Constitucional se ha manifestado rotundamente en favor de una interpretación estricta, a tenor de la cual la previsión del artículo 81.1 hay que entenderla referida a los derechos de la citada Sección primera. A la par, el desarrollo legislativo a que alude aquel precepto ha de entenderse como «desarrollo legislativo directo». Casa esta interpretación con el carácter excepcional con que el Tribunal concibe a la ley orgánica.

Corroborando esta doctrina, el Tribunal ha rechazado (STC 166/1987) que el derecho a la objeción de conciencia —susceptible de recurso de amparo, si bien ubicado fuera de la Sección primera—, aun en la hipótesis de considerarlo fundamental, pueda entenderse sujeto a la reserva de ley orgánica, por la sencilla circunstancia de no estar incluido dentro de los artículos 15 a 29 de la Constitución, que integran la referida Sección primera.

También suscitaría ciertas dudas qué debía entenderse por «régimen electoral general». Y también aquí el Tribunal Constitucional zanjaría la cuestión (STC 38/1983, de 20 de mayo) al considerar que: «El régimen electoral general está compuesto por las normas electorales válidas para la generalidad de las instituciones representativas del Estado en su conjunto y en el de las Entidades territoriales en que se organiza a tenor del artículo 137 de la Constitución.»

III. Junto al elemento material se sitúa un *elemento formal:* la exigencia de aprobación por mayoría absoluta en la Cámara Baja, en una votación final de conjunto. Sin embargo, en la conjunción de ambos elementos, parece primar claramente el material, en el sentido, como bien dice *Pérez Royo,* de que el elemento material comporta siempre el formal, cosa que no ocurre a la inversa. Esta primacía sería reconocida por el Tribunal Constitucional al afirmar (STC 5/1981, de 13 de febrero) que «si es cierto que existen materias reservadas a las leyes orgánicas, también lo es que las leyes orgánicas están reservadas a estas materias y que por tanto sería disconforme con la Constitución la ley orgánica que invadiera materias reservadas a la ley ordinaria».

Ahora bien, esta primacía del elemento material ha resultado alterada por la determinación del artículo 28.2 de la Ley Orgánica del Tribunal Constitucional, según el cual:

> «Asimismo el Tribunal podrá declarar inconstitucionales por infracción del artículo 81 de la Constitución los preceptos de un Decreto-ley, Decreto legislativo, Ley que no haya sido aprobada con el carácter de orgánica o norma legislativa de una Comunidad Autónoma en el caso de que dichas disposiciones hubieran regulado materias reservadas a Ley orgánica o impliquen modificación o derogación de una Ley aprobada con tal carácter cualquiera que sea su contenido.»

A la vista de este precepto es claro que la inconstitucionalidad de una ley ordinaria o autonómica, o de un acto normativo con fuerza de ley, puede ser declarada no sólo por la invasión de un ámbito material reservado a la ley orgánica, sino simplemente por chocar con una ley orgánica, con absoluta independencia de su contenido.

Ello implica optar por una concepción dual de la ley orgánica, esto es, a la par material y formal, lo que a su vez entraña el reconocimiento de la ley orgánica como una norma jerárquicamente superior a la ley ordinaria. Y ello nos sitúa ante la última cuestión que queremos abordar: la *posición de la ley orgánica en el sistema de fuentes* del ordenamiento jurídico estatal.

IV. El tema ha suscitado dos posiciones enfrentadas: la de quienes entienden que la ley orgánica se vincula de modo especial con la voluntad del constituyente y, en consonancia con ello, ocupa un lugar superior en la jerarquía normativa respecto de la ley ordinaria, y la de aquellos otros a cuyo juicio la ley orgánica es tan sólo una ley especial, caracterizada por su peculiar ámbito material, con lo que la relación ley orgánica —ley ordinaria no puede acomodarse al principio de jerarquía normativa, sino al de competencia. Mientras para los primeros, la jerarquía superior de la ley orgánica deriva del requisito de la mayoría absoluta que se exige del Congreso para su aprobación, para los segundos carece de sentido introducir este aspecto formal cuando cada uno de los dos tipos de leyes tiene ámbitos materiales diferentes. Al versar sobre materias distintas, no cabe jerarquizarlas.

El Tribunal Constitucional ha venido a inclinarse por una posición que bien pudiéramos considerar intermedia entre las dos anteriores. Desde luego, ya en sus primeras sentencias en torno a esta categoría normativa, el Tribunal dejó claro que el concepto de ley orgánica es básicamente un concepto material. Sin embargo, a la par, el Tribunal admitió que aunque la ley orgánica está reservada a materias distintas de la ley ordinaria, es también una norma jerárquicamente superior, superioridad que entresaca de la rigidez procedimental. Así, en su Sentencia 5/1981, de 13 de febrero, nuestro supremo intérprete de la Constitución precisaba el criterio de resolución de los posibles conflictos entre la ley orgánica y la ley ordinaria: «Dada la existencia de ámbitos reservados a cada tipo de ley —aduce el Tribunal—, sólo se planteará el conflicto si ambas inciden sobre una misma materia, en cuya hipótesis la ley orgánica habrá de prevalecer sobre la ordinaria, ya que no puede ser modificada por ésta (artículo 81.2).» Y en su Sentencia 76/1983, de 5 de agosto, el Tribunal habla del efecto de «congelación de rango» que se produce al ser aprobada una ley como orgánica, con lo que se refuerza aún más la concepción jerárquica de la categoría que nos ocupa.

Esta vertiente formal, que sitúa, desde luego, a la ley orgánica por encima de la ley ordinaria en nuestro sistema de fuentes, quizá tenga su explicación en la especial conexión de esta categoría normativa con la voluntad del constituyente. En su Sentencia 6/1982, de 22 de febrero, el Tribunal Constitucional manifestaría que: «este artículo (el artículo 81 de la Constitución) y las otras muchas alusiones de la Constitución al instrumento de la Ley orgánica en materias concretas (...) convierte a las Cortes en "constituyente permanente".»

V. En otro orden de consideraciones, diremos por último que el Tribunal ha admitido la plena compatibilidad de la reserva del artículo 81.1 con la *colaboración internormativa* entre la fuente a favor de la cual la reserva se establece y otras fuentes de producción reconocidas en la Constitución. De esta forma, en su Sentencia 137/1986, de 6 de noviembre, el Tribunal consideraría que: «No existe, de principio, imposibilidad constitucional para que la Ley orgánica llame a la ordinaria a integrar en algunos extremos sus disposiciones "de desarrollo", dando así lugar a una colaboración entre normas que no diferirá —en este plano de la integración entre distintos preceptos— de la relación que en los casos de reserva de ley pueda establecerse entre esta última fuente y el Reglamento. En realidad, la Constitución sólo impide que esta colaboración internormativa se establezca a través de fórmulas delegantes, con los Decretos legislativos gubernamentales, de tal manera que, cuando la remisión presente en la Ley orgánica lo es a la Ley formal, no existiría, sólo por ello, obstáculo para el reconocimiento de su regularidad constitucional.»

Cabe, pues, en definitiva, la colaboración internormativa entre la Ley orgánica y la Ley ordinaria.

b") La Ley ordinaria

I. Como tuvimos ocasión de indicar con anterioridad, la ley ha perdido ese carácter todopoderoso que tan bien reflejase el artículo 6.º de la Declaración de Derechos de 1789: «La ley es expresión de la voluntad general». Como expusimos al hablar del principio de división de poderes, hoy existen límites constitucionales infranqueables para el legislador, como también instrumentos procesales para afirmar la primacía de la Norma suprema.

Y así, el Tribunal Constitucional (STC 17/1981, de 1 de junio) ha recordado que la cuestión de inconstitucionalidad es, como el recurso del mismo nombre, un instrumento destinado primordialmente a asegurar que la actuación del legislador se mantiene dentro de los límites establecidos por la Constitución, mediante la declaración de nulidad de las normas legales que violen esos límites.

Sin embargo, la ley continúa siendo la fuente más importante del Derecho y, como bien dice *Pérez Royo,* la única norma que, de manera no excepcional, sino ordinaria, es norma general y primaria en nuestro ordenamiento jurídico. Se trata además de una fuente que tiene en general la primacía sobre todas las demás, rasgo al que alude la expresión *«fuerza de ley».*

En cuanto la ley sigue siendo la expresión primordial de las Cortes Generales, órgano de representación del pueblo español en el que reside la soberanía nacional y del que emanan todos los poderes (artículos 66.1 y 1.º.2 de la Constitución), se nos presenta como una norma dotada de una fuerza irresistible por las restantes fuentes del Derecho, a la par que envuelta en una resistencia que la convierte en inatacable por todas las demás. La *«fuerza de ley»* que se predica de esta categoría normativa central del ordenamiento jurídico viene a conjugar así una doble operatividad: una fuerza activa sobre las demás normas y una resistencia igualmente activa frente a todas ellas.

La regla general en cuanto a la elaboración de la ley es que siga el procedimiento legislativo contemplado en detalle por los Reglamentos de las Cámaras. Ello entraña que la ley sea aprobada por los Plenos de ambas Cámaras. Sin embargo, los Reglamentos contemplan determinadas especialidades procedimentales. De todas ellas, nos interesa aludir ahora al que se conoce como procedimiento de competencia legislativa plena de las Comisiones, que conduce a las llamadas *Leyes de Comisión.*

II. El artículo 75.2 de nuestra «Lex Superior» establece la posibilidad de que las Cámaras puedan delegar en las Comisiones Legislativas Permanentes la aprobación de proyectos o proposiciones de ley. No obstante, el Pleno podrá recabar en cualquier momento el debate y votación de cualquier proyecto o proposición de ley que haya sido objeto de esta delegación.

La Constitución prevé un ámbito material indelegable, esto es, no sujeto a este tipo de delegación. El artículo 75.3 exceptúa de la misma: la reforma constitucional, las cuestiones internacionales, las leyes orgánicas y de bases y los Presupuestos Generales del Estado.

El desarrollo de esta normativa por el Reglamento del Congreso ha venido a suponer una cierta inflexión de la regla general antes expuesta por cuanto su artículo 148.1 ha convertido lo que era un procedimiento especial en uno común, al otorgarle un carácter preferente. A tenor del artículo 148.1: «El acuerdo del Pleno por el que se delega la competencia legislativa plena en las Comisiones se presumirá para todos los proyectos y proposiciones de ley que sean constitucionalmente delegables, excluyéndose de la delegación el debate y votación de totalidad o de toma en consideración.»

Con ello, este procedimiento se aplica «ex lege», sin que deba mediar ningún tipo de acuerdo, siempre que el proyecto o proposición sea constitucionalmente delegable, límite éste no especialmente amplio a la vista de lo dispuesto por el artículo 75.3 de nuestra «lex legum».

El procedimiento aplicable para la tramitación de estos proyectos o proposiciones de ley es el procedimiento legislativo común, con la sola exclusión del trámite de deliberación y votación final en el Pleno.

El artículo 149.2 Rgl. C. ha suprimido la competencia legislativa plena de las Comisiones respecto de aquellos textos legislativos que hubieren sido vetados o enmendados por el Senado, siempre que el veto o las enmiendas hubieran sido aprobados por el Pleno de dicha Cámara.

Aprobado por este procedimiento un proyecto o proposición, la Ley de Comisión ha de ser sancionada, promulgada y publicada, incorporándose al ordenamiento jurídico con idéntica «fuerza» que la que tiene una Ley de Pleno.

III. Tradicionalmente, se ha venido entendiendo que toda definición de la ley tiene su correlato en su definición del *reglamento.* Estamos en presencia de conceptos claramente referentes.

En el Estado liberal, la primacía del Parlamento y la concepción formal de la ley, en el sentido de considerar como ley todo producto normativo que el Parlamento aprueba como tal, tienen su correspondencia en el carácter instrumental de la Administración y en la inequívoca subordinación de sus productos normativos, los reglamentos, a la ley.

La Constitución de 1978 —que en su primera redacción, bajo la inspiración directa de la Constitución Francesa de 1958, introducía la «reserva de reglamento», de conformidad con la cual, un conjunto de materias quedaban vedadas a la ley— se ha referido al reglamento, como señala *Garrorena,* con un cierto paralelismo respecto a su referencia a la ley. El constituyente no ha definido ninguna de las dos fuentes; se ha limitado a definir los órganos de que emanan, las Cortes Generales y el Gobierno, y a atribuir a cada uno, respectivamente, la potestad legislativa y la potestad reglamentaria.

Por lo que hace a esta última, el artículo 97 prescribe que el Gobierno ejerce la potestad reglamentaria «de acuerdo con la Constitución y las leyes». A su vez, el artículo 103.1 declara que la Administración Pública actúa «con sometimiento pleno a la ley y al Derecho». Y el artículo 106.1, como corolario inevitable de las previsiones anteriores, determina que: «Los Tribunales controlan la potestad reglamentaria y la legalidad de la actuación administrativa.» Es patente, pues, la voluntad de nuestro constituyente de sujetar a la ley la potestad reglamentaria.

Por lo demás, la diferente situación respecto a la Constitución en que se ubican las potestades legislativa y reglamentaria, ha sido apuntada por el Tribunal Constitucional (STC 209/1987, de 22 de diciembre) al significar que:

> «... No es la misma la relación que existe entre Constitución y ley que la que media entre ésta y el reglamento. El legislador no ejecuta la Constitución, sino que crea derecho con libertad dentro del marco que ésta ofrece, en tanto que el ejercicio de la potestad reglamentaria se opera "de acuerdo con la Constitución y las leyes" (artículo 97 de la Constitución) y el Gobierno no puede crear derechos ni imponer obligaciones que no tengan su origen en la ley de modo inmediato o, al menos, de manera mediata, a través de la habilitación. Del mismo modo, no puede el Reglamento excluir del goce de un derecho a aquellos a quienes la ley no excluyó...»

De otro lado, una lectura superficial del articulado constitucional podría conducirnos a pensar en la existencia de un principio de reserva de ley, por cuanto son muy numerosos los preceptos que se remiten a la ley a efectos del desarrollo de la materia por ellos contemplada. Sin embargo, tal conclusión sería errónea. Nuestra Constitución no conoce en rigor el principio de «reserva de ley» porque al legislador no le está vedada ninguna materia. Algunas de ellas, las de mayor relevancia, se le reservan por el constituyente de modo explícito, pero no le queda vedada la regulación de ninguna. *Garrorena,* con buen criterio, ha entendido que más que reservas de ley, lo que la Constitución contiene son reservas a procedimientos legislativos parlamentarios, bien ordinarios (por exclusión del Decreto-ley y del Decreto legislativo), bien especiales (por exclusión del procedimiento ordinario, en los supuestos de remisión a la ley orgánica).

En definitiva, cuando de «reserva de ley» se habla, debe entenderse que de lo que se trata es de una reserva a un procedimiento legislativo parlamentario, con la subsiguiente exclusión de la potestad reglamentaria —sin perjuicio de la posible colaboración internormativa ley-reglamento—, pero no que el legislador ha de circunscribir su actuación a la normación de las materias objeto de la reserva, pues nuestro constituyente no ha vedado al legislador la regulación de ninguna materia.

A la vista de todo lo expuesto, la conclusión parece clara: nuestro constituyente se ha inclinado por una configuración tradicional de ambas fuentes, de conformidad con la cual, la ley es la norma primaria, que crea derecho con libertad dentro del marco constitucional, mientras que el reglamento es la norma secundaria que opera «de acuerdo con la Constitución y las leyes» y que, por ello mismo, requiere de la previa intervención del legislador.

La consecuencia inmediata de esta configuración de las relaciones ley-reglamento es el muy difícil encaje constitucional de los llamados «reglamentos independientes», pues no puede mantenerse que toda materia no regulada por ley quede abierta a la potestad reglamentaria del Gobierno.

c'') Los actos normativos con fuerza de ley

Las Cortes Generales, en cuanto representantes del pueblo español, titular de la soberanía, son las depositarias de la potestad legislativa en su ejercicio ordinario, no obstante lo cual la propia Constitución autoriza al Gobierno para que dicte normas con rango de ley, bien por delegación de las Cortes (Decretos legislativos), bien bajo la forma de Decretos-leyes en determinados supuestos. Quiere ello decir que, constitucionalmente, existen dos tipos de actos normativos gubernamentales dotados de esa característica propia de los actos normativos de las Cortes Generales: la «fuerza de ley».

a''') El Decreto legislativo

La Constitución contempla en primer término los Decretos legislativos, categoría que se caracteriza ante todo porque son las propias Cortes Generales las que toman la iniciativa de habilitar al Gobierno para que dicte disposiciones con rango de ley que reciben el nombre de Decretos legislativos, denominación por sí misma muy significativa de la naturaleza de estas disposiciones.

La Constitución es muy parca en su referencia a estos actos normativos con rango de ley. Su artículo 85 se limita a precisar: «Las disposiciones del Gobierno que contengan legislación delegada recibirán el título de Decretos legislativos.» Esta parquedad contrasta, sin embargo, con la minuciosidad con que el constituyente se ocupa de los actos normativos parlamentarios a cuyo través las Cortes Generales habilitan al Gobierno para que dicte Decretos legislativos. En efecto, los artículos 82 a 84 de nuestra Norma suprema regulan con sumo detalle las que genéricamente podríamos denominar leyes de delegación, lo que trasluce la preocupación del constituyente de acotar la forma a través de la cual las Cortes Generales pueden habilitar al Gobierno a los efectos que nos ocupan, el contenido de la habilitación y el control ulterior del uso que de ella haga el Gobierno.

A la vista de las previsiones constitucionales, la delegación legislativa puede ser caracterizada por los siguientes rasgos:

1.º Existe un límite material infranqueable para la delegación: las materias reservadas a la ley orgánica. El artículo 82.1 las excluye de toda posible delegación.

2.º El sujeto habilitante no es otro que las Cortes Generales a través de Leyes de Pleno, pues el artículo 75.2 de nuestra «Lex Superior» exceptúa de las Leyes de Comisión, entre otras normas, las leyes de bases. De ahí que, por lo menos en lo que atañe a esta forma de delegación, se excluya el procedimiento especial de la competencia legislativa plena de las Comisiones. El sujeto habilitado no es otro que el Gobierno.

3.º La delegación ha de formalizarse mediante una *«ley de bases»*, cuando su objeto sea la formación de textos articulados, o a través de una *«ley ordinaria»*, cuando se trate de refundir varios textos legales en uno solo (artículo 82.2).

4.º Las leyes de delegación, sean de bases u ordinarias, deben ajustarse a las siguientes condiciones: *a)* otorgar la delegación al Gobierno, sin permitir la subdelegación a otras autoridades distintas; *b)* hacerlo de forma expresa, no pudiendo entenderse concedida la delegación de modo implícito; *c)* para materia concreta; *d)* con fijación de plazo para su ejercicio, sin que pueda delegarse por tiempo indeterminado, y *e)* para un solo acto, de tal modo que la delegación se agota por el uso que de ella haga el Gobierno mediante la publicación de la norma correspondiente (artículo 82.3).

5.º Las leyes de bases, además de responder a las condiciones precedentes, habrán de delimitar con precisión el objeto y alcance de la delegación legislativa y los principios y criterios que han de seguirse en su ejercicio (artículo 82.4).

6.° Por su lado, las leyes ordinarias que autoricen la refundición de textos legales, además de determinar el ámbito normativo a que se refiere el contenido de la delegación, especificarán si ésta se circunscribe a la mera formulación de un texto único o si se incluye la regularización, aclaración y armonización de los textos legales que han de ser refundidos (artículo 82.5).

7.° Las leyes de bases no podrán en ningún caso autorizar la modificación de la propia ley de bases, ni facultar para dictar normas con carácter retroactivo (artículo 83).

8.° Por último, sin perjuicio de la competencia propia de los Tribunales, las leyes de delegación podrán establecer en cada caso fórmulas adicionales de control (artículo 82.6).

Esta última característica de la delegación legislativa nos sitúa ante un tema de verdadera trascendencia como es el de su control. A la vista de tal previsión y en el marco de una interpretación sistemática de nuestra Norma suprema, cabe separar tres modalidades de control: por los Tribunales ordinarios, por el Tribunal Constitucional y por las propias Cámaras parlamentarias.

El Tribunal Constitucional ha reconocido en diversas sentencias el control jurisdiccional ordinario de los Decretos legislativos. Así, en su Sentencia 47/1984, de 4 de abril, manifestaba: «El control de los excesos de la delegación legislativa corresponde no sólo al Tribunal Constitucional, sino también a la jurisdicción ordinaria. La competencia de los Tribunales ordinarios para enjuiciar la adecuación de los Decretos legislativos a las leyes de delegación se deduce del artículo 82.6 de la Constitución.»

En cuanto al control de constitucionalidad sobre los Decretos legislativos, es claro que corresponde al Tribunal Constitucional. El artículo 27.2, *b)* de la Ley Orgánica del Tribunal Constitucional incluye entre las normas susceptibles de declaración de inconstitucionalidad a los «actos del Estado con fuerza de ley», para precisar de inmediato que: «En el caso de los Decretos legislativos, la competencia del Tribunal se entiende sin perjuicio de lo previsto en el núm. 6 del artículo 82 de la Constitución.»

Finalmente, y por lo que se refiere a las «fórmulas adicionales de control» de que habla el artículo 82.6, hay que señalar que el Reglamento del Congreso (artículos 152 y 153) ha previsto un procedimiento de control para el preciso supuesto de que las leyes de delegación establecieren un control adicional por el Congreso de los Diputados.

El Gobierno viene obligado, tan pronto como hubiere hecho uso de la delegación legislativa, a dirigir al Congreso la correspondiente comunicación, que contendrá el texto articulado o refundido objeto de aquélla y que será publicado en el «Boletín Oficial de las Cortes Generales».

Si dentro del mes siguiente a la publicación, ningún diputado o Grupo parlamentario formulara objeciones, se entenderá que el Gobierno ha hecho uso correcto de la delegación legislativa.

Sin embargo, si dentro del referido plazo se formulara algún reparo al uso de la delegación en escrito dirigido a la Mesa del Congreso, ésta lo remitirá a la correspondiente Comisión de la Cámara, que deberá emitir dictamen al respecto en el plazo que al efecto se señale. El dictamen en cuestión será debatido en el Pleno de la Cámara con arreglo a las normas del procedimiento legislativo. Los efectos jurídicos del control serán precisamente los previstos en la ley de delegación.

Como puede apreciarse, el ejercicio por parte del Gobierno de la potestad de dictar normas con rango de ley, previa delegación legislativa, está sometido a unos requisitos formales bastante estrictos, orientados a delimitar aquella potestad, encuadrándola en un marco necesariamente más estrecho que aquel en el que se mueven las Cortes Generales en cuanto órgano legislador soberano. No cabe, pues, confundir el poder legislativo ordinario con el poder legislativo delegado, ni por lo tanto, la Ley con el Decreto legislativo. Estamos ante fuentes que se ubican en planos diferentes. Y de todo ello pueden derivarse importantes consecuencias, como el mismo Tribunal Constitucional ha puesto de manifiesto.

En su Sentencia 51/1982, de 19 de julio, el Tribunal ha entresacado dos consecuencias de enorme relevancia práctica, de la sujeción de la delegación legislativa al conjunto de requisitos formales ya contemplados:

a) De un lado, un precepto determinado que si emanara directamente de las Cortes no sería inconstitucional, a no ser por oposición material a la Constitución, puede serlo si procede del Gobierno a través de un Decreto legislativo por haber ejercitado aquél de modo irregular la delegación legislativa.

b) De otro, el Tribunal Constitucional, cuando se someta a su control de constitucionalidad por la vía procesal adecuada, un determinado Decreto legislativo, ha de resolver en base a criterios estrictamente jurídico-constitucionales cimentados en la necesidad de determinar, de una parte, si se han respetado los requisitos formales para el ejercicio de la potestad legislativa por vía delegada, y de otra, si el precepto o preceptos cuya constitucionalidad se cuestiona es, por razón de su contenido, contrario a la Constitución.

b''') El Decreto-ley

El Decreto-ley es aquella norma «con fuerza de ley» que emana del Gobierno en supuestos de extraordinaria y urgente necesidad, diferenciándose, ya de entrada, del Decreto legislativo por el hecho de que aquí la iniciativa parte del propio Gobierno, mientras que en el caso anterior, eran las Cortes Generales las que tomaban tal iniciativa mediante la ley de delegación.

Nos encontramos ante una nueva excepción al procedimiento ordinario de elaboración de las leyes; en consonancia con ello, el ejercicio por el Gobierno de esta potestad legislativa está sometido a la necesaria concurrencia de determinados requisitos que lo legitiman.

Tres bloques definidos de requisitos contempla el artículo 86 de nuestra Norma suprema, que regula pormenorizadamente la institución del Decreto-ley:

1.º La exigencia de que el Decreto-ley se dicte exclusivamente para afrontar una situación de extraordinaria y urgente necesidad (supuesto habilitante) (artículo 86.1).

2.º La limitación en cuanto a la materia sobre la que puede incidir un Decreto-ley. Esta norma en ningún caso puede afectar al ordenamiento de las instituciones básicas del Estado, a los derechos, deberes y libertades de los ciudadanos regulados en el Título I, al régimen de las Comunidades Autónomas, ni al Derecho electoral general (artículo 86.1).

3.º La necesidad, por último, de que los Decretos-leyes sean sometidos inmediatamente al Congreso de los Diputados para su debate y votación de totalidad, en el plazo de los treinta días siguientes a su promulgación, con objeto de que el Congreso se pronuncie expresamente sobre su convalidación o derogación (artículo 86.2).

El propio artículo 86.1 precisa la naturaleza del Decreto-ley al definirlo como una «disposición legislativa provisional» dictada por el Gobierno. De ello resulta claro: *a)* que estamos ante un acto normativo con rango de ley; *b)* que emana del Gobierno, esto es, del Consejo de Ministros, y *c)* que tiene carácter provisional, provisionalidad que, es obvio, no afecta a las normas contenidas en el Decreto-ley, sino tan sólo a la forma de que se revisten, el Decreto-ley, que requiere de la intervención subsiguiente del Congreso de los Diputados para su «convalidación»; la provisionalidad, pues, se mantiene hasta su convalidación parlamentaria.

En definitiva, la figura del Decreto-ley se nos presenta, como ha destacado nuestro Tribunal Constitucional (STC 111/1983, de 2 de diciembre) como «un instrumento equivalente en cuanto a su fuerza a la Ley, y utilizable cuando una necesidad calificada por las notas de lo "extraordinario" y lo "urgente" reclama una acción normativa que, por lo ordinario, compete al legislador, pero que precisamente por esa necesidad y por no poder ser atendida por una acción normativa emanada de las Cortes Generales, se autoriza al Gobierno, con un carácter de provisionalidad hasta tanto obtiene la convalidación y, en su caso, la conversión en Ley».

A la vista de todo lo expuesto, es claro que las leyes ordinarias, las leyes aprobadas por las Cortes Generales, en definitiva, las «leyes de Cortes» revisten una naturaleza bien diferenciada de los Decretos-leyes. Como ha advertido nuestro intérprete supremo de la Constitución, entre aquéllas y éstos sólo hay identidad de rango normativo, pero no de naturaleza (STC 60/1986, de 20 de mayo).

1. Supuesto habilitante: extraordinaria y urgente necesidad

El artículo 86.1 establece, como vimos antes, como presupuesto fáctico de la legitimidad constitucional del Decreto-ley, y a la vez como justificación de que ceda el instrumento ordinario de la acción legislativa, esto es, la Ley en su sentido formal, la existencia de una necesidad que, requiriendo el tratamiento a nivel de Ley, se presenta con las notas de lo extraordinario y urgente.

Un sector de la doctrina ha querido ver esta referencia del artículo 86.1 al supuesto de hecho habilitante como un caso típico de «concepto jurídico indeterminado», o lo que es igual, como un supuesto no concretable «a priori» pero sí «a posteriori», que describe una situación que, a la postre, sólo admite una solución ajustada a derecho. Como dice *Pérez Royo,* desde esta concepción, la extraordinaria y urgente necesidad o existe o no existe, siendo además algo que tiene que ser demostrado por el Gobierno caso por caso, con lo que se excluye la apreciación discrecional de la misma por el Gobierno. Frente a esta interpretación surge aquella otra que ve en la extraordinaria y urgente necesidad un supuesto de discrecionalidad.

Esta última interpretación es la que ha hecho suya, en esencia, el Tribunal Constitucional, en un primer momento de forma un tanto ambigua, y en un momento ulterior, de modo más nítido. Para el Tribunal, en definitiva, se está ante un supuesto de discrecionalidad que permite al Gobierno un margen de apreciación no controlable jurisdiccionalmente, salvo si se incurre en un uso abusivo o arbitrario.

En su Sentencia 29/1982, de 31 de mayo, el Tribunal comienza reclamando para sí el examen del presupuesto de hecho habilitante, a lo que no es obstáculo «el peso que en la apreciación de lo que haya de considerarse como caso de extraordinaria y urgente necesidad es forzoso conceder al juicio puramente político de los órganos a los que incumbe la dirección política del Estado». Bien es verdad que esta incidencia del juicio político parece circunscribir el conocimiento del Tribunal a los sólos supuestos de uso abusivo o arbitrario. La conclusión de todo ello es que «en principio y con el razonable margen de discrecionalidad, es competencia de los órganos políticos determinar cuándo la situación, por consideraciones de extraordinaria y urgente necesidad, requiere el establecimiento de una norma por vía de Decreto-ley».

En su doctrina posterior, el Tribunal, cada vez con mayor laxitud, ha ido avalando un concepto muy abierto del Decreto-ley, a la par que un amplísimo margen de discrecionalidad gubernamental para apreciar la extraordinaria y urgente necesidad.

De esta forma, en su Sentencia 6/1983, de 4 de febrero, el Tribunal manifestará que «nuestra Constitución ha contemplado el Decreto-ley como un instrumento normativo, del que es posible hacer uso para dar respuesta a las perspectivas cambiantes de la vida actual, siempre que su utilización se realice bajo ciertas cautelas». De esta consideración general, el Tribunal entresacará una consecuencia práctica inmediata: *«la necesidad justificadora de los Decretos-leyes no se puede entender como una necesidad absoluta* que suponga un peligro grave para el sistema constitucional o para el orden público (...), sino que hay que entenderla con mayor amplitud, como necesidad relativa respecto de situaciones concretas de los objetivos gubernamentales, que, por razones difíciles de prever, requieren una acción normativa inmediata en un plazo más breve que el requerido por la vía normal o por el procedimiento de urgencia para la tramitación parlamentaria de las leyes».

Por último, en su Sentencia 111/1983, de 2 de diciembre, el Tribunal deslindará con toda nitidez el control jurídico del presupuesto habilitante, que le corresponde a él mismo, del control político, que es competencia del Congreso de los Diputados:

> «El Gobierno —afirma el Tribunal—, ciertamente, ostenta el poder de actuación en el espacio que es inherente a la acción política; se trata de *actuaciones jurídicamente discrecionales,* dentro de los límites constitucionales, mediante unos conceptos que si bien no son inmunes al control jurisdiccional, rechazan —por la propia función que compete al Tribunal— toda injerencia en la decisión política que, correspondiendo a la elección y responsabilidad del Gobierno, tiene el control, también desde la dimensión política, además de los otros contenidos plenos del control, del Congreso.»

En resumen, la apreciación de la urgencia es una facultad discrecional del Gobierno, controlable políticamente por el Congreso de los Diputados, pero sólo jurídicamente, por el propio Tribunal Constitucional, cuando el Ejecutivo haga de ella un uso abusivo o arbitrario.

2. Los límites materiales del Decreto-ley

El artículo 86.1 enumera expresamente las materias excluidas del ámbito de normación del Decreto-ley. Son éstas: el ordenamiento de las instituciones básicas del Estado, los derechos, deberes y libertades de los ciudadanos regulados en el Título I, el régimen de las Comunidades Autónomas y el Derecho electoral general. Ninguna de ellas podrá verse afectada por un Decreto-ley.

El alcance de estas limitaciones no siempre se presenta con nitidez.

Por lo que hace al ordenamiento de las instituciones básicas del Estado, el Tribunal Constitucional (STC 60/1986, de 20 de mayo) ha entendido que la prohibición constitucional haría referencia en este supuesto a «los elementos estructurales, esenciales o generales de la organización y funcionamiento de las instituciones estatales básicas, pero no, en cambio, a cualesquiera otros aspectos accidentales o singulares de las mismas».

La problemática de más ardua resolución viene referida a los derechos, deberes y libertades de los ciudadanos regulados en el Título I. Si es evidente que dentro de esa limitación caen todos los derechos del Capítulo 2.°, no lo es tanto respecto de los que, bajo el rótulo de «principios rectores de la política social y económica», se incluyen en el Capítulo 3.°. Sin embargo, la clave del problema ha de situarse más que en la previa concreción de los derechos a que se refiere el artículo 86.1, en el sentido que ha de darse al verbo «afectar» en relación con las materias excluidas del Decreto-ley. ¿Cuándo ha de entenderse que existe afectación?

Si por «afectar» hubiera de entenderse cualquier forma de incidencia en el ordenamiento de las instituciones o derechos excluidos, es claro que el Decreto-ley quedaría reducido a la nada, pues resulta difícil pensar en la existencia de un Decreto-ley que, de una u otra forma, no afecte a alguno de los contenidos materiales constitucionalmente excluidos por el artículo 86.1.

Como dijera el Tribunal (STC 111/1983, de 2 de diciembre), una tesis que se sustenta en una idea tan restrictiva del Decreto-ley, lleva en su seno el vaciamiento de la figura y la hace inservible para regular con mayor o menor incidencia cualquier aspecto concerniente a las materias incluidas en el Título I de la Constitución sin más base interpretativa que el otorgamiento al verbo «afectar» de un contenido literal amplísimo.

Rechazada esta línea interpretativa, el Tribunal se pronuncia acerca de la que considera como doctrina más idónea. A su juicio, «la cláusula restrictiva del artículo 86.1 ("no podrán afectar...") debe ser entendida de modo tal que ni reduzca a la nada el Decreto-ley, que es un instrumento normativo previsto por la Constitución (...), ni permita que por Decreto-ley se regule el régimen general de los derechos, deberes y libertades del Título I, ni dé pie para que por Decreto-ley se vaya en contra del contenido o elementos esenciales de alguno de tales derechos» (STC 111/1983).

En definitiva, habrá afectación de los derechos y libertades del Título I de la Norma suprema cuando sea regulado su régimen jurídico general por un Decreto-ley, o éste se oponga al contenido esencial de aquéllos.

La tercera de las materias excluidas se refiere al régimen de las Comunidades Autónomas. También aquí el Juez de la Constitución se ha encargado de precisar su alcance. En su Sentencia 29/1986, de 20 de febrero, se ha manifestado como sigue:

> «Esta limitación del artículo 86.1 debe interpretarse en el sentido de que el Decreto-ley no puede afectar al régimen jurídico-constitucional de las Comunidades Autónomas, incluida la posición institucional que les otorga la Constitución, es decir, en el sentido de que el Decreto-ley no puede regular el objeto propio de aquellas Leyes que, de acuerdo con el artículo 28.1 de la Ley Orgánica del Tribunal Constitucional, sirven de parámetro para enjuiciar la constitucionalidad de las demás; es decir, por lo que aquí interesa, el ámbito que la Constitución reserva a determinadas leyes para delimitar las competencias del Estado y las diferentes Comunidades Autónomas o para regular o armonizar el ejercicio de las competencias de éstas.»

A la vista de esta interpretación, obviamente restrictiva del alcance de la limitación material del artículo 86.1, puede concluirse que, en su esencia, para el Tribunal, los Decretos-leyes lo que no pueden es incidir en el sistema de distribución competencial entre el Estado y las Comunidades Autónomas previsto por el Título VIII y las Leyes que lo desarrollan de modo inmediato.

Digamos por último que ningún problema interpretativo suscita la última limitación material, atinente al Derecho electoral general, coincidente con el régimen jurídico electoral general, que se refiere no sólo a las elecciones al Congreso y Senado, sino a todos los procesos electorales de alcance general.

3. La tramitación parlamentaria del Decreto-ley

Como ya hemos señalado, el Decreto-ley es una «disposición legislativa provisional», provisionalidad que ha de entenderse en el sentido de que, en un determinado plazo, ha de intervenir un órgano distinto de aquel que dictó la norma a efectos de su «convalidación».

Publicado en el *Boletín Oficial del Estado* un Decreto-ley, éste comienza a surtir efectos en el ordenamiento jurídico en el que provisionalmente se inserta como una norma dotada con fuerza y valor de ley, pero ha de ser sometido de inmediato a debate y votación por el Congreso de los Diputados en el ineludible plazo de los treinta días siguientes a su promulgación.

El artículo 86, en sus apartados segundo y tercero, prevé una doble vía a efectos fiscalizadores: de un lado, el expreso pronunciamiento del Congreso en el plazo antedicho sobre su convalidación o derogación (apartado segundo); de otro, su tramitación como proyecto de ley por el procedimiento de urgencia en el mismo plazo. Como ha reconocido el Tribunal Constitucional (STC 29/1982, de 31 de mayo), este control parlamentario debe responder a criterios tanto de oportunidad política como jurídico-constitucionales.

Aunque, como el Tribunal admite (STC 29/1982), nada se opone a una interpretación alternativa de ambas vías, quedando este punto al criterio de oportunidad que pueda establecer el Congreso, es lo cierto que, en la práctica parlamentaria, esa doble vía ha venido a decantarse en el sentido del necesario y previo pronunciamiento sobre la totalidad del Decreto-ley.

Así las cosas, la realidad nos muestra la existencia de dos alternativas: una, la mera convalidación; otra, la convalidación seguida de la tramitación como ley por el procedimiento de urgencia, posibilidad esta última contemplada por el artículo 151.4 Rgl. C., a cuyo tenor:

> «Convalidado un Real Decreto-ley, el Presidente preguntará si algún Grupo parlamentario desea que se tramite como proyecto de ley. En caso afirmativo, la solicitud será sometida a decisión de la Cámara. Si ésta se pronunciase a favor, se tramitará como proyecto de ley por el procedimiento de urgencia, sin que sean admisibles las enmiendas de totalidad de devolución.»

Esta última tramitación parlamentaria, como fácilmente puede colegirse, es de enorme importancia a efectos de la concreción de la naturaleza de la norma que finalmente se ha de incorporar al ordenamiento. Como ha significado el Tribunal Constitucional (STC 29/1982, de 31 de mayo), el resultado final de este último procedimiento legislativo será «una ley formal del Parlamento, que sustituye en el ordenamiento jurídico, tras su publicación, al Decreto-ley». Bien al contrario, en aquellos supuestos en que el Congreso se haya limitado a ejercitar sus competencias fiscalizadoras contempladas en el artículo 86.2 (esto es, a pronunciarse expresamente sobre su convalidación), «no puede considerarse que el Decreto-ley se haya convertido en ley formal del Parlamento, tras el acuerdo de convalidación, sino únicamente que se ha cumplido con el requisito constitucional de que dependía la pervivencia en el tiempo, con fuerza y valor de ley, de la disposición producto del ejercicio de la potestad normativa extraordinaria que al Gobierno reconoce la Constitución».

En otras palabras, con su convalidación el Decreto-ley no se transforma en ley, es decir, no cambia su naturaleza jurídica; tan sólo pierde su provisionalidad, su carácter de disposición legislativa «provisional». Y ello es así, porque, como nuevamente ha puesto de relieve el

Tribunal (STC 6/1983, de 4 de febrero), «lo que el artículo 86.2 de la Constitución llama "convalidación" es más genuinamente una homologación respecto de la existencia de la situación de necesidad justificadora de la iniciativa normativa encauzada por ese camino».

Este carácter de la «convalidación», mera homologación de la situación de extraordinaria y urgente necesidad, tiene importantes consecuencias jurídicas, pues la convalidación de un Decreto-ley no produce una sanción del mismo, si éste fuera originariamente nulo por haberse producido con extralimitación, esto es, vulnerando los límites materiales constitucionalmente predeterminados. Esa «sanción», como señala el Tribunal (STC 6/1983), sólo podría producirse mediante su transformación en ley una vez seguida la correspondiente tramitación parlamentaria.

d") Los Tratados internacionales

Los Tratados internacionales propiamente dichos, es decir, aquellos que responden a la idea tradicional de Tratado históricamente afirmada en los Estados soberanos, son, como bien dice *Pérez Royo,* los contemplados en artículo 94 de la Constitución. Con ellos no se pretende transferir la competencia de crear Derecho —como acontece en el supuesto del artículo 93, que habilita al legislador en sede orgánica para que autorice la celebración de tratados por los que se atribuya a una organización o institución internacional el ejercicio de competencias derivadas de la Constitución; dicho de otro modo, el legislador orgánico queda habilitado para limitar la soberanía estatal mediante la transferencia de alguna parte de la misma a una organización supranacional, lo que, por lo general, se traduce en la pérdida del monopolio estatal en la producción de normas jurídicas—, sino, simplemente, incorporar al ordenamiento interno una norma de Derecho internacional, pactada por nuestro Estado con otro u otros Estados o con una organización internacional.

A tenor del artículo 94 de nuestra «Lex Superior»:

> «1. La prestación del consentimiento del Estado para obligarse por medio de tratados o convenios requerirá la previa autorización de las Cortes Generales, en los siguientes casos:
> *a)* Tratados de carácter político.
> *b)* Tratados o convenios de carácter militar.
> *c)* Tratados o convenios que afecten a la integridad territorial del Estado o a los derechos y deberes fundamentales establecidos en el Título I.
> *d)* Tratados o convenios que impliquen obligaciones financieras para la Hacienda Pública.
> *e)* Tratados o convenios que supongan modificación o derogación de alguna ley o exijan medidas legislativas para su ejecución.»
> «2. El Congreso y el Senado serán inmediatamente informados de la conclusión de los restantes tratados o convenios.»

Como puede verse, el precepto distingue dos tipos de Tratados por razón de la materia. Esta diferenciación material se refleja, a su vez, en una distinción formal, en cuanto que los primeros (aquellos que versan sobre alguna de las materias expresamente enumeradas en el apartado primero) requieren para su incorporación al ordenamiento interno (que se produce, respecto de los tratados internacionales válidamente celebrados, una vez que se publiquen oficialmente en nuestro país) de la previa autorización de las Cortes Generales, mientras que para la conclusión de los segundos (todos los demás tratados, esto es, todos aquellos que versen sobre una materia no expresamente prevista en el artículo 94.1), resulta habilitado el Gobierno, que debe informar de inmediato de la misma a ambas Cámaras.

Es de interés significar que la decisión de las Cortes Generales en el sentido de autorizar la prestación del consentimiento del Estado para obligarse mediante la celebración de un tratado de los previstos en el artículo 94.1, ha de ajustarse a un procedimiento específico (común para los supuestos de autorización de acuerdos de cooperación entre las Comunidades Autónomas y de distribución entre esas mismas Comunidades de los recursos del Fondo de Compensación interterritorial, con la sola salvedad de que en estos dos casos el procedimiento se ha de iniciar en el Senado) al que se refiere el artículo 74.2 de nuestra Norma suprema.

De conformidad con el mismo (desarrollado por los artículos 155 y siguientes del Rgl. C.), el procedimiento se iniciará en el Congreso, a cuyo efecto el Gobierno solicitará de las Cortes Generales la concesión de dicha autorización mediante el envío al Congreso de los Diputados del correspondiente acuerdo del Consejo de Ministros. La decisión requerirá de la mayoría de cada una de las Cámaras. Si no hubiere acuerdo entre Congreso y Senado, se intentará obtener por una Comisión Mixta compuesta de igual número de senadores y diputados. La Comisión presentará un texto, que será votado por ambas Cámaras. Si no se aprueba en la forma establecida, decidirá finalmente el Congreso por mayoría absoluta.

La diferenciación establecida por el constituyente en el artículo 94, entre los dos tipos de tratados, tiene a su vez una importante consecuencia en lo que se refiere al rango con que se han de incorporar al ordenamiento interno, y ello, aun admitiendo que los principios de jerarquía y de competencia, sobre los que se asientan las relaciones entre las distintas fuentes del Derecho, no son de aplicación por entero a los tratados; ello no obstante, el principio de jerarquía normativa ha de ser tenido en cuenta a la hora de precisar las relaciones existentes entre los tratados y la ley.

Respecto de la Constitución, no cabe duda alguna de la subordinación de los tratados a nuestra «Lex Superior». A este respecto, es muy significativa la previsión del artículo 95.1, a cuyo tenor, la celebración de un tratado internacional que contenga estipulaciones contrarias a la Constitución exigirá la previa revisión constitucional. En este sentido, el artículo 95.2 faculta al Gobierno o a cualquiera de las Cámaras para requerir al Tribunal Constitucional para que declare si existe o no esa contradicción.

No tan evidentes ni claras son las relaciones entre los tratados y la ley. Sus relaciones son complejas y, desde luego, exigen, en el punto que nos interesa, atender a los dos tipos de tratados que distingue el artículo 94.

De entrada, parece claro que todos los tratados presentan una resistencia frente a la ley. Dicho de otro modo, un tratado no puede ser reformado o derogado por una ley. El artículo 96.1 (inciso segundo) de la Constitución no deja resquicio alguno a la duda: «Sus disposiciones (las de los tratados internacionales) sólo podrán ser derogadas, modificadas o suspendidas en la forma prevista en los propios tratados o de acuerdo con las normas generales del Derecho internacional.» Efectuada esta precisión, el artículo 96.2 impone lo que se conoce como principio del paralelismo de las formas, que exige, para la denuncia de los tratados y convenios internacionales, la utilización del mismo procedimiento que para su aprobación prevé el artículo 94. Esta resistencia frente a la ley, insistimos, puede predicarse respecto de cualquiera de los dos tipos de tratados contemplados por el artículo 94.

No puede mantenerse otro tanto respecto de la fuerza activa de los tratados sobre la ley, esto es, respecto de la posibilidad de modificación o derogación de una ley por un tratado. Aquí sí que es preciso rescatar la doble tipología establecida por el artículo 94. Ello se desprende con cierta nitidez del apartado *e)* del artículo 94.1, que, como ya vimos, exige la previa autorización de las Cortes Generales para la celebración de aquellos tratados o convenios «que supongan modificación o derogación de alguna ley...» Quiere ello decir, «a sensu contrario», que aquellos tratados de la competencia exclusiva del Gobierno, respecto de los cuales las Cortes se limitan a ser informadas de su conclusión, no podrán modificar o derogar una ley, pues para que tal posibilidad sea factible, la previa autorización de las Cortes resulta indeclinable. Sólo así cobra pleno sentido la inclusión del apartado *e)* en el artículo 94.1, pues si se advierte la redacción de los cinco apartados del precepto, el apartado *e)* no concuerda con los cuatro anteriores, que aluden a determinados contenidos materiales de los tratados, mientras que el referido apartado *e)* no contempla materia alguna, acogiendo, por el contrario, todos los tratados que, con independencia de la materia sobre la que versen, incidan sobre una ley o exijan medidas legislativas para su ejecución.

En resumen, los tratados que requieren de la previa autorización de las Cortes Generales pueden modificar o derogar una ley. Por contra, aquellos otros cuya celebración es competencia del Gobierno no pueden en modo alguno modificarla. A la inversa, como ya dijimos, unos y otros tratados son resistentes frente a la ley.

b/ La función financiera y presupuestaria

El segundo gran bloque de competencias de las Cortes Generales es el financiero y presupuestario, esto es, el relativo a la aprobación de los gastos e ingresos del Estado. Su importancia ha sido tal que bien puede afirmarse que el nacimiento de las primeras Cortes o Asambleas representativas medievales se vincula estrechamente con el ejercicio de esta función. De hecho, las instituciones representativas surgen con la prioritaria misión de que los representantes de los estamentos pudieran manifestarse acerca de la concesión o denegación de los subsidios y tributos reclamados por los monarcas. Desde entonces, la función presupuestaria es considerada como una de las de mayor relevancia de las que corresponden al Parlamento.

Hoy puede afirmarse que uno de los grandes debates que anualmente se celebran en las Cortes es el debate presupuestario. No en vano los Presupuestos son la traducción en cifras del programa político del Gobierno, e instrumento fundamental para su acción, y no sólo, aunque sí básicamente, en el plano de la política económica. El Tribunal Constitucional los ha considerado (STC 27/1981, de 20 de julio) como un «vehículo de dirección y orientación de la política económica, que corresponde al Gobierno».

El artículo 66.2 de la Constitución atribuye a las Cortes Generales la función presupuestaria, consistente en la aprobación de los Presupuestos del Estado. Formalmente, se trata de la aprobación de una ley; sin embargo, el artículo 66.2 la enuncia como función específica, desdoblada de la genérica potestad legislativa del Estado. Y como ha dicho el Tribunal Constitucional (STC 65/1987, de 21 de mayo), «la especificidad de esta competencia se traduce en las peculiaridades constitucionalmente previstas respecto de su ejercicio, y que la diferencian de la competencia legislativa; así, la reserva al Gobierno de la elaboración del presupuesto (artículo 134.1) y las limitaciones procedimentales contempladas en los apartados sexto y séptimo del mismo artículo» (necesidad de conformidad gubernamental respecto de toda proposición o enmienda que suponga aumento de los créditos o disminución de los ingresos y rechazo de que a través de la Ley Presupuestaria puedan crearse tributos).

Ya nos hemos ocupado en otro momento con cierto detenimiento de los Presupuestos. Es por ello por lo que no vamos ahora a reiterarnos. Nos limitaremos a aludir a la importante cuestión del *contenido de esta Ley,* con la que se vincula íntimamente la de sus *límites materiales,* para terminar contemplando de modo sumario algunas de las *especialidades del procedimiento* de tramitación parlamentaria de la Ley.

El contenido nuclear de la Ley de Presupuestos, a tenor del artículo 134.2 de la Constitución, está constituido por la previsión de ingresos y la autorización de gastos del sector público estatal. Este contenido integra el núcleo indisponible de la Ley, en cuyo examen, enmienda y aprobación se cifra la función presupuestaria que a las Cortes atribuye la Constitución.

Ahora bien, este contenido mínimo, necesario e indisponible de la Ley de Presupuestos, ¿ha de considerarse asimismo como exclusivo y excluyente, impidiendo, si así fuese, que la Ley de Presupuestos contenga disposiciones que no coincidan exactamente con ese contenido?

La cuestión ha sido resuelta por el Tribunal Constitucional (STC 65/1987, de 21 de mayo). Parte este órgano de la consideración de que la Ley de Presupuestos se ha ido configurando progresivamente no sólo como un conjunto de previsiones contables, sino, como ya dijimos, «como un vehículo de dirección y orientación de la política económica que corresponde al Gobierno». Este carácter ha supuesto la inclusión en el articulado de la Ley, de disposiciones relativas a materias no asimilables directamente al estado de gastos y previsión de ingresos presupuestarios, pero de conveniente regulación conjunta con ese núcleo, por su relación técnica e instrumental con el mismo, a efectos de la orientación de la política económica.

Como en otro momento ha advertido el Tribunal (STC 63/1986, de 21 de mayo), «la obligación de incluir en los Presupuestos Generales del Estado la totalidad de los gastos e ingresos del sector público estatal no impide que, junto a la configuración de las correspondientes partidas, la Ley que aprueba dichos Presupuestos establezca otras disposiciones de carácter general en materias propias de la Ley ordinaria (con excepción de la creación de tributos) que guardan directa relación con las previsiones de ingresos y las habilitaciones de gastos de los Presupuestos o con los criterios de política económica general en que se sustentan».

Sin embargo, las peculiaridades constitucionales previstas para la tramitación de esta Ley suponen evidentes restricciones de las facultades de los órganos legislativos, en especial de su importante derecho de enmienda. De ahí que no pueda descartarse la posibilidad de que la inclusión injustificada de materias no relacionadas con la disciplina presupuestaria suponga una restricción ilegítima de las competencias del Poder legislativo, al disminuir sus facultades de examen y enmienda sin base constitucional.

Ante tal circunstancia, hay que entender con el Tribunal Constitucional (Sentencias 63/1986, de 21 de mayo y 65/1987, de 21 de mayo) que la legitimidad constitucional de la inclusión de esas otras materias dependerá de que las mismas se hallen o no en relación directa e inmediata con las previsiones de ingresos, las habilitaciones de gasto o los criterios de política general en que las previsiones presupuestarias se sustentan.

Por lo demás, la limitación material del artículo 134.7 de la Constitución, que prohíbe en todo caso a la Ley de Presupuestos la creación de tributos, pero que prohíbe también su modificación, salvo «cuando una ley tributaria sustantiva así lo prevea», exige de una interpretación que ayude a deslindar su alcance real.

Una vez más, ha sido el Tribunal Constitucional (STC 27/1981, de 20 de julio) quien ha arrojado luz sobre este precepto. Parte el citado órgano del debate parlamentario del que surgió la redacción definitiva del artículo 134.7 de nuestra «Lex Superior», que parece sugerir una cierta solución de compromiso que, en tanto prohíbe indiscriminadamente la creación de tributos en la Ley de Presupuestos, permite su modificación, aunque se trate de alteraciones sustanciales y profundas del impuesto, siempre que exista una norma adecuada que lo prevea y, en todo caso, no obsta a un tratamiento en la Ley presupuestaria de mera adaptación del tributo a la realidad.

Con ello se trataría en realidad de salvaguardar la singularidad de la Ley de Presupuestos, singularidad que deriva del carácter instrumental del presupuesto en relación con la política económica.

En resumen, la limitación material del artículo 134.7 ha de entenderse del modo siguiente: la Ley de Presupuestos no puede proceder en ningún caso a la creación de tributos. Podrá en cambio proceder a la mera adaptación del tributo a la realidad, a su simple adecuación circunstancial. Por último, para modificar un tributo, habrá de cumplirse necesariamente la exigencia constitucional de que tal modificación aparezca prevista en una «ley tributaria sustantiva», esto es, y según el Tribunal (STC 27/1981), en una Ley («propia» del impuesto o modificadora de ésta) que, exceptuando la de Presupuestos, regule elementos concretos de la relación tributaria.

Nos referiremos por último a las especialidades del procedimiento legislativo a seguir en el Congreso para la tramitación del Proyecto de Ley de Presupuestos. Son, en esencia, las siguientes:

1.ª El Proyecto gozará de preferencia en su tramitación con respecto a los demás trabajos de la Cámara.

2.ª Las enmiendas que supongan minoración de ingresos requerirán la conformidad del Gobierno para su tramitación, mientras que aquellas otras que impliquen aumento de créditos en algún concepto únicamente podrán ser admitidas a trámite si proponen una baja de igual cuantía en la misma Sección.

3.ª El Reglamento del Congreso (artículo 134) prevé una primera lectura del Proyecto ante el Pleno, a efectos de un debate de totalidad en el que quedarán fijadas las cuantías globales de los estados de los

Presupuestos. Una vez finalizado este debate, el Proyecto será inmediatamente remitido a la Comisión de Presupuestos.

4.ª El debate presupuestario se referirá el articulado del Proyecto y al estado de autorización de gastos.

A la vista de estas características, el dato que se revela como más significativo es lo restrictivo de la regulación reglamentaria en relación con las enmiendas que supongan aumento de créditos. Han de vincularse, como hemos visto, a una reducción en igual cuantía dentro de la misma Sección. Si resulta lógico que se quiera asegurar la cifra global presentada por el Gobierno, no lo es en modo alguno que no puedan alterarse los montantes globales de las Secciones, siempre que el resultado final sea respetuoso con aquella cifra global. Sería perfectamente lógico pretender incrementar los créditos de un Departamento en detrimento de otro, que vería así reducidos los suyos en igual cuantía. Tal posibilidad dinamizaría, a la par que daría sentido pleno al debate parlamentario, en cuyo trasfondo se encuentra la defensa ante la opinión pública de distintos programas de política económica, de los que el Presupuesto no tiene sino un carácter meramente instrumental.

Para terminar, recordaremos que forman parte de la función financiera de las Cortes Generales, entre otras:

1. La autorización al Gobierno mediante ley de la emisión de Deuda Pública, como también de la asunción por aquél de cualquier crédito (artículo 135.1).

2. El establecimiento de prestaciones patrimoniales de carácter público, que deberá igualmente hacerse mediante ley (artículo 31.3).

3. La aprobación de créditos extraordinarios, que una vez aprobados los Presupuestos, requerirá la presentación por el Gobierno de un proyecto de ley que habrá de ser aprobado por las Cortes Generales.

c/ La función de control

En 1861, en sus «Consideraciones sobre el gobierno representativo», *John Stuart Mill* destacaba la trascendencia de la función parlamentaria de control al afirmar: «The proper office of a representative assembly is to watch and control the government». Hoy, la función de control se manifiesta, de una u otra manera, como advierte *Rubio Llorente,* en la totalidad de la vida parlamentaria, pues bien podría afirmarse que toda la actuación del Parlamento está impregnada, teñida, por esa función de control de la acción del Gobierno, de la que se hace eco el artículo 66.2 de nuestra «lex legum».

Ahora bien, cuando se trata de precisar el significado exacto del término «control» nos encontramos con serias dificultades, pues el término «control» presenta una multivocidad de significaciones. Ello ha dado lugar, a su vez, a una pluralidad de posicionamientos. En todos ellos se admite que el control, con carácter previo, entraña un conocimiento de la actividad controlada. Y en su esencia, todo control implica una confrontación entre esa actividad que se trata de controlar y los parámetros, los valores, que han de regir dicha actividad, así como un juicio sobre el nivel de correspondencia que media entre la actividad controlada y la que, en términos ideales, hubiera sido deseable.

Las discrepancias surgen abiertamente en torno a si todo control debe implicar medidas sancionadoras o correctivas. Y así, por hacer sólo una referencia a nuestra doctrina, mientras *Santaolalla* cree que el control no se limita sólo a un juicio o verificación, sino que incluye también la adopción de una medida destinada a hacer cesar la situación no conforme a los valores que se tratan de proteger, *Montero* y *Morillo,* a nuestro juicio acertadamente, estiman que la actividad de control no supone, rigurosamente considerada, más que la confrontación de una conducta determinada con el parámetro al que debe adecuarse y no incluye en sí misma, por tanto, medida sancionadora alguna, aunque, como consecuencia del control, puedan accionarse los mecanismos reparadores o sancionadores existentes.

Desde luego, creemos que esta última es la concepción del control parlamentario que late en nuestra Norma suprema. En ella, el control parlamentario no presupone ineludiblemente la necesidad de una medida sancionadora.

Ello no debe entenderse en el sentido de que el control tenga un único significado. Por el contrario, como bien dice *Sánchez Agesta,* cuando hablamos de «control» nos estamos refiriendo a significados bien distintos. En unos casos, con un sentido limitado, el «control» significa verificación o inspección de la actividad que el Gobierno realiza; en otros implica un verdadero poder de autorizar o impedir, o si se prefiere, de aprobar o vetar un acto del Gobierno; por último, hay supuestos en los que, como consecuencia de poderes de verificación o veto, con independencia de estas funciones, el control significa una participación en una actividad realizada por el Gobierno. Esta última manifestación de la actividad de control ha adquirido tal importancia que, por así decirlo, ha cobrado vida propia, desgajándose de la función que nos ocupa y pasando a constituir lo que la doctrina italiana ha denominado la función de *«indirizzo politico»,* la función de impulso o dirección política, que analizaremos independientemente de la que ahora abordamos.

A la vista de las consideraciones que preceden, hemos de concluir significando que vamos a diferenciar dos manifestaciones de la función de control: 1. *el control-inspección* y 2. *el control-autorización.* A título previo, y a los efectos de separar la actividad de control de la actividad parlamentaria de información, nos referiremos a los mecanismos que canalizan jurídicamente la actividad informativa de las Cámaras.

a') La actividad de información parlamentaria

La actividad de información parlamentaria se diversifica en atención a que el receptor de esa información sea un parlamentario individual o un órgano colegiado de una Cámara.

Circunscribiéndonos al Congreso de los Diputados, diremos que el derecho de los diputados a recabar información de las Administraciones Públicas está contemplado por el artículo 7.º de su Reglamento, que les reconoce, «para el mejor cumplimiento de sus funciones parlamentarias», la facultad de recabar de tales Administraciones los datos, informes o documentos que obren en su poder. La iniciativa la tienen los diputados, bien que actuando «previo conocimiento del respectivo Grupo parlamentario».

Nuestra «Lex Superior» ha elevado al máximo rango normativo la facultad de los órganos colegiados de las Cámaras de recabar información. A tenor del artículo 109 de la Constitución: «Las Cámaras y sus Comisiones podrán recabar, a través de los Presidentes de aquéllas, la información y ayuda que precisen del Gobierno y de sus Departamentos y de cualesquiera autoridades del Estado y de las Comunidades Autónomas.» En desarrollo de este precepto, el artículo 44 Rgl. C. habilita a las Comisiones para recabar, por conducto del Presidente del Congreso: 1.º La información y la documentación que precisen del Gobierno y de las Administraciones Públicas. 2.º La presencia ante ellas de los miembros del Gobierno para que informen sobre asuntos relacionados con sus respectivos Departamentos. 3.º La presencia de autoridades y funcionarios públicos por razón de la materia objeto del debate, a fin de informar a la Comisión. Y 4.º La comparecencia de otras personas competentes en la materia, a los mismos efectos de información y asesoramiento.

Por su lado, el artículo 110.1 de nuestra Norma suprema reconoce la facultad de las Cámaras y sus Comisiones de reclamar la presencia de los miembros del Gobierno, obviamente a título informativo. Esta facultad tiene su envés en el derecho de acceso a las sesiones de las Cámaras que asiste a los miembros del Gobierno, así como en la facultad de los mismos de hacerse oir en ellas, pudiendo igualmente solicitar que informen ante las mismas funcionarios de sus Departamentos (artículo 110.2).

Estas previsiones constitucionales del artículo 110 han sido desarrolladas por los artículos 202 y 203 Rgl. C., que contemplan, respectivamente, la comparecencia de miembros del Gobierno ante la Comisión correspondiente —a petición propia o previa solicitud del órgano parlamentario— a efectos de la celebración de una sesión informativa, y la presencia de aquéllos ante el Pleno del Congreso —por propia iniciativa o por acuerdo de la Mesa de la Cámara y de la Junta de Portavoces— para informar sobre un asunto determinado.

El Reglamento del Congreso (y también el del Senado) insiste en la naturaleza informativa de estas comparecencias, pero no se nos puede escapar que aunque el contenido de la comparecencia del miembro del Gobierno ante la Cámara sea, en efecto, sustancialmente informativo, algunas de ellas, por las especiales circunstancias que las rodean, se sitúan en lugares muy próximos a la actividad propia del control-inspección.

b') El control-inspección

Entre las medidas de control que tienen un carácter limitado de inspección o verificación, que constituyen en definitiva lo que hemos llamado el «control-inspección», hemos de referirnos, sin ánimo exhaustivo, al derecho de petición, a las preguntas e interpelaciones parlamentarias y a las Comisiones de investigación.

a'') El derecho de petición de los ciudadanos

El ejercicio por los ciudadanos del derecho de petición individual o colectiva que el artículo 29.1 de la Constitución proclama con carácter general, y el artículo 77 particulariza en relación a las Cámaras, puede desencadenar el ejercicio por éstas de una actividad de control.

En efecto, el artículo 77 de la «Lex Superior», tras prever que las Cámaras pueden recibir peticiones individuales y colectivas, siempre por escrito, quedando prohibida la presentación directa por medio de manifestaciones ciudadanas (apartado primero), contempla la posibilidad de que las Cámaras remitan al Gobierno las peticiones que reciban. En estas peticiones, como parece lógico suponer, se denunciará un mal funcionamiento de la Administración, o el desconocimiento de un derecho que protege un interés individualizado o colectivo de un cuerpo, una profesión o una entidad. De ahí que el Gobierno venga obligado a explicarse sobre el contenido de la petición, siempre que las Cámaras así lo exijan (artículo 77.2).

En orden a canalizar jurídicamente tales previsiones, el Reglamento del Congreso ha creado, como Comisión Permanente no Legislativa, la llamada Comisión de Peticiones, a la que su artículo 49 le atribuye la facultad de examinar cada petición, individual o colectiva, que reciba el Congreso, pudiendo acordar su remisión, según proceda, por conducto del Presidente de la Cámara: al Defensor del Pueblo, a la Comisión del Congreso que estuviere conociendo del asunto de que se trate, al Senado, a los Tribunales, al Ministerio Fiscal y, desde luego, también al Gobierno.

b") Las preguntas parlamentarias

Las preguntas parlamentarias son instrumentos de que disponen los parlamentarios individualmente considerados con la finalidad de inspeccionar la actuación del Gobierno o de cada uno de sus miembros.

Nuestra Constitución se ha hecho eco de este instrumento, como también de su análogo, las interpelaciones parlamentarias. A tenor de su artículo 111.1: «El Gobierno y cada uno de sus miembros están sometidos a las interpelaciones y preguntas que se le formulen en las Cámaras. Para esta clase de debates los Reglamentos establecerán un tiempo mínimo semanal» (el llamado por los ingleses *«question time»)*. Los Reglamentos del Congreso y Senado han desarrollado ampliamente el régimen a que han de ajustarse las preguntas (artículos 185 a 190 Rgl. C. y 160 a 169 Rgl. S.).

Tres son las clases de preguntas que pueden distinguirse en ambas Cámaras: aquellas en las que se solicita respuesta por escrito, aquellas otras en las que se requiere respuesta oral en la Comisión que corresponda en atención a la materia sobre la que versa la pregunta y, por último, las que demandan una respuesta oral en el Pleno. Por razones de funcionalidad fácilmente comprensibles, los Reglamentos intentan que las primeras sean las más numerosas y las últimas las menos frecuentes, sobreentendiéndose que quedan reservadas para aquellos temas de mayor trascendencia o, por lo menos, de mayor impacto ante la opinión pública. De ahí que en defecto de indicación se entienda que quien formula la pregunta solicita respuesta por escrito, y si requiere respuesta oral, se entenderá, salvo especificación en contrario, que ésta ha de tener lugar ante la Comisión correspondiente.

La tramitación de las preguntas no requiere ni del visto bueno del Grupo parlamentario al que pertenezca el diputado o senador que formula la pregunta, ni mucho menos de la aprobación de la Cámara o, en su caso, la Comisión. Es cierto que toda pregunta está sujeta a un «juicio de admisibilidad» por parte de la Mesa de la Cámara, que debe calificar el escrito y admitirlo si se ajusta a las previsiones reglamentarias; sin embargo, estamos en presencia de un trámite puramente formal. Las únicas preguntas reglamentariamente inadmisibles son las que respondan al exclusivo interés personal de quien las formula o de cualquier otra persona singularizada, o aquellas otras que supongan una consulta de índole estrictamente jurídica. El Reglamento del Congreso contempla asimismo la inadmisibilidad por la Mesa de la Cámara, oída la Junta de Portavoces, de aquellas preguntas (o interpelaciones) que profirieren palabras o vertieren conceptos ofensivos al decoro de la Cámara o a sus miembros, al de las Instituciones del Estado o de cualquiera otra persona o entidad.

Las preguntas con respuesta oral deben ser incluidas en el orden del día, dando prioridad a las presentadas por los diputados o senadores que todavía no hubieren formulado preguntas en el Pleno en el mismo período de sesiones (artículo 188.2 Rgl. C. y 163.2 Rgl. S.). En todo caso, el Presidente de cada Cámara (de conformidad con la Junta de Portavoces en el Congreso y de acuerdo con la Mesa y oída la Junta de Portavoces en el Senado) señalará el número de preguntas a incluir en el orden del día de cada sesión plenaria, como también el criterio de distribución entre parlamentarios pertenecientes a cada Grupo.

Toda pregunta tiene como efecto lógico la contestación a la misma por parte del interrogado, que debe acomodarse a la forma (escrita u oral) y al órgano parlamentario (Pleno o Comisión) requeridos por el cuestionante. En todo caso, los Reglamentos ignoran el supuesto de la no contestación, y en consecuencia no prevén sanción alguna al respecto. Ello no obstante, precisan un plazo para la contestación

c") Las interpelaciones parlamentarias

Las interpelaciones parlamentarias son preguntas dirigidas al Gobierno o a cualquiera de sus miembros que deben versar sobre cuestiones de política general, que suelen desencadenar la apertura de un debate parlamentario que, circunstancialmente, puede dar lugar —como prevé el artículo 111.2 de la Constitución— a una *moción* en la que la Cámara manifieste su posición.

Una primera, y significativa, diferencia con las preguntas la encontramos en el hecho de que las interpelaciones pueden ser formuladas no sólo por los diputados, sino también por los Grupos parlamentarios del Congreso (artículo 180 Rgl. C.)

Las interpelaciones, que han de presentarse por escrito ante la Mesa de la Cámara, deben versar «sobre los motivos o propósitos de la conducta del Ejecutivo en cuestiones de política general, bien del Gobierno o de algún Departamento Ministerial» (artículo 181 Rgl. C.), objeto similar al que deben tener en el Senado («la política del Ejecutivo en cuestiones de interés general», artículo 170.2 Rgl. S.).

Las interpelaciones, al igual que las preguntas, se hallan sujetas al trámite de calificación, competencia de la Mesa de la Cámara, que entraña un juicio de admisibilidad. Lógicamente, al hallarse más delimitado el contenido de las interpelaciones, ese juicio ha de ser más estricto que en el caso de las preguntas. De ahí que el artículo 181.2 Rgl. C. prevea que en el supuesto de que el contenido del escrito no sea propio de una interpelación, la Mesa lo comunicará a su autor para su conversión en pregunta con respuesta oral o por escrito.

Transcurridos quince días desde la publicación de la interpelación, el Reglamento del Congreso (artículo 182.1) prevé que la misma estará en condición de ser incluida en el orden del día del Pleno, a cuyo efecto contempla una serie de prioridades.

Las interpelaciones se sustanciarán en el Pleno, dando lugar a un turno de exposición por el autor de la interpelación, a la contestación del Gobierno y a sendos turnos de réplica. En todo caso, tras la intervención de interpelante e interpelado podrá hacer uso de la palabra un representante de cada Grupo parlamentario.

Toda interpelación podrá dar lugar, como ya dijimos, a una *moción* en que la Cámara manifieste su posición. Como señalan *Montero* y *García Morillo*, la *moción* reviste claramente el carácter de medida subsiguiente al control: conocida la actuación del Ejecutivo, los motivos de la misma y los propósitos de futuro, confrontado todo ello con los parámetros dominantes en la Cámara, ésta expresa en la *moción* su valoración de la conducta del Gobierno. El contenido de la moción puede ser muy diverso, constitutivo de actos de dispar naturaleza: desde actos de dirección política, instando al Gobierno a la adopción de determinadas medidas, hasta actos sancionatorios, pasando lógicamente por los actos meramente confirmatorios de la conducta gubernamental.

d") Las Comisiones de investigación

Las Comisiones de investigación son órganos colegiados de control de carácter no permanente que pueden constituirse en el seno del Congreso, del Senado o de ambas Cámaras conjuntamente con vistas al estudio o investigación sobre cualquier asunto de interés público.

La Constitución de 1978 se ha hecho eco de este tipo de Comisiones en su artículo 76, de conformidad con el cual:

> «1. El Congreso y el Senado, y, en su caso, ambas Cámaras conjuntamente, podrán nombrar Comisiones de investigación sobre cualquier asunto de interés público. Sus conclusiones no serán vinculantes para los Tribunales, ni afectarán a las resoluciones judiciales, sin perjuicio de que el resultado de la investigación sea comunicado al Ministerio Fiscal para el ejercicio, cuando proceda, de las acciones oportunas.»
>
> «2. Será obligatorio comparecer a requerimientos de las Cámaras. La ley regulará las sanciones que puedan imponerse por incumplimiento de esta obligación.»

La práctica experimentada en distintos países revela que estas Comisiones no sólo se han utilizado con vistas a controlar al Gobierno, sino también para desarrollar una ulterior obra legislativa, para coadyuvar en la función presupuestaria del Parlamento, para actos de naturaleza jurisdiccional o para servir de cauce de expresión a las fuerzas políticas. De ahí que *Santaolalla* considere que no están afectadas a una peculiar función de las Cámaras, sino que pueden servir a todas ellas. En cualquier caso, a nuestro juicio, resulta determinante su papel como órganos de verificación o inspección.

La constitución de una Comisión de este tipo en el Congreso de los Diputados requiere un acuerdo en tal sentido del Pleno de la Cámara, a propuesta del Gobierno, de la Mesa, de dos Grupos Parlamentarios o de la quinta parte de sus miembros (artículo 52.1 Rgl. C.). En el Senado, es asimismo el Pleno de la Cámara el órgano que, a propuesta del Gobierno o de veinticinco senadores que no pertenezcan al mismo Grupo parlamentario, podrá establecer estas Comisiones (artículo 59.1 Rgl. S.).

Este procedimiento pone de manifiesto que sin el apoyo, o por lo menos la no oposición, de la mayoría no puede crearse una Comisión de investigación. Tal circunstancia lastra sobremanera la funcionalidad de este mecanismo de control, que, además, puede convertirse en un instrumento de la mayoría parlamentaria apto tan sólo para postergar o circunvalar la investigación real de un asunto de interés público.

En cuanto a su funcionamiento, las Comisiones de investigación elaborarán un plan de trabajo y podrán nombrar Ponencias en su seno. Sus sesiones, en el caso de las que se constituyan en el Congreso, serán secretas (artículo 64.3 Rlg. C.); no así en las Comisiones de investigación del Senado, en las que tal circunstancia se supedita a que así lo acuerde la mayoría absoluta de los miembros de la Comisión.

Uno de los rasgos más definitorios de las notables potestades que se atribuyen a estas Comisiones lo encontramos en la facultad que se les reconoce constitucionalmente de requerir la presencia ante ellas de cualquier persona para que pueda ser oída. Tal requerimiento se hará por conducto de la Presidencia de la Cámara, comunicando con una antelación previa de tres días los extremos sobre los que haya de informar la persona requerida. Esta comparecencia es obligatoria, como el propio artículo 76 de la Constitución prevé.

La comparecencia ante las Comisiones de investigación ha sido objeto de regulación por la Ley Orgánica 5/1984, de 24 de mayo, cuyo artículo 1.° determina la obligatoriedad de todos los ciudadanos españoles y de los extranjeros que residan en España, de comparecer personalmente para informar, a requerimiento de las Comisiones de investigación. A su vez, el propio precepto establece la obligación de las Mesas de las Cámaras de velar por que ante estas Comisiones queden salvaguardados el respeto a la intimidad y el honor de las personas, el secreto profesional, la cláusula de conciencia y los demás derechos constitucionales.

El requerido que dejara voluntariamente de comparecer para informar ante una Comisión de investigación incurrirá en un delito de desobediencia grave.

El artículo 76.1 de nuestra Constitución trata de dejar a salvo el principio de independencia del Poder Judicial, y a tal efecto contempla explícitamente que las conclusiones de estas Comisiones no serán vinculantes para los Tribunales ni afectarán a las resoluciones judiciales.

c') El control-autorización

El ejercicio de la función de control se traduce aquí en una autorización parlamentaria, o lo que es igual, en una aprobación o en un veto. El control entraña en este caso no sólo un juicio o verificación, sino, asimismo, la adopción de una medida sancionadora o correctiva, destinada a paralizar la situación disconforme o no ajustada a los valores o principios que se tratan de proteger.

Los actos de control que más fielmente traducen esta manifestación de la función de control son de la titularidad del Congreso de los Diputados, si bien el Senado también participa en algunos otros supuestos, en algún caso incluso con exclusión de la Cámara Baja.

Las más características manifestaciones del control-autorización son las siguientes:

1.ª La «convalidación» de los Decretos-leyes, ya analizada, que el artículo 86 de la Constitución atribuye al Congreso de los Diputados y, caso de haber sido disuelta la Cámara o haber expirado su mandato, a su Diputación Permanente (artículo 78.2).

2.ª La autorización de la declaración del estado de excepción y de la prórroga del estado de alarma, o la declaración del estado de sitio, que el artículo 116, también como vimos, atribuye en exclusiva al Congreso o, en el supuesto de disolución de la Cámara o de expiración de su mandato, a su Diputación Permanente.

3.ª El control de los Decretos legislativos cuando, de conformidad con lo prescrito por el artículo 82.6 de la Constitución, las leyes de delegación establecieren que el control adicional (adicional al que pueda ser de la competencia propia de los Tribunales) de la legislación delegada se realice por el Congreso de los Diputados, siguiéndose al efecto el procedimiento reglamentario al que ya nos referimos.

4.ª La autorización para la celebración del referéndum consultivo a que se refiere el artículo 92 de nuestra «Lex Superior». A tenor de este precepto, «las decisiones políticas de especial trascendencia» podrán ser sometidas a referéndum consultivo de todos los ciudadanos. El referéndum será convocado por el Rey, mediante propuesta del

Presidente del Gobierno, previamente autorizada por el Congreso de los Diputados.

Aunque la Constitución contempla la celebración, preceptiva o facultativa según los casos, de otros tipos de referéndum, es el referéndum consultivo, esto es, no vinculante, previsto por el artículo 92, el único que en cuanto supone una manifestación de voluntad del Congreso, entraña un acto de control de la categoría a que aquí nos estamos refiriendo.

Ni la Constitución ni la Ley Orgánica 2/1980, de 18 de enero, sobre regulación de las distintas modalidades de referéndum, contemplan la forma que deba adoptar la autorización del Congreso, si bien el artículo 6.° de la citada Ley prescribe que la autorización deberá conferirse por la mayoría absoluta de los miembros de la Cámara.

Tampoco el Reglamento de la Cámara ha sido muy explícito. Su artículo 161.2 establece que el mensaje o comunicación que al efecto (a efectos de la convocatoria del referéndum) dirija el Presidente del Gobierno al Congreso será debatido por el Pleno de la Cámara, ajustándose el debate a las normas previstas para el de totalidad. La decisión del Congreso será comunicada por el Presidente de la Cámara al del Gobierno.

5.ª La autorización de los Tratados o Convenios internacionales, en los casos previstos por el artículo 94.1 de la Constitución, al que ya aludimos. En este supuesto, la autorización debe ser otorgada por las Cortes Generales, de conformidad con el procedimiento que, a grandes rasgos, prevé el artículo 74.2 de la propia Constitución.

6.ª La aprobación por el Senado de las medidas coactivas contra las Comunidades Autónomas a que se refiere el artículo 155 de nuestra Norma suprema. Estas medidas podrán ser adoptadas por el Gobierno cuando una Comunidad Autónoma incumpliere las obligaciones que la Constitución u otras leyes le impongan, o actuare de forma que atente gravemente al interés general de España. En tal supuesto, el Gobierno, previo requerimiento al Presidente de la Comunidad Autónoma y, en el caso de no ser atendido, con la aprobación por la mayoría absoluta del Senado, podrá adoptar «las medidas necesarias para obligar a aquélla (a la Comunidad de que se trate) al cumplimiento forzoso de dichas obligaciones o para la protección del mencionado interés general».

7.ª Por último, la autorización de los acuerdos de cooperación entre Comunidades Autónomas, que de conformidad con el inciso final del artículo 145.2, requerirán de la autorización de las Cortes Generales, que se tramitará en la forma prevista por el artículo 74.2 de nuestra «Lex Superior».

d/ La función de dirección política

La pretensión por parte de un amplio sector de la doctrina y por la casi totalidad de las fuerzas políticas italianas de revitalizar al Parlamento, de convertirlo en la clave de bóveda de las instituciones democráticas estatales, pretensión que se haría especialmente consistente tras la Segunda Guerra Mundial, conduciría a la adopción de la doctrina del *«indirizzo politico»*, con la que se alude a esta función de impulso y dirección política que lleva a cabo el Parlamento, y a cuyo través, fija los grandes objetivos de la política nacional y concreta los medios más adecuados para alcanzar tales objetivos.

Como han señalado *Molas* y *Pitarch,* la función de impulso va ligada a las demás funciones parlamentarias. El impulso político del Parlamento se produce sobre todo en su actuar cotidiano, pues el Parlamento no es un mero espectador que se desentiende del proceso político y sólo valora el resultado final, ni tampoco un obstáculo omnipresente que estorba en todas partes y no ayuda en ninguna.

Esta función se manifiesta especialmente en un conjunto de actos, que aun siendo de control, implican la determinación parlamentaria de los grandes objetivos, de las líneas maestras de la política nacional y de los medios para su consecución. Este es el caso de la votación de investidura del candidato propuesto por el Rey para la Presidencia del Gobierno, de la aprobación, en su caso, de la cuestión de confianza y de la aprobación de una moción de censura, mecanismos todos ellos de vital importancia en la vida parlamentaria, en los que la única Cámara que interviene es el Congreso de los Diputados, pues es ella tan sólo la que mantiene una relación fiduciaria con el Gobierno, o mejor con su Presidente. De estos mecanismos nos ocuparemos más adelante.

Otras manifestaciones de la función de dirección política son éstas:

1.ª La aprobación de mociones o proposiciones no de ley, también conocidas como resoluciones o acuerdos. A través de estos actos, se manifiesta la voluntad o el deseo de una Cámara.

De conformidad con el Reglamento del Congreso (artículos 193 a 195), los Grupos parlamentarios podrán presentar proposiciones no de ley a través de las cuales formulen propuestas de resolución a la Cámara. La proposición no de ley será objeto de debate en el Pleno, tras el que será sometida a votación, perfeccionándose por su mera aprobación, sin que se necesite sanción o promulgación.

El Reglamento del Senado adopta a su vez la denominación genérica de mociones (artículos 174 a 181) para aludir a este tipo de actos. Las mociones han de tener alguna de las siguientes finalidades: *a)* que el Gobierno formule una declaración sobre algún tema o remita a las Cortes un proyecto de ley; *b)* que se dé una determinada tramitación a las cuestiones incidentales que surjan como consecuencia de un debate; *c)* que se concluya una deliberación y se someta a votación, en su caso, la cuestión debatida, y *d)* que la Cámara delibere y se pronuncie sobre un texto de carácter no legislativo. Como puede apreciarse, las mociones a que se refieren el primer y último apartados son las que más fielmente reflejan la función de dirección política. Precisamente, el Reglamento del Senado exige que estos dos tipos de mociones se formulen mediante escrito dirigido a la Mesa de la Cámara, que deberá ser suscrito por una Comisión, un Grupo parlamentario o un mínimo de diez senadores.

2.ª El nombramiento o elección de determinados cargos. Parece claro que a través de esta facultad de nombramiento de los titulares de determinados órganos de indudable relevancia estatal, las Cámaras podrán intentar asegurar el cumplimiento de sus grandes objetivos de acción política, situando en ellos a personas de su confianza. La elección de los Vocales del Consejo General del Poder Judicial o de un número determinado de Magistrados constitucionales constituye un buen ejemplo de lo que acabamos de señalar.

BIBLIOGRAFIA

Alonso de Antonio, Angel Luis: «La Diputación Permanente de las Cortes en la historia constitucional española», Congreso de los Diputados, Madrid, 1991.

Alonso de Antonio, Angel Luis: «La Diputación Permanente en la Constitución Española de 1978», Servicio de Publicaciones de la Facultad de Derecho, Universidad Complutense, Madrid, 1992.

Balaguer Callejón, Francisco: «Fuentes del Derecho», vol. II (Ordenamiento general del Estado y ordenamientos autonómicos), Editorial Tecnos, Madrid, 1992.

Baño León, José María: «Los límites constitucionales de la potestad reglamentaria», Editorial Civitas, Madrid, 1991.

Bertelsen Repetto, Raúl: «El Senado en España», Instituto de Estudios Administrativos, Madrid, 1974.

Biglino, Paloma: «Los vicios en el procedimiento legislativo», Centro de Estudios Constitucionales, Madrid, 1991.

Caamaño Domínguez, Francisco: «El mandato parlamentario», Publicaciones del Congreso de los Diputados, Madrid, 1991.

Capo Giol, Jordi: «La institucionalización de las Cortes Generales», Publicacions i Edicions de la Universitat de Barcelona, Barcelona, 1983.

Cazorla Prieto, Luis María: «Las Cortes Generales: ¿Parlamento contemporáneo?» Editorial Civitas, Madrid, 1985.

Congreso de los Diputados: «Funciones financieras de las Cortes Generales» (obra colectiva), Publicaciones del Congreso, Madrid, 1985.

Dirección General del Servicio Jurídico del Estado: «Las Cortes Generales» (obra colectiva), 3 vols., Instituto de Estudios Fiscales, Madrid, 1987.

Fernández, Tomás-Ramón: «Las Leyes Orgánicas y el bloque de la constitucionalidad», Editorial Civitas, Madrid, 1981.

Fernández-Viagas Bartolomé, Plácido: «La inviolabilidad e inmunidad de los Diputados y Senadores» (La crisis de los "privilegios" parlamentarios), Editorial Civitas, Madrid, 1990.

García López, Eloy: «Inmunidad parlamentaria y Estado de partidos», Editorial Tecnos, Madrid, 1989.

García Martínez, Asunción: «El procedimiento legislativo», Publicaciones del Congreso de los Diputados, Madrid, 1987.

García Morillo, Joaquín: «El control parlamentario del Gobierno en el ordenamiento español», Publicaciones del Congreso, Madrid, 1985.

Garrorena Morales, Angel: «El lugar de la ley en la Constitución española», Centro de Estudios Constitucionales, Madrid, 1980.

Garrorena Morales, Angel: «Representación política y Constitución democrática», Editorial Civitas, Madrid, 1991.

Garrorena Morales, Angel (ed.): «El Parlamento y sus transformaciones actuales», Editorial Tecnos, Madrid, 1990.

Martín-Retortillo, Sebastián (coord.): «Estudios sobre la Constitución Española» (Homenaje al Profesor Eduardo García de Enterría) (obra colectiva) tomo I (El ordenamiento jurídico) y tomo III (La Corona. Las Cortes Generales. Del Gobierno y de la Administración Pública), Editorial Civitas, Madrid, 1991.

Molas, Isidre y *Pitarch, Ismael E.:* «Las Cortes Generales en el sistema parlamentario de gobierno», Editorial Tecnos, Madrid, 1987.

Montero Gibert, José R. y *García Morillo, J:* «El control parlamentario», Editorial Tecnos, Madrid, 1984.

Otto y Pardo, Ignacio de: «Derecho Constitucional» (Sistema de fuentes), Editorial Ariel, Barcelona, 1987.

Pérez Royo, Javier: «Las fuentes del Derecho», Editorial Tecnos, Madrid, 4.ª ed., 1988.

Pérez-Serrano Jáuregui, Nicolás: «Los grupos parlamentarios», Editorial Tecnos, Madrid, 1989.

Punset, Ramón: «El Senado y las Comunidades Autónomas», Editorial Tecnos, Madrid, 1987.

Punset, Ramón: «Las Cortes Generales», Centro de Estudios Constitucionales, Madrid, 1983.

Rodríguez Zapata, Jorge: «Sanción, promulgación y publicación de las leyes», Editorial Tecnos, Madrid, 1987.

Saiz Arnaiz, Alejandro: «Los grupos parlamentarios», Publicaciones del Congreso de los Diputados, Madrid, 1989.

Salas, Javier: «Los Decretos-leyes en la Constitución española de 1978», Editorial Civitas, Madrid, 1979.

Santaolalla, Fernando: «El Parlamento en la encrucijada», EUDEMA, Madrid, 1989.

Santaolalla, Fernando: «Derecho Parlamentario Español», Espasa-Calpe, Madrid, 1990.

Santolaya Machetti, Pablo: «El régimen constitucional de los Decretos-leyes», Editorial Tecnos, Madrid, 1988.

Solé Tura, Jordi y *Aparicio Pérez, Miguel Angel:* «Las Cortes Generales en el sistema constitucional», Editorial Tecnos, Madrid, 1984.

Torres Muro, Ignacio: «Los órganos de gobierno de las Cámaras», Publicaciones del Congreso de los Diputados, Madrid, 1987.

Villacorta Mancebo, Luis: «Hacia el equilibrio de poderes» (Comisiones legislativas y robustecimiento de las Cortes), Secretariado de Publicaciones, Universidad de Valladolid, Valladolid, 1989.

Vírgala Foruria, Eduardo: «La delegación legislativa en la Constitución y los Decretos legislativos como normas con rango incondicionado de Ley», Publicaciones del Congreso de los Diputados, Madrid, 1991.

CAPITULO VIII

LOS ORGANOS CONSTITUCIONALES (III). EL GOBIERNO

SUMARIO

A) El Gobierno en los textos constitucionales.

B) Composición del Gobierno en la Constitución de 1978.

C) Nombramiento y cese del Gobierno:
- *a/ Nombramiento del Gobierno.*
- *b/ Cese del Gobierno:*
  1. La dimisión voluntaria del Presidente del Gobierno.
  2. Las causas de cese forzosas.
- *c/ El Gobierno «en funciones».*

D) Estatuto jurídico de los miembros del Gobierno:
- *a/ Régimen de incompatibilidades.*
- *b/ Responsabilidad criminal.*
- *c/ Responsabilidad política individualizada.*

E) Funcionamiento del Gobierno.

F) Funciones del Gobierno:
1. Función de dirección e impulso político.
2. Función normativa.
3. Función arbitral.
4. Función ejecutiva.

G) El Presidente del Gobierno:
- *a/ Su primacía constitucional.*
- *b/ Nombramiento del Presidente:*
  - a') El procedimiento de nombramiento ordinario. Sus etapas:
    - 1.ª Las consultas regias y la propuesta de un candidato.

2.ª El debate y votación de investidura.
3.ª El nombramiento regio del Presidente.
4.ª Etapas sucesivas en el supuesto de fracaso inicial de la investidura.

b') El procedimiento de nombramiento extraordinario.

c/ Funciones del Presidente del Gobierno.

H) Los principios constitucionales informadores de la Administración:

a/ Los principios de organización:

1. El principio de jerarquía.
2. El principio de descentralización.
3. El principio de desconcentración.
4. El principio de coordinación.

b/ Los criterios de actuación:

1. El criterio de objetividad.
2. El criterio de eficacia.
3. El principio de legalidad.
4. El principio de participación.

c/ El control judicial de la actuación administrativa.

d/ La responsabilidad patrimonial de la Administración.

BIBLIOGRAFÍA.

A) El Gobierno en los textos constitucionales

El Gobierno, como bien ha advertido *Sánchez Agesta,* es una especie de ente fantasmal en los textos constitucionales del siglo XIX, que sólo alguna vez está incidentalmente mencionado. Qué duda cabe que existía un Gobierno desde 1834 que se apoyaba en prácticas inspiradas en las costumbres parlamentarias francesas o británicas, que fueron los dos grandes modelos de nuestro constitucionalismo decimonónico, pero sin ninguna regulación constitucional de su organización ni competencias. De hecho ejercía las potestades que la Constitución atribuía al Monarca, a quien los códigos constitucionales, considerando al Rey como cabeza y fuente del poder ejecutivo, le imputaban, según una fórmula ritual, la «potestad de hacer ejecutar las leyes».

Será en la Constitución de 1931 cuando los constituyentes, desaparecido el Monarca, se creyeron obligados, siguiendo de cerca la Constitución de Weimar de 1919, a distinguir los poderes del Presidente de la República y del Gobierno. Y asignaron a éste, siguiendo también la Constitución alemana, una imprecisa dirección de la política general, como atribución del Presidente del Consejo de Ministros. Así es como el Gobierno hace acto de presencia por vez primera en nuestro ordenamiento constitucional, si bien todavía estrechamente vinculado al Jefe del Estado, a quien la Constitución republicana otorga la facultad de nombrar y separar libremente al Presidente del Gobierno. El Gobierno se integra, pues, en un Ejecutivo dual, en el que juega un destacado papel asimismo el Presidente de la República, si bien la Constitución exige el cese del Gobierno cuando le sea explícitamente negada la confianza parlamentaria.

En 1932, *Laski,* en una obra clásica («El Estado moderno»), señalaba tres aspectos diferentes del Poder Ejecutivo en los Estados modernos. En primer término, consiste en una especie de comisión del partido que está en el Poder, en el seno de la Asamblea legislativa, con la misión de someter a ésta sus proyectos. En segundo término, constituye un órgano administrativo encargado de aplicar la legislación. Tiene bajo su dirección un vasto cuerpo de funcionarios, sin cuya cooperación no podrían realizarse con eficacia las tareas administrativas. Y en tercer término, se halla en relación constante con la masa de ciudadanos a través de sus funciones administrativas.

Con posterioridad a la Segunda Gran Guerra, un conjunto muy dispar de circunstancias han venido a incidir notablemente sobre el marco de la regulación constitucional del Poder Ejecutivo.

La consolidación de un Estado de bienestar social en el que los poderes públicos han asumido una función social eminentemente redistributiva; la dinámica inexorable de los partidos políticos, que tiende hacia la concentración gradual del poder, o por lo menos de la capacidad decisoria, en el aparato del partido que, llegado el caso, es quien empuña las riendas de la gobernación del Estado; la propia crisis de la institución parlamentaria, y el crecimiento imparable de la Administración, unido a la mutua interacción entre la Administración y el Gobierno, son algunas de las circunstancias que han conducido en último término al fortalecimiento del Poder Ejecutivo.

Los textos constitucionales ulteriores a 1945, en mayor o menor medida, se han hecho eco de estos cambios, y ello se ha traducido, entre otros aspectos, en la atención prestada a la institución gubernamental e incluso a la misma Administración pública. Uno de los rasgos del constitucionalismo de la segunda postguerra, dirá *Ollero,* es el detenimiento con que se suele tratar la institución del Gobierno y, dentro de él, la figura de su Presidente.

Nuestra Constitución no es ajena a estos planteamientos. Su Título IV se refiere al Gobierno y a la Administración y, en buen grado, puede decirse que refleja las innovaciones que acabamos de referir. La regulación constitucional del Gobierno debe situarse, pues, en las anteriores coordenadas, lo que se manifiesta principalmente en estos tres aspectos:

a) La relevante posición constitucional del Gobierno, verdadero eje de nuestro sistema político.

b) La preeminencia del Presidente del Gobierno en el proceso de decisión política; la Constitución permite hablar de un verdadero liderazgo presidencial, que puede verse reforzado en ciertas condiciones políticas.

c) La constitucionalización de la Administración como un poder público incardinado en el Poder Ejecutivo.

B) Composición del Gobierno en la Constitución de 1978

I. Los códigos constitucionales han venido adoptando dos sistemas diferenciados en lo que se refiere a la concreción de quiénes han de integrar el Gobierno: la remisión a una ley del Parlamento que habrá de establecer el número y la naturaleza de los Departamentos ministeriales, o bien la admisión de la plena libertad del Jefe del Gobierno para formar su equipo gubernamental.

Nuestra Constitución parece inclinarse por la primera de las fórmulas cuando prescribe en su artículo 98.1 que: «El Gobierno se compone del Presidente, de los Vicepresidentes, en su caso, de los Ministros y de los demás miembros que establezca la ley.»

El precepto, desde luego, parece que obliga a una interpretación favorable a la reserva de ley, o lo que es igual, a que sólo el legislador pueda concretar el número y denominación de los Ministerios, bien que no quepa descartar por entero que el legislador, al amparo de esa facultad, proceda a su vez a habilitar al Presidente del Gobierno para la creación de nuevos Departamentos ministeriales o la remodelación de los ya existentes.

En todo caso, la interpretación del artículo 98.1 de nuestra Norma suprema no es, ni mucho menos, pacífica, lo que se comprende fácilmente si se advierte la trascendencia de la cuestión subyacente a la misma: la conveniencia o disfuncionalidad de que la composición departamental del Gobierno se halle en manos de su Presidente o bien a disposición del Parlamento.

II. En España, desde la Ley de Régimen Jurídico de la Administración del Estado (Texto Refundido de 26 de julio de 1957), se optó por la necesidad de una norma legal para «toda variación en el número, denominación y competencia de los diversos Departamentos ministeriales, y la creación, supresión o reforma sustancial de los mismos» (artículo 3.º). Bien es verdad que la Disposición Final de la propia Ley relativizaría esa misma reserva de ley al autorizar ciertas actuaciones del Gobierno en este ámbito mediante simple Real Decreto.

Esta reserva de ley iba, sin embargo, a ser suprimida por el Real Decreto-ley 18/1976, de 8 de octubre, que en el marco de una reordenación económica autorizaba al Gobierno, a propuesta de su Presidente, para suprimir, refundir o reestructurar Departamentos ministeriales, siempre que tal actuación tuviere por objeto «obtener una mayor economía en los gastos públicos y una mayor eficacia en la gestión de los servicios».

Este principio de deslegalización seguiría operativo tras la entrada en vigor de nuestra Norma suprema, y ello, pese a la dicción bastante clara del artículo 98.1, que parecía conducir a lo contrario. De esta forma, diversos Gobiernos postconstitucionales procederían a crear o refundir Departamentos ministeriales por la vía del Real Decreto, no apreciando la mayor parte de la doctrina, como recuerda *Alba Navarro,* que la dicción del artículo 98.1 hubiese afectado de un vicio de inconstitucionalidad sobrevenida a la previsión anteriormente citada (artículo 26) del Real Decreto-ley 18/1976.

La llegada del PSOE al poder, y los subsiguientes instrumentos jurídicos utilizados para llevar a cabo remodelaciones departamentales parecieron indicar que se había acabado con el recurso a los Reales Decretos para incidir sobre la organización departamental. En efecto, el Real Decreto-ley 22/1982, de 7 de diciembre, era la norma utilizada para efectuar una remodelación de Ministerios. Además, esta norma derogaba el artículo 26 del Real Decreto-ley 18/1976 y la Disposición Final primera de la Ley de Régimen Jurídico de la Administración del Estado.

Poco después, el Gobierno socialista enviaba a las Cortes un proyecto de Ley de Organización de la Administración Central del Estado, que finalmente se transformaba en la Ley 10/1983, de 16 de agosto. Esta norma, corroborando nuestro juicio inmediatamente anterior, daba una respuesta inequívoca al tema que nos ocupa, al optar por una reserva de ley absoluta.

En efecto, su artículo 1.º.2 enumeraba los quince Departamentos ministeriales en que quedaba organizada la Administración Central del Estado, mientras que su artículo 11 prescribía que: «La creación, modificación y supresión de los Departamentos Ministeriales se establecerá por Ley aprobada por las Cortes Generales.»

Este artículo opta inequívocamente por un principio de reserva de ley formal, que es claro encuentra su apoyatura constitucional en el artículo 98.1. Sin embargo, el precepto deja un resquicio en relación con las figuras de los Vicepresidentes del Gobierno y de los Ministros sin cartera. Es por ello mismo, por lo que el precepto no conduce a una petrificación de la estructura gubernamental, a un absoluto inmovilismo de la misma.

El contenido del artículo en cuestión ofrece, sin embargo, como advierte *Alba Navarro,* una cierta antinomia con el artículo 12 de la misma Ley, que no exige más que un Real Decreto acordado en Consejo de Ministros, para la creación, modificación, refundición o supresión de las Secretarías de Estado, Subsecretarías, Secretarías Generales con rango de Subsecretarías, Direcciones Generales y Subdirecciones Generales y órganos asimilados.

Sin embargo, la inequívoca opción del legislador a favor del principio de reserva de ley formal, se ha visto una vez más desnaturalizada en virtud de la previsión del artículo 70 de la Ley 46/1985, de 27 de diciembre, de Presupuestos Generales del Estado para 1986, a cuyo tenor: «Se autoriza al Presidente del Gobierno para variar, mediante Real Decreto, dictado a propuesta del mismo, el número, denominación y competencias de los Departamentos ministeriales. Dicha autorización tendrá efectividad a partir de la celebración de las primeras elecciones generales.»

Con una determinación de este tipo, se vaciaba de sentido la previsión del artículo 11 de la Ley 10/1983, pues no se vislumbra una modificación del número de Ministerios que no implique creación, modificación o supresión de Departamentos ministeriales. Se volvía así al modelo de plena libertad del jefe del Ejecutivo para la creación de Departamentos, circunstancia que se hacía efectiva a partir del 22 de junio de 1986, fecha de celebración de las siguientes elecciones generales.

Con posterioridad, la precedente previsión de la Ley 46/1985 ha sido reiterada por la Ley 21/1986, de 23 de diciembre, de Presupuestos del Estado para 1987 (Disposición Final quinta) y por las sucesivas Leyes Presupuestarias, la última de ellas, la Ley 31/1991, de 30 de diciembre, de Presupuestos Generales del Estado para 1992, cuya Disposición Final tercera autoriza al Presidente del Gobierno para variar, mediante Real Decreto, dictado a propuesta del mismo, el número, denominación y competencias de los Departamentos ministeriales.

En uso de las precedentes autorizaciones, el Real Decreto 727/1988, de 11 de julio, procedió a reestructurar los Departamentos Ministeriales, estableciendo un total de diecisiete. Más recientemente, una nueva norma reglamentaria, el Real Decreto 298/1991, de 12 de marzo, de reestructuración de Departamentos Ministeriales, ha incidido en idéntica dirección.

Sobre la base de que «la acción del Gobierno requiere adecuar sus formas organizativas a las necesidades políticas de cada momento», su artículo 1.º organiza la Administración Central del Estado en un total de dieciséis Departamentos: Asuntos Exteriores; Justicia; Defensa; Economía y Hacienda; Interior; Obras Públicas y Transportes; Educación y Ciencia; Trabajo y Seguridad Social; Industria, Comercio y Turismo; Agricultura, Pesca y Alimentación; Administraciones Públicas; Cultura; Sanidad y Consumo; Relaciones con las Cortes y Secretaría del Gobierno; Asuntos Sociales, y Portavoz del Gobierno.

III. A la vista del artículo 98.1 de nuestra «Lex Superior» pueden diferenciarse varias categorías de miembros del Gobierno:

a) El Presidente, al que nos referiremos posteriormente.

b) El Vicepresidente, o en su caso los Vicepresidentes, que aunque no parecen ser cargos obligatorios a la vista de la Constitución, hay que concluir, por contra, en la necesidad legal de la figura de, por lo menos, un Vicepresidente, si se atiende a la previsión del artículo 3.º de la Ley 10/1983, de conformidad con el cual, el Vicepresidente del Gobierno debe asumir las funciones del Presidente en los casos de fallecimiento, ausencia en el extranjero o enfermedad de éste, sin perjuicio de lo dispuesto al respecto por la Constitución, que exige el inicio del procedimiento de investidura en el supuesto de fallecimiento del Jefe del Gobierno.

c) Los Ministros, que gozan de una doble condición en cuanto, de un lado, son miembros del Gobierno, y, de otro, jefes de los diferentes Departamentos ministeriales, lo que a su vez entraña el ejercicio de funciones de gobierno y de funciones más propiamente administrativas, de organización y dirección del Departamento respectivo, lo que no excluye la existencia de Ministros sin cartera.

d) Los Secretarios de Estado. Esta figura es de aparición relativamente reciente en nuestro ordenamiento. Será en la Disposición Final primera del Real Decreto 1558/1977, de 4 de julio, por el que se reestructuran determinados órganos de la Administración Central del Estado, cuando por vez primera aparezcan los Secretarios de Estado. En la Exposición de Motivos de ese Real Decreto se considera la figura de nueva creación como «intermedia entre el Ministro y el Subsecretario», justificándose en la consideración de que «ya ha acreditado su eficacia en las organizaciones administrativas avanzadas».

Fue posiblemente la por aquel entonces reciente creación de esta figura, lo que hizo que el constituyente dejara abierta la posibilidad de que una futura ley reguladora del Gobierno incluyese a los Secretarios de Estado como miembros del mismo. Más aún, en tal sentido se pronunciaría en el debate constituyente del artículo 98 el diputado señor *Peces-Barba*. Parece claro, pues, que la referencia constitucional del artículo 98.1 a «los demás miembros que establezca la ley» estaba pensada en función de los Secretarios de Estado.

Tal circunstancia no se ha producido. Por supuesto, la figura de los Secretarios de Estado se halla plenamente consolidada, pero su papel gubernamental ya no está tan claro. A nuestro juicio, y de acuerdo con la doctrina *(Molina del Pozo, Bar Cendón)*, en términos estrictamente jurídicos, no puede sostenerse que los Secretarios de Estado sean miembros del Gobierno. Varios argumentos pueden aducirse al respecto.

Nos limitaremos a recordar que, a diferencia de los Ministros, los Secretarios de Estado no son nombrados ni separados por el Rey, a propuesta del Presidente del Gobierno, sino que son designados por Real Decreto acordado en Consejo de Ministros, a propuesta del Ministro respectivo. Además, y también a diferencia de los Ministros, no son miembros de pleno derecho del Consejo de Ministros ni de las Comisiones Delegadas del Gobierno. Los Secretarios de Estado sólo pueden asistir a estas reuniones cuando sean expresamente convocados y exclusivamente a los efectos de informar, no pudiendo, pues, ni deliberar ni votar.

Es cierto que las amplias competencias de los Secretarios de Estado los configuran, como dice *Baena del Alcázar,* como unos auténticos Vice-Ministros, pero no lo es menos que su nombramiento y actuación les vincula no tanto al Gobierno en su conjunto, cuanto a un Ministro particularizadamente, configurándose, pues, no como miembros del Gobierno, sino como órganos superiores, por destacados que sean, de los Departamentos ministeriales.

C) Nombramiento y cese del Gobierno

El principio general que rige en este punto concreto es que el nombramiento y cese del Gobierno va íntimamente unido al nombramiento y cese de su Presidente. Así lo confirman por lo demás las previsiones de los artículos 100 y 101.1 de nuestra «Lex Superior».

a/ Nombramiento del Gobierno

El artículo 100 de la Constitución contempla el modo de nombrar a los miembros del Gobierno, exclusión hecha de su Presidente. De conformidad con el mismo: «los demás miembros del Gobierno serán nombrados y separados por el Rey, a propuesta de su Presidente.»

De este precepto se desprenden varias consideraciones:

1.ª) La voluntad presidencial, esto es, del Presidente del Gobierno, es la única verdaderamente determinante de la formación del Gabinete. Al Presidente corresponde la iniciativa de la propuesta; es él quien debe proponer al Monarca el nombramiento de las personas previamente elegidas por él mismo. Por lo demás, esa propuesta entendemos que es vinculante.

El término «propuesta», utilizado por el artículo 100, tiene, como advierte *Bar Cendón,* un significado distinto al de mero ofrecimiento, que permitiría al Rey elegir entre su aceptación, rechazo o modificación. Es la persona que refrenda el acto regio, que precisamente por ello se responsabiliza del mismo, quien tiene la capacidad decisoria, y en este caso es evidente que esa persona es el Presidente del Gobierno.

Advirtamos por último que la capacidad decisoria presidencial podrá venir modulada en atención a la distribución parlamentaria de las fuerzas políticas, pues no será idéntica en el caso de un Gobierno homogéneo, monocolor, apoyado por una mayoría absoluta de la Cámara Baja, que en el supuesto, por ejemplo, de un Gabinete de coalición.

2.ª) El Monarca, en sintonía con lo anterior, asume una intervención meramente formal. Un sector de la doctrina ha establecido ciertas matizaciones frente a la precedente opinión. Y así, para *Alzaga*, aunque en las modernas Monarquías parlamentarias se ha ido consagrando el principio de que «el Rey nombra pero no elige», es evidente que el Monarca conserva la facultad de ser oído e influir sobre el Presidente del Gobierno acerca de la oportunidad de no incluir a determinada persona en el Gobierno, no obviamente por motivos de filias o fobias que son impensables en tan alta instancia, sino precisamente en ejercicio de sus elevadas competencias moderadoras y de tutela del equilibrio político.

A nuestro modo de ver, no parece compatible con el sentido que en nuestros días presenta la «Monarquía parlamentaria», al que ya tuvimos oportunidad de referirnos, no ya que el Rey pueda oponerse a una propuesta del Presidente del Gobierno, sino ni tan siquiera que trate de evitar el nombramiento de una determinada persona como miembro del Gobierno, aconsejando al jefe del Ejecutivo su sustitución por otra. La función del Rey es incompatible con la influencia política sobre las decisiones del Presidente del Gobierno, y esta consideración de carácter general rige también en el caso particular que estamos comentando.

3.ª) El Congreso de los Diputados se ve privado, formalmente al menos, de toda intervención, circunstancia que encuentra su razón de ser en el hecho de que, como veremos con posterioridad, la investidura se otorga al Presidente del Gobierno para la realización de un determinado «programa» político de gobierno, pero no a sus Ministros particularizadamente. Ello no obstante, parece una exigencia de la relación fiduciaria que media entre el Presidente y su Gobierno con el Congreso de los Diputados, que el primero informe a la Cámara de todos aquellos cambios que introduzca en la composición de su Gabinete.

4.ª) Digamos finalmente que el artículo 100 se refiere al nombramiento de «los demás miembros del Gobierno». La precisión de quiénes han de considerarse incluidos aquí, requiere poner en conexión este precepto con el artículo 98.1, que, como ya vimos, contempla la composición del Gobierno. Si éste se compone del Presidente, de los Vicepresidentes, en su caso, de los Ministros y de los demás miembros que establezca la ley, es obvio que dentro de la alusión a «los demás miembros del Gobierno» habrá que incluir a su Vicepresidente (o Vicepresidentes) y a los Ministros, pues ya advertimos que los Secretarios de Estado no forman parte del Gobierno.

b/ Cese del Gobierno

De conformidad con el artículo 101.1 de nuestra Constitución, «el Gobierno cesa tras la celebración de elecciones generales, en los casos de pérdida de la confianza parlamentaria previstos en la Constitución, o por dimisión o fallecimiento de su Presidente».

A la vista de la enumeración constitucional de las causas de cese del Gobierno, es patente que pueden diferenciarse dos grandes bloques: las causas de cese voluntarias, voluntariedad que tiene como referente al Presidente del Gobierno, y las que podríamos considerar como causas de cese forzosas.

1. La dimisión voluntaria del Presidente del Gobierno

Como es obvio, la dimisión voluntaria del Presidente es el supuesto característico de causa de cese voluntaria del Gobierno. Este supuesto entraña que la dimisión se presente por cualesquiera motivos, pero en el bien entendido de que no se esté obligado a ella. En cuanto a los motivos, la praxis comparada demuestra, según *Satrústegui,* la existencia de circunstancias de muy diversa naturaleza: así, razones personales (una enfermedad grave), valoraciones de corrección constitucional (presentes, por ejemplo, en la llamada dimisión ritual que suele presentarse en muchos países tras la sucesión en la Jefatura del Estado) y, sobre todo, consideraciones políticas, como las que motivaron la dimisión del Presidente Adolfo Suárez.

La dimisión del Presidente no produce por sí sola sus plenos efectos. Por el contrario, requiere de la intervención regia. De conformidad con el artículo 62, *d/,* corresponde al Rey «poner fin a sus funciones (a las del Presidente del Gobierno) en los términos previstos en la Constitución». Ello significa que tras la iniciativa dimisionaria del jefe del Ejecutivo, el Rey debe aceptar la dimisión y poner fin de esta forma a sus funciones. Como es evidente, la problemática que de inmediato se suscita aquí es la relativa al papel del Rey en estos supuestos. Como señala *Sánchez Agesta,* se presenta aquí una situación política de hecho en que el Rey puede invitar al Presidente dimisionario a reconsiderar su dimisión. Sólo cabe indicar la posibilidad de esta situación de hecho, que, como es natural, discurre en el secreto de las conversaciones personales, aunque puedan tener mayor o menor trascendencia pública.

La aceptación por el Rey de la dimisión perfecciona jurídicamente el cese del Gobierno. Dicha aceptación no tiene en la Constitución una fórmula jurídica predeterminada. En todo caso, parece razonable pensar que tal fórmula podrá consistir en un Decreto refrendado por el propio Presidente del Gobierno dimisionario, o una comunicación de este último al Presidente del Congreso de los Diputados. Esta formalización tiene indudable trascendencia por cuanto abre el proceso de nombramiento de un nuevo Presidente del Gobierno.

2. Las causas de cese forzosas

Las causas de cese forzosas previstas por la Constitución son estas tres: la celebración de elecciones generales, la pérdida de la confianza parlamentaria y el fallecimiento del Presidente del Gobierno. Nos referiremos separadamente a cada una de ellas.

El primer supuesto es el de celebración de elecciones generales; en realidad, como el inciso inicial del artículo 99.1 deja muy claro, se trata de elecciones al Congreso de los Diputados. Es decir, que en el muy improbable supuesto de que ambas Cámaras se eligieran por separado, posibilidad políticamente casi descartable aunque constitucionalmente lícita, la elección del Senado no llevaría consigo el cese del Gobierno, lo que se explica perfectamente si se advierte que el Gobierno no está vinculado con el Senado mediante una relación fiduciaria. El empleo por el artículo 101.1 de la expresión «elecciones generales» y no de la que realmente sería la adecuada, «elección del Congreso», se explica a nuestro modo de ver por la clara opción del constituyente en favor de unas elecciones generales que engloben al unísono la renovación de ambas Cámaras.

El segundo supuesto es el de la pérdida de la confianza parlamentaria. En consonancia con la línea racionalizadora que brota por doquier en nuestro texto constitucional, la pérdida de la confianza parlamentaria se circunscribe a tan sólo dos específicos supuestos: la cuestión de confianza y la moción de censura. En todo caso, las diferencias que median entre que esa pérdida de confianza sea el fruto del rechazo de una cuestión de confianza o de la aprobación de una moción de censura, son de notable relevancia. En el primer supuesto, se abrirá el proceso de nombramiento de un nuevo Presidente del Gobierno constitucionalmente regulado por el artículo 99; en el segundo, el candidato incluido en la moción de censura se entenderá investido de la confianza del Congreso a los efectos de su pertinente investidura (artículo 114.2), procediendo el Monarca a nombrarle Presidente del Gobierno. Digamos por último que nada impide al Rey, en el caso de rechazo de una cuestión de confianza, volver a proponer como Presidente del Gobierno a la misma persona que hasta ese momento ocupaba la jefatura del Ejecutivo. Más aún, el «iter» constituyente del artículo 114.1 corrobora nuestra anterior apreciación. A tenor de ese artículo:

> «Si el Congreso niega su confianza al Gobierno, éste presentará su dimisión al Rey, procediéndose a continuación a la designación del Presidente del Gobierno, según lo dispuesto en el artículo 99.»

Pues bien, en el debate constituyente se suprimió el término «nuevo», que inicialmente precedía a la expresión «Presidente del Gobierno». Quiere ello decir que si el designado no tiene necesariamente que ser «nuevo», puede ser el anterior Presidente, esto es, el mismo Presidente.

Al supuesto de pérdida de la confianza parlamentaria ha equiparado un sector de la doctrina *(Espín, De Esteban...)* el procesamiento del Presidente del Gobierno por traición o por cualquier delito contra la seguridad del Estado (artículo 102.2 CE), que requiere ser aprobado por la mayoría absoluta del Congreso. A juicio de estos autores, es obvio que, independientemente de las consecuencias estrictamente legales del procesamiento, semejante votación manifiesta la pérdida de la confianza parlamentaria. La consecuencia ineludible en cualquier caso es el cese del Gobierno, como en todos los supuestos en que el Presidente debe renunciar a su cargo.

Desde luego, aunque se trate de un supuesto extraordinariamente extraño, no cabe duda de que plantea una problemática de notable gravedad. Por ello mismo, el silencio constitucional se nos manifiesta como más inoportuno que en ningún otro caso. Recordemos, por ejemplo, que el artículo 85 de la Constitución de 1931, refiriéndose al Presidente de la República, preveía su destitución forzosa cuando, tras declarar el Congreso la procedencia de su acusación ante el Tribunal de Garantías (por la existencia de supuestas responsabilidades penales por infracción delictiva de sus obligaciones constitucionales), éste admitiera la acusación. Es claro que se trata de un supuesto distinto, pero en todo caso nos marca una pauta que bien podría haberse seguido, en relación esta vez al Presidente del Gobierno.

En cualquier caso, aunque estamos de acuerdo con los autores antes citados acerca de que el procesamiento por los delitos a que alude el artículo 102 implica, en términos políticos, la absoluta imposibilidad de ejercer regularmente el alto cargo de Presidente del Gobierno, por la propia naturaleza de los hechos que presuntamente se le imputan, no es menos cierto que, como bien afirman, se trata de una imposibilidad política. Jurídicamente, esa circunstancia no está prevista como causa de cese del Gobierno, y, en consecuencia, no cabe considerarla como tal. En todo caso, si una mayoría absoluta de diputados está dispuesta a que el Presidente del Gobierno sea acusado por tan graves cargos, parece razonable pensar que, con mayor razón aún, estará decidida a sancionar políticamente la responsabilidad de aquél.

El fallecimiento del Presidente puede englobarse en las causas de cese forzosas. Producido el óbito, las funciones del Presidente serán asumidas por el Vicepresidente, tal y como ya indicamos en un momento anterior. Tras ello habrá de ponerse en marcha el procedimiento constitucionalmente previsto por el artículo 99.

El silencio constitucional en torno a la incapacidad del Presidente ha dado pie a distintos pronunciamientos doctrinales. Un sector de la doctrina *(Espín, De Esteban...)* ha equiparado sin más el supuesto de incapacidad por enfermedad al de fallecimiento. Sin embargo, a nuestro modo de ver se hace preciso matizar, como *Sánchez Agesta* hace, entre que se trate de una incapacidad temporal o permanente. En el primer supuesto, el Vicepresidente podrá continuar dirigiendo el Gobierno por tiempo indefinido, hasta que cese la incapacidad. El problema es diverso si la incapacidad es permanente. La futura Ley del Gobierno debiera regular inexcusablemente esta relevante cuestión, si bien no creemos, como parece entender *Sánchez Agesta,* que esa normación pase por reconocer la facultad regia para poner fin a las funciones de un Presidente incapacitado, sino más bien por equiparar legalmente la incapacidad definitiva al fallecimiento.

En los supuestos de cese hasta aquí analizados, el Rey, al igual que acontecía en el caso de dimisión voluntaria, debe «poner fin a las funciones del Presidente del Gobierno». Sin embargo, a diferencia de lo que decíamos al hablar de la dimisión voluntaria, en estos otros supuestos el Monarca no puede instar del jefe del Ejecutivo que reconsidere su iniciativa de dimisión, pues ésta no es fruto de su libre voluntad, sino de un mandato constitucional.

c/ El Gobierno «en funciones»

El artículo 101.2 de la Constitución determina que: «El Gobierno cesante continuará en funciones hasta la toma de posesión del nuevo Gobierno.» Se consagra de esta forma el principio institucional que en Italia se conoce como la *«prorogatio»,* con el que se trata de garantizar la continuidad del órgano de gobierno en el ejercicio de sus funciones.

De este modo, la continuidad es automática, separándose así del modelo alemán, en el que se exige un expreso requerimiento del Presidente Federal para que el Canciller Federal siga despachando los asuntos hasta el nombramiento de su sucesor (artículo 69.3 de la Ley Fundamental de Bonn).

La *«prorogatio»,* como recuerda *Satrústegui,* no es el único «status» que puede tener el Gobierno durante una situación de crisis, de cese: existe otra figura institucional, bien perfilada por la doctrina y la praxis italiana, que es la del Gobierno dimisionario, figura diferenciada de la anterior por dos razones: en primer término, porque el Gobierno dimisionario todavía no ha cesado, sino que corresponde al período que media entre la presentación de la dimisión y su aceptación por el Jefe del Estado. Y en segundo lugar, porque el Gobierno dimisionario no está abocado necesariamente a extinguirse, como el Gobierno prorrogado, sino que puede ser «restituido a nueva vida» mediante la retirada de la dimisión.

En nuestro sistema, parece claro que el Decreto de aceptación de la dimisión debe ser expedido y publicado, como el propio *Satrústegui* indica, en su momento contextual, esto es, antes de la primera propuesta de candidato a Presidente del Gobierno. Ese Decreto no sólo dará cumplimiento cabal al artículo 62. *d/* de la Constitución, sino que señalará el momento inicial de la *«prorogatio»* del Gobierno, cuando éste se convierte en Gobierno cesante de conformidad con el artículo 101.2. Alternativamente y para evitar cualquier impresión de vacío de poder, no habría inconveniente en posponer la publicación de los Decretos de cese del Presidente y sus Ministros hasta el nombramiento de sus sucesores, si bien dichos Decretos deberán llevar el refrendo del Presidente saliente. Esto es lo que ha sucedido en la praxis, debiendo entenderse que el Gobierno se ha convertido en Gobierno «en funciones» desde el mismo momento en que se ha producido la causa de cese (dimisión del jefe del Ejecutivo, rechazo de una cuestión de confianza... etc.).

La duración del Gobierno «en funciones» depende del período de tiempo que el Congreso de los Diputados tarde en «investir» de su confianza a un nuevo Presidente del Gobierno. Cabe incluso la posibilidad de que ese período se prolongue notablemente de fracasar la investidura en el período de los dos meses inmediatamente sucesivos al momento en que aconteció la primera votación de investidura, pues en tal caso, como veremos más adelante, se produce la disolución automática de las Cortes Generales, por lo que el Gobierno «en funciones» habría de continuar hasta la constitución de las nuevas Cámaras y la subsiguiente investidura de un nuevo candidato. Por el contrario, en el supuesto de dimisión del Gobierno a raíz de la aprobación de una moción de censura, el paso de un Gobierno a otro es prácticamente automático, por lo que en esta circunstancia no podrá hablarse, en puridad, de un Gobierno «en funciones».

La cuestión más compleja que plantea la figura del Gobierno «en funciones» es la de sus atribuciones. Se admite con carácter bastante generalizado que un Gabinete de esta naturaleza está capacitado para adoptar cuantas decisiones exijan la gestión ordinaria de los asuntos públicos, de modo tal que la compleja maquinaria administrativa no pueda quedar paralizada. Más aún, si las circunstancias lo hicieran de todo punto imprescindible, un Gobierno «en funciones» podría ejercer la totalidad de las competencias que enuncia el artículo 97. Sin embargo, si esas circunstancias son de absoluta normalidad, se viene entendiendo que un Gobierno de este tipo no puede adoptar decisiones políticas que comprometan o hipotequen la gestión política del Gabinete que ha de sucederle.

Aunque la Constitución nada señala al respecto, ello no es óbice para que algún autor *(Satrústegui)* haya interpretado que la actividad del Gobierno cesante debe considerarse jurídicamente limitada por la propia Constitución. Y ello porque no hay por qué entender que la continuidad en funciones prevista por el artículo 101.2 deja inalterada la posición constitucional del Gobierno, porque el instituto de la *«proro-*

gatio» no pretende que el Gobierno pueda seguir actuando como si no hubiera cesado, sino evitar las consecuencias disfuncionales del cese para la vida del Estado. Además, la falta de restricciones explícitas en ese precepto o en otros no impide que pueda haber límites implícitos, deducibles del sistema de gobierno constitucionalmente diseñado.

D) Estatuto jurídico de los miembros del Gobierno

La Constitución se remite a la ley en lo que hace al estatuto de los miembros del Gobierno. En efecto, su artículo 98.4 prescribe que: «La ley regulará el estatuto e incompatibilidades de los miembros del Gobierno.» Ello no obstante, la propia Norma suprema contempla algunos rasgos caracterizadores de ese estatuto, particularmente, el régimen de sus incompatibilidades (artículo 98.3) y la responsabilidad criminal (artículo 102). De sus previsiones puede asimismo inferirse la responsabilidad política individualizada de los miembros del Gobierno. A estos tres aspectos del estatuto jurídico de aquéllos vamos a referirnos a continuación.

a/ Régimen de incompatibilidades

Pese a que, como acabamos de indicar, el artículo 98.4 se remite a lo que establezca la ley en orden a la concreción de las incompatibilidades que afectan a los miembros del Gobierno, el artículo 98.3 sienta las bases mínimas que ha de respetar el régimen legal de las incompatibilidades. De conformidad con ese precepto:

> «Los miembros del Gobierno no podrán ejercer otras funciones representativas que las propias del mandato parlamentario, ni cualquier otra función pública que no derive de su cargo, ni actividad profesional o mercantil alguna.»

Esta determinación casa a la perfección con aquella otra del artículo 70.1, *b/*, de acuerdo con la cual, las causas de incompatibilidad e inelegibilidad de diputados y senadores comprenderán, en todo caso, a los altos cargos de la Administración del Estado que determine la ley, con la excepción de los miembros del Gobierno.

La compatibilidad de los miembros del Gobierno con el ejercicio del mandato parlamentario encaja con precisión en la propia estructura constitucional de un sistema parlamentario, en el que el Gobierno obtiene su legitimidad del Parlamento y en el que éste y aquél se hallan abocados a una estrecha cooperación.

Por el contrario, el artículo 98.3 incompatibiliza a los miembros del Gobierno con el ejercicio de cualquier otra función representativa, algo que, por contra, es usual en otros países, cual sucede en Francia, en donde los miembros del Gobierno pueden detentar alcaldías.

La Constitución elimina asimismo toda posibilidad de simultanear el ejercicio de la función de gobierno con el de cualquier otra función pública, independientemente de cual fuere ésta, como también, con carácter absolutamente general, con el ejercicio de cualquier actividad profesional o mercantil.

En desarrollo de la previsión del artículo 98.4 se ha aprobado la Ley 25/1983, de 26 de diciembre, sobre incompatibilidades de altos cargos, modificada por la Ley 9/1991, de 22 de marzo.

La Ley pretende: 1.º) garantizar la independencia e imparcialidad de las decisiones de los altos cargos; 2.º) evitar toda posible colisión de intereses, no sólo en las relaciones del sector público con el privado, sino también entre esferas distintas de aquél, y 3.º) asegurar la absoluta dedicación a sus funciones por parte de los altos cargos y, en consecuencia, el eficaz funcionamiento de la Administración.

A los efectos de sus previsiones, se consideran altos cargos los miembros del Gobierno y Secretarios de Estado y todos aquellos titulares de puestos de nombramiento directo por aquél que, por implicar especial confianza o responsabilidad, sean clasificados por Ley como tales.

Los principios que inspiran la Ley, y por ello mismo el régimen de incompatibilidades de los miembros del Gobierno, son los siguientes:

1.º) Principio de dedicación absoluta. El ejercicio de un alto cargo se desarrollará con dedicación absoluta —prescribe su artículo 2.º.1—, siendo incompatible con el desempeño por sí o mediante sustitución de cualquier otro puesto, profesión o actividad, públicos o privados, por cuenta propia o ajena, retribuidos mediante sueldo, arancel, honorarios o cualquier otra forma, incluidos los cargos de representación popular, así como los electivos en Cámaras o Entidades y los retribuidos de Colegios Profesionales, que tengan atribuidas funciones públicas o coadyuven a éstas.

2.º) Prohibición de percibir más de una remuneración con cargo a los presupuestos de las Administraciones públicas o del sector público (Organismos y Empresas dependientes de los presupuestos).

3.º) Incompatibilidad de los altos cargos entre sí y con el ejercicio de la función pública.

4.º) Incompatibilidad con la percepción de pensiones de derechos pasivos o de cualquier régimen de Seguridad Social pública y obligatorio.

5.º) Posibilidad de que los miembros del Gobierno y los Secretarios de Estado compatibilicen sus cargos con el de diputado o senador de las Cortes Generales.

6.º) Obligatoriedad, por parte de quienes desempeñen un alto cargo, de inhibirse del conocimiento de los asuntos en cuyo despacho hubieran intervenido o que interesen a Empresas o Sociedades en cuya dirección, asesoramiento o administración hubieren tenido alguna parte ellos, su cónyuge o persona de su familia dentro del segundo grado civil.

7.º) Prohibición de desarrollar actividades privadas directamente relacionadas con expedientes sobre los que hayan dictado resolución en el ejercicio de su cargo durante los dos años siguientes a la fecha de su cese en el desempeño de su alto cargo.

8.º) Obligatoriedad de formular, dentro de los tres meses siguientes al de toma de posesión o cese y al de modificación de las circunstancias de hecho, declaración sobre causas de posible incompatibilidad y sobre cualquier actividad que les proporcione o pueda proporcionar ingresos económicos, obligación que en el caso de los miembros del Gobierno, Secretarios de Estado, Subsecretarios y asimilados, alcanza a una declaración de bienes patrimoniales.

b/ Responsabilidad criminal

El artículo 102 de nuestra Norma suprema contempla la responsabilidad criminal del Presidente y demás miembros del Gobierno, estableciendo a lo largo de sus tres apartados un privilegio de fuero, una condición de procedibilidad para poder perseguir la supuesta conducta delictiva y, por último, la exclusión de la prerrogativa de gracia.

De conformidad con tal precepto:

> 1. «La responsabilidad criminal del Presidente y los demás miembros del Gobierno será exigible, en su caso, ante la Sala de lo Penal del Tribunal Supremo.»
>
> 2. «Si la acusación fuere por traición o por cualquier delito contra la seguridad del Estado en el ejercicio de sus funciones, sólo podrá ser planteada por iniciativa de la cuarta parte de los miembros del Congreso, y con la aprobación de la mayoría absoluta del mismo.»
>
> 3. «La prerrogativa real de gracia no será aplicable a ninguno de los supuestos del presente artículo.»

Pérez Serrano procedió a deslindar las distintas clases de responsabilidad ministerial: política, civil y penal, señalando al respecto que la responsabilidad política supone abuso en la utilización o en la retención del poder, y se castiga con la privación de éste; la responsabilidad civil implica lesión en el patrimonio del Estado o de los particulares, y se corrige obligando a una indemnización proporcionada;

finalmente, la responsabilidad penal entraña infracción punible de las normas, y se sanciona con la privación de bienes jurídicos en que consiste la pena.

El propio autor se haría eco más adelante del tríptico de fórmulas existente para hacer efectiva la responsabilidad penal de los miembros del Gobierno: *a/ sistema judicial puro,* en que se atribuye el enjuiciamiento a los Tribunales ordinarios, por lo general al Tribunal Supremo; *b/ Tribunal especial,* constituido por elementos políticos y judiciales con dosificación varia, para combinar así los dos ingredientes que requiere este singular enjuiciamiento, y *c/ sistema legislativo,* en el que actúan las Cámaras, consistiendo la esencia de este mecanismo en que la Cámara Baja actúe como Fiscal y la Cámara Alta como Tribunal.

A la vista de la previsión del artículo 102.1, resulta claro que el constituyente ha optado por el *sistema judicial puro,* pues es un órgano de la jurisdicción ordinaria, el Tribunal Supremo, en su Sala de lo Penal, el que debe asumir la competencia para el enjuiciamiento de las conductas supuestamente delictivas del Presidente y demás miembros del Gobierno. Ha primado, pues, el elemento jurídico sobre el político en el enjuiciamiento de estas personas. El privilegio de fuero, que, como ya hemos tenido oportunidad de ver en momentos precedentes, no es privativo de estos altos cargos, se justifica no tanto en base a razones personales cuanto en consideración a la función que ejercen. Además, la necesidad de preservar la independencia de quienes han de ejercer a este respecto la potestad jurisdiccional hace muy recomendable que sea el más alto órgano jurisdiccional quien intervenga en estos supuestos.

La condición de procedibilidad para los casos en que la acusación fuere por traición o por cualquier delito contra la seguridad del Estado en el ejercicio de sus funciones, se explica sobre la base de que el constituyente, sin renunciar al sistema judicial puro, ha querido dejar en manos de la Cámara Baja la facultad de apertura del proceso penal, sustrayendo la iniciativa de éste del régimen ordinario. En el fondo de todo ello nos encontramos, como apunta *Rodríguez Mourullo,* con la naturaleza de las acusaciones, referentes a delitos de evidente carácter político cometidos en el ejercicio propio de sus funciones, es decir, de imputaciones inseparables de la actividad política misma de los acusados.

De otra parte, dejar en manos del Ministerio Fiscal la acusación hubiera entrañado serios inconvenientes, pues la conexión del Ministerio Fiscal con el Gobierno haría más que improbable una actuación de este tipo.

La remisión a las aludidas categorías delictuales es, como indica *Rodríguez Mourullo,* de naturaleza sustancial, de tal modo que lo decisivo es el contenido material del concreto hecho delictivo y no el dato sistemático-formal de que figure bajo el epígrafe de delitos contra la seguridad del Estado. Además, conviene no olvidar que la comisión de estos delitos ha de realizarse «en el ejercicio de sus funciones», concepto más estricto que el de «con ocasión de sus funciones», que es utilizado por el Código Penal en determinadas circunstancias.

La formalización de la acusación requiere de una doble fase: de iniciativa y de aprobación. El artículo 169 Rgl. C. ha desarrollado en este punto las previsiones del artículo 102.2 de la Constitución.

La iniciativa ha de ser formulada por escrito y firmada por un número de diputados no inferior a la cuarta parte de los miembros del Congreso. Cumplido con este requisito, el Presidente de la Cámara convocará una sesión secreta para su debate y votación, debate que se ajustará a las normas previstas para los de totalidad.

El afectado por la iniciativa de acusación podrá hacer uso de la palabra en cualquier momento del debate. La votación se hará por papeletas y se anunciará con antelación por la Presidencia la hora en que se llevará a cabo.

Si la iniciativa de acusación fuere aprobada por la mayoría absoluta de los miembros de la Cámara, el Presidente del Congreso lo comunicará al Presidente del Tribunal Supremo, a efectos de lo dispuesto en el artículo 102.1 de la Constitución. En caso contrario se entenderá rechazada la iniciativa.

Digamos por último que el apartado tercero del mismo artículo 102 prohíbe tajantemente la prerrogativa real de gracia, interdicción que, como dice *Alzaga,* se inspira en el mejor sentido común, puesto que el ejercicio de tal prerrogativa, a iniciativa como es lógico del Ministerio de Justicia, entrañaría una grave falta de respeto para con el Tribunal Supremo que condenó y el Congreso que acusó.

Bien es verdad que una prohibición tan rotunda e intemporal, en cuanto veda todo tipo de medidas de gracia, aun cuando haya transcurrido un cierto período de tiempo, se presenta quizá como un tanto exagerada.

c/ Responsabilidad política individualizada

El artículo 113.1 de la Constitución conecta de modo explícito la moción de censura con el Gobierno en cuanto órgano colegiado. Y el artículo 108 determina que el Gobierno responde solidariamente en su gestión política. Como dice *Virga,* la responsabilidad solidaria, la naturaleza solidaria de la responsabilidad política gubernamental, es una consecuencia lógica de la propia naturaleza colegial del Gobierno. Ahora bien, esta responsabilidad colegiada, solidaria, es perfectamente compatible con la responsabilidad individualizada de cada uno de los miembros del Gabinete, y de esta última responsabilidad queremos ocuparnos ahora, postergando para el Capítulo subsiguiente el análisis de la responsabilidad política solidaria del Gobierno.

Nuestra Norma suprema no contempla explícitamente la responsabilidad política individualizada de los miembros del Gobierno, pero como es evidente, de ello no puede inferirse sin más que tal instituto no tenga encaje constitucional. Bien es verdad que el debate constituyente, en cuanto nos muestra el rechazo de dos enmiendas (de los Grupos Parlamentarios Socialistas de Cataluña y Socialista del Congreso) que pretendían incorporar al actual artículo 108 un inciso por el que se regulaba la responsabilidad política individual de los miembros del Gobierno, parece incidir en respaldo de un sector de la doctrina que ha entendido que esa responsabilidad no tiene cabida en nuestra Constitución, posición que no podemos admitir por nuestra parte.

Si una interpretación conjunta de los artículos 113.1 y 108 parece no dejar mucho resquicio para el encaje constitucional de la responsabilidad política individualizada, no sucede otro tanto si atendemos a la previsión del artículo 98.2, a cuyo tenor:

> «El Presidente dirige la acción del Gobierno y coordina las funciones de los demás miembros del mismo, *sin perjuicio de la competencia y responsabilidad directa de éstos en su gestión.*»

El citado precepto se refiere, como acabamos de ver, a la responsabilidad directa de los miembros del Gobierno (excepción hecha de su Presidente, cuya responsabilidad se proyecta al Gobierno en su conjunto). Ante tal previsión, se suscita una cuestión de inmediato: ¿A qué responsabilidad alude el precepto? *Morell Ocaña,* y con él un sector de la doctrina, ha puesto de relieve que se trata sustancialmente de una responsabilidad de carácter civil y penal, opinión con la que no nos hallamos de acuerdo.

El citado artículo exige ser interpretado en su conjunto. A este respecto, parece claro que la dirección presidencial de la acción del Gobierno, así como la coordinación de las funciones de sus miembros, son funciones eminentemente políticas que se enmarcan dentro de la función de gobierno y de las que se deriva una responsabilidad esencialmente política, que será exigida de modo solidario sobre la base de enjuiciar políticamente la oportunidad y eficacia de las acciones gubernamentales. Pues bien, al salvar el propio artículo 98.2 la competencia propia de cada uno de los miembros del Gobierno en sus respectivas áreas gubernamentales, resulta patente que el constituyente se está refiriendo a una gestión de naturaleza político-administrativa; en consonancia con ello, al preveerse la directa responsabilidad de los Ministros por la referida gestión, hay que concluir que esa responsabilidad puede ser en ciertas ocasiones una responsabilidad política.

Al margen ya de estas reflexiones constitucionales, razones de naturaleza política abogan por la existencia de una responsabilidad política individual de los miembros del Gobierno. Como advierte *Santamaría,* si bien es cierto que la censura individualizada a un Ministro podría en algunos casos abrir paso a un enfrentamiento de la Cámara con el Gabinete, no lo es menos que casi la única forma viable de ejercer hoy un control efectivo sobre el Gobierno, depende de la posibilidad de someter a un riguroso escrutinio la gestión ministerial de cada uno de sus Ministros. Si la responsabilidad política, como afirma *Pallotta,* es una garantía de las libertades públicas contra los errores y los abusos del Gobierno, y qué duda cabe que esos errores o abusos pueden, en un determinado momento, ser atribuibles tan sólo a un Ministro, parece lógico pensar en la factibilidad de la exigencia de la responsabilidad política individual.

Admitida la necesidad y encaje constitucionales de la responsabilidad política individualizada de los miembros del Gobierno, se impone analizar cuál es el cauce jurídico a cuyo través tratar de sancionar esa responsabilidad. Es evidente que ese cauce no puede ser en ningún caso la moción de censura, pues sus requisitos constitucionales vedan tal posibilidad, como más adelante tendremos oportunidad de ver.

El artículo 111.2 de la Constitución suministra la apoyatura constitucional del mecanismo que venimos contemplando. A tenor del mismo, toda interpelación puede dar lugar a una moción en la que la Cámara manifieste su posición. Es, pues, el instrumento parlamentario de la moción, y más en concreto de las que han sido llamadas «*mociones de reprobación*», el que se nos presenta como el cauce idóneo a cuyo través tratar de sancionar la responsabilidad política individual de un miembro del Gobierno.

Algún sector doctrinal ha advertido acerca de la inexigencia jurídica de dimisión del Ministro reprobado; dicho de otro modo, la reprobación de un miembro del Gobierno sólo generaría efectos políticos, pero no jurídicos, con lo que un Ministro reprobado podría seguir en el ejercicio de su cargo si se negase a dimitir o si el Presidente del Gobierno no lo cesare.

Es cierto que los Ministros no se vinculan individualizadamente mediante una específica relación fiduciaria con el Congreso de los Diputados, pero aún así, no parece muy acorde con la forma parlamentaria de gobierno que el Jefe del Ejecutivo pueda desoír la voz del Congreso en una cuestión tan delicada como la que nos ocupa. Por lo demás, parece más que probable pensar en que la aprobación de una moción de reprobación contra un Ministro y la subsiguiente dimisión voluntaria de éste, creará, llegado el caso, un precedente difícil de soslayar en futuros supuestos similares.

Queremos decir con todo ello que la vía de las convenciones o prácticas en este caso parlamentarias puede venir a cubrir una laguna que debiera haber rellenado el constituyente en coherencia con algunos otros postulados constitucionales.

E) Funcionamiento del Gobierno

Las reglas que rigen el funcionamiento del Gobierno no se hallan contenidas en la Constitución, sino, básicamente, en la ya referida Ley 10/1983, de Organización de la Administración Central del Estado, y en menor medida en la Ley de Régimen Jurídico de la Administración del Estado, Texto refundido de 26 de julio de 1957, norma ésta preconstitucional que ha de acomodarse a nuestra *Lex Superior,* si bien aún se encuentra vigente.

El artículo 4.º.1 de la Ley 10/1983 determina que: «El Presidente, el Vicepresidente o Vicepresidentes y los Ministros se reunirán en Consejo de Ministros o en Comisiones Delegadas del Gobierno.»

Como es evidente, la reunión del Gobierno en Consejo de Ministros entraña la asistencia de todos sus miembros. Por el contrario, la reunión en Comisión Delegada implica una asistencia de miembros del Gobierno más reducida. Ello explica precisamente su creación por la Ley de Régimen Jurídico de 1957, que respondía a la pretensión de resolver problemas de coordinación entre los Departamentos sin necesidad de llevarlos al Pleno del Consejo de Ministros.

Si nos retrotraemos al momento en que fueron creadas las *Comisiones Delegadas* y observamos a partir de ahí su evolución, comprobaremos que en ocasiones se crearon para cuestiones muy particulares, en función de una coyuntura muy precisa; tal sería el caso, por ejemplo, de la Comisión para el desarrollo de los Convenios con los Estados Unidos. En otras ocasiones, la creación de una Comisión ha supuesto su encaje definitivo en el organigrama de la Administración Central del Estado. Tal ha sucedido con la Comisión Delegada del Gobierno para Asuntos Económicos.

Desde el punto de vista práctico, estas Comisiones no siempre han resuelto los problemas planteados, como recuerda *Baena del Alcázar.* Además, ha sido frecuente que se terminara creando un Ministerio con la misma competencia que una determinada Comisión.

La Ley de Régimen Jurídico reguló el número, composición, funcionamiento y atribuciones de estas Comisiones, a la par que facultó al Consejo de Ministros para crear en lo sucesivo nuevas Comisiones Delegadas.

En uso de esa autorización, el Real Decreto 3224/1981, de 29 de diciembre, vino a reestructurar las Comisiones Delegadas. De conformidad con dicha norma, se establecen estas Comisiones Delegadas: Política Exterior, Seguridad del Estado, Asuntos Económicos, Política Autonómica y Política Educativa, Cultural y Científica.

Las Comisiones Delegadas, a las que se atribuye el ejercicio de las competencias a que se refiere el artículo 11 de la Ley de Régimen Jurídico de 1957, han de ser presididas por el Presidente del Gobierno, si bien, por delegación suya, podrán presidir sus reuniones los Vicepresidentes del Gobierno, miembros natos de las Comisiones Delegadas.

Un nuevo Real Decreto, el 1568/1985, de 2 de septiembre, ha modificado la composición de la Comisión Delegada para Asuntos Económicos, cuando ésta haya de tratar temas relacionados con las Comunidades Europeas. Otra norma de la misma naturaleza, el Real Decreto 2639/1986, de 30 de diciembre, ha creado la Comisión Delegada del Gobierno para situaciones de crisis.

Digamos finalmente que, de conformidad con el artículo 4.º.2 de la ya citada Ley 10/1983, será el Consejo de Ministros quien haya de acordar, en su caso, por medio de Real Decreto, la creación, modificación y supresión de las Comisiones Delegadas del Gobierno, así como la delegación en éstas de funciones específicas de aquél.

En cuanto al Consejo de Ministros, el gran volumen de asuntos de que ha de conocer y la conveniencia de reservar a las reuniones plenarias de los integrantes del Gobierno el debate de los temas de mayor relevancia política han conducido a la creación de la llamada *Comisión General de Subsecretarios.*

El artículo 5.º de la Ley 10/1983 prescribe al efecto que: «La Comisión General de Subsecretarios, presidida por el Ministro de la Presidencia, tendrá encomendados el estudio y preparación de los asuntos sometidos a deliberación del Consejo de Ministros.» A su vez, el artículo 4.º del Real Decreto 1519/1986, de 25 de julio, dispone que la Comisión General de Subsecretarios sea presidida por el Vicepresidente del Gobierno, quien a su vez podrá delegar en un Ministro.

De esta forma, puede decirse que el «iter» procedimental de las reuniones del Consejo de Ministros se inicia algún tiempo antes con la convocatoria de la citada Comisión de Subsecretarios. Tras el anterior Real Decreto de 1986, que ha otorgado la presidencia de esta Comisión al Vicepresidente del Gobierno, suelen asistir a las reuniones de la Comisión no sólo los Subsecretarios, sino también los Secretarios de Estado. Aunque no existe una periodicidad regular, lo habitual es que esta Comisión se reuna semanalmente.

F) Funciones del Gobierno

En nuestro días, el Gobierno ha dejado de ser un órgano meramente ejecutivo, esto es, titular de la función ejecutiva, que tradicionalmente se ha reducido a la mera ejecución de las leyes, para convertirse en el órgano titular de la *«función de gobierno»,* una función que encuentra su precedente en lo que *Locke* llamara «poder confederativo y de prerrogativa» y que *Sánchez Agesta* define como el poder de obrar discrecionalmente para el bien público.

La función de gobierno se traduce en una actividad continuada de dirección e impulso político, una actividad que exige de una programación, de un planeamiento, de una planificación y de una estrategia de acción política. Como es lógico, esa función se complementa con el recurso a la clásica función ejecutiva.

La Constitución de 1978 se ajusta con exactitud a esta nueva concepción de las funciones del Gobierno cuando su artículo 97, norma de apertura del Título IV («Del Gobierno y de la Administración») prescribe que:

> «El Gobierno dirige la política interior y exterior, la Administración civil y militar y la defensa del Estado. Ejerce la función ejecutiva y la potestad reglamentaria de acuerdo con la Constitución y las leyes.»

Es bien patente la diferenciación que traza este precepto entre la función de dirección política y la función meramente ejecutiva. A su vez, aquélla se diversifica en un conjunto de funciones que, pudiendo reconducirse todas ellas a esa genérica función de impulso y dirección política, presentan en algunos casos una entidad propia. Ello nos da pie para efectuar la siguiente sistematización de las funciones atribuidas al Gobierno, en cuanto órgano colegiado, por nuestra Constitución: función de dirección e impulso político, función normativa, función arbitral y función ejecutiva.

1. Función de dirección e impulso político

Conviene ante todo significar que el desarrollo de esta función encuenta su premisa en la previa elaboración del programa de gobierno que debe presentar el candidato propuesto por el Rey para la Presidencia del Gobierno ante el Congreso de los Diputados a efectos del otorgamiento de la confianza de la Cámara. Aunque es el candidato a Presidente quien presenta y defiende el programa de gobierno, es evidente que el mismo no es obra personal del candidato, sino del partido al que pertenece, que se supone ha debido defenderlo como programa electoral en los comicios inmediatamente precedentes.

En todo caso, el programa de gobierno, calificado por la doctrina como «contrato de legislatura», compromete al futuro Gobierno, que debe responsabilizarse de su desarrollo.

Expuesto lo que antecede, hemos de referirnos a las facultades que más primariamente reflejan o traducen esta función de dirección e impulso político. Son éstas:

a) La dirección de la política interior, considerada como una de las manifestaciones más esenciales de la función de gobierno. Esta facultad entraña una programación, un presupuesto, una estrategia de actuación y una instrumentación jurídica que posibilite la materialización de las directrices de la acción política interior.

De ahí que todo ello plasme en el ejercicio gubernamental de la iniciativa legislativa. Es sintomático al respecto que el artículo 88 de nuestra Norma suprema exija que los proyectos de ley sean aprobados en Consejo de Ministros antes de ser remitidos al Congreso.

b) La dirección de la política exterior, manifestación igualmente señera de la función de gobierno. Aunque la Constitución no reconozca expresamente la iniciativa gubernamental en materia de tratados y convenios internacionales, hay que entenderla implícita en la facultad de dirección, tal y como la doctrina ha puesto de relieve. El Gobierno ha de desarrollar una previa actuación antes de que, en su caso, se produzca la intervención de las Cortes Generales.

c) La dirección de la defensa del Estado. La política de defensa, en cuanto parte integrante de la política general, establece los objetivos de la defensa nacional y los recursos y acciones necesarios para obtenerlos. A su vez, la política militar, componente esencial de la política de defensa, determina la organización, preparación y actuación del potencial militar, tal y como prevé el artículo 4.º de la Ley Orgánica 6/1980, de 1.º de julio, por la que se regulan los criterios básicos de la defensa nacional y la organización militar.

Pues bien, el artículo 7.º de la misma Ley atribuye al Gobierno de la Nación, asistido por la Junta de Defensa Nacional, la determinación de la política de defensa y el aseguramiento de su ejecución.

d) La dirección de la política económica. En íntima conexión con esta función directiva hay que situar el recurso a la planificación de la actividad económica general, siendo de reseñar que el artículo 131 de la Constitución atribuye al Gobierno el monopolio de la elaboración de los proyectos de planificación.

En todo caso, la dirección de la política económica que corresponde al Gobierno se plasma, mejor que en ningún otro instrumento, en los Presupuestos Generales del Estado, considerados como la más fiel traducción en cifras del programa político del Gobierno.

La consideración de la Ley de Presupuestos como «un vehículo de dirección y orientación de la política económica» (STC 65/1987) justifica por sí sola la exclusiva atribución al Gobierno de la elaboración anual de los Presupuestos.

2. Función normativa

Caen dentro de esta función las siguientes atribuciones:

a) La facultad gubernamental de dictar disposiciones legislativas provisionales que tomarán la forma de Decretos-leyes (artículo 86 de la Constitución).

b) La adopción de disposiciones de naturaleza asimismo legislativa a través del recurso a los Decretos legislativos, título que, de acuerdo con el artículo 85 de nuestra «Lex Superior», reciben las disposiciones gubernamentales que contengan legislación delegada.

c) El ejercicio de la potestad reglamentaria de acuerdo con la Constitución y las leyes (artículo 97), que si bien tradicionalmente se ha considerado una manifestación de la función ejecutiva, y así ha de seguir entendiéndose, es lo cierto que supone el ejercicio por el Gobierno de una función normativa, por cuanto se traduce en la elaboración de normas jurídicas, pues no otra cosa son los Reglamentos.

3. Función arbitral

En el ejercicio de esta función, corresponden al Gobierno una serie de potestades y atribuciones a través de las cuales se relaciona con otros órganos constitucionales, ejerciendo a la par ciertas funciones de control, de modo especial, en relación con las Comunidades Autónomas.

Podemos enumerar al efecto las siguientes potestades:

a) Convocar las Cámaras en sesión extraordinaria con la finalidad de tratar acerca de un determinado orden del día (artículo 73.2 de la Constitución).

b) Declarar el estado de alarma, como también el estado de excepción, si bien en este caso previa autorización del Congreso de los Diputados, y proponer a la Cámara Baja la declaración del estado de sitio, asumiendo en todas estas situaciones las potestades extraordinarias que de ellas se derivan (artículo 116).

c) Decidir, oído el Consejo General del Poder Judicial, el nombramiento de un candidato a la Fiscalía General del Estado, que habrá de ser propuesto al Monarca a efectos de la formalización del nombramiento (artículo 124.4).

d) En relación con el Tribunal Constitucional, proponer al Rey para su nombramiento dos magistrados constitucionales (artículo 159.1).

e) Plantear ante el Tribunal Constitucional conflictos constitucionales de competencia (artículo 60 de la LOTC), así como conflictos de atribuciones con otros órganos constitucionales del Estado (artículo 59.3 de la LOTC).

f) Decidir, previo dictamen del Consejo de Estado, la realización del control por el propio Gobierno de la actividad de los órganos de las Comunidades Autónomas llevada a cabo en el ejercicio de las funciones delegadas a que se refiere el artículo 150.2 de nuestra Norma suprema (transferencia o delegación del Estado en las Comunidades Autónomas de facultades correspondientes a materias de titularidad estatal que por su propia naturaleza sean susceptibles de transferencia o delegación).

g) Impugnación ante el Tribunal Constitucional de las disposiciones y resoluciones adoptadas por los órganos de las Comunidades Autónomas, al amparo de lo previsto por el artículo 161.2 de la Constitución.

h) Adopción, previa aprobación por la mayoría absoluta del Senado, de las medidas necesarias para obligar a una Comunidad Autónoma al cumplimiento de sus obligaciones constitucionales y legales o para la protección del interés general de España (artículo 155.1).

i) Requerir al Tribunal Constitucional para que declare si un tratado internacional contiene o no estipulaciones contrarias a la Constitución (artículo 95).

4. Función ejecutiva

Pueden incluirse dentro de esta función las siguientes atribuciones gubernamentales:

a) Decidir acerca de la orientación y contenido que debe darse a la función ejecutiva y ejercer la dirección de la misma de conformidad con la Constitución y las leyes (artículo 97).

b) Dirigir la Administración civil y militar (artículo 97). No en vano el Gobierno se nos presenta como el órgano de cabecera de una estructura orgánica jerarquizada que es la Administración, tal y como se ha recordado recientemente por el Consejo de Estado.

Especial trascendencia reviste a este respecto cuanto se refiere a la Administración Militar, y de modo particularizado al personal militar. La Ley 17/1989, de 19 de julio, reguladora del Régimen del Personal Militar Profesional, atribuye de modo específico al Gobierno, dentro del ejercicio general de su función ejecutiva, entre otras, las siguientes potestades: 1.ª/ la aprobación, en el marco del planeamiento de la defensa militar, de las necesidades de personal militar a medio y largo plazo; 2.ª/ la aprobación de la provisión anual de plazas para el ingreso en los centros docentes militares de formación, y 3.ª/ el desarrollo de los criterios generales de promoción y ascenso.

c) Nombrar a los Delegados del Gobierno en las Comunidades Autónomas (artículo 154 de la Constitución). De conformidad con el artículo 2.º de la Ley 17/1983, de 16 de noviembre, de desarrollo del artículo 154 de la Constitución, el Delegado del Gobierno será nombrado y separado por Real Decreto acordado en Consejo de Ministros, a propuesta del Presidente del Gobierno.

G) El Presidente del Gobierno

a/ Su primacía constitucional

Un conjunto de circunstancias de muy dispar naturaleza: sociopolíticas, personales y jurídico-constitucionales, han conducido a potenciar hasta tal punto la figura del Presidente del Gobierno que éste se ha convertido en el centro del sistema político.

Centrándonos ahora en la perspectiva constitucional, hemos de destacar que al Presidente del Gobierno le atribuye la Constitución una indiscutible primacía. *Bar Cendón* ha compendiado los argumentos que conducen a esa primacía con indudable claridad: si el Rey figura a la cabeza del Estado de una manera simbólica —no en balde es la misma personalización del Estado (artículo 56.1)—, el Presidente del Gobierno lo está de una manera real, pues es él quien traza el programa (artículo 99) y dirige la acción del Gobierno (artículo 98), siendo el Gobierno quien tiene a su cargo la dirección política del Estado (artículo 97).

Casa por lo demás esta primacía constitucional del Presidente con una inequívoca tendencia del constitucionalismo de nuestro tiempo en el que viene manifestándose con claridad esa primacía presidencial, compatible por otro lado con el principio de colegialidad del Gobierno.

La primacía presidencial puede constatarse en distintos aspectos: en el proceso de formación del Gobierno, en la relación Presidente-Ministros y en las funciones constitucionalmente asignadas al jefe del Ejecutivo.

— En el proceso de formación del Gobierno ya queda muy clara la primacía presidencial. El Congreso de los Diputados otorga su confianza, «inviste», al Presidente del Gobierno, no al Gobierno en su conjunto, ni por tanto tampoco a los miembros del mismo. Más aún, el candidato a la Presidencia propuesto por el Rey ha de exponer ante la Cámara Baja el programa político del Gobierno que pretende formar, y aunque es evidente que no cabe pensar en que ese programa haya sido elaborado por el Presidente futuro, sino que se tratará del programa del partido al que el mismo pertenece, no lo es menos que es el Presidente quien se responsabiliza ante la Cámara del cumplimiento de ese programa, y quien debe fijar sus prioridades y el modo de llevarlo a la práctica; no en vano le corresponde la dirección del Gobierno.

— La relación entre el Presidente y los restantes miembros de su Gobierno viene ya marcada, predeterminada, por el modo de desarrollarse el procedimiento de investidura y por el protagonismo absoluto que, como acabamos de analizar, asume en él el Presidente. Por si ello no fuera suficiente, es el Presidente quien dispone de la capacidad decisoria acerca del nombramiento y cese de los miembros de su Gabinete. Ello entraña que en modo alguno pueda ser considerado aquél como un *«primus inter pares»*. Bien al contrario, la superioridad, la primacía del Presidente sobre los demás integrantes del Gobierno es patente.

— Las facultades que nuestra Norma suprema atribuye al Presidente no hacen sino corroborar cuanto venimos repitiendo. El Presidente dirige la acción del Gobierno y coordina las funciones de los demás miembros del mismo (artículo 98.1). Ello significa que le corresponde constitucionalmente una labor de dirección que se proyecta hacia todas las facetas gubernamentales. Esta labor encierra otras, como la concreción de las directrices a seguir, la unificación de criterios, la precisión de las prioridades de la acción gubernamental... etc. Este cúmulo de atribuciones bastaría por sí sólo para poner de manifiesto la primacía presidencial. Pero aún encontramos argumentos que respaldan más sólidamente si cabe tal primacía.

En efecto, la Constitución atribuye al Presidente del Gobierno la decisión última en torno a una serie de actos de arbitraje de especial relevancia. Nos bastará al respecto con recordar estos tres: la propuesta del Presidente del Gobierno, previamente autorizada por el Congreso de los Diputados, para someter a referéndum consultivo de todos los ciudadanos una decisión política de especial trascendencia (artículo 92); la disolución del Congreso, del Senado o de las Cortes Generales, que si bien requiere de la previa deliberación del Consejo de Ministros, es decidida, bajo su exclusiva responsabilidad, por el Presidente (artículo 116), y, por último, el planteamiento ante el Congreso de una cuestión de confianza sobre el programa de gobierno o sobre una declaración de política general (artículo 112).

Si a todo lo expuesto añadimos que es contra el Presidente contra quien ha de dirigirse la moción de censura, podemos concluir con *Sánchez Agesta* que parece casi que el Presidente se confunde con el Gobierno mismo.

Ello no obstante, la posición destacadísima que en el plano constitucional corresponde al Presidente no puede hacernos olvidar la existencia de un principio de colegialidad que de alguna manera debe regir la actuación del Gobierno. Tal principio puede fundamentarse, a su vez, en distintos argumentos. Es al Gobierno en su conjunto a quien el artículo 97 de nuestra «lex legum» atribuye la dirección de la política interior y exterior y las restantes funciones que en un momento precedente ya analizamos. Es asimismo el Gobierno quien responde solidariamente de su gestión política ante el Congreso de los Diputados. Y al Gobierno, en cuanto órgano colegiado que ha de decidir colegiadamente, atribuye la Constitución funciones tan relevantes como la aprobación (en Consejo de Ministros) de los proyectos de ley (artículo 88), la declaración del estado de alarma (artículo 116.2), la declaración del estado de excepción (artículo 116.3) y la propuesta al Congreso de la declaración del estado de sitio (artículo 116.4).

En definitiva, la primacía constitucional del Presidente debe acomodarse al principio de colegialidad del Gobierno, en el bien entendido de que aquella primacía da su sentido más exacto a esta colegialidad.

Si los argumentos constitucionales confirman esta primacía presidencial, las circunstancias políticas no hacen sino ratificarla. Esta circunstancia se ha hecho especialmente patente desde la llegada al poder en 1982 del Partido Socialista. El rotundo liderazgo político, personal y aún popular del Presidente González ha catapultado hasta niveles totalmente desconocidos en los primeros Gobiernos postconstitucionales la primacía presidencial. El acentuamiento del modelo bipartidista desde aquel entonces, marcado por la existencia de un partido de gobierno y de una única opción alternativa, no ha hecho más que potenciar el liderazgo personal en cada una de las dos grandes formaciones políticas existentes en la actualidad, PSOE y PP. Y como advirtiera *Hermann Finer,* refiriéndose a la primacía del Primer Ministro británico en el seno de su Gabinete, lo más importante de todo es la posición de supremacía que posee el Primer Ministro por ser el jefe de su partido. En definitiva, las circunstancias políticas no hacen sino acentuar aún más la ya muy evidente primacía que la Constitución otorga al Presidente del Gobierno.

b/ Nombramiento del Presidente

Dos son los procedimientos constitucionalmente previstos para el nombramiento del Presidente del Gobierno: el procedimiento ordinario del artículo 99 de nuestra Norma suprema, y el que podríamos considerar extraordinario del artículo 113, que regula la moción de censura constructiva.

a') El procedimiento de nombramiento ordinario. Sus etapas

Es el importantísimo artículo 99 el que regula este procedimiento. ¿Cuándo es preciso recurrir a él? El artículo 99.1 precisa que: «Después de cada renovación del Congreso de los Diputados, y en los demás supuestos constitucionales en que así proceda.» ¿Cuáles son esos supuestos? Dejando al margen ya el expresamente considerado por el artículo 99 (la renovación del Congreso tras la celebración de elecciones generales, pues, como ya indicamos con anterioridad, parece obligado, por lo menos «de facto», que Congreso y Senado se elijan al unísono), los restantes supuestos en que habrá que recurrir a este procedimiento son:

1. La pérdida de la confianza parlamentaria como consecuencia del rechazo por la Cámara Baja de una cuestión de confianza.

2. La dimisión del Presidente.

3. El fallecimiento del propio Presidente.

4. Parece lógico pensar, aunque el texto constitucional no lo prevea explícitamente, que el procesamiento del Jefe del Gobierno, previa acusación por delito de traición o por cualquier otra conducta delictiva contra la seguridad del Estado cometida en el ejercicio de sus funciones, debiera presuponer una implícita retirada de la confianza parlamentaria, desencadenando el procedimiento del artículo 99.

5. Finalmente, aunque se trate de una circunstancia constitucionalmente ignorada, hemos de hacernos eco del supuesto de incapacidad del Presidente que, en puridad, debiera ser una causa desencadenante del recurso al artículo 99, si bien no puede sostenerse así a la vista del actual derecho positivo, lo que constituye una importante laguna que habría que rellenar.

Varias son las etapas que pueden distinguirse en el que genéricamente podríamos llamar «procedimiento de investidura»:

1.ª Las consultas regias y la propuesta de un candidato

El procedimiento se abre con una etapa en la que el protagonismo corresponde al Monarca. En efecto, el Rey —prescribe el artículo 99.1—, previa consulta con los representantes designados por los Grupos políticos con representación parlamentaria, y a través del Presidente del Congreso, propondrá un candidato a la Presidencia del Gobierno.

Estamos en presencia de una facultad que corresponde al Monarca en ejercicio de su potestad arbitral, la única que, como ha significado *De Esteban,* implica un auténtico poder. En efecto, la Constitución reserva aquí al Rey una competencia que, en determinadas condiciones de desarrollo de nuestro sistema de partidos, puede llegar a otorgarle cierto margen de discrecionalidad. En todo caso, la acción regia se encierra dentro de unos límites muy precisos:

1.º Está sujeta a refrendo del Presidente del Congreso, si bien, como significa *Sánchez Agesta,* este refrendo no puede considerarse más que como un «refrendo de certificación».

2.º La propuesta regia debe responder a la distribución de los escaños parlamentarios en el Congreso, distribución que puede incluso llegar a condicionar en absoluto la decisión del Monarca, pues la Constitución diseña un sistema de parlamentarismo «positivo» con arreglo al cual, el candidato propuesto ha de superar una votación de la Cámara.

Por lo demás, el Monarca debe cumplir con el trámite de las consultas, que abarca a todos los grupos políticos representados en el Congreso, esto es, no a los Grupos parlamentarios, sino a las formaciones políticas que obtuvieron representación, aunque ésta se limite a un sólo escaño.

2.ª El debate y votación de investidura

El candidato propuesto por el Rey «expondrá —dice el artículo 99.2— ante el Congreso de los Diputados el programa político del Gobierno que pretenda formar y solicitará la confianza de la Cámara».

Es preciso subrayar el hecho de que la confianza se otorga en función de un doble elemento: un elemento subjetivo, la personalidad del candidato y su liderazgo político, y otro objetivo, el programa político del Gobierno que pretende formar. Ello entraña que, formalmente al menos, no existe aún Gobierno cuando se produce la votación de investidura, o lo que es igual, la composición del Gabinete no entra en consideración a la hora de investir al Presidente. Bien es verdad que esta consideración debe entenderse en términos relativos, pues no puede ignorarse que si es preciso formar un Gabinete de coalición, parece lógico pensar que antes de la investidura los partidos coaligados habrán discutido y negociado la composición del Gobierno o, al menos, el reparto entre ellos de las carteras ministeriales.

Otro dato de interés a tener en cuenta es la existencia del debate, que puede ser esclarecedor a la hora de concretar el programa político. Ello marca una pauta diferencial con un modelo que, a grandes rasgos, ha sido seguido en el procedimiento que nos ocupa: el modelo germano-federal. En la República Federal Alemana, el Canciller federal es elegido a propuesta del Presidente de la República por el Bundestag (Cámara Baja) «sin debate alguno»; así lo precisa el artículo 63.1 de la Ley Fundamental de Bonn.

Finalmente, como puede apreciarse, es el Congreso de los Diputados quien monopoliza la investidura, quedando el Senado apartado de toda intervención en la misma, si bien, paradójicamente, es sujeto pasivo de las consecuencias que pueden derivarse del fracaso de la investidura, transcurrido un determinado período de tiempo. Sintoniza este protagonismo del Congreso con la pauta más común del Derecho comparado, en el que la única salvedad relevante la constituye Italia.

El debate de investidura se cierra con la oportuna votación. Para ser investido, el candidato debe lograr el voto de la mayoría absoluta de los miembros del Congreso. «De no alcanzarse dicha mayoría —dice el artículo 99.3, inciso segundo—, se someterá la misma propuesta a nueva votación cuarenta y ocho horas después de la anterior, y la confianza se entenderá otorgada si obtuviere la mayoría simple.»

Nuestros constituyentes han otorgado, pues, una doble oportunidad para ser investido, sucesivamente, bien por mayoría absoluta, bien por mayoría simple tan sólo. Parece lógica tal cautela en un sistema supuestamente llamado a no contar con Gobiernos asentados en mayorías parlamentarias absolutas. La elección con arreglo a un sistema de representación proporcional, las propias circunstancias políticas de nuestro sistema de partidos, con una importante presencia de fuerzas nacionalistas, e incluso la experiencia histórica, parecían dar carta de naturaleza a los Gobiernos minoritarios o de coalición. Hasta el momento, la realidad ha sido bien distinta, por lo menos en los últimos años, pero ello no significa que tenga que continuar siendo así. De ahí lo oportuno de admitir la investidura por mayoría simple aunque sea en una segunda votación.

3.ª El nombramiento regio del Presidente

Lograda la confianza de la Cámara en una u otra votación, el Rey nombrará al candidato así investido Presidente del Gobierno, requiriéndose para ello el refrendo del Presidente del Congreso, como exige el artículo 64.1 de nuestra «lex legum». Lógicamente, estamos ante una potestad regia puramente formal que se atribuye al Monarca en virtud de su función moderadora, pero en la que carece de toda discrecionalidad.

4.ª Etapas sucesivas en el supuesto de fracaso inicial de la investidura

Como acabamos de ver, el procedimiento anteriormente descrito presupone que en primera o segunda votación, el candidato regio va a superar el listón de votos constitucionalmente exigido. Ahora bien, ¿qué sucede si tal candidato no consigue la investidura? Como es lógico, la Constitución ha contemplado tal hipótesis.

De conformidad con el artículo 99.4, «si efectuadas las citadas votaciones no se otorgare la confianza para la investidura, se tramitarán sucesivas propuestas en la forma prevista en los apartados anteriores». Quiere ello decir que, fracasada en un primer momento la investidura, es preciso retornar a la fase inicial del procedimiento y, a partir de ahí, continuar con las etapas sucesivas. Sin embargo, nuestros constituyentes han querido evitar un período indefinido de provisionalidad, con un Gobierno «en funciones» que, además, si ha sido derrotado en las urnas, se encontrará prácticamente hipotecado en su actuación. A tal efecto, se ha previsto la disolución automática de las Cortes Generales.

A tenor del artículo 99.5, «si transcurrido el plazo de dos meses, a partir de la primera votación de investidura, ningún candidato hubiere obtenido la confianza del Congreso, el Rey disolverá ambas Cámaras y convocará nuevas elecciones con el refrendo del Presidente del Congreso».

Estamos ante una fórmula legal que nos recuerda la existente en algún otro país, como es el caso de la República Federal Alemana o de Suecia. Esta drástica solución está llamada a operar básicamente como mecanismo de presión psicológica sobre los diputados. El plazo de tan sólo dos meses se nos antoja quizá excesivamente reducido, si bien, insistimos, no parece que, salvo supuestos excepcionales, se llegue al caso de aplicar esta cláusula excepcional.

Por lo demás, como ya advertimos antes, es un tanto chocante y paradójico que se decrete la disolución de ambas Cámaras, cuando el Senado no ha tenido ningún tipo de intervención en el procedimiento de investidura; ello, en todo caso, parece responder al deseo más o menos larvado de que en ninguna circunstancia deban tener lugar por separado las elecciones al Congreso y al Senado.

No es preciso insistir en que el Rey se limita también aquí a cumplir un acto reglado que exige el refrendo del Presidente de la Cámara Baja.

b') El procedimiento de nombramiento extraordinario

Es éste el procedimiento de la moción de censura constructiva, contemplado por el artículo 113 en conexión con el artículo 114.2. A tenor de este último: «Si el Congreso adopta una moción de censura, el Gobierno presentará su dimisión al Rey y el candidato incluido en aquélla se entenderá investido de la confianza de la Cámara a los efectos previstos en el artículo 99. El Rey le nombrará Presidente del Gobierno».

La moción de censura «constructiva» adoptada por nuestros constituyentes entraña como requisito ineludible la inclusión de un candidato a la Presidencia del Gobierno. Ello implica que su aprobación genere una doble consecuencia: la censura a un Gobierno y la investidura del candidato que en la moción ha de incluirse. Tal circunstancia conduce a distorsionar y confundir dos mecanismos parlamentarios que no tienen mucho que ver entre sí, como tendremos oportunidad de analizar con mayor detenimiento en un momento posterior.

El artículo 114.2, en todo caso, es tajante en lo que se refiere a la investidura automática del candidato, que no necesita, pues, someterse a una votación ulterior de confianza.

El Reglamento del Congreso ha tratado de paliar la incongruencia que puede presentarse de tener que investir a un candidato sin ni siquiera una mínima constancia del programa político que pretende desarrollar. A tal efecto, el artículo 177.1 del Reglamento estipula que el debate de la moción de censura se iniciará por la defensa de la misma por uno de los diputados que la hayan suscrito, y a continuación, sin límite de tiempo, podrá intervenir el candidato propuesto en la moción para la Presidencia del Gobierno, «a efectos de exponer el programa político del Gobierno que pretende formar». En todo caso, este trámite parlamentario no sólo no obvia la confusión a que antes aludíamos, sino que, más aún, contribuye a acentuarla.

c/ Funciones del Presidente del Gobierno

El complejo de funciones y responsabilidades que la Constitución atribuye al Presidente del Gobierno es muy amplio y está, sin duda alguna, en relación directa con la importancia del papel que éste realiza dentro del sistema político.

Las funciones a que ahora nos referiremos son exclusivas del Presidente, lo que no significa que en aquellas otras ya citadas propias del Gobierno en cuanto órgano colegial, el jefe del Ejecutivo no disponga en ellas de un rol relevante como presidente del citado órgano gubernamental.

Son funciones exclusivas del Presidente:

1.ª La formación del Gobierno, que incluye:

— El nombramiento de los Ministros y, en su caso, del Vicepresidente o Vicepresidentes.

— La estructuración del Gobierno, dado que, como ya dijimos, el principio de reserva de ley formalizado inequívocamente por la Ley 10/1983, ha sido dejado sin efecto por las Leyes de Presupuestos del Estado a partir de la Ley de Presupuestos para el año 1986.

— La organización de la Presidencia, dentro de la cual se ubican los órganos de apoyo al Presidente: el Gabinete de la Presidencia, el Portavoz del Gobierno, la Secretaría General de la Presidencia... El Real Decreto-ley 22/1982, de 7 de diciembre, restableció el Gabinete de la Presidencia del Gobierno como «órgano de asistencia política y técnica del Presidente y del Vicepresidente del Gobierno», precisión reiterada por el artículo 6.º de la Ley 10/1983.

2.ª La dirección de la actividad del Gobierno, función que, como advierte *Bar Cendón,* sería suficiente «per se» para demostrar la relevancia que nuestra Norma suprema atribuye al jefe del Ejecutivo.

El artículo 98.2 comienza afirmando que: «El Presidente dirige la acción del Gobierno y coordina las funciones de los demás miembros del mismo.»

A juicio del propio *Bar Cendón*, la función de dirección puede desglosarse en las cuatro siguientes funciones:

— La elaboración del programa del Gobierno.

— La dirección propiamente dicha del Gobierno, que implica el impulso y control constante de la actividad de los miembros del Gabinete. En este sentido, el Consejo de Ministros ocupa un lugar importante, en la medida en que la reunión conjunta de los miembros del Gobierno permite, no sólo la visión global de la actividad gubernamental, sino también el contraste entre la actividad de los distintos Departamentos. Hay que destacar dentro de esta función la capacidad decisoria última que tiene el Presidente en orden al planteamiento de la cuestión de confianza y al ejercicio del derecho de disolución, decisiones en las que si bien es preceptiva la previa deliberación del Consejo de Ministros, el acuerdo de éste no es en modo alguno vinculante para el jefe del Ejecutivo.

— La coordinación de los miembros del Gobierno. Esta función coordinadora tiene como fin, no sólo el dar una unidad y una coherencia a la actividad ministerial, que son imprescindibles, sino, sobre todo, el evitar los posibles bloqueos o conflictos entre los Departamentos ministeriales en aquellas competencias que sean concurrentes.

— La representación de la política gubernamental. Como cabeza del órgano colegiado que constituye el Gobierno, su Presidente personaliza y representa su política; no en vano ésta no es sino la actualización de un programa político que el propio Presidente perfiló, y en base al cual fue designado para el cargo.

Esta función tiene una manifestación obvia en el plano internacional, expresándose en el orden interno en las relaciones que el Gobierno mantiene con los demás órganos superiores del Estado. Esto es especialmente patente respecto de la Corona, siendo el Presidente quien lleva el peso de las relaciones del Gobierno con el Rey, pudiendo incluso pedirle que presida un Consejo de Ministros.

3.ª La dirección de la política de defensa. El papel directivo del Jefe del Gobierno en esta función ha sido específicamente subrayado tras la reforma de la Ley Orgánica 6/1980, por la que se regulan los criterios básicos de la Defensa Nacional y la Organización Militar, llevada a cabo por la Ley Orgánica 1/1984, de 5 de enero. El artículo 8.º de la Ley Orgánica 6/1980, tras su modificación en 1984, atribuye al Presidente la dirección de la política de defensa, en consonancia con la cual, ejerce su autoridad para «ordenar, coordinar y dirigir la actuación de las Fuerzas Armadas».

Más particularizadamente, la Ley atribuye al Presidente del Gobierno: 1. la dirección de la guerra; 2. la formulación de las directivas para las negociaciones exteriores; 3. la definición de los grandes planteamientos, tanto estratégicos como de la política militar; 4. la distribución general de las fuerzas... etc.

El Presidente del Gobierno puede asesorarse por la Junta de Defensa Nacional, órgano superior asesor y consultivo del Gobierno en materia de Defensa Nacional, que preside el propio Presidente del Gobierno en defecto de asistencia a la misma del Rey.

En resumen, cuanto acabamos de exponer ratifica cumplidamente nuestra anterior afirmación acerca de la existencia de un auténtico liderazgo constitucional del Jefe del Gobierno, liderazgo que puede acentuarse aún más si cabe en determinadas circunstancias políticas, como es el caso de un Gabinete homogéneo y mayoritario, esto es, respaldado por una mayoría absoluta del Congreso de los Diputados.

H) Los principios constitucionales informadores de la Administración

El artículo 103 de nuestra «Lex Superior» puede considerarse como la norma central en lo que a la Administración Pública se refiere, pues en él se contemplan la misión y los principios informadores de la Administración (apartado 1), el modo de configurarla (apartado 2) y las líneas maestras de la regulación de su personal (apartado 3).

La doctrina ha destacado la generalidad de las ideas enunciadas, viendo en ella la clave de comprensión de lo que representa la Administración del Estado en el sistema constitucional y el fundamento de las leyes que se dicten en materia de Administración pública.

De conformidad con el artículo 103:

> 1. «La Administración Pública sirve con objetividad los intereses generales y actúa de acuerdo con los principios de eficacia, jerarquía, descentralización, desconcentración y coordinación, con sometimiento pleno a la ley y al Derecho.»
>
> 2. «Los órganos de la Administración del Estado son creados, regidos y coordinados de acuerdo con la ley.»
>
> 3. «La ley regulará el estatuto de los funcionarios públicos, el acceso a la función pública de acuerdo con los principios de mérito y capacidad, las peculiaridades del ejercicio de su derecho a sindicación, el sistema de incompatibilidades y las garantías para la imparcialidad en el ejercicio de sus funciones.»

Como hemos significado anteriormente, el precepto enuncia los principios informadores de la organización de la Administración. Estos principios pueden considerarse como reglas de las que se desprenden valiosas consecuencias para los efectos jurídicos de los actos. La doctrina jurídica europea ha considerado tradicionalmente como tales, los principios de unidad, jerarquía, competencia y coordinación. Nuestro constituyente se ha hecho eco de dos de esos principios, los de jerarquía y coordinación, mencionando asimismo los de desconcentración y descentralización. Por el contrario, omite el principio de unidad.

A juicio de *Baena del Alcázar,* parece lógico que no se mencione de modo expreso el principio de unidad, pues la unidad, en definitiva, no es más que la equivalencia jurídica entre personalidad y organización. Desde el punto de vista de la teoría jurídica, a cada organización corresponde una personalidad y a la inversa. Al no mencionarse la personalidad jurídica de la Administración pública, no era preciso hacer una referencia a la unidad.

Junto a los principios de organización nos encontramos con los que podríamos denominar criterios de actuación, que nos marcan el hilo conductor de la actuación de la Administración pública. Son básicamente los criterios de objetividad y eficacia, y los principios de legalidad, participación y responsabilidad. A ellos nos referiremos posteriormente.

a/ Los principios de organización

Los principios de organización a que se refiere el artículo 103.1 de nuestra Norma suprema son, como ya hemos señalado, los de: jerarquía, descentralización, desconcentración y coordinación.

1. El principio de jerarquía

El contenido del principio de jerarquía que se predica de la Administración pública puede diversificarse en los siguientes aspectos, a los que se refiere *Baena del Alcázar:*

1.º) Existencia de unos órganos complejos, pues sólo en su seno pueden establecerse relaciones entre los titulares de los diversos órganos menores.

2.º) Distribución de las tareas entre los diferentes escalones jerárquicos, en función del principio de competencia.

3.º) Reconocimiento de un valor jurídico diferenciado en los actos de los órganos situados en los distintos escalones jerárquicos.

4.º) Existencia de una doble corriente de información, que suministran los órganos inferiores a los superiores, y de criterios de actuación, que proporcionan los superiores a los subordinados.

2. El principio de descentralización

Quizá sea este principio el de mayor trascendencia de los enunciados por el artículo 103.1. Para nuestra doctrina la descentralización consiste en el traspaso de funciones desde un ente administrativo a otros entes administrativos menores, en el bien entendido de que tal traspaso debe implicar la transferencia efectiva de poderes decisorios ejercidos en nombre propio hacia la entidad respecto de la que se hace la descentralización.

En todo caso, la Constitución no ha incidido de modo relevante sobre la descentralización territorial, lo que se explica si se atiende al hecho de que la Norma suprema se vertebra sobra la idea de autonomía, pues las entidades en que se organiza territorialmente el Estado (municipios, provincias y Comunidades Autónomas) gozan de autonomía para la gestión de sus respectivos intereses, como reconoce el artículo 137. Es claro, pues, que estas entidades ejercen sus propias funciones por mandato constitucional, no porque les hayan sido transferidas por el Estado en virtud de un principio de descentralización.

Es por lo anterior por lo que la doctrina ha puesto de relieve que el principio descentralizador debe entenderse más en el sentido de la llamada descentralización institucional que en el de la descentralización territorial. La descentralización institucional implica la existencia de personas jurídicas creadas con la finalidad de que realicen de modo más ágil que la Administración del Estado ciertas funciones de ésta. Este es el caso de los Organismos Autónomos dependientes de la Administración central.

3. El principio de desconcentración

Con este principio se alude a la transferencia de competencias de forma permanente de un órgano superior a otro inferior, sea central o periférico, dentro de un mismo ente público. Más que de un principio de organización, se trata de una alteración de la competencia que tiene por finalidad descongestionar el trabajo de los órganos superiores, trasvasando parte de sus competencias a otros inferiores.

Introducida esta técnica para la Administración Central del Estado por la Ley de Régimen Jurídico de 1957, su aplicación cabe sin embargo respecto de toda clase de Administraciones, tanto territoriales como institucionales, siempre que se dé una ordenación jerárquica que permita ese trasvase de competencias con carácter permanente de un órgano superior a otro inferior.

4. El principio de coordinación

La coordinación, en cuanto principio de organización administrativa, se aplica tan sólo entre entes diversos u órganos no pertenecientes a un mismo ramo de la Administración, a fin de conseguir la unidad en la actuación administrativa. Es obvio que cuando los órganos a coordinar pertenecen a un mismo ente o sector administrativo, la unidad puede ser asegurada por el superior jerárquico común en base a sus poderes de dirección.

Sin embargo, la coordinación no es sólo un principio organizativo, sino un objetivo elemental de toda organización, ya que la coordinación opera como presupuesto indispensable para el cumplimiento eficaz de los objetivos de aquélla.

b/ Los criterios de actuación

Como ya advertimos, junto a los principios de organización nos encontramos con los criterios que deben guiar la actuación administrativa. Básicamente son los de objetividad y eficacia, si bien, junto a ellos, hemos de referirnos a los principios de legalidad y de participación.

1. El criterio de objetividad

En su inciso inicial el artículo 103.1 comienza afirmando que «la Administración Pública sirve con objetividad los intereses generales»; se enuncia así un criterio general, la objetividad, con el que se adjetiva la idea de servicio al interés general. Con ello, el constituyente está mostrando su aspiración de que la Administración actúe de modo neutro, esto es, ajeno a los intereses particulares, sean de naturaleza política o de cualquier otra índole. En cierto modo, el servicio objetivo a los intereses de la colectividad trata de garantizarse mediante la profesionalización de la Administración, que ha de llevarse a cabo con arreglo a los postulados establecidos por el artículo 103.3 respecto del estatuto de los funcionarios públicos. Este estatuto, que ha de ser regulado por la ley, se ajustará en todo caso a las siguientes premisas:

1.ª) Acceso a la función pública de acuerdo con los principios de mérito y capacidad, pretensión que se desarrolla legalmente en un conjunto de normas con las que se pretende objetivar la selección del personal, la provisión de puestos de trabajo y la promoción profesional de los funcionarios, normas que han sido plasmadas en el Capítulo IV de la Ley 30/1984, de 2 de agosto, de medidas para la Reforma de la Función Pública.

2.ª) Reconocimiento de las peculiaridades del ejercicio por los funcionarios públicos de su derecho a la sindicación, que, sin perjuicio de las formas de representación establecidas en la Ley Orgánica 11/1985, de 2 de agosto, de Libertad Sindical, ha sido objeto de un detenido desarrollo por la Ley 9/1987, de 12 de junio, de órganos de representación, determinación de las condiciones de trabajo y participación del personal al servicio de las Administraciones Públicas.

3.ª) Concreción de un sistema de incompatibilidades para todos los funcionarios públicos, que ha sido objeto de regulación por la Ley 53/1984, de 26 de diciembre, de Incompatibilidades del Personal al servicio de las Administraciones Públicas. Y

4.ª) Establecimiento de un sistema de garantías para la imparcialidad en el ejercicio de las funciones.

2. El criterio de eficacia

Este criterio, al igual que el anterior, refleja una aspiración de los constituyentes: que la Administración Pública sea eficaz en su actuación. En todo caso, de ello no se desprende ninguna consecuencia práctica, y no es preciso advertir acerca de las dificultades que entraña la concreción jurídica de este criterio que, en último término, depende de las actuaciones concretas que se produzcan y de los medios con que cuenta la Administración para el cumplimiento de sus fines.

La Administración ha de atenerse en su actuación a este criterio «con sometimiento pleno a la ley y al Derecho». Ello significa, según el Tribunal Constitucional (STC 22/1984, de 17 de febrero), una remisión a la decisión del legislador ordinario respecto de aquellas normas, medios e instrumentos en que haya de concretarse el logro de la eficacia. Y entre ellas al Tribunal no le cabe la menor duda de que se puede encontrar la «potestad de autotutela o de autoejecución» practicable genéricamente por cualquier Administración Pública con arreglo al artículo 103. En virtud de esta «potestad administrativa de autotutela» se permite que la Administración emane actos declaratorios de la existencia y límites de sus propios derechos con eficacia ejecutiva inmediata.

3. El principio de legalidad

Este principio no es sino un reflejo particularizado del principio general del artículo 9.º.1, que sujeta a los ciudadanos y los poderes públicos a la Constitución y al resto del ordenamiento jurídico, o lo que es igual, que consagra la sumisión del Estado al Derecho.

Con la explícita referencia del sometimiento pleno de la Administración Pública a la ley y al Derecho, el artículo 103.1 está proclamando el principio de legalidad administrativa, lo que es tanto como enunciar que las relaciones entre los ciudadanos y la Administración han de regirse por la sumisión a la legalidad, lo que a su vez entraña la inexcusabilidad de un control jurisdiccional, al que alude el artículo 106.1.

4. El principio de participación

Este principio ha de considerarse como una consecuencia directa del principio participativo que con carácter general proclama el artículo 9.º.2 de nuestra Norma suprema. La participación de los ciudadanos en las distintas esferas de la vida política, económica, cultural y social, no lo olvidemos, ha de ser facilitada por los poderes públicos.

En perfecta sintonía con todo ello, el artículo 105, como en otro momento vimos, contempla una triple modalidad de participación ciudadana en relación con la actuación de la Administración Pública:

1.ª/ La audiencia de los ciudadanos, directamente o a través de las organizaciones y asociaciones reconocidas por la ley, en el procedimiento de elaboración de las disposiciones administrativas que les afecten.

2.ª/ El acceso de los ciudadanos a los archivos y registros administrativos, salvo en lo que afecte a la seguridad y defensa del Estado, la averiguación de los delitos y la intimidad de las personas.

3.ª/ La audiencia del interesado, cuando proceda, en el procedimiento de producción de los actos administrativos.

Este triple cauce de participación ha de ser regulado por la ley. A este respecto, el mismo artículo 105 se abre con esta redacción: «La ley regulará...». Ahora bien, la reserva de ley que efectúa en este punto el precepto, como ha dicho el Tribunal Constitucional (STC 18/1981, de 8 de junio), no tiene el significado de diferir la aplicación de los derechos fundamentales y libertades públicas hasta el momento en que se dicte una Ley posterior a la Constitución, ya que en todo caso son principios de aplicación inmediata.

Especial incidencia ha tenido la doctrina del Tribunal en lo que se refiere al trámite de audiencia al administrado en un procedimiento sancionador. A juicio de nuestro supremo intérprete de la Constitución, en materia de procedimiento los derechos y garantías procesales conectados con el derecho a la tutela judicial efectiva han de ser aplicables a la actividad sancionadora de la Administración en la medida necesaria para preservar los valores esenciales que se encuentran en la base del precepto, y el principio de seguridad jurídica del artículo 9.º.

Esos valores —a juicio del Tribunal (STC 18/1981, de 8 de junio)— no quedarían salvaguardados si se admitiera que la Administración, por razones de orden público, puede incidir en la esfera jurídica de los ciudadanos imponiéndoles una sanción sin observar procedimiento alguno, y, por tanto, sin posibilidad de defensa previa a la toma de la decisión, con la consiguiente carga de recurrir para evitar que tal acto se consolide y haga firme. Por el contrario, la garantía del orden constitucional exige que el acuerdo se adopte a través de un procedimiento en el que el presunto inculpado tenga oportunidad de aportar y proponer las pruebas que estime pertinentes y alegar lo que a su derecho convenga.

c/ *El control judicial de la actuación administrativa*

I. El sometimiento de la Administración al principio de legalidad hace de todo punto imprescindible el establecimiento de un control judicial de la Administración. A él se refiere el artículo 106.1 de la Constitución, a cuyo tenor:

> «Los Tribunales controlan la potestad reglamentaria y la legalidad de la actuación administrativa, así como el sometimiento de ésta a los fines que la justifican».

Una de las grandes aportaciones del liberalismo es la institución de la justicia administrativa, de «lo contencioso-administrativo», cuya introducción significó, según *Merkl,* un voto de desconfianza para la Administración y un voto de confianza para la Justicia. Pero más que de confianza o desconfianza, de lo que se trata con esta institución es de garantizar el principio de legalidad, que debe regir la actuación de la Administración Pública, que, como señala el artículo 103.1, actúa con sometimiento pleno a la Ley y al Derecho.

El control jurisdiccional de la Administración se lleva a cabo por una jurisdicción ordinaria especializada: la jurisdicción contencioso-administrativa, aún hoy regulada por una norma preconstitucional: la Ley reguladora de la Jurisdicción Contencioso-Administrativa (en adelante LJCA), de 27 de diciembre de 1956.

Es cierto que el artículo 106.1 no precisa qué órganos jurisdiccionales han de ejercer el control de la Administración; sin embargo, el artículo 153, al determinar los mecanismos de control de la actividad de los órganos de las Comunidades Autónomas, se refiere, en su apartado c/, a la jurisdicción contencioso-administrativa, a la que corresponderá ejercer el control de la Administración autónoma y de sus normas reglamentarias. De esta forma, queda constitucionalizada la jurisdicción contencioso-administrativa, que por lo demás asume el control de la actuación de todas las Administraciones Públicas, incluyendo la Administración local.

Santamaría Pastor ha considerado el proceso contencioso-administrativo como el proceso controlador ordinario y universal de la actividad de la Administración, si bien, como el propio autor advierte, dicha consideración no supone más que una tesis generalizada en la doctrina, pero que en la jurisprudencia no existe sino como mera tendencia; una tendencia progresivamente afirmada de los Tribunales contenciosos a convertirse en los protagonistas primordiales del control sobre la actividad de los poderes públicos, pero que aún no puede calificarse como una realidad firme, entre otras consideraciones, porque los órganos de la jurisdicción contencioso-administrativa han venido practicando tradicionalmente una cuidadosa política de «*self-restraint*», por virtud de la cual, más que órganos vocados por naturaleza a la defensa de los derechos e intereses de los ciudadanos, se han considerado a sí mismos como meros garantes del principio de legalidad, cuando no como verdaderos defensores de las prerrogativas e intereses públicos frente a la presunta voracidad y egoísmo de los sujetos privados.

Son objeto de control de los Tribunales de «lo contencioso» todos los actos administrativos o sujetos al Derecho Administrativo, o lo que es lo mismo, toda actuación administrativa, proceda de la Administración o de cualesquiera de los poderes públicos. A tenor del artículo 1.º.1 LJCA:

> «La Jurisdicción contencioso-administrativa conocerá de las pretensiones que se deduzcan en relación con los actos de la Administración pública sujetos al Derecho administrativo y con las disposiciones de categoría inferior a la Ley.»

II. El artículo 106.1 contempla asimismo el control jurisdiccional de la potestad reglamentaria, previsión introducida en el curso del itinerario constituyente (por el Informe de la Ponencia constituida en el Congreso de los Diputados) frente a la inicial redacción del precepto que tan sólo disponía que «toda la actividad de la Administración Pública está sometida al control jurisdiccional», lo que implicaba que si la potestad reglamentaria se atribuía al Gobierno y éste se presentaba como un órgano diferenciado de la Administración, resultaba insuficiente con prever el sometimiento de la Administración al control jurisdiccional.

Es interesante recordar que no siempre ha sido una realidad el control de las disposiciones administrativas de carácter general por los Tribunales de «lo contencioso». Así, con la Ley de la Jurisdicción Contencioso-Administrativa de 1894 no se podía impugnar directamente una disposición administrativa de carácter general. Por contra, nuestra vigente Ley de 1956 ha sentado, como ya hemos podido comprobar a la vista del texto de su artículo 1.º.1, la regla de la impugnabilidad.

A la vista del artículo 39 LJCA, pueden establecerse a este respecto las siguientes reglas generales:

1.ª/ Las disposiciones de carácter general que dictare la Administración del Estado, así como las Entidades locales y Corporaciones e Instituciones públicas, podrán ser impugnadas directamente ante la Jurisdicción Contencioso-Administrativa.

2.ª/ Son igualmente impugnables los actos que se produjeren en aplicación de aquellas disposiciones generales, impugnación que ha de fundarse en que tales disposiciones no son conformes a Derecho. La falta de impugnación directa de una disposición o la desestimación del recurso que frente a ella se hubiere interpuesto no impedirán la impugnación de los actos de aplicación individual. Y

3.ª/ Serán asimismo impugnables, en todo caso, las disposiciones de carácter general que hubieren de ser cumplidas por los administrados directamente, sin necesidad de un previo acto de requerimiento o sujeción individual.

Como requisito previo a la interposición del recurso contencioso-administrativo, debe formularse recurso de reposición ante el órgano administrativo que hubiere de resolverlo, en el plazo de un mes, a contar de la notificación o publicación del acto. Esta exigencia previa tiene ciertas excepciones a las que se refiere el artículo 53 LJCA, entre ellas, las disposiciones de carácter general a que nos referíamos en la regla primera.

El Tribunal de lo contencioso-administrativo queda facultado por el artículo 62.1, *c/* LJCA para inadmitir un recurso contencioso-administrativo, cuando no se haya interpuesto recurso previo de reposición, en los casos en que es preceptivo, y no se hubiese subsanado la omisión en la forma que establece el artículo 129.3 de la propia Ley: de conformidad con esta previsión, el Tribunal debe requerir al demandante en vía contencioso-administrativa para que, en defecto de interposición preceptiva de recurso de reposición, proceda a formular dicho recurso administrativo en el plazo de diez días.

En este orden de consideraciones conviene recordar que la no utilización del trámite previsto por el artículo 62.1, *c/* de la LJCA, ha sido considerada por el Tribunal Constitucional (STC 62/1986, de 20 de mayo) como una conculcación del derecho a la tutela judicial efectiva, por cuanto, al no permitir la subsanación posible del motivo de inadmisión de un recurso contencioso-administrativo (la no interposición de un recurso de reposición), cerró al actor el camino del proceso ulterior por el transcurso de los plazos. En definitiva, pues, tras la Sentencia 62/1986, queda claro que un órgano de la Jurisdicción Contencioso-Administrativa no puede adoptar la decisión de inadmisión de un recurso al final del procedimiento, en forma de Sentencia, y no utilizar «*in limine litis*» (en el curso, en el umbral del litigio) el trámite previsto en el artículo 62.1, *c/* LJCA, en conexión con el artículo 129.3 de la propia Ley (requerimiento al actor o demandante para que subsane la omisión de la preceptiva interposición previa de un recurso administrativo de reposición).

III. El artículo 106.1 prevé asimismo el control jurisdiccional del sometimiento de la actuación administrativa a los fines que la justifican. Tal determinación encuentra su antecedente inmediato en el artículo 101 de la Constitución de la Segunda República, cuyo inciso final determinaba que la ley establecería recursos contra los actos discrecionales de la Administración constitutivos de exceso o desviación de poder. Con esta previsión, la Constitución de 1931 introducía en nuestro ordenamiento el recurso por «exceso o desviación de poder» contra los «actos discrecionales».

La desviación de poder *(«détournement de pouvoir»),* a la que indiscutiblemente alude el inciso final del artículo 106.1, cuando se refiere al sometimiento de la actuación administrativa a los fines que la justifican, ha sido definida por el artículo 83.3 LJCA como: «el ejercicio de potestades administrativas para fines distintos de los fijados por el ordenamiento jurídico.»

Todo acto administrativo debe perseguir siempre una finalidad objetivamente determinada. Nuestra Norma suprema, como ya vimos, se ha hecho eco de ello al determinar (artículo 103.1) que «la Administración Pública sirve con objetividad los intereses generales».

Como recuerda *Garrido Falla,* la consagración del fin como elemento esencial del acto administrativo es una consecuencia de los esfuerzos de la jurisprudencia del Consejo de Estado francés por someter al principio de legalidad la actuación administrativa. Una vez admitidos como motivos de anulación de los actos administrativos la incompetencia y el vicio de forma, se vino a exigir a la Administración Pública que utilizase sus poderes precisamente con miras al fin contemplado por la ley cuando le atribuyó tales poderes. La falta de adecuación entre los móviles inspiradores de la actuación administrativa y el fin se consideró vicio de nulidad del acto por *«détournement de pouvoir».*

Tal y como se encuentra redactado el artículo 106.1, parece, como señala *Guaita,* como si el no sometimiento a los fines fijados por el ordenamiento, o lo que es lo mismo, la desviación de poder, no fuese un supuesto más de ilegalidad. Ello no obstante, no puede admitirse otra tesis distinta a la de la ilegalidad; dicho de otro modo, todo acto viciado por desviación de poder es un acto ilegal. Esta es, por lo demás, la tesis asumida por la Ley de la Jurisdicción Contencioso-Administrativa, cuyo artículo 83.2 prevé que la sentencia «estimará el recurso contencioso-administrativo cuando el acto o la disposición incurriere en cualquier forma de infracción del ordenamiento jurídico, incluso la desviación de poder». Y en la misma línea, el artículo 115.1 de la Ley de Procedimiento Administrativo, de 17 de julio de 1958, prescribe que «los recursos de alzada y de reposición previo al contencioso podrán fundarse en cualquier infracción del ordenamiento jurídico, incluso la desviación de poder».

IV. Digamos por último que la exigencia del control judicial sobre la legalidad de la actuación administrativa y su sumisión a los fines que la justifican no puede, sin embargo, olvidar que ese control puede encontrar en algunos casos límites determinados. Así ocurre, como ha precisado el Tribunal Constitucional (STC 39/1983, de 17 de mayo), en cuestiones que han de resolverse por un juicio fundado en elementos de carácter exclusivamente técnico, que sólo puede ser formulado por un órgano especializado de la Administración y que en sí mismo escapa, por su propia naturaleza, al control jurídico, que es el único que pueden ejercer los órganos jurisdiccionales.

d/ La responsabilidad patrimonial de la Administración

En cierto modo, como consecuencia del sometimiento de la Administración al principio de legalidad y, a la vez, como particularización del principio general del artículo 9.º.3 de responsabilidad de los poderes públicos, el artículo 106.2 de la Constitución eleva a rango fundamental el principio de responsabilidad patrimonial de la Administración. De conformidad con dicho precepto:

> «Los particulares, en los términos establecidos por la ley, tendrán derecho a ser indemnizados por toda lesión que sufran en cualquiera de sus bienes y derechos, salvo en los casos de fuerza mayor, siempre que la lesión sea consecuencia del funcionamiento de los servicios públicos.»

El precepto no hace sino constitucionalizar algo que ya estaba contemplado por nuestro ordenamiento jurídico; así, por poner tan sólo un ejemplo, el Capítulo 1.º del Título IV de la Ley de Régimen Jurídico de la Administración del Estado, Texto refundido de 26 de julio de 1957, se dedicaba por entero a la responsabilidad patrimonial del Estado. En todo caso, ello no ha sido siempre así.

El fundamento legal de la responsabilidad patrimonial se encuentra en el artículo 1.902 del Código Civil, que viene a establecer que quien por culpa o negligencia causare un daño a otro estará obligado a reparar el daño causado. Sin embargo, el sistema del Código Civil significaba prácticamente la negación de la responsabilidad patrimonial del Estado, pues, como recuerda *Garrido Falla,* se partía de un fundamento jurídico que la hacía imposible: el Estado como persona jurídica no puede delinquir, ni actuar culpable o negligentemente. Cualquiera de estas cosas sólo pueden hacerlas los funcionarios a título personal.

La quiebra de este sistema de «impunidad pública» tendrá lugar en primer término en la legislación local. El artículo 405 del Texto Articulado de la Ley de Régimen Local de 1955 establecería la responsabilidad, directa o subsidiaria, de las Entidades Locales por los daños que causaren a los particulares la actuación de sus órganos de gobierno o funcionarios.

Sin embargo, el que podríamos considerar como antecedente más inmediato de la actual previsión constitucional del artículo 106.2, es el artículo 121.1 de la Ley, aún hoy vigente, de Expropiación Forzosa, de 16 de diciembre de 1954, de conformidad con el cual:

> «Dará también lugar a indemnización con arreglo al mismo procedimiento toda lesión que los particulares sufran en los bienes y derechos a que esta Ley se refiere, siempre que aquélla sea consecuencia del funcionamiento normal o anormal de los servicios públicos...»

En un Estado de Derecho en el que todas las personas tienen derecho a obtener la tutela judicial efectiva de los jueces y tribunales en el ejercicio de sus derechos e intereses legítimos, se comprende sin gran esfuerzo la conveniencia del reconocimiento constitucional del principio de responsabilidad patrimonial de la Administración, pues el restablecimiento de la persona en su derecho no siempre puede conseguirse mediante la declaración jurisdiccional de la vulneración del derecho o interés legítimo; en ocasiones, ese restablecimiento del derecho no podrá hacerse sino mediante la fijación de una indemnización equivalente.

El artículo 106.2 establece, en consonancia con lo anterior, una responsabilidad directa y objetiva de la Administración. Es decir, la responsabilidad existe independientemente de la culpa o negligencia en que haya podido incurrir el funcionario público, y además es objetiva, esto es, basta con que la lesión sea consecuencia del funcionamiento de los servicios públicos, abstracción hecha de un funcionamiento normal o anormal de los mismos. Sólo en los casos de fuerza mayor se exonera de responsabilidad a la Administración.

Sólo nos resta significar que el Tribunal Constitucional (STC 127/1987, de 16 de julio) ha entendido que la actividad legislativa queda fuera de las previsiones del artículo 106.2, referentes al funcionamiento de los servicios públicos, «concepto éste en que no cabe comprender la función del Legislador».

BIBLIOGRAFIA

Baena del Alcázar, Mariano: «Organización Administrativa», Editorial Tecnos, Madrid, 1984.

Bar Cendón, Antonio: «El Presidente del Gobierno en España» (Encuadre constitucional y práctica política), Editorial Civitas, Madrid, 1983.

Bar Cendón, Antonio (y otros): «El Gobierno en la Constitución Española y en los Estatutos de Autonomía», Diputació de Barcelona, Barcelona, 1985.

Cuétara, Juan Miguel de la: «Las potestades administrativas», Editorial Tecnos, Madrid, 1986.

Dirección General del Servicio Jurídico del Estado: «Gobierno y Administración en la Constitución» (obra colectiva), 2 vols., Instituto de Estudios Fiscales, Madrid, 1988.

García de Enterría, Eduardo: «La Administración española», Alianza Editorial, 1.ª reimpr., Madrid, 1985.

Garrido Falla, Fernando (y otros): «La Administración en la Constitución», Centro de Estudios Constitucionales, Madrid, 1980.

Martín-Retortillo y Baquer, Sebastián: «Administración y Constitución», Instituto de Estudios de Administración Local, Madrid, 1981.

Martín-Retortillo, Sebastián (coord.): «Estudios sobre la Constitución Española» (Homenaje al Profesor Eduardo García de Enterría) (obra colectiva), tomo III (La Corona. Las Cortes Generales. Del Gobierno y de la Administración Pública), Editorial Civitas, Madrid, 1991.

Parejo Alfonso, Luciano: «Estado social y Administración Pública» (Los postulados constitucionales de la reforma administrativa), Editorial Civitas, Madrid, 1983.

Revenga Sánchez, Miguel: «La formación del Gobierno en la Constitución Española de 1978», Centro de Estudios Constitucionales, Madrid, 1988.

CAPITULO IX

LOS ORGANOS CONSTITUCIONALES (IV). EL PRINCIPIO DE RESPONSABILIDAD POLITICA Y LAS RELACIONES ENTRE EL GOBIERNO Y LAS CORTES GENERALES

SUMARIO

c/ La cuestión de confianza:
- a') Objeto del planteamiento de la cuestión de confianza.
- b') Legitimación para el planteamiento de la cuestión.
- c') Tramitación parlamentaria de la cuestión de confianza.
- d') El otorgamiento de la confianza: la exigencia de mayoría simple.
- e') Los efectos de la cuestión de confianza.

d/ La disolución de las Cortes Generales.

e/ La disolución discrecional del artículo 115:
- *a') Legitimación para el ejercicio de la potestad disolutoria.*
- *b') El Decreto de disolución.*
- *c') Ambito de la disolución.*
- *d') Efectos de la disolución.*
- *e') Límites frente al ejercicio del derecho de disolución.*

C) La praxis política de nuestro régimen parlamentario.
BIBLIOGRAFIA.

A) El régimen parlamentario. Su evolución

a/ Los inicios del régimen parlamentario

El régimen político británico ha sido tradicionalmente considerado el arquetipo de los modelos de régimen parlamentario, y aun el germen del mismo parlamentarismo. Desde luego, estamos ante el primer sistema político en que se configura, por mor de un proceso que se expande a lo largo del tiempo, tal tipo de régimen. Será aquí en donde, como producto del empirismo británico, surgirán por primera vez un conjunto de prácticas parlamentarias de las que se derivará una estrechísima vinculación entre el Parlamento y el Gabinete, verdadero núcleo irreductible del mismo régimen. Pero si esta circunstancia no admite discusión, no puede decirse otro tanto respecto a la cuestión de si en la vida política inglesa de los siglos XVII y XVIII existió un verdadero régimen parlamentario o, por el contrario, tan sólo la técnica material de dicho régimen.

No han faltado autores que, como *Mirkine-Guetzévitch*, estiman que la victoria del régimen parlamentario se produce con la Revolución de 1830, que marca el triunfo de los principios constitucionales sobre el Antiguo Régimen, la sustitución del régimen puramente personal por otro nuevo asentado en el principio de responsabilidad del Gobierno, que a su vez implica la confianza de la mayoría, esto es, el gobierno de la mayoría parlamentaria por mediación de un Gabinete que la representa o, por lo menos, que actúa, o procura hacerlo, de conformidad con sus directrices.

La Carta revisada de 1830, solemnemente aceptada por el Rey Luis Felipe de Orleans el 9 de agosto de ese año, no formalizará de modo expreso los mecanismos característicos del régimen parlamentario; sin embargo, la práctica a que dio lugar confirmará y acentuará el movimiento hacia el parlamentarismo. Así, en 1833, el Gobierno del Duque de Broglie, tras serle denegada por las Cámaras la autorización para hacer frente a los compromisos contraídos por el Rey en virtud de la firma de un Tratado internacional, se veía forzado a presentar la dimisión. Era la verificación práctica de los principios del parlamentarismo, por lo menos en el continente.

Por esa misma época, se promulgaba en Bélgica la Constitución de 7 de febrero de 1831. El influjo de este texto —que organiza los poderes de conformidad con un régimen de colaboración que reviste la forma propia de un gobierno parlamentario, aunque ignore el principio de responsabilidad política gubernamental— sobre el constitucionalismo de buena parte del continente superará con creces el de la práctica parlamentaria británica.

Bien es verdad que las numerosas inflexiones que este sistema sufrirá, por virtud de las dispares alternativas políticas, nos conducen a la conclusión de que habrá que esperar a la Tercera República Francesa para ver en funcionamiento un verdadero régimen parlamentario. Además, uno de sus principios nucleares, el de la responsabilidad política, encontrará eco en el articulado constitucional sobre el que se asentará el nuevo régimen político francés. En efecto, el párrafo primero del artículo 6.º de la Ley Constitucional de 25 de febrero de 1875 (relativa a la organización de los poderes públicos) prescribirá:

> «Les ministres sont solidairement responsables devant les Chambres de la politique générale du Gouvernement, et individuellement de leurs actes personnels.»

Las deformaciones del régimen conducirán a su fracaso, cuyo rasgo más significativo es la precariedad de las funciones ministeriales, que será la resultante de la existencia de una multiplicidad de focos potenciales de amenaza para el Gobierno (las dos Cámaras, las Comisiones parlamentarias y aun los comités y las formaciones ajenas a las Cámaras y desprovistas de todo carácter oficial). Como recuerda *Dupond,* esta precariedad quedará nítidamente reflejada en los 96 Gabinetes que entre febrero de 1875 y febrero de 1934 se suceden en Francia.

En último extremo, en la época que contemplamos, aunque los textos constitucionales incorporan a su articulado los elementos del régimen parlamentario, en la realidad se hallan muy distantes de él, entre otras consideraciones, porque, en su mayoría, los Estados europeos carecen de tradición democrática y la experiencia parlamentaria difícilmente puede instaurarse en países en los que la libertad es todavía casi desconocida.

La situación cambiará con el nuevo siglo, que traerá consigo la aparición de las masas en la vida política.

b/ *La democratización del parlamentarismo y el influjo de los partidos políticos en las relaciones Gobierno-Parlamento*

La vida política, que a lo largo del siglo XIX era un coto cerrado a la burguesía, cambiará sustancialmente por virtud de la aparición —a causa del crecimiento industrial— de un nuevo sujeto en la vida pública: las masas.

El sufragio universal, primera y principal reivindicación política de las clases inferiores de la sociedad, comportará la teórica entrada de las clases obreras en los Parlamentos de la mano de los partidos de masas. El juego partidista conferirá entonces al Parlamento una estructura diferente, ya que ahora serán los órganos internos de los partidos los que elaborarán la política y quienes asumirán la representación de la población. De ahí que, como subrayara *Laski,* el centro de gravedad de una asamblea legislativa se traladará fuera de ella.

Tales circunstancias incidirán notoriamente en el sistema parlamentario; tan es así que se llegará a hablar de decadencia del Parlamento y aún de agonía o bancarrota del parlamentarismo, consideraciones de todo punto exageradas, pues no conviene olvidar, actualizando un tanto el pensamiento de *Edmund Burke,* que el Parlamento sigue teniendo como primera función la de aglutinar los intereses de la comunidad en torno a algo que podríamos describir como el interés nacional; en definitiva, el Parlamento está llamado a ser un órgano de integración o cohesión.

En cualquier caso, lo verdaderamente incontestable es que el sistema parlamentario se verá profundamente afectado por la entrada de los partidos en el escenario político. Y uno de los aspectos en que más sensible será el impacto lo hallamos en los mecanismos característicos del control parlamentario de la acción del Gobierno y, por ende, en la propia conformación de las relaciones entre Ejecutivo y Legislativo.

Loewenstein recordará que el Gobierno, en la moderna sociedad de masas, es siempre un gobierno de partidos; el partido político, llegará a afirmar el citado autor, es la grapa de hierro que sujeta al Parlamento y al Gobierno.

Las relaciones entre Parlamento y Gobierno son un reflejo dependiente bien del estado de los partidos, bien de la toma de actitudes de muchos otros actores sociales. En cualquier caso, por lo general, el Parlamento se nos presenta como la caja de resonancia de los partidos. Y es que, como *Leibholz* pusiera de relieve, como consecuencia de los cambios estructurales que nos ofrece la realidad política, se ha arribado a una situación en la que la persona del diputado, que en un momento precedente decidía por su cuenta y obraba por iniciativa propia creyendo representar a todo el pueblo, ha sido sustituida por el partido y la fracción política, que decide la actividad del diputado, sus discursos y votaciones, por lo menos en los temas de relevancia. Todo ello ha incidido de modo decisivo sobre el control parlamentario, que se ha convertido con el devenir del tiempo en un derecho de control de las fracciones parlamentarias, y con ello, de los propios partidos de la oposición sobre el Gobierno y aún sobre el partido mayoritario en que aquél se apoya.

La evolución expuesta ha incidido sobre la responsabilidad política gubernamental, tanto en lo que hace a su procedimiento como a su significación; uno y otra se han visto sustancialmente afectados en su esquema tradicional. Hoy la responsabilidad política del Gabinete ante el Parlamento ha cedido su lugar en gran medida a la responsabilidad electoral del partido que ha asumido el ejercicio de las funciones de gobierno; en último término, ello no es sino el corolario obligado de la desaparición, de facto, en buen número de países, de la vía parlamentaria de exigencia o sanción de la responsabilidad política gubernamental.

c/ *La constitucionalización de los procedimientos de sanción de la responsabilidad política. El parlamentarismo «racionalizado»*

El procedimiento de sanción de la responsabilidad política ha permanecido tradicionalmente ignorado por los textos constitucionales del pasado siglo, pese a que la deducción de la responsabilidad política pronto adquirió categoría de símbolo como instrumento de control y de gobierno.

De ahí que en el esquema clásico del parlamentarismo no racionalizado, un gobierno venía obligado a presentar la dimisión cuando quedaba en minoría en la Cámara con ocasión de una votación considerada trascendente, bien que, en ocasiones, ni tan siquiera se atendiera a si existía o no tal trascendencia.

Si tal sistema podía ser válido para el régimen británico, por su peculiar modelo bipartidista, su viabilidad era más que dudosa para los sistemas políticos continentales. La sucesión ininterrumpida de crisis de gobierno ponía de relieve la conveniencia de buscar alternativas frente a ese modelo de relaciones entre Ejecutivo y Legislativo no sujeto a ningún tipo de traba procedimental.

La reacción frente a tal estado de cosas se produciría en el período de entreguerras. Las Constituciones europeas que siguen al final del conflicto armado (entre las que han de destacarse, la Constitución del Reich alemán de 11 de agosto de 1919, la Constitución federal de la República Austríaca de 1.º de octubre de 1920 y la Constitución de la República de Polonia de 1.º de marzo de 1921) van a intentar racionalizar el régimen parlamentario.

Y a tal efecto, los miembros de las diversas Asambleas constituyentes que se reúnen al término de la Primera Gran Guerra se esforzarán en reglamentar la moción de censura y el voto de confianza, incorporando a los ordenamientos constitucionales unos concretos procedimientos de exigencia de la responsabilidad política, con los que se trata de otorgar al Gobierno unas garantías frente a hipotéticos votos de desconfianza prematuros o irreflexivos.

Puede, pues, hablarse, como hiciera *Mirkine-Guetzévitch,* de una «racionalización del régimen parlamentario», tendencia que se explica en buena medida por la colaboración de juristas teorizantes que se esforzarán por reconducir el complejo proceso de la vida política en el marco del Derecho.

En última instancia, la racionalización implicará el encauzamiento formal de los procedimientos de exigencia de la responsabilidad política, o lo que es lo mismo, la tecnificación de las relaciones entre Ejecutivo y Legislativo, con la consecuente transformación de las prácticas del parlamentarismo decimonónico, asentadas en costumbres y reglas empíricas.

La racionalización, al introducir en el plano jurídico una serie de correctivos susceptibles de remediar los inconvenientes de un control parlamentario excesivo, condujo a un refuerzo de la autoridad gubernamental, finalidad indiscutiblemente pretendida y, aún más, sentida como necesaria en aquella época, en la que se estimaba que si bien en el período en que el régimen parlamentario se tenía que enfrentar contra el Poder real, el centro de gravedad debía residir en el control por el Parlamento de la actuación del Ejecutivo, en la democracia moderna tal lucha ya no tenía razón de ser. Bien al contrario, el verdadero sentido del régimen democrático parecía exigir el fortalecimiento del Ejecutivo, con el consiguiente contrapeso de un razonable control parlamentario.

Ahora bien, la racionalización del parlamentarismo introdujo en la práctica un conjunto de notables disfunciones en el funcionamiento del sistema. Los mecanismos correctores a que antes aludíamos, en efecto, han venido a propiciar de modo un tanto artificial la aparición de elementos de divergencia y de distorsión de las estructuras políticas. Por lo demás, es preciso advertir que tales artilugios han carecido de eficacia; no es el número de firmas, ni el quórum de votantes lo que da aliento o seguridad a un Gabinete; no es tampoco la corrección del juego, materia propicia a normaciones; la sensibilidad y la dignidad del Gobierno y el sentido de responsabilidad de los parlamentarios son lo decisivo, y no cabe ni mecanizar la conciencia, reemplazándola con automatismos, ni graduar «a priori» el ambiente parlamentario que un Gobierno necesita para vivir con decoro.

d/ *El parlamentarismo «condicionado» de la segunda postguerra. Las nuevas técnicas de relación Gobierno-Parlamento y la «deformación» del régimen parlamentario*

Las Constituciones ulteriores a 1945 adicionarán a las técnicas ya incorporadas por el constitucionalismo de entreguerras nuevos mecanismos de racionalización que propenderán a proteger la estabilidad gubernamental.

Ha sido la «Grundgesetz für die Bundesrepublik Deutschland» (Ley Fundamental para la República Federal Alemana), de 23 de mayo de 1949, la que ha llevado el principio racionalizador a sus consecuencias más extremas, generando, a nuestro modo de ver, una verdadera «deformación del régimen parlamentario».

El mecanismo causante de tan graves consecuencias es el que contempla la Ley en su artículo 67: la llamada *«konstruktives misstrauensvotum»* o moción de censura constructiva, quizá la disposición más original del texto germano-federal. Como afirmara *Maunz*, con la referida denominación lo que se quiere significar es que la moción de censura está unida a la elección de una nueva personalidad en el lugar del que ha sido censurado. Se opone tal moción a la *«destruktive mistrauensvotum»*, o lo que es igual, a la moción de censura destructiva, pues ésta se caracteriza por «liquidar» simplemente al que ha sido jefe del gobierno hasta el momento de la sanción de su responsabilidad política, sin colocar de modo simultáneo a una nueva personalidad en su lugar.

La explicación del por qué de esta institución exige retrotraernos al sistema político de Weimar. La Constitución de la República de Weimar, de 1919, introduciría lo que *Klein* ha llamado un «parlamentarismo weismarino» en el que quizá el rasgo más significativo fuera el bicefalismo del Ejecutivo.

Los acontecimientos que se suceden en la Alemania de Weimar son inextricablemente complicados, pero, desde luego, una de las constantes de este sistema será la inestabilidad gubernamental, fruto de un complejo elenco de circunstancias, de entre las que cabe destacar: el predominio de las fuerzas situadas en los extremos del espectro político sobre las formaciones parlamentarias moderadas o centristas, y la polarización extrema del Parlamento. La conjunción de estos factores y de otros de muy diversa enjundia, desencadenará entre el 11 de agosto de 1919, fecha de promulgación de la Constitución, y el 30 de enero de 1933, momento en el que Hitler es nombrado Canciller del Reich, más de veinte crisis ministeriales y terminará dando al traste con la que en principio se consideró obra maestra de *Hugo Preuss* y con el propio sistema que la Constitución alumbró.

En este mismo período, y como reacción frente a la situación creada en alguna medida por el propio código constitucional, la doctrina comenzaría a decantarse a favor de las tesis de que no debían reconocerse efectos, necesariamente, a toda moción de censura. *Herrfahrdt* era el primero en expresar la idea, de la que, lustros después, los constituyentes de Bonn sacarían las oportunas consecuencias.

Carl Schmitt, en un análisis del artículo 54 del texto de Weimar (de conformidad con el cual: «El Canciller del Reich y los ministros del mismo deben gozar de la confianza del Reichstag. Si el Reichstag retira su confianza a uno de ellos, por voto expreso, debe dimitir»), se situaba más allá del puro esquema formal, tratando de determinar el alcance del voto de desconfianza y de la obligación que el mismo entrañaba. Para *Schmitt,* tal alcance vendrá dado en función de la naturaleza de la mayoría que expresa la censura. «Los motivos que empujan a los diferentes partidos a votar a favor o en contra de la confianza —dirá *Schmitt*— son a menudo diferentes. Pero cuando esas motivaciones se contradicen manifiestamente, cuando, por ejemplo, los nacionalistas alemanes y los comunistas se unen para apoyar una moción de censura, la diversidad de los motivos excluye de manera evidente la consecuencia necesaria y razonable de la moción de censura, esto es, la posibilidad de una confianza a un nuevo Gobierno, con la subsiguiente formación de éste. La moción de censura —concluirá *Schmitt*—, en tal supuesto, no es sino un acto de mera obstrucción, y en tal caso el deber de cese del Gobierno no debe existir.»

Los razonamientos precedentes iban a calar en el ánimo de los constituyentes germano-federales, que, prioritariamente, adoptaban como norte el asegurar al Gobierno y a su Canciller la autoridad necesaria para poder realizar una labor eficaz, así como el logro de la estabilidad, tratando para ello de garantizarle la mayor duración posible, esto es, adoptando como meta última la consecución de «gobiernos de legislatura», a semejanza de lo que suele acontecer en Gran Bretaña.

A tal fin, la «Grundgesetz» se ha esforzado en introducir un notorio obstáculo jurídico a la pura obstrucción parlamentaria. De ahí que para derribar al Canciller Federal se exija una oposición lo suficientemente numerosa y coherente como para encargarse ella misma de levantar el pesado fardo del poder. En definitiva, como advierte *Amphoux,* se ha querido proteger al Canciller y a su Gobierno frente a las «mayorías inauténticas», meramente numéricas, cuya unión se ve propiciada por circunstancias puramente fortuitas o coyunturales, asentándose no en el deseo de construir, sino tan sólo en el de destruir, combatir o derribar.

El sistema introducido por la Ley Fundamental de Bonn, de donde ha pasado a la Constitución española de 1978, nos suscita en un primer momento una serie de críticas de entre las que ahora subrayaremos las siguientes:

— De una parte, desequilibra gravemente las relaciones entre Ejecutivo y Legislativo, sin posibilidad prácticamente alguna de que ese equilibrio pueda ser recompuesto.

— No garantiza «per se» una verdadera estabilidad.

— Confunde dos operaciones parlamentarias bien diferenciadas: la investidura y la censura.

— Finalmente, conduce a un pseudo-parlamentarismo o a un parlamentarismo «deformado».

B) El diseño del régimen parlamentario en la Constitución de 1978: un parlamentarismo hiper-racionalizado

El artículo 1.º.3 de nuestra Norma Fundamental proclama que: «La forma política del Estado español es la Monarquía parlamentaria». Ya nos ocupamos detenidamente de este principio, por lo que ahora nos circunscribiremos tan sólo a los requisitos característicos del sistema parlamentario que desarrolla la Constitución. Son éstos, en esencia, los tres que siguen:

1.º Existencia de un poder ejecutivo que formalmente cuenta con dos órganos: el Rey y el Gobierno, si bien aquél tiene un carácter meramente representativo, mientras que en éste sobresale su Presidente, que ejerce un auténtico liderazgo constitucional.

2.º Principio de confianza parlamentaria del Gobierno, lo que se traduce en que el órgano colegiado titular del poder ejecutivo viene a ser una emanación del Parlamento, y, de modo específico, del Congreso de los Diputados ante quien es responsable políticamente.

3.º Posibilidad constitucional de disolución de las Cortes Generales, o de cada una de las Cámaras por separado, correspondiendo esta relevante facultad disolutoria al Presidente del Gobierno, con sujeción a los trámites constitucionalmente previstos.

Analizada ya la función del Monarca en nuestro sistema político, como asimismo el procedimiento de investidura del Presidente del Gobierno, de especial importancia en lo que hace a la conformación de nuestro régimen parlamentario, nos vamos a circunscribir ahora al principio de la responsabilidad política del Gobierno y a los dos mecanismos a través de los cuales se puede sancionar tal responsabilidad, así como, finalmente, a la facultad disolutoria de que goza el Presidente del Gobierno.

a/ El principio de responsabilidad política solidaria

El artículo 108 de la Constitución, norma de apertura del Título V de la misma («De las relaciones entre el Gobierno y las Cortes Generales»), establece que «el Gobierno responde solidariamente en su gestión política ante el Congreso de los Diputados».

Nos hallamos en presencia del mecanismo nuclear del régimen parlamentario. *Orlando* consideraría el principio de responsabilidad política como la obra maestra de la estructura del edificio constitucional, y *Lettieri* lo ha visto como uno de los goznes del moderno Estado de Derecho.

La responsabilidad política entraña que lo que se pone en tela de juicio no es la conculcación de una norma jurídica o la realización de un acto punible, sino la conveniencia u oportunidad de una determinada acción política. Es por ello mismo, por lo que el artículo 108 habla de responsabilidad por su gestión política, que es tanto como decir, por la oportunidad y eficacia de las medidas que el Gobierno en su conjunto, en cuanto órgano colegiado, o su Presidente, como referente último de la acción gubernamental, puedan adoptar.

Desde esta perspectiva, parece claro que responsabilidad y control son conceptos relacionados aunque no equiparables. El control es un término más amplio que el de responsabilidad, pues resulta obvio que la exigencia de responsabilidad implica siempre un control, pero también es evidente que no todo control conduce a la deducción de una responsabilidad. Aún así, los institutos del control político del Parlamento sobre el Gobierno, de la responsabilidad política gubernamental y aún de la misma relación fiduciaria existente entre Parlamento y Gobierno, están estrechamente interrelacionados.

En su conformación esencial, la responsabilidad política encuentra su última *«ratio»* en el principio de la soberanía popular, incardinándose en el deber que de tal principio deriva para cada órgano constitucional, de enlazar la propia actividad con el más amplio respaldo popular. La ausencia de ese apoyo, traducida en la falta de respaldo parlamentario a un determinado Gobierno, ha de conducir necesariamente a la sanción de la responsabilidad política gubernamental, que implica la quiebra radical de la relación de confianza que en todo régimen parlamentario ha de mediar entre el Parlamento y el Gobierno.

El artículo 108 constitucionaliza asimismo el principio de responsabilidad *solidaria*. La solidaridad en la responsabilidad política encuentra su origen en el parlamentarismo británico, persiguiéndose con ella, de un lado, fortalecer la posición gubernamental frente al Parlamento, y de otro, reforzar la cohesión del Gobierno y, consecuentemente, su unidad. Como sostiene *Ugo Rescigno,* la responsabilidad solidaria se nos presenta en nuestros días como el medio básico para garantizar la unidad del *«indirizzo politico»* y para reforzar la obligación de los componentes del Gobierno de sostener, dentro y fuera del Parlamento, las decisiones acordadas colectivamente.

Sin embargo, el carácter solidario de la responsabilidad tiende a desenvolverse sobre un plano meramente formal; así lo señala *Galizia,* para quien, al fundarse esa solidaridad en una presunción «ex lege» de cohesión, se posterga una efectiva colegialidad en la acción.

La consecuencia lógica de la responsabilidad solidaria es que, caso de ser sancionada, la totalidad del Gobierno se ve obligada jurídicamente a cesar en el ejercicio de su función.

Por lo demás, la responsabilidad solidaria es, como ya tuvimos oportunidad de analizar en un momento precedente, perfectamente compatible con la responsabilidad política individualizada de los miembros del Gobierno, que puede intentar hacerse efectiva mediante una «moción de reprobación». No podemos consecuentemente estar de acuerdo con aquella opinión que entiende la responsabilidad solidaria en el sentido de que todo el Gobierno responde por las decisiones de uno sólo de sus miembros (tal es el caso de *Mellado),* porque hoy las decisiones son imputables a la misma línea política. Esta apreciación tan sólo sería válida, a nuestro entender, cuando ese único miembro que hubiese adoptado la decisión fuese el propio Presidente del Gobierno, pues en tal supuesto sí que cabe sostener que la responsabilidad del Presidente se proyecta en un haz que envuelve al resto de los miembros de su Gabinete.

Nos referiremos finalmente al hecho de que el constituyente haya residenciado la responsabilidad del Gobierno en una sola Cámara: el Congreso de los Diputados. El monopolio de la Cámara Baja en lo que a la exigencia de la responsabilidad política se refiere, resulta justificado en base a consideraciones de muy dispar naturaleza.

En primer término, si atendemos al Derecho comparado, se advierte de inmediato que nuestra Constitución se alinea con la tendencia más generalizada. En efecto, con las solas salvedades de Bélgica e Italia, aunque de hecho podríamos circunscribir esas excepciones al segundo de esos países, en los restantes países de nuestro entorno que cuentan con un Parlamento bicameral, la Cámara Alta se encuentra apartada de la posibilidad de sancionar la responsabilidad política gubernamental.

En segundo lugar, el monopolio del Congreso encuentra un nuevo apoyo en el esquema general que preside las relaciones Gobierno-Parlamento en nuestra Constitución. Es el Congreso quien «inviste» de su confianza al Presidente del Gobierno. Es en la Cámara Baja donde ha de debatirse una cuestión de confianza. Y parece lógico que sea en ella tan sólo donde puede sancionarse la responsabilidad política gubernamental.

Por último, podemos reparar en la diversa naturaleza de ambas Cámaras. Mientras el Congreso se presenta como una Cámara eminentemente política, el Senado se vertebra como una Cámara híbrida de representación territorial, teóricamente llamada a asumir un relevante papel en cuanto atañe a la organización territorial del Estado, pero tan sólo secundario en cuanto afecta a las funciones de control de la acción de gobierno.

En coherencia con todo lo expuesto, resulta perfectamente comprensible que sea el Congreso de los Diputados la única Cámara competente a efectos de sanción de la responsabilidad política gubernamental.

b/ La moción de censura constructiva

Nuestros constituyentes se inclinaban por acoger en el artículo 113 la moción de censura *«constructiva»*, formalizando de este modo una técnica jurídico-política hiper-racionalizada que, se entendía, contribuía sobremanera a garantizar la estabilidad gubernamental.

El influjo germano de la *«konstruktive mistrauensvotum»* y, en menor medida, la influencia francesa de la responsabilidad política «condicionada», están fuera de toda duda. Si de la «Grundgesetz» (Ley Fundamental de Bonn) nuestros constituyentes tomaron la idea del carácter «constructivo» de la moción, de la Constitución francesa de 1958, adoptaron las condiciones restrictivas de presentación de la misma, bien que quepa recordar que ya el legislador constituyente de nuestra Segunda República había reflejado buena parte de esas condiciones.

Durante el debate constituyente, ciertas manifestaciones explicitadas en defensa de la moción de censura constructiva confundieron aspectos difícilmente superponibles, llegando a absolutizar el término «estabilidad», vinculándolo exclusivamente con el Ejecutivo y privilegiando así, como bien dice *Montero,* la mera longevidad de los gobiernos hasta hacerla aparecer como índice único de la estabilidad del sistema político. Y como ha significado *Blondel,* la «estabilidad política», concepto en extremo ambiguo, no se vincula exclusivamente a la duración de los Gobiernos, que en modo alguno puede ser aceptada como indicio seguro de la estabilidad de un régimen, lo que no quiere decir obviamente que carezca de importancia.

Por lo demás, es una evidencia que las reglas jurídico-formales que tienden a reforzar la estabilidad gubernamental pueden llegar a ser absolutamente inoperantes, y en muchas ocasiones así ha acontecido.

Centrándonos ya en la regulación constitucional de la moción de censura, comenzaremos significando que, en perfecta sintonía con el monopolio de la sanción de la responsabilidad política gubernamental que detenta el Congreso de los Diputados, es a esta Cámara a la que corresponde, en su caso, la presentación de una moción de esta naturaleza. «El Congreso de los Diputados —dice el artículo 113.1 de la Constitución— puede exigir la responsabilidad política del Gobierno mediante la adopción por mayoría absoluta de la moción de censura». Al Senado queda, pues, absolutamente vedada la presentación de una moción de esta naturaleza.

a') Requisitos formales de la moción de censura

El artículo 113, siguiendo la pauta del parlamentarismo racionalizado, prevé la exigencia de una serie de requisitos de índole formal para la tramitación de una moción de censura. Con ellos, como advirtiera *Pergolesi,* se trata de evitar «pequeñas emboscadas», improvisadas y desconsideradas, que puedan poner fin a la vida del Gobierno, o, como indicara *Loewenstein,* se persigue liberar el destino del Gabinete de los caprichos y de las intrigas de los políticos, haciéndolo depender más del resultado de una reflexión madura de la mayoría parlamentaria.

Tres son los requisitos de naturaleza formal que la Constitución exige para la presentación de una moción de censura. Aunque se trata de requisitos formales, uno de ellos, el primero (la inclusión de un candidato a la Presidencia del Gobierno), en realidad constituye el núcleo sustancial de la institución, tal y como ha sido concebida por nuestro constituyente. Esos requisitos son los siguientes:

1.º/ La inclusión de un candidato a la Presidencia del Gobierno

Como ya tuvimos oportunidad de ver, estamos en presencia del rasgo característico de la moción «constructiva». Con este requisito, la eficacia de un voto de censura se subordina a la *«conditio sine qua non»* de designar un sucesor al jefe del Ejecutivo que se desea derribar, con lo que la moción no sólo pretende forzar el cese del Gabinete, sino que en sí misma se presenta como una verdadera alternativa de gobierno.

La exigencia del voto «constructivo» dificulta sobremanera la aprobación de la moción, pues ya no se trata de poner de acuerdo a una mayoría parlamentaria en lo negativo: sancionar la responsabilidad del Gobierno y forzar de esta manera su dimisión, sino, además, de buscar su acuerdo en lo positivo: el respaldo a un candidato alternativo a la Presidencia del Gobierno. En todo caso, tampoco cabe descartar por entero que esta moción pueda, en un momento determinado, ser aprobada. En consecuencia, resulta exagerado afirmar, como algún sector de la doctrina ha hecho, que la moción «constructiva» convierte al Gobierno en irresponsable. Por lo demás, el Gobierno es políticamente responsable, con independencia de que sea más o menos fácil aprobar una moción de censura, algo que, en último término, dependerá de la concreta coyuntura político-parlamentaria.

La democracia parlamentaria requiere, como bien ha dicho *Von Beyme,* el «principio de la mayoría» en la formación del Gobierno, y es evidente que dicho principio se ve más condicionado de lo que fuera deseable con el mecanismo del voto de censura «constructivo».

2.º/ La exigencia de un número mínimo de firmantes de la moción

El artículo 113.2 prescribe que: «la moción de censura deberá ser propuesta al menos por la décima parte de los diputados, y habrá de incluir un candidato a la Presidencia del Gobierno.».

Circunscribiéndonos al primero de los requisitos, puesto que al segundo de ellos acabamos de aludir, diremos que su finalidad es, como significa *Pietro Virga,* evitar la pérdida de tiempo que implicaría la discusión de una moción de censura con escasas posibilidades de éxito, suscrita por un escasísimo número de diputados. No es que, añadiríamos nosotros, el respaldo inicial de la moción por un décimo del total de diputados garantice su éxito; en modo alguno; sin embargo, lo que sí garantiza es que un núcleo numéricamente respetable de la Cámara tenga oportunidad de manifestar públicamente su censura al Gobierno y su propuesta de una alternativa de gobierno. Por ello mismo, este requisito nos parece por entero razonable.

En el debate constituyente, algunas formaciones políticas pretendieron que la moción de censura pudiese ser presentada por un Grupo parlamentario tan sólo, lo que equivalía a relativizar hasta extremos de una absoluta inoperatividad este requisito, pues, como es sabido, cinco diputados tan sólo pueden llegar a constituir en determinados supuestos un Grupo parlamentario. Con buen criterio, se rechazó tal pretensión.

En definitiva, razones de prudencia política, y aún incluso de protección a la misma funcionalidad del sistema, avaladas por una amplia panorámica de Derecho comparado, nos permiten constatar el acierto del constituyente con la previsión de este requisito en el artículo 113.2.

3.º/ Presentación de la moción en escrito «motivado»

Es opinión generalizada de la doctrina que todo voto de censura debe ser «motivado», esto es, que debe precisarse en él el objeto de la censura y, consiguientemente —con independencia de la exigencia formal de este requisito—, han de hacerse públicos los aspectos en los que se produce la discrepancia respecto a la actuación gubernamental, que se juzga tan gravemente errónea o inoportuna que se estima necesaria una respuesta parlamentaria bajo la forma de sanción de la responsabilidad gubernamental.

En resumen, la motivación, como dice *Virga,* debe precisar los términos de la confrontación entre Parlamento (o más bien, diríamos nosotros, oposición parlamentaria) y Gobierno.

Quizá por todo ello, *Galeotti* haya estimado que el silencio constitucional del artículo 113 en torno a este requisito es una verdadera laguna e incongruencia constitucional.

Esta laguna constitucional ha sido, sin embargo, cubierta por el Reglamento del Congreso de los Diputados. De conformidad con su artículo 175.2, la moción de censura deberá ser propuesta «en escrito motivado dirigido a la Mesa del Congreso». Más aún, es la propia Mesa de la Cámara la que debe velar para que tal requisito (como los restantes constitucionalmente exigidos) se cumpla, pues, de acuerdo con el artículo 176 del propio Reglamento, la Mesa del Congreso tan sólo podrá admitir a trámite una moción de censura cuando haya comprobado que reúne los requisitos a que se refiere el artículo 175.2 Rgl. C., esto es: que haya sido propuesta por la décima parte de los diputados; que se presente en escrito motivado dirigido a la Mesa del Congreso y que incluya un candidato a la Presidencia del Gobierno «que haya aceptado la candidatura», previsión esta última que supone una apostilla de cierto interés respecto a la determinación constitucional.

b') Tramitación de la moción de censura

Una vez que la Mesa del Congreso ha admitido a trámite una moción de censura, comienza el período propiamente dicho de su tramitación. Es de interés recordar que desde el mismo instante en que la moción es admitida a trámite, entra en vigor la prescripción constitucional del artículo 115.2, por cuya virtud, no cabe la presentación por el Presidente del Gobierno de una propuesta de disolución al Consejo de Ministros, interdicción perfectamente coherente con los restantes mecanismos constitucionales, lo que fácilmente se constata si se advierte que la moción «constructiva» entraña una doble operación político-parlamentaria: la remoción del Gobierno y la investidura de un candidato a la Presidencia del mismo. Si en un régimen parlamentario clásico, como el británico, a la censura suele replicarse con la disolución, ello no puede acontecer en un sistema constitucional en el que la moción es «constructiva», ya que, en caso contrario, se frustraría la posibilidad de investir de la confianza de la Cámara al candidato incluido en la propia moción de censura.

Hecha esta precisión, nos vamos a centrar en los rasgos peculiares del proceso de tramitación parlamentaria de una moción de censura. Son estos:

— La existencia de un *«período de enfriamiento»*.

— La posibilidad de presentación de *«mociones alternativas»*.

— El *debate parlamentario* y ulterior votación de la moción.

— La exigencia de *«mayoría absoluta»* para que la moción pueda ser aprobada.

1. Existencia de un «período de enfriamiento»

Uno de los rasgos característicos del parlamentarismo racionalizado es la fijación de un llamado «período de enfriamiento» que implica la necesidad de que transcurra un determinado lapso de tiempo entre la presentación de la moción y el momento en que se inicie el preceptivo debate o, alternativamente, se produzca la oportuna votación.

Se trata con ello de evitar un voto por sorpresa contra el Gobierno, respaldado por una mayoría puramente ocasional, o, como dice *Maunz* refiriéndose a Alemania (en donde el plazo de referencia es tan sólo de 48 horas), de permitir que se tranquilicen los ánimos de los parlamentarios, posibilitándose a la par nuevas negociaciones en la Cámara.

En análogo sentido, *Pérez Serrano,* en su comentario al artículo 64 de la Constitución de 1931, antecedente inmediato en este punto de la actual previsión constitucional, advertiría que el propósito de este mecanismo es dar un cauce sereno y no pasional al debate sobre el voto de censura, haciendo imposible la sorpresa. En definitiva, con esta «congelación» temporal de la votación de una moción de esta naturaleza, se trata en último término de garantizar que la votación sea la expresión meditada y segura de la voluntad de la mayoría parlamentaria.

El «período de enfriamiento» es acogido por nuestro código constitucional en su artículo 113.3, de acuerdo con el cual:

> «La moción de censura no podrá ser votada hasta que transcurran cinco días desde su presentación. En los dos primeros días de dicho plazo podrán presentarse mociones alternativas.»

El plazo de cinco días se nos antoja a todas luces excesivo, aun a sabiendas de que es un plazo para la votación, no para el inicio del debate. Además, es preciso tener en cuenta que una moción «constructiva», por su propia naturaleza, difícilmente puede ser votada por sorpresa en un momento de apasionamiento político.

2. Posibilidad de presentación de «mociones alternativas»

Como acabamos de ver, el inciso final del artículo 113.3 prevé la posibilidad de que en los días inmediatamente siguientes a su presentación, puedan ser formalizadas «mociones alternativas», posibilidad verdaderamente novedosa en el Derecho comparado, y que fue objeto de cualificadas críticas en el debate constituyente (tal sería el caso del senador señor *Sánchez Agesta)* ante la inconcreción que presentaba, pues no se sabía muy bien cuál era el sentido real de estas mociones «alternativas».

El artículo 176.2 Rgl. C. ha desbrozado las dudas existentes, al prescribir que tales mociones deberán reunir los mismos requisitos a que se refiere el artículo 175.2 del propio Reglamento (esto es, los tres requisitos formales exigidos con carácter general para toda moción de censura), hallándose sometidas a idénticos trámites de admisión. Quiere ello decirnos que toda «moción alternativa» diferirá de la principal, por así llamarla, en dos aspectos concretos: de un lado, en los signatarios que la apoyan, y de otro, en el nombre de la persona que se propone como candidato a la Presidencia del Gobierno.

Se ha entendido que esta posibilidad constitucional permite un mayor margen para las negociaciones interpartidistas y, consecuentemente, más posibilidades de que los partidos de la oposición logren un acuerdo. Sin embargo, por nuestra parte, consideramos más que dudosa la conveniencia y oportunidad de una moción de este tipo, que posiblemente coadyuve a distorsionar aún más si cabe un debate ya enormemente desnaturalizado.

3. El debate parlamentario y la ulterior votación

El debate parlamentario que acompaña a toda moción de censura debe tener como norte de orientación las motivaciones en que se fundamenta la presentación de la moción y el programa de gobierno del candidato a la Presidencia que en ella debe figurar, lo que, como fácilmente puede entreverse, contribuye a distorsionarlo y a hacerle perder su verdadero significado, que no debiera ser otro sino el de la censura al Gobierno.

El artículo 177 Rgl. C. ha regulado con cierto detalle este debate, cuyas etapas resumimos a continuación. Se iniciará el debate por la defensa de la moción de censura que, sin limitación de tiempo, debe efectuar uno de sus firmantes. A continuación, y también sin límite horario, podrá intervenir el candidato propuesto en la moción para la Presidencia del Gobierno, a los efectos de exponer el programa político del Gobierno que pretenda formar. Sigue a esa intervención una interrupción del debate decretada por la Presidencia de la Cámara, tras la que podrá intervenir un representante de cada uno de los Grupos parlamentarios que lo solicite, por tiempo de treinta minutos. Todos los intervinientes en el debate tienen derecho a un turno de réplica o rectificación de diez minutos.

Si se hubiere presentado más de una moción, el Presidente del Congreso, oída la Junta de Portavoces, podrá acordar el debate conjunto de todas las incluidas en el orden del día, si bien, en todo caso, habrán de ser puestas a votación por separado, siguiendo el orden de su presentación.

Por lo que a la votación se refiere, el artículo 177.4 Rgl. C. se limita a determinar que tendrá lugar «a la hora que previamente haya sido anunciada por la Presidencia», bien que con la limitación, ya referida, de que no podrá tener lugar dentro del «período de enfriamiento».

4. La exigencia de «mayoría absoluta»

Como ya indicamos en un momento anterior, el artículo 113.1 dispone que la exigencia de la responsabilidad política gubernamental tendrá lugar «mediante la adopción por mayoría absoluta de la moción de censura». Esta mayoría absoluta viene referida, como ha aclarado el Reglamento de la Cámara, al número de miembros de la Cámara que hayan adquirido reglamentariamente su condición de diputados, no por tanto al número de votantes.

La exigencia de mayoría absoluta ha sido contestada por algún sector doctrinal al entender que rompe el paralelismo de mayorías consustancial a la propia naturaleza del régimen parlamentario. Dicho de otro modo más preciso: la mayoría absoluta no guarda relación con la posibilidad de que el Presidente del Gobierno sea investido en segunda votación por mayoría simple. No estamos de acuerdo con esta objeción, por cuanto en este punto concreto, si alguna correlación debe establecerse, ésta ha de ser de modo necesario con la mayoría constitucionalmente exigida en primera votación para la investidura, mayoría que como ya vimos es la mayoría absoluta.

En todo caso, es cierto que esta exigencia, unida al carácter «constructivo» de la moción, conduce a fortalecer al Ejecutivo de un modo desmesurado. El blindaje de que se rodea al Gobierno será difícilmente traspasado por la oposición. Sólo en el supuesto de ruptura de una coalición, o en el mucho más extraño aún de fractura grave del partido de gobierno, por crisis interna del mismo, cabe pensar en que una moción de censura pueda tener una mínima posibilidad de triunfo.

c') El efecto jurídico del rechazo parlamentario de una moción de censura

El artículo 113.4 prescribe que «si la moción de censura no fuere aprobada por el Congreso, sus signatarios no podrán presentar otra durante el mismo período de sesiones».

Esta limitación rige no sólo para los firmantes de la moción de censura «principal» que fuera rechazada, sino también para los signatarios de las mociones «alternativas» que hayan sido sometidas a votación e igualmente no aprobadas.

El artículo 179.4 Rgl. C. ha precisado la anterior previsión constitucional, al determinar que las mociones presentadas en período entre sesiones se imputarán, a los efectos que nos ocupan, al siguiente período de sesiones. Por lo demás, el artículo 179.4 se refiere a las mociones de censura «rechazadas», mientras que el artículo 113.4 de la Constitución habla de mociones «no aprobadas». La precisión reglamentaria es importante por cuanto viene a aclarar que si una moción alternativa no fuere votada por aprobarse una principal, sus signatarios no se verán afectados por la limitación constitucionalmente prevista, al no haber sido «rechazada» su moción.

En cualquier caso, los efectos de esta limitación son de escasísima operatividad y eficacia. Su duración en el tiempo es mínima, pues afecta tan sólo al período de sesiones en que se presenta la moción rechazada. Como las Cámaras se reúnen anualmente en dos períodos ordinarios de sesiones, la brevedad del plazo al que se extiende la limitación queda patentemente puesta de manifiesto.

Estamos, en definitiva, ante una de esas normas llamada a desempeñar una función disuasoria, que difícilmente podrá tener una mínima funcionalidad.

d') El efecto bifronte de la adopción de una moción de censura

El efecto bifronte de la aprobación de una moción de censura deriva de que la misma no sólo implica el cese del Gobierno, sino, al unísono, la investidura del candidato que figura incluido en ella. En el instituto de la censura «constructiva», la censura al jefe del Ejecutivo y la elección de su sucesor están unidas de forma inseparable. Así se establece por lo demás en el artículo 114.2 de la Constitución, a cuyo tenor:

> «Si el Congreso adopta una moción de censura, el Gobierno presentará su dimisión al Rey y el candidato incluido en aquélla se entenderá investido de la confianza de la Cámara a los efectos previstos en el artículo 99. El Rey le nombrará Presidente del Gobierno.»

La presentación por el Gobierno de su dimisión al Monarca es la primera de las consecuencias de la aprobación de la moción. El principio de responsabilidad solidaria entraña obviamente que la responsabilidad afecte al conjunto del Gabinete. Es el Gobierno en pleno el que debe dimitir, si bien tan sólo su Presidente debe formalizar ante el Rey esa dimisión colectiva.

La dimisión del Gobierno tiene lugar de modo inmediato, automático. Nada dice el artículo 114.2 acerca del momento en que la misma debe producirse; ello no obstante, la perentoriedad de esta dimisión se deduce de su propia dicción. En definitiva, el Monarca debe poner fin a las funciones del Presidente del Gobierno en el más corto plazo posible.

La segunda de las consecuencias jurídico-constitucionales de la adopción de una moción de esta naturaleza es la investidura de un nuevo Presidente del Gobierno. Ya nos referimos a este punto al hablar del nombramiento extraordinario del Presidente del Gobierno. Consecuentemente, nos limitaremos ahora a recordar que la «investidura» es automática. Quiere ello decir que el candidato que figure en la moción aprobada no debe superar una ulterior votación de confianza de la Cámara. El voto favorable de ésta a la censura entraña, al unísono, un voto de investidura del candidato a los efectos previstos en el artículo 99.

Como fácilmente puede preverse, el procedimiento extraordinario de acceso a la jefatura del Gobierno que posibilita la censura «constructiva», supone que el Presidente del Gobierno así nombrado se sitúe en una posición de gran solidez, pero, al mismo tiempo, entraña la posibilidad de que, como advierte *Lucas Murillo,* se parlamentarice intensamente la orientación de la política nacional. Bien es verdad que la escasa virtualidad práctica que esta institución está llamada a tener relativiza notablemente estas últimas reflexiones.

e') La virtualidad política de la censura «constructiva»

Las relaciones Legislativo-Ejecutivo trascienden claramente el puro dato jurídico-formal. Si esta afirmación es defendible con carácter general, mucho más debe serlo respecto de la cuestión de la estabilidad gubernamental, que se halla en función más de la propia dinámica del sistema de partidos, que de los diferentes mecanismos jurídico-constitucionales.

Los enfoques del «*constitutional engineering*» (ingeniería constitucional), que tanta acogida tuvieron a partir de los años inmediatamente ulteriores a 1919, se han visto ampliamente desacreditados por el fracaso de los experimentos democráticos «dirigidos» en muchas de las nuevas naciones, e incluso en alguna de las antiguas, como la Alemania weimariana. Quiere ello decirnos que es difícil fiar a los solos mecanismos jurídicos la consecución de ciertos logros políticos, como es el caso de la estabilidad gubernamental. Más aún, como concluyen *Herman* y *Mendel* tras un exhaustivo estudio de los Parlamentos en el mundo, las diferentes reglas que tratan de reforzar la estabilidad gubernamental presentan el riesgo de ser totalmente inoperantes.

Partiendo de las precedentes reflexiones generales, hemos de decir que la moción «constructiva» acogida por el artículo 113 de la Constitución nos sitúa ante un sistema de sanción de la responsabilidad política de enorme rigidez, que fortalece muy poderosamente al Ejecutivo, que de esta forma se convierte en un baluarte prácticamente inexpugnable, lo que, como es lógico, entraña un grave desequilibrio en el ámbito de las relaciones interorgánicas. A tal distorsión se ha de añadir la perniciosa confusión de dos operaciones tan dispares como la censura y la investidura.

Y de todo ello no se deriva sino, si acaso, el logro de una estabilidad gubernamental un tanto ficticia, como demostraría la moción de censura presentada por diputados del PSOE, en mayo de 1980, contra el

Gobierno que en aquel momento presidía Adolfo Suárez. La moción fracasaría, en cuanto que no lograría el apoyo de la mayoría absoluta de los miembros de la Cámara Baja, pero debilitaría gravemente al Gobierno, al quedar éste en minoría en la Cámara, al no ser respaldado más que por los propios diputados de la UCD, el partido gubernamental, cuyo número de escaños era inferior a la mayoría absoluta; de esta forma, aunque los votos favorables a la censura no alcanzaron la mayoría absoluta, la suma de estos votos y de los que propugnaron la abstención, superó con creces al número de votos que respaldó al Gobierno centrista, lo que explica el debilitamiento parlamentario del Gabinete. Esta circunstancia haría necesario que el Presidente Suárez se viera precisado a recuperar la iniciativa parlamentaria mediante la presentación ante el Congreso de una cuestión de confianza pocos meses después (en septiembre de 1980). En definitiva, el fracaso de la censura socialista propició una ficticia estabilidad gubernamental que no se vio resuelta sino mediante la ulterior dimisión del Presidente Suárez.

Hoy, la censura «constructiva» tiene como virtualidad única el poder hacer llegar a la opinión pública un programa alternativo de gobierno y un debate «bis a bis» entre el jefe del Ejecutivo y el líder de la Oposición, por cuanto con el actual sistema de partidos, sólo dos alternativas de gobierno parecen vislumbrarse en el panorama político.

c/ *La cuestión de confianza*

La cuestión de confianza, que *Blondel* ha tildado de «amenaza de suicidio del Gobierno» y *Lettieri* de «dimisión voluntaria condicionada», consiste en la manifestación formal del Gabinete de su propósito de dimitir, por la vía de la puesta en juego de su responsabilidad política parlamentaria, salvo que la Cámara apruebe un determinado proyecto de ley, una concreta orientación política o, como dice *Blondel,* de hecho, cualquier cosa que desee el Gobierno ver convertida en realidad y que no lleve camino de serlo.

En nuestros días, la virtualidad política de la cuestión de confianza depende en cada caso de la coyuntura político-parlamentaria. Sentado que este mecanismo opera en refuerzo de la posición parlamentaria del Gobierno, su operatividad se proyecta en múltiples direcciones que suelen trascender las estrictas previsiones jurídico-constitucionales.

El recurso a la cuestión de confianza no depende tanto de la existencia de un supuesto predeterminado constitucionalmente (supuestos que, por lo demás, no suelen contemplarse en las Constituciones), como de la voluntad gubernamental de conseguir una concreta finalidad política.

En dos ocasiones se ha recurrido a este instituto en nuestra reciente historia parlamentaria. Excluida la última de ellas, utilizada por el

Presidente González como mero sucedáneo de la inicial investidura, dado que en ésta la Cámara no se hallaba al completo de sus miembros, si atendemos a la primera vez en que se recurre a la cuestión de confianza por el Presidente Suárez (septiembre de 1980), comprobaremos la pluralidad de fines que con el recurso a la misma se pretendían conseguir: lograr unas condiciones parlamentarias que propiciaran una mayor eficacia en la acción de gobierno; conseguir una cierta solidaridad por parte del Congreso a la vista de las difíciles circunstancias políticas por las que se atravesaba en aquellos momentos y, como resultante de todo ello, transmitir a la opinión pública la imagen de que el Gobierno, recuperada su perdida iniciativa política, gobernaba con decisión y capacidad de respuesta; en definitiva, alcanzar un cierto margen de credibilidad y de confianza social.

Esta diversidad de fines que en la realidad pueden pretenderse con el recurso a una cuestión de confianza contrasta vivamente con la pobreza con que nuestro texto constitucional concibe esta institución. A tenor de lo previsto por el artículo 112:

> «El Presidente del Gobierno, previa deliberación del Consejo de Ministros, puede plantear ante el Congreso de los Diputados la cuestión de confianza sobre su programa o sobre una declaración de política general. La confianza se entenderá otorgada cuando vote a favor de la misma la mayoría simple de los diputados.»

a') Objeto del planteamiento de la cuestión de confianza

A la pregunta de sobre qué puede plantearse la cuestión de confianza, el artículo 112, como acabamos de ver, nos da una precisa respuesta: sobre el programa político del Gobierno o sobre una declaración de política general. Tal previsión constitucional veda toda posibilidad de formular una cuestión de esta índole sobre un proyecto legislativo, de modo similar a como acontece en la Constitución francesa de 1958, cuyo artículo 49 (párrafo tercero) dispone que el Primer Ministro podrá, previa deliberación del Consejo de Ministros, comprometer la responsabilidad del Gobierno ante la Asamblea Nacional sobre la votación de un texto. En tal caso, este texto se considerará aprobado salvo si una moción de censura presentada dentro de las 24 horas siguientes fuere aprobada en las condiciones previstas por el propio artículo.

Al impedirse la posibilidad de plantear una cuestión de confianza sobre un texto legislativo, no sólo se ha privado al Ejecutivo de un arma de potencial valor frente a posibles obstruccionismos parlamentarios, sino que se ha restado buena parte de su posible eficacia a esta institución.

El artículo 112 se refiere al planteamiento de la cuestión por el Presidente del Gobierno sobre «*su programa*». Una interpretación sistemática de las previsiones constitucionales, como también una deducción lógica del funcionamiento del sistema, nos llevan a la conclusión de que el programa a que alude el artículo 112 no es sino el programa político del Gobierno trazado por su Presidente en el momento de su investidura.

En cuanto a la *«declaración de política general»*, se nos suscita la duda de si debe abarcar tal declaración todas las cuestiones de gobierno o, por contra, puede efectuarse particularizadamente sobre tan sólo algún aspecto específico. A nuestro juicio, es evidente que una declaración de esta naturaleza no tiene por qué comprender todos y cada uno de los aspectos de la política general del Gobierno; no sólo puede venir referida a unos puntos concretos, sino que puede encontrar cabida dentro de esa «declaración» la redefinición o reorientación de un preciso aspecto de la acción política general, siempre que, como es lógico, tenga la suficiente relevancia como para mover al Gobierno a solicitar el apoyo puntual del Congreso.

Cabe pensar asimismo —y la praxis así lo corrobora— que la «declaración» abarque una enumeración de propósitos inmediatos y de actuaciones preferenciales por parte del Gobierno.

b') Legitimación para el planteamiento de la cuestión

El artículo 112 es bastante nítido cuando aborda el tema de quién se halla legitimado para plantear una cuestión de confianza: el Presidente del Gobierno, previa deliberación del Consejo de Ministros.

La fórmula utilizada nos recuerda la ya empleada por el artículo 49 de la Constitución francesa de 1958. Con ella, según *Santamaría,* se ha pretendido reforzar la posición del Presidente ante el Congreso, pero, a cambio, se le ha privado de la fuerza que podría llevar consigo el planteamiento de esta cuestión con ocasión de un debate parlamentario especialmente trascendente. Ahora bien, a nuestro entender, si esa deliberación previa puede reforzar la posición presidencial en el seno de un Gabinete homogéneo, no puede descartarse que en el marco de un Gobierno de coalición pueda conducir a todo lo contrario.

El Presidente del Gobierno no sólo dispone de la iniciativa para plantear al Consejo de Ministros la conveniencia de una cuestión de confianza, sino que también es decisión final suya el planteamiento de la misma ante el Congreso de los Diputados. Ello es así por cuanto la deliberación del Consejo de Ministros es preceptiva pero no vinculante para el jefe del Ejecutivo.

Parece lógico que el Presidente del Gobierno disponga de esta facultad, pues no podemos olvidar que fue a él a quien el Congreso invistió de su confianza, y que fue él mismo quien defendió como propio ante la Cámara Baja un determinado programa político de gobierno.

Por lo demás, si el Presidente dirige la acción del Gobierno (artículo 98.2 CE), y si el planteamiento de una cuestión de confianza suele considerarse como uno de los actos característicos de la función de gobierno, parece razonable pensar que sea el responsable último de la acción política del Ejecutivo, su Presidente, quien tenga la decisión final en torno al planteamiento de esta cuestión.

También la intervención previa, y preceptiva, del Consejo de Ministros encuentra sólidos puntos de apoyo. Baste con recordar que el principio de la responsabilidad política solidaria exige que la totalidad de los miembros del Gobierno puedan pronunciarse en torno al tema que nos ocupa: conveniencia o inoportunidad de plantear la cuestión de confianza.

Digamos por último que la deliberación del Consejo de Ministros no requiere ineludiblemente de un acuerdo determinado. Como en análoga dirección señalara *De Otto,* el artículo 112 tan sólo exige que medie una deliberación previa, pero no un acuerdo necesariamente.

En definitiva, el Consejo de Ministros debe de reunirse preceptivamente; tan es así que el artículo 174 Rgl. C. exige que la cuestión de confianza se presente ante la Mesa de la Cámara acompañada de una certificación del Consejo de Ministros, con la que lógicamente se trata de dar fe de que la deliberación ha tenido lugar. La reunión del Gabinete se circunscribe, pues, a una deliberación de la que puede o no surgir un determinado acuerdo que, en todo caso, carece de efecto vinculante, por lo que, en último término, es a una decisión presidencial a la que responde el planteamiento ante el Congreso de una cuestión de confianza.

c') Tramitación parlamentaria de la cuestión de confianza

El artículo 112 nada dice respecto a la tramitación a seguir en el Congreso una vez planteada la cuestión de confianza. Este silencio, objeto de algunas críticas por la doctrina, ha sido suplido por las previsiones del Reglamento de la Cámara (artículos 173 y 174). De su regulación podemos destacar las siguientes fases en la tramitación:

1.ª/ Formalización del planteamiento de la cuestión

La cuestión de confianza ha de presentarse en «escrito motivado» ante la Mesa del Congreso, acompañada de la correspondiente certificación del Consejo de Ministros. La formalización requiere, pues, de trámite escrito, motivación y de una preceptiva certificación en la que se dé fe de que ha tenido lugar en el seno del Consejo de Ministros la oportuna deliberación que la Constitución exige.

2.ª/ Convocatoria «ad hoc» del Pleno

La Mesa de la Cámara debe declarar la admisibilidad o inadmisibilidad del escrito de planteamiento de la cuestión, en el bien entendido de que la Mesa no puede entrar en el fondo de la cuestión, debiendo limitarse a una mera comprobación formal. Admitida a trámite, la Presidencia de la Cámara ha de dar cuenta de ello a la Junta de Portavoces, así como convocar al Pleno, que debe reunirse con carácter específico para debatir la confianza gubernamentalmente solicitada.

3.ª/ Debate parlamentario

El Reglamento del Congreso no regula en detalle el preceptivo debate parlamentario, remitiéndose a las reglas establecidas por la misma norma en relación con el debate de investidura, entendiendo que corresponden al Presidente del Gobierno y, en su caso, a los miembros del mismo, las intervenciones fijadas en las normas referentes al debate de investidura para el candidato a la Presidencia.

De esta forma, puede destacarse que el Presidente del Gobierno, sin limitación de tiempo, debe exponer ante la Cámara las razones que justifican el planteamiento de la cuestión, así como la alternativa programática o la declaración de política general sobre la que la confianza se plantea.

A la exposición presidencial debe seguir un período de interrupción decretado por el Presidente de la Cámara, tras el que se reanudará el debate con la intervención de los representantes designados por los diferentes Grupos parlamentarios, cada uno de los cuales dispondrá de un tiempo máximo de treinta minutos. El Reglamento concede asimismo un derecho de réplica por tiempo máximo de diez minutos al interviniente que fuere contestado individualizadamente por un miembro del Gobierno.

4.ª/ Votación

Finalizado el debate, la Presidencia deberá fijar la hora en que la propuesta de confianza haya de ser sometida a votación, anunciándose la misma con suficiente antelación. En todo caso, la cuestión de confianza no podrá ser votada hasta que hayan transcurrido veinticuatro horas desde su presentación, requisito formal de matiz «racionalizador» que nos recuerda el previsto por el artículo 113.3 respecto de la moción de censura.

La votación debe ser (artículo 85.2 Rgl. C.) «pública por llamamiento». Los diputados, tras ser nombrados por uno de los Secretarios de la Cámara, responderán «sí», «no» o «abstención».

Santamaría ha criticado, no sin razón, el que no se exija de los Grupos parlamentarios la motivación del voto, impidiéndose de esta forma que puedan saberse las razones por las que cada uno de ellos otorga o rechaza la confianza solicitada.

d') El otorgamiento de la confianza: la exigencia de mayoría simple

Como ya vimos, el artículo 112 establece que la confianza «se entenderá otorgada cuando vote a favor de la misma la mayoría simple de los diputados». Se trata de la determinación más discutida en el debate constituyente en relación con el propio artículo 112, y con posterioridad, posiblemente haya sido el tema más debatido de cuantos atañen a esta institución.

El problema que late en su trasfondo es el de la coherencia de exigir mayoría simple cuando, en primera votación, el candidato a la Presidencia del Gobierno necesita alcanzar la mayoría absoluta para ser investido.

Tal desajuste, que hay que relativizar si se advierte que, en segunda votación, el candidato a la Presidencia puede obtener la confianza de la Cámara con el voto de la mayoría simple de los diputados, tal desajuste, decimos, puede entrañar ciertas disfuncionalidades. Así, si un Presidente investido por el voto de la mayoría absoluta de los diputados no logra en un momento ulterior más que el respaldo de la mayoría simple de aquéllos para una cuestión de confianza, es claro que su Gobierno habrá sufrido un notable revés parlamentario, quedando en situación harto delicada, pese a obtener la confianza solicitada. Precisamente, la mera posibilidad de que esto acontezca puede conducir a un Gobierno a no recurrir en modo alguno al instituto diseñado por el artículo 112.

En todo caso, a nuestro juicio, la exigencia de mayoría simple es perfectamente coherente con las previsiones constitucionales acerca de la investidura presidencial, pero, más aún, con la propia normativa racionalizadora del artículo 113; como *Sánchez Agesta* advirtiera, en el artículo 112 se quiso racionalizar en un texto escrito la cuestión de confianza con una cierta severidad. Y es que si para la sanción de la responsabilidad política gubernamental, por iniciativa del Parlamento, se exige el respaldo de la mayoría absoluta de los miembros de la Cámara, parece lógico que rija una previsión análoga en el caso de sanción de aquella responsabilidad como consecuencia del rechazo de una cuestión de confianza.

Esa analogía no equivale a absoluta igualdad. Pensemos que para que una moción de censura triunfe se requiere una mayoría absoluta efectiva de diputados contrarios al Gobierno. No sucede otro tanto con la cuestión de confianza, pues aquí el Gobierno puede ser derribado sin que exista una mayoría absoluta de diputados en su contra; pensemos en el supuesto de un importante sector de diputados que se abstuviere; de los restantes, bastaría con que los votos en contra fuesen superiores a los votos a favor, con independencia de que no se alcanzase la mayoría absoluta contraria.

Si esta diferencia puede encontrar explicación en el hecho de que la iniciativa de la cuestión de confianza parte del propio Presidente del Gobierno, no conviene, sin embargo, acentuarla aún más, lo que hubiera acontecido de exigir el voto favorable de la mayoría absoluta de los diputados para entender concedida la confianza parlamentaria al Gobierno. Ello habría supuesto una solución radicalmente contrapuesta respecto de la adoptada en relación con la moción de censura.

e') Los efectos de la cuestión de confianza

Llegado el momento de analizar los efectos que se derivan de la cuestión de confianza, se impone como es lógico diferenciar entre que dicha cuestión sea apoyada o rechazada.

La negación de la confianza solicitada genera automáticamente la dimisión forzosa del Gobierno. El artículo 114.1 de la Constitución no deja resquicio alguno a la duda:

> «Si el Congreso niega su confianza al Gobierno —prescribe el citado precepto—, éste presentará su dimisión al Rey, procediéndose a continuación a la designación del Presidente del Gobierno, según lo dispuesto en el artículo 99.»

La denegación de la confianza entraña, pues, la dimisión automática y en bloque del Gobierno, que a partir de ese momento continuará como «Gobierno en funciones», y la puesta en marcha del mecanismo constitucional previsto por el artículo 99.

La dimisión en bloque del Gobierno encuentra su razón de ser en el principio de la responsabilidad solidaria, y desde una perspectiva más política, en el hecho de que, como razona *Pierre Wigny,* aun cuando haya sido el Primer Ministro el derrotado, la dimisión en bloque del Gobierno se justifica en la consideración de que aquél es el autor y el guardián del programa político de gobierno, por lo que no se concibe que el equipo ministerial continúe trabajando sin su Presidente.

La concesión de la confianza parlamentaria al Gobierno no presenta en nuestro ordenamiento constitucional ningún efecto jurídico, ninguna manifestación particular. Hay que entender que los efectos de la misma serán más bien de naturaleza política. El Gobierno, por lo general —aunque algún supuesto existe, como ya vimos, en que esta regla general quiebra—, se verá fortalecido en su posición parlamentaria.

Ello redundará favorablemente en la recuperación de la iniciativa política y, sobre todo, en la propia imagen del Gobierno ante la opinión pública.

Desde luego, como decíamos al inicio, la virtualidad de este instituto puede ser mucho mayor en función del sistema parlamentario de partidos. Es claro que en un Gobierno de coalición la operatividad de la cuestión de confianza puede ser infinitamente mayor, presentándosenos en este caso como un instrumento de indudable utilidad en orden a conseguir la cohesión de la coalición parlamentaria que respalda al Gobierno, y, por ello mismo, la unión del propio Gobierno.

d/ La disolución de las Cortes Generales

La disolución surgió históricamente como un medio de coerción en manos del poder real contra los representantes del pueblo, para burlar la fiscalización que éstos intentaban imponerle. Conforme se iban consolidando los principios de la democracia parlamentaria, la disolución se conformaba como un instrumento regulador de los conflictos entre Ejecutivo y Legislativo. Durante mucho tiempo, la doctrina considerará la facultad disolutoria del Parlamento como el contrapeso atribuido al Gobierno a fin de equilibrar las relaciones entre ambos poderes, desequilibradas en favor del Parlamento sobre la base de la posibilidad de sancionar la responsabilidad política del Gobierno.

A partir de estos planteamientos, se comprende que la teoría clásica considere el derecho de disolución como una auténtica pieza clave del régimen parlamentario. *Redslob,* uno de sus más clásicos exponentes, calificará de «impuro» al régimen parlamentario en el que no se reconozca la potestad disolutoria al Gobierno. Bastante después, *Loewenstein* entenderá que, desde el punto de vista de la teoría constitucional, el derecho de disolución es en el parlamentarismo la pieza clave de la conformación democrática del poder.

Sin embargo, la idea de armonía y equilibrio que estaba llamado a desempeñar el instituto de la disolución en el régimen parlamentario clásico, difícilmente puede seguir sosteniéndose hoy. *Burdeau,* rotundamente, afirma que la práctica política actual de la disolución descarta cada vez más el papel que estaba llamada a jugar en el esquema tradicional del parlamentarismo.

A nuestro modo de ver, aunque no deja de seguir siendo cierta la atinada reflexión de *Laski* en el sentido de que el derecho de disolución supone el reconocimiento de que el cuerpo electoral constituye, en último término, la autoridad suprema del Estado, la realidad nos muestra a la disolución como una *institución polivalente,* en la que tanto el contexto socio-político (con especial referencia al sistema de partidos) como la misma mentalidad política dominante, van a condicionar decisivamente su significado concreto.

Así, por poner algunos ejemplos tan sólo, podríamos recordar que en algunos sistemas la disolución viene desempeñando un nuevo papel que *Duverger* consideraría análogo al del «arma atómica» en la teoría de la disuasión: la disolución operaría como un elemento disuasor destinado a impedir las crisis gubernamentales. Es evidente asimismo que en muchos países la mayor virtualidad de la potestad disolutoria reside en otorgar al partido gubernamental un arma de indiscutible valor a los efectos de anticipar los comicios al momento que entiende más conveniente desde el punto de vista de sus específicos intereses electorales. En definitiva, el instituto disolutorio, en función de las diferentes situaciones sociales y políticas, nos ofrece una notable variedad de rostros.

La Constitución ha contemplado distintos supuestos de disolución de las Cortes Generales. Básicamente, podemos referirnos a estos cuatro:

1/ *La disolución discrecional* del artículo 115, que es la que para nosotros tiene mayor interés, y en la que centraremos nuestra exposición.

2/ *La disolución automática* del artículo 99.5, a la que ya nos refiriéramos, prevista para el supuesto de fracaso de la investidura de un candidato a la Presidencia del Gobierno.

3/ *La disolución «ope legis»* del artículo 168.1, también comentada, establecida para el supuesto de que se aprobase por una mayoría de dos tercios de ambas Cámaras el principio de reforma total de la Constitución. Y

4/ *La disolución opcional y transitoria* contemplada por la Disposición Transitoria octava, que, a partir de la promulgación de la Constitución, abría el plazo de un mes, a fin de que, dentro del mismo, el Presidente del Gobierno optase entre presentar la dimisión, a efectos de la subsiguiente apertura del procedimiento constitucionalmente previsto por el artículo 99 (procedimiento de investidura), o disolver las Cortes Constituyentes, convocando elecciones generales, opción esta última por la que finalmente se inclinaría el Presidente Suárez.

e/ La disolución discrecional del artículo 115

El artículo 115 de la Constitución contempla la que bien podríamos denominar disolución discrecional o potestativa del Presidente del Gobierno, esto es, la potestad disolutoria presidencial, que constituye la manifestación paradigmática del derecho de disolución. De conformidad con el apartado primero de dicho precepto:

«El Presidente del Gobierno, previa deliberación del Consejo de Ministros, y bajo su exclusiva responsabilidad, podrá proponer la disolución del Congreso, del Senado o de las Cortes Generales, que será decretada por el Rey. El Decreto de disolución fijará la fecha de las elecciones.»

Las posibilidades de utilización de este mecanismo disolutorio son múltiples, lo que casa por lo demás con el carácter polivalente del instituto disolutorio. De esta forma, la disolución, en cuanto instrumento disuasorio, puede utilizarse para fortalecer la colaboración del Parlamento con el Gobierno; puede asimismo contribuir a dar coherencia a una mayoría de gobierno que se asiente en una coalición; se puede igualmente recurrir a la disolución para ubicar en el terreno electoral, de la contienda electoral, un conflicto político; la disolución puede seguir operando como instrumento de equilibrio entre Parlamento y Gobierno; es válida también la disolución presidencial para posibilitar una consulta al cuerpo electoral, y, finalmente, por encima de todas esas posibles funciones, la potestad discrecional disolutoria que el artículo 115 atribuye al Presidente del Gobierno se presenta como un instrumento utilísimo con vistas a adelantar las elecciones al momento que el partido gubernamental entienda más favorable para sus legítimos intereses electorales.

a') Legitimación para el ejercicio de la potestad disolutoria

El artículo 115.1 es muy claro al abordar esta cuestión: la disolución debe ser decidida por el Presidente del Gobierno, previa deliberación del Consejo de Ministros, y bajo su exclusiva responsabilidad.

Al igual que decíamos al referirnos a la cuestión de confianza, es el jefe del Ejecutivo quien debe tomar la iniciativa de la disolución, someterla a una previa, y, por lo demás, preceptiva deliberación del Consejo de Ministros y, oída la opinión de éste, en modo alguno vinculante, adoptar la decisión definitiva que entienda oportuna, proponiéndola al Rey para que éste se limite a decretarla, a formalizarla.

Nuestro constituyente, de modo quizá un tanto redundante e innecesario, ha querido reafirmar la titularidad presidencial de esta potestad, y a tal fin ha precisado que la propuesta de disolución del Presidente se hará «bajo su exclusiva responsabilidad», expresión que, como afirma *Bar Cendón,* ha de entenderse como causa o título de quien puede ejercer la disolución, y no como efecto o consecuencia de la misma. Se trata, pues, de aclarar, por si cupiese alguna duda, que a nuestro modo de ver no la había, que la disolución es competencia del jefe del Ejecutivo, que no del Monarca, algo evidente si se advierte que en una monarquía parlamentaria no cabe una disolución regia, decidida por el Rey. Bien es verdad que con esta precisión se subraya que la decisión disolutoria está residenciada en el Presidente del Gobierno, no en éste en cuanto órgano colegiado.

Como puede advertirse, el paralelismo con la cuestión de confianza es notorio. En la disolución, como en aquélla, es el Presidente del Gobierno quien asume el protagonismo, quien dispone de la decisión final, aunque para ello deba someterse el tema previamente a la deliberación del Consejo de Ministros.

Por lo que a la función regia se refiere, abundando en lo ya señalado con anterioridad, diremos que la misma previsión del artículo 115.1: «será decretada (la disolución) por el Rey», es ya suficientemente elocuente. El carácter imperativo de este precepto refuerza nuestro precedente rechazo de todo atisbo de disolución regia.

b') El Decreto de disolución

El inciso final del artículo 115.1 determina que: «El Decreto de disolución fijará la fecha de las elecciones.» Casa una previsión de este tipo con el sentido básico del instituto disolutorio, que no es otro que convocar a las urnas al cuerpo electoral a fin de que manifieste la opción por la que se decanta. Sería impensable en un régimen democrático una disolución que no conduzca inevitablemente a la preceptiva convocatoria del cuerpo electoral. De ahí la precisión constitucional.

El inciso que comentamos debe interpretarse sistemáticamente, lo que exige que sea puesto en conexión con el artículo 68.6 de la Constitución, a cuyo tenor las elecciones habrán de tener lugar entre los treinta y sesenta días desde la terminación del mandato parlamentario, que lógicamente, en este supuesto, concluye el día de la disolución (artículo 68.4 CE).

La Ley Orgánica del Régimen Electoral General (LOREG) ha precisado aún más el punto anterior al establecer (artículo 42.1) que en el supuesto que nos ocupa el Decreto de convocatoria señalará la fecha de las elecciones, que habrán de celebrarse entre el quincuagésimo cuarto y el sexagésimo día posterior a la convocatoria.

Por lo demás, el Decreto de disolución y, al unísono, de convocatoria de elecciones, ha de ser firmado y expedido por el Rey con el refrendo del Presidente del Gobierno (artículo 167.2 LOREG), publicándose al día siguiente de su expedición en el *Boletín Oficial del Estado* y entrando en vigor el mismo día de su publicación.

Hasta la fecha, todas las Cámaras elegidas desde la entrada en vigor de la Constitución han visto adelantado el final de su mandato de cuatro años sobre la base del recurso a la disolución anticipada.

c') Ambito de la disolución

El artículo 115.1 es muy preciso a la hora de concretar el ámbito de la disolución: la propuesta de disolución puede afectar al Congreso, al Senado o, lo que es habitual, a las Cortes Generales, esto es, a ambas Cámaras conjuntamente.

Sin embargo, el tema no sería pacífico en el debate constituyente, suscitándose serias dudas acerca de si no convenía establecer la disolución conjunta de ambas Cámaras como única posibilidad constitucional.

La solución final a que se llegó fue la más flexible, en tanto en cuanto dejaba abiertas todas las posibilidades: disolución de una sola Cámara, con independencia de cual fuere la misma, o disolución de ambas Cámaras al unísono. En todo caso, la praxis se orienta unidireccionalmente hacia esta última solución: disolución de las Cortes Generales y convocatoria simultánea de elecciones para ambas Cámaras, fórmula que se nos antoja, una vez salvada la necesaria flexibilidad constitucional, como la más conveniente.

Esta praxis aparece corroborada de alguna manera por las propias previsiones constitucionales, que en algún caso muy significativo, como el de la disolución automática en el supuesto del artículo 99.5, se han inclinado por la disolución a la par de ambas Cámaras, lo que resulta aún más significativo si se atiende a que el Senado nada tiene que ver con el procedimiento de investidura, detonante último de la disolución prevista por el referido precepto.

d') Efectos de la disolución

Siguiendo el esquema trazado por *Bayón y Chacón,* vamos a distinguir dos tipos de efectos derivados del ejercicio de la potestad disolutoria:

1. Efectos respecto de la institución parlamentaria

El primero de estos efectos es que la disolución pone fin al mandato parlamentario, que como ya dijimos, finaliza el mismo día de la disolución (artículo 68.4 CE), con la única salvedad de los miembros de las Diputaciones Permanentes del Congreso y del Senado. Con ello, los miembros de las Cámaras disueltas se convierten en simples particulares, perdiendo «*ipso iure*» todos sus privilegios. Una vez más, la salvedad que puede fijarse es la referente a los miembros de las Diputaciones Permanentes (titulares y suplentes), que ven prorrogado su mandato, y por ello mismo todos sus privilegios, hasta la constitución de la nueva Cámara.

Digamos por último que el principio de continuidad que subyace en el funcionamiento del órgano parlamentario, órgano permanente como ya vimos, supone que lejos de poder hablarse de lo que *Bayón y Chacón* llamaba la «muerte civil» del órgano, quepa hablar de la asunción por la Diputación Permanente de cada Cámara de las facultades que correspondan a cada una de ellas (artículo 78.2 CE), y de modo particularizado, de aquéllas a que alude el artículo 78.2 de nuestra Norma suprema, y a las que ya nos referimos.

2. Efectos extraparlamentarios de la disolución

La disolución conduce a la inexcusable intervención del cuerpo electoral, dentro de los plazos constitucional y legalmente establecidos. En conexión con esta manifestación de voluntad del pueblo español, del que emanan todos los poderes del Estado (artículo 1.º.2 CE), debe situarse la obligatoriedad que pesa sobre el Rey de convocar las Cortes Generales (artículo 62, *b/* CE) dentro del plazo constitucionalmente establecido (artículo 68.6 CE). Precisamente por este carácter soberano del pueblo, es innecesario decir que a éste le cabe la oportunidad en los comicios de cambiar la correlación de fuerzas políticas a nivel parlamentario, con lo que ello pueda suponer de impacto sobre los restantes órganos constitucionales, y muy especialmente sobre el Gobierno.

e') Límites frente al ejercicio del derecho de disolución

Los textos constitucionales suelen establecer límites más o menos rigurosos frente al ejercicio del derecho de disolución. Se trata con ello de evitar un empleo excesivo de esta institución que podría llegar a ser, evidentemente, muy disfuncional. Por lo demás, conviene no interrumpir con frecuencia la representación elegida para un determinado período por el cuerpo electoral.

Nuestra Constitución, situándose en esta línea, ha previsto una triple limitación frente al ejercicio por el Presidente del Gobierno de la potestad disolutoria. Contemplaremos por separado cada uno de esos límites.

1.º Un límite temporal. «No procederá nueva disolución antes de que transcurra un año desde la anterior, salvo lo dispuesto en el artículo 99, apartado 5». En estos términos está redactado el artículo 115.3, que no hace sino acoger una norma prevista por buen número de textos constitucionales, y que se manifiesta en un doble sentido: *a)* limitando el número de veces que puede decretarse la disolución por una misma magistratura, o *b)* estableciendo un período de vida parlamentaria mínimo entre disolución y disolución, opción acogida por nuestro constituyente, que se inspiraría directamente en una previsión análoga de la Constitución francesa de 1958.

La salvedad establecida por el artículo 115.3 es obligada por cuanto, de lo contrario, tal precepto vaciaría de contenido la determinación del artículo 99.5. La disolución automática en el caso de fracaso de la votación de investidura de un candidato a la Presidencia del Gobierno es, pues, la única salvedad frente a esta limitación temporal.

Un único problema interpretativo ha planteado el artículo 115.3. Se trata de la cuestión de si esta limitación temporal debe referirse genéricamente a cualquier disolución o si, por el contrario, se proyecta de modo específico sobre cada una de las tres opciones que la disolución ofrece, esto es, disolución del Congreso, disolución del Senado y disolución de las Cortes Generales. Por nuestra parte, creemos con *Sánchez Agesta* que hay que inclinarse por una interpretación proclive a la primera solución, esto es, basta con que se disuelva una Cámara para que no pueda volverse a recurrir a la disolución prevista por el artículo 115, aunque esa otra disolución afectara a la otra Cámara no anteriormente disuelta.

2.º Un límite exigido por un principio de coherencia en el funcionamiento del sistema. Nos referimos a la limitación prevista por el artículo 115.2, a cuyo tenor: «La propuesta de disolución no podrá presentarse cuando esté en trámite una moción de censura.»

Ya aludimos a esta limitación en un momento precedente. Digamos tan sólo que el recurso a la disolución cuando se esté tramitando una moción de censura «constructiva» no sólo paraliza la posible sanción de la responsabilidad política gubernamental, sino, lo que es menos admisible, impide al Congreso la posibilidad de investir a un nuevo Presidente del Gobierno. Consiguientemente, de no existir esta limitación, la operatividad de la censura «constructiva» quedaría sujeta a que el Presidente del Gobierno no decidiera disolver el Congreso, y es claro que ningún mecanismo constitucional puede quedar bloqueado por el recurso a otro, salvo expresa determinación en tal sentido por la Norma suprema.

3.º La última de las limitaciones afecta tan sólo al Congreso de los Diputados y tiene como punto de referencia a los estados excepcionales contemplados por el artículo 116. De conformidad con el inciso inicial del artículo 116.5: «No podrá procederse a la disolución del Congreso mientras estén declarados algunos de los estados comprendidos en el presente artículo...» Como ya hemos visto en otro momento, se trata de los estados de alarma, de excepción y de sitio. Su declaración impide, pues, la disolución del Congreso, lo que se explica en atención a que es ésta la única Cámara que interviene en la declaración de estas situaciones excepcionales o, en su caso, en el control de las mismas.

Como fácilmente puede colegirse, la voluntad del constituyente al impedir la disolución en estos supuestos responde a su deseo de evitar una excesiva concentración de poder en el Ejecutivo, no tanto porque la disolución del Congreso implique *«per se»* un incremento de aquel poder, como por el hecho de que dicha disolución debilitaría el ineludible control parlamentario que, en estas situaciones, debe acentuarse aún más. Todo ello sin olvidar que una situación de anormalidad constitucional no es la más propicia para iniciar un proceso electoral, algo que, como ya dijimos, es ineludible tras una disolución de las Cámaras.

C) La praxis política de nuestro régimen parlamentario

Las relaciones entre Legislativo y Ejecutivo requieren hoy una aproximación muy alejada de la clásica formulación de la teoría de la división de poderes. En primer lugar, por las transformaciones que en nuestros días vive el Estado social y democrático de Derecho. En segundo término, por la incidencia de un factor insoslayable: el sistema de partidos vigente en un régimen dado.

La conversión del Estado actual en un Estado social, que ha incrementado hasta límites insospechados su actividad protectora hacia la sociedad; que además se ha convertido en distribuidor y «manager», poniendo en marcha nuevas formas de democracia económica y social, a lo que se ha unido la adición al pluralismo político de un nuevo pluralismo: el organizacional. Todo ello ha propiciado el traslado del «locus» de la decisión política y la aparición de nuevos actores, que han venido a unirse a los partidos, lo cual, a su vez, ha reforzado la figura de quien se ha convertido en el director de la complicada política de cada día: el Ejecutivo. De esta forma, se ha quebrado radicalmente el equilibrio entre Gobierno y Parlamento, que a juicio de *Redslob,* constituía la esencia misma del sistema parlamentario.

Este dispar conjunto de circunstancias ha conducido a la búsqueda de nuevas formas de control. No en vano el paso del Gobierno fuerte al Gobierno sin control, al Gobierno que no encuentre freno en su proceder, es el gran riesgo de la democracia de nuestros días.

De otro lado, las relaciones Legislativo—Ejecutivo, el problema del control del Gobierno, la mayor o menor importancia del parlamentarismo y, a la postre, la preocupación por la estabilidad política, todo ello pasa necesariamente hoy por la consideración del sistema de partidos, de los partidos políticos con representación parlamentaria. Así, el mandato representativo choca con la disciplina de voto que los partidos suelen imponer a sus representantes en los Parlamentos.

Los Grupos parlamentarios son los auténticos protagonistas de la vida parlamentaria. Y la formación de estos grupos es consecuencia directa de los resultados electorales, que, a su vez, pueden estar mediatizados por las distintas variables integrantes del sistema electoral. *Sartori* ha dejado muy claramente puesto de relieve este dato.

En España, el sistema electoral (que se asienta en la fórmula D'Hondt, aplicada sobre unas circunscripciones electorales de tamaño reducidísimo) conduce, como veremos más adelante, a un bipartidismo imperfecto, con dos fuerzas políticas muy destacadas, verdaderas y únicas alternativas de gobierno: una que gobierna y otra que se convierte en auténtica oposición. En estas condiciones —acentuadas en las tres últimas elecciones generales (1982, 1986 y 1989) por el triunfo por mayoría absoluta del PSOE (en 1989, el PSOE lograba 175 escaños de un total de 350, esto es, aun cuando sin alcanzar la mayoría absoluta, totalizaba igual número de escaños que el conseguido por las restantes formaciones en su conjunto)—, los mecanismos jurídico-constitucionales de relación entre Legislativo y Ejecutivo se han relativizado más aún de lo que su planteamiento teórico ya denota. De esta guisa, la censura constructiva ha convertido al Gobierno en casi inmune. La disolución ha perdido casi por entero su carácter de mecanismo de equilibrio, para convertirse en un instrumento más al servicio del Ejecutivo o, más exactamente, del partido gubernamental, en cuanto su uso se ciñe a la búsqueda del momento electoral más propicio para los intereses de aquel partido. En cuanto a la cuestión de confianza, ha pasado a ser una institución puramente suntuaria y de todo punto ineficaz, y por ello mismo, una reliquia constitucional carente de cualquier valor político.

Cuanto acabamos de apuntar ha desembocado en una sensible disminución del control parlamentario sobre el Gobierno, que en nuestro caso se ha acentuado por mor de un Reglamento de la Cámara Baja notablemente restrictivo, consideración en la que juega un papel paradigmático la muy estricta regulación de las Comisiones de Investigación.

En resumen, el valor actual del Parlamento, la necesidad de encontrar nuevas vías de control de la acción del Gobierno y, de resultas, la búsqueda de cauces con los que salvar una de las notas esenciales de la democracia parlamentaria, como es la responsabilidad del Gabinete, constituyen los temas nucleares que hoy están planteados en España, en donde el fulgor del Ejecutivo brilla con luz propia en detrimento del rol que ha de desempeñar el Parlamento.

BIBLIOGRAFIA

Bar Cendón, Antonio: «La disolución de las Cámaras legislativas en el ordenamiento constitucional español», Publicaciones del Congreso de los Diputados, Madrid, 1989.

Mellado Prado, Pilar: «La responsabilidad política del Gobierno en el ordenamiento español», Publicaciones del Congreso de los Diputados, Madrid, 1988.

Montero Gibert, José Ramón y *García Morillo, Joaquín:* «El control parlamentario», Editorial Tecnos, Madrid, 1984.

Ramírez, Manuel (ed.): «El control parlamentario del Gobierno en las democracias pluralistas» (El proceso constitucional español), Editorial Labor, Barcelona, 1978.

Vírgala Foruria, Eduardo: «La moción de censura en la Constitución de 1978», Centro de Estudios Constitucionales, Madrid, 1988.

CAPITULO X

LOS ORGANOS CONSTITUCIONALES (V). EL PODER JUDICIAL

SUMARIO

A) La evolución histórica del Poder Judicial.

B) La caracterización constitucional del Poder Judicial:
- *a/ El principio de legitimidad democrática.*
- *b/ La titularidad de la potestad jurisdiccional.*
- *c/ El principio de unidad:*
  - a') Su significado.
  - b') La jurisdicción militar: su ámbito competencial.
- *d/ El principio de exclusividad:*
  - a') Su vertiente positiva: la reserva de jurisdicción.
  - b') Su vertiente negativa: la exclusividad en sentido propio.

C) El estatuto jurídico del Juez:
- *a/ El carácter funcionarial del Juez:*
  - a') El ingreso en la carrera judicial.
  - b') El principio de inamovilidad.
  - c') El régimen de incompatibilidades de los Jueces.
- *b/ El principio de independencia.*
- *c/ El principio de responsabilidad:*
  1. Responsabilidad penal.
  2. Responsabilidad disciplinaria.
  3. Responsabilidad civil.

D) Los principios constitucionales procesales:
- *a/ El principio de publicidad.*
- *b/ El principio de oralidad.*
- *c/ El principio de motivación de las sentencias.*
- *d/ El principio de gratuidad de la justicia.*

E) La participación popular en el ejercicio de la jurisdicción:
a/ La acción popular.
b/ El Jurado.
c/ Los Tribunales consuetudinarios.

F) El gobierno del Poder Judicial:
a/ El principio de autogobierno.
b/ El principio de autogobierno en la Constitución: el Consejo General del Poder Judicial:
a') Su caracterización constitucional.
b') Su composición.
c') Atribuciones del Consejo General.

G) La organización jurisdiccional:
a/ La organización jurisdiccional en el marco del Estado autonómico.
b/ El Tribunal Supremo.
c/ Organización y demarcación jurisdiccionales.

H) El Ministerio Fiscal.
BIBLIOGRAFÍA.

A) La evolución histórica del Poder Judicial

En el análisis del Poder Judicial es de todo punto obligado hacer una breve referencia a su evolución histórica, que nos revela unos cambios realmente profundos.

La teoría clásica no configuró al Poder Judicial como un auténtico poder equiparado a los otros. Es bien sabido que *Montesquieu* no diseñó este poder como funcionalmente independiente de la ley, sino que, por el contrario, junto a su preocupación por la distribución de funciones entre diferentes órganos para que «el poder frene al poder», quiso someter al Poder Judicial al imperio de la ley. De esta forma, para *Montesquieu,* «los jueces no son sino la boca que pronuncia la ley, seres inanimados que no pueden moderar ni su fuerza ni su vigor».

Más aún, para el autor de las «*Cartas Persas*» y «*El espíritu de las leyes*» el Poder Judicial es invisible y casi nulo. Invisible, no sólo por su carácter no permanente, sino también porque lo único que el juez debe hacer es aplicar la norma correspondiente al caso concreto, es decir, una mera labor de subsunción. Nulo, por cuanto la eficacia jurisdiccional se limita al ámbito de lo privado, y no cuenta para nada en el proceso de adopción de las decisiones políticas.

Estas tesis fueron acogidas con entusiasmo por los revolucionarios franceses, no tanto por su identificación con ellas, cuanto por los justificados recelos políticos que les inspiraban unos jueces y tribunales que pocos años antes habían sido un mero instrumento del poder absoluto del Rey.

Buena prueba de esta desconfianza la encontramos en el artículo 3.º del Capítulo dedicado al Poder Judicial por la Constitución francesa de 3 de septiembre de 1791. Su dicción es por sí sola enormemente significativa:

> «Les tribunaux ne peuvent, ni s'immiscer dans l'exercise du Pouvoir législatif, ou suspendre l'exécution des lois...»

El positivismo jurídico incidirá en análoga dirección, propiciando el dogma de la ausencia de lagunas del ordenamiento, que reduce considerablemente el papel del juez, imposibilitándole toda labor de creación de Derecho.

Durante mucho tiempo, estas ideas constituyeron un auténtico credo jurídico, si bien, de un lado, la transformación de las circunstancias económicas y sociales e incluso técnicas, y de otro, la superación del rígido positivismo jurídico, han ido paulatinamente alterando el papel del Poder Judicial, de tal forma que, como dice *Loewenstein,* uno de los fenómenos más característicos de la evolución del Estado democrático constitucional ha sido el ascenso del Poder Judicial a la categoría de auténtico detentador del poder del Estado. En esta dirección, hace ya más de medio siglo que *Henry Sidwick* escribía que «la influencia del Poder Judicial en la vida política es más profunda que sobresaliente».

Por lo demás, ya desde la superación del dogma de la falta de lagunas del ordenamiento, debida especialmente al célebre discurso rectoral de Tubinga de *Oscar Bulow* sobre «Ley y Judicatura» (1885), se hizo evidente, como recuerda *Otto Bachof,* que en verdad el juez no ha correspondido nunca a la concepción de *Montesquieu* de un mecanismo de pura subsunción *(«la bouche qui prononce les paroles de la loi»),* y que el Poder Judicial no ha sido nunca *«en quelque façon nul».* El juez ha tenido siempre, incluso bajo el imperio del más exacerbado positivismo, una parte importante en la creación del Derecho. Hoy es indiscutible que en toda interpretación judicial de una norma ha existido siempre, al mismo tiempo, un desarrollo de dicha norma.

El Poder Judicial ha pasado a ejercer en nuestro tiempo un conjunto de funciones de extraordinaria relevancia, que van desde el control de la actuación administrativa hasta, incluso, la fiscalización de los actos del mismo Poder Legislativo.

Tan notable ha sido el cambio experimentado, que algunos sectores doctrinales han expresado su alarma ante el peligro del arbitrismo judicial. Tal sería el caso de *Forsthoff,* quien mostraría su preocupación al afirmar que «hoy es el propio juez quien decide, apoyándose en el Derecho, sobre cuando está él mismo sujeto a la ley y cuando deja de estarlo»; se ha pasado, en definitiva, «del Estado de Derecho al Estado de Justicia» (o Judicial).

La realidad, sin embargo, no debe conducirnos a un juicio tan pesimista. En nuestro días el juez es, como dice *Sánchez Agesta,* el tutor de los derechos y de la legalidad. Además, en el Estado social su actuación se nos revela, en muchos casos, como enormemente positiva en orden a la efectiva realización de los valores materiales del ordenamiento y, por ello mismo, con vistas a esa transformación de la sociedad que exige el principio del Estado social, salvo cuando tal principio se limite a lo puramente nominal.

La afirmación de un orden material de valores que en cierto modo preexiste a la Constitución, explica, como dice *Bachof,* una vuelta a añejas concepciones sobre el Estado y el Derecho y sobre las relaciones existentes entre ambos; se trata, en definitiva, utilizando la fórmula de *Hermann Jahrreis,* de un retorno de la idea de «la ley como previa al Derecho», a la de «el Derecho como previo a la ley». Y ello no supone sino el definitivo abandono del positivismo legalista, de la pérdida de la creencia en la omnipotencia del legislador estatal, con la subsiguiente relativización de la figura del juez.

Más aún, la aparición del moderno «*welfare government*» y el paralelo incremento de la interdependencia socioeconómica de grupos, categorías y clases de ciudadanos exigen, según *Cappelletti,* un correspondiente fortalecimiento y crecimiento de la función de «protección judicial» contra el tremendo poder del «omnipresente gobierno» y de los grupos u organizaciones. De ahí que, como ya sostuviera tiempo atrás *Laski,* la independencia del Poder Judicial frente al Ejecutivo constituya una de las condiciones esenciales de la libertad.

Cuanto hasta aquí se ha expuesto sugiere que en nuestros días la función jurisdiccional no sólo ha visto extraordinariamente potenciada su importancia, sino que ha asumido unas inequívocas connotaciones políticas. Hoy ya no puede seguir manteniéndose el carácter puramente mecánico de la función jurisdiccional. El juez crea Derecho y, como señala *Cappelletti,* lo único que podemos cuestionarnos es el grado de esa labor creadora.

Como veremos a continuación, la regulación constitucional del Poder Judicial confirma cumplidamente las precedentes reflexiones.

B) La caracterización constitucional del Poder Judicial

Nuestra «Lex Superior» dedica su Título VI (artículos 117 a 127) al Poder Judicial. El mismo rótulo del Título es suficientemente significativo de la relevancia que nuestro constituyente ha querido dar a este Poder, único al que se tilda de tal en la Constitución.

La opinión doctrinal es unánime en este sentido. Como advierte *Ruiz Vadillo,* la significación de la rúbrica trasciende aquí, con mucho, de los aspectos puramente formales. Esta afirmación queda corroborada si se advierte que en el debate constituyente se puso especial énfasis en ella, a fin de subrayar la ineludible independencia de los jueces y magistrados integrantes del Poder Judicial en el ejercicio de la potestad que les es propia.

El Título que ahora analizamos ha sido objeto de desarrollo, básicamente, por medio de la Ley Orgánica 6/1985, de 1.° de julio, del Poder Judicial, que ha venido a sustituir a la ya centenaria Ley del mismo nombre del año 1870.

Varios son los principios con los que la Constitución caracteriza al Poder Judicial. A ellos pasamos a referirnos a continuación.

a/ El principio de legitimidad democrática

El artículo 117.1, norma de apertura del Título VI, prescribe lo siguiente:

> «La justicia emana del pueblo y se administra en nombre del Rey por Jueces y Magistrados integrantes del poder judicial, independientes, inamovibles, responsables y sometidos únicamente al imperio de la ley.»

El inciso inicial del precepto refleja con bastante nitidez el principio de legitimidad democrática, al que ya tuvimos ocasión de referirnos detenidamente.

Como ya entonces dijimos, en todo Estado democrático el pueblo es el origen y referente de todos los poderes. Nuestra Norma suprema acoge en plenitud tal principio en su artículo 1.°.2. Si la soberanía reside en el pueblo, del que emanan los poderes del Estado, es obvio que el Poder Judicial, uno de esos poderes, debe igualmente provenir de la voluntad popular. En este sentido ha de entenderse la inicial proclamación del precepto («La justicia emana del pueblo»), que se alinea inequívocamente en la dirección del principio democrático.

Resulta evidente que el término «*justicia*» no se emplea aquí en el sentido de valor material superior del ordenamiento. Más bien, lo que parece querer afirmarse, como dice *Serrano Alberca*, es que el poder para hacer justicia o para establecer justicia emana del pueblo. Otra interpretación nos llevaría a un voluntarismo extremo. En definitiva, el pueblo es el titular del poder para hacer justicia, y su ejercicio, la administración de justicia, debe verificarse a través del sistema que el propio pueblo determine mediante la ley, a cuyo imperio están sometidos los miembros del Poder Judicial.

El poder para establecer o administrar justicia queda de esta forma legitimado. Con ello se cumple el ineludible requisito democrático de que ningún poder quede desvinculado de la voluntad popular. Y en conexión precisamente con esta exigencia puede entenderse, como ya dijimos al referirnos al principio de la soberanía popular, la participación de los órganos legislativos en la elección del órgano de gobierno del Poder Judicial.

Ahora bien, si llevamos el principio hasta sus últimas consecuencias, se plantea una cuestión de enorme interés: ¿Cómo se legitima la actuación de los jueces? El interrogante responde a una consideración previa: el Poder Judicial, a diferencia de los restantes poderes del Estado, no está compuesto por un sólo órgano, sino por una pluralidad de ellos: por todos y cada uno de los Juzgados y Tribunales que ejercen por sí solos la potestad jurisdiccional. El problema se complica si se advierte que el juez presenta una condición funcionarial, muy alejada de todo carácter representativo.

Cappelletti ha abordado con acierto lo que él llama el «formidable problema» de la legitimidad democrática de los jueces, individuos que, exentos de responsabilidad, llenan con su propia jerarquía de valores o predilecciones personales los recipientes relativamente vacíos de conceptos tan indeterminados como la libertad o la igualdad. El autor italiano, con buen juicio, llega a la conclusión de que esa legitimidad no puede buscarse a través de los mismos criterios que se utilizan para los órganos políticos, pues se trata de una *«legitimidad funcional»*, que atiende a las relevantes funciones que los jueces desempeñan en un Estado democrático.

Esta legitimación funcional se hace visible a través del escrupuloso respeto a la Constitución y a la Ley, y más precisamente, como señalan *Andrés Ibáñez* y *Movilla Alvarez*, a través de la rigurosa observancia del régimen de garantías constitucionalmente previsto, y del fiel cumplimiento de las exigencias procedimentales, como, por ejemplo, la efectividad del principio procesal de contradicción, el respeto al principio de presunción de inocencia, la autenticidad en la motivación de las resoluciones... etc. Es precisamente por ello por lo que se ha llegado a hablar *(Gimeno Sendra)* de una *«legitimación a través del proceso»*. Esta legitimación no es un mero principio retórico, sino que tiene una trascendencia jurídica. El sometimiento al imperio de la ley cubre preceptos como el del artículo 355 del Código Penal, que sanciona con la pena de inhabilitación especial al Juez que, por negligencia o ignorancia inexcusables, dictare sentencia manifiestamente injusta.

En definitiva, la legitimación funcional de los jueces pasa necesariamente por la sumisión de éstos a la ley, lo que exige, con carácter previo, el conocimiento de aquélla. Esta sujeción al imperio de la ley se hace especialmente visible en cuanto atañe al proceso y a las garantías constitucionales establecidas para el mismo.

La referencia a la emanación popular de la justicia se complementa con la precisión de que la justicia se administra en nombre del Rey. Con ello, parece haberse querido mantener un principio tradicional en nuestro constitucionalismo histórico. Sin embargo, esta combinación de principios produce cierta confusión, como ya advirtiera *Prieto Castro.* La articulación más razonable de ambos principios requiere contemplar la alusión a la administración de justicia en nombre del Rey, desde la perspectiva del artículo 56.1, que, como ya expusimos, considera al Rey como el «símbolo de la unidad y permanencia del Estado». Con ello, como advierte *Alzaga,* en último término, se estaría queriendo poner de relieve que la justicia se dicta en nombre no de la oportunidad o del interés político del momento, sino de los altos valores éticos que el Estado asume en forma permanente y que encarna el Rey.

b/ La titularidad de la potestad jurisdiccional

El artículo 117.3 de la Constitución enuncia un segundo rasgo fundamental del Poder Judicial, o más bien de los órganos que lo integran: nos referimos a la titularidad de la potestad jurisdiccional que a ellos se les otorga. De conformidad con el citado precepto:

> «El ejercicio de la potestad jurisdiccional en todo tipo de procesos, juzgando y haciendo ejecutar lo juzgado, corresponde exclusivamente a los Juzgados y Tribunales determinados por las leyes, según las normas de competencia y procedimiento que las mismas establezcan.»

El precepto atribuye, pues, a los Juzgados y Tribunales, esto es, a todos y cada uno de los órganos que integran el Poder Judicial, la titularidad de la potestad jurisdiccional.

El término «*jurisdicción*» puede utilizarse en el lenguaje jurídico en un doble sentido: en referencia a una función del Estado (la función jurisdiccional) y en alusión a los órganos que precisamente ejercen dicha función. La Constitución se refiere a la potestad jurisdiccional, esto es, a la jurisdicción como función o actividad del Estado. Ello exige precisar lo que se entiende por jurisdicción en ese sentido.

Como es conocido, el concepto de «*jurisdicción*» ha venido identificando la función del «*ius dicere*», esto es, decir, determinar el derecho en un caso concreto. La aplicación del derecho en una relación jurídica específica no es, sin embargo, un criterio suficiente para identificar la función jurisdiccional, pues también la Administración aplica el derecho. De ahí que se haya recurrido como elemento diferencial entre la función jurisdiccional y la función administrativa a la «*irrevocabilidad*» de la decisión con que la jurisdicción se ejerce, que no puede confundirse con la irrecurribilidad. Aunque no toda la doctrina coincide al efecto, existiendo sectores que entienden que la irrevocabilidad no es un rasgo peculiar de la actividad jurisdiccional (así, entre nosotros, *Díez-Picazo),* por nuestra parte, creemos con *De Otto* que la irrevocabilidad, el efecto de *cosa juzgada,* es una cualidad que no concurre en ninguna resolución administrativa y que, en consecuencia, otorga su sentido característico a la potestad jurisdiccional.

Este efecto de *cosa juzgada* se traduce en el carácter inalterable de la decisión (cosa juzgada formal) y en la fuerza del pronunciamiento para obligar a todos, como acto de concreción imperativa del derecho en un caso concreto, excluyendo la posibilidad de volver a tratar y decidir sobre el mismo objeto ya resuelto de manera firme (cosa juzgada material).

Precisado el concepto de *«jurisdicción»,* como determinación, aplicación irrevocable del derecho en un caso concreto *(De Otto),* se suscita de inmediato la cuestión de cuál es el contenido de la función jurisdiccional o, si se prefiere, de la potestad que se atribuye constitucionalmente a los Juzgados y Tribunales.

El artículo 117.3 no es muy preciso al respecto. Se limita a significar que la potestad jurisdiccional consiste en juzgar y hacer que se ejecute lo juzgado. Tal previsión tiene, sin embargo, enorme interés, pues nos pone de manifiesto que esta potestad no se ciñe tan sólo a una actividad aplicativa del derecho, sino que reserva a sus titulares el hacer que se ejecute lo juzgado, lo que si bien no requiere de modo ineludible que sean quienes enjuician los que se conviertan en ejecutores del fallo, sí parece exigir que los Juzgados y Tribunales controlen la ejecución de sus resoluciones, lo verifiquen, en definitiva, que no se despreocupen por entero de la ejecución del fallo. Ello entraña lo que se ha dado en llamar el *principio de plenitud.*

Hecha esta precisión, y retomando el tema precedentemente suscitado (el contenido de la potestad jurisdiccional), se cae en la cuenta de que el artículo 117.3 nada dice en torno a qué abarca, qué comprende la función de juzgar propiamente dicha. Más aún, el Título VI nada señala al efecto. Ello no quiere decir que del conjunto de las normas constitucionales no pueda entresacarse cuál es ese contenido. Y en efecto, en nuestra Norma suprema encontramos un conjunto de preceptos muy ilustrativos, que nos marcan ese contenido, y de los que, sin ánimo exhaustivo, recordaremos ahora los siguientes:

— El artículo 24.1: tutela efectiva de los derechos e intereses legítimos.

— El artículo 25: monopolio de la imposición de penas.

— El artículo 53.2: tutela de los derechos fundamentales y de las libertades públicas, como también de la cláusula del artículo 14.

— El artículo 106.1: control de la potestad reglamentaria, de la legalidad de la actuación administrativa y del sometimiento de ésta a los fines que la justifican.

El principio de plenitud entraña, como antes vimos, que los Juzgados y Tribunales no puedan desentenderse de la ejecución de sus resoluciones, una vez que éstas han sido dictadas; ello, a su vez, se vincula con el hecho de que toda resolución judicial firme debe ser considerada como un mandato que se impone por los medios adecuados. La potestad jurisdiccional implica el ejercicio de *«imperium»*, que coloca a los órganos jurisdiccionales en una situación de supremacía sobre las partes (independientemente de quienen sean) del proceso del que conocen, que quedan por lo tanto sometidas al fallo. De ahí la obligatoriedad del cumplimiento de las sentencias, y de ahí precisamente la previsión del artículo 118 de la Constitución, que, como bien advierte *Díez-Picazo,* no sólo impone un deber de colaboración, cuyo cumplimiento viene obligado a garantizar el Estado, sino, sobre todo, consagra la naturaleza vinculante e irreversible de las resoluciones judiciales firmes.

A tenor del artículo 118:

> «Es obligado cumplir las sentencias y demás resoluciones firmes de los Jueces y Tribunales, así como prestar la colaboración requerida por éstos en el curso del proceso y en la ejecución de lo resuelto.»

Caracterizada de esta forma la potestad jurisdiccional, hemos de recordar de nuevo que al Poder Judicial, integrado por los Jueces y Magistrados, se le atribuye la titularidad de esa potestad y, por ello mismo, su consecuente ejercicio.

No obstante, conviene destacar que, como ya señalamos, el Poder Judicial no está compuesto por un sólo órgano, a diferencia de los restantes poderes estatales, sino por una pluralidad de ellos: unos unipersonales (los Juzgados), otros colegiados (los Tribunales), y todos y cada uno de ellos están dotados de independencia en el ejercicio de la potestad jurisdiccional.

Como ha dicho el Tribunal Constitucional (STC 108/1986, de 29 de julio), «el Poder Judicial consiste en la potestad de ejercer la jurisdicción y su independencia se predica de todos y cada uno de los jueces en cuanto ejercen tal función, quienes propiamente integran el poder judicial o son miembros de él porque son los encargados de ejercerla».

c/ El principio de unidad

a') Su significado

El principio de unidad del Poder Judicial aparece proclamado por el artículo 117.5 de nuestra Constitución, de conformidad con el cual:

> «El principio de unidad jurisdiccional es la base de la organización y funcionamiento de los Tribunales. La ley regulará el ejercicio

> de la jurisdicción militar en el ámbito estrictamente castrense y en los supuestos de estado de sitio, de acuerdo con los principios de la Constitución.»

El artículo 117.5 se abre con la proclamación del principio de unidad jurisdiccional, «base de la organización y funcionamiento de los tribunales».

Tres significados suelen darse a este principio:

A) Desde una perspectiva abstracta, la unidad jurisdiccional suele hacerse derivar de la propia unidad e indivisibilidad de la soberanía. En cuanto función que dimana de la soberanía del Estado, la jurisdicción es única.

B) Un segundo significado de la unidad jurisdiccional viene referido a la unidad territorial. En el Estado autonómico diseñado por nuestros constituyentes, esta vertiente del principio adquiere notable relevancia, y se traduce en la atribución al Estado de la competencia exclusiva sobre la Administración de Justicia, como también sobre la legislación procesal (artículo 149.1, números 5 y 6, respectivamente).

Bien es verdad que, como el propio Tribunal Constitucional ha reconocido (STC 38/1982, de 22 de junio), la Constitución ha tomado en consideración la organización territorial del Estado al fijar criterios básicos para la organización judicial, como acredita el artículo 152.1, párrafo segundo, al establecer que «un Tribunal Superior de Justicia (...) culminará la organización judicial en el ámbito territorial de la Comunidad Autónoma», y en sintonía con ello (en el párrafo tercero del propio precepto), que «las sucesivas instancias procesales, en su caso, se agotarán ante órganos judiciales radicados en el mismo territorio de la Comunidad Autónoma en que esté el órgano competente en primera instancia».

Sin embargo, no es menos cierto que esta organización territorial de la justicia se lleva a cabo «sin perjuicio de la jurisdicción que corresponde al Tribunal Supremo», y que el agotamiento de las instancias procesales ante órganos radicados en el territorio de la Comunidad se establece «sin perjuicio de lo dispuesto en el artículo 123», que configura al Tribunal Supremo como el órgano jurisdiccional superior en todos los órdenes, salvo lo dispuesto en materia de garantías constitucionales. Ambas cláusulas de salvaguardia tienden, pues, a hacer efectivo el principio de unidad jurisdiccional en su proyección territorial.

C) El último de los sentidos del principio de unidad jurisdiccional, posiblemente el de mayor proyección y relevancia, encuentra su última «ratio» en la conexión del inciso primero del artículo 117.5 con el artículo 117.3. La unidad jurisdiccional entraña la existencia de una organización judicial (que se refleja en los juzgados y tribunales) que monopoliza la potestad jurisdiccional de acuerdo con el principio de exclusividad («juzgando y haciendo ejecutar lo juzgado») y de conformidad con unas normas de competencia y procedimentales previamente establecidas por las leyes con carácter general. En definitiva, se trata de que no exista ni una sola manifestación jurisdiccional que no goce de las garantías de la jurisdicción ordinaria. De esta forma, el principio de unidad se conecta estrechamente con el de independencia. Como afirma *Gimeno Sendra,* en el Estado de Derecho la función de juzgar debe estar encomendada a un único conjunto de jueces independientes e imparciales, en donde toda manipulación en su constitución e independencia esté expresamente desterrada.

A su vez, esta trascendente manifestación del principio de unidad no es sino un reflejo del derecho al juez natural, esto es, del derecho al juez ordinario predeterminado por la ley que consagra el artículo 24.2 de nuestra Norma suprema.

Como bien sostiene *Serrano Alberca,* la clave del principio de unidad está en que la garantía de independencia de los jueces sólo se consigue con la existencia de «una organización judicial ordinaria», entendiendo por tal aquélla que está prevista por la ley con carácter general, tanto en cuanto a sus órganos, como en cuanto a su competencia y procedimiento. De ahí que el artículo 117.6 prohíba de modo absoluto los Tribunales de excepción y que el artículo 117.5 circunscriba la jurisdicción militar al «ámbito estrictamente castrense».

La «Bonner Grundgesetz» ha reflejado con notable claridad esta doble vertiente, subjetiva y objetiva, al prescribir en su artículo 101.1 que: «Serán ilícitos cualesquiera tribunales de excepción. Nadie podrá ser sustraído a su juez legal.»

Entre nosotros, el Tribunal Constitucional ha establecido idéntica vinculación entre el principio de unidad jurisdiccional y el derecho al juez natural, al juez ordinario predeterminado por la ley.

Ya en su Sentencia 75/1982, de 13 de diciembre, el Tribunal sostendría que «el derecho al Juez ordinario predeterminado por la ley resultaría vulnerado si se atribuyese un asunto determinado a una jurisdicción especial y no a la ordinaria». Desarrollando más esta consideración, en su Sentencia 111/1984, de 28 de noviembre, nuestro supremo intérprete de la Constitución entiende que si bien el precepto del artículo 24.2 garantiza a toda persona un Juez ordinario previamente determinado mediante la institución jurídico-pública de las competencias legales, su formulación debe verse, además, desde la conceptuación de la jurisdicción militar, como jurisdicción especial, que, cabalmente, por este carácter, frente a la regla general de la jurisdicción ordinaria no consiente interpretaciones que llevan más allá de lo que se define por referencia al «ámbito estrictamente castrense».

Es precisamente por ello por lo que el conocimiento por la jurisdicción militar de una causa no ajustada a aquel ámbito, puede verse desde la cara del artículo 117.5, entendiendo que no respeta la regla constitucional delimitadora del ámbito jurisdiccional castrense, aunque también desde la perspectiva del artículo 24.2, y ello no sólo por el valor que tiene la formulación constitucional en cuanto utiliza el término «ordinario», indicativo de un órgano jurisdiccional integrado en la jurisdicción ordinaria, sino por la consideración más general de que «la predeterminación, mediante la formulación de las competencias legales, comprende las que definen el ámbito castrense exceptuado de la regla general de la jurisdicción ordinaria».

A la vista de las anteriores reflexiones, la conclusión es inequívoca: «puede llevarse al recurso de amparo la transgresión de las reglas definidoras de la jurisdicción, en cuanto en su formulación, o en su interpretación o aplicación, resulte incompatible con el alcance que a la jurisdicción militar asigna el artículo 117.5, pues implicaría a la vez violación del artículo 24.2.»

En definitiva, el quebrantamiento del artículo 117.5, mediante la atribución a la jurisdicción militar de un asunto de competencia de la jurisdicción ordinaria, supone una lesión del derecho al Juez ordinario que proclama el artículo 24.2 de nuestra Lex Superior. Ello constituye una reiterada doctrina constitucional (así, entre otras, SSTC 66/1986, de 23 de mayo, y 105/1985, de 7 de octubre).

b') La jurisdicción militar: su ámbito competencial

I. La primera de las cuestiones que hemos de plantearnos a la vista del inciso segundo del artículo 117.5 es la de su verdadero alcance. ¿Qué quiso en realidad establecer el constituyente al afirmar que «la ley regulará el ejercicio de la jurisdicción militar en el ámbito estrictamente castrense»?

A nuestro juicio, de acuerdo con *López Ramón,* el constituyente no ha pretendido establecer nada parecido a una suerte de garantía institucional para la jurisdicción militar. No nos hallamos ante una institución que pueda considerarse componente esencial del orden jurídico-político establecido por la Constitución, cuya preservación se juzgue indispensable para asegurar los principios constitucionales; consecuentemente, no pensamos que pueda sostenerse que existe en esta institución un núcleo o reducto indisponible para el legislador.

Ello no obstante, su existencia constituye una singularidad jurisdiccional de relevancia constitucional, singularidad que se traduce en el hecho de que, como ha reconocido nuestro supremo intérprete de la Constitución (STC 180/1985, de 19 de diciembre), la jurisdicción castrense no pueda organizarse sin tener en cuenta determinadas peculiaridades que originan diferencias tanto sustantivas como procesales respecto de la jurisdicción ordinaria. Estas especialidades y el propio reconocimiento constitucional de la jurisdicción castrense, son a su vez la consecuencia obligada de la peculiar configuración que deben revestir las Fuerzas Armadas a fin de poder cumplir con eficacia los altos fines que les asigna el artículo 8.° de la Constitución.

En esta misma dirección se ha pronunciado el Tribunal Constitucional, para el que la importante misión constitucional de las Fuerzas Armadas está en la base de su ulterior consideración de que la configuración idónea y eficaz de aquéllas en orden al cumplimiento de sus altos fines representa un interés de singular relevancia en el orden constitucional:

> «No puede caber duda —sostiene al efecto el Tribunal (Auto del Tribunal Constitucional 375/1983, de 30 de julio)— que, dada la importante misión que a las Fuerzas Armadas asigna el artículo 8.°.1 de la CE, *representa un interés de singular relevancia en el orden constitucional el que las mismas se hallen configuradas de modo que sean idóneas y eficaces para el cumplimiento de sus altos fines* (...). A tal fin, la específica naturaleza de la profesión militar exige en su organización un indispensable sistema jerárquico, manifestado en una especial situación de sujeción enmarcada en la disciplina, que impone una precisa vinculación descendente para conseguir la máxima eficacia y el factor de precisa conexión que obliga a todos por igual.»

De esta específica configuración institucional de las Fuerzas Armadas, exigida, en último término, por la necesidad de cumplir con eficiencia sus trascendentales funciones constitucionales, deriva la conveniencia de una jurisdicción castrense. Así se ha encargado de precisarlo una vez más el Tribunal Constitucional:

> «... (las Fuerzas Armadas) necesitan imperiosamente, para el logro de los altos fines que el artículo 8.°.1 de la CE les asigna, una especial e idónea configuración, de donde surge, entre otras singularidades, el reconocimiento constitucional de una jurisdicción castrense estructurada y afianzada en términos no siempre coincidentes con los propios de la jurisdicción ordinaria» (STC 97/1985, de 29 de julio).

Esta singularidad de la jurisdicción militar se traduce en el hecho de que no pueda organizarse sin tener en cuenta determinadas peculiaridades que originan diferencias tanto sustantivas como procesales respecto de la jurisdicción ordinaria. Bien es verdad que ello no es óbice para que el derecho sustantivo, penal y disciplinario, como también el proceso penal y disciplinario militar, hayan de encontrarse en su regulación acomodados a la Constitución. Resulta incuestionable —ha dicho el Tribunal (STC 97/1984, de 19 de octubre)— que el enjuiciamiento militar, sin perder por ello sus peculiaridades, ha de verse configurado por la Constitución vigente.

II. El reconocimiento constitucional de la singularidad de la jurisdicción castrense, que encuentra pleno apoyo no sólo en el hecho de que nuestro constituyente se haga eco de la institución, sino en el de que, además, la contemple nada más proclamar el principio de unidad jurisdiccional, se formula circunscribiéndola de inmediato al *«ámbito estrictamente castrense»*. En efecto, el verbo «regulará» («La ley regulará el ejercicio de la jurisdicción militar en el ámbito estrictamente castrense...») no está marcando tanto la inexcusabilidad de que el legislador proceda a normativizar la jurisdicción militar, cuanto la ineludibilidad de que, llegado el momento de proceder a tal normación, el ámbito competencial que se reconozca a esta jurisdicción sea el «estrictamente castrense». Ello impone una consideración forzosamente restrictiva del alcance de esa jurisdicción a los supuestos previstos constitucionalmente, como, por lo demás, ha significado el Tribunal Constitucional (STC 93/1986, de 7 de julio).

Este carácter restrictivo que el artículo 117.5 impone a la jurisdicción castrense, que se conforma como una jurisdicción de carácter especial, se proyecta en una doble dimensión:

A) De un lado, en una *presunción general de competencia de la jurisdicción ordinaria,* cuya «vis atractiva» debe operar como pauta general. De ello ha entresacado el Tribunal Constitucional una importante consecuencia de carácter procesal: «no basta para la atribución de una causa a la jurisdicción militar la simple invocación de que haya motivos que la justifiquen, sino que es necesario que se razone y se justifique que tales motivos existen» (STC 75/1982, de 13 de diciembre).

B) De otro, en un *criterio hermenéutico de la legislación de desarrollo del artículo 117.5,* sobre la base del propio valor interpretativo del mismo. «El precepto —ha dicho el Tribunal Constitucional (STC 75/1982)— remite a la regulación legal, pero es evidente que su enunciado tiene también un valor interpretativo de aquella regulación. En este sentido y prescindiendo de la hipótesis del estado de sitio (...), resulta claro el carácter eminentemente restrictivo con que se admite la jurisdicción militar, reducida al "ámbito estrictamente castrense". Este carácter restrictivo ha de ser tenido en cuenta, en lo necesario, para interpretar la legislación correspondiente.»

Por lo demás, la inclusión de la referencia constitucional a la jurisdicción castrense en el Título VI, relativo al Poder Judicial, nos revela que la actuación de los Tribunales militares queda muy alejada de la idea de una actividad meramente administrativa, disciplinaria, doméstica o corporativa *(Casado Burbano)*. Bien al contrario, la jurisdicción militar se integra en el Poder Judicial del Estado. Ello, a su vez, supone, como admite la doctrina *(Lorca Navarrete, López Ramón),* que si bien esta jurisdicción se ejerce en el «ámbito estrictamente castrense», no es castrense en el sentido de que deba inexcusablemente formar parte de las Fuerzas Armadas. Es decir, si bien las peculiaridades institucionales de los Ejércitos y la necesidad de que éstos sean idóneos en orden al cumplimiento de los altos fines que la Constitución les reconoce, se traducen en un conjunto de singularidades, alguna de ellas de relevancia constitucional, como es el caso de la existencia de una jurisdicción militar, ello no debe entenderse en el sentido de que esta jurisdicción deba integrarse en las Fuerzas Armadas, deba, en definitiva, seguir vinculada, como antaño, a la autoridad militar, o venir integrada por unos órganos jurisdiccionales a los que sólo, o básicamente, pueden acceder unas determinadas personas.

Una conclusión de esta naturaleza, desde luego, no la encontramos en la referencia constitucional a la jurisdicción militar, que deja tan sólo muy claro: 1.º) que la jurisdicción militar se integra dentro del Poder Judicial del Estado; 2.º) que debe circunscribir su ámbito competencial a lo «estrictamente castrense»; 3.º) que esa competencia puede verse ampliada en los supuestos de estado de sitio, y 4.º) que, en todo caso, debe actuar de acuerdo con los principios de la Constitución.

Nos referiremos a continuación, y separadamente, a cada uno de estos cuatro aspectos.

III. La integración de la jurisdicción castrense dentro del Poder Judicial del Estado implica varias consecuencias relevantes.

En primer término, que su existencia debe, en todo caso, salvaguardar el principio de unidad del Poder Judicial, lo que significa la ineludibilidad de lograr esa unidad por lo menos en su vértice, respetando la disposición del artículo 123.1 de nuestra «Lex Superior», que considera al Tribunal Supremo como el órgano jurisdiccional superior en todos los órdenes, salvo lo dispuesto en materia de garantías constitucionales.

En segundo lugar, que la función jurisdiccional debe ser ejercida por verdaderos órganos judiciales militares, a los que se ha de rodear de las garantías necesarias. Y ello, precisamente, por cuanto el principio de independencia, máxima garantía de una recta administración de justicia, debe encontrar una definición positiva en los órganos judiciales militares.

En tercer término, ha de entenderse que en los asuntos de su competencia, el ejercicio de la potestad jurisdiccional militar corresponde en exclusiva a los órganos judiciales castrenses legalmente determinados (principio de exclusividad en su vertiente positiva), que en su propio marco competencial habrán de considerarse Juez ordinario predeterminado por la ley.

En cuarto lugar, el principio de plenitud también rige respecto de esta jurisdicción en su ámbito de competencias propio. A los órganos jurisdiccionales militares corresponde no sólo juzgar, sino también hacer que se ejecute lo juzgado.

Finalmente, el principio de legalidad, que en realidad sería el primero de todos, y que debe entenderse como la sujeción de todos los órganos jurisdiccionales militares al imperio de la ley, principio éste en el que, por lo demás, puede verse uno de los soportes básicos de la independencia judicial.

El artículo 117.5 —ha dicho el Tribunal Constitucional, alineándose en esta dirección (STC 60/1991, de 14 de marzo)— no sólo impide una extensión inadecuada de la jurisdicción militar, sino que, desde una vertiente positiva, impone al legislador una transformación radical de su configuración y alcance, que se traduce —en lo que ahora nos interesa— en su sometimiento a los principios constitucionales relativos a la independencia del órgano judicial y a las garantías sustanciales del proceso y de los derechos de defensa.

IV. La mayor dificultad interpretativa planteada por el artículo 117.5, sin ningún género de dudas, radicaba en aclarar qué había de entenderse por *«ámbito estrictamente castrense»*, concepto jurídico indeterminado al que acuden los constituyentes como criterio de delimitación competencial.

Nuestros constituyentes, de esta forma, se desmarcaban de la opción seguida por la Constitución de 1931, o de la adoptada por la Constitución italiana de 1947, textos que precisaban en mucha mayor medida esa competencia (delitos militares, servicios de armas y disciplina de todos los Institutos armados, la Constitución de la Segunda República; delitos militares cometidos por personas pertenecientes a las Fuerzas Armadas, la Constitución italiana de 1947). Ahora bien, en el desarrollo legislativo ulterior, hemos asistido a una cierta aproximación a ambos modelos.

Las posiciones doctrinales en torno a qué debe entenderse por *«ámbito estrictamente castrense»* se han diversificado notablemente, poniéndose el acento, en unos casos, en la eficiencia de los Ejércitos, en la protección de los intereses del servicio y la disciplina, en otros, y asimismo en el trascendental hecho de ser los Ejércitos los instrumentos de la defensa nacional.

A nuestro juicio, el ámbito competencial de la jurisdicción castrense ha de ponerse en conexión con la razón de ser de la propia institución, que se encuentra, en último término, en la necesidad de mantener a los Ejércitos como una eficaz organización de combate en orden al más exacto cumplimiento de los altos fines que les asigna la Constitución.

La propia indeterminación del criterio utilizado por el constituyente, no tanto para marcar un mínimo y un máximo, sino más bien para delimitar el dintel de la competencia de la jurisdicción castrense, dificulta en exceso su concreción, lo que se traduce en que el legislador en sede orgánica pueda rellenar esa competencia con mayor o menor amplitud, operando en buena medida por razones de oportunidad política, sin por ello transgredir la norma constitucional, salvo que, de modo patente, se atribuya a la jurisdicción militar una competencia que exceda del *«ámbito estrictamente castrense»*, y así lo constate el Tribunal Constitucional. El dispar desarrollo legislativo del precepto corrobora, por lo demás, nuestra apreciación.

En todo caso, con el recurso a ese concepto jurídico indeterminado que es lo *«estrictamente castrense»*, el constituyente, a nuestro modo de ver, se inclinaba por un criterio material, abandonando así, implícitamente al menos, el tríptico competencial característico en tantos momentos de nuestra historia pasada (competencia por razón de la materia, de la persona y del lugar). Podremos discutir qué materias caen dentro de ese ámbito —discusión un tanto estéril, pues la concreción de ese ámbito, constitucionalmente erigido en fundamento de la jurisdicción militar pero normativamente indeterminado, en último término, será la resultante de una opción política determinada, como antes expusimos—, pero lo que entiendo que no admite discusión es que con esa delimitación competencial, el constituyente se inclinaba decididamente a favor del elemento material.

En análoga dirección se ha situado la doctrina del Tribunal Constitucional. Para éste, la noción de *«lo estrictamente castrense»*, que ha de ser interpretada a la luz de otros preceptos constitucionales, en particular los artículos 8.º y 30 de la Constitución, sólo puede ser aplicada a los delitos exclusiva y estrictamente militares, tanto por su directa conexión con los objetivos, tareas y fines propios de las Fuerzas Armadas —que no son sino los que hacen referencia a la organización bélica del Estado, indispensable para la satisfacción de «las exigencias defensivas de la comunidad», consideradas en otro momento (STC 160/1987, de 27 de octubre) como un auténtico bien constitucional— como por la necesidad de una vía judicial específica para su conocimiento y eventual represión (STC 60/1991, de 14 de marzo).

V. El primer intento de acomodo a las exigencias constitucionales de la jurisdicción militar en general, y de su ámbito competencial en particular, lo encontramos en la Ley Orgánica 9/1980, de 6 de noviembre, de reforma del Código de Justicia Militar de 1945.

La Ley mantendría el tríptico competencial característico, esto es, atribución de competencias por razón de la materia (o si se prefiere, por razón del delito cometido), por razón de la persona que lo cometiera y por razón del lugar de comisión del mismo. Bien es verdad que ese tríptico competencial se reorientaba en función de la llamada cláusula de «afectación del buen régimen y servicio de las Fuerzas Armadas», cláusula que se convertía en la clave de arco del sistema de distribución de competencias entre la jurisdicción ordinaria y la castrense.

El artículo 3.º.2 de la Ley Orgánica 6/1985, del Poder Judicial iba, sin embargo, a suponer un notable giro respecto de la interpretación que hasta ese momento se había dado a lo que debía entenderse por *«ámbito estrictamente castrense»*. Abandonando el tríptico competencial tradicional, el precepto en cuestión se inclinaba decidida y unidireccionalmente en pro de un criterio material, de conformidad con el cual, se entendía que el *«ámbito estrictamente castrense»* se debía circunscribir a los delitos militares.

Esta determinación encontraba su complemento en la Disposición Derogatoria de la Ley Orgánica 13/1985, de 9 de diciembre, de Código Penal Militar, que, entre otras disposiciones, declaraba expresamente derogadas aquellas que se refirieran «a la aplicación por la Jurisdicción Militar de criterios distintos del de competencia por razón del delito».

Así planteada la cuestión, la problemática se trasladará a la conceptualización del delito militar. A este respecto, el párrafo primero del artículo 20 del Código Penal Militar prescribe: «Son delitos militares las acciones y omisiones dolosas o culposas penadas en este Código.» Estamos en presencia de una definición puramente formal, y ello nos conduce a la necesidad de examinar las conductas incriminadas como constitutivas de delito militar, a fin de entresacar los bienes jurídicos que se han estimado de naturaleza militar y susceptibles por ello mismo de ser protegidos penalmente, pues son esos bienes jurídicos castrenses los que dotan de contenido al delito militar.

Desde luego, las categorizaciones a este respecto resultan un tanto difusas; ello no obstante, la doctrina ha venido diferenciando los *delitos exclusiva o propiamente militares,* esto es, aquellos en los que el militar quebranta un deber inherente a la profesión de las armas, sin perjuicio de que también puedan ser responsabilizados por ellos los no militares, por la vía indirecta de la participación de «stranei», de aquellos otros *delitos impropiamente militares,* en los que personas civiles pueden ser sujetos activos directos de un ataque a un bien jurídico castrense, o en los que su propio carácter pluriofensivo daña a la par bienes jurídicos tutelados por la legislación ordinaria y bienes de naturaleza castrense.

El Código Penal Militar ha venido a incriminar conductas constitutivas de delitos de uno y otro tipo. Bien es verdad que tal incriminación se centra en los delitos exclusiva o propiamente militares, si bien, con carácter excepcional, se extiende a supuestos que afectan al servicio y a los intereses de los Ejércitos, en los que paisanos pueden ser sujetos activos directos de un ataque a la institución armada. Tal extensión se da igualmente con los llamados «delitos pluriofensivos», donde el delito es originariamente común, pero al cometerlo un militar, se daña preferentemente a las Fuerzas Armadas, además, obviamente, de al bien jurídico tutelado por la legislación ordinaria.

Digamos, ya para finalizar, que ha sido la Ley Orgánica 4/1987, de 15 de julio, de la competencia y organización de la jurisdicción militar, la que ha regulado en detalle el ámbito competencial de esta jurisdicción.

En tiempo de paz, la jurisdicción militar conoce de las conductas tipificadas como delito en el Código Penal Militar y extiende su competencia a cualquier clase de delito en el supuesto de tropas desplazadas fuera del territorio nacional.

VI. La competencia de la jurisdicción militar puede verse ampliada en los supuestos de estado de sitio. Aunque el estado de sitio, como ya advirtiéramos en otro lugar, no se propone directamente facilitar el desarrollo de una conflagración bélica, tiende, sin embargo, a asegurar y mantener el orden constitucional en supuestos cualitativamente diferentes y, desde luego, mucho más graves que los que desencadenan el estado de excepción, supuestos en los que peligra la misma estructura político-constitucional del Estado. De ahí que nos parezca acertado pensar en un tratamiento diferenciado de la justicia militar en situaciones de normalidad constitucional, simplemente dirigido a la tutela de los bienes jurídicos esenciales a los Ejércitos, pero formulado en los términos que estrictamente necesiten ser diversos de los comunes, y en el estado de sitio, donde las necesidades de la situación excepcional, aun quedando sujetas en la medida de lo posible a normas jurídicas flexibles, prevalecen sobre otros bienes o valores jurídicos.

La previsión constitucional del artículo 117.5 ha tenido su complemento en el artículo 35 de la Ley Orgánica 4/1981, de 1 de junio, de los estados de alarma, excepción y sitio, a cuyo tenor, en la declaración del estado de sitio, la Cámara Baja podrá determinar los delitos que durante su vigencia quedan sometidos a la jurisdicción castrense.

VII. El inciso final del artículo 117.5, como ya dijimos, prevé que la regulación de la jurisdicción militar deba realizarse «de acuerdo con los principios de la Constitución». A este respecto, al margen ya de los principios generales contenidos en los Títulos Preliminar y Primero de la Constitución, son de particular interés a efectos de la regulación de la jurisdicción castrense:

a/ Los principios informadores de la función jurisdiccional, a los que nos referimos con anterioridad, y de entre los que recordaremos: el principio de unidad jurisdiccional, el principio de independencia, el de exclusividad, el de plenitud...

b/ Los principios procesales constitucionales (publicidad, oralidad, motivación de las sentencias... etc.).

c/ Por último, las garantías y derechos constitucionales que nuestra Norma fundamental reconoce y que tienen una específica proyección en el ámbito jurisdiccional penal: derechos y garantías de la libertad personal del artículo 17; derecho a la tutela judicial efectiva; garantías procesales del proceso penal..., etc.

d/ El principio de exclusividad

El último de los principios con los que la Constitución caracteriza al Poder Judicial es el principio de exclusividad, que, como viene reconociéndose de modo generalizado, presenta una *doble vertiente: positiva* y *negativa.* Mientras la primera se conoce también como *principio de reserva de jurisdicción* o de monopolio de la jurisdicción, la segunda, la vertiente negativa, suele identificarse, con mayor propiedad, como *principio de exclusividad en sentido propio.*

Con carácter general, el principio de exclusividad constituye, como advierte *Gimeno Sendra,* un atributo o prerrogativa del Estado, con el que se proscribe expresamente la autodefensa como medio de solución de los conflictos, operando a la par como una garantía del justiciable, en la medida en que al ciudadano se le garantiza el derecho a la tutela judicial efectiva.

a') Su vertiente positiva: la reserva de jurisdicción

La vertiente positiva del principio de exclusividad aparece expresa y rotundamente proclamada por el artículo 117.3 de nuestra «Lex Superior», cuando determina que: «el ejercicio de la potestad jurisdiccional juzgando y haciendo ejecutar lo juzgado corresponde *exclusivamente* a los Juzgados y Tribunales determinados por las leyes...»

El principio se sitúa en la línea tradicional de nuestro constitucionalismo histórico, que ya se hiciera eco de él en el artículo 242 del texto de Cádiz, presentándosenos como una consecuencia obligada del principio de división de poderes. Ahora bien, en nuestra Constitución, sin dejar de poder ser considerado como una resultante de ese principio de división de poderes, el principio de monopolio de jurisdicción, como lo denomina *De Otto,* viene exigido por otros preceptos constitucionales. Basta con que recordemos el contenido de la potestad jurisdiccional —anteriormente analizado— para comprenderlo. El derecho a la tutela judicial efectiva, la tutela de los derechos fundamentales, el control judicial de la actuación administrativa... etc., exigen inequívocamente que ningún órgano distinto de aquellos a los que se reserva el ejercicio de la potestad jurisdiccional pueda intervenir en la resolución de situaciones litigiosas. De ahí que esta vertiente del principio de exclusividad pueda considerarse como una verdadera reserva de jurisdicción, como la califica *Muñoz Machado,* esto es, como una reserva de aquella función jurisdiccional a los jueces y tribunales determinados por la ley.

La reserva de jurisdicción se proyecta en un doble sentido:

a/ Excluyendo la posibilidad de que ejerzan jurisdicción los particulares y los tribunales no integrados en la organización judicial del Estado, con la única salvedad de los llamados Tribunales consuetudinarios y tradicionales, a los que se refiere el artículo 125. Y

b/ Impidiendo el ejercicio de potestades jurisdiccionales a cualesquiera órganos del Estado que no ostenten la condición de Juzgados y Tribunales en el sentido del artículo 117.1 de nuestra Norma suprema.

Esta doble proyección, como bien dice *De Otto,* responde no sólo a la pretensión de garantizar la realización del Derecho estatal, sino también, y sobre todo, a la de asegurar los derechos de los ciudadanos ante los órganos jurisdiccionales, porque los Juzgados y Tribunales a los que se encomienda en exclusiva el ejercicio de la potestad jurisdiccional están sujetos a unos principios de organización y funcionamiento (principio de unidad, artículo 117.5; interdicción de los Tribunales de excepción, artículo 117.6; principio de predeterminación legal del Juez, artículo 24.2... etc.) que no son sino la vertiente obligada a cuyo través se concreta el derecho subjetivo al juez ordinario predeterminado por la ley (artículo 24.2).

En cuanto, como ya hemos visto con anterioridad, la potestad jurisdiccional no se circunscribe a la fase declarativa del proceso, esto es, a juzgar y a decidir la «litis» mediante el correspondiente fallo judicial, sino que se proyecta a la fase ejecutoria, es decir, a la ejecución de lo juzgado, es evidente que el principio de reserva de jurisdicción abarca tanto una como otra fase.

El artículo 4.º de la Ley Orgánica 6/1985, del Poder Judicial, nos marca el ámbito subjetivo, material y territorial de la jurisdicción, al determinar que: «La jurisdicción se extiende a todas las personas, a todas las materias y a todo el territorio español, en la forma establecida en la Constitución y en las leyes». Quiere ello decir que una resolución judicial emanada de un Tribunal no español requerirá para que surta efectos jurídicos en España del correspondiente *«exequatur».*

Bien es verdad que, de conformidad con el artículo 93 de la Constitución, mediante ley orgánica puede autorizarse la celebración de tratados por los que se atribuya a una organización o institución internacional el ejercicio de competencias derivadas de la Constitución, entre las que, evidentemente, se halla la potestad jurisdiccional. De esta forma, y en virtud de la adhesión española a las Comunidades Europeas, un órgano jurisdiccional comunitario: el Tribunal de Justicia de las Comunidades Europeas (más bien habría que decir de la Unión Europea después de la cumbre de Maastricht), al que debe unirse, tras el Acta Unica, el Tribunal de Primera Instancia, ejercen potestad jurisdiccional sobre nuestro territorio.

La reserva de jurisdicción que venimos contemplando no es absoluta, pues es preciso recordar que el Tribunal Constitucional ejerce funciones jurisdiccionales en materia de garantías constitucionales. A este último órgano le corresponde, como veremos más adelante, la declaración de inconstitucionalidad de las leyes, sobre la que ejerce un total monopolio, si bien, como el propio Tribunal ha reconocido (STC 16/1981, de 18 de mayo), es ajeno a sus funciones valorar la forma en que los órganos del Poder Judicial en general interpretan y aplican las leyes, en tanto no se violen las garantías constitucionales, pues tal interpretación y aplicación, con esa salvedad y la relativa a la jurisdicción militar, es atribuida por la Constitución a los Juzgados y Tribunales ordinarios.

Por lo demás, existe algún supuesto en que el principio que venimos analizando queda desvirtuado. Ello acontece en aquellos casos en que una decisión judicial no es suficiente para poner en marcha un proceso, circunstancia que queda supeditada a la previa autorización de un órgano no jurisdiccional del que es miembro la persona que debe ser encausada. El ejemplo característico es la prerrogativa de la inmunidad parlamentaria, a la que ya nos refiriéramos.

b') Su vertiente negativa: la exclusividad en sentido propio

El principio de exclusividad presenta una segunda vertiente, esta vez negativa, a la que se refiere el artículo 117.4 de la Constitución, de conformidad con el cual:

> «Los Juzgados y Tribunales no ejercerán más funciones que las señaladas en el apartado anterior (juzgar y hacer que se ejecute lo juzgado) y las que expresamente les sean atribuidas por ley en garantía de cualquier derecho.»

También este principio es de rancia tradición constitucional. Ya vimos en un momento precedente cómo la Constitución francesa de 1791 acotaba las funciones de los tribunales, vedándoles toda ingerencia en el ejercicio del Poder legislativo o sobre la actividad administrativa. También la Constitución de Cádiz se haría eco del principio en su artículo 245, que prescribía que: «Los Tribunales no podrán ejercer otras funciones que las de juzgar y hacer que se ejecute lo juzgado.»

La Constitución de 1978 hace suya la prohibición tradicional con la que, como el mismo Tribunal Constitucional ha reconocido (STC

108/1986, de 29 de julio), se trata de garantizar la separación de poderes, impidiendo, pues, que los órganos integrantes del Poder Judicial puedan arrogarse funciones propias del Ejecutivo o del Legislativo. Sus funciones han de limitarse a las expresamente enunciadas por el artículo 117.3, esto es, juzgar y hacer que se ejecute lo juzgado. Ello no obstante, la Constitución deja abierto un resquicio para que los Juzgados y Tribunales puedan asumir funciones ajenas a la potestad jurisdiccional propiamente dicha.

Es precisamente este resquicio, esta posibilidad, la que suscita mayores dificultades de interpretación. El artículo 117.4, como acabamos de ver, se refiere a «las (funciones) que expresamente les sean atribuidas por ley en garantía de cualquier derecho». Ello significa, de entrada, una inequívoca reserva de ley que supone la imposibilidad de que estas nuevas funciones puedan atribuirse a los órganos del Poder Judicial por vía reglamentaria. Sólo el legislador podrá otorgar a los Juzgados y Tribunales el ejercicio de nuevas funciones.

Sin embargo, la mayor controversia interpretativa se ha suscitado en torno al requisito material que legitima la atribución al Poder Judicial de nuevas funciones, o lo que es igual, en torno a qué debe entenderse por *«garantía de cualquier derecho»*, pues, como ha señalado *Movilla Alvarez*, a través de esta fórmula puede tener cabida un amplio desbordamiento de la estricta potestad jurisdiccional.

El Tribunal Constitucional ha dado pie en alguna ocasión para pensar que el inciso final del artículo 117.4 se está refiriendo a la jurisdicción voluntaria, al operar en alguno de sus razonamientos mediante una implícita identificación entre potestad jurisdiccional y jurisdicción contenciosa. Así, en la Sentencia 93/1983, de 8 de noviembre, el Tribunal significará que la jurisdicción voluntaria ha de incluirse entre las funciones que, de acuerdo con el artículo 117.4 de la Constitución, puede atribuir la Ley expresamente al Juez en garantía de cualquier derecho.

Ello no obstante, como dice *Díez-Picazo,* aunque la jurisdicción voluntaria haya sido históricamente el principal —si no el único— ejemplo de atribución de funciones no jurisdiccionales a los Tribunales con la finalidad de garantizar derechos, ella no agota hoy en día todos los supuestos subsumibles en el artículo 117.4 in fine, ni da cuenta por sí sola de qué deba entenderse a efectos constitucionales por *«en garantía de cualquier derecho»*. La jurisdicción voluntaria, en efecto, cubre sólo actuaciones judiciales en la esfera jurídico-privada (así, por ejemplo, las funciones relativas al Registro Civil, a las que se refiere el artículo 2.º.2 de la Ley Orgánica del Poder Judicial, que, con esa sola adición, reproduce el texto del artículo 117.4), pero no engloba las actuaciones no jurisdiccionales en otros órdenes (penal, laboral o contencioso-administrativo).

La doctrina, con carácter bastante generalizado, ha coincidido en la apreciación de que el requisito material del artículo 117.4 cubre toda intervención judicial constitucionalmente requerida a los efectos de la restricción de derechos fundamentales en ausencia de un proceso. Así, en los supuestos de privación de libertad (artículo 17.2), autorización para la entrada o registro en domicilio (artículo 18.2), secuestro de publicaciones (artículo 20.5)... etc. También a nuestro juicio son éstas, sustancialmente, las actuaciones judiciales «*en garantía de cualquier derecho*» que encuentran perfecto encaje en el inciso final del artículo 117.4.

C) El estatuto jurídico del Juez

La Constitución de 1978 delinea en sus grandes rasgos el estatuto jurídico del Juez, elemento esencial, como fácilmente puede comprenderse, en orden a la salvaguarda del principio de independencia judicial, que constituye uno de los quicios sobre los que gira el Estado de Derecho.

Varios son los elementos que conforman el estatuto jurídico de los Jueces y Magistrados. A ellos pasamos a referirnos.

a/ El carácter funcionarial del Juez

La Constitución otorga al Juez el carácter de funcionario público. No en otro sentido debe entenderse la referencia que su artículo 122.1 hace al «estatuto jurídico de los Jueces y Magistrados *de carrera,* que formarán un *Cuerpo único*», estatuto que habrá de ser desarrollado por la Ley Orgánica del Poder Judicial. Y el Título I del Libro IV de la propia Ley Orgánica 6/1985, del Poder Judicial, está referido a la «*Carrera judicial*», que consta de tres categorías: Magistrado del Tribunal Supremo, Magistrado y Juez.

La jerarquización administrativa de los Jueces no es sino la resultante de su funcionarización, si bien en otros países en que también se sigue el régimen funcionarial, como es el caso de Italia, la Constitución se ha cuidado de soslayar cualquier tipo de categorización. Así, el párrafo tercero del artículo 107 de la Constitución italiana dispone que: «Los magistrados se distinguirán entre sí únicamente por la diversidad de funciones.»

La Ley Orgánica 6/1985 ha dado tal relevancia al principio jerárquico que, como señala *Andrés Ibáñez,* llega a una verdadera sustantivización de la «categoría», capaz de justificar la peregrina exigencia de que en el momento del ascenso de «categoría» haya de producirse la renovación del juramento o promesa que ha de prestar el Juez antes de posesionarse del primer destino (artículo 318).

a') El ingreso en la carrera judicial

Ya la Constitución de 1869 (artículo 94) estableció que «el ingreso en la carrera judicial será por oposición», previsión que desarrolló la Ley Orgánica del Poder Judicial de 1870, y que ha mantenido su vigencia con la nueva Ley Orgánica de 1985, pese al silencio constitucional al respecto.

El ingreso en la carrera judicial se efectúa básicamente por oposición libre, que como es lógico debe regirse por los principios de mérito y capacidad, que el artículo 103.3 de nuestra «lex legum» enuncia con carácter general para el acceso a la función pública, como también por el principio de igualdad, postulado por el artículo 23.2 en relación con el derecho de acceso a las funciones y cargos públicos.

La única salvedad legalmente contemplada es el acceso a la carrera judicial por concurso de méritos, que admite a su vez dos modalidades, conocidas como el tercer y cuarto turnos. Ya la Ley de 1870 estableció un «cuarto turno» de libre designación ministerial para los magistrados de las Audiencias y del Tribunal Supremo, que más tarde, en 1882, mediante una Ley Adicional a la de 1870, fue ampliado a los Juzgados. El «cuarto turno» sería suprimido definitivamente en 1902, si bien en 1932 volvió a establecerse tan sólo respecto del Tribunal Supremo.

La Ley Orgánica 6/1985 prevé, como antes decíamos, un *«tercer turno»* por cuya virtud, un tercio de las plazas de Jueces convocadas se reserva para su provisión por concurso de méritos entre juristas de reconocida competencia que cuenten con seis años de ejercicio en cualquier profesión jurídica.

El *«cuarto turno»* implica que de cada cuatro vacantes en la categoría de magistrado, una será cubierta por concurso de méritos entre juristas de reconocida competencia con diez años de ejercicio profesional.

En la Ley Orgánica 1/1980, de 10 de enero, del Consejo General del Poder Judicial, la selección de jueces y magistrados se confiaba en su integridad al órgano de gobierno del Poder Judicial, esto es, al Consejo General. Sin embargo, la Ley Orgánica 6/1985 ha otorgado esta competencia al Ministerio de Justicia, de igual forma que aconteciera en el sistema preconstitucional. La Constitución remite a aquella Ley la regulación de las funciones del Consejo, si bien éste debe asumir competencias en materia de nombramientos, ascensos, inspección y régimen disciplinario. «Nombramiento» no equivale a «selección», aunque, en pura lógica, debiera haberla incluido; sin embargo, esta falta de equivalencia permitió al legislador en sede orgánica arrebatar al Consejo General lo que ya le había sido otorgado cinco años antes.

La intervención del Ministerio de Justicia en el proceso de selección no casa del todo bien con ese principio que ha de guiar todo el estatuto jurídico del Juez, el principio de independencia judicial. Y como bien dice *Montero Aroca,* la independencia empieza a adquirirse o perderse desde el primer momento, desde el acceso al desempeño de la función jurisdiccional; de ahí la trascendencia del sistema de ingreso.

b') El principio de inamovilidad

La inamovilidad judicial presenta en el derecho continental europeo un perfil bien distinto del que ofrece en el derecho anglosajón, del que constituye un perfecto ejemplo la radical inamovilidad de los jueces norteamericanos, tanto los del Tribunal Supremo como los de los tribunales inferiores, que según el artículo 3.º, sección primera, de la Constitución, desempeñarán sus cargos mientras observen buena conducta, lo que entraña la absoluta imposibilidad de removerlos de los mismos salvo por el procedimiento de «*impeachment*», algo muy inusual, como refleja *Hermann Pritchett* cuando, escribiendo en 1959 («The American Constitution»), recuerda que un sólo magistrado del Tribunal Supremo ha sido objeto de un juicio político, mientras que sólo otros ocho jueces federales han sido objeto de «*impeachment*» desde la entrada en vigor de la Constitución (el 21 de junio de 1788).

Centrándonos ya en nuestro ordenamiento constitucional, hemos de decir que la relación funcionarial de servicio en que se halla el Juez en nuestra Constitución viene matizada por un principio tan esencial como el de la inamovilidad, que el artículo 117.1 enuncia inmediatamente después del de independencia, con el que guarda una estrechísima correlación («La justicia... se administra... por Jueces y Magistrados integrantes del poder judicial, independientes, inamovibles...»).

Más aún, el artículo 117.2, desarrollando en alguna medida el principio de inamovilidad, prescribe que:

> «Los Jueces y Magistrados no podrán ser separados, suspendidos, trasladados ni jubilados, sino por alguna de las causas y con las garantías previstas en la ley.»

A juicio de *Montero Aroca,* la inamovilidad de jueces y magistrados es en nuestro derecho absoluta, o lo que es lo mismo, no se refiere sólo a la carrera y a la categoría, sino que incluye el concreto puesto de trabajo y no tiene duración temporal, siendo permanente hasta la jubilación forzosa por edad.

Sin desechar la anterior interpretación, conviene significar de inmediato que de la lectura del artículo 117.2 se desprende que la inamovilidad constitucionalmente proclamada carece de todo contenido material, a diferencia de lo que sucede en otras Constituciones, como es el caso de la Ley Fundamental de Bonn, cuyo artículo 97.2, entre otras previsiones, establece que los jueces sólo podrán ser trasladados contra su voluntad en virtud de una resolución judicial, o como también es el caso del artículo 107 de la Constitución italiana, que exige para análogo supuesto de una resolución del Consejo Superior de la Magistratura, lo que entraña dotar de un cierto contenido material a la garantía de la inamovilidad.

Bien al contrario, en nuestro código constitucional la inamovilidad judicial se reduce a una mera reserva de ley. Así lo ha aclarado el Tribunal Constitucional, para quien las expresiones del artículo 117.2 (y también las atinentes a las normas de competencia y de procedimiento del artículo 117.3) han de ser interpretadas «en relación con las Leyes vigentes en el momento en que se produce la actuación» (STC 3/1982, de 8 de febrero).

Es cierto que toda normación legal que incida sobre la inamovilidad debe respetar la independencia judicial, respeto que cabe exigir tanto en el interior de la organización judicial (artículo 2.º de la Ley Orgánica del Poder Judicial —en adelante LOPJ—) como por «todos» (artículo 13 de la misma Ley). No en vano la garantía esencial de la independencia es la inamovilidad, como ha reconocido el Tribunal Constitucional (STC 108/1986, de 29 de julio). Sin embargo, esto, como advierte *Díez-Picazo,* sólo es verdaderamente eficaz con respecto a la separación y la suspensión, que, al tener naturaleza sancionatoria, están cubiertas por las garantías de los artículos 24.2 y 25.2 de la Constitución. No lo es, en cambio, respecto a la jubilación, como demostró la reducción de la edad de retiro llevada a cabo por la Ley Orgánica 6/1985, y considerada con posterioridad plenamente conforme con la Constitución (STC 108/1986), ni tampoco lo es respecto de los traslados. La Constitución no prohíbe los llamados traslados forzosos, de lo que da buena pueba la existencia en la LOPJ de destinos judiciales con limitación temporal (Presidencia de la Audiencia Nacional, Presidentes de los Tribunales Superiores de Justicia, Presidentes de las Audiencias Provinciales...). Y ello entraña, como fácilmente puede intuirse, la posibilidad de vulneraciones en supuestos particulares (digamos que en los casos de Jueces molestos al Poder) del principio de independencia judicial.

c') El régimen de incompatibilidades de los Jueces

La Constitución ha diseñado, en sus grandes rasgos, el régimen de incompatibilidades de los Jueces, Magistrados y Fiscales. A tenor de su artículo 127:

> 1. «Los Jueces y Magistrados así como los Fiscales, mientras se hallen en activo, no podrán desempeñar otros cargos públicos, ni pertenecer a partidos políticos o sindicatos. La ley establecerá el sistema y modalidades de asociación profesional de los Jueces, Magistrados y Fiscales.»

> 2. «La ley establecerá el régimen de incompatibilidades de los miembros del poder judicial, que deberá asegurar la total independencia de los mismos.»

Como queda claro a partir de la dicción del propio precepto, el régimen de incompatibilidades se orienta a asegurar el principio de independencia de los miembros del Poder Judicial. Es por ello mismo por lo que cobra sentido el carácter absoluto de las incompatibilidades enunciadas por el apartado primero del artículo 127, en especial en relación con la pertenencia a cualquier otro cargo público.

Y también desde esta perspectiva adquiere su razón de ser la prohibición de pertenencia a partidos políticos o sindicatos, que, como advirtiera *De Otto,* no puede interpretarse como un mandato de neutralidad, sino más bien en función del *principio de imparcialidad* implícitamente comprendido en los de independencia y sumisión exclusiva a la ley, pues en definitiva, lo que significa la imparcialidad es que la ley, el ordenamiento jurídico, sea el único criterio del juicio. Al impedir a los miembros de la carrera judicial la militancia política o sindical, se suprime la existencia o la mera apariencia de vínculos que pudieran levantar la sospecha de parcialidad.

En todo caso, la Constitución no sólo no ha prohibido, sino que ha reconocido el asociacionismo profesional de Jueces, Magistrados y Fiscales, remitiéndose a la Ley a efectos de su regulación. De conformidad con esta previsión, el artículo 401 LOPJ ha regulado el régimen jurídico de asociación profesional de Jueces y Magistrados. Otro tanto ha hecho respecto de los Fiscales el artículo 54 de la Ley 50/1981, de 30 de diciembre, por la que se regula el Estatuto Orgánico del Ministerio Fiscal.

El derecho de libre asociación profesional de Jueces y Magistrados se ha de ejercer de acuerdo, entre otras, con las siguientes reglas:

1.ª/ Reconocimiento de la personalidad jurídica y de la plena capacidad para el cumplimiento de sus fines de las asociaciones de Jueces y Magistrados.

2.ª/ La defensa de los intereses profesionales de sus miembros y la realización de actividades encaminadas al servicio de la Justicia en general son los fines lícitos que podrán tener estas asociaciones, que, por el contrario, se ven impedidas de realizar actividades políticas o de establecer vinculaciones con partidos políticos o sindicatos.

3.ª/ Estas asociaciones han de tener ámbito nacional.

4.ª/ Sólo los Jueces y Magistrados en activo pueden libremente asociarse o no a las mismas, en el bien entendido de que ninguno podrá estar afiliado a más de una asociación profesional.

5.ª/ Estas asociaciones quedarán válidamente constituidas desde que se inscriban en el Registro que será llevado al efecto por el Consejo General del Poder Judicial, no pudiendo denegarse la inscripción más que cuando la asociación o sus Estatutos no se ajustaren a los requisitos legalmente exigidos.

Por lo demás, el artículo 389 LOPJ enumera una serie de causas de incompatibilidad que afectan al cargo de Juez o Magistrado. Junto a ellas, es preciso atender a lo que determina el artículo único de la Ley Orgánica 1/1985, de 18 de enero, de incompatibilidades del personal al servicio del Tribunal Constitucional, Consejo General del Poder Judicial, componentes del Poder Judicial y personal al servicio de la Administración de Justicia, Tribunal de Cuentas y Consejo de Estado. A tenor del apartado primero de dicho artículo, el régimen de incompatibilidades de, entre otros, los componentes del Poder Judicial, será el establecido en la Ley de incompatibilidades del personal al servicio de las Administraciones Públicas (Ley 53/1984, de 26 de diciembre), sin perjuicio de las competencias para la autorización, reconocimiento o denegación de incompatibilidades señaladas en sus disposiciones específicas.

b/ El principio de independencia

El principio básico que el artículo 117.1 postula de los Jueces y Magistrados integrantes del Poder Judicial es el de su independencia, que, por otro lado, ha de fundamentar la organización jurisdiccional en su conjunto. No en vano se trata del principio nuclear que inspira la actuación de los órganos a los que según la Constitución corresponde ejercer la potestad jurisdiccional.

La independencia, en cuanto concepto jurídico, ha de entenderse, como dice *De Otto,* como ausencia de subordinación jurídica; dicho de otro modo, la independencia supone que en el ejercicio de su función los jueces y magistrados no están sujetos a órdenes o instrucciones de nadie; se encuentran «sometidos únicamente al imperio de la ley», como determina el inciso final del artículo 117.1. De ahí que, en definitiva, el ejercicio de la potestad jurisdiccional de forma independiente sea tanto como su ejercicio en atención tan sólo a las previsiones, a los parámetros, que el ordenamiento jurídico en su conjunto le proporciona.

El sometimiento a la ley, para ser pleno, tiene que excluir, como advierte *Muñoz Machado,* cualquier otra dependencia jerárquica en el ejercicio de la potestad jurisdiccional. En sintonía con ello debe entenderse la previsión del artículo 6.º LOPJ, a cuyo tenor: «Los Jueces y Tribunales no aplicarán los reglamentos o cualquier otra disposición contrarios a la Constitución, a la ley o al principio de jerarquía normativa.»

Más aún, el Tribunal Constitucional ha vinculado la tutela judicial efectiva a la que todos tienen derecho con el sometimiento del Juez a la ley:

> «La tutela judicial efectiva —significa el Tribunal (STC 23/1988, de 23 de febrero)— entraña, como presupuesto implícito e inexcusable, la necesidad de que los juzgadores resuelvan *"secundum legem"* y ateniéndose al sistema de fuentes establecido, exigencia que, si bien no hará posible en este cauce el control genérico sobre la razonable interpretación de las normas seleccionadas como aplicables por los órganos judiciales, a los que constitucionalmente corresponde esta función, sí permitirá reconocer una indebida denegación de la tutela judicial en la hipótesis de que el órgano judicial, desconociendo la ordenación constitucional y legal sobre el control de normas, quiebre el derecho del justiciable a que su pretensión sea resuelta según aquel sistema...»

El principio de independencia judicial, como observara *D. Simon,* encontró su primigenia razón de ser en los postulados antimonárquicos que salpican el nacimiento del Estado liberal de Derecho. En el Estado absoluto del Antiguo Régimen, la concentración de poderes en la persona del Rey alcanza también a la potestad jurisdiccional. De esta forma, el principio de independencia judicial comienza a ser formulado como una reserva de jurisdicción, en el sentido ya examinado, esto es, como una reserva a los jueces y tribunales de la función de juzgar, con exclusión de cualquier otro órgano. Muy significativo a este respecto es el artículo 1.º del Capítulo dedicado al Poder Judicial por la Constitución francesa de 1791, a cuyo tenor: «Le Pouvoir judiciaire ne peut, en aucun cas, être excercé par le Corps législatif ni par le Roi.»

Sin embargo, el constitucionalismo liberal sólo atendió a la vertiente externa del principio de independencia, mientras que con posterioridad iba a prestarse atención a todas aquellas posibles perturbaciones que pudieran incidir sobre la independencia. Consiguientemente, ésta iba a ser contemplada desde una doble perspectiva: *«ad extra»* y *«ad intra»*.

La independencia *«ad extra»* se consagra con carácter absolutamente general, garantizándose frente a todos. En este sentido, el artículo 13 LOPJ establece que: «Todos están obligados a respetar la independencia de los Jueces y Magistrados.» Y en este «todos» está incluido evidentemente el órgano de gobierno del Poder Judicial, que no puede dictar instrucciones, de carácter general o particular, sobre la aplicación o interpretación del ordenamiento jurídico (artículo 12.3 LOPJ).

La independencia *«ad intra»* trata de proteger al Juez frente a las presiones o perturbaciones de cualquier naturaleza que pudieran tener su origen en el seno del Poder Judicial. En este sentido, el artículo 12.1 LOPJ prescribe que: «En el ejercicio de la potestad jurisdiccional, los Jueces y Magistrados son independientes respecto a todos los órganos judiciales y de gobierno del Poder Judicial.» Esta independencia se traduce en que no es posible otra corrección de la aplicación o interpretación del ordenamiento jurídico hecha por un órgano judicial inferior por parte de otro superior que la que pueda caber en virtud de los recursos que las leyes establezcan.

La independencia, como ya hemos tenido oportunidad de señalar, alcanza a todos y cada uno de los Jueces y Magistrados. Quiere ello decir que cada Magistrado es también independiente a la hora de juzgar en cuanto miembro de un Tribunal, esto es, de un órgano jurisdiccional colegiado. Ello se traduce en la posibilidad de disentimiento que asiste a todo el que tome parte en la votación de una sentencia o auto definitivo, que si bien firmará lo acordado, aunque hubiere disentido de la mayoría, podrá, en este caso, anunciándolo previamente, formular un voto particular, en forma de sentencia (artículo 260.1 LOPJ). El voto particular, con la firma del autor, ha de hacerse público, por cuanto se incorporará al libro de sentencias y se notificará a las partes junto con la sentencia aprobada por mayoría (artículo 260.2 LOPJ).

El logro de una efectiva protección del principio de independencia es lo que explica la previsión del artículo 14.1 LOPJ, de conformidad con la cual, los Jueces y Magistrados que se consideren inquietos o perturbados en su independencia lo pondrán en conocimiento del Consejo General, dando cuenta de los hechos al Juez o Tribunal competente para seguir el procedimiento adecuado, sin perjuicio de que ellos mismos puedan practicar las diligencias indispensables para asegurar la acción de la justicia y restaurar el orden jurídico. A su vez, el Ministerio Fiscal, por sí o a petición de aquéllos, promoverá las acciones pertinentes en defensa de la independencia judicial.

c/ El principio de responsabilidad

En el discurso de apertura de los Tribunales del año 1872, *Montero Ríos,* artífice directo de la Ley Orgánica del Poder Judicial de 1870, afirmaba, dirigiéndose a los Jueces: «Sois inamovibles. Pero entenderlo bien, sois inamovibles en vuestro cargo, porque sois responsables de vuestros actos.»

En nuestro país la responsabilidad judicial ha venido concibiéndose como la contrapartida de la independencia, como la otra cara de la moneda; con ello, como advierte *Montero Aroca,* se establece una diferencia fundamental frente a otros países en los que la responsabilidad se entiende como límite a la independencia. En resumen, como dijera *Prieto-Castro,* «independencia y responsabilidad deben concebirse como formando una unidad inescindible; el juez es independiente porque asume la responsabilidad de sus actos, y es responsable por ser independiente y porque su independencia no degenere en arbitrariedad».

En esta misma línea, la Constitución de 1978, tras declarar a los Jueces y Magistrados integrantes del poder judicial, independientes e inamovibles, los declara responsables. Y el Tribunal Constitucional ha recordado (STC 108/1986) que «esa independencia tiene como contrapeso la responsabilidad y el estricto acantonamiento de los Jueces y Magistrados en su función jurisdiccional».

Nuestra Norma suprema, tras proclamar el principio de responsabilidad, con carácter general, no ha descendido a particularizar acerca de ningún tipo específico de responsabilidad judicial. La única excepción la constituye una alusión indirecta a la responsabilidad disciplinaria, contemplada en el artículo 122.2, al proceder a enumerar algunas de las funciones que necesariamente habrán de corresponder al Consejo General; entre ellas se cita el régimen disciplinario de los jueces y magistrados. No debe extrañarnos que sea ésta la única modalidad de responsabilidad contemplada, por cuanto la responsabilidad de los jueces se ha venido fundamentando en Europa continental en criterios básicamente disciplinarios, algo que, como recuerda *Andrés Ibáñez,* forma parte de la «herencia napoleónica» y que, por lo demás, se corresponde íntimamente con ese modo de articular la organización judicial como «carrera».

En todo caso, tres son los tipos de responsabilidad judicial que pueden distinguirse a la vista de nuestro ordenamiento jurídico: la responsabilidad penal, la responsabilidad disciplinaria y la responsablidad civil.

1. Responsabilidad penal

El artículo 405 LOPJ se refiere a la responsabilidad penal de los Jueces y Magistrados por los delitos y faltas cometidos en el ejercicio de las funciones de su cargo, que se exigirá conforme a lo dispuesto en la propia Ley Orgánica.

El problema constitucional que aquí se suscita, como advierte *Díez-Picazo,* es el de la admisibilidad de privilegios. Aunque la Constitución, a diferencia de, por ejemplo, lo que sucede con los parlamentarios, no se ha referido a ellos, la Ley Orgánica 6/1985 ha contemplado estos tres: la inmunidad (artículo 398), el privilegio de fuero (artículos 57 y 73) y el llamado antejuicio (artículo 410), quizá el más característico, y en cuya virtud no cabe iniciar un proceso penal contra un Juez, salvo cuando la acción sea ejercida por el Ministerio fiscal, sin un procedimiento indagatorio previo del Tribunal competente sobre la solidez de los cargos.

No es preciso indicar que estos privilegios encuentran su razón de ser, al igual que los que asisten a otros cargos públicos, no tanto en base a razones personales, como en orden a la salvaguarda del recto ejercicio de la función jurisdiccional y, más precisamente, del principio de independencia judicial.

2. Responsabilidad disciplinaria

El rasgo que debe destacarse aquí es el de la sustracción de la exigencia de esta responsabilidad al Poder Ejecutivo. Ello es lo que explica la referencia constitucional al régimen disciplinario como específica atribución del Consejo General.

Recordemos al efecto que ya la Ley Orgánica 1/1980, del Consejo General del Poder Judicial, suprimió la Inspección Central de Tribunales, dependiente del Ministerio de Justicia, asumiendo la potestad disciplinaria el Pleno del Consejo, su Sección Disciplinaria y los órganos de gobierno de los Tribunales. A la par, en la Ley se preveía un Servicio de Inspección, encuadrado en el Consejo y bajo su dependencia.

Tras la entrada en vigor de la LOPJ han proliferado los órganos de control; como indica *Montero Aroca,* todos controlan a todos, tal y como se desprende por lo demás de los artículos 171, 172 y 174 LOPJ, pero no todos tienen potestad disciplinaria, disponiendo de la misma tan sólo los órganos enumerados por el artículo 421 de la misma Ley.

Por nuestra parte, nos limitaremos a recordar que la competencia para la imposición de sanciones por faltas muy graves corresponde a la Comisión Disciplinaria del Consejo General, salvo las de traslado forzoso y separación, que sólo podrán imponerse por el Pleno del Consejo General.

3. Responsabilidad civil

El artículo 411 LOPJ prescribe que «los Jueces y Magistrados responderán civilmente por los daños y perjuicios que causaren cuando, en el desempeño de sus funciones, incurrieren en dolo o culpa».

En cierto modo, esta responsabilidad se superpone con la que prevé el artículo 121 de nuestra Lex Superior, a tenor del cual:

> «Los daños causados por error judicial, así como los que sean consecuencia del funcionamiento anormal de la Administración de Justicia, darán derecho a una indemnización a cargo del Estado, conforme a la ley.»

El precepto que acabamos de transcribir cubre, entre otros, los daños causados como consecuencia de un «funcionamiento anormal de la Administración de Justicia», lo que es tanto como decir, todos los daños que tienen como punto de origen la negligencia, ignorancia o dolo del juez penal, aunque bien cabría incluir aquí, como señala *Martín Rebollo,* siguiendo a *Jean Rivero,* aquellos otros producidos como consecuencia del retraso, la tardanza en la Administración de Justicia.

En cualquier caso, es obvio que toda actitud culposa o dolosa de un Juez en el desempeño de sus funciones, supondrá un funcionamiento anormal de la Administración de Justicia y, por ello mismo, generará el derecho del perjudicado a una indemnización por parte del Estado.

D) Los principios constitucionales procesales

La Constitución ha establecido en sus artículos 119 y 120 un conjunto de principios que bien pueden ubicarse en lo que *Fix-Zamudio* llamara el Derecho procesal constitucional.

El interés de estos principios es muy notable si se advierte —y así lo ha hecho en reiteradas ocasiones el Tribunal Constitucional— su íntima conexión con el derecho a la tutela judicial efectiva (artículo 24.1 CE) y con las garantías exigidas por un proceso justo.

Nos vamos a referir a continuación a los principios de: publicidad, oralidad, motivación de las sentencias y gratuidad del proceso.

a/ El principio de publicidad

El artículo 120.1 de la Constitución determina que: «Las actuaciones judiciales serán públicas, con las excepciones que prevean las leyes de procedimiento.»

El precepto no viene a constitucionalizar el principio de publicidad para las partes, que, como indican *Gutiérrez-Alviz* y *Moreno Catena,* tiene un anclaje más oportuno dentro del principio de contradicción o audiencia bilateral, que se inscribe en el ámbito de los principios fundamentales del proceso.

La norma consagra, por el contrario, la publicidad de las actuaciones judiciales en general, para el público. Como señalara el Tribunal Constitucional (STC 30/1982, de 1 de junio), el principio de publicidad de los juicios, garantizado por la Constitución, implica que éstos sean conocidos más allá del círculo de los presentes en los mismos, pudiendo tener una proyección general.

Esta visión del principio nos revela ya su más peculiar vertiente: su inequívoca dimensión política, significada por toda la doctrina. Y es precisamente esta dimensión la que explica que una de las finalidades perseguidas por el principio sea la de mantener la confianza de la comunidad en sus órganos jurisdiccionales:

> «El principio de publicidad, estatuido por el artículo 120.1 CE —ha dicho a este respecto nuestro supremo intérprete de la Constitución (STC 96/1987, de 10 de junio)— tiene una doble finalidad: Por un lado, proteger a las partes de una justicia sustraída al control público, y por otro, mantener la confianza de la comunidad en los Tribunales, constituyendo en ambos sentidos tal principio una de las bases del debido proceso y uno de los pilares del Estado de Derecho.»

La publicidad del proceso ocupa por todo lo expuesto una posición institucional en el Estado de Derecho que la convierte en una de las condiciones de la legitimidad constitucional de la Administración de Justicia. Estamos, en definitiva, en presencia de una garantía institucional.

Por lo demás, como ya vimos en otro lugar, debe ponerse de relieve la estrecha unión existente entre el principio de publicidad de las actuaciones judiciales y el derecho a un proceso público con todas las garantías, reconocido por el artículo 24.2 de nuestra Norma suprema. Esta vinculación ha sido puesta de relieve por el Tribunal Constitucional, que, en su ya citada Sentencia 96/1987, tras referirse a la doble finalidad perseguida por el principio de publicidad, añade de inmediato que «el artículo 24.2 de la Constitución ha otorgado a los derechos vinculados a la exigencia de la publicidad el carácter de derechos fundamentales». Y con más claridad aún, en la Sentencia 13/1985, a la que nos referiremos de inmediato.

El principio de publicidad no es absoluto; el propio artículo 120.1 contempla la posibilidad de limitaciones, bien que la admisión que esta disposición constitucional hace de excepciones a la publicidad no puede entenderse —como ha dicho el Juez de la Constitución (STC 13/1985, de 31 de enero)— como un apoderamiento en blanco al legislador, porque *la publicidad procesal está inmediatamente ligada a situaciones jurídicas subjetivas de los ciudadanos que tienen la condición de derechos fundamentales:* derecho a un proceso público y derecho a recibir libremente información.

Confirmando el carácter no absoluto del principio de publicidad, y entre otras excepciones, el artículo 232.2 LOPJ prevé que:

> «Excepcionalmente, por razones de orden público y de protección de los derechos y libertades, los Jueces y Tribunales, mediante resolución motivada, podrán limitar el ámbito de la publicidad y acordar el carácter secreto de todas o parte de las actuaciones.»

La publicidad del proceso no puede en ningún caso restringirse sino por los motivos expresos que la ley autorice, y en consecuencia, las facultades que las leyes procesales otorgan a los Tribunales no pueden desconocer el principio de publicidad, razón por la cual deben ser interpretadas de tal manera que dejen a salvo su vigencia (STC 96/1987, de 10 de junio).

b/ El principio de oralidad

El artículo 120.2 de nuestra «Lex Superior» acoge el principio de oralidad, estrechamente relacionado con el anterior, al determinar que: «El procedimiento será predominantemente oral, sobre todo en materia criminal.»

Estamos ante un principio formal de los actos procesales del que deriva lógicamente la realización de los actos en forma verbal.

La oralidad implica asimismo la inmediación, esto es, la necesidad de que, como sostiene *Chiovenda*, el juez que deba pronunciar la sentencia haya asistido a la práctica de las pruebas, de la que extrae su convencimiento, y haya entrado, por lo tanto, en relación directa con las partes, con los testigos, con los sujetos y con los objetos del juicio, de forma que pueda apreciar las declaraciones de tales personas y las condiciones de los lugares y objetos litigiosos.

La oralidad tiende lógicamente a la concentración, que supone que los actos se desarrollen en una sola audiencia o en varias sucesivas.

El predominio de la oralidad no implica la eliminación de las formas escritas. Además, la intensidad con que se postula el principio se acentúa en materia criminal, lo que no debe conducir a pensar que la oralidad haya de circunscribirse exclusivamente a ese ámbito material.

c/ El principio de motivación de las sentencias

El artículo 120.3 de nuestra «lex legum» establece que: «Las sentencias serán siempre motivadas y se pronunciarán en audiencia pública.»

El precepto revela la preocupación del constituyente por un aspecto puntual de la actividad judicial. El Juez ha de responder convenciendo, aplicando las normas legales, justificando las causas fácticas y jurídicas de su decisión; con ello se posibilita, entre otras cosas, el necesario control de las resoluciones por la vía de los recursos. Ahora bien, como señalan *Gutiérrez-Alviz* y *Moreno Catena*, la motivación debe ser un *«prius»* respecto del fallo. Y desgraciadamente, en no pocas ocasiones la motivación aparece como una justificación lógica adoptada *«a posteriori»* de una decisión ya tomada.

La doctrina ha considerado que con la motivación se pretende evitar la inseguridad jurídica que se produciría como consecuencia de una posible arbitrariedad judicial. Se ha sostenido asimismo que la motivación persigue posibilitar la impugnación, de tal modo que *Calamandrei* pudo decir que «motivación e impugnación son, en las legislaciones procesales, institutos en cierto sentido paralelos».

El Tribunal Constitucional ha entendido que la exigencia de motivación permite a las partes conocer los motivos por los que su pretendido derecho puede ser restringido o negado, lo que al tiempo facilita, en su caso, el control por parte de los órganos judiciales superiores. Pero la exigencia de motivación suficiente es sobre todo una *garantía esencial del justiciable* mediante la cual, sin perjuicio de la libertad del Juez en la interpretación de las normas, se puede comprobar que la solución dada al caso es consecuencia de una exégesis racional del ordenamiento y no el fruto de la arbitrariedad (STC 116/1986, de 8 de octubre).

De este razonamiento resulta claro que el principio de motivación de las sentencias del artículo 120.3 se orienta a impedir la arbitrariedad de los Jueces en su fundamental función de aplicación del ordenamiento, con lo que se nos revela como un principio útil en orden a convertir en realidad uno de los principios informadores del ordenamiento jurídico: el de interdicción de la arbitrariedad de los poderes públicos (artículo 9.º.3). La motivación es, además, consecuencia de la propia función judicial y de su vinculación a la Ley (STC 56/1987, de 14 de mayo).

Pero la motivación tiene una trascendencia aún mayor, pues, como sucedía con el principio de publicidad, se vincula estrechamente, tal y como ya vimos, con el derecho a la tutela judicial efectiva del artículo 24.1. Así lo ha entendido, en lo que constituye una doctrina constitucional consolidada, el Tribunal Constitucional, que ha manifestado, de un lado, que la motivación que la Constitución exige en su artículo 120.3 «tiene por finalidad que pueda ejercitarse el derecho de defensa que el artículo 24.1 garantiza en todo caso» (SSTC 154/1986, de 4 de diciembre y 161/1986, de 17 de diciembre), y de otro, que la tutela judicial efectiva, que reconoce y consagra el artículo 24 de la Constitución, «se satisface primordialmente mediante una sentencia de fondo, que resuelva las pretensiones controvertidas y que se encuentre jurídicamente fundada» (STC 55/1987, de 13 de mayo).

Como es lógico, cuando se omite todo razonamiento respecto a alguna de las pretensiones, no puede sostenerse que se ha dictado una resolución fundada en Derecho, por lo que se produce la vulneración del derecho fundamental establecido por el artículo 24 de la Constitución (STC 61/1983, de 11 de julio). Ahora bien, de ello no debe deducirse que sea exigible una pormenorizada respuesta a todas las alegaciones de las partes (STC 56/1987, de 14 de mayo). Además, la conexión entre los artículos 24 y 120 no impone una especial estructura en el desarrollo de los razonamientos, por lo que, como en otro momento ha afirmado el Tribunal (STC 174/1987, de 3 de noviembre), una motivación escueta y concisa no deja, por ello, de ser tal motivación; asimismo, una fundamentación por remisión no deja tampoco de serlo, ni de satisfacer la indicada exigencia constitucional.

En definitiva, lo que realmente importa es que el órgano judicial explicite el razonamiento que le ha llevado a aplicar una determinada norma, interpretándola en un preciso sentido. Esto es particularmente exigible en materia de libertades, campo en el que, como recuerda el Tribunal (STC 56/1987, de 14 de mayo), la garantía ha de ser mayor, pues cuando se coarta el libre ejercicio de los derechos reconocidos en la Constitución, el acto es tan grave que necesita encontrar una causa especial, suficientemente explicada para que los destinatarios conozcan las razones de sacrificio de su derecho.

d/ El principio de gratuidad de la justicia

El artículo 119 de la Constitución consagra lo que se conoce como principio de gratuidad de la justicia. A tenor del mismo: «La justicia será gratuita cuando así lo disponga la ley y, en todo caso, respecto de quienes acrediten insuficiencia de recursos para litigar.»

A su vez, el artículo 20 LOPJ ha previsto, particularizadamente, que no podrán exigirse fianzas que por su inadecuación impidan el ejercicio de la acción popular, que será siempre gratuita. Todo ello además de remitir a la ley la regulación de un sistema de justicia gratuita que dé efectividad al derecho declarado en los artículos 24 y 119, en los casos de insuficiencia de recursos para litigar.

El precepto constitucional se limita a proclamar una línea a seguir por cuanto lo único que hace con carácter general es habilitar al legislador para la concreción de los supuestos en que la justicia ha de ser gratuita.

Ello quiebra tan sólo respecto de quienes acrediten insuficiencia de recursos para litigar, pues aquí, como el propio artículo 20 LOPJ ha dejado muy claro, estamos en presencia de un verdadero derecho al que ha de dotarse de efectividad. Es evidente que la imposibilidad de acudir a los tribunales de justicia por insuficiencia de medios produciría indefensión, vulnerando el contenido del derecho proclamado por el artículo 24.1 de nuestra «Lex Superior». Así lo ha reconocido el Tribunal Constitucional, para el que «lo que ha de considerarse comprendido en el derecho a una tutela judicial efectiva sin indefensión es la imposibilidad de que una persona quede procesalmente indefensa por carecer de recursos para litigar» (STC 138/1988, de 8 de julio).

La gratuidad a que con carácter general se refiere el artículo 119 sólo cubre el coste público de la administración de justicia, pues los diversos costes privados no quedan cubiertos más que en caso de declaración del llamado «beneficio de justicia gratuita», que tras la reforma de la Ley de Enjuiciamiento Civil llevada a cabo por la Ley 34/1984, de 6 de agosto, ha sustituido al antes conocido como «beneficio de pobreza». Esta solicitud se considera procesalmente como un incidente del proceso principal, sustanciándose en pieza separada, si bien sin que sea necesaria la suspensión del proceso principal.

Recordaremos finalmente que, como pauta general, la Ley de Enjuiciamiento Civil ha previsto el reconocimiento judicial del derecho a justicia gratuita a quienes tengan unos ingresos o recursos económicos que por todos los conceptos no superen el doble del salario mínimo interprofesional vigente en el momento de solicitarlo. Esta regla, no obstante, puede ser modulada en función de las circunstancias personales y familiares.

E) La participación popular en el ejercicio de la jurisdicción

El artículo 125 de la Constitución contempla lo que podríamos denominar la participación popular en el ejercicio de la jurisdicción. A tenor del mismo:

> «Los ciudadanos podrán ejercer la acción popular y participar en la Administración de Justicia mediante la institución del Jurado, en la forma y con respecto a aquellos procesos penales que la ley determine, así como en los Tribunales consuetudinarios y tradicionales.»

Partiendo de la base de que la exigencia mínima para que pueda hablarse de participación popular en el ejercicio de la jurisdicción, es que los ciudadanos tengan posibilidad de acudir a los órganos jurisdiccionales, para postular la defensa de sus derechos e intereses legítimos, posibilidad constitucionalmente acogida por el artículo 24.1 de nuestra Ley fundamental, hemos de significar que el artículo 125 contempla un triple cauce de participación popular en el ejercicio de la jurisdicción: la acción popular, la institución del Jurado y la participación en Tribunales consuetudinarios y tradicionales. Nos referiremos por separado a cada una de estas tres modalidades participativas.

a/ La acción popular

A través de la acción popular se reconoce a todo ciudadano la posibilidad de defender un interés que no le concierne como simple particular, sino como miembro de una determinada colectividad.

Como la definiera *Couture,* la acción es el poder jurídico que tiene todo sujeto de derecho de acudir a los órganos jurisdiccionales para reclamarles la resolución de un conflicto de intereses. La acción ha evolucionado desde una concepción que la hacía inseparable del interés individual a otra en la que lo predominante es el interés público. En sintonía con esta evolución se comprende la garantía constitucional de ejercicio por todos los ciudadanos de la acción popular.

En el ámbito procesal, la acción está íntimamente ligada al requisito de la legitimación, de modo tal que no estará legitimado para acudir ante un órgano jurisdiccional más que quien se haya visto afectado en sus derechos e intereses legítimos por una situación jurídica determinada. Pues bien, la acción popular, como dice *Movilla Alvarez,* viene a significar la excepción a ese principio, en la medida en que elimina los límites de la legitimación activa. Ya no es preciso ser titular de un derecho subjetivo o portador de un interés legítimo para tener acceso a la jurisdicción, sino que basta con invocar la defensa de la legalidad objetiva que se considera vulnerada y que sirve para proteger los intereses colectivos. Algún autor *(Almagro Nosete)* ha llegado a afirmar que la acción popular se revela como un control social más de la democracia.

El inciso inicial del artículo 125 se limita a garantizar la institución de la acción popular, si bien de su somero enunciado hay que deducir que será el legislador quien delimite el ejercicio de esta acción. Así lo confirma el artículo 19.1 LOPJ cuando prescribe que: «Los ciudadanos de nacionalidad española podrán ejercer la acción popular, en los casos y formas establecidos en la ley.»

La doctrina se ha hecho eco de la vinculación existente entre los artículos 125 y 24 de la Constitución, de modo similar a como se conexionaran los artículos 120.1 y 3 y 24. Sin embargo, el Tribunal Constitucional no ha llegado a establecer aquella vinculación en términos idénticos a esta última, si bien tampoco la ha rechazado.

En su Sentencia 97/1985, de 29 de julio, el Tribunal se refería de modo un tanto colateral al enlace existente entre el derecho a la tutela judicial efectiva y el derecho enunciado en el artículo 125. Y en su Sentencia 147/1985, de 29 de octubre, matizaba que si bien la identificación entre el derecho procesal en el que la acción pública o popular consiste, y los derechos o intereses legítimos de carácter sustantivo para los que, en el entendimiento común, se garantiza la tutela judicial efectiva, no es en sí misma rechazable, tal identificación no puede ser aceptada cuando se establece de modo incorrecto.

En todo caso, nuestro supremo intérprete de la Constitución ha dejado claro «que entre los derechos e intereses legítimos para los que, como derecho fundamental, se tiene el de recabar la tutela judicial efectiva, figura el de ejercitar la acción pública en su régimen legal concreto» (STC 147/1985).

b/ El Jurado

La forma más intensa de participación ciudadana en el ejercicio de la jurisdicción se ha concretado históricamente en la que se conoce como institución del Jurado. Esta institución reviste dos modalidades principales, que en términos de *Fairén Guillén* son:

1) *Los Tribunales de Jurados* (o mejor con Jurados), en los que el Jurado actúa integrado por personas de elección popular, con la presidencia de un Juez técnico, o bien acompañadas de un «Tribunal de Derecho», de modo tal que el Jurado emite un «veredicto» y el Tribunal de Derecho elabora la calificación jurídica del mismo.

2) *Los Tribunales de Escabinos* (que se conocen también como el sistema de Escabinato), integrados por personas de elección popular y por un Juez (Suecia) o varios (Francia). Estos Tribunales se distinguen de los anteriores, en que la función de elaborar la sentencia no se distribuye entre la de su parte fáctica (como en el caso del Jurado, que emite un veredicto sobre ella) y jurídica. En los Escabinatos, jueces técnicos y legos en Derecho, elaboran la sentencia de consuno, sin que, por lo tanto, exista el «veredicto».

La experiencia histórica en torno a los Tribunales de Jurados resulta verdaderamente compleja, cuando no contradictoria. Entre nosotros, la existencia o rechazo de la institución se ha vinculado, automática y lamentablemente, a una determinada posición ideológica: progresista o conservadora.

El momento culminante en la regulación del Jurado lo encontramos en la Ley de 20 de abril de 1888. La institución, cuyas actuaciones fueron acogidas desde el primer momento con espíritu crítico, por un conjunto de circunstancias bien dispares, de las que se ha hecho eco *Alejandre,* sería objeto de una creciente animadversión que conduciría a un Decreto de suspensión de la misma en los albores de la Dictadura de Primo de Rivera.

La actual regulación constitucional del Jurado no arroja excesiva luz sobre la configuración y funcionamiento futuro de la institución, con la salvedad de su restricción a los procesos penales. La doctrina ha venido discutiendo, por lo demás, si la normación constitucional posibilita la introducción de la modalidad del Escabinato, tesis sostenida, entre otros, por *Gimeno Sendra,* o si, por contra, impide ese tipo de Tribunales *(Serrano Alberca* y, en cierto modo, *Movilla Alvarez).* Por nuestra parte, nos limitaremos a recordar que buen número de ordenamientos procesales europeos han incorporado el Escabinato, pese a referirse los textos constitucionales al Jurado o a la participación popular en el ejercicio de la jurisdicción a través de Jueces legos.

c/ Los Tribunales consuetudinarios

La última modalidad de participación popular en el ejercicio de la jurisdicción la encontramos en los Tribunales consuetudinarios y tradicionales. Aunque suelen reconocerse como Tribunales consuetudinarios, entre otros, el Tribunal de las Aguas de Valencia, el Consulado de la Lonja, también valenciano, y los Tribunales de las Vegas de Murcia y Lorca, lo cierto es que el único de ellos específicamente contemplado por la Ley Orgánica 6/1985 (artículo 19.3) ha sido el Tribunal de las Aguas de la Vega Valenciana.

Como recuerda *Fairén Guillén,* no se trata de un Tribunal de Jurados, pues sus ocho miembros intervienen en la elaboración de la sentencia (con excepción del que fue instructor del caso); tampoco son escabinos (legos en Derecho), pues sus miembros, aún sin titulación, tienen profundos conocimientos del Derecho escrito y consuetudinario de la Huerta de Valencia. En todo caso, se trata de un Tribunal prestigiado por sus más de mil años de existencia.

F) El gobierno del Poder Judicial

a/ El principio de autogobierno

El llamado «autogobierno del Poder Judicial» se ha venido interpretando como una derivación necesaria del principio de independencia, que conduce al ascenso de aquél a la categoría de auténtico poder del Estado, equiparado al Legislativo y al Ejecutivo.

Como la misma expresión indica, el «autogobierno» pretende atribuir al Poder Judicial su propio gobierno, esto es, las funciones administrativas necesarias para el funcionamiento de la administración de justicia, que normalmente detenta el Poder Ejecutivo a través de un Ministerio de Justicia. Por lo tanto, en líneas generales, puede afirmarse que el «autogobierno» consiste en la creación de un órgano propio del Poder Judicial, independiente del Ejecutivo, que desarrolla aquellas funciones administrativas que vienen a ser como la infraestructura para el funcionamiento de la administración de justicia.

El sistema de autogobierno puede revestir modalidades diferentes, a las que se ha referido *Prieto Castro;* en su esencia, podrían reconducirse a estas dos:

— El *sistema integral de autogobierno,* que implica que la magistratura administre tanto los medios personales como los materiales.

— El *sistema de autogobierno relativo,* que se manifiesta sustancialmente en la creación de un órgano que intervenga en los nombramientos, ascensos y régimen disciplinario de los Jueces y Magistrados integrantes del Poder Judicial, dejando al Ministerio de Justicia la administración de los medios materiales y, en general, de las responsabilidades propias del funcionamiento de los servicios de la Justicia.

El primer punto de referencia de un órgano de autogobierno del Poder Judicial lo encontramos en la Constitución francesa de 1946, que creó el *«Conseil Supérieur de la Magistrature»,* asumido más tarde por el código constitucional francés de 1958, si bien con notables modificaciones.

También en Italia la Constitución de 1947 crearía un órgano de este tipo: el «*Consiglio Superiore della Magistratura*» que suministra básicamente el modelo seguido por nuestros constituyentes.

Como señala *Pizzorusso*, la atribución al «*Consiglio Superiore*» de la mayoría de las funciones administrativas inherentes al ejercicio de la jurisdicción se presenta como un instrumento fundamental para la garantía de la independencia externa («ad extra») de la judicatura, frente a las intromisiones que puedan amenazarla por parte de sujetos no pertenecientes al orden judicial. Señalemos además que una sección especial del «*Consiglio Superiore*» —a la que generalmente se reconoce la condición de jurisdicción especial— ejerce las competencias disciplinarias sobre los magistrados. Las decisiones adoptadas por esa sección tienen naturaleza de sentencia, pudiendo por ello mismo ser objeto de un recurso de casación.

Recordaremos finalmente que el «*Consiglio Superiore*» está integrado (artículo 104 de la Constitución, desarrollado por el artículo 1.º de la Ley núm. 195, de 24 de marzo de 1958) por un total de treinta miembros electivos, de ellos veinte elegidos por la totalidad de los magistrados ordinarios entre los pertenecientes a las diversas categorías, y diez por el Parlamento en sesión conjunta de ambas Cámaras entre catedráticos titulares de Universidad en materias jurídicas y abogados con quince años de ejercicio. Junto a los miembros electivos, formarán parte de este órgano, como miembros natos, el primer Presidente y el Fiscal General de la «*Corte di Cassazione*». Presidirá el «*Consiglio*» el Presidente de la República.

Con la creación de un órgano de la naturaleza de los citados en Francia e Italia, se introduce un mecanismo de garantía de la independencia judicial —si bien no de la independencia de todos y cada uno de los Jueces y Magistrados, sino de la independencia del Poder Judicial en su conjunto—, que opera básicamente «*ad extra*», y que, al mismo tiempo, contribuye a situar en un plano de relativa equiparación al Poder Judicial respecto de los restantes poderes del Estado.

b/ El principio de autogobierno en la Constitución: el Consejo General del Poder Judicial

a') Su caracterización constitucional

Nuestra Constitución pareció optar por el establecimiento de un sistema de autogobierno relativo cuyos caracteres generales habían de precisarse por una Ley de desarrollo que debía contener, entre otras, la regulación de las siguientes materias: la composición de un Consejo

General del Poder Judicial, órgano de gobierno del mismo a tenor de lo prescrito por el artículo 122.2; el estatuto y régimen de incompatibilidades de sus miembros, y sus funciones, en particular en materia de nombramientos, ascensos, inspección y régimen disciplinario.

La Ley a que alude el artículo 122.2 sería en un primer momento la Ley Orgánica 1/1980, de 10 de enero, del Consejo General del Poder Judicial, norma ulteriormente derogada por la Ley Orgánica 6/1985, de 1.º de julio, del Poder Judicial, cuyo Título 2.º del Libro II se dedica en su integridad al Consejo General.

La trascendencia de la constitucionalización del Consejo General sería puesta de relieve muy gráficamente por *Alzaga,* a cuyo juicio, el Consejo iba a suponer una auténtica revolución en cuanto a la dirección de nuestra organización jurisdiccional. Aún sin ir tan lejos, de lo que no cabe la menor duda es de que la introducción en nuestro sistema constitucional del Consejo significa, como dice *Andrés Ibáñez,* un momento de ruptura con la forma habitual de concebir la organización judicial dentro del aparato del Estado. Y ello por cuanto el autogobierno que nuestra Constitución parece consagrar nada tiene que ver con el reconocimiento a la cúpula judicial de la posibilidad de administrar con cierta autonomía los propios intereses domésticos, como razonablemente puede sostenerse a la vista tan sólo del modelo italiano, seguido en buen grado por nuestros constituyentes.

En cualquier caso, conviene significar ya desde este mismo momento que nuestra Norma suprema no consagra de modo inequívoco el principio de autogobierno. Y ello por cuanto, de un lado, el Consejo General tan sólo se concibe como el órgano de gobierno del Poder Judicial, pero no como el órgano de «autogobierno» del mismo, y de otro, la Constitución no prevé de modo específico la elección de una parte de los miembros del Consejo por los propios Jueces y Magistrados, lo que es tanto como afirmar que no contempla expresamente al Consejo General como órgano representativo de las distintas categorías judiciales. Ello no obstante, a la vista del modelo seguido, de la voluntad del constituyente, e incluso, dentro de su imprecisión y falta de claridad, de la misma dicción del artículo 122.3, nos resulta incuestionable que el Consejo General se concebía como órgano de «autogobierno» del Poder Judicial.

Uno de los aspectos que ha suscitado mayor controversia entre la doctrina ha sido el de la naturaleza jurídica del Consejo. La polémica gira en torno a si se trata o no de un órgano constitucional. Mientras *Albacar* y *Ledesma* lo consideran, efectivamente, como un órgano constitucional, *Andrés Ibáñez* entiende que en contra de tal caracterización contaría la circunstancia de no hallarse dotado el Consejo General de poderes políticos en sentido propio, haciendo suya de esta forma la postura de *Ugo Rescigno,* para quien el fundamento real del papel constitucional de un órgano no está tanto en el conjunto de las reglas que lo disciplinan, como en el peso político que tiene en el sistema.

A nuestro juicio, no existe duda alguna de que estamos en presencia de un auténtico órgano constitucional, que no de mera relevancia constitucional, y ello, como bien señala *Díez-Picazo,* en tanto se trata de un órgano previsto y garantizado por la Constitución, supremo en su esfera de atribuciones y determinante, en cuanto protector de la independencia del Poder Judicial, de la forma de gobierno constitucionalmente establecida.

El Consejo General no se encuadra en la clásica tripartición de los poderes del Estado. Es obvio que no se integra en el Legislativo ni en el Ejecutivo, pero también se admite generalizadamente que no forma parte del Poder Judicial, aunque sea el órgano de gobierno del mismo, ya que, como hemos venido señalando con reiteración, el Poder Judicial está compuesto por todos y cada uno de los órganos que ejercen la potestad jurisdiccional. El Consejo General no puede ni tan siquiera arrogarse la representación procesal del Poder Judicial, tal y como ha sostenido el Tribunal Constitucional:

> «No hay nada —afirmaría el Tribunal en su Sentencia 45/1986, de 17 de abril— ni en la Constitución, ni en la anterior Ley Orgánica del Consejo General del Poder Judicial, ni en la actual Ley Orgánica del Poder Judicial, que autorice a sostener la pretensión de representación procesal por el Consejo General, como tal (de los órganos en que se expresa el Poder Judicial, que es un poder de configuración plural)... Además, al configurarse constitucionalmente como su "órgano de gobierno", no podría ser, ni siquiera a efectos procesales, "representante" del Poder Judicial, pues ello estaría en contradicción con el principio constitucional de "independencia de Jueces y Magistrados" (artículo 117.1 CE) y ese presunto carácter representativo habría de admitirse también del lado pasivo, sujetando así al miembro integrante del Poder Judicial a instancias o actuaciones judiciales del propio Consejo».

b') Su composición

El artículo 122.3 de la Constitución contempla la composición del Consejo General del Poder Judicial en los siguientes términos:

> «El Consejo General del Poder Judicial está integrado por el Presidente del Tribunal Supremo, que lo presidirá, y por veinte miembros nombrados por el Rey por un período de cinco años. De éstos, doce entre Jueces y Magistrados de todas las categorías judiciales, en los términos que establezca la ley orgánica; cuatro a propuesta del Congreso de los Diputados y cuatro a propuesta del Senado, elegidos en ambos casos por mayoría de tres quintos de sus miembros, entre abogados y otros juristas, todos ellos de reconocida competencia y con más de quince años de ejercicio en su profesión.»

El desarrollo de esta previsión constitucional ha sido bastante dispar.

La Ley Orgánica 1/1980 estableció que los doce vocales de procedencia judicial serían elegidos entre Jueces y Magistrados pertenecientes a todas las categorías judiciales, de conformidad con este baremo: tres Magistrados del Tribunal Supremo, seis Magistrados y tres Jueces. La elección correría a cargo de quienes se integran en cada una de esas categorías. Es decir, se elegía a Magistrados y Jueces procedentes de las tres categorías y la elección corría a cargo de los propios integrantes de cada una de las tres categorías judiciales.

La Ley Orgánica 6/1985 ha alterado de modo sustancial ese esquema. A tenor de su artículo 112, los veinte vocales integrantes del Consejo General, que han de ser nombrados por el Rey por un período de cinco años, serán propuestos en su totalidad por el Congreso y el Senado.

Cada Cámara elegirá, por mayoría de tres quintos de sus miembros, cuatro vocales entre abogados y otros juristas de reconocida competencia con más de quince años en el ejercicio de su profesión. Además, cada una de las Cámaras propondrá, igualmente por mayoría de tres quintos de sus miembros, otros seis vocales elegidos de entre Jueces y Magistrados de todas las categorías judiciales que se hallen en servicio activo. Los vocales así elegidos serán nombrados por el Rey mediante Real Decreto refrendado por el Ministro de Justicia.

El cambio en el sistema de elección de los miembros del Consejo General, radical respecto del primer desarrollo constitucional del artículo 122, resulta aún más sorprendente si se advierte que el nuevo sistema de elección no figuraba inicialmente en el texto del proyecto de Ley Orgánica del Poder Judicial, siendo incorporado al mismo en el curso de su «iter» legislativo, al hacer suya el Grupo Parlamentario Socialista una enmienda presentada en un primer momento por el diputado del Grupo Mixto, señor *Bandrés.* En el fondo de este cambio latía una actitud de verdadera represalia política socialista contra un órgano, el Consejo General, que hasta ese momento se había caracterizado por una actitud notablemente crítica frente al Gobierno.

Por supuesto, la nueva regulación legal respeta formalmente la literalidad del texto constitucional. Ahora bien, ¿es esto suficiente para considerarla conforme a la Constitución? Evidentemente que no.

La modificación, como en un momento precedente dijimos, se trató de justificar desde el punto de vista de las exigencias del principio de legitimidad democrática. Ahora bien, la Constitución ya había tenido presente tal perspectiva, al reservar al Parlamento la elección de ocho vocales de los veinte integrantes del Consejo. Aunque los doce restantes no se reservaban expresamente a la elección de los miembros integrantes del Poder Judicial, y ese silencio constitucional fuera un tanto inexplicable, es lo cierto que el supuesto carácter de órgano de autogobierno del Poder Judicial, y por ello mismo, de órgano dotado de un cierto carácter representativo de los Jueces y Magistrados, los precedentes del Derecho comparado (Italia especialmente) y el mismo hecho de que esos doce vocales hubiesen de elegirse de entre los Jueces y Magistrados de todas las categorías judiciales, conducía razonablemente a suponer que su elección debía corresponder a los Jueces y Magistrados integrantes de esas mismas categorías. Más aún, el artículo 122.3 reserva al Parlamento sólo la propuesta de ocho vocales. Si en el ánimo del constituyente hubiese estado la total elección de aquéllos por las Cámaras, lo hubiese hecho constar explícitamente.

La opción del legislador reflejada en la Ley Orgánica 6/1985 es posible que pusiera término, como dice *Terol*, a la supuesta consideración que había despertado el Consejo General en algunos miembros de la judicatura proclives a ver en él un órgano de representación corporativa de jueces y magistrados, algo que evidentemente el Consejo no estaba llamado a ser, pero a la par, y ello es lo que nos resulta especialmente grave, puso fin a toda posibilidad de considerar al Consejo como el órgano de autogobierno del Poder Judicial, pues aunque es cierto que doce de sus vocales proceden de todas las categorías judiciales, su carácter ya no es representativo del sentir de los Jueces y Magistrados integrantes del Poder Judicial, pues no son ellos los electores, sino las dos Cámaras del Parlamento. Con ello, además, se introducía el grave peligro de sujetar este órgano, en su entera composición, a la dinámica del Estado de partidos, algo que, como el mismo Juez de la Constitución ha reconocido, no resulta oportuno. La última renovación del Consejo nos revela que ese peligro no es sólo teórico, sino muy real.

En definitiva, a nuestro juicio, hoy el Consejo General es el órgano de gobierno del Poder judicial, pero no el órgano de autogobierno del mismo. Que ello sea o no conforme a la Constitución, a su verdadero espíritu en este punto, es cuestión diferente y discutible. Desde luego, como ya dijimos, la «Lex Superior» no prevé expresamente la elección de un conjunto de vocales del Consejo por los Jueces y Magistrados. De ahí que el Tribunal Constitucional (STC 108/1986) significara que la facultad de autogobierno no se reconoce en la Constitución ni se deriva lógicamente de la existencia, composición y funciones del Consejo, afirmación, a nuestro modo de ver, más que discutible, aunque desde un punto de vista estrictamente formal pueda ser correcta.

La radical alteración del sistema de elección de los miembros del Consejo General sería uno de los principales motivos —si no el fundamental— de un recurso de inconstitucionalidad promovido por 55 diputados de Alianza Popular. El recurso daría lugar a la importantísima Sentencia 108/1986, de 29 de julio, en la que nuestro supremo intérprete de la Constitución, aferrándose de modo un tanto forzado al principio de interpretación conforme a la Constitución y subsiguiente preservación de la norma, desestimaría en su totalidad los argumentos de los recurrentes. Pocas veces, sin embargo, ha mostrado el Tribunal de modo tan patente su rechazo frente a una determinada opción del legislador, aun sin llegar a declararla ilegítima desde el punto de vista constitucional.

El Tribunal parte en su argumentación de la previa concreción del fin perseguido por el constituyente, del espíritu y finalidad de la norma contenida en el artículo 122.3:

> «El fin perseguido es, de una parte, el de asegurar la presencia en el Consejo de las principales actitudes y corrientes de opinión existentes en el conjunto de Jueces y Magistrados en cuanto tales, es decir, con independencia de cuales sean sus preferencias políticas como ciudadanos y, de la otra, equilibrar esta presencia con la de otros juristas que, a juicio de ambas Cámaras, puedan expresar la proyección en el mundo del Derecho de otras corrientes de pensamiento existentes en la sociedad. *La finalidad de la norma sería así,* cabría afirmar de manera resumida, *la de asegurar que la composición del Consejo refleje el pluralismo existente en el seno de la sociedad y, muy en especial, en el seno del Poder Judicial.*»

A partir de aquí, es claro que la legitimidad constitucional de la opción de la Ley Orgánica 6/1985, tan sólo podrá sostenerse si se respeta tal finalidad. Por supuesto, el Tribunal entiende que esa finalidad se alcanza más fácilmente con el sistema vigente con anterioridad; ello es cosa que ofrece poca duda. Pero esto es indiferente a la hora de decidir la conformidad o disconformidad constitucional del artículo 112 LOPJ. De lo que se trata es de ver si este precepto se adecúa al espíritu y finalidad de la norma constitucional. A tal efecto, nuestro supremo intérprete de la Constitución, tras considerar que no puede afirmarse que tal finalidad se vea absolutamente negada al adoptarse el procedimiento de atribuir a las Cortes la facultad de propuesta de los miembros del Consejo procedentes del Cuerpo de Jueces y Magistrados, máxime cuando la Ley adopta ciertas cautelas, como es la de la exigencia de una mayoría cualificada de tres quintos en cada Cámara, manifiesta:

> «Ciertamente, se corre el riesgo de frustrar la finalidad señalada de la Norma constitucional si las Cámaras, a la hora de efectuar sus propuestas, olvidan el objetivo perseguido y, actuando con criterios admisibles en otros terrenos, pero no en éste, atienden sólo a la división de fuerzas existente en su propio seno y distribuyen los puestos a cubrir entre los distintos partidos, en proporción a la fuerza parlamentaria de éstos. *La lógica del Estado de partidos* empuja a actuaciones de este género, pero esa misma lógica *obliga a mantener al margen de la lucha de partidos ciertos ámbitos de poder y entre ellos, y señaladamente, el Poder Judicial.*»

Las precedentes argumentaciones, enfocadas a la luz del principio de interpretación conforme a la Constitución, conducen a la siguiente conclusión del Tribunal:

«La existencia y aun la posibilidad de ese riesgo, creado por un precepto que hace posible, aunque no necesaria, una actuación contraria al espíritu de la Norma constitucional, parece aconsejar su sustitución, pero no es fundamento bastante para declarar su invalidez, ya que es doctrina constante de este Tribunal que la validez de la ley ha de ser preservada cuando su texto no impide una interpretación adecuada a la Constitución.»

El razonamiento jurisprudencial, aún manteniéndose técnicamente dentro de unos parámetros razonables, ofrece evidentes flancos débiles, en especial por lo que a la conclusión final a la que se llega se refiere. Así, no parece propio de un órgano como el Tribunal Constitucional efectuar recomendaciones al legislador, en el sentido de que proceda a la sustitución de una norma. Si ésta es acorde con la Constitución, el Tribunal debe preservarla, obviamente, y si es contraria declarar su invalidez. Optar por posicionamientos intermedios no conduce más que a convertir un órgano jurisdiccional en un órgano con veleidades políticas, todo ello además de lo incomprensible que resulta que en dos normas igualmente legítimas desde la perspectiva de su constitucionalidad, el Tribunal pretenda establecer graduaciones en su acomodo a la «Lex Superior», al considerar una más adecuada que otra.

c') Atribuciones del Consejo General

El artículo 122.2 de la Constitución, como ya tuvimos oportunidad de comentar, acoge el núcleo material mínimo de atribuciones del Consejo General, constitucionalmente garantizado. Todas las materias allí citadas (nombramientos, ascensos, inspección y régimen disciplinario) tienen como referente último la carrera de los Jueces y Magistrados, si bien no cubren todas sus etapas, echándose en falta, por ejemplo, el ingreso en la carrera, tal y como ya comentamos precedentemente.

A este respecto, la LOPJ, que, a diferencia de la Ley Orgánica 1/1980, se ha limitado a otorgar al Consejo el mínimo de atribuciones constitucionalmente establecido, determina que el Consejo General tendrá competencias en estas materias:

— Inspección de Tribunales y Juzgados.

— Formación y perfeccionamiento, provisión de destinos, ascensos, situaciones administrativas y régimen disciplinario de Jueces y Magistrados.

— Nombramiento mediante Orden de los Jueces y presentación a Real Decreto, refrendado por el Ministerio de Justicia, de los nombramientos de Magistrados del Tribunal Supremo, Presidentes y Magistrados.

Junto a estas competencias, se ha suscitado la cuestión de si las atribuciones del Consejo General podrían extenderse a la gestión de los medios materiales y de la dotación presupuestaria del Poder Judicial, algo reivindicado en ciertos momentos por el propio Consejo. Como bien dice al respecto *Díez-Picazo,* la imposibilidad de encomendar al Consejo esta administración económica deriva, no tanto de que no incida directamente en el gobierno del Poder Judicial, cuanto de que una gestión presupuestaria de esa envergadura conlleva auténticas decisiones políticas, las cuales, en una forma de gobierno parlamentaria, no pueden ser adoptadas por órganos políticamente irresponsables.

Además de las atribuciones anteriores, el Consejo General posee otras competencias constitucionalmente reconocidas, de entre las que destacan:

— Su intervención en la propuesta al Rey de la persona que habrá de ser nombrada Presidente del Tribunal Supremo (artículo 123.2 CE), propuesta que deberá formalizarse por mayoría de tres quintos (artículo 107.1 LOPJ).

— Su intervención en la propuesta, por igual mayoría de tres quintos, de dos magistrados del Tribunal Constitucional (artículo 159.1 CE en conexión con el artículo 107.2 LOPJ).

El Consejo dispone asimismo de otro tipo de atribuciones, esta vez de naturaleza consultiva. De conformidad con el artículo 108.1 LOPJ, el Consejo debe informar los anteproyectos de leyes y disposiciones generales en relación con una serie de materias, de entre las que destacaremos:

— La determinación y modificación de demarcaciones judiciales.

— La fijación y alteración de la plantilla orgánica de Jueces, Magistrados, Secretarios y personal que preste servicios en la Administración de Justicia.

— El estatuto orgánico de Jueces y Magistrados.

— Las normas procesales y cualesquiera otras que afecten a la constitución, organización, funcionamiento y gobierno de los Juzgados y Tribunales.

— El régimen penitenciario.

Estamos en presencia de informes preceptivos, en cuanto legalmente exigidos, aunque no vinculantes, pues ninguna norma les otorga tal naturaleza.

El Consejo General dispone, por último, de la potestad reglamentaria, que ha de circunscribirse a los términos previstos por el artículo 110 LOPJ, esto es, el Consejo puede dictar reglamentos sobre su personal, organización y funcionamiento en el marco de la legislación sobre la Función Pública, reglamentos que han de ser aprobados por el Pleno del Consejo por mayoría de tres quintos. Ahora bien, esta potestad reglamentaria no es sino la potestad de autoorganización que corresponde al Consejo, al igual que a cualquier otro órgano constitucional.

Así lo entendió el Tribunal Constitucional (STC 108/1986), frente a la pretensión de atribuir al Consejo la potestad reglamentaria para el desarrollo de la LOPJ, y ello no sólo por el rechazo al recurso a la doctrina de los poderes implícitos —hecha por los recurrentes y a la que nos referiremos al tratar de la organización territorial del Estado—, que se aplica en el ámbito de la distribución territorial de competencias, en nuestro caso, entre el Estado y las Comunidades Autónomas, siendo muy dudosa su extensión al campo de las relaciones entre órganos constitucionales, sino también, y fundamentalmente, por el rechazo jurisprudencial del argumento de los recurrentes, de que el actual ordenamiento constitucional haya procedido a una distribución horizontal de la potestad reglamentaria, repartiéndola entre los Entes territoriales y los órganos constitucionales dotados de facultades de autogobierno. El Tribunal rechazará de modo frontal tal concepción general de la distribución de la potestad reglamentaria, de conformidad con la cual dicha potestad habría de corresponder a toda organización pública dotada de autonomía, independencia o autogobierno.

G) La organización jurisdiccional

a/ La organización jurisdiccional en el marco del Estado autonómico

La opción del constituyente por una organización territorial del Estado que toma como punto de apoyo, como uno de sus principios fundamentales, el principio de autonomía, desembocando en el llamado Estado autonómico, tenía que incidir de alguna manera sobre la organización jurisdiccional. Esa incidencia está contemplada por la Constitución, tributaria, no obstante, en este aspecto de una concepción inequívocamente estatalista.

El principio de unidad jurisdiccional (artículo 117.1 CE), que, como ya dijimos, es la base de la organización y funcionamiento de los Tribunales, fundamenta la titularidad estatal. A este respecto, el artículo 149.1, 5.ª atribuye al Estado la competencia exclusiva sobre la Administración de Justicia y el artículo 149.1, 6.ª, la competencia sobre la «legislación procesal, sin perjuicio de las necesarias especialidades que en este orden se deriven de las particularidades del derecho sustantivo de las Comunidades Autónomas». Consecuentemente, salvo esta última particularidad en materia procesal, la competencia se atribuye al Estado.

Ahora bien, ¿qué debe entenderse por «Administración de Justicia» a los efectos de determinar la competencia atribuida al Estado por el artículo 149.1, 5.ª?

Si, como razona *De Otto,* identificáramos «Administración de Justicia» con Poder Judicial, la exclusión de la potestad de las Comunidades Autónomas en la materia resultaría del artículo 122.2, que atribuye el gobierno de aquél al Consejo General, lo que significaría que quienes mantuvieran tal identificación habrían de concluir que el artículo 149.1, 5.ª es del todo superfluo.

A la vista del precedente razonamiento, resulta evidente que la Administración de Justicia a que alude el artículo 149.1, 5.ª no es el Poder Judicial, sino precisamente las funciones y medios de cooperación y auxilio cuyo gobierno y administración no se contempla en el Título VI, y por ello, en principio, podría atribuirse a las Comunidades Autónomas si no lo impidiera expresamente el artículo 149.

En cualquier caso, la Constitución ha tomado en consideración la organización territorial del Estado al fijar criterios básicos para la organización judicial, como acredita el artículo 152.1, párrafo segundo, de la misma, al establecer que:

> «Un Tribunal Superior de Justicia, sin perjuicio de la jurisdicción que corresponde al Tribunal Supremo, culminará la organización judicial en el ámbito territorial de la Comunidad Autónoma. En los Estatutos de las Comunidades Autónomas podrán establecerse los supuestos y las formas de participación de aquéllas en la organización de las demarcaciones judiciales del territorio. Todo ello de conformidad con lo previsto en la Ley Orgánica del Poder Judicial y dentro de la unidad e independencia de éste.»

Como ha constatado el Tribunal Constitucional (STC 38/1982, de 22 de junio), la inclusión de este precepto en el Título VIII de la Constitución, y el reflejo de su contenido en las previsiones de los Estatutos de Autonomía, son muestra de la vinculación de los Tribunales Superiores de Justicia respecto de la ordenación de las Comunidades Autónomas. Pero, hecha esta afirmación, el propio Tribunal nos recuerda que, de conformidad con el artículo 122 de la Constitución, corresponde a la LOPJ determinar la constitución, funcionamiento y gobierno de los Tribunales de Justicia, es decir, su configuración definitiva.

Por lo demás, el último párrafo del artículo 152.1 determina que:

> «Sin perjuicio de lo dispuesto en el artículo 123, las sucesivas instancias procesales, en su caso, se agotarán ante órganos judiciales radicados en el mismo territorio de la Comunidad Autónoma en que esté el órgano competente en primera instancia.»

El artículo 152.1, en lo que ahora nos interesa, contiene tres previsiones: de un lado, la creación del Tribunal Superior de Justicia, que culmina la organización jurisdiccional en el ámbito territorial de la Comunidad Autónoma; de otro, el agotamiento de las sucesivas instancias procesales dentro del mismo territorio comunitario en que se halle el órgano competente en primera instancia, y, por último, la participación autonómica en la organización de las demarcaciones judiciales del territorio.

Las dos primeras determinaciones están estrechamente entrelazadas, pues lo que viene a establecer la norma constitucional es que la planta judicial en todos los órganos jurisdiccionales —salvo lo dispuesto en materia de garantías constitucionales— debe tomar como punto de referencia territorial a las Comunidades Autónomas. Sólo así podrán agotarse las sucesivas instancias procesales ante órganos ubicados en el mismo territorio de la Comunidad en que esté el órgano competente en primera instancia. Desde esta perspectiva, cobra todo su sentido la creación de los Tribunales Superiores, que culminan la organización jurisdiccional en el ámbito territorial de cada Comunidad, sin perjuicio, como es obvio y salva expresamente el propio artículo 152.1, de la jurisdicción en toda España del Tribunal Supremo, órgano jurisdiccional superior en todos los órdenes.

La LOPJ dedica un Capítulo a los *Tribunales Superiores de Justicia* (artículos 70 a 79). De su regulación podemos destacar estos aspectos:

1.º/ El Tribunal Superior de Justicia toma el nombre de la Comunidad Autónoma y extiende su jurisdicción al ámbito territorial de la misma.

2.º/ Estos Tribunales están integrados por las siguientes Salas: de lo Civil y Penal; de lo Contencioso-Administrativo, y de lo Social.

3.º/ Cada Tribunal Superior se compone de un Presidente, que lo será asimismo de su Sala de lo Civil y Penal y tendrá consideración de Magistrado del Tribunal Supremo mientras desempeñe el cargo. Junto al Presidente, los Presidentes de Sala y los Magistrados que determine la ley para cada una de las Salas y, en su caso, de las Secciones que dentro de ellas puedan crearse.

Por lo demás, la LOPJ ha respetado, en líneas generales, la organización jurisdiccional anteriormente expuesta, estableciendo, sin embargo, una notable salvedad frente a aquélla, al atribuir a la Audiencia Nacional jurisdicción en toda España (artículo 62 LOPJ).

El acomodo constitucional de una previsión de esta naturaleza puede buscarse en el hecho de que la actuación de los Tribunales Superiores presupone la radicación en el territorio de la Comunidad del órgano competente en primera instancia.

La Constitución prohíbe jueces excepcionales o no ordinarios, pero, como ha sostenido el Tribunal Constitucional (STC 199/1987, de 16 de diciembre), permite al legislador una determinación de las competencias de acuerdo a los intereses de la justicia:

> «Existen supuestos —añade el Tribunal— que, en relación con su naturaleza, con la materia sobre la que versan, por la amplitud del ámbito territorial en que se producen, y por su trascendencia para el conjunto de la sociedad, pueden hacer llevar razonablemente al legislador a que la instrucción y enjuiciamiento de los mismos pueda llevarse a cabo por un órgano judicial centralizado, sin que con ello se contradiga el artículo 152.1 de la Constitución ni los preceptos estatutarios.»

En definitiva, el legislador está habilitado para, en los supuestos apuntados, atribuir competencias para el enjuiciamiento a órganos jurisdiccionales que no se ajustan en sentido estricto a la planta judicial que parece derivarse de la estructura territorial autonómica del Estado.

En cuanto a la tercera de las determinaciones del artículo 152.1 (la participación autonómica en la organización de las demarcaciones judiciales del territorio), como el propio precepto prevé, debe conformarse a lo previsto en la LOPJ.

De esta forma, el artículo 35 LOPJ ha venido a precisar la naturaleza de esa participación comunitaria. La demarcación judicial, que determinará la circunscripción territorial de los órganos judiciales, debe hacerse por ley. A tal fin, las Comunidades Autónomas participarán en la organización de la demarcación judicial de sus territorios respectivos, remitiendo al Gobierno, a solicitud de éste, una propuesta de la misma en la que fijarán los partidos judiciales. El Ministerio de Justicia, vistas las propuestas de las Comunidades Autónomas, redactará un anteproyecto, que será informado por el Consejo General. Digamos por último que todos los Estatutos de Autonomía se refieren a esta competencia, con la sola salvedad del de La Rioja.

b/ El Tribunal Supremo

I. El artículo 123.1 de nuestra «Lex Superior» eleva al máximo rango normativo al Tribunal Supremo, al disponer que: «El Tribunal Supremo, con jurisdicción en toda España, es el órgano jurisdiccional superior en todos los órdenes, salvo lo dispuesto en materia de garantías constitucionales». Queda de esta forma garantizada esta institución, que se sitúa en la cúspide de nuestra organización jurisdiccional.

El Tribunal Supremo, de conformidad con el artículo 54 LOPJ, se compone de su Presidente, los Presidentes de Sala y los Magistrados que determine la ley para cada una de las Salas y, en su caso, de las Secciones que en ellas puedan articularse.

El Tribunal Supremo está integrado por las siguientes Salas: 1.ª. De lo Civil. 2.ª. De lo Penal. 3.ª. De lo Contencioso-Administrativo. 4.ª. De lo Social. Y 5.ª. De lo Militar. Esta última Sala se regirá por su legislación específica y, supletoriamente, por la propia Ley Orgánica del Poder Judicial y por el ordenamiento común a las demás Salas del Tribunal. La legislación específica antes referida nos viene dada por la Ley Orgánica 4/1987, de 15 de julio, de competencia y organización de la Jurisdicción Militar.

II. La Constitución se ha hecho eco asimismo de la figura del Presidente del Tribunal Supremo (artículo 123.2), que será nombrado por el Rey, a propuesta del Consejo General, en la forma que determine la ley.

Es el artículo 123 LOPJ el que ha regulado en detalle el procedimiento de elección del Presidente del órgano jurisdiccional superior en todos los órdenes, que a su vez preside el Consejo General del Poder Judicial.

El Presidente del Tribunal Supremo será nombrado por el Rey a propuesta del Consejo General, entre miembros de la carrera judicial o juristas de reconocida competencia, con más de quince años de antigüedad en su carrera o en el ejercicio de su profesión. La propuesta del Consejo se adoptará por mayoría de tres quintos de sus miembros en la propia sesión constitutiva del mismo.

El nombramiento del Presidente del Tribunal Supremo y del Consejo General se llevará a cabo mediante Real Decreto refrendado por el Presidente del Gobierno.

El Presidente del Tribunal Supremo podrá ser reelegido y nombrado, por una sola vez, para un nuevo mandato (artículo 123 LOPJ), mandato que se extiende por el mismo período de tiempo que los vocales que integran el Consejo General, esto es, por cinco años.

De acuerdo con el artículo 126 LOPJ, el Presidente del Tribunal Supremo y del Consejo General cesará:

1.º) Por haber expirado el término de su mandato, que se entenderá agotado en la misma fecha en que concluya el del Consejo General por el que hubiere sido propuesto.

2.º) Por renuncia. Y

3.º) A propuesta del Pleno del Consejo General, por causa de notoria incapacidad, o incumplimiento grave de los deberes del cargo, apreciada por tres quintos de sus miembros.

III. La cuestión constitucional que se suscita en relación con el Tribunal Supremo es, sin ningún género de dudas, la de sus competencias. El artículo 123.1 de la Constitución se limita a considerarlo el «órgano jurisdiccional superior en todos los órdenes», y a lo largo del articulado de nuestra Norma suprema nos encontramos con alguna competencia específica. Tal es el caso del artículo 71.3, que declara competente a la Sala de lo Penal en las causas contra diputados y senadores, o del artículo 102.1, que prescribe que la responsabilidad criminal del Presidente del Gobierno y de los demás miembros del mismo será exigible, en su caso, ante la Sala anteriormente citada.

Con todo, y al margen ya de estas competencias particularizadas, la previsión constitucional del artículo 123.1 no aclara mucho las competencias garantizadas a este órgano jurisdiccional. Si acaso, podríamos constatar tan sólo que, en cuanto órgano jurisdiccional superior, el Tribunal Supremo debe disponer de atribuciones en todos los órdenes, salvo en materia de garantías constitucionales, a fin de poder, en su caso, intervenir.

Es la determinación, anteriormente comentada, del último párrafo del artículo 152.1 (agotamiento de las instancias procesales ante órganos judiciales radicados en el territorio de una Comunidad), la que viene a arrojar algo de luz al respecto. Como afirma *De Otto,* dado que las instancias, en su caso, habrán de agotarse ante órganos radicados en la Comunidad Autónoma, es claro que el Tribunal Supremo no puede ser un Tribunal de instancia, es decir, que su carácter de «superior en todos los órdenes» no puede articularse mediante recursos de los llamados ordinarios, sino mediante los denominados *«recursos extraordinarios»,* y dentro de ellos, muy especialmente, el recurso de casación.

Como el propio autor manifiesta, la superioridad del Tribunal Supremo en todos los órdenes indica que a ese Tribunal debe corresponderle en todo caso la casación en su función de instrumento para la unificación de la jurisprudencia. Ello vendría a constituir, por así decirlo, la competencia mínima constitucionalmente garantizada.

Como es lógico, ha sido la LOPJ la que ha enunciado en detalle las competencias del Tribunal Supremo. Muy sumariamente, recordaremos tan sólo que en el orden civil, penal y social, el Tribunal Supremo conoce de los recursos de casación, revisión y otros extraordinarios que la Ley establezca. La Sala de lo Civil será competente, con carácter general, para conocer de las peticiones de ejecución de sentencias dictadas por Tribunales extranjeros. Las Salas de lo Civil y Penal conocerán, respectivamente, de las demandas de responsabilidad civil por hechos realizados en el ejercicio de su cargo y de la instrucción y enjuiciamiento de las causas contra una serie de altos cargos de la Nación (Presidente del Gobierno, Presidentes de cada una de las dos Cámaras, del Tribunal Supremo, miembros del Gobierno, diputados y senadores... etc.).

A su vez, la Sala de lo Contencioso-Administrativo conocerá, en única instancia, de los recursos contencioso-administrativos que se promuevan contra actos y disposiciones emanadas del Consejo de Ministros o de sus Comisiones Delegadas, así como de aquellos otros recursos contra los actos y disposiciones procedentes del Consejo General del Poder Judicial, o de los órganos de gobierno del Congreso y del Senado, del Tribunal Constitucional, del Tribunal de Cuentas y del Defensor del Pueblo en materia de personal y actos de administración.

La Sala de lo Contencioso-Administrativo del Tribunal Supremo conocerá asimismo de los recursos de casación que se interpongan contra las sentencias dictadas por la Sala de lo Contencioso-Administrativo de la Audiencia Nacional, como también de aquellos otros recursos de casación que establezca la ley contra las sentencias dictadas en única instancia por las Salas de lo Contencioso-Administrativo de los Tribunales Superiores de Justicia en recursos contra actos y disposiciones procedentes de órganos de la Administración del Estado, o en relación con actos y disposiciones de las Comunidades Autónomas y siempre que en este supuesto dicho recurso se funde en infracción de normas no emanadas de los órganos de aquéllas.

c/ *Organización y demarcación jurisdiccionales*

El ejercicio de la potestad jurisdiccional se atribuye por la LOPJ a los siguientes Juzgados y Tribunales (artículo 26):

— Juzgados de Paz.

— Juzgados de Primera Instancia e Instrucción; de lo Penal; de lo Contencioso-Administrativo; de lo Social; de Menores, y de Vigilancia Penitenciaria.

— Audiencias Provinciales.

— Tribunales Superiores de Justicia.

— Audiencia Nacional.

— Tribunal Supremo.

La planta de los Juzgados se establecerá por ley, que será revisada, al menos, cada cinco años, previo informe del Consejo General del Poder Judicial, con la finalidad de adaptarla a las nuevas necesidades.

Esta previsión del artículo 29 LOPJ ha sido desarrollada por la Ley 38/1988, de 28 de diciembre, de Demarcación y Planta Judicial, recientemente modificada por la Ley 3/1992, de 20 de marzo, sobre medidas de corrección de la Ley 38/1988.

Como se reconoce en el mismo Preámbulo de esta última Ley, la nueva división territorial de lo judicial no plantea especiales problemas en las esferas autonómica, provincial y municipal, por lo que la Ley 38/1988 se limita a ratificar el ámbito territorial de la jurisdicción de los distintos órganos de alcance autonómico, provincial y municipal, que resulta de las correspondientes circunscripciones determinadas ya a efectos político-administrativos. Por el contrario, es objeto primordial de la Ley realizar una redefinición de los partidos judiciales en cuanto divisiones territoriales judiciales básicas en las que se inscribe el primer escalón de órganos judiciales servidos por Jueces de carrera: el de los Juzgados de Primera Instancia e Instrucción.

La circunscripción territorial de los órganos jurisdiccionales queda definida del modo siguiente:

1. El Tribunal Supremo, la Audiencia Nacional, los Juzgados Centrales de Instrucción y los Juzgados Centrales de lo Penal tienen jurisdicción en toda España.

2. Los Tribunales Superiores de Justicia tienen jurisdicción en el ámbito territorial de su respectiva Comunidad Autónoma.

3. Las Audiencias Provinciales, los Juzgados de lo Penal, los Juzgados de lo Contencioso-Administrativo, los Juzgados de lo Social, los Juzgados de Vigilancia Penitenciaria y los Juzgados de Menores tienen jurisdicción en el ámbito territorial de su respectiva provincia.

4. Los Juzgados de Primera Instancia e Instrucción tienen jurisdicción en el ámbito territorial de su respectivo partido. Los partidos judiciales tienen el ámbito territorial del municipio o municipios que los integran, de acuerdo con lo que se establece en el Anexo I de la propia Ley.

5. Los Juzgados de Paz, finalmente, tienen jurisdicción en el término del respectivo municipio, del que toman su nombre.

H) El Ministerio Fiscal

I. El Título VI de la Constitución acoge dentro de su articulado la institución del Ministerio Fiscal. Desde luego, no estamos ante una institución que se integre en el seno de ese Poder, y ello aunque el artículo 2.º.1 de la Ley 50/1981, de 30 de diciembre, por la que se regula el Estatuto Orgánico del Ministerio Fiscal, determine que «el Ministerio Fiscal, integrado con autonomía funcional en el Poder Judicial, ejerce su misión por medio de órganos propios». Como al efecto señala *Alamillo,* ese «estar integrado» no es otra cosa que una afirmación platónica que trata de dar satisfacción a la tendencia judicialista de muchos Fiscales. Estamos, si acaso, ante una institución que, como señala el propio rótulo del Libro V de la LOPJ, coopera con la Administración de Justicia.

II. El artículo 124.1 de nuestra «Lex Superior» enuncia las misiones que debe cumplir el Ministerio Fiscal en estos términos:

«El Ministerio Fiscal, sin perjuicio de las funciones encomendadas a otros órganos, tiene por misión promover la acción de la justicia en defensa de la legalidad, de los derechos de los ciudadanos y del interés público tutelado por la ley, de oficio o a petición de los interesados, así como velar por la independencia de los Tribunales y procurar ante éstos la satisfacción del interés social.»

Tres bloques diferenciados de misiones pueden distinguirse en el enunciado constitucional:

a/ Consagrado el principio de legalidad por el artículo 9.º.3 de la Constitución, el sometimiento pleno de la Administración Pública a la Ley y al Derecho (artículo 103.1 CE) y el subsiguiente control de la legalidad de la actuación administrativa, que han de llevar a cabo los Tribunales (artículo 106.1 CE), resultaba de todo punto ineludible que en el marco de los fines de la acción del Ministerio Público figurase la defensa de la legalidad. La extraordinaria importancia de los derechos ciudadanos conducía a algo semejante.

En perfecta sintonía con todo ello, el artículo 124.1 asigna al Ministerio Fiscal la misión de promover la acción de la justicia, pero no sólo, como acontecía con anterioridad a la entrada en vigor de la Constitución, en defensa del interés público tutelado por la ley, sino también en defensa de la legalidad y de los derechos de los ciudadanos.

En definitiva, el primer gran bloque de misiones que la Constitución atribuye al Ministerio Fiscal puede sintetizarse en la promoción de la justicia, no reducida ya solamente a la defensa del interés público tutelado por la ley.

b/ La relevancia del principio de independencia judicial justifica que se atribuya al Ministerio Fiscal la misión de velar por la vigencia efectiva de dicho principio, función que, no obstante, ya fuera reconocida en términos semejantes por el Estatuto Orgánico del Ministerio Fiscal del año 1926.

c/ Finalmente, el Ministerio Fiscal debe procurar ante los Tribunales la satisfacción del interés social, fórmula asimismo empleada ya por el Estatuto Orgánico de 1926.

Frente a estas misiones, cabe significar que el Ministerio Fiscal ha dejado, por el contrario, de «representar al Gobierno en sus relaciones con el Poder Judicial» (fórmula utilizada también por el Estatuto de 1926), silencio legal que bien pudiera interpretarse —y así lo hace *Alamillo*— en el sentido de que han quedado rotos los lazos de subordinación funcional del Ministerio Fiscal respecto del Poder Ejecutivo, que ya no puede dar a aquél las órdenes e instrucciones que admitía la legislación anterior, si bien tal interpretación exige ser matizada en el sentido que con posterioridad haremos.

En definitiva, nuestros constituyentes han intentado, como advierte *Díez-Picazo,* configurar el Ministerio Fiscal como algo más que un mero acusador público en el proceso penal. De esta forma, el artículo 124.1 le encomienda la defensa objetiva de la legalidad y del interés público ante los Tribunales, así como la de los derechos de los ciudadanos.

Precisamente, el destacado interés público que concurre en la tutela de los derechos fundamentales explica, a juicio del Tribunal Constitucional (STC 65/1983, de 21 de julio) por qué el Ministerio Fiscal es parte en el proceso de amparo, en atención a las funciones que le atribuye el artículo 124 de la Constitución. Algo análogo cabe sostener de la legitimación para recurrir en vía de amparo constitucional que la Constitución atribuye al Ministerio Fiscal (artículo 162.1, *b/).* Esa legitimación se configura como un *«ius agendi»* reconocido a este órgano en mérito a su específica posición institucional. Promoviendo el amparo constitucional —ha afirmado el Tribunal Constitucional (STC 86/1985, de 10 de julio)—, el Ministerio Fiscal defiende, ciertamente, derechos fundamentales, pero lo hace, y en esto reside la peculiar naturaleza de su acción, no porque ostente su titularidad, sino como portador del interés público en la integridad y efectividad de tales derechos.

III. Los apartados segundo y cuarto del mismo artículo 124 diseñan la estructura básica del Ministerio Fiscal. Este, según el artículo 124.2, «ejerce sus funciones por medio de órganos propios conforme a los principios de unidad de actuación y dependencia jerárquica y con sujeción, en todo caso, a los de legalidad e imparcialidad».

Aunque el artículo 124.3 remite a una ley a los efectos de la regulación del estatuto orgánico del Ministerio Fiscal, estatuto normativizado, como ya hemos señalado, por la Ley 50/1981, lo cierto es que el artículo 124.4 constitucionaliza la figura del Fiscal General del Estado, que será nombrado por el Rey, a propuesta del Gobierno, oído el Consejo General del Poder Judicial.

Los preceptos a que acabamos de aludir establecen una estructura básica que puede ser caracterizada por los tres rasgos siguientes:

1.º) El Ministerio Fiscal queda integrado por un conjunto de órganos propios. A tales órganos se refiere el artículo 12.1 de su Estatuto Orgánico: Fiscal General del Estado, Consejo Fiscal, Junta de Fiscales de Sala, Fiscalía del Tribunal Supremo, Fiscalía ante el Tribunal Constitucional, Fiscalía especial para la prevención y represión del tráfico ilegal de drogas, Fiscalías de los Tribunales Superiores de Justicia y Fiscalías de las Audiencias Provinciales. Junto a estos órganos hay que mencionar a la Fiscalía del Tribunal de Cuentas.

2.º) El ejercicio de sus funciones se ha de acomodar a los principios de unidad de actuación y dependencia jerárquica, lo que básicamente supone que este complejo orgánico se vertebre jerárquicamente.

3.º) Al frente del Ministerio Fiscal se ha de situar al Fiscal General del Estado, que es nombrado y cesado por el Rey, a propuesta del Gobierno (artículo 29.1 de la Ley 50/1981), que aunque debe oír con carácter previo al Consejo General, es quien realmente decide el nombramiento, pues el informe del Consejo no es obviamente vinculante.

A la vista de esta estructura, la conclusión es clara: como dice *Granados,* nuestra Constitución no avala la cualidad de la independencia del Ministerio Fiscal en su dimensión orgánica. Pero, además, se hace patente otra conclusión más distorsionadora si cabe: si al frente del Ministerio Fiscal se halla una persona de libre nombramiento gubernamental, y si el ejercicio de sus funciones por este complejo orgánico se ha de ajustar a los principios de unidad de actuación y de dependencia jerárquica, no parece aventurado suponer que el Ministerio Fiscal va a traducir en sus actuaciones la voluntad del Gobierno.

Algún autor *(Alamillo)* ha tratado de separar la dependencia orgánica de la funcional, recordando al respecto que el artículo 55 del Estatuto Orgánico dispone que ningún miembro del Ministerio Fiscal podrá recibir órdenes o indicaciones relativas al modo de cumplir sus funciones más que de sus superiores jerárquicos. Pero, a nuestro modo de ver, ésta es precisamente la vía a cuyo través puede reflejarse la opinion del Gobierno, pues no cabe olvidar que éste (artículo 8.º de la Ley 50/1981) podrá interesar del Fiscal General del Estado que promueva ante los Tribunales las actuaciones pertinentes en orden a la defensa del interés público. La comunicación del Gobierno con el Ministerio Fiscal se hará por conducto del Ministerio de Justicia, pudiendo asimismo el Presidente del Gobierno dirigirse directamente al Fiscal General cuando lo estime necesario.

En resumen, estamos plenamente de acuerdo con *Díez-Picazo* cuando afirma que la Constitución ha dotado al Ministerio Fiscal de la estructura propia de una mera acusación pública; y además lo ha hecho dentro de la más estricta tradición europeo-continental de acusación pública de naturaleza funcionarial y dependiente del Poder Ejecutivo.

De esta forma, la contradicción entre las misiones otorgadas al Ministerio Fiscal, cuyo ejercicio exige una independencia mínima, y la estructura de que se le dota, en la que toda independencia real brilla por su ausencia, se hace especialmente flagrante.

Teniendo muy presente tan patente contradicción, nos haremos eco ya para finalizar de algunas de las funciones que el artículo 3.º de su Estatuto Orgánico otorga al Ministerio Fiscal a los efectos del cumplimiento de sus misiones constitucionales. Son algunas de esas funciones las que siguen:

a/ Velar para que la función jurisdiccional se ejerza eficazmente conforme a las leyes y en los plazos y términos en ellas señalados, ejercitando, en su caso, las acciones, recursos y actuaciones pertinentes.

b/ Ejercer cuantas funciones le atribuya la ley en defensa de la independencia de los Jueces y Tribunales.

c/ Velar por el respeto de las instituciones constitucionales y de los derechos fundamentales y libertades públicas con cuantas acciones exija su defensa.

d/ Ejercitar las acciones penales y civiles dimanantes de delitos y faltas u oponerse a las ejercitadas por otros, cuando proceda.

e/ Intervenir en el proceso penal, instando de la autoridad judicial la adopción de las medidas cautelares que procedan y la práctica de las diligencias encaminadas al esclarecimiento de los hechos, pudiendo ordenar a la Policía Judicial aquellas otras que estime oportunas. Y

f/ Tomar parte, en defensa de la legalidad y del interés público o social, en los procesos relativos al estado civil y en los demás que establezca la ley.

BIBLIOGRAFIA

Alamillo Canillas, Fernando: «El Ministerio Fiscal español» (Su organización y funcionamiento), Editorial Colex, Madrid, 1990.

Alejandre, Juan Antonio: «La Justicia Popular en España» (Análisis de una experiencia histórica: los Tribunales de Jurados), Editorial de la Universidad Complutense, Madrid, 1981.

Andrés Ibáñez, Perfecto y *Movilla Alvarez, Claudio:* «El Poder Judicial», Editorial Tecnos, Madrid, 1986.

Bachof, Otto: «Jueces y Constitución», Editorial Civitas, Madrid, 1985.

Díez-Picazo, Luis María: «Régimen constitucional del Poder Judicial», Editorial Civitas, Madrid, 1991.

Dirección General de lo Contencioso del Estado: «El Poder Judicial» (obra colectiva), 3 vols., Instituto de Estudios Fiscales, Madrid, 1983.

Domínguez-Berrueta de Juan, Miguel: «Los Tribunales de Honor y la Constitución de 1978», Universidad de Salamanca, Salamanca, 1984.

Fairén Guillén, Víctor: «Comentarios a la Ley Orgánica del Poder Judicial de 1 de julio de 1985», Editorial Revista de Derecho Privado, Madrid, 1986.

Fairén Guillén, Víctor: «Los Tribunales de Jurados en la Constitución española de 1978», Editorial Civitas, Madrid, 1979.

Granados, Francisco: «El Ministerio Fiscal» (Del presente al futuro), Editorial Tecnos, Madrid, 1989.

Martín Rebollo, Luis: «Jueces y responsabilidad del Estado», Centro de Estudios Constitucionales, Madrid, 1983.

Martín-Retortillo, Sebastián (coord.): «Estudios sobre la Constitución Española» (Homenaje al profesor Eduardo García de Enterría) (obra colectiva), tomo IV (Del Poder Judicial. Organización Territorial del Estado), Editorial Civitas, Madrid, 1991.

Ministerio de Justicia: «La Justicia en la década de los 80» (obra colectiva), Servicio de Publicaciones del Ministerio de Justicia, Madrid, 1981.

Montero Aroca, Juan: «Independencia y responsabilidad del Juez», Editorial Civitas, Madrid, 1990.

Montero Aroca, Juan: «Responsabilidad civil del Juez y del Estado por la actuación del Poder Judicial», Editorial Tecnos, Madrid, 1988.

Moreno Catena, Víctor (coord.): «Problemas actuales de la Justicia» (Homenaje al doctor don Faustino Gutiérrez-Alviz y Armario), Tirant lo Blanch, Valencia, 1988.

Muñoz Machado, Santiago: «La reserva de jurisdicción», La Ley, Madrid, 1989.

Otto y Pardo, Ignacio de: «Estudios sobre el Poder Judicial», Ministerio de Justicia, Madrid, 1989.

Paredes, Javier: «La organización de la Justicia en la España liberal» (Los orígenes de la Carrera Judicial: 1834-1870), Editorial Civitas, Madrid, 1991.

Requejo Pagés, Juan Luis: «Jurisdicción e independencia judicial», Centro de Estudios Constitucionales, Madrid, 1989.

Terol Becerra, Manuel José: «El Consejo General del Poder Judicial», Centro de Estudios Constitucionales, Madrid, 1990.

CAPITULO XI

EL REGIMEN JURIDICO ELECTORAL

SUMARIO

K) La operatividad real del sistema de elección de las Cámaras.

L) El sistema de elección de los Diputados al Parlamento Europeo.

M) Las disposiciones especiales para las elecciones municipales:

a/ El sistema electoral.

b/ Los procedimientos de elección y destitución de Alcalde.

N) El procedimiento de elección de los Diputados Provinciales.

BIBLIOGRAFÍA.

A) La génesis de nuestra normativa electoral

La Ley para la Reforma Política de 4 de enero de 1977, como ya vimos, perfilaba en su artículo 2.°, complementado por su Disposición Transitoria primera, los trazos esenciales del futuro Parlamento y, en cierto modo, de la ulterior normativa electoral. A la par, la referida Disposición habilitaba al Gobierno para la regulación de las primeras elecciones a Cortes con sujeción a los principios-marco establecidos por la propia Ley.

El Gobierno, en cumplimiento de tal habilitación, aprobaba el Decreto-ley 20/1977, de 18 de marzo, sobre Normas Electorales, cuyo artículo 1.° concretaba su objeto en la regulación de las primeras elecciones al Congreso de los Diputados y al Senado. Su vigencia temporal quedaba, pues, específicamente circunscrita a las elecciones a Cortes que habían de celebrarse el 15 de junio de 1977. Sin embargo, esta normativa regiría los comicios de 1977, 1979 y 1982, confirmando que una de las constantes de todo sistema electoral es su tendencia a perpetuarse.

Quizá en previsión de una circunstancia de esta naturaleza, el apartado tercero de la Disposición Transitoria octava de la Constitución disponía que en el supuesto de disolución, y si no se hubiera desarrollado legalmente la previsión de los artículos 68 y 69, que al regular la composición del Congreso y del Senado, se remitían —en lo que hace al específico procedimiento de elección— a la pertinente Ley Orgánica Electoral, serían de aplicación a las elecciones las normas vigentes con anterioridad, esto es, las contenidas en el Decreto-ley 20/1977.

La necesidad de desarrollar en este punto concreto las previsiones constitucionales se haría cada vez más acuciante, llegando el propio Tribunal Constitucional a hacerse eco de ella. En efecto, un recurso previo de inconstitucionalidad contra el texto definitivo del Proyecto de Ley Orgánica de Incompatibilidades de diputados y senadores, era resuelto a través de la Sentencia 72/1984, de 14 de junio, en la que el Tribunal, entre otras consideraciones, manifestaba: «La Ley Electoral está prevista en la Constitución como una de las leyes necesariamente llamadas a desarrollarla. Se deduce así, sin gran dificultad, de la lectura del artículo 70, y se deduce igualmente de la Disposición Transitoria 8.ª.3. La aplicación en elecciones posconstitucionales del Decreto electoral anterior (el Decreto-ley 20/1977) posee carácter excepcional.»

Esta Sentencia fue el detonante decisivo que condujo al Gobierno a la elaboración y subsiguiente envío al Congreso del Proyecto de Ley Orgánica del Régimen Electoral General, que tras ser consensuado por la gran mayoría de las formaciones políticas con presencia parlamentaria, se convertía en la Ley Orgánica 5/1985, de 19 de junio, del Régimen Electoral General.

La Ley trataba de dar una adecuada respuesta normativa a la exigencia constitucional del artículo 81, que establece la necesidad de que las Cortes Generales aprueben, con carácter de orgánica, una Ley que regule el régimen electoral general. Ello planteaba una doble exigencia: de un lado, la necesidad de dotar de un tratamiento unificado y global al variado conjunto de materias comprendidas bajo el epígrafe constitucional «Ley Electoral General», y de otro, la ineludibilidad de regular las especificidades de cada uno de los procesos electorales en el ámbito de las competencias del Estado.

De esta forma, la Ley se acomoda formalmente a una construcción arquitectónica que nos recuerda la del «Code électoral» francés. Y en consonancia con ello, se plantea una división fundamental entre aquellas disposiciones comunes para toda elección por sufragio universal (Título I) y las normas que se refieren a los diferentes tipos de elecciones políticas, objeto de los Títulos subsiguientes.

La Ley ha sido hasta la fecha objeto de dos modificaciones. Una, la llevada a cabo por la Ley Orgánica 1/1987, de 2 de abril, que trató de acomodar nuestra legislación electoral a las necesidades surgidas a raíz de la incorporación de España a las Comunidades Europeas. A tal efecto, la citada Ley Orgánica 1/1987 procedió a regular las elecciones al Parlamento Europeo.

La segunda modificación es más reciente. Ha sido llevada a cabo por la Ley Orgánica 8/1991, de 13 de marzo, que pretende mejorar técnicamente determinados aspectos particulares del procedimiento electoral español, a fin de acomodar la realidad jurídica a la dinámica política y social.

B) El derecho de sufragio

La Ley dedica los dos primeros Capítulos del Título I al derecho de sufragio, activo y pasivo, o lo que es igual, al derecho de todo ciudadano a participar como elector en los comicios y al derecho a ser candidato en unas elecciones.

El derecho de sufragio activo se atribuye a todos los españoles mayores de edad que no estén comprendidos en ninguno de los supuestos previstos por el artículo 3.º de la Ley. Para su ejercicio se entiende requisito indispensable la inscripción en el censo electoral vigente. La Ley contempla, pues, los requisitos tradicionales: nacionalidad y mayoría de edad. A ellos se une un requisito de naturaleza administrativa: la inscripción en el censo. Y lógicamente, la Ley impide ejercer el derecho de voto a quienes han sido privados de él de conformidad con sus previsiones.

En relación con este último punto, hay que destacar la garantía que supone la intervención judicial que el artículo 3.º entiende ineludible para poder privar a cualquier español del derecho de voto. Carecen de derecho de sufragio, a tenor del artículo 3.º de la Ley: *a)* los condenados por sentencia judicial firme a la pena principal o accesoria de privación de este derecho; *b)* los declarados incapaces en virtud de sentencia judicial firme, siempre que la misma declare expresamente la incapacidad para el ejercicio del derecho de sufragio, y *c)* los internados en un hospital psiquiátrico con autorización judicial, durante el período que dure su internamiento, siempre que en la autorización el Juez declare de modo expreso la incapacidad para el ejercicio del derecho de sufragio.

El derecho de sufragio se ha de ejercer personalmente en la Sección en la que el elector se halle inscrito según el censo y en la Mesa Electoral que le corresponda, sin perjuicio de la posibilidad de ejercer el voto por correspondencia. Ello atribuye una decisiva importancia al censo electoral. Sin la inscripción en el mismo, no cabe ejercer este derecho. De ahí que la Ley dedique un Capítulo (el cuarto del Título I) al censo electoral.

En el mismo sentido se ha pronunciado el Tribunal Constitucional (STC 154/1988, de 21 de julio), para el que «existe una conexión inescindible entre el derecho fundamental de sufragio y la inscripción censal, pues, dado que sólo tendrán la condición de electores y podrán ser elegibles los ciudadanos que figuren inscritos en el censo, la inclusión en éste constituye un requisito indispensable para el ejercicio del derecho de sufragio. Dada la relevancia de la inscripción censal en el ejercicio del derecho fundamental de sufragio, el censo se convierte así en un instrumento indispensable para dicho ejercicio».

El censo electoral contiene, como dice el artículo 31.1, la inscripción de quienes reúnen los requisitos para ser elector y no se hallen privados, definitiva o temporalmente, del derecho de sufragio. El censo es único para toda clase de elecciones.

En consonancia con todo ello, la Ley declara obligatoria la inscripción en el censo, correspondiendo a los Ayuntamientos la tramitación de oficio de la inscripción de los residentes en su término municipal.

El censo electoral es permanente, revisándose anualmente con fecha del día primero de enero de cada año. Para cada elección se ha de utilizar el censo electoral vigente el día de la convocatoria. A tal efecto, la Ley contempla con gran amplitud la rectificación del censo en período electoral, sujetándola, en último término, a la garantía judicial.

Los Ayuntamientos y Consulados vienen obligados a la exposición de las listas electorales vigentes en sus respectivos Municipios el quinto día subsiguiente a la convocatoria de elecciones. En los ocho días siguientes, cualquier persona puede presentar reclamación administrativa ante la Delegación Provincial de la Oficina del Censo Electoral sobre su inclusión o exclusión en el censo, viniendo obligada en tal supuesto la citada Delegación a resolver en el plazo de tres días las reclamaciones presentadas, ordenando al efecto las rectificaciones pertinentes, que, además, habrán de ser expuestas al público el decimoséptimo día posterior a la convocatoria. En todo caso, tal y como prevé el artículo 40 de la Ley, contra las resoluciones de la Oficina del Censo Electoral podrá interponerse un recurso ante el Juez de Primera Instancia en un plazo de cinco días a partir de su notificación. La pertinente sentencia judicial deberá de dictarse a su vez en el plazo de cinco días, agotando con ello la vía judicial.

Por lo que al derecho de sufragio pasivo se refiere, la Ley declara elegibles a los españoles mayores de edad que, poseyendo la cualidad de elector, no se encuentren incursos en alguna de las causas de inelegibilidad que enumera el artículo 6.º de la propia Ley.

El artículo 6.º separa las que pudiéramos considerar causas de inelegibilidad absoluta, por afectar a cualquier circunscripción electoral, de aquellas otras que tienen un carácter relativo, pues sólo impiden a quienes incurren en ellas el ser elegidos por determinadas circunscripciones electorales: aquéllas que se hallan comprendidas en todo o en parte en el ámbito territorial de la jurisdicción que ejercen (así, por ejemplo, quienes ejercen la función de mayor nivel de cada Ministerio en las distintas demarcaciones territoriales de ámbito inferior al estatal, los Secretarios Generales de las Delegaciones del Gobierno y de los Gobiernos Civiles...)

En todo caso, la calificación de inelegible sólo procederá respecto de quienes incurran en alguna de las causas legalmente enumeradas, el mismo día de la presentación de la candidatura, o en cualquier momento posterior hasta la celebración de las elecciones, lo que deja abierta la posibilidad de que, tras la convocatoria de los comicios y hasta el momento de la presentación de las candidaturas, pueda cesar en el cargo que genera la inelegibilidad quien desee ser candidato o, si se trata de un magistrado, juez, fiscal, militar profesional o de complemento o miembro de las Fuerzas y Cuerpos de Seguridad y Policía, en activo, solicitar el pase a la situación administrativa que corresponda.

C) La Administración Electoral

La Administración Electoral, integrada por las Juntas Electorales (Central, Provincial, de Zona y, en su caso, de Comunidad Autónoma), así como por las Mesas Electorales, tiene por finalidad garantizar en los términos de la propia Ley Electoral la transparencia y objetividad del proceso electoral y del principio de igualdad.

La importancia de la Administración Electoral es patente. En todo proceso electoral democrático, resulta imprescindible garantizar los medios necesarios para que los supuestos litigiosos que se susciten puedan ser resueltos con justicia y al margen del control del Gobierno, o lo que es igual, por órganos independientes, porque, como dijera *Mackenzie,* siempre cabe la sospecha de que, ocupando el Gobierno el Poder, intente arreglar las elecciones a su propia conveniencia.

La Administración Electoral ha sido precisamente uno de los objetivos de la última reforma electoral, que ha pretendido incrementar las potestades de la misma y, singularmente, de su cúspide, la Junta Electoral Central, incidiendo al efecto tanto en su vertiente orgánica como funcional.

El rasgo más acusado de nuestra Administración Electoral es el de su judicialización, esto es, el del predominio de los miembros de la carrera judicial en la composición de los órganos que la integran.

El primero de ellos es la *Junta Electoral Central.* Es un órgano permanente que está integrado por trece Vocales. De ellos, ocho Magistrados del Tribunal Supremo, designados mediante insaculación por el Consejo General del Poder Judicial. Y los cinco Vocales restantes, Catedráticos de Derecho o de Ciencias Políticas y de Sociología, en activo, designados a propuesta conjunta de los partidos, federaciones, coaliciones o agrupaciones de electores con representación en el Congreso de los Diputados. Estas designaciones deben realizarse en los noventa días siguientes a la sesión constitutiva del Congreso. De no tener lugar en dicho plazo la propuesta, será la Mesa de la Cámara la que, oídos los grupos políticos presentes en ella, procederá a su designación, en consideración a la representación existente en la misma. Los Vocales de la Junta elegirán, de entre los de origen judicial, al Presidente y Vicepresidente de la Junta. El Secretario de la Junta Electoral Central es el Secretario General de la Cámara Baja.

La *Junta Electoral Provincial* está compuesta por cinco Vocales, de ellos tres Magistrados de la Audiencia Provincial correspondiente, designados mediante insaculación por el Consejo General del Poder Judicial. Los otros dos Vocales, nombrados por la Junta Electoral Central, entre Catedráticos y Profesores Titulares de Derecho o de Ciencias Políticas y Sociología o juristas de reconocido prestigio residentes en la provincia. La designación de estos Vocales tendrá lugar una vez proclamadas las candidaturas. A este fin, los representantes de las candidaturas presentadas en el distrito propondrán conjuntamente las personas que hayan de desempeñar estos cargos. Si dicha propuesta no tuviere lugar antes del comienzo de la campaña electoral, la Junta Electoral Central procederá a su nombramiento.

La *Junta Electoral de Zona* está compuesta por cinco Vocales, tres de los cuales Jueces de Primera Instancia o Instrucción, designados mediante insaculación por la Sala de Gobierno del Tribunal Superior de Justicia respectivo. Los dos restantes Vocales serán designados por la Junta Electoral Provincial, entre Licenciados en Derecho o en Ciencias Políticas y en Sociología, residentes en el partido judicial. La designación de estos Vocales tendrá lugar una vez proclamadas las candidaturas. A este fin, los representantes de las candidaturas presentadas en el distrito electoral correspondiente propondrán conjuntamente las personas que hayan de desempeñar estos cargos. Cuando la propuesta no tenga lugar antes del comienzo de la campaña electoral, la Junta Electoral Provincial procederá a su nombramiento.

La reforma electoral operada en 1991 ha fortalecido de modo muy notable las competencias de los órganos de la Administración Electoral. Nos referiremos ahora tan sólo a las competencias que el artículo 19 de la Ley (tras su reforma por la Ley Orgánica 8/1991) otorga a la Junta Electoral Central, bien que, desde luego, sin ánimo de exhaustividad.

A la Junta corresponden, entre otras competencias, las de: *a)* dirigir y supervisar la actuación de la Oficina del Censo, órgano encuadrado en el Instituto Nacional de Estadística, que se encarga de la formación del censo electoral; *b)* cursar instrucciones de obligado cumplimiento a las Juntas Electorales Provinciales y, en su caso, de Comunidad Autónoma, en cualquier materia electoral; *c)* resolver con carácter vinculante las consultas que le eleven las Juntas Provinciales y, en su caso, las de Comunidad Autónoma; *d)* revocar de oficio en cualquier tiempo o, a instancia de parte interesada, dentro de los plazos legalmente previstos, las decisiones de las Juntas Electorales Provinciales y, en caso, de Comunidad Autónoma, cuando se opongan a la interpretación de la normativa electoral realizada por la Junta Electoral Central; *e)* unificar los criterios interpretativos de las Juntas Electorales Provinciales y, en su caso, de Comunidad Autónoma, en la aplicación de la normativa electoral; *f)* ejercer la potestad disciplinaria sobre todas las personas que intervengan con carácter oficial en las operaciones electorales, y *g)* expedir las credenciales a los diputados, senadores, concejales, diputados provinciales y consejeros insulares en caso de vacante por fallecimiento, incapacidad o renuncia, una vez finalizado el mandato de las Juntas Electorales Provinciales y de Zona, competencia esta última que lógicamente se explica por el hecho del carácter permanente de la Junta Electoral Central, a diferencia de las Provinciales y las de Zona.

Las *Mesas Electorales* también forman parte de la Administración Electoral. Las circunscripciones están divididas en Secciones electorales, que incluyen un número de electores que oscila entre quinientos y dos mil. En todo caso, cada término municipal debe contar al menos con una Sección. Los electores de la misma Sección se hallan ordenados alfabéticamente en las listas electorales.

En cada Sección hay una Mesa Electoral, bien que cuando el número de electores de una Sección o la diseminación de la población lo haga aconsejable, la Delegación Provincial de la Oficina del Censo, a propuesta del Ayuntamiento correspondiente, podrá disponer la formación de otras Mesas, distribuyendo entre ellas el electorado de la Sección.

La *Mesa Electoral* está formada por un Presidente y dos Vocales designados por sorteo público entre la totalidad de personas censadas en la Sección correspondiente, que sean menores de sesenta y cinco años y que sepan leer y escribir. Además, el Presidente deberá tener el título de Bachiller o el de Formación Profesional de segundo grado, o subsidiariamente el de Graduado Escolar o equivalente. Al mismo tiempo que se eligen los miembros de la Mesa, se procede de igual forma al nombramiento de dos suplentes para cada uno de los miembros de aquélla.

Los cargos de Presidente y Vocal de las Mesas Electorales son obligatorios. Los designados para los mismos han de ser notificados en los tres días inmediatamente ulteriores al momento del sorteo, disponiendo de un plazo de siete días para alegar ante la Junta Electoral de Zona causa justificada y documentada que les impida la aceptación del cargo, resolviendo al efecto sin ulterior recurso tal Junta.

D) El procedimiento electoral

La Ley Orgánica del Régimen Electoral General dedica el Capítulo 6.º del Título I al procedimiento electoral, que regula con enorme casuísmo. Cuatro son los momentos centrales de ese procedimiento:

a) La presentación y subsiguiente proclamación de candidatos.

b) La campaña electoral.

c) La votación.

d) El escrutinio y la proclamación de candidatos electos.

Nos referiremos a continuación a cada uno de esos momentos, no sin antes recordar que la Ley ha precisado, a título de requisito general de la convocatoria de elecciones, el momento de expedición de los Decretos de convocatoria y la fecha de entrada en vigor de los mismos, distinguiendo a estos efectos entre que se trate de elecciones a Cortes Generales o a Asambleas Legislativas de las Comunidades Autónomas, o, por el contrario, de elecciones locales o de elecciones a Asambleas Legislativas autonómicas cuyos Presidentes de Consejo de Gobierno no tengan expresamente atribuida por el ordenamiento jurídico la facultad de disolución anticipada.

En el primer caso (elecciones a Cortes Generales o a Asambleas Legislativas autonómicas en las que el Presidente del Ejecutivo autonómico disponga de la facultad disolutoria), la Ley (artículo 42, tras su reforma por la Ley Orgánica 8/1991) separa el supuesto de disolución anticipada de aquel otro en que no se haga uso de la facultad disolutoria.

Caso de disolución anticipada, los Decretos de convocatoria se publicarán al día siguiente de su expedición en el *Boletín Oficial del Estado* (o, en su caso, en el Boletín Oficial de la Comunidad Autónoma correspondiente). Entrarán en vigor el mismo día de su publicación. Los Decretos de convocatoria señalarán las fechas de las elecciones, que habrán de celebrarse entre el quincuagésimo cuarto y el sexagésimo día posterior a la convocatoria.

Caso de que la elección no responda a una previa disolución anticipada, los Decretos de convocatoria se expedirán el día vigésimo quinto anterior a la expiración del mandato de las respectivas Cámaras, publicándose el día siguiente en el *Boletín Oficial del Estado* (o de la Comunidad) y entrando en vigor el mismo día de su publicación. Los Decretos de convocatoria señalarán las fechas de los comicios, que habrán de celebrarse entre el quincuagésimo cuarto y el sexagésimo día posterior a la convocatoria.

En el segundo caso (elecciones locales o a Asambleas Legislativas autonómicas en las que no quepa la disolución anticipada), los Decretos de convocatoria se expedirán entre el quincuagésimo cuarto y el sexagésimo día anterior al cuarto domingo de mayo del año que corresponda la elección, publicándose al día siguiente en el *Boletín Oficial del Estado* (o de la Comunidad) y entrando en vigor el mismo día de la publicación. Las elecciones se realizarán el cuarto domingo del mes de mayo del año correspondiente y los mandatos, de cuatro años, finalizarán en todo caso el día anterior al de la celebración de las siguientes elecciones.

a/ Presentación y proclamación de candidatos

La Ley habilita para la *presentación de candidatos o listas de candidaturas* a: 1. los partidos y federaciones inscritos en el correspondiente registro; 2. las coaliciones, y 3. las agrupaciones de electores que reúnan los requisitos legalmente establecidos, que en el caso de las elecciones a diputados y senadores son enormemente restrictivos, pues el artículo 169.3 de la LOREG (Ley Orgánica del Régimen Electoral General) exige de tales agrupaciones el respaldo de, al menos, un

1 por 100 de los inscritos en el censo electoral de la circunscripción, lo que, en la práctica, implica el monopolio partidista en la presentación de candidaturas, por lo menos en el supuesto de elecciones generales.

Las candidaturas, que han de ir suscritas por los representantes de los partidos, federaciones y coaliciones —que éstas deben designar en el tiempo y forma legalmente previsto ante la Administración Electoral— o por los promotores de las agrupaciones de electores, se presentarán en el caso del Congreso mediante «lista de candidatos», lista que será completa, esto es, habrá de incluir tantos candidatos como cargos a elegir y, además, tres candidatos suplentes, con la expresión del orden de colocación de todos ellos (artículo 169.2 en conexión con el artículo 46.3 LOREG).

Las candidaturas para el Senado son, por contra, individuales a efectos de votación y escrutinio, aunque pueden agruparse en listas a efectos de presentación y campaña electoral. En todo caso, cada candidatura a senador deberá incluir un candidato suplente (artículo 171 LOREG).

Un trámite de enorme importancia en todo proceso electoral es el de la *proclamación de candidatos o candidaturas.* La Ley atribuye tan relevante facultad a las Juntas Electorales competentes (las Juntas Electorales Provinciales en el caso de elecciones al Congreso y al Senado), disponiendo tan sólo que no procederá tal proclamación respecto de aquellas candidaturas que incumplan los requisitos legalmente establecidos. Las candidaturas proclamadas deberán ser publicadas el vigésimo octavo día posterior a la convocatoria electoral.

Como fácilmente puede comprenderse, revisten una especial trascendencia los recursos legales contra la proclamación de candidaturas y candidatos, con los que se viene a otorgar tutela judicial al derecho de sufragio pasivo de que goza todo ciudadano que cumpla las condiciones legalmente previstas. El artículo 49 de la LOREG contempla tales recursos.

En el plazo de dos días a partir de la proclamación, cualquier candidato excluido, así como los representantes de las candidaturas proclamadas o cuya proclamación hubiere sido denegada, podrá interponer recurso contra los acuerdos de proclamación de las Juntas Electorales, ante el Juzgado de lo contencioso-administrativo. La pertinente resolución judicial habrá de dictarse en los dos días siguientes a la interposición del recurso, teniendo carácter firme e inapelable, sin perjuicio del procedimiento de amparo ante el Tribunal Constitucional, a cuyo efecto, con el recurso precedente se entenderá cumplido el requisito exigido por el artículo 44 de la Ley Orgánica del Tribunal Constitucional, de agotamiento de la vía judicial previa, o lo que es igual, agotamiento de todos los recursos utilizables dentro de la vía jurisdiccional ordinaria antes de poder acudir a la vía del amparo constitucional.

El amparo deberá solicitarse en el plazo de dos días, habiendo de resolver el Tribunal Constitucional sobre el mismo en los tres días siguientes, de conformidad con las normas sobre tramitación de este recurso aprobadas por el Pleno del Tribunal mediante Acuerdo de 23 de mayo de 1986.

b/ La campaña electoral

La campaña electoral es el conjunto de actividades lícitas llevadas a cabo por los candidatos, partidos, federaciones, coaliciones o agrupaciones de electores en orden a la captación de sufragios. La Ley establece que la campaña electoral ha de comenzar el trigésimo octavo día posterior a la convocatoria, extendiéndose por un plazo que oscila entre un mínimo de quince y un máximo de veintiún días. En todo caso, ha de finalizar a las cero horas del día inmediatamente anterior a la votación.

Junto a la campaña electoral, se contempla la posibilidad de realizar una especie de campaña institucional. El artículo 50.1 de la Ley habilita a los poderes públicos que en virtud de su competencia legal hayan convocado un proceso electoral, para que puedan realizar durante el período electoral una campaña de carácter institucional destinada a informar e incentivar la participación en las elecciones, sin influir en la orientación del voto de los electores. Esta campaña institucional no se ajusta, pues, al tiempo estricto de la campaña electoral, sino que abarca la totalidad del período electoral. Los únicos poderes públicos habilitados para llevar a cabo este tipo de campaña —como ha venido a precisar el artículo 50.1 tras su reforma por la Ley Orgánica 8/1991— son aquellos que, en cada caso, hayan convocado los comicios. Es obvio que una campaña de esta naturaleza ha de estar regida por la neutralidad política, o mejor, partidista.

Durante la campaña electoral las Juntas Electorales Provinciales y de Zona asumen competencias de muy diversa índole en relación con los actos propios de la misma. Así, aunque la celebración de actos públicos de campaña electoral se rige por lo dispuesto en la legislación reguladora del derecho de reunión, cabe significar que a las Juntas Electorales Provinciales corresponde asumir las atribuciones encomendadas a la autoridad gubernativa por esa legislación, manteniéndose las competencias de esta autoridad tan sólo respecto al orden público.

En cuanto a las Juntas de Zona, les atañe la distribución equitativa de los emplazamientos disponibles, según los Ayuntamientos, para la colocación gratuita de carteles de propaganda electoral. A tal efecto, los Ayuntamientos vienen legalmente obligados a reservar lugares especiales para la colocación gratuita de carteles, así como locales oficiales y lugares públicos de uso gratuito para la celebración de actos de campaña electoral.

En sintonía con las previsiones constitucionales del artículo 14 (principio de igualdad formal ante la ley y subsiguiente interdicción de toda arbitrariedad), la Ley Orgánica Electoral ha establecido (artículo 58) una serie de previsiones encaminadas a imposibilitar toda discriminación partidista en el ejercicio del derecho que asiste a todas las candidaturas a contratar la inserción de publicidad electoral en la prensa periódica, emisoras de radio y cualquier otro medio de difusión privada.

Hemos de recordar a este respecto, si bien en relación tan sólo con la televisión privada, la Ley Orgánica 2/1988, de 3 de mayo, reguladora de la publicidad electoral en emisoras de televisión privada, cuyo artículo único, en su apartado primero impide la contratación de espacios de publicidad electoral en las emisoras de televisión privada objeto de concesión, mientras que en su apartado segundo encomienda a las Juntas Electorales la garantía del respeto al pluralismo y a los valores de igualdad en los programas difundidos por las emisoras de televisión privada, garantía que se deberá llevar a cabo en los mismos términos previstos en la legislación electoral para los medios de comunicación de titularidad pública.

c/ La votación

La LOREG contempla dos modalidades de votación: por correspondencia o por personación del elector ante la correspondiente Mesa Electoral.

El voto por correspondencia (minuciosamente regulado por los artículos 72 a 75 de la Ley) se orienta al supuesto de que los electores prevean que en la fecha de la votación no se van a encontrar en la localidad donde les corresponda ejercer su derecho de sufragio, o bien para aquel otro en que piensen que les va a ser imposible personarse.

El elector puede emitir su voto por correo, previa solicitud a la Delegación Provincial de la Oficina del Censo, con los requisitos legalmente exigidos.

El voto por personación es la modalidad normal de ejercicio del derecho de sufragio. La votación se prolonga desde las nueve hasta las veinte horas del día legalmente previsto. Una vez iniciado el acto de votación, sólo podrá suspenderse por causas de fuerza mayor, siempre bajo la responsabilidad del Presidente de la Mesa, quien habrá de resolver al efecto mediante escrito razonado. Si una votación fuese suspendida, no se tendrán en cuenta los votos emitidos en la Mesa, ni se procederá a su escrutinio, viniendo obligado el Presidente a la destrucción inmediata de las papeletas depositadas en la urna correspondiente.

No obstante lo anterior, la Ley exige la interrupción —que no suspensión definitiva— de la votación por parte del Presidente cuando éste advierta la ausencia de papeletas de alguna candidatura y no pueda suplirla mediante papeletas suministradas por los apoderados o interventores de la misma candidatura.

El derecho a votar se acredita por la inscripción en los ejemplares certificados de las listas del censo o por certificación censal específica y, en ambos casos, por la identificación del elector, que se realiza mediante documento nacional de identidad, pasaporte o permiso de conducir, en que aparezca la fotografía del titular.

El voto es secreto, y a garantizar tal carácter se orientan algunas de las previsiones del Real Decreto 1732/1985, de 24 de septiembre, por el que se regulan las condiciones de los locales y las características oficiales de los elementos materiales a utilizar en los procesos electorales. El artículo 3.º de esta última norma prevé que en la misma habitación en que se desarrolle la votación y en lugar intermedio entre la entrada y la Mesa electoral existirá, al menos, una cabina en la que el votante, si lo desea, podrá seleccionar las papeletas electoras e introducirlas en los correspondientes sobres.

d/ El escrutinio y la proclamación de candidatos electos

Terminada la votación comienza, acto seguido, el escrutinio. El escrutinio, que es público, no podrá suspenderse salvo causas de fuerza mayor.

En el supuesto de coincidencia de varios procesos electorales, la Ley precisa el orden a seguir a efectos del escrutinio de papeletas: Parlamento Europeo, Congreso, Senado, Entidades Locales, Asamblea Legislativa de Comunidad Autónoma y Cabildos Insulares.

La Ley considera votos nulos, entre otros, los siguientes: *a)* el emitido en sobre o papeleta diferente del modelo oficial; *b)* el emitido en papeleta sin sobre; *c)* aquél que se emita en sobre que contenga más de una papeleta de distinta candidatura; *d)* en el caso de elecciones al Congreso, al Parlamento Europeo, a los Ayuntamientos y Cabildos Insulares, los que se emitan en papeletas en las que se hubiera modificado, añadido, señalado o tachado nombres de los candidatos comprendidos en ellas o alterado su orden de colocación, nulidad ésta que no es sino la consecuencia obligada de que el sistema de listas se basa en listas cerradas y bloqueadas (además de completas), y *e)* en el caso de elecciones al Senado, los emitidos en papeletas en las que se hubieran señalado más de tres nombres.

Se considera voto en blanco, pero válido, el sobre que no contenga papeleta y, además, en las elecciones para el Senado, las papeletas que no contenga indicación en favor de ninguno de los candidatos.

Terminado el recuento, se confrontará el total de sobres con el de votantes anotados. A continuación, el Presidente preguntará si hay alguna protesta que hacer contra el escrutinio y, no habiendo ninguna o después de que la Mesa resuelva por mayoría las que se hubieran presentado, anunciará en voz alta su resultado, especificando el número de electores censados, el de certificaciones censales aportadas, el número de votantes, el de papeletas nulas, el de votos en blanco y el de los votos obtenidos por cada candidatura.

La Mesa hará públicos inmediatamente los resultados por medio de un acta de escrutinio que contenga los datos anteriormente citados.

El escrutinio general se realiza el tercer día siguiente al de la votación, por la Junta Electoral que corresponda. Se trata de un acto único que tiene carácter público. Durante el escrutinio la Junta no puede anular ningún acta ni voto. Sus atribuciones se limitan a verificar sin discusión alguna el recuento y la suma de los votos admitidos en las correspondientes Mesas, salvo los casos legalmente previstos (los contemplados por el artículo 105.4 de la LOREG: existencia en alguna Mesa de actas dobles y diferentes o en el supuesto de que el número de votos que figure en un acta exceda al de los electores que haya en la Mesa según las listas del censo electoral y las certificaciones censales presentadas, con la salvedad del voto emitido por los Interventores de los partidos acreditados ante la Mesa), pudiendo tan sólo subsanar los meros errores materiales o de hecho y los aritméticos. El escrutinio general deberá concluir no más tarde del sexto día posterior al de los comicios.

E) Garantías jurídicas electorales

Uno de los aspectos más profundamente reformados por la Ley Orgánica 8/1991 es el referente a las garantías jurídicas electorales. La nueva norma legal ha introducido una doble instancia en el seno de la Administración Electoral, permitiendo el acceso posterior a los Tribunales de Justicia a través, bien del Tribunal Supremo, bien de los Tribunales Superiores de Justicia, con lo que se pretende lograr la deseable unidad de criterio en la materia, con anterioridad inexistente. Asimismo, es de destacar la introducción de un procedimiento singularmente abreviado y sumario del recurso de amparo ante el Tribunal Constitucional, todo ello con el evidente fin último de que las resoluciones en materia tan decisiva para el sistema democrático puedan obtenerse en un plazo razonablemente corto de tiempo.

a/ Recursos ante la Administración Electoral

De conformidad con el artículo 108 de la LOREG (tras su reforma de 1991), concluido el escrutinio, la Junta Electoral extenderá por triplicado un acta de escrutinio de la circunscripción correspondiente.

Los representantes y apoderados de las candidaturas disponen del plazo de un día para presentar las reclamaciones y protestas, que sólo podrán referirse a incidencias recogidas en las actas de sesión de las Mesas Electorales o en el acta de la sesión de escrutinio de la Junta Electoral.

La Junta Electoral habrá de resolver por escrito sobre las mismas en el plazo de un día, comunicándolo de inmediato a los representantes y apoderados de las candidaturas.

A su vez, la resolución de la Junta Electoral podrá ser recurrida de nuevo por las partes legitimadas para la interposición del primer recurso ante la propia Junta Electoral en el plazo de un día. Al día siguiente de la interposición de este segundo recurso, la Junta Electoral remitirá el expediente, con su informe, a la Junta Electoral Central. Esta, previa audiencia de las partes por plazo no superior a dos días, resolverá el recurso dentro del día siguiente, dando traslado de dicha resolución a las Juntas Electorales competentes para que efectúen la proclamación de electos.

De no producirse dentro del plazo fijado reclamaciones o protestas, o resueltas las mismas por la Junta Electoral Central, las Juntas Electorales competentes procederán, dentro del día siguiente, a la proclamación de electos, extendiendo por triplicado la correspondiente acta de proclamación. Esta acta deberá hacer mención expresa del número de electores que haya en las Secciones, de votantes, de los votos obtenidos por cada candidatura, de los votos en blanco, de los votos válidos y de los nulos, de los escaños obtenidos por cada candidatura, así como la relación nominal de los electos. Se reseñarán también las reclamaciones y protestas ante la Junta Electoral, su resolución, el recurso ante la Junta Electoral Central, si lo hubiere, y su correspondiente resolución.

Esta doble instancia que se establece en el seno de la Administración Electoral, no sólo supone una garantía adicional, frente a la única instancia existente antes de la reforma de 1991, sino que permite a la Junta Electoral Central, que es el órgano al que lógicamente corresponde en el plano administrativo la decisión última, unificar los criterios interpretativos llevados a cabo por las Juntas Electorales.

b/ El recurso contencioso electoral

Los acuerdos de las Juntas Electorales sobre proclamación de electos (así como la elección y proclamación de los Presidentes de las Corporaciones Locales) pueden ser a su vez objeto de *recurso contencioso electoral.*

Están legitimados para interponer un recurso de esta naturaleza (o para oponerse a los que se interpongan): *a)* los candidatos proclamados o no proclamados; *b)* los representantes de las candidaturas concurrentes en la circunscripción, y *c)* los partidos políticos, asociaciones, federaciones y coaliciones que hayan presentado candidaturas en la circunscripción. A su vez, corresponde al Ministerio Fiscal la representación pública y la defensa de la legalidad.

El recurso contencioso electoral se interpone ante la Junta Electoral correspondiente: en el caso de impugnación de la proclamación de diputados y senadores, la Junta Electoral correspondiente es la Provincial, y será la de Zona, en el caso de concejales, diputados provinciales y consejeros de Cabildos Insulares.

El plazo para su interposición es el de los tres días inmediatamente siguientes al acto de proclamación de electos.

El recurso ha de formalizarse mediante escrito en el que se consignen los hechos, los fundamentos de Derecho y la petición que se deduzca.

El órgano jurisdiccional competente para la resolución de los recursos contencioso-electorales se fija en función del tipo de proceso electoral de que se trate:

a) En los recursos que se refieran a elecciones generales o al Parlamento Europeo, será competente la Sala de lo Contencioso-Administrativo del Tribunal Supremo.

b) En los recursos relativos a elecciones autonómicas o locales, el Tribunal competente es la Sala de lo Contencioso-Administrativo del Tribunal Superior de Justicia de la respectiva Comunidad Autónoma.

Al día siguiente de la presentación del recurso, el Presidente de la Junta Electoral que corresponda habrá de remitir a la Sala competente el escrito de interposición, el expediente electoral y un informe de la Junta en el que se consigne cuanto se estime procedente como fundamento del acuerdo impugnado.

La Ley contempla una serie de trámites procesales de carácter sumario: comparecencia de los interesados; traslado del escrito de interposición y demás documentos al Ministerio Fiscal y a las partes personadas en el proceso; formulación de alegaciones por aquél y éstas, y, en su caso, fase probatoria, que podrá acordarse de oficio o a instancia de parte, desarrollándose en todo caso en un plazo que no podrá exceder de cinco días. Por lo demás, los recursos contencioso-electorales tienen carácter de urgentes y gozan de preferencia absoluta en su sustanciación y fallo.

Concluido el período probatorio, si lo hubiere habido, la Sala, sin más trámite, dictará Sentencia en el plazo de cuatro días. La Sentencia habrá de pronunciar alguno de los siguientes fallos:

a) Inadmisibilidad del recurso.

b) Validez de la elección y de la proclamación de electos, con expresión, en su caso, de la lista más votada.

c) Nulidad del acuerdo de proclamación de uno o varios electos y proclamación como tal de aquél o aquéllos a quienes corresponda.

d) Nulidad de la elección celebrada en aquella o aquellas Mesas que resulten afectadas por irregularidades invalidantes y necesidad de efectuar nueva convocatoria de las mismas, que podrá limitarse al acto de votación, o de proceder a una nueva elección cuando se trate del Presidente de una Corporación Local, en todo caso en el plazo de tres meses a partir de la Sentencia. No obstante, la invalidez de la votación en una o varias Mesas o en una o varias Secciones no comportará nueva convocatoria electoral en las mismas cuando su resultado no altere la atribución de escaños en la circunscripción.

Como puede apreciarse a la vista de los fallos posibles, la Ley trata de evitar la reiteración de unos comicios, salvo que ello sea estrictamente indispensable. A este respecto, no sólo ha desechado la reforma de 1991 la previsión inicialmente prevista por la LOREG [artículo 113.2, *d)*] en el sentido de proceder a una nueva convocatoria electoral en toda una circunscripción, limitando tal convocatoria a las Mesas que resulten afectadas por irregularidades invalidantes, sino que la repetición de la votación en tales Mesas es asimismo desechada cuando el resultado de la misma en ningún caso altere la distribución de escaños.

La Sentencia debe notificarse a los interesados no más tarde del día trigésimo séptimo posterior a las elecciones.

Contra la misma no procede recurso contencioso alguno, ordinario ni extraordinario, salvo el de aclaración, y sin perjuicio del *recurso de amparo* ante el Tribunal Constitucional.

El amparo debe solicitarse en el plazo de tres días, viniendo obligado el Tribunal Constitucional a resolver sobre el mismo en los quince días siguientes. Esta última previsión referida al amparo constitucional, ignorada por la redacción inicial de la LOREG, implica abreviar extraordinariamente la intervención de nuestro intérprete supremo de la Constitución, para de esta forma lograr una rápida resolución, algo muy conveniente para el perfecto funcionamiento del sistema democrático.

F) La utilización de medios de comunicación de titularidad pública en la campaña electoral

Los medios de comunicación desempeñan un destacado papel en toda campaña electoral. Es obvio que los medios de comunicación de titularidad pública, esto es, los subvencionados con cargo a los Presupuestos Generales del Estado, dependientes de los poderes públicos, han de guardar una exquisita neutralidad en toda contienda electoral, respetando los principios del pluralismo y la igualdad. Si ello es exigible respecto de cualquier medio, como corrobora la Ley Orgánica 2/1988, de 3 de mayo, reguladora de la publicidad electoral en emisoras de televisión privada, cuyo artículo único prohíbe la contratación de espacios de publicidad electoral en las emisoras de televisión privada objeto de concesión, como con anterioridad indicamos, esta exigencia de neutralidad se hace mucho más necesaria aún en los medios de comunicación públicos. De ahí que esta cuestión haya suscitado muy notables discrepancias entre las fuerzas políticas a la hora de su normación.

El origen de la misma se remonta al Real Decreto 967/1977, de 3 de mayo (que desarrollaba el artículo 40 del Decreto-ley 20/1977, de Normas Electorales), que optaba —para la utilización de espacios en Radio Televisión Española— por atender al criterio del número de circunscripciones electorales en que se presentaran candidaturas. Al tratarse de las primeras elecciones democráticas a celebrar tras un dilatadísimo período, no aparecían otros criterios objetivos con arreglo a los cuales proceder a distribuir los espacios gratuitos en los medios de titularidad pública entre las diferentes formaciones políticas.

Tras las elecciones de 1977 y con anterioridad a los comicios de 1979, una nueva norma, supuestamente aclaratoria de la anterior, el Real Decreto 157/1979, de 2 de febrero, se inclinaba —en lo que se refiere a la elección de los días y horas de emisión— por atender al criterio de la formación y entidad de los Grupos parlamentarios del Congreso, criterio éste que se trataba de conjugar con el anterior.

La Ley Orgánica 5/1985, del Régimen Electoral General, incorporaba a su articulado la regulación de esta materia, sentando al efecto los siguientes principios:

1.° Prohibición de contratar espacios de publicidad electoral en medios de comunicación de titularidad pública.

2.° Reconocimiento a los partidos, federaciones, coaliciones y agrupaciones que concurran a las elecciones de un derecho a espacios gratuitos de propaganda en las emisoras de televisión y de radio de titularidad pública durante la campaña electoral.

3.° Distribución de espacios gratuitos de propaganda electoral en atención al número total de votos obtenidos por cada partido en las anteriores elecciones equivalentes.

4.° En el caso de que el ámbito territorial del medio o el de su programación fueran más limitados que el de la elección convocada, distribución de espacios en atención al número total de votos obtenido por cada partido en las circunscripciones comprendidas en el correspondiente ámbito de difusión o, en su caso, de programación.

5.º Concreción del tiempo gratuito de propaganda electoral conforme al siguiente baremo (artículo 64 de la LOREG tras su reforma por la Ley Orgánica 8/1991):

a) Diez minutos para los partidos que no concurrieron o no obtuvieron representación en las anteriores elecciones equivalentes.

b) Quince minutos para los que habiendo obtenido representación en las anteriores elecciones equivalentes, no hubieran alcanzado el 5 por 100 del total de votos válidos emitidos en el territorio nacional o, en su caso, en las circunscripciones comprendidas en el correspondiente ámbito de difusión o, en su caso, de programación.

c) Treinta minutos para los partidos que logrando representación, alcanzaren entre el 5 y el 20 por 100 del total de votos.

d) Cuarenta y cinco minutos para los que obteniendo representación, hubieran alcanzado, al menos, un 20 por 100 del total de votos.

6.º Reconocimiento del derecho a los tiempos de emisión gratuita antes enumerados tan sólo respecto de aquellos partidos que presentaran candidaturas en más del 75 por 100 de las circunscripciones comprendidas en el ámbito de difusión o, en su caso, de programación del medio correspondiente.

7.º Respecto de aquellas formaciones que no cumplieran con el requisito inmediatamente precedente (presentación de candidaturas en un determinado número de circunscripciones), reconocimiento de un derecho a quince minutos de emisión en la programación general de los medios nacionales si hubieran obtenido en las anteriores elecciones equivalentes el 20 por 100 de los votos emitidos en el ámbito de una Comunidad Autónoma, circunscribiéndose en este caso la emisión al ámbito territorial de dicha Comunidad.

Los principios que acabamos de enumerar priman de modo sensible a las formaciones políticas que mayor apoyo electoral obtuvieron en las precedentes elecciones equivalentes, circunstancia que, dada la trascendencia de los «mass media» (en especial de la televisión) en la conformación del voto ciudadano, representa un notable mecanismo de fortalecimiento del «statu quo» electoral, a la par que un elemento verdaderamente discriminatorio respecto de las nuevas formaciones políticas que puedan acceder por vez primera a la arena electoral.

Significaremos por último que la autoridad competente para la distribución de los espacios gratuitos de propaganda electoral a emitir por los medios de comunicación de titularidad pública es la Junta Electoral Central, si bien ésta dispone la emisión a propuesta de una *Comisión de Radio y Televisión,* designada por la propia Junta e integrada por un representante de cada partido, federación o coalición que, concurriendo a los comicios ya convocados, cuente con representación en el Congreso de los Diputados, siendo de notar, sin embargo, que los acuerdos de esta Comisión se adoptan con arreglo a un voto ponderado de sus representantes, voto que, como es obvio, se pondera de acuerdo con la composición de la Cámara.

G) El régimen de las encuestas electorales

La Ley Orgánica 5/1985 vino a reproducir en esta trascendente cuestión el marco normativo ya fijado por la Ley 14/1980, de 18 de abril, sobre régimen de encuestas electorales.

Con esta normativa se sigue una pauta que tiende a generalizarse en el Derecho Comparado, y que se orienta a la prohibición de todo tipo de encuestas electorales durante un período de tiempo más o menos dilatado, pero en todo caso, inmediatamente anterior al día de la consulta electoral. Obedece tal prohibición a la consideración de que con este tipo de encuestas podría llegar a manipularse la libre opción de voto de buen número de electores.

Siguiendo muy de cerca la pauta marcada en Francia por la Ley núm. 77-808, de 19 de julio, relativa a la publicación y difusión de ciertas encuestas de opinión (aquéllas que tienen una relación directa o indirecta con un referéndum, una elección presidencial o una de las elecciones reguladas por el «Code électoral», así como la elección de los representantes a la Asamblea de las Comunidades Europeas), el artículo 69 de la LOREG establece el siguiente régimen para la publicación de encuestas electorales:

a) Prohibición de la publicación y difusión de sondeos electorales por cualquier medio de comunicación durante los cinco días anteriores al de la elección (en Francia, la Ley núm. 77-808 prohíbe tal publicación en la semana que precede al escrutinio, así como durante su desarrollo).

b) Obligatoriedad de que todo sondeo o encuesta de esta naturaleza vaya acompañado de una serie de especificaciones a las que se refiere el artículo 69.1 de la Ley (características técnicas del sondeo, texto íntegro de las cuestiones planteadas...), que han de ser incluidas en la publicación del sondeo o encuesta.

c) Atribución a la Junta Electoral Central de una potestad de vigilancia para que los datos e informaciones de los sondeos publicados no contengan falsificaciones, ocultaciones o modificaciones deliberadas.

d) Reconocimiento de la obligación de los medios informativos que publicaran o difundieran un sondeo, conculcando las disposiciones legales, de publicar y difundir en el plazo de tres días las rectificaciones requeridas por la Junta Electoral Central.

e) Sujeción de las resoluciones de la Junta Electoral Central en materia de encuestas y sondeos a un recurso contencioso-administrativo sin que sea preceptivo en este supuesto el recurso previo de reposición (recurso administrativo previo al contencioso que debe ser resuelto por el mismo órgano que dictó el acto recurrido).

f) Obligatoriedad de los organismos dependientes de las Administraciones Públicas que realicen en período electoral encuestas sobre intención de voto, de poner en conocimiento de las entidades políticas concurrentes a las elecciones (en el ámbito territorial de la encuesta) los resultados de tales encuestas, cuando así lo soliciten esas entidades, en el plazo de cuarenta y ocho horas desde la solicitud. Esta previsión ha sido introducida por la reforma electoral llevada a cabo en 1991.

H) La concreción legal de los gastos y subvenciones electorales

Ya en la Exposición de Motivos del Proyecto de Ley Orgánica del Régimen Electoral General se consideraba como una novedad respecto de la normativa precedente (el Decreto-ley 20/1977) la ordenación de los gastos y subvenciones electorales y su procedimiento de control. Y en efecto, el Capítulo 7.º del Título I regula con minuciosidad todo lo relativo a esta materia.

Quizá la novedad más sobresaliente la encontremos en la limitación legal de los gastos electorales, esto es, de los que realicen las formaciones políticas participantes en unos comicios, desde el día de su convocatoria hasta su celebración, por una serie de conceptos que enumera detalladamente el artículo 130 de la Ley, modificado por la Ley Orgánica 8/1991.

Para las elecciones a las Cortes Generales o a cualquiera de sus Cámaras ningún partido o coalición puede realizar gastos electorales que excedan de los límites legalmente establecidos por el artículo 175.2. Tal limitación, a tenor de la nueva redacción dada al precepto por la Ley Orgánica 8/1991, será la que resulte de multiplicar por 25 pesetas el número de habitantes correspondientes a la población de derecho de las circunscripciones donde presente sus candidaturas cada partido. La cantidad resultante de la operación anterior podrá incrementarse en razón de 20 millones de pesetas por cada circunscripción donde aquél presente sus candidaturas. Para una formación que presente sus candidaturas en todas las circunscripciones, esta limitación legal implica un gasto máximo de, aproximadamente, unos dos mil millones de pesetas.

En el supuesto de coincidencia de dos o más elecciones por sufragio universal directo, los partidos, federaciones, coaliciones y agrupaciones de electores concurrentes podrán realizar gastos electorales suplementarios en una cuantía superior en un 25 por 100 a los máximos permitidos para las elecciones a Cortes Generales.

Las cantidades precedentemente citadas se refieren a pesetas constantes. De ahí que el Ministerio de Hacienda, por Orden Ministerial, venga obligado a fijar las cantidades actualizadas en los cinco días siguientes a la convocatoria electoral.

Las previsiones que anteceden se complementan con un conjunto de restricciones adicionales orientadas tanto a impedir que fondos públicos puedan ser dedicados a la financiación de un determinado partido, como a imposibilitar la excesiva dependencia —por la vía de la financiación— de una formación política respecto a una persona física o jurídica (en este sentido, el artículo 129 LOREG prohíbe a cualquier persona, física o jurídica, la aportación de una cantidad superior a un millón de pesetas a las cuentas abiertas por un mismo partido para recaudar fondos en las elecciones convocadas), todo ello presidido por el principio de la transparencia contable (a tal efecto, el artículo 121.1 exige de toda candidatura que tenga un administrador electoral responsable de sus ingresos y gastos y de su contabilidad) y coronado por un estricto control de la contabilidad electoral que se atribuye en último término al Tribunal de Cuentas.

En contrapartida a las limitaciones precedentes, la Ley ha previsto el principio (ya contemplado por el Decreto-ley 20/1977) de subvención por el Estado de los gastos (más bien de una parte de ellos) ocasionados a los partidos por su concurrencia a los procesos electorales. El límite máximo de esta financiación estatal es, como parece lógico, el de los gastos totales declarados, justificados por el Tribunal de Cuentas en el ejercicio de su función fiscalizadora.

El artículo 175.1 de la Ley contempla las reglas que han de regir la subvención por el Estado de los gastos que originen las actividades electorales en las elecciones a Cortes Generales. Tras su reforma llevada a cabo por la Ley Orgánica 8/1991, esas reglas son las siguientes:

a) Dos millones de pesetas de subvención por cada escaño obtenido en el Congreso de los Diputados o en el Senado.

b) 75 pesetas por cada uno de los votos conseguidos por cada candidatura al Congreso, uno de cuyos miembros, al menos, hubiera obtenido escaño de diputado.

c) 30 pesetas por cada uno de los votos conseguidos por cada candidato que hubiera obtenido escaño de senador.

Estas cantidades, a diferencia de las relativas a los gastos electorales, han sido incrementadas por la Ley Orgánica 8/1991 respecto de las que regían con el texto anterior de la LOREG.

Digamos por último que el artículo 127.2 de la Ley prevé la posibilidad de que el Estado conceda adelantos de las subvenciones mencionadas a los partidos, federaciones y coaliciones que hubieran obtenido representantes en las últimas elecciones a las Cortes Generales, al

Parlamento Europeo o, en su caso, en las últimas elecciones municipales. En todo caso, la cantidad adelantada no podrá exceder del 30 por 100 de la subvención percibida por el mismo partido en las últimas elecciones equivalentes.

I) El sistema electoral del Congreso de los Diputados. Sus variables

Muy diversas son las variables que perfilan el sistema electoral del Congreso; en su mayor parte, se nos presentan como la resultante del diseño definitivo dado por el legislador en sede orgánica a los principios constitucionales informadores del sistema, a los que ya aludiéramos.

Cuatro son las variables a que vamos a referirnos a continuación:

a) La fijación del número de diputados en un total de 350.

b) La determinación del tamaño de las circunscripciones provinciales, sobre la base de atribuir dos escaños por provincia, uno a Ceuta y otro a Melilla, distribuyendo los restantes escaños (un total de 248) proporcionalmente entre las distintas circunscripciones, en atención a su población.

c) La concreción de la fórmula electoral, que es la fórmula D'Hondt.

d) Previsión de una «barrera legal» por debajo de la cual no puede tenerse acceso al reparto de escaños, barrera que se fija en el 3 por 100 de los votos válidos emitidos en la circunscripción.

Ni la Ley Orgánica 5/1985, ni la reforma de ésta llevada a cabo por la Ley Orgánica 8/1991, han alterado lo más mínimo estas variables, establecidas por vez primera por el Real Decreto-ley 20/1977, de Normas Electorales.

Nos referiremos ahora a cada una de esas variables:

a/ El número total de diputados

La Ley Orgánica del Régimen Electoral General optó por mantener el número total de diputados que ya estableciera la Ley para la Reforma Política, esto es, 350. Con ello, se ha configurado un Congreso de tamaño muy reducido, no sólo desde la perspectiva de la relación diputado/electores, sino, lo que es más relevante, desde la óptica de la correlación diputados/circunscripción.

Desde la primera perspectiva, con datos de los últimos comicios celebrados el 29 de octubre de 1989, a los 28.134.465 electores corresponden 350 escaños, lo que da una correlación de un diputado por cada 80.384 electores. Desde el segundo punto de vista, las 52 circunscripciones en que se divide el territorio nacional (50 provincias más Ceuta y Melilla) implican un tamaño medio por circunscripción de 6'7 diputados; si excluimos Ceuta y Melilla, distritos uninominales, y calculamos el tamaño medio de las 50 circunscripciones provinciales, a las que corresponden un total de 348 diputados, nos encontramos con que ese tamaño pasa a ser de 6'9.

Si advertimos que según estudios empíricos llevados a cabo por *Douglas W. Rae* y *Dieter Nohlen,* el factor más relevante para que pueda hablarse de una verdadera proporcionalidad es el tamaño de la circunscripción, de modo tal que por debajo de un tamaño 6, todo sistema electoral opera con efectos propios de un sistema mayoritario, con independencia de cual sea la fórmula electoral, podremos advertir que el sistema español cuenta con un tamaño medio de circunscripción realmente reducido. De ahí la conveniencia de que, dentro del margen constitucionalmente permitido (un mínimo de 300 y un máximo de 400), hubiera sido muy conveniente que el legislador se inclinara por el tope máximo: 400 diputados.

b/ La determinación del tamaño de la circunscripción

Nuestra «Lex Superior», como ya vimos, tras constitucionalizar la circunscripción provincial, opta por un doble criterio de reparto de escaños: territorial y poblacional. No precisa el número de escaños que habrán de asignarse como «representación mínima inicial» a cada circunscripción, aunque exige que, con independencia de su población, cada provincia tenga un determinado número de diputados.

La LOREG, siguiendo las pautas marcadas por el Decreto-ley 20/1977, atribuye a cada provincia un mínimo inicial de dos diputados. A su vez, las poblaciones de Ceuta y Melilla estarán representadas cada una de ellas por un diputado. Los doscientos cuarenta y ocho diputados restantes se distribuirán entre las provincias en proporción a su población conforme al siguiente procedimiento:

a) Se obtiene una cuota de reparto resultante de dividir por 248 la cifra total de la población de derecho de las provincias peninsulares e insulares.

b) Se adjudican a cada provincia tantos diputados como resulten, en números enteros, de dividir la población de derecho provincial por la cuota de reparto.

c) Los restantes diputados se distribuyen asignando uno a cada una de las provincias cuyo cociente, obtenido conforme al apartado anterior, tenga una fracción decimal mayor.

En cualquier caso, el Decreto de convocatoria debe especificar el número de diputados a elegir en cada circunscripción, de acuerdo con las normas anteriores.

Este sistema de reparto de escaños se enmarca en una distribución demográfica enormemente irregular, con diferencias que en algunos casos llegan a ser abismales, como las que median, por poner tan sólo un ejemplo, entre las provincias de Madrid y Soria, con una relación demográfica muy próxima al 1/50. Ello implica que las provincias menos pobladas resultan enormemente favorecidas por el sistema de reparto de escaños, lo que, como es lógico, incide muy negativamente sobre el principio de igualdad de sufragio. Siguiendo con el precedente ejemplo, vemos cómo el voto de un ciudadano de la provincia de Soria vale más de cuatro veces el sufragio de un elector de Madrid. En efecto, si Madrid, en los últimos comicios, contó con 33 escaños para un total de 3.713.941 electores, y Soria, con 3 escaños para 79.520 electores, la ratio diputado/electores es, respectivamente de 1/112.543 en el caso de Madrid y de 1/26.506 en el supuesto de Soria. Si finalmente establecemos una correlación entre las respectivas «ratio», constataremos de inmediato que el voto de un elector de Soria tiene un valor 4'2 veces superior al de otro de la provincia de Madrid. En definitiva, el principio de igualdad de voto resulta seriamente afectado por el criterio de reparto circunscripcional de escaños seguido por nuestro legislador orgánico.

Pero es que, además, el sistema de reparto seguido, al aplicarse, como antes decíamos, sobre un número quizá excesivamente elevado de circunscripciones (en especial, desde la perspectiva del escaso número total de diputados) entre las que la población se reparte de modo muy irregular, genera unas circunscripciones con un tamaño muy bajo en las que resulta enormemente difícil que pueda darse una auténtica proporcionalidad.

Más del 50 por 100 de las circunscripciones electorales en España tienen un tamaño inferior a 6 (tamaño 3, 4 ó 5), mínimo indispensable, como ya advertimos, para que una fórmula electoral pueda operar con efectos proporcionales. En ello reside precisamente la razón de ser de las notables distorsiones de la proporcionalidad que genera el sistema en su conjunto.

Este modelo representativo, muy condicionado por la constitucionalización de sus grandes trazos por el artículo 68 de nuestra Norma suprema, más que garantizar o ayudar al triunfo de una opción política concreta, lo que en realidad entraña es una garantía de perdurabilidad de lo que *Martínez Cuadrado* denominó un «bipartidismo hegemónico», producto a la vez de la voluntad del cuerpo electoral y de los condicionamientos políticos expresados a través del sistema electoral.

c/ La concreción de la fórmula electoral

El artículo 68.3 de nuestra Norma fundamental exige que la elección del Congreso se verifique en cada circunscripción atendiendo a «criterios de representación proporcional», previsión que aunque excluye el sistema mayoritario, es de enorme amplitud, pues son muy numerosos los sistemas proporcionales.

Desde luego, estamos ante una cuestión de indudable trascendencia, pues, como significa *Bogdanor*, la fórmula electoral, esto es, el criterio seguido para la transformación de los votos en escaños, se nos presenta como uno de los principales elementos de diferenciación entre uno u otro sistema electoral.

La LOREG, siguiendo los pasos del Real Decreto-ley 20/1977, se ha inclinado por la fórmula D'Hondt, que resume en una sola operación el funcionamiento del cociente electoral y el cómputo de restos de conformidad con el sistema de la mayor media.

A tenor del artículo 163 de la Ley, la atribución de los escaños en función de los resultados del escrutinio se realiza conforme a las siguientes reglas:

a) No se tienen en cuenta aquellas candidaturas que no hubieran obtenido, al menos, el 3 por 100 de los votos válidos emitidos en la circunscripción.

b) Se ordenan de mayor a menor, en una columna, las cifras de votos obtenidos por las restantes candidaturas.

c) Se divide el número de votos obtenidos por cada candidatura por 1, 2, 3, etc., hasta un número igual al de escaños correspondientes a la circunscripción. Los escaños se atribuyen a las candidaturas que obtengan los cocientes mayores, atendiendo a un orden decreciente.

Ejemplo práctico: 480.000 votos válidos emitidos en una circunscripción que elija ocho diputados. Votación repartida entre seis candidaturas, cada una de las cuales ha obtenido el siguiente número de votos:

A: 168.000 votos; B: 104.000; C: 72.000; D: 64.000; E: 40.000 y F: 32.000 votos.

Listas	1	2	3	4	5	6	7	8
A	**168.000**	**84.000**	**56.000**	**42.000**	33.600	28.000	24.000	21.000
B	**104.000**	**52.000**	34.666	26.000	20.800	17.333	14.857	13.000
C	**72.000**	36.000	24.000	18.000	14.400	12.000	10.285	9.000
D	**64.000**	32.000	21.333	16.000	12.800	10.666	9.142	8.000
E	40.000	20.000	13.333	10.000	8.000	6.666	5.714	5.000
F	32.000	16.000	10.666	8.000	6.400	5.333	4.571	4.000

A la vista del ejemplo transcrito, la candidatura A obtiene cuatro escaños (puesto que suyos son cuatro de los mayores cocientes: 168.000, 84.000, 56.000 y 42.000); la candidatura B, dos escaños, y las candidaturas C y D, uno cada una de ellas.

Cabe la posibilidad, muy remota desde luego, de empate. A hacer frente a tal circunstancia se endereza el apartado *d)* del artículo 163.1, a tenor del cual: «Cuando en la relación de cocientes coincidan dos correspondientes a distintas candidaturas, el escaño se atribuirá a la que mayor número total de votos hubiese obtenido. Si hubiera dos candidaturas con igual número total de votos, el primer empate se resolverá por sorteo y los sucesivos de forma alternativa.»

La Ley prescribe que los escaños correspondientes a cada candidatura se adjudicarán a los candidatos incluidos en ella, por el orden de colocación en que aparezcan.

Por último, la LOREG contempla particularizadamente el supuesto de las ciudades de Ceuta y Melilla, puesto que se trata de distritos uninominales. En estas circunscripciones, será proclamado electo el candidato que mayor número de votos hubiese obtenido.

En caso de fallecimiento, incapacidad o renuncia de un diputado, el escaño será atribuido al candidato o, en su caso, al suplente, de la misma lista a quien corresponda, atendiendo a su orden de colocación. Las vacantes de los diputados elegidos en Ceuta y Melilla serán cubiertas por sus respectivos suplentes, pues en estas circunscripciones las candidaturas presentadas para la elección de diputados incluirán un candidato suplente, de conformidad con el artículo 170 de LOREG.

La fórmula D'Hondt ha venido tradicionalmente suscitando una ardua polémica acerca del grado de distorsión real que introduce en la proporcionalidad global de todo sistema electoral.

Ya en el Preámbulo del Decreto-ley 20/1977 (punto IV) se aducía que esta regla suponía un poderoso corrector del excesivo fraccionamiento de las representaciones parlamentarias, finalidad a la que parecía responder la opción por este criterio de distribución de escaños. Sin embargo, no puede considerarse en exceso afortunado ese razonamiento, pues, como *Nohlen* pusiera de relieve, el método D'Hondt casi no influye en nada en el referido fraccionamiento ni positiva ni negativamente. Serán otros factores los que imposibiliten o distorsionen la proporcionalidad, y entre ellos, ninguno tan relevante como el tamaño de la circunscripción.

Desde luego, sí parece inobjetable que la serie de divisores del método D'Hondt (la serie de los números naturales) favorece ligeramente a los partidos mayores. De otra parte, se ha comprobado que el número mínimo de sufragios (T) necesarios para obtener un escaño está en dependencia directa tanto del tamaño de la circunscripción (E) como del número de partidos en presencia (P), así como, evidentemente, del total de votos obtenidos (V).

En función de estas variables, *Rokkan* cree que se puede calcular el nivel mínimo de votos necesarios para lograr un escaño a través de la siguiente fórmula:

$$T = \frac{V-1}{E+P-1}$$

De tal formulación se desprende que un sistema de partidos muy fragmentado disminuye ese nivel mínimo, pero, en contrapartida, incrementa la sobrerrepresentación del partido más fuerte, particularmente si $P > E$.

A modo de reflexión final, podemos decir que un análisis empírico de los resultados electorales nos muestra que la fórmula D'Hondt no es más que en una mínima e insignificante parte la causante de la notable distorsión de la proporcionalidad que nuestro sistema en su conjunto genera.

d/ La determinación de la «barrera legal»

La Constitución no contempla, a diferencia de lo que acontecía con la Ley para la Reforma Política, una cláusula de este tipo, esto es, una cláusula por mor de la cual sólo las candidaturas que superen un determinado nivel porcentual de votos podrán participar en el proceso de distribución de los escaños.

Sin embargo, desde los primeros momentos de la transición política, un amplio sector de la doctrina se inclinaba por la conveniencia de una cláusula de esta naturaleza, a semejanza de la establecida en la República Federal de Alemania.

En Alemania, la llamada «*Sperrklausel*» se fija en el 5 por 100 y, lo que aún resulta más determinante, se computa a nivel federal, por lo que su operatividad ha resultado auténticamente real. Esta «barrera legal», como recordara *Otto Bachof*, fue considerada como plenamente ajustada a la Ley Fundamental de Bonn por el Tribunal Constitucional Federal, al entender que servía a la capacidad funcional de un Estado parlamentario de partidos.

Entre nosotros, el Decreto-ley 20/1977 vino a dar forma legal a esta «cláusula de exclusión», que se concebía como un corrector del excesivo fraccionamiento de las representaciones parlamentarias.

La LOREG reproduciría esta cláusula en idénticos términos, al establecer, como ya hemos visto, en su artículo 163.1, *a)* que no se tendrán en cuenta aquellas candidaturas que no obtuvieren, al menos, el 3 por 100 de los votos válidos emitidos en la circunscripción.

A la vista de como se diseña esta «cláusula de exclusión», también conocida como la «cláusula del 3 por 100», hemos de convenir en su escasa operatividad como elemento corrector del excesivo fraccionamiento parlamentario. Esa operatividad será no ya mínima, sino casi podríamos afirmar que nula. Y ello no sólo por permanecer en el umbral del 3 por 100, a diferencia de Alemania en donde alcanza el porcentaje del 5 por 100, sino más bien porque su cómputo se verifica a nivel circunscripcional y no nacional, a diferencia de lo que acontece en el sistema alemán, en donde ese cómputo se lleva a cabo a nivel federal.

El hecho de que esta «barrera legal del 3 por 100» opere a nivel de cada circunscripción la convierte en absolutamente inoperante en la casi totalidad de las circunscripciones. Debería de producirse un fenómeno electoral muy poco previsible, de drástica polarización del voto, para que esta barrera pudiera surtir algún efecto práctico, limitado en todo caso a las circunscripciones de tamaño medio-alto.

Hemos de reconocer, no obstante, que una cláusula de esta naturaleza puede surtir efectos de otro tipo, de orden psicológico, retrayendo el voto de un elector proclive a opciones políticas muy minoritarias y reconduciéndolo hacia otras alternativas. También puede constituir un freno relativo frente a la aparición de nuevas formaciones políticas, al exigir de ellas un mínimo respaldo electoral para poder tener alguna posibilidad de alcanzar presencia parlamentaria.

J) El sistema electoral del Senado

La Ley Orgánica 5/1985, una vez más, ha seguido la pauta marcada por el Decreto-ley 20/1977 en lo que se refiere a la elección de la Cámara Alta, de modo análogo a lo que ha acontecido con la elección del Congreso.

De esta forma, la LOREG ha optado por un *voto limitado,* que es aquel con el que el elector no dispone de tantos votos como escaños corresponden a una circunscripción. Esta modalidad de sufragio se combina con un *sistema de elección mayoritaria* que opera por lo general sobre *circunscripciones plurinominales.* Con la combinación de todos estos elementos se permite, como subraya *Nohlen,* una representación de la minoría política.

a) En cuanto a las circunscripciones, la LOREG, siguiendo la Constitución, toma como base de la elección de los senadores a la provincia, con las solas salvedades de las provincias insulares, en las que cada isla o agrupación de islas constituye una circunscripción propia a estos solos efectos. Las poblaciones de Ceuta y Melilla operan asimismo como circunscripciones independientes. Todo ello al margen de los que hemos denominado senadores autonómicos, cuya designación corresponde a las Comunidades Autónomas, que se ajustan a un régimen jurídico particular, como ya señalamos.

Es de interés hacer notar la similitud de las circunscripciones del Congreso y del Senado, y no sólo en lo que se refiere a su territorio, la provincia, sino también en lo que atañe a su tamaño, pues buen número de ellas son de un tamaño similar.

b) La LOREG opta por un sistema electoral mayoritario, de conformidad con el cual, serán proclamados electos en cada circunscripción aquellos candidatos que obtengan el mayor número de votos hasta completar el de senadores asignados a la circunscripción.

La opción por una fórmula mayoritaria resulta lógica, aunque sólo sea con la finalidad de establecer un elemento de diferenciación respecto del sistema de elección que rige en la Cámara Baja.

Bien es verdad que estamos más ante una diferenciación formal que real. En la treintena de circunscripciones de la Cámara Baja de tamaño inferior a seis, el sistema D'Hondt opera con efectos prácticos análogos a los de una fórmula mayoritaria. Consiguientemente, la diferenciación real en esas circunscripciones entre la fórmula mayoritaria con voto limitado del Senado y la fórmula D'Hondt del Congreso es casi inexistente, como hemos mostrado en un estudio empírico sobre el tema.

c) En lo que se refiere al voto limitado, la LOREG prevé que los electores pueden dar su voto a un máximo de tres candidatos en las circunscripciones provinciales, dos en Gran Canaria, Mallorca, Tenerife, Ceuta y Melilla, y uno en las restantes circunscripciones insulares. Es decir, en las circunscripciones de mayor tamaño (las tres islas mayores y la totalidad de las provincias peninsulares), el elector ha de votar a un candidato menos del número total de los que se han de elegir. Con ello, como ya dijimos, se posibilita la presencia de las minorías en la Cámara Alta.

K) La operatividad real del sistema de elección de las Cámaras

El sistema electoral del Congreso produce las siguientes consecuencias:

1.ª Sobrerrepresenta de modo muy notable al partido triunfador en las elecciones y, en menor medida, a la segunda formación política estatal.

2.ª Prima la concentración del voto y sanciona la dispersión del mismo. Es por ello por lo que beneficia muy significativamente a las fuerzas de ámbito regional o nacionalista con una sólida implantación en sus respectivas circunscripciones, mientras que perjudica extraordinariamente a aquellas formaciones de ámbito estatal que se sitúan, en cuanto a apoyo electoral se refiere, inmediatamente después de las dos primeras fuerzas.

3.ª En su conjunto, potencia una cierta especie de bipartidismo, más o menos imperfecto, atemperado básicamente por la presencia de fuerzas de carácter regional o nacionalista.

4.ª A la vista de los resultados electorales de la Cámara Baja, está fuera de toda duda la estrechísima correlación entre sobrerrepresentación y tamaño de las circunscripciones, y en consonancia con ello, la clave de una elección puede dárnosla el conjunto de circunscripciones de tamaño reducido, inferior en todo caso a 6. No parece muy aventurado pensar que una formación sólidamente arraigada en respaldo electoral en esas pequeñas circunscripciones pueda triunfar por mayoría absoluta, esto es, logrando la mayoría absoluta de los escaños del Congreso, con un porcentaje global de voto que gire en torno al 35 - 36 por 100 de los votos válidos emitidos. Los cuadros que siguen a continuación corroboran empíricamente nuestra precedente afirmación.

En cuanto al Senado, el sistema mayoritario de voto limitado no produce unos resultados muy alejados de los del Congreso. La formación triunfadora en la Cámara Baja logra, por lo general, un triunfo aún más holgado en la Alta, mientras que la segunda fuerza política a nivel estatal no se ve tan beneficiada como en el Congreso. La presencia de las fuerzas nacionalistas viene situándose en niveles semejantes a los que alcanza en el Congreso.

Los cinco cuadros que siguen corroboran cumplidamente, a nuestro modo de ver, las consecuencias antes descritas del sistema electoral del Congreso de los Diputados, Cámara a la que, como es evidente, están referidos los resultados reflejados en ellos.

Especialmente representativa de la operatividad del sistema es la variable que hemos llamado «cociente de representación», que nos mide exactamente la relación existente entre el porcentaje de escaños conseguido por cada formación política y el porcentaje de votos válidos totalizados. Es prácticamente innecesario indicar que si ese cociente es igual a la unidad, el partido o coalición de que se trate se habrá visto equitativamente tratado por el sistema electoral, pues le habrá correspondido el mismo porcentaje de escaños que de votos. Conforme ese cociente crezca por encima de la unidad, la formación política se estará viendo sobrerrepresentada, y a la inversa, cuanto más descienda por debajo de la unidad, mayor será la infrarrepresentación.

A la vista de los cinco cuadros, resulta patente el enorme beneficio que en todos los casos ha obtenido la formación mayoritaria: 34 por 100, 37 por 100, 18 por 100, 18 por 100 y 26 por 100. Es asimismo significativa la sobrerrepresentación del segundo partido en apoyo popular: 14 por 100, 13 por 100, 15 por 100, 14 por 100 y 18 por 100. En perfecta coherencia con ello, resulta patente la orientación hacia el bipartidismo que propicia el sistema electoral. Basta con observar como se ven potenciados los resultados totalizados conjuntamente por las dos fuerzas más votadas: 25 por 100, 26 por 100, 17 por 100, 17 por 100 y 23 por 100. Al operar esta sobrerrepresentación sobre un porcentaje de respaldo electoral que gira en torno a un 70 por 100, nos encontra-

CUADRO N.º 1

RESULTADOS DE LAS ELECCIONES GENERALES DEL 15 DE JUNIO DE 1977*

Partidos-Coaliciones	Votos	% sobre votos válidos	Escaños	% sobre total escaños	Prima electoral (%)	Coste en votos/escaño	Cociente de representación
UCD	6.309.517	35,21	165	47,14	+11,93	38.239	1,34
PSOE	5.282.580	29,48	118	33,71	+4,23	44.767	1,14
PCE-PSUC	1.221.091	6,81	20	5,71	—1,10	61.054	0,84
AP	806.652	4,50	16	4,57	+0,07	50.415	1,01
PDC (1)	514.647	2,87	11	3,14	+0,27	46.786	1,09
PNV	296.193	1,65	8	2,29	+0,64	37.024	1,39
PSP-US (2)	358.644	2,00	6	1,71	—0,29	59.774	0,85
UCDCC (3)	127.679	0,71	2	0,57	—0,14	63.839	0,80
EC-FED (4)	112.794	0,63	1	0,28	—0,35	112.794	0,44
CAIC (5)	37.183	0,20	1	0,28	+0,08	37.183	1,40
EE	31.208	0,17	1	0,28	+0,11	31.208	1,65
CICC (6)	29.834	0,16	1	0,28	+0,12	29.834	1,75
UCD+PSOE	11.592.097	64,69	283	80,85	+16,16	40.961	1,25

(1) Pacte Democratic per Catalunya.
(2) Partido Socialista Popular - Unidad Socialista.
(3) Coalición Electoral «Unió del Centre i la Democracia Cristiana de Catalunya».
(4) Esquerra de Catalunya (Front Electoral Democratic)
(5) Candidatura Aragonesa Independiente del Centro.
(6) Candidatura Independiente del Centro de Castellón.
* Total de votos válidos: 17.918.031. Coste medio en votos válidos por escaño: 51.194.

FUENTE: Elaboración propia a partir de los datos de la Junta Electoral Central, atendiendo sólo a las formaciones que obtuvieron escaños.

CUADRO N.º 2

RESULTADOS DE LAS ELECCIONES GENERALES DEL 1 DE MARZO DE 1979*

Partidos-Coaliciones	Votos	% sobre votos válidos	Escaños	% sobre total escaños	Prima electoral (%)	Coste en votos/escaño	Cociente de representación
UCD	6.268.593	34,95	168	48,00	+13,05	37.313	1,37
PSOE	5.469.813	30,50	121	34,57	+4,07	45.205	1,13
PCE-PSUC	1.911.217	10,66	23	6,57	—4,09	83.096	0,62
CD (1)	1.067.732	5,95	9	2,57	—3,38	118.637	0,43
CiU	483.353	2,70	8	2,29	—0,41	60.419	0,85
PNV	275.292	1,53	7	2,00	+0,47	39.327	1,31
PSA (2)	325.842	1,82	5	1,43	—0,39	65.168	0,79
HB	172.110	0,96	3	0,86	—0,10	57.370	0,90
UN (3)	370.740	2,07	1	0,28	—1,79	370.740	0,14
ERC (4)	123.452	0,69	1	0,28	—0,41	123.452	0,41
EE	85.677	0,48	1	0,28	—0,20	85.677	0,58
UPC (5)	58.953	0,33	1	0,28	—0,05	58.953	0,85
PAR (6)	38.042	0,21	1	0,28	+0,07	38.042	1,33
UPN (7)	28.248	0,16	1	0,28	+0,12	28.248	1,75
UCD+PSOE	11.738.406	65,45	289	82,57	+17,12	40.617	1,26

(1) Coalición Democrática.
(2) Partido Socialista de Andalucía.
(3) Unión Nacional.
(4) Esquerra Republicana de Catalunya.
(5) Unión del Pueblo Canario.
(6) Partido Aragonés Regionalista.
(7) Unión del Pueblo Navarro.
* Total de votos válidos: 17.932.890. Coste medio en votos válidos por escaño: 51.236.
FUENTE: Elaboración propia a partir de los datos de la Junta Electoral Central, atendiendo sólo a las formaciones que obtuvieron escaños.

CUADRO N.º 3

RESULTADOS DE LAS ELECCIONES GENERALES DEL 28 DE OCTUBRE DE 1982*

Partidos-Coaliciones	Votos	% sobre votos válidos	Escaños	% sobre total escaños	Prima electoral (%)	Coste en votos/escaño	Cociente de representación
PSOE	10.127.392	48,67	202	57,71	+9,04	50.135	1,18
AP (1)	5.543.107	26,64	107	30,57	+3,93	51.804	1,15
CiU	772.726	3,71	12	3,43	—0,28	64.393	0,92
UCD	1.354.858	6,51	11	3,14	—3,37	123.169	0,48
PNV	395.656	1,90	8	2,29	+0,39	49.457	1,21
PCE-PSUC	844.976	4,06	4	1,14	—2,92	211.244	0,28
CDS	600.842	2,89	2	0,57	—2,32	300.421	0,20
HB	210.601	1,01	2	0,57	—0,44	105.300	0,56
ERC	138.116	0,66	1	0,28	—0,38	138.116	0,42
EE	100.326	0,48	1	0,28	—0,20	100.326	0,58
PSOE+AP	15.670.499	75,31	309	88,28	+12,97	50.713	1,17

(1) Incluimos aquí los votos obtenidos por la Coalición AP-PDP-PDL-UCD en las tres provincias del País Vasco.

* Votos válidos: 20.807.181. Coste medio en votos válidos por escaño: 54.449.

FUENTE: Elaboración propia a partir de los datos de la Junta Electoral Central, atendiendo sólo a las formaciones que obtuvieron escaños.

CUADRO N.º 4

RESULTADOS DE LAS ELECCIONES GENERALES DEL 22 DE JUNIO DE 1986

Partidos-Coaliciones	Votos	% sobre votos válidos	Escaños	% sobre total escaños	Prima electoral (%)	Coste en votos/escaño	Cociente de representación
PSOE	8.901.718	44,35	184	52,57	+8,22	48.378	1,18
C.P. (1)	5.247.677	26,14	105	30,00	+3,86	49.977	1,14
CDS (2)	1.838.799	9,16	19	5,42	—3,74	96.778	0,59
CiU (3)	1.014.258	5,05	18	5,14	+0,09	56.347	1,01
IU (4)	768.158	3,82	6	1,71	—2,11	128.026	0,44
PNV	309.610	1,54	6	1,71	+0,17	51.601	1,11
HB (5)	215.282	1,07	5	1,42	+0,35	43.056	1,32
EE (6)	107.053	0,53	2	0,57	+0,04	53.526	1,07
EC (7)	123.912	0,61	1	0,28	—0,33	123.912	0,45
CG (8)	79.972	0,39	1	0,28	—0,11	79.972	0,71
PAR (9)	73.004	0,36	1	0,28	—0,08	73.004	0,77
AIC (10)	65.664	0,32	1	0,28	—0,04	65.664	0,87
UV (11)	64.403	0,32	1	0,28	—0,04	64.403	0,87
PSOE+CP	14.149.395	70,50	289	82,57	+12,07	48.959	1,17

(1) Coalición Popular.
(2) Centro Democrático y Social.
(3) Convergencia i Unió.
(4) Izquierda-Unida.
(5) Agrupación de Electores Herri Batasuna.
(6) Euskadiko Ezquerra.
(7) Unió de L'Esquerra Catalana.
(8) Coalición Galega.
(9) Partido Aragonés Regionalista.
(10) Agrupaciones Independientes de Canarias.
(11) Unió Valenciana.

FUENTE: Elaboración propia a partir de los datos oficiales suministrados por la Junta Electoral Central.
Votos válidos emitidos: 20.069.089.

CUADRO N.º 5

RESULTADOS DE LAS ELECCIONES GENERALES DEL 29 DE OCTUBRE DE 1989 (1)

Partidos-Coaliciones	Votos	% sobre votos válidos	Escaños	% sobre total escaños	Prima electoral (%)	Coste en votos/escaño	Cociente de representación
PSOE (2)	8.115.568	39,60	175	50,00	+10,40	46.374	1,26
PP (3)	5.285.972	25,79	107	30,57	+4,78	49.401	1,18
CiU	1.032.243	5,03	18	5,14	+0,11	57.346	1,02
IU (4)	1.858.588	9,06	17	4,85	—4,21	109.328	0,53
CDS	1.617.716	7,89	14	4,00	—3,89	115.551	0,50
PNV	254.681	1,24	5	1,42	+0,18	50.936	1,14
HB	217.278	1,06	4	1,14	+0,08	54.319	1,07
PA (5)	212.687	1,03	2	0,57	—0,46	106.343	0,55
UV	144.924	0,70	2	0,57	—0,13	72.462	0,81
EA (6)	136.955	0,66	2	0,57	—0,09	68.477	0,86
EE (7)	105.238	0,51	2	0,57	+0,06	52.619	1,11
PAR (8)	71.733	0,35	1	0,28	—0,07	71.733	0,80
AIC (9)	64.767	0,31	1	0,28	—0,03	67.767	0,90
PSOE+PP	13.401.540	65,39	282	80,57	+15,18	47.523	1,23

(1) Los datos de este cuadro incluyen los resultados de las circunscripciones de Murcia, Pontevedra y Melilla, esto es, los resultados de todas las circunscripciones una vez resueltos los recursos interpuestos.

(2) Dentro de los votos y escaños del PSOE se incluyen los votos y escaños obtenidos por el Partit dels Socialistes de Catalunya (PSC-PSOE).

(3) Dentro de los votos y escaños del PP se incluyen los votos y escaños obtenidos por la Unión del Pueblo Navarro en coalición con el Partido Popular y los logrados por el Partido Popular en coalición con Centristas de Galicia.

(4) Dentro de los resultados de IU se incluyen los resultados alcanzados por Iniciativa per Catalunya (IC).

(5) Partido Andalucista.

(6) Eusko Alkartasuna.

(7) Euskadiko Ezkerra.

(8) Partido Aragonés Regionalista.

(9) Agrupaciones Independientes de Canarias.

mos con que más de un 80 por 100 del total de escaños de la Cámara Baja son copados por los dos grandes partidos.

Esta preponderancia de dos formaciones tan sólo se ve matizada por las fuerzas nacionalistas o regionales. Es patente asimismo que el sistema electoral beneficia notablemente a las fuerzas de este carácter que mayor implantación tienen en sus respectivas circunscripciones. Así, por poner algunos ejemplos, el PNV se vio sobrerrepresentado en los comicios de 1977 en un 39 por 100, en un 31 por 100 en los de 1979 y en un 21 por 100 en los de 1982. HB se vio beneficiada por el sistema en un 32 por 100 en las elecciones de 1986. Y el PNV, en 1989, se ha visto sobrerrepresentado en un 14 por 100.

En contrapartida, las formaciones que más perjudicadas se ven por el sistema son aquellas que, teniendo implantación estatal, se sitúan, en cuanto a apoyo electoral se refiere, inmediatamente después de las dos fuerzas preponderantes. Basta con atender al «cociente de representación» del PCE-PSUC-IU (0'84, 0'62, 0'28, 0'44 y 0'53) para constatar lo justificado de nuestra anterior afirmación. Y otro tanto podría afirmarse del PSP-US (en 1977), de CD (en 1979), de UCD y del CDS (en 1982), del CDS (en 1986) y, una vez más, del CDS (en 1989).

En resumen, estos datos empíricos no hacen sino corroborar las reflexiones anteriormente expuestas acerca de la operatividad real de nuestro sistema electoral, un sistema que aunque en el caso del Congreso de los Diputados debe ajustarse a criterios de representación proporcional, la realidad nos muestra que el juego combinado de las distintas variables que en él intervienen, genera unas notables distorsiones de esa supuesta proporcionalidad.

L) El sistema de elección de los Diputados al Parlamento Europeo

La Ley Orgánica 1/1987, de 2 de abril, modificaba la Ley Orgánica 5/1985 en el sentido de adicionarle un Título dedicado a regular las elecciones al Parlamento Europeo. Con posterioridad, alguno de los preceptos de ese nuevo Título (el que se ha convertido en Título VI de la LOREG) ha sido alterado por la reforma de la propia LOREG, llevada a cabo por la Ley Orgánica 8/1991.

La convocatoria para la elección de los Diputados del Parlamento Europeo se realiza de acuerdo con las normas comunitarias y mediante Real Decreto, expedido con el refrendo del Presidente del Gobierno, a propuesta del mismo, bajo su exclusiva responsabilidad y previa deliberación del Consejo de Ministros, previsión ésta que nos recuerda en su formulación al artículo 115 de la Constitución, relativo, recordémoslo, al derecho de disolución de las Cortes Generales en cuanto potestad facultativa presidencial.

Para este tipo de comicios, la Junta Electoral competente a efectos de la presentación y proclamación de candidatos es la Junta Electoral Central. Las candidaturas se presentan mediante listas completas de candidatos, en el bien entendido de que, de conformidad con el Acta de Adhesión a las Comunidades Europeas, España elige un total de 60 Diputados al Parlamento Europeo. Consecuentemente con ello, la lista deberá incluir un total de 60 candidatos. La Ley, no obstante, exceptúa de esta norma a los partidos, federaciones, coaliciones o agrupaciones de electores que hagan constar, en el momento de presentación de las candidaturas ante la Junta Electoral Central, que desean que la difusión de sus papeletas tenga un ámbito territorial inferior al estatal, siempre que coincida al menos con las secciones electorales existentes en una Comunidad Autónoma. En este supuesto, las listas de tales candidaturas podrán contener hasta un máximo de 60 candidatos y suplentes.

Cabe advertir que la Ley exige para la presentación de las candidaturas que éstas se acrediten con las firmas de un total de 15.000 electores, no pudiendo ningún elector dar su firma para la presentación de varias candidaturas. No obstante, los partidos, federaciones y coaliciones pueden sustituir el precedente requisito por las firmas de 50 cargos electos, ya sean Diputados, Senadores, Diputados españoles del Parlamento Europeo, miembros de las Asambleas Legislativas de las Comunidades Autónomas o miembros de las Corporaciones Locales.

El aspecto más controvertido de la Ley Orgánica 1/1987 fue, sin ningún género de dudas, el relativo a la circunscripción para la elección de los Diputados del Parlamento Europeo. La opción del Proyecto gubernamental a favor de una circunscripción nacional única resultó especialmente controvertida por un amplio sector de fuerzas políticas, de modo especial por los partidos nacionalistas, que se inclinaban por una fórmula que hiciese coincidir la circunscripción con el ámbito territorial de cada Comunidad Autónoma. Muy representantivo de este estado de opinión sería el razonamiento del diputado del Grupo Mixto, señor *Bandrés,* quien, en su enmienda de totalidad al Proyecto, esgrimiría que éste, «con su circunscripción electoral única, contraviene el espíritu de la Constitución y la realidad que se ha ido configurando en su desarrollo, en torno al Estado de las Autonomías». En cualquier caso, en el debate, en el seno de la Comisión Constitucional, del Proyecto, la opción gubernamental en favor de la circunscripción única sería masivamente respaldada (20 votos a favor por 2 en contra). En último término, se incorporaría a la LOREG como artículo 214 el texto del Proyecto, de acuerdo con el cual: «La circunscripción para la elección de los Diputados del Parlamento Europeo es el territorio nacional.»

Otra cuestión especialmente discutida sería la relativa al modo de proceder a efectos de la atribución de los 60 escaños que en el Parlamento Europeo corresponden a España.

El Proyecto gubernamental, de conformidad con el espíritu que, según su Exposición de Motivos, le guiaba («partiendo del respeto a los principios constitucionales y a las normas comunitarias en la materia», lograr que «la normativa resultante encaje en los principios y sistemática de la LOREG, desde luego en cuanto a sus aspectos organizativos y procedimentales, pero también, en la medida de lo posible, en las grandes decisiones políticas que componen el sistema electoral»), se inclinaba por la fórmula electoral de D'Hondt, remitiéndose al efecto a las previsiones del artículo 163 de la LOREG, que enuncia las reglas a seguir para la atribución de los escaños del Congreso, con la única salvedad de no tener en cuenta la barrera legal del 3 por 100, contemplada por el apartado *a)* del artículo 163.1.

Esta opción por la controvertida fórmula D'Hondt sería objeto del mismo número de enmiendas que la relativa a la circunscripción única (ocho enmiendas en el Congreso en cada caso). Más aún, su aprobación en el seno de la Comisión Constitucional de la Cámara Baja se lograría con un respaldo mucho menor que el alcanzado finalmente por la circunscripción nacional (14 votos a favor frente a 7 en contra y una abstención).

De esta forma, la única diferencia que separa el sistema de atribución de escaños de los Diputados del Parlamento Europeo del que rige para los Diputados de la Cámara Baja de las Cortes Generales, es la exclusión en los comicios europeos de la «barrera legal», solución que sería objetada por alguna fuerza política, cual sería el caso de Coalición Popular, que, a nuestro juicio con buen criterio, defendería que no se tuvieran en cuenta —a la hora de la atribución de escaños— aquellas candidaturas que no hubiesen obtenido, al menos, el 5 por 100 de los votos válidos emitidos en todo el Estado, o bien el 15 por 100 de los emitidos dentro del territorio de la Comunidad Autónoma a que se limite la presentación de la candidatura. Todo ello al margen, obviamente, de que Ceuta y Melilla ya no son distritos uninominales (cual sucede a efectos de las elecciones al Congreso), sino que se incorporan a la circunscripción nacional única.

En el supuesto de fallecimiento, incapacidad o renuncia de un Diputado del Parlamento Europeo, el escaño será atribuido al candidato o, en su caso, al suplente de la misma lista a quien corresponda, atendiendo a su orden de colocación.

Si bien a los efectos del escrutinio general las Juntas Electorales competentes son las Juntas Electorales Provinciales, es, sin embargo, la Junta Electoral Central la que debe proceder al recuento de los votos a nivel nacional, a la atribución de los escaños correspondientes a cada una de las candidaturas y a la proclamación de electos. En consonancia con ello, el Tribunal competente a efectos del recurso contencioso electoral es el Tribunal Supremo.

M) Las disposiciones especiales para las elecciones municipales

El Título III de la LOREG (artículos 176 a 200) recoge el conjunto de disposiciones especiales previstas para las elecciones municipales.

Su articulado no hace, con alguna salvedad puntual —entre la que resulta obligado destacar el procedimiento de destitución del Alcalde, a través de la moción de censura (artículo 197)—, sino reproducir las disposiciones de la Ley 39/1978, de 17 de julio, de Elecciones Locales, tras su modificación por la Ley Orgánica 6/1983, de 2 de marzo.

En nuestro análisis de estas disposiciones, nos ceñiremos tan sólo a dos aspectos muy concretos: el sistema electoral propiamente dicho y los procedimientos de elección y destitución del Alcalde.

a/ El sistema electoral

I. De entrada, es preciso advertir que la Ley distingue tres modalidades diferenciadas en lo que a la elección de los Concejales integrantes de las Corporaciones Municipales se refiere.

En primer término, haciéndose eco de una singular y, al unísono, ancestral tradición, la Ley prevé (artículo 179.2) un régimen especial para aquellos municipios que, de acuerdo con la legislación sobre Régimen Local, funcionan en régimen de Concejo Abierto.

En segundo término, la norma legal contempla unas previsiones específicas para los municipios con una población comprendida entre 100 y 250 habitantes (artículo 184).

Por último, se regula el régimen jurídico general, que, como es obvio, afecta a todos aquellos municipios con más de 250 habitantes.

II. Cada término municipal constituye una circunscripción en la que se elige un número de concejales prefijado por la Ley en función de la siguiente escala:

Residentes	Concejales
Hasta 250	5
De 251 a 1.000	7
De 1.001 a 2.000	9
De 2.001 a 5.000	11
De 5.001 a 10.000	13
De 10.001 a 20.000	17
De 20.001 a 50.000	21
De 50.001 a 100.000	25

De 100.001 residentes en adelante, se añadirá al número de 25 concejales, uno más por cada 100.000 residentes o fracción, incrementándose uno más cuando el resultado sea un número par. Esta escala rige para todo tipo de municipios con la sola salvedad de los que se constituyan en régimen de Concejo Abierto.

A la vista de la escala anterior, es claro que nos hallamos en presencia de unas circunscripciones de tamaño medio elevado, circunstancia importante a los efectos de una adecuada proporcionalidad de la fórmula electoral.

Esta fórmula es idéntica a la que rige en el Congreso de los Diputados, esto es, la fórmula D'Hondt, siendo de reseñar como única especialidad, la de que no se tienen en cuenta, a efectos de la atribución de los puestos de concejales en cada Ayuntamiento, aquellas candidaturas que no obtengan, por lo menos, el 5 por 100 de los votos válidos emitidos en la circunscripción. La «barrera legal» queda, pues, fijada en un 5 por 100 de los votos válidos emitidos a nivel circunscripcional. Si a este incremento porcentual de la «cláusula de exclusión» se une el hecho de que la misma operará, en un buen número de supuestos, sobre circunscripciones de tamaño elevado, puede llegarse a la conclusión de que la operatividad de esta variable del sistema electoral puede ser mucho mayor que la misma nos ofrece en las elecciones al Congreso de los Diputados.

III. La Ley regula varios supuestos que, por su propia naturaleza, bien podríamos considerar excepcionales: la no presentación de candidaturas en alguna circunscripción; la progresiva disminución del número de concejales, sin posibilidad lógicamente de su sustitución, hasta un extremo tal que su número llegue a ser inferior a los dos tercios del número legal de miembros de la Corporación, y la disolución de las Corporaciones por acuerdo del Consejo de Ministros. Nos referiremos ahora a cada uno de esos tres supuestos:

A) En el caso de que en alguna circunscripción no se presenten candidaturas, se procederá en el plazo de seis meses (antes de la reforma de 1991 este plazo era tan sólo de tres meses) a la celebración de elecciones parciales en dicha circunscripción (artículo 181.1 LOREG).

Si en esta nueva convocatoria tampoco se presenta candidatura alguna, se procederá a la constitución de una Comisión Gestora, que quedará integrada por las personas de adecuada idoneidad o arraigo que, teniendo en cuenta los resultados de la última elección municipal, designe la Diputación Provincial o, en su caso, el órgano competente de la Comunidad Autónoma correspondiente, hasta completar el número legal de miembros de la Corporación.

B) En el supuesto de que el número de concejales disminuya progresivamente, sin que, como es obvio, sea posible su sustitución, la Ley prevé (artículo 182) una primera medida consistente en acomodar los quorum de asistencia y votación previstos en la legislación vigente al número de hecho de miembros de la Corporación subsistente.

Sin embargo, cuando ese número de hecho sea inferior a los dos tercios del número legal de miembros de la Corporación municipal, se constituirá una Comisión Gestora integrada por todos los miembros de la Corporación que continúen y las personas de adecuada idoneidad o arraigo que, a la vista de los resultados de la última elección municipal, designe la Diputación Provincial o, en su caso, el órgano comunitario (o si se prefiere autonómico) competente, hasta completar el número legal de miembros de la Corporación. La solución es, pues, prácticamente igual a la del supuesto que analizábamos precedentemente.

C) El tercer supuesto es el de disolución de la Corporación Local por acuerdo del Consejo de Ministros. Este supuesto se halla previsto por el artículo 61 de la Ley 7/1985, de 2 de abril, reguladora de las Bases del Régimen Local, de conformidad con el cual, el Consejo de Ministros, a iniciativa propia y con conocimiento del Consejo de Gobierno de la Comunidad Autónoma correspondiente o a solicitud de éste y, en todo caso, previo acuerdo favorable del Senado, podrá proceder, mediante Real Decreto, a la disolución de los órganos de las Corporaciones Locales en el supuesto de gestión gravemente dañosa para los intereses generales que suponga el incumplimiento de sus obligaciones constitucionales.

Acordada la disolución, el artículo 183 de la LOREG estipula que deberá procederse a la convocatoria de elecciones parciales para la constitución de una nueva Corporación dentro del plazo de tres meses, salvo que por la fecha en que ésta debiera constituirse, el mandato de la misma hubiese de resultar inferior a un año.

Mientras se constituye la nueva Corporación o expira el mandato de la disuelta, la administración ordinaria de sus asuntos corresponderá a una Comisión Gestora designada por la Diputación Provincial o, en su caso, por el órgano autonómico competente. En tal caso, ejercerá las funciones de Alcalde o Presidente aquel vocal que resulte elegido por mayoría de votos entre todos los miembros de la Comisión.

IV. Como dijimos en un momento anterior, la Ley establece ciertas peculiaridades en cuanto al sistema electoral respecto de los Municipios que funcionan en régimen de Concejo Abierto, y de aquellos otros con una población comprendida entre 100 y 250 habitantes. Nos referiremos a continuación a esas peculiaridades.

a/ En los Municipios en régimen de Concejo Abierto no rige (artículo 179.2 de la LOREG) la escala que con carácter general establece la Ley en relación al número de concejales a elegir en cada circunscripción.

De conformidad con la Ley 7/1985, de Bases del Régimen Local (artículo 29), funcionan en Concejo Abierto: los Municipios con menos de 100 habitantes; aquellos que tradicionalmente cuenten con este régimen singular, y aquellos otros cuya localización geográfica o mejor gestión de sus intereses lo hagan aconsejable. En estos últimos, la constitución en Concejo Abierto requerirá petición de la mayoría de los vecinos, decisión favorable por mayoría de dos tercios de los miembros del Ayuntamiento y aprobación por la Comunidad Autónoma.

b/ En los Municipios cuya población esté comprendida entre 100 y 250 habitantes, el procedimiento para la elección de los concejales se ajusta a ciertas peculiaridades a las que se refiere el artículo 184, que recuerdan el sistema de elección seguido respecto del Senado: voto limitado de los electores (pueden votar un máximo de cuatro candidatos de hasta los cinco que puede presentar cada partido); sistema mayoritario de elección (serán proclamados electos los que obtengan mayor número de votos), y, consiguientemente, sufragio personalizado, que no de lista.

V. Retornando al régimen general, hemos de señalar que el mandato de los miembros de los Ayuntamientos es de cuatro años contados a partir de la fecha de su elección (artículo 194.1 de la LOREG). Tras la modificación de la normativa electoral llevada a cabo en 1991, se han racionalizado los procesos electorales municipales y autonómicos (en este último caso, los referentes a las elecciones de las Asambleas Legislativas de aquellas Comunidades cuyos Presidentes de Consejo de Gobierno no tengan expresamente atribuida por el ordenamiento jurídico la facultad de disolución anticipada), fijándose una fecha exacta para la celebración de los comicios: el cuarto domingo de mayo del año que corresponda, debiendo tenerse en cuenta al respecto que la primera de las elecciones que se ajusta a este proceso racionalizador ha tenido lugar en mayo de 1991.

En consonancia con las normas anteriores, el artículo 42.3 de la LOREG precisa que el mandato de los concejales terminará en todo caso el día anterior al de la celebración de las siguientes elecciones.

La convocatoria de los comicios municipales se formaliza mediante un Real Decreto acordado en Consejo de Ministros a propuesta de los Ministerios del Interior y para las Administraciones Públicas. Este Real Decreto debe ser expedido entre el quincuagésimo cuarto y el sexagésimo día antes del cuarto domingo de mayo del año que corresponda, publicándose al día siguiente en el *Boletín Oficial del Estado* o, en su caso, en el Boletín Oficial de la Comunidad Autónoma correspondiente.

b/ Los procedimientos de elección y destitución de Alcalde

La Ley Orgánica 5/1985 reproduce casi en su literalidad el procedimiento de elección de Alcalde previsto por la Ley 39/1978; por contra, introduce como una de sus novedades más sustanciales una cierta «parlamentarización» del sistema de gobierno municipal, al contemplar la posibilidad de destitución del Alcalde a través del mecanismo de la moción de censura constructiva, modificado en la reforma de 1991 con la finalidad de agravar los requisitos de tal moción.

I. *La elección de Alcalde* tiene lugar en la sesión constitutiva de la Corporación, que debe celebrarse el vigésimo día posterior al de realización de los comicios municipales, salvo que se hubiese interpuesto recurso contencioso-electoral contra la proclamación de los concejales electos, en cuyo caso esa sesión habrá de verificarse el cuadragésimo día posterior a las elecciones.

En la sesión de constitución, que debe ser presidida por una Mesa de Edad integrada por los elegidos de mayor y menor edad presentes en el acto, habrán de comprobarse las credenciales presentadas, tras lo cual, la Mesa declarará constituida la Corporación si concurren la mayoría absoluta de los Concejales electos. No existiendo quorum, la sesión deberá tener lugar dos días después, quedando entonces constituida la Corporación cualquiera que fuere el número de concejales presentes.

El procedimiento a seguir en esta sesión para la elección del primer mandatario municipal está descrito en el artículo 196 de la Ley, ajustándose a las siguientes reglas:

a/ Pueden ser candidatos todos los concejales que encabecen sus correspondientes listas.

b/ Será proclamado electo aquel que en la pertinente votación obtuviere la mayoría absoluta de los votos de los concejales.

c/ Si ningún candidato alcanzare dicha mayoría, será proclamado Alcalde el concejal que encabece la lista que haya logrado mayor número de votos populares en el correspondiente municipio, resolviéndose el posible empate por medio de sorteo.

Como fácilmente puede colegirse, este sistema de elección se orienta a posibilitar, en un primer momento, un acuerdo entre las distintas formaciones políticas, siempre sobre la base de que ninguna de ellas haya alcanzado la mayoría absoluta del número legal de concejales; ese acuerdo, lógicamente, debe propiciar una cierta estabilidad en el gobierno municipal; de ahí la exigencia de mayoría absoluta. El legislador no ha querido, sin embargo, establecer varias votaciones, en defecto de esa mayoría en la primera de ellas, ni tampoco posibilitar la elección de un Alcalde por mayoría simple. De ahí que, subsidiariamente, esto es, en defecto de la consecución por ningún candidato de la mayoría absoluta, se recurra a la elección automática, atendiendo para ello a los votos populares obtenidos por las diferentes listas en el municipio.

Es evidente que esta segunda vía de acceso a la Alcaldía encuentra su legitimidad en el voto popular. El Alcalde así elegido es el cabeza de la lista más votada en la circunscripción; sin embargo, la «parlamentarización» del gobierno municipal a través del cauce de la moción de censura, que puede desencadenar la remoción del Alcalde electo, supone un elemento de debilidad para quien accede a la Alcaldía a través de esta vía, pues es evidente que, de entrada, se encuentra en una posición minoritaria.

El procedimiento general de elección a que acabamos de referirnos encuentra en la Ley dos excepciones puntuales, que se corresponden con los regímenes específicos ya analizados en relación con el procedimiento de elección de los concejales.

La primera salvedad se refiere a los Municipios en régimen de Concejo Abierto. En ellos, los electores eligen directamente al Alcalde por el sistema mayoritario. De conformidad con la ya citada Ley 7/1985, de Bases del Régimen Local, en este régimen, el gobierno y la administración municipales corresponden al Alcalde y a una Asamblea vecinal de la que forman parte todos los electores.

La segunda excepción está prevista respecto de los Municipios comprendidos entre 100 y 250 habitantes. En ellos pueden ser candidatos a Alcalde todos los concejales. Si alguno de ellos obtuviere la mayoría absoluta de los votos de los concejales, en la misma sesión constitutiva, será proclamado electo. Si ninguno consiguiese dicha mayoría, será proclamado Alcalde el concejal que hubiere obtenido más votos populares en las elecciones de concejales.

II. *La destitución del Alcalde* puede llevarse a cabo mediante una moción de censura adoptada por la mayoría absoluta del número legal de concejales (artículo 197.1 de la LOREG). Es al Pleno del Ayuntamiento al que pertenece votar esta moción. A tal efecto, debe reunirse en sesión extraordinaria, convocada expresamente con este único asunto en el orden del día, tal y como exige el artículo 107.1 del Reglamento de Organización, Funcionamiento y Régimen Jurídico de las Corporaciones Locales, aprobado por Real Decreto 2568/1986, de 28 de noviembre.

En su redacción inicial, la Ley Orgánica 5/1985 exigía que la moción fuese suscrita al menos por la tercera parte de los concejales. Sin embargo, con muy buen criterio, que no puede ser otro que el de evitar la desestabilización que para la vida municipal supone la presentación de una moción de esta naturaleza, la Ley Orgánica 8/1991 ha modificado esta exigencia en el sentido de agravarla, exigiéndose ahora que la moción esté suscrita, al menos, por la mayoría absoluta de los concejales. Con ello, se trata de garantizar que toda moción de censura que se presente en un Ayuntamiento tenga asegurada de antemano la mayoría necesaria para triunfar.

La moción, que ha de formalizarse por escrito presentado en el Registro General de la entidad, debe lógicamente incluir el nombre del candidato propuesto para Alcalde, quien quedará proclamado como tal en caso de que prospere la moción.

La reforma de 1991 ha introducido un plazo máximo encaminado a garantizar que la votación de la moción no se va a postergar indefinidamente: la moción debe ser discutida y votada en el plazo de quince días desde su presentación, plazo que se compagina con otro que bien podemos considerar «de mínimos» o «de enfriamiento», al que se refiere el artículo 107.3 del Reglamento de Organización de las Corporaciones Locales, que exige que entre la presentación de la moción y la celebración de la sesión extraordinaria transcurran, al menos, siete días.

La Ley establece una limitación que se nos antoja eficaz: la imposibilidad de que ningún concejal pueda suscribir durante su mandato más de una moción de censura. Ello, en la práctica, supone limitar, como máximo, a tan sólo una las mociones de censura que puedan presentarse durante el período de mandato de una determinada Corporación municipal.

Digamos por último que a los efectos de la institución que nos ocupa, todos los concejales pueden ser candidatos a Alcalde y, consiguientemente, cualquiera de ellos puede figurar en una moción de censura, lo que supone apartarse de la línea seguida por la Ley para la elección de Alcalde en la sesión constitutiva, que, como antes vimos, circunscribía la posibilidad de acceso a la Alcaldía a quienes encabezaran su lista respectiva.

N) El procedimiento de elección de los Diputados Provinciales

La Ley Orgánica 5/1985 dedica un Título (el Título V) a las disposiciones especiales para la elección de Diputados Provinciales, reproduciendo también aquí, como regla general, las previsiones establecidas por la Ley 39/1978, de Elecciones Locales, tras su reforma por la Ley Orgánica 6/1983.

La primera de las determinaciones que aborda la Ley (artículo 204.1) es la concreción del número de diputados provinciales, que se ajusta, en función del número de residentes de cada provincia, al siguiente baremo:

— Hasta 500.000 residentes, 25 diputados.

— De 500.001 a 1.000.000, 27 diputados.

— De 1.000.001 a 3.500.000, 31 diputados.

— Y de 3.500.001 en adelante, 51 diputados.

La cuestión más polémica es la del reparto de los diputados provinciales entre los partidos judiciales de la provincia, que a estos efectos operan como circunscripción electoral. Tras la reforma llevada a cabo por la Ley Orgánica 6/1983 se introdujo un criterio de reparto casi estrictamente poblacional, que sustituyó al inicialmente previsto por la Ley 39/1978, que conjugaba el criterio poblacional con el territorial. La LOREG ha mantenido esa estricta proporcionalidad respecto de la población de cada partido judicial.

De conformidad con su artículo 204.2, las Juntas Electorales Provinciales han de repartir, proporcionalmente y atendiendo al número de residentes, los puestos correspondientes a cada partido judicial, en el décimo día posterior a la convocatoria de elecciones, atendiendo a las siguientes reglas:

a) Todos los partidos judiciales cuentan, al menos, con un diputado. Conviene tener en cuenta al respecto que tras la promulgación de la Ley 38/1988, de 28 de diciembre, de demarcación y de planta judicial, existen en España un total de 422 partidos judiciales, número que se ha visto ampliado tras la reforma de aquella Ley llevada a cabo por la Ley 3/1992, de 20 de marzo.

b) Ningún partido judicial puede contar con más de tres quintos del número total de diputados provinciales.

c) Las fracciones iguales o superiores a 0'50 que resulten del reparto proporcional se corrigen por exceso y las inferiores por defecto.

d) Si como consecuencia de las operaciones anteriores resultase un número total que no coincida, por exceso, con el número de diputados correspondiente a la provincia, se sustraerán los puestos necesarios a los partidos judiciales cuyo número de residentes por diputado sea menor. Si, por el contrario, el número no coincidiera por defecto, se añadirán puestos a los partidos judiciales cuyo número de residentes por diputado sea mayor.

El tercer aspecto de relevancia a resolver en la elección de los miembros de las Diputaciones Provinciales es el de reparto entre las diferentes formaciones políticas de los puestos de diputados de cada partido judicial.

Como principio general hay que subrayar el de que sólo los partidos políticos, coaliciones, federaciones y agrupaciones de electores que hayan obtenido algún concejal dentro de los municipios integrados en un partido judicial pueden participar en el reparto de los puestos de diputados provinciales que a tal partido correspondan.

A efectos del reparto, la LOREG atiende al número de votos obtenido por cada formación política, en línea con la reforma operada por la Ley Orgánica 6/1983, y a diferencia de la fórmula adoptada por la Ley 39/1978, que atendía al número de concejales. De esta forma, una vez constituidos todos los Ayuntamientos de la provincia, la Junta Electoral de Zona ha de proceder a formar una relación de todos los partidos o fuerzas políticas que hubieren obtenido algún concejal dentro de cada partido judicial, ordenándolos en orden decreciente al de los votos obtenidos por cada uno de ellos.

Realizada la precedente operación, la Junta de Zona distribuirá los puestos de diputados provinciales entre esas formaciones mediante la aplicación de la fórmula D'Hondt, según el número de votos de cada formación.

Una vez asignados los puestos de diputados, la Junta Electoral convocará por separado, dentro de los cinco días siguientes, a los concejales de las distintas formaciones que hubieren obtenido algún puesto, a fin de que elijan de entre las listas de candidatos avaladas, al menos, por un tercio de dichos concejales a quienes hayan de ser proclamados diputados, eligiendo, además, tres suplentes, para cubrir por su orden las eventuales vacantes.

La última fase del proceso electoral consiste en la reunión de la Diputación Provincial en sesión constitutiva, que debe presidir una Mesa de Edad, y en la que se ha de proceder a elegir de entre sus miembros al Presidente de la Diputación. A tal efecto, el candidato habrá de obtener mayoría absoluta en la primera votación y simple en la segunda.

Al igual que el Alcalde, el Presidente de la Diputación Provincial puede ser destituido de su cargo mediante una moción de censura que se tramitará en idénticos términos que la moción para la remoción del Alcalde, pudiendo ser candidato al cargo de presidente cualquiera de los diputados provinciales.

BIBLIOGRAFIA

Arnaldo Alcubilla, Enrique y *Delgado-Iribarren García-Campero, Manuel:* «Código Electoral», El Consultor de los Ayuntamientos y de los Juzgados, Tomo I, Madrid, 1989 y Tomo II, Madrid, 1991.

Carreras, Francesc de y *Vallés, Josep M.:* «Las Elecciones», Editorial Blume, Barcelona, 1977.

Cazorla Prieto, Luis María (dir.): «Comentarios a la Ley Orgánica del Régimen Electoral General», Editorial Civitas, Madrid, 1986.

Fernández Segado, Francisco: «Aproximación a la nueva normativa electoral» Editorial Dykinson, Madrid, 1986.

Fraile Clivilles, Manuel: «Manual de Legislación Electoral», Editorial Ceura, Madrid, 1986.

Instituto Interamericano de Derechos Humanos: «Diccionario Electoral» (obra colectiva), CAPEL, San José de Costa Rica, 1989.

Mackenzie, W. J. M.: «Elecciones libres», Editorial Tecnos, Madrid, 1962.

Nohlen, Dieter: «Sistemas electorales del mundo», Centro de Estudios Constitucionales, Madrid, 1981.

Rae, Douglas W.: «Leyes Electorales y Sistema de Partidos Políticos» (Estudio comparado), Ediciones CITEP, Madrid, 1977.

Santaolalla López, Fernando: «Elección en España del Parlamento Europeo», Editorial Civitas, Madrid, 1987.

CAPITULO XII

LA ORGANIZACION TERRITORIAL DEL ESTADO: EL ESTADO AUTONOMICO

SUMARIO

A) Introducción.

B) Los principios definidores del Estado autonómico: unidad y autonomía.
a/ El principio de autonomía.
b/ El principio de unidad.

C) Los principios de integración constitucional:
a/ El principio de igualdad.
b/ El principio de solidaridad.
c/ El principio de unidad del orden económico.

D) La iniciativa del proceso autonómico:
a/ El principio dispositivo.
b/ Los sujetos titulares de la iniciativa autonómica.
c/ La formalización de la iniciativa del proceso autonómico:
a') El supuesto general: la iniciativa de las Corporaciones Locales.
b') El supuesto del artículo 144, *c):* la formalización de la iniciativa por las Cortes Generales.
c') El supuesto de iniciativa «agravada» del artículo 151.1.
d') El supuesto de la Disposición Transitoria segunda.
e') Otros supuestos de Derecho transitorio.

E) Los procedimientos de elaboración de los Estatutos de Autonomía:
a/ El procedimiento ordinario del artículo 146.
b/ El procedimiento especial del artículo 151.2.

F) Los Estatutos de Autonomía. Naturaleza. Contenido. Reforma:
a/ Su concepto.

b/ Naturaleza jurídica de los Estatutos.
c/ Contenido de los Estatutos.
d/ La reforma de los Estatutos.

G) El sistema general de distribución de competencias:

a/ Las técnicas de distribución competencial.
b/ Principios que rigen el sistema distributivo en la Constitución. La incidencia del criterio del «interés respectivo».
c/ Las listas de competencias de los artículos 148 y 149:
- a') Su significado.
- b') La lista del artículo 148
- c') La lista del artículo 149. La pluralidad de técnicas de distribución de competencias.
- d') La cláusula de atribución residual de competencias.

d/ La tipología competencial.
e/ Las fórmulas de articulación del sistema:
- a') El bloque de la constitucionalidad y el valor normativo preferente de la Constitución.
- b') El principio de indisponibilidad de las competencias.
- c') El principio de conexión o de las competencias implícitas.
- d') Los principios de delimitación de títulos competenciales.
- e') Reservas de ley y delimitación de competencias.
- f') El principio de prevalencia del Derecho estatal.
- g') La regla de supletoriedad del Derecho estatal.

f/ El principio de territorialidad como límite competencial autonómico.

H) El contenido funcional de la competencia:

a/ El concepto de legislación.
b/ La noción de bases, normas básicas y legislación básica.
c/ El concepto de ejecución.

I) Las competencias normativas:

a/ La competencia legislativa exclusiva de las Comunidades Autónomas.
b/ Las competencias legislativas compartidas: legislación básica estatal y legislación de desarrollo autonómico:
- a') El significado constitucional de la reserva de las bases al Estado.
- b') La deducción racional de los criterios básicos a partir de la legislación preconstitucional.
- c') El rango normativo de las bases:
  - a'') Las primeras formulaciones del Tribunal.
  - b'') La inflexión jurisprudencial. Las Sentencias 69/1988 y 80/1988.
  - c'') La doctrina constitucional actual.
- d') El desarrollo normativo.

J) Las competencias ejecutivas:

a/ Los principios de distribución de las competencias ejecutivas.
b/ Los Reales Decretos de transferencia de funciones y servicios.
c/ La articulación de estas competencias. Las relaciones de colaboración.
d/ Las facultades estatales de supervisión sobre la ejecución autonómica de sus normas:
- a') La necesidad de un poder de supervisión estatal.
- b') Las facultades de vigilancia y coordinación.
- c') La Alta inspección estatal.

e/ La coerción estatal: el artículo 155 de la Constitución.

A) Introducción

I. Como ya vimos al referirnos a los principios caracterizadores del régimen, en España existe un sólo Estado, políticamente descentralizado. No se trata de una Federación compuesta por Estados miembros, sino de un Estado unitario complejo, en cuanto integrado por una pluralidad de organizaciones territoriales autónomas. Ello, como bien sostiene *Aragón,* no encierra una contradicción, pues la aparente oposición entre los términos «Estado unitario» y «Estado compuesto» se disuelve si se entiende, y así parece entenderlo el Tribunal Constitucional, que lo que se desecha es el Estado simple.

El Estado unitario no es siempre un Estado simple; éste quedaría circunscrito al Estado unitario centralizado.

En el caso español, el Estado unitario políticamente descentralizado aparece compuesto por organizaciones territoriales autónomas. Nos encontramos de esta forma ante el «*Estado autonómico*», que cobra su nombre del principio general organizativo de la autonomía en que se asienta. Este *Estado autonómico* se nos presenta como un Estado complejo integrado por unidades políticamente descentralizadas, o lo que es igual, dotadas de una verdadera autonomía política, esto es, por las Comunidades Autónomas.

Si desde una óptica estructural el Estado autonómico parece hallarse ya definido, no puede decirse otro tanto si la perspectiva de análisis es la funcional. El complejísimo sistema de distribución competencial diseñado por el Título VIII de la Constitución ha hecho de todo punto ineludible una activa intervención del Tribunal Constitucional, que ha asumido la difícil tarea de racionalizar en la medida de lo posible el referido Título. De ahí que su jurisprudencia se haya convertido en pieza clave para la exacta comprensión de los mecanismos que dan vida a nuestro Estado.

Esta circunstancia, unida a otras, especialmente al hecho de que la Constitución ha abierto unos cauces de desarrollo autonómico que no están, ni mucho menos, aún cerrados ni perfectamente definidos, conduce a la conclusión de que nuestro modelo de organización territorial del poder es un modelo abierto, sujeto a evolución y aún no definitivamente diseñado.

II. La adecuada comprensión de nuestro modelo de Estado exige atender a dos cuestiones importantes. De un lado, el doble sentido con que la Constitución utiliza el término «Estado». De otro, la inexistencia de una relación de supra-subordinación entre el Estado y las Comunidades Autónomas.

En relación a la primera de esas cuestiones, cabe decir que nuestra Norma suprema emplea el término «*Estado*» en un doble sentido. Su delimitación es de gran interés en orden a una más precisa concreción de las Comunidades Autónomas.

El Tribunal Constitucional abordó el tema en su trascendental Sentencia 32/1981, de 28 de julio:

> «Es obvio —aduce el «intérprete supremo de la Constitución»— que el término Estado es objeto en el texto constitucional de una utilización claramente anfibológica. En ocasiones (así, arts. 1, 56, 137 y en la propia rúbrica de su Título VIII), el término Estado designa la totalidad de la organización jurídico-política de la nación española, incluyendo las organizaciones propias de las nacionalidades y regiones que la integran y la de otros entes territoriales dotados de un grado inferior de autonomía; en otras, por el contrario (así, en los artículos 3.º.1, 149, 150), por Estado se entiende sólo el conjunto de las instituciones generales o centrales y sus órganos periféricos, contraponiendo estas instituciones a las propias de las Comunidades Autónomas y otros entes territoriales autónomos.»

El Tribunal, con esta doctrina, desecha el empleo de la expresión «Estado central», en oposición a otras entidades políticas del territorio español, optando por la de «instituciones generales o centrales», en unos casos, y por la de «órganos generales» en otros.

Por ello mismo, aun aceptando que en cierto sentido los órganos de las Comunidades Autónomas son órganos parciales o particulares, tesis que cobraría intensa vida con la primera jurisprudencia constitucional, que intentó vincular el sistema de distribución de competencias a la teoría del «interés respectivo», jurisprudencia rápidamente abandonada, es lo cierto que las Comunidades Autónomas, más precisamente, pueden ser consideradas como instancias territoriales de naturaleza estatal, que ejercen poderes estatales, independientemente del ámbito material sobre el que tales poderes se proyecten, fijado por su respectivo Estatuto de Autonomía.

III. La segunda de las cuestiones antes referidas atañe a la inexistencia de una relación de supra-subordinación entre el Estado y las Comunidades Autónomas. Las relaciones entre aquél y éstas no se acomodan en modo alguno a tal tipo de vinculación. El Tribunal Constitucional, reiteradamente, se ha referido a ello.

Ya en una de sus primeras Sentencias, la de 2 de febrero de 1981, tras reconocer —como una consecuencia del principio de unidad y de la supremacía del interés de la Nación— la necesidad de que el Estado quede colocado en una posición de superioridad, tanto en relación a las Comunidades Autónomas, como a los entes locales, precisaba que esa «posición de superioridad (...) permite afirmar que el principio de autonomía es compatible con la existencia de un control de legalidad sobre el ejercicio de las competencias, si bien entendemos que no se ajusta a tal principio la previsión de controles genéricos e indeterminados», fruto de los cuales sea la configuración de una relación de subordinación o dependencia cuasi-jerárquica de unas entidades respecto de otras (STC 4/1981, de 2 de febrero).

Más rotundamente si cabe, en su Sentencia de 22 de febrero de 1982, el Tribunal manifestó que «no se ajusta al principio de autonomía la previsión de controles genéricos e indeterminados, que impliquen dependencia jerárquica de las Comunidades Autónomas, respecto de la Administración del Estado» (STC 6/1982, de 22 de febrero).

En definitiva, la necesaria posición de superioridad que corresponde al Estado no puede confundirse con la existencia de una relación de supra-subordinación entre el Estado y las Comunidades Autónomas.

Por lo demás, tampoco puede pensarse que el Estado monopolice el interés general. En la Sentencia 25/1981, el Tribunal admitía que las Comunidades Autónomas no dejan de participar en la vida general del Estado, y en un voto particular a la misma, formulado por cuatro magistrados, se reconocía que las Comunidades Autónomas, en una serie de supuestos, actúan en colaboración con otros órganos constitucionales del Estado, promoviendo los intereses generales.

B) Los principios definidores del Estado autonómico: unidad y autonomía

Como ya dijimos en un momento precedente, el régimen autonómico se caracteriza por un equilibrio entre la homogeneidad y diversidad del «status» jurídico público de las Entidades territoriales que lo integran. Sin la homogeneidad no habría unidad ni integración en el conjunto estatal. Sin la diversidad no existiría pluralidad ni capacidad de autogobierno, notas ambas características del Estado autonómico.

Es por ello por lo que puede afirmarse que la unidad y la autonomía constituyen dos principios indisociables que definen el núcleo central sobre el que se asienta la construcción del Estado autonómico.

Nos referiremos a continuación a cada uno de ellos.

a/ El principio de autonomía

La autonomía implica, como ya hemos advertido, una distribución vertical del poder estatal, que se atribuye a las diversas instancias contempladas por el artículo 137 CE: «el Estado, titular de la soberanía; las Comunidades Autónomas, caracterizadas por su autonomía política, y las provincias y municipios, dotadas de autonomía administrativa de distinto ámbito.»

La reflexión jurisprudencial que antecede admite sin atisbo alguno de duda la *diversidad de contenidos del principio de autonomía,* según se predique de las Comunidades Autónomas o de los entes locales. Mientras en un caso la autonomía se identifica con el autogobierno, en el otro, se circunscribe a una mera descentralización administrativa.

Ahora bien, ¿cuál es el significado de la autonomía política de que gozan las Comunidades Autónomas? El Tribunal Constitucional, también de modo inequívoco, se ha pronunciado acerca de tan trascendente cuestión:

> «Resulta claro —manifiesta el Tribunal (STC 4/1981, de 2 de febrero)— que la autonomía hace referencia a un poder limitado. En efecto, *autonomía no es soberanía* —y aun este poder tiene sus límites—, y dado que cada organización territorial dotada de autonomía es una parte del todo, *en ningún caso el principio de autonomía puede oponerse al de unidad,* sino que es precisamente dentro de éste donde alcanza su verdadero sentido, como expresa el artículo 2.° de la Constitución.»

Desde luego, el concepto de autonomía carece de un sentido unitario; no en vano tal concepto es de difícil precisión si no se enmarca en coordenadas concretas de tiempo y lugar y se atiende al contexto normativo en que se emplea porque, ciertamente, como afirma *Muñoz Machado,* estamos ante un concepto polisémico, relativo, históricamente variable y comprendido de forma diferente en los diversos lugares en que se utiliza.

En cualquier caso, la Constitución diferencia dos modalidades de autonomía, tal y como ya indicamos con anterioridad: una, que se identifica con el autogobierno, y que se predica tan sólo de las nacionalidades y regiones; y otra, que parece tener un perfil puramente administrativo, que se propugna respecto de municipios y provincias. Este tratamiento diferenciado presenta, a juicio de *Trujillo,* una divergencia no desdeñable. Se trata de que mientras la autonomía de las nacionalidades y regiones se enmarca dentro de los principios políticos fundamentales definitorios del régimen político que, en cuanto contenidos en el Título Preliminar de la Constitución, se sustraen no sólo a la competencia del legislador ordinario, sino, además, al procedimiento normal de revisión constitucional del artículo 167 CE, la autonomía de los entes locales no goza de tal protección en cuanto a la reforma constitucional.

El Tribunal Constitucional ha matizado su jurisprudencia con bastante precisión en lo que a este doble tipo de autonomía se refiere. Y así, concibe a las Comunidades Autónomas, a diferencia de los entes locales, como «entes dotados de autonomía cualitativamente superior a la administrativa» (STC 4/1981, de 2 de febrero). Y en su importante Sentencia de 14 de julio de 1981, se reafirma en su doctrina al señalar que *las Comunidades Autónomas «gozan de una autonomía cualitativamente superior a la administrativa* que corresponde a los entes locales, ya que se añaden potestades legislativas y gubernamentales que la configuran como *autonomía de naturaleza política,* cualquiera que sea el ámbito autonómico» (STC 25/1981, de 14 de julio).

Queda claro, pues, que el poder estatal se divide verticalmente entre una serie de instancias de las que nos interesan de modo especial estas dos: la central o Estado en uno de los sentidos que utiliza la Constitución, y la autonómica o de las Comunidades Autónomas, definidas por el Tribunal Constitucional (STC 25/1981) como «corporaciones públicas de base territorial y de naturaleza política».

b/ El principio de unidad

El principio de unidad se nos presenta como el otro elemento esencial sobre el que se fundamenta la organización territorial del poder del Estado. Su significación, como dice *Aja,* estriba en el logro de la integración de la pluralidad de los centros de gobierno a los que da lugar el principio de autonomía en una unidad estatal armónica, de manera que se puedan dominar las fuerzas centrífugas que presionan sobre una tal construcción estatal.

El Tribunal Constitucional (STC 37/1981, de 16 de noviembre) ha recordado a este respecto que «la unidad política, jurídica, económica y social de España impide su división en compartimentos estancos».

El principio de unidad parece situarse con una cierta prevalencia sobre el de autonomía, que, por lo demás, creemos plenamente compatible con la indisociabilidad que debe regir la relación entre ambos.

De esta compatibilidad y de su conveniencia se ha hecho eco nuestro supremo intérprete de la Constitución en su Sentencia 32/1981, en la que orienta su labor hermenéutica a la búsqueda de una interpretación que permita «armonizar los principios de unidad y autonomía que la Constitución consagra (arts. 2.° y 137)».

Y uno de los cauces de integración más evidentes lo constituye nuestra propia Norma suprema, verdadera clave de arco de la unidad del Estado y de su ordenamiento. Como el Tribunal recuerda en la misma Sentencia anterior, «la Constitución es la norma suprema del Estado como totalidad y, en consecuencia, sus principios obligan por igual a todas las organizaciones que forman parte de esa totalidad».

Esta función de integración se cumple a través de diferentes mecanismos y técnicas, de diversa naturaleza jurídico-constitucional a los que aludiremos a continuación.

C) Los principios de integración constitucional

La Constitución Española contempla un conjunto de principios que han de regir el ordenamiento jurídico interno tanto del Estado como de las propias Comunidades Autónomas. Con ellos se trata de lograr un régimen jurídico-constitucional común en sectores de capital importancia, tales como el ejercicio de los derechos y libertades, la relación entre las diversas instancias estatales entre las que se distribuye verticalmente el poder y el propio marco socio-económico. Nos referiremos en concreto a los principios de igualdad, solidaridad y unidad de mercado.

a/ El principio de igualdad

I. La igualdad es uno de los principios que conforman la arquitectura básica del edificio constitucional, consagrado como valor superior del ordenamiento jurídico por el artículo 1.°.1 CE y elevado más tarde a la categoría de derecho fundamental en el artículo 14, derecho que, en cierto modo, sirve de presupuesto esencial a todos los demás derechos fundamentales y libertades públicas.

Aunque vamos a circunscribir nuestro estudio del principio de igualdad a su proyección jurisprudencial sobre las autonomías territoriales, haremos, sin embargo, unas consideraciones previas.

Con carácter general, el Tribunal ha dejado sentado que aunque es cierto que la igualdad jurídica reconocida en el artículo 14 CE vincula y tiene como destinatarios no sólo a la Administración y al Poder Judicial, sino también al Legislativo, «ello no quiere decir que el principio de igualdad contenido en dicho artículo implique en todos los casos un tratamiento legal igual con abstracción de cualquier elemento diferenciador de relevancia jurídica» (STC 22/1981, de 2 de julio). Igualdad no es equiparable, en consecuencia, a uniformidad.

En su Sentencia de 10 de noviembre de 1981, el Tribunal concretará más aún su posición:

> «El principio de igualdad jurídica consagrado en el artículo 14 hace referencia inicialmente a la universalidad de la ley, pero no prohíbe que el legislador contemple la necesidad o conveniencia de diferenciar situaciones distintas y de darles un tratamiento diverso, que puede incluso venir exigido, en un Estado social y democrático de Derecho, para la efectividad de los valores que la Constitución consagra... Lo que prohíbe el principio de igualdad jurídica es la discriminación, como declara de forma expresa el artículo 14 de la Constitución, es decir, que la desigualdad de tratamiento legal sea injustificada por no ser razonable» (STC 34/1981, de 10 de noviembre).

En definitiva, para el Tribunal Constitucional, igualdad no es sinónimo de uniformidad, sino de interdicción de toda discriminación. La igualdad puede verse modulada por la existencia de elementos diferenciadores de relevancia jurídica; no obstante, la posible desigualdad que de ello se derive vulnerará el principio constitucional cuando no se justifique en razones objetivas, justificación que habrá de ser apreciada en relación con la finalidad y efectos de la medida considerada.

II. En su proyección sobre la organización territorial del Estado, el principio de igualdad muestra dos manifestaciones diferenciadas: de un lado, la igualdad jurídica entre todas las Comunidades Autónomas; de otro, la igualdad de derechos y obligaciones de los ciudadanos, que se traduce básicamente en la interdicción de toda discriminación en parte alguna del territorio nacional.

1. Por lo que se refiere a *la igualdad jurídica entre Comunidades,* ésta se plasma en su igual posición jurídico-constitucional, o, como dice el Tribunal, «éstas (las Comunidades Autónomas) son iguales en cuanto a su subordinación al orden constitucional; en cuanto a los principios de su representación en el Senado (art. 69.5); en cuanto a su legitimación ante el Tribunal Constitucional (art. 162.1); o en cuanto que las diferencias entre los distintos Estatutos no podrán implicar privilegios económicos o sociales (art. 138.2)» (STC 76/1983, de 5 de agosto).

Ahora bien, el principio de igualdad alcanza tan sólo a lo expuesto; quiere ello decir que cabe la desigualdad en el procedimiento de acceso a la autonomía, como, asimismo, en la determinación concreta del contenido autonómico, es decir, de su Estatuto, y precisamente por ello, en su propio ámbito o complejo competencial. Como ya hemos tenido ocasión de exponer, el régimen autonómico se caracteriza por un equilibrio entre la homogeneidad y diversidad del «status» jurídico público de las entidades territoriales que lo integran.

2. En cuanto a la *igualdad de derechos y obligaciones de los ciudadanos,* cabe comenzar recordando que el artículo 139.1 CE prescribe

que: «Todos los españoles tienen los mismos derechos y obligaciones en cualquier parte del territorio del Estado.» En concordancia con este principio, el artículo 149.1, 1.ª atribuye al Estado la competencia exclusiva sobre la regulación de las condiciones básicas que garanticen la igualdad de todos los españoles en el ejercicio de los derechos y en el cumplimiento de los deberes constitucionales.

Los derechos fundamentales operan, pues, como elemento unificador. Ahora bien, de esta premisa no debe desprenderse la exigencia constitucional de que el contenido de las regulaciones que, directa o indirectamente, afecten a la posición de los ciudadanos, hayan de ser necesariamente idénticas en todas las partes del territorio del Estado. El Tribunal, inequívocamente, se pronuncia en esta dirección.

En su Sentencia 37/1981, sienta la doctrina de que el principio de igualdad en derechos y obligaciones de todos los españoles en cualquier parte del territorio nacional «no puede ser entendido en modo alguno como una rigurosa y monolítica uniformidad del ordenamiento de la que resulte que, en igualdad de circunstancias, en cualquier parte del territorio nacional, se tienen los mismos derechos y obligaciones».

Justifica el Tribunal tal consideración en que:

> «esto no ha sido nunca así entre nosotros en el ámbito del Derecho privado y... no es ahora resueltamente así en ningún ámbito, puesto que la potestad legislativa de que las Comunidades Autónomas gozan potencialmente da a nuestro ordenamiento una estructura compuesta, por obra de la cual puede ser distinta la posición jurídica de los ciudadanos en las distintas partes del territorio nacional.»

La conclusión de todo ello es que para el Tribunal, tan sólo existirá vulneración del principio constitucional de igualdad en cuanto una norma de una Comunidad afecte a una posición jurídica fundamental de los ciudadanos o establezca alguna discriminación entre los vecinos de los distintos lugares del territorio nacional.

b/ El principio de solidaridad

El artículo 2.º de nuestra Norma fundamental consagra, como ya tuvimos ocasión de indicar, el principio de solidaridad. En él se viene a subrayar la solidaridad como un hecho con la consiguiente obligación de garantizar su existencia, aun cuando nada se señale acerca del contenido de tal solidaridad. Por contra, el artículo 138.1 CE enuncia como un deber del Estado la realización de este principio, significándose con ello la necesidad de garantizar «la realización efectiva del principio de solidaridad». Al unísono, el citado artículo 138.1 recoge una primera definición de lo que se ha de entender por solidaridad: «el establecimiento de un equilibrio económico, adecuado y justo, entre las diversas partes del territorio español.»

El Tribunal Constitucional ha sido extremadamente parco a la hora de pronunciarse en su jurisprudencia acerca de este principio; de esta forma, se ha limitado a considerar la solidaridad como el corolario del derecho a la autonomía de las nacionalidades y regiones, para, más adelante, manifestar (STC 25/1981, de 14 de julio) que es el Gobierno quien está llamado prioritariamente, junto a las Cortes Generales, a velar por la efectiva realización del principio de solidaridad. Puede justificarse lo anterior sobre la base de que la Constitución fija una serie de objetivos de carácter económico cuya consecución exige la adopción de medidas de política económica aplicables con carácter general a todo el territorio nacional; evidentemente, entre esos objetivos, el logro de un equilibrio económico destaca de modo señalado.

Como ha advertido la doctrina, la solidaridad se traduce, de un lado, en un límite negativo frente al ejercicio de las competencias de cada instancia estatal, o lo que es igual, en la obligación de actuar desde el respeto a los intereses del conjunto, y de otro, en el fundamento de ciertas obligaciones positivas, que afectan tanto al Estado como a las Comunidades Autónomas, particularmente en el terreno de la actividad económica, como hemos visto reconoce el propio Tribunal, y formula positivamente el artículo 158.2 CE, al prever la constitución de un Fondo de Compensación, orientado a la corrección de los desequilibrios económicos interterritoriales y a hacer efectivo al principio de solidaridad.

c/ El principio de unidad del orden económico

I. En la Constitución de 1978 existen un conjunto de normas destinadas a proporcionar el marco jurídico fundamental para la estructura y funcionamiento de la actividad económica; integran, como ya advertimos, lo que se ha dado en llamar la «constitución económica». Ese marco, como ha reconocido el Tribunal Constitucional (STC 1/1982, de 28 de enero), implica la existencia de unos principios básicos del orden económico que han de aplicarse con carácter unitario, unicidad reiteradamente exigida por la Constitución, cuyo Preámbulo garantiza la existencia de «un orden económico y social justo», y cuyo artículo 2.º establece un principio de unidad que se proyecta en la esfera económica por medio de diversos preceptos constitucionales, entre los que es de destacar el artículo 139.2, a cuyo tenor:

> «Ninguna autoridad podrá adoptar medidas que directa o indirectamente obstaculicen la libertad de circulación y establecimiento de las personas y la libre circulación de bienes en todo el territorio español.»

Por otra parte, la Constitución fija una serie de objetivos de carácter económico cuya consecución exige la adopción de medidas de política económica aplicables con carácter general a todo el territorio nacional. Esta exigencia de que el orden económico nacional sea uno en todo el ámbito del Estado se convierte en imperiosa en aquéllos, como el nuestro, que tienen una estructura interna no uniforme, sino plural o compuesta desde el punto de vista de su organización territorial. Desde esta óptica, la unicidad del orden económico nacional ha de considerarse como «un presupuesto necesario para que el reparto de competencias entre el Estado y las distintas Comunidades Autónomas en materias económicas no conduzca a resultados disfuncionales y desintegradores» (STC 1/1982).

Esta unidad del orden económico, por lo general, ha sido interpretada expansivamente por el Tribunal Constitucional.

De alguna manera, puede afirmarse que el principio de unidad económica opera como título habilitante para la adopción por el Estado de las decisiones básicas en cuanto se refiere a la política económica. «Corresponde al Estado —dirá en otro momento el Tribunal (STC 29/1986, de 20 de febrero)— la ordenación de la actuación económica general, lo cual ha de interpretarse como ordenación de la actuación económica de todos los sectores y del propio Estado con relación a ellos, es decir, de la propia intervención del Estado en materia económica.»

Ahora bien, esta actuación del Estado, a través de sus órganos, no puede llegar «a un vaciamiento de las competencias asumidas por la Comunidad», cuando, como en el caso contemplado por la Sentencia 29/1986, en materia de planificación, le había sido atribuida a la Comunidad Autónoma Gallega una cierta competencia por su Estatuto. De todo ello se deduce la necesidad de articular la competencia estatal y autonómica, articulación que intenta llevar a cabo el Tribunal en materia de planificación:

> «Desde esta perspectiva parece claro que, cuando para conseguir objetivos de la política económica nacional, se precise una acción unitaria en el conjunto del territorio del Estado, por la necesidad de asegurar un tratamiento uniforme de determinados problemas económicos o por la estrecha interdependencia de las actuaciones a realizar en distintas partes del territorio nacional, el Estado, en el ejercicio de la competencia de ordenación de la actuación económica general, podrá efectuar una planificación de detalle, siempre, y sólo en tales supuestos, que la necesaria coherencia de la política económica general exija decisiones unitarias y no pueda articularse sin riesgo para la unidad económica del Estado a través de la fijación de bases y medidas de coordinación.»

De este modo, la unidad del orden económico viene a propiciar una interpretación bastante expansiva de la competencia que al Estado atribuye el artículo 149.1.13.ª sobre las «bases y coordinación de la planificación general de la actividad económica».

II. La unicidad del orden económico trae como consecuencia, a su vez, el *principio de unidad de mercado*, esto es, la existencia de un mercado único, que, a juicio del Tribunal, supone, por lo menos, la libertad de circulación sin traba por todo el territorio nacional de bienes, capitales, servicios y mano de obra y la igualdad de las condiciones básicas de ejercicio de la actividad económica (STC 88/1986, de 1 de julio). Ahora bien, tal unidad no significa uniformidad, ya que la misma configuración del Estado español y la existencia de Entidades con autonomía política, como son las Comunidades Autónomas, supone necesariamente una diversidad de regímenes jurídicos.

Lógicamente, el Tribunal opera con criterios similares a los manejados respecto del principio de igualdad. Esos criterios iban a quedar nítidamente expresados en la Sentencia 37/1981, dictada en el recurso de inconstitucionalidad promovido por el Presidente del Gobierno contra la Ley del Parlamento Vasco sobre Centros de Contratación de Cargas en el Transporte Terrestre de Mercancías, recurso en el que uno de los motivos de impugnación consistía en la presunta violación del principio de libre circulación de bienes del artículo 139.2 CE.

El Tribunal, en lo que ahora nos atañe, comienza reconociendo que cualquier normativa que, dentro de su ámbito competencial propio, establezca un ente de esta naturaleza (Municipio, Provincia o Comunidad Autónoma) respecto del transporte o de la carga y descarga de mercancías, o sobre la concurrencia de ofertas y demandas de transporte, puede incidir sobre la circulación de personas y bienes, tras lo cual, precisa que «no toda incidencia es necesariamente un obstáculo».

> «Lo será, sin duda —precisa el Tribunal—, cuando intencionalmente persiga la finalidad de obstaculizar la circulación, pero, (...) no sólo en ese caso, sino también en aquellos otros en los que las consecuencias objetivas de las medidas adoptadas impliquen el surgimiento de obstáculos que no guardan relación con el fin constitucionalmente lícito que aquéllas persiguen.»

Aparte, pues, del elemento puramente subjetivo, esto es, de la intencionalidad de la obstaculización de la libre circulación de bienes, entra en juego un segundo elemento: los resultados que se derivan de las medidas adoptadas; ello supone, a nuestro modo de ver, que debe surgir un impedimento grave de la libertad de circulación, desproporcionado con la finalidad constitucionalmente lícita que aquellas medidas persiguen; con ello, se pone en juego, una vez más, el principio de proporcionalidad, con olvido de la finalidad perseguida por la medida tomada.

Esta doctrina ha sido reafirmada, con mayor nitidez si cabe, por la Sentencia 88/1986, en la que el Tribunal intenta recopilar las características que deben reunir las intervenciones de los diversos poderes públicos en el ámbito económico, a fin de conseguir la compatibilidad entre la unidad económica de la Nación y la pluralidad jurídica que deriva de la autonomía; son esas características las que siguen: 1.ª que la regulación económica se lleve a cabo dentro del ámbito de la competencia de la Comunidad; 2.ª que esa regulación, en cuanto introductora de un régimen diverso del o de los existentes en el resto de la Nación, resulte proporcionada al objeto legítimo que se persigue, de manera que las diferencias y peculiaridades en ella previstas resulten adecuadas y justificadas por su fin, y 3.ª que quede en todo caso a salvo la igualdad básica de todos los españoles.

Consecuentemente con esta doctrina, la evaluación de si una determinada normativa vulnera o no los mandatos constitucionales pertinentes a la unidad de mercado, exige la aplicación de los precedentes criterios a las normas en cuestión, precisando su cobertura competencial, la intensidad de la diversidad que introducen, y su ordenación y proporcionalidad al fin que persiguen.

D) La iniciativa del proceso autonómico

a/ El principio dispositivo

Como ya hemos advertido en un momento anterior, la Constitución de 1978, al igual que la de 1931, por lo menos formalmente, no traza un mapa regional, sino que se asienta en el principio dispositivo, esto es, opera a través de una remisión a los Estatutos de Autonomía, fijando tan sólo las diferentes vías a cuyo través pueden constituirse las Comunidades, a la par que esboza un marco autonómico general, tanto en orden a la distribución de competencias, como a la organización institucional autonómica.

El Tribunal Constitucional se ha hecho eco del principio dispositivo, intentando asimismo efectuar una precisión del mismo, en su Sentencia 16/1984, en la que se manifiesta como sigue:

> «Frente a la autonomía municipal y provincial, *el acceso de las nacionalidades y regiones a la autonomía aparece regulado* en la Constitución *de acuerdo con unos principios dispositivos* que permiten que el régimen autonómico se adecúe en cada caso a las peculiaridades y características de esas regiones y nacionalidades» (STC 16/1984, de 6 de febrero).

Responde, pues, el principio dispositivo a la propia diversidad de los territorios que pueden acceder a la autonomía. Este principio, como admite el Tribunal en la misma Sentencia anterior, alcanza a materias como: la denominación a adoptar, que podrá acomodarse a la tradición histórica; el procedimiento de acceso a la autonomía, que presenta diversas modalidades; las competencias a asumir, y las propias instituciones de los entes autonómicos. Como consecuencia de todo ello, el acceso a la autonomía se ha producido por vías diversas, configurándose en formas muy distintas de un caso a otro.

Ello no obstante, la Constitución contiene una serie de preceptos y disposiciones referentes a la ordenación de este proceso de reestructuración territorial del Estado, de los que se excluye el principio dispositivo, al fijar un conjunto de normas a las que los entes autonómicos deben atenerse. Una vez más, en su Sentencia 16/1984, el Tribunal enumera, sin ánimo exhaustivo, los preceptos que a lo largo y ancho de todo el texto constitucional son de obligado cumplimiento por los entes autonómicos, con lo que ello implica de excepciones al principio dispositivo. Se refiere el Tribunal a los siguientes:

a) Incompatibilidad entre el mandato simultáneo de diputado y senador, y entre la condición de diputado al Congreso y la de miembro de una Asamblea de una Comunidad Autónoma (art. 67.1 CE).

b) Designación de senadores (art. 69.5 CE).

c) Exigencia del carácter de Ley Orgánica para las que aprueben los Estatutos de Autonomía (art. 81.1 CE).

d) Límites a los Decretos-leyes en cuanto a la modificación del régimen autonómico (art. 86.1 CE).

e) Requerimiento de información y ayuda por parte de las Cámaras de las Cortes Generales (art. 109 CE).

f) Participación en los proyectos de planificación (art. 131 CE).

g) Extensión de la competencia del Tribunal Constitucional (art. 161 de la Constitución).

Esta enumeración de límites frente al principio dispositivo no es, desde luego, exhaustiva; no sólo existen otros preceptos de obligado cumplimiento para los entes territoriales en el articulado constitucional, sino que en una cuestión de tanta relevancia como la formalización de la iniciativa autonómica, nuestra «Lex Superior» establece limitaciones de indudable importancia, como veremos más adelante.

Por lo demás, y en lo que atañe específicamente al mapa autonómico, hemos de recordar ahora las limitaciones puramente fácticas, si bien absolutamente condicionantes del proceso autonómico ulterior, que vinieron a suponer los regímenes preautonómicos. Parece claro, a nuestro juicio, que la generalización preautonómica condicionará la auténtica expresión del principio dispositivo. Asimismo, los Acuerdos Autonómicos firmados por el Gobierno de la Nación y el PSOE, el 31 de julio de 1981, al integrar unas «lagunas» que, al menos en el diseño constitucional, correspondía rellenar a los propios sujetos constitucionales del proceso autonómico, supondrían, de hecho, otro límite frente a aquel principio.

En resumen, aunque nuestros constituyentes parecen, en este punto, tomar como modelo el diseñado en la Constitución de 1931, lo cierto es que dicho modelo se seguirá tan sólo formalmente, quizá porque mientras los constituyentes republicanos no perseguían la generalización del proceso autonómico, los que elaboraron la vigente Constitución tenían como meta última tal generalización.

Es por ello mismo por lo que no debe extrañar que los Acuerdos Autonómicos de 1981 —que *Luciano Vandelli* ha considerado como verdaderas reglas convencionales de naturaleza constitucional— se orientaran en esa dirección, dejando definitivamente diseñado el mapa autonómico. Tras ellos, el Estado quedaba organizado en dieciséis Comunidades Autónomas: Andalucía, Aragón, Asturias, Baleares, Canarias, Cantabria, Castilla-La Mancha, Castilla-León, Cataluña, Extremadura, Galicia, La Rioja, Madrid, Murcia, País Valenciano y País Vasco. A estas Comunidades había que añadir Navarra, que vería formalizada su autonomía no a través de un Estatuto «ex novo», sino mediante la vía del Amejoramiento del Fuero. A su vez, Ceuta y Melilla podrían constituirse en un futuro en Comunidades Autónomas o permanecer como Corporaciones Locales en régimen especial de carta.

b/ Los sujetos titulares de la iniciativa autonómica

I. El artículo 2.º de la Constitución, como en su momento indicamos, reconoce y garantiza el derecho a la autonomía de las nacionalidades y regiones que integran la Nación española. Son, pues, esas nacionalidades y regiones las que pueden acceder a la autonomía. Sin embargo, el Título VIII de nuestra Norma fundamental ha olvidado esa terminología para referirse a las Comunidades Autónomas, lo que se explica en base a la consideración de que mientras los términos «nacionalidades» y «regiones» son conceptos sociológicos, la expresión «Comunidad Autónoma» responde a una clara conceptualización jurídica.

La Constitución ni tan siquiera se ha vuelto a referir a las nacionalidades y regiones llegado el momento de precisar los territorios que pueden poner en marcha el proceso autonómico, o lo que es igual, los titulares del derecho a ejercer la iniciativa autonómica. Bien es verdad que en algún caso, al referirse a esa titularidad, es claro que, implícitamente por lo menos, nuestro constituyente tiene muy presente a algunas de esas nacionalidades. Este es el supuesto de las nacionalidades históricas (Cataluña, País Vasco y Galicia), presentes en el trasfondo de la Disposición Transitoria segunda de la Norma suprema. Algo similar acontece con Navarra, expresamente aludida en la Disposición Transitoria cuarta.

En cualquier caso, el artículo 143.1, que precisa con carácter general los sujetos titulares de la iniciativa autonómica, obvia toda referencia a las nacionalidades y regiones. Desde luego, en su redacción, es patente el influjo del texto de la Segunda República.

A tenor del artículo 143.1: «En el ejercicio del derecho a la autonomía reconocido en el artículo 2.º de la Constitución, las provincias limítrofes con características históricas, culturales y económicas comunes, los territorios insulares y las provincias con entidad regional histórica podrán acceder a su autogobierno y constituirse en Comunidades Autónomas con arreglo a lo previsto en este Título y en los respectivos Estatutos.»

El precepto establece un tríptico de sujetos titulares del derecho a ejercer la iniciativa autonómica:

a) Las provincias limítrofes, cuando posean características históricas, culturales y económicas comunes, rasgos estos últimos que complementan el elemento puramente geográfico, y que en todo caso habrán de ser verificados por las Cortes Generales.

b) Los territorios insulares, respecto de los cuales no se exige ningún otro requisito complementario; la insularidad es, pues, circunstancia suficiente como para legitimar la titularidad de un derecho a ejercer la iniciativa autonómica para acceder al autogobierno. En todo caso, hay que significar que esa titularidad corresponde al territorio insular, esto es, dicho en términos geográficos, a cada archipiélago en su conjunto, no a cada isla separadamente.

c) Las provincias con entidad regional histórica, o lo que es igual, aquellas provincias individualmente consideradas que históricamente hayan tenido una identidad regional propia, identidad que no puede ser sino fruto de unos rasgos culturales y aun económicos peculiares. Esos rasgos, históricamente consolidados, justifican que cada una de esas provincias puedan acceder a su autogobierno, constituyéndose en Comunidades Autónomas uniprovinciales.

El Tribunal Constitucional ha precisado el derecho cuya titularidad corresponde a las provincias «uti singuli». Sería con ocasión del pronunciamiento de las Corporaciones locales de la provincia de Segovia a efectos de la inclusión de la provincia en la futura Comunidad Autónoma de Castilla-León. Pese a estar incluida Segovia en el régimen preautonómico de Castilla-León, una mayoría de aquéllas se decidió por la constitución de una Comunidad uniprovincial. Ante tal circunstancia, las Cortes Generales, al amparo de lo previsto por el artículo 144, *c)* de la Constitución, incorporaban a la provincia de Segovia a la Comunidad citada, por medio de la Ley Orgánica 5/1983, de 1.º de marzo. Un recurso de inconstitucionalidad presentado por senadores de Alianza Popular, daba pie al pronunciamiento del Tribunal mediante la Sentencia 100/1984, de 8 de noviembre.

Nuestro intérprete supremo de la Constitución parte de la necesaria diferenciación entre el derecho a la autonomía que la Constitución reconoce y garantiza a las nacionalidades y regiones, y el derecho a la iniciativa autonómica. Precisa a continuación que la provincia de Segovia es titular de un derecho a tal iniciativa, para añadir de inmediato:

> «pero ello no significa, sin más, que directamente emanado de la Constitución, Segovia, o cualquier otra provincia, tenga un derecho a constituirse en Comunidad Autónoma uniprovincial, pues han de ser las Cortes Generales las que verifiquen si en Segovia concurre el requisito que el artículo 143.1 CE exige al respecto, esto es, si se trata de una provincia "con entidad regional histórica", y si, por otra parte, en su proceso hacia la autonomía se han cumplido las exigencias del artículo 143.2 CE.»

De las anteriores reflexiones el Tribunal entresaca una conclusión evidente: «las provincias "uti singuli" no son titulares de un derecho de autonomía en el sentido del artículo 2.º de la Constitución, sino de un derecho a ejercer la iniciativa autonómica.» Todo ello sin olvidar que existen límites en favor del interés nacional frente a la voluntad que una determinada provincia pueda tener de configurarse como Comunidad Autónoma uniprovincial.

II. Junto al tríptico anterior de sujetos a los que el artículo 143.1 atribuye el ejercicio de un derecho a la iniciativa autonómica, encontramos en el texto constitucional otros titulares de tal derecho. Este es el caso de:

A) Las ciudades de Ceuta y Melilla, facultadas por la Disposición Transitoria quinta de la Constitución para constituirse en Comunidades Autónomas si así lo deciden sus respectivos Ayuntamientos, mediante acuerdo adoptado por la mayoría absoluta de sus miembros, y así lo autorizan las Cortes Generales, mediante una ley orgánica, en los términos previstos por el artículo 144.

B) Las provincias «uti singuli» que no reunan las condiciones fijadas por el artículo 143.1, o lo que es igual, que carezcan de entidad regional histórica. Estas provincias, de conformidad con el artículo 144, *a)*, podían ser autorizadas por las Cortes Generales, mediante ley orgánica, por motivos de interés nacional, para constituir una Comunidad Autónoma obviamente uniprovincial.

Se ha especulado por la doctrina con la posibilidad de que contenciosos históricos ya añejos, como el de Cartagena respecto a Murcia, pudiesen encontrar en la previsión del artículo 144, *a)* una vía de solución mediante la oportuna decisión política de las Cortes Generales, sobre la base de que el referido precepto pudiese ser de aplicación a territorios inferiores al provincial. No somos de esa opinión por cuanto, de un lado, desde una interpretación puramente literal, el precepto alude a un ámbito territorial que no supere el de una provincia, lo que es bien distinto a decir que tal ámbito sea inferior al de la provincia, y de otro, porque parece evidente que la intencionalidad política del precepto era posibilitar la constitución de alguna Comunidad uniprovincial aunque careciese la provincia de esa entidad regional histórica exigida con carácter general.

La realidad corrobora nuestra apreciación, pues el artículo 144, *a)* tan sólo ha tenido ocasión de ser aplicado una sola vez, en relación con la provincia de Madrid, cuya falta de «entidad regional histórica» fue suplida por las Cortes Generales a través de la Ley Orgánica 6/1982, de 7 de julio.

C) Los territorios que no estén integrados en la organización provincial. Las Cortes Generales, de conformidad con el artículo 144, *b)*, mediante ley orgánica y por motivos de interés nacional, pueden autorizar o acordar, en su caso, un Estatuto de Autonomía para esos territorios.

La gran duda que suscita este precepto, lógicamente, se circunscribe a la determinación de qué territorios pueden ser objeto del mismo. Aunque podría pensarse en Ceuta y Melilla, tal posibilidad debe relativizarse por cuanto estas ciudades han sido, como acabamos de ver, expresamente contempladas por una de las Disposiciones Transitorias de nuestra Norma suprema. Ello no obstante, parece claro que será la previsión del apartado *b)* del artículo 144 la que deberá canalizar la autorización de las Cortes a que alude la referida Disposición Transitoria. A este respecto, no deja de ser significativa la distinción que el apartado *b)* efectua entre «autorizar o acordar». Con ella se posibilita que las Cortes acuerden, esto es, elaboren ellas mismas y aprueben, un Estatuto de Autonomía, posibilidad no descartable respecto de las ciudades de Ceuta y Melilla.

En todo caso, y al margen ya de estas ciudades, el precepto en cuestión parece aportar un cauce para un hipotético supuesto de futuro: la incorporación de Gibraltar a España. Es evidente que Gibraltar es un territorio que responde a la perfección al supuesto de hecho previsto por el artículo 144, *b)*: «territorios que no estén integrados en la organización provincial».

c/ La formalización de la iniciativa del proceso autonómico

a') El supuesto general: la iniciativa de las Corporaciones Locales

La regla común en esta materia ha sido establecida por el artículo 143.2 de la Constitución, de conformidad con el cual:

«La iniciativa del proceso autonómico corresponde a todas las Diputaciones interesadas o al órgano interinsular correspondiente y a las dos terceras partes de los municipios cuya población represente, al menos, la mayoría del censo electoral de cada provincia o isla. Estos requisitos deberán ser cumplidos en el plazo de seis meses desde el primer acuerdo adoptado al respecto por alguna de las Corporaciones locales interesadas.»

Caso de no prosperar la iniciativa, solamente podrá ser reiterada pasados cinco años (art. 143.3).

El precepto, como regla general, encomienda la formalización de la iniciativa del proceso autonómico a las Diputaciones provinciales u órganos interinsulares y a los Municipios. Quiere ello decir que se requiere de una conjunción de voluntades de Diputaciones y Ayuntamientos, que debe producirse en los términos y plazos constitucionalmente previstos.

De esta forma, la Norma suprema atribuye a Diputaciones y Ayuntamientos la facultad de impulsar la constitución de una provincia en Comunidad Autónoma o la de constituir una tal Comunidad con otras provincias que manifiesten asimismo una voluntad concordante. Adoptados los pertinentes acuerdos en tal sentido, se produce un impulso del proceso de constitución de la Comunidad Autónoma, sin el que ésta no podría constituirse o no podría abarcar a la provincia en que falten, salvo que las Cortes Generales hiciesen uso de la facultad que les concede el artículo 144, *c)*.

Ahora bien, impulsado en su inicio este proceso por Ayuntamientos y Diputaciones, ¿cabe admitir que estos órganos disponen del mismo? Dicho de otra forma, una revocación de un acuerdo de uno de estos órganos con relevancia a los efectos que nos ocupan, ¿debe suponer que la provincia haya de considerarse excluida de la Comunidad Autónoma de que se trate?

El tema no presenta un mero interés teórico, sino que, en su momento, suscitó una importante problemática de orden práctico, resuelta finalmente por el Tribunal Constitucional.

El supuesto de hecho que motivó la intervención del Tribunal puede resumirse como sigue: adoptado por la Diputación Provincial de León y por un total de 158 Ayuntamientos de la propia provincia, el acuerdo de ejercer la iniciativa autonómica prevista por el artículo 143.2 para constituir con otras provincias la Comunidad Autónoma de Castilla-León, la Diputación procedía más tarde a revocar su anterior acuerdo, en un momento en el que ya se hallaba muy avanzada la tramitación parlamentaria de la que habría de ser Ley Orgánica 4/1983, de 25 de febrero, del Estatuto de Autonomía de Castilla y León, y en todo caso, como es obvio, posterior a la convocatoria de la asamblea a que alude el artículo 146 (asamblea encargada de elaborar el proyecto de Estatuto). En su nuevo acuerdo, la Diputación de León aprobaba iniciar el proceso para la constitución del Ente autonómico uniprovincial de León.

Remitida notificación de tal acuerdo al Congreso, la Mesa de la Cámara decidía no suspender la tramitación del Proyecto de Estatuto de Autonomía. Aprobada la Ley Orgánica 4/1983, ésta era recurrida por senadores de Alianza Popular. El recurso se cerraba con la Sentencia 89/1984, de 28 de septiembre.

La doctrina del Tribunal en el punto que nos interesa era muy clara: los Ayuntamientos y la Diputación impulsan el proceso de constitución de la Comunidad, pero no disponen de él.

Esta interpretación se apoya en la separación de dos fases perfectamente diferenciadas en aquel proceso: la primera incluye los actos de iniciativa, o de primera impulsión del proceso, que agotan sus efectos cuando éste ha entrado en la siguiente fase; la segunda, por contra, tiene un objeto dispar: el régimen jurídico futuro del territorio que ya ha manifestado su voluntad de constituirse en Comunidad Autónoma. Consecuentemente, los sujetos activos del proceso y el objeto de la actividad en que éste se despliega son en ambas fases diversos.

La consecuencia de esta interpretación es inequívoca: «Admitir que tras la convocatoria de la asamblea a que se refiere el artículo 146 cualquier provincia puede desvincularse del proceso sería tanto como afirmar que en cualquier momento puede poner fin al proceso autonómico obligando a reabrir otro con distinto sujeto y objeto también diferente.» La ordenación del proceso obliga más bien a la conclusión contraria.

En definitiva, el ejercicio del derecho a la iniciativa autonómica no puede entenderse como una posibilidad abierta de desvincularse en cualquier momento de un acto de impulso o iniciativa de los que contempla el artículo 143.2, con la finalidad de reapertura de un proceso autonómico divergente.

Por lo que a los requisitos y plazos previstos por el artículo 143.2 se refiere, tan sólo aludiremos al hecho de que el cómputo de los municipios y de la población a la que representan (dos tercios de los municipios y la mayoría del censo electoral, respectivamente) se ha de efectuar a nivel individualizado de cada provincia o isla. Se abandona, pues, el cómputo regional o, mejor, autonómico, esto es, aquel que atiende no a las provincias «uti singuli», sino al conjunto del territorio de la Comunidad que se pretende constituir, a diferencia de lo previsto por la Constitución de 1931.

Tal circunstancia, si bien contribuía a aclarar el proceso autonómico, podía ser fuente inagotable de problemas en el caso de que alguna provincia incumpliera los requisitos del artículo 143.2, algo que, en un primer momento, no podía descartarse por entero, dado además el breve período constitucionalmente fijado para el cumplimiento de los requisitos anteriores. En un supuesto de tal naturaleza, se hubiera suscitado una grave controversia —similar a la planteada en aplicación del artículo 151.1 respecto a la provincia de Almería— en torno a cómo debía entenderse la determinación del artículo 143.3, que, como ya vimos, paraliza la iniciativa, en caso de no prosperar, durante un período de cinco años, no quedando nada claro si esa paralización era total o parcial, esto es, si afectaba a la totalidad de las provincias implicadas en el proceso autonómico o tan sólo a aquélla o aquéllas en que no hubiese prosperado dicha iniciativa.

Para finalizar, diremos tan sólo que la Disposición Transitoria primera de la Constitución preveía la sustitución de la iniciativa atribuida a las Diputaciones provinciales u órganos interinsulares, en aquellos territorios dotados de un régimen provisional de autonomía. En ellos, tal iniciativa se otorgaba a sus órganos colegiados superiores, mediante acuerdo adoptado por la mayoría absoluta de sus miembros.

b') El supuesto del artículo 144, c): la formalización de la iniciativa por las Cortes Generales

El artículo 144, *c)* otorga a las Cortes Generales la facultad de, mediante ley orgánica y por motivos de interés nacional, sustituir la iniciativa de las Corporaciones locales a que se refiere el artículo 143.2

Ello significa involucrar a las Cortes en el proceso de constitución de una determinada Comunidad, atribuyéndoles esa facultad de impulso que con carácter general corresponde a las Corporaciones locales.

Esa sustitución ha de entenderse en relación tanto a las Diputaciones provinciales u órganos interinsulares como respecto de los Ayuntamientos, pues el precepto alude genéricamente a la «iniciativa de las Corporaciones locales» sin efectuar distingo alguno, con lo que unas y otras Corporaciones entran dentro de su ámbito.

El Tribunal Constitucional se ha encargado de precisar el alcance de esta facultad conferida a las Cortes Generales. En su Sentencia 100/1984, de 8 de noviembre, a la que ya nos referimos (Caso de la provincia de Segovia), sienta la siguiente doctrina:

> «La facultad conferida por la Constitución a las Cortes, representantes del pueblo español, titular indiviso de la soberanía, para sustituir la iniciativa de las Corporaciones Locales del artículo 143.2 CE, no debe entenderse limitada sólo a los supuestos en que no haya habido tal iniciativa o cuando ésta haya sido impulsada pero se haya frustrado en cualquiera de sus fases, sino que debe considerarse extensible también a la hipótesis en que las Corporaciones del 143.2 de la CE excluyeran en algún caso una iniciativa autonómica que las Cortes entiendan de interés nacional.»

Como puede apreciarse, el Tribunal interpreta de un modo enormemente amplio la facultad que el apartado *c)* del artículo 144 atribuye a las Cortes. De ello deriva, a su vez, que el órgano titular de la Jurisdicción Constitucional considere que el artículo 144, *c)* no se limita a prever una mera habilitación a las Cortes para la sustitución en algún supuesto concreto de la iniciativa de las Corporaciones locales; bien al contrario, el artículo 144, *c)* se nos presenta como «una *norma de cierre del sistema*» (análoga desde este punto de vista al artículo 150.3, que posibilita que el Estado pueda dictar leyes que establezcan los principios necesarios para armonizar las disposiciones normativas de las Comunidades Autónomas, aun en el supuesto de materias atribuidas a la competencia de éstas, cuando así lo exija el interés general). Se trataría, en definitiva, de una cláusula que cumple una función de garantía respecto a la viabilidad misma del resultado final del proceso autonómico.

Esta doctrina constitucional responde, por lo demás, a una extendida postura teórica, ya apuntada en el Informe de la Comisión de Expertos sobre Autonomías, suscrito el 19 de mayo de 1981, en el que se postulaba una limitación al principio dispositivo «consistente en la habilitación constitucional en favor del Estado de poderes suficientes tanto para reconducir las iniciativas autonómicas abusivas, permitiendo la integración de algunos territorios en Comunidades más amplias, como para impedir que queden en el seno del Estado islotes no autonómicos». A tal fin, el Informe propugnaba la utilización del propio artículo 144, *c)*.

Digamos finalmente que la facultad que el artículo 144, *c)* atribuye a las Cortes Generales no es en modo alguno ilimitada, pues en el juego de contrapesos propios de la regulación de la autonomía este mecanismo tiene también sus límites. Esos límites han sido precisados por el Tribunal Constitucional (STC 100/1984), que ha entendido que sólo cabe que las Cortes ejerzan este mecanismo respecto a las Corporaciones del artículo 143.2, esto es, no respecto a los territorios citados en las Disposiciones Transitorias segunda (territorios que en el pasado hubiesen plebiscitado afirmativamente proyectos de Estatuto de Autonomía), cuarta (Navarra) y quinta (Ceuta y Melilla) y sólo por motivos de interés nacional.

c') El supuesto de iniciativa «agravada» del artículo 151.1

El artículo 151.1 contempla un supuesto de formalización de la iniciativa autonómica que bien podemos tildar de «agravado», por cuanto mantiene la iniciativa de las Corporaciones locales, acentuando la dificultad de los requisitos necesarios para que tal iniciativa pueda entenderse formalizada. Además, en este supuesto, no basta con la mera expresión de voluntad de Diputaciones y Ayuntamientos, ya que a esa voluntad ha de unirse la del cuerpo electoral, que ha de ratificar mediante el oportuno referéndum la anterior iniciativa.

El artículo 151.1 exige que dentro del plazo previsto por el artículo 143.2, esto es, dentro de los seis meses inmediatos al momento en que se adoptare el primer acuerdo al respecto por alguna de las Corporaciones locales interesadas, la iniciativa del proceso autonómico sea acordada, además de por las Diputaciones o los órganos interinsulares correspondientes, por las tres cuartas partes de los Municipios de cada una de las provincias afectadas que representen, al menos, la mayoría del censo electoral de cada una de ellas y dicha iniciativa sea ratificada mediante referéndum por el voto afirmativo de la mayoría absoluta de los electores de cada provincia en los términos que establezca una ley orgánica.

Varias reflexiones nos suscita este precepto:

a) La iniciativa ha de ser tomada por las mismas Corporaciones locales a que se refiere el artículo 143.2, esto es, las Diputaciones provinciales u órganos interinsulares correspondientes y los Municipios, a través obviamente de sus respectivos Ayuntamientos. La única modificación que se establece atañe al número de Municipios obligados a formalizar la iniciativa: ahora las tres cuartas partes de ellos en cada provincia afectada; en el supuesto general, los dos tercios. La alteración no es especialmente significativa, mucho más si se advierte que se mantiene incólume el porcentaje de población a que deben representar esos Municipios: la mayoría del censo electoral de cada provincia.

b) La innovación realmente decisiva que aporta el artículo 151.1 se refiere a la necesidad de un referéndum de ratificación popular de aquella iniciativa; un referéndum que debe superar un listón realmente elevado: la mayoría absoluta de los electores de cada provincia se ha de pronunciar afirmativamente. Quiere ello decir que no basta con que se manifiesten a favor de esa iniciativa la mayoría absoluta de los votantes en el referéndum, sino que se requiere que, con independencia del porcentaje de participación, la ratificación popular ha de provenir de la mayoría absoluta del cuerpo electoral de cada provincia. De esta forma, las abstenciones y los votos nulos y en blanco juegan en contra de la ratificación.

c) El precepto que nos ocupa se remite a una ley orgánica a los efectos de precisar el procedimiento a seguir en relación con el referéndum. Esa norma es la Ley Orgánica 2/1980, de 18 de enero, sobre regulación de las distintas modalidades de referéndum, modificada a su vez por la Ley Orgánica 12/1980, de 16 de diciembre. Esta Ley iba a venir a responder a los numerosos interrogantes que planteaba el artículo 151.1

d) La primera cuestión a resolver era la relativa a los plazos. Como hemos señalado, el artículo 151.1 exige que la formalización de la iniciativa del proceso autonómico se acuerde dentro del plazo exigido por el artículo 143.2 (seis meses inmediatamente ulteriores al primer acuerdo en tal sentido de una Corporación local). Aunque era evidente que este plazo no podía entenderse referido sino a la formalización de los respectivos acuerdos por parte de las Corporaciones locales interesadas, excluyéndose del mismo la celebración del referéndum de ratificación, la Ley Orgánica 2/1980 subsanaría en este punto el silencio constitucional, confirmando la precedente interpretación en su artículo 8.º.1.

e) Mayor complejidad encerraba por el contrario la cuestión de dilucidar si el plazo de paralización de la iniciativa del artículo 143.3 (imposibilidad de reiterar la iniciativa, caso de no prosperar, hasta transcurridos cinco años) debía regir o no para el supuesto particular del artículo 151.1, y caso afirmativo, en qué supuestos debía entenderse, a estos efectos, fracasada la iniciativa; dicho en otros términos, ¿bastaba con que una provincia no superara los trámites exigidos para entender fracasada la iniciativa a los efectos paralizadores del artículo 143.3?

El silencio constitucional en torno a este plazo de paralización del proceso parecía conducir a admitir la posibilidad de reiteración de la iniciativa en cualquier momento. Si una interpretación literal y sistemática del artículo 143.3 y del propio 151.1 nos conducía a tal conclusión, una reflexión lógica y política nos mostraba el sinsentido de la misma. No era en modo alguno congruente que ese plazo de exclusión operase en el supuesto general del artículo 143.2 y no lo hiciese en el particular del 151.1.

El Tribunal Constitucional tuvo oportunidad de pronunciarse al respecto en su Sentencia, antes comentada, 100/1984, de 8 de noviembre (Caso de la provincia de Segovia). En ella, circunscribía el plazo de paralización del artículo 143.3 a los supuestos de los dos primeros apartados del propio artículo 143, excluyéndolo del artículo 144, *c)*:

> «La iniciativa a que se refiere el artículo 143.3 como no reiterable hasta pasados cinco años de su primera formulación es la de los entes a los que se refieren los dos primeros apartados del mismo artículo, y ello es así, no sólo (...) por los criterios de interpretación literal y sistemática (...), sino porque sería un contrasentido supeditar los motivos de interés nacional, que son la única razón de ser de la actuación de las Cortes en el artículo 144 CE, al transcurso de un largo plazo de tiempo cuyo término inicial depende de la esfera de decisión de los diversos entes a que se refiere el artículo 143.1 y 2 de la Constitución, lo que equivaldría a dejar en manos de entes integrantes de la totalidad nacional un mecanismo impeditivo de la defensa directa del propio interés nacional atribuido (...) a las Cortes Generales.»

Esta doctrina sólo deja una cosa en claro: el plazo del artículo 143.3 no es aplicable al supuesto del artículo 144, *c)*. Sin embargo, aunque no se pronuncia el Tribunal acerca de si tal plazo sería de aplicación al supuesto particular del artículo 151.1, cabe colegir una respuesta positiva frente a tal cuestión si se atiende a que el Tribunal considera que la iniciativa a que se refiere el artículo 143.3 es la de los entes de los dos primeros apartados del propio artículo 143, entes coincidentes con los que contempla el artículo 151.1.

En todo caso, el tema ha sido resuelto definitivamente por la Ley Orgánica 2/1980, cuyo artículo 8.º.4 prescribe al respecto que: «Celebrado el referéndum, si no llegase a obtenerse la ratificación por el voto afirmativo de la mayoría absoluta de los electores de cada provincia, no podrá reiterarse la iniciativa hasta transcurridos cinco años.»

El precepto no sólo acoge el plazo de paralización del artículo 143.3 de la Constitución, sino que da respuesta a la cuestión de cuándo debe entenderse fracasada la iniciativa: cuando ésta no fuere ratificada por la mayoría absoluta del censo electoral de una sola provincia.

Ahora bien, el referéndum de Andalucía, con el subsiguiente fracaso parcial del mismo, especialmente en la provincia de Almería, conducía a una grave situación política que había de ser resuelta mediante una discutibilísima modificación de la Ley Orgánica 2/1980, que roza la inconstitucionalidad, por no decir que cae de lleno en ella.

f) La Constitución ha sido inequívoca en su artículo 151.1, al exigir que en el supuesto que tal precepto contempla, la iniciativa del proceso autonómico haya de ser ratificada por la mayoría absoluta del cuerpo electoral de todas y cada una de las provincias afectadas por aquel proceso. En un primer momento, la Ley Orgánica sobre regulación de las distintas modalidades de referéndum respetaría tal previsión constitucional. Sin embargo, tras el fracaso del referéndum andaluz, el legislador no vislumbraría más salida política que la reforma de la citada Ley (concretamente de su artículo 8.º.4) en un sentido muy poco acorde con el texto del artículo 151.1. Tal reforma se llevaba a cabo por medio de la Ley Orgánica 12/1980.

La modificación implicaba una excepción al principio general constitucionalizado por el artículo 151.1: ratificación de la iniciativa en todas y cada una de las provincias.

En efecto, de conformidad con la nueva redacción del párrafo segundo del artículo 8.º.4 de la Ley Orgánica 2/1980, la iniciativa autonómica prevista en el artículo 151 se entenderá ratificada en las provincias en las que se hubiere obtenido la mayoría absoluta de votos afirmativos, siempre y cuando los votos afirmativos hubieren alcanzado la mayoría absoluta del censo electoral en el conjunto del ámbito territorial que pretenda acceder al autogobierno. Quiere ello decir que el requisito constitucional de ratificación de la iniciativa por la mayoría absoluta del censo electoral de todas y cada una de las provincias afectadas es desnaturalizado, por no decir vulnerado, en cuanto que a una provincia le basta con ratificar la iniciativa por la mayoría absoluta de los votantes en el referéndum, siempre y cuando se alcance la mayoría absoluta del censo electoral en el conjunto del ámbito territorial que pretende constituirse en Comunidad Autónoma.

En resumen, el marco territorial de cómputo de los votos pasa de la provincia al conjunto del territorio que pretende acceder al autogobierno.

No quedaron aquí las modificaciones introducidas en la Ley Orgánica 2/1980. Al artículo 8.º.4 se incorporaría un último párrafo, con el que se pretendía la búsqueda de una solución para la provincia de Almería. De conformidad con el mismo, las Cortes Generales, previa solicitud de la mayoría de los diputados y senadores de la provincia o provincias en las que no se hubiera obtenido la ratificación de la iniciativa, y mediante ley orgánica, podrán sustituir la iniciativa autonómica prevista en el artículo 151 siempre que en el conjunto del ámbito territorial que pretenda acceder al autogobierno se alcanzare la mayoría absoluta del censo electoral. En este supuesto, la vulneración de la Norma suprema es flagrante, pues una provincia puede acogerse a la vía del artículo 151.1 sin ni tan siquiera ratificar la iniciativa. Esta última previsión del artículo 8.º.4 de la Ley reguladora de las distintas modalidades de referéndum, posibilitaría una nueva norma, la Ley Orgánica 13/1980, de 16 de diciembre, de sustitución de la iniciativa autonómica en Almería por las Cortes Generales.

Culminaba así en una verdadera chapuza jurídica, patentemente inconstitucional, un no menos afortunado proceso autonómico, salpicado de constantes errores de apreciación política.

Antes de finalizar, hemos de aludir a las consecuencias que se derivan de la opción por la vía del artículo 151.1. Son básicamente dos: la primera y fundamental, que las Comunidades que accedan a su autogobierno a través de esta vía no habrán de dejar transcurrir el plazo de cinco años exigido por el artículo 148.2 de la Constitución para poder ampliar sus competencias más allá de las materias previstas por el artículo 148.1, bien que siempre dentro del marco constitucional del artículo 149. La segunda consecuencia es la necesidad de proceder a la elaboración del Estatuto de Autonomía de conformidad con el procedimiento determinado por el artículo 151.2, en vez de atenerse a tal efecto al cauce fijado por el artículo 146.

La Constitución establecía asimismo una tercera consecuencia, finalmente desdibujada, por no decir suprimida, en virtud de los Acuerdos Autonómicos entre el Gobierno de UCD y el Partido Socialista (suscritos, como ya dijimos, en 1981). Se trataba de que sólo los Estatutos que se aprobasen de conformidad con el procedimiento del artículo 151.2 podrían contar con la organización institucional autonómica prevista por el artículo 152.1.

d') El supuesto de la Disposición Transitoria segunda

La Disposición Transitoria 2.ª de la Constitución regula un cauce de formalización de la iniciativa autonómica muy abreviado para aquellos territorios que en el pasado hubiesen plebiscitado afirmativamente proyectos de Estatuto de Autonomía y cuenten, al tiempo de promulgarse la Constitución, con regímenes provisionales de autonomía.

El precepto, es obvio, estaba pensado para las tres nacionalidades históricas: Cataluña, País Vasco y Galicia.

El procedimiento de formalización de la iniciativa del proceso autonómico se circunscribía a un acuerdo en tal sentido, por mayoría absoluta, de los respectivos órganos preautonómicos colegiados superiores, acuerdo que, una vez adoptado, había de ser comunicado al Gobierno.

Las consecuencias de tal acuerdo eran idénticas a las ya expuestas en el caso del artículo 151.1, esto es, asunción desde el primer momento de un mayor número de competencias y elaboración del Estatuto a través del procedimiento regulado en el artículo 151.2, con la salvedad adicional de que la convocatoria de la Asamblea de parlamentarios que había de proceder a elaborar un proyecto de Estatuto no correspondería al Gobierno, sino al órgano colegiado preautonómico.

e') Otros supuestos de Derecho transitorio

Las Disposiciones Transitorias 4.ª y 5.ª contemplan sendos supuestos particulares de formalización de la iniciativa del proceso autonómico. A la última de esas dos Disposiciones ya nos hemos referido. Recordaremos tan sólo que, de conformidad con ella, los Ayuntamientos de Ceuta y Melilla quedan facultados, si así lo acuerdan por mayoría absoluta, para decidir la constitución de cada una de esas ciudades en Comunidad Autónoma, siempre, claro es, que lo autoricen las Cortes Generales mediante una ley orgánica.

La Disposición Transitoria 4.ª contempla el caso específico de Navarra. Sin embargo, aquí no se trata de acceder a la autonomía, sino de la incoporación de Navarra al régimen autonómico vasco, supuesto en el que la iniciativa se atribuye al Organo Foral competente, que adoptará su decisión por la mayoría de los miembros que lo componen. Formalizada esta iniciativa, la misma habrá de ser objeto de ratificación por el cuerpo electoral, mediante referéndum expresamente convocado al efecto, y aprobado por la mayoría de los votos válidamente emitidos.

De no prosperar la precedente iniciativa, sólo se podrá reproducir en distinto período de mandato del Organo Foral competente, y en todo caso una vez transcurrido el plazo mínimo fijado por el artículo 143, esto es, cinco años.

E) Los procedimientos de elaboración de los Estatutos de Autonomía

La Constitución ha separado dos procedimientos diferenciados de elaboración de los Estatutos de Autonomía: el que podríamos considerar como *procedimiento ordinario* del artículo 146 y el *procedimiento especial* del artículo 151.2. Desde luego, esta duplicidad procedimental es inescindible de la diversidad de cauces para la formalización de la iniciativa del proceso autonómico. A este respecto, puede servir perfectamente de contrapunto de la misma el modelo del Estado integral de la Segunda República, en el que la existencia de una única vía para la formalización de la iniciativa tenía su fiel correlato en el diseño de un único cauce de elaboración de los Estatutos.

a/ El procedimiento ordinario del artículo 146

El artículo 146 de nuestra Norma suprema regula el procedimiento ordinario de elaboración de los Estatutos de Autonomía. A él deben acogerse todos aquellos territorios que hayan formalizado la iniciativa del proceso autonómico a través del cauce previsto en el artículo 143.2.

De acuerdo con el artículo 146:

> «El proyecto de Estatuto será elaborado por una asamblea compuesta por los miembros de la Diputación u órgano interinsular de las provincias afectadas y por los diputados y senadores elegidos en ellas y será elevado a las Cortes Generales para su tramitación como ley».

Como vemos, el procedimiento consta de dos etapas perfectamente diferenciadas:

— En la primera etapa, debe constituirse una Asamblea «ad hoc», que integran los miembros de la Diputación (u órgano interinsular correspondiente) y los parlamentarios (diputados y senadores) de todas y cada una de las provincias afectadas. Esta Asamblea ha de acometer la tarea de elaborar un proyecto de Estatuto, tras lo cual habrá de elevarlo a las Cortes Generales.

La Constitución ha sido muy poco explícita a la hora de aclarar el funcionamiento de estas Asambleas. La realidad nos muestra que han sido ellas mismas las que, haciendo uso de una especie de potestad autonormativa, han procedido a elaborar un reglamento interno.

Sólo la convocatoria de estas Asambleas ha sido objeto de una norma jurídica: el Real Decreto de 7 de marzo de 1980, que atribuía al Gobierno la potestad de convocatoria de estas Asambleas.

— En la segunda etapa, el proyecto de Estatuto ha de ser tramitado como ley orgánica (pues así lo exige el artículo 81.1 de nuestra «Lex Superior») por las Cortes Generales.

Aunque el Reglamento del Congreso regula este procedimiento (en su artículo 136) dentro del Capítulo dedicado a las especialidades en el procedimiento legislativo, las previsiones del precepto anterior nos revelan que apenas sí puede constatarse la existencia de alguna especialidad.

De acuerdo con la regulación reglamentaria, una vez recibido en el Congreso un proyecto de Estatuto, la Mesa de la Cámara procederá al examen del texto y de la documentación remitida, al objeto de comprobar el cumplimiento de los requisitos constitucionalmente exigidos. Si los considera cumplidos, el proyecto se tramitará como proyecto de ley orgánica. Caso contrario, la Mesa lo comunicará a la Asamblea que hubiere elaborado el proyecto, suspendiendo su tramitación hasta tanto se cumpla el trámite exigido o se subsane, en su caso, el defecto de forma.

Por lo que al Senado se refiere, el artículo 143.1 Rgl. S. sujeta la tramitación de estos proyectos al procedimiento legislativo ordinario.

b/ El procedimiento especial del artículo 151.2

El artículo 151.2 regula con notable minuciosidad el procedimiento a seguir para la elaboración de los Estatutos de Autonomía de aquellos territorios que hubieren formalizado su iniciativa del proceso autonómico de conformidad con las previsiones del artículo 151.1 o de la Disposición Transitoria 2.ª. El hecho de que estas Comunidades quedasen constitucionalmente habilitadas para asumir, desde el primer momento de su acceso al autogobierno, un núcleo más sustancial de competencias y una organización institucional autonómica propia, puede explicar las cautelas con que nuestro constituyente reguló este procedimiento.

Pueden distinguirse en el mismo, al menos, cinco momentos diferentes:

1.º *Elaboración del proyecto de Estatuto por la Asamblea de Parlamentarios.* La elaboración del proyecto de Estatuto de Autonomía corresponde a una Asamblea de Parlamentarios constituida a ese sólo efecto, e integrada por todos los diputados y senadores elegidos en las circunscripciones comprendidas en el ámbito territorial que pretenda acceder al autogobierno (art. 151.2, 1.º).

La convocatoria de esta Asamblea de Parlamentarios corresponde, con carácter general, al Gobierno, si bien esta regla quiebra en el caso de los territorios que en el pasado hubiesen plebiscitado afirmativamente un Proyecto de Estatuto de Autonomía, supuesto en el que, como ya dijimos en un momento anterior, la Disposición Transitoria 2.ª atribuye dicha convocatoria al órgano colegiado preautonómico.

Como sucediera en el caso del artículo 146, nada dice la Constitución acerca del procedimiento a seguir por esta Asamblea, por lo que habrá de ser ella misma la que proceda a darse un reglamento de funcionamiento. Conviene subrayar no obstante que la Constitución exige que el proyecto de Estatuto sea acordado por la mayoría absoluta de los miembros de esta Asamblea.

Nuestra Norma fundamental es inequívoca a la hora de precisar que la constitución de la Asamblea de Parlamentarios tiene lugar «a los solos efectos de elaborar el correspondiente proyecto de Estatuto de Autonomía». Entendida en su literalidad, esta previsión conduce a considerar disuelta la Asamblea una vez haya aprobado el proyecto de Estatuto. Sin embargo, esta interpretación resulta excesivamente rígida y, a nuestro juicio, debe ser por ello mismo relativizada. La conveniencia de esta matización se constata con tan sólo atender al hecho de que la Asamblea debe nombrar una delegación ante la Comisión Constitucional del Congreso al objeto de determinar de común acuerdo la formulación definitiva del proyecto de Estatuto. Y no parece muy lógico pensar en la disolución de la Asamblea mientras esa delegación no finalice sus trabajos.

2.° *Examen conjunto del proyecto por la Comisión Constitucional del Congreso y una delegación de la Asamblea de Parlamentarios.* Aprobado el proyecto de Estatuto por la Asamblea de Parlamentarios, se remitirá a la Comisión Constitucional del Congreso, la cual, dentro del plazo de dos meses, lo examinará con el concurso y asistencia de una delegación de la Asamblea proponente para determinar de común acuerdo su formulación definitiva (art. 151.2, 2.°)

En este momento procesal se hace quizá más patente que en ningún otro la ausencia total del Senado, que resulta todavía más incomprensible si se recuerda su carácter de Cámara de representación territorial.

La Disposición Transitoria 6.ª de la Constitución contemplaba la posibilidad de que se remitieran a la Comisión Constitucional varios proyectos de Estatuto, supuesto en el que habrían de dictaminarse por el orden de entrada en aquélla, contabilizándose en tal caso el plazo de dos meses desde que la Comisión terminara el estudio del proyecto o proyectos de que sucesivamente hubiera conocido.

El Reglamento del Congreso ha regulado con una enorme prolijidad el procedimiento a seguir en el seno de la Comisión Constitucional. He aquí sus secuencias:

1. Admisión a trámite por la Mesa de la Cámara una vez comprobado el cumplimiento de los requisitos constitucionalmente exigidos; apertura de un plazo de quince días para la presentación de los motivos de desacuerdo al proyecto (motivos que deberán ir respaldados al menos por un Grupo parlamentario).

2. Notificación por el Presidente del Congreso de la resolución de admisión a la Asamblea proponente, invitándola a designar una Dele-

gación que no excederá del número de miembros de la Comisión Constitucional, y que deberá ser elegida entre los miembros de la Asamblea y con una adecuada representación de las formaciones políticas presentes en la misma.

3. Designación por la Comisión Constitucional de una Ponencia con representación adecuada de todos los Grupos parlamentarios integrantes de la Cámara. Al propio tiempo, la Delegación de la Asamblea proponente designará de entre sus miembros otra Ponencia no superior en número a la anterior.

Ambas designaciones han de efectuarse el mismo día en que deba iniciarse el cómputo del plazo de dos meses constitucionalmente previsto, plazo que empezará a contarse a partir del día en que finalice el período de presentación de los motivos de desacuerdo, con respeto, en su caso, de lo previsto por la Disposición Transitoria 6.ª de la Constitución.

4. Estudio conjunto por ambas Ponencias de los motivos de desacuerdo formulados al proyecto, intentando la Ponencia conjunta, bajo la presidencia del Presidente de la Comisión Constitucional, alcanzar un acuerdo en el plazo de un mes, a contar desde su designación, proponiendo la redacción de un texto definitivo, que habrá de someterse a la votación separada de cada Ponencia, entendiéndose que hay acuerdo cuando la mayoría de cada una de ellas, expresada en voto ponderado, sea favorable al texto propuesto.

5. Examen del Informe de la Ponencia conjunta, con los textos acordados, los discordantes, en su caso, y los votos particulares, si los hubiere, por la Comisión Constitucional y la Delegación de la Asamblea, en reunión conjunta, bajo la presidencia del Presidente de la Comisión. Finalizado el debate, se someterán a votación, separadamente, de la Comisión y de la Delegación de la Asamblea, cada uno de los textos y se verificará la existencia o inexistencia de acuerdo.

6. Caso de mantenerse el desacuerdo, la cuestión podrá trasladarse de nuevo a la Ponencia conjunta para que intente la consecución de un acuerdo, tras lo que retornará a la Comisión y a la Delegación, que una vez más se pronunciarán por separado.

3.º *Formulación definitiva del proyecto de común acuerdo entre la Comisión Constitucional y la Delegación de la Asamblea.* Si el resultado de las votaciones separadas de la Comisión y de la Delegación evidenciara el acuerdo de ambos órganos, el texto resultante se entregará a la Presidencia de la Cámara para su tramitación ulterior. Si no hubiere acuerdo, se declarará así, notificándose igualmente este resultado a la Presidencia de la Cámara Baja.

Producido el acuerdo, se irá a un referéndum de ratificación, como veremos más adelante. Ahora bien, en defecto del mismo, el artículo 151.2, 5.º prevé un procedimiento alternativo que se ajusta a estas secuencias: tramitación del proyecto de Estatuto como proyecto de ley ante las Cortes Generales; sometimiento a referéndum del texto aprobado por éstas; promulgación como ley por el Rey en caso de ser aprobado por la mayoría de los votos válidamente emitidos en cada provincia.

4.º *Ratificación referendaria del proyecto de Estatuto.* Alcanzado el acuerdo entre la Comisión y la Delegación de la Asamblea, el texto resultante será sometido a referéndum del cuerpo electoral de las provincias comprendidas en el ámbito territorial del proyectado Estatuto.

El proyecto de Estatuto se entenderá aprobado cuando obtenga en cada provincia mayoría de votos afirmativos de los válidamente emitidos.

De conformidad con el artículo 151.3, la no aprobación del proyecto por una o varias provincias, no impedirá la constitución entre las restantes de la Comunidad Autónoma proyectada. Ha sido el artículo 9.º.2 de la Ley Orgánica 2/1980, sobre regulación de las distintas modalidades de referéndum, el que ha venido a desarrollar este punto, supeditando la constitución de la Comunidad a los dos requisitos siguientes: 1.º Que las provincias restantes sean limítrofes. 2.º Que se decida continuar el proceso estatutario en virtud de acuerdo adoptado por la mayoría absoluta de la Asamblea de Parlamentarios correspondientes a las provincias que hubieren votado afirmativamente el proyecto. En tal caso, el proyecto de Estatuto será tramitado como Ley Orgánica por las Cortes Generales, a los solos efectos de su adaptación al nuevo ámbito territorial.

Cuando el resultado del referéndum de aprobación de un Estatuto fuese negativo en todas o en la mayoría de las provincias en que se haya celebrado la consulta, no procederá reiterar la elaboración de un nuevo Estatuto hasta transcurridos cinco años, sin perjuicio de que las provincias en las que el referéndum hubiere obtenido un resultado positivo se constituyan en Comunidad Autónoma si se cumpliesen los requisitos antes referidos.

5.º *Voto de ratificación del proyecto de Estatuto por el Congreso y el Senado.* Aprobado el proyecto de Estatuto en referéndum, será elevado a las Cortes Generales. Los plenos de ambas Cámaras decidirán sobre el texto mediante un voto de ratificación.

El Reglamento del Congreso se limita en este punto a determinar que el voto de ratificación seguirá a un debate que se habrá de ajustar a las normas previstas para los de totalidad (art. 144 Rgl. C.).

El Reglamento del Senado (art. 143.2) prescribe tan sólo que una vez recibido en la Cámara el proyecto, será elevado directamente al Pleno sin que resulte admisible la presentación de enmiendas al texto. El debate consistirá en dos turnos a favor y dos en contra y la intervención de los portavoces de los Grupos parlamentarios.

El voto de ratificación entraña la aprobación o rechazo del proyecto concebido como un todo inescindible. De ahí que no quepa la presentación de enmiendas al texto.

Aprobado el Estatuto, el Rey lo sancionará y lo promulgará como ley orgánica.

F) Los Estatutos de Autonomía. Naturaleza. Contenido. Reforma

a/ Su concepto

La Constitución de 1978, en virtud del principio dispositivo, remite el proceso de creación de Comunidades Autónomas a las propias colectividades afectadas, que lo verán culminado a través de la aprobación de su Estatuto de Autonomía, que el Tribunal Constitucional ha considerado como la «norma fundacional de la Comunidad Autónoma» (STC 76/1988, de 26 de abril).

Es evidente que el modelo de «Estado autonómico» diseñado por nuestros constituyentes requería para su culminación de la aprobación y ulterior promulgación de los distintos Estatutos de Autonomía, como también lo es que éstos encuentran su razón de ser en la propia Constitución, en la voluntad del poder constituyente, pues la Constitución, como también ha precisado el Tribunal (STC 76/1988), no es el resultado de un pacto entre instancias territoriales históricas que conserven unos derechos anteriores a la Constitución, sino una norma del poder constituyente que se impone con fuerza vinculante general en su ámbito, sin que queden fuera de ella situaciones históricas anteriores.

En definitiva, los Estatutos se nos presentan como la expresión del derecho a la autonomía que la Constitución reconoce a las nacionalidades y regiones que integran la Nación española, y, por ello mismo, como las auténticas normas fundacionales de las Comunidades Autónomas que aquéllas pueden constituir a efectos del acceso a su autogobierno.

El artículo 147.1 de la Constitución define los Estatutos de Autonomía como sigue: «Dentro de los términos de la presente Constitución, los Estatutos serán la norma institucional básica de cada Comunidad Autónoma y el Estado los reconocerá y amparará como parte integrante de su ordenamiento jurídico.»

En esta previsión destacan tres puntos diferentes:

En primer término la reconducción del Estatuto a la Constitución. Los Estatutos de Autonomía operan dentro de los términos constitucionalmente establecidos. No estamos en modo alguno ante leyes constitucionales, sino ante normas subordinadas a la Ley Fundamental, interpretación reiteradamente expuesta por el Tribunal Constitucional, para quien, el Estatuto de Autonomía, al igual que el resto del ordenamiento jurídico, debe ser interpretado siempre de conformidad con la Constitución (STC 18/1982, de 4 de mayo). En lógica sintonía con ello, el mismo Tribunal ha entendido que «el único parámetro para enjuiciar la validez constitucional de una disposición incluida en un Estatuto de Autonomía es la propia Constitución» (STC 99/1986, de 11 de julio).

El segundo aspecto a destacar del artículo 147.1 es la definición que del Estatuto hace al considerarlo como «la norma institucional básica de cada Comunidad Autónoma», lo que, aparte de corroborar el carácter normativo de los Estatutos, implica su caracterización como norma superior, norma básica de cada Comunidad, circunstancia que encuentra su razón de ser, como más adelante veremos, en el mismo contenido del Estatuto.

El último de los puntos que merece ser comentado se relaciona con la previsión final del precepto, de conformidad con la cual, el Estado reconoce y ampara los Estatutos de Autonomía como parte integrante de su ordenamiento jurídico. Quiere ello decir que los Estatutos se incorporan plenamente al ordenamiento jurídico estatal, irrumpiendo en el sistema de fuentes con una naturaleza propia que desborda con mucho la conclusión a la que una interpretación puramente literal del artículo 81.1 podría conducirnos. Recordemos a este respecto que dicho artículo considera como leyes orgánicas, entre otras, las que aprueben los Estatutos de Autonomía. Ello deja ya planteada una cuestión de enorme relevancia: la naturaleza de los Estatutos. A ella pasamos a referirnos.

b/ Naturaleza jurídica de los Estatutos

La naturaleza jurídica de los Estatutos de Autonomía ha sido una de las cuestiones que mayor controversia ha suscitado entre la literatura jurídica. Formalmente, los Estatutos de Autonomía son leyes estatales con el carácter de orgánicas. Sin embargo, es claro que presentan una naturaleza jurídica peculiar, como el propio Tribunal Constitucional se ha encargado de precisar. Tal naturaleza desborda con mucho su estricta consideración de leyes estatales de carácter orgánico.

En todo caso, la aprobación de los Estatutos por una ley orgánica no constituye un simple revestimiento formal de una norma propiamente autonómica, sino, como el Tribunal ha señalado (STC 99/1986), la incorporación, definitiva y decisiva, de la voluntad del legislador estatal a la configuración de lo que, por su contenido, constituye la norma institucional básica de cada Comunidad.

Es claro, pues, que el hecho de que el Estatuto no pueda calificarse sin más como una ley orgánica estatal, no conduce al extremo opuesto de entender que la aprobación por las Cortes Generales de los Estatutos, mediante el instrumento jurídico de las leyes orgánicas, entraña un mero ropaje jurídico formal de que se reviste una norma que no es estatal sino autonómica.

A todo ello debe añadirse que, desde una óptica política, el Estatuto no es posible sin el acuerdo o consentimiento de la población afectada, y como la doctrina, de modo general, ha puesto de relieve, en ese sentido no cabe desconocer el matiz «paccionado» que existe en el procedimiento de elaboración del Estatuto, así como en el de su reforma; esta última debe ajustarse a los trámites fijados en cada Estatuto, requiriendo, en todo caso, la aprobación por las Cortes Generales, mediante ley orgánica (art. 147.3 CE), todo lo cual, aparte ya de sustraer al legislador estatal la disponibilidad sobre estas leyes, confiere a las mismas una especial rigidez, superior a la de las leyes orgánicas.

Si a lo expuesto añadimos que los Estatutos de Autonomía forman parte del «bloque de constitucionalidad», y por ello mismo, operan como parámetros de la legitimidad constitucional de las leyes, comprenderemos la peculiaridad de su naturaleza jurídica.

A la vista de cuanto hemos expuesto, puede concluirse que los Estatutos se nos presentan como leyes subordinadas a la Constitución, pero superiores a cualesquiera otras leyes estatales o autonómicas. Su naturaleza termina de perfilarse si se recuerda que en cuanto por su contenido se convierten en la «norma institucional básica» de cada Comunidad, se presentan a la par como la norma jerárquicamente superior dentro del sistema normativo de cada Comunidad, norma de la que a su vez nace un ordenamiento secundario.

c/ Contenido de los Estatutos

I. La remisión del constituyente a los Estatutos de Autonomía va acompañada de la exigencia de un *contenido mínimo* al que se refiere el artículo 147.2, de conformidad con el cual:

> «Los Estatutos de Autonomía deberán contener:
>
> *a)* La denominación de la Comunidad que mejor corresponda a su identidad histórica.
>
> *b)* La delimitación de su territorio.
>
> *c)* La denominación, organización y sede de las instituciones autónomas propias.
>
> *d)* Las competencias asumidas dentro del marco establecido en la Constitución y las bases para el traspaso de los servicios correspondientes a las mismas.»

El Tribunal Constitucional se ha ocupado en diferentes sentencias del contenido estatutario, contemplándolo con carácter general y, particularizadamente, en relación con cada uno de los contenidos concretos precisados por el artículo 147.2.

II. Con carácter general, ha precisado que «la reserva estatutaria establecida en el artículo 147.2 CE supone no sólo la concreción en los correspondientes Estatutos de los contenidos previstos en el mencionado precepto, sino también el aseguramiento de que los contenidos normativos que afectan a una cierta Comunidad Autónoma no queden fijados en el Estatuto de otra Comunidad, pues ello entrañaría la mediatización de la directa infraordenación de los Estatutos a la Constitución, siendo así que (...) ésta constituye el único límite que pesa sobre cada uno de ellos» (STC 99/1986, de 11 de julio).

Parece claro que la predeterminación del contenido de unos Estatutos por otros en virtud tan sólo de la contingencia de su momento de aprobación, ampliaría los límites en que han de enmarcarse los contenidos estatutarios, lo que, indirecta pero inequívocamente, redundaría en la constricción de la autonomía de una de las Comunidades.

III. El Tribunal ha abordado asimismo de modo puntual la interpretación de los apartados en los que el artículo 147.2 CE establece los contenidos estatutarios mínimos.

1. En su Sentencia 99/1986, el Tribunal se ocupó del apartado *b)*, que hace referencia a la necesaria delimitación de su territorio por el Estatuto de Autonomía. Tal reserva estatutaria «no sólo entraña la definición del territorio de cada Comunidad, sino también las previsiones relativas a su posible alteración». En todo caso, cualquiera que sea la delimitación del territorio autonómico (bien por referencia al ámbito espacial de aplicación de los actos y disposiciones autonómicos, bien por referencia al territorio mismo como espacio natural), e independientemente de cuáles sean las consecuencias que dicha forma de delimitación territorial tenga sobre la eventual alteración del mismo respecto de la exigencia o no exigencia de reforma del Estatuto, el Tribunal, sobre la base de la doctrina antes expuesta acerca del artículo 147.2 CE globalmente considerado, llega a la conclusión de que «el Estatuto de una Comunidad no puede regular de un modo "completo y acabado" la segregación y correspondiente agregación de los enclaves ubicados en su territorio cuando éstos pertenecen al de otra Comunidad Autónoma».

2. En la Sentencia 89/1984 se iba a pronunciar acerca del artículo 147.2, *c)*, según el cual, los Estatutos deberán contener la sede de las instituciones autónomas propias (además de su denominación y organización). Según los recurrentes, el Estatuto de Autonomía de Castilla y León violaba tal precepto, porque su artículo 3.°, en lugar de determinar tal sede, prescribía que:

> «Constituidas las Cortes de Castilla y León en la Villa de Tordesillas, aprobarán, en su primera sesión ordinaria, la sede o sedes de sus instituciones de autogobierno, por mayoría de dos tercios.»

Parte el Tribunal de que de la determinación del contenido mínimo de los Estatutos que se hace en el artículo 147.2 CE no se puede deducir una reserva estatutaria absoluta, tras lo que precisa:

> «El precepto contenido en el artículo 147.2, *c)* de la Constitución significa sin duda la absoluta exclusión de la norma estatal no estatutaria, pero no se ve razón para afirmar que se ha infringido cuando, como ocurre en el caso presente, aun no fijándose la sede por su nombre, se establece qué órgano habrá de determinarla, cuándo y dónde habrá de hacerlo y con qué mayoría, que es perfectamente acorde con una interpretación (...) que ve en el artículo 147.2 *c)* una reserva estatutaria sólo relativa en la materia que nos ocupa» (STC 89/1984, de 28 de septiembre).

Es claro, pues, que aunque los contenidos estatutarios del artículo 147.2 son contenidos mínimos, y desde luego irrenunciables, no deben ser entendidos en el sentido de que el constituyente haya querido establecer una reserva estatutaria absoluta. Se impone necesariamente una interpretación flexible de tal reserva.

3. Diremos finalmente que de todos los contenidos previstos por el artículo 147.2, es el que figura en su apartado *d)* el más relevante sin ningún género de dudas, pues convierte al Estatuto en la norma esencial en lo que al reparto de competencias entre el Estado y la Comunidad se refiere, en definitiva, en la norma de distribución competencial.

Sin embargo, tampoco la reserva estatutaria del artículo 147.2, *d)* puede considerarse absoluta.

De nuevo ha sido la doctrina del Tribunal Constitucional la que ha tratado de profundizar en el tema. En su Sentencia 76/1983, de 5 de agosto, el Tribunal, entre otras muchas, abordaría frontalmente esta problemática.

Parte el Tribunal de la consideración de que el deslinde competencial corresponde a la norma estatutaria, para de inmediato puntualizar que «de ello no cabe deducir que toda ley estatal que pretenda delimitar competencias entre el Estado y las Comunidades Autónomas sea inconstitucional por pretender ejercer una función reservada al Estatuto».

Justifica el Tribunal su posición en que la reserva estatutaria en esta materia no es total o absoluta:

> «La reserva que la Constitución hace al Estatuto en esta materia no es total o absoluta; las Leyes estatales pueden cumplir en unas ocasiones una función atributiva de competencias —Leyes orgánicas de

transferencia o delegación— y en otras, una función delimitadora de su contenido (...). Tal sucede cuando la Constitución remite a una Ley del Estado para precisar el alcance de la competencia que las Comunidades Autónomas pueden asumir, lo que condiciona el alcance de la posible asunción estatutaria de competencias —tal es el caso previsto en el artículo 149.1, 29.ª, de la Constitución— y lo mismo ocurre cuando los Estatutos cierran el proceso de delimitación competencial remitiendo a las prescripciones de una Ley estatal, en cuyo supuesto el reenvío operado atribuye a la Ley estatal la delimitación positiva del contenido de las competencias autonómicas. En tales casos la función de deslinde de competencias que la Ley estatal cumple no se apoya en una atribución general contenida en la Constitución, como ocurre en el caso de los Estatutos, sino en una atribución concreta y específica.»

Con esta doctrina, el Tribunal aclara meridianamente un conjunto de importantes cuestiones: el carácter relativo (no absoluto) de la reserva estatutaria de los contenidos mínimos del artículo 147.2, *d)* CE, que posibilita la incorporación ocasional al «bloque de constitucionalidad» de otras normas del Estado; la función dual que pueden cumplir esas Leyes estatales, y el doble supuesto en que una norma del Estado puede proceder a delimitar las competencias. Ahora bien, el propio Tribunal se ha encargado de advertir que la remisión a esas normas estatales «no puede obviamente entenderse en el sentido de que deje sin contenido la facultad de la Comunidad Autónoma» (STC 10/1982, de 23 de marzo). No es admisible en ningún caso el vaciamiento de las competencias de una Comunidad.

Por lo demás, sería erróneo pensar que, una vez aprobados los Estatutos, los marcos competenciales constitucionalmente establecidos agotan su virtualidad. El principio de primacía constitucional, con la consecuente subordinación estatutaria a la Norma suprema, se oponen a tal interpretación, como ha significado el Juez de la constitucionalidad (STC 18/1982, de 4 de mayo).

d/ La reforma de los Estatutos

I. La peculiar naturaleza jurídica de los Estatutos de Autonomía incide directamente sobre el diseño jurídico de los procedimientos de reforma de los Estatutos, cuyo rasgo más destacado quizá sea la indisponibilidad de la propia reforma por el Estado y por la respectiva Comunidad, aisladamente considerados. Dicho de otro modo, la reforma estatutaria requiere de una conjunción de voluntades sin la que no puede prosperar; de ahí que, con buen criterio, *Aja* hable de que la reforma ordinaria de los Estatutos tiene un carácter «paccionado».

De esta indisponibilidad de la reforma se ha hecho eco el Tribunal Constitucional, tanto en relación al Estado como a las Comunidades

Autónomas. Tal indisponibilidad se traduce en la invulnerabilidad de los Estatutos frente a las leyes estatales y las autonómicas.

Particularmente, en relación a las leyes orgánicas, el Tribunal Constitucional ha reiterado que los Estatutos gozan de una rigidez superior a la de las leyes orgánicas, conclusión que ha hecho derivar, entre otros, del artículo 152.2 de la Constitución, precepto que prevé un cauce especial de reforma para los Estatutos aprobados por el procedimiento del artículo 151.2, y al que nos referiremos con posterioridad.

Sólo respetando los cauces constitucionalmente establecidos, a la par que su concreto desarrollo estatutario en cada caso, podrá modificarse un Estatuto, lo que le convierte en inatacable por cualquier otra norma legal estatal o autonómica, tal y como ya hemos dicho.

También el Tribunal se ha pronunciado respecto al segundo supuesto, esto es, la inatacabilidad de una norma estatutaria por una norma autonómica. En su Sentencia 36/1981, de 12 de noviembre, dictada en el recurso de inconstitucionalidad promovido por el Presidente del Gobierno contra la Ley de la Comunidad Autónoma del País Vasco 2/1981, de 12 de febrero, sobre «reconocimiento de derechos de inviolabilidad e inmunidad de los miembros del Parlamento Vasco» (Ley que, a juicio del mismo Tribunal, modificaba sustancialmente el sistema sancionado en el Estatuto de Autonomía del País Vasco en la parte relativa a la inmunidad de los miembros del Parlamento de dicha Comunidad), nuestro supremo intérprete de la Constitución se pronunciaba rotundamente sobre este aspecto:

> «En la medida en que en el caso que examinamos la Comunidad Autónoma del País Vasco ha dictado una Ley sin acudir al trámite de la modificación del Estatuto de Autonomía, ha vulnerado tanto la Constitución (arts. 147.3 y 152.2) como el propio Estatuto Vasco, siendo, en consecuencia, dicha Ley inconstitucional y antiestatutaria, calificación esta última que, en realidad, queda comprendida en la anterior» (STC 36/1981).

Es de destacar de esta reflexión la equiparación que el Tribunal efectua entre la vulneración del Estatuto y la conculcación de la Constitución; la primera queda comprendida en la segunda, o lo que es lo mismo, violar el Estatuto es tanto como infringir la Norma suprema, pues no en vano el Estatuto se integra con un carácter muy destacado dentro del «bloque de constitucionalidad».

II. El principio general acerca de la reforma está previsto por el artículo 147.3 de nuestra «Lex Superior», de conformidad con el cual:

> «La reforma de los Estatutos se ajustará al procedimiento establecido en los mismos y requerirá, en todo caso, la aprobación por las Cortes Generales, mediante ley orgánica.»

Como puede apreciarse, la reforma estatutaria comprende dos etapas sucesivas: la que ha de acomodarse a los trámites estatutariamente establecidos, en la que el protagonismo corresponderá a las Asambleas legislativas autonómicas, y aquella otra de aprobación por las Cortes Generales de la refoma mediante una ley orgánica.

Por lo que se refiere al procedimiento previsto por los Estatutos, cabe reconducirlo a estas dos secuencias: la iniciativa de reforma y la aprobación de la misma por la respectiva Asamblea legislativa.

En cuanto a la iniciativa, se ha atribuido, por lo general, tanto a los órganos legislativos y ejecutivos autonómicos, como a las Cortes Generales, y en buen número de casos al Gobierno de la Nación.

Por lo que atañe a la aprobación de la reforma, se suelen exigir mayorías cualificadas por parte de las respectivas Asambleas legislativas, mayorías que oscilan de la mayoría absoluta a la de los 3/5 de los miembros de aquéllas.

Por último, la reforma requiere de su aprobación por las Cortes Generales mediante ley orgánica, pudiéndose aquí sostener lo mismo que ya dijimos en relación a la intervención de las Cortes en el proceso de elaboración de los Estatutos, es decir, la aprobación de la reforma por ley orgánica no constituye un mero revestimiento formal a una norma propiamente autonómica, sino la incorporación, definitiva y decisiva, de la voluntad del legislador estatal a la configuración del nuevo Estatuto reformado, sin la que éste no podría existir.

III. La Constitución se ha hecho eco en otro momento del procedimiento de reforma estatutaria. Su artículo 152.2 prescribe al efecto que:

> «Una vez sancionados y promulgados los respectivos Estatutos, solamente podrán ser modificados mediante los procedimientos en ellos establecidos y con referéndum entre los electores inscritos en los censos correspondientes.»

Una interpretación sistemática del precepto conduce a entender que los Estatutos objeto del mismo son precisamente los aprobados por el procedimiento del artículo 151.2, esto es, los de Cataluña, País Vasco, Galicia y Andalucía. Es coherente con ello, por lo demás, la única especialidad procedimental que contiene el artículo 152.2 respecto del artículo 147.3: la exigencia de un referéndum de ratificación popular del texto de la reforma. Si el Estatuto, en su versión original, ya había sido objeto de un referéndum de ratificación por parte del cuerpo electoral, es perfectamente comprensible que su reforma requiera de un nuevo pronunciamiento del electorado.

A ese nuevo referéndum se refiere el artículo 10 de la Ley Orgánica 2/1980, sobre las distintas modalidades de referéndum, que requiere, con carácter previo a la celebración del referéndum, el cumplimiento de los trámites de reforma estatutariamente establecidos o, en su defecto, de los que fueran precisos para su aprobación, debiendo ser convocada la consulta popular en el plazo de seis meses desde el cumplimiento de los mismos. Resulta evidente, pues, que el referéndum es el último trámite procesal para la reforma de un Estatuto aprobado de conformidad con el procedimiento constitucional del artículo 151.2.

Por lo demás, el artículo 152.2 suscita una duda interpretativa, fruto no tanto de su texto, cuanto de la omisión en el mismo de toda referencia a la necesidad de que las Cortes aprueben la reforma mediante ley orgánica. No creemos que este silencio pueda ser interpretado en el sentido de excluir la intervención de las Cortes Generales. Muchos argumentos podrían aducirse al respecto en refuerzo de nuestra tesis. Nos circunscribiremos tan sólo a uno: a nuestro juicio, la previsión del artículo 147.3 no ha de entenderse que rige tan sólo respecto de los Estatutos elaborados de acuerdo con el procedimiento del artículo 146, sino que, por el contrario, se trata de una previsión general, aplicable, por ello mismo, a los Estatutos aprobados siguiendo los trámites del artículo 151.2. No deja de ser significativa a estos efectos la determinación del artículo 145 Rgl. C.: «La reforma de un Estatuto de Autonomía, tramitada conforme a las normas en el mismo establecidas, requerirá aprobación mediante Ley Orgánica.» Como puede apreciarse, el precepto reglamentario no hace distingo alguno entre que se trate de uno u otro tipo de Estatutos.

En último término, los Estatutos de Autonomía a los que es de aplicación el artículo 152.2 han venido a aclarar definitivamente, por si cupiese aún alguna duda, la cuestión, al incluir entre los trámites de reforma, la aprobación de la misma por las Cortes Generales mediante ley orgánica.

G) El sistema general de distribución de competencias

El Estado autonómico entraña, como elemento imprescindible, un reparto del poder político y administrativo entre el Estado y las Comunidades Autónomas, lo que a su vez se traduce en la articulación de un sistema de distribución de competencias entre el primero y las segundas, con el que trata de rellenarse de contenido a la autonomía de que gozan las Comunidades. El reparto de competencias es, sin ningún género de dudas, la cuestión más compleja de cuantas ha debido resolver nuestro constituyente en relación con el modelo del Estado autonómico.

La existencia de dos tipos de Comunidades, desde la perspectiva del acceso más o menos rápido a un mayor techo competencial, la vigencia del principio dispositivo, la necesidad de preservar la unidad y racionalidad del sistema resultante, son algunas de las diferentes circunstancias que han conducido a complejizar el sistema final —por lo menos hasta el momento presente— resultante.

Si a la propia complejidad del sistema se añaden los mutuos recelos existentes entre los órganos centrales y los autonómicos, se comprende perfectamente la constante apelación al arbitraje del Tribunal Constitucional por parte de unos y de otros, circunstancia que se ha traducido en una copiosísima jurisprudencia difícilmente sistematizable.

Esta circunstancia no debe conducirnos a pensar que la jurisprudencia constitucional sea una pura casuística, en la que no es posible fijar pauta alguna de interpretación que vaya más allá de la solución al caso concreto que cada sentencia viene a resolver. Por el contrario, como bien dice *Pérez Royo,* hay sentencias en las que el Tribunal ha establecido pautas de interpretación de carácter más comprensivo y de proyección más general. Y hay, sobre todo, una definición de determinados elementos de verdadera relevancia en el sistema de reparto competencial, sin atención a los cuales difícilmente puede ser comprendido el modelo. De ahí la trascendencia de la doctrina constitucional en este aspecto fundamental del Estado autonómico.

Por lo demás, el hecho de que nuestro constituyente deje a cada Comunidad, por mor del principio dispositivo, la posibilidad de asumir competencias diferenciadas dentro, desde luego, del marco delimitado por la propia Norma suprema, implica claramente una opción a favor de la heterogeneidad, en detrimento de la homogeneidad. Bien es verdad que la realidad nos muestra que pese a esta potencial diversidad, existe una relativa uniformidad sustancial en lo que atañe a los poderes que corresponden al Estado en todas las Comunidades Autónomas, fruto de un nivel semejante de competencias, por lo menos, en dos grandes bloques de Comunidades: aquéllas que vieron aprobado su Estatuto según el procedimiento del artículo 151.2 (País Vasco, Cataluña, Galicia y Andalucía), a las que habría que añadir Valencia, Canarias y Navarra, en virtud de sendas Leyes Orgánicas de transferencia y delegación las dos primeras y de la Ley de Amejoramiento del Fuero la tercera, y aquellas otras cuyo Estatuto se aprobó de conformidad con las previsiones del artículo 146 (las diez restantes Comunidades). Ello no obstante, es obvio que dentro de cada bloque existen notables divergencias en cuanto a los niveles competenciales asumidos.

a/ Las técnicas de distribución competencial

Muy diversas son las soluciones con las que los Estados federales o regionales han tratado de responder al problema de la distribución de competencias. Es la técnica del «*sistema de lista*» la más característica del Estado federal. Con todo, el recurso a la lista ha experimentado a lo largo del tiempo una notable evolución.

En el primer federalismo lo común es la existencia de una única lista en la que se recogen las competencias que asume la Federación. Este es el caso de la Constitución federal norteamericana de 1787, cuyo artículo 1.°, sección octava, enumera las facultades del Congreso de los Estados Unidos, que, lógicamente, se consideran competencias de la Federación. Será el caso igualmente de la Constitución suiza de 1874.

En los sistemas federales posteriores se opta por establecer varias listas de competencias en las que se contemplan las atribuciones asumidas por el Estado federal y por los Estados miembros. Así, en la Constitución del Reich alemán de 1919 (Constitución de Weimar), se fijaban dos listas de materias sobre las que el Reich asumía la facultad de legislar en exclusiva (materias previstas por el art. 6.°), o sobre las que, simplemente, el Reich podía legislar (materias enumeradas por el art. 7.°), correspondiendo a los Länder tal facultad caso de que el Reich no ejercitara su derecho. Asimismo, los artículos 8.° al 11.° enunciaban otras materias sobre las que, en determinados supuestos, podía el Reich establecer un conjunto de reglas.

La Constitución federal de la República Austríaca de 1929 optará ya por el sistema de tres listas, fórmula que será asumida en términos muy similares por nuestros constituyentes de 1931. Por la primera de esas listas se atribuye a la Federación la legislación y la ejecución directa sobre un conjunto de materias; por la segunda, se otorga a la Federación la competencia legislativa y a los Estados miembros la ejecución; finalmente, la tercera lista enuncia un bloque material en el que el reparto competencial se basa en la atribución a la Federación de la legislación básica, mientras que el desarrollo legislativo y la ejecución permanece en manos de los Länder.

La Ley Fundamental de Bonn se ajusta al esquema de la triple lista, utilizando asimismo los conceptos técnicos de exclusividad (ausschliebliche Gesetzgebung) y concurrencia (konkurrierende Gesetzgebung) (arts. 73 y 74) con la finalidad de precisar el alcance de las funciones asignadas a la Federación y a los Länder. De las tres listas, la primera acoge las materias sobre las que la Federación tiene la competencia legislativa exclusiva (art. 73); la segunda, el ámbito material al que se extiende la legislación concurrente, en el bien entendido de que en estas materias, los Länder asumen la competencia legislativa en la medida que la Federación no haga uso de tal competencia; por último, la tercera lista (art. 75) contempla un elenco de materias sobre las que la Federación queda facultada para dictar las reglas básicas, las normas básicas, correspondiendo a los Länder el desarrollo legislativo.

Por último, la Constitución italiana de 1947, ajustándose a una solución bastante más simple, propia de un Estado regional, establece una única lista, que acoge las competencias asumibles por las regiones.

Junto al sistema de lista o listas, la distribución competencial se articula sobre la base de una cláusula residual.

Ante el silencio de la Constitución norteamericana, la Enmienda décima, aceptada en 1791, incorporaría una cláusula de esta naturaleza, a tenor de la cual: «Las facultades que esta Constitución no delega a los Estados Unidos ni prohibe a los Estados, quedan reservadas a los Estados respectivamente, o al pueblo.»

Con posterioridad, el recurso a la cláusula residual se ha venido repitiendo en la mayoría de los Estados federales. Quizá el último ejemplo significativo lo encontremos en la Ley Fundamental de Bonn, cuyo artículo 30 prevé que: «El ejercicio de los poderes públicos y el cumplimiento de las funciones públicas competen a los Länder, a menos que la presente Ley Fundamental disponga otra cosa o establezca otra regla.»

En todo caso, conviene advertir con *Muñoz Machado* que las cláusulas de competencia residual no operan de manera automática, atribuyendo al ente a cuyo favor están establecidas, todas las materias que no se hallan expresamente enunciadas en las listas de competencias. Lo común, por el contrario, es que antes de proceder a la aplicación de la cláusula residual se lleve a cabo una interpretación del alcance de las competencias expresas para determinar si algún asunto que no ha sido objeto específico de reparto entre los poderes, puede entenderse implícito en aquellas competencias expresas.

Por lo general, las listas de reparto de competencias son siempre listas de materias, si bien, frente a lo que pueda pensarse, las técnicas de distribución empleadas son mucho más complejas de lo que podría resultar de un mero reparto material. De entrada, es clara la imbricación de unas materias con otras. Además, es poco frecuente —o por lo menos son escasas las materias en que así acontece— la atribución de la totalidad de las competencias sobre una materia a una sola instancia de poder. Por contra, lo normal es que se lleve a cabo un reparto de funciones en relación a una misma materia. De esta forma, a una instancia se le atribuirá la competencia legislativa mientras que a otra corresponderá la ejecutiva, siendo igualmente posible la compartición de una misma función: así, a una instancia puede corresponder la legislación básica, y a otra la legislación de desarrollo.

Los sistemas de distribución competencial se cierran mediante el recurso a técnicas de articulación capaces de resolver los variados problemas interpretativos que pueden suscitar las listas de reparto competencial.

Puede decirse finalmente que la Constitución de 1978 se ubica dentro de este marco general, de gran complejidad por lo demás, arbitrando algunas soluciones en verdad originales.

b/ Principios que rigen el sistema distributivo en la Constitución. La incidencia del criterio del «interés respectivo»

I. Los Estatutos de Autonomía, tal y como ya hemos visto, son las normas llamadas a precisar «las competencias asumidas dentro del marco establecido en la Constitución» por cada Comunidad Autónoma. Quiere ello decir que la asunción de competencias se asienta en el principio dispositivo. Bien es verdad que la misma se ha de realizar con perfecta observancia del marco constitucional, o lo que es igual, de las reglas constitucionales previstas al respecto.

La distribución de competencias debe ajustarse a un conjunto de principios generales que la propia Norma suprema enuncia, y de entre los que conviene recordar ahora los principios de unidad y autonomía, proclamados por el artículo 2.°. Junto a ellos, el criterio nuclear sobre el que parece vertebrarse el reparto de competencias es el de asignación a cada instancia de poder (central y autonómica) de cuanto concierne a la gestión de sus *«respectivos intereses»*. Tal es lo que nos viene a indicar el artículo 137 de la Constitución, que tras enumerar los entes territoriales en que se organiza el Estado (municipios, provincias y Comunidades Autónomas), proclama el principio de autonomía de todas estas entidades «para la gestión de sus respectivos intereses». Queda así enunciada una de las *«nociones intrínsecas»* a la Constitución (STC 35/1982, de 14 de junio), en función de la cual lleva ésta a cabo la distribución de competencias.

Esta «noción intrínseca» ha generado una doctrina constitucional oscilante, que si bien en un primer momento pareció convertir el criterio del *«interés»* en uno de los principios hermenéuticos del sistema de reparto competencial, en un momento ulterior —por lo demás muy prematuro, pues puede fijarse a partir de la Sentencia 37/1981— ha perdido toda virtualidad interpretativa, entre otras consideraciones, por la razón obvia de que el constituyente ha tenido muy presentes los respectivos intereses de la nación y de los entes territoriales a que se refiere el artículo 137 a la hora de concretar los listados de materias de los artículos 148 y 149 de nuestra «Lex Superior».

Conviene que nos detengamos brevemente en la referida evolución jurisprudencial.

En sus primeras Sentencias, el Tribunal Constitucional abordó con cierto detenimiento la noción de *«interés»*, calificándolo de distintas maneras: «general», «propio», «respectivo», «supracomunitario» o «predominante». Especial importancia adquiría al respecto la diferenciación «interés general—intereses respectivos», recogida por la misma Constitución, que si en su artículo 137 vincula la autonomía de cada entidad territorial a la gestión de sus «respectivos intereses», en sus artículos 150.3 y 155.1 alude específicamente al «interés general» y al «interés general de España»; en el primer caso, en relación a las leyes de armonización, que sólo podrán dictarse cuando así lo exija el «interés general»; en el segundo, en conexión con las medidas de coerción estatal frente a una Comunidad Autónoma que, entre otras circunstancias, atentare gravemente al «interés general de España».

La utilización constitucional de estos conceptos parecía conducir a la identificación del «interés general» con el sólo interés de la nación española, quedando al margen, cuando no a veces en situación contrapuesta, los intereses de los entes territoriales en general y de las Comunidades Autónomas en particular. El mismo Tribunal parecía alinearse en esta posición cuando en una de sus primeras Sentencias hacía notar que la Constitución «contempla la necesidad —como una consecuencia del principio de unidad y de la supremacía del interés de la Nación— de que el Estado quede colocado en una posición de superioridad (...) tanto en relación a las Comunidades Autónomas (...), como a los entes locales» (STC 4/1981, de 2 de febrero).

Nuevamente, en la Sentencia 25/1981 parecía repetirse la antítesis «interés general—intereses propios de las Comunidades Autónomas», al afirmar el Tribunal que estas últimas «tienen como esfera y límite de su actividad en cuanto tales los intereses que les son "propios", mientras que la tutela de los "intereses públicos generales" compete por definición a los órganos estatales» (STC 25/1981, de 14 de julio). Sin embargo, en la misma Sentencia, cuatro magistrados formalizaban su voz discrepante en un Voto particular en el que, entre otras cuestiones, incidían en el tema al significar que en ciertos casos las Comunidades Autónomas actúan en colaboración con otros órganos constitucionales del Estado, promoviendo los intereses generales.

La evolución de la doctrina constitucional sentada por el Tribunal no es, sin embargo, rectilínea, sino que, como advierte *Tomás y Valiente,* nos muestra un cierto cuidado por establecer matizaciones sucesivas que impidan tanto la identificación de «interés general» con «interés de España», de manera que sólo el de la nación sea tenido como «interés general», como la contraposición entre los «intereses respectivos» del Estado y de las Comunidades Autónomas.

El concepto de «interés predominante», contemplado ya por la Sentencia 4/1981, podía servir a tales fines, al querernos revelar la inexistencia de intereses enfrentados. De otro lado, en la Sentencia 1/1982, el Tribunal contemplaría la necesidad de una articulación entre los «intereses propios» de cada Comunidad y los «generales» de la Nación, articulación que corresponde al Estado y sin la que el principio de unidad del ámbito económico nacional sufriría graves quebrantos (STC 1/1982, de 28 de enero).

El Tribunal ha tratado, pues, de aclarar que la expresión «interés general» no es equiparable sin más a interés de la nación, puesto que las Comunidades Autónomas también coadyuvan al interés general. De otra parte, no cabe contraponer los «intereses respectivos» de los entes autónomos al «interés general» del Estado. Es fácil que en ocasiones confluyan; será el momento de buscar el «interés predominante», pero en todo caso, unos y otros intereses son perfectamente articulables.

II. Una evolución similar puede apreciarse en relación con el papel desempeñado por la doctrina de los «intereses respectivos» en cuanto criterio hermenéutico de delimitación competencial.

Esta doctrina será abordada por vez primera en la Sentencia 4/1981. Parte el Tribunal de la consideración de que cada organización territorial dotada de autonomía es una parte del todo; ello explica que el artículo 137 delimite el ámbito de los poderes autónomos, circunscribiéndolos a la «gestión de sus respectivos intereses», lo que a su vez «exige que se dote a cada ente de todas las competencias propias y exclusivas que sean necesarias para satisfacer el interés respectivo» (STC 4/1981, de 2 de febrero). Esta conexión entre competencias e «interés respectivo» se refuerza aún más en la Sentencia 32/1981, en la que el Tribunal razona que «si el poder público ha de distribuirse entre más entes que los anteriormente existentes, cada uno de éstos ha de ver restringida lógicamente parte de la esfera de dicho poder que tenía atribuida». En definitiva —concluye el Tribunal (STC 32/1981, de 28 de julio)—, «hay que efectuar una *redistribución de competencias en función del respectivo interés* entre las diversas entidades, para que el modelo de Estado configurado por la Constitución tenga efectividad práctica».

La Sentencia 37/1981 marca, sin embargo, un punto de inflexión en la jurisprudencia constitucional, si bien, quizá por mera inercia, una Sentencia ulterior, la 42/1981, siga recurriendo a la doctrina del «interés respectivo» de cada ente, bien es verdad que ya no como único criterio hermenéutico (STC 42/1981, de 22 de diciembre).

Con la STC 37/1981 comienza la búsqueda de nuevas pautas interpretativas con las que soslayar los graves desequilibrios que podía engendrar un empleo reiterado de la doctrina del *«interés respectivo»*. Es claro que tal concepto indeterminado se hallaba abocado a operar expansivamente en favor del «interés general».

La misma formulación jurisprudencial (STC 42/1981) de un nuevo concepto, el de *«intereses de carácter supracomunitario»*, cuya consecución se atribuye a los órganos generales del Estado, y que se nos presenta como un *«tertium genus»* entre los «intereses generales de la nación» y el «interés propio de cada Comunidad», ilustra suficientemente acerca de ese peligro que, a juicio, quizá un tanto alarmista, de *Pérez Royo,* amenazaba incluso con vaciar de contenido el Estado de las Autonomías en construcción, dejándolo reducido, a pesar del reconocimiento formal de la naturaleza política de las Comunidades Autónomas, a un modelo de descentralización más bien administrativa.

Como decíamos antes, la STC 37/1981 marca un punto de inflexión. En el conflicto que por ella se dilucida, los argumentos enfrentados de las partes arrancan de la discrepancia en cuanto al contenido que debe atribuirse a la expresión *«intereses respectivos»*. Sin embargo, para el Tribunal esta polémica resulta superflua:

«Esta polémica —afirma— resulta, sin embargo, en cierto sentido superflua en cuanto ignora la muy diversa función que *un concepto jurídico indeterminado o abierto* como es el de los "intereses respectivos" juega en las consideraciones "de lege ferenda" y en la interpretación "de lege data". *Como tantos otros conceptos de la misma naturaleza* en nuestro texto constitucional, *el de los "intereses respectivos"* de las Comunidades Autónomas, de los Municipios o de las Provincias, *cumplen, sobre todo, la función de orientar al legislador* para dotar a estas entidades territoriales de los poderes o competencias precisos para gestionarlos. *Es el legislador,* sin embargo, *el que, dentro del marco de la Constitución, determina libremente cuáles son estos intereses, los define y precisa su alcance,* atribuyendo a la entidad las competencias que requiere su gestión.»

Con esta interpretación, el concepto del *«interés respectivo»* cede su paso a la norma positivizada por el legislador, lo que se comprende a la perfección si se advierte que, en cuanto mero concepto jurídico indeterminado, no puede tener otra función que la puramente orientativa; entenderlo de otro modo equivaldría trasladar la decisión política del legislador al juez. De ahí que para el intérprete de la ley, como bien sostiene el Tribunal, *el ámbito concreto del interés es ya un dato definido por la ley misma como «repertorio concreto de competencias»:*

«*La determinación, en caso de conflicto, del contenido de éstas* (de las competencias) —se afirma en la Sentencia— *ha de hacerse sin recurrir,* salvo cuando la propia definición legal lo exija, *a la noción del interés respectivo, pues de otro modo* se provocaría una injustificada reducción del ámbito de los intereses propios de la entidad autónoma definido por el legislador y *se transformaría esta noción del interés propio o respectivo en una apelación a la "naturaleza de las cosas",* mediante la cual la decisión política se traslada del legislador al juez.»

La conclusión es obvia: el criterio para resolver la cuestión ha de ser construido a partir de la norma legal, sin reducir su alcance mediante una nueva conexión entre su significado literal y la noción de «interés de la Comunidad Autónoma». El Tribunal posterga de esta manera el recurso a conceptos jurídicos indeterminados a efectos de la delimitación competencial. Habrá que atender a las normas que en cada caso integran el bloque de constitucionalidad para, a la vista de cada materia concreta, precisar a quién corresponde la competencia. Con ello, en último término, se trata de evitar un vaciamiento del ámbito competencial de las Comunidades Autónomas, que, en otro caso, sería difícilmente soslayable.

A partir de la Sentencia 37/1981, puede afirmarse que la doctrina del *«interés respectivo»* ha perdido toda eficacia como criterio hermenéutico general de distribución competencial, circunstancia que no debe extrañarnos, pues, como el mismo Tribunal se encargaría de precisar: «el constituyente ha tenido ya presente el principio de unidad y los intereses generales de la nación al fijar las competencias estatales» (STC 76/1983, de 5 de agosto), por lo que no parece admisible acudir a tal concepto como criterio hermenéutico con el que lograr un incremento de las competencias estatales.

c/ Las listas de competencias de los artículos 148 y 149

a') Su significado

El marco constitucional en que se asienta el esquema de distribución de competencias nos viene diseñado, fundamentalmente, por los artículos 148 y 149 de la Constitución. Acogen estos preceptos dos listas que aunque formalmente parecen ser de competencias, lo son en realidad de materias sobre las que «podrán asumir competencias» las Comunidades Autónomas (art. 148.1), o sobre las que «el Estado tiene competencia exclusiva» (art. 149.1). De esta forma, la «*materia*», como concepto jurídico relevante para definiciones competenciales, se erige en una de las líneas principales del sistema competencial, como ha puesto de relieve el propio Tribunal Constitucional (STC 39/1982, de 30 de junio).

Bien es verdad que, como constata la mejor doctrina, las materias enumeradas por los dos anteriores preceptos no están elegidas conforme a un criterio uniforme; por el contrario, la materia es, en ocasiones, una actividad pública (como las relaciones internacionales), un bien (las aguas, las minas, el patrimonio histórico), una institución (la expropiación, la responsabilidad) o una técnica económica (la planificación).

Por lo que a la doctrina constitucional se refiere, el Tribunal, en unas ocasiones, ha relacionado el concepto de «*materia*» con las actividades concretas del poder respecto de determinados fines sociales, con la notable excepción del párrafo décimoctavo del artículo 149.1, que se refiere a una acción reflexiva del Estado (la que el propio Estado lleva a cabo en relación con el aparato administrativo que constituye su instrumento normal de actuación) (STC 32/1981, de 28 de julio). En otras ocasiones, nuestro intérprete supremo de la Constitución ha vinculado el concepto de «*materia*» con la sectorización del propio ordenamiento jurídico o con las grandes divisiones disciplinares convencionalmente aceptadas. En estos supuestos, el Tribunal ha recordado que «el contorno de los grandes sectores sistemáticos del ordenamiento no es en modo alguno preciso y la referencia a estos sectores como criterio de delimitación competencial hace depender tal delimitación de la opción que se tome dentro de una polémica doctrinal siempre viva» (STC 37/1981, de 16 de noviembre).

No es de extrañar a la vista de lo anteriormente expuesto que en esta segunda caracterización del concepto de «*materia*», entendido ahora como «complejo relativo a un sector disciplinar homogéneo» (así define la «materia laboral» a que alude el artículo 149.1.7.ª, en la Sentencia 39/1982), el Tribunal haya esquivado la formulación de reglas con vocación de una cierta generalización (así, en la propia Sentencia 39/1982), o se haya negado a precisar cuál debiera ser el criterio adecuado para trazar los límites entre la legislación mercantil y la legislación correspondiente a otras ramas del Derecho (así, en la Sentencia 37/1981). El Tribunal ha procurado, por el contrario, ceñirse al caso concreto.

Hecha esta referencia sobre el sentido del concepto jurídico de *«materia»*, retornamos al significado constitucional de la dualidad de listas, con las que no se pretenden trazar dos regímenes diferenciados, sino más bien marcar una gradualización temporal en el proceso de acceso a un núcleo mayor de competencias por parte de algunas Comunidades. A este respecto, resulta clave para el entendimiento de esta dualidad la determinación del artículo 148.2.

En efecto, mientras el artículo 148.1 enumera las materias sobre las que las Comunidades podrán asumir competencias, el apartado segundo del propio precepto posibilita la ampliación de las mismas una vez que hayan transcurrido cinco años, siempre mediante la oportuna reforma estatutaria, y dentro del marco establecido por el artículo 149. De la necesidad de dejar transcurrir tal período se ven exentas aquellas Comunidades que formalicen su iniciativa autonómica de conformidad con las previsiones del artículo 151.1 o de la Disposición Transitoria segunda, con la subsiguiente elaboración del Estatuto de acuerdo con las reglas del artículo 151.2.

Quiere ello decir que la dualidad de listas lo que está posibilitando es que unas Comunidades logren desde el primer momento de acceso a la autonomía un mayor nivel competencial que otras, que, por el contrario, deberán dejar transcurrir un período mínimo para poder alcanzar mayores cotas de autogobierno.

En todo caso, es evidente que la Constitución no impone una fórmula final homogénea para todas las Comunidades. Se limita a facultar a las Comunidades que hayan elaborado su Estatuto por la vía del artículo 146 (en conexión con el art. 143) para que, transcurridos cinco años desde la aprobación de aquél, puedan acceder al máximo nivel de autonomía, pero en cuanto ello se asienta en el principio dispositivo, es claro que queda sujeto, por lo menos en un primer momento, a la voluntad de las Comunidades.

b') La lista del artículo 148

La lista del artículo 148.1, en un amplio catálogo de hasta veintidós apartados, recoge aquellas materias sobre las que las Comunidades

Autónomas «podrán asumir competencias», a cuyo efecto habrán de ser incluidas en los respectivos Estatutos, vehículos normativos que verifican la asunción de competencias.

Para las Comunidades que han visto elaborado su Estatuto de acuerdo con lo previsto en el artículo 146, esta lista, que en su mayor parte contempla materias y atribuciones que tradicionalmente eran de competencia de las Corporaciones locales, marca su techo competencial, por lo menos durante un período de tiempo mínimo de cinco años. Por contra, para las Comunidades cuyo Estatuto se haya elaborado de conformidad con el artículo 151, la lista del artículo 148.1 constituye un mínimo que puede ser superado con respeto siempre al marco establecido por el artículo 149.

Entre las materias enunciadas por el artículo 148, unas pueden ser asumidas en competencia exclusiva por las Comunidades, mientras que otras, sin embargo, han de ser compartidas con el Estado.

Que estas competencias se asuman como exclusivas o compartidas y que su naturaleza sea o no legislativa depende, a juicio de *Muñoz Machado,* de estas cuatro circunstancias:

1.ª De las reservas en favor del Estado que contenga el artículo 149, circunstancia que ilustra acerca de la conveniencia de interpretar el listado del artículo 148 en relación con el del artículo 149, operación que nos permitirá descubrir que materias que aparentemente pueden pertenecer a la Comunidad Autónoma en régimen de exclusividad, incluso en el plano legislativo (por ejemplo, los montes y aprovechamientos forestales, materia a la que alude el artículo 148.1, 8.ª), son, en realidad, compartidas, pues el artículo 149.1, 23.ª otorga al Estado la competencia exclusiva respecto a la legislación básica sobre montes.

2.ª De la amplitud con que el mismo artículo 148 permita que las Comunidades Autónomas asuman competencias sobre una materia, pues no en todos los casos el citado precepto pone a disponibilidad de los Estatutos una materia entera; a veces se limita a atribuir a las Comunidades funciones concretas en relación a una materia. Tal es el caso, por ejemplo, del artículo 148.1, 9.ª, que posibilita que las Comunidades asuman «la gestión en materia de protección del medio ambiente».

3.ª De la plenitud dispositiva del Estatuto de Autonomía, en el sentido de si le está permitido recoger una materia para entregarla a la disponibilidad de la Comunidad o, por el contrario, esta operación queda condicionada, por expresa determinación del propio artículo 148, a lo que establezca al respecto la legislación estatal. Así, el artículo 148.1, 2.ª permite que las Comunidades asuman competencias en materia de alteración de términos municipales comprendidos en su territorio y, en general, en las funciones que correspondan a la Administración del Estado sobre las Corporaciones locales y cuya transferencia autorice la legislación sobre Régimen Local. Quiere ello decir que en este supuesto material la plenitud dispositiva de los Estatutos se ve delimitada por la legislación del Estado sobre Régimen Local. Y

4.ª De la propia voluntad del legislador estatutario, pues es una obviedad que la Norma suprema se limita a ofrecer al legislador estatutario la posibilidad de asumir competencias sobre un conjunto material, pero ni le obliga a que las reciba todas ni le impide que establezca determinados condicionamientos.

Digamos por último que los Estatutos de Autonomía, por lo general, han seguido la pauta de definir como de la exclusiva competencia de la respectiva Comunidad, la casi totalidad de las materias enunciadas por el artículo 148.1, bien que, como más adelante tendremos oportunidad de explicar, el concepto de «exclusividad» es un tanto equívoco, debiendo ser acotado y precisado su sentido y su verdadero alcance.

c') La lista del artículo 149. La pluralidad de técnicas de distribución de competencias

I. El artículo 149.1 se abre con una fórmula inicial que constrasta significativamente con la del artículo 148.1. «El Estado —prescribe el primer precepto— tiene competencia exclusiva sobre las siguientes materias», mientras que, como acabamos de ver, el artículo 148.1 se limita a prever que «las Comunidades Autónomas podrán asumir...».

Se hace patente de esta forma una clara intencionalidad: la de marcar una diferencia de régimen: la Constitución se limita a ofrecer a las Comunidades, de acuerdo con el principio dispositivo, la posibilidad de que a través de sus Estatutos asuman una serie predeterminada de competencias; por el contrario, la misma Norma suprema atribuye al Estado sus competencias exclusivas, que no requieren, consiguientemente, de ningún otro título de atribución, diferencia que tiene su trascendencia por cuanto entraña que el Estado puede ejercitar en su plenitud todas y cada una de las competencias a que se refiere el artículo 149.1, independientemente de que el texto constitucional haya sido o no desarrollado.

Se explica tal diferencia en el hecho de que, como ha advertido *García de Enterría,* el artículo 149.1 contiene el aseguramiento de los elementos estructurales básicos que sostienen la construcción entera del Estado conjunto. En definitiva, el artículo 149.1 trata de concretar los ámbitos competenciales que garantizan la propia existencia del Estado.

II. Efectuada esta importante precisión, conviene de inmediato advertir acerca del carácter relativo que ha de darse a la adjetivación como «exclusivas» de las competencias estatales previstas por el artículo que nos ocupa.

Como el Tribunal Constitucional reconociera en su Sentencia 37/1981, el adjetivo *«exclusivo»* se utiliza tanto en el texto de la Constitución como en el de los Estatutos de Autonomía con un sentido marcadamente equívoco.

Basta con una lectura superficial de los treinta y dos apartados de que consta el artículo 149.1 para darnos inmediata cuenta de que la reserva estatal que opera el precepto tiene muy diferentes contenidos. De esta forma, la inicial simplicidad que el precepto denota se transfigura, presentándosenos el listado que el mismo acoge con una estructura muy compleja y con una gran riqueza dispositiva, fruto en buena medida de la pluralidad de técnicas de reparto empleadas.

Así lo ha reconocido el Tribunal Constitucional (STC 35/1982, de 14 de junio), a cuyo juicio, el artículo 149.1 utiliza para delimitar el ámbito reservado en exclusiva a la competencia estatal técnicas muy diversas, entre las que sobresale la diferencia entre la reserva de toda una materia (por ejemplo, las relaciones internacionales o la defensa) y la reserva de potestades concretas (sea la legislación básica o toda la legislación sobre determinadas materias). Entre otras consecuencias, ello entraña que el alcance de la «exclusividad» difiera notablemente en función de la materia de que se trate.

Desde luego, cuando nuestra Norma fundamental reserva al Estado una materia completa (así, por ejemplo, nacionalidad, inmigración, emigración, extranjería y derecho de asilo; relaciones internacionales; defensa y Fuerzas Armadas; régimen aduanero y arancelario; comercio exterior...) nos encontramos ante un supuesto característico de plenitud de competencia. La competencia sobre la materia es plena o íntegra, en el sentido de que todas las funciones (legislativas o ejecutivas) que pueden ejercerse sobre ella se encuentran monopolizadas por el Estado.

Así lo ha corroborado el Tribunal Constitucional, que ha identificado algunas de las materias sobre las que el Estado asume la competencia en su integridad. Es el caso del comercio exterior, que es «una de las materias económicas reservadas por la Constitución íntegra y exclusivamente al Estado, por lo cual no cabe que en ella ninguna Comunidad pueda asumir competencias ni siquiera de ejecución» (STC 1/1982,de 28 de enero); es también el supuesto de las relaciones internacionales, que en la Constitución «forman parte de las materias reservadas a la competencia exclusiva del Estado sin limitación alguna» (STC 44/1982, de 8 de julio).

La reserva al Estado de toda una materia —cual podría ser el caso, además de las dos citadas, de la defensa, la Administración de Justicia o la Hacienda General— impide «no ya que una Comunidad Autónoma pueda asumir competencias sobre la materia reservada, sino también que pueda orientar su autogobierno en razón de una política propia acerca de ella, aunque pueda participar en la determinación de tal política en virtud de la representación específica que las distintas Comunidades tienen en el Senado» (STC 35/1982, de 14 de junio).

En todo caso, conviene tener presente que la técnica de la «exclusividad», entendida en su sentido estricto, esto es, como atribución a una única instancia de todas las funciones públicas sobre una determinada materia o sector, es una técnica que puede considerarse como excepcional en nuestro sistema general de distribución de competencias.

III. Junto a la técnica precedente, el artículo 149.1 recurre con frecuencia a la reserva al Estado de potestades concretas. Tal sucede cuando atribuye al Estado competencia sobre, entre otras, las bases de la planificación general de la actividad económica, las bases de la sanidad, la legislación básica de la Seguridad Social, la legislación básica sobre protección del medio ambiente...

Lo que la Constitución persigue al conferir a los órganos generales del Estado la competencia exclusiva para establecer las bases de la ordenación de una materia determinada es, según el Tribunal Constitucional (STC 1/1982), que tales bases tengan una regulación normativa uniforme y de vigencia en toda la Nación, con lo cual se asegura, en aras de intereses generales superiores a los de cada Comunidad Autónoma, un común denominador normativo, a partir del cual cada Comunidad, en defensa del propio interés general, podrá establecer las peculiaridades que le convengan dentro del marco de competencias que la Constitución y su Estatuto le hayan atribuido sobre aquella misma materia.

Quiere ello decir que en estos supuestos se posibilita la asunción de unas determinadas competencias por parte de las Comunidades. Ahora bien, la reserva al Estado de la regulación de las «bases», de la «legislación básica» o de las «condiciones básicas», no significa sin más, como constituye una reiterada doctrina constitucional (así, entre otras, STC 44/1982, de 8 de julio), que a una Comunidad determinada le corresponda la regulación de todo lo que no sea básico, sino que a cada Comunidad se le atribuirán tan sólo aquellas competencias que haya asumido en su Estatuto. En resumen, excepción hecha de «lo básico», todo lo demás estará disponible para la Comunidad.

IV. En otros ámbitos materiales (propiedad intelectual e industrial, pesas y medidas, ordenamiento mercantil, penal y penitenciario...) se reserva al Estado la legislación en su integridad, o lo que es igual, la ordenación normativa íntegra de la materia. Aquí, como ha reconocido el Tribunal Constitucional (STC 33/1981, de 5 de noviembre), el deslinde competencial no se plantea en el ámbito de las competencias legislativas, sino en el de las competencias ejecutivas, lo que es tanto como reconocer la posible atribución a las Comunidades Autónomas, en estos ámbitos, de una potestad ejecutiva, de ejecución de normas estatales.

V. Más áun, en algún caso, la propia Norma suprema otorga de modo expreso tal competencia ejecutiva a las Comunidades; es el caso de la legislación laboral, que se reserva el Estado «sin perjuicio de su ejecución por los órganos de las Comunidades Autónomas» (art. 149.1, 7.ª), o de la legislación básica y régimen económico de la Seguridad Social, también reservada al Estado, «sin perjuicio de la ejecución de sus servicios por las Comunidades Autónomas» (art. 149.1, 17.ª). Con ello la complejidad de la estructura normativa del precepto se acentúa aún más si cabe, pues con tal técnica lo que hace es aludir —a través de *las cláusulas «sin perjuicio de...»*— a ámbitos competenciales autonómicos.

Pero esta última técnica no sólo se utiliza para reservar potestades ejecutivas a las Comunidades, sino también para prever el ejercicio por aquéllas de verdaderas potestades legislativas en materias cuya ordenación normativa parece en un primer momento atribuirse en exclusiva al Estado. Este es el caso, entre otras, de la legislación civil, que se reserva al Estado, «sin perjuicio de la conservación, modificación y desarrollo por las Comunidades Autónomas de los derechos civiles, forales o especiales, allí donde existan» (art. 149.1, 8.ª). Es también el caso de la pesca marítima, cuya normación se atribuye al Estado, «sin perjuicio de las competencias que en la ordenación del sector se atribuyan a las Comunidades Autónomas» (art. 149.1, 19.ª). Algo análogo acontece con la legislación básica sobre protección del medio ambiente, reservada al Estado, «sin perjuicio de las facultades de las Comunidades Autónomas de establecer normas adicionales de protección» (art. 149.1, 23.ª), o, por poner un último ejemplo, con la seguridad pública, competencia del Estado, «sin perjuicio de la posibilidad de creación de policías por las Comunidades Autónomas en la forma que se establezca en los respectivos Estatutos en el marco de lo que disponga una ley orgánica» (art. 149.1, 29.ª).

Como fácilmente puede apreciarse, alguna de las formulaciones anteriores conduce a una total compartición de competencias. Este es el caso de la pesca marítima, que se atribuye al Estado, lo que entraña que éste asume todas las competencias legislativas y ejecutivas sobre la materia; sin embargo, ello se hace «sin perjuicio de las competencias que en la ordenación del sector se atribuyan a las Comunidades», y es patente que dentro de esas competencias caben potestades legislativas y ejecutivas. Algo similar puede decirse de la seguridad pública.

VI. En otros apartados del precepto, la exclusividad se produce tan sólo respecto de una parte de la materia; así, al Estado se atribuye la competencia exclusiva sobre los puertos y aeropuertos de interés general, los ferrocarriles y transportes terrestres que transcurran por el territorio de más de una Comunidad, las obras públicas de interés general o cuya realización afecte a más de una Comunidad. Ello significa, obviamente, que, por ejemplo, las Comunidades podrán asumir competencias sobre los transportes terrestres circunscritos a su propio territorio.

VII. En otro orden de consideraciones, cabe significar que la técnica general del artículo 149.1 es posibilitar que las Comunidades, haciendo uso del principio dispositivo, puedan asumir por medio de sus Estatutos cuantas competencias deseen, fuera lógicamente de las reservas en favor del Estado previstas por el precepto. Ahora bien, esta técnica quiebra en algún supuesto, en el que el artículo 149 no posibilita la inmediata incorporación de una materia, o de potestades concretas respecto a la misma, a los respectivos Estatutos. El ejemplo arquetípico es el del apartado 29, relativo a la seguridad pública, al que ya nos hemos referido, y del que recordaremos que se remite a una ley orgánica a los efectos de precisar el marco en el que los Estatutos pueden establecer la creación de policías autonómicas.

En estos casos, normas estatales llevan a cabo una delimitación de competencias, algo que, como ya hemos significado en bastantes ocasiones, queda reservado con carácter general a los Estatutos de Autonomía.

VIII. La estructura del artículo 149 se complica todavía más si se atiende a su apartado segundo, a cuyo tenor:

> «Sin perjuicio de las competencias que podrán asumir las Comunidades Autónomas, el Estado considerará el servicio de la cultura como deber y atribución esencial y facilitará la comunicación cultural entre las Comunidades Autónomas, de acuerdo con ellas.»

El precepto, después de reconocer la competencia autonómica en cuanto se relaciona con la cultura, afirma una competencia estatal, poniendo el acento en el servicio de la cultura como deber y atribución esencial. En realidad estamos ante una competencia indistinta, si bien el Tribunal Constitucional ha hablado en este caso de una concurrencia de competencias. A su juicio (STC 49/1984, de 5 de abril), estamos en presencia de una competencia estatal y una competencia autonómica, «en el sentido de que más que un reparto competencial vertical, lo que se produce es una concurrencia de competencias ordenada a la preservación y estímulo de los valores culturales propios del cuerpo social desde la instancia pública correspondiente». En todo caso, esta calificación jurisprudencial no tiene excesivo valor por cuanto el Tribunal, en este aspecto concreto, con olvido de toda categorización conceptual, ha orientado su labor a la concreta indagación en cada caso del régimen distributivo de competencias a efectos de resolver acerca de su titularidad.

d') La cláusula de atribución residual de competencias

El modelo distributivo de competencias establecido por la Norma suprema se completa con la cláusula residual de doble alcance prevista por el artículo 149.3, a cuyo tenor:

> «Las materias no atribuidas expresamente al Estado por esta Constitución podrán corresponder a las Comunidades Autónomas, en virtud de sus respectivos Estatutos. La competencia sobre las materias que no se hayan asumido por los Estatutos de Autonomía corresponderá al Estado...»

Esta cláusula, como es lógico, se ajusta al esquema general de los artículos 148 y 149, en cuanto que atiende a materias, no a una función determinada globalmente considerada, a diferencia de lo que sucede en otros textos constitucionales, como es el caso de la Ley Fundamental de Bonn, cuyo artículo 83 atribuye a los Länder la ejecución de las leyes federales como asunto propio de cada uno, en cuanto la misma Ley Fundamental no disponga o permita otra cosa.

Con la cláusula del artículo 149.3 el marco constitucional, según el Tribunal (STC 82/1984, de 20 de julio), aparece delimitado con nitidez: «A las Comunidades Autónomas pueden corresponder las competencias no reservadas expresamente al Estado (con relación a cada materia), pero aquellas que no se hayan asumido en el Estatuto (dentro de las asumibles) corresponden al Estado.»

Es claro, pues, que la cláusula de cierre del sistema distributivo de competencias presenta un doble alcance: de una parte, posibilita que las Comunidades Autónomas, a través de sus Estatutos, puedan asumir competencias sobre un amplio espacio material que delimita negativamente el propio artículo 149.1: todas las materias no atribuidas de modo expreso al Estado por la Constitución. Ahora bien, la asunción competencial por las Comunidades no es automática, como reiteradísimamente ha advertido el Tribunal Constitucional, y deja muy claro el artículo 149.3. De ahí que la cláusula de atribución residual presente una segunda virtualidad: la de que todas aquellas materias no expresamente asumidas por los Estatutos han de corresponder al Estado, esto es, se convierten en materias de titularidad estatal.

Este segundo sentido de la cláusula cambia por entero su significado, su operatividad, convirtiendo las competencias autonómicas en competencias de atribución. Dicho de otro modo, más allá de las reservas estatales del artículo 149.1, la Constitución oferta la posibilidad de que las Comunidades asuman competencias determinadas sobre ciertas materias, pero se trata de una mera atribución potencial, que sólo se formaliza en la medida en que el Estatuto de Autonomía de una Comunidad asume para sí esas competencias, de forma tal que lo no asumido explícitamente se considera competencia del Estado. Se requiere, pues, una expresa atribución estatutaria para que la Comunidad asuma la competencia.

Ello, en último término, lo que nos está indicando es que la competencia residual, la competencia de derecho común, esto es, la que atañe a todos los poderes no expresamente asumidos por una Comunidad, pertenece al Estado, que, de esta forma, asume un núcleo competencial mucho mayor que el estrictamente acotado por el artículo 149.1. A la par, ello significa asimismo que en este ámbito material residual el Estado no precisa de títulos competenciales específicos, bastándole el general del artículo 149.3.

La cláusula que nos ocupa pareció operar de modo automático en la primera jurisprudencia constitucional. Así, en su Sentencia 18/1982, de 4 de mayo, el Tribunal afirmaba que «si el examen del Estatuto correspondiente revela que la materia de que se trate no está incluida en el mismo, no cabe duda que la competencia será estatal, pues así lo dice expresamente al artículo 149.3 de la Constitución».

Esta interpretación iba a ser, sin embargo, posteriormente matizada por el mismo Tribunal.

Especial interés presenta al efecto la Sentencia 76/1984, de 29 de junio. Pone fin la misma al recurso de inconstitucionalidad promovido por el Presidente del Gobierno contra la Ley 11/1982, del Parlamento de Cataluña, de creación del Instituto Cartográfico de Cataluña.

El recurrente construiría su argumentación sobre la naturaleza de servicio público de un «núcleo específico» de la actividad cartográfica. Como sobre ese «servicio público cartográfico» no tiene expresamente reservada competencia el Estado en la Constitución, pero tampoco le ha sido atribuida a la Comunidad Autónoma competencia alguna por su Estatuto, la fórmula del artículo 149.3 entra en juego y, en su virtud, obliga a concluir que sobre la materia en cuestión sólo el Estado tiene competencia.

El Tribunal, sin embargo, entiende que no ha lugar a la entrada en juego de la cláusula residual del artículo 149.3. Toma como punto de partida de su razonamiento, la inexistencia de una calificación ni constitucional ni estatutaria ni enmarcada en la legalidad ordinaria de la actividad cartográfica como servicio público, circunstancia a la que se ha de añadir el carácter de *actividad instrumental* desempeñable por entidades públicas o privadas. A partir de aquí formula su conclusión:

> «El silencio de la Constitución y del Estatuto de Autonomía sobre ella (la actividad cartográfica) se explica no como una reserva tácita y residual de competencia cartográfica estatal exclusiva en virtud del artículo 149.3 CE, sino como un también tácito reconocimiento de que no es la cartografía materia sobre la que sólo se pueda actuar en vir-

> tud de normas de atribución de competencia, sino una actividad técnica relacionada con competencias que, éstas sí, pueden pertenecer al Estado o a una Comunidad.»

Es evidente que esta jurisprudencia no significa un giro radical respecto de la doctrina que parecía latir en la Sentencia 18/1982; sin embargo, a nuestro entender, en alguna medida, anticipa lo que sí puede considerarse como una interpretación realmente novedosa respecto al juego de la cláusula de cierre del artículo 149.3, que encontramos en la Sentencia 123/1984, de 18 de diciembre.

De algún modo, la interpretación «expansiva» de los Estatutos de Autonomía tiene que ver con la doctrina de la exclusión de la cláusula de atribución residual de competencias en aquellos supuestos en que, no habiendo sido incluida una materia en las listas de los artículos 148 y 149 y tampoco en un Estatuto de Autonomía, sea encajable por vía interpretativa dentro de las competencias estatutarias asumidas.

La citada Sentencia 123/1984 resolvía un conflicto positivo de competencia promovido por el Gobierno de la Nación frente al Ejecutivo vasco. La materia objeto de discusión se insertaba en la órbita de la «protección civil», materia, por lo menos en su enunciación literal, no recogida dentro de las normas de delimitación competencial. Sin embargo, a juicio del Tribunal, de tal circunstancia no puede extraerse la conclusión de que esa materia no se encuentre incluida en el sistema competencial y de que haya necesariamente que acudir a la cláusula del artículo 149.3.

> «Es claro —sostiene el Tribunal— que las competencias de las Comunidades Autónomas están definidas por sus Estatutos de Autonomía, pero es cierto asimismo que el juego de la cláusula residual o supletoria del artículo 149.3 de la Constitución supone que, con independencia de los rótulos o denominaciones, no ha sido incluida en el correspondiente Estatuto de Autonomía una materia, entendida como conjunto de actividades, funciones e institutos jurídicos relativos a un sector de la vida social, de manera que *para que entre en juego la llamada cláusula residual* o supletoria, *es necesario que el problema no pueda quedar resuelto con los criterios interpretativos ordinarios.*»

Esta interpretación jurisprudencial supone un rechazo del juego puramente mecánico de la cláusula residual del artículo 149.3, a la par que entraña unas consecuencias prácticas de indudable trascendencia en orden al fortalecimiento competencial de las Comunidades Autónomas, en detrimento lógicamente del Estado, último beneficiado por el doble juego de la cláusula de cierre del sistema del tantas veces referido precepto.

d/ La tipología competencial

Los diversos intentos de clasificación de la distribución competencial establecida en la Constitución y en los Estatutos, al atender a la articulación del ejercicio de las competencias entre el Estado y las Comunidades Autónomas, han plasmado en denominaciones doctrinales muy diversas, a veces incluso polisémicas; de todas ellas, la más característica ha sido la que se asienta en el siguiente tríptico conceptual: competencias *«exclusivas», «compartidas»* y *«concurrentes».*

Si el terreno que abarca la exclusividad parece relativamente fácil de delimitar «a priori», pues, entendida en un sentido estricto, exclusividad equivale a monopolio, a integridad o plenitud en la disposición de la materia, lo que supone que el titular de la competencia dispone íntegramente de la misma, con exclusión de cualquier otro, la realidad nos muestra, como ya hemos tenido ocasión de señalar, que el empleo que del término «exclusivo» se hace en la Constitución y en los Estatutos es muy equívoco, como el mismo Tribunal Constitucional ha reiterado en diversas ocasiones. Ello aconseja separar al menos dos tipos de competencias exclusivas: las *íntegras, plenas o absolutas* y aquellas otras que pueden entenderse como *«exclusivas»* tan sólo *en un sentido relativo,* pues no entrañan la competencia sobre la integridad de la materia, ya que se hallan limitadas.

La complejidad se acentúa mucho más cuando se trata de delimitar los otros dos conceptos, esto es, los de competencias *«compartidas»* y *«concurrentes».* En principio, parece claro que toda competencia no exclusiva es compartida. La problemática se suscita con toda su intensidad cuando se trata de separar las competencias compartidas de las concurrentes.

La jurisprudencia constitucional no ha venido en modo alguno a delimitar con nitidez unas y otras competencias, en buena medida porque, como advierte *Muñoz Machado,* el Tribunal opera desentendiéndose de las calificaciones e indagando caso por caso sobre el régimen de reparto de la competencia, para decidir acerca de su titularidad o resolver los conflictos en los supuestos de confrontación de los contenidos normativos.

En cualquier caso, tiene su interés abordar de modo somero el estudio de la doctrina constitucional en torno a esta cuestión.

Por lo que se refiere a las competencias *«compartidas»,* el Tribunal ha venido a considerar, en alguna medida, como paradigma de las mismas el supuesto del artículo 149.1, 27.ª, donde en materia de prensa, radio y televisión y, en general, de todos los medios de comunicación social, corresponde al Estado dictar las normas básicas, «sin perjuicio de las facultades que en su desarrollo y ejecución correspondan a las Comunidades Autónomas».

A juicio de nuestro intérprete supremo de la Constitución (Sentencias 26/1982, de 24 de mayo; 44/1982, de 8 de julio, y 21/1988, de 18 de febrero, entre otras muchas), el artículo 149.1, 27.ª permite que el régimen de radiodifusión «se articule con arreglo a un principio de competencias compartidas entre el Estado y la Comunidad Autónoma según el cual corresponde al Estado dictar las normas básicas, mientras que la Comunidad Autónoma puede asumir, mediante el correspondiente Estatuto, una competencia legislativa complementaria de desarrollo que en todo caso habrá de respetar aquella normativa básica, una potestad reglamentaria igualmente de desarrollo, y, finalmente, la función ejecutiva correspondiente a la materia» (STC 26/1982).

En cuanto a las competencias *«concurrentes»*, el Tribunal ha recurrido a esta conceptualización en diferentes supuestos, cuyo común denominador lo encontramos en el hecho de que la competencia no es claramente identificable con una materia, cabiendo por el contrario la concurrencia imperfecta de diversos títulos competenciales, lo que «obliga al intérprete del bloque de la constitucionalidad y de la norma o normas constitutivas del objeto de un conflicto, a una tarea de ponderación difícilmente conceptualizable y, por fuerza, casuística» (STC 125/1984, de 20 de diciembre).

Las normas constitucionales y estatutarias relativas a la distribución de competencias clasifican la realidad social en materias para ordenar aquella distribución. Sin embargo, en ocasiones, esos conceptos materiales poseen un inevitable grado de indeterminación y es frecuente que una materia tenga dimensiones clasificables dentro de otro concepto material y encajables en otro título competencial. Así acontece, según el Tribunal (STC 125/1984), con el turismo, materia que presenta dimensiones que encajan dentro del comercio exterior. Otro tanto puede decirse de la inspección pesquera, por cuanto la competencia estatal de vigilancia de costas puede abarcar, en cuanto ello sea necesario a los fines de la defensa nacional, el control del tráfico marítimo y, por tanto, también el de los barcos de pesca (STC 113/1983, de 6 de diciembre), y algo similar puede suceder, como el mismo Tribunal ha reconocido (STC 123/1984, de 18 de diciembre), con la protección civil y, desde luego, con otras muchas materias.

A la vista de esta doctrina, podríamos llegar, siguiendo a *Pérez Royo*, a una primera conclusión: el Tribunal tiende a operar con el esquema «competencia exclusiva—competencia compartida» cuando la competencia es claramente identificable como perteneciente a una materia inequívocamente definida, en tanto que utiliza el esquema «competencia exclusiva—competencia concurrente» cuando la competencia no es claramente identificable con una materia, sino que en dicha materia pueden confluir o concurrir diversos títulos competenciales.

Desde luego, si bien parece claro que el primer par (competencia exclusiva—compartida) responde al esquema distributivo de competencias más común, de conformidad con el cual, la competencia resulta nítidamente identificada con una materia respecto de la cual se ha reservado al Estado la legislación o la legislación básica y a la Comunidad Autónoma la ejecución o el desarrollo legislativo y la ejecución, existiendo, pues, una delimitación vertical del ámbito de actuación de cada ente, no resulta por contra tan inequívoco que el Tribunal circunscriba la utilización del segundo par (competencia exclusiva—concurrente) al esquema propuesto. Y ello por cuanto nuestro supremo intérprete de la Constitución ha recurrido al concepto de *«competencia concurrente»* en supuestos que nada tienen que ver con los anteriormente referidos.

En efecto, el citado concepto ha sido utilizado para hacer referencia al supuesto en el que recaen sobre un mismo espacio físico competencias estatales y autonómicas con un distinto objeto jurídico, en el bien entendido de que la concurrencia sólo será posible cuando el ejercicio de la competencia de la Comunidad Autónoma no se interfiera en el ejercicio de la competencia estatal ni lo perturbe (STC 77/1984, de 3 de julio). Así, en el supuesto abordado por la Sentencia 77/1984, el Tribunal precisa que la competencia exclusiva del Estado sobre puertos de interés general tiene por objeto la propia realidad del puerto y la actividad relativa al mismo, pero no cualquier tipo de actividad que afecte al espacio físico que abarca un puerto. De esta forma, no cabe excluir que en un caso concreto puedan concurrir en el espacio físico de un puerto de interés general (en el caso de la Sentencia, el puerto de Bilbao) el ejercicio de la competencia del Estado en materia de puertos y el de la Comunidad Autónoma en materia urbanística.

En alguna otra ocasión, el Tribunal ha admitido que competencias del Estado y de una Comunidad calificadas por la Constitución y el Estatuto correspondiente como «exclusivas», «están llamadas objetiva y necesariamente a ser concurrentes». Tal sería el caso de las definidas por el artículo 149.1, 13.ª de la Constitución y el artículo 10.25 del Estatuto de Autonomía del País Vasco:

> «Si es cierto —afirma el Tribunal en su Sentencia 1/1982, de 28 de enero— que el artículo 10.25 del Estatuto de Autonomía del País Vasco otorga competencia exclusiva a la Comunidad en la "planificación de la actividad económica del País Vasco", también lo es que ese mismo precepto enmarca la citada competencia dentro del respeto («de acuerdo con») a la "ordenación general de la economía", y como el Estado tiene competencia exclusiva precisamente para las "bases y coordinación de la planificación general de la actividad económica" (art. 149.1, 13.ª), es claro que *ambas competencias exclusivas están llamadas objetiva y necesariamente a ser concurrentes...»*

A la vista de los diferentes posicionamientos del Tribunal, la conclusión parece evidente: nuestro intérprete supremo de la Constitución no ha pretendido en ningún momento calificar conceptualmente las competencias coexistentes, distinguiendo de modo abstracto entre las competencias compartidas y las concurrentes. El Tribunal, como ya hemos dicho en un momento precedente, ha olvidado toda categorización conceptual, ciñéndose en cada caso concreto a la resolución acerca de la titularidad de la competencia controvertida.

Es por ello por lo que, al margen de la doctrina constitucional, debemos intentar formular, por lo menos con una finalidad didáctica, una clasificación de las competencias en base a la articulación constitucional y estatutaria del sistema distributivo competencial. No se trata tanto de efectuar una categorización conceptual cuanto de buscar un cauce de sistematización con fines puramente didácticos. Partiendo de esta premisa, creemos que se puede establecer la siguiente tipología competencial:

1. *Competencias plenas o íntegras.* Son aquellas en las que se dispone de la totalidad de la materia por una única instancia; dicho de otro modo, a esta sola instancia (normalmente el Estado) se le atribuye el conjunto de todas las funciones públicas (ordenación y ejecución) sobre una determinada materia o sector. La exclusividad —pues de competencias exclusivas en sentido estricto se trata— se entiende aquí en el sentido de plenitud o integridad.

2. *Competencias exclusivas limitadas.* La competencia no se asienta en este caso en un régimen de absoluta separación entre el Estado y las Comunidades Autónomas, como sucede en el supuesto anterior; es por ello por lo que la doctrina habla aquí de una «exclusividad limitada».

La exclusividad suele producirse al asumir una instancia la totalidad de una función (legislativa o ejecutiva) sobre una materia. Así, en materia de propiedad intelectual e industrial, se reserva al Estado la legislación en su integridad, lo que entraña que aquél asuma en exclusiva la potestad legislativa sobre esa materia, si bien la ejecución puede corresponder a las instancias autonómicas de poder.

Ahora bien, se puede hablar asimismo de «exclusividad limitada» cuando una instancia posee la totalidad de las potestades de ordenación y ejecución no sobre el conjunto de la materia, pero sí sobre una parte o porción de la misma. La materia, pues, se comparte, pero al fraccionarse en porciones, cada instancia asume una competencia exclusiva, si bien por ello mismo limitada, sobre cada porción o fracción. Así, por ejemplo, las obras públicas es una materia sobre la que el Estado dispone de competencias exclusivas, siempre y cuando sean de interés general o su realización afecte a más de una Comunidad (art. 149.1, 24.ª). Ello quiere decir que estamos en presencia de una materia fraccionada por cuanto aquellas obras públicas de interés particular (no general) y que afecten tan sólo al territorio de una Comunidad, no son de la competencia exclusiva del Estado, pudiendo asumir sobre ellas cada Comunidad —cuando así sea procedente—, mediante su respectivo Estatuto, una competencia exclusiva. En definitiva, sobre una misma materia, obras públicas, o más bien sobre partes fraccionadas de la misma, dos instancias de poder, el Estado y las Comunidades, asumen o pueden asumir la totalidad de las funciones públicas (de ordenación y de ejecución).

3. *Competencias compartidas.* Se habla de compartición cuando dos instancias distintas ejercen una misma función sobre idéntica materia. Tal sucede cuando, por ejemplo, al Estado corresponde la legislación básica y a las Comunidades el desarrollo legislativo. Como es obvio, pueden compartirse no sólo las potestades de ordenación o normación, sino también las de ejecución.

4. *Competencias concurrentes.* Entendemos por tales aquellas competencias diferenciadas, estatales y autonómicas, que recaen sobre un mismo espacio físico, guardando entre sí una cierta interdependencia, pese a tener un objeto jurídico diverso. Este sería el caso del supuesto contemplado por la Sentencia 77/1984, referida con anterioridad: concurrencia en un mismo espacio físico (un puerto de interés general) de competencias estatales (las que corresponden al Estado en materia de puertos de interés general) y de competencias autonómicas (las que pueda asumir una Comunidad en materia urbanística).

5. *Competencias indistintas.* Se puede hablar de este tipo de competencias cuando sobre una misma materia disponen de idénticas facultades, indistintamente, dos instancias diferentes. El supuesto del artículo 149.2, relativo a la cultura, puede considerarse como paradigmático a estos efectos.

e/ Las fórmulas de articulación del sistema

La distribución de competencias entre el Estado y las Comunidades Autónomas no implica en modo alguno una fractura del Estado, ni tan siquiera la aparición de una dinámica centrífuga como consecuencia de la existencia de una pluralidad de instancias territoriales de poder, dotadas por ello mismo de una capacidad de gestión autónoma, de una capacidad de autogobierno.

Bien al contrario, la Constitución establece una serie de mecanismos de articulación con los que procurar el ensamblaje de los distintos ordenamientos jurídicos que van a aparecer como consecuencia de la potestad normativa de las Comunidades Autónomas, como también la eficacia en la gestión administrativa.

En esta articulación ha desempeñado, y lo sigue haciendo, un papel decisivo el Tribunal Constitucional, circunstancia que se explica en buen grado por las propias peculiaridades del modelo distributivo competencial fijado por nuestros constituyentes. De ahí que su doctrina nos proporcione, en unos casos, las pautas precisas para el correcto entendimiento de buena parte de las fórmulas de articulación constitucionalmente previstas, mientras que en otros, es su misma jurisprudencia la que ha contribuido a crear mecanismos de articulación y ensamblaje del sistema. De ahí que entre las fórmulas de articulación a que, a continuación, vamos a referirnos, incluyamos mecanismos propiamente constitucionales junto a criterios estrictamente jurisprudenciales.

a') El bloque de la constitucionalidad y el valor normativo preferente de la Constitución

En alguna ocasión precedente nos hemos hecho eco del «bloque de constitucionalidad», expresión con la que se hace referencia al conjunto de disposiciones utilizables como parámetro de la legitimidad constitucional de las leyes; la problemática que suscita el «bloque de constitucionalidad» será analizada en un momento ulterior.

También con anterioridad vimos la relevancia de los Estatutos de Autonomía en el sistema distributivo de competencias, en cuanto vehículos normativos a cuyo través las Comunidades se dotan de un núcleo competencial concreto.

En consonancia con todo ello, la importancia de los Estatutos en la delimitación del «bloque de constitucionalidad» es palmaria, y así lo ha subrayado reiteradamente el Tribunal Constitucional.

Ahora bien, no es menos patente que, eventualmente, pueden integrarse en el «bloque» otras normas estatales a las que en una materia concreta remitan la Constitución o los propios Estatutos. También contemplamos esta cuestión al abordar el tema del contenido de los Estatutos de Autonomía. Por ello mismo, sólo recordaremos que la reserva que la Constitución hace a los Estatutos en materia competencial no es total o absoluta, dado que las Leyes estatales pueden cumplir en unas ocasiones una función atributiva de competencias (Leyes orgánicas de transferencia o delegación), y en otras, una función delimitadora de su contenido. Como el Tribunal precisara en su, por tantos aspectos, trascendente Sentencia 76/1983, de 5 de agosto, esta última circunstancia se produce cuando la Constitución remite a una Ley del Estado para precisar el alcance de la competencia que las Comunidades pueden asumir (lo que a su vez condiciona el alcance de la posible asunción estatutaria de competencias), y asimismo, cuando los Estatutos cierran el proceso de delimitación competencial mediante la remisión a las prescripciones de una Ley estatal.

En definitiva, el «bloque de constitucionalidad» presenta una riqueza normativa mayor que la que podría deducirse del relevante papel de los Estatutos como normas delimitadoras de competencias.

Y todo ello sin olvidar en modo alguno la supremacía de la Constitución, que, como advierte *García de Enterría,* es el supraordenamiento y en él se articulan el ordenamiento estatal «stricto sensu» y el autonómico. De ahí que imponga su supremacía a los dos ordenamientos, y de ahí igualmente que en la doctrina alemana haya podido hablarse de que en la Constitución se encuentra la *«competencia de las competencias» («Kompetenz-Kompetenz»)*, pues su primera función es la de distribuir todas las competencias públicas y, en lo que atañe a la cuestión que ahora nos ocupa, distribuir los espacios competenciales de cada uno de los dos ordenamientos subordinados.

De esta supremacía constitucional se deriva, entre otras consecuencias, la ineludibilidad de interpretar los ordenamientos estatal y autonómico «conforme a la Constitución». Y ello, obviamente, es de plena aplicación a las normas estatutarias.

Así lo ha reconocido el Tribunal Constitucional, para quien los Estatutos «deben ser interpretados siempre dentro de los términos de la Constitución» (STC 69/1982, de 23 de noviembre), todo lo cual implica que «el sentido y alcance de la competencia (...) asumida por la Comunidad (...) sólo quedará correctamente interpretado a la luz de lo que establece el artículo 149 de la Constitución» (STC 69/1982).

Es por ello mismo por lo que sería erróneo pensar que, una vez aprobados los Estatutos, los marcos competenciales constitucionalmente establecidos agotan su virtualidad. El ya reseñado principio de primacía constitucional, con la consecuente subordinación estatutaria a la Norma suprema, se opone a tal interpretación.

También el Tribunal Constitucional se ha hecho eco de ello en su Sentencia 18/1982, de 4 de mayo, en la que puede leerse lo que sigue:

> «El Estatuto de Autonomía, al igual que el resto del ordenamiento jurídico, debe ser interpretado siempre de conformidad con la Constitución (...); por ello, los marcos competenciales que la Constitución establece no agotan su virtualidad en el momento de la aprobación del Estatuto de Autonomía, sino que continuarán siendo preceptos operativos en el momento de realizar la interpretación de los preceptos de éste a través de los cuales se realiza la asunción de competencias por la Comunidad Autónoma.»

En último término, como parece evidente, es a una interpretación sistemática de todo el «bloque de constitucionalidad» a la que habrá que acudir llegado el momento de proceder a la calificación jurídica de las distintas competencias autonómicas. En tal sentido se manifestaría nuestro supremo intérprete de la Constitución en su Sentencia 20/1988, de 18 de febrero:

> «*La calificación jurídica que las competencias de las Comunidades Autónomas deben merecer* —señala el Tribunal— no deriva de una lectura aislada de la denominación que tales competencias reciban en los textos estatutarios, sino *de una interpretación sistemática de todo*

el bloque de la constitucionalidad, dentro del cual, como es evidente, la Constitución conserva intacta su fuerza normativa dominante como "lex superior" de todo el ordenamiento; fuerza normativa que no se agota ni disminuye con la promulgación de los Estatutos de Autonomía, cuyos preceptos, por más que califiquen como exclusiva la competencia asumida "ratione materiae", nada pueden frente a las normas constitucionales que, en su caso, reconozcan al Estado títulos competenciales sobre esa misma materia.»

b') El principio de indisponibilidad de las competencias

Como ya hemos tenido ocasión de exponer, las competencias no reservadas por la Constitución al Estado no deben ya, de modo automático, considerarse como propias de las Comunidades, pues las de éstas son competencias de atribución, siendo el Estado quien goza, en cierto sentido, de una cláusula de competencia general, de modo tal que a cada Comunidad sólo le corresponderán aquellas competencias expresamente asumidas por su Estatuto. Ahora bien, verificada tal asunción competencial *«ope legis»* o *«ipso iure»*, como la califica el Tribunal en la Sentencia 25/1983, de 7 de abril, dicha adquisición es definitiva e indisponible.

El principio de indisponibilidad de las competencias constitucionales impide, pues, al legislador estatal, como regla general, incidir sobre el sistema de delimitación competencial, salvo que medie una previa y expresa habilitación constitucional o estatutaria.

Este principio, como significara el Tribunal (STC 26/1982, de 24 de mayo), deriva del hecho de que la distinción entre el Estado y las Comunidades Autónomas responde a la forma de organización territorial del Estado configurada por la Constitución, que no puede verse alterada por la pasividad temporal de cualquiera de los entes interesados frente al indebido ejercicio de sus competencias por parte del otro.

Quiere ello decir que, en último término, el principio es la resultante obligada de la distinción entre el poder constituyente y los poderes constituidos, que, como ha reconocido el Tribunal, no opera tan sólo en el momento de establecerse la Constitución. Bien al contrario, «la voluntad y racionalidad del poder constituyente objetivadas en la Constitución no sólo fundan en su origen, sino que fundamentan permanentemente el orden jurídico y estatal y suponen un límite a la potestad del legislador» (STC 76/1983, de 5 de agosto).

La consecuencia inmediata de esta diferenciación es que si bien las Cortes Generales, como titulares de la potestad legislativa del Estado, pueden legislar en principio sobre cualquier materia sin necesidad de poseer un título específico para ello, tal potestad no puede considerarse como absoluta, sino que tiene sus límites, derivados de la propia

Constitución, «y, en todo caso, lo que las Cortes no pueden hacer es colocarse en el mismo plano del poder constituyente, realizando actos propios de éste, salvo en el caso en que la propia Constitución les atribuya alguna función constituyente» (STC 76/1983).

A partir de aquí, el Tribunal, en la propia Sentencia (con la que se cerró el proceso desencadenado por cinco recursos previos de inconstitucionalidad acumulados, dirigidos contra el texto del proyecto de Ley Orgánica de Armonización del Proceso Autonómico, LOAPA), partiendo de la ya citada diferencia entre poder constituyente y poderes constituidos, y sobre la base de la premisa de la intangibilidad de la voluntad constituyente para el legislador ordinario, entiende que son los Estatutos de Autonomía, conjuntamente con la Constitución, los instrumentos jurídicos operativos en orden a la delimitación competencial, y si bien la reserva estatutaria en esta materia no es total o absoluta, el legislador estatal sólo puede incidir en este ámbito de un modo un tanto excepcional y tasado, en el doble supuesto de una expresa previsión constitucional o estatutaria.

Puede comprenderse a partir de las premisas precedentes que la doctrina que el Tribunal sienta en torno a la capacidad del legislador estatal para dictar normas relativas al ámbito competencial de las Comunidades Autónomas sea enormemente restrictiva, pudiendo condensarse en el siguiente tríptico (STC 76/1983):

> *a) El legislador estatal no puede incidir, con carácter general, en el sistema de delimitación de competencias* entre el Estado y las Comunidades Autónomas sin una expresa previsión constitucional o estatutaria.
>
> *b) El legislador tampoco puede dictar normas* que incidan en el sistema constitucional de distribución de competencias *para integrar hipotéticas lagunas* existentes en la Constitución.
>
> *c)* Finalmente, el legislador estatal no puede incidir indirectamente en la delimitación de competencias mediante la interpretación de los criterios que sirven de base a la misma.
>
> Es cierto —reflexiona el Tribunal— que todo proceso de desarrollo normativo de la Constitución implica siempre una interpretación de los correspondientes preceptos constitucionales, realizada por quien dicta la norma de desarrollo. Pero *el legislador ordinario no puede dictar normas meramente interpretativas,* cuyo exclusivo objeto sea precisar el único sentido, entre los varios posibles, que deba atribuirse a un determinado concepto o precepto de la Constitución, pues, al reducir las distintas posibilidades o alternativas del texto constitucional a una sola, completa de hecho la obra del poder constituyente y se sitúa funcionalmente en su mismo plano, cruzando al hacerlo la línea divisoria entre el poder constituyente y los poderes constituidos.

Como en un momento precedente dijimos, el principio que analizamos no puede verse alterado por la pasividad temporal de cualquiera de los entes interesados frente al indebido ejercicio de sus competencias por parte del otro. Es más, constituye reiterada doctrina constitucional (así, por ejemplo, en las Sentencias 39/1982, de 30 de junio, y 11/1984, de 2 de febrero) que la indisponibilidad de las competencias hace imposible entender que la tácita aquiescencia de su titular a un acto ajeno que las desconozca o vulnere pueda ser entendida como renuncia, de manera que esa misma competencia pueda ser por tanto reivindicada en el futuro, en los plazos y en la forma que la Ley Orgánica del Tribunal establece, con ocasión de cualquier otro acto que implique su ejercicio, aunque este nuevo acto no sea sino derivación o consecuencia de aquél frente al que no se reaccionó oportunamente.

En un orden de consideraciones análogo, el Tribunal ha rechazado que con base al deber general de colaboración al que están sometidos el Estado y las Comunidades Autónomas —que no es menester justificar en preceptos concretos, pues se encuentra implícito en la propia esencia de la forma de organización territorial del Estado que se implanta en la Constitución (STC 18/1982, de 4 de mayo; asimismo, STC 80/1985, de 4 de julio)—, puedan resultar ampliadas las competencias del Estado, ni menos aún que sea posible por lo mismo condicionar el ejercicio de las competencias autonómicas a la celebración o cumplimiento de Convenio alguno entre las dos administraciones territoriales (STC 96/1986, de 10 de julio).

En esa misma línea, el Tribunal ha rechazado que al socaire de un Convenio de colaboración se arrogue el Estado un nuevo título competencial que menoscabe o elimine las atribuciones que en una determinada materia incumben a una Comunidad Autónoma por virtud de la Constitución y del Estatuto, entendiendo asimismo inadmisible que, merced a dicho Convenio, la Comunidad haya podido renunciar a unas competencias que, como recuerda el Tribunal (STC 95/1986, de 10 de julio), son indisponibles por imperativo constitucional y estatutario.

En definitiva, el principio de indisponibilidad de competencias es inatacable, con las solas y exclusivas salvedades expuestas, que en todo caso han de interpretarse restrictivamente; ni tan siquiera puede verse alterado por la voluntaria renuncia de los entes territoriales a unas determinadas competencias. De esta forma, la indisponibilidad competencial se convierte en una de las mayores garantías de salvaguarda de las competencias autonómicas.

La violación del principio que nos ocupa implica la nulidad de pleno derecho de las normas contrarias a los preceptos constitucionales y a los que, dentro del marco constitucional, se hubieren dictado para delimitar las competencias, lo que no es sino la consecuencia obligada de la prevalencia del «bloque de constitucionalidad» (STC 39/1982, de 30 de junio).

c') El principio de conexión o de las competencias implícitas

La idea de *«conexión»* es utilizada ordinariamente en todos los sistemas organizados sobre la base de autonomías territoriales. Esta generalización, como bien apunta *Muñoz Machado,* advierte de que este mecanismo responde a algún tipo de necesidad: es, en efecto, una consecuencia del carácter «asistemático» que tienen las listas que operan las distribuciones competenciales y, en todo caso, de las limitaciones que presenta la utilización a tales efectos de «materias».

Las competencias conexas han sido explicadas como una exigencia del correcto ejercicio de las competencias principales. A juicio de *Virga,* cada competencia legislativa sobre una determinada materia comprende también aquellas competencias legislativas subsidiarias o accesorias que son necesarias para disciplinar ordenadamente la misma materia.

El principio de conexión ha sido asumido por nuestra jurisprudencia constitucional, que pronto dejaría perfilada la doctrina de que cuando la Constitución o un Estatuto declara una atribución de competencias sobre una materia no es necesario que relacione la lista de facultades concretas que comprende esa competencia ni sería posible hacerlo, y hay que deducir estas diversas facultades de su posible inclusión en la materia sobre la cual recae la competencia (STC 71/1983, de 29 de julio).

Esta doctrina sería aplicada muy poco tiempo después en dos conflictos positivos de competencias resueltos mediante las Sentencias 87/1983 y 88/1983, ambas de 27 de octubre. En la primera de ellas, el Tribunal interpretaría que la competencia estatal para fijar las enseñanzas mínimas, a efectos de lograr la homologación del sistema educativo a que se refiere el artículo 27.8 de nuestra «Lex Superior», lleva aparejada como medio natural para su ejercicio efectivo la de fijar los horarios mínimos que han de dedicarse a tales enseñanzas, aunque esta última no se recoja explícitamente. En la segunda de las Sentencias, en un supuesto sustancialmente idéntico, el Tribunal precisaría que la competencia para fijar las enseñanzas mínimas lleva aparejada asimismo la concreción del contenido concreto de los bloques temáticos, y no sólo —como pretendía el Gobierno vasco frente a la interpretación del Gobierno de la nación— la fijación de un contenido genérico de las disciplinas o asignaturas.

En relación en cierto modo con el principio de «conexión», debe situarse la interpretación jurisprudencial dada a las llamadas *«actividades instrumentales»*, esto es, aquellas que no constituyen objeto de una materia, presentando un mero carácter instrumental.

A estas actividades se referiría el Tribunal en su Sentencia 76/1984, de 29 de junio, al hilo de la controversia suscitada en relación a la actividad cartográfica, cuyo carácter instrumental en relación con múltiples actividades de los particulares y de las Administraciones públicas era patente según el Tribunal. Aunque en un momento anterior ya aludimos a esta Sentencia, volveremos nuevamente a hacernos eco de ella.

A juicio de nuestro supremo intérprete de la Constitución, el silencio de la Norma suprema y del Estatuto de Autonomía de Cataluña sobre la actividad cartográfica, a la vista tanto de la inexistencia de una calificación constitucional, estatutaria o enmarcada en la legalidad ordinaria de la actividad cartográfica como servicio público, como de la consideración de su carácter de actividad instrumental desempeñable por entidades públicas o privadas, había de entenderse no como una reserva tácita y residual de competencia cartográfica estatal exclusiva en virtud del artículo 149.3 de la Constitución, sino como un también tácito reconocimiento de que no es la cartografía materia sobre la que sólo se pueda actuar en virtud de normas de atribución de competencia, sino una actividad técnica relacionada con competencias que pueden pertenecer al Estado o a una Comunidad.

En resumen, al tratarse de una actividad instrumental, el Tribunal considera que no es necesaria la titularidad de una competencia específica para que un ente incardinado en alguna Administración pública, estatal o comunitaria, pueda realizar una actividad cartográfica.

En cualquier caso, conviene precisar que el principio de conexión no debe llevarse tan lejos que llegue a vaciar de contenido determinadas competencias de las Comunidades. Si de alguna manera esta idea ya quedó esbozada al referirnos al principio de indisponibilidad, conviene insistir en ella en relación directa con el principio de conexión, pues es claro que determinadas materias presentan tal tendencia a vincularse con otras que las competencias asumidas en relación con ellas se orientan en una dirección enormemente expansiva. Quizá el ejemplo paradigmático lo encontremos en el artículo 149.1, 13.ª, cuando alude a la planificación general de la actividad económica. De ahí que el Tribunal haya entendido que en tales supuestos no es posible una interpretación de forma tal que vacíe toda competencia comunitaria (STC 125/1984, de 20 de diciembre).

d') Los principios de delimitación de títulos competenciales

Como ya hemos tenido ocasión de advertir, las normas constitucionales y estatutarias relativas a la distribución de competencias clasifican la realidad social en materias con la finalidad de ordenar aquella distribución. Sin embargo, los conceptos de materias allí recogidos poseen en ocasiones un inevitable grado de indeterminación y es frecuente que una materia tenga dimensiones clasificables dentro de otro concepto material y encajables en otro título competencial. Además, la mayoría de las actuaciones públicas presentan un carácter complejo, incidiendo sobre sectores diversos.

Todo ello conduce a que muchos de los conflictos que se suscitan ante el Tribunal Constitucional se sustenten en la concurrencia de una pluralidad de títulos competenciales.

Es evidente que de la alegación ante el Tribunal de diversos títulos o reglas competenciales resulta la disparidad de criterios que ante él sostienen las partes respecto de la calificación jurídica de una materia. A su vez, como es obvio, la naturaleza y extensión de las competencias que según las normas constitucionales y estatutarias corresponden al Estado y a una Comunidad Autónoma varían según se refieran a una u otra materia. De ahí la ineludibilidad de proceder, en primer término, a calificar la materia en la que se subsumen los actos respecto de los cuales surge un conflicto.

Como ha señalado el Tribunal (STC 80/1985, de 4 de julio), aunque esta operación de subsunción conceptual no sea siempre fácil, es preciso determinar en todo caso la categoría genérica, de entre las referidas en la Constitución y en los Estatutos, a la que primordialmente se reconducen las competencias controvertidas, puesto que es ésta la que fundamentalmente proporciona el criterio para la delimitación competencial, sin perjuicio de que, en su caso, la incidencia de la actividad considerada en otros ámbitos obligue a corregir la conclusión inicial para tomar en consideración títulos competenciales distintos.

En esa operación de subsunción, el Tribunal ha utilizado diferentes criterios hermenéuticos, destacando entre todos ellos el criterio teleológico, que atiende a la finalidad de la norma. Y así, por poner un ejemplo, en su Sentencia 80/1985, interpreta que las acciones relativas a la sanidad vegetal (prevención y lucha contra las plagas y enfermedades vegetales) deben encuadrarse en la agricultura, y no en el medio ambiente o en la sanidad, y ello, fundamentalmente, porque la lucha contra las plagas vegetales tiene como fin primordial, cuando no exclusivo, la defensa y fomento de la producción agrícola.

Si la materia resultara comprendida en más de un título competencial, y éstos no pudieran aplicarse conjuntamente, el Tribunal deberá resolver acerca de cuál de ellos es prevalente y, por tanto, aplicable al caso.

Nuestro supremo intérprete de la Constitución se ha referido a cómo en tales supuestos pueden ser utilizadas diversas técnicas para indagar cuál es la regla competencial que debe prevalecer (STC 71/1982, de 30 de noviembre). Todas ellas habrán de tener muy presente, junto a los ámbitos competenciales definidos, la razón o fin de la norma atributiva de competencia y el contenido del precepto cuestionado (STC 49/1984, de 5 de abril y STC 71/1982). Quiere ello decir que el Tribunal Constitucional vuelve a otorgar un relevante papel hermenéutico al principio teleológico o finalista de la norma. Y junto a él, el principio de especialidad de la competencia.

Este último principio ha resultado decisivo en la Sentencia 71/1982, en la que, tras llegar a la conclusión de que la disciplina sanitaria de los productos alimenticios puede ser comprendida en los títulos competenciales sobre sanidad y defensa del consumidor, interpreta que «el carácter específico de la sanidad, respecto del plural de la defensa del consumidor, determina que la inclusión en regla (o título competencial) de más amplio alcance, debe ceder ante la regla más especial».

Hemos de significar finalmente que, como ya hemos puesto de relieve, cabe que la pluralidad de títulos competenciales pueda aplicarse conjuntamente, bien porque todos ellos conduzcan a idéntica solución respecto de la titularidad de la competencia controvertida, bien porque quepa una solución modulada.

El supuesto más característicamente encajable aquí es el de que una determinada actuación, amparada por un título competencial suficiente, incida sobre otros ámbitos o sectores sujetos a un diferente reparto competencial. Ello acontece cuando un *título de los llamados generales u «horizontales»* (relaciones internacionales, planificación general de la actividad económica, Hacienda general...), así denominados porque cruzan o inciden horizontalmente las restantes materias, concurre con otros *títulos específicos, sectoriales o «verticales»*.

Esta concurrencia de títulos, como ha dejado claro la doctrina constitucional, debe resolverse de acuerdo con la teoría de los límites, que impide una interpretación expansiva de los títulos «horizontales» y que exige modularlos de modo tal que no se vacíe de contenido la competencia autonómica asentada en un título «vertical».

Un caso característico de concurrencia de títulos de esta naturaleza sería resuelto por la Sentencia 179/1985, de 19 de diciembre.

El supuesto conflictivo se producía porque al adoptar el Estado determinadas decisiones al amparo de su título competencial contenido en el artículo 149.1, 14.ª, esto es, al abrigo de su competencia en materia de Hacienda general, ignoraba competencias propias de la Generalidad de Cataluña en materia de Administración Local. El recurso a la teoría de los límites es inequívoco en el razonamiento del Tribunal, como muestran sus siguientes reflexiones:

> «Es cierto, sin duda —afirma— que cuando, usando de su competencia en materia de Hacienda General, el Estado regula cuestiones referentes a la Administración Local, no puede desconocer la delimitación competencial que respecto de ella existe entre el propio Estado y algunas Comunidades Autónomas. Si para esos fines hacendísticos ha de introducir modificaciones en el régimen jurídico de esa Administración, deberá hacerlo de modo tal que no se imposibilite el ejercicio de la facultad comunitaria para dictar las normas de detalle. Supuesto imprescindible para ello es, sin embargo, el de que la regulación estatal sea de tal naturaleza que quepa establecer en su seno la distinción entre normas básicas y las que no tienen este carácter.»

e') Reservas de ley y delimitación de competencias

Una importante cuestión que ha debido aclarar el Tribunal Constitucional a los efectos de una correcta articulación del sistema distributivo de competencias es la de si la reserva de ley orgánica que el artículo 81.1 de la Constitución establece sobre el «desarrollo de los derechos fundamentales y de las libertades públicas», e incluso la propia reserva de ley del artículo 53.1, sobre la regulación del ejercicio de los derechos y libertades reconocidos en el Capítulo segundo del Título I, incide sobre el reparto general de competencias entre el Estado y las Comunidades Autónomas, lo que sucedería de entenderse que las anteriores reservas de ley se refieren a leyes del Estado, impidiendo toda normación autonómica.

La cuestión se proyectaba de inmediato sobre el sistema distributivo, por cuanto el artículo 149.1, 1.ª atribuye al Estado la competencia exclusiva para la regulación de las condiciones básicas que garanticen la igualdad de todos los españoles en el ejercicio de los derechos y en el cumplimiento de los deberes constitucionales. Algún otro apartado del propio precepto incide asimismo en el tema; tal es el caso del apartado 30, que atribuye al Estado la competencia exclusiva para la regulación, entre otras materias, de las normas básicas para el desarrollo del artículo 27 (derecho a la educación y libertad de enseñanza) de la Constitución.

Como fácilmente puede comprenderse, los apartados primero y trigésimo del artículo 149.1 abren la posibilidad de una asunción estatutaria de competencias por parte de las Comunidades, por cuanto al Estado se reserva tan sólo la regulación de las condiciones básicas de ejercicio de los derechos, en un caso, y de las normas básicas para el desarrollo del derecho a la educación, en el otro. Quiere ello decir que, si así se dispone en los Estatutos, parece posible que las Comunidades asuman no ya potestades ejecutivas, sino también legislativas, de desarrollo normativo de aquellas condiciones o normas básicas.

Una interpretación en el sentido de considerar que las reservas constitucionales de los artículos 81.1 y 53.1 lo son a leyes estatales impediría toda competencia normativa autonómica, incidiendo de modo directo sobre el sistema distributivo de competencias.

En su primera doctrina, el Tribunal pareció sentar las bases para una interpretación restrictiva. Y así, en su Sentencia 25/1981, de 14 de julio, tras arrancar del reconocimiento de la doble naturaleza de los derechos fundamentales, entendía que, «en cuanto elemento fundamental de un ordenamiento objetivo, los derechos fundamentales dan sus contenidos básicos a dicho ordenamiento (...) y atañen al conjunto estatal». En el cumplimiento de esta función, «los derechos fundamentales no están afectados por la estructura federal, regional o autonómica del Estado». Desde esta óptica, los derechos operan como elemento unificador.

Esta doctrina parecía reflejar la idea de que sólo al Estado correspondía la regulación legislativa del ejercicio de estos derechos y libertades.

Análoga idea parecía latir igualmente en la Sentencia 5/1981, de 13 de febrero, en la que el Tribunal abordaba los diferentes motivos de impugnación contra la Ley Orgánica del Estatuto de Centros Escolares (LOECE). Uno de ellos era que la Disposición Adicional 3.ª de la Ley permitía que algunas de sus disposiciones pudieran ser sustituidas por Leyes de Comunidades Autónomas con competencias en materia de educación.

Parte el Tribunal de la posibilidad de que en una misma ley orgánica concurran materias estrictas y materias conexas (esto es, materias que el legislador, en atención a razones de conexión temática o de sistematicidad o de buena política legislativa, ha considerado oportuno incluir junto a las materias estrictamente reservadas a la ley orgánica). Estas últimas también quedan sujetas al régimen de congelación de rango señalado por el artículo 81.2 de la Constitución (necesidad de una mayoría cualificada, mayoría absoluta, para su ulterior modificación). Sin embargo, nuestro intérprete supremo de la Constitución admite que este régimen pueda ser excluido por la propia ley orgánica en relación con alguno de sus preceptos.

Tomando como punto de partida tales premisas, el Tribunal llega a la conclusión de que la Disposición Adicional 3.ª de la LOECE debe ser interpretada como una norma de articulación que considera los preceptos en ella citados como relativos a materias conexas con el desarrollo normativo de los derechos fundamentales tratados en la LOECE y no concernientes a las «condiciones básicas» a que se refiere el artículo 149.1, 1.ª, ni a las «normas básicas para el desarrollo del artículo 27 de la Constitución», mencionadas en el artículo 149.1, 30.ª de la misma.

A la vista de esta interpretación, cabe decir que el Tribunal parece limitarse a admitir la posibilidad de que las Comunidades Autónomas asuman competencias sobre las «materias conexas» acogidas en una ley orgánica, pero también, y por ello mismo, parece dejar a salvo el principio de que la reserva constitucional de una materia a la ley orgánica opera como una auténtica norma atributiva de competencias al Estado.

En su ulterior doctrina, el Tribunal matizaría las tesis precedentes. Ya en su Sentencia 37/1981, de 16 de noviembre, procedería a articular las previsiones de los artículos 53.1 y 149.1, 1.ª.

En el recurso de inconstitucionalidad presentado por el Presidente del Gobierno contra la Ley del Parlamento Vasco sobre Centros de Contratación de Cargas en Transporte Terrestre de Mercancías, uno de los argumentos de la impugnación era el de que la citada Ley vulneraba la garantía formal de la «libertad de empresa en el marco de la economía de mercado» reconocida por el artículo 38 de nuestra «lex legum», esto es, la reserva de ley a que se refiere el artículo 53.1. De esta forma, el recurrente identificaba el concepto genérico de «ley» del artículo 53.1 con el más restringido de Ley general o Ley emanada de los órganos generales del Estado.

Sin embargo, el Tribunal rechazará ese razonamiento, apoyándose para ello en una interpretación sistemática de los artículos 53.1 y 149.1, 1.ª de la Constitución. A su juicio, tal equiparación se conjuga difícilmente con otros preceptos constitucionales, a la par que viene a restringir de modo muy acentuado el ámbito competencial que conceden a las Comunidades Autónomas sus respectivos Estatutos:

> «Si toda ley que regula el ejercicio de los derechos y libertades a que se refiere el artículo 53.1 CE —razona el Tribunal (STC 37/1981)— hubiera de ser Ley del Estado carecería de todo sentido (...) que el artículo 149.1, 1.ª reservase a la competencia exclusiva del Estado "la regulación de las condiciones básicas que garanticen la igualdad de todos los españoles en el ejercicio de los derechos y en el cumplimiento de los deberes constitucionales". De otro lado, una interpretación de este género vendría casi a vaciar muchas de las competencias legislativas atribuidas a las Comunidades Autónomas, pues son muchas las materias cuya regulación legal ha de incidir directa o indirectamente sobre el ejercicio de los derechos o el cumplimiento de deberes garantizados por la Constitución.»

En conclusión, la interpretación del artículo 53.1 en el marco general de la Constitución obliga a entender que si bien la regulación del ejercicio de los derechos y libertades reconocidos en el Capítulo 2.º del Título I requiere siempre una norma de rango legal, esta norma sólo ha de emanar precisamente de las Cortes Generales cuando afecte a las condiciones básicas que garanticen la igualdad de todos los españoles en el ejercicio de sus derechos y en el cumplimiento de sus obligaciones constitucionales. Cuando la norma legal, aun incidiendo sobre el ejercicio de derechos, no afecte a las condiciones básicas de tal ejercicio, podrá ser promulgada por las Comunidades Autónomas cuyos Estatutos les atribuyan competencias legislativas sobre una materia cuya normación implique necesariamente, en uno u otro grado, una regulación del ejercicio de derechos constitucionalmente garantizados. Esta jurisprudencia, por lo demás, ha sido reiteradas veces expuesta por nuestro supremo intérprete de la Constitución (así, entre otras, Sentencias 42/1981, de 22 de diciembre y 38/1983, de 16 de mayo).

Se sienta de esta forma una importantísima doctrina constitucional de conformidad con la cual, las normas entronizadoras de reservas a determinadas fuentes no son, sólo por ello, atributivas de competencia a un cierto ente. Con ello se establece una perfecta separación entre las normas ordenadoras del sistema de fuentes y aquellas otras atributivas de competencia, algo que resulta esencial en un Estado de autonomías territoriales.

Profundizando en esta dirección, el Tribunal precisaría años después la dispar naturaleza y alcance del principio de reserva de ley orgánica del artículo 81.1 (norma ordenadora del sistema de fuentes) y de una norma atributiva de competencias como es la contenida en el artículo 149.1, 30.ª.

En efecto, en su Sentencia 137/1986, de 6 de noviembre, en la que el Tribunal resolvía el recurso presentado por el Presidente del Gobierno contra la Ley vasca por la que se creaba el Instituto Vasco de Ikastolas, tenía oportunidad de retomar el tema por cuanto uno de los motivos de la impugnación era el de que la citada Ley rebasaba las competencias educativas propias de la Comunidad Vasca, al establecer un sistema de órganos de gobierno de las Ikastolas diferente al previsto por la LOECE, implicando tal circunstancia una modificación de preceptos de la LOECE que la propia Ley Orgánica del Estatuto de Centros Escolares no admitía como modificables.

Frente a tal argumento el Tribunal precisa que el concepto del que la Constitución se vale en el artículo 149.1, 30.ª no posee el mismo alcance que el que genéricamente establece el artículo 81.1. El enunciado de aquel precepto impone al intérprete considerar que, respecto de las Comunidades que ostentan competencias en su virtud, las instituciones generales del Estado no retienen, como competencia exclusiva, la normación de todo aquello que, en lo relativo al artículo 27 de la Constitución, pueda considerarse «desarrollo» de los derechos fundamentales allí reconocidos.

> «Ni la unidad de la Constitución —razona el Tribunal— toleraría que una de sus disposiciones (art. 149.1, 30.ª) se desvirtuase íntegramente por lo establecido en otra (art. 81.1) ni, de otra parte, un precepto ordenador del sistema de fuentes en el ordenamiento integral del Estado (art. 81.1) puede sobreponerse a la norma que, en un plano del todo diverso, busca articular los ámbitos materiales que corresponden a ordenamientos diversos, por más que obviamente unidos (art. 149.1, 30.ª)».

La consecuencia última del razonamiento que precede es patente: la delimitación de competencias que determina el artículo 149.1, 30.ª entre el Estado y las Comunidades cuyos Estatutos hayan operado a partir de este precepto, no podrá establecerse, sin más, tomando como parámetro el texto formalmente aprobado en «desarrollo» de los derechos enunciados en el artículo 27 de la Norma suprema.

En resumen, las reservas de ley, y de modo particular la reserva de ley orgánica, constitucionalmente establecidas, no son, sólo por ello, normas atributivas de competencia al Estado.

f') El principio de prevalencia del Derecho estatal

El artículo 149.3, tras recoger la doble cláusula residual, establece el principio de prevalencia del Derecho estatal al prescribir que las normas del Estado «prevalecerán, en caso de conflicto, sobre las de las Comunidades Autónomas en todo lo que no esté atribuido a la exclusiva competencia de éstas».

Estamos en presencia de una cláusula formulada en la práctica totalidad de las Constituciones federales, si bien ello no significa que tenga un idéntico sentido en todas ellas. Parece claro que su mayor o menor operatividad dependerá de la mayor o menor previsión de otras reglas constitucionales encaminadas a la resolución de los conflictos.

En todo caso, ha de rechazarse aquella interpretación que ve en la cláusula de prevalencia la resultante obligada de la primacía de los intereses generales; según la misma, una cláusula como la que nos ocupa vendría en último término a garantizar la necesaria unidad del sistema. Sin embargo, ya vimos en un momento anterior la relatividad, cuando no la misma inutilidad, de la contraposición «interés general—interés respectivo» (propio de una Comunidad). Es evidente que el constituyente ya tuvo en cuenta el principio de unidad y los intereses generales de la nación al fijar las competencias estatales. No cabe, pues, admitir una interpretación como la antes esbozada.

En conexión con esta idea, resulta patente que el principio de prevalencia no puede entenderse como una regla privilegiada de competencia que ampare los posibles excesos del Estado. Esta cláusula no puede amparar vulneraciones del sistema distributivo de competencias. No sería admisible, pues, interpretarla en el sentido de una prevalencia de la totalidad del Derecho general (o estatal) sobre el particular (o autonómico). Por el contrario, para que esa prevalencia pueda darse es requisito imprescindible que el Derecho estatal se haya dictado en ámbitos materiales de su propia competencia. Como significa *Muñoz Machado,* los supuestos típicos en que el principio de prevalencia está llamado a operar son aquellos en que pueden producirse normas válidas del Estado y de las Comunidades Autónomas en relación con una misma materia.

En supuestos como el antes descrito (existencia de dos normas dictadas con competencia suficiente y con contenidos contradictorios) las reglas competenciales no resuelven la contraposición, por lo que se hace preciso un principio de conflicto de normas que posibilite el establecimiento de una relación jerárquica entre ellas, permitiendo la aplicación de una en defecto de la otra. Pues bien, esto es lo que pretende la cláusula de prevalencia, que no es una regla competencial, sino una cláusula de resolución de conflictos normativos que opera mediante la jerarquización de las normas enfrentadas.

En cualquier caso, en nuestro sistema esta cláusula está llamada a tener una operatividad más bien escasa. Puede a este respecto recordarse que incluso algunos conflictos normativos pueden ser resueltos al margen del principio que nos ocupa. Tal sería el caso, como recuerda *Muñoz Machado,* de aquellos conflictos que se producen en la zona de concurrencia que existe en la compartición de las competencias legislativas entre el Estado y las Comunidades, al asumir el primero la competencia sobre las bases o normas básicas de un determinado ámbito material y las segundas su desarrollo normativo. La primacía de las normas estatales puede en estos casos explicarse sin acudir al principio de prevalencia, atendiendo tan sólo a la consideración de que, como es doctrina constitucional reiterada, queda dentro de la competencia del Estado definir lo que sea básico en las materias en que le está atribuida la función de decidirlo. De ese modo, implícito a las mismas reglas competenciales está el que las definiciones del legislador estatal sobre lo básico se imponen, debiendo la legislación territorial de desarrollo adaptarse a las mismas.

Como recuerda asimismo la doctrina, el principio que nos ocupa puede tener alguna aplicación para resolver de modo inmediato y provisional, hasta tanto se pronuncie el Tribunal Constitucional, entre dos normas en conflicto; así, por ejemplo, en supuestos de normas dictadas para casos de urgencia que exigen la adopción de decisiones inmediatas.

En su Sentencia 33/1982, de 8 de junio, el Tribunal abordó una cuestión de esta índole, manifestando al respecto que no cabe excluir la posibilidad de que, en aras de la protección de los ciudadanos, la seguridad pública requiera tomar medidas que vengan impuestas por razones de necesidad y urgencia, de forma que no pueda esperarse a la actuación de las autoridades normalmente competentes para afrontar los riesgos de que se trate.

En resumen, puede no respetarse el orden normal de competencias en los supuestos extremos de que las medidas a tomar se justifiquen por su urgencia y necesidad, debiendo además en tales casos adoptarse en forma que no sustituyan más que en lo indispensable la intervención de las autoridades competentes. Conviene, sin embargo, apostillar que estos supuestos no pueden en modo alguno operar como un cheque en blanco a cuyo través el Estado pueda desbordar el marco de distribución de competencias.

g') La regla de supletoriedad del Derecho estatal

El inciso final del artículo 149.3 establece la que se conoce como la regla de supletoriedad del Derecho estatal. A tenor del mismo: «El derecho estatal será, en todo caso, supletorio del derecho de las Comunidades Autónomas.»

Esta regla tiene su manifestación en los Estatutos de Autonomía, que la acogen si bien en términos inversos. Así, por poner tan sólo dos ejemplos, mientras el artículo 21 del Estatuto del País Vasco prescribe que: «El Derecho emanado del País Vasco en las materias de su competencia exclusiva es el aplicable con preferencia a cualquier otro y sólo en su defecto será de aplicación supletoria el Derecho del Estado», el artículo 26 del Estatuto de Cataluña determina (apartado segundo) que: «En defecto de Derecho propio será de aplicación supletoria el Derecho del Estado.»

Un principio de esta naturaleza puede resultar a primera vista un tanto paradójico, incluso incongruente. En efecto, el Estado autonómico implica un sistema pluriordinamental que se asienta en un reparto de competencias entre el Estado y las instancias territoriales, de modo tal que una norma que invada competencias que le son ajenas es sancionada con la invalidez. En este marco, que el Derecho del Estado pueda regir supletoriamente en defecto de un Derecho territorial entraña que ese Derecho estatal debe en todo caso existir y ello en relación a materias que son de la exclusiva competencia autonómica. Es decir, ese Derecho estatal no sólo existe con plena validez en tal tipo de materias, sino que además puede aplicarse con carácter supletorio.

Esta supuesta incongruencia no es tal, pues responde a una razón perfectamente lógica. En el Estado autonómico, tal y como ha sido configurado por la Constitución, la diferencia temporal en la entrada en vigor de los distintos Estatutos de Autonomía, la existente en el nivel de competencias asumidas en éstos y la relativa al ritmo de los traspasos de servicios, pueden conducir —y así nos muestra la realidad que ha acontecido— a que en un momento dado y en una misma materia la asunción de competencias y la efectividad de los correspondientes traspasos no sean idénticas en todas las Comunidades. De ahí que el Estado, como ha admitido el Tribunal Constitucional (STC 95/1984, de 18 de octubre), posea y ejerza competencias en ámbitos territoriales no cubiertos por las de las Comunidades Autónomas que las hayan asumido y a las que hayan sido transferidos los respectivos servicios. Esta circunstancia justifica no sólo la existencia de un Derecho estatal relativo a materias que algunas Comunidades han asumido como propias con competencia exclusiva, sino la propia conveniencia de la regla de supletoriedad.

La cláusula de supletoriedad puede justificarse asimismo en un argumento de mayor peso específico: la utilidad de poder recurrir en un momento dado a un ordenamiento que proporcione unidad, sistematicidad y coherencia al ordenamiento jurídico entero, reglas de las que carece el ordenamiento particular de las Comunidades Autónomas. Como bien afirma *Muñoz Machado,* será en el Derecho estatal donde habrá que buscar y donde será posible encontrar principios jurídicos complementarios de las regulaciones sectoriales que formulen las Comunidades Autónomas.

Basta por lo demás con atender a la lista de competencias que el artículo 149.1 atribuye en exclusiva al Estado para comprender la falta de complitud de los ordenamientos territoriales. Al Estado se le reservan, entre otras, la regulación de las condiciones básicas del ejercicio de los derechos, la legislación mercantil, penal y penitenciaria, la legislación procesal, la legislación laboral, la legislación civil, las bases del régimen jurídico de las Administraciones públicas... etc.; es decir, al Estado se atribuye la normación de buena parte de las relaciones jurídicas. Ello es argumento más que suficiente para comprender la falta de complitud de los ordenamientos territoriales.

Los argumentos anteriormente expuestos no obstan para que pueda dejar de reconocerse una cierta disfuncionalidad en la mera existencia de la cláusula de prevalencia. Como significa *Aja,* la disfunción puede venir por el hecho de reconocer de forma permanente la existencia de un Derecho estatal supletorio. Ello puede suponer que, aun careciendo el Estado de competencias sobre una materia, proceda a ordenarla jurídicamente con la sola finalidad de establecer una normación supletoria. En tales casos, el planteamiento de un conflicto de competencias será inútil hasta tanto proceda a aplicarse la anterior normativa.

Resulta paradigmática a este respecto la Sentencia 95/1984, con la que el Tribunal resuelve sendos conflictos positivos de competencias (acumulados), planteados por el Consejo Ejecutivo de la Generalidad de Cataluña y por el Gobierno Vasco, en relación ambos con determinados preceptos de un Real Decreto de reestructuración de ciertos órganos de la Administración del Estado.

La norma impugnada procedía a distribuir una serie de competencias estatales sobre ciertas materias entre órganos de la Administración del Estado, sin prejuzgar si en el ámbito territorial de las Comunidades que eventualmente hubieran asumido por la vía estatutaria competencias en estas materias serían órganos de la Administración estatal o de dichas Comunidades Autónomas los que hubieran de ejercerlas.

Pues bien, frente a las alegaciones del Gobierno Vasco en el sentido de que la inclusión en el Real Decreto de una disposición mediante la que se reservaran las posibles competencias de las Comunidades Autónomas en las materias que regula, hubiese evitado el planteamiento del conflicto, el Tribunal rechaza tal argumentación sobre la base de que «el Gobierno de la Nación, en el ejercicio de sus competencias reglamentarias en el ámbito territorial que le corresponda, no viene obligado constitucionalmente a reservar, mediante una cláusula de salvaguardia, las competencias que puedan tener las Comunidades Autónomas en la respectiva materia» (STC 95/1984, de 18 de octubre). El Tribunal, en último término, remite el planteamiento del conflicto al momento del acto de aplicación del Real Decreto.

La supletoriedad del Derecho estatal no opera con un absoluto automatismo, tal y como de modo general reconoce la doctrina. Toda laguna en un ordenamiento territorial debe intentar rellenarse mediante un proceso hermenéutico de integración que atienda al Derecho propio de la Comunidad de que se trate. Sólo fracasado ese intento será factible que opere la regla de supletoriedad.

Digamos por último que la supletoriedad requiere una correspondencia entre el Derecho supletorio, esto es, las normas estatales, y las competencias y funciones de la instancia territorial cuyo ordenamiento presenta una laguna. Se entiende así que el Tribunal Constitucional negara (STC 36/1981, de 12 de noviembre) carácter supletorio al Reglamento del Congreso de los Diputados respecto del Reglamento del Parlamento Vasco, argumento con el que, junto a otros, se pretendía justificar el reconocimiento extraestatutario (por una Ley del Parlamento Vasco) de la prerrogativa de la inmunidad a los miembros del Parlamento Vasco, prerrogativa que no había sido contemplada por el Estatuto de Autonomía:

> «Al no tener estatutariamente otorgada tal inmunidad —razona el Tribunal Constitucional—, mal puede el Reglamento del Congreso de los Diputados ser una norma supletoria, pues ello nos llevaría al absurdo de conseguir por vía de remisión a un Reglamento de funcionamiento de un Organo, del cual no forman parte los miembros del Parlamento Vasco, lo que no se les ha otorgado en el Estatuto de Autonomía.»

f/ El principio de territorialidad como límite competencial autonómico

I. El territorio se nos presenta como el elemento de delimitación de las competencias del Estado y de las Comunidades Autónomas, y de éstas entre sí; por ello mismo, entre los contenidos estatutarios mínimos a que se refiere el artículo 147.2 de nuestra «Lex Superior» se encuentra «la delimitación de su territorio» [apartado *b)*].

El principio de territorialidad viene de esta forma a circunscribir el ejercicio de poder político de una Comunidad Autónoma a su propio ámbito territorial.

Esta referencia territorial, que, como criterio general, se encuentra en todos los Estatutos de Autonomía, viene impuesta por la organización territorial del Estado en Comunidades Autónomas y, como ha dicho el Tribunal Constitucional (STC 44/1984, de 27 de marzo), responde a la necesidad de hacer compatible el ejercicio simultáneo de las competencias asumidas por las distintas Comunidades.

En algunos supuestos, incluso, la delimitación del territorio autonómico ha supuesto, «strictu sensu», una definición del ámbito espacial de aplicabilidad de las disposiciones y actos de las Comunidades Autónomas, antes que una determinación de cuál sea el espacio geográfico al que desde su entrada en vigor se extienda el Estatuto de Autonomía (así lo reconoce expresamente el Tribunal en relación a la Comunidad de Castilla y León. STC 99/1986, de 11 de julio).

La interpretación que nuestro supremo intérprete de la Constitución ha hecho de este principio, por lo general, ha sido bastante restrictiva frente a las Comunidades Autónomas. Como pauta general, el Tribunal ha optado por el reconocimiento de la competencia estatal en cuanto se exceda, por mínima que sea esta extralimitación, el ámbito territorial autonómico.

Ello no obstante, encontramos en la jurisprudencia constitucional algunas apreciaciones particulares que matizan la precedente regla general, dando incluso la impresión de querer desnaturalizarla.

Así, ya en una de sus primeras Sentencias (STC 37/1981, de 16 de noviembre), el Tribunal precisaba que «la limitación territorial de la eficacia de las normas y actos no puede significar, en modo alguno, que le esté vedado por ello a esos órganos (instancias autonómicas), en uso de sus competencias propias, adoptar decisiones que puedan producir consecuencias de hecho en otros lugares del territorio español». Lo contrario, como parece obvio, desembocaría en la pura y simple privación a las Comunidades Autónomas de toda capacidad de actuación.

> «La unidad política, jurídica, económica y social de España —razonará el Tribunal— impide su división en compartimentos estancos y, en consecuencia, la privación a las Comunidades Autónomas de la posibilidad de actuar cuando sus actos pudieran originar consecuencias más allá de sus límites territoriales equivaldría necesariamente a privarlas, pura y simplemente, de toda capacidad de actuación.»

De las precedentes reflexiones jurisprudenciales bien puede entresacarse que el límite territorial ha de interpretarse con cierta flexibilidad a fin de no vaciar de contenido las competencias asumidas por las Comunidades Autónomas. Bien es verdad que esa flexibilidad no siempre la encontramos en la doctrina constitucional.

Desde luego, en cada supuesto conflictivo será preciso atender al objeto y contenido de la competencia, para lo que, a veces, habrá de indagarse la naturaleza de la actividad y su vocación comunitaria o supracomunitaria a fin de dilucidar si la competencia corresponde a la Comunidad Autónoma o al Estado. Ello ha conducido al Tribunal a una tarea de ponderación difícilmente conceptualizable y, por fuerza, casuística. Pese a tal circunstancia, la jurisprudencia constitucional nos permite llegar a algunas pautas interpretativas de tipo general, cuyo común denominador es el carácter restrictivo que de ellas se deriva para las competencias de las Comunidades Autónomas.

II. En primer término, ha de subrayarse que *el criterio del territorio incide de forma diferente sobre las competencias autonómicas, según se trate de competencias normativas de ordenación o de competencias de ejecución de la legislación estatal en la materia.* Mientras en el primer caso el criterio territorial se muestra con gran rigidez, en el segundo se produce una desconexión respecto al mismo (STC 86/1988, de 3 de mayo).

Y así, el Tribunal ha interpretado (STC 37/1981, de 16 de noviembre) que sin necesidad de mención expresa alguna y en razón simplemente de la primacía de la Constitución sobre cualquier otra norma de nuestro ordenamiento, ha de entenderse que la atribución de competencia exclusiva a una Comunidad sobre ferrocarriles, transportes terrestres, marítimos, fluviales y por cable sólo cabe en la medida en que esos ferrocarriles y transportes no transcurran, además de sobre el territorio de la Comunidad en cuestión, sobre el de otra u otras Comunidades Autónomas, pues en este caso su ordenación es competencia exclusiva del Estado. Especialmente significativa al respecto es la consideración que el Tribunal efectúa en su Sentencia 12/1984, en relación a la titularidad de la competencia para autorizar instalaciones de transporte de energía eléctrica:

> «La ubicación de la línea dentro del territorio de la Comunidad —advierte el Tribunal— es condición necesaria, pero no suficiente, para determinar su competencia, porque siempre habrá que examinar si además el aprovechamiento de tales instalaciones afecta o no a otra Comunidad» (STC 12/1984, de 2 de febrero).

El principio de territorialidad será interpretado en forma similar en otros ámbitos diferenciados, otorgando al Estado la competencia normativa de ordenación en cuanto se exceda el territorio de la Comunidad de que se trate. Así acontecerá en el caso de la determinación de la autoridad laboral competente a efectos de la presentación y registro de los convenios colectivos. En su Sentencia 48/1982, el Tribunal considerará competente la autoridad del Estado frente a la de la Generalidad de Cataluña, en tanto en cuanto los convenios a registrar tenían un ámbito territorial que superaba el de la Generalidad (STC 48/1982, de 12 de julio). Análoga doctrina seguirá el Tribunal en relación a las cooperativas. En su Sentencia 44/1984 sostendrá que:

> «La competencia atribuida a la Comunidad Autónoma abarca las cooperativas de ámbito provincial intracomunitario y las de ámbito supraprovincial pero no supracomunitario, dado que para las cooperativas de ámbito superior al de la Comunidad Autónoma la competencia corresponde al Estado» (STC 44/1984, de 27 de marzo).

Y algo similar puede decirse respecto a la educación a distancia, tema abordado en la Sentencia 154/1985, que ponía fin al conflicto de competencia promovido por el Gobierno de la Nación frente al artículo 2.º, inciso segundo, del Decreto de la Xunta de Galicia, por el que se creaba el Instituto Gallego de Bachillerato a Distancia.

Sobre la base de que uno de los rasgos característicos de la enseñanza a distancia es la creación de centros asociados o colaboradores, el Tribunal entendería que en cuanto el inciso segundo del artículo 2.º permite a la Xunta organizar una educación a distancia inspirada en el mismo sistema que existe en el resto de las instituciones análogas del Estado (a nivel estatal, la educación a distancia ha requerido hasta ahora —constatará el Tribunal— la organización o habilitación de centros colaboradores), resulta evidente que esa creación o habilitación de centros colaboradores fuera de Galicia quebranta el principio de territorialidad, en cuanto que, realizada normalmente por medio de convenios, «significa un ejercicio del poder público fuera del territorio gallego», tras lo que el Tribunal atribuye al Estado la titularidad exclusiva para la creación y habilitación en el extranjero de centros colaboradores de instituciones públicas de educación a distancia (STC 154/1985, de 12 de noviembre).

Como ha significado *Meilán Gil,* resulta más que discutible que una actividad no compulsiva de enseñanza dirigida a emigrantes que conservan su domicilio en Galicia a múltiples efectos y que no lleva consigo la creación de ningún centro docente en el extranjero consista en el ejercicio de un poder político fuera del territorio de la Comunidad Autónoma.

III. Cuanto acaba de exponerse ratifica cumplidamente la rigidez con que el principio de territorialidad ha sido instrumentalizado en relación con las competencias normativas de ordenación de las Comunidades Autónomas.

No ha sido así, sin embargo, respecto a las *competencias de ejecución de la legislación estatal en la materia,* respecto de las cuales, el Tribunal ha considerado que quedan desconectadas de dicho criterio, «para permitir su efectiva titularidad aun cuando el transporte de mercancías o viajeros no discurra íntegramente por el territorio de la Comunidad, bastando con que tenga su origen y término en el territorio de la Comunidad» (STC 86/1988, de 3 de mayo).

En otro momento, el Tribunal precisará (STC 53/1984, de 3 de mayo) que la utilización para el transporte de infraestructuras de titularidad estatal y aun la salida del territorio de la Comunidad no impide la competencia de ejecución.

IV. En un orden próximo de consideraciones, son de advertir asimismo las *reservas con que se ha acogido el principio de territorialidad respecto de ciertas actividades.* Es el caso, por ejemplo, de *las medidas de fomento.* La cuestión se suscitó en la Sentencia 125/1984, que vino a resolver un conflicto positivo de competencias en el que el objeto directo de la norma impugnada era el turismo, girando la controversia en torno a cómo debía operar el elemento «territorio», empleado en el artículo 148.1.18.ª de la Constitución y en algunos Estatutos para definir las competencias en materia de turismo, cuando se trata de «promoción» y «ordenación». Esta diferencia queda nítidamente expresada en el Estatuto de Autonomía para las Islas Baleares, que no ha incorporado ninguna referencia territorial para la competencia de «fomento y promoción del turismo», y sí lo ha hecho, sin embargo, para la competencia de «ordenación del turismo».

Es claro que la dispar conexión con el elemento territorial de unas y otras medidas (las relacionadas con el «fomento y promoción» y las relativas a la «normación» del turismo) encuentra su razón de ser en la propia naturaleza de la actividad de fomento y promoción, que se encontraría mermada si hubiese de tener una localización territorial estricta.

La relativamente amplia competencia autonómica respecto de las medidas de fomento tiene sus límites, y a uno de ellos se ha referido el Tribunal en su Sentencia 53/1988, de 24 de marzo. Esa limitación se circunscribe a que las medidas de fomento han de ser financiadas con recursos propios de los poderes autonómicos:

> «...Esa misma territorialidad —advierte el Tribunal (STC 53/1988)— hace imposible que los Gobiernos de las Comunidades Autónomas fomenten con medios ajenos, esto es, con recursos o beneficios dependientes de, u otorgados por otros poderes, las actividades realizadas dentro de su propio territorio, a menos que otros poderes los pongan a su propia disposición, pues la limitación territorial opera aquí respecto de los efectos que la medida de fomento entraña, no con referencia a la localización de la actividad distinguida o fomentada.»

V. La flexibilidad a la que en un momento anterior nos hemos referido, y a la que, a fin de evitar el vaciamiento competencial autonómico, debe ajustarse el Tribunal en su interpretación del principio de territorialidad, ha quedado reflejada en dos criterios interpretativos concretos.

Uno de ellos, ya aludido, es el de no afectación de la competencia comunitaria por el hecho de que la actividad realizada en el ámbito de la Comunidad produzca consecuencias de hecho en otros lugares del territorio nacional.

El otro, sentado en relación con las entidades cooperativas, es el de que la dimensión territorial no afecta a las relaciones jurídicas que aquéllas establezcan con terceros fuera del territorio de la Comunidad ni a las actividades que realicen con ellos, siempre que tengan carácter instrumental. La instrumentalidad de esas relaciones respecto de la actividad principal opera como elemento neutralizador del principio de territorialidad (Sentencias 72/1983, de 29 de julio y 44/1984, de 27 de marzo).

Sin embargo, este último criterio hermenéutico ha cedido en ocasiones ante el peso de una interpretación rígida del principio de territorialidad (así, en la Sentencia 165/1985, de 5 de diciembre).

VI. Diremos por último que el *elemento territorial* ha servido para potenciar enormemente las competencias que corresponden al Estado en virtud de los llamados *títulos competenciales «horizontales»*.

Un ejemplo muy significativo lo encontramos en la Sentencia 115/1991, de 23 de mayo, que pone fin a un conflicto de competencia promovido por la Generalidad en contra del Gobierno de la Nación, en relación con diversos apartados del Reglamento General Técnico de Control y Certificación de Semillas y Plantas de Vivero.

> El apartado IV, número 10 del citado Reglamento atribuye al Ministerio de Agricultura la facultad de fijar zonas, cuyo ámbito geográfico supere el de una Comunidad Autónoma, en las que debido a motivos técnicos se regule el cultivo y la producción de determinadas especies y variedades.
>
> La Generalidad rechazaría que el Ministerio de Agricultura pudiese arrogarse la función de regular la producción o cultivo de determinadas especies o variedades de semillas o plantas de vivero, imponiéndola a una Comunidad Autónoma competente en materia de agricultura, como era el caso de Cataluña, escudándose al efecto en unos supuestos «motivos técnicos», ya que de ellos no deriva título competencial alguno para el Estado.

Así planteado el conflicto, el Tribunal comienza reiterando una doctrina constitucional anterior: las razones técnicas o de eficacia no pueden crear por sí mismas competencias estatales, ni tampoco la necesidad de asegurar una acción conjunta, una información recíproca o una maximización de la eficacia, cuando al respecto el Estado no pueda invocar competencia propia alguna (STC 80/1985, de 4 de julio). Sin embargo, a renglón seguido, efectúa una importante precisión: «esas razones técnicas, en relación con el elemento territorial, pueden servir para valorar el alcance de la competencia de coordinación de la actividad económica que corresponde al Estado en todo el territorio nacional.»

Por eso el alcance de la competencia en materia de coordinación económica atribuida al Estado ha de ponerse también en conexión con la dimensión y alcance territorial del problema, pues cuando por su naturaleza y características no pueda ser abonado en el ámbito de la Comunidad Autónoma, sino en ámbitos que superen el territorio de una Comunidad, esa función puede corresponder al Estado.

A la vista de estas reflexiones, el Tribunal concluye (STC 115/1991) significando que en la medida que la dimensión territorial del cultivo y producción exija ineludiblemente una delimitación de zona de alcance territorial que supere al de una Comunidad Autónoma, esa delimitación territorial y la consecuente regulación ha de corresponder al Estado.

H) El contenido funcional de la competencia

Las listas de los artículos 148 y 149 de la Constitución, al igual que las incorporadas por los distintos Estatutos de Autonomía, lo son de materias, tal y como ya tuvimos oportunidad de señalar. Quiere ello decir que la distribución competencial se lleva a cabo en atención a materias o sectores materiales específicos. Sin embargo, ese reparto, en ocasiones, atiende no sólo a la materia, sino también a las funciones concretas (legislativa o ejecutiva) que pueden ejercerse respecto de aquélla. Más aún, a veces, la distribución competencial se hace más precisa todavía, repartiéndose no ya funciones, sino potestades concretas, como es el caso de la legislación básica, la coordinación, la planificación, la inspección...

De ahí que para conocer el contenido exacto de cada competencia sea preciso atender no sólo a la materia a que aquélla se refiere, sino también a la función o, en su caso, potestad concreta que comprende esa competencia. Ello nos sitúa ante la cuestión del contenido específico de la función a la que puede referirse una determinada competencia. Tal cuestión entraña a su vez una labor de precisión del concreto significado que la Constitución da a los conceptos por ella utilizados. Esos conceptos son muy variados y no siempre de significado unívoco. De ahí que ahora nos centremos tan sólo en los que podríamos tildar de conceptos más generales, esto es: legislación; bases, legislación básica o normas básicas, y ejecución.

a/ El concepto de legislación

El artículo 149.1, en varios de sus apartados, atribuye al Estado la competencia exclusiva no sobre la totalidad de la materia, no sobre la integridad de las funciones públicas relativas a esa materia, sino tan sólo sobre la función de legislar, sobre la normación de la misma. Ello, como ya dijimos, implica de entrada el que las Comunidades, por la vía estatutaria, puedan asumir competencias sobre esa materia. Ahora bien, su concreción va a depender en buena medida del concepto que se dé al término *«legislación»*, pues es obvio que las competencias autonómicas diferirán mucho de entender la *«legislación»* en un sentido material o en un sentido formal.

Como no podía por menos de suceder, ha sido nuestro supremo intérprete de la Constitución quien ha venido a dilucidar la cuestión a través de una de las construcciones generales de mayor interés a los efectos del sistema de distribución de competencias.

En su virtud, el Tribunal Constitucional ha delimitado la doble operatividad de la relación ley—reglamento, según se trate del ordenamiento del Estado o de las relaciones entre los ordenamientos estatal y autonómico.

El tema se plantearía por vez primera en la Sentencia 33/1981, en la que el Tribunal, al hilo de la interpretación del artículo 149.1.7.ª (que atribuye al Estado la competencia exclusiva sobre la «legislación laboral») reconocería que la expresión «legislación laboral», «ofrece, ciertamente, más de una interpretación», pues junto a la propugnada por el Gobierno, que se sintetiza en comprender en el concepto toda norma escrita, cabe la otra restringida que hace referencia a las Leyes, en su sentido de norma escrita que emana de quienes ostentan el poder legislativo y también de aquéllas que por excepción o por delegación tienen fuerza de ley formal (STC 33/1981, de 5 de noviembre). Sin embargo, sobre la base de que tal cuestión no era indispensable para la solución del conflicto, el Tribunal soslayó dar una respuesta a la misma.

No ocurriría así en la Sentencia 18/1982, en la que el Tribunal se decidía a entrar en el tema. Dos disposiciones de naturaleza reglamentaria, un Decreto del Gobierno Vasco y un Real Decreto del Gobierno de la Nación, estaban en el origen de los dos conflictos de competencia acumulados sobre los que había de decidir el Tribunal.

La determinación de en qué medida el ejercicio de la potestad reglamentaria puede considerarse incluido total o parcialmente en el concepto de *«legislación»*, o, por el contrario, en el de *«ejecución»*, ambos utilizados por el artículo 149.1.7.ª, hacía ineludible en esta ocasión que el Tribunal fijara los criterios a seguir en orden al deslinde entre ambos conceptos, al objeto de precisar el alcance de las competencias asumidas por la Comunidad Autónoma del País Vasco.

Parte el intérprete supremo de la Constitución de la conveniencia de «huir de interpretaciones meramente literales», pues tanto los conceptos de *«legislación»* como de *«ejecución»* son lo suficientemente amplios para que deba rechazarse la interpretación que asimila sin más, *«legislación»* al conjunto de normas escritas con fuerza o valor de Ley, y aquella otra que identifica la *«ejecución»* al conjunto de actos concretos de ejecución relativos a una determinada materia.

En este contexto no puede desconocerse el carácter que la moderna doctrina atribuye a la potestad reglamentaria como una técnica de colaboración de la Administración con el Legislativo, que relativiza la distinción entre los productos normativos de la Administración con mero valor reglamentario y los que adquieren fuerza de ley.

El Tribunal reconoce que es cierto que «la distinción entre Ley y Reglamento acentúa los perfiles en el terreno de la eficacia y de los instrumentos de control, pero pierde importancia cuando se contempla desde la perspectiva de la regulación unitaria de una materia» (STC 18/1982, de 4 de mayo), y es esta perspectiva la que, a juicio del Tribunal, ha tenido presente el constituyente al reservar al Estado la legislación laboral.

La conclusión de toda la argumentación es obvia: *«esta distinción clásica* (entre ley y reglamento) *no es ni puede ser, por definición, criterio de delimitación competencial,* pues no hay materia alguna en la que, estando la legislación atribuida al Estado, no pueda ser regulada por el legislador». Por todo ello, el Tribunal entiende que cuando la Constitución en su artículo 149 utiliza el concepto de *«legislación»* como criterio definidor del ámbito en el que las Comunidades Autónomas pueden adquirir competencias propias, *«tal concepto ha de ser entendido,* en consecuencia, *en sentido material, sea cual fuere el rango formal de las normas»* (STC 35/1982, de 14 de junio).

El abandono de la concepción formal, constreñida a las leyes, en su acepción de normas que emanan de quienes ostentan el poder legislativo, o de quienes, por excepción o por delegación, pueden producir normas con valor de ley, plantea una ulterior cuestión: la de precisar si dentro del vocablo *«legislación»* caben todo tipo de normas reglamentarias o tan sólo algunas.

Si se atiende a la perspectiva de la regulación unitaria de una materia, entendida como «complejo relativo a un sector disciplinar homogéneo» (STC 39/1982, de 30 de junio), será preciso partir de la colaboración entre la Ley y el Reglamento, que se encuentra en la base de una ordenación material unitaria. Pues bien, esa colaboración sólo adquiere verdadera virtualidad respecto de aquellos reglamentos en que se acentúa la idea de ejecución o desarrollo de la Ley.

Efectuada esta primera precisión, recuerda el Tribunal (STC 18/1982) cómo en nuestro Derecho existe una tradición jurídica que dentro de los reglamentos, como disposiciones generales de la Administración con rango inferior a una Ley, diferencia los *«reglamentos ejecutivos»,* esto es, aquellos que están directa y concretamente ligados a una Ley, a un artículo o artículos de una Ley o a un conjunto de Leyes, de manera que dicha Ley (o Leyes) es completada, desarrollada, pormenorizada, aplicada y cumplimentada o ejecutada por el Reglamento, de los *«reglamentos de organización»* que, todo lo más, alcanzan a normar las relaciones de la Administración con los administrados en la medida en que ello es instrumentalmente necesario por integrarse éstos de una u otra forma en la organización administrativa, excluyendo, obviamente, los derechos y obligaciones de éstos en aspectos básicos o con carácter general.

A la vista de la precedente diferenciación de normas reglamentarias y en atención a la finalidad perseguida por el constituyente (conseguir la ordenación unitaria de una materia) al atribuir al Estado la competencia exclusiva sobre la ordenación de un determinado sector disciplinar más o menos homogéneo, debe concluirse que el vocablo *«legislación»*, tal y como se utiliza en el artículo 149.1 de la Constitución, esto es, en cuanto concepto referencial en orden al sistema distributivo de competencias, incluye no sólo las leyes en sentido estricto, esto es, en su acepción formal de normas emanadas de quienes ostentan el poder legislativo, o de quienes pueden producir con valor de ley, sino también los reglamentos ejecutivos, o reglamentos de desarrollo, complementarios o integradores de la ordenación de que se trate.

Esta doctrina ha venido a introducir una notable innovación en el esquema tradicional de las fuentes del derecho, que resulta sustancialmente alterado en el sistema de relaciones entre el ordenamiento estatal y los ordenamientos autonómicos, y, de modo específico, tanto en los supuestos de ejecución autonómica de la legislación del Estado, como también en aquellos otros de concurrencia normativa entre el Estado y las Comunidades Autónomas.

b/ La noción de bases, normas básicas y legislación básica

Son numerosos los apartados del artículo 149.1 que reservan al Estado la regulación de las «bases», «normas básicas» o «legislación básica» sobre una determinada materia. Ello, como es lógico, supone la posibilidad de que las Comunidades, estatutariamente, puedan asumir potestades legislativas de desarrollo respecto de esa materia. De ahí la trascendencia de precisar qué se entiende, a tales efectos, por «bases» o «legislación básica».

En un primer momento, la doctrina se inclinó por una concepción formal del contenido de las «bases» o normas básicas; esa normación habría de consistir en una serie de principios abstractos que la legislación de desarrollo procedería a concretar. Se llegó incluso a hablar de la necesidad de una «ley marco» a efectos de la concreción de las bases.

Sin embargo, el Tribunal Constitucional, ya en su primer pronunciamiento en torno al tema, rechazaría tal interpretación doctrinal. A su juicio (STC 1/1982, de 28 de enero), las bases «no tienen nada que ver con la delegación legislativa (...) ni se identifican con las leyes marco». El ejercicio de la competencia estatal para el establecimiento de las bases o de la legislación básica —dirá en otro momento (STC 32/1981, de 28 de julio)— no requiere, en modo alguno, la promulgación de leyes de bases o de leyes marco.

Efectuada esta previa delimitación negativa, el Tribunal se inclina decididamente por una noción material de las bases. «*La noción de bases o de normas básicas ha de ser entendida como noción material* y, en consecuencia, esos principios o criterios básicos, estén o no formulados como tales, son los que racionalmente se deducen de la legislación vigente» (STC 32/1981). Quiere ello decir que unas normas no son básicas por el mero hecho de estar contenidas en una ley y ser en ellas calificadas como tales, lo que sería la consecuencia lógica de una noción formal, sino que lo verdaderamente esencial es su contenido.

El contenido de las bases viene constituido esencialmente por la regulación de un núcleo de «interés general» de la materia de que se trate, que ha de ser común para todo el Estado, pues por «*bases*» hay que entender los «criterios generales de regulación de un sector del ordenamiento jurídico o de una materia jurídica, que deben ser comunes a todo el Estado» (STC 25/1983, de 7 de abril).

En consonancia con todo lo expuesto se comprende que las bases no tengan necesariamente que quedar articuladas o instrumentadas a través de una específica forma de manifestación de la voluntad legislativa o política.

Esta interpretación jurisprudencial no sólo tiene un sólido fundamento, sino que se explica en función de una coyuntura muy concreta, circunstancia esta última que, como bien significa *García de Enterría,* entraña que no deba considerarse cerrado un concepto constitucional tan importante como el de las «bases».

Pensemos que, en efecto, la doctrina del Tribunal se ha formado ante una situación realmente transitoria, como es la de partir de una legislación preconstitucional completa, en la que no se hace distingo entre «lo básico» y «lo no básico». En tal circunstancia, haber optado por una noción formal de las bases (que requería de normas estatales formuladas con el carácter de «básicas») hubiera supuesto la paralización de la potestad autonómica de desarrollo legislativo de las bases. De ahí que el Tribunal se inclinase por la noción material, procediendo en cada caso concreto a distinguir dentro de la legislación estatal sobre el sector ordinamental o sobre la materia concreta de que se tratara, las previsiones que, por regular aspectos de interés general, han de considerarse como básicas en cuanto exigen una normación uniforme en el conjunto del territorio nacional.

En todo caso, en cuanto la situación expuesta ha de ir cambiando —y de hecho ha cambiado ya notablemente— con el paso del tiempo, puede presuponerse que, correlativamente, debe de ir matizándose la doctrina expuesta, como, por lo demás, en una cierta medida, ya ha acontecido, tal y como tendremos oportunidad de exponer en un momento ulterior.

c/ *El concepto de ejecución*

El concepto de «*ejecución*», al que el artículo 149.1 recurre con frecuencia, ha sido objeto de una menor atención jurisprudencial. Nuestro intérprete supremo de la Constitución se ha ocupado de él, básicamente, con ocasión de la definición del concepto «*legislación*».

En cualquier caso, el Tribunal no ha llegado a precisar con exactitud un significado único de este concepto, lo que, por otro lado, se entiende perfectamente si se tiene en cuenta la pluralidad de significaciones que la noción presenta en la Constitución y, sobre todo, en los Estatutos de Autonomía.

Basta con atender a los Estatutos vasco, catalán y gallego para constatar la certeza de la precedente afirmación. Así, el artículo 20.4 del Estatuto de Autonomía vasco dispone que las funciones de ejecución que el Estatuto atribuye a la Comunidad en aquellas materias que no sean de su competencia exclusiva comprenden la potestad de administración, así como, en su caso, la de dictar reglamentos internos de organización de los servicios correspondientes. Por contra, el artículo 25.2 (inciso segundo) del Estatuto de Cataluña prescribe que en aquellas materias en que corresponde a la Generalidad la ejecución de la legislación del Estado, el ejercicio de esta potestad de ejecución deberá sujetarse a las normas reglamentarias que en desarrollo de su legislación dicte el Estado. Por su lado, el artículo 37.3 del Estatuto de Galicia determina que las competencias de ejecución de la Comunidad Autónoma llevan implícitas la correspondiente potestad reglamentaria, la administración y la inspección, si bien, en los supuestos en que la Comunidad se limita a ejecutar la legislación del Estado, el ejercicio autonómico de esas potestades se realizará de conformidad con las normas reglamentarias de carácter general que, en desarrollo de su legislación, dicte el Estado.

Como decíamos con anterioridad, el Tribunal Constitucional no ha llegado a precisar un significado unívoco del concepto que nos ocupa; más aún, en algún momento ha rechazado de modo expreso el carácter unívoco del término.

En efecto, en su Sentencia 1/1982, de 28 de enero, refiriéndose al empleo del término por el anteriormente aludido artículo 20.4 del Estatuto vasco, el Tribunal entiende que «no vale interpretar que en todo caso *"ejecución"* es un término unívoco», reflexión que conecta con el diferente contenido de las competencias de ejecución según se trate de materias respecto de las cuales la Comunidad disponga o no de la competencia exclusiva. Dicho de otro modo, las competencias ejecutivas de las Comunidades difieren en función de que consistan en ejecutar la legislación del Estado o la legislación comunitaria.

En cualquier caso, como señala la doctrina, la diferencia antes apuntada no reside tanto en una extensión más o menos amplia de la competencia ejecutiva, cuanto en una mayor o menor amplitud de los poderes estatales de vigilancia y control en el ejercicio de esta competencia.

El alcance del concepto «*ejecución*» ha sido precisado por la doctrina constitucional, si bien en función de su pronunciamiento, precedentemente analizado, acerca de las bases o de la legislación estatal.

De acuerdo con la noción material del concepto «legislación», es claro que la atribución al Estado de la legislación, de la integridad de la función legislativa, incluye la potestad estatal para dictar los tradicionalmente denominados reglamentos ejecutivos, esto es, los que aparecen como desarrollo directo de la Ley. Por el contrario, no aparecen necesariamente incluidos dentro del concepto «legislación» los reglamentos que se refieren a aspectos organizativos, dentro de los cuales, como precisara el Tribunal (STC 18/1982, de 4 de mayo), deben incluirse los que afectan a la mera estructuración interna de la organización administrativa. De ello se desprende que la «*ejecución*» incluye la potestad de dictar reglamentos organizativos, pero no ejecutivos.

La aplicación del precedente criterio interpretativo queda nítidamente puesta de relieve en la Sentencia 33/1981, de 5 de noviembre, en la que, en el conflicto de competencia promovido por el Consejo Ejecutivo de la Generalidad de Cataluña, contra el Gobierno de la Nación, en relación con un Real Decreto por el que se garantizaba el funcionamiento del servicio público ferrocarril metropolitano y transportes urbanos de Barcelona, el Tribunal Constitucional decide que la titularidad de la competencia controvertida corresponde al órgano autonómico catalán, por entender que el referido Real Decreto era un acto aplicativo del Real Decreto-Ley 17/1977, regulador del derecho de huelga, y no suponía el ejercicio de potestades reglamentarias; consecuentemente, desde el aspecto que nos interesa, el Real Decreto objeto del conflicto había de comprenderse en el marco de la «*ejecución*» (de competencia autonómica) y no en el de la «legislación» (de competencia estatal).

En lo que se refiere a las «bases», la noción material de las mismas que el Tribunal ha acuñado implica, como tendremos ocasión de ver detenidamente con posterioridad, la posibilidad de reconocer como bases de una materia no sólo principios contemplados en normas reglamentarias, sino, incluso, en actos de ejecución. La jurisprudencia constitucional, efectivamente, ha admitido la categoría conceptual de «actos de ejecución de naturaleza básica», todo lo cual no hace sino restar alcance a la ejecución autonómica en materias respecto de las cuales es competencia estatal la fijación de los criterios básicos.

El perfil difuso del concepto de «*ejecución*» se acentúa aún más si cabe si se tiene en cuenta que, en ocasiones, no resulta nada fácil proceder a distinguir las funciones de naturaleza normativa de las ejecutivas. Muy significativa de esta dificultad es la doctrina que tuvo que sentar el Tribunal para resolver sendos conflictos de competencia en torno a la distribución competencial en materia de aditivos (SSTC 32/1983, de 28 de abril y 42/1983, de 20 mayo).

El Tribunal falló en el sentido de que es competencia estatal la elaboración de listas positivas y la fijación de una lista negativa y abierta de elementos, ingredientes o productos prohibidos en cuanto nocivos o peligrosos para la salud; esta atribución a la competencia estatal se asentó en que ello es básico en materia de sanidad y, en cuanto tal, competencia del Estado.

Pues bien, en su Sentencia 91/1985, de 23 de julio, el Tribunal reiteró que la autorización genérica de aditivos, mediante el sistema de «listas positivas», pertenece al campo de lo «normativo» y no al de «ejecución», para, de inmediato, justificar tal interpretación del siguiente modo:

> «Es normativo por su *eficacia general* y *duración indeterminada* y, en definitiva, por *venir a integrarse en el ordenamiento* respecto a la sanidad alimentaria, y aplicarse, tal regulación general, a la especificidad de los supuestos (autorizaciones singulares de productos) que dentro de la obligada sujeción al sistema de lista positiva puedan plantearse. Es básico porque pueden considerarse como directriz principal de la sanidad alimentaria...»

Concretado lo que ha de considerarse como «normativo», el Tribunal procede a precisar qué ha de constituir una competencia de ejecución:

> «Distinta de esta determinación genérica, mediante el sistema de «listas positivas», es la autorización sanitaria y registro individualizado (...). La verificación de si un determinado producto que quiera lanzarse al mercado cumple las exigencias de las "listas positivas", y la consiguiente autorización e inscripción de tal producto constituye una competencia de ejecución.»

Como fácilmente puede apreciarse, el Tribunal utiliza como criterios de identificación del carácter normativo de una determinada actuación, aspectos tales como la eficacia general de la misma, su duración indeterminada y su integración en el ordenamiento, y estos criterios convierten esta actuación en regla a la que deben sujetarse ulteriores actuaciones singulares y específicas.

A la vista de todo lo expuesto se impone una conclusión: la ejecución autonómica, esto es, la ejecución en cuanto competencia de las Comunidades Autónomas, presenta un limitado alcance que parece circunscribirse (en los supuestos obviamente de ejecución de la legislación estatal) a la potestad de dictar reglamentos meramente organizativos, así como a la simple actividad administrativa, que encierra dentro de sí, desde luego, la potestad sancionadora, como el Tribunal ha reconocido expresamente (STC 102/1985, de 4 de octubre).

I) Las competencias normativas

La Constitución de 1978, a diferencia de otros códigos constitucionales de Estados federales o regionales, no contiene un expreso reconocimiento de la potestad legislativa de las Comunidades Autónomas. Bien es verdad que, de modo implícito, esa potestad queda reconocida cuando el artículo 152.1 basa la organización institucional autonómica en una Asamblea Legislativa, a la que lógicamente debe corresponder una facultad de normación. Por lo demás, basta con leer el artículo 149.1 para constatar, como ya hemos tenido oportunidad de hacer en un momento anterior, la existencia de una función legislativa autonómica, que debe quedar precisada por los respectivos Estatutos de Autonomía.

Teniendo presente la tipología competencial ya establecida, separaremos en nuestra exposición las competencias legislativas exclusivas de las Comunidades de aquellas otras competencias normativas compartidas.

a/ La competencia legislativa exclusiva de las Comunidades Autónomas

La potestad legislativa autonómica puede llegar a ser exclusiva sobre aquellas materias respecto de las cuales no medie reserva alguna a favor del Estado, a la vista del artículo 149.1. En estos casos, las Comunidades, a través de sus respectivos Estatutos, podrán asumir en exclusiva la potestad legislativa.

Los Estatutos nos muestran el frecuente empleo de la caracterización como «exclusiva» de competencias legislativas autonómicas. Bien es verdad que, como ya hemos tenido oportunidad de señalar, el empleo constitucional y estatutario del adjetivo «exclusivo» es marcadamente equívoco. Además, como ha entendido el Tribunal (STC 20/1988, de 18 de febrero), en una doctrina ya comentada, la calificación jurídica que las competencias de las Comunidades Autónomas deben merecer no deriva de una lectura aislada de la denominación que tales competencias reciban en los textos estatutarios, sino de una interpretación sistemática de todo el bloque de la constitucionalidad.

Es sobre la base de este criterio hermenéutico como el Tribunal ha entendido (STC 69/1982, de 23 de noviembre) que el reconocimiento a la Generalidad de Cataluña de la competencia exclusiva, vía estatutaria, no significa que la competencia legislativa sea ilimitada o absoluta en favor de la Comunidad Autónoma, pues autonomía no equivale a soberanía, ya que incluso las competencias autonómicas exclusivas han de situarse siempre dentro del marco constitucional. Y en perfecta sintonía con tal apreciación, el Tribunal considera (STC 56/1986, de 13 de mayo) que el Estado no puede verse privado del ejercicio de sus competencias exclusivas por la existencia de una competencia, aunque también sea exclusiva, de una Comunidad Autónoma.

La conexión entre los anteriores criterios hermenéuticos y la interpretación decididamente expansiva de ciertos títulos competenciales estatales, como, por ejemplo, el del apartado décimotercero del artículo 149.1 (que atribuye al Estado la competencia sobre las bases y coordinación de la planificación general de la actividad económica), ha venido a incidir asimismo sobre ciertas competencias exclusivas de las Comunidades, relativizando todavía más el sentido de esa «exclusividad».

Así, en su Sentencia 95/1986, de 10 de julio, con la que se ponía término al conflicto de competencia planteado por el Consejo Ejecutivo de la Generalidad contra el Gobierno de la Nación, en relación con determinados preceptos de un Real Decreto sobre ayudas a jóvenes agricultores, el Tribunal, tras admitir que la agricultura es una de las materias cuya íntegra asunción competencial por las Comunidades ha sido permitida por el artículo 148 de la Constitución, y constatar que el Estatuto catalán atribuye a la Generalidad la competencia exclusiva sobre la agricultura, matizaría que «ello no significa que el carácter exclusivo con que se predica la competencia autonómica sobre el sector agrícola sea en sí mismo un impedimento infranqueable a toda intervención estatal en la materia dentro del territorio de Cataluña, y ello no sólo porque ciertas materias o actividades, estrechamente ligadas a la agricultura, pueden caer bajo otros enunciados competenciales que el artículo 149 confía al Estado, sino, sobre todo, porque tanto la norma fundamental como el propio Estatuto de Autonomía dejan a salvo las facultades de dirección general de la economía, y, por tanto, de cada uno de sus sectores productivos, que han de quedar en poder de los órganos centrales del Estado».

En definitiva, en una materia asumida como de la exclusiva competencia de la Generalidad, como es la agricultura, aquélla está ciertamente facultada para desarrollar una política agrícola propia, pero sin olvidar que esa opción política ha de moverse dentro de las orientaciones e intervenciones básicas y de coordinación que el Estado disponga para el sector agrícola en cuanto componente esencial del sistema económico general.

Quiere todo ello decir que determinados títulos competenciales del Estado sobre materias horizontales, interpretados las más de las veces de modo expansivo, aunque desde luego no pueden conducir al vaciamiento competencial autonómico, sí pueden contribuir, por el contrario, a desvirtuar el sentido de la «exclusividad» de la asunción de algunas competencias por parte de las Comunidades. Las relaciones internacionales, el comercio exterior y, por encima de todos, la dirección de la actividad económica —competencia en la que, como ha admitido el Tribunal (STC 95/1986), tienen cobijo las normas estatales que fijen las líneas directrices y los criterios globales de ordenación de los distintos sectores económicos—, constituyen una buena muestra de cuanto acabamos de advertir.

b/ Las competencias legislativas compartidas: legislación básica estatal y legislación de desarrollo autonómico

a') El significado constitucional de la reserva de las bases al Estado

El artículo 149.1 de nuestra Norma suprema establece la competencia exclusiva del Estado para la formulación de las «bases» de una serie de materias, o para la legislación básica o normación básica sobre las mismas.

Como ya dijimos en un momento anterior, por *«bases»* hay que entender los «criterios generales de regulación de un sector del ordenamiento jurídico o de una materia jurídica, que deben ser comunes a todo el Estado». Esta idea posee un doble sentido, positivo y negativo. El primero manifiesta los objetivos, fines y orientaciones generales para todo el Estado, exigidos por la unidad del mismo y por la igualdad sustancial de todos sus miembros. En sentido negativo, por la misma razón, las «bases» constituyen el límite dentro del cual tienen que moverse los órganos de las Comunidades Autónomas en el ejercicio de sus competencias, cuando la Constitución y el Estatuto las dejan así delimitadas.

A la vista de esta doble significación de las *«bases»*, resulta claro que éstas se nos presentan como un concepto que nuestro primer cuerpo de leyes utiliza para expresar un criterio de deslinde de competencias entre los poderes centrales del Estado y las Comunidades Autónomas.

Las «bases» constituyen garantías de la unidad del Estado; a ello responde la reserva de la legislación básica al Estado, sin que, en modo alguno, deba entenderse que ello implica una negación de toda potestad normativa autonómica al efecto.

Nuestro supremo intérprete de la Constitución ha precisado la finalidad que nuestra «norma normarum» persigue al conferir a los órganos generales del Estado la competencia exclusiva para establecer las bases de ordenación de una materia: tal finalidad no es otra sino la de asegurar, «en aras de intereses generales superiores a los de cada Comunidad Autónoma», *«un común denominador normativo»* (STC 1/1982, de 28 de enero) a partir del cual cada Comunidad, en defensa del propio interés general, podrá establecer las peculiaridades que le convengan dentro de su propio marco competencial.

Este sistema de deslinde competencial implica, en consecuencia, la ineludibilidad del concurso de dos centros territoriales de poder a los efectos de la normación de una determinada materia. El Tribunal Constitucional (STC 84/1982, de 23 de diciembre) ha hablado en estos supuestos de que el régimen jurídico de la materia de que se trate —en el caso de la citada Sentencia, el régimen jurídico de las autonomías locales— es siempre resultado de la actividad concurrente del Estado y de las Comunidades Autónomas. Tal régimen jurídico presenta un carácter bifronte, que imposibilita calificarlo, de forma unívoca, como «intracomunitario» o «extracomunitario».

Este carácter bifronte implica, como resulta lógico, una participación autonómica en la normación de la materia. De ahí que la regulación estatal no pueda ser exhaustiva, no pueda agotar la normación de la materia, pues, si así sucediere, se estaría imposibilitando toda intervención de las Comunidades. Esta precisión ha sido reiteradamente expuesta por nuestra doctrina constitucional; constituye buena prueba de ello la Sentencia 147/1991, de 4 de julio, en la que tras recordar el objeto de la definición de las «bases» en el ámbito de la legislación compartida («crear un marco normativo unitario, de aplicación a todo el territorio nacional, dentro del cual las Comunidades Autónomas dispongan de un margen de actuación que les permita, mediante la competencia de desarrollo legislativo, establecer los ordenamientos complementarios que satisfagan sus peculiares intereses»), el Tribunal advierte que «en principio, debe entenderse que excede de lo básico toda aquella ordenación que, por su minuciosidad y detalle, no deja espacio alguno a la competencia autonómica de desarrollo legislativo, produciéndose en tal caso, por regla general, un resultado de vulneración competencial que priva a lo presentado como básico de su condición de tal».

En resumen, la competencia sobre «lo básico» no se ha de traducir en una normación tan precisa, tan casuística, tan de detalle, que conduzca a un régimen verdaderamente uniforme sobre la totalidad de la materia; esta uniformidad se ha de ver reflejada tan sólo en «lo básico», único fin pretendido por nuestro constituyente al reservar al Estado la regulación de las bases. Es por todo ello por lo que puede sostenerse que nunca la fijación de las «bases» puede llegar a tal nivel de desarrollo que vacíe de contenido las competencias de las Comunidades Autónomas, que, por lo demás, deben permitirles una pluralidad de opciones, pues la potestad autonómica de desarrollo normativo no tiene en modo alguno un mero carácter reglamentario. Bien es verdad que las consideraciones precedentes han sido notablemente relativizadas en algunos supuestos específicos, como tendremos oportunidad de contemplar en un momento ulterior, al hilo del análisis de la jurisprudencia constitucional.

En definitiva, la concreción de lo que han de entenderse como «bases» de una materia supone la delimitación de lo que es competencia estatal, a la par que define el punto de partida y el límite a partir del cual puede ejercer la Comunidad Autónoma su competencia de desarrollo legislativo.

b') La deducción racional de los criterios básicos a partir de la legislación preconstitucional

Asumida por el Tribunal Constitucional —como ya tuvimos oportunidad de exponer— una noción material de las bases, de conformidad con la cual, los principios o criterios básicos son los que racionalmente se deducen de la legislación vigente, se suscita de inmediato una importante cuestión: la de determinar la legislación vigente de la que se han de deducir tales criterios.

Tras la entrada en vigor de la Constitución será el legislador, o, más precisamente, las Cortes Generales, quienes deberán definir lo que se entiende por «básico» en cada materia, si bien esta regla general ofrece numerosas excepciones, a las que nos referiremos en un momento ulterior.

Ahora bien, si se entiende, como ha hecho el Tribunal (STC 58/1982, de 27 de julio), que, de modo general, la inactividad de los poderes centrales en el ejercicio de sus competencias no puede ser motivo para privar a las Comunidades Autónomas del ejercicio de las suyas, salvo en aquellos supuestos excepcionales en los que la Constitución, de modo explícito o implícito, condiciona la actuación del poder comunitario a una previa actuación estatal, y, en consonancia con ello, si bien más particularizadamente, que la ausencia de legislación básica no impide a las Comunidades ejercer su competencia legislativa (SSTC 32/1981, de 28 de julio y 64/1982, de 4 de noviembre), se hace ineludible dar una respuesta a la cuestión de qué acontece en el caso de que el legislador postconstitucional no haya definido las bases de una materia.

En los momentos inmediatamente subsiguientes a la entrada en vigor de la Constitución, la cuestión se iba a plantear en términos aún más perentorios, pues es una obviedad que al Estado no le era posible desplegar una actividad legislativa tan intensa que pudiera, de manera inmediata, configurar todas las ordenaciones básicas contempladas por la Constitución y los Estatutos. Así lo reconocería el mismo Tribunal Constitucional (STC 69/1988, de 19 de abril). En esta coyuntura, decidir acerca de si era o no factible acudir a la legislación preconstitucional para proceder a deducir a partir de ella los criterios básicos respecto de una determinada materia, se convertía en algo absolutamente prioritario.

El Tribunal Constitucional afrontaría esta problemática en su Sentencia 32/1981, de 28 de julio. A tal efecto, iba a comenzar constatando que si bien la promulgación de la Constitución no ha roto la continuidad del orden jurídico preconstitucional más que con respecto a aquellas normas que no pueden ser interpretadas de conformidad con la misma, no es menos cierto que es preciso matizar la presunción de constitucionalidad atendiendo al diverso objeto de las leyes preconstitucionales.

El Tribunal distingue, a tal efecto, las leyes que «disciplinan la acción sectorial del poder público y no se encuentran inmediatamente condicionadas por el fundamento de legitimidad de ese poder y la estructura política que de él deriva», respecto de las cuales los principios o bases que de ellas se desprendan podrán ser interpretados en la generalidad de los casos de conformidad con la Constitución, pudiendo ser aceptados en consecuencia como marco necesario para el ejercicio del poder legislativo que a las Comunidades Autónomas corresponda, de aquellas otras leyes que no se limiten a disciplinar la actividad de los poderes públicos, sino «que tengan como objeto, precisamente, la constitución de esos poderes, el establecimiento de su correspondiente ámbito de competencias y la composición y estructura de sus órganos de gobierno y administración», que difícilmente podrán considerarse informadas por principios o definidoras de bases que sean conformes a la Constitución.

A partir de esta diferenciación, el Tribunal considerará que las bases pueden inferirse de la legislación preconstitucional, siempre que ello sea posible sin que la deducción sea sólo aparente y se convierta en una verdadera labor de innovación, y sin perjuicio de que tal deducción «siempre nacería afectada de una cierta provisionalidad y quedaría pendiente de que el legislador la confirmase o la revocase» (STC 42/1983, de 20 de mayo).

En definitiva, con carácter general, puede decirse que en defecto de la existencia de legislación básica sobre una determinada materia, el Tribunal Constitucional ha dejado muy claramente expuesto que la ausencia de aquélla no impide a las Comunidades Autónomas ejercer su competencia legislativa siempre que se respeten las bases o normas básicas entendidas como nociones materiales que se deduzcan racionalmente de la legislación vigente, estén o no formuladas de forma expresa, y sin perjuicio de que el Estado pueda dictar en el futuro tales normas, que, naturalmente, serán entonces aplicables a las Comunidades Autónomas (SSTC 32/1981, de 28 de julio; 5/1982, de 8 de febrero y 64/1982, de 4 de noviembre).

Una última cuestión, relacionada con la precedente, debemos abordar: ¿cuál es la legislación vigente que debe considerarse a efectos de la deducción racional de las normas básicas sobre una concreta materia?

El tema presenta su interés a la vista del carácter complejo y multidisciplinar que tienen las cuestiones referentes a ciertas materias. De ahí que nuestro supremo intérprete de la Constitución haya señalado (STC 64/1982, de 4 de noviembre) que «cuando el ejercicio de una competencia autonómica sobre una materia ha de moverse dentro de la legislación básica del Estado, este marco está formado por toda la legislación básica que a ella se refiere y no sólo por la relativa a la materia concreta sobre la que recaiga esa competencia».

El Tribunal ha aplicado en bastantes ocasiones esta doctrina. Y así, en orden a la concreción de qué debe entenderse por legislación básica sobre protección del medio ambiente, ha recurrido a la legislación de Montes, a la del Suelo y a la propia legislación minera (STC 64/1982). De modo análogo, llegado el momento de precisar el contenido de las bases del régimen estatutario de los funcionarios de las Administraciones públicas, ha estimado el Tribunal (STC 54/1982, de 26 de julio) que dichos principios y normas básicas no tienen por qué ser necesariamente y en todo caso las deducibles de disposiciones relativas a los funcionarios de la Administración del Estado, sino que pueden serlo también las deducibles de disposiciones estatales relativas a funcionarios de otras Administraciones públicas y, en concreto, de las Administraciones locales.

c') El rango normativo de las bases

La problemática del rango normativo de las bases trata de dilucidar la cuestión de qué tipo de norma debe contener o regular las bases, o lo que es lo mismo, cuál ha de ser el rango de la norma a cuyo través el Estado establece los principios o criterios básicos de cada materia.

Como es obvio, el problema viene referido a la legislación postconstitucional, pues la legislación preconstitucional, como ya dijimos, era una legislación completa en la que no se distinguía «lo básico» de lo que no había de tener tal carácter.

Como bien señalara *García de Enterría*, la cuestión no puede dilucidarse por un análisis del artículo 149.1 de nuestra «Lex Superior», puesto que este precepto pretende separar los ámbitos entre el Estado y las Comunidades Autónomas, pero no entre los órganos con potestad normativa dentro de cada una de esas dos esferas, que es lo que entra en juego cuando se habla de rangos.

Es cierto que el referido artículo 149.1 habla de «bases» y de «legislación básica», pero no es menos cierto que, como tuvimos ocasión de exponer en un momento precedente, las bases no se identifican con las leyes marco, no tienen nada que ver con las leyes de bases de que hablan otros preceptos constitucionales, mientras que, por otro lado, el concepto de «legislación» no puede interpretarse sin más como referido al conjunto de normas escritas con fuerza o valor de ley. Así lo ha puesto de relieve en reiteradas ocasiones el Juez de la constitucionalidad.

Podría pensarse, en coherencia con la anterior interpretación del concepto «legislación», que el sentido material con el que el Tribunal ha entendido tal concepto, es perfectamente proyectable al concepto de «bases», máxime teniendo en cuenta que lo que este concepto pretende es una delimitación de competencias entre el Estado y las Comunidades Autónomas, no una jerarquización entre las respectivas normas. Entendidas las bases en un sentido material, perdería todo interés el rango normativo de las mismas, convirtiéndose este aspecto en una cuestión irrelevante. Sin embargo, el posicionamiento del Juez de la constitucionalidad no ha sido exactamente éste.

En cualquier caso, la postura del Tribunal en este importante punto, aunque en su esencia no ha cambiado de modo sustancial, sí ha experimentado algunas matizaciones que conviene subrayar. De ahí que, sin ánimo de introducir una rígida compartimentación en la jurisprudencia constitucional, procedamos a exponerla con arreglo a una sistemática que, ante todo, pretende conseguir una mayor claridad didáctica en la exposición de la doctrina constitucional.

a") Las primeras formulaciones del Tribunal

En la primera de las Sentencias en que el Tribunal Constitucional aborda la cuestión del rango normativo de las bases, se manifiesta ya de modo inequívoco a favor de que la normación básica tenga rango de ley. «Las Cortes —advierte el Tribunal (STC 32/1981, de 28 de julio)— deberán establecer qué es lo que haya de entenderse por básico, y en caso necesario será este Tribunal el competente para decirlo, en su calidad de intérprete supremo de la Constitución». En todo caso, conviene significar desde este mismo momento que esta doctrina no tendrá otro valor que el de una regla de pretensión general, siendo objeto de importantes salvedades.

En efecto, en lógica conexión con su noción material de las «bases», el Tribunal precisaría poco después (STC 1/1982, de 28 de enero) que aun cuando el carácter fundamental y general de las normas básicas exige que sea la ley el instrumento para establecerlas con posterioridad a la Constitución, puede haber algunos supuestos en los que el Gobierno podrá hacer uso de su potestad reglamentaria para regular por Real Decreto y de modo complementario alguno de los aspectos básicos de una materia determinada. Ello, a su vez, sería objeto de ulteriores matizaciones.

Exigirá el Tribunal, en orden al recurso a la vía reglamentaria, a efectos de la regulación por el Ejecutivo de aspectos concretos del núcleo básico, bien una previa definición como tal por el legislador post-constitucional, bien que tal núcleo sea inferido por el Gobierno a partir de la legislación preconstitucional (STC 32/1983, de 28 de abril). El Gobierno, en definitiva, puede regular por vía reglamentaria materias básicas definidas como tales en normas con rango de Ley, porque entonces su actuación es completiva y no delimitadora o definidora de competencias.

Por lo demás, aun cuando se considera que el carácter general de las bases, respecto al resto de la ordenación de la materia, exige que las mismas tengan estabilidad, pues con ellas se atiende a aspectos más estructurales que coyunturales, es lo cierto que, en ocasiones, «*ciertas decisiones y actuaciones de tipo aparentemente coyuntural,* que tienen como objeto la regulación inmediata de situaciones concretas, *pueden tener sin duda un carácter básico* por la interdependencia de éstas en todo el territorio nacional y por su incidencia en los fundamentos mismos del sistema normativo» (STC 32/1983, de 28 de abril).

Esta doctrina será proyectada por el Tribunal, entre otros, al campo económico, en lo que concierne a la «concreción e incluso a la cuantificación de medidas contenidas en la regulación básica del crédito» (STC 1/1982), al ámbito de la sanidad interior (STC 32/1983, de 28 de abril) y al sector pesquero, en el que llegará a considerar como básico, la determinación del número de unidades, de su tonelaje, de su tipo... etc. (STC 33/1984, de 9 de marzo).

Esta brecha en la exigencia del principio de ley formal para la enunciación de las bases se ampliará aún más en otras Sentencias. El Tribunal, efectivamente, ha recurrido a la *definición de «lo básico» por vía de consecuencia o de conexión.* Así, en su Sentencia 25/1983, de 7 de abril, afirma que: «Todo aquello que sea preciso para la preservación de la normativa de una institución considerada como básica debe ser entendido asimismo como básico por vía de consecuencia o de conexión.» Esta formulación llevará al Tribunal tan lejos como para incluir dentro de las bases de una materia meros actos de ejecución, como será la convocatoria por la Dirección General de Administración Local de un concurso de traslado para la provisión en propiedad de plazas a desempeñar por funcionarios de los Cuerpos nacionales de Administración Local (STC 25/1983), acto éste que el Tribunal incluirá dentro de los principios básicos del régimen jurídico de las Administraciones públicas y del régimen estatutario de sus funcionarios.

Incidiendo en esta misma dirección, el Tribunal ha entendido (STC 76/1983, de 5 de agosto) que *una regulación reglamentaria de materias básicas* por parte gubernamental *quedaría justificada* si la materia, *por su carácter marcadamente técnico,* es más propia del Reglamento que de la Ley. El Tribunal ha recurrido a esta doctrina en su Sentencia 77/1985, de 27 de junio, en la que, en relación con la habilitación que la Ley Orgánica del Derecho a la Educación hace al Gobierno para que establezca las normas básicas a que deben someterse los conciertos educativos con los centros docentes, el Tribunal considera tal habilitación acorde con los preceptos constitucionales por cuanto, a su juicio, cumplimenta estos dos requisitos: una previa habilitación legal y un recurso justificado al ámbito reglamentario por tratarse de materias cuya naturaleza exige un tratamiento para el que las normas legales resultan inadecuadas por sus mismas características.

En resumen, pues, la intervención del Gobierno en la fijación de las bases exige una previa habilitación por el legislador postconstitucional o, por lo menos, que el núcleo básico pueda ser inferido por el propio Gobierno a partir de la legislación anterior a la Constitución. Arrancando de este principio general, el Tribunal ha admitido que puedan tener el carácter de «básicas», decisiones y actuaciones de tipo coyuntural e incluso meros actos de ejecución, pues también será posible recurrir a la definición de «lo básico» por consecuencia o conexión. Finalmente, bastará que el carácter marcadamente técnico de una materia la haga más propia del Reglamento que de la Ley para que esté justificado el recurso a la regulación reglamentaria de materias básicas. Ello, en definitiva, supone abrir una brecha de muy considerables dimensiones en el que, por otro lado, se considera principio de carácter común: que las bases han de recogerse en normas con rango de ley. Esta brecha, como es patente, implica desequilibrar de modo muy notable y en beneficio del Estado, el marco constitucional distributivo de competencias.

b") La inflexión jurisprudencial. Las Sentencias 69/1988 y 80/1988

La doctrina jurisprudencial hasta aquí expuesta se iba a ver alterada de modo sensible por las Sentencias 69/1988 y 80/1988, que en cierto modo marcan un punto de inflexión en ese proceso de progresiva relativización del principio general de exigencia de rango legislativo, de rango de ley, para las normas que definan lo que ha de considerarse como «básico» en cada materia.

En efecto, en esas Sentencias, por las que el Tribunal resuelve sendos conflictos de competencia sobre etiquetaje de productos a comercializar en Cataluña y Galicia, respectivamente, queda reflejado un claro cambio de actitud en orden a la interpretación de la competencia estatal para el establecimiento de las bases normativas. Como sostienen *Tornos* y *Aja,* no se trata tanto de un cambio de jurisprudencia, pues de hecho el Tribunal no introduce ningún elemento propiamente nuevo en su doctrina sobre las bases, como, por el contrario, de un explícito cambio de actitud en la aplicación de dicha doctrina, producido por la vía de realzar el componente formal del concepto de «bases» frente a su noción puramente material.

Incluso podría recordarse algún antecedente jurisprudencial de esta prevalencia del concepto formal sobre el material. Tal sería el caso de la Sentencia 32/1983, de 28 de abril, en la que, aun reconociendo de modo expreso el carácter materialmente básico de las normas en litigio, el Tribunal Constitucional declarará la nulidad del Real Decreto que las contiene por insuficiencia de rango. He aquí alguno de los razonamientos jurisprudenciales:

> «Es el Gobierno —razonará el Tribunal— quien por Real Decreto delimita el contenido de esta competencia, que sería sin duda conceptuable como básica si así estuviera definida en una norma estatal con

rango de Ley, y quien tácitamente obliga a que la competencia comunitaria de desarrollo legislativo haya de ejercerse a partir de lo definido como básico no por el legislador estatal, sino por el Gobierno de la Nación. Al ser esto así, y aun siendo materialmente de titularidad estatal el contenido del artículo 2.º.1 por razón de carácter básico, la norma que lo contiene debe ser declarada nula por insuficiencia de rango.»

La inexistencia del necesario eslabón intermedio, esto es, de una norma estatal con rango de Ley, entre la anterior norma reglamentaria y el bloque normativo constitucional, convierte a aquélla en no conforme formalmente con el orden de competencias existente. Bien es verdad que aquí el vicio de inconstitucionalidad no es tanto el recurso a una norma reglamentaria para la concreción de *«lo básico»*, cuanto que esa regulación reglamentaria haya tenido lugar sin la previa existencia de una ley, con lo que la actuación gubernamental ha sido no completiva, sino delimitadora o definidora de competencias.

Siendo en todo caso esta Sentencia un islote aislado en un mar jurisprudencial inequívocamente inclinado hacia una concepción material de las *«bases»* cada vez más lata, es lo cierto que tampoco parecía anticipar el cambio de actitud que iba a gestarse a partir de la Sentencia 69/1988. En ella, como ya hemos avanzado, el Tribunal seguirá manteniendo en lo sustancial su doctrina anterior, si bien son de destacar algunos significados matices (SSTC 69/1988, de 19 de abril y 80/1988, de 28 de abril:

a) La definición de *«lo básico»* —necesaria a efectos del cierre del sistema— constituye una operación normativa de concreción de lo básico, que corresponde realizar al legislador estatal sin alterar el orden constitucional y estatutario de distribución de competencias y *con observancia de las garantías de certidumbre jurídica* que sean necesarias para asegurar que las Comunidades Autónomas tengan posibilidad normal de conocer cuál es el marco básico al que deben someter sus competencias.

b) En conexión con tal premisa, el Tribunal considera que su función de defensa del sistema distributivo de competencias ha de venir orientada por dos esenciales finalidades: de un lado, procurar que la definición de *«lo básico»* no quede a la libre disposición del Estado (garantía material) y de otro, *«velar porque el cierre del sistema no se mantenga en la ambigüedad permanente* que supondría reconocer al Estado facultad para oponer sorpresivamente a las Comunidades Autónomas como norma básica cualquier clase de precepto legal o reglamentario, al margen de cual sea su rango y estructura» (garantía formal).

c) A esta última finalidad atiende el principio de Ley formal, que debe entenderse en el sentido de que *la propia Ley puede y debe decla-*

rar expresamente el alcance básico de la norma o, en su defecto, venir dotada de una estructura que permita inferir, directa o indirectamente, pero sin especial dificultad, *su vocación o pretensión de básica.*

d) La excepción al principio de Ley formal, establecida principalmente para adecuar la legislación preconstitucional a situaciones nuevas derivadas del orden constitucional, *debe entenderse limitada al sentido que corresponde a su naturaleza de dispensa excepcional de suficiencia de rango normativo,* pero no alcanza a la exigencia de que su carácter básico se declare expresamente en la norma o se infiera de su estructura en la misma medida en que ello es aplicable a la Ley formal.

En aplicación precisamente de este principio, el Tribunal consideraría (STC 182/1988, de 13 de octubre) inadmisible constitucionalmente que una pretendida norma básica no concrete «lo básico» sino por remisión a una posterior labor deductiva a desarrollar sobre la propia disposición o sobre cualesquiera otras, ya que con ello se crearía un ámbito de inseguridad radicalmente incompatible con el sistema de distribución de competencias constitucionalmente establecido.

Como puede comprenderse a la vista de los matices de la doctrina constitucional expuesta, aunque ésta es, en su esencia, una jurisprudencia ciertamente consolidada, que sigue apoyándose sobre el núcleo esencial del concepto material de «norma básica», complementado con elementos formales, en ella encontramos significativamente subrayados determinados matices de interés: un cierto hincapié en la necesidad de observancia de las garantías de certidumbre jurídica; un rechazo de la posibilidad de que el cierre del sistema se mantenga en la ambigüedad permanente; unas determinadas exigencias de contenido o de estructura respecto de la Ley formal definidora de lo básico, y, finalmente, el reconocimiento de que la única salvedad válida al principio de Ley formal es la dispensa excepcional de suficiencia de rango normativo.

Ahora bien, el Tribunal no se limita a acentuar algunos matices entresacados de lo que había venido siendo su doctrina tradicional, sino que entiende que si bien en los primeros años de vigencia de la Constitución resultaba inevitable que el concepto material de «norma básica» adquiriese excepcional relevancia «al objeto de conseguir, de la manera más rápida y eficaz, la progresiva determinación de los espacios normativos estatal y autonómico», superada esa inicial situación por la realidad actual de un orden distributivo competencial en avanzado estado de construcción, el componente formal adquiere una mayor trascendencia como «garantía de certidumbre jurídica en la articulación de las competencias estatales y autonómicas, lo cual se manifiesta imprescindible en logro de una clara y segura delimitación de las mismas a través de *instrumentos normativos que reduzcan, de manera inequívoca, la indeterminación formal de las normas básicas hasta el nivel que resulte compatible con el principio de seguridad jurídica,* que proclama el artículo 9.º.3 de la Constitución y cuya presencia efectiva en el ordenamiento jurídico, especialmente en el tan complicado e importante de la organización y funcionamiento del Estado de las Autonomías, es esencial al Estado de Derecho que la propia Constitución consagra» (STC 69/1988).

En virtud de ello, manteniendo el concepto material de «lo básico» como núcleo sustancial de la doctrina constitucional, el Tribunal concluye que «*procede exigir con mayor rigor la condición formal de que la "norma básica" venga incluida en Ley votada en Cortes que designe expresamente su carácter de básica o esté dotada de una estructura de la cual se infiera ese carácter con naturalidad,* debiendo también cumplirse esta condición en el supuesto excepcional de que la norma básica se introduzca por el Gobierno de la Nación en ejercicio de su potestad de reglamento», y habiendo de tenerse presente en todo caso que la posibilidad de la inferencia es mucho más limitada a partir de un Decreto que de una Ley (STC 13/1989, de 26 de enero.

Más precisamente aún, el Tribunal ha puntualizado (STC 248/1988, de 20 de diciembre) que incluso en los casos excepcionales en que la norma básica sea definida por el Gobierno, habrá de atenderse, junto al criterio del concepto material de «norma básica», a una elemental exigencia de seguridad jurídica, que impide calificar de «básicos» otros preceptos que aquellos respecto de los cuales esta naturaleza puede inferirse sin dificultad.

Esta doctrina, como resulta patente, delimita con mucha mayor claridad los respectivos ámbitos competenciales del Estado y de las Comunidades Autónomas, al margen ya de hacer hincapié en un elemento de seguridad jurídica, de certidumbre jurídica, anteriormente casi ignorado.

c") La doctrina constitucional actual

La doctrina constitucional que en la actualidad puede considerarse vigente en orden a la cuestión del rango normativo de las bases, ha sido en buena medida compendiada en una reciente Sentencia de nuestro supremo intérprete de la Constitución, la Sentencia 147/1991, de 4 de julio.

Siguiendo las pautas marcadas en ella, procederemos a sistematizar esa doctrina:

1) Con carácter general, puede afirmarse que esta materia está regida por el *principio de preferencia de ley,* que no ha de confundirse con el principio de reserva de ley —incompatible con el aspecto material que interviene en la conformación del concepto de «lo básico»—,

y en cuya virtud, y siempre que así sea posible, la definición de «lo básico» debe corresponder a una norma emanada del Poder legislativo del Estado, que es la que mejor garantiza la generalidad y estabilidad de las reglas básicas, y, consiguientemente, el respeto debido a las competencias autonómicas de desarrollo.

El *principio de preferencia de ley* se orienta, pues, a evitar la vulneración del sistema de distribución de competencias que se deriva de toda aquella ordenación que, por su minuciosidad y detalle, no deja espacio alguno a la competencia autonómica de desarrollo legislativo.

2) En cuanto que la idea misma de «ordenación» conlleva dificultades que difícilmente pueden superarse mediante ley (STC 33/1984, de 9 de marzo, y en relación con la «ordenación del sector pesquero», STC 56/1989, de 16 de marzo), *la legislación básica puede incluir normas de rango infralegal.*

3) En consonancia con la premisa inmediatamente anterior, el Tribunal ha reconocido de modo reiterado, como conforme a la Constitución, la *intervención del Reglamento en la delimitación de «lo básico».* La Ley puede remitir al Reglamento para regular aspectos básicos que completen el contenido de la misma (STC 77/1985, de 27 de junio). Tal habilitación resultará justificada si la materia por su carácter marcadamente técnico es más propia del Reglamento que de la Ley (SSTC 76/1983, de 5 de agosto y 77/1985), como también si la materia de que se trate presenta una naturaleza cambiante y coyuntural (STC 147/1991).

4) Aun más allá de eso, la doctrina contitucional ofrece diversos ejemplos de supuestos, ciertamente muy excepcionales, en los que ha admitido la categoría conceptual de *actos de ejecución de naturaleza básica.* Como advierte el Tribunal, ello requiere la presencia de alguna especial razón que, de manera manifiesta, así lo justifique. Entre las razones que el Tribunal ha considerado al efecto podemos mencionar:

a) Que el acto de ejecución afecte a intereses de varias Comunidades Autónomas o comporte márgenes amplios de discrecionalidad que sólo pueden ser encomendados a instancias generales. En este sentido se pronunciaría el Tribunal en su Sentencia 1/1982, de 28 de enero, en relación con las «bases de ordenación del crédito», y también en la Sentencia 44/1982, de 8 de julio, en relación con las normas básicas relativas a los medios de comunicación social, Sentencia esta última en la que el Tribunal prestará una especial atención a la dimensión internacional de la cuestión, factor primordial para la atribución al Estado de la competencia controvertida.

b) Que se produzcan situaciones de urgencia y sea preciso evitar daños irreparables, o se trate de preservar la normativa de una institución considerada básica (entre otras, STC 25/1983, de 7 de abril).

c) Que por la naturaleza de la materia, los actos de ejecución resulten el complemento necesario para garantizar la consecución de la finalidad objetiva a que responde la competencia estatal sobre las bases. En aplicación de esta doctrina, el Tribunal (STC 48/1988, de 22 de marzo) atribuye carácter básico, en materia de ordenación del crédito, a ciertas funciones ejecutivas del Banco de España en la medida en que son precisas para asegurar el adecuado funcionamiento de las Entidades de crédito o la efectividad de la política financiera del Estado. En el mismo sentido se manifestará el Tribunal en la Sentencia 49/1988, en la que apostillará que «las bases pueden comprender regulaciones detalladas de aspectos concretos de una materia e incluso pueden incluir la potestad de realizar actos de ejecución», casos éstos realmente excepcionales que «sólo pueden admitirse cuando sean realmente imprescindibles para el ejercicio efectivo de las competencias estatales».

Esta última jurisprudencia, como fácilmente puede comprenderse, relativiza hasta extremos insospechados la doctrina general ya expuesta, que viene a justificar la conveniencia del principio de preferencia de ley por entender que es el que mejor garantiza el requisito de generalidad que ha de caracterizar a las bases, impidiendo de esta forma una ordenación básica minuciosa y casuística que no deje espacio alguno a la competencia autonómica de desarrollo legislativo.

El propio Tribunal (STC 147/1991) confirma nuestra apreciación anterior al entender que «las reglas y actos que merezcan la calificación de básicos no pierden tal consideración, aunque desciendan a un plano de detalle y minuciosidad, que dificulte o incluso, impida el desarrollo normativo autonómico o la adopción de determinados actos de ejecución, puesto que ello (...) solamente determinará la invasión de la competencia de la Comunidad en aquellos casos en los que la actuación estatal no venga justificada por algunas de las razones que se dejan expuestas u otras de igual o análogo sentido y alcance excepcionales».

El único límite que parece admitir el Tribunal es el vaciamiento de las competencias autonómicas, si bien la propia indeterminación de tal limitación le resta buena parte de su operatividad.

En último término, será el Tribunal Constitucional quien, ante la concreta definición estatal de ese común denominador normativo necesario para asegurar la unidad fundamental prevista por las normas del bloque de la constitucionalidad que establecen la distribución de competencias, deberá decidir acerca de si la uniformidad básica establecida es consecuente o no con la finalidad objetiva perseguida al reservar al Estado la competencia para fijar las bases de una determinada materia. En consecuencia, el Tribunal, en cada caso concreto, habrá de dilucidar si el detalle y minuciosidad de la reglamentación estatal o el acto de ejecución realizado por instancias centrales goza de cobertura justificativa suficiente por responder a la necesidad de asegurar los fines de unidad normativa mínima que legitima la competencia básica estatal.

d') El desarrollo normativo

El concepto de «bases», como hemos venido repitiendo, opera como un elemento fundamental de delimitación de las competencias del Estado y de las Comunidades Autónomas. No en vano la reserva al Estado de la legislación básica entraña la posibilidad de que las Comunidades asuman estatutariamente competencias sobre todo lo que no es básico. Por ello mismo, puede en cierto modo decirse que el desarrollo normativo que implica el establecimiento de las bases abarca todo lo que no es legislación básica. En esta dirección, los Estatutos aprobados de conformidad con el procedimiento previsto por el artículo 151.2, han procedido a incorporar a la competencia autonómica cuanto cae fuera de las bases de ordenación de una materia, cuando es este concepto el que opera como elemento de delimitación competencial.

En este sentido, como sostiene *Muñoz Machado,* puede afirmarse que competencias de desarrollo legislativo no son sólo las que se califican de tales en los Estatutos, sino también todas aquellas que resultan de una compartición de la función legislativa, de manera que el Estado retiene la competencia para fijar los principios generales y comunes de una materia.

Y esta circunstancia se produce incluso respecto de ciertas competencias calificadas en los Estatutos como de «exclusivas», supuesto que acontece notoriamente cuando tras calificarlas de «exclusivas», los Estatutos hacen ciertas salvedades, como la de sujetar el ejercicio de la competencia sobre una materia a lo establecido por la legislación estatal («de acuerdo con» la legislación estatal) o a las bases estatales sobre la misma («sin perjuicio de» las bases).

Cuanto acabamos de exponer deja traslucir con nitidez que el problema fundamental que nos plantea el desarrollo normativo autonómico de las bases estatales es el de la *articulación entre las «bases» y su desarrollo.*

Con carácter muy genérico, el Tribunal Constitucional ha incidido en algunos de los rasgos generales que deben guiar tal articulación. A algunos de ellos hemos tenido oportunidad de referirnos con detenimiento anteriormente; ello no obstante, nos volveremos a hacer eco de los mismos. En esencia esos rasgos son los siguientes:

1) La competencia de desarrollo legislativo de las bases estatales atribuida a las Comunidades Autónomas no puede entenderse supeditada a una previa habilitación legislativa estatal, pues esto equivaldría

a equiparar legislación básica con Leyes marco (STC 5/1982, de 8 de febrero), tesis reiteradamente rechazada por el Tribunal (cfr. por todas la STC 1/1982, de 28 de enero, en la que el Tribunal, rotundamente, afirma que las «bases» «no tienen nada que ver con la delegación legislativa de que tratan los artículos 82 y 83 de la Constitución, ni se identifican con las leyes marco reguladas por el art. 150.1»).

2) La actividad normativa de desarrollo no puede confundirse con la actividad reglamentaria; dicho de otro modo, la relación entre las normas de desarrollo legislativo dictadas por las Comunidades y la legislación básica no es equiparable a la que media entre el Reglamento y la Ley.

3) Las normas autonómicas de desarrollo legislativo, respetando el común denominador normativo que, en aras de intereses generales superiores a los de cada Comunidad Autónoma, se trata de asegurar a través de las bases, pueden establecer las peculiaridades que a cada Comunidad convenga dentro de su propio ámbito de competencias sobre la materia (STC 1/1982). Dicho de otro modo, las bases deben permitir que las Comunidades dispongan de un margen de actuación que les permita, mediante la competencia de desarrollo legislativo, establecer los ordenamientos complementarios que satisfagan sus peculiares intereses (STC 147/1991, de 4 de julio). El marco normativo unitario que suministran las bases tiene, pues, su contrapunto en la posibilidad de un desarrollo legislativo autonómico plural.

4) En conexión con lo anterior, debe entenderse como principio general que excede de lo básico toda aquella ordenación que, por su minuciosidad y detalle, no deja espacio alguno a la competencia autonómica de desarrollo legislativo (STC 147/1991). Las bases no pueden, en consecuencia, producir un vaciamiento competencial de las Comunidades.

Los principios sobre los que se articulan las bases y su necesario desarrollo normativo nos conducen a una conclusión bastante patente: el régimen jurídico de aquellas materias respecto de las cuales el constituyente ha procedido a deslindar las competencias con arreglo al criterio de atribuir al Estado la fijación de las bases, de los principios básicos, posibilitando la asunción de competencias autonómicas de desarrollo legislativo, es un *régimen jurídico que presenta un carácter bifronte,* circunstancia que, como el Tribunal ha señalado, y ya advirtiéramos en un momento anterior, imposibilita calificarlo como «intracomunitario» o «extracomunitario» (STC 44/1982, de 23 de diciembre).

Este carácter bifronte se explica por el hecho de que *el legislador territorial,* dentro del respeto a la Constitución, a las bases de la materia de que se trate y, obviamente, a su propio ámbito competencial, *puede orientar su acción legislativa en función de una política propia sobre la materia,* como el mismo Tribunal reconociera (STC 35/1982, de 14 de junio). Ello es así porque el legislador territorial no viene obligado a circunscribir su actuación a una labor similar a la de desarrollo reglamentario. El legislador territorial ha de respetar las bases; lo que no ha de limitarse a hacer es, por contra, desarrollarlas.

Ello, a su vez, no es sino la resultante obligada de una consideración de indudable trascendencia: la potestad de desarrollo normativo que las Comunidades pueden asumir por vía estatutaria no encuentra su razón de ser en las bases dictadas por el Estado, esto es, en una supuesta habilitación que en las mismas se hiciera a las Comunidades, sino, bien al contrario, en el propio Estatuto, de conformidad con el cual se asume tal potestad, y, a su través, en la propia Norma suprema.

En definitiva, como señala *Muñoz Machado,* el legislador territorial no actúa ejecutando la norma del legislador estatal y ninguno de los dos ejecutan la Constitución, sino que actúan dentro de su marco, manejando las opciones normativas libres que caben en su seno.

Para terminar nos referiremos a la cuestión del rango normativo de las normas autonómicas de desarrollo. Como la doctrina pone de manifiesto con carácter general, no existe inconveniente alguno en que el desarrollo normativo se lleve a cabo mediante instrumentos de rango inferior al legislativo. Las bases no condicionan el rango normativo de las normas de desarrollo, por lo que éstas pueden ser legislativas o reglamentarias. Por lo demás, así lo ha admitido expresamente el Tribunal Constitucional (entre otras, (STC 1/1982).

J) Las competencias ejecutivas

a/ Los principios de distribución de las competencias ejecutivas

La distribución de las competencias ejecutivas plantea una problemática de notable relevancia por cuanto de la funcionalidad de ese reparto depende la propia eficacia de las diferentes Administraciones públicas de un Estado, como el diseñado en la Constitución de 1978, organizado territorialmente en un conjunto de entes territoriales dotados de autonomía política.

Aunque, una vez más, el Derecho comparado no nos ofrece un modelo único a este respecto, sí conviene apuntar que el modelo dominante en buena parte de los Estados federales se asienta en la atribución a los Estados miembros de la Federación de la casi totalidad de las potestades de ejecución. La ejecución de las leyes federales y, de modo particular, la gestión de los servicios administrativos, suele ser una competencia de los entes territoriales que integran la Federación.

La Ley Fundamental de Bonn nos ofrece al efecto un modelo paradigmático. Su artículo 83, con carácter general, prescribe que: «Los Länder ejecutarán las leyes federales como asunto propio de cada uno, en cuanto la presente Ley Fundamental no disponga o permita otra cosa.» De este modo, la función ejecutiva se atribuye en su conjunto a los Länder. El modelo se lleva hasta sus últimas consecuencias, pues la «Bonner Grundgesetz» se encarga de precisar unas materias específicas a las que ha de limitarse la gestión en régimen de administración federal directa, con una organización administrativa propia. Entre ellas, el artículo 87.1 de la Ley Fundamental se refiere al servicio diplomático, la hacienda federal, los ferrocarriles federales, los correos federales y, con arreglo a lo dispuesto por el artículo 89 de la misma Ley, la administración de los canales federales y de la navegación. Bien es verdad que el mismo artículo 87.1 posibilita la institución, por ley federal, de órganos de policía de fronteras, órganos centrales para el servicio de información y de noticias de la policía...

Este sistema, llamado *«federalismo de ejecución»* («Vollzugsföderalismus»), ha tenido un enorme arraigo en Alemania, siendo de recordar que de la Constitución de Weimar pasaría a la Constitución de nuestra Segunda República, que, al margen ya de las materias enunciadas por su artículo 14 (respecto de las cuales se atribuía al Estado la exclusiva competencia legislativa y la ejecución directa), posibilitaba que en todo lo demás pudiese corresponder a las Regiones autónomas la ejecución directa, incluyéndose el ejercicio de potestades ejecutivas sobre un conjunto material respecto del cual se atribuía al Estado la legislación (materias enunciadas por el artículo 15 de la Constitución de 1931), en la medida —en este bloque de materias— de la respectiva capacidad política de las Regiones, a juicio de las Cortes.

La Constitución de 1978 se ha separado notablemente del modelo precedente. Bien podría decirse incluso que se ha despreocupado del reparto de las competencias de ejecución. Desde luego, en ella no se encuentra cláusula alguna de carácter general que trate de establecer un principio rector en esta cuestión.

Una lectura detenida del artículo 149.1 nos revela que nuestro constituyente ha distribuido las funciones ejecutivas entre el Estado y las Comunidades en atención a cada materia en concreto, sin pretender sentar ningún principio general. Bien es verdad que, a modo de tendencia más común, podría advertirse que las competencias que el referido precepto reserva al Estado son más bien las de carácter normativo u ordenador, a las que habría que añadir otras competencias de coordinación y planificación; por el contrario, es excepcional la reserva estatal de competencias de ejecución.

Sentada esta pauta general, podemos intentar efectuar una sistematización de los principios distributivos de las competencias de ejecución. Tal sistemática debe ajustarse a los siguientes criterios generales:

1.º) En aquellas materias en que se atribuye al Estado la competencia íntegra (relaciones internacionales, defensa y Fuerzas Armadas, administración de justicia, Hacienda general...), la ejecución, como es obvio, corresponde al propio Estado.

2.º) En las materias en que la competencia plena o íntegra se atribuye estatutariamente a las Comunidades, la regla general es que a ellas corresponda asimismo la competencia de ejecución. Ejemplo arquetípico de este segundo criterio distributivo podría ser el artículo 25.2 del Estatuto de Cataluña, de conformidad con cuyo inciso primero: «En el ejercicio de sus competencias exclusivas corresponde a la Generalidad, según proceda, la potestad legislativa, la potestad reglamentaria y la función ejecutiva, incluida la inspección.»

3.º) En los casos en que la potestad legislativa está repartida entre el Estado, a quien corresponde establecer las bases, y las Comunidades, a las que se atribuye el desarrollo normativo, son estas últimas las que asumen la potestad ejecutiva, que suele abarcar en estos supuestos la potestad reglamentaria, si bien, teniendo presente las excepciones que a esta regla pueden concretarse como consecuencia de la noción material de las bases.

4.º) En aquellas otras materias en que al Estado se reserva la integridad de la potestad legislativa, algunos Estatutos de Autonomía han encomendado a la respectiva Comunidad la totalidad de la función ejecutiva. De esta forma, mientras el Estado asume todo el poder normativo, la Comunidad se hace competente para la integridad de la función ejecutiva, que en estos casos no incluye la potestad reglamentaria, a salvo la posibilidad de dictar reglamentos meramente organizativos.

5.º) Rompiendo en cierto modo el esquema distributivo hasta aquí reseñado, existen supuestos en los que el Estado, con independencia de que con carácter general sean asumidas las competencias de ejecución por las Comunidades, se reserva algunas actuaciones específicas, tales como la coordinación (de la planificación general de la actividad económica, de la investigación científica...), el fomento (de la investigación), la alta inspección (en materia de educación y sanidad, entre otras), la autorización de determinadas instalaciones (instalaciones eléctricas cuando su aprovechamiento afecte a otra Comunidad)... etc. Estas actuaciones corresponden al Estado con independencia de que la Comunidad Autónoma pueda asumir incluso competencias legislativas sobre la materia.

El esquema anteriormente expuesto presenta algunas excepciones, caracterizadas por incidir el Estado sobre la ejecución, pese a estar reservada ésta con carácter general a las Comunidades. Así lo ha reconocido el Tribunal Constitucional en diversos supuestos que podemos sistematizar del siguiente modo:

1) Cuando *la ejecución incida sobre el territorio de más de una Comunidad* y, por ello mismo, tenga un *alcance supracomunitario*. Par-

tiendo de la doctrina de que «la consecución de los intereses de carácter supracomunitario queda confiada a los órganos del Estado» (STC 42/1981, de 22 de diciembre), el Tribunal entiende que cuando la potestad ejecutiva implique necesariamente una colisión de intereses entre dos Comunidades Autónomas, la competencia debe corresponder al Estado. Y así, en la Sentencia 1/1982, de 28 de enero, considera que una norma del Gobierno vasco invade una competencia estatal en cuanto pretende que el Departamento de Economía y Hacienda de la Comunidad Autónoma del País Vasco pueda autorizar a Cajas de Ahorro domiciliadas en tal Comunidad la apertura de oficinas fuera del territorio de la misma.

En otro momento, el Tribunal, refiriéndose a una materia compleja, como la acción y protección social, central en un Estado social, manifiesta que las competencias exclusivas no pueden entenderse en un sentido estricto de exclusión de actuación en el campo de lo social del Estado, «respecto de aquellos problemas específicos que requieran para su adecuado estudio y tratamiento un ámbito más amplio que el de la Comunidad Autónoma y que presupongan en su concepción, e incluso en su gestión, un ámbito supracomunitario, que puede corresponder al Estado» (STC 146/1986, de 25 de noviembre).

2) Cuando *la seguridad pública,* en aras de la protección de los ciudadanos, por razones de necesidad y urgencia, así lo exija. En su Sentencia 33/1982, de 8 de junio, el Tribunal admitió una actividad ejecutiva del Estado al entender que la seguridad pública requería la adopción de medidas para atajar riesgos de la salud pública, medidas que venían impuestas por razones de urgencia y necesidad, de forma que no podía esperarse a la actuación de las autoridades competentes para afrontar tales riesgos.

3) Cuando la *ejecución haya de llevarse a cabo desde objetivos, criterios o valoraciones de carácter nacional,* y que por ello mismo sólo al Estado corresponde decidir. Buena parte de los supuestos que pueden ser incluidos aquí ya han sido referidos al contemplar la categoría conceptual de los actos de ejecución de naturaleza básica, y allí nos remitimos ahora.

Nos referiremos tan sólo en este momento a una Sentencia concreta: la Sentencia 6/1982, de 22 de febrero. La materia que en ella se aborda es la enseñanza. En orden a esta materia, prescindiendo de la Alta Inspección, las competencias que corresponden al Estado en exclusiva tienen un contenido de carácter sustancialmente normativo, pudiendo, eventualmente, ser atribuida su ejecución a los poderes autonómicos, como es el caso, por lo que al supuesto litigioso se refiere, de las Comunidades Autónomas catalana y vasca, que a través de sus Estatutos respectivos han asumido competencia plena para la regulación y administración de la enseñanza, sin perjuicio de la Alta Inspección que corresponde al Estado.

Ahora bien, el Tribunal admite que la delimitación competencial expuesta puede verse alterada, perdiendo la Comunidad Autónoma la integridad de la función ejecutiva. Ello no es sino la resultante obligada del hecho de que las funciones estatales en la materia exigen e imponen unas evidentes competencias ejecutivas y gestoras, pues el sistema educativo único, «supracomunitario», que proclama la Constitución, no es sólo un resultado que haya que conservar, sino «un objetivo que continuamente hay que lograr», y este objetivo debe ser compartido por el Estado y las Comunidades Autónomas.

A la vista del esquema que acabamos de exponer la conclusión resultante es bastante evidente, y en ella coincide la generalidad de la doctrina: el modelo carece de precisión y puede conducir a una duplicación de las instancias ejecutivas, de modo tal que en el territorio de una Comunidad no es extraño que se produzca la interferencia entre los servicios periféricos de la Administración central y los de las Administraciones autonómicas. Esta confusión parece haberse acentuado con los Reales Decretos de transferencias de servicios. A ellos pasamos a referirnos de modo sumario.

b/ Los Reales Decretos de transferencia de funciones y servicios

Promulgado un Estatuto de Autonomía, la Comunidad asume «*ipso iure*» las competencias en él contenidas. Así lo ha reconocido el Tribunal Constitucional, que ha precisado (STC 25/1983, de 7 de abril) que la atribución «*ipso iure*» de competencias debe entenderse como «posibilidad de ejercicio inmediato de todas aquellas que para su ejercicio no requieran especiales medios personales o materiales».

En consonancia con tal precisión debe entenderse que el traspaso de servicios es condición del pleno ejercicio de las competencias estatutariamente transferidas, tan sólo cuando, según su naturaleza, sea necesario e imprescindible, supuesto en el que el Tribunal ha considerado constitucionalmente lícito el ejercicio de las competencias por el Estado mientras los servicios no sean transferidos (STC 25/1983).

La transferencia de los correspondientes servicios se lleva a cabo mediante la previa reunión y acuerdo de las Comisiones Mixtas paritarias, cuyos acuerdos, como se prevé en buena parte de los Estatutos de Autonomía, «adoptarán la forma de propuestas al Gobierno que los aprobará mediante Decreto». En consecuencia, estos Reales Decretos son el instrumento normativo mediante el que el Estado traspasa a las Comunidades los medios personales y materiales necesarios para que estas últimas puedan ejercitar determinadas competencias.

En todo caso, conviene dejar claro que la competencia comunitaria no nace con el Decreto de transferencia, sino con el Estatuto; con aquél se traspasa un servicio estatal, con lo que se llena de contenido la competencia estatutaria y se evita la repetición de instituciones (STC 113/1983, de 6 de diciembre).

El valor de los Reales Decretos de transferencia de funciones y servicios, en el sistema de delimitación de competencias entre el Estado y las Comunidades Autónomas, ha sido objeto de una reiterada doctrina constitucional, que toma como punto de partida las precisiones jurisprudenciales anteriores para, de inmediato, reconocer que los Reales Decretos de transferencias, lejos de ser normas de atribución de competencias, se limitan a ejecutar las que sí lo son (STC 125/1984, de 20 de diciembre). Traspasan servicios, funciones e instituciones. Al no contener normas atributivas de competencias (STC 56/1989, de 16 de marzo), *los Decretos de traspasos no pueden alterar ni constreñir las disposiciones atributivas de competencias* (entre otras, STC 103/1989, de 8 de junio). En este sentido, las competencias son indisponibles para las Administraciones (STC 147/1991, de 4 de julio), lo que impide hacer prevalecer una presunta voluntad, fruto del acuerdo formalizado en los Decretos de transferencias, sobre el sentido objetivo de las normas constitucionales y estatutarias.

Ahora bien, sentado lo anterior, no puede olvidarse, sin embargo, el *valor interpretativo de estos Decretos,* en los que suele contenerse, con mayor o menor detalle, una especificación de las funciones que recibe la Comunidad Autónoma y de las que el Estado retiene (STC 158/1986, de 11 de diciembre). Es por ello por lo que nuestro intérprete supremo de la Constitución los ha considerado (STC 153/1989, de 5 de octubre) como un válido criterio interpretativo, útil para determinar el alcance de la competencia.

Desde este punto de vista, los Decretos de transferencia han resultado en muchos casos determinantes a efectos de concretar el alcance de las competencias de ejecución, y en este punto concreto, no es extraño que en estas normas se recurra a títulos competenciales diferentes a los de la materia objeto de la transferencia, con la finalidad de retener en manos de los servicios periféricos de la Administración estatal potestades de gestión que, de no ser por esos títulos relativos, generalmente, a materias de las denominadas «horizontales», deberían atribuirse a la Administración autonómica. Ello, como es obvio, no conduce sino a complejizar cada vez más las Administraciones públicas.

c/ La articulación de estas competencias. Las relaciones de colaboración

Las reflexiones precedentemente efectuadas nos ahorran ahora de mayor comentario acerca de los problemas de articulación entre la Administración estatal y las Administraciones autonómicas. Como la doctrina generalizadamente reconoce, es casi imposible la separación de los campos de actuación de cada Administración. Los puntos de fricción son casi continuos y se impone arbitrar fórmulas de articulación de las respectivas competencias.

A este respecto, la técnica de la delegación de competencias de unos entes a otros, básicamente, del Estado a las Comunidades Autónomas, puede resultar de enorme utilidad. Como recuerda *Muñoz Machado,* en el caso que nos ocupa de lo que se trataría con esta técnica es tan sólo de disociar la titularidad de la competencia de su ejercicio, técnica de administrar, por lo demás, bastante común.

El problema que suscita la introducción de esta técnica en nuestro ordenamiento es la rigidez de los mecanismos a cuyo través ha de instrumentalizarse. En efecto, el cauce más común para posibilitar delegaciones o transferencias competenciales es el del artículo 150.2 de la Constitución, al que nos referiremos en un momento ulterior, pero del que ya anticiparemos que prevé que el Estado puede transferir o delegar en las Comunidades Autónomas, mediante ley orgánica, facultades correspondientes a materias de titularidad estatal que por su propia naturaleza sean susceptibles de transferencia o delegación. La necesidad de tener que recurrir a una ley orgánica implica introducir un elemento de notable rigidez en un mecanismo que debiera venir caracterizado por su flexibilidad.

La rigidez del mecanismo previsto por el artículo 150.2 se debe en buena medida a la falta de precisión del precepto, que al referirse a la transferencia o delegación de «facultades correspondientes a materias de titularidad estatal», no especifica si tal transferencia o delegación es de facultades meramente ejecutivas o, por el contrario, incluye dentro de sí competencias legislativas; esta última posibilidad quizá sea la que explique la rigidez del mecanismo y del control previsto al respecto por el artículo 153, *b)* de la Constitución.

De ahí que algún sector doctrinal *(Aja, Tornos* y otros) se haya inclinado con buen criterio por seguir una dirección en el proceso de redistribución de competencias entre el Estado y las Comunidades, similar a la prevista por el artículo 5.º de la Ley 12/1983, de 14 de octubre, del Proceso Autonómico, en relación con similar redistribución entre las Comunidades Autónomas y las Diputaciones Provinciales.

El referido precepto prevé la posibilidad de que las Comunidades, mediante leyes territoriales, puedan transferir a las Diputaciones competencias propias o delegarles su ejercicio, siempre bajo su dirección y control. Las Diputaciones podrán asumir la gestión ordinaria de los servicios propios de la Administración autónoma en el territorio de la provincia, en los términos que los Estatutos y aquellas leyes establezcan. A efectos de la dirección y control del ejercicio de los servicios asignados o delegados a las Diputaciones Provinciales, la Comunidad Autónoma podrá elaborar programas y dictar directrices sobre la gestión de esos servicios, que serán de obligado cumplimiento para las Diputaciones.

Junto a estos mecanismos de redistribución, la articulación de las competencias ejecutivas requiere que en su ejercicio el Estado y las Comunidades mantengan una actitud de recíproca colaboración.

El principio de colaboración no se encuentra, en cuanto tal, expresamente contemplado por la Constitución; sin embargo, el Tribunal Constitucional lo ha consagrado en su doctrina, justificándolo en la propia esencia de la forma de organización territorial del Estado implantada por nuestra «Lex Superior» y concibiéndolo como un principio necesario para el buen funcionamiento del Estado de las Autonomías, incluso al margen de la distribución constitucional y estatutaria de las competencias respectivas (STC 64/1982, de 4 de noviembre). Ello implica que el principio entraña fundamentalmente un espíritu, una actitud que debe guiar las relaciones entre las distintas instancias de poder. De esta forma, el principio de colaboración presenta una vertiente prioritariamente política, lo que no es óbice para que de él puedan derivarse deberes jurídicos concretos.

El primero de esos deberes en que se traduce el principio de colaboración es el *deber de auxilio recíproco* entre las autoridades estatales y autónomas, deber que, a juicio del Tribunal (STC 18/1982, de 4 de mayo), no es menester justificar en preceptos constitucionales concretos, pues se encuentra implícito en la propia esencia de la forma de organización territorial del Estado. Bien es verdad que, con base en este deber de recíproco apoyo y mutua lealtad, no pueden resultar ampliadas las competencias del Estado ni es posible por lo mismo limitar o condicionar el ejercicio de las competencias autonómicas (STC 96/1986, de 10 de julio).

Este deber de auxilio ha sido concretado por la doctrina constitucional en el *deber recíproco de información* entre la Administración del Estado y la de las Comunidades Autónomas, que de este modo se presenta como una consecuencia última del principio general de colaboración que debe presidir las relaciones entre el Estado y las Comunidades (STC 76/1983, de 5 de agosto). Bien es cierto que este deber de intercambio de información no puede ser impuesto mediante la adopción de medidas coercitivas, sino a través de la búsqueda por el Estado, para las medidas que hayan de ser adoptadas, de la previa conformidad de las Comunidades Autónomas competentes, que, como reconoce el Tribunal (STC 80/1985, de 4 de julio), por esta vía participan en la formación de la voluntad estatal.

El principio de colaboración sirve de fundamento asimismo al establecimiento de una *relación de coordinación* entre la instancia estatal y las instancias de poder territoriales. Esta relación sólo puede ser el fruto de un acuerdo mutuo a cuyo través puedan crearse instrumentos que permitan articular la actuación de las diversas Administraciones públicas, entre los que se encuentran las llamadas *Conferencias sec-*

toriales, frecuentes en los modernos Estados organizados sobre la base de autonomías territoriales.

Ahora bien, esta relación de coordinación no puede confundirse en modo alguno con la *competencia estatal de «coordinación general»,* prevista por el artículo 149.1 respecto a distintas materias (planificación general de la actividad económica, investigación científica y técnica, sanidad...), ni tampoco con las *funciones generales de coordinación* que corresponden al Estado cuando sus competencias normativas son plenas.

En una doctrina muy reiterada (que se inicia en la STC 32/1983, de 28 de abril), el Tribunal ha entendido que la *competencia estatal de «coordinación general»* persigue la integración de la diversidad de las partes o subsistemas en el conjunto o sistema, evitando contradicciones y reduciendo disfunciones que, de subsistir, impedirían o dificultarían, respectivamente, la realidad misma del sistema. Por lo demás, el Tribunal ha precisado que esta competencia: *a)* es distinta a la de fijación de las bases; *b)* presupone la existencia de competencias comunitarias que el Estado, al coordinarlas, debe respetar; *c)* corresponde al Estado, y *d)* debe ser entendida como la fijación de medios y de sistemas de relación que hagan posible la información recíproca, la homogeneidad técnica en determinados aspectos y la acción conjunta de las autoridades estatales y comunitarias en el ejercicio de sus respectivas competencias.

El principio de colaboración fundamenta asimismo la posibilidad de *actuaciones conjuntas entre el Estado y las Comunidades.* Este tipo de acciones ha sido en ocasiones expresamente contemplado por las normas distributivas de competencias. Tal sería el caso de las Juntas de Seguridad (así, por poner tan sólo un ejemplo, el artículo 17.4 del Estatuto vasco crea una Junta de Seguridad integrada por igual número de representantes del Estado y de la Comunidad Autónoma, a la que se atribuye la coordinación entre la Policía Autónoma y los Cuerpos y Fuerzas de Seguridad del Estado).

Sin embargo, al margen ya del bloque de constitucionalidad, las actuaciones conjuntas pueden revestir múltiples modalidades. Una de ellas, quizá la más sugestiva por su enorme virtualidad de futuro, es la contemplada por el Tribunal Constitucional al hilo de un conflicto de competencia planteado por el Gobierno Vasco, frente al Gobierno de la Nación, en relación con algunas disposiciones de un Real Decreto sobre normas provisionales de coordinación de las Administraciones Penitenciarias. El Tribunal, tras reconocer que es de la competencia del Estado la determinación del número de plazas de los establecimientos penitenciarios —aspecto que el Gobierno Vasco entendía incluido en sus competencias de ejecución en la materia—, matiza que no cabe excluir que para la adopción de estas decisiones por las instancias estatales y en el ejercicio de sus facultades normativas «pueda el Estado utilizar fórmulas más abiertas y flexibles de cooperación con las Comunidades Autónomas, que den entrada también a la participación de la Administración autonómica en una decisión que (...) el Estado podría incluso haber adoptado directamente» (STC 104/1988, de 8 de junio). Esta doctrina, que bien podríamos denominar con algún sector de la doctrina *(Aja, Carrillo, Alberti)* de *disponibilidad sobre el ejercicio de las propias competencias,* encierra un enorme potencial en cuanto cauce de incorporación de las Comunidades Autónomas al proceso de conformación de la voluntad estatal.

Señalaremos finalmente que el principio de colaboración puede instrumentalizarse a través de diferentes medios, de entre los que podemos recordar sin ánimo de exhaustividad:

— *La creación de órganos mixtos,* normalmente de composición paritaria, que integran a representantes del Estado y de las Comunidades. Como ya tuvimos oportunidad de referir, los más conocidos son las llamadas Conferencias sectoriales, si bien las Juntas de Seguridad encajan perfectamente dentro de este tipo de órganos.

— *Los convenios entre el Estado y las Comunidades Autónomas,* que aun cuando silenciados por la Constitución, han sido admitidos por el Tribunal Constitucional, quien, sin embargo, se ha cuidado de precisar su irrelevancia en orden a la delimitación de competencias (así, por ejemplo, STC 71/1983, de 29 de julio).

— *Los convenios entre Comunidades Autónomas,* objeto del artículo 145.2 de la Constitución, que habilita a los Estatutos para prever los supuestos, requisitos y términos en que las Comunidades Autónomas podrán celebrar convenios entre sí para la gestión y prestación de servicios propios de las mismas, así como para fijar el carácter y efectos de la correspondiente comunicación a las Cortes Generales. El propio precepto, a la par, prescribe que en los demás supuestos, los acuerdos de cooperación entre las Comunidades necesitarán la autorización de las Cortes Generales. El incumplimiento de este último requisito, cuando sea necesario (y no lo es en aquellos supuestos que no merezcan la calificación jurídica de convenios, como pudieran ser las declaraciones conjuntas de intenciones o propósitos sin contenido vinculante, o la mera exposición de directrices o líneas de actuación), tiene como efecto la nulidad del convenio. Así lo ha puesto de manifiesto inequívocamente el Tribunal Constitucional (STC 44/1986, de 17 de abril).

Digamos por último, una vez más, que estos instrumentos de colaboración lo único que pretenden es articular cohesivamente las competencias de ejecución de las distintas Administraciones públicas, con el fin último de conseguir una mayor eficacia. Sin embargo, es evidente que no pueden ser utilizados como medio a través del cual incidir sobre el reparto competencial.

d/ Las facultades estatales de supervisión sobre la ejecución autonómica de sus normas

a') La necesidad de un poder de supervisión estatal

La ejecución es una actividad complementaria de la legislación, de lo que se deriva la ineludibilidad de una aplicación coherente de la norma. Ello constituye un principio general que encuentra adecuado soporte constitucional en el artículo 103.1 de nuestra Norma suprema, que exige que la Administración Pública actúe con sometimiento pleno a la Ley y al Derecho.

El cumplimiento de este principio adquiere ciertos ribetes de problematicidad en los Estados federales que responden al llamado «federalismo de ejecución», que, como ya vimos, se asienta en el principio general de que son los Estados miembros de la Federación los que están llamados a ejecutar la legislación federal. La ejecución de una misma norma, que refleja una determinada voluntad federal, por una pluralidad de instancias territoriales encierra el peligro de que, en algún caso, la norma pueda quedar desvirtuada al aplicarse, o de que la ejecución en los diversos Estados de la Federación pueda ser dispar e incluso contradictoria.

Así las cosas, se comprende que los federalismos que se ajustan al anterior principio prevean la existencia de un poder de supervisión federal *(«Bundesaufsicht»* en el federalismo germánico) que lleva a cabo la Federación sobre el ejercicio de las potestades ejecutivas por los Estados miembros. En este punto, la Ley Fundamental de Bonn (arts. 84 y 85) distingue un poder de supervisión federal con distintos contenidos, según los Länder ejecuten las leyes federales como asunto propio, o las ejecuten por encargo de la Federación, es decir, por delegación de ésta.

La problemática descrita es fácilmente trasplantable al caso español, incluso con perfiles similares al germano-federal, pues las Comunidades Autónomas, como ya tuvimos ocasión de exponer, ostentan un amplio núcleo de competencias de ejecución de la legislación estatal, que le es atribuido con carácter propio por los respectivos Estatutos, y además, pueden ejercer competencias ejecutivas por delegación, tal y como prevé el artículo 150.2 de nuestra Norma suprema. Parece claro que debe existir en uno y otro supuesto un poder de supervisión estatal, y también se nos antoja evidente que tal poder debe tener un contenido y alcance distinto en cada uno de esos casos.

Sin embargo, el artículo 153 de nuestra «Lex Superior» no parece posibilitar un poder de supervisión estatal al margen del supuesto del ejercicio autonómico de potestades de ejecución delegadas por la vía del artículo 150.2.

El referido artículo 153, en efecto, determina que el control de la actividad de los órganos de las Comunidades Autónomas se ejercerá:

a) Por el Tribunal Constitucional, el relativo a la constitucionalidad de sus disposiciones normativas con fuerza de ley.

b) Por el Gobierno, previo dictamen del Consejo de Estado, el del ejercicio de funciones delegadas a que se refiere el apartado 2 del artículo 150.

c) Por la jurisdicción contencioso-administrativa, el de la administración autónoma y sus normas reglamentarias. Y

d) Por el Tribunal de Cuentas, el económico y presupuestario.

El único mecanismo de control aplicable al supuesto que nos ocupa es, como resulta obvio, el del apartado *b)*, previsto específicamente para el supuesto de delegación de funciones contemplado por el artículo 150.2.

Ello no obstante, en los Estatutos de Autonomía se ha reservado al Estado una función de Alta inspección que, sin embargo, se circunscribe a un conjunto material muy concreto: sanidad, Seguridad Social, educación y legislación laboral. ¿Debe entenderse, pues, que al margen de esas materias no cabe ningún tipo de supervisión estatal? La respuesta, evidentemente, ha de ser negativa. Y existen argumentos en qué fundamentarla.

En defecto de una expresa previsión constitucional al respecto, podríamos traer en apoyo de este poder de supervisión estatal la *doctrina de los poderes implícitos,* surgida ya en los albores del federalismo norteamericano.

En la Sentencia del Tribunal Supremo «*McCulloh versus Maryland*» (1819) el *Chief Justice John Marshall* deja enunciada esta doctrina en los siguientes términos:

> «Dado un fin legítimo y encuadrado dentro de los propósitos enumerados por la Constitución, son constitucionales todos los medios que sean apropiados y que se adapten a tal fin, a no ser que estén expresamente prohibidos o vayan contra la letra o el espíritu de la Constitución.»

Una técnica habitualmente utilizada por los Tribunales Constitucionales con la finalidad de rellenar lagunas en la distribución de competencias y resolver acerca de la titularidad de las mismas, ha consistido en el recurso al argumento de «*la naturaleza de las cosas*», empleado en muchas ocasiones, como entre nosotros recuerda *Muñoz Machado,* en un sentido teleológico, esto es, si el fin que se pretende alcanzar sólo lo puede obtener la Federación o, negativamente, si por los límites territoriales o de otro tipo de las autonomías, el fin se escapa de su órbita de decisión, la competencia debe pertenecer al poder central, a la Federación. Esta técnica, como puede apreciarse, es muy similar a la que se maneja por la doctrina de los poderes implícitos, conduciendo a resultados semejantes.

Desde luego, una enorme mayoría de jurisdicciones constitucionales han recurrido a esta doctrina para atribuir a los órganos centrales del Estado un conjunto más o menos amplio de poderes implícitos.

En España, el Tribunal Constitucional, con cierta prudencia, ha procedido a deducir reglas implícitas de algunos de los principios conformadores de nuestro Estado. El principio de colaboración y, en íntima conexión con él, el deber de auxilio recíproco y mutua lealtad, constituyen un buen ejemplo de ello, tal y como ya tuvimos oportunidad de ver. Recordemos, no obstante, que este deber, según el Tribunal (STC 18/1982, de 4 de mayo), no es preciso que se justifique en preceptos concretos, pues «se encuentra *implícito* en la propia esencia de la forma de organización territorial del Estado».

Incidiendo en esta doctrina, el Tribunal ha reconocido la titularidad del Estado para ejercer unas *funciones generales de coordinación,* que le corresponden, como ya tuvimos oportunidad de señalar, cuando sus competencias normativas son plenas, íntegras, y se justifican en que aquél no puede desentenderse en absoluto de la ejecución autonómica de la legislación estatal.

A estos efectos, nuestro supremo intérprete de la Constitución ha reconocido (STC 104/1988, de 8 de julio) que cuando se trata de ejecutar una legislación, propia del Estado, los deberes de colaboración y auxilio mutuo entre las autoridades estatales y autonómicas han de entenderse intensificados en la medida en que «el Estado no puede desentenderse de la aplicación adecuada y de la interpretación uniforme de la Ley». Es por ello mismo, por lo que ha de admitirse en estos supuestos la competencia estatal para establecer, con una finalidad coordinadora, condicionamientos en el ejercicio competencial, «que sólo serían contrarios al orden constitucional cuando, desde el punto de vista cualitativo o cuantitativo, supongan una pérdida de la autonomía de ejecución de la Comunidad Autónoma».

Esta jurisprudencia revela con bastante nitidez la doctrina de los poderes implícitos. La ejecución de una normación propia del Estado acentúa los deberes de colaboración y auxilio mutuo, y de ello, y en la medida en que el Estado no puede desentenderse de la aplicación de su propia legislación, el Tribunal entresaca una implícita competencia estatal que, con una finalidad coordinadora, puede llegar a condicionar las competencias de ejecución de las Comunidades Autónomas, teniendo como único límite el respeto a la autonomía de ejecución autonómica. Como puede apreciarse, el Tribunal intenta mantener un muy dificultoso equilibrio entre el principio de autonomía y la necesaria intervención estatal en orden a salvaguardar la ineludible coherencia que debe mediar entre la norma y su aplicación.

Con independencia ya del tema que nos ocupa, y haciendo un pequeño «excursus», aprovecharemos la alusión a la doctrina de los «*poderes implícitos*» para recordar que esta doctrina ha sido acogida por el Tribunal Constitucional en algunos otros supuestos. El caso paradigmático ha sido el del reconocimiento de una fuerza expansiva a las competencias exclusivas del Estado, sobre la base de entender que «el Estado no puede verse privado del ejercicio de sus competencias exclusivas por la existencia de una competencia, aunque también sea exclusiva, de una Comunidad Autónoma» (SSTC 1/1982, de 28 de enero y 56/1986, de 13 de mayo).

En virtud de esta «vis expansiva», el Tribunal interpreta que la titularidad estatal de una determinada competencia faculta para realizar en otros sectores materiales en los que el Estado carece de competencia, cuantos actos resulten necesarios para el ejercicio de la competencia propia.

Esta doctrina sería objeto de un voto particular de los Magistrados señores *Rubio Llorente* y *Díez-Picazo,* en el que manifestarían su rechazo a la doctrina de los poderes implícitos, por juzgarla «difícilmente compatible con el sistema de delimitación competencial que resulta de la Constitución y de los Estatutos, que puede quedar aniquilado» de aceptar el precedente razonamiento (Voto particular a la STC 56/1986).

Evidentemente, una jurisprudencia que acoja sin límite alguno la doctrina de los poderes implícitos, puede llegar a incidir seriamente sobre el reparto competencial entre el Estado y las Comunidades Autónomas. Desde este punto de vista, la consideración jurisprudencial de que la plena eficacia de las competencias exclusivas del Estado exige el ejercicio directo de las mismas por su titular, aunque se proyecten o incidan sobre otros sectores materiales atribuidos a la exclusiva competencia de otra instancia, no deja de ser preocupante por cuanto puede abrir una brecha importante en el sistema de distribución competencial. Sin embargo, a nuestro modo de ver, el recurso a esta doctrina en otros casos, como es el deber de auxilio recíproco entre las autoridades estatales y autonómicas, y las consecuencias que del mismo pueden derivarse, no creemos que encierre los peligros precedentemente apuntados, y por ello mismo nos parece perfectamente compatible con el sistema de delimitación competencial establecido en la Constitución y los Estatutos de Autonomía.

Retornando a nuestra exposición hemos de decir que, al margen ya de la doctrina jurisprudencial expuesta con anterioridad, en la propia Norma suprema encontramos preceptos específicos en que apoyar la existencia de un poder de supervisión estatal.

Este es el caso del artículo 149.1,1.ª, que atribuye al Estado la competencia exclusiva para «la regulación de las condiciones básicas que garanticen la igualdad de todos los españoles en el ejercicio de los derechos y en el cumplimiento de los deberes constitucionales». Esta igualdad a garantizar, contra lo que pudiera pensarse de la dicción literal del precepto, no se circunscribe a los «derechos fundamentales» «stricto sensu», sino que abarca asimismo los derechos del Capítulo 3.º del Título I de la Constitución. Así lo reconocería el Tribunal Constitucional, particularmente, en relación a alguno de los derechos recogidos dentro de aquel Capítulo (así, el derecho a la protección de la salud, art. 43.1; el derecho a disfrutar de un medio ambiente adecuado, art. 45.1...) (STC 32/1983, de 28 de abril).

Más aún. Con una interpretación todavía más abierta, el Tribunal ha considerado que la igualdad a garantizar desborda el mero ejercicio de los derechos fundamentales, para abarcar asimismo la regulación de las condiciones básicas de las *posiciones jurídicas fundamentales,* que por ello mismo quedan reservadas a la legislación del Estado (STC 37/1981, de 16 de noviembre).

Parece indiscutible, como bien advierte *García de Enterría* a la vista de la jurisprudencia anterior, que una «posición jurídica fundamental» —definida además por el artículo 139.1, que, recordémoslo, proclama que todos los españoles tienen idénticos derechos y obligaciones en cualquier parte del territorio del Estado— es la posición de destinatario igual de la legislación estatal en cuanto ésta sea ejecutada por las Comunidades Autónomas.

De esta forma, la conclusión parece clara: en cuanto el artículo 149.1,1.ª habilita al Estado para garantizar la igualdad de las posiciones jurídicas fundamentales de los españoles, legitima la existencia de un poder de supervisión estatal sobre la ejecución autonómica de las propias leyes estatales con el que salvaguardar esa posición de igual destinatario de la legislación del Estado que corresponde a todo español.

b') Las facultades de vigilancia y coordinación

Admitida la existencia de un poder de supervisión estatal, el problema se traslada a la exacta delimitación de su alcance, de su extensión. Es evidente que la autonomía de que gozan las Comunidades para la ejecución de la ley, dado el principio de legalidad de la actuación administrativa, no puede entrañar autonomía respecto de la ley que se ejecuta. Por ello mismo, como bien dice *García de Enterría,* si la supervisión estatal se limita a ejercerse sobre la observancia de la Ley a que la fase ejecutiva está obligada, no destruye la autonomía de la ejecución. De ello se extrae una primera conclusión: la supervisión estatal ha de serlo únicamente de estricta legalidad, no pudiendo alcanzar a aspectos de conveniencia u oportunidad, pues ello afectaría al núcleo mismo de la autonomía de las competencias de ejecución.

Esta doctrina ha sido ratificada desde su primera jurisprudencia por el Tribunal Constitucional. Este, efectivamente, en su Sentencia 4/1981, de 2 de febrero, reconocía que: *«El principio de autonomía es compatible con la existencia de un control de legalidad sobre el ejerci-*

cio de las competencias, si bien entendemos que no se ajusta a tal principio la previsión de controles genéricos e indeterminados.» Y más adelante, complementaba la precedente doctrina al afirmar que «la autonomía garantizada por la Constitución quedaría afectada en los supuestos en que la decisión correspondiente (...) fuera objeto de un control de oportunidad de forma tal que la toma de la decisión viniera a compartirse por otra Administración» (doctrina reiterada en la STC 6/1982, de 22 de febrero).

El Proyecto de Ley Orgánica de Armonización del Proceso Autonómico (LOAPA), aprobado definitivamente por el Pleno del Congreso de los Diputados en su sesión del día 30 de junio de 1982, iba a ser impugnado ante el Tribunal Constitucional mediante la presentación de cinco recursos previos de inconstitucionalidad, tramitados acumuladamente y resueltos mediante la importantísima Sentencia 76/1983, de 5 de agosto, a la que ya nos hemos referido en varias ocasiones.

El artículo 7.º del Proyecto regulaba un conjunto de facultades estatales de supervisión sobre la ejecución por las Comunidades Autónomas de sus normas. El precepto sujetaba a las Comunidades a las normas reglamentarias que las autoridades estatales dictaran, en su caso, en desarrollo de la legislación estatal que hubiera de ejecutarse. El Gobierno era, a su vez, facultado para velar por la observancia por las Comunidades Autónomas de la normativa estatal aplicable, pudiendo formular los requerimientos procedentes, a fin de subsanar las deficiencias advertidas. Caso de que tales requerimientos fueren desatendidos, o de que las autoridades comunitarias negaran reiteradamente las informaciones requeridas, el Gobierno quedaba habilitado para proceder en los términos previstos por el artículo 155 de la Constitución, esto es, para el ejercicio de la coacción estatal.

La impugnación, entre otros muchos, del artículo 7.º del Proyecto de LOAPA, daba oportunidad al Tribunal Constitucional de perfilar su doctrina en torno a este poder de supervisión estatal a que venimos refiriéndonos.

De entrada, el Tribunal, en perfecta sintonía con la doctrina fijada en la misma Sentencia, en el sentido de que «el legislador estatal no puede incidir, con carácter general, en el sistema de delimitación de competencias entre el Estado y las Comunidades Autónomas sin una expresa previsión constitucional o estatutaria», doctrina que en su momento analizamos con mayor detenimiento, entiende que en la medida en que el apartado primero del precepto (sujeción de las Comunidades a las normas reglamentarias que las autoridades estatales dicten en desarrollo de la legislación que ha de ejecutarse) determina con carácter general el alcance de la potestad de ejecución de las Comunidades Autónomas, incide en el sistema de distribución competencial, lo que determina su inconstitucionalidad.

Es, sin embargo, al hilo de su interpretación del apartado segundo del artículo 7.° del Proyecto de LOAPA, cuando el Tribunal va a sentar su doctrina sobre las facultades estatales de vigilancia sobre las actuaciones ejecutivas de las Comunidades Autónomas.

El apartado segundo reconocía al Gobierno, en su párrafo primero, un poder de vigilancia y la facultad de formular requerimientos, a fin de subsanar las deficiencias en su caso advertidas. Ante tal previsión, el Tribunal comienza admitiendo la conveniencia de una potestad de vigilancia estatal:

> «Es cierto que la uniformidad constitucionalmente pretendida en los supuestos en que corresponda al Estado la normación sustantiva, legal y reglamentaria, y a las Comunidades Autónomas sólo la mera ejecución, quedaría desvirtuada (...) si el Estado no tuviera *la potestad y el derecho de velar para que no se produzcan diferencias en la ejecución o aplicación del bloque normativo.* Incluso en los mismos sistemas federales se reconoce una serie de atribuciones a las instancias federales que, en definitiva, se concretan en una *función de vigilancia* que la Federación ejerce sobre las actuaciones ejecutivas de los Estados miembros.»

Reconocida esta función de vigilancia, el Tribunal se muestra enormemente cauteloso a la hora de fijar el contenido y alcance de dicha función. A tal efecto, entiende que es preciso tener presente que la autonomía exige en principio «que las actuaciones de la Administración autonómica no sean controladas por la Administración del Estado, no pudiendo impugnarse la validez o eficacia de dichas actuaciones sino a través de los mecanismos constitucionalmente previstos». Por ello mismo, *el poder de vigilancia no puede colocar a las Comunidades Autónomas en una situación de dependencia jerárquica respecto de la Administración del Estado.* Tal situación es incompatible con el principio de autonomía y con la esfera competencial que de éste deriva.

Así delimitado el alcance de esta potestad, el Tribunal entiende perfectamente acorde con la Constitución un poder de vigilancia que se concrete en la facultad de formular los requerimientos procedentes a fin de subsanar las deficiencias en su caso advertidas en la ejecución de la legislación del Estado por las Comunidades Autónomas, pues esos requerimientos, de una parte, no tienen carácter vinculante, y de otra, constituyen un trámite previo posible —y en ocasiones necesario— siempre que el Gobierno tenga reconocida alguna facultad de reacción ante órganos jurisdiccionales.

En definitiva, el Tribunal admite una potestad de vigilancia orientada a conseguir una aplicación armónica del bloque normativo. En sintonía con su doctrina de la incompatibilidad entre el principio de autonomía y la existencia de controles genéricos e indeterminados, rechaza una concepción abstracta de este poder de vigilancia que coloque a las

Comunidades en situación de dependencia respecto del Estado. Por último, reconoce al Estado una facultad de requerir a las Comunidades, no para poder sustituirlas en su actuación, sino tan sólo para poder formular el oportuno recurso jurisdiccional.

Junto a esta potestad estatal de vigilancia, hemos de recordar las *funciones generales de coordinación* que el Tribunal ha reconocido al Estado cuando sus competencias normativas son plenas, funciones que le facultan para condicionar el ejercicio competencial autonómico, con el único límite de que ese condicionamiento no entrañe una pérdida de la autonomía de ejecución de las Comunidades.

c') La Alta inspección estatal

Los Estatutos de Autonomía, en el marco de la distribución de competencias entre el Estado y las Comunidades, han reservado al Estado en ciertas materias (sanidad, educación, Seguridad Social y legislación laboral, especialmente) una función de Alta inspección.

El Estatuto Vasco nos ofrece un buen ejemplo de esta reserva. En efecto, su artículo 18.4, tras atribuir a la Comunidad Autónoma la potestad de organizar y administrar todos los servicios relacionados con la sanidad interior, la Seguridad Social y los productos farmacéuticos, reserva al Estado la alta inspección conducente al cumplimiento de las funciones y competencias contenidas en el propio precepto. A su vez, el artículo 16 atribuye a la Comunidad vasca la competencia sobre la enseñanza en toda su extensión, sin perjuicio de lo previsto por los artículos 27 (y Leyes Orgánicas que lo desarrollen) y 149.1.30.ª de la Constitución, y de la alta inspección necesaria para su cumplimiento y garantía. Por último, el artículo 12.2 del propio Estatuto otorga a la Comunidad Autónoma la facultad de organizar, dirigir y tutelar, con la alta inspección del Estado, los servicios de éste para la ejecución de su legislación laboral.

Básicamente, pues, la Alta inspección encuentra su razón de ser en materias en las que las Comunidades han de organizar, administrar o dirigir servicios cuya normación es competencia del Estado. Prevista por los Estatutos, éstos, sin embargo, silencian el alcance y contenido concreto de esta función inspectora. Ello ha conducido a que, una vez más, sea el Tribunal Constitucional el encargado de precisar esta función.

La primera e importante concreción efectuada por el Tribunal (STC 95/1984, de 18 de octubre) ha sido la de rechazar que puedan establecerse controles o figuras de la índole de la «Alta inspección» al margen de la Constitución, los Estatutos o demás Leyes delimitadoras de competencias. Al Estado, en definitiva, no le corresponde función alguna en orden al control y alta inspección del ejercicio de competencias de ejecución autonómicas que no tenga cobertura constitucional y estatutaria.

Dicho esto, el Tribunal ha considerado carente de sentido la definición conceptual de lo que sea una «Alta inspección», que no es reducible a esquemas genéricos, ni puede abstraerse de los concretos servicios, prestaciones, actividades que dicha inspección tenga por objeto conocer, supervisar o fiscalizar (STC 6/1982, de 22 de febrero).

Ello no obstante, en los distintos casos en que nuestro intérprete supremo de la Constitución ha tenido ocasión de ocuparse de la *«Alta inspección»*, ha venido sentando una doctrina uniforme que no ha sido objeto de especiales modificaciones y que puede ser compendiada por los siguientes rasgos:

1.º) La «Alta inspección» no puede confundirse con la competencia ejecutiva de «inspección técnica» que pueda corresponder a una Comunidad, ni, consiguientemente, conducir a duplicar la acción administrativa de la Comunidad.

2.º) La «Alta inspección» constituye una competencia estatal de vigilancia, pero no un control genérico e indeterminado que implique dependencia jerárquica de las Comunidades Autónomas respecto a la Administración del Estado.

3.º) *La «Alta inspección»* aparece revestida de un carácter jurídico, no sólo en lo que concierne a su ejercicio, sino en cuanto a su contenido, pues *«recae sobre la correcta interpretación de las normas estatales, así como de las que emanan de las Asambleas comunitarias, en su indispensable interrelación»*.

4.º) Así entendida, la «Alta inspección» se nos ofrece como un mecanismo de integración del sistema, en cuanto «instrumento de verificación o fiscalización».

5.º) Cuando en su ejercicio la «Alta inspección» detectare fallos en «el armónico desarrollo de las respectivas competencias, en su indispensable interrelación», se podrá, en su caso, instar la actuación de los controles constitucionales establecidos en relación con las Comunidades Autónomas, no pudiendo, por contra, sustituirlos, convirtiendo a dicha «Alta inspección» en un nuevo y autónomo mecanismo directo de control.

En resumen, estamos ante una función de garantía y verificación del cumplimiento de las competencias estatales y comunitarias, que recae sobre la correcta interpretación de las normas estatales, y que no debe convertirse en un control tutelar de la acción administrativa de una Comunidad, circunscribiéndose, por el contrario, a una actividad de tipo informativo o de comprobación.

Esta doctrina, reiterada por el Tribunal (así, entre otras, SSTC 6/1982, de 22 de febrero y 32/1983, de 28 de abril), supone atribuir al Estado una potestad de supervisión, fiscalización, inspección o vigilancia de un conjunto de servicios, prestaciones o actividades, aquéllos que precisamente constituyen el objeto de la inspección. Ahora bien, estas potestades no añaden nada que no tuviera ya el Estado, pues cuando al hilo de su ejercicio detecte algún fallo, el Estado no podrá proceder a la adopción de ninguna medida concreta, sino que habrá de limitarse a instar la actuación de los controles constitucionalmente establecidos respecto de las Comunidades Autónomas.

Buen ejemplo de lo que acabamos de decir lo encontramos en la Sentencia 32/1983, en la que, en un momento dado, el Tribunal efectúa la siguiente reflexión:

> «Si como consecuencia de la Alta inspección la Administración Sanitaria del Estado tuviera conocimiento de "cualquier problema o proceso que pueda tener una incidencia a nivel nacional", podrá ciertamente actuar en consecuencia, pero ya no podrá cobijar cualesquiera medidas bajo el título competencial de la alta inspección, sino bajo los otros títulos competenciales.»

Es claro, pues, que la ampliación de las competencias estatales a que en su caso haya lugar, no puede llevarse a cabo en base a unas hipotéticas potestades derivadas de la «Alta inspección», sino que, por el contrario, requiere acudir a otros títulos competenciales, que en el caso anterior pueden entenderse referidos a medidas de coordinación adoptadas al amparo de lo previsto por el artículo 149.1.16.ª (competencia estatal de coordinación general de la sanidad), o acaso a otras medidas amparables bajo la competencia estatal de seguridad pública (art. 149.1.29.ª).

e/ La coerción estatal: el artículo 155 de la Constitución

Una de las vías de resolución de conflictos entre el poder central y los poderes territoriales autónomos es la vía de la coerción estatal, esto es, de la coerción del Estado, de la Federación, sobre las instancias de poder autónomo, sobre los Estados miembros de la Federación. Esta vía nos proporciona una garantía última del sistema constitucional en su conjunto.

Una buena muestra de esta institución la encontramos en el artículo 37 de la Ley Fundamental de Bonn, de conformidad con el cual:

> 1. «Si un Land no cumpliese las obligaciones que la Ley Fundamental u otra ley federal le impongan respecto a la Federación, el Gobierno Federal, con la aprobación del Bundesrät (Cámara alta o Consejo Federal), podrá adoptar las medidas necesarias para obligar al Land a cumplir sus obligaciones por la vía coercitiva federal.»
>
> 2. «Para asegurar la ejecución de las medidas coercitivas federales, el Gobierno Federal o sus representantes tienen el derecho a impartir instrucciones a todos los Länder y a sus autoridades.»

El precepto deja claro que el incumplimiento de las obligaciones federales de los Länder propicia el recurso a la coerción federal. Estamos ante un precepto de crisis, como lo denomina *Muñoz Machado*, al que raras veces, por no decir casi nunca, se recurre. Ahora bien, contra lo que pudiera pensarse, su empleo no se canaliza sólo a través de la fuerza. Esta, por el contrario, suele encontrar su adecuado cauce en otra institución común a los Estados federales, como es la institución de la intervención federal. La coerción federal regulada por el artículo 37 de la Ley de Bonn suele operar mediante la atribución a la Federación de potestades de ejecución de eficacia inmediata a cuyo través pretenden salvarse los incumplimientos de los Länder.

Entre nosotros, el artículo 155 de la «Lex Superior» trata de acoger una vía resolutoria de conflictos semejante a la regulada por el artículo 37 de la Norma alemana. A tenor del artículo 155:

> 1. «Si una Comunidad Autónoma no cumpliere las obligaciones que la Constitución u otras leyes le impongan, o actuare de forma que atente gravemente al interés general de España, el Gobierno, previo requerimiento al Presidente de la Comunidad Autónoma y, en el caso de no ser atendido, con la aprobación por mayoría absoluta del Senado, podrá adoptar las medidas necesarias para obligar a aquélla al cumplimiento forzoso de dichas obligaciones o para la protección del mencionado interés general.»
>
> 2. «Para la ejecución de las medidas previstas en el apartado anterior, el Gobierno podrá dar instrucciones a todas las autoridades de las Comunidades Autónomas.»

A la vista de la redacción de ambos preceptos se observan dos diferencias fundamentales entre ellos, a las que puede adicionarse una tercera menos visible que las anteriores.

La divergencia menos patente atañe al distinto carácter y composición del Bundesrät alemán y del Senado español. En cuanto la Cámara Alta alemana se compone de miembros de los Gobiernos de los Länder, nombrados y revocados por ellos mismos, se separa notablemente del Senado español, cámara supuestamente de representación territorial, aunque en la realidad se nos presente como una mera dúplica del Congreso, en la que las Comunidades Autónomas, en cuanto tales, tienen una mínima presencia. A partir de estas diferencias, no resulta difícil presuponer que la aprobación por el Bundesrät de medidas de coerción federal será mucho más dificultosa que en el caso de que fuere el Senado quien tuviere que aprobarlas.

La primera de las diferencias visibles en el artículo 155 es la previsión, como causa para la aplicación de la coerción, de la existencia de una actuación comunitaria gravemente atentatoria al interés general de España.

Esta diferencia conduciría a *Cruz Villalón* a sostener que el artículo 155 entroniza una «cláusula de plenos poderes». Desde luego, esta nueva causa de aplicación del precepto parece ampliar de modo notable la virtualidad de la institución, pues bien puede conducir a entender que faculta al Gobierno a recurrir a la coerción estatal cuando libremente entienda que así lo demanda el interés general. Sin embargo, esta interpretación no puede admitirse.

Como ha advertido *Muñoz Machado*, la noción de *«interés general»* no es en la Constitución una noción abierta, remitida al empleo más o menos arbitrario que cada intérprete pueda hacer de la misma, sino concretizada, traducida o transformada en competencias o poderes concretos. Recordemos que, como señalara el Tribunal Constitucional (STC 76/1983, de 5 de agosto), el constituyente tuvo ya bien presente el principio de unidad y los intereses generales de la nación al fijar las competencias estatales; de ahí que sea inadmisible recurrir a ese concepto para lograr un incremento de las mismas.

En definitiva, la noción de *«interés general»* está normativamente definida. Y es por ello por lo que el Gobierno no puede proceder a redefinirla al margen del sistema distributivo de competencias. Quiere ello decir que resulta difícil, por no decir imposible, pensar en una vulneración del *«interés general de España»* que no constituya al propio tiempo una conculcación de la propia Constitución.

A partir de esta concepción del «interés general» es evidente que no cabe resquicio alguno para seguir sustentando la tesis de que el artículo 155 encierra dentro de sí una «cláusula de plenos poderes».

La segunda de las diferencias visibles que hallamos en el texto del artículo 155 respecto del artículo 37 de la Ley de Bonn, es la existencia de un previo requisito formal para que el Gobierno, con la autorización del Senado, pueda adoptar las medidas de coerción. Nos referimos al previo requerimiento que el Gobierno de la Nación debe hacer al Presidente de la Comunidad Autónoma, de modo tal que sólo «en el caso de no ser atendido» dicho requerimiento podrá ponerse en marcha el mecanismo de la coerción estatal.

García de Enterría, a partir de la exigencia constitucional de este requerimiento, que califica como una técnica de supervisión, que como tal no procede del artículo 37 de la Ley de Bonn, sino del artículo 84 (que contempla el supuesto de ejecución por los Länder de la legislación federal como asunto propio, reconociendo a la Federación una potestad de vigilancia para que aquéllos ejecuten las leyes conforme al derecho vigente), llega a la conclusión de que en el mecanismo del artículo 155 ha de verse un instrumento normal y ordinario de la supervisión estatal y no un remedio excepcional reducido a las situaciones de ruptura o de grave crisis política. De ahí que el citado autor abogue por la «desdramatización» del artículo 155, que por lo demás está en su propio contexto.

Esta tesis quedaría reflejada en buena medida en el párrafo segundo del artículo 7.º.2 del Proyecto de LOAPA, al que nos refiriéramos en un momento anterior. Recordaremos, no obstante, que a tenor del tal párrafo:

> «Cuando tales requerimientos —los formulados por el Gobierno con la finalidad de subsanar las deficiencias advertidas con motivo de la aplicación autonómica de la legislación estatal— sean desentendidos o las autoridades de las Comunidades Autónomas nieguen reiteradamente las informaciones requeridas, el Gobierno procederá, en su caso, en los términos previstos en el artículo 155 de la Constitución.»

Como puede apreciarse, este requerimiento operaba como una técnica de supervisión estatal a fin de subsanar las deficiencias advertidas en la ejecución comunitaria de la legislación del Estado. Ello convertía al mecanismo de coerción del artículo 155 en un instrumento, como diría *García de Enterría,* normal y ordinario de la supervisión estatal y no en un remedio excepcional.

Sin embargo, esta concepción de la coerción estatal iba a ser declarada inconstitucional por nuestro intérprete supremo de la Constitución en su ya tantas veces citada Sentencia 76/1983, de 5 de agosto.

> «El párrafo segundo de este apartado 2 (...) —razona el Tribunal— resulta inconstitucional, ya que, de no interpretarse la expresión "en su caso" de forma tal que el precepto se convierta en superfluo en cuanto supondría una repetición del texto constitucional, el contenido de dicho párrafo encierra una redefinición de los supuestos a los que es aplicable el artículo 155 de la Constitución, (... y) no corresponde al legislador estatal fijar en abstracto el alcance de dichos supuestos, como sucede en el presente caso al incluir en ellos con carácter general aquellos en que los requerimientos sean desatendidos o las informaciones reiteradamente negadas.»

Es cierto que el Tribunal Constitucional rechaza la constitucionalidad del párrafo no tanto por su concreto contenido, cuanto por proceder el legislador estatal a definir el alcance de supuestos constitucionales, invadiendo de esta forma funciones más propias del legislador constituyente. Ello, sin embargo, no obsta para dejar de apuntar que el Tribunal, en cierta medida, ha rechazado la conversión del mecanismo de coerción estatal en un instrumento normal y ordinario de la supervisión estatal, lo que no impide que, en un momento dado, el recurso al artículo 155 pueda responder a tal concepción, pero sí entraña explícitamente el rechazo de que esa opción sea la única posible de entre las varias que subyacen en la formulación del citado precepto. Desde este punto de vista —que entendemos se halla claramente puesto de relieve en la doctrina constitucional—, estamos de acuerdo con el sector de la doctrina *(Aja, Tornos...)* que sostiene que las facultades de intervención que posibilita el artículo 155 presentan un carácter autónomo respecto de los demás instrumentos de control y resolución de conflictos.

Por lo demás, parece claro que en cuanto la coerción estatal incide sobre el principio de autonomía y afecta al reparto de potestades entre la instancia estatal y las instancias territoriales, debe concebirse con un cierto carácter excepcional, no como un mecanismo al que pueda acudirse ordinariamente.

Así caracterizada la coerción estatal, nos referiremos de modo sumario al contenido del precepto.

Dos son los requisitos que han de concurrir para la puesta en marcha de este mecanismo.

El primero de ellos es la existencia de un presupuesto material habilitante, que consiste en el incumplimiento por una Comunidad de las obligaciones que constitucional o legalmente le incumban, o en una actuación comunitaria gravemente atentatoria al interés general de España. Es evidente que este incumplimiento habrá de ser grave, pudiendo producirse tanto por acción como por omisión. La conducta comunitaria ha de ser, por lo demás, como bien sostiene la doctrina, imputable a la Comunidad Autónoma como tal, esto es, como unidad, y no simplemente a uno de sus órganos, pues es obvio que toda Comunidad dispone de mecanismos internos de corrección, que podrá aplicar ante las desviaciones de sus órganos.

El segundo de los requisitos que ha de concurrir es de índole formal. Nos referimos al requerimiento previo al Presidente de la Comunidad que ha de formular el Gobierno de la Nación, pues sólo en el supuesto en que no sea atendido podrá ponerse en marcha el mecanismo de la coerción.

Producido el presupuesto material habilitante y cumplido con el requisito formal, queda en manos del Gobierno —si lógicamente la Comunidad no ha atendido el oportuno requerimiento— la decisión acerca del recurso al mecanismo del artículo 155, pues es obvio que el conflicto surgido quizá pueda ser solucionado a través de otras vías, como la negociación, lo que deja en manos gubernamental la decisión política acerca de la vía de solución más conveniente.

Adoptada la decisión de acudir al artículo 155, el Gobierno habrá de requerir la aprobación del Senado para la adopción de las medidas que entienda necesarias. A tal efecto, según establece el artículo 189 del Reglamento de la Cámara Alta, el Gobierno deberá presentar ante el Presidente del Senado escrito en el que se manifieste el contenido y alcance de las medidas propuestas, así como la justificación de haberse realizado el correspondiente requerimiento al Presidente de la Comunidad y la de su incumplimiento por parte de ésta.

La Mesa del Senado remitirá dicho escrito a la Comisión de Autonomía y de Organización y Administración Territorial, o bien procederá a constituir una Comisión conjunta, esto es, integrada por miembros de varias Comisiones.

La Comisión requerirá al Presidente de la Comunidad, a través del Presidente del Senado, para que remita cuantos datos y alegaciones considere pertinentes. Tras ello, formulará propuesta razonada sobre si procede o no la aprobación solicitada por el Gobierno, con los condicionamientos o modificaciones que, en su caso, sean pertinentes en relación con las medidas proyectadas. Dicha propuesta será sometida a debate del Pleno de la Cámara, concluido el cual, se procederá a la votación de la propuesta presentada, siendo necesario para la aprobación de la resolución el voto favorable de la mayoría absoluta de senadores.

¿Qué medidas pueden ser adoptadas? La Constitución no se muestra excesivamente precisa, limitándose a determinar que se podrán adoptar «las medidas necesarias para obligar a aquélla (a la Comunidad) al cumplimiento forzoso de dichas obligaciones (obligaciones constitucionales o legales) o para la protección del mencionado interés general».

Por de pronto, parece evidente que no cabe la disolución de los órganos autonómicos, interpretación que encuentra su apoyo en la previsión del artículo 155.2, que se refiere a la posibilidad de que el Gobierno dé instrucciones a todas las autoridades de las Comunidades a los efectos de las medidas previstas. La doctrina apunta hacia una sustitución de tales órganos en la realización de aquellas actividades concretas cuya competencia les corresponde pero cuyo ejercicio se ha visto afectado por el vicio previsto por el artículo 155.

En todo caso, y con independencia de cuales sean esas medidas concretas, lo que sí es claro es que deberán ser proporcionales y guardar la adecuación precisa a la entidad y naturaleza de la situación creada, orientándose al cumplimiento de las obligaciones vulneradas y debiendo cesar una vez se logre la finalidad perseguida por las mismas.

K) La modificación extra-estatutaria de las competencias

La distribución competencial realizada por los Estatutos, en el marco constitucionalmente predeterminado, sólo puede ser modificada, como ya hemos tenido oportunidad de señalar, mediante la reforma de los propios Estatutos. Ahora bien, de ello no cabe deducir que toda ley estatal que pretenda delimitar competencias entre el Estado y las Comunidades Autónomas sea inconstitucional por pretender ejercer una función reservada al Estatuto, pues, como el Tribunal Constitucional, en una doctrina reiterada (así, entre otras, STC 76/1983, de 5 de agosto) ha señalado, la reserva que la Constitución hace al Estatuto en esta materia no es total o absoluta.

De esta forma, eventualmente, la competencia estatutaria puede ser ampliada mediante leyes «ad hoc» dictadas al amparo de las previsiones del artículo 150, apartados primero y segundo, y su ejercicio por las distintas Comunidades armonizado mediante una norma de la naturaleza de las previstas por el apartado tercero del propio precepto. Nos encontramos así con un artículo, el 150 de la Constitución, a cuyo amparo puede modificarse, al margen de los respectivos Estatutos de Autonomía, el marco competencial.

Los mecanismos regulados por el artículo 150 responden a la conveniencia de flexibilizar el sistema de distribución de competencias, pudiendo incidir sobre él, caso de que así se considerase necesario, sin necesidad de tener que acudir al mucho más rígido procedimiento de la reforma estatutaria.

Especialmente útil a este respecto se nos antoja el recurso a las transferencias y delegaciones que prevé el artículo 150.2, que en la actual coyuntura autonómica puede jugar un relevante papel para ampliar el marco competencial de aquellas Comunidades que vieron aprobado su Estatuto a través del procedimento previsto por el artículo 146 en conexión con el artículo 143.

Examinaremos a continuación el tríptico de mecanismos de modificación extraestatutaria de las competencias, esto es: las delegaciones legislativas del artículo 150.1, las transferencias y delegaciones del artículo 150.2 y las leyes de armonización del artículo 150.3.

a/ Las delegaciones legislativas del artículo 150.1

I. El artículo 150.1 de nuestra Norma suprema contempla un supuesto particular de delegación legislativa del Estado, cuya voluntad se manifiesta a través de una ley aprobada por las Cortes Generales, en favor de las Comunidades Autónomas. De conformidad con tal precepto:

> «Las Cortes Generales, en materias de competencia estatal, podrán atribuir a todas o a alguna de las Comunidades Autónomas la facultad de dictar, para sí mismas, normas legislativas en el marco de los principios, bases y directrices fijados por una ley estatal. Sin perjuicio de la competencia de los Tribunales, en cada ley marco se establecerá la modalidad del control de las Cortes Generales sobre estas normas legislativas de las Comunidades Autónomas.»

El precepto encuentra un antecedente válido en el artículo 71 de la Ley Fundamental de Bonn, a cuyo tenor:

> «En el ámbito de la potestad legislativa exclusiva de la Federación, los Länder tendrán competencia para legislar sólo cuando y en la medida en que una Ley federal les haya facultado expresamente para ello.»

Como puede apreciarse, la ley federal a que se refiere el precepto anterior no es sino una ley de habilitación que faculta a los Länder para legislar en materias propias de la potestad legislativa federal. Estamos ante una técnica muy similar a la que ha acogido nuestro constituyente en el artículo 150.1.

II. Esta delegación ha suscitado un cierto debate doctrinal acerca de si se puede o no equiparar con la delegación legislativa contemplada por el artículo 82 de la Constitución, o, en su caso, con la «legislación básica» a que se refiere en varios de sus apartados el artículo 149.1.

Respecto de la legislación básica, la diferencia entre uno y otro supuesto es patente: cuando al Estado se reserva la competencia sobre las bases o la legislación básica de una materia, esa competencia es compartida por cuanto las Comunidades, estatutariamente, pueden asumir potestades de desarrollo legislativo de las bases y de ejecución. Bien al contrario, en el supuesto del artículo 150.1 nos encontramos con una competencia exclusiva del Estado, pues, como el propio precepto se encarga de precisar, se trata de «materias de competencia estatal». Como ya vimos al abordar el tema de las «bases», el mismo Tribunal Constitucional (STC 1/1982, de 28 de enero) explicitó que las bases no se identifican con las leyes marco reguladas por el artículo 150.1.

En cuanto a la supuesta similitud de la delegación normativa que analizamos con la delegación del artículo 82, buena parte de las dudas doctrinales suscitadas encuentran su origen en el hecho de que durante un largo trecho del itinerario constituyente, el precepto que ahora nos ocupa se limitaba a acudir a la técnica de la legislación delegada, proyectándola al ámbito de la distribución de competencias entre el Estado y las Comunidades. El precepto se llegaba incluso a referir a la «ley de bases» y no a la «ley marco».

Con la redacción final dada al artículo 150.1 esta confusión carece de sentido, y ello por cuanto la técnica de la «ley de bases» (arts. 82 y 83 de la Constitución) responde a unos presupuestos y se ajusta a un régimen muy diferente del regulado por el artículo 150.1. A través de aquélla, las Cortes delegan en el Gobierno, siempre del Estado; por contra, el artículo 150.1 hace posible una habilitación normativa a todas o a alguna de las Comunidades Autónomas. En íntima conexión con esta divergencia nos encontramos con otra diferencia de entidad: la ley de bases pretende la formación de un texto articulado único. La ley marco del artículo 150.1, al proyectarse sobre distintas Comunidades, puede producir una diversificación de normas comunitarias. A todo lo expuesto ha de añadirse que la técnica de la ley de bases se ajusta a un régimen de gran rigidez que difícilmente podría responder a la finalidad perseguida por la delegación normativa estatal en favor de las Comunidades; pensemos tan sólo en que, de acuerdo con el artículo 82.3, la delegación se agota por el uso que de ella haga el Gobierno, no pudiendo por otro lado concederse por tiempo indeterminado.

III. El rechazo de cualquier equiparación entre la delegación normativa del artículo 150.1 y la delegación del artículo 82 nos conduce a una respuesta inequívoca a la cuestión de cuál ha de ser el instrumento normativo a cuyo través se ha de operar la delegación que venimos contemplando. Ese instrumento parece no poder ser otro que el de la *ley marco.* Es más, el inciso final del precepto alude expresamente a este tipo de leyes.

Estas normas han sido equiparadas a las *«lois-cadre»* francesas, a las *«leggi-cornici»* italianas o a las *«rahmengesetz»* alemanas, normas que vienen a caracterizarse como *«leyes de principios»,* directamente vinculantes para las Comunidades Autónomas. En plena sintonía con ello, las Comunidades Autónomas quedan habilitadas para dictar, para sí, «normas legislativas en el marco de los principios, bases y directrices fijados por una ley estatal», esto es, por la ley marco. Las leyes marco, en definitiva, fijan los principios que han de seguir las normas autonómicas y precisan los límites de las mismas.

Algún sector doctrinal se ha mostrado disconforme con esta interpretación. Este es el caso, entre otros, de *Muñoz Machado,* a cuyo juicio, las delegaciones legislativas del artículo 150.1 pueden contenerse en instrumentos normativos de factura diversa y articularse de diferentes formas. A su vez, para *García de Enterría,* lo que el artículo 150.1 faculta a hacer a las Cortes Generales son delegaciones que habilitan el dictado de normas nuevas. El precepto no pone límites ni al tipo de delegación ni a su contenido, de modo que será posible que las bases o principios de delegación sean sólo normas habilitantes, sin contenido normativo «ad extra», o que se configuren como un «marco» normativo mínimo, de aplicación directa. Lo único realmente sustancial es el traslado a los órganos autonómicos de facultades normativas estatales, quedando a iniciativa de la Ley de delegación el ámbito, el contenido, las condiciones y, en su caso, los rangos de las normas habilitadas.

Estas interpretaciones, en todo caso, han de reconducirse a la expresa previsión del artículo 150.1, y a tenor del mismo, es claro que la Ley de delegación habilita a los órganos autonómicos para ejercer facultades normativas, pero tal habilitación ha de ejercerse dentro del marco delimitado por la Ley estatal, que ha de precisar unos principios, bases o directrices, circunstancia que encaja difícilmente con la posibilidad de que la Ley habilitante carezca de un contenido normativo «ad extra».

IV. Una cuestión de cierta importancia es la determinación de las materias sobre las que el Estado puede proceder a la delegación normativa del artículo 150.1, renunciando paralelamente a llevar a cabo la oportuna regulación que, como es obvio, le está confiada constitucionalmente.

El citado precepto se limita a aludir a las «materias de competencia estatal», esto es, a aquellas materias de la competencia legislativa exclusiva del Estado, resultando por entero indiferente que esa «exclusividad» lo sea por directa atribución constitucional o en virtud de la cláusula residual del artículo 149.3, en el supuesto de que el Estatuto no asumiera la competencia, pudiendo haberlo hecho.

En cualquier caso, como bien advierte *Muñoz Machado,* las delegaciones legislativas deben producirse de manera que el Estado retenga siempre el poder normativo suficiente para definir los principios normativos básicos de la materia de que se trate. Ello no es sino la consecuencia obligada de la necesidad de lograr una regulación uniforme que asegure el tratamiento de la materia en términos homogéneos en todo el territorio nacional.

V. ¿Cuáles son, podemos interrogarnos ahora, las competencias que una ley marco atribuye a las Comunidades Autónomas?

La Constitución ha sido bastante clara al respecto al atribuir a las Comunidades «la facultad de dictar, para sí mismas, normas legislativas». Sin embargo, buena parte de la doctrina ha interpretado que la ley marco sólo habilita a las Comunidades Autónomas para dictar normas reglamentarias.

La argumentación en que se apoya tal reflexión ha tenido en todos los casos como punto de referencia el texto del inciso final del artículo 150.1, que, al contemplar los controles a que puede sujetarse este tipo de delegaciones, alude expresamente a la «competencia de los Tribunales». El empleo del término en plural parece obviamente dirigido a aludir a los órganos de la jurisdicción ordinaria, y, como es obvio, un control jurisdiccional sólo puede referirse a normas reglamentarias. Recordemos al respecto la previsión del artículo 106.1: «Los Tribunales controlan la potestad reglamentaria...»

Esta interpretación choca, sin embargo, con las previsiones del propio precepto que, como hemos visto, se refiere expresamente a la facultad de dictar normas legislativas, reiterando esta determinación en su inciso final. Más aún, algunos Estatutos de Autonomía son todavía más explícitos al respecto. Así, por poner tan sólo un ejemplo, el artículo 28.2 del Estatuto catalán faculta a la Generalidad para solicitar de las Cortes Generales que las Leyes marco que éstas aprueben en materia de competencia exclusiva del Estado «atribuyan expresamente a la Generalidad la facultad de legislar en el desarrollo de dichas Leyes».

En definitiva, el tenor literal del propio texto constitucional no puede verse contradicho por una supuesta interpretación de otra cláusula del mismo texto que, por lo demás, admite interpretaciones dispares. La conclusión es, pues, evidente. Las leyes marco habilitan a las Comunidades para dictar normas legislativas, no pudiéndose, desde luego, excluir que tales normas sean en un momento dado de rango reglamentario.

VI. Hemos de ocuparnos por último del control sobre las normas autonómicas dictadas al amparo de una delegación legislativa del Estado, instrumentalizada mediante una ley marco.

El inciso final del precepto se refiere a cómo, sin perjuicio de la competencia de los Tribunales, en cada ley marco se establecerá la modalidad del control de las Cortes Generales sobre estas normas.

La referencia al control que han de ejercer los Tribunales admite diversas interpretaciones. Los Tribunales pueden plantear una cuestión de inconstitucionalidad cuando al aplicar una norma legislativa autonómica la consideren contraria al bloque de constitucionalidad por entender que se opone a los principios, bases y directrices fijados por una ley marco de la que deriva la norma autonómica. Pueden igualmente controlar el desarrollo reglamentario de las normas legislativas autonómicas dictadas al amparo de una delegación. Y finalmente, ejercerán idéntico control cuando las normas delegadas presenten forma reglamentaria.

El control sobre las normas territoriales delegadas puede corresponder asimismo a las Cortes Generales. Cada ley marco establecerá la modalidad de este control sobre las normas legislativas territoriales. A este respecto, el artículo 167 del Reglamento del Congreso de los Diputados prescribe que la modalidad del control prevista en una ley estatal que se dicte al amparo de lo dispuesto en el artículo 150.1 de la Constitución, se llevará a cabo, por lo que respecta al Congreso, de acuerdo con lo previsto por el artículo 153 de su propio Reglamento, precepto éste que regula el control de la Cámara sobre la legislación delegada dictada por el Gobierno al amparo de una ley de delegación de las previstas por el artículo 82. No es muy afortunada esta previsión reglamentaria por cuanto, como ya indicamos, la técnica de la delegación legislativa del artículo 82 sc separa en muchos de sus rasgos de la delegación normativa del artículo 150.1.

b/ Las transferencias y delegaciones del artículo 150.2

I. El artículo 150.2 de nuestra Norma suprema contempla una técnica de redistribución de competencias entre el Estado y las Comunidades Autónomas mucho más indeterminada y amplia que la del apartado primero del propio precepto. De conformidad con el citado artículo:

> «El Estado podrá transferir o delegar en las Comunidades Autónomas, mediante ley orgánica, facultades correspondientes a mate-

rias de titularidad estatal que por su propia naturaleza sean susceptibles de transferencia o delegación. La ley preverá en cada caso la correspondiente transferencia de medios financieros, así como las formas de control que se reserve el Estado.»

El precepto encuentra un clarísimo antecedente en el artículo 18 de la Constitución de 1931, a cuyo tenor:

«Todas las materias que no estén explícitamente reconocidas en su Estatuto a la región autónoma, se reputarán propias de la competencia del Estado; pero éste podrá distribuir o transmitir las facultades por medio de una ley.»

Este antecedente ilustra muy claramente acerca del sentido original de la técnica que estamos contemplando: corregir los efectos acumulativos de competencias en favor del Estado generados por la cláusula residual del artículo 149.3. El artículo 18 de la Constitución republicana era tan nítido a este respecto que incluía la técnica que comentamos en el mismo precepto que acogía la cláusula residual en favor del Estado. Esta conexión aparece mucho más difuminada en el caso del artículo 150.2, si bien en el debate constituyente el sentido que se quiso dar a estas transferencias y delegaciones fue el mismo que el del texto de 1931. Muy significativas a este respecto son las siguientes reflexiones del diputado de UCD, señor *González Seara:*

«... Hay que tener presente que el Estado, en esta Constitución, no tiene solamente las atribuciones que le confiere de una manera exclusiva el artículo anterior (el actual art. 149), sino que tiene, además, una competencia residual de todo aquello que las Comunidades Autónomas no hayan asumido en sus Estatutos. Como consecuencia de ello, parece claro que debemos dejar abierta por la Constitución la posibilidad de que este tipo de competencias puedan transferirse en cualquier momento, dado que no son competencia exclusiva del Estado.»

La realidad nos muestra, sin embargo, que se ha relativizado de modo muy notable la meta inicialmente perseguida por el constituyente con el artículo 150.2. Tiene mucho que ver con ello la finalidad a que en la práctica ha respondido su empleo. A este respecto, es muy significativo que en el Informe de la Comisión de Expertos sobre Autonomías, suscrito el 19 de mayo de 1981, se propugnara la utilización del artículo 150.2, bien que con carácter rigurosamente excepcional, «siempre a través de leyes sectoriales de carácter general al margen del Estatuto con ocasión de la regulación de cada materia concreta o de un conjunto competencial homogéneo». La desconexión con las materias que pudiesen ser de competencia del Estado en virtud de la cláusula residual del artículo 149.3 era patente.

En la misma línea, aunque más nítidamente aún, cabe situar las previsiones de varios Estatutos que han contemplado la posible asunción de competencias en un conjunto de materias que alcanza hasta el límite del artículo 149.1. Tal asunción competencial podrá ser realizada, alternativamente, por la vía de la reforma estatutaria o mediante el recurso a una ley orgánica de delegación o transferencia, siguiendo el procedimiento del artículo 150.2 (buen ejemplo de estas previsiones lo encontramos en el artículo 13.2 del Estatuto de Autonomía para la Región de Murcia).

Finalmente, la praxis del empleo de los mecanismos del precepto que nos ocupa nos revela que la finalidad pretendida con el mismo ha sido la de elevar el nivel competencial estatutario hasta un listón que viene delimitado por el artículo 149.1. Tal ha sucedido con la Ley Orgánica 11/1982, de 10 de agosto, de transferencias complementarias a Canarias, y con la Ley Orgánica 12/1982, de la misma fecha, de transferencia a la Comunidad Valenciana de competencias en materia de titularidad estatal.

II. Las transferencias y delegaciones del artículo 150.2 han de ser formalizadas mediante Ley Orgánica. Esta circunstancia dio pie al inicio del proceso autonómico a una cierta discusión acerca de si este requisito formal podía entenderse cumplido con la inclusión de estas delegaciones en los Estatutos. Sin embargo, como sostiene la mejor doctrina, las leyes orgánicas a que se refiere este precepto son normas distintas y separadas de los Estatutos, que operan «*ex post*» de aprobados éstos.

Un argumento resulta definitivo en orden a aclarar perfectamente el porqué del rechazo a tal confusión normativa (entre leyes orgánicas de aprobación de un Estatuto y leyes orgánicas de transferencias y delegación). El principio de indisponibilidad de las competencias implica que toda competencia estatutariamente asumida por una Comunidad es indisponible para el Estado. Este principio choca frontalmente con el que debe inspirar las delegaciones del artículo 150.2, cuya esencia, como advierte *García de Enterría,* es que tanto su otorgamiento como su revocación se encuentren en la sola disponibilidad unilateral del Estado, disponibilidad que surge de su titularidad de la competencia respectiva.

La exigencia de ley orgánica, a diferencia de la delegación normativa del artículo 150.1, que puede formalizarse mediante una ley marco, esto es, una ley ordinaria que no requiere de un respaldo parlamentario agravado, puede explicarse tan sólo como un intento de reforzar la voluntad política subyacente a la transferencia o delegación.

III. Una importante y debatida cuestión es la naturaleza de las competencias transferidas. Ya en el debate constituyente se suscitó este tema, pareciendo admitirse que las competencias que podrían transferirse al amparo del artículo 150.2 se limitaban al orden ejecutivo. Con posterioridad, un sector doctrinal *(Muñoz Machado, Entrena Cuesta...)* ratificó esta interpretación.

Muñoz Machado, en una interpretación conjunta de los dos primeros apartados del artículo 150, entendería que en cuanto el apartado segundo autoriza transferencias plenas de potestades legislativas es obvio que también autoriza las delegaciones parciales de manera que ninguna falta haría establecer lo que prevé el apartado primero, que es una versión parcial del mismo fenómeno. Sin embargo, la incorporación al tiempo de ambas técnicas, la general y la especial, se entendería perfectamente si se considerara que los dos apartados del artículo 150 se refieren a operaciones distintas: el primero a las delegaciones legislativas y el segundo a las transferencias y delegaciones de competencias puramente ejecutivas.

Entrena Cuesta, por su parte, razona que si, efectivamente, en base al artículo 150.2 cupiera la delegación de funciones legislativas de competencia estatal, carecería de sentido la previsión del artículo 153, *b),* a cuyo tenor, el control de la actividad de los órganos comunitarios ha de ejercerse por el Gobierno, previo dictamen del Consejo de Estado.

Sin dejar de reconocer la lógica de estas interpretaciones, hemos de significar que la realidad nos muestra lo contrario de lo defendido por ellas. Las Leyes Orgánicas 11/1982 y 12/1982, con anterioridad referidas, transfieren a las Comunidades Valenciana y Canaria potestades legislativas. Y los Estatutos de Autonomía han entendido que el mecanismo del artículo 150.2 permite transferencias de potestades legislativas. De ahí que en muchos casos se haya concebido el recurso al artículo 150.2 como una vía alternativa frente a la reforma estatutaria.

IV. Otro aspecto que ha suscitado cierta controversia ha sido la determinación de las materias susceptibles de transferencia o delegación. El artículo 150.2 habilita al Estado para transferir o delegar «facultades correspondientes a materias de titularidad estatal que por su propia naturaleza sean susceptibles de transferencia o delegación». Con ello, el precepto parece revelarnos un cierto límite, si bien del todo indeterminado.

Desvinculado, como ya advertimos precedentemente, el precepto, a diferencia de su antecedente inmediato (el artículo 18 de la Constitución de 1931), de la cláusula residual, parecía difícil sostener que las únicas materias susceptibles de transferencia o delegación habrían de ser aquellas sobre las que el Estado no tuviese competencia exclusiva, esto es, las que el Estado asumiese en virtud del doble juego de la cláusula residual del artículo 149.3. Se imponía, pues, una interpretación tendente a admitir la transferencia o delegación de facultades, esto es, de aspectos parciales de la ordenación o ejecución de una materia, correspondientes a materias de la exclusiva competencia del Estado. Ahora bien, ¿hasta qué límite?

García de Enterría ha entendido al efecto que no es posible afirmar que existan materias super-exclusivas en el sentido de que no admitan una colaboración autonómica más o menos parcial, referente, pues, no a su titularidad y responsabilidad últimas, que es radicalmente intocable, sino a facultades de su gestión. Su conclusión es, consiguientemente, que no hay materias de suyo indelegables; por ello mismo, habrá que estar a la naturaleza de la medida de colaboración que se disponga por esta vía delegativa para determinar si se ha excedido o no el límite constitucional.

No podemos estar de acuerdo con una interpretación tan relativista, que, además, no creemos responda al espíritu real de este precepto. A nuestro modo de ver, aquellas materias respecto de las cuales el Estado dispone de una competencia íntegra o plena no son susceptibles, en principio, de delegación o transferencia, pues la reserva estatal que de ellas hace la Constitución es absoluta.

En las restantes materias enunciadas en el artículo 149.1, aún admitiendo la posibilidad de una transferencia o delegación de facultades concretas, será preciso tener presente que la misma nunca podrá poner en peligro ese común denominador normativo que el interés general exige en orden a la salvaguarda de una serie de bienes o valores. Además, como bien dice *Muñoz Machado,* las transmisiones de poderes efectuadas al amparo de los dos primcros apartados del artículo 150 no deben violentar el equilibrio de los poderes públicos establecido en la Constitución.

V. El artículo 150.2 maneja una dualidad conceptual al aludir repetidamente a la transferencia y a la delegación. ¿Tiene alguna relevancia esta dualidad? Así lo ha entendido algún sector doctrinal, que ha separado la transferencia de la delegación sobre la base del carácter irrevocable de la primera y básicamente revocable de la segunda. Esta tesis es difícilmente sostenible por cuanto la privación al Estado de la posibilidad de revocar una transferencia de facultades concretas correspondientes a materias de titularidad estatal, supondría incidir frontalmente en el sistema distributivo de competencias, algo que está vedado al propio Estado.

Es por ello por lo que pensamos con *Muñoz Machado* que la utilización de ambos conceptos («transferencia» y «delegación») no está hecha en la Constitución como una apelación al empleo de categorías técnicas perfectamente delimitadas, sino como una indicación de la diferente intensidad que puede tener la transmisión de poderes que efectúa el Estado. Dicho a la inversa, con esta conceptualización se aludirá al control más o menos amplio que el Estado se reserva sobre las competencias transmitidas.

En conexión con esta idea, es patente que la transferencia supondrá una transmisión más incondicionada, mientras que la delegación se hallará sujeta a un mayor control, circunstancia a la que no es ajeno el artículo 153, *b)* de nuestra «Lex Superior», que, como ya indicamos, atribuye al Gobierno, previo dictamen del Consejo de Estado, el control de la actividad de los órganos autonómicos en ejercicio de funciones delegadas.

VI. El inciso final del artículo 150.2 exige, de una parte, que la ley orgánica de delegación prevea en cada caso la correspondiente transferencia de medios financieros con el fin lógicamente de poder gestionar los servicios transferidos, y de otra, que la propia ley precise las formas de control que se reserva el Estado.

Para analizar la naturaleza de estos controles, nada mejor que atender directamente a las Leyes Orgánicas 11/1982 y 12/1982. En ambas se establece que la Comunidad Autónoma ajustará el ejercicio de las facultades transferidas a los siguientes principios:

a) Obligatoriedad de la Comunidad a facilitar a la Administración del Estado la información que ésta solicite sobre la gestión del servicio.

b) Exigencia de que las facultades y servicios transferidos mantengan, como mínimo, el nivel de eficacia que tenían antes de la transferencia.

c/ Exigencia de que las transferencias no sean causa de desequilibrios financieros comunitarios, no destruyan los recursos naturales y económicos, no introduzcan desigualdades entre individuos o grupos y no se opongan al principio de solidaridad.

Incumplidos los requisitos anteriores, el Estado advertirá formalmente de ello a la Comunidad, y si ésta mantiene su actitud, el Gobierno podrá suspender a partir de los tres meses las facultades y servicios, dando cuenta de ello a las Cortes Generales, quienes resolverán sobre la procedencia de la decisión gubernamental, levantando la suspensión o acordando la revocación del ejercicio de la facultad transferida.

Los Decretos de traspaso podrán asimismo establecer otras fórmulas específicas de control sobre las facultades ejecutivas comunitarias que por ley correspondan al Estado.

c/ Las leyes de armonización del artículo 150.3

I. El artículo 150.3 de la Constitución contempla un mecanismo a cuyo través el Estado puede interferir el marco competencial autonómico. De conformidad con el citado precepto:

> «El Estado podrá dictar leyes que establezcan los principios necesarios para armonizar las disposiciones normativas de las Comunidades Autónomas, aun en el caso de materias atribuidas a la competencia de éstas, cuando así lo exija el interés general. Corresponde a las Cortes Generales, por mayoría absoluta de cada Cámara, la apreciación de esta necesidad.»

El precepto encuentra un clarísimo antecedente en el artículo 19 de la Constitución de la Segunda República, a tenor del cual:

> «El Estado podrá fijar, por medio de una ley, aquellas bases a que habrán de ajustarse las disposiciones legislativas de las regiones autónomas, cuando así lo exigiera la armonía entre los intereses locales y el interés general de la República. Corresponde al Tribunal de Garantías Constitucionales la apreciación previa de esta necesidad. Para la aprobación de esta ley se necesitará el voto favorable de las dos terceras partes de los diputados que integren las Cortes.
>
> En las materias reguladas por una Ley de Bases de la República las regiones podrán estatuir lo pertinente, por ley o por ordenanza.»

Este precepto incorporaba una técnica análoga, según *Pérez Serrano,* a la prevista en los artículos 9 a 11 de la Constitución de Weimar, conocida como la «competencia legislativa condicionada» de los Länder, Regiones o, en su caso, Comunidades Autónomas. Su diferencia más notable con la determinación del artículo 150.3 estribaba, como fácilmente puede advertirse, en el hecho de que la apreciación previa de la necesidad de la armonización correspondiese al Tribunal de Garantías Constitucionales, no a las Cortes, circunstancia ésta evidentemente dañosa, como pondría de relieve el mismo *Pérez Serrano.*

II. Estamos en presencia de un supuesto enteramente excepcional en cuanto que habilita al legislador estatal para incidir en el sistema de distribución de competencias entre el Estado y las Comunidades Autónomas.

Es por ello mismo por lo que esta reserva en favor del Estado debe ser interpretada restrictivamente, como también es por lo mismo, por lo que el constituyente ha sujetado las leyes de armonización a un procedimiento de aprobación extraordinariamente agravado, quizá el más dificultoso de los que contempla nuestra Norma suprema, excepción hecha de su propia reforma

En perfecta sintonía con la tesis de la excepcionalidad de este mecanismo, el Tribunal Constitucional ha entendido que estamos ante una cláusula excepcional de cierre del sistema a la que no puede acudirse más que cuando los objetivos con ella pretendidos no puedan alcanzarse a través de ninguna otra vía.

A la pregunta de si el legislador puede aprobar leyes de armonización en el supuesto de que disponga de otros títulos específicos previstos en la Constitución para dictar la regulación legal de que se trate, el Tribunal responde negativamente (STC 76/1983, de 5 de agosto):

> «La respuesta —dice el Tribunal— ha de ser negativa si se tiene en cuenta que el mencionado artículo 150.3 constituye una pieza dentro del sistema global de distribución de competencias entre el Estado y las Comunidades Autónomas y por ello no puede ser interpretado aisladamente, sino en relación con el conjunto de normas que configuran dicho sistema.»

A partir de aquí la conclusión es obvia: «el artículo 150.3 constituye una *norma de cierre del sistema,* aplicable sólo a aquellos supuestos en que el legislador estatal no disponga de otros cauces constitucionales para el ejercicio de su potestad legislativa o éstos no sean suficientes para garantizar la armonía exigida por el interés general.» De no operar así, el supuesto interés general que se pretende tutelar se confundiría con el mismo interés general tenido en cuenta por el propio poder constituyente al fijar el sistema de distribución de competencias entre el Estado y las Comunidades. En definitiva, el cauce de las leyes de armonización no puede ser empleado cuando el Estado disponga de competencias en la materia que le permitan el cumplimiento de sus fines, como acontecería, como el Tribunal ha reconocido (STC 146/1986, de 25 de noviembre), con la posibilidad de recurrir a técnicas de coordinación.

Quiere todo ello decirnos que la habilitación estatal del artículo 150.3 ha de considerarse como excepcional e interpretarse de modo restrictivo. Consecuentemente, al legislador estatal no le basta para demostrar que el recurso a esta técnica viene exigido por el interés general con aducir que ha cumplimentado los requisitos formales constitucionalmente requeridos, sino que, junto a ello, ha de probar que la armonía exigida por el interés general no puede alcanzarse a través de otros cauces constitucionales. Todo ello no es sino la resultante última de la propia función que el artículo 150.3 cumple en el sistema global de distribución de competencias: es una norma de cierre del sistema y, por ello mismo, la ley de armonización viene a complementar, no a suplantar, las restantes previsiones constitucionales.

III. ¿Cuál es —podemos cuestionarnos ahora— la finalidad última de las leyes de armonización? La respuesta la hallamos en el propio texto constitucional: la salvaguarda del *interés general.* Este tipo de normas responden a una exigencia ineludible del interés general. Así las cosas, la cuestión que de inmediato se suscita es la de qué ha de entenderse por *«interés general».*

El carácter excepcional de las leyes de armonización requiere que se justifiquen en un interés general claramente objetivable. Quiere ello decir que la apreciación de ese «interés general» no puede quedar sujeta, sin más, a la libre discrecionalidad de las Cortes Generales, mediante el mero cumplimiento del requisito formalmente exigido al respecto (apreciación de la necesidad por la mayoría absoluta de cada Cámara).

El constituyente ha tenido ya presente el principio de unidad y los intereses generales de la nación al fijar las competencias estatales; es, como afirma el Tribunal (STC 76/1983), la imposibilidad de que el texto constitucional agote todos los supuestos lo que explica que la propia Constitución haya previsto la posibilidad de que el Estado incida en el ámbito competencial de las Comunidades Autónomas, por razones de interés general, a través de esta técnica armonizadora. Ello supone que el interés general no puede entenderse como una mera y abstracta referencia al interés de la nación. Ese interés ha de concretarse en una objetiva exigencia de uniformidad normativa —que lógicamente puede verse contradicha por la propia diversidad normativa territorial— que puede responder al principio de igualdad o a las propias insuficiencias comunitarias que derivan del principio de territorialidad de sus normas.

Esta exigencia de un interés general objetivable se opone, como acertadamente señala *García de Enterría,* a la hipótesis de leyes de armonización no generales, o lo que es igual, dirigidas tan sólo a una o varias Comunidades, no a la totalidad de ellas.

IV. Uno de los aspectos sobre los que ha versado el debate doctrinal en torno al artículo 150.3, ha sido el de la necesidad de que las leyes de armonización presenten un carácter *«ex post»,* esto es, que hayan sido antecedidas por el ejercicio de potestades normativas por las Comunidades Autónomas, si no por todas, al menos por algunas de ellas.

La dicción literal del precepto («armonizar las disposiciones normativas dc las Comunidades Autónomas») parece darnos a entender que la armonización debe ser subsiguiente a la existencia de normas autonómicas, las que precisamente han de ser armonizadas.

Sin embargo, la función perseguida por las leyes dictadas al amparo del artículo 150.3 es la de «armonizar». Quiere ello decir que estas leyes no pretenden tanto corregir las normas territoriales, cuanto simplemente armonizar, ordenar la legislación autonómica. Nada impide, pues, que las normas armonizadoras antecedan a la legislación territorial. Más aún, desde el punto de vista de una buena política legislativa, resulta más funcional la ordenación previa que la corrección ulterior. En consonancia con todo lo expuesto, cabe concluir que no es imprescindible el carácter *«ex post»* de las leyes armonizadoras.

V. Otra cuestión objeto de debate ha sido la relativa a la materia sobre la que puede recaer una ley de armonización. El artículo 150.3 se limita a decir que el Estado podrá dictar leyes de este tipo «aun en el caso de materias atribuidas a la competencia de éstas» (de las Comunidades Autónomas).

La doctrina, mayoritariamente, se ha manifestado en el sentido de que el ámbito propio de las leyes de armonización es el de las competencias legislativas exclusivas de las Comunidades, o lo que es igual, el de aquellas materias en que no existe una compartición normativa entre el Estado y las Comunidades. Parece una evidencia que allí donde existe esa compartición, el Estado puede disponer de otros títulos competenciales para alcanzar la finalidad armonizadora; este será el caso cuando al Estado se le atribuya la legislación básica sobre una materia.

Pese a la lógica de esta interpretación, el Tribunal Constitucional ha salvado la posibilidad de una interpretación distinta. A su juicio, si bien normalmente la armonización afectará a competencias exclusivas de las Comunidades, «no es contrario a la Constitución que las leyes de armonización sean utilizadas cuando, en el caso de competencias compartidas, se aprecie que el sistema de distribución de competencias es insuficiente para evitar que la diversidad de disposiciones normativas de las Comunidades Autónomas produzca una desarmonía contraria al interés general de la nación» (STC 76/1983).

VI. El contenido de las leyes de armonización aparece constitucionalmente definido cuando el artículo 150.3 habla de «leyes que establezcan los *principios necesarios...*». Parece claro, pues, que estamos en presencia de *«leyes de principios»*, o lo que es igual, de leyes que aunque no modifican el marco competencial autonómico, exigen la adecuación de las normas territoriales a tales principios, lo que, a juicio de *Predieri*, confirma que la dimensión en que se mueven estas leyes armonizadoras no es la de la supremacía, sino la de la competencia.

Las leyes armonizadoras operan de un modo muy semejante a como lo hacen las leyes marco: delinean un marco general al que con posterioridad se ha de sujetar la legislación autonómica. Es evidente que los principios que han de acoger deben ser los «necesarios» en orden a la salvaguarda de ese interés general objetivable que está en la base misma de este tipo de leyes. En todo caso, puede advertirse una diferencia fundamental con las leyes marco a que se refiere el artículo 150.1: mientras estas últimas propician un subsistema normativo en el que se integran las normas territoriales de desarrollo dictadas por las Comunidades Autónomas, tal circunstancia no se produce respecto de las leyes dictadas al amparo del artículo 150.3, que se limitan a armonizar las disposiciones normativas de las Comunidades Autónomas.

VII. El carácter excepcional de las leyes de armonización se refleja en el complicadísimo procedimiento parlamentario requerido para su aprobación. El inciso final del artículo 150.3 prevé un trámite previo al del procedimiento legislativo propiamente dicho. Se trata de la exigencia de que las Cortes Generales, por mayoría absoluta de cada Cámara, aprecien la necesidad de una ley armonizadora. Este trámite formal habilita a las propias Cámaras para el ulterior debate y, en su caso, aprobación del texto.

La apreciación de la necesidad de que el Estado dicte una ley armonizadora debe acomodarse en el Congreso de los Diputados a un debate sujeto a las normas de los de totalidad (art. 168 Rgl. C.), cuya iniciativa corresponde al Gobierno, a dos Grupos parlamentarios o a una quinta parte de los diputados. A su vez, en el Senado, esa iniciativa se atribuye al Gobierno o a veinticinco senadores (art. 141 Rlg. S.).

Apreciada la necesidad de un Proyecto o Proposición de Ley de armonización, su tramitación en cada Cámara se ajustará al procedimiento legislativo ordinario, si bien el artículo 168.3 Rgl. C. prevé la inadmisibilidad en dicha tramitación ulterior de aquellas enmiendas que impliquen contradicción con el previo pronunciamento de la Cámara.

Las dos fases parlamentarias que deben superar las leyes de armonización parecen responder a una distinta finalidad: un debate político acerca de la existencia real de un interés general objetivable, al margen ya de la siempre oportuna discusión en torno a las razones de conveniencia u oportunidad (primera fase) y un debate más técnico sobre los concretos principios armonizadores (segunda fase).

Conviene señalar finalmente que el artículo 1.º de la Ley 12/1983, de 14 de octubre, del Proceso Autonómico, ha establecido que antes de la aprobación por el Gobierno de un Proyecto de Ley de Armonización, deberá oirse a las Comunidades Autónomas, exigencia obviamente no contemplada por la Constitución.

VIII. La aplicación de las leyes de armonización incide directamente sobre la legislación autonómica, aunque no —si bien es ocioso decirlo— sobre los Estatutos de Autonomía, que, como ya tuvimos oportunidad de exponer, son inmunes, inabordables por cualquier ley estatal.

Las leyes de armonización implican una compartición de la función legislativa entre el Estado y las Comunidades. Por ello mismo, se proyectan sobre la legislación territorial de modo muy semejante a como lo hace la legislación básica estatal. Las leyes armonizadoras, efectivamente, derogan aquellas normas autonómicas que se les opongan; asimismo, informan positivamente la legislación comunitaria, lo que, en su caso, puede exigir un reacomodo de esta legislación a tales principios.

Cabe advertir por último que la derogación de una ley armonizadora restablecerá la plena libertad de las potestades autonómicas. A juicio de *García de Enterría,* tal derogación será forzosa si los motivos que la justificaron desaparecen o cambian de manera relevante, bien que convendría precisar, a nuestro modo de ver, que en todo caso corresponderán a las Cortes Generales tales apreciaciones.

L) La autonomía local

La Constitución dedica a la Administración Local el Capítulo 2.º del Título VIII, Capítulo muy conciso, pues consta tan sólo de tres artículos (arts. 140 a 142), bien que deba complementarse con otras determinaciones constitucionales, de modo especial con el artículo 137. De conformidad con este precepto:

> «El Estado se organiza territorialmente en municipios, en provincias y en las Comunidades Autónomas que se constituyan. Todas estas entidades gozan de autonomía para la gestión de sus respectivos intereses.»

Este precepto, del que ya nos ocupamos al hablar del principio de autonomía, es la norma de apertura del Capítulo 1.º del Título VIII, esto es, del Capítulo que contempla los principios generales de la organización territorial del Estado; consiguientemente, expresa un principio básico de la contextura organizativo-territorial del Estado. Como dijera el Tribunal Constitucional (STC 4/1981, de 2 de febrero), el artículo 137 refleja una concepción amplia y compleja del Estado, compuesto por una pluralidad de organizaciones de carácter territorial, dotadas de autonomía.

Sobre la base de que la autonomía hace referencia a un poder limitado, se comprende que el artículo 137 delimite el ámbito de los poderes autónomos a que se refiere, circunscribiéndolos a la «gestión de sus respectivos intereses», lo que exige, según el Tribunal (STC 4/1981), que se dote a cada Ente de todas las competencias propias y exclusivas que sean necesarias para satisfacer el interés respectivo.

Este poder «para la gestión de sus respectivos intereses» se ejerce, por lo demás, en el marco del ordenamiento. Es la Ley, en definitiva, la que concreta el principio de autonomía de cada tipo de Entes, de acuerdo con la Constitución. Y ésta, como una consecuencia del principio de unidad y de la supremacía del interés de la nación, contempla la necesidad de que el Estado quede colocado en una posición de superioridad, tanto en relación a las Comunidades Autónomas, como a los Entes locales.

Es esta posición de superioridad la que permite afirmar que el principio de autonomía es compatible con la existencia de un control de legalidad sobre el ejercicio de las competencias, si bien, como ya hemos tenido ocasión de comentar en momentos precedentes, el Tribunal entiende que no se ajusta al principio de autonomía la previsión de controles genéricos e indeterminados que sitúen a las Entidades locales en una posición de subordinación o dependencia cuasi jerárquica de la Administración del Estado o de otras Entidades territoriales.

Proyectando esta doctrina a un caso específico, el Tribunal consideró (STC 14/1981, de 29 de abril) que la suspensión gubernativa de acuerdos municipales, prevista por la legislación preconstitucional, sin otra razón que el control de legalidad en materia que corresponda al ámbito competencial exclusivo de las Entidades Locales es incompatible con la autonomía proclamada por el artículo 137.

En definitiva, las primeras Sentencias del Tribunal en torno a la autonomía local han venido a caracterizarla como un poder limitado al que ha de dotarse de todas las competencias necesarias para la satisfacción de su respectivo interés, sobre cuyo ejercicio es legítimo un control de legalidad aunque no un control político, o lo que es igual, un control genérico e indeterminado que sitúe a los Entes locales en una situación jerárquicamente subordinada respecto de la Administración del Estado o de otras Entidades territoriales.

a/ La autonomía local en cuanto garantía institucional

a') La doctrina de la garantía institucional

I. Fue *Carl Schmitt* quien habría de establecer la distinción entre «derechos fundamentales», de una parte, y «garantías institucionales», de otra. Se trataba con ello de que el constituyente dispensara una protección especial a instituciones que no convenía que fueran entregadas a las posibles veleidades del legislador ordinario.

El nacimiento y aun el contenido de la doctrina de la «garantía institucional» se encuentran ligados a la Constitución de Weimar de 11 de agosto de 1919. Esta, en su parte segunda (referente a los derechos y deberes fundamentales de los alemanes), acudía con cierta frecuencia al recurso de garantizar una especial protección a ciertas instituciones, bien que ello no fuera unido a la previsión de medidas cautelares o protectoras con las que intentar un aseguramiento más eficaz, en especial, frente al legislador ordinario, de la eficacia de los contenidos constitucionales.

Buenos ejemplos de cuanto acabamos de indicar los encontramos, entre otros, en los artículos 119, en relación con el matrimonio; 139, respecto al descanso dominical; 153, en referencia a la propiedad, y por encima de todos ellos, en el artículo 127, que garantizaba la autonomía de los municipios («Los municipios y las circunscripciones intermedias tienen derecho a administrarse autónomamente dentro de los límites marcados por las leyes»).

Las especiales circunstancias por las que iba a atravesar el texto de Weimar conducían a su general debilitamiento, que en lo que a los derechos fundamentales se refiere, se manifestaba en su consideración como preceptos carentes de valor o remitentes al vacío.

La reacción frente a tal situación provenía de *Carl Schmitt,* quien en su «*Verfassungslehre*» («Teoría de la Constitución»), publicada en 1928, postula la conveniencia de separar las «garantías institucionales» de los derechos fundamentales. Defiende *Schmitt* la posibilidad de que a través de la regulación constitucional pueda garantizarse una especial protección a ciertas instituciones. La normación constitucional pretende entonces imposibilitar su supresión en vía legislativa ordinaria. Advierte *Schmitt* que con cierta inexactitud suele hablarse aquí de derechos fundamentales, si bien la estructura de tales garantías es por completo distinta, lógica y jurídicamente, de un derecho de libertad. Ni aun siquiera —dice *Carl Schmitt*— cuando se aseguran con la garantía institucional derechos subjetivos de individuos o corporaciones, hay ahí derechos fundamentales ningunos. La garantía institucional no se asienta en la idea de una esfera de libertad ilimitada, sino que afecta a una institución jurídicamente reconocida, que, como tal, es siempre una cosa circunscrita y delimitada, al servicio de ciertas tareas y de determinados fines.

Y refiriéndose *Schmitt* en concreto al artículo 127 del texto de Weimar, antes citado, advierte que este postulado contiene una garantía legal-constitucional del Reich, de manera que la institución de la administración municipal autónoma como tal no puede ser suprimida, y todas las leyes que por su contenido objetivo nieguen esta administración autónoma del municipio, o arrebaten su esencia, son inconstitucionales.

En resumen, a través de la «garantía institucional» se trata de conceder una protección constitucional a ciertos rasgos característicos de una institución —lo que *Carl Schmitt* denomina su «esencia»— frente a su posible transgresión por el legislador ordinario.

La introducción en los textos constitucionales ulteriores a la Segunda Gran Guerra de un conjunto de técnicas de directa y efectiva protección constitucional de los derechos fundamentales no ha hecho perder su vigencia, su plena actualidad, a la técnica de la «garantía institucional».

II. Pese a estos precedentes y a algunas opiniones doctrinales proclives al reconocimiento jurisprudencial de la técnica de la «garantía institucional» respecto de ciertas instituciones constitucionales, lo cierto es que nuestro supremo intérprete de la Constitución no se hará eco de esta doctrina en sus primeras Sentencias, ni tan siquiera en su Sentencia 4/1981, de 2 de febrero, primera en la que el Tribunal Constitucional aborda la cuestión de la autonomía local.

La primera ocasión en la que encontramos una referencia a la «garantía institucional» es en el Voto particular formulado por el entonces Magistrado señor *Tomás y Valiente*, sobre el motivo primero de la Sentencia 5/1981, de 13 de febrero; en su Voto, el citado Magistrado considera la libertad de cátedra como una garantía institucional en el sentido que diera a este concepto *Carl Schmitt*.

Sería en su Sentencia 11/1981, de 8 de abril, cuando el Tribunal iba a aplicar en alguna medida la técnica que nos ocupa, al abordar la noción del *«contenido esencial»* de los derechos, a la que en su momento tuvimos oportunidad de referirnos en detalle, si bien conviene precisar de inmediato que no cabe confundir la noción del «contenido esencial» de un derecho con la técnica de la «garantía institucional», como, por lo demás, ya tuvimos ocasión de exponer al ocuparnos del derecho fundamental a la autonomía universitaria.

Habrá que esperar a la Sentencia 32/1981, de 28 de julio, conocida como la «Sentencia sobre las Diputaciones Provinciales», para ver consagrada la técnica de la *«garantía institucional»*, haciéndolo además en relación con la autonomía local. En un primer momento, el Tribunal, con pretensiones de generalidad, incorporará a nuestra doctrina constitucional la referida técnica, proyectándola más tarde hacia la autonomía local. Nos referiremos ahora a la argumentación jurisprudencial.

Parte el Tribunal del reconocimiento de la existencia de ciertas instituciones básicas en la arquitectura constitucional que, no obstante, no son objeto de una regulación orgánica en el código político fundamental:

> «El orden jurídico-político establecido por la Constitución —sostiene el Tribunal— asegura la existencia de determinadas instituciones, a las que se considera como componentes esenciales y cuya preservación se juzga indispensable para asegurar los principios constitucionales, estableciendo en ellas un *núcleo o reducto indisponible por el legislador*. Las instituciones garantizadas son elementos arquitecturales indispensables del orden constitucional y las normaciones que las protegen son, sin duda, normaciones organizativas, pero a diferencia de lo que sucede con las instituciones supremas del Estado, cuya regulación orgánica se hace en el propio texto constitucional, en éstas la configuración institucional concreta se defiere al legislador ordinario, al que no se fija más límite que el del reducto indisponible o núcleo esencial de la institución que la Constitución garantiza.»

Como puede apreciarse, nos encontramos en presencia de unas instituciones básicas, indispensables en el ordenamiento constitucional, que, sin embargo, a diferencia de lo que ocurre con las instituciones supremas del Estado, no han sido reguladas orgánicamente por el constituyente. Tal regulación corresponde al legislador ordinario, que tiene como límite de su normación la indisponibilidad del núcleo esencial de la institución, garantizado por la Constitución. Tal indisponibilidad se justifica lógicamente por ese carácter de componentes esenciales del orden jurídico-político constitucional que presentan estas instituciones.

Ahora bien, la *«garantía institucional»* no asegura un determinado contenido, ni menos aún un concreto ámbito competencial fijado de una vez por todas, sino tan sólo la preservación de la institución en términos recognoscibles para la imagen que de la misma tiene la conciencia social en cada tiempo y lugar.

En consonancia con todo ello, la garantía es desconocida «cuando la institución es limitada, de tal modo que se la priva prácticamente de sus posibilidades de existencia real como institución para convertirse en un simple nombre».

La garantía institucional se presenta de esta forma como una técnica de protección frente al legislador ordinario y frente a cualesquiera otros poderes públicos. La garantía institucional viene a proteger, no cualquier aspecto de la institución, sino tan sólo su reducto indisponible, su núcleo esencial. Un «núcleo» que no puede ser definido con carácter previo, ni tan siquiera, como sostiene *Santamaría Pastor,* en términos abstractos, y ello, en tanto en cuanto se conecta con un estado de opinión social generalizado, con una imagen comúnmente aceptada de la institución. De ahí que la única interdicción claramente discernible sea la de la ruptura clara y neta de tal imagen.

Esta técnica, que deriva en último término del carácter normativo de la Constitución, estaba llamada a jugar un importante papel en nuestro ordenamiento constitucional, como consecuencia de las ambigüedades derivadas del carácter consensuado de la Constitución y, por ende, de la multiplicidad de lecturas e interpretaciones de que podían ser objeto bastantes preceptos constitucionales.

b') La conformación jurisprudencial de la autonomía local como «garantía institucional»

Las previsiones del artículo 137 de la Constitución, unidas a la determinación del inciso inicial del artículo 140: «La Constitución garantiza la autonomía de los municipios», y a la dicción del artículo 141, referido a la provincia, que aunque se separa en su redacción de los dos anteriores, parece albergar un ánimo de conferir a las provincias una protección reforzada, de lo que, como la doctrina ha advertido, constituye una buena muestra el inciso final de su apartado primero, que exige para cualquier alteración de los límites provinciales la aprobación por las Cortes Generales mediante ley orgánica, lo que parece implicar, «a sensu contrario», la indisponibilidad por el legislador ordinario de la existencia misma de la institución provincial. Este conjunto de previsiones, decíamos, iban a conducir a un sector de la doctrina *(Embid Irujo, Parejo...)* a defender la necesidad de una recepción entre nosotros de las más depuradas aportaciones de la doctrina europea y, en especial, de la doctrina alemana de la «garantía institucional», acogiéndola, entre otras instituciones, de modo específico respecto de la autonomía local.

Como al efecto advierte *Embid Irujo,* la Constitución, cuando se refiere a la autonomía de las entidades territoriales locales, pese a su indeterminación y a la vaguedad de la finalidad que con ello se persigue, no pretende, según parece, recoger un concepto sin efectos jurídicos, sino que más bien intenta asegurar la existencia de una característica que juzga esencial. Y ello no es sino el reflejo de que el constituyente ha plasmado en el texto constitucional una garantía institucional.

Como acabamos de ver, es en la Sentencia 32/1981 donde el Tribunal Constitucional, tras acoger plenamente la doctrina de la que venimos ocupándonos, la proyecta de modo específico hacia la autonomía local.

En la referida Sentencia, el Tribunal reflexiona como sigue:

> «Los artículos 137 y 141 de nuestra Constitución contienen una *inequívoca garantía de la autonomía provincial,* pues la provincia no es sólo circunscripción electoral (arts. 68.2 y 69.2), entidad titular de la iniciativa para la constitución de Comunidades Autónomas (art. 143.1) o división territorial para el cumplimiento de las actividades del Estado (art. 141.1), sino también, y muy precisamente, *"entidad local"* (art. 141.1) que goza de autonomía para la gestión de sus intereses (art. 137)».

Consiguientemente, la provincia como institución queda amparada constitucionalmente, y esta protección afecta no sólo a su existencia jurídica, sino a su existencia de hecho, por lo que no cabe convertir a la provincia en un mero nombre, en un ente simbólico privado de toda competencia.

Es cierto que el código constitucional no establece un núcleo competencial propio de la vida local; tampoco prevé el engarce entre la Administración local y la estatal, de una parte, y la autonómica, de otra. Como ha señalado *Entrena Cuesta,* la Administración local se nos ofrece como una isla en el seno de la Administración del Estado, circunstancia que resulta tanto más contradictoria cuanto que la Constitución ha prefigurado una distribución vertical del poder público entre entidades de distinto nivel. Esta circunstancia, unida al hecho, ya comentado, de que la autonomía que se concede a los distintos Entes territoriales lo es «para la gestión de sus respectivos intereses», conduce a la necesidad de que los «intereses» de las antaño únicas Entidades territoriales (esto es, las provincias y los municipios) y las competencias que su gestión autónoma comporta hayan de ser inflexionados para, como señalara el Tribunal Constitucional, acomodar esta pieza de nuestra estructura jurídico-política a otras entidades autonómicas de nueva creación.

La conclusión de todo lo expuesto es inequívoca: el nuevo modelo de Estado imponía una redistribución competencial en función del respectivo interés entre las diversas entidades, a fin de que el modelo pudiera tener efectividad práctica. Esta redistribución tenía una doble faceta en relación con la provincia: reductora de su autonomía, como consecuencia de la creación de las Comunidades Autónomas, y potenciadora de aquélla en los supuestos de Comunidades uniprovinciales, en los que una sola provincia se constituye en Comunidad Autónoma.

Estos procesos de cambio que la Constitución impone o posibilita, y que manifiestamente han de conducir a una estructura diferenciada, «no pueden llevar, sin embargo, a menos que la Constitución sea modificada, a una desaparición de la provincia como entidad dotada de autonomía para la gestión de sus propios intereses» (STC 32/1981).

Desde luego, no cabe establecer «a priori», según el Tribunal, cuál es el límite constitucional de esta reestructuración de las *autonomías locales;* pero, lo que sí resulta claro es que las autonomías garantizadas no pueden ser abolidas, pues —y aquí, inequívocamente, puede advertirse la conformación jurisprudencial de la autonomía como «garantía institucional»— *«la protección que la Constitución les otorga desborda con mucho la simple "remisión a la Ley ordinaria" en orden a la regulación de sus competencias».*

La conclusión de las precedentes consideraciones es evidente: el legislador no puede disponer a su libre antojo de la autonomía local; el núcleo irreductible de esta institución le es indisponible:

> «El legislador puede disminuir o acrecentar las competencias hoy existentes (de las entidades locales), pero no eliminarlas por entero, y lo que es más, el debilitamiento de su contenido sólo puede hacerse con razón suficiente y nunca en daño del principio de autonomía, que es uno de los principios estructurales básicos de nuestra Constitución» (STC 32/1981).

La garantía constitucional de las autonomías locales no se reduce, pues, a incluir dentro de la materia reservada a la Ley la determinación del contenido competencial de estas autonomías; bien al contrario, «es precisamente —dirá el Tribunal— la necesidad de preservar la autonomía frente al legislador lo que da su razón de ser a esta garantía».

La posición precedentemente esbozada ha sido reiterada jurisprudencialmente en distintos momentos, con diferentes precisiones jurisprudenciales en cada uno de ellos.

Así, en la Sentencia 84/1982, de 23 de diciembre, el Tribunal, tras reiterar que los entes locales (municipios y provincias) tienen autonomía constitucionalmente garantizada para la gestión de sus respectivos intereses, apostillaba que «la determinación de cuáles sean estos intereses es obra de la Ley, que les atribuye, en consecuencia, competencias concretas, pero que, en todo caso, debe respetar la autonomía y, como substrato inexcusable de ésta, reconocerles personalidad propia».

En su Sentencia 38/1983, de 16 de mayo, nuestro supremo intérprete de la Constitución, tras recordar su conocida doctrina, introducía en ella una consideración complementaria de gran interés. La mera discrecionalidad política ejercitable en materias objeto de la garantía examinada no entraña en modo alguno una vulneración de la garantía institucional; sólo cuando, como fruto de tal discrecionalidad, palmariamente, nos encontremos ante supuestos de desconocimientos institucionales puestos de relieve mediante la adopción de unos nuevos criterios que desborden por alguno de sus límites el campo propio de la discrecionalidad política, sólo entonces, podrá hablarse de una vulneración constitucional.

En definitiva, la indispensable preservación de la institución no se opone a que el legislador ordinario, en uso de su legítima discrecionalidad política, íntimamente conectada a su vez con el pluralismo político, regule con uno u otro enfoque tal institución. Sólo cuando la normación la limite en forma tal que la prive prácticamente de sus posibilidades de existencia real podrá entenderse que se ha rebasado el campo de la discrecionalidad política para incidir en el «núcleo indisponible» por el legislador, desconociendo con ello la garantía constitucional y, en último término, vulnerando la Constitución.

b/ La autonomía local en el marco del Estado autonómico

Una importante cuestión a dilucidar es la de si la Administración local se encuadra como una pieza organizativa del Estado o de las Comunidades Autónomas, en el sentido, como dice *Muñoz Machado,* de que se integre en alguno de esos dos niveles de gobierno y administración, con el que se relacionaría preferentemente y del que provendría la disciplina básica de los entes locales.

Por lo general, en los Estados federales, las Administraciones locales se conectan con los Estados miembros, antes que con la Federación; son aquéllos quienes las regulan, integrándose dichas Administraciones en el aparato de los Estados integrantes de la Federación.

La Constitución no ha sido excesivamente explícita en este punto. Varios de sus preceptos pueden ser tenidos en cuenta a la hora de formular una interpretación al respecto.

Del artículo 137, cuando prescribe que «el Estado se organiza territorialmente en municipios, en provincias...», bien podría inferirse que los entes locales se articulan directamente dentro de la estructura organizativa del Estado. Esta interpretación podría encontrar apoyo en la previsión del artículo 148.1,2.ª (que faculta a las Comunidades Autónomas para asumir competencias sobre las funciones que correspondan a la Administración del Estado sobre las Corporaciones locales y cuya transferencia autorice la legislación sobre Régimen Local), que, desde luego, podría entenderse en el sentido de que las Comunidades Autónomas carecen de una facultad de normación, por lo menos originaria, de la organización de la Administración local.

Sin embargo, estos preceptos, especialmente el último de ellos, encuentran su sentido correcto si se atiende a la determinación del artículo 149.1.18.ª, que atribuye al Estado la competencia exclusiva sobre «las bases del régimen jurídico de las Administraciones públicas y del régimen estatutario de sus funcionarios». Es claro, pues, que nos hallamos ante una materia de competencia compartida por el Estado y las Comunidades Autónomas. Al Estado corresponde la fijación de las bases, mientras que a las Comunidades, estatutariamente, podrá corresponder el desarrollo normativo de esas bases y la potestad de ejecución.

Esta compartición competencial casa, por lo demás, a la perfección con la misma naturaleza de la autonomía local y con el Estado autonómico. En efecto, como ha significado el Tribunal Constitucional (STC 32/1981), la garantía constitucional del principio de autonomía es de carácter general y configuradora de un modelo de Estado, lo que conduce a entender, como consecuencia obligada, que corresponde al propio Estado la fijación de principios o criterios básicos en materia de organización y competencia de general aplicación en todo el Estado. Ahora bien, de esta pauta general no ha de desprenderse el establecimiento de un régimen uniforme para el conjunto de las entidades locales de todo el Estado:

> «La fijación de estas condiciones básicas (las bases a que se refiere el artículo 149.1.18.ª) no puede implicar —señala el Tribunal (STC 32/1981)— en ningún caso el establecimiento de un régimen uniforme para todas las entidades locales de todo el Estado, sino que debe permitir opciones diversas, ya que la potestad normativa de las Comunidades Autónomas no es en estos supuestos de carácter reglamentario. En el respeto de esas condiciones básicas, por tanto, las Comunidades Autónomas podrán legislar libremente.»

Así las cosas, una vez ya consolidado el proceso autonómico, puede sostenerse con *Morell Ocaña* que las Comunidades Autónomas han integrado dentro de su aparato organizativo tanto las Corporaciones provinciales como las municipales. Se puede hablar, en una cierta medida, de una inserción del régimen local en el marco autonómico, afirmación de la que no puede colegirse que las Corporaciones locales, en cuanto elementos internos de la estructura jurídico-organizativa de las Comunidades Autónomas, sólo puedan relacionarse directamente con las Comunidades, y no con el Estado. En definitiva, sin dejar de reconocer el peso de la opción «intracomunitaria» de la Administración local, frente a la opción «estatal», no puede olvidarse que el *régimen jurídico de las autonomías locales* presenta en algunas Comunidades Autónomas un *carácter bifronte* que, como el Tribunal advierte (STC 84/1982, de 23 de diciembre), imposibilita que tal régimen pueda ser calificado unívocamente como «intracomunitario» o «extracomunitario».

Este carácter bifronte no es contradictorio con la naturaleza que a las entidades locales atribuye la Constitución, cuyo artículo 137, según nuestra jurisprudencia constitucional, «concibe a municipios y provincias como elementos de división y organización del territorio del Estado». Dividido y organizado también el propio Estado en Comunidades Autónomas, «ambas formas de organización se superponen sin anularse», pues si bien el superior grado de autonomía de las Comunidades les otorga potencialmente un poder político y administrativo sobre los municipios y las provincias que se incluyen en su territorio, éstas y aquéllos no desaparecen, ni se convierten en meras divisiones territoriales para el cumplimiento de los fines de la Comunidad, aunque puedan cumplir también esa función.

Digamos finalmente que, en consecuencia con todo lo expuesto, el Tribunal Constitucional (STC 76/1983, de 5 de agosto) ha entendido que «las competencias de las Corporaciones locales no pueden quedar a merced de la interpretación que cada Comunidad Autónoma haga del derecho a la autonomía local». Es evidente que tal sujeción se opondría al modelo de Estado constitucionalmente configurado.

c/ *Caracterización de la autonomía local*

Muy diversos son los rasgos con los que podemos caracterizar la autonomía local. En su decantación ha sido decisiva la jurisprudencia constitucional, y es a partir de la misma como vamos a tratar de perfilarlos, bien que, desde luego, sin ánimo exhaustivo. Nos referiremos a los siguientes:

1. La concepción de la autonomía local como el derecho de la comunidad local a su autogobierno.

2. El carácter representativo de los órganos de gobierno local.

3. El mantenimiento por los entes locales de unas relaciones de colaboración con otras entidades territoriales, relaciones que en ningún caso pueden entrañar un control político de aquéllos.

4. La autonomía financiera.

1. En su tantas veces citada Sentencia 32/1981, el Tribunal Constitucional concebía la autonomía local como «un derecho de la comunidad local a participar a través de órganos propios en el gobierno y administración de cuantos asuntos le atañen». Como es obvio, para el ejercicio de esa participación en todo aquello que les atañe, los órganos representantivos de las comunidades locales han de estar dotados de las potestades sin las que ninguna actuación es posible.

No se trata, sin embargo, de que se otorguen a las entidades locales competencias exclusivas o excluyentes; el Tribunal no admite esta consideración, de la misma forma que rechaza la teoría de los intereses naturales de los entes locales, que, además, en razón a la creciente complejidad de la vida social, que ha difuminado sobremanera la delimitación de los intereses exclusivamente locales, abocaría a un extremado centralismo.

Casa esta doctrina con la nueva caracterización de la autonomía local vertida en Alemania por *Joachim Burmeister* en 1977. Para este autor, el contenido de la garantía institucional no viene dado, como pretendiera la doctrina tradicional por la identificación de autogobierno local con competencias de índole exclusivamente local. Antes al contrario, el verdadero objeto de la garantía institucional radica en el *derecho al autogobierno,* que significa el derecho a la atribución de potestades en todos aquellos supuestos en que se vean comprometidas o afectadas necesidades de la comunidad local.

Esta nueva concepción de la autonomía local permite interpretar con cierta coherencia el sistema constitucional de distribución de competencias entre los distintos entes territoriales. Es claro que la concepción tradicional de la autonomía local como reserva de un ámbito de competencias exclusivas a los entes locales, resultaba absolutamente inaplicable con la Constitución. Así las cosas, la única salida al problema, como señala *Santamaría Pastor,* quizá se encuentre en la configuración de las entidades locales como el nivel básico de gestión en todas las materias cuya titularidad corresponde a los entes públicos de un nivel superior. Y en este sentido debe ser entendida la concepción de la autonomía local como un derecho al autogobierno por parte de la comunidad local, o lo que es igual, como un derecho a participar en el gobierno de cuantos asuntos le atañen.

2. El *carácter representativo* de los órganos de gobierno de la comunidad local viene exigido por numerosas previsiones constitucionales. Tal es el caso del artículo 140, que atribuye el gobierno y administración de los municipios a sus respectivos Ayuntamientos, integrados por los Alcaldes y los Concejales. Estos últimos, como ya expusimos en un momento anterior, serán elegidos por los vecinos del municipio mediante sufragio universal, mientras que los Alcaldes podrán ser elegidos, de acuerdo con la Constitución, por los Concejales o por los vecinos. A su vez, el artículo 141.2 encomienda el gobierno y la adminis-

tración autónoma de las provincias a las Diputaciones u otras Corporaciones de carácter representativo.

El Tribunal, en numerosas ocasiones, se ha referido a este carácter, del que deriva la necesidad de que estos órganos reflejen en su composición el resultado de la elección popular. En cuanto que ésta, aunque pronunciándose de modo inmediato sobre personas concretas, se manifiesta también, mediatamente, sobre los partidos o grupos políticos que los proponen como candidatos, la idea de representación política exige un principio de proporcionalidad en la composición de los órganos.

A juicio del Tribunal (STC 32/1985, de 6 de marzo), la inclusión del pluralismo político como un valor jurídico fundamental (art. 1.º.1) y la consagración constitucional de los partidos políticos como expresión de tal pluralismo, dotan de relevancia jurídica (y no sólo política) a la adscripción política de los representantes; consiguientemente, esa adscripción no puede ser ignorada, ni por las normas infraconstitucionales que regulen la estructura interna del órgano en el que tales representantes se integran, ni por el órgano mismo, en las decisiones que adopte en ejercicio de la facultad de organización que es consecuencia de su autonomía.

Estas decisiones, que son, por definición, decisiones de la mayoría, no deben ignorar los que bien podemos tildar de derechos de la minoría.

A partir de esta doctrina sobre el significado del carácter representativo de los órganos de la Administración local (si bien puede proyectarse a cualesquiera otros órganos de igual naturaleza), el Tribunal consideraría no ajustada a la Constitución un Acuerdo de un Ayuntamiento orientado a excluir el principio de proporcionalidad de la composición de las Comisiones Informativas Municipales (STC 32/1985).

3. La autonomía local exige igualmente que las relaciones de coordinación que los entes locales mantengan con otros entes *no les coloquen en una posición de subordinación jerárquica o cuasi jerárquica.* A juicio del Tribunal (STC 27/1987, de 27 de febrero), la coordinación no puede traducirse en la emanación de órdenes concretas que prefiguren exhaustivamente el contenido de la actividad del ente coordinado, agotando su propio ámbito de decisión autónoma. En cualquier caso, «los medios y técnicas de coordinación deben respetar un margen de libre decisión o de discrecionalidad en favor de las Administraciones sujetas a la misma, sin el que no puede existir verdadera autonomía». En definitiva, la coordinación no puede propiciar el establecimiento de un control político sobre el ente coordinado.

4. El último de los rasgos a que queremos referirnos es el de la *autonomía financiera.* El artículo 142 de nuestra Norma suprema contempla esta vertiente de la autonomía local en los siguientes términos:

> «Las Haciendas locales deberán disponer de los medios suficientes para el desempeño de las funciones que la ley atribuye a las Corporaciones respectivas y se nutrirán fundamentalmente de tributos propios y de participación en los del Estado y de las Comunidades Autónomas.»

El Tribunal ha admitido esta vinculación entre el principio de autonomía y la misma autonomía tributaria de las Corporaciones locales. A su juicio, cuando el artículo 133.2 de la Constitución faculta a las Comunidades Autónomas y a las Corporaciones locales para establecer y exigir tributos, de acuerdo con la Constitución y las leyes, lo que está haciendo el constituyente es «integrar las exigencias diversas, en este campo, de la reserva de Ley estatal y de la autonomía territorial, autonomía que, en lo que a las Corporaciones locales se refiere, posee también una proyección en el terreno tributario», y ello, sin perjuicio de que esta autonomía tributaria no sea plena y de que no aparezca la misma, desde luego, carente de límites, por el mismo carácter derivado del poder tributario de las Corporaciones locales y porque también respecto de ellas, la autonomía hace referencia a un poder necesariamente limitado (STC 19/1987, de 17 de febrero).

BIBLIOGRAFIA

Aja, Eliseo (y otros): «El sistema jurídico de las Comunidades Autónomas», Editorial Tecnos, Madrid, 1985.

Alonso de Antonio, José Antonio: «El Estado autonómico y el principio de solidaridad como colaboración legislativa», 2 vols., Publicaciones del Congreso de los Diputados, Madrid, 1986.

Dirección General de lo Contencioso del Estado: «Organización Territorial del Estado» (Comunidades Autónomas) (obra colectiva) 4 vols., Instituto de Estudios Fiscales, Madrid, 1984.

Dirección General de lo Contencioso del Estado: «Organización Territorial del Estado» (Administración Local) (obra colectiva), 3 vols., Instituto de Estudios Fiscales, Madrid, 1985.

Embid Irujo, Antonio: «Los Parlamentos territoriales», Editorial Tecnos, Madrid, 1987.

Falcón y Tella, Ramón: «La compensación financiera interterritorial» (y otras técnicas aplicativas del principio constitucional de solidaridad), Publicaciones del Congreso de los Diputados, Madrid, 1986.

Fernández, Tomás-Ramón: «Los derechos históricos de los territorios forales», Editorial Civitas, Madrid, 1985.

García de Enterría, Eduardo: «La revisión del sistema de Autonomías Territoriales: reforma de Estatutos, leyes de transferencia y delegación, federalismo», Editorial Civitas, Madrid, 1988.

García de Enterría, Eduardo: «La ejecución autonómica de la legislación del Estado», Editorial Civitas, Madrid, 1983.

García de Enterría, Eduardo: «Estudios sobre Autonomías Territoriales», Editorial Civitas, Madrid, 1985.

García Fernández, Javier: «El origen del municipio constitucional», Instituto de Estudios de Administración Local, Madrid, 1983.

Gil-Robles, José María: «Control y Autonomías», Editorial Civitas, Madrid, 1986.

González Encinar, José Juan: «El Estado unitario-federal», Editorial Tecnos, Madrid, 1985.

Gutiérrez Llamas, Antonio: «Los procedimientos para la reforma de los Estatutos de Autonomía de las Comunidades Autónomas», Editorial Civitas, Madrid, 1991.

Jiménez Blanco, Antonio: «Las relaciones de funcionamiento entre el poder central y los entes territoriales» (Supervisión, solidaridad, coordinación), Instituto de Estudios de Administración Local, Madrid, 1985.

Lasagabaster Herrarte, Iñaki: «La potestad legislativa de las Comunidades Autónomas», Instituto Vasco de Estudios de Administración Pública, Oñati, 1982.

Leguina Villa, Jesús: «Escritos sobre Autonomías Territoriales», Editorial Tecnos, Madrid, 1984.

López Rodó, Laureano: «Estado y Comunidades Autónomas», Publicaciones Abella, Madrid, 1984.

Martín Mateo, Ramón: «Manual de Derecho Autonómico», Madrid, 1984.

Martín-Retortillo, Sebastián (y otros): «Pasado, presente y futuro de las Comunidades Autónomas», Instituto de Estudios Económicos, Madrid, 1989.

Martín-Retortillo, Sebastián (coord.): «Estudios sobre la Constitución Española» (Homenaje al Profesor Eduardo García de Enterría) (obra colectiva), tomo IV (Del Poder Judicial. Organización Territorial del Estado), Editorial Civitas, Madrid, 1991.

Meilán Gil, José Luis: «La ordenación jurídica de las autonomías», Editorial Tecnos, Madrid, 1988.

Menéndez Rexach, Angel: «Los Convenios entre Comunidades Autónomas», Instituto de Estudios de Administración Local, Madrid, 1982.

Morell Ocaña, Luis: «La Administración Local», Editorial Tecnos, Madrid, 1984.

Muñoz Machado, Santiago: «Las potestades legislativas de las Comunidades Autónomas», Editorial Civitas, Madrid, 1979.

Muñoz Machado, Santiago: «Derecho Público de las Comunidades Autónomas», Editorial Civitas, tomo I, Madrid, 1982; tomo II, Madrid, 1984.

Otto y Pardo, Ignacio de: «Estudios sobre Derecho estatal y autonómico«, Editorial Civitas, Madrid, 1986.

Parejo Alfonso, Luciano: «Garantía institucional y autonomías locales», Instituto de Estudios de Administración Local, Madrid, 1981.

Parejo Alfonso, Luciano: «La prevalencia del Derecho estatal sobre el regional», Centro de Estudios Constitucionales, Madrid, 1981.

Ruipérez Alamillo, Javier: «Formación y determinación de las Comunidades Autónomas en el ordenamiento constitucional español», Editorial Tecnos, 2.ª ed., Madrid, 1991.

Salaberri Barañano, Rafael: «El Delegado del Gobierno», Instituto Vasco de Administración Pública, Oñati, 1989.

Sánchez Morón, Miguel: «La autonomía local» (Antecedentes históricos y significado constitucional), Editorial Civitas, Madrid, 1990.

Santolaya Machetti, Pablo: «Descentralización y cooperación», Instituto de Estudios de Administración Local, Madrid, 1984.

Tolivar Alas, Leopoldo: «El control del Estado sobre las Comunidades Autónomas», Instituto de Estudios de Administración Local, Madrid, 1981.

Tomás y Valiente, Francisco: «El reparto competencial en la jurisprudencia del Tribunal Constitucional», Editorial Tecnos, Madrid, 1988.

Tornos, Joaquín (y otros): «Informe sobre las Autonomías», Editorial Civitas, Madrid, 1988.

Vandelli, Luciano: «El ordenamiento español de las Comunidades Autónomas», Instituto de Estudios de Administración Local, Madrid, 1982.

Viver i Pi-Sunyer, Carles: «Materias competenciales y Tribunal Constitucional», Editorial Ariel, Barcelona, 1989.

CAPITULO XIII

LAS GARANTIAS CONSTITUCIONALES:
EL TRIBUNAL CONSTITUCIONAL

SUMARIO

A) La Jurisdicción Constitucional: aproximación a su origen y evolución.

B) La obra del Juez Marshall y la doctrina de la «judicial review».

C) Control político versus control jurisdiccional de la constitucionalidad de las leyes.

D) La concepción de Kelsen y la recepción en Europa de la doctrina de la revisión judicial.

E) Los sistemas de Jurisdicción Constitucional concentrada y difusa.

F) La problemática del perfil orgánico de las instancias titulares de la Jurisdicción Constitucional:
- *a/ La opción por un órgano «ad hoc».*
- *b/ La polémica en torno a la «politicidad» del juez constitucional.*

G) La configuración orgánica de nuestro Tribunal Constitucional:
- *a/ El número de magistrados.*
- *b/ El origen tripartito de los magistrados.*
- *c/ Los frenos frente a la politización:*
  - a') La exigencia de mayorías cualificadas.
  - b') El largo período de desempeño del cargo.
  - c') La renovación parcial del Tribunal.
  - d') La irreelegibilidad inmediata de los magistrados.
  - e') La cualificación técnico-jurídica para el acceso al Tribunal.

d/ El estatuto jurídico de los magistrados constitucionales:
- a') El principio de independencia: la inamovilidad.
- b') El principio de independencia: la inviolabilidad.
- c') El principio de independencia: la independencia económica.
- d') El régimen de incompatibilidades.
- e') Los principios que rigen el ejercicio de la función: imparcialidad y dignidad.
- f') El principio de responsabilidad.

H) Estructura y funcionamiento del Tribunal:

a/ El Presidente.
b/ El Pleno.
c/ Las Salas.
d/ Las Secciones.

I) Los actos del Tribunal:

a/ Las Providencias.
b/ Los Autos.
c/ Las Sentencias.

J) Las competencias del Tribunal.

K) Los recursos sobre la constitucionalidad de las leyes:

a/ Tipos y naturaleza.
b/ Normas susceptibles de impugnación.
c/ El parámetro de la constitucionalidad: el «bloque de la constitucionalidad».
d/ Legitimación para recurrir:
- a') Legitimación en el recurso de inconstitucionalidad.
- b') Legitimación en la cuestión de inconstitucionalidad.

e/ Procedimiento:
- a') Recurso de inconstitucionalidad.
- b') Cuestión de inconstitucionalidad.

f/ Efectos de las Sentencias.

L) El recurso de amparo constitucional:

a/ Su naturaleza.
b/ Objeto del recurso.
c/ Actos recurribles.
d/ Legitimación.
e/ Procedimiento.
f/ La Sentencia en los recursos de amparo.

M) Los conflictos constitucionales:

a/ Los conflictos de competencia:
- a') Conflictos positivos.
- b') Conflictos negativos.

b/ Los conflictos de atribuciones.

N) La declaración sobre la constitucionalidad de los Tratados Internacionales.

BIBLIOGRAFÍA.

A) La Jurisdicción Constitucional: aproximación a su origen y evolución

El origen de la Jurisdicción Constitucional no siempre coincide con el inicio del fenómeno constitucional. Si en Estados Unidos la institución de la «judicial review» no sólo surge casi al unísono que el propio código constitucional, sino que admite ser considerada como algo consustancial a la Constitución —recordemos al respecto la conocida afirmación del Juez *Charles Evans Hughes:* «Vivimos bajo una Constitución; mas la Constitución es lo que los jueces dicen que es»—, en Europa, por el contrario, no sucederá así.

Muchos son los argumentos esgrimidos para justificar el rechazo europeo a la figura procesal del recurso contra la inconstitucionalidad de las leyes. *Gottfried Dietze* sintetiza las razones para el establecimiento de la «judicial review» en América y su rechazo en Europa, en la existencia de muy dispares condiciones sociales en el momento de sus respectivos procesos revolucionarios. En América, el Parlamento inglés aparecía como «the great oppressor», siguiéndole en tal papel el Rey y su Gobierno. Por contra, a los Tribunales corresponde «the role of the liberator». En Europa, la situación era casi diametralmente opuesta. El Monarca era el tirano, asistido por sus jueces, y, precisamente por ello, la liberación había de ser la tarea de la Cámara legislativa en cuanto órgano de representación popular.

Por otra parte, mientras en América los individuos fueron protegidos por una ley, la Constitución, superior a las elaboradas por el Congreso, en cuanto emanación directa de la soberanía popular, en Europa, absorbidos por la «volonté générale», los individuos iban a ser amparados por las leyes elaboradas por el Parlamento. La doctrina rousseauniana de la infalibilidad del Parlamento, que se conecta con la concepción de la ley como expresión de la voluntad general, incidirá, pues, sobremanera en el posicionamiento europeo.

El liberalismo y el constitucionalismo primitivo —argumentará *Otto Bachof* en su célebre discurso rectoral— tenían una gran fe en la ley; no desconfiaban del legislador, sino, como ya dijera *Montesquieu,* del juez, consecuencia de su posición de servidor del príncipe en el Estado absoluto. Existía, pues, una preocupación no sólo ya por asegurar al juez frente a su anterior sujeción al soberano, sino también por vincularle como un esclavo a la letra de la ley, sólo en la cual se veía la garantía contra el arbitrio de la autoridad. La ley era la «carta magna de la libertad»; el juez, sólo su obediente servidor y ejecutor. De tales concepciones surgiría el vituperado positivismo jurídico con su equiparación entre Ley y Derecho.

En tal contextura, resultaba evidente que el control de constitucionalidad de las leyes, al crear un órgano capacitado para decidir acerca de la nulidad de las normas legislativas de procedencia parlamentaria, conculcaba frontalmente la doctrina rousseauniana.

El constitucionalismo de entreguerras supondrá un giro radical. En él asistimos a la quiebra histórica del concepto de constitución clásica, que coincide, de modo un tanto sorprendente, con la aparición de mecanismos de defensa del orden constitucional, a lo que no sólo no es ajeno, sino que a la postre resultará decisivo, como ha señalado *De Vega,* el hecho de que la impresionante quiebra histórica de los principios organizativos en que descansaba el viejo orden liberal, no implica en modo alguno la quiebra de los valores que ese orden pretendía realizar. De lo que se trata, pues, no es de negar los supuestos en que reposa el constitucionalismo, sino de procurar que esos supuestos no queden convertidos en letra muerta de la ley.

En este contexto se debe enmarcar la aparición de los Tribunales Constitucionales como «guardianes de la Constitución». Bajo el influjo de *Kelsen,* el constitucionalismo de entreguerras comenzará a acoger el instituto del control de constitucionalidad, bien que desde prismas radicalmente diversos de los que regían en Norteamérica. Por de pronto, frente al llamado *«control difuso»* americano, que implica que todos los jueces están habilitados para inaplicar aquellas leyes que juzguen contrarias a la Constitución, el modelo kelseniano plasma en un *«control concentrado»* que se confía a un sólo órgano, el Tribunal Constitucional, único competente para declarar la inconstitucionalidad de una norma.

Bien es verdad que no serán tan sólo estas meras apariencias externas (una pluralidad de órganos legitimados para juzgar acerca de la inconstitucionalidad frente a un sólo órgano) las que distingan la jurisdicción constitucional concentrada de la difusa, sino muy profundas divergencias estructurales que responden a filosofías dispares, y a las que aludiremos en un momento ulterior.

En la segunda postguerra, los nuevos textos constitucionales que proliferan por Europa harán suya de modo generalizado —quizá con la única notoria salvedad de Francia— la institución del control de la constitucionalidad de las leyes, circunstancia que se enmarca en una reacción no sólo contra las formas dictatoriales de gobierno, sino también contra la omnipotencia de las asambleas legislativas que, apoyadas en un positivismo nominalista, habían preparado el terreno para los sistemas totalitarios y el desastre ulterior.

Un repaso a las Constituciones de la postguerra nos permite asegurar que en ellas se ofrece una extensa gama de modalidades sobre el instituto que nos ocupa, si bien el ejercicio del control asignado a los Tribunales Constitucionales es la solución que prepondera. De otra parte, conviene significar la existencia de una nueva dimensión esencial en el marco de referencia de la constitucionalidad de las leyes, que vendrá dada por la ampliación que se produce como consecuencia del abandono de una concepción rígidamente formalista del orden constitucional, para remontarse a un orden de valores subyacente en la Constitución que vincula a todos los poderes del Estado y hacia los que éste debe orientar su potestad normativa.

Finalmente, hoy comienza a hablarse de la superación de la alternativa «sistema americano—sistema austríaco». La combinación de las técnicas del control incidental y del control concentrado ha dado pie a ciertos sectores doctrinales para postular la conveniencia de la evolución hacia un sólo sistema común. De todo ello nos ocuparemos en detalle a continuación.

B) La obra del Juez Marshall y la doctrina de la «judicial review»

La doctrina de la «*judicial review*» puede, en cierto modo, considerarse originada en Europa, aceptada como doctrina en Estados Unidos y vuelta a Europa una vez elaborada y expandida por los jueces norteamericanos.

Desde luego, la idea de atribuir a unos órganos jurisdiccionales la función de «guardián de la Constitución» hunde sus raíces en Europa. Bástenos al efecto con recordar lo que *Cappelletti* llamara la batalla de lord *Edward Coke* por la supremacía del «*common law*».

Coke esgrimirá su doctrina sobre la autoridad del juez en cuanto árbitro entre el Rey y la nación con ocasión de su enfrentamiento con Jacobo I, en los primeros años del siglo XVII. Frente al Monarca, que pretendía que los jueces eran meros delegados suyos, lo que, a su juicio, le legitimaba para ejercer personalmente la función judicial, *Coke* respondería atribuyendo en exclusiva a los jueces tal función. Y frente al Parlamento, *Coke* subrayaría la tradicional supremacía del «*common law*» sobre la autoridad parlamentaria:

> «It appears in our books —proclamará *Coke* en su célebre «*Bonham's case*» (1610)— that in many cases, the common law will controul acts of Parliament, and sometimes adjudge them to be utterly void: for whem an act of parliament is against common right and reason, or repugnant, or impossible to be performed, the common law will controul it and adjudge such act to be void».

La importantísima doctrina del *juez Coke* estaba, sin embargo, llamada al olvido tras el triunfo de la «Glorious Revolution» inglesa, pues en 1688 se proclamaba precisamente la doctrina contrapuesta, de la soberanía del Parlamento. De ahí que, como subrayara *James Grant* en una conocida obra, el depósito de la confianza en los Tribunales para hacer cumplir la Constitución como norma superior a la legislación ordinaria emanada del Parlamento, deba ser considerado una contribución de las Américas a la Ciencia Política.

Es sabido que la «*judicial review*» no será explícitamente recogida por la Constitución norteamericana de 1787, siendo el fruto de un largo rosario de decisiones judiciales, que incluso se inicia con anterioridad a la promulgación del propio texto constitucional. Se puede discutir, afirma al respecto *Olivetti,* a propósito de los «*cases*» anteriores a 1787, en los cuales se va a ejercitar de modo efectivo la revisión judicial, pero está fuera de toda duda que entre 1776 y 1787 se consolidó el principio según el cual «*issues of constitutionality might be raised in litigation*».

En la Convención Constituyente de 1787 muchos de los asistentes fueron conscientes del principio de la «*judicial review*», y algunos de ellos, dice *David Deener,* se mostraron claramente favorables a ella.

A nuestro modo de ver, quizá la última «ratio» de esta proclividad hacia la «*judicial review*» haya que buscarla en una concepción radicalmente nueva de la forma de gobierno, que ya late con intensidad en la propia Declaración de Independencia, de 4 de julio de 1776, y que encuentra su soporte teórico en la que bien pudiéramos tildar de filosofía política de la libertad:

> «Sostenemos como evidentes —puede leerse en el párrafo segundo de la Declaración de Independencia— estas verdades: que todos los hombres son creados iguales; que son dotados por su Creador de ciertos derechos inalienables; que entre éstos están la vida, la libertad y la búsqueda de la felicidad; que para garantizar estos derechos se instituyen entre los hombres los gobiernos, que derivan sus poderes legítimos del consentimiento de los gobernados; que cuando quiera que una forma de gobierno se haga destructora de estos principios, el pueblo tiene derecho a reformarla o abolirla e instituir un nuevo gobierno que se funde en dichos principios, y a organizar sus poderes en la forma que a su juicio ofrezca las mayores probabilidades de alcanzar su seguridad y felicidad...»

En resumen, el sistema norteamericano se construyó partiendo del concepto del valor, autonomía y dignidad del hombre individual como irreductible realidad anterior a la sociedad.

La prueba más patente de que en la Convención de 1787 se abordó el principio de la «*judicial review*» nos la ofrecen los comentarios a la Constitución escritos por *Hamilton, Madison* y *Jay* en lo que posteriormente se publicará como obra unitaria bajo el rótulo de «*El Federalista*».

Hamilton, en el artículo LXXVIII de «*El Federalista*», primero de los dedicados al Poder Judicial, atribuirá a los tribunales la relevante función de interpretar las leyes, prefiriendo la Constitución en el supuesto de que se produjere una discrepancia entre ésta y cualquier ley ordinaria. Veamos su argumentación:

> «La interpretación de las leyes —aduce *Hamilton*— es propia y peculiarmente de la incumbencia de los tribunales. Una Constitución es de hecho una ley fundamental y así debe ser considerada por los jueces. A ellos pertenece, por lo tanto, determinar su significado así como

el de cualquier otra ley que provenga del cuerpo legislativo. Y si ocurriere que entre las dos hay una discrepancia, debe preferirse, como es natural, aquella que posee fuerza obligatoria y validez superiores; en otras palabras, debe preferirse la Constitución a la ley ordinaria, la intención del pueblo a la intención de sus mandatarios.»

La inequívoca opción en favor de la «*judicial review*» que revela el texto transcrito, que ratifica el conjunto de artículos publicado por *Hamilton, Madison* y *Jay* (inicialmente, entre octubre de 1787 y mayo de 1788, el triunvirato, bajo el seudónimo de «*Publio*», publicaría sus artículos —un total de 85 ensayos— en los tres periódicos de Nueva York; con posterioridad, serían refundidos en «*El Federalista*»), y que, según parece, latía igualmente en el seno de la Convención Constituyente, no propiciaría, como hubiera sido lo lógico, la expresa incorporación al texto de la Constitución del mecanismo de la revisión judicial.

Sería la Administración republicana de *Jefferson* y de sus sucesores la que, repudiando las doctrinas de los federalistas, consagrara en sus actos y creara las tradiciones de supremacía federal que los federalistas no habían sabido establecer. Una tradición judicial ininterrumpida sería la clave del cambio de óptica respecto al olvido inicial de la «*judicial review*».

En 1803, *John Marshall,* tomando como soporte jurídico-constitucional la «*cláusula de supremacía*» (recogida en el artículo 6.º de la Constitución, a cuyo tenor: «Esta Constitución, las leyes de los Estados Unidos que en virtud de ella se promulgaren, y todos los tratados hechos, o que se hicieren bajo la autoridad de los Estados Unidos, serán la suprema ley del país; y los jueces de cada Estado estarán obligados a observarla, aun cuando hubiere alguna disposición contraria en la Constitución o en las leyes de los Estados»), proclamaba en la celebérrima sentencia «*Marbury versus Madison*» el principio, esencial en todas las constituciones escritas, de que «*a law repugnant to the Constitution is void; and that courts, as well as other departments, are bound by that instrument*».

Igualmente trascendente habría de ser la sentencia «*Cohens versus Virginia*», una de las más fértiles en sus consecuencias para la afirmación del poder federal y, sobre todo, para la consolidación de la autoridad del Tribunal Supremo, pues con ella *Marshall* lograba asegurar para el referido Tribunal el control de las decisiones de los tribunales estatales en todas las materias, cualquiera que fuese su naturaleza, siempre que, a juicio del Tribunal, supusieran una interpretación de la Constitución.

Todo ello propiciaría un poder cada vez más amplio por parte del supremo órgano jurisdiccional americano. *Alexis de Tocqueville,* en su clásica obra «La democracia en América», se haría eco de tal circunstancia, muy significativa a partir de 1865. «Cuando, después de examinarse en detalle la organización del Tribunal Supremo —dice *Tocqueville*—, se consideran en su conjunto las atribuciones que le han sido concedidas, se descubre fácilmente que en ningún pueblo ha sido creado nunca un poder judicial tan inmenso».

Retornando al *Juez Marshall,* diremos que éste fundamentará su doctrina en los argumentos que pasamos a exponer. Considerará el Presidente del Tribunal Supremo que las facultades del Congreso están delimitadas por el texto de la Constitución. Pues bien, de nada serviría que ésta acotara las diferentes ramas del Poder si el Congreso de la Unión pudiera aprobar leyes contrarias a la Constitución. Se imponía, pues, según *Marshall,* dar una respuesta a la siguiente pregunta: ¿Deben los tribunales acatar y aplicar ese tipo de normas? La respuesta no podía ser sino negativa, y ello, en tanto en cuanto la misión de los Tribunales había de consistir precisamente en decir qué cosa es ley y qué cosa no lo es. Y como una ley contraria a la Constitución no es ley, los tribunales no están obligados a cumplirla; antes bien, su obligación entonces estriba en reafirmar la Constitución como ley suprema del país frente a cualesquiera intentos en contrario del Congreso. Esa y no otra, dirá *Marshall,* es la esencia de la función judicial.

Como nos recuerda *Herman Pritchett,* Marshall explicó su pensamiento citando en su favor el argumento de *Hamilton,* contenido en el número LXXVIII de «*El Federalista*». De esta forma, partió del principio, ya comentado, de que el gobierno de los Estados Unidos, por su naturaleza constitucional, está sujeto a limitaciones. *Hamilton* habla de «*Constitución limitada*». «Por Constitución limitada entiendo —afirma— la que contiene ciertas prohibiciones expresas aplicables a la autoridad legislativa.» «Las limitaciones de esta índole —añade *Hamilton*— sólo pueden mantenerse en la práctica a través de los tribunales de justicia, cuyo deber ha de ser el declarar nulos todos los actos contrarios al sentido evidente de la Constitución». A partir de esta premisa, el interrogante que se formula *Marshall:* ¿cuál es la obligación de un tribunal cuando se le solicita la aplicación de una ley opuesta a la Constitución?, tiene una respuesta evidente: «Si una ley resultara contraria a la Constitución, o hubiere conflicto entre la norma legal y la constitucional que obligue a desestimar una u otra, compete al tribunal determinar cuál es el derecho aplicable, ya que ello constituye la esencia de la función jurisdiccional», y, como antes indicamos, en el supuesto de referencia, el tribunal ha de inclinarse siempre a favor de la Constitución.

Con sus sentencias capitales, el *Juez Marshall* puso de relieve que una Constitución escrita y rígida, como la norteamericana, representa el ápice y cumbre de la normación; de ahí que a partir de su doctrina pueda afirmarse, como dice *Pérez Serrano,* que la Constitución no es solamente una ley más, sino una ley fundamental, la primera en jerarquía e importancia de todas las leyes; por donde resulta obligado proclamar su superioridad y su supremacía.

C) Control político versus control jurisdiccional de la constitucionalidad de las leyes

La conveniencia de prevenir a reparar las violaciones del orden constitucional no suscita, en sí misma, graves objeciones. Pero supuesta esta necesidad, la discrepancia surge a la hora de instrumentar métodos o procedimientos eficaces de control.

El constitucionalismo histórico alumbró dos tipos básicos de sistemas de control de la constitucionalidad: el control por los órganos judiciales ordinarios, característico del sistema constitucional norteamericano, como acabamos de ver, y el control por un órgano político, de impronta francesa. La opción por uno u otro modelo obedeció a precisas circunstancias socio-políticas y ambientales, como recuerda *Trujillo.*

Analizado ya el control jurisdiccional tal y como se nos presenta en el sistema norteamericano, nos detendremos brevemente en los rasgos característicos del control político. Puede afirmarse que la exclusión de un control judicial de la constitucionalidad es una idea que siempre se ha afirmado en los textos constitucionales franceses; de ahí que sea Francia el país arquetipo de este control político. La historia constitucional gala muestra como común denominador una arraigada tradición «antijudicialista». *Cappelletti* ha enumerado diversas razones para justificar la solución tradicionalmente adoptada en Francia:

a) Razones ideológicas. Basta con pensar en *Montesquieu* y en su doctrina de la división de poderes, doctrina que en su más rígida formulación se entendió de todo punto inconciliable con la posibilidad de interferencia de los jueces en la esfera del poder legislativo, que se considera como la emanación directa de la soberanía popular.

b) Razones prácticas. Es un hecho que las instituciones jurídicas tienden a adecuarse a las exigencias mutables de la vida práctica, tal vez con un cierto desfase temporal. Y la exigencia práctica que prevalece, sentida en la historia francesa de más de un siglo y medio a esta parte, ha sido la de asegurar, especialmente a través del Consejo de Estado, una tutela frente a la ilegalidad y los abusos del Poder Ejecutivo, más que contra los procedentes del Legislativo.

c) Razones históricas ante todo. Podrían subsumirse en la confianza sin límites en la *«volonté générale»* y el extremado recelo hacia los jueces, fruto del permanente recuerdo de las graves interferencias que antes de la Revolución perpetraron los jueces frente a los restantes poderes de modo verdaderamente arbitrario.

Frente a todo ello, el reconocimiento de una cierta primacía, por lo menos política, ya que no estrictamente jurídica, a la Declaración de Derechos del Hombre y del Ciudadano, de 26 de agosto de 1789, pudo conducir al establecimiento de una revisión judicial. No fue finalmente así, aunque, desde luego, el tema suscitaría durante la época revolucionaria una cierta controversia. Recordemos, por ejemplo, cómo en 1795 *Sieyès* proponía la creación de un «*jury constitutionnaire*», cuya competencia esencial había de ser conocer de todas aquellas reclamaciones contra supuestas violaciones constitucionales. En un segundo proyecto, *Sieyès* incluía un artículo clave de conformidad con el cual, los actos declarados inconstitucionales por una sentencia del «*jury constitutionnaire*» son nulos y sin ningún efecto.

Con la llegada de Napoleón cambiará el clima político; ello propiciará una mejor acogida de proyecto de *Sieyès.* Más aún, la Constitución del año VIII (1799) instituirá un «*Sénat conservateur*» al que atribuirá la facultad de juzgar los actos del Cuerpo legislativo y del Gobierno que le fueran deferidos por el «*Tribunat*» por causa de una supuesta inconstitucionalidad. De este modo, el control político se convertía en una viva realidad, bien que los resultados prácticos de la actuación del «*Sénat*» fueran decepcionantes; más que instrumento de conservación del orden, el Senado lo fue de transformación del mismo en sentido cesarista.

El Segundo Imperio propiciaría (en la Constitución de 1852) el restablecimiento de un Senado semejante al anterior, cuya intervención de carácter obligatorio frustraba de raíz toda posible naturaleza jurisdiccional del nuevo mecanismo de control de la constitucionalidad.

Con la Tercera República desaparecerá todo vestigio de la institución que nos ocupa, mientras que con la Cuarta, asistimos a la creación (en la Constitución de 1946) de un llamado «*Comité Constitutionnel*», cuya composición eminentemente política, unida al carácter preventivo del control, nos sitúa de nuevo en presencia de un mecanismo de control político de la constitucionalidad.

La creación del «*Conseil Constitutionnel*» por la Constitución de la Quinta República, y sobre todo, los intentos ulteriores de aproximar esta institución, por lo menos en lo que a su funcionamiento se refiere, a los perfiles propios de los órganos jurisdiccionales, suponen un novedoso intento de aproximación a los modelos europeos de control jurisdiccional de la constitucionalidad de las leyes.

En resumen, el control político, tan arraigado a la historia constitucional francesa, tiene como rasgos específicos los que siguen:

a/ La composición eminentemente política del órgano encargado de llevar a cabo el control de constitucionalidad; ese carácter político del órgano es la resultante no tanto de la elección parlamentaria de sus miembros, cuanto de la inexigencia legal de una cualificación técnico-jurídica de quienes han de acceder a este órgano.

b/ El carácter preventivo del control, en cuanto que ese control debe producirse con anterioridad a la entrada en vigor de la ley, circunstancia a la que hay que unir el hecho de que, en ocasiones, se trata de un control preceptivo o reglado, esto es, exigido por la ley.

c/ Por último, el carácter, en ocasiones, puramente consultivo del control, al carecer la decisión del órgano que lo lleva a cabo de naturaleza vinculante.

D) La concepción de Kelsen y la recepción en Europa de la doctrina de la revisión judicial

Frente a la primitiva dicotomía, «revisión judicial versus control político», los sistemas constitucionales iban a aportar nuevas soluciones que si bien pueden reconducirse, en último término, a la referida concepción dicotómica, no por ello dejan de ofrecernos rasgos originales. En esta perspectiva, cabe destacar en el ámbito europeo-occidental, como representantes de la tradición judicial, a los Tribunales Constitucionales, aportación del constitucionalismo democrático de la primera postguerra.

Si hacemos abstracción de algunos aislados precedentes en el siglo XIX, de entre los que cabe destacar el intento de perfilar una jurisdicción constitucional con amplias atribuciones llevado a cabo por la Constitución de 2 de marzo de 1849, sancionada en el curso de la revolución alemana de 1848-1849 por la Asamblea Nacional reunida en la Iglesia de San Pablo, la jurisdicción constitucional, como acabamos de decir, surge en Europa tras la Primera Gran Guerra. Ello no obstante, ya desde bastante tiempo antes, se venía insistiendo por la doctrina acerca de la conveniencia de la institucionalización del control de constitucionalidad.

Buena muestra de esta preocupación nos la ofrece *Jellinek*, quien, como recuerda *Eisenmann* —en un ya clásico estudio sobre la Justicia Constitucional y el Tribunal Constitucional en Austria, publicado en 1928—, ya en 1885, en una obra titulada «*Ein Verfassungsgerichtshof für Osterreich*» («Un Tribunal Constitucional Supremo para Austria»), solicitaba la ampliación de las competencias del Tribunal del Imperio, creado por la llamada Constitución del Imperio de 1849, y su transformación en una auténtica jurisdicción constitucional.

Finalmente, una Ley de 25 de enero de 1919 creaba un «*Verfassungsgerichtshof*» (Tribunal Constitucional); otra norma legal apenas dos meses posterior (de 14 de marzo), a la par que modificaba en profundidad la Constitución provisional austríaca, confería al citado Tribunal el conocimiento de los recursos interpuestos por el Gobierno central contra las leyes aprobadas por las Asambleas provinciales por inconstitucionalidad. Un mes más tarde, una nueva norma legal modificaba profundamente la organización del Tribunal, disponiendo al unísono que las sentencias por las que el Tribunal estimara que una decisión administrativa violaba un derecho constitucional garantizado, tuvieran como efecto jurídico la nulidad de la decisión vulneradora del derecho.

La Constitución Federal de la República Austríaca de 1.º de octubre de 1920 abordaba (artículos 137 a 148) la regulación del Tribunal (VfGH), que quedaba integrado por un presidente, un vicepresidente y un número indeterminado de miembros titulares y suplentes (la Constitución se limitaba a hablar del número necesario), elegidos por mitad por el Consejo nacional y por el Consejo federal; con posterioridad, el número de componentes del Tribunal se fijaría en doce miembros titulares y seis suplentes.

Entre otras atribuciones, el artículo 140 le hacía competente para conocer sobre la inconstitucionalidad de las leyes provinciales (normas emanadas de los órganos legislativos de las provincias, denominación que recibían los entes territoriales integrantes de la Federación) a requerimiento del Gobierno federal y de la inconstitucionalidad de las leyes federales a requerimiento de un Gobierno provincial; asimismo, instituía una intervención *«ex officio»* del Tribunal, al facultarlo para conocer de la inconstitucionalidad de una ley, de oficio, cuando ésta sirviera de base a sus propias decisiones.

La aparición del *«Verfassungsgerichtshof»* (VfGH) está íntimamente vinculada al pensamiento kelseniano; no en vano *Kelsen* fue el auténtico mentor de la Constitución austríaca de 1920, aún hoy vigente, tras sucesivas reformas.

En su «Teoría General del Derecho y del Estado», sostiene *Kelsen* que el orden jurídico, en especial aquel cuya personificación constituye el Estado, no es un sistema de normas coordinadas entre sí que se hallen, por así decirlo, una al lado de la otra, en un mismo nivel, sino que se trata de una verdadera jerarquía de diferentes niveles de normas. Su unidad viene dada por el hecho de que la creación de una norma (la de grado más bajo) se encuentra determinada por otra de grado superior, cuya creación es determinada a su vez por otra todavía más alta. Lo que constituye la unidad del sistema es precisamente la circunstancia de que tal *«regressus»* termina en la norma de grado más alto, o norma básica, que representa la suprema razón de validez de todo el orden jurídico.

Esta concepción del ordenamiernto jurídico, que encuentra su último punto referencial en la Norma suprema, en la Constitución, entraña ineludiblemente la necesidad de una garantía jurisdiccional de la Constitución.

Esta garantía jurisdiccional es un elemento del sistema de medidas técnicas encaminado a asegurar la regularidad de los actos jurídicos de creación o de aplicación del Derecho, en el bien entendido de que la idea de «regularidad» alude a la necesaria relación de correspondencia que debe existir entre una norma de grado inferior y otra de grado superior del orden jurídico.

El aseguramiento de esa «regularidad», de esa relación de correspondencia entre normas situadas en distintos niveles del ordenamiento jurídico, viene exigido por el hecho de que el Derecho, a través de la vía que recorre desde la Constitución hasta los actos de ejecución material, no deja de concretarse.

La idea de «regularidad» y las garantías técnicas encaminadas a asegurarla no debe quedar circunscrita a la relación de los actos de ejecución material del Derecho con las normas individuales (decisiones administrativas y sentencias judiciales), ni tan siquiera a la de estos actos de ejecución con las normas generales (legales o reglamentarias). Por el contrario, el principio de «regularidad» debe postularse también respecto de las relaciones que median entre el reglamento y la ley, y entre ésta y la Constitución. En consecuencia, la legalidad de los reglamentos y la constitucionalidad de las leyes pueden concebirse como verdaderas garantías de la regularidad de los actos jurídicos individuales.

La consecuencia de todo lo expuesto es clara para *Kelsen:* las garantías de la Constitución son las garantías de la regularidad de las normas inmediatamente subordinadas a la Constitución, o lo que es igual, esencialmente, las garantías de la constitucionalidad de las leyes. Y entre las medidas técnicas orientadas a garantizar la regularidad, la anulación del acto inconstitucional representa la más eficaz garantía de la Constitución.

A partir de aquí, el problema subsiguiente que se plantea *Kelsen* es el de concretar a qué órgano ha de corresponder la competencia para, en su caso, decidir la anulación del acto estimado como inconstitucional. *Kelsen* rechazará que esa facultad deba atribuirse al Parlamento, defendiendo, por el contrario, su atribución a una jurisdicción o tribunal constitucional.

Ahora bien, la anulación de la ley a que se refiere *Kelsen* presenta un valor muy distinto al de la mera «desaplicación», característica de la revisión judicial norteamericana. Y ello por cuanto la anulación de la ley presenta el mismo carácter de generalidad que su elaboración, no siendo, por así decirlo, más que la confección con un signo negativo, lo que es tanto como afirmar que tal anulación participa de los rasgos propios de la función legislativa. De ahí que *Kelsen* conciba al Tribunal Constitucional no tanto como un órgano jurisdiccional en sentido estricto, cuanto como un «legislador negativo».

Como fácilmente puede comprenderse, y veremos más adelante, de esta concepción del control de constitucionalidad de las leyes se desprenderán una serie de rasgos en muchos casos contrapuestos a los del modelo de la revisión judicial acuñado el siglo anterior en Norteamérica.

E) Los sistemas de Jurisdicción Constitucional concentrada y difusa

La doctrina kelseniana, de un lado, y el proceso de racionalización jurídica que envuelve al constitucionalismo de entreguerras, de otro, posibilitarán un nuevo modelo de control de la constitucionalidad que, aún alineándose en la tradición judicialista, se separa sustancialmente del esquema seguido por la revisión judicial norteamericana. De este modo, y según una terminología generalmente admitida, puede hablarse de la existencia de dos grandes sistemas de control jurisdiccional de la constitucionalidad de las leyes: el *sistema difuso* y el *sistema concentrado.*

Cappelletti, sumariamente, diferencia ambos sistemas sobre la base de que mientras en el «*difuso*» el control se atribuye a *todos los órganos judiciales* de un ordenamiento jurídico, que lo ejercitan *incidentalmente,* con ocasión de la decisión de una causa de su competencia, en el «*concentrado*», el poder de control se concentra en *un único órgano jurisdiccional.*

Si el sistema difuso ha sido considerado como el sistema de tipo norteamericano, el concentrado, bien puede ser designado como el modelo austríaco-kelseniano.

Desarrollaremos ahora sus diferencias, cuyo germen se encuentra en la sumaria divergencia apuntada inmediatamente antes por *Cappelletti.*

I. En el sistema norteamericano, *todos los órganos judiciales ordinarios* pueden pronunciarse sobre la constitucionalidad de las leyes con ocasión de las controversias suscitadas ante ellos; se trata, pues, de una jurisdicción «difusa», que, sin embargo, no da lugar a una jurisprudencia dispersa y contradictoria, pues la fuerza vinculante del precedente actúa de correctivo del sistema. Como recuerda *Trujillo,* el principio del «*stare decisis*», característico de los países de «*common law*», implica que las posibles divergencias entre los distintos tribunales sobre la constitucionalidad de una misma ley puedan ser decididas, a través del sistema de impugnaciones, por los órganos judiciales superiores y en especial por el Tribunal Supremo, cuya decisión será en lo sucesivo vinculante para todos los tribunales.

Por el contrario, el sistema de jurisdicción «concentrada» otorga a un *órgano «ad hoc»,* a un Tribunal Constitucional, el monopolio de las competencias para conocer de la constitucionalidad de las leyes. Estos Tribunales son órganos de naturaleza jurisdiccional que circunscriben su competencia a conocer de los recursos de inconstitucionalidad, aun cuando les competa asimismo la realización de otras funciones de garantía constitucional.

II. En el modelo norteamericano, la ley sospechosa de inconstitucionalidad no es susceptible de impugnación directa; la presunta inconstitucionalidad sólo puede hacerse valer como *cuestión incidental* de cuya resolución depende la decisión que sobre el caso principal ha de adoptar el juez competente. Ello implica que sólo en el curso de un proceso en el que haya de aplicarse la norma presuntamente inconstitucional, podrá procederse a analizar la existencia del supuesto vicio de inconstitucionalidad; en cualquier caso, todos los órganos judiciales norteamericanos, inferiores o superiores, federales o estatales, tienen el poder, y a la par el deber, de no aplicar las leyes inconstitucionales en los casos concretos sometidos a su juicio. En definitiva, el control de constitucionalidad se lleva a cabo a través de la vía procesal de la *excepción de inconstitucionalidad.*

Por el contrario, en el modelo europeo-kelseniano, el procedimiento ante el Tribunal Constitucional se inicia mediante el ejercicio de una *acción de inconstitucionalidad;* nos hallamos, pues, en presencia de un procedimiento de *impugnación directa,* lo que amplía enormemente las posibilidades del control de constitucionalidad en cuanto que la impugnación de una norma legal no se vincula a la existencia de una «litis», facilitándose de esta forma la anulación de leyes inconstitucionales que, sin embargo, pueden no suscitar controversia.

III. Las mayores posibilidades de utilización del recurso que permite el modelo de jurisdicción «concentrada» hacían aconsejable cierta moderación en el recurso a este mecanismo procesal. Tal fin podía conseguirse a través de la restricción de los sujetos legitimados para acudir al recurso directo de inconstitucionalidad. Y en efecto, los ordenamientos constitucionales europeos que siguen el modelo de jurisdicción «concentrada» han acotado en mayor o menor medida los órganos legitimados para recurrir a la acción directa de inconstitucionalidad. Aunque cada ordenamiento nos ofrece una solución peculiar, lo cierto es que el común denominador de todos ellos nos viene dado por la *limitación de la legitimación* para recurrir a aquellos órganos que se supone están encargados de velar por el interés general. Contrasta tal extremo con la legitimación existente en el modelo «difuso» norteamericano, en el que son *las partes del litigio* en cuyo marco debe aplicarse la norma supuestamente inconstitucional las legitimadas para plantear la excepción de inconstitucionalidad.

IV. Una última diferencia entre los dos modelos examinados nos viene dada por los efectos de las sentencias que ponen fin a la acción o excepción de inconstitucionalidad.

En el modelo difuso-norteamericano, en sentido estricto, puede afirmarse que el juez no anula la ley, sino que declara una *nulidad preexistente,* inaplicándola, por lo que los efectos de su declaración son, lógicamente, retroactivos (efectos *«ex tunc»)* y, dado el carácter incidental de la demanda, limitados al caso concreto (efectos *«inter partes»).* Esto, como sostiene *Trujillo,* no quiere decir que todas las relaciones jurídicas nacidas al amparo de una determinada ley estén pendientes de una condición resolutoria consistente en la inconstitucionalidad de dicha ley, sobrevenida a consecuencia de un cambio de orientación jurisprudencial.

El Tribunal Supremo norteamericano ha temperado las consecuencias del principio de la retroactividad en el sentido de entender que la Constitución es un documento vivo, *«a living constitution»,* sujeto a mutaciones de significado, lo que supone que lo que en un cierto momento pudo ser conforme a dicha Constitución puede llegar a estar en desacuerdo con ella en un momento ulterior.

Por otra parte, aunque los efectos de la sentencia se circunscriben a las partes de la «litis» (efectos *«inter partes»),* la incidencia del principio del *«stare decisis»* puede llegar a alterar esta circunstancia. Por virtud del referido principio, como señalan *Adams* y *Cappelletti,* «a decision by the highest court in any jurisdiction is binding on all lawer courts in the same jurisdiction»; ello implica la posibilidad de solventar las divergencias interpretativas que puedan producirse entre los distintos órganos judiciales en cuanto a la constitucionalidad de una determinada norma legal. De esta forma, el principio del *«stare decisis»,* como el propio *Cappelletti* indica, en su clásica obra sobre «Il controllo giudiziario di costituzionalità delle leggi nel Diritto Comparato», puede llegar a operar de modo semejante a la acción de inconstitucionalidad, terminando, indirectamente, por asumir una auténtica y verdadera eficacia *«erga omnes»,* y no limitándose a generar un mero efecto de desaplicación de la ley a un caso singular con la posibilidad, empero, de que en otros supuestos la ley sea nuevamente aplicada.

En contraposición a la inaplicación al caso concreto a que, en general, conduce la excepción de inconstitucionalidad, la impugnación en vía directa o principal de una norma legal ante un Tribunal Constitucional conduce —de prosperar la tesis del recurrente— a la cancelación definitiva de la ley o disposición impugnada del ordenamiento jurídico. Esta eficacia *«erga omnes»* opera en el sistema austríaco-kelseniano con efectos *«ex nunc»* (irretroactividad), mientras en los sistemas alemán e italiano se retrotraen dichos efectos (eficacia *«ex tunc»).*

V. No podemos finalizar sin aludir a cómo en nuestros días se halla en curso, por no decir que muy avanzado ya, un proceso de progresiva fusión de los modelos de control jurisdiccional difuso y concentrado.

Puede señalarse a este respecto con *Pizzorusso,* que una de las novedades de mayor relieve que emerge de la experiencia de la Justicia Constitucional de la segunda postguerra es la demostración de la aptitud del pronunciamiento de los magistrados constitucionales, en el sistema concentrado, para desempeñar un papel normativo no tanto «negativo» cuanto también «positivo», como asimismo la constatación de la posibilidad de combinar la técnica del control incidental con la técnica del control concentrado, mediante el empleo del instituto de la prejudicialidad, esto es, mediante el recurso a lo que nosotros podríamos denominar la cuestión de inconstitucionalidad.

El acercamiento entre los recursos propuestos directamente al juez constitucional «concentrado» (acciones de inconstitucionalidad) y los juicios (o cuestiones) de inconstitucionalidad a él remitidos por un juez «difuso» (esto es, por un juez o tribunal de la jurisdicción ordinaria) en virtud de la relación de prejudicialidad (de la cuestión de inconstitucionalidad en nuestro ordenamiento), permite descubrir una más amplia unidad de los sistemas de garantía constitucional.

Junto a todo lo expuesto, pueden advertirse otras convergencias entre ambos sistemas. Así, la distancia entre la eficacia del *«precedente»* (en virtud del principio del *«stare decisis»)* en Norteamérica y la propia eficacia del efecto *«erga omnes»* de las sentencias de los Tribunales Constitucionales europeos va disminuyendo, pues el contenido de muchos pronunciamientos, siendo también en Europa esencialmente interpretativo, termina en la práctica por dar lugar a la eficacia del precedente.

La conclusión final es inequívoca: no sólo es posible combinar sistemas diversos, como de hecho ya sucede, y nuestro ordenamiento jurídico es un buen ejemplo de ello, sistemas que, por lo demás, tienden a aproximarse, sino que es posible la evolución hacia un sistema común.

F) La problemática del perfil orgánico de las instancias titulares de la Jurisdicción Constitucional.

Una de las más arduas cuestiones que presenta el control de la constitucionalidad de las leyes es la de encontrar el órgano o instancia idónea para su eficaz desempeño. Ello nos sitúa ante la problemática del perfil orgánico de las instancias titulares de la Jurisdicción Constitucional, que, a juicio de *Taylor Cole,* es uno de los aspectos que más ha preocupado siempre en Europa.

La alternativa entre la atribución de esta función de control de la constitucionalidad a un órgano «ad hoc» o a un órgano judicial preexistente y la controversia en torno a la politicidad del juez constitucional, son posiblemente los dos aspectos de esta problemática más debatidos doctrinalmente. A ellos nos referimos a continuación.

a/ La opción por un órgano «ad hoc»

La primera de las cuestiones que hemos de abordar es la de por qué en Europa se prefirió elegir un órgano «ad hoc», el Tribunal Constitucional, al que encargar en exclusiva el control de constitucionalidad, antes que atribuir esa función a un órgano jurisdiccional preexistente.

Cappelletti ha abordado con detenimiento este tema. Refiriéndose a la Constitución austríaca de 1920, considera que con la creación de un Tribunal Constitucional se quisieron evitar una serie de inconvenientes ínsitos a la «judicial review» norteamericana. Tales inconvenientes se vinculaban a la estructura del ordenamiento judicial, que, en los sistemas de la Europa continental, se apoyaba en los jueces de carrera, que entraban jóvenes en la magistratura y sólo en edad avanzada llegaban a desempeñar funciones conectadas con la actividad del Tribunal Supremo. Es un hecho, reconocerá el autor italiano, que las normas constitucionales modernas son algo profundamente diverso de las usuales normas legales, que los magistrados de los Tribunales Supremos europeos, que culminan una larga carrera en la magistratura, han estado habituados por decenios a interpretar, a observar y a hacer observar, con una técnica hermenéutica diferente a la del tipo del *«policy-making decisions»*, que está en cambio inevitablemente implicada en una actividad de control de la validez sustancial de las leyes y de las aplicaciones de la norma constitucional.

No en vano, en último término, las modernas constituciones no se limitan a dar un ordenamiento para una situación social consolidada, sino que, de modo muy diverso a lo que sucede con la legislación usual, establecen e imponen directivas y programas de acción futura, con una función eminentemente transformadora.

En definitiva, la interpretación constitucional se nos presenta como una actividad más próxima a la que lleva a cabo el legislador o el hombre de gobierno, que a la que desempeñan los jueces ordinarios; precisamente por ello, se comprende la conveniencia de atribuir tal función a un órgano diferente de los tribunales ordinarios.

Junto a la argumentación que precede, no podemos dejar de referirnos al influjo que ejercerá, en la opción por un órgano único de control, el pensamiento kelseniano, ya expuesto detenidamente con anterioridad.

El propio jurista vienés abordará en detalle la cuestión de los rasgos orgánico-estructurales que debían caracterizar a un Tribunal Constitucional. Parte *Kelsen* de que la organización de la jurisdicción constitucional deberá modelarse sobre las particularidades de cada constitución. Ello no obstante, *Kelsen* efectúa unas consideraciones de alcance y valor generales, que exponemos de modo sucinto:

a) Número de miembros del Tribunal: No deberá ser muy elevado, dado que el Tribunal está llamado a pronunciarse esencialmente sobre cuestiones jurídicas, pues debe cumplir una misión puramente jurídica de interpretación de la Constitución.

b) Modo de reclutamiento de los magistrados constitucionales: No se puede propugnar sin reservas ni la simple elección parlamentaria, ni el nombramiento exclusivo por el Jefe del Estado o el Gobierno. Quizá, apunta *Kelsen,* podrían combinarse ambas fórmulas, haciendo por ejemplo elegir los jueces por el Parlamento previa propuesta del Gobierno, que tendría que designar varios candidatos para cada uno de los puestos a ocupar, o a la inversa.

c) Cualificación técnica de los magistrados: Considera *Kelsen* de la mayor trascendencia conceder en el órgano que nos ocupa un lugar adecuado a los juristas de profesión. Avanza incluso la posibilidad de otorgar a una comisión común de todas las Facultades de Derecho del país una especie de derecho de presentación para, por lo menos, una parte de las magistraturas a cubrir. El Tribunal —nos dice— tiene el mayor interés en reforzar por sí mismo su propia autoridad, apelando al efecto a especialistas eminentes.

d) Exclusión de miembros de instancias políticas: Es importante excluir del Tribunal Constitucional a los miembros del Parlamento o del Gobierno, pues son precisamente sus actos los que el Tribunal debe controlar.

e) Rechazo de todo influjo político y, en su caso, canalización del mismo: Para el jurista vienés, es en extremo deseable la supresión de toda influencia política sobre la jurisprudencia emanada de esta jurisdicción; no obstante, admite como posible el que los especialistas puedan también, consciente o inconscientemente, dejarse influir por consideraciones políticas. Si este peligro fuere particularmente notorio, *Kelsen* se inclina por aceptar, más que una influencia oculta, y por tanto incontrolable, de los partidos políticos, una forma de participación legítima de éstos en la formación del Tribunal, por ejemplo, cubriéndose una determinada parte de los jueces del Tribunal a través de una elección parlamentaria en la que se tenga en cuenta la fuerza relativa de los diferentes partidos.

En el trasfondo de esta cuestión se sitúa la problemática de la naturaleza de los Tribunales Constitucionales y de la peculiar función que deben asumir. Es obvio que no estamos ante órganos políticos; de ellos no emanan actos de voluntad política; su misión es juzgar, interpretar la norma suprema, pero, por ello mismo, su tarea queda lejana a la que es propia de los jueces y tribunales ordinarios. Todo ello, a su vez, conecta con la polémica en torno a la «politicidad» del juez constitucional, que puede considerarse una controversia permanentemente abierta, y a la que vamos a aludir de modo sumario.

b/ La polémica en torno a la «politicidad» del juez constitucional

En los años veinte, en el mismo instante de la recepción del sistema del control de constitucionalidad, iba a tener lugar en Europa una radical polémica entre *Carl Schmitt* y *Hans Kelsen,* controversia que si bien desde entonces puede estimarse apagada, al menos como cuestión de principio, se reaviva periódicamente con una asombrosa capacidad de permanencia.

Como nos recuerda *García de Enterría,* toda la polémica sobre los Tribunales Constitucionales versa siempre sobre las mismas dos cuestiones, bien conocidas. De una parte, la cuestión de la tensión entre política y Derecho, que inquiere si los graves problemas políticos que se someten a la decisión del Tribunal pueden resolverse con los criterios y los métodos de una decisión judicial. ¿Es, por tanto, el Tribunal, a pesar de su nombre, una verdadera jurisdicción, o es más bien un órgano político, que decide políticamente bajo capa de sentencias? De otra parte, una segunda cuestión, íntimamente ligada a la anterior: ¿de dónde extrae el Tribunal Constitucional sus criterios de decisión, supuesto que él interviene justamente en el momento en que se comprueba una insuficiencia del texto constitucional?

Lo cierto es que *Carl Schmitt* —y con ello retornamos a su conocida controversia con *Kelsen*—, en un brillante y apasionado trabajo publicado en 1929, afirmará de modo categórico: «Una expansión sin inhibiciones de la Justicia no transforma al Estado en jurisdicción, sino a los Tribunales en instancias políticas. No conduce a juridificar la política, sino a politizar la justicia. Justicia constitucional es una contradicción en los términos».

Como puede apreciarse, la preocupación de *Schmitt* gira en torno a la *«politisierung der Justiz».* De ahí que propugne que el custodio de la Constitución ha de ser el Jefe del Estado, «pouvoir neutre» por excelencia.

Kelsen combatirá con dureza los argumentos de *Schmitt.* Desde el punto de vista del Derecho positivo, considerará que la afirmación de *Schmitt,* de que el Jefe del Estado es más idóneo que un tribunal para la defensa de la Constitución, no encaja en el articulado del código constitucional de Weimar. Negará asimismo *Kelsen* consistencia a la crítica schmittiana de que la acción de un tribunal no es democrática, pues entrega a una aristocracia de la toga la protección de la norma constitucional. Lo que *Schmitt* pretende, dice *Kelsen,* es sobrevalorar la competencia del Presidente del Reich e infravalorar la función del Parlamento. La consecuencia política de los argumentos de *Schmitt* es que el pluralismo parlamentario pone en peligro la seguridad y el orden público, mientras la unidad del Presidente representa la unidad del pueblo. De esta forma, los dos grandes poderes creados por el texto de Weimar aparecen como enemigos. El uno quiere destruir su unidad; el otro, defenderla. Uno, el Parlamento, viola la Constitución, y el otro la custodia.

Un intento de sentar unas bases para la correcta resolución del problema tiene que tomar como punto de partida la tensión entre política y Derecho, que se agudiza de modo notable en el Derecho constitucional.

Por nuestra parte, creemos que es preciso partir de la clásica reflexión de *Triepel,* de que el Derecho público no es actuable sin consideración a la política. Es obvio que conceptos como Estado de Derecho, Estado social, libertad, igualdad..., no pueden ser interpretados sin tener muy presentes las ideas o convicciones sociales y políticas de una comunidad en un momento histórico concreto. Partiendo de esta premisa, pensamos con *Lucas Verdú* que la Justicia Constitucional óptima no se asienta en una consideración del órgano titular de la misma como una instancia puramente técnica según los esquemas kelsenianos de la pureza metódica, apartándolo de la realidad vital del Estado que es dinamismo político; de ser así, el logro de *«a living constitution»,* una constitución viva, vigente, acorde con la realidad social, conseguido en Norteamérica a través de la *«judicial review»,* sería mera utopía.

Es sencillamente impensable —manifiesta *Leibholz* en dirección similar— para un Tribunal Constitucional considerarse totalmente desligado del orden político que va a ser afectado por sus decisiones. Sería una ilusión y, aún más, un intolerable formalismo positivista, el opinar que en el campo del Derecho constitucional es posible o lícito aplicar de alguna manera una norma general, como, por ejemplo, la de igualdad de los ciudadanos, una garantía institucional o un principio como el del Estado de Derecho, sin intentar al mismo tiempo relacionarlas de manera coherente y significativa con la realidad política. Se puede incluso decir —subraya el propio *Leibholz*— que uno de los deberes de un Tribunal Constitucional cuando trata de aplicar rectamente las normas que necesitan de su interpretación, es incluir entre sus consideraciones las consecuencias políticas de su eventual decisión. Expresado de otro modo, un juez constitucional que pretenda cumplir rectamente su cometido deberá apreciar e interpretar las normas constitucionales no sólo con la ayuda de reglas e instrumentos de análisis gramaticales, lógicos e históricos, sino también, y sobre todo, por medio de un enfoque político sistemático. Quiere ello decir que debe apreciar la Constitución como un conjunto de significado unitario y que debe tener siempre presente el sistema implantado por la norma suprema como un conjunto global, cuya preservación debe orientar sus decisiones.

En todo caso, las reflexiones que preceden no pueden conducir al extremo opuesto de pensar que las decisiones de los Tribunales Constitucionales se han de adoptar por motivos de oportunidad o conveniencia política, operando de esta forma aquéllos como auténticos órganos políticos. De ser así, se incurriría en lo que, en una obra clásica, *Eduard Lambert* denominara «el gobierno de los jueces». Ello, entre otras consecuencias, significaría el fin de la jurisdicción constitucional.

A la vista de cuanto hemos expuesto se impone una reflexión final. Es evidente que la interdependencia entre lo político y lo jurídico debe contribuir decisivamente a perfilar la peculiar fisonomía dc los Tribunales Constitucionales, tal y como, por ejemplo, ha admitido *Maunz* en relación al Tribunal Constitucional Federal alemán. El conflicto latente entre el elemento político, en movimiento constante, y el jurídico, preferentemente en inalterable reposo, o para expresarlo de otra manera, entre existencialidad y normatividad, da al Derecho constitucional y, por ello mismo, también a la Jurisdicción constitucional, su propia y peculiar impronta. En consecuencia, es en esa peculiar relación entre política y Derecho, en cuanto incide de modo decisivo sobre la hermenéutica constitucional, en donde encontramos la última «ratio» de las particularidades que en el plano orgánico nos ofrecen los Tribunales Constitucionales.

G) La configuración orgánica de nuestro Tribunal Constitucional

La Constitución de 1978 dedica su Título IX al Tribunal Constitucional, Título que ha sido desarrollado por la Ley Orgánica 2/1979, de 3 de octubre, del Tribunal Constitucional.

El modelo que nuestros constituyentes adoptaron en el Título IX, y que con posterioridad se consolidaría con la Ley Orgánica del Tribunal (en adelante LOTC), sería el modelo germano-federal, matizado con ciertas variantes, alguna de ellas de inspiración italiana y de indudable importancia.

El primero de los preceptos de este Título, el artículo 159, diseña el perfil orgánico del Tribunal. Nos hallamos ante un precepto que, desde una óptica comparada, se sitúa a mitad de camino entre aquellos preceptos en exceso casuistas, acaso en algún momento reglamentistas, cual sería el caso de los correspondientes a la Constitución austríaca, y aquellos otros que apenas se circunscriben a trazar un somero diseño del órgano, siendo el legislador ordinario el encargado de perfilarlo, cual acontece con los preceptos equivalentes de la Ley Fundamental de Bonn. Acaso sea el artículo 135 de la Constitución italiana el que mayor analogía guarda con el que ahora nos ocupa.

a/ El número de magistrados

«El Tribunal Constitucional se compone de doce miembros.» De esta guisa comienza el artículo 159.1 de la Constitución. De entrada, hemos de subrayar el acierto que supone la constitucionalización del número de miembros integrantes del Tribunal, pues ello soslaya una posibilidad de control político sobre la composición de nuestro «intérprete supremo de la Constitución».

Por lo demás, el número de doce miembros puede considerarse mesurado y prudente; creemos que casa a la perfección con las consideraciones de *Kelsen*, ya referidas, en el sentido de que el número de componentes de estas instancias no fuese excesivamente elevado.

Ello no obstante, el número total de jueces constitucionales ofrece un aspecto polémico: se trata de un número par, cuestión ya advertida en el debate constituyente, en el que los senadores señores *Sánchez Agesta* y *Ollero* alzaron sus voces en pro de la conveniencia de un número impar, que bien pudo ser el de quince. Con ello se hubiera soslayado la dificultad de un posible empate a votos, que, a priori, no parecía tener otra salida que la del voto de calidad del Presidente del Tribunal.

Algún sector de la doctrina ha relativizado la trascendencia de este factor. Sin embargo, a nuestro entender, aun reconocimiento que las múltiples variantes a que responde la expresión de voluntad de un órgano colegial, no pueden ser puntualmente previstas en sede normativa, es evidente que el número par de magistrados aumenta de modo considerable el peligro de empate a la hora de adoptar una decisión por parte del órgano en cuestión.

En el caso de que el empate se produzca, la Ley Orgánica del Tribunal ha recurrido al «voto de calidad» del Presidente, circunstancia no sólo anómala, sino que, como bien pusiera de relieve *Alzaga,* puede complejizar y politizar en exceso la elección del Presidente del Tribunal.

El tema presenta una hondura jurídica mayor, al conectarse con la posición jurídica de igualdad de los magistrados, circunstancia que ha venido preocupando de modo especial a la doctrina italiana.

Por lo demás, no estamos ante una hipótesis puramente especulativa o de laboratorio, sino que, por contra, en cuatro ocasiones una sentencia se ha tenido que decidir en atención al voto de calidad del Presidente.

Dada la imposibilidad de alterar el número de magistrados, a salvo, es claro, una reforma constitucional, nosotros nos inclinaríamos, al igual que hace *D'Orazio* en Italia, por la conveniencia de un sistema que atribuyera un contenido jurídico concreto a la paridad de votos, en vez de hacer depender el fallo de la voluntad presidencial. Esta es, por ejemplo, la fórmula alemana, por cuya virtud, «en el supuesto de empate de votos, no cabe constatar una infracción de la Constitución». Se opta, pues, por una presunción de constitucionalidad de la norma recurrida, salvo que una mayoría de jueces constate formalmente que la Norma fundamental ha sido conculcada.

b/ El origen tripartito de los magistrados

A tenor del artículo 159 de nuestra «lex legum», en la propuesta de los magistrados intervienen los restantes órganos constitucionales, esto es, el Gobierno, las dos Cámaras y el Consejo General del Poder Judicial. En principio, esta circunstancia, abstractamente considerada, hay que juzgarla positiva, pues, como señala *García Pelayo,* con ella se acentúa la significación integradora del Tribunal.

Ahora bien, la crítica se torna negativa a la vista del modo específico como se reparten los magistrados entre los diversos órganos constitucionales, dado el excesivo peso de los órganos políticos en la elección.

Si atendemos al hecho evidente de que las relaciones entre los distintos poderes se canalizan en un régimen parlamentario a través de los partidos, puede vislumbrarse la posibilidad, en verdad preocupante, de que un mismo partido, con una significativa mayoría en ambas Cámaras y que, por ello mismo, a la par forma Gobierno, pueda llegar a controlar completamente el nombramiento de los magistrados constitucionales, lo que pondría en grave peligro esa función de equilibrio constitucional que de alguna manera ha de desempeñar nuestro supremo intérprete de la Constitución. A todo ello habría que unir una consideración adicional: la minusvaloración del Poder Judicial a la hora de la propuesta de magistrados constitucionales.

A la vista de estas consideraciones, comúnmente constatadas por la doctrina, ésta ha advertido acerca del peligro de politización partidista, politización que debe entenderse no como la total ausencia de valoración política de las cuestiones que se someten al Tribunal, sino como la posible metamorfosis de la naturaleza de sus resoluciones, que de ser declaraciones de conocimiento jurídico, pasarían a configurarse como expresiones de voluntad política.

Varias reflexiones queremos efectuar por nuestra parte en relación con el tema que ahora ocupa nuestra atención:

a) En primer lugar, en Europa, los órganos de la Justicia Constitucional se nos presentan como órganos de carácter técnico, pero, en buena medida, de designación política, o más bien por instancias políticas; en algún caso, como el germano-federal, esas instancias monopolizan el proceso de nombramiento de los componentes de estos órganos. Y tal circunstancia no ha propiciado —el caso alemán es patente— una politización partidista de los Tribunales Constitucionales.

b) En segundo término, parece indudable que el Tribunal Constitucional interpreta un Derecho, como es el constitucional, de claro contenido político. A ello hay que añadir que en muchas ocasiones las demandas planteadas ante el mismo son la formulación en términos de «litis» jurídica de cuestiones o conflictos políticos, lo que tiene como consecuencia que sus decisiones, aun orientadas y fundamentadas en parámetros y valores jurídicos, tengan una significación y unos efectos no sólo sobre el ejercicio de las actividades políticas del Estado, sino también respecto de las diferentes posiciones adoptadas por los partidos políticos. Por todo ello, parece comprensible que los órganos políticos, y aun la misma clase política, deseen hacer oir su voz en el momento de la elección de los magistrados, posibilitando al mismo tiempo que las personas propuestas, además de un elevado bagaje de conocimientos técnico-jurídicos, posean una cierta sensibilidad política.

c) En tercer término, no podemos ignorar que nuestro código constitucional ha diseñado un órgano relativamente homogéneo, lo que no hubiera sido posible de intervenir en la elección de sus miembros órganos ajenos a los del Estado (bien regionales o autonómicos, bien corporaciones sociales... etc.), o de no exigirse indiscriminadamente una especialización técnico-jurídica. Este rasgo de la homogeneidad del Tribunal, que lo aparta radicalmente del Tribunal de Garantías de la Segunda República, nos parece un dato enormemente positivo.

d) En cuarto lugar, afirmar apriorísticamente que el diseño actual del Tribunal conduce de modo inexorable a su politización, ni parece razonable, ni se puede sustentar en una fundamentación mínimamente objetiva.

e) En quinto término, creemos que el Tribunal Constitucional debe responder, en términos generales, a las corrientes de opinión existentes en el país; debe sintonizar con el sentir social; no puede ser un órgano desvinculado de la sociedad, y, desde este punto de vista, estamos de acuerdo con *De Esteban* en la inconveniencia de una concepción «purista y asexuada» de los magistrados, lo que no debe entenderse en el sentido de que propugnemos una perfecta sintonía del Tribunal con las mayorías parlamentarias en cada momento existentes; sería un grave error que el Tribunal reflejara miméticamente el perfil político-parlamentario; ello le convertiría en una especie de tercera cámara.

f) Finalmente, pensamos que lo importante no es tanto la búsqueda de un modelo ideal, que creemos no existe, como la consecución de un acuerdo mayoritario entre las diferentes fuerzas políticas por virtud del cual, éstas se comprometan a admitir que, independientemente de cualquier coyuntura política concreta, el principio rector que habrá de regir las propuestas de magistrados habrá de ser el de la búsqueda de un consenso lo más amplio posible en torno a las personas de los propuestos, circunstancia contrapuesta al sistema de cuotas en la elección de los magistrados constitucionales, sistema este último por virtud del cual se admite que a cada partido corresponde la propuesta de una cuota alícuota de magistrados, en función de su fuerza parlamentaria. La lógica del Estado de partidos no debe operar mecánicamente en este tipo de propuestas.

c/ Los frenos frente a la politización

La Constitución, al igual que la Ley Orgánica del Tribunal Constitucional, han previsto un conjunto de frenos u obstáculos que se oponen al peligro de vinculación partidista de los magistrados constitucionales. A esos mecanismos vamos a pasar a referirnos a continuación.

Seis son los mecanismos legales que se orientan en la dirección apuntada:

a) La exigencia de mayorías cualificadas para las propuestas provenientes del Congreso, del Senado y, desde la entrada en vigor de la Ley Orgánica 6/1985, del Consejo General del Poder Judicial.

b) El largo período de nueve años de desempeño del cargo de magistrado constitucional.

c) La renovación parcial del Tribunal.

d) La irreelegibilidad inmediata de los miembros del Tribunal.

e) La exigencia constitucional de una cierta cualificación técnico-jurídica para poder ser propuesto magistrado.

f) La concreción de un estatuto jurídico para los magistrados constitucionales similar al de los miembros del Poder Judicial, en el que tiene un peso específico propio el régimen de incompatibilidades.

Nos referiremos ahora de modo sucesivo a los cinco primeros, analizando separadamente el estatuto jurídico de los magistrados constitucionales.

a') La exigencia de mayorías cualificadas

El artículo 159.1 de nuestra «lex legum» exige que los ocho magistrados cuya propuesta corresponde al Congreso y al Senado cuenten, como mínimo, con el respaldo de los tres quintos de los miembros de cada Cámara. Este requisito se sitúa en la línea ya seguida en la República Federal Alemana e Italia, y su función es en todos los casos idéntica: propiciar que las personas propuestas lo sean con un amplio respaldo parlamentario, haciendo necesario el entendimiento entre la mayoría y la oposición.

La Ley Orgánica del Poder Judicial ha hecho extensiva esta exigencia a las propuestas que tengan su origen en el Consejo General del Poder Judicial.

El mecanismo en cuestión se nos antoja de todo punto loable; es más, si algo pudiera objetarse al mismo, a nuestro entender, sería que el constituyente se quedó un tanto alicorto en su concreción cuantitativa. Pensamos que debiera haberse fijado, en relación con ambas Cámaras, una mayoría de dos tercios del total de componentes de cada una de ellas. La finalidad última de este requisito procedimental, incentivar, hacer poco menos que imprescindible un acuerdo entre las diferentes formaciones parlamentarias, justificaría cumplidamente nuestra pretensión.

Por supuesto que no han faltado posturas doctrinales críticas frente a esta exigencia; en algún caso han provenido de la preocupación ante el hecho de que este requisito pudiera impedir o retrasar significativamente la propuesta de los magistrados. Desde luego, este peligro resultaba sumamente preocupante respecto de la constitución inicial del Tribunal. Sin embargo, superado ese momento, el problema, en buena medida, ha desaparecido. Y ello por mor de la previsión del artículo 17.2 de la Ley Orgánica 2/1979, del Tribunal Constitucional, a cuyo tenor: «Los Magistrados del Tribunal Constitucional continuarán en el ejercicio de sus funciones hasta que hayan tomado posesión quienes hubieren de sucederles».

Esta previsión legal introduce entre nosotros el llamado instituto de la *«prorogatio»*, que posibilita la continuidad de las funciones del Tribunal; al optarse por la continuidad de los magistrados en el ejercicio de sus funciones hasta que tomen posesión sus sucesores, se soslaya el peligro de parálisis del Tribunal, lo que podría acaecer en el supuesto de no ser posible una propuesta parlamentaria con el respaldo de los tres quintos de los miembros de una Cámara y no acogerse el instituto de la *«prorogatio»*. De otra parte, este instituto convierte en ineficaz el intento de una fuerza política parlamentaria de obstruir intencionadamente una propuesta de magistrados, con la sola finalidad de paralizar al Tribunal. En definitiva, la *«prorogatio»* puede contribuir a evitar demoras parlamentarias en la provisión de los jueces constitucionales por intereses exclusivamente políticos; por ello mismo, coadyuva positivamente a salvaguardar la independencia del Tribunal.

b') El largo período de desempeño del cargo

La Constitución ha fijado un período muy dilatado para el desempeño del cargo de magistrado constitucional: nueve años. Con ello, nos aproximamos a las soluciones constitucionales dadas al tema en otros países europeos, quizá con la sola salvedad notable de Austria. Esta similitud se acentúa por el hecho de que en todos los casos se ha previsto un plazo bastante superior a aquel que rige para las respectivas legislaturas, lo que es un dato de significativa relevancia, en especial cuando en la designación de los integrantes del órgano encargado de velar por la constitucionalidad de las leyes participan, en mayor o menor grado, las asambleas parlamentarias.

De otro lado, el largo período de nueve años supone la introducción de un elemento de continuidad que debe posibilitar una cierta coherencia jurisprudencial. El dilatado plazo asegura una experiencia estimable por parte de los integrantes del Tribunal, lo que coadyuva positivamente al logro de ese predominio de la racionalidad sobre la pasión que, como significara *Sánchez Agesta*, debe caracterizar las sentencias de un órgano de esta naturaleza.

La continuidad del Tribunal se ve reforzada por su renovación parcial, enmarcándose de este modo nuestro modelo en esa tendencia común a diferentes sistemas de Justicia constitucional, a prever mecanismos que privilegian la exigencia de continuidad respecto a la discontinuidad, la evolución frente a la innovación.

c') La renovación parcial del Tribunal

El inciso segundo del artículo 159.3, complementando la opción del constituyente por un dilatado período de ejercicio del cargo, establece una fórmula de renovación parcial por tercios cada tres años. Estamos en presencia de una fórmula clásica, aunque lo cierto es que en el Derecho comparado tan sólo la encontramos en Francia, bien que, desde luego, en Italia la «Corte Costituzionale» no se renueva en bloque,sino conforme se agota el plazo de ejercicio de su función por parte de cada magistrado, lo que también contribuye a evitar cambios bruscos en la composición del Tribunal, logro que es patente en el caso de la fórmula de renovación parcial.

Puede, pues, significarse que nuestra solución constitucional posibilita una doble finalidad: de un lado, evita cambios drásticos en la composición de nuestro «intérprete supremo de la Constitución», dándole continuidad e impidiendo que un giro en la orientación política de las Cámaras pudiera tener un impacto radical sobre su composición, con lo que ello podría suponer en relación con la jurisprudencia constitucional; de otro lado, posibilita al unísono que las nuevas mayorías parlamentarias tengan un reflejo atemperado —pero reflejo al fin y al cabo— en el perfil del Tribunal, necesidad ésta fácilmente comprensible si, una vez más, se advierte la correlación existente entre dinámica social, representación parlamentaria, valores constitucionales y hermenéutica constitucional.

En definitiva, la renovación parcial no sólo contribuye a dar continuidad a la jurisprudencia constitucional y cohesión al órgano, sino que, al unísono, potencia su independencia y asegura su progresivo «aggiornamento», canalizando fluidamente la comunicación que debe existir entre el Tribunal y las corrientes de opinión social, tal y como se traducen en la representación parlamentaria.

d') La irreelegibilidad inmediata de los magistrados

El artículo 159.3 de nuestra Norma suprema precisa el período por el que los magistrados son nombrados y la renovación parcial de aquéllos, pero nada dice respecto a si es factible o no la reelección, bien que la cuestión se suscitara en el debate constituyente, en donde se postularon cuatro soluciones completamente diferentes: la irreelegibilidad absoluta, la reelección indefinida, la irreelegibilidad inmediata y la limitación de la reelección a una sola vez consecutiva. Las posturas, pues, divergían de modo notable; quizá por ello, nuestro constituyente optara por el silencio.

La cuestión iba a ser resuelta por el inciso segundo del artículo 16.2 de la LOTC (Ley Orgánica del Tribunal Constitucional), por mor del cual: «Ningún Magistrado podrá ser propuesto al Rey por otro período inmediato salvo que hubiera ocupado el cargo por un plazo no superior a tres años.» Varias consideraciones se imponen a la vista de esta determinación legal.

En primer término, el principio general por el que opta el legislador en sede orgánica es el de la irreelegibilidad inmediata —que no absoluta— de los magistrados del Tribunal. La vigencia de esta regla opera con carácter general, esto es, independientemente del órgano del que pueda provenir la propuesta. Estamos en presencia de una limitación subjetiva; existe en función de la persona, de modo que es irrelevante, a efectos de la irreelegibilidad, que la reelección pudiera provenir de un órgano diferente a aquél que inicialmente propuso al referido magistrado.

En segundo lugar, la norma objeto de este comentario puede plantear la cuestión interpretativa de si el plazo que ha de transcurrir hasta que desaparezca la limitación es de tres o de nueve años. La duda no es fácil de resolver y, desde luego, creemos que existen argumentos válidos para defender ambas posiciones. A nuestro entender, una interpretación favorable a que sean sólo tres los años que hayan de mediar para que legalmente deba entenderse periclitada la limitación legal del artículo 16.2 encuentra sólidos argumentos de apoyo. Veámoslos.

De un lado, el adjetivo «inmediato» parece conducirnos a una interpretación restrictiva del sustantivo «período». De otro lado, es obvio que los períodos que se pueden distinguir en la vida del Tribunal lo son de una duración de tres años, plazo éste con específicas y trascendentales consecuencias jurídicas (pensemos por ejemplo que es el período por el que se elige al Presidente del Tribunal), al margen ya de ser el período que media entre cada renovación parcial del Tribunal.

A mayor abundamiento, una interpretación proclive al plazo de nueve años —como plazo de exclusión, llamémosle así—, parecería vincular esa exclusión al órgano proponente, no a la persona que ha de ser excluída, postura que no nos resulta aceptable, dado que, como ya hemos apuntado, la exclusión tiene un carácter subjetivo, y además, una persona puede ser propuesta «a posteriori» por un órgano distinto de aquél que la propuso en una primera ocasión.

Por todo lo expuesto, nos inclinamos a favor de la consideración de que todo magistrado cesante habrá de esperar tan sólo tres años, contabilizados a partir del momento de su cese legal, antes de poder ser nuevamente propuesto como miembro del Tribunal.

El principio general analizado tiene una salvedad legalmente determinada, que afecta a aquellos magistrados que hubieran ocupado el cargo por un plazo no superior al de tres años. Estos sí pueden ser reelegidos de modo inmediato, previsión que parece entresacada del artículo 12 de la Ordenanza francesa 58-1067. Se comprende tal excepción si se atiende a la brevedad del período por el que un magistrado —en este supuesto— habrá de ocupar su cargo.

El principio de irreelegibilidad inmediata nos parece, pues, plenamente acertado. Creemos —y es una opinión generalizada— que tal principio coadyuva a salvaguardar la independencia del Tribunal.

En conexión con este principio, no carece de interés recordar la acertada vinculación que se lleva a cabo en la legislación alemana entre la irreelegibilidad y la posibilidad de formulación de votos particulares con trascendencia pública.

El instituto de la «*dissenting opinion*» —admitido en diferentes ordenamientos, como el germano-federal y el austríaco— se acoge por nuestro legislador en sede constituyente (artículo 164.1 de la Constitución, desarrollado por el artículo 90.2 de la LOTC).

Desde luego, el tema de la publicidad de las opiniones disidentes o votos particulares de los magistrados constitucionales es especialmente controvertido. En cualquier caso, son consideraciones muy dispares, tanto de orden institucional como vinculadas a la propia calidad de la hermenéutica jurídica, las que se han aducido a favor del principio de publicidad de estos votos particulares discrepantes del fallo suscrito por la mayoría del Tribunal. Por lo demás, es claro que esta publicidad contribuye a clarificar la posición de los componentes del Tribunal, que no tiene por qué ser homogénea y uniforme.

Y es fácil establecer una vinculación entre el principio de publicidad y el de reelección inmediata. Si ésta fuera la solución acogida por nuestro legislador, podría pensarse en la posibilidad de que algún magistrado se viera tentado a la adopción de posiciones supuestamente proclives a la opción política mayoritaria del órgano que pudiera volverle a proponer. Este peligro es excluido con la fórmula de la irreelegibilidad inmediata.

En resumen, la irreelegibilidad inmediata no quiebra la continuidad del Tribunal, pues ésta se halla garantizada por la doble circunstancia del largo período de ejercicio del cargo y de la opción por una renovación parcial del mismo. Al unísono, la irreelegibilidad, aunque sea tan sólo inmediata, evita la inercia ínsita a todo proceso de reelección indefinida y soslaya la petrificación del Tribunal. Por todo ello, contribuye al fortalecimiento de su independencia y, de este modo, constituye un freno más frente al peligro de vinculación partidista de los jueces constitucionales.

e') La cualificación técnico-jurídica para el acceso al Tribunal

La cualificación técnico-jurídica de las personas que vayan a acceder a un Tribunal de esta naturaleza es uno de los aspectos que más significativamente puede contribuir a equilibrar el peso excesivo que los órganos políticos suelen tener en el proceso de nombramiento de los magistrados constitucionales.

En el Derecho comparado es norma común la exigencia de unos determinados requisitos tendentes a garantizar un conocimiento técnico-jurídico para el acceso a los Tribunales Constitucionales. Como recuerda *Zagrebelsky,* tal circunstancia se explica en base al hecho de que mientras la elección de los jueces constitucionales por órganos de señalada naturaleza política contribuye a la selección de personas dotadas de la necesaria sensibilidad política, la exigencia de esta cualificación garantiza la imprescindible tecnicidad de estos órganos.

El artículo 159.2 de nuestra «Lex Superior» prevé que los miembros del Tribunal Constitucional sean nombrados entre Magistrados y Fiscales, Profesores de Universidad, funcionarios públicos y Abogados, todos ellos juristas de reconocida competencia con más de quince años de ejercicio profesional. Esta previsión nos suscita varias reflexiones.

La primera es la gran amplitud con que se contemplan estos requisitos. Con toda razón, *Rubio* y *Aragón* afirmaron que el constituyente podría haber prescindido de la enumeración limitativa de las categorías profesionales de entre las que pueden ser elegidos los miembros del Tribunal sin que ello alterase el contenido de la norma. La generalidad de los términos utilizados en tal enumeración cubre, en efecto, la totalidad de las profesiones jurídicas, de manera que es difícilmente imaginable el supuesto de un jurista que pudiera haber visto reconocida su competencia como tal mediante el ejercicio de una profesión que no se encuentre dentro de las enumeradas.

En cualquier caso, aún reconociendo la enorme amplitud de los límites de las posibilidades de propuesta al Rey, lo cierto es que se trata de límites al fin, bien que apenas si signifiquen algo más que una probada profesionalidad, unida a una cierta madurez en el oficio.

Una segunda reflexión atañe a la pluralidad de funciones o profesiones habilitantes para el acceso al Tribunal. La doctrina ha mostrado a este respecto sus dudas acerca de si no hubiera sido conveniente fijar una proporcionalidad entre los distintos profesionales de la justicia, la Universidad, la Administración y el foro, dado que el principio de complementariedad de tales profesiones parece requerido por la peculiar naturaleza de la función que se encomienda a los magistrados constitucionales. Por nuestra parte, creemos con *Aragón* que los inconvenientes que se derivarían de una rígida proporcionalidad (sobre todo a la hora de la elección) serían muy superiores a las posibles ventajas que esa proporcionalidad o equilibrio profesional podrían reportar.

d/ El estatuto jurídico de los magistrados constitucionales

El estatuto jurídico de los integrantes de nuestro «intérprete supremo de la Constitución» aparece delineado en sus grandes trazos por los apartados cuarto y quinto del artículo 159 de la Constitución, que a su vez han sido desarrollados por los artículos 19 a 26 de la LOTC.

Nuestra Norma suprema proclama como eje sobre el que se vertebra el estatuto jurídico de los magistrados constitucionales, los principios de independencia e inamovilidad, lo que, por otra parte, constituye una obviedad, pues es difícil pensar en el ejercicio de cualquier función jurisdiccional digna de ese nombre al margen de tales principios. La justicia no puede administrarse sino por jueces y magistrados independientes e inamovibles (a la par que responsables), sujetos únicamente al imperio de la ley, como precisa el artículo 117.1 de la misma Norma fundamental.

La independencia se vincula a un conjunto de principios y garantías, de entre los que asume un papel relevante la existencia de un estricto régimen de incompatibilidades que coadyuva muy positivamente a garantizar el principio anterior en cuanto priva al juez de vinculaciones y nexos respecto de otros poderes o intereses que pudieran comprometer aquella independencia.

No es de extrañar por ello mismo que el constituyente, al margen ya del reconocimiento solemne de la independencia e inamovilidad de los miembros del Tribunal Constitucional en el ejercicio de su función, se haya hecho eco tan sólo de las causas de incompatibilidad que deben afectar a la condición de magistrado constitucional, dejando al legislador orgánico la regulación precisa de cuantos restantes aspectos contribuyen a perfilar el estatuto jurídico de los jueces constitucionales.

El principio de independencia no es reiterado expresamente por la LOTC, quizá por haberse entendido en sede orgánica que la referencia del artículo 1.º.1, en el sentido de que el Tribunal Constitucional, como intérprete supremo de la Constitución, es independiente de los demás órganos constitucionales y está sometido sólo a la Constitución y a su Ley Orgánica, era suficiente, aunque, como bien señalara *Almagro Nosete,* la independencia predicada como cualidad abstracta de la jurisdicción nada significa si no se asegura en concreto la independencia de los miembros que desempeñan el oficio jurisdiccional. No hubiera, pues, resultado ocioso reiterar el principio constitucional de independencia de los miembros del Tribunal. En todo caso, esta omisión puede entenderse subsanada tanto por la existencia de la norma constitucional, como por el hecho de que la propia Ley Orgánica 2/1979 regula en detalle un conjunto de garantías y de principios con los que se asegura la independencia de los magistrados constitucionales.

La garantía de inamovilidad, el principio de inviolabilidad, la independencia económica y el régimen de incompatibilidades, son otros tantos instrumentos que se orientan a hacer efectiva aquella independencia, cuya finalidad última es conseguir que los magistrados ejerzan su función de acuerdo con el principio de imparcialidad, lo que a su vez justifica la existencia de un deber de abstención y de un derecho de recusación. En último término, la independencia encuentra su necesario contrapeso en el principio de responsabilidad. Si a todo ello unimos el principio de dignidad, inherente a la función que los magistrados constitucionales han de desempeñar, que encuentra su correlato en el privilegio de fuero, tendremos enumerados los rasgos que caracterizan el estatuto jurídico de los miembros del Tribunal Constitucional, rasgos en cuyo análisis vamos ahora a detenernos.

a') El principio de independencia: la inamovilidad

Como recuerda *Fairén,* aunque el problema de la independencia judicial ha sido estudiado en un doble aspecto (el de la organización y el de la función), toda la doctrina ha destacado, como garantía fundamental de la independencia judicial, el principio de inamovilidad de jueces y magistrados, destinado a favorecer su fuerza de resistencia frente al Ejecutivo.

La permanencia en el oficio, a salvo del peligro de ceses en el cargo o suspensiones en el desempeño de la función de carácter arbitrario, sigue constituyendo un instrumento esencial de salvaguarda de la independencia judicial, que es de aplicación igualmente a los magistrados del Tribunal Constitucional.

La Ley Orgánica del Tribunal prescribe (artículo 22) que los magistrados constitucionales «serán inamovibles y no podrán ser destituidos ni suspendidos sino por algunas de las causas que la ley establece».

El principio de inamovilidad exige que las causas de cese de los magistrados estén enunciadas por la Ley, tasadas y sujetas en cuanto a su verificación a un procedimiento regular y predeterminado. Algo similar puede decirse respecto de la posible suspensión de los jueces constitucionales.

Pues bien, el artículo 23 de la LOTC enumera las circunstancias que llevan consigo el cese de los integrantes del Tribunal Constitucional, reservando asimismo la potestad de decretar la vacante o cese en el cargo al Presidente del Tribunal o a éste en Pleno, según los supuestos.

En los casos de renuncia aceptada por el Presidente del Tribunal, expiración del plazo de nombramiento y fallecimiento, el cese o vacante se decretará por el Presidente, mientras que corresponderá al Tribunal en Pleno decidir por mayoría simple en los supuestos en que los magistrados incurran en alguna causa de incapacidad de las previstas para los miembros del Poder Judicial, o cuando se vieren afectados por un supuesto de incompatibilidad sobrevenida. Finalmente, será asimismo competencia del Pleno del Tribunal, bien que esta vez se requiera una mayoría de las tres cuartas partes de sus miembros, decretar el cese de un magistrado en los tres supuestos siguientes: *a)* cuando dejare de atender con diligencia los deberes de su cargo; *b)* cuando violare la reserva propia de su función, y *c)* cuando hubiere sido declarado responsable civilmente por dolo o condenado por delito doloso o por culpa grave.

Como corolario último del principio de inamovilidad, el artículo 24 de la LOTC contempla las circunstancias en que, como medida previa, cabe la suspensión en el cargo de un magistrado constitucional, determinando asimismo a quien compete decidir acerca de la suspensión y el procedimiento a seguir a tal efecto.

La suspensión es una medida cautelar y por ello mismo circunscrita temporalmente. El precepto en cuestión restringe los supuestos en que puede ser acordada la suspensión al caso de procesamiento, esto es, al supuesto en que se dicte auto de procesamiento contra un magistrado constitucional, resolución que ha de ser adoptada, a tenor del artículo 26 de la propia LOTC, por la Sala de lo Penal del Tribunal Supremo, así como a aquellas circunstancias en que se entienda necesaria la suspensión por el tiempo indispensable para resolver sobre la concurrencia de alguna de las causas de cese establecidas en el artículo 23. Aunque la Ley se remite genéricamente a las «causas de cese», no haciendo distingo alguno entre ellas, parece claro que habrán de ser excluidas las dos primeras, esto es, la renuncia y la expiración del plazo de nombramiento.

La suspensión, al igual que el cese, ha de ser decidida por el Pleno del Tribunal, requiriéndose el voto favorable de una mayoría muy cualificada: las tres cuartas partes de sus miembros, circunstancia que contribuye a salvaguardar adecuadamente el principio de inamovilidad y, por ende, el de independencia de los magistrados constitucionales.

b') El principio de independencia: la inviolabilidad

El principio de independencia es asimismo protegido a través de otros instrumentos jurídicos, entre los que destaca la garantía de inviolabilidad. A ella se refiere el artículo 22 de la LOTC cuando afirma que los magistrados del Tribunal Constitucional «no podrán ser perseguidos por las opiniones expresadas en el ejercicio de sus funciones».

El precepto anterior nos recuerda el artículo 5.° de la Ley constitucional italiana num. 1, de 11 de marzo de 1953, que declara que los jueces de la «Corte» no pueden ser perseguidos ni son responsables «per le opinioni espresse e i voti dati nell'esercizio delle loro funzioni»; como puede constatarse, la inviolabilidad cubre en Italia no sólo las opiniones manifestadas en el ejercicio de sus funciones por los jueces de la «Corte», sino también los votos emitidos por aquéllos. En todo caso, es obvio que, a la vista de nuestra legislación, los términos en que se reconoce la inviolabilidad no pueden ser interpretados en su pura literalidad, y que, por ello mismo, también los votos de los magistrados, en cuanto expresión formal de unas opiniones y posturas previas, quedan al amparo de la garantía de inviolabilidad. Pensar otra cosa sería hipotecar por entero el principio de independencia.

c') El principio de independencia: la independencia económica

Las previsiones legales referidas a las retribuciones de los magistrados constitucionales se enmarcan plenamente dentro de las garantías de que se rodea el principio de independencia judicial. Es más, el mismo principio de dignidad inherente a la función que los magistrados constitucionales ejercen reclama una retribución adecuada. En este sentido, el artículo 40.2 de la Ley Orgánica del Poder Judicial prescribe que:

> «El Estado garantiza la independencia económica de los Jueces y Magistrados mediante una retribución adecuada a la dignidad de la función jurisdiccional.»

Nuestra normativa legal, a diferencia por ejemplo de la italiana, no contempla de modo específico la remuneración de los magistrados constitucionales, limitándose a establecer en un precepto (artículo 25 de la LOTC) la compensación económica que se ha de otorgar a los integrantes del Tribunal cuando, cumpliendo determinados requisitos, cesen en su cargo. Esa compensación consiste en mantener al juez constitucional durante un año el sueldo equivalente al que percibía cuando cesó, siempre y cuando hubiere desempeñado el cargo durante un período mínimo de tres años.

Esta remuneración «de transición» se complementa con la previsión legal de un régimen de derechos pasivos específico que se tiene en cuenta respecto de aquellos magistrados que procedan de un cuerpo funcionarial con derecho a jubilación.

d') El régimen de incompatibilidades

El artículo 159.4 de nuestra Constitución enumera un conjunto de funciones y actividades cuyo ejercicio es incompatible con la condición de magistrado constitucional. A tenor del mismo:

> «La condición de miembro del Tribunal Constitucional es incompatible: con todo mandato representativo; con los cargos políticos o

administrativos; con el desempeño de funciones directivas en un partido político o en un sindicato y con el empleo al servicio de los mismos; con el ejercicio de las carreras judicial y fiscal, y con cualquier actividad profesional o mercantil.»

Tras esta enumeración, en el párrafo subsiguiente, el precepto precisa que: «En lo demás, los miembros del Tribunal Constitucional tendrán las incompatibilidades propias de los miembros del Poder Judicial.»

La doctrina ha leído este precepto en orden inverso, entendiendo que, a tenor del mismo, los magistrados constitucionales tendrán las incompatibilidades propias de los miembros de Poder Judicial, más las que expresamente se señalan en el precepto en cuestión. Sin embargo, si se atiende al hecho de que la mayoría de las causas de incompatibilidad enunciadas por el artículo 159.4 son aplicables a los jueces y magistrados (salvo, claro es, el ejercicio de las carreras judicial y fiscal), y que sólo hallamos una diferencia significativa: la condición de magistrado constitucional incompatibiliza con el desempeño de funciones directivas en un partido político o en un sindicato y con el empleo al servicio de los mismos, mientras que la condición de juez, magistrado o fiscal supone un endurecimiento del régimen de incompatibilidades en este punto concreto, pues a estos últimos les está vedada la pertenencia a partidos o sindicatos, tal y como precisa el artículo 127 de la Constitución; si atendemos, pues, a estas dos razones, llegamos con facilidad a la conclusión de que la pretensión última del constituyente con el artículo 159.4 ha sido la de marcar una separación fundamental entre los miembros de la jurisdicción ordinaria y los magistrados constitucionales, en relación con su posible afiliación a partidos políticos o sindicatos.

Aunque no faltan autores que entienden que una fórmula unitaria hubiera sido más conveniente, pues ninguna razón científica justifica un trato diferenciado, es lo cierto que esa sensibilidad política que ineludiblemente requiere un magistrado constitucional, pues viene exigida por las propias peculiaridades de la hermenéutica constitucional, explica esta diferenciación. Es claro que, en todo caso, un magistrado constitucional accederá a su cargo no por su afiliación a un partido, sino por su cualificación profesional. Lo contrario, esto es, el nombramiento de miembros del Tribunal Constitucional en función de criterios únicamente políticos, en orden a la búsqueda no de una independencia de juicio, sino de una neutralización o defensa de intereses partidistas, supondría la absoluta desnaturalización de un órgano que está llamado a cumplir una tan decisiva función en orden al equilibrio armónico del conjunto del sistema constitucional.

El artículo 19.1 de la LOTC desarrolla las previsiones del artículo 159.4 de la Constitución, ampliando algunos puntos y precisando otros. Así, comienza señalando la incompatibilidad con el cargo de Defensor del Pueblo, así como con el de diputado o senador, bien que haya que entender que no sólo estos últimos cargos representativos, sino cualesquiera otros (a nivel local, provincial, autonómico... etc.) son incompatibles con la condición de miembro del Tribunal, pues el artículo 159.4 la incompatibiliza con todo mandato representantivo. En tal sentido hay que entender que se pronuncia la LOTC cuando precisa que la incompatibilidad con cualquier cargo político o administrativo se extenderá con independencia de que ese cargo lo sea del Estado, las Comunidades Autónomas, las provincias u otras Entidades locales. El ejercicio de la carrera judicial y fiscal se amplía a todo empleo en los Tribunales y Juzgados 'de cualquier orden jurisdiccional. Por último, la prohibición de desempeño de funciones directivas en partidos y sindicatos (o de empleo al servicio de los mismos) se amplía a las asociaciones, fundaciones y colegios profesionales.

Como es regla habitual en los supuestos de incompatibilidad, la Ley permite (artículo 19.2 de la LOTC) que el magistrado propuesto, incurso en alguna causa de incompatibilidad, disponga de un plazo de diez días (los inmediatamente sucesivos a la propuesta) para que pueda cesar en el cargo o actividad incompatible, siempre con anterioridad a su toma de posesión. Si no lo hiciere, se sobreentiende que no acepta el cargo de magistrado constitucional.

e') Los principios que rigen el ejercicio de la función: imparcialidad y dignidad

El artículo 22 de la LOTC determina que los magistrados del Tribunal Constitucional ejercerán su función de acuerdo con los principios de imparcialidad y dignidad inherentes a la misma.

Estos principios no pueden en modo alguno considerarse como meras abstracciones, pues de ellos se derivan unas importantes consecuencias jurídicas. Es claro que la independencia, como derecho del juez, pretende conseguir que éste actúe con verdadera imparcialidad; de ahí que, en cierto modo, una contrapartida de la misma nos venga dada por el principio de responsabilidad. De otro lado, ese principio de imparcialidad justifica la existencia de un deber de abstención y de un derecho de recusación, respecto de los cuales, el artículo 80 de la LOTC determina que se apliquen con carácter supletorio los preceptos de la Ley Orgánica del Poder Judicial y de la Ley de Enjuiciamiento Civil.

La Ley Orgánica del Poder Judicial ha englobado en un sólo capítulo la regulación del régimen jurídico de la abstención y recusación; los artículos 219 y 220 enumeran las causas de abstención y, en su caso, de recusación. El magistrado en quien concurra alguna de ellas se abstendrá del conocimiento del asunto sin esperar a que se le recuse, comunicándolo a la Junta de Gobierno del Tribunal.

En cuanto a la recusación, que deberá proponerse tan luego como se tenga conocimiento de la causa en que se funde, será competente para conocer de ella el Pleno del Tribunal [artículo 10, *h)* de la LOTC], no cabiendo recurso alguno contra la decisión del mismo.

El segundo de los principios que debe guiar al juez constitucional en el ejercicio de su función es el de dignidad, exigido por la propia dignidad de la función jurisdiccional, en conexión con la cual se sitúa la exigencia de una retribución económica adecuada (principio de independencia económica, ya analizado) y el privilegio de fuero, contemplado por el artículo 26 de la LOTC, a cuyo tenor: «La responsabilidad criminal de los magistrados del Tribunal Constitucional sólo será exigible ante la Sala de lo Penal del Tribunal Supremo.»

Este privilegio de fuero se conecta asimismo con el principio anterior de imparcialidad, pues el bien jurídico que con él tiende a tutelarse no es otro que el de conseguir recta e imparcial justicia. Se trata de evitar, de un lado, que el titular de un oficio público tan trascendental pueda verse expuesto a un proceso penal que aparezca como resultante de meras maniobras o ardides, y de otro, que la alta cualificación del cargo pueda dificultar, llegado el momento del procesamiento, la independencia del juzgador.

f') El principio de responsabilidad

Si el principio de independencia es esencial para el recto ejercicio de toda función jurisdiccional, el principio de responsabilidad aparece como la contrapartida inexcusable de aquél.

La Constitución no se refiere de modo explícito al principio de responsabilidad de los magistrados constitucionales, aunque sí lo hace respecto de los jueces y magistrados (artículo 117.1) de la jurisdicción ordinaria, y no vemos razón alguna para que puedan los primeros quedar exentos de la responsabilidad dimanante del ejercicio independiente de su función.

La LOTC alude a la responsabilidad criminal en su artículo 26, y en el artículo 23 se refiere a la responsabilidad civil dolosa, admitiéndola de modo indirecto, al contemplarla como causa determinante del cese de un magistrado constitucional.

Nada se dice por el contrario acerca de la responsabilidad disciplinaria, o sea, aquella en que pueden incurrir los jueces y magistrados por la comisión de faltas que inciden sobre el «ius iurisdictionis»; en relación con los magistrados constitucionales, entendemos con *Almagro Nosete* que en cuanto estas faltas pueden contrariar el principio de dignidad inherente a su función, una de cuyas manifestaciones es el estricto cumplimiento de las obligaciones inherentes a su estatuto, tales faltas deben entrañar una responsabilidad disciplinaria.

H) Estructura y funcionamiento del Tribunal

El Tribunal Constitucional actúa en Pleno o en Sala (artículo 6.1 de la LOTC). A su vez, para el despacho ordinario, las Salas y el Pleno constituyen Secciones (artículo 8.º de la LOTC). El Pleno, las Salas y las Secciones son, pues, los órganos a través de los cuales se vertebra el funcionamiento del Tribunal. A ellos nos referiremos a continuación, como también a la figura de su Presidente.

a/ El Presidente

El artículo 160 de nuestra Norma suprema establece que: «El Presidente del Tribunal Constitucional será nombrado entre sus miembros por el Rey, a propuesta del mismo Tribunal en Pleno y por un período de tres años.» Esta determinación ha sido desarrollada por el artículo 9.º de la LOTC, que prevé el carácter secreto de la votación, así como el procedimiento de elección que, en síntesis, es el que sigue:

La Ley exige el voto de la mayoría absoluta de los magistrados integrantes del Tribunal para resultar elegido en primera votación. Si tal mayoría no se alcanzase, se procederá a una segunda votación, en la que resultará elegido quien obtuviese mayor número de votos. En caso de empate, se efectuará una tercera y última votación, y si el empate se repitiese, será propuesto al Rey el magistrado de mayor antigüedad en el cargo (entre, obviamente, quienes hubieren empatado) y en caso de igualdad el de mayor edad.

La Constitución nada manifiesta sobre la reelegibilidad del Presidente, reelegibilidad que, en opinión de *Rubio* y *Aragón,* hubiera sido prudente conceder de forma ilimitada (mientras se continuara siendo miembro) dado que ello prestaría al Tribunal una imagen de continuidad siempre conveniente. Sin embargo, el artículo 9.º.3 de la LOTC ha limitado tal posibilidad de reelección a tan sólo una vez.

La LOTC nada señala respecto a posibles causas de cese del Presidente, por lo que hay que pensar que le son de aplicación las reglas generales previstas al efecto para todos los Magistrados, de lo que se infiere que, salvo que el Presidente quedara incurso en una de esas causas, no hay posibilidad de que el Pleno pueda revocar a su Presidente.

Aunque nada preveía la norma constitucional, el artículo 9.º.4 de la LOTC ha creado la figura de un Vicepresidente, que será elegido por el Tribunal en Pleno, entre sus miembros, por el procedimiento previsto para la elección del Presidente y por el mismo período de tres años.

Al Vicepresidente incumbe sustituir al Presidente en caso de vacante, ausencia u otro motivo legal, así como presidir la Sala Segunda. A su vez, si el Vicepresidente se hallare impedido por alguna de las causas precedentemente referidas, el artículo 8.° del Reglamento de Organización y Personal (ROP) establece que será sustituido por el Magistrado más antiguo, y, en caso de igual antigüedad, por el de mayor edad.

El artículo 15 de la LOTC contempla las funciones de la Presidencia del Tribunal, funciones que, siguiendo a *Almagro Nosete,* podemos dividir en externas e internas.

Respecto de las primeras, corresponden al Presidente las funciones de representación que conlleva su alta jerarquía; estas funciones se manifiestan sobre todo en la comunicación del Tribunal con otros órganos constitucionales; en particular, el precepto señala a título indicativo: la comunicación a las Cámaras, al Gobierno y al Consejo General del Poder Judicial. Igualmente, es el órgano de comunicación del Tribunal con el Ministerio de Justicia.

En cuanto a las funciones de índole interna, corresponde al Presidente: *a)* presidir el Tribunal en Pleno; *b)* convocar y fijar el orden del día de las reuniones del Pleno; *c)* dirigir las deliberaciones del Pleno y ejecutar los acuerdos que adopte; *d)* convocar y fijar el orden del día de las reuniones de la Junta de Gobierno y dirigir sus deliberaciones (digamos que, según el artículo 9.° del ROP, la Junta de Gobierno estará compuesta por el Presidente, el Vicepresidente, dos Magistrados y el Secretario General); *e)* convocar concurso-oposición para la selección de los Letrados del Tribunal; *f)* nombrar a los funcionarios de empleo y autorizar la contratación de personal en régimen administrativo o laboral; y, desde luego sin ánimo exhaustivo, *g)* promover y, en su caso, ejercer la potestad disciplinaria.

b/ El Pleno

El Pleno del Tribunal está integrado por todos los magistrados del mismo. Lo preside el Presidente del Tribunal y, en su defecto, el Vicepresidente y, a falta de ambos, el magistrado más antiguo en el cargo y, en caso de igual antigüedad, el de mayor edad.

El Pleno es convocado por el Presidente por propia iniciativa y cuando lo pidan al menos tres Magistrados.

La convocatoria se hará con tres días de antelación, salvo que, a juicio del Presidente, la urgencia del caso no permita cumplir este plazo, debiendo acompañarse a la convocatoria el orden del día y los antecedentes precisos para la deliberación. No obstante lo anterior, el Tribunal en Pleno quedará válidamente constituido, aunque no hubieren precedido los requisitos de la convocatoria, cuando se hallen reunidos todos los Magistrados y así lo acuerden por unanimidad.

Para la adopción de acuerdos por el Pleno, será necesaria la presencia, al menos, de dos tercios de los miembros que en cada momento lo compongan.

En cuanto a las funciones del Pleno, cabe decir que le corresponde conocer de los asuntos que refiere el artículo 10 de la LOTC, que son prácticamente todos los de competencia del Tribunal, bien que con la importante salvedad de los recursos de amparo; además, le corresponde la «competencia de la competencia», pues, de conformidad con el artículo 10, *k)*, conocerá el Pleno de cualquier otro asunto que, siendo competencia del Tribunal, recabe para sí, a propuesta del Presidente o de tres Magistrados.

Compete asimismo al Pleno la elección de su Presidente y Vicepresidente y la distribución de asuntos entre las Salas, que se efectuará según un turno establecido por el Pleno a propuesta de su Presidente.

Por último, el artículo 2.° del ROP atribuye al Pleno una amplísima gama de funciones referidas a la organización interna del Tribunal, entre las que destacaremos: *a)* el establecimiento de la plantilla de personal; *b)* la elección y remoción del Secretario General; *c)* la resolución sobre las incompatibilidades que afectan a los funcionarios al servicio del Tribunal, y *d)* la aprobación del proyecto del Presupuesto del Tribunal para su incorporación a los Presupuestos Generales del Estado.

c/ Las Salas

El Tribunal consta de dos Salas, cada una de las cuales queda integrada por un total de seis Magistrados nombrados por el Tribunal en Pleno.

La Sala Primera es presidida por el Presidente del Tribunal y, en su defecto, por el Magistrado de mayor antigüedad y, en caso de la misma antigüedad, por el de mayor edad.

La Sala Segunda es presidida por el Vicepresidente del Tribunal, y, en defecto del mismo, se siguen los criterios anteriores.

En su funcionamiento interno, las Salas siguen la pauta del Pleno, pues sus acuerdos requerirán la presencia de dos tercios de los miembros que en cada momento las compongan.

Las Salas son competentes en todas aquellas materias que no estén atribuidas al Pleno. Sin embargo, el artículo 48 de la LOTC les atribuye la competencia específica en materia de amparo constitucional. En opinión de *Almagro Nosete,* esta competencia, en cuanto delegada, no merma la facultad avocatoria del Pleno del Tribunal, si la importancia del asunto aconseja ejercitarla.

Como ambas Salas disponen de idénticas atribuciones, la concreta asignación de los asuntos a una u otra se hará en función de un turno de reparto establecido por el Pleno.

Es importante referir por último la prescripción del artículo 13 de la LOTC, por mor del cual: «Cuando una Sala considere necesario apartarse en cualquier punto de la doctrina constitucional precedente sentada por el Tribunal, la cuestión se someterá a la decisión del Pleno.»

Ante todo, es preciso indicar que el concepto de *«doctrina constitucional»* equivale al de jurisprudencia del Tribunal Constitucional. Tal doctrina es establecida en cada caso por el órgano que decide, sean las Salas o el propio Pleno del Tribunal. No existiendo doctrina previa del Pleno del Tribunal sobre una materia, y no haciendo uso aquél de la facultad avocatoria de que dispone, el órgano legitimado para intervenir gozará obviamente de libertad para establecer la doctrina que estime adecuada.

Ahora bien, si alguna Sala o el Pleno tuviera ya establecida doctrina constitucional, y el órgano que hubiere de decidir juzgase oportuno modificar tal doctrina, en razón del caso concreto que enjuicia, no podrá proceder a dicha alteración por su propia autoridad, debiendo someterse la cuestión a la decisión del Pleno.

d/ Las Secciones

Para el despacho ordinario y la decisión sobre la admisibilidad o inadmisibilidad de los recursos, el Pleno y las Salas constituirán, tal y como dispone el artículo 8.º de la LOTC, Secciones, compuestas por el respectivo Presidente o quien le sustituya y dos Magistrados.

Las Secciones, como puede apreciarse, se constituyen tanto en el Pleno como en las dos Salas, siendo parte integrante de uno u otras, pese a tener un cometido específico. Ese cometido se circunscribe al despacho ordinario y al trámite de admisión de los recursos, bien que tras la reforma de la LOTC llevada a cabo por la Ley Orgánica 6/1988, se ha posibilitado a las Secciones, por acuerdo unánime de sus miembros, decidir la inadmisibilidad de los recursos de amparo en los supuestos que más adelante veremos, y mediante simple providencia.

Según *Almagro Nosete,* se denomina «despacho ordinario» al conjunto de actividades que realizan los jueces y tribunales encaminadas a la ordenación y prosecución de los procesos en trámite mediante las necesarias resoluciones de impulso o de sustanciación.

En cuanto al trámite de admisión, tiene una finalidad depuradora de las pretensiones deducidas en los recursos; y en tal sentido, puede afirmarse que la Sección actúa como «filtro» respecto del órgano al que se atribuye la sustanciación y decisión del mismo.

Cabe señalar finalmente que la LOTC establece en su Título VIII (artículos 96 a 102) una serie de funcionarios al servicio del Tribunal que, en síntesis, son: el Secretario General, los Letrados, los Secretarios de Justicia, los Oficiales, los Auxiliares y los Agentes.

Este personal se rige por la propia LOTC, por el ROP y, con carácter supletorio, en lo que sea aplicable, por la legislación vigente para el personal al servicio de la Administración de Justicia.

Señalaremos tan sólo que los cargos anteriormente relacionados son incompatibles (artículo 86.3 LOTC) con el desempeño de cualquier otra función, destino o cargo, así como con el ejercicio profesional y con la intervención en actividades industriales, mercantiles o profesionales, incluso las consultivas y las de asesoramiento.

I) Los actos del Tribunal

El artículo 86 de la LOTC enumera los que podemos considerar como actos sustanciales del Tribunal Constitucional, prescindiendo obviamente de sus actos administrativos y de las cuestiones estrictamente procesales. Tales actos son: las providencias, los autos y las sentencias.

A tenor del artículo 86 antes citado:

> 1. «La decisión del proceso constitucional se producirá en forma de *sentencia*. Sin embargo, las decisiones de inadmisión inicial, desistimiento y caducidad adoptarán la forma de *auto* salvo que la presente Ley disponga expresamente otra forma. Las otras resoluciones adoptarán la forma de *auto* si son motivadas o de *providencia* si no lo son, según la índole de su contenido.»
>
> 2. «Las sentencias y las declaraciones a que se refiere el Título VI de esta Ley (Título que, tras su reforma por la Ley Orgánica 4/1985, de 7 de junio, se refiere a la declaración sobre la constitucionalidad de los Tratados Internacionales) se publicarán en el "BOE" dentro de los treinta días siguientes a la fecha del fallo.»

El apartado primero de este artículo ha sido modificado por la Ley Orgánica 6/1988, de 9 de junio, con el fin de acomodarlo a la nueva redacción del artículo 50 de la propia Ley Orgánica del Tribunal, que, en relación con el trámite de admisión del recurso de amparo, posibilita a la correspondiente Sección del Tribunal para, por unanimidad de sus miembros, acordar mediante *providencia* la inadmisión del recurso cuando concurra alguno de los supuestos expresamente previstos por el propio precepto. De esta forma, se posibilita la inadmisión de un recurso mediante una *providencia*. De ahí que el artículo 86.1, tras su modificación, contemple una salvedad al principio general de que toda decisión de inadmisión ha de adoptar la forma de *auto*, y por ello mismo ha de ser motivada.

a/ Las Providencias

El artículo 86 las define en forma negativa como resoluciones no motivadas, con lo cual se acerca al criterio de los artículos 369 y 370 de la Ley de Enjuiciamiento Civil: el artículo 369 determina que las resoluciones de los Tribunales y Juzgados, en los negocios de carácter judicial, se denominarán «providencias» cuando sean de tramitación, y el artículo 370 prescribe que la fórmula de las providencias se limitará a la determinación del Juez o Tribunal, sin más fundamento ni adiciones que la fecha en que se acuerde y el Juez o Sala que la dicte.

Las providencias de mero trámite han sido consideradas por la doctrina como el ejemplo característico de los actos de impulso, que son aquellos que tienen por objeto conseguir el tránsito del procedimiento de una a otra de las etapas que lo componen. Ahora bien, tras la reforma operada sobre la LOTC por la ya referida Ley Orgánica 6/1988, que, como ya dijimos, posibilita que la inadmisión de un recurso de amparo se acuerde a través de una simple providencia, no puede mantenerse en toda su extensión la consideración que precede.

Digamos por último que contra las providencias que dicte el Tribunal Constitucional tan sólo procederá, en su caso, el recurso de súplica, que no tendrá efecto suspensivo (artículo 93.2 de la LOTC). Este recurso podrá interponerse en el plazo de tres días, resolviéndose, previa audiencia común de las partes por igual tiempo, en los dos días siguientes.

b/ Los Autos

Los autos son resoluciones motivadas por las que se decide un determinado punto sobre el que ha mediado debate. De conformidad con el artículo 371 de la Ley de Enjuiciamiento Civil, los autos deben ir fundados en «resultandos» (exposición de los fundamentos de hecho) y «considerandos» (exposición de los fundamentos jurídicos que sean de aplicación), concretos y limitados unos y otros a la cuestión que se decida, con expresión en cada caso del Juez o Tribunal y del lugar y fecha en que se dicten.

La redacción inicial del artículo 86.1 de la LOTC imponía este tipo de actos en los supuestos de inadmisión inicial, desistimiento, renuncia y caducidad. Sin embargo, como ya indicamos, tras la modificación de aquel precepto llevada a cabo por la Ley Orgánica 6/1988, la anterior regla general admite excepciones: aquellas expresamente previstas por la propia Ley Orgánica del Tribunal Constitucional.

La importancia de la doctrina constitucional sentada por los autos del Tribunal está fuera de cualquier duda, poniéndose especialmente de relieve en los aspectos procesales atinentes a las previsiones de tal naturaleza de la propia Ley Orgánica del Tribunal.

Digamos por último que para los autos rigen, en lo que atañe a posibles recursos, idénticas prescripciones que las establecidas legalmente respecto de las providencias.

c/ Las Sentencias

Sentencia es, según el artículo 369 de la Ley de Enjuiciamiento Civil, aquella resolución de un Tribunal o Juzgado por la que se decide definitivamente el pleito en sus distintas cuestiones, o bien, recayendo sobre un incidente, pone término a lo principal, objeto del pleito. En definitiva, la sentencia es la forma que adopta la decisión definitiva que pone término al proceso constitucional.

Las sentencias del Tribunal tienen una naturaleza específica que implica que no puedan equipararse exactamente con las sentencias de los Tribunales de la Jurisdicción ordinaria. Como subraya *Sánchez Agesta,* las decisiones del Tribunal son sentencias de una instancia suprema constitucional y como tales tienen en algunos casos un valor peculiar.

A este respecto, *Garrorena* ha considerado que la sentencia constitucional es ante todo un acto procesal, esto es, la decisión de un colegio de jueces que pone término a un proceso. Pero además es también, y en un grado eminente, actividad dirigida a la interpretación e integración creadora del Derecho. Y desde luego, en tercer lugar, la sentencia constitucional es todavía algo más: es, indefectiblemente, decisión política, esto es, acto de un poder en dialéctica con los demás poderes del Estado.

En definitiva, la sentencia constitucional (ese es su riesgo y quizá tambien su riqueza y su virtud) es a la vez realidad política y realidad jurídica fundidas en unidad de acto.

Las sentencias del Tribunal Constitucional se abren con un encabezamiento en el que se trata de identificar a las partes e intervinientes; siguen los «antecedentes» en los que se resumen los supuestos fácticos y las diversas alegaciones de las partes; tras ellos, los «fundamentos jurídicos», núcleo esencial de la sentencia en el que se sienta la doctrina constitucional; por último, la sentencia se cierra con el fallo en el que, con brevedad y concreción, se especifican los mandatos concretos que impone la sentencia.

El artículo 164.1 de nuestra Ley de leyes, tras determinar que «las sentencias del Tribunal Constitucional se publicarán en el "Boletín Oficial del Estado"», prescribe que tal publicación se hará «con los votos particulares, si los hubiere». El artículo 90.2 de la LOTC, desarrollando tal precepto, ha venido a establecer que el Presidente y los Magistrados del Tribunal podrán reflejar en un voto particular su opinión discrepante defendida en la deliberación, tanto por lo que se refiere a la decisión como a su fundamentación.

Los acuerdos del Tribunal —bien sean del Pleno, bien de las Salas o Secciones— se adoptan por mayoría simple de los Magistrados que intervienen en la deliberación, decidiendo en caso de empate el voto del Presidente. No obstante, la LOTC (artículo 90.1) prevé, en determinadas ocasiones, un *quorum* cualificado.

En relación con los efectos de las sentencias, el artículo 164 de la Constitución, en su inciso segundo, ha determinado que las sentencias «tienen el valor de cosa juzgada a partir del día siguiente de su publicación y no cabe recurso alguno contra ellas». Y el artículo 93.1 de la LOTC, en relación con este último punto, establece que si bien contra las sentencias no cabe recurso alguno, en el plazo de dos días a contar desde su notificación, las partes podrán solicitar la aclaración de las mismas.

En definitiva, las sentencias que ponen término al proceso constitucional no pueden ser recurridas, y otro tanto sucede respecto de los acuerdos de inadmisión que equivalgan a resoluciones definitivas, tal y como, respecto de las demandas de amparo constitucional, establece el artículo 50.3 de la propia LOTC.

Se ha afirmado que las sentencias del Tribunal Constitucional tienen el valor de una ley negativa y abrogatoria cuando declaran la inconstitucionalidad. Sin embargo, como advierte *Sánchez Agesta,* su valor es todavía mayor, porque una ley puede ser derogada por otra ley, y la sentencia se impone al mismo legislador, y sólo podría, en su caso, ser reformada, en algunos supuestos, de acuerdo con las reglas de interpretación de nuestro Derecho, por otra sentencia del mismo Tribunal en un caso, o recurso, diverso que afectara a algún matiz de interpretación.

El artículo 87.1 de la LOTC prescribe que «todos los poderes públicos están obligados al cumplimiento de lo que el Tribunal Constitucional resuelva». La falta de cumplimiento de las resoluciones del Tribunal implicará la apertura de un proceso de ejecución, generando, según los supuestos, responsabilidades de orden penal, civil o disciplinario. En definitiva, el precepto anterior diseña el principio de vinculación de los poderes públicos al cumplimiento de las decisiones del Tribunal.

Como al respecto advierte *Bocanegra,* de los efectos que al concepto de «vinculación» de las sentencias del Tribunal Constitucional se le adjuntan como diferenciadores del de «cosa juzgada», o simplemente como meros integrantes del mismo, el más notable quizá sea el de que la obligatoriedad de tales decisiones constitucionales alcanza no sólo a la parte dispositiva, esto es, al fallo de la sentencia, sino, más allá, también a lo que la generalidad de la doctrina alemana llama *«tragende Gründe»,* lo que equivale a afirmar que los órganos constitucionales se encuentran vinculados asimismo a los motivos, esto es, a la *ratio decidendi,* a los argumentos que han sido especialmente relevantes para la adopción de la decisión concreta.

Las «*tragende Gründe*» vendrían a ser aquellas razones o motivos sin los que el fallo no podría existir, por contraposición a los «*obiter dicta*», con lo que la vinculación no se extendería a todos los razonamientos llevados a cabo por el Tribunal, sino tan sólo a aquella parte de los mismos que es relevante para el fallo, esto es, que soporta la decisión, de tal modo que no podría ser alterada mediante deducción del Tribunal, sin que el resultado, formulado en el fallo, cambiara.

Evidentemente, aunque estamos ante una noción de perfiles imprecisos, es incuestionable que responde a una necesidad real, como es la de vincular la conducta futura de los órganos y personas que resulten afectados por la decisión constitucional, evitando que comportamientos declarados inconstitucionales puedan ser de nuevo reiterados.

El inciso segundo del artículo 164.1 de la Constitución, en relación específicamente con las sentencias que declaren la inconstitucionalidad de una ley o de una norma con fuerza de ley y con todas aquellas que no se limiten a la estimación subjetiva de un derecho, determina que tendrán «plenos efectos frente a todos» *(erga omnes).*

Finalmente, debemos hacernos eco de la previsión del artículo 164.2 de nuestro código político fundamental que, de modo general, establece que el Tribunal podrá anular en una ley la parte de la misma que no esté afectada por la inconstitucionalidad. No en otro sentido debe entenderse el referido precepto, por mor del cual: «Salvo que en el fallo se disponga otra cosa, subsistirá la vigencia de la ley en la parte no afectada por la inconstitucionalidad.»

Como señalaran *Rubio* y *Aragón,* estamos ante un notorio disparate, pues, o bien las normas legales son inconstitucionales y pierden su fuerza de obligar al ser declaradas tales, o bien no lo son en modo alguno, y, en consecuencia, ni el Tribunal Constitucional ni ningún otro órgano podrá atacar su vigencia.

Posiblemente lo que se quiso decir —o se debió decir— es que: «subsistirá la vigencia de la ley en la parte no afectada por la impugnación», «salvo que el fallo disponga otra cosa», lo que obviamente habría significado algo muy distinto: que el Tribunal podría declarar la nulidad de los preceptos impugnados, así como la de aquellos otros no impugnados de la misma ley a los que, por conexión o consecuencia, pudiera extenderse la inconstitucionalidad, determinación ésta que, precisamente, aparece contemplada por el artículo 39.1 de la LOTC.

J) Las competencias del Tribunal

El modelo por el que nuestros constituyentes han optado a la hora de precisar las competencias del Tribunal Constitucional es, sin ningún género de dudas, el modelo germano-federal, bien que el mismo se vea sometido a algunas modulaciones de interés.

El artículo 161 de nuestra Norma fundamental, tras declarar que el Tribunal tiene jurisdicción en todo el territorio español, enumera sus competencias, que, en esencia, se concretan en el siguiente tríptico: control normativo, esto es, control de constitucionalidad de las leyes y demás disposiciones normativas con fuerza de ley; defensa de los derechos y libertades fundamentales, a través de la vía del recurso de amparo, y resolución de conflictos competenciales.

Sin embargo, la enumeración del artículo 161 de la Constitución no es, ni mucho menos, una enumeración tasada o cerrada, sino abierta y no tasada. Así se deduce del apartado *d)* del artículo 161.1, que establece lo que algún sector doctrinal ha denominado una «cláusula general de desconstitucionalización competencial», de la que, por cierto, se aprovecharía el legislador en sede orgánica al aumentar sensiblemente, a través del artículo 2.° de la Ley Orgánica del Tribunal, las competencias de nuestro intérprete supremo de la Constitución.

El artículo 161.1 de nuestra «Lex Superior» declara competente al Tribunal para conocer:

1. Del recurso de inconstitucionalidad contra leyes y disposiciones normativas con fuerza de ley.

2. Del recurso de amparo por violación de los derechos y libertades referidos en el artículo 53.2 de la Constitución.

3. De los conflictos de competencia entre el Estado y las Comunidades Autónomas o de los de éstas entre sí.

4. De las demás materias que le atribuyan la Constitución o las leyes orgánicas.

La Constitución atribuye asimismo al Tribunal el conocimiento de:

A) La impugnación que el Gobierno de la Nación haga ante él de las disposiciones y resoluciones adoptadas por los órganos de las Comunidades Autónomas, impugnación cuyo efecto más peculiar es la suspensión de la disposición o resolución recurrida (artículo 161.2).

B) Las cuestiones de inconstitucionalidad promovidas al amparo del artículo 163 por Jueces y Magistrados.

C) La constitucionalidad de los Tratados Internacionales que vayan a ser celebrados por el Estado cuando se dude acerca de si contienen o no contradicciones con la Constitución (artículo 95.2).

El artículo 2.° de la LOTC iba a desarrollar los preceptos constitucionales, atribuyendo al Tribunal, al amparo de la cláusula de apertura competencial del apartado *d)* del artículo 161.1, nuevas competencias no expresamente contempladas por la Norma suprema. En efecto, de conformidad con el citado precepto, en la redacción inicial de la Ley, el Tribunal Constitucional era declarado competente para el conocimiento, en los casos y en la forma determinados por la propia Ley, de las siguientes cuestiones:

a) Del recurso y de la cuestión de inconstitucionalidad contra Leyes, disposiciones normativas o actos con fuerza de Ley.

b) Del recurso de amparo por violación de los derechos fundamentales y libertades públicas relacionadas en el artículo 53.2 de la Constitución.

c) De los conflictos constitucionales de competencia entre el Estado y las Comunidades Autónomas o de los de éstas entre sí.

d) De los conflictos entre los órganos constitucionales del Estado.

e) Del control previo de constitucionalidad en los casos previstos en la Constitución y en la presente Ley.

f) De las impugnaciones previstas en el número 2 del artículo 161 de la Constitución.

g) De la verificación de los nombramientos de los Magistrados del Tribunal Constitucional, para juzgar si los mismos reúnen los requisitos requeridos por la Constitución y la presente Ley.

h) De las demás materias que le atribuyen la Constitución y las Leyes orgánicas.

Asimismo (artículo 2.º.2), el Tribunal podrá dictar reglamentos sobre su propio funcionamiento y organización, así como sobre el régimen de su personal y servicios, dentro del ámbito de su propia Ley. Estos reglamentos, que deberán ser aprobados por el Tribunal en Pleno, se publicarán en el «Boletín Oficial del Estado», autorizados por su Presidente.

Por otra parte, la competencia del Tribunal, según el artículo 3.º de la LOTC, se extiende al conocimiento y decisión de las cuestiones prejudiciales e incidentales no pertenecientes al orden constitucional directamente relacionadas con la materia de que conoce, bien que «a los solos efectos del enjuiciamiento constitucional de ésta».

La modificación operada en la LOTC por virtud de la Ley Orgánica 4/1985, de 7 de junio, afectaba a las competencias del Tribunal, al orientarse la Ley hacia la supresión pura y simple del control previo de constitucionalidad, competencia enormemente polémica que atribuiría la Ley en un primer momento al Tribunal bien que sin expreso respaldo de la Constitución. Tras la reforma de 1985, el apartado *e)* del artículo 2.º.1 de la LOTC iba a ser modificado en el sentido de quedar referido a «la declaración sobre la constitucionalidad de los Tratados Internacionales», único control de carácter previo que corresponde llevar a cabo hoy a nuestro intérprete supremo de la Constitución.

De esta forma, hoy puede decirse que nuestro Tribunal Constitucional se acomoda, en cuanto a sus competencias se refiere, a las tres «*Grundformen*», o formas fundamentales de la Justicia Constitucional, que delimitara *Friesenhahn:* el control de normas, los recursos de amparo y los conflictos constitucionales.

Es evidente que al margen de estas funciones, los Tribunales Constitucionales nos ofrecen otras de menor entidad, como, por ejemplo, ser los órganos titulares de la llamada «Justicia política», actuar como jueces electorales, controlar el acomodo de los partidos políticos a las normas constitucionales... etc. Sin embargo, nuestros constituyentes, con buen criterio, no atribuyeron tales competencias al conocimiento del Tribunal, con lo que han contribuido a descargarlo de un trabajo a todas luces ya excesivo, en especial por el elevadísimo número de recursos de amparo de que ha de entender.

En resumen, las competencias del Tribunal pueden ser sistematizadas en tres órdenes diferenciados de cuestiones:

A) Los recursos sobre la constitucionalidad de las leyes, englobando dentro de ellos tanto la vía de la acción directa (recurso de inconstitucionalidad) como la vía indirecta o incidental (cuestión de inconstitucionalidad).

B) Los recursos de amparo, esto es, los recursos interpuestos para la protección de los derechos fundamentales y libertades públicas, una vez que, en su caso, se hayan agotado las vías jurisdiccionales ordinarias sin lograr el restablecimiento del derecho supuestamente vulnerado.

C) Los conflictos constitucionales, dentro de los cuales podemos situar tanto los de competencias como los de atribuciones, como también, como una modalidad particularizada, la impugnación por el Gobierno de disposiciones y resoluciones de las Comunidades Autónomas a que se refiere el artículo 161.2 de nuestra Norma suprema.

Fuera de este tríptico tan sólo nos encontramos, tras la reforma de la LOTC por la Ley Orgánica 4/1985, con esa modalidad peculiar de control normativo que es la declaración sobre la constitucionalidad de los Tratados Internacionales.

K) Los recursos sobre la constitucionalidad de las leyes

a/ Tipos y naturaleza

I. Dos son los tipos de recursos que podemos distinguir dentro de lo que genéricamente podríamos denominar el control de la constitucionalidad de las leyes: el recurso directo, que la LOTC denomina «recurso de inconstitucionalidad», cuyo objeto es la determinación en abstracto de la inconstitucionalidad de una norma, y el recurso indirecto o incidental, llamado por la LOTC «cuestión de inconstitucionalidad», que tiene por objeto la concreción de la inconstitucionalidad de una norma, en función de un proceso ordinario donde se cuestiona su aplicación.

Aunque estamos ante la competencia central del Tribunal, la que tiene su punto de partida en la «judicial review» norteamericana, es lo cierto que el recurso directo no es conocido en los Estados Unidos, presentándose como un resto del sistema kelseniano estricto.

Se trata, según *Soehn,* de un «control abstracto de normas», que se origina no en función de un conflicto de intereses concretos, para cuya solución sea menester dilucidar con carácter previo el acomodo a la Constitución de la norma de decisión, sino simplemente por una discrepancia abstracta sobre la interpretación del texto constitucional en relación a su compatibilidad con una ley singular.

En la doctrina alemana se habla por todo ello de un «proceso objetivo», en el que los órganos que lo han iniciado no adoptan, en su calidad de titulares de intereses públicos, la posición procesal estricta de recurrentes, actuando en cierto modo como defensores abstractos de la Constitución. *Soehn* dirá al respecto que estamos ante un procedimiento unilateral, no de contienda; es un procedimiento sin partes o litigantes.

Por el contrario, en el recurso indirecto, la problemática de la posible inconstitucionalidad de una norma surge como una cuestión incidental previa (que debe resolver el Tribunal Constitucional) a la aplicación de la referida norma para la resolución de un proceso concreto.

Aunque en el momento en que el problema se plantea ante el Tribunal Constitucional, por remisión del Tribunal *a quo,* la verificación de la constitucionalidad no es, según *García de Enterría,* muy distinta de la que se opera en la técnica del recurso directo, lo cierto es que, como ha destacado la doctrina alemana, ahora estamos ya ante un «control concreto de normas», con lo que quiere indicarse que viene generado en el seno de un litigio o proceso real. Y es que aunque la problemática fáctica específica del proceso no se envíe al Tribunal Constitucional, éste difícilmente podrá soslayar la dialéctica del caso concreto a la hora de fallar en el juicio de constitucionalidad.

II. En su jurisprudencia, nuestro intérprete supremo de la Constitución ha hecho suya, en su esencia, la doctrina antes expuesta, como veremos más adelante.

Con carácter previo, diremos que mediante los procedimientos de declaración de inconstitucionalidad, esto es, el recurso y la cuestión de inconstitucionalidad, tiende a salvaguardarse la *primacía de la Constitución.* Así lo establece explícitamente el artículo 27.1 de la LOTC, a cuyo tenor:

> «Mediante los procedimientos de declaración de inconstitucionalidad regulados en este Título (el Título II de la LOTC), el Tribunal Constitucional garantiza la primacía de la Constitución y enjuicia la conformidad o disconformidad con ella de las Leyes, disposiciones o actos impugnados.»

De ahí que el Tribunal haya podido afirmar (STC 14/1981, de 29 de abril) que: «La función principal de los procesos de constitucionalidad es la *defensa objetiva de la Constitución,* el afirmar su primacía y privar de todo efecto a las leyes contrarias a la misma, excluyendo del ordenamiento a las disconformes con la Constitución.» En definitiva, se trata de depurar el ordenamiento jurídico de normas inconstitucionales, en el bien entendido de que *la inconstitucionalidad* es considerada por el propio Tribunal como *«un juicio de contraste entre dos normas, al que subsigue una consecuencia jurídica»* (STC 11/1981, de 8 de abril). Es decir, la inconstitucionalidad no es la consecuencia, sino, simplemente, la premisa de esa consecuencia.

Es claro, pues, que los procesos constitucionales del Título II de la LOTC (recurso y cuestión de inconstitucionalidad) tratan de asegurar el correcto funcionamiento del sistema de producción normativa preconizado por la Norma fundamental, depurando y expulsando del ordenamiento las normas impugnadas que se aparten de dicho sistema. De ahí que, como el Tribunal precisara (STC 60/1986, de 20 de mayo), sea indiferente para el proceso de que se trate la vigencia o derogación de la norma impugnada en el momento en que haya de pronunciarse el fallo constitucional, pues, dado que lo que se ventila en sede jurisdiccional es la pureza misma del ordenamiento, ello ha de decidirse en términos de validez o invalidez *«ex origine»* de la norma impugnada.

III. En definitiva, las dos vías procesales a que nos estamos refiriendo persiguen un objetivo común: la preservación de la constitucionalidad de las leyes; sin embargo, su *naturaleza* es diferente.

a) En el recurso de inconstitucionalidad, el Tribunal Constitucional garantiza la supremacía de la Constitución, es decir, un interés público objetivo, y ello se refleja —como el propio Tribunal ha precisado (STC 86/1982, de 23 de diciembre)— en que, si bien el Tribunal no tiene un poder de iniciativa, una vez sometido al mismo el enjuiciamiento de la constitucionalidad de una Ley, puede declarar —como prevé el artículo 39.1 de la LOTC— no sólo la inconstitucionalidad de los preceptos impugnados, sino también, en su caso, la de aquellos otros de la misma Ley a los que deba extenderse por conexión o consecuencia.

Esta función de garantía que cumple el Tribunal, y el propio recurso de inconstitucionalidad, se proyecta asimismo hacia la legitimación para recurrir, de modo tal que cuando el órgano constitucional, o fracción cualificada del mismo, legitimado para recurrir decide formular un recurso de esta naturaleza, pone de manifiesto la existencia de un interés público objetivo en que el Tribunal desarrolle su función de garantizar la supremacía de la Constitución mediante el enjuiciamiento de la Ley recurrida.

El juicio del Tribunal se ha de circunscribir así a determinar la conformidad con la Constitución de la Ley impugnada. No es, por tanto, un juicio de valor acerca de si la regulación adoptada es o no la más oportuna, porque éste es el campo de actuación en que han de moverse las distintas opciones políticas dentro del marco de la Constitución, como corresponde al pluralismo político que propugna su artículo 1.°.

Esta declaración de conformidad con la Constitución presenta un matiz muy importante en las llamadas por la doctrina *«sentencias interpretativas»*. Son éstas, como el propio Tribunal las ha definido (STC 5/1981, de 13 de febrero), aquellas que rechazan una demanda de inconstitucionalidad o, lo que es lo mismo, declaran la constitucionalidad de un precepto impugnado en la medida en que se interprete en el sentido que el Tribunal Constitucional considera como adecuado a la Constitución, o no se interprete en el sentido (o sentidos) que estima inadecuados.

Estas sentencias son, desde luego, un medio al que la jurisprudencia constitucional de otros países ha recurrido con el fin de no producir lagunas innecesarias en el ordenamiento, evitando, al tiempo, que el mantenimiento del precepto impugnado pueda lesionar el principio básico de la primacía de la Constitución.

Ahora bien, el Tribunal Constitucional, no sin razón, entiende que el recurso a estas *«sentencias interpretativas»* es, sin duda, un medio lícito, aunque de muy delicado y difícil uso, pues no cabe ignorar los peligros que encierran estas sentencias, que, en esencia, a nuestro modo de ver, se centran en la confusión de funciones entre Tribunal Constitucional y Parlamento a que las mismas pueden conducir. De ahí que el Tribunal haya manifestado que la emanación de una sentencia de este género no puede ser objeto de una pretensión de los recurrentes, que sólo pueden solicitar de él, en cuanto intérprete supremo de la Constitución, no legislador, pronunciamiento sobre adecuación o inadecuación de los preceptos recurridos a la Constitución. Pese a estas reservas, la realidad nos revela que quizá con más frecuencia de la conveniente, el Tribunal ha acudido a este tipo de sentencias.

b) La cuestión de inconstitucionalidad presenta una mayor amplitud que el recurso, lo que se manifiesta tanto en la legitimación para interponerla, que corresponde a cualquier órgano judicial, como en el plazo de la impugnación (es indiferente la fecha de entrada en vigor de la norma cuestionada). Sin embargo, como ha dicho el Tribunal (STC 17/1981, de 1 de junio), esta mayor amplitud no convierte a la cuestión de inconstitucionalidad, ni en un instrumento procesal que quepa utilizar para transferir al Tribunal Constitucional la decisión de litigios concretos, ni, menos aún, para buscar a través suyo una depuración abstracta del ordenamiento, que normalmente debe ser obra del legislador ordinario, y que sólo a través de la acción (recurso) de inconstitucionalidad ha sido atribuida al propio Tribunal.

La cuestión de inconstitucionalidad no es, pues, una acción concedida para impugnar de modo directo y con carácter abstracto la validez de la ley, sino un instrumento puesto a disposición de los órganos judiciales para conciliar la doble obligación en que se encuentran de actuar sometidos a la ley y a la Constitución.

Estas razones explican, a juicio del Tribunal (STC 94/1986, de 8 de julio), el carácter de *control concreto* de la constitucionalidad de las leyes que la cuestión promovida por Jueces y Tribunales tiene en nuestro ordenamiento, y justifican, tanto los requisitos que la Constitución y la LOTC imponen para la admisión de las cuestiones de inconstitucionalidad, como la indispensable y rigurosa verificación, aún exenta de formalismos, que el Tribunal debe realizar respecto del adecuado cumplimiento de tales requisitos.

La depuración continua del ordenamiento, desde el punto de vista de la constitucionalidad de las leyes, y siempre a salvo la acción del propio legislador, es así resultado de una colaboración necesaria entre los órganos del Poder Judicial y el Tribunal Constitucional, y como el propio Tribunal admite (STC 17/1981, de 1 de junio), sólo esta colaboración puede asegurar que la labor depuradora sea eficaz y opere de manera dinámica y no puramente estática, ya que sólo por la vía de la cuestión de inconstitucionalidad, y no por la del recurso, cabe tomar en consideración el efecto que la cambiante realidad social opera sobre el contenido de las normas.

En definitiva, la doctrina constitucional ha hecho suya la diferenciación de la que inicialmente nos hacíamos eco. Partiendo de la identidad teleológica de las dos vías procesales, es claro que el recurso o acción de inconstitucionalidad (vía directa) presenta la naturaleza propia de un control normativo abstracto, mientras que la cuestión o excepción de inconstitucionalidad (vía indirecta o incidental) tiene el carácter de un control concreto.

b/ Normas susceptibles de impugnación

El artículo 161.1, *a)* de nuestra «Lex Superior» se limita a atribuir al Tribunal Constitucional la competencia para conocer del recurso de inconstitucionalidad «contra leyes y disposiciones normativas con fuerza de ley». Por su lado, el artículo 163, en relación con la cuestión de inconstitucionalidad, tan sólo alude a las normas con rango de ley. Ello venía a suponer un acotamiento negativo de las normas susceptibles de impugnación en estos procesos: quedan excluidas todas aquellas normas sin fuerza de ley, circunstancia que se comprende perfectamente si se tiene presente que la defensa de la Constitución frente a las eventuales extralimitaciones de los órganos dotados de poder para crear normas de carácter general corresponde, en primer lugar, a los Jueces y Tribunales, que han de negar validez a las normas reglamentarias que sean contrarias a la Constitución, inaplicándolas. Es claro, pues, que el control constitucional de las normas sin fuerza de ley compete a los órganos de la jurisdicción ordinaria; de ahí que se excluyan tales normas de los procesos constitucionales del Título II de la LOTC.

Acotadas negativamente por la Constitución las normas susceptibles de impugnación a través de las dos vías procesales referidas, se imponía —mucho más a la vista de la plural tipología constitucional de la ley— precisar positivamente las normas susceptibles de impugnación. A ello trata de responder el artículo 27.2 de la LOTC, que concreta desde una perspectiva amplia la previsión constitucional, al considerar susceptibles de declaración de inconstitucionalidad:

a) Los Estatutos de Autonomía y demás Leyes orgánicas.

b) Las demás Leyes, disposiciones normativas y actos del Estado con fuerza de Ley; incluso los Decretos legislativos, debiendo entenderse en tal supuesto la competencia del Tribunal sin perjuicio de las formas adicionales de control que pueda establecer la ley de delegación, y a las que se refiere el artículo 82.6 de nuestra «Carta magna».

c) Los Tratados internacionales.

d) Los Reglamentos de las Cámaras y de las Cortes Generales.

e) Las Leyes, actos y disposiciones normativas con fuerza de Ley de las Comunidades Autónomas. En este punto, la LOTC hace una oscura referencia a la salvedad formulada en el caso de los Decretos legislativos respecto a los supuestos de delegación legislativa, que, en opinión de *Sánchez Agesta,* puede entenderse relacionada en este caso con las delegaciones del artículo 150, en relación con el artículo 153, *b)* de la Constitución.

f) Los Reglamentos de las Asambleas legislativas de las Comunidades Autónomas.

En definitiva, la enumeración del artículo 27.2 de la LOTC no puede considerarse como tasada y excluyente, sino como una enumeración abierta que respeta la elasticidad del texto constitucional y no asume el riesgo de cerrar las posibilidades interpretativas del mismo.

c/ El parámetro de la constitucionalidad: el «bloque de la constitucionalidad»

El artículo 28.1 de la Ley Orgánica 2/1979, del Tribunal Constitucional, establece que para determinar si una ley, disposición o acto con fuerza de ley es conforme o no con la Constitución, el Tribunal Constitucional habrá de considerar, además de los preceptos constitucionales, las Leyes que, dentro del marco constitucional, se hubieran dictado para delimitar las competencias del Estado y las diferentes Comunidades Autónomas o para regular o armonizar el ejercicio de las competencias de éstas. El precepto viene, pues, a ampliar más allá de la Norma suprema los parámetros a los que acudir para determinar la existencia o inexistencia de un vicio de inconstitucionalidad, parámetros que constituyen lo que se ha dado en llamar el *«bloque de la constitucionalidad»*.

El Tribunal Constitucional iba bien pronto a hacer suya esta doctrina. Así, en su Sentencia 10/1982, se refería al *«bloque de la constitucionalidad»*, «que ha de servir de base para enjuiciar la Ley impugnada». En otro momento, consideraba que la noción compleja de *«bloque de la constitucionalidad»* «hace referencia a un conjunto de disposiciones utilizables como parámetro de la legitimidad constitucional de las leyes, pero no a contenidos normativos concretos que no puedan ser modificados de acuerdo con el procedimiento previsto según la naturaleza de cada disposición».

Esta delimitación negativa del *«bloque de la constitucionalidad»* tenía como punto de referencia la propia Ley Orgánica 2/1979, del Tribunal Constitucional, respecto de la cual el mismo Tribunal entendería que, sea cual sea el lugar que ocupa en tal *«bloque»*, su contenido es disponible para el legislador, no pudiéndose, en consecuencia, admitir el principio de indisponibilidad respecto de las normas contenidas en la referida Ley Orgánica.

Así delimitado el *«bloque de la constitucionalidad»*, se planteaba de inmediato una importante cuestión: la concreción de las disposiciones que podían ser incluidas dentro del mismo, a modo de parámetros de la legitimidad constitucional de las leyes. Parecía claro que aunque el artículo 28.1 de la LOTC no mencionaba de modo expreso a los Estatutos de Autonomía, ellos eran sin duda las más genuinas leyes de delimitación de competencias entre el Estado y las Comunidades Autónomas, pues la enumeración de las competencias asumidas era uno de los contenidos mínimos atribuidos a los Estatutos por el artículo 147.2, *d)* de la Constitución, tal y como ya hemos tenido oportunidad de exponer en detalle.

El Tribunal, como no podía por menos de suceder, iba a acoger esta tesis; de esta forma, en la Sentencia 10/1982, entendía necesario, a efectos de una adecuada interpretación del *«bloque de la constitucionalidad»*, partir del hecho de que la Constitución se remite con carácter general a los Estatutos para que éstos determinen las competencias autonómicas, para afirmar poco después de modo rotundo que «la norma atributiva de competencias a la Comunidad Autónoma es, en principio, la norma estatutaria».

Eventualmente, pueden integrarse en el bloque de la constitucionalidad otras normas estatales a las que en una materia concreta remitan la Constitución o los Estatutos de Autonomía. Así lo admitiría el Tribunal en su Sentencia 10/1982, como ya vimos en el Capítulo precedente.

De otro lado, aunque la relevancia de los Estatutos en la delimitación del «*bloque de la constitucionalidad*» ha sido reiteradamente puesta de relieve por el Tribunal, de ello no debe deducirse que, una vez aprobados los Estatutos, los marcos competenciales constitucionalmente establecidos agoten su virtualidad. El principio de primacía constitucional, con la subsiguiente subordinación estatutaria a la Norma suprema, se opone a tal interpretación.

En último término, será a una interpretación sistemática de todo el «*bloque de la constitucionalidad*» a la que habrá que acudir llegado el momento de proceder a la calificación jurídica de las distintas competencias autonómicas, como ya expusiéramos.

La existencia de este «*bloque de la constitucionalidad*» es de enorme trascendencia a la hora de llevar a cabo ese «juicio de contraste» entre dos normas que implica la inconstitucionalidad. De esta forma, nos encontramos ante un cuadro de leyes que tienen un rango especial y que, aun no justificando directamente un recurso de inconstitucionalidad, han de ser tenidas muy en cuenta llegado el momento de apreciar la conformidad o disconformidad con la Constitución de la norma impugnada.

d/ Legitimación para recurrir

El análisis de los órganos legitimados para recurrir exige distinguir con nitidez entre los órganos legitimados para impugnar una norma con fuerza de ley en la vía directa (recurso o acción de inconstitucionalidad) y aquellos otros a los que se atribuye tal legitimación en la vía indirecta o incidental (cuestión de inconstitucionalidad).

a') Legitimación en el recurso de inconstitucionalidad

Dos opciones se presentaban al legislador constituyente a la hora de concretar qué órganos debían quedar legitimados para interponer ante el Tribunal un recurso de inconstitucionalidad: o la conformación de una especie de sistema de acción popular, a semejanza de lo establecido por el artículo 123.5.º de la Constitución de 1931 —que declaraba competente para acudir ante el Tribunal de Garantías Constitucionales a toda persona, individual o colectiva, aunque no hubiera sido directamente agraviada—, o el establecimiento de una legitimación mucho más reducida, al estilo de la vigente en los sistemas alemán e italiano. La solución final está desde luego mucho más cercana a estos últimos que a la apuntada en primer término, bien que la legitimación constitucionalmente contemplada sea más amplia que la que rige en la República Federal Alemana y en Italia.

En general, cabe señalar que la doctrina se muestra de acuerdo con la solución adoptada —opinión en la que nos encuadramos—, bien que no falten autores que, como *Garrido Falla,* estimen que se ha perdido una oportunidad de dar una mayor participación a las organizaciones y asociaciones profesionales, de consumidores y, en general, ciudadanas, en el control de la constitucionalidad de las leyes, apreciación con la que, desde luego, no coincidimos en absoluto.

De acuerdo con una interpretación conjunta de los artículos 162.1, *a)* de la CE y 32 de la LOTC, cabe decir que la legitimación para impugnar es distinta según las normas objeto de impugnación:

a) Cuando se trate de Estatutos de Autonomía y demás Leyes del Estado, orgánicas o en cualesquiera de sus formas, y disposiciones normativas y actos del Estado o de las Comunidades Autónomas con fuerza de Ley, Tratados internacionales y Reglamentos de las Cámaras y de las Cortes Generales, vendrán legitimados para el ejercicio del recurso de inconstitucionalidad:

— El Presidente del Gobierno.

— El Defensor del Pueblo.

— Cincuenta diputados.

— Cincuenta senadores.

b) Contra las Leyes, disposiciones o actos con fuerza de Ley del Estado que puedan afectar a su propio ámbito de autonomía, estarán también legitimados para el ejercicio del recurso que nos ocupa los órganos colegiados ejecutivos y las Asambleas de las Comunidades Autónomas, previo acuerdo adoptado al efecto.

Aunque una interpretación conjunta de ambos preceptos (el de la Norma suprema y el de la LOTC) conduce a la conclusión precedente, lo cierto es que la misma es fruto de la decisión adoptada por el legislador en sede orgánica, ya que nuestro constituyente se limitó a contemplar, en este aspecto concreto, una cláusula de carácter general que no efectúa distingo alguno en lo que hace a la legitimación de los órganos estatales y de los autonómicos.

Como fácilmente puede comprenderse, la cuestión que mayor controversia había de suscitar era la relativa a la legitimación de los órganos autonómicos, acotada por el artículo 32.2 de la LOTC en una doble dirección: de un lado, reduciendo la capacidad de aquellos órganos para recurrir a las normas con fuerza de ley del Estado, y de otro, circunscribiendo la legitimación al supuesto en que la ley estatal pueda afectar al propio ámbito de autonomía de la Comunidad de que se trate.

A juicio —que compartimos— de *Rubio* y *Aragón,* no sólo razones jurídicas, relativas a la existencia de interés legítimo, que se da claramente en el Gobierno, Defensor del Pueblo, Congreso y Senado, pero no siempre en los órganos de las Comunidades Autónomas en cuanto que éstos representan intereses parciales —lo que, añadiríamos nosotros, no es óbice para que, en determinadas ocasiones, actualicen intereses generales—, sino, sobre todo, razones políticas, son las que quizá aconsejaron adoptar la solución restrictiva que comentamos, pues de lo contrario existía un peligro evidente de convertir al Tribunal en el escenario de una guerra de taifas entre las Comunidades, en especial si se posibilitaba que los órganos de una Comunidad pudiesen impugnar normas legislativas de otra entidad territorial autonómica.

Bien es verdad que esta solución restrictiva será con el paso del tiempo matizada por la jurisprudencia constitucional, que nos muestra aquí una clarísima evolución.

Ese proceso evolutivo se abre con la Sentencia 25/1981, de 14 de julio, dictada a raíz del recurso de inconstitucionalidad promovido por el Parlamento Vasco contra la Ley Orgánica 11/1980, de 1.º de diciembre, sobre los supuestos previstos en el artículo 55.2 de la Constitución (más conocida como Ley Antiterrorista, dato éste que puede, significativamente, contribuir a aclarar la posición del Tribunal).

Parte el Tribunal en esta Sentencia de la consideración de que en el proceso constitucional la legitimación no se establece en términos abstractos, sino que se formula para un actor concreto (por ejemplo, órgano o fracción de órgano), en relación con un determinado tipo de acción, referida a su vez a una clase concreta de actos o normas. A partir de aquí, el Tribunal fija la relación existente entre el artículo 162.1, *a)* de la Constitución y el artículo 32.2 de la LOTC: mientras el primero se limita a enumerar los órganos (o fracciones de ellos) legitimados para recurrir, el segundo especifica la conexión entre los titulares de la acción de inconstitucionalidad y los posibles objetos de ésta, con lo que el concepto de «legitimación» adquiere su «sentido técnico concreto».

Finalmente, nuestro intérprete supremo de la Constitución acude a la diferenciación entre el «interés general» y los «intereses propios» (de las Comunidades) para justificar la restricción de la legitimación de los órganos autonómicos: «Sin dejar, como es obvio, de participar en la vida general del Estado —afirma el Tribunal (STC 25/1981)— (...), las Comunidades Autónomas (...) tienen como esfera y límite de su actividad en cuanto tales los intereses que les son propios, mientras que la tutela de los intereses públicos generales compete por definición a los órganos estatales.»

En función de todo ello, el Tribunal estima coherente que la interposición del recurso de inconstitucionalidad frente a cualquier clase de leyes corresponda sólo a aquellos órganos que por su naturaleza tienen encomendada la tutela de los intereses públicos generales, mientras que la legitimación conferida a los órganos de las Comunidades Autónomas se reserve a las normas que las afecten.

El progresivo abandono de esta doctrina corre paralelo a las graduales matizaciones que la jurisprudencia constitucional irá estableciendo en la inicial contraposición entre «interés general» e «intereses respectivos» de las entidades a que se refiere el artículo 137 de la Constitución (entre ellas, obviamente, las Comunidades Autónomas).

Ya en su Sentencia 84/1982, de 23 de diciembre, se observan destellos de esta evolución. El Tribunal rechaza aquí que la legitimación de las Comunidades Autónomas para interponer el recurso de inconstitucionalidad se halle objetivamente limitada a la defensa de sus competencias, si esta expresión se entiende en su sentido habitual, como acción dirigida a reivindicar para sí la titularidad de una competencia ejercida por otro. Tal legitimación se extiende objetivamente al ámbito de sus intereses peculiares. Sin embargo, el «haz de competencias de la Comunidad» es, simplemente, «el lugar en donde ha de situarse el punto de conexión entre el interés de la Comunidad y la acción que se intenta». Ahora bien, el objetivo que tal acción persigue, la pretensión a que da lugar, no es la preservación o delimitación del propio ámbito competencial, sino la depuración objetiva del ordenamiento mediante la invalidación de la norma inconstitucional.

Tras otras Sentencias (como la STC 26/1987 o la STC 74/1987) en las que el Tribunal ha sostenido una doctrina análoga, la evolución jurisprudencial ha culminado en la Sentencia 199/1987, de 16 de diciembre (en la que, curiosamente, el Tribunal se pronunciaba acerca de varios preceptos de la Ley Orgánica 9/1984, de 26 de diciembre, Ley Antiterrorista que había venido a sustituir a la anterior de 1980).

En esta última Sentencia, el Tribunal ha precisado que la legitimación de las Comunidades Autónomas no se halla al servicio de la reivindicación de una competencia violada, sino a la depuración del ordenamiento jurídico; y es por ello mismo por lo que se extiende «a todos aquellos supuestos en que exista un punto de conexión material entre la ley estatal y el ámbito competencial autonómico».

Es fácil entrever que los mismos criterios políticos que en un primer momento condujeron a una doctrina restrictiva de la legitimación autonómica, han llevado ahora a una interpretación si no contrapuesta por entero, sí, al menos, muy alejada de la original.

b') Legitimación en la cuestión de inconstitucionalidad

En vía incidental o indirecta, en puridad constitucional, el único facultado para plantear esta cuestión resulta ser el órgano judicial; así se infiere del artículo 163 de la CE y del artículo 35.1 de la LOTC.

En virtud del citado artículo 163: «Cuando un órgano judicial considere, en algún proceso, que una norma con rango de ley, aplicable al caso, de cuya validez dependa el fallo, pueda ser contraria a la Constitución, planteará la cuestión ante el Tribunal Constitucional en los supuestos, en la forma y con los efectos que establezca la ley, que en ningún caso serán suspensivos.»

Mediante esta técnica de la vía incidental, se consigue asegurar la efectividad jurídica de la Constitución como *lex suprema* en cualquier conflicto jurídico planteado, sin que dependa la intervención del Tribunal Constitucional de órganos exclusivamente políticos; de este modo, cualquier persona puede plantear en un proceso el incidente de inconstitucionalidad para que el órgano jurisdiccional lo eleve ante la Jurisdicción constitucional. Pero, además, la intervención del Juez o Tribunal ordinario actúa de «filtro», evitando así los efectos nocivos que indiscutiblemente tendría una legitimación popular en vía de acción directa.

El artículo 163 de la CE dejaba sin respuesta la cuestión de si el incidente de inconstitucionalidad habría de plantearse de oficio o podría invocarse como incidente por las partes del proceso en que se suscitara. El artículo 35.1 de la LOTC da cumplida respuesta a tal interrogante, al afirmar que la cuestión puede elevarse «de oficio o a instancia de parte». Bien es verdad que esta especie de legitimación popular atenuada que vendría a suponer la prescripción precedente resulta matizada por una serie de tamices con los que se tiende a encauzar tal iniciativa. Y en tal sentido pueden apuntarse:

1.º La intervención del Juez o Tribunal ordinario debe albergar una «duda razonable» acerca de la constitucionalidad de la norma.

La cuestión puede elevarse, como establece la LOTC, a instancia de parte. Sin embargo, no requiere como condición necesaria y suficiente para su planteamiento, como ocurre en algún otro sistema, la de que el Juez o Tribunal no entienda como manifiestamente infundada la cuestión suscitada por alguna de las partes del proceso. Por contra, nuestra legislación condiciona el planteamiento al hecho de que el órgano judicial considere, esto es, estime o juzgue, que la norma es inconstitucional, lo que, como ha considerado el Tribunal (STC 17/1981, de 1 de junio), si bien puede entenderse que no impone a aquél una afirmación de inconstitucionalidad y permite que el planteamiento se haga en los casos de duda, de indeterminación entre dos juicios contradictorios, sí exige que el razonamiento que cuestiona la constitucionalidad haya de exteriorizarse.

2.º La ineludibilidad de que la norma sobre la que se sustenta la duda antes expuesta sea «aplicable al caso». En relación con este requisito, el Tribunal Constitucional ha reconocido que el órgano judicial que plantea la cuestión es, en principio, el competente para determinar cuáles son efectivamente las normas aplicables al caso que ha de decidir, limitándose el control del Tribunal sobre este requisito, por decirlo así, a juzgar por las apariencias. Sólo cuando de manera evidente, sin necesidad de análisis de fondo, la norma cuestionada sea, según principios jurídicos básicos, inaplicable al caso en donde la cuestión se suscita, cabrá declarar inadmisible por esta razón una cuestión de inconstitucionalidad.

3.° La exigencia de que de la validez de la norma cuestionada dependa el fallo del proceso en que la cuestión se suscita, pues, en otro caso, faltarían las graves razones que permiten acometer el juicio de constitucionalidad de la ley. Según nuestro supremo intérprete de la Constitución, tal dependencia implica que debe existir una correlación lógica y directa entre la eventual anulación de la norma legal cuya constitucionalidad se cuestiona y la satisfacción de las pretensiones objeto del *«petitum»* de las partes en el proceso «a quo», correlación que el órgano judicial llamado a resolver debe poner de relieve de manera razonada ante el Tribunal Constitucional (STC 94/1986, de 8 de julio).

Digamos por último que el Juez o Tribunal ordinario debe decidir libremente, sin posibilidad de recurso alguno, si plantea o no la cuestión ante el Tribunal Constitucional, cuestión que puede suscitarse en cualquier instante de un pleito, aunque el órgano jurisdiccional sólo podrá plantearla una vez concluso el procedimiento y dentro del plazo para dictar sentencia.

e/ Procedimiento

Los artículos 33 y 34 de la LOTC regulan el procedimiento a seguir para la formulación del recurso de inconstitucionalidad, mientras que los artículos 35.2, 36 y 37 contemplan el procedimiento para la interposición de la cuestión de inconstitucionalidad. Se trata, obviamente, de procedimientos diferentes y, en consecuencia, nos referiremos a ellos por separado.

a') Recurso de inconstitucionalidad

I. El recurso de inconstitucionalidad debe formularse en un plazo de tres meses a partir de la publicación de la Ley, disposición o acto con fuerza de Ley impugnado.

Como puede apreciarse, el plazo que fija el artículo 33 de la LOTC es relativamente breve lo que, obviamente, dificulta la utilización de esta vía directa; bien es verdad que la vía incidental puede ser utilizada en cualquier momento. De ahí que *Almagro Nosete* considere que se intentan compaginar dos criterios en principio opuestos: por una parte, parece que el principio de seguridad jurídica prevalece ante la injusticia de la norma inconstitucional, una vez que transcurre el plazo de impugnación que se señala; por otra, se admite una provisionalidad continuada de la ley, pendiente siempre de una posible declaración de inconstitucionalidad. Como el citado autor indica, los dos criterios citados obedecen a sistemas de justicia constitucional diferentes que, no obstante, se yuxtaponen por razones pragmáticas.

De otro lado, es preciso indicar que estamos ante un plazo de caducidad, que no de prescripción; consiguientemente, debe ser apreciado de oficio y su transcurso determina la decadencia de la facultad concreta de impugnación de la norma en esta vía directa. No es preciso indicar, por obvio, que el día inicial del cómputo del referido plazo se vinculará al momento de publicación de la norma.

II. El recurso ha de formularse mediante demanda presentada ante el Tribunal Constitucional, que deberá reunir los siguientes requisitos: *a)* expresar las circunstancias de identidad de las personas u órganos que ejercitan la acción y, en su caso, de sus comisionados; *b)* concretar la Ley, disposición o acto impugnado, en todo o en parte, y *c)* precisar el precepto constitucional que se entiende infringido.

La impugnación está sujeta a un trámite de admisión, siendo de reseñar que ésta debe concederse si reúne los requisitos formales exigidos, lo que convierte a aquel trámite en un mero control de regularidad formal.

III. Abierto el proceso, son partes a las que deberá darse traslado de la demanda: el Congreso de los Diputados y el Senado por conducto de sus Presidentes, el Gobierno por conducto del Ministerio de Justicia y, en caso de que el objeto del recurso fuera una Ley o disposición con fuerza de Ley dictada por una Comunidad Autónoma, los órganos legislativo y ejecutivo de la Comunidad. Como es obvio, este traslado tiene como finalidad el que las referidas partes puedan «personarse» en el procedimiento, formulando las alegaciones que estimaren oportunas.

La «personación» y la «formulación de alegaciones» deberán hacerse en el plazo de quince días.

Transcurrido el plazo precedente, el Tribunal dictará sentencia en el plazo de diez días, salvo que, mediante resolución motivada, el propio Tribunal estime necesario un plazo más amplio que, en ningún caso, podrá exceder de treinta días, tal y como prescribe el artículo 34.2 de la LOTC.

IV. En conexión con el tema procedimental se suscita una cuestión de enorme importancia: la de los efectos suspensivos del recurso. Desde luego, el principio general es el del carácter no suspensivo de la norma impugnada que presentan los recursos (directo o indirecto) contemplados por el Título II de la LOTC.

El artículo 30 de la propia Ley Orgánica así lo establece inequívocamente, si bien, suscitando una cierta complejidad, plantea una importante excepción a ese principio general. A tenor del artículo 30:

> «La admisión de un recurso o de una cuestión de inconstitucionalidad no suspenderá la vigencia ni la aplicación de la Ley, de la disposición normativa o del acto con fuerza de Ley, excepto en el caso de que el Gobierno se ampare en lo dispuesto por el artículo 161.2 de la Constitución para impugnar, por medio de su Presidente, Leyes, disposiciones normativas o actos con fuerza de Ley de las Comunidades Autónomas.»

El principio general es, pues, claro: la vigencia o aplicación de una Ley no sufre alteración alguna por su impugnación a través de cualquiera de las dos vías procesales analizadas, ni tan siquiera por la admisión del recurso o de la cuestión de inconstitucionalidad. Es evidente que tal vigencia se refiere a la Ley en abstracto, pues, en el supuesto de una cuestión de inconstitucionalidad, es patente que el Juez o Tribunal cuestionante debe suspender la aplicación de la norma impugnada al caso concreto hasta tanto medie la correspondiente sentencia del Tribunal Constitucional.

La excepción a ese principio general no deja de suscitar controversias. La misma tiene su razón de ser en la posibilidad constitucional que otorga el artículo 161.2, que habilita al Gobierno de la Nación para impugnar ante el Tribunal «las disposiciones y resoluciones adoptadas por los órganos de las Comunidades Autónomas», con el efecto peculiar de que la impugnación producirá la suspensión de la disposición o resolución recurrida, si bien el Tribunal, en su caso, deberá ratificarla o levantarla en un plazo no superior a cinco meses.

La duda fundamental que planteaba el precepto constitucional era la de si debía entenderse referido o no a las leyes. Aunque, evidentemente, las normas legales cabían dentro del término «disposiciones», es patente que el hecho de que el artículo 161.2 no las contemplase explícitamente, a diferencia, por ejemplo, del artículo 161.1, *a)*, posibilitaba limitar los efectos suspensivos del artículo 161.2 a las normas no legislativas. Con ello, como bien señalaran *Rubio* y *Aragón*, se hubiera evitado introducir en nuestro ordenamiento una institución escasamente ortodoxa y, desde luego, poco acorde con el modelo general de control de constitucionalidad establecido.

Parece claro que lo que se ha pretendido en sede orgánica es otorgar un derecho de veto de carácter general frente a todas las normas emanadas de las Comunidades Autónomas, si bien circunscrito temporalmente.

Subrayaremos el requisito de que el órgano impugnante sea precisamente el Gobierno de la Nación, quien a través de su Presidente ha de promover el proceso constitucional, que lógicamente no puede ser sino el recurso o acción de inconstitucionalidad.

Digamos finalmente que, en su doctrina, el Tribunal Constitucional ha puesto de relieve que el pronunciamiento que de él se exige dentro del plazo de cinco meses previsto por el artículo 161.2, en torno a la ratificación o levantamiento de la suspensión de la norma recurrida, ha de dirigirse a inferir el alcance de la suspensión y el perjuicio que pudiera derivarse del mantenimiento o alzamiento de tal medida cautelar.

b') Cuestión de inconstitucionalidad

La naturaleza jurídica procesal de la cuestión de inconstitucionalidad es, según *González Pérez,* la propia de una *«cuestión prejudicial»,* dado su planteamiento en un proceso no constitucional y el hecho de que queda reservada su resolución a otra jurisdicción. Es por ello mismo por lo que la cuestión de inconstitucionalidad desarrolla su curso procesal a lo largo de tres fases diferenciadas:

1. Procedimiento ante la Jurisdicción ordinaria para el planteamiento de la cuestión.

2. Procedimiento ante el Tribunal Constitucional para la declaración de inconstitucionalidad.

3. Procedimiento de comunicación al órgano jurisdiccional de la sentencia recaída para que actúe en consecuencia.

I. El planteamiento de la cuestión, a petición de parte, puede realizarse en cualquier momento anterior a la conclusión del proceso principal. Como advierte *Almagro Nosete,* la instancia concedida a la parte no es una legitimación para el ejercicio del derecho a la jurisdicción constitucional, pues esta facultad está vedada a las partes. No es más que una manifestación de las facultades que confiere el derecho a la jurisdicción ordinaria, en cuanto que se agotan ante el propio órgano jurisdiccional ordinario cuya resolución no es susceptible de recurso.

Solicitada por alguna parte o por el Ministerio Fiscal, si fuera parte en el proceso o interviniera por algún concepto en el mismo, la formalización de la «cuestión», el Juez o Tribunal deberá esperar, antes de pronunciarse al respecto, a la conclusión del procedimiento.

Dentro del plazo para dictar sentencia, el Juez o Tribunal dará audiencia a las partes y al Ministerio Fiscal (esté o no personado) mediante resolución que puede promover de oficio o a instancia de parte. Esta audiencia se otorga para que en el plazo común e improrrogable de diez días puedan alegar lo que deseen sobre la pertinencia de plantear la cuestión de inconstitucionalidad.

Finalmente, el Juez o Tribunal resolverá sin más trámite, en el plazo de tres días, por medio de auto (resolución motivada), sobre la procedencia del planteamiento. Dicho auto no será susceptible de recurso de ningún tipo. No obstante, la cuestión de inconstitucionalidad podrá ser intentada de nuevo en las sucesivas instancias o grados en tanto no se llegue a una sentencia firme.

II. El planteamiento ante el Tribunal Constitucional de la cuestión exige una serie de requisitos formales que, en síntesis, son los siguientes: *a)* el órgano judicial ordinario debe concretar la Ley o norma con fuerza de Ley cuya constitucionalidad se cuestiona; *b)* asimismo, debe especificar el precepto constitucional que se supone infringido; *c)* debe el citado órgano precisar y justificar en qué medida la decisión del proceso depende de la validez de la norma en cuestión; *d)* por último, el órgano judicial viene obligado a elevar al Tribunal Constitucional el testimonio de los autos principales y de las alegaciones de las partes y del Ministerio Fiscal, si las hubiere.

El efecto que produce el planteamiento de la cuestión ante el órgano titular de la Jurisdicción Constitucional es el de suspender el plazo para dictar sentencia hasta tanto se resuelva esta «cuestión prejudicial» por el Tribunal Constitucional.

El procedimiento específico ante el Tribunal Constitucional, u órgano *ad quem* para la declaración de inconstitucionalidad, supone tres trámites distintos: 1) de admisión, 2) de sustanciación y 3) de decisión.

1. Recibidas en el Tribunal Constitucional las actuaciones, podrá el órgano *ad quem* rechazar, en trámite de admisión, mediante auto y sin otra audiencia que la del Fiscal General del Estado, la cuestión de inconstitucionalidad en estas dos circunstancias:

— Cuando faltaren las condiciones procesales; o

— Cuando fuere notoriamente infundada la cuestión suscitada.

Tras la audiencia al Fiscal General, el Tribunal dictará el auto citado (resolución que es motivada) admitiendo o inadmitiendo la cuestión.

2. La sustanciación de la cuestión comporta en puridad la apertura del proceso constitucional. El Tribunal dará traslado de la cuestión a ambas Cámaras del Parlamento por conducto de sus Presidentes, al Fiscal General del Estado, al Gobierno —por conducto del Ministerio de Justicia— y, en caso de afectar a una Ley o a otra disposición normativa con fuerza de Ley dictadas por una Comunidad Autónoma, a los órganos legislativo y ejecutivo de la misma. Todos estos órganos podrán personarse y formular alegaciones sobre la cuestión planteada en el plazo común improrrogable de quince días.

3. Finalizado el plazo de quince días para la formulación de alegaciones, adviene el trámite de decisión. En efecto, el Tribunal debe dictar sentencia en el plazo de quince días, salvo que estime necesario,

mediante resolución motivada, un plazo más amplio, que, no obstante, no podrá exceder de treinta días.

III. El procedimiento de comunicación al órgano jurisdiccional de la sentencia recaída aparece contemplado por el artículo 38.3 de la LOTC, por mor del cual, en sentencias recaídas en cuestiones de inconstitucionalidad, «el Tribunal Constitucional lo comunicará inmediatamente al órgano judicial competente para la decisión del proceso».

El órgano jurisdiccional ordinario deberá notificar la sentencia constitucional a las partes, y a su vez, «quedará vinculado» por la misma desde que tuviere conocimiento de ella, y las partes, desde el momento en que sean notificadas.

f/ Efectos de las Sentencias

Con carácter general, y como ya hemos tenido ocasión de poner de relieve, estos efectos se encuentran contemplados por el artículo 164 de la CE, bien que tal precepto haya de complementarse con lo establecido en los artículos 38 a 40 de la LOTC.

Del tenor literal del artículo 164, parece desprenderse la dependencia de la eficacia de las sentencias de su publicación en el «Boletín Oficial del Estado»; sin embargo, el enunciado del artículo 164 se refiere sólo a la eficacia frente a terceros, pues la eficacia frente a las partes la tienen desde el momento de su notificación. Y tal parece ser la solución del artículo 38.3 de la LOTC cuando prescribe que las partes quedarán vinculadas por la sentencia «desde el momento en que sean notificadas».

En cuanto a los efectos propiamente dichos, las sentencias tienen el valor de «cosa juzgada» a partir del día siguiente de su publicación y no cabe recurso alguno contra ellas. La «cosa juzgada» excluye la posibilidad de un nuevo proceso sobre la misma cuestión.

Como consecuencia de tales efectos generales, las sentencias recaídas en procedimientos de inconstitucionalidad «vincularán a todos los Poderes Públicos» (artículo 38.1 de la LOTC), lo que debe entenderse no sólo en relación a la ejecución de las medidas que adopte el Tribunal respecto del cumplimiento de la sentencia, sino también en el sentido de que las conductas jurídicas imputables a estos poderes deben ser conformes con la solución dada al caso de inconstitucionalidad resuelto.

El artículo 164.1 de la CE, al afirmar que las sentencias que declaren la inconstitucionalidad de una Ley y todas las que no se limiten a la estimación subjetiva de un derecho, tienen plenos efectos frente a todos, probablemente estaba refiriéndose, en opinión de *Rubio* y

Aragón, a la fuerza invalidante o anulatoria de las sentencias. Y es que resulta evidente que las sentencias, sean desestimatorias o estimatorias, son eficaces *erga omnes.* Y así lo ha confirmado el artículo 38.1 de la LOTC, respecto del cual el Tribunal ha reconocido explícitamente en su doctrina (Auto 85/1981, de 28 de julio) que «atribuye a las sentencias recaídas en procedimientos de inconstitucionalidad eficacia *erga omnes*».

En cualquier caso, el efecto invalidante de las sentencias ha sido expresamente contemplado por el artículo 39.1 de la LOTC, por mor del cual:

> «Cuando la sentencia declare la inconstitucionalidad, declarará igualmente la nulidad de los preceptos impugnados, así como, en su caso, la de aquellos otros de la misma Ley, disposición o acto con fuerza de Ley a los que deba extenderse por conexión o consecuencia.»

Como puede apreciarse, el precepto transcrito plantea, respecto de las sentencias estimatorias, la problemática de si la sentencia del Tribunal debe ajustarse o no al *petitum* de la demanda. Una aplicación en puridad del llamado «principio de congruencia», que viene a establecer la necesaria correlación entre las pretensiones del *petitum* de la demanda y el contenido dispositivo de la sentencia, excluye la posibilidad de un pronunciamiento del Tribunal sobre aspectos que no hayan sido litigiosos o, en su caso, objeto del debate.

Sin embargo, como advierte *Almagro Nosete,* la lógica inherente a la propia naturaleza de la pretensión impugnatoria y al alcance efectivo del pronunciamiento jurisdiccional, exige que la declaración de nulidad de determinados preceptos legales guarde coherencia con el resto del propio texto legal en que los preceptos nulos se hallan insertos. De aquí que se establezca en el artículo 39.1 el deber del Tribunal de declarar al tiempo que la nulidad de los preceptos impugnados, la nulidad, también, de los preceptos conexos o que sean consecuencia de los principales.

Otra posible quiebra al principio de congruencia viene dada por el artículo 39.2 de la LOTC, por cuya virtud:

> «El Tribunal Constitucional podrá fundar la declaración de inconstitucionalidad en la infracción de cualquier precepto constitucional, haya o no sido invocado en el curso del proceso.»

Estamos ante un precepto que viene a explicitar una manifestación de la regla *iura novit curia,* esto es, el Tribunal conoce el Derecho y lo aplica, no tanto por invocación de las partes, cuanto por razón de oficio. Esta regla, común a la función de juzgar, se manifiesta respecto de los jueces constitucionales en el deber de dar acogida a la pretensión impugnatoria deducida, siempre que ésta resulte jurídicamente atendible aunque su fundamento se apoye en otros preceptos constitucionales, diferentes de los alegados en el curso del proceso.

Bien es verdad que la regla antes citada tiene su límite en el objeto deducido, pues cuando la modificación de los argumentos jurídicos entrañe una variación en la calificación que tenga el tema debatido, el Tribunal, por mor de lo que establece el artículo 84 de la LOTC, «podrá comunicar a los comparecidos en el proceso constitucional —en cualquier tiempo anterior a la decisión— la eventual existencia de otros motivos distintos de los alegados, con relevancia para acordar lo procedente sobre la admisión o inadmisión y, en su caso, sobre la estimación o desestimación de la pretensión constitucional».

Hemos de referirnos por último a la eficacia *«ex nunc»* o *«ex tunc»* de las sentencias del Tribunal. La Constitución nada dice al respecto, si bien la previsión del inciso final del artículo 161.1, *a)*, en el sentido de que la declaración de inconstitucionalidad de una norma jurídica con rango de ley, interpretada por la jurisprudencia, afectará a ésta, aunque las sentencias recaídas no perderán su valor de cosa juzgada, parecía indicar con claridad que se estaba optando —como por otro lado era lógico que sucediera— por una eficacia *«ex nunc»*. Esta duda ha sido cumplidamente aclarada por el artículo 40.1 de la LOTC, de conformidad con el cual:

> «Las sentencias declaratorias de la inconstitucionalidad (sentencias estimatorias) de Leyes, disposiciones o actos con fuerza de Ley no permitirán revisar procesos fenecidos mediante sentencia con fuerza de cosa juzgada en los que se haya hecho aplicación de las Leyes, disposiciones o actos inconstitucionales, salvo en el caso de los procesos penales o contencioso-administrativos referentes a un procedimiento sancionador en que, como consecuencia de la nulidad de la norma aplicada, resulte una reducción de la pena o de la sanción o una exclusión, exención o limitación de la responsabilidad.»

Como puede apreciarse, el principio general por el que se decanta la LOTC es el de irreversibilidad de la «cosa juzgada», estableciendo algunas salvedades al mismo en relación con determinados procesos penales o contencioso-administrativos, siempre que la declaración de inconstitucionalidad excluya, limite o reduzca la responsabilidad. Estamos, en última instancia, ante una consecuencia del clásico principio de la retroactividad de la ley penal más favorable (y, al contrario, irretroactividad de la ley penal agravatoria o menos favorable).

L) El recurso de amparo constitucional

La segunda de las competencias del Tribunal es la del recurso de amparo constitucional. Su denominación proviene del artículo 121 de la Constitución de la Segunda República, que se inspiraba en la Constitución de México de 1917, cuyo precedente remoto era, a su vez, el amparo colonial, recurso que se concedía ante el virrey a una persona agraviada por una autoridad intermedia. En último término, como ha puesto de relieve *Fix Zamudio,* este recurso remonta sus orígenes al Derecho histórico aragonés, y más en concreto, al Justicia de Aragón y a los recursos ante él establecidos.

a/ Su naturaleza

El recurso de amparo es aquel procedimiento por cuya virtud se protegen especialmente determinados derechos y libertades, precisamente aquellos reconocidos en los artículos 14 a 29 de la Constitución. Como establece el artículo 41.2 de la LOTC, «el recurso de amparo constitucional protege a todos los ciudadanos (...) frente a las violaciones de los derechos y libertades (susceptibles de amparo constitucional), originadas por disposiciones, actos jurídicos o simple vía de hecho de los poderes públicos del Estado, las Comunidades Autónomas y demás entes públicos».

Supuesto, pues, un agravio concreto a un derecho objeto de esta protección, se pretende a través del recurso lograr la tutela necesaria para restablecer la situación jurídica perturbada.

Ahora bien, no estamos en presencia de un recurso que se limite a proteger un interés subjetivo, pues el artículo 47.2 de la LOTC hace preceptiva la intervención del Ministerio Fiscal en todos los procesos de amparo, «en defensa de la legalidad, de los derechos de los ciudadanos y del interés público tutelado por la Ley». Y de otro lado, este recurso, por iniciativa del propio Tribunal, puede desembocar en una sentencia estimatoria, esto es, declaratoria de la inconstitucionalidad de la Ley que se haya aplicado —esto es, que se encuentre en la base misma del acto de aplicación que haya conculcado el derecho—, y respecto de la cual se estime que lesiona derechos fundamentales o libertades públicas, tal y como prevé el artículo 55.2 de la LOTC.

Aunque se ha considerado este recurso como una segunda instancia en la protección de los derechos y libertades, respecto de la tutela que de los mismos corresponde llevar a cabo a la jurisdicción ordinaria en base al procedimiento «preferente y sumario» que en su momento vimos, es lo cierto que tal consideración no debe entenderse en el sentido de concebir al Tribunal Constitucional como una mera instancia de revisión del derecho aplicado por la Jurisdicción ordinaria.

En tal sentido se ha manifestado el propio Tribunal en su doctrina. Y así, en el Auto 106/1980, de 26 de noviembre, el Tribunal estima que «hay que tener en cuenta que dicho recurso —el de amparo— no es una instancia de revisión del derecho aplicado por los Jueces y Tribunales y ni siquiera tiene la condición de la casación». Se trata, constatará a renglón seguido el Tribunal, «de un procedimiento especial para el reconocimiento y restablecimiento de derechos fundamentales reconocidos y amparados en la Constitución, vulnerados incluso por actos judiciales, pero dejando en este caso bien a salvo el conocimiento de los hechos que dieron lugar al proceso y en cuya consideración no puede entrar el Tribunal Constitucional».

Y en el Auto 69/1981, de 1 de julio, el Tribunal ha venido a poner de relieve que «la jurisdicción de amparo es subsidiaria de la jurisdicción común, y no es una instancia directa ni tampoco revisora». Y ello, en tanto en cuanto «el restablecimiento del Derecho debe primariamente tratarse de conseguir ante los Tribunales ordinarios, empleando todos los medios de impugnación normal existentes en las normas procesales, y sólo cuando fracasen se puede abrir el proceso de amparo».

En definitiva, como advierte por lo común la doctrina, el recurso que nos ocupa no es, ni debe ser considerado en modo alguno como un recurso de casación, pues sólo puede fundarse en la infracción o errónea interpretación de preceptos constitucionales. Tampoco estamos ante un juicio de revisión, y ello ni aun en el supuesto de que venga motivado por un acto judicial que desconozca o vulnere los derechos o libertades, pues en este supuesto el Tribunal enjuicia las acciones u omisiones del órgano jurisdiccional que hayan lesionado el derecho, pero en ningún caso conocerá de aquellos hechos que dieron lugar al proceso y, además, la Sala, de conformidad con el artículo 54 de la LOTC, «limitará su función a concretar si se han violado derechos o libertades y se abstendrá de cualquier otra consideración sobre la actuación de los órganos jurisdiccionales».

En fin, una última caracterización del recurso de amparo nos viene dada por el hecho de que en él no pueden hacerse valer otras pretensiones que las dirigidas a restablecer o preservar los derechos o libertades por razón de los cuales se formuló el recurso (artículo 41.3 de la LOTC).

b/ Objeto del recurso

El artículo 161.1 *b)* de la CE pone de relieve que el objeto del recurso de amparo constitucional lo constituye «la violación de los derechos y libertades referidos en el artículo 53.2 de esta Constitución». Y el artículo 41.1 de la LOTC se refiere a tal efecto a «los derechos y libertades reconocidos en los artículos 14 a 29 de la Constitución», que serán susceptibles de amparo constitucional, en los casos y formas que la Ley establece, sin perjuicio de su tutela general encomendada a los Tribunales de Justicia. Asimismo, el inciso final del artículo 41.1 determina que: «Igual protección será aplicable a la objeción de conciencia reconocida en el artículo 30 de la Constitución.»

Como puede apreciarse, si se atiende a tales preceptos, la tutela específica que proporciona el recurso de amparo se ciñe al núcleo de los derechos y libertades clásicas, por contraposición a los derechos económicos, sociales y culturales. La razón de esta limitación puede encontrarse en la diferente naturaleza de ambos «bloques de derechos». Mientras los primeros tienen un contenido más definido y, por ello, son susceptibles de un enjuiciamiento jurídico, los segundos ofrecen un contenido más elástico y variable, en el sentido de que su apreciación depende en mayor grado de factores políticos e ideológicos.

No obstante, la precedente explicación es puramente orientadora, pues no todas las libertades formales están especialmente protegidas. Por ello, puede concluirse afirmando que, en realidad, lo que se ha intentado ha sido preservar una serie de derechos y libertades que se consideran sustanciales para la subsistencia de una sociedad democrática.

Expuesto lo que antecede, vamos a proceder a enumerar los derechos y libertades tutelados. Son éstos los siguientes:

— Derecho a la igualdad ante la ley (artículo 14).

— Derecho a la vida y a la integridad física y moral (artículo 15).

— Libertad ideológica, religiosa y de culto (artículo 16).

— Derecho a la libertad y a la seguridad personal (artículo 17).

— Derecho al honor, a la intimidad personal y a la propia imagen (artículo 18.1).

— Derecho a la inviolabilidad del domicilio (artículo 18.2).

— Derecho al secreto de las comunicaciones (artículo 18.3).

— Libertad de residencia y de circulación (artículo 19).

— Derecho a la libertad de expresión y a la libre difusión del pensamiento [artículo 20.1, *a)*].

— Derecho a la producción y creación literaria, artística, científica y técnica [artículo 20.1, *b)*].

— Libertad de cátedra [artículo 20.1, *c)*].

— Derecho a comunicar o recibir libremente información veraz por cualquier medio de difusión [artículo 20.1, *d)*].

— Derecho de reunión (artículo 21).

— Derecho de asociación (artículo 22).

— Derecho de participación en los asuntos públicos (artículo 23.1).

— Derecho a la igualdad de acceso a las funciones y cargos públicos (artículo 23.2).

— Derecho a la jurisdicción (artículo 24).

— Derecho al principio de legalidad en cuanto al enjuiciamiento delictivo y cumplimiento de las penas (artículo 25).

— Derecho a la educación y libertad de enseñanza en sus diferentes vertientes (artículo 27).

— Derecho a la libre sindicación (artículo 28.1).

— Derecho a la huelga (artículo 28.2).

— Derecho de petición (artículo 29).

— Derecho a la objeción de conciencia (artículo 30.2).

Evidentemente, estamos ante una enumeración cerrada que, sin embargo, a nuestro juicio, no debe ser interpretada en un sentido estricto, sino más bien en un sentido amplio, por lo que las diferentes manifestaciones o formas particulares que puedan presentar los derechos precedentes deben ser también objeto de este recurso.

Y así lo ha entendido el Tribunal Constitucional, que en su Sentencia 3/1981, de 2 de febrero, en relación con los partidos políticos, ha incluido el derecho a crear partidos políticos entre los susceptibles de protección en vía de amparo constitucional. He aquí su razonamiento:

> «El primer problema que plantea el presente recurso es decidir si el derecho a crear partidos políticos es susceptible de amparo en virtud del artículo 22 de la Constitución, que consagra el derecho de asociación. La respuesta ha de ser afirmativa. Un partido es una forma particular de asociación y el citado artículo 22 no excluye las asociaciones que tengan una finalidad política, ni hay base alguna en él para deducir tal exclusión.»

c/ Actos recurribles

La concreción de los actos sobre los que puede interponerse un recurso de amparo es especialmente compleja y, además, implica notables consecuencias tanto en lo que a la legitimación para recurrir se refiere como en lo que hace al trámite procesal.

La Constitución no determina qué órgano o autoridad puede violar los derechos susceptibles de amparo. Por su lado, la LOTC (artículo 41.2) se limita a prever que el recurso de amparo protege a todos los ciudadanos frente a las violaciones de derechos originadas por «disposiciones, actos jurídicos o simple vía de hecho de los poderes públicos del Estado, las Comunidades Autónomas y demás entes públicos de carácter territorial, corporativo o institucional, así como de sus funcionarios o agentes».

Parece claro, pues, que a los efectos que nos ocupan, son poderes públicos todos aquellos entes que, actuando dentro del marco constitucional (Auto del Tribunal Constitucional 35/1980, de 6 de octubre), ejercen un poder de imperio. El propio Tribunal, en distintas ocasiones, se ha pronunciado en torno a esta cuestión. Y así, en su Auto 13/1980, ha entendido que los Ayuntamientos han de ser considerados poderes públicos. Otro tanto ha manifestado respecto de los Colegios profesionales, en cuanto entes públicos de carácter corporativo (Auto 93/1980, de 12 de noviembre).

Otra problemática que se ha suscitado es la relativa a si el amparo constitucional es posible también contra los actos de los particulares, problemática a la que no es ajena la innegable realidad de nuestros días, en la que es frecuente que la violación de derechos provenga de ciudadanos particulares tanto como de poderes públicos. Ya nos hemos referido a la cuestión de la eficacia de los derechos sobre las relaciones jurídicas privadas. Como ya vimos, el Tribunal Constitucional ha orientado su doctrina hacia la eficacia mediata de los derechos fundamentales en las relaciones entre particulares. En estos supuestos, la vía procesal adecuada para lograr la protección es la jurisdiccional ordinaria a través del procedimiento preferente y sumario previsto por el artículo 53.2 de nuestra Norma suprema. Ahora bien, cuando se haya pretendido a través de esta vía la corrección de los efectos de una lesión de aquellos derechos y la sentencia del tribunal ordinario no haya entrado a conocerla, será entonces la sentencia la que vulnerará el derecho de que se trate. De este modo, indirectamente, se logra la eficacia del derecho en las relaciones entre ciudadanos particulares.

Llegados aquí, debemos ya pasar al análisis de los actos recurribles, esto es, de aquellos sobre los que cabe interponer un recurso de amparo. Podemos agruparlos en los cuatro bloques que siguen:

1.º *Las disposiciones o actos sin valor de Ley, emanados de las Cortes o de cualquiera de sus órganos, o de las Asambleas legislativas de las Comunidades Autónomas, o de sus órganos,* que, como resulta evidente, violen los derechos y libertades susceptibles de amparo constitucional (artículo 42 de la LOTC).

Como puede advertirse, el precepto excluye implícitamente toda disposición con valor de Ley, lo que obedece al propósito de separar con claridad los ámbitos respectivos de los recursos de inconstitucionalidad y de amparo.

En su doctrina, el Tribunal Constitucional ha dejado muy claro que los actos internos de una Cámara cuya finalidad es la regulación de las relaciones existentes entre la Cámara y sus propios miembros no son susceptibles de recurso de amparo. Las decisiones de las Cámaras, como sujetas que están a la Constitución y a las leyes, no se hallan en modo alguno exentas del control jurisdiccional, si bien sólo quedan sujetas a este control cuando «afectan a relaciones externas del órgano o se concretan en la redacción de normas objetivas y generales susceptibles de ser objeto de control de inconstitucionalidad» (ATC 183/1984, de 21 de marzo).

Quiere ello decir que para que una disposición o acto emanado de una Cámara parlamentaria sea susceptible de ser recurrido en vía de amparo constitucional, deberá regular las relaciones de la Cámara con terceros vinculados con ella por relaciones contractuales o funcionariales, o simplemente tener efectos externos. Este último es el caso de la denegación de un suplicatorio, respecto de la cual el Tribunal (STC 90/1985, de 22 de julio) admitió su competencia para conocer del recurso de amparo interpuesto por una persona que, al rechazar la Cámara el suplicatorio, consideró violado su derecho a la tutela judicial efectiva.

Digamos por último que el Tribunal ha interpretado que los parlamentarios individualmente contemplados no pueden considerarse como poderes públicos en el sentido del artículo 41.2 de la LOTC. Sólo cabe entender en este sentido como «poder público» al órgano parlamentario, pero no a quienes lo integran individualmente considerados. Sólo el órgano, como tal, puede originar disposiciones o actos capaces de imponer obligaciones a los ciudadanos y lesionar de esta forma sus derechos y libertades fundamentales.

Estas disposiciones o actos sin valor de Ley, emanados de las Cámaras o de cualesquiera de sus órganos, podrán ser recurridos dentro del plazo de tres meses desde que, con arreglo a las normas internas de las Cámaras o Asambleas, sean firmes. La impugnación es, pues, directa, esto es, no se necesita agotar una vía jurisdiccional ordinaria previa, a diferencia de lo que sucede en otro tipo de actos vulneradores de derechos.

2.º *Las disposiciones, actos jurídicos o simples vías de hecho del Gobierno o de sus autoridades o funcionarios, o de los órganos ejecutivos colegiados de las Comunidades Autónomas o de sus autoridades, funcionarios o agentes* (artículo 43 de la LOTC).

A diferencia del supuesto antecedente, aquí tiene plena vigencia el principio de subsidiariedad; esto es, se debe agotar la vía judicial previa. Y a tal efecto, el inciso final del artículo 43.1 de la LOTC prescribe que los actos con anterioridad referidos «podrán dar lugar al recurso de amparo una vez que se haya agotado la vía judicial procedente, de acuerdo con el artículo 53.2 de la Constitución».

Y el apartado segundo de la Disposición transitoria segunda de la LOTC determina al efecto que:

> «En tanto no sean desarrolladas las previsiones del artículo 53.2 de la Constitución, para configurar el procedimiento judicial de protección de los derechos y libertades fundamentales, se entenderá que la vía judicial previa a la interposición del recurso de amparo será

la contencioso-administrativa ordinaria o la configurada en la sección segunda de la Ley 62/1978, de 26 de diciembre, sobre protección jurisdiccional de los derechos fundamentales, a cuyos efectos el ámbito de la misma se entiende extendido a todos los derechos y libertades a que se refiere el expresado artículo 53.2 de la Constitución.»

El significado del recurso a la vía judicial previa ha sido precisado por nuestro intérprete supremo de la Constitución, que ha entendido que las decisiones producidas por esta vía no han de ser objeto de impugnación por la sola razón de no haber estimado la pretensión deducida por el recurrente, ya que estas decisiones desestimatorias no alteran la situación jurídica creada por el acto de la Administración presuntamente lesivo de un derecho fundamental, no siendo, por tanto, en sí mismas causas de lesión. Otra interpretación llevaría a entender, en definitiva, que no hay más actos u omisiones atacables en vía de amparo que los actos u omisiones de los órganos judiciales (STC 6/1981, de 14 de abril).

En cuanto al plazo para interponer el recurso de amparo constitucional en los actos a que acabamos de referirnos, será el de los veinte días siguientes a la notificación de la resolución recaída en el previo proceso judicial (artículo 43.2 de la LOTC).

Por último, es preciso señalar que el artículo 43.3 de la LOTC establece que el recurso «sólo podrá fundarse en la infracción por una resolución firme de los preceptos constitucionales que reconocen los derechos o libertades susceptibles de amparo».

Como resulta obvio, el fundamento del recurso de amparo, cualquiera que fuere el órgano del que provenga el agravio, debe ser siempre la infracción del precepto constitucional que acoge el derecho fundamental que se supone violado. ¿Por qué entonces ha querido la LOTC subrayar este dato con relación a los actos provenientes del Ejecutivo? En opinión de *Almagro Nosete,* el prurito que ha llevado en este supuesto a remarcar tal elemento, común a los demás casos, es, sin duda, el deseo de reafirmar la diferencia entre el control de legalidad que ejerce la jurisdicción ordinaria (en su manifestación contencioso-administrativa) y el control de constitucionalidad que ejerce el Tribunal Constitucional.

3.º *Los actos u omisiones de un órgano judicial que den origen a una violación, de manera inmediata y directa, de los derechos y libertades susceptibles de amparo constitucional,* con independencia de los hechos que dieran lugar al proceso y siempre que se cumplan los tres requisitos que enumera el artículo 44.1 de la LOTC, que son los que siguen:

a) Que se hayan agotado todos los recursos utilizables dentro de la vía judicial. En definitiva, estamos ante una nueva, aunque peculiar, manifestación del principio de subsidiariedad.

La jurisprudencia constitucional ha precisado el sentido de la expresión «recursos utilizables» (STC 8/1981,de 30 de marzo). «Hay que entenderla dentro de los términos razonables propios de la diligencia de quien asume la dirección letrada de cada caso concreto.» Y como consecuencia de lo anterior, el Tribunal ha estimado que «el plazo del artículo 44.2 de la LOTC debe contarse desde la notificación de la resolución del último recurso utilizado».

Y en otro momento, el Tribunal, en su jurisprudencia, ha dejado sentado que los «recursos utilizables» dentro de la vía judicial son los recursos útiles para conseguir la revisión de la medida adoptada (STC 30/1982, de 1 de junio).

b) Que la violación del derecho o libertad sea imputable «de modo inmediato y directo» a una acción u omisión del órgano judicial con independencia de los hechos que dieron lugar al proceso en que aquéllas se produjeron, acerca de los que, en ningún caso, entrará a conocer el Tribunal Constitucional. En relación con este último aspecto, nuestra jurisprudencia constitucional ha señalado que «la prohibición de conocer los hechos concierne a la acepción técnico-procesal de este vocablo, que atiende a la obligación de competencia. No se trata de prohibición de conocimiento en el sentido de ilustración o análisis reflexivo de los antecedentes, que puede resultar positivo e incluso necesario para fundar la resolución» (STC 46/1982, de 12 de julio).

c) Que se haya invocado formalmente en el proceso el derecho constitucional vulnerado, tan pronto como, una vez conocida la violación, hubiere lugar para ello.

Este requisito, según nuestra doctrina constitucional (STC 1/1981, de 26 de enero), «está directamente ordenado a facilitar que en el proceso judicial, vía ordinaria de la defensa de los derechos y libertades públicas, quien conoce de él, pueda satisfacer tal derecho o libertad, haciendo innecesario el acceso a sede constitucional».

De otro lado, el Tribunal (STC 8/1981, de 30 de marzo) ha entendido que esta exigencia del artículo 44.1, *c),* «está referida no a la invocación del precepto, sino del derecho constitucional vulnerado», y ello en tanto en cuanto, como el propio Tribunal ha constatado (STC 31/1981, de 28 de julio), este requisito «tiene como finalidad y razón de ser hacer posible el restablecimiento del derecho constitucional vulnerado dentro de la propia jurisdicción ordinaria, al ser el amparo un medio último y subsidiario de garantía». En definitiva, el requisito que nos ocupa no ha de ser entendido formalmente, como una referencia al precepto vulnerado, sino en un sentido material, como una concreción del derecho constitucional conculcado.

Señalemos finalmente que el plazo para interponer el recurso de amparo en los supuestos que ahora nos ocupan será (artículo 44.2 de la LOTC) de veinte días a partir de la notificación de la resolución recaída.

4.º *Las resoluciones del Consejo Nacional de Objeción de Conciencia que denieguen la solicitud de objeción de conciencia o que tengan un efecto equivalente.*

Esta previsión ha sido contemplada por el artículo 1.º.1 de la Ley Orgánica 8/1984, de 26 de diciembre, por la que se regula el régimen de recursos en caso de objeción de conciencia, Ley que ha derogado el artículo 45 de la LOTC, precepto que, en un primer momento, establecía el régimen a seguir para la interposición de un recurso de amparo por supuesta violación del derecho a la objeción de conciencia.

A tenor del artículo 45 de la LOTC, las resoluciones ejecutorias que supusieran la violación del derecho que nos ocupa, imponiendo la obligación de prestar el servicio militar, podían ser recurridas en vía de amparo, no siendo necesario agotar la vía judicial previa. El requisito procesal exigido por el artículo 45 se concretaba, pues, en el carácter ejecutivo de la resolución, término inidentificable, como el propio Tribunal precisaría (STC 15/1982, de 23 de abril), con el agotamiento de la vía judicial.

En el fondo de todo ello se hallaba el hecho de que el artículo 53.2 de nuestra Norma suprema no previera expresamente la vía jurisdiccional preferente y sumaria respecto del derecho a la objeción de conciencia.

Sin embargo, la referida Ley Orgánica 8/1984, sobre la base de que esta vía ofrece un trámite protector especialmente rápido, a la vez que permite evitar una sobrecarga de recursos ante el Tribunal Constitucional, iba a alterar de modo sustancial el mecanismo de protección del derecho constitucionalizado por el artículo 30.2 de nuestra «Lex Superior».

La Ley establece al efecto que contra las resoluciones del Consejo Nacional de Objeción de Conciencia (órgano regulado por la Ley 48/1984, de 26 de diciembre, reguladora de la objeción de conciencia y de la prestación social sustitutoria, al que se atribuye —tal y como ya vimos detenidamente en otro lugar— la resolución de todas las solicitudes de declaración de objeción de conciencia y exención del servicio militar) que denieguen la solicitud de declaración de objeción de conciencia o que tengan un efecto equivalente, podrá interponerse, de conformidad con las normas que regulan la protección jurisdiccional de los derechos fundamentales, el correspondiente recurso, que, obviamente, se acomoda a las previsiones de la Ley 62/1978, y, por tanto, a los rasgos procesales de preferencia y sumariedad.

Contra las resoluciones judiciales recaídas en los procedimientos anteriormente referidos, podrá interponerse recurso de amparo ante el Tribunal Constitucional.

De esta forma, este tipo de resoluciones quedan sujetas a un régimen jurídico similar al que rige respecto de las disposiciones, actos jurídicos o simples vías de hecho del Poder Ejecutivo.

d/ Legitimación

I. El artículo 162.1, *b)* de nuestra «lex legum» contempla la legitimación para recurrir en vía de amparo, utilizando una fórmula que recuerda la que se sigue para el acceso a la jurisdicción contencioso-administrativa. A tenor de este precepto, están legitimados para interponer el recurso de amparo «toda persona natural o jurídica que invoque un interés legítimo, así como el Defensor del Pueblo y el Ministerio Fiscal».

La problemática suscitada por el precepto anterior se iba a circunscribir a qué había de entenderse por *«interés legítimo»*.

La doctrina se manifestaba de modo muy diverso. Desde quienes entendían que el precepto constitucional parecía haber tenido en cuenta, más que el recurso de amparo propiamente dicho, el procedimiento de tutela jurisdiccional de los derechos por vía preferente y sumaria, pues, de otra forma, no se comprende la legitimación de quien invoque un «interés legítimo», cuando es patente que en los supuestos en que el recurso de amparo se plantea como tal recurso, las personas que invoquen un «interés legítimo» no podrán ser más que las partes del proceso *«a quo»*, hasta la posición de aquellos otros que ven en el concepto de *«interés legítimo»* una amplitud notablemente mayor que el de «derecho subjetivo», pues aquel concepto permite entender que terceros ajenos a la titularidad del derecho, aunque interesados legítimamente en la reparación del agravio, estarán legitimados para promover el recurso de amparo.

II. La LOTC (artículo 46.1) ha desarrollado el precepto constitucional, estableciendo una diferenciación que atiende a que el proceso de amparo presuponga o no una actuación jurisdiccional previa por vía preferente y sumaria:

a) En los procesos quc no implican una actuación jurisdiccional previa, esto es, en los recursos promovidos contra decisiones o actos sin valor de ley, emanados de las Cortes o de las Asambleas legislativas de las Comunidades Autónomas, vendrán legitimados para la interposición del recurso la persona directamente afectada, el Defensor del Pueblo y el Ministerio Fiscal [artículo 46.1, *a)* de la LOTC].

b) En los recursos que presuponen un proceso previo, esto es, en los recursos promovidos contra disposiciones, actos jurídicos o simples vías de hecho del Gobierno o de los órganos ejecutivos colegiados autonómicos, y en aquellos otros que se promuevan contra actos u omisiones de un órgano judicial, estarán legitimados quienes hayan sido parte del proceso judicial correspondiente, el Defensor del Pueblo y el Ministerio Fiscal [artículo 46.1, *b)* de la LOTC].

c) Por último, en los recursos que se interpongan contra las resoluciones del Consejo Nacional de Objeción de Conciencia, estará legitimada para recurrir en vía de amparo la persona directamente afectada, como también el Defensor del Pueblo y el Ministerio Fiscal [artículo 46.1, *a)* de la LOTC].

III. Como puede apreciarse, la LOTC, al precisar la legitimación, mantiene en todos los supuestos la del Defensor del Pueblo y el Ministerio Fiscal, y distingue, en atención, en último término, al órgano agraviante (pues es esta circunstancia la que, a su vez, desencadena la necesidad de acudir o no a la tutela jurisdiccional ordinaria), entre una legitimación en favor de la persona directamente afectada y otra en beneficio de quien haya sido parte del proceso judicial correspondiente. Ello implica una cierta concreción bifronte del concepto de «interés legítimo».

En todo caso, es opinión doctrinal mayoritaria la de que la fórmula legal del artículo 46.1 de la LOTC no puede en modo alguno interpretarse en un sentido que implique una reducción de la legitimación constitucionalmente establecida. Y el Juez de la constitucionalidad ha ratificado esta tesis.

Así, en su Sentencia 141/1985, de 22 de octubre, el Tribunal comienza advirtiendo que el artículo 46.1, *b)* de la LOTC no puede ser entendido de manera estrictamente literal, especialmente en aquellos casos en que el proceso judicial *«a quo»* es el de agotamiento de la vía judicial procedente a que se refiere el artículo 43.1 de la propia LOTC. Tal interpretación literal (legitimación para interponer el recurso de amparo de quien ha sido parte en el previo proceso judicial) implicaría llegar a la conclusión tautológica de que se está legitimado para demandar el amparo porque se ha demandado el amparo.

Por esta razón, el Tribunal entiende que en todos aquellos casos en que el proceso previo ha sido articulado por la vía que permite la Ley 62/1978, para la protección de los derechos fundamentales, la legitimación para interponer después el amparo constitucional corresponde a la persona directamente afectada, y por *«persona afectada»* hay que entender «al titular del derecho subjetivo vulnerado o presuntamente vulnerado o, excepcionalmente, a quienes sin ser titulares del derecho pueden ejercitar éste, en virtud de una especial disposición de la Ley en atención a su relación con el derecho o con el titular de él».

Ello implica modular la concreción de «persona directamente afectada» en función del concepto de «interés legítimo», pues la persona directamente afectada no es de modo exclusivo la que sea titular del derecho subjetivo. Con ello, además, el Tribunal parece circunscribir el requisito de haber sido parte en el proceso judicial correspondiente al recurso de amparo por actos u omisiones imputables a órganos jurisdiccionales.

IV. De otro lado, también el Tribunal se ha pronunciado en torno al requisito de haber sido parte en un proceso judicial previo, requisito que, como ya hemos advertido, parece limitado a operar en los supuestos del artículo 44 de la LOTC. Ha de ser tenido como tal, esto es, como parte en el proceso judicial correspondiente, a efectos de su legitimación para recurrir en amparo, según el Tribunal, quien, pese a habérsele negado esa cualidad procesal por razones estrictas y formales excesivas, por causas no imputables al interesado, realmente le correspondía conforme a una interpretación razonable de la legalidad, es decir, quien pudo serlo o tenía derecho a serlo tras haber pretendido razonablemente que así se lo reconociera el órgano judicial (STC 135/1986, de 31 de octubre; asimismo, SSTC 4/1982, 46/1982, 60/1982 y 67/1986).

En definitiva, en los supuestos en que se ha planteado ante el Tribunal el concepto de «parte», se ha extendido su realidad y acogida no sólo a quien lo fue en efecto, sino a quien pudo serlo o tenía derecho a serlo, o, como dice la Sentencia 4/1982, a los que debiendo legalmente ser partes en un proceso no lo fueron por causa no imputable a ellos mismos y resultaron condenados, a lo que la Sentencia 46/1982 añade que el artículo 46.1, *b)* de la LOTC debe aplicarse extensivamente a quienes, sin obtenerlo del órgano judicial, han pretendido razonablemente ser parte.

V. Por lo que se refiere a la legitimación un tanto excepcional que se concede a ciertos órganos públicos, Ministerio Fiscal y Defensor del Pueblo, cabe señalar que la misma parece perfectamente justificada.

En lo que al Defensor del Pueblo se refiere, el artículo 54 de nuestra Norma suprema le otorga la genérica misión de «defensa de los derechos comprendidos en el Título I». De ahí que al quedar legitimado por el artículo 162.1, *b)* de la Constitución para recurrir en vía de amparo, quede investido de poderes indirectos, característicos de una magistratura de «persuasión», y conectados instrumentalmente con el control de lo que *La Pergola* denomina la *«maladministration»,* que, básicamente, supone violación no tanto de límites y obligaciones legales, cuanto del gravamen de agilidad, eficiencia y corrección de toda buena administración.

En cuanto al Ministerio Fiscal, conviene recordar que el artículo 124.1 de la «Lex Superior» le confiere la misión de «promover la acción de la justicia en defensa de la legalidad, de los derechos de los ciudadanos y del interés público tutelado por la ley». En consonancia con ello, parece perfectamente lógico que este órgano público quede legitimado para interponer un recurso como el de amparo, cuya razón de ser es la protección en sede constitucional de los derechos fundamentales.

Con la legitimación de los dos órganos públicos anteriores, el recurso de amparo adquiere, como ha significado la doctrina, un curioso perfil de acción pública, con lo que, consiguientemente, las vulneraciones de los derechos susceptibles de protección en vía de amparo se convierten en hechos y actos perseguibles de oficio, por lo menos potencialmente.

Conecta lo anterior con la necesaria tutela constitucional de los intereses colectivos en las democracias pluralistas. Como al efecto advierte *Spagna Musso,* la tutela constitucional de los intereses de carácter general tiene no sólo un aspecto negativo en cuanto limitación de los intereses individuales, sino, además, un aspecto positivo consistente en un desarrollo potencial que incide en el funcionamiento de todo el ordenamiento constitucional y se plasma en el correcto y pleno ejercicio de aquellos derechos subjetivos constitucionalmente garantizados.

e/ Procedimiento

I. Debemos comenzar el análisis de la tramitación de los recursos de amparo constitucional, refiriéndonos, bien que con sumariedad, a quienes deben ser considerados partes de este proceso constitucional.

Partes demandantes, como resulta claro, serán en potencia quienes se encuentren activamente legitimados.

En cuanto a las partes demandadas, y aunque la LOTC no es muy clara en su determinación, cabe pensar que serán los órganos legislativo, judicial o ejecutivo causantes del agravio. Junto a ellos, el artículo 47.1 de la LOTC prevé la posibilidad de que puedan comparecer en el proceso de amparo, con el carácter de demandado o con el de coadyuvante de la parte demandada, aquellas personas que, respectivamente, se vean favorecidas por la decisión, acto o hecho en razón del cual se formule el recurso, o que ostenten un interés legítimo.

Asimismo, pueden intervenir en el proceso todos aquellos posibles agraviados. Y a tal efecto, cuando el recurso fuere promovido por el Defensor del Pueblo o el Ministerio Fiscal, la Sala competente para conocer del amparo constitucional deberá comunicarlo «a los posibles agraviados que fueran conocidos», y asimismo vendrá obligada a anunciar la interposición del recurso en el «Boletín Oficial del Estado» «a efectos de comparecencia de otros posibles interesados», publicación que tendrá carácter preferente, de conformidad con el artículo 46.2 de la LOTC.

Cabe significar finalmente la intervención del Ministerio Fiscal, preceptiva en todos los procesos de amparo, por mor del artículo 47.2 de la LOTC. En todos los procesos de tal naturaleza en que el Ministerio Fiscal no sea directamente su promotor, aparecerá como interviniente con una triple misión, que sintoniza con la que prevé el artículo 124.1

de nuestro código político fundamental, esto es, con la finalidad de: defender la legalidad, los derechos de los ciudadanos y el interés público tutelado por la ley.

II. Entrando ya propiamente en el análisis del procedimiento, cabe decir ante todo que el conocimiento de estos recursos de amparo constitucional corresponde a las Salas del Tribunal Constitucional (artículo 48 de la LOTC).

El recurso se interpone mediante demanda que deberá cumplir los siguientes requisitos:

a) Exponer con claridad y concisión los hechos que la fundamenten.

b) Citar los preceptos constitucionales que se estimen infringidos; y

c) Fijar con precisión el amparo que se solicita para preservar o restablecer el derecho o libertad que se considere vulnerado.

En relación con estos requisitos, el Tribunal se ha mostrado partidario de desechar tratamientos formales rigurosos.

III. Especial relevancia presenta el «acuerdo de admisión o inadmisión del recurso». Este punto constituyó el objeto central de la ya referida Ley Orgánica 6/1988, de 9 de junio, de reforma de la LOTC. La citada Ley Orgánica ha modificado en profundidad el artículo 50 de la LOTC, que en su redacción inicial facultaba a las Salas del Tribunal para, previa audiencia del solicitante de amparo y del Ministerio Fiscal, acordar motivadamente (mediante el correspondiente auto) la inadmisibilidad de un recurso de amparo cuando concurriere alguno de los siguientes supuestos:

1. Que la demanda se presentare fuera de plazo.

2. Que la demanda presentada fuere defectuosa por carecer de los requisitos legales o no ir acompañada de los documentos preceptivos.

3. Que la demanda se dedujere respecto de derechos o libertades no susceptibles de amparo constitucional.

4. Que la demanda careciera manifiestamente de contenido que justifique una decisión del Tribunal. Y

5. Que el Tribunal hubiere ya desestimado en el fondo un recurso o cuestión de inconstitucionalidad o un recurso de amparo en supuesto sustancialmente igual.

Como fácilmente puede apreciarse, los dos primeros supuestos se refieren a aspectos formales mientras que los tres subsiguientes contemplan cuestiones materiales.

IV. Con la nueva redacción dada al artículo 50 por la Ley Orgánica 6/1988, se ha posibilitado que una Sección, por unanimidad de sus miembros, acuerde mediante providencia la inadmisión del recurso de amparo cuando, en su esencia, concurran los mismos supuestos que el precepto reflejara en su redacción inicial, con las únicas salvedades siguientes:

a) En lo que a los supuestos formales se refiere, con mayor amplitud que en la redacción originaria del precepto, se prevé el supuesto de incumplimiento por la demanda, de modo manifiesto e insubsanable, de cualquiera de los requisitos contenidos en los artículos 41 a 46 de la Ley.

b) También dentro de los supuestos formales, se contempla el de falta de jurisdicción o de competencia del Tribunal.

c) Dentro de los supuestos materiales, la nueva redacción del artículo 50 matiza el supuesto de carencia manifiesta de contenido que justifique una decisión del Tribunal, en el sentido de que esa decisión injustificada por la falta de contenido de la demanda se ha de referir al fondo de la misma.

Las modificaciones precedentes son un tanto irrelevantes, pues, como es patente, la reforma afecta sustancialmente al órgano interno del Tribunal que ha de decidir la inadmisión: la Sección ahora (antes la Sala) y al acto mediante el que se acuerda la inadmisión: una providencia (frente a un auto en la redacción inicial de la LOTC).

Estas modificaciones implican una mayor flexibilización del trámite de inadmisibilidad, que, caso de ser acordado por unanimidad de los miembros de la Sección, no ha de ser motivado; de ahí la posibilidad de decidir la inadmisión mediante una mera providencia. Además, no es preciso que la decisión de inadmisión se tome por la Sala; puede adoptarla la propia Sección sin que, por otra parte, haya de sujetarse a un trámite de audiencia previa del solicitante de amparo y del Ministerio Fiscal, como se preveía en la redacción inicial de la LOTC. Basta con notificar la providencia decidiendo la inadmisibilidad del recurso al demandante y al Ministerio Fiscal. Contra dicha providencia tan sólo podrá recurrir en súplica el Ministerio Fiscal, en el plazo de tres días. El recurso se resolverá mediante auto, contra el que no cabrá ya recurso alguno.

En el supuesto de que no hubiere unanimidad por parte de los miembros de la Sección acerca de la inadmisibilidad de un recurso de amparo, la propia Sección, en esta ocasión previa audiencia del solicitante de amparo y del Ministerio Fiscal, podrá acordar esta vez mediante auto la inadmisión del recurso. Contra el auto de inadmisión no cabrá recurso alguno.

La reforma introducida por la Ley Orgánica 6/1988 ha agilizado en alguna medida los trámites de inadmisión de los recursos de amparo, pero no ha sido en modo alguno suficiente para resolver la enorme congestión que amenaza la funcionalidad del Tribunal como consecuencia, en buen grado, del cúmulo de recursos de amparo presentados ante él.

V. Admitida la demanda de amparo, la Sala requerirá, de conformidad con el artículo 51.1 de la LOTC, con carácter urgente, al órgano o a la autoridad de que dimane la decisión, el acto o el hecho, o al Juez o Tribunal que conoció del procedimiento precedente, para que, en plazo que no podrá exceder de diez días, remita las actuaciones o testimonios de ellas.

El órgano o autoridad antedicho acusará inmediato recibo del requerimiento y, tras cumplimentar el envío, emplazará a quienes fueron parte en el procedimiento antecedente al objeto de que puedan comparecer en el proceso constitucional en el plazo de diez días.

Recibidas las actuaciones y transcurrido el tiempo de emplazamiento, la Sala deberá dar vista de las mismas:

1.º A quien promovió el amparo.

2.º A los personados en el proceso.

3.º Al Abogado del Estado, si estuviera interesada la Administración Pública. Y

4.º Al Ministerio Fiscal.

La vista será por plazo común que no podrá exceder de veinte días, y durante el mismo podrán presentarse las alegaciones procedentes (artículo 52.1 de la LOTC).

Las partes pueden solicitar y el Tribunal acordar, de oficio o a instancia de parte, la sustitución del trámite de alegaciones por escrito, por la celebración de una vista oral en la que tales alegaciones se formularán verbalmente. No olvidemos al respecto que el artículo 120.2 de nuestra Ley de leyes determina que el procedimiento será «predominantemente oral».

Presentadas las alegaciones o transcurrido el plazo otorgado al efecto sin otros trámites, la Sala pronunciará la sentencia que proceda en el plazo de diez días (artículo 52.3 de la LOTC).

f/ La Sentencia en los recursos de amparo

I. La sentencia que pone fin a un recurso de amparo constitucional, con independencia de su contenido, es de naturaleza «declarativa» en cuanto se limita a preservar o restablecer un derecho o libertad reconocido por nuestra «Magna Carta» política.

Dos son los fallos posibles que puede pronunciar la Sala en una sentencia en la que conozca del fondo del asunto (artículo 53 LOTC):

— Otorgamiento de amparo.

— Denegación de amparo.

Las sentencias que deniegan el amparo se llaman *desestimatorias.* No están contempladas por la LOTC, a diferencia de las estimatorias. Sin embargo, puede decirse con *González Pérez* que tienen como efecto mediato el dar firmeza a las relaciones jurídicas que derivan del acto objeto de impugnación. Como parece lógico, estas sentencias vienen a declarar la legalidad —o, aún mejor, la constitucionalidad— de la decisión, acto o resolución frente a la que se produjo la pretensión y, subsiguientemente, deniegan el amparo constitucional.

No sucede lo mismo con las *sentencias estimatorias,* esto es, las que otorgan el amparo. En efecto, la LOTC, en su artículo 55.1, ha contemplado detenidamente sus posibles contenidos. El citado precepto distingue tres clases de pronunciamientos, que, en atención a la naturaleza del caso sometido a juicio, pueden ser acumulativos, aunque, obviamente, no tienen por qué serlo de modo necesario.

Son esos tres pronunciamientos los siguientes:

a) Declaración de nulidad de la decisión, acto o resolución que hayan impedido el pleno ejercicio de los derechos o libertades protegidos, con determinación en su caso de la extensión de sus efectos.

b) Reconocimiento del derecho o libertad pública, de conformidad con su contenido constitucionalmente declarado.

c) Restablecimiento del recurrente en la integridad de su derecho o libertad con la adopción de las medidas apropiadas, en su caso, para su conservación.

En cuanto a los efectos de estas sentencias, aparecen implícitamente —y como salvedad al principio general— contemplados por el inciso final del artículo 164.1 de la CE, del que se puede colegir que las sentencias que se limiten a la estimación subjetiva de un derecho no tendrán efectos frente a todos, esto es, sus efectos serán *inter partes.*

En opinión de *Rubio* y *Aragón,* lo que tal enunciado significa es que la anulación o convalidación del acto objeto del recurso de amparo sólo afecta al poder mismo que lo adoptó y al particular o particulares que han sido partes en el procedimiento.

En cualquier caso, no debemos olvidar que el recurso de amparo, de conformidad con el artículo 55.2 de la LOTC, puede desembocar en una declaración de inconstitucionalidad, lo que, obviamente, implicaría una ampliación de los efectos, que pasarían a ser *erga omnes.*

II. Hemos de referirnos asimismo a la prescripción del artículo 54 de la LOTC, precepto con el que, según opinión generalizada, se ha pretendido salvaguardar la independencia de los tribunales ordinarios cuyos actos hubieran sido anulados por el Tribunal Constitucional como consecuencia de un recurso de amparo.

A tal efecto, el artículo 54 prescribe:

> «Cuando la Sala conozca del recurso de amparo respecto de decisiones de los Jueces y Tribunales limitará su función a concretar si se han violado derechos o libertades y se abstendrá de cualquier otra consideración sobre la actuación de los órganos jurisdiccionales.»

No es la única cautela que en tal sentido adopta la LOTC; baste al respecto con recordar la establecida por el artículo 44.1 *b)*, que sienta el principio de respeto a los hechos que se ventilan en el juicio ordinario, «acerca de los que, en ningún caso, entrará a conocer el Tribunal Constitucional».

III. En conexión con la resolución de los recursos de amparo, presenta una gran importancia práctica el que se conoce como *«incidente de suspensión del acto impugnado»*, al que se refiere el artículo 56 de la LOTC, que ha previsto la posible suspensión por la Sala que conozca de un recurso de amparo, de oficio o a instancia del recurrente, del acto de los poderes públicos por razón del cual se reclame el amparo constitucional. Tal suspensión queda no obstante supeditada a que de la ejecución se derivare u ocasionare «un perjuicio que haría perder al amparo su finalidad».

Ahora bien, la Sala puede, no obstante, denegar la suspensión «cuando de ésta pueda seguirse perturbación grave de los intereses generales, o de los derechos fundamentales o libertades públicas de un tercero» (artículo 56.1 LOTC).

Arbitra este precepto una razonable medida cautelar que se ciñe a la suspensión de la ejecución del acto que motive el amparo. Dado que el fundamento general de las medidas cautelares radica en el *periculum in mora,* esto es, en el riesgo de que la duración del proceso frustre la efectividad de la sentencia que en el mismo pudiera recaer, es comprensible que la Ley exija para acordar la suspensión de la ejecución del acto, la existencia de un perjuicio que hiciera perder al amparo su finalidad.

En definitiva, tal y como ha reconocido la doctrina jurisprudencial al respecto (Auto 17/1980, de 24 de septiembre), en el artículo 56.1 de la LOTC se establece una regla general: la suspensión imperativa cuando la ejecución del acto cree una situación irreversible que el amparo, caso de que se otorgase, no podría remediar, y dos excepciones a esa regla general, derivada una de la primacía de los intereses generales sobre los particulares, basada la otra en el respeto de los derechos y libertades de quien es ajeno al acto recurrido.

Responde este precepto legal, según la propia doctrina constitucional, a criterios racionales de equilibrio entre los intereses del recurrente, los intereses generales de la sociedad y los derechos de terceros. De ahí que «en su aplicación a cada caso concreto habrá que valorar conjunta y ponderadamente todos esos elementos».

En cuanto a la tramitación de la suspensión, cabe decir que se lleva a cabo como un incidente, sustanciándose (artículo 56.2 LOTC) con audiencia de las partes y del Ministerio Fiscal, por plazo común que no excederá de tres días y con informe de las autoridades responsables de la ejecución, si la Sala lo creyera necesario.

La suspensión podrá pedirse «en cualquier tiempo, antes de haberse pronunciado sentencia o decidirse el amparo de otro modo».

La suspensión podrá acordarse con o sin afianzamiento, pudiendo la Sala condicionar la denegación de la suspensión en el caso de que pudiere seguirse perturbación grave de los derechos de un tercero, «a la constitución de caución suficiente para responder de los daños o perjuicios que pudieran originarse».

La LOTC prevé (artículo 57) la posible modificación del acuerdo adoptado sobre la medida cautelar de suspensión. Y es que todo proceso debe concebirse desde una perspectiva dinámica. De ahí que la modificación de la situación originaria, en la que se basaba la pretensión, pueda comportar una alteración de la suspensión o de su denegación durante el curso del juicio de amparo constitucional, de oficio o a instancia de parte.

M) Los conflictos constitucionales

I. Los conflictos constitucionales constituyen el tercer gran bloque de competencias de la Jurisdicción constitucional. La competencia de ésta se justifica, como ha notado la doctrina alemana, en la consideración de que todo conflicto entre órganos constitucionales es, por sí mismo, un conflicto constitucional que pone en cuestión el sistema organizativo que la Constitución, como una de sus funciones básicas, ha establecido. Por ello mismo, sólo el Tribunal Constitucional, allí donde existe, puede ser el órgano idóneo para la resolución de este tipo de conflictos, que afectan a la esencia misma de la Constitución.

Como advierte al respecto *Sánchez Agesta*, el Tribunal Constitucional es la pieza de equilibrio de una ordenación compleja del poder, lo que le convierte necesariamente en árbitro en los diferentes conflictos que puedan suscitarse. Con ello, el Tribunal Constitucional, como cualquier otro órgano jurisdiccional, eleva un conflicto de pretensiones al plano de una cuestión jurídica.

Se viene a afirmar de esta suerte el principio de legalidad, que es uno de los perfiles sustanciales de todo Estado de Derecho, pues queda reafirmada así la sumisión de todos los poderes constitucionales al Derecho, lo que, a su vez, implica el carácter de poderes limitados de todos los órganos contemplados por la Constitución, en tanto en cuanto todos quedan sujetos a la Constitución y al resto del ordenamiento jurídico.

II. En nuestro sistema, la consideración del Tribunal Constitucional como «Tribunal de conflictos» aparece perfilada desde una doble perspectiva:

— Como órgano legitimado para resolver los *conflictos de competencia* entre el Estado y las Comunidades Autónomas o de éstas entre sí, conflictos éstos que responden a la compleja estructura de la división territorial del poder que regula el Título VIII de nuestra *lex legum.* Y

— Como órgano competente para entender de los *conflictos de atribuciones* entre órganos constitucionales del Estado.

Lo primero que es preciso poner de relieve ante todo es que estos conflictos no pueden ser otros más que los de naturaleza constitucional (y a este respecto es muy significativo el rótulo del título IV de la LOTC: «De los conflictos constitucionales»), esto es, aquellos que surgen como consecuencia de la aplicación directa o la interpretación de las normas constitucionales, afectando al mismo tiempo a la competencia de, por lo menos, un órgano constitucional.

III. En cuanto a los *conflictos de competencia,* cabe decir que aparecen contemplados por el artículo 161.1 *c)* de nuestro Código político. Junto a tal precepto, el artículo 161.2 de la Constitución viene en realidad a contemplar otro tipo de conflicto constitucional de competencia, bien que singularizado por adoptar la forma impugnatoria, tal y como ya tuvimos ocasión de referir.

A tenor del artículo 161.2 de nuestra Norma suprema:

> «El Gobierno podrá impugnar ante el Tribunal Constitucional las disposiciones y resoluciones adoptadas por los órganos de las Comunidades Autónomas. La impugnación producirá la suspensión de la disposición o resolución recurrida, pero el Tribunal, en su caso, deberá ratificarla o levantarla en un plazo no superior a cinco meses.»

Este precepto, evidentemente, no aparece conectado de modo directo —y ello, en cierto modo, es bastante incongruente— con los conflictos de competencia entre el Estado y las Comunidades Autónomas; y la propia LOTC, al dedicar un título específico (el título V) a la impugnación de disposiciones prevista por el artículo 161.2, ha profundizado aún más esa desconexión. Sin embargo, y pese a la estructuración formal de la normativa de referencia, es lo cierto que el conflicto contemplado por el artículo 161.2 de la CE sólo parece aplicable a los conflictos de competencia entre el Estado y las Comunidades Autónomas.

García de Enterría cree que quizá la especificación de este conflicto haya venido determinada por la oportunidad de sustantivar una técnica específica prevista por el citado artículo 161.2 y que parece contradecir el reparto general de controles sobre las Comunidades Autónomas, que la propia Constitución diseña en el artículo 153 y que, recordémoslo, atribuye al Tribunal Constitucional el control relativo a la constitucionalidad de las disposiciones normativas con fuerza de ley (de las Comunidades Autónomas), y a la Jurisdicción contencioso-administrativa, el de sus normas reglamentarias.

El Tribunal Constitucional ha tenido ocasión de pronunciarse genéricamente sobre estos conflictos de competencia, diferenciándolos netamente del control de constitucionalidad. Y así, en su Sentencia 25/1981, de 14 de julio, el Tribunal, tras considerar que la protección de las Comunidades Autónomas frente a actos de los poderes centrales del Estado que ellas estimen contrarios a su interés propio, puede procurarse, en cuanto tal protección haya de buscarse ante el mismo Tribunal Constitucional, a través de las dos vías específicas del conflicto de competencia y del control de constitucionalidad, sienta esta doctrina: «En términos generales, hay conflicto de competencia cuando dos órganos se consideran igualmente competentes o incompetentes para proveer en un determinado asunto, y control de constitucionalidad de las normas cuando se comprueba la validez de una norma contrastándola con otra de nivel superior, sin que se pretenda el ejercicio de la competencia normativa por parte del que impugna la validez.»

IV. En cuanto a los *conflictos de atribuciones* entre órganos constitucionales del Estado, cabe recordar que no aparecían previstos por el texto constitucional; sin embargo, el artículo 2.º.1, *d),* de la LOTC, haciendo uso de la cláusula abierta contenida en el artículo 161.1, *d),* de la Constitución, atribuyó al Tribunal esta competencia, tal y como es pauta común en sistemas próximos al nuestro.

Como advierten *Rubio* y *Aragón,* en juicio que hacemos nuestro, esta ampliación de las competencias del Tribunal no suscita objeción alguna, sino que, por el contrario, existen muchos argumentos a su favor, pues aunque, por poner tan sólo un ejemplo, en un sistema parlamentario los eventuales conflictos entre las Cortes y el Gobierno deben resolverse por lo general a través de los mecanismos de control que tienden a garantizar la supremacía del órgano que representa directamente a la soberanía popular, es claro que tales conflictos sólo pueden producirse legítimamente dentro del marco constitucional y que, cuando se suscitan fuera de él, la solución no debe buscarse a través de las relaciones de supra y subordinación, sino a través de la decisión del órgano garante de la Constitución.

Todo ello no es óbice para admitir que la regulación de los conflictos de atribuciones que lleva a cabo la LOTC plantea una serie de problemas que no se presentan en los conflictos de competencia.

V. El artículo 59 de la LOTC, con carácter general, contempla las facultades del Tribunal Constitucional en orden a los conflictos constitucionales. De conformidad con el mismo, nuestro supremo intérprete de la Constitución «entenderá de los conflictos que se susciten sobre las competencias o atribuciones asignadas directamente por la Constitución, los Estatutos de Autonomía o las Leyes orgánicas u ordinarias dictadas para delimitar los ámbitos propios del Estado y las Comunidades Autónomas» y que opongan:

1.º Al Estado con una o más Comunidades Autónomas.

2.º A dos o más Comunidades Autónomas entre sí.

3.º Al Gobierno con el Congreso de los Diputados, el Senado o el Consejo General del Poder Judicial; o a cualquiera de estos órganos constitucionales entre sí.

Como puede apreciarse, la LOTC, a diferencia por ejemplo del sistema italiano (en el que se efectúa una definición abstracta de los sujetos implicados en el conflicto), procede a enumerar los sujetos que pueden verse implicados por los mismos, bien que sea preciso tener presente que no siempre coinciden los sujetos implicados en el conflicto con la idea de únicos legitimados en el mismo a efectos de intervenir como partes; y así, por ejemplo, el artículo 68 de la LOTC, en relación con los conflictos negativos entre el Estado y las Comunidades Autónomas o de éstas entre sí, contempla la posibilidad de que las personas físicas o jurídicas respecto de las cuales la Administración del Estado y la Administración autonómica hayan, sucesivamente, declinado su competencia, puedan acudir al Tribunal planteando el correspondiente conflicto.

a/ Los conflictos de competencia

La primera cuestión que debemos suscitar es la de la legitimación. ¿Qué órganos están legitimados para plantear un conflicto de esta naturaleza?

Nada establece la Constitución al respecto, limitándose (artículo 162.2) a remitirse a la LOTC, bien que, como la doctrina advirtiera, algún principio general en orden a la legitimación podía deducirse del artículo 161.2, pues este precepto, al referirse explícitamente al Gobierno, ofrecía un dato difícil de olvidar por la LOTC.

Y en efecto, el artículo 60 de la LOTC ha venido a legitimar al Gobierno (que actuará representando, por así decirlo, al Estado) y a los órganos colegiados ejecutivos de las Comunidades Autónomas (que representarán a las mismas).

No obstante, el referido artículo 60 distingue con nitidez meridiana entre los conflictos positivos, esto es, aquellos que se suscitan cuando órganos distintos entienden ser competentes respecto a una determinada materia, y los conflictos negativos, que se plantean cuando ambos órganos hacen dejación de sus atribuciones por entender que no son de su respectiva incumbencia. Pues bien, en este segundo supuesto (conflictos negativos), el inciso final del artículo 60 de la LOTC legitima a las personas físicas o jurídicas interesadas, que podrán instar los conflictos negativos ante el Tribunal Constitucional, aspecto éste que desarrolla después el artículo 68 de la propia Ley.

Otra cuestión de interés desde una perspectiva común para cualquier tipo de conflicto es la del ámbito conflictual, esto es, las materias que pueden dar lugar al planteamiento de los conflictos de competencia. De conformidad con el artículo 61.1 de la LOTC, el conflicto puede surgir por acción u omisión, ya que podrán implicar su planteamiento «las disposiciones, resoluciones y actos emanados de los órganos del Estado o de los órganos de las Comunidades Autónomas o la omisión de tales disposiciones, resoluciones o actos».

La doctrina no se ha mostrado de acuerdo a la hora de interpretar el anterior precepto, discrepando en torno a si dentro de los actos que pueden desencadenar un conflicto de esta naturaleza caben o no los actos legislativos. A nuestro juicio, parece evidente que cuando se trate de una ley o un acto con fuerza de ley, dictado con incompetencia, la vía para llegar ante el Tribunal será no tanto el conflicto de competencia cuanto el proceso de inconstitucionalidad. Ello, por lo demás, conecta con la previsión del artículo 67 de la LOTC, que posibilita la apertura de un proceso de inconstitucionalidad al hilo de un conflicto positivo de competencia.

En efecto, por mor del referido precepto: «Si la competencia controvertida hubiera sido atribuida por una Ley o norma con rango de Ley, el conflicto de competencia se tramitará desde su inicio o, en su caso, desde que en defensa de la competencia ejercida se invocare la existencia de la norma legal habilitante, en la forma prevista para el recurso de inconstitucionalidad».

Como puede apreciarse, la LOTC adopta para el supuesto contemplado una solución análoga a la que el artículo 55.2 de la propia Ley arbitra en los recursos de amparo constitucional, cuando el acto lesivo del derecho o libertad específicamente protegido se produzca por virtud de la aplicación de una ley presuntamente inconstitucional.

La doctrina constitucional no siempre ha sido inequívoca en este punto. En un primer momento, el Tribunal no precisó el rango de las disposiciones que podían ser objeto de conflicto, abriendo de esta forma la posibilidad de plantear conflictos positivos de competencia contra leyes. Sin embargo, en su Sentencia 49/1984, de 5 de abril, el Tribunal deja muy claramente expuesto que no es posible el planteamiento de un conflicto de competencia frente a una ley.

> «Es concluyente —advierte el Tribunal— lo que dispone el artículo 67, respecto al punto que ahora importa, de que si la competencia controvertida hubiera sido atribuida por una Ley o norma con rango de Ley, el conflicto de competencia se tramitará desde un inicio en la forma prevista para el recurso de inconstitucionalidad. Las reglas contenidas en el artículo 63 y en el núm. 1 del artículo siguiente son otro apoyo importante para que no se lleven al proceso de conflicto las pretensiones que, aun teniendo una fundamentación competencial, recaen sobre Leyes, pues el requerimiento —y luego el conflicto— se traba entre órganos ejecutivos.»

Digamos por último que el Tribunal ha interpretado con gran amplitud la referencia legal a los «actos» como materia conflictual. A su juicio, el contenido de la expresión «actos» ha de entenderse como comprensiva de los actos administrativos, procedentes del ejercicio no reglamentario de las potestades o facultades que le están atribuidas a la Administración Pública, y cuyo vario contenido es evidente (STC 143/1985, de 25 de octubre).

En todo caso, lo esencial, a efectos de la posibilidad de utilizar la vía constitucional del conflicto de competencia, no es la naturaleza del acto que se discuta en el mismo, sino que se encuentra en la afirmación por un ente de poseer una competencia, frente a otro ente al que se le niega poseerla y que, no obstante, la ejercita de manera real por medio de hechos concretos de invasión de competencia, de forma tal, que desde el aspecto relativo al «quantum» del poder político efectivamente manifestado, representen una lesión de los intereses concretos de la parte cuya titularidad se puso en cuestión.

a') Conflictos positivos

Se plantean estos conflictos frente a las disposiciones, resoluciones o actos emanados de una Comunidad Autónoma o del Estado, respecto de los cuales la parte impugnante (el Gobierno o el órgano ejecutivo superior de una Comunidad) considere que no respetan el orden de competencias establecido en la Constitución, en los Estatutos de Autonomía o en las Leyes orgánicas correspondientes.

El Gobierno está legitimado en todo caso, mientras que los órganos ejecutivos superiores de una Comunidad Autónoma tan sólo lo estarán cuando la disposición, resolución o acto emanado de la autoridad de otra Comunidad o del Estado «afecte a su propio ámbito» (de autonomía).

Respecto del Gobierno, es importante poner de relieve que el artículo 62 de la LOTC le confiere muy diversas posibilidades de actuación: de un lado, formalizar directamente ante el Tribunal Constitucional, en el plazo de dos meses, el conflicto de competencia; de otro, hacer uso del requerimiento previo de incompetencia a que se refiere el artículo 63; por último, y sin perjuicio de lo anterior, invocar el artículo 161.2 de la CE, lo que, de conformidad con el artículo 64.2 de la LOTC, implicará que, comunicada por el Tribunal su formalización, se suspenda inmediatamente la vigencia de la disposición, resolución o acto que hubiesen dado origen al conflicto.

El «requerimiento previo de incompetencia» es, por contra, obligatorio para los órganos de las Comunidades Autónomas y potestativo —como acabamos de indicar— para el Gobierno.

Este requerimiento puede formularse dentro de los dos meses siguientes al día de la publicación o comunicación de la disposición, resolución o acto que se entiendan viciados de incompetencia o con motivo de un acto concreto de aplicación.

El órgano requerido dispondrá del plazo de un mes para pronunciarse al respecto, pudiendo atender el requerimiento, si lo estima fundado, comunicándolo así al órgano requirente, o, asimismo, rechazarlo dentro de tal plazo, a cuyo término se entenderán en todo caso rechazados los requerimientos no atendidos.

Dentro del mes siguiente a la notificación del rechazo, o al término del plazo antedicho, el órgano requirente, si no ha obtenido satisfacción, podrá plantear el conflicto ante el Tribunal Constitucional.

El Tribunal, tras comunicar al Gobierno u órgano autonómico correspondiente —en el término de diez días— la iniciación del conflicto, señalará un plazo no superior a veinte días para alegaciones y aportación de documentos. Deberá el Tribunal, como ya señaláramos, suspender la vigencia de la disposición, resolución o acto que motivasen el conflicto si el Gobierno hiciese uso, invocándolo, del artículo 161.2 de la CE. En los restantes supuestos, el órgano que formalice el conflicto podrá solicitar del Tribunal tal suspensión, «invocando perjuicios de imposible o difícil reparación», acordando o denegando en último término el Tribunal, libremente, la suspensión solicitada.

Si el Gobierno hubiese invocado el artículo 161.2, a efectos de la suspensión de la vigencia de la disposición, y no se dictase sentencia dentro de los cinco meses inmediatamente siguientes al inicio del conflicto, el Tribunal vendrá obligado a resolver dentro del referido plazo, por auto motivado, acerca del mantenimiento o levantamiento de la suspensión del acto, resolución o disposición impugnados de incompetencia por el Gobierno; así lo establece el artículo 65.2 de la LOTC, que concuerda y desarrolla lo que prescribe el inciso final del artículo 161.2 de la CE.

La sentencia (artículo 66 LOTC) debe declarar la titularidad de la competencia controvertida y, en su caso, la anulación de la disposición, resolución o actos que originaron el conflicto en cuanto estuvieren viciados de incompetencia, pudiendo asimismo disponer lo que fuera procedente respecto de las situaciones de hecho o de derecho creadas al amparo de la misma.

b') Conflictos negativos

I. Se suscita un conflicto de esta naturaleza cuando ninguno de los órganos requeridos para la resolución de una determinada pretensión se declara competente a tal efecto.

Lo primero que es preciso destacar en este tipo de conflictos es que de su concreta regulación por la LOTC (artículos 68 a 72) parece colegirse que los órganos colegiados ejecutivos de las Comunidades Autónomas no están legitimados para plantearlos, lo cual contrasta con la determinación general para los conflictos de competencia llevada a cabo por el artículo 60 de la propia LOTC, que, como vimos, considera a tales órganos como legitimados para suscitar estos conflictos de competencia.

La LOTC contempla dos posibilidades diferentes: que el conflicto sea suscitado por una persona física o jurídica, o que sea el Gobierno (artículo 71) quien plantee el conflicto de competencia negativo.

II. En el primer supuesto (planteamiento del conflicto por una persona física o jurídica), es necesario —como requisito previo— que un órgano de la Administración del Estado o de una Comunidad Autónoma, ante la pretensión de una persona física o jurídica —deducida ante el propio órgano— de obtener un determinado acto, a que se considera con derecho o interés legítimo, decida declinar su competencia por entender que la misma corresponde, respectivamente, a una Comunidad Autónoma, o al Estado o a otra Comunidad.

Declinada en primera instancia la competencia para resolver respecto de la pretensión deducida, el interesado, antes de reproducir su pretensión ante la Administración que se le indica competente, deberá agotar la vía administrativa mediante recurso ante el Ministerio correspondiente o, de modo análogo, ante la Consejería del órgano ejecutivo colegiado de la Comunidad Autónoma.

Resuelta definitivamente la incompetencia de la Administración ante la que se formuló la pretensión inicialmente, el interesado podrá reproducir su pretensión ante el órgano de la Administración indicada en la resolución como competente. Tal Administración deberá a su vez admitir o declinar su competencia en el plazo de un mes. Si la admitiere, como resulta obvio, procederá a tramitar la solicitud presentada. Y si se inhibiere, deberá notificarlo al requirente, «con indicación precisa de los preceptos en que se funda su resolución» (artículo 68.2, inciso final, de la LOTC).

La nueva declinatoria o el silencio administrativo una vez transcurrido el plazo de un mes, abren la vía para la formalización por el interesado, ante el Tribunal, del conflicto de competencia negativo. A tal efecto, aquél deducirá la oportuna demanda dentro del mes siguiente a la notificación de la declinatoria o al transcurso del plazo establecido para la resolución expresa por parte de la Administración requerida en segundo lugar.

Si el Tribunal entendiere que la negativa de las Administraciones implicadas se basa precisamente en una «diferencia de interpretación de preceptos constitucionales o de los Estatutos de Autonomía o de Leyes orgánicas u ordinarias que delimiten los ámbitos de competencia del Estado y de las Comunidades Autónomas», declarará mediante auto, que deberá dictarse dentro de los diez días siguientes al de la presentación del escrito, planteado el conflicto.

De esta forma, la Ley viene a establecer un trámite previo de admisión de la demanda y subsiguiente formalización del conflicto. Y ello queda supeditado a que el Tribunal entienda que la fuente del mismo no es otra que una diferente interpretación de preceptos constitucionales, pues no en vano el Tribunal es el intérprete supremo de la Constitución.

En su sentencia, el Tribunal Constitucional habrá de declarar cuál es la Administración competente. Por el contrario, la sentencia no debe entrar en la pretensión deducida por el particular, que, como es lógico, deberá ser nuevamente planteada por el cauce administrativo que corresponda ante la Administración declarada competente por el Tribunal.

III. En el segundo supuesto (planteamiento del conflicto negativo por el Gobierno), es requisito necesario que el Gobierno haya requerido al órgano ejecutivo superior de una Comunidad Autónoma para que ejercite las atribuciones propias de la competencia que a la Comunidad confieran sus propios Estatutos o una Ley orgánica de delegación o transferencia, y que el citado requerimiento haya sido desatendido por declararse incompetente el órgano requerido (artículo 71.1 LOTC).

La declaración de incompetencia se entenderá implícita por la simple inactividad del órgano ejecutivo requerido dentro del plazo que el Gobierno le hubiere fijado para el ejercicio de sus atribuciones, que en ningún caso será inferior a un mes (artículo 71.2 LOTC).

Dentro del mes siguiente al día en que, expresa o tácitamente, haya de considerarse rechazado el requerimiento efectuado por el Gobierno, éste podrá plantear ante el Tribunal Constitucional el conflicto negativo mediante demanda en la que deberán consignarse las razones de hecho y de derecho en que se basa el órgano gubernamental, habiendo de indicarse asimismo «los preceptos constitucionales, estatutarios o legales que a su juicio (del Gobierno) obligan a la Comunidad Autónoma a ejercer sus atribuciones».

La sentencia del Tribunal Constitucional, a tenor del artículo 72.3 de la LOTC, contendrá alguno de los siguientes pronunciamientos:

a) La declaración de que el requerimiento es procedente, que conllevará el establecimiento de un plazo dentro del cual la Comunidad Autónoma deberá ejercitar la atribución requerida.

b/ La declaración de que el requerimiento es improcedente.

El incumplimiento de la sentencia facultará al Tribunal para adoptar las medidas ejecutivas, en especial las contempladas por el artículo 95.4 de la LOTC (imposición de multas coercitivas), «sin perjuicio de cualquier otra responsabilidad a que hubiere lugar».

b/ Los conflictos de atribuciones

Los conflictos entre órganos constitucionales del Estado pueden plantearse por el Gobierno, el Congreso de los Diputados, el Senado o el Consejo General del Poder Judicial, de acuerdo con la enumeración cerrada que efectúa el artículo 59.3 de la LOTC. Tal enumeración, escasamente afortunada, parece pretender englobar a los tres poderes tradicionales del Estado, olvidando que, como advierte *Martín-Retortillo,* hoy ya no se mantienen como válidas las concepciones de los poderes del Estado que se ciñan muy al pie de la letra a los viejos planteamientos extraídos de la lectura, más o menos respetuosa, de Montesquieu.

La legitimación para promover el conflicto corresponde al Pleno de cada uno de esos órganos, al estimar que otro de ellos adopta decisiones asumiendo atribuciones que la Constitución o las Leyes orgánicas le confieren, a cuyo efecto ha de adoptar el acuerdo correspondiente. De ello parece inferirse que estos conflictos tan sólo pueden presentarse como conflictos positivos; estamos, en definitiva, ante procesos que tienen por objeto una pretensión de anulación de un acto por incompetencia.

Requisito previo al planteamiento del conflicto es la notificación al órgano del que se supone que asume atribuciones que no le competen, notificación que debe verificarse dentro del mes siguiente a la fecha en que llegue a conocimiento del otro órgano la decisión de la que se infiera la indebida asunción de atribuciones, y por cuya virtud se solicita la revocación de los actos o acuerdos que supongan indebido ejercicio de atribuciones.

El órgano notificado dispone obviamente de dos posibilidades de actuación: avenirse a la solicitud de revocación, supuesto en el que desaparecen las causas del conflicto, o mantener que actúa en el ejercicio constitucional y legal de sus atribuciones.

En este segundo supuesto o, asimismo, en el caso de que, transcurrido un mes a partir de la recepción de la notificación, no rectificare en el sentido que le hubiere sido solicitado, el órgano que estime indebidamente asumidas sus atribuciones podrá plantear el conflicto ante el Tribunal Constitucional (artículo 73.2 de la LOTC).

La consiguiente demanda deberá especificar los preceptos que se consideran vulnerados, formulando las alegaciones que estime oportunas.

El Tribunal, que, como ocurre con los restantes procesos, puede solicitar de las partes cuantas aclaraciones juzgue necesarias para su decisión, viene obligado a dictar sentencia dentro del mes inmediatamente siguiente a la expiración del plazo de alegaciones o del que, en su caso, se fijare para las aclaraciones, que no será superior a otros treinta días.

La sentencia tiene por objeto la determinación del órgano al que corresponden las atribuciones constitucionales controvertidas, debiendo igualmente, como corolario de lo anterior, declarar nulos los actos ejecutados por invasión de atribuciones y resolviendo, en su caso, lo que procediere sobre las situaciones jurídicas producidas al amparo de aquellos actos.

N) La declaración sobre la constitucionalidad de los Tratados Internacionales

El artículo 95.2 de la Constitución establece la posibilidad de un control previo de constitucionalidad sobre los Tratados Internacionales, con la finalidad de que el Tribunal declare si en un Tratado pendiente de celebrar existen o no estipulaciones contrarias a la Norma suprema. Se viene a seguir así muy de cerca el modelo francés. El artículo 54 de la Constitución francesa de la Quinta República contempla la intervención previa del Consejo Constitucional, requerido a tal efecto por el Presidente de la República, el Primer Ministro o el Presidente de cualquiera de las dos Cámaras, al objeto de que declare si un compromiso internacional a contraer por Francia contiene o no una cláusula contraria a la Constitución.

En nuestro ordenamiento, están legitimados para requerir esta declaración sobre la constitucionalidad de un Tratado, el Gobierno o cualquiera de ambas Cámaras (artículo 95.2 de la Constitución y artículo 78.1 de la LOTC).

Respecto del Gobierno, hay que suponer que debe mediar acuerdo previo en tal sentido del Consejo de Ministros, pues no estamos ante una decisión individual de su Presidente, sino que debe corresponder al órgano colegiado.

En cuanto a las Cámaras, los respectivos Reglamentos han regulado el procedimiento para llevar a cabo tal requerimiento.

El Reglamento del Congreso, en su artículo 157, prevé que si durante la tramitación de un tratado o convenio se suscitaren dudas sobre la constitucionalidad de alguna de sus estipulaciones, el Pleno del Congreso, a iniciativa de dos Grupos parlamentarios, o una quinta parte de los diputados, podrá acordar dirigir al Tribunal Constitucional el requerimiento previsto en el artículo 95.2 de la CE.

El Reglamento del Senado, en su artículo 147, dispone que la Alta Cámara, a propuesta de un Grupo parlamentario o de veinticinco senadores, podrá requerir al Tribunal Constitucional para que declare si un Tratado o Convenio, sometido a su consideración, es o no contrario a la Constitución.

El momento legal previsto para efectuar el oportuno requerimiento al Tribunal es aquel en el que el texto «estuviera ya definitivamente fijado», no habiéndose prestado aún el consentimiento del Estado al Tratado. En consecuencia, al Tribunal no pueden someterse borradores, anteproyectos o propuestas previas, sino tan sólo el texto definitivo del Tratado pendiente tan sólo del requisito de la formalización del consentimiento del Estado.

Como ha sostenido la doctrina, el proceso que así surge no presenta la naturaleza de conflicto, pues, en realidad, lo que se formula al Tribunal es una consulta que se resuelve conforme a normas procesales, y aunque los efectos de la declaración del Tribunal sean vinculantes, la litigiosidad no se produce; nos hallamos más bien ante un negocio de jurisdicción voluntaria constitucional.

Requerido el Tribunal para que se pronuncie, deberá emplazar al solicitante y a los restantes órganos legitimados, a fin de que, en el término de un mes, expresen su opinión fundada sobre la cuestión. Dentro del mes siguiente al transcurso de este plazo, y con la sola salvedad de que el Tribunal solicite de los órganos anteriormente citados o de otras personas físicas o jurídicas u otros órganos del Estado o de las Comunidades Autónomas, cuantas aclaraciones o precisiones estime necesarias (supuesto en el que el plazo de un mes antes indicado se alargará en el mismo tiempo que hubiese concedido para responder a sus consultas, que no podrá exceder de treinta días), el Tribunal Constitucional emitirá su declaración que, de conformidad con lo previsto por el artículo 95 de la CE, tendrá carácter vinculante.

En realidad, este carácter vinculante a que alude el artículo 78.2 de la LOTC no está previsto explícitamente en el artículo 95 de la CE, como parece querer indicarse en el inciso final del referido artículo 78.2. Sin embargo, creemos con *Cruz Villalón* que el mencionado inciso final no significa sino que dicho carácter vinculante sólo opera en el conjunto de la mecánica del artículo 95, esto es, en el sentido de que si el Tribunal aprecia inconstitucionalidad en las cláusulas del Tratado, procede la revisión constitucional con anterioridad a la autorización o, en su defecto, como resulta obvio, la no prestación del consentimiento del Estado al Tratado considerado inconstitucional.

BIBLIOGRAFIA

Almagro Nosete, José: «Justicia Constitucional» (Comentarios a la Ley Orgánica del Tribunal Constitucional), 2.ª ed., Tirant lo Blanch, Valencia, 1989.

Bachof, Otto: «Jueces y Constitución», Editorial Civitas, Madrid, 1985.

Bocanegra Sierra, Raúl: «El valor de las sentencias del Tribunal Constitucional», Instituto de Estudios de Administración Local, Madrid, 1982.

Cano Mata, Antonio: «Cuestiones de inconstitucionalidad» (Doctrina del Tribunal Constitucional), Editorial Civitas, Madrid, 1986.

Cano Mata, Antonio: «Comentarios a la Ley Orgánica del Tribunal Constitucional», Editorial Revista de Derecho Privado, Madrid, 1986.

Cano Mata, Antonio: «El recurso de amparo» (Doctrina del Tribunal Constitucional), Editorial Revista de Derecho Privado, Madrid, 1983.

Cascajo Castro, José Luis y *Gimeno Sendra, Vicente:* «El recurso de amparo», Editorial Tecnos, Madrid, 1984.

Cordón Moreno, Faustino: «El proceso de amparo constitucional», La Ley, Madrid, 1987.

Cruz Villalón, Pedro: «La formación del sistema europeo de control de constitucionalidad (1918-1939)», Centro de Estudios Constitucionales, Madrid, 1987.

Dirección General de lo Contencioso del Estado: «El Tribunal Constitucional» (obra colectiva), 3 vols., Instituto de Estudios Fiscales, Madrid, 1981.

Ezquiaga Ganuzas, Francisco Javier: «El voto particular», Centro de Estudios Constitucionales, Madrid, 1990.

Favoreu, Louis y *Rubio Llorente, Francisco:* «El bloque de la constitucionalidad», Editorial Civitas, Madrid, 1991.

Fernández Segado, Francisco: «La Jurisdicción Constitucional en España», Editorial Dykinson, Madrid, 1984.

Fix Zamudio, Héctor: «Los Tribunales Constitucionales y los derechos humanos», Editorial Porrúa, México, 1985.

García Roca, F. Javier: «El conflicto entre órganos constitucionales», Editorial Tecnos, Madrid, 1987.

González-Deleito Domingo, Nicolás: «Tribunales Constitucionales. Organización y funcionamiento», Editorial Tecnos, Madrid, 1980.

González Rivas, Juan José: «La Justicia Constitucional: Derecho comparado y español», Editorial Revista de Derecho Privado, Madrid, 1985.

Marín Pageo, Encarnación: «La cuestión de inconstitucionalidad en el proceso civil», Editorial Civitas, Madrid, 1990.

Montoro Puerto, Miguel: «Jurisdicción Constitucional y procesos constitucionales», tomo I (Jurisdicción Constitucional y procesos de control de la constitucionalidad); tomo II (Procesos de protección de los derechos fundamentales), Editorial Colex, Madrid, 1991.

Moya Garrido, Antonio: «El recurso de amparo según la doctrina del Tribunal Constitucional» (Normas procesales y derechos protegidos), Bosch Casa Editorial, Barcelona, 1983.

Oliver Araujo, Joan: «El recurso de amparo», Facultad de Derecho de Palma de Mallorca, Palma de Mallorca, 1986.

Pérez Gordo, Alfonso: «El Tribunal Constitucional y sus funciones», Bosch Casa Editorial, Barcelona, 1983.

Pérez Royo, Javier: «Tribunal Constitucional y división de poderes», Editorial Tecnos, Madrid, 1988.

Pérez Tremps, Pablo: «Tribunal Constitucional y Poder Judicial», Centro de Estudios Constitucionales, Madrid, 1985.

Pérez-Serrano Jáuregui, Nicolás: «El Tribunal Constitucional» (Formularios y Doctrina Procesal), Editorial Tecnos, Madrid, 1986.

Quadra-Salcedo y Fernández del Castillo, Tomás: «El recurso de amparo y los derechos fundamentales en las relaciones entre particulares», Editorial Civitas, Madrid, 1981.

Ribas Maura, Andrés: «La cuestión de inconstitucionalidad», Editorial Civitas, Madrid, 1991.

Saavedra Gallo, Pablo: «La duda de inconstitucionalidad» (Soluciones procesales para la aplicación de la ley constitucional al caso concreto), Ediciones El Almendro, Córdoba, 1986.

Sánchez Morón, Miguel: «El recurso de amparo constitucional. Naturaleza jurídica, características actuales y crisis» Cuadernos y Debates, núm. 3, Centro de Estudios Constitucionales, Madrid, 1987.

Schmitt, Carl: «La defensa de la Constitución», Editorial Tecnos, Madrid, 1983.

Trujillo Fernández, Gumersindo: «Dos estudios sobre la constitucionalidad de las leyes», Facultad de Derecho, Universidad de La Laguna, La Laguna, 1970.

Vásquez del Mercado, Oscar: «El control de la constitucionalidad de la ley» (Estudio de Derecho comparado), Editorial Porrúa, México, 1978.

BIBLIOGRAFIA GENERAL

Obras de carácter general sobre la Constitución de 1978

Alvarez Conde, Enrique: «El régimen político español», 4.ª ed., Editorial Tecnos, Madrid, 1990.

Alzaga, Oscar: «La Constitución Española de 1978» (Comentario sistemático) Ediciones del Foro, Madrid, 1978.

Alzaga, Oscar (dir.): «Comentarios a las Leyes Políticas. Constitución Española de 1978», 12 tomos, Editorial Revista de Derecho Privado, Madrid, publicados entre 1983 y 1989.

«Constitución Española. Trabajos Parlamentarios», edición preparada por Fernando Sainz Moreno y Mercedes Herrero de Padura, 4 tomos, Cortes Generales, 2.ª ed., Madrid, 1989.

De Esteban, Jorge y *López Guerra, Luis:* «El régimen constitucional español», 2 vols., Editorial Labor, Barcelona, 1980 y 1982.

De Vega García, Pedro: «Estudios político constitucionales», Universidad Nacional Autónoma de México, México, 1987.

Garrido Falla, Fernando (dir.): «Comentarios a la Constitución», Editorial Civitas, 2.ª ed., Madrid, 1985.

González Encinar, José Juan (dir.): «Diccionario del sistema político español», Akal Editor, Madrid, 1984.

López Guerra, Luis (y otros): «Derecho Constitucional», vol. I (El ordenamiento constitucional. Derechos y deberes de los ciudadanos), Tirant lo Blanch, Valencia, 1991.

Lucas Verdú, Pablo: «Curso de Derecho Político», vol. IV (Constitución de 1978 y transformación político-social española), Editorial Tecnos, Madrid, 1984.

Peces-Barba, Gregorio: «La Constitución Española de 1978» (Un estudio de Derecho y política), Fernando Torres Editor, Valencia, 1981.

Predieri, Alberto y *García de Enterría, Eduardo* (dirs.): «La Constitución Española de 1978. Estudio sistemático», Editorial Civitas, 2.ª ed., Madrid, 1981.

Sánchez Agesta, Luis: «Sistema político de la Constitución Española de 1978», Editorial Revista de Derecho Privado, 6.ª ed. (puesta al día por Oscar Alzaga), Madrid, 1991.

Torres del Moral, Antonio: «Principios de Derecho Constitucional Español», 2 vols., Atomo Ediciones, Madrid, 1985 y 1986.